안나현 경찰 형사법 기본서

형법각론

2024 · 2025 경찰 시험 대비

Intro
들어가는 말

「형법각론 기본서」를 출간하면서.

　형법은 범죄와 형벌에 관한 규범을 다루는 학문입니다. 범죄는 사회적으로 강한 윤리적 비난을 수반합니다. 아울러 형벌은 국가가 가지고 있는 제재 중 가장 강력한 것입니다. 형법이 필요한 공무원 시험에서 형법의 추상적 성격으로 인한 어려움이 있을 수 있습니다. 그러나 기본 개념의 충실한 이해와 더불어 총칙과 각칙 그리고 형사소송법의 유기적 연결을 통한 학습으로 연결되어야만 개편된 시험에 대비할 수 있을 것입니다.

　처음 형법을 시작하는 수험생분은 형법의 전체적인 맥락의 이해를 위해 입문 또는 기본강의를 들으시는 것을 추천합니다. 그리고 두 번째 회독을 할 때 책 내용을 소화하고 정리하는 과정이 필요합니다. 출제자가 어떤 부분을 묻고 있는지, 출제자의 의도가 무엇인지 수험생은 막막하게 느껴질 것입니다. 따라서 제가 설명을 하고 그것에 대한 이해와 복습이 필요합니다. 반복적으로 기본서를 읽으실 때 이전에 표시했던 내용을 다시 확인합니다. 심화된 논점을 정리하면서 미처 이해하지 못한 내용에 대한 학습이 필요합니다. 이 과정 전체에는 기출문제집을 함께 병행하는 것을 추천합니다. 기출문제집도 세 번 이상의 반복이 필요합니다. 수험에서 필요한 전제는 세 가지 (1. 판례공부와 조문공부의 중요성 2. 반복 3. 암기)입니다. 성실함과 끈기는 전제가 됩니다.

　본서는 형사법 교재의 초판입니다. 처음이라는 말에 과중한 책임과 부담이 느껴집니다. 그럼에도 불구하고 과분한 사랑을 주셔서 감사드립니다. 채찍질로 알고 겸손하게 나아가도록 하겠습니다. "젊은 경찰관이여, 조국은 그대를 믿노라." 경찰학교에 입교하시게 되면 처음 이 글귀를 읽게 되실 것입니다. 이 글에서 용기를 얻으시고 훌륭한 경찰관이 되기를 소망합니다. 정의로운 사회의 주인공은 여러분입니다. 여러분의 찬란한 미래를 응원합니다. 강의는 오로지 학생의, 학생에 의한, 학생을 위한 수업을 목표로 하겠습니다.

　저를 믿고 출판까지 진행해 주신 사피엔스넷 대표님과 편집작업에 세심하게 힘써주신 관계자 분들께 고마움을 전합니다. 가족들의 희생이 없었다면 지금의 저도 없었을 것입니다. 우리 가족 사랑합니다. 내 딸 "정리안"에게 부끄럽지 않은 선생 그리고 좋은 엄마가 되기로 약속합니다. 그리고 학계에 계시는 선배님과 후배님 연락을 잘 드리지 못하지만 감사합니다. 노량진 입성에 조언을 아끼지 않으신 선배 강사님들께 존경의 마음 전합니다. 특히 고비환 선배님께 감사의 마음을 전합니다. 마지막으로 저의 학문의 아버지, 지도 은사님이신 고려대학교 배종대 교수님 존경합니다. 선생님, 언제나 건강하시고 행복하셨으면 좋겠습니다.

　오직 당신만이 채울 수 있는 자리가 있다. 여러분의 건승을 기대하며!

2024년 3월
법학박사 안나현

네이버 안나현 형사법 교실 https://cafe.naver.com/nhlawsuccessfulpass

Structure

구성과 특징

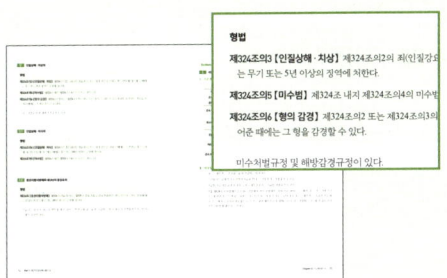

법조문 집중 학습을 위한 코너

주요 법령의 원문을 별도 코너로 구성하여 시각적으로 쉽게 확인할 수 있도록 하였습니다. 또한 법조문에서 자주 출제되거나 암기가 필요한 부분은 밑줄로 강조하여 학습 시 중요도를 쉽게 파악할 수 있어, 어느 부분을 중점적으로 학습할 것인지 학습의 비중을 판단하는 데 도움이 될 것입니다.

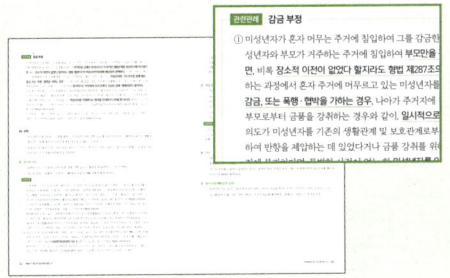

수험에 적합한 주제별 판례 학습

판례를 정확히 이해하기 위해서는 이론과 판례를 자연스럽게 연결하여 이해할 수 있어야 합니다. 이에 대표 판례를 주제별로 분류·정리하여 본문 흐름에 따라 자연스럽게 체득할 수 있도록 하였습니다. 이론과 판례의 자연스러운 연결을 통해 판례 문제에 철저히 대비할 수 있을 것입니다.

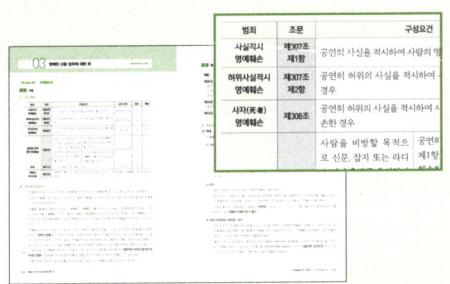

도표와 도식을 활용한 개념 정리

유사한 개념의 비교나 정리·암기가 필요한 사항을 각종 도표를 활용하여 간결하게 수록하였습니다. 또한 적재적소에 도식을 활용하여 복잡한 이론을 쉽게 이해할 수 있도록 하였습니다. 도표와 도식을 활용한 학습은 이렇듯 효과적인 학습을 돕고, 수험장에서 학습한 내용을 연상하는 데에도 도움이 될 것입니다.

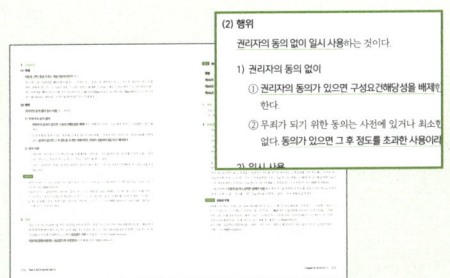

주요 내용을 강조하여 효과적인 학습 도모

형법각론을 좀 더 효과적으로 학습할 수 있도록 주요 내용에 밑줄로 강조 표기를 넣었습니다. 본문 전체에서 자주 출제되는 내용을 강조하여 자연스럽게 수험 경향을 확인할 수 있어, 정해진 시간 안에 수험생 여러분이 학습의 효율을 높일 수 있도록 하였습니다.

Contents

Part 1 개인적 법익에 대한 죄

Chapter 00 개인적 법익 전체 개관 8

Chapter 01 생명과 신체에 대한 죄
- Section 01 살인의 죄 9
- Section 02 상해의 죄 24
- Section 03 폭행의 죄 35
- Section 04 과실치사상죄 42
- Section 05 낙태의 죄 51
- Section 06 유기와 학대에 대한 죄 55

Chapter 02 자유에 대한 죄
- Section 01 협박의 죄 62
- Section 02 강요의 죄 69
- Section 03 체포·감금죄 75
- Section 04 약취와 유인의 죄 81
- Section 05 강간과 강제추행의 죄 90

Chapter 03 명예와 신용·업무에 대한 죄
- Section 01 명예훼손죄 118
- Section 02 신용·업무와 경매에 대한 죄 142

Chapter 04 사생활의 평온에 대한 죄
- Section 01 비밀침해에 대한 죄 163
- Section 02 주거침입의 죄 168

Chapter 05 재산에 대한 죄
- Section 01 재산범죄 일반이론 182
- Section 02 절도의 죄 194
- Section 03 강도의 죄 214
- Section 04 사기의 죄 231
- Section 05 공갈의 죄 276
- Section 06 횡령죄 286
- Section 07 배임죄 311
- Section 08 배임수재죄와 배임증재죄 343
- Section 09 장물죄 350
- Section 10 손괴죄 362
- Section 11 권리행사방해죄 371

Part 2 사회적 법익에 대한 죄

Chapter 00 사회적 법익 전체 개관 — 386

Chapter 01 공공의 안전과 평온에 대한 죄
- Section 01 공안을 해하는 죄 — 387
- Section 02 폭발물에 대한 죄 — 396
- Section 03 방화와 실화에 대한 죄 — 398
- Section 04 일수와 수리에 대한 죄 — 413
- Section 05 교통방해의 죄 — 416

Chapter 02 공공의 건강에 대한 죄
- Section 01 먹는 물에 대한 죄 — 422
- Section 02 아편에 대한 죄 — 424

Chapter 03 공공의 신용에 대한 죄
- Section 01 통화에 대한 죄 — 426
- Section 02 유가증권 우표·인지에 대한 죄 — 434
- Section 03 문서에 대한 죄 — 447
- Section 04 인장에 대한 죄 — 493

Chapter 04 사회의 도덕에 대한 죄
- Section 01 성풍속에 대한 죄 — 498
- Section 02 도박과 복표에 대한 죄 — 504
- Section 03 신앙에 대한 죄 — 509

Part 3 국가적 법익에 대한 죄

Chapter 00 국가적 법익 전체 개관 — 516

Chapter 01 국가의 존립과 권위에 대한 죄
- Section 01 내란의 죄 — 517
- Section 02 외환의 죄 — 522
- Section 03 국기·국장 및 국교에 대한 죄 — 527

Chapter 02 국가의 기능에 대한 죄
- Section 01 공무원 직무수행에 대한 죄 — 531
- Section 02 뇌물죄 — 546
- Section 03 공무방해에 대한 죄 — 569
- Section 04 도주와 범인은닉의 죄 — 594
- Section 05 위증과 증거인멸의 죄 — 603
- Section 06 무고의 죄 — 616

안나현 경찰 형사법

형법각론

Part 1
개인적 법익에 대한 죄

Chapter 00	개인적 법익 전체 개관
Chapter 01	생명과 신체에 대한 죄
Chapter 02	자유에 대한 죄
Chapter 03	명예와 신용·업무에 대한 죄
Chapter 04	사생활의 평온에 대한 죄
Chapter 05	재산에 대한 죄

Chapter 00 개인적 법익 전체 개관

생명과 신체에 대한 죄	(1) 살인의 죄 (2) 상해와 폭행의 죄 (3) 과실치사상죄 (4) 유기와 학대의 죄
자유에 대한 죄	(1) 협박의 죄 (2) 강요의 죄 (3) 체포와 감금의 죄 (4) 약취와 유인의 죄 (5) 강간과 추행의 죄
명예와 신용에 대한 죄	(1) 명예에 대한 죄 (2) 신용·업무와 경매에 대한 죄
사생활의 평온에 대한 죄	(1) 비밀침해의 죄 (2) 주거침입의 죄
재산에 대한 죄	(1) 절도의 죄 (2) 강도의 죄 (3) 사기의 죄 (4) 공갈의 죄 (5) 횡령의 죄 (6) 배임의 죄 (7) 장물의 죄 (8) 손괴의 죄 (9) 권리행사방해죄

Chapter 01 생명과 신체에 대한 죄

Section 01 살인의 죄

I 서설

1 조문 체계

범죄	조문	구성요건	미수	예비
(보통)살인	제250조 제1항	사람(타인)을 살해한 경우	○	○
존속살해	제250조 제2항	자기 또는 배우자의 직계존속을 살해한 경우	○	○
위계·위력에 의한 살인	제253조	위계 또는 위력으로써 사람의 촉탁 또는 승낙을 받아 그를 살해 하거나 자살을 결의하게 한 경우	○	○
영아살해	제251조	직계존속이 치욕을 은폐하기 위하거나 양육할 수 없음을 예상하거나 특히 참작할 만한 동기로 인하여 분만 중 또는 분만직후의 영아를 살해한 경우	○	×
촉탁·승낙에 의한 살인	제252조 제1항	사람의 촉탁 또는 승낙을 받아 그를 살해한 경우	○	×
자살교사·방조	제252조 제2항	사람을 교사 또는 방조하여 자살하게 한 경우	○	×

2 의의 및 보호법익

① 살인죄는 사람을 살해함으로써 그 생명을 침해하는 범죄이다. 사람에게 생명은 절대적 가치를 가지고 있다. 사람이 누리는 모든 이익은 생명을 전제해서만 의미가 있다.

② 형법 제24장 살인의 죄의 보호법익은 현존하는 인간의 생명이다.

③ 결과범이자 침해범이다.

II 살인죄

형법

제250조【살인, 존속살해】 ① 사람을 살해한 자는 사형·무기 또는 5년 이상의 징역에 처한다.

제254조【미수범】 제250조, 제252조 및 제253조의 미수범은 처벌한다. [전문개정 2023. 8. 8.]

제256조【자격정지의 병과】 제250조, 제252조 또는 제253조의 경우에 유기징역에 처할 때에는 10년 이하의 자격정지를 병과할 수 있다.

1 객관적 구성요건

(1) 주체

살인죄의 주체인 '자', 즉 사람은 자연인에 국한되고, 법인이나 법인격 없는 단체는 이 죄의 주체가 될 수 없다.

(2) 객체

살인죄의 객체는 살아있는 자연인인 타인이다. 자연인 중에서도 타인을 의미한다. 자살은 범죄로 처벌되지 않기 때문이다. **태아, 법인은 객체에 해당되지 않는 것이 원칙이다.** 조산아, 박약아, 기형아, 불구자, 빈사상태의 환자, 실종선고를 받은 자, 사형판결이 확정된 자, 자살 중인 자 등이 모두 행위 객체에 포함한다.

■ 사람의 시기(始期) 및 종기(終期)

사람의 시기	진통설 또는 분만개시설(통설·판례), 일부노출설, 전부노출설(민법상 판례), 독립호흡설 등이 있으나, 우리 형법은 **진통설 또는 분만개시설**에 따르고 있다. 태아는 진통을 시작으로 산모의 태반으로부터 출산되기 시작한다. 그리하여 이러한 분만개시의 진통이 있기 시작하면 사람으로 취급하자는 것이 진통설(분만개시설)이다. 대법원도 조산원이 분만 중인 태아를 질식사에 이르게 한 경우에는 업무상과실치사죄가 성립한다고 한다고 함으로써 같은 입장이다. (대법원 81도2621) 따라서 아직 태어나지 않은 태아는 진통 이전에는 객체가 될 수 없고, 진통 이후라면 객체에 해당한다.
	제왕절개의 방법으로 출산을 하는 경우는 진통을 하지 않기 때문에 이러한 경우 사람의 시기가 언제인가가 문제된다. 이와 관련해서는 피해자방절개설, 자궁절개설 등의 견해가 대립된다. 대법원은 제왕절개 수술의 경우 '의학적으로 제왕절개 수술이 가능하였고 규범적으로 수술이 필요하였던 시기'는 판단하는 사람 및 상황에 따라 다를 수 있어, 분만개시 시점 즉, 사람의 시기도 불명확하게 되므로 이 시점을 분만의 시기로 볼 수는 없다고 판시한 바 있다. (대법원 2005도3832)
사람의 종기	사람의 종기(終期: 종료기점)에 관하여는 호흡종지설, 맥박종지설(통설), 심폐기능설, 뇌사설 등이 있으나, 우리 형법은 **맥박종지설(심장사설)**에 따르고 있다. 뇌사를 사망으로 보게되면 심장사보다 사망시기가 앞당겨지게 된다. 사람의 종기는 형법상 살인죄와 사체손괴죄(제161조 제1항)를 구별하는 기준으로서의 의미를 가지고 있다. 죽은 후에는 사체손괴죄의 대상으로 될 뿐이고, 살아있는 사람만이 살인죄의 객체로 취급되는 것이다.

> **관련판례**
>
> ① 조산원이 분만이 개시된 후 분만 중인 태아를 질식사에 이르게 한 경우에는 업무상 과실치사죄가 성립한다. (대법원 81도2621)
> ② [1] 제왕절개수술의 경우 '의학적으로 **제왕절개수술이 가능**하였고 규범적으로 수술이 필요하였던 시기'는 판단하는 사람 및 상황에 따라 다를 수 있어 분만개시 시점, 즉 **사람의 시기(始期)도 불명확하게 되므로 이 시점을 분만의 시기로 볼 수는 없다.**
> [2] 조산사 甲은 37세 임산부 乙의 자연분만을 시도하다가 업무상 과실로 태아를 사망하게 했는데, 사고 당시 乙은 진통이 없었으나 분만예정일 넘겨 과숙아 상태여서 의학적으로 자연분만이 부적절하여 제왕절개수술이 유일한 방법이었던 것으로 판명되었다. 이 경우, 진통이 없었고 제왕절개수술을 했어야 했더라도 그 시점을 진통설에 따른 분만이 개시된 시점으로 볼 수 없으므로 해당 태아를 사망하게 한 것은 태아에 업무상 과실치사도 되지 않으며, 동시에 태아의 사망이 임산부에 대한 업무상 과실치상이나 상해죄가 되는 것도 아니다. (대법원 2005도3832)
> ③ 임신 32주인 피해자를 진료하다가 과실로 태아가 태반조기박리로 사망에 이르게 되었다면, 태아에 대한 업무상 과실치사도 인정되지 않으며, 또한 이는 산모인 피해자에 대한 상해가 되지 않기 때문에 업무상 과실치상죄가 성립하지 않는다. (대법원 2009도1025)

(3) 행위

① 살해의 수단과 방법은 제한이 없다. 유형적, 직접적, 작위적 방법(타살, 독살, 교살, 사살, 자살) 모두 가능하다.
② 무형적 방법(정신적 고통이나 충격에 의한 방법)에 의한 살해도 가능하다. 단, 미신적 방법(저주, 기도)은 살해의 수단으로 불가능하다.

③ 간접적 방법(죽음의 의미를 모르는 유아나 정신병자에 대해 강제나 기망을 수단으로 하여 자살하게 하는 방법 등 간접정범에 의한 경우)도 가능하다.

④ 부작위에 의한 방법으로도 가능하다. 이 경우는 보증인지위가 있어야 함은 물론이다. 예를 들어 유아를 돌보아야 할 보증인 지위에 있는 자가 사망의 결과를 야기한 경우이다.

> **관련판례** 부작위에 의한 살인죄
> ① 감금한 자가 탈진상태에 빠져 있는 피해자를 구조하지 아니하여 죽게 한 경우 (대법원 82도2024)
> ② 삼촌이 어린 조카를 저수지로 데리고 가서 미끄러지기 쉬운 제방 쪽으로 유인하여 함께 걷다가 물에 빠진 조카를 방치하여 익사하게 한 경우 (대법원 91도2951)

(4) 결과 및 인과관계

① 살인죄는 사망이라는 결과가 발생하고 살해행위와 사망 사이에는 인과관계와 객관적 귀속이 인정되어야 하며, 행위와 결과 사이에는 어느 정도 시간적 간격이 있어도 무방하다. 즉, 살해행위 후 2~3일 후에 사망한 경우에도 이 죄에 해당된다는 것이다.

② 살해행위와 사망 사이에는 인과관계와 객관적 귀속이 인정되어야 한다. 인과관계가 없을 때에는 미수에 해당할 여지가 있다.

③ 불능미수도 가능하므로, 치사량미달의 독약으로 살해하려 한 경우에는 살인죄의 불능미수가 된다. (대법원 83도2967) 그러나 해당 피해자에게 치사량 미달이었지만 일반적으로 사람을 살해할 수 있는 정도이면 장애미수가 성립한다. (대법원 83도3331)

(5) 미수와 기수

① 실행착수시점은 살해의도를 가지고 타인의 생명을 위태롭게 하는 행위를 직접 개시한 때로 본다.

② 예컨대, 피고인이 격분하여 피해자를 살해할 것을 마음먹고 밖으로 나가 낫을 들고 피해자에게 다가서려고 하였으나 제3자가 이를 제지하여 그 틈을 타서 피해자가 도망함으로써 살인의 목적을 이루지 못한 경우, 피고인이 낫을 들고 피해자에게 접근함으로써 살인의 실행행위에 착수하였다고 할 것이므로 이는 살인미수에 해당한다. (대법원 85도2773) 또한 피고인이 그 소속 중대장을 살해 보복할 목적으로 수류탄의 안전핀을 빼고 그 사무실로 들어갔다고 하며 이는 상관살인미수죄에 해당한다. (대법원 70도861)

③ 이 죄는 침해범이므로 살해행위로 사망의 결과가 발생한 때 기수가 성립하고 행위와 결과 사이에 인과관계가 존재해야 한다. 그렇지 않은 경우 미수가 성립할 뿐이다. 그렇다고 행위가 사망의 유일한 원인일 필요는 없다. 기수시점은 살해행위로 사망의 결과가 발생한 때이다.

2 주관적 구성요건

① 살해의 고의가 있어야 한다. 객체가 사람이라는 인식이 있는 것만으로도 충분하며, 그 행위로 인하여 사망의 결과가 발생할 수 있다는 인식만으로도 충분하다.

② 살인의 범의는 반드시 살해의 목적이나 계획적인 살해의 의도가 있어야 인정되는 것은 아니고 자기 행위로 인하여 피해자가 사망할 수도 있다는 사실을 인식, 예견하는 것으로 족하고 피해자의 사망을 희망하거나 목적으로 할 필요는 없으며, 또 확정적인 고의가 아닌 미필적 고의로도 족하다. (대법원 94도2511)

③ 피고인이 살인의 범의를 부인할 경우, **살인의 범의 여부는 범행 당시 피고인이 범행에 이르게 된 경위, 범행의 동기, 준비된 흉기의 유무·종류·용법, 공격의 부위와 반복성, 사망의 결과발생 가능성 정도 등 범행 전후의 객관적인 사정을 종합하여 판단**한다. (대법원 2006도734, 2000도5590)

④ 고의가 없으면 과실치사, 결과적 가중범인 폭행치사, 상해치사죄가 성립한다.

> **참고**
> 판례는 의욕요소를 등한시하면서 직접고의(인식요소 100% + 의욕요소 0%)가 인정되지 않는 사안에 고의를 인정하기도 한다. 즉 자기행위로 인해 타인의 사망결과를 발생시킬 만한 가능성 또는 위험성이 있음을 인식·예견하면 충분하고, 사망의 결과발생 또는 그것에 대한 희망은 필요하지 않다. 그 인식이 불확정적이라도 미필적 고의가 된다. 인식요소 50%(확실한 인식이 아닌 인식의 가능성) + 의욕요소 0%로도 살인의 고의를 인정한다.

> **관련판례** 살인죄의 고의 인정
>
> ① 자살을 결의한 후 자살도중에 있는 자라 할지라도 이에 가공하여 살해의 목적을 달성한 경우에는 살인죄가 성립한다. (대법원 4281형상38)
> ② 甲이 식당주인 A를 살해할 의사로 농약 1포를 숭늉그릇에 투입하여 식당에 놓아두었는데, 식당주인의 딸 B가 이를 마시고 사망한 경우, 甲은 과실치사죄가 아니라 살인의 기수가 인정된다. (대법원 68도884) = 구체적 사실의 착오에서 방법의 착오로 법정적 부합설에 따라 기수.
> ③ 군인 甲이 하사 A를 살해할 목적으로 발사한 총탄에 이를 제지하려고 甲 앞으로 뛰어들던 병장 B가 맞아 사망한 경우 甲은 B에 대한 살인죄가 성립한다. (대법원 75도727) = 법정적 부합설에 따라 B에 대한 살인 기수로 보는 것이지, 구체적 부합설에 따른 결론인 A에 대한 살인미수죄와 B에 대한 과실치사죄의 상상적 경합이 되는 것이 아니다.
> ④ 체육교사인 甲은 중학생 乙을 자신의 아파트에 감금한 후, 乙이 박카스도 마시지 못할 정도로 쇠약해져 있음에도 乙을 방치하고 외출을 하였다. 외출에서 돌아온 甲은 乙이 사망하였음을 발견한 사안에서, 甲에게 乙에 대한 감금치사죄가 아니라 살인죄가 인정된다. (대법원 82도2024)

> **비교판례**
> 甲이 4일가량 물조차 제대로 마시지 못하고 잠도 자지 아니하여 거의 탈진 상태에 이른 A의 손과 발을 17시간 이상 묶어 두고 좁은 차량 속에서 움직이지 못하게 감금하자 혈전이 형성되고 그 혈전이 폐동맥을 막아 사망의 결과가 발생한 경우 甲에게는 감금치사죄가 성립한다. (대법원 2002도4315)

> ⑤ 甲은 형수인 A를 죽일 의도로 A를 향하여 소나무 몽둥이를 양손에 집어 들고 힘껏 후려쳤다. A가 피를 흘리며 마당에 고꾸라지자 甲은 A를 내리치고자 다시 몽둥이로 힘껏 내리쳤는데, A가 등에 업고 있던 甲의 조카인 2세된 B의 머리부분이 맞아 B가 현장에서 두개골절 및 뇌좌상으로 사망하였다면, B에 대한 살인죄가 인정된다. (대법원 83도2813)
> ⑥ 피고인이 소란을 피우는 피해자를 말리다가 피해자가 욕하는 것에 격분하여 예리한 칼로 피해자의 왼쪽 가슴부분에 길이 6cm, 깊이 17cm의 상처 등이 나도록 찔러 곧바로 좌측심낭까지 절단된 경우에 피고인에게 살인의 고의가 인정된다. (대법원 91도2174)
> ⑦ 甲은 조카인 A(8세)를 살해할 것을 마음먹고, A를 불러내어 미리 물색하여 둔 저수지로 데리고 가서 인적이 드물고 경사가 급하여 미끄러지기 쉬운 제방쪽으로 유인하여 함께 걷다가, A로 하여금 가파른 물가에서 미끄러져 수심이 약 2미터나 되는 저수지 물속으로 빠지게 하고, 그를 구호하지 아니하여 A를 익사하게 하였다면, 甲에게 A에 대한 부작위에 의한 살인죄가 성립한다. (대법원 91도2951)
> ⑧ 甲은 낫과 쇠파이프로 닥치는대로 乙의 머리와 팔, 다리를 내리찍어 중상해를 입혔다. 병원에서 치료를 받던 乙은 자상으로 인해 급성심부전증이 발생하였는데, 음식을 조절하지 않아 사망하였다면, 중간에 치료상의 문제가 개입되어 있더라도 甲에게 乙의 사망에 대한 살인죄가 인정된다. (대법원 93도3612)

⑨ 길이 99cm, 두께 8cm의 각목으로 피해자의 머리를 3번 강타하고, 피해자가 비틀거리며 쓰러졌음에도 계속하여 더 세게 머리를 2번 때려 피해자가 두개골 골절로 인한 뇌출혈 등으로 사망한 것이라면 피고인에게 살인의 범의가 인정된다. (대법원 98도980)

⑩ 인체급소를 잘 알고 있는 무술교관출신의 피고인이 무술의 방법으로 피해자의 울대(성대)를 가격하여 사망하게 한 경우, 살인의 범의가 있다. (대법원 2000도2231)

⑪ 건장한 체격의 군인이 왜소한 자를 폭행하고, 특히 급소인 목을 부러질 정도로 세게 졸라 사망하게 한 경우, 살인죄가 성립한다. (대법원 2000도5590)

⑫ 피고인이 교통사고를 가장하여 피해자들을 살해하고 보험금을 수령하여 자신의 경제적 곤란을 해결하고 신변을 정리하는 한편, 그 범행을 은폐할 목적으로 피해자들을 승용차에 태운 후에 고의로 승용차를 저수지에 추락시켜 피해자들을 사망하게 한 것으로서 살인의 범의가 인정된다. (대법원 2001도4392)

⑬ 강도가 베개로 피해자의 머리부분을 약 3분간 누르던 중 피해자가 저항을 멈추고 사지가 늘어졌음에도 계속 눌러 사망하게 한 경우, 강도살인죄가 성립한다. (대법원 2001도6425)

⑭ 의학적 권고에도 불구하고 보호자의 간청에 따라 치료를 요하는 환자에 대하여 치료중단 및 퇴원을 허용하는 조치를 취함으로써 환자를 사망에 이르게 한 경우, 담당 전문의와 주치의에게는 **부작위에 의한 살인죄의 공동정범이 성립하는 것이 아니라, 작위에 의한 살인방조의 죄책을 진다.** (대법원 2002도995)

⑮ 선박침몰 등과 같은 급박한 상황이 발생한 경우에 선박의 운항을 지배하고 있는 선장 甲이 자신에게 요구되는 개별적·구체적인 구호의무를 이행함으로써 사망의 결과를 쉽게 방지할 수 있음에도 이를 방관하여 승객의 사망을 초래한 경우, 甲은 부작위에 의한 살인죄가 성립한다. (대법원 2015도6809 전합)

> **관련판례** 살인의 고의 부정
>
> 적재된 임산물에 대한 부정성 여부를 조사하기 위하여 화물자동차의 승강구에 뛰어올라 정차를 명하는 경찰관을 폭행하여 추락시켜 사망케 한 경우 살인의 고의가 인정되지 않는다. (대법원 4294형상598) = 폭행치사죄 인정

3 위법성

(1) 일반적인 위법성조각사유의 적용

① 일반적인 정당화사유 중에서는 정당방위와 정당행위가 살인죄에 적용될 수 있는 정당화사유이다.

② 그러나 긴급피난이나 자구행위, 피해자의 승낙은 정당화사유로 적용할 수 없다.

③ 생명은 처분할 수 없는 법익으로 피해자의 승낙이 인정되지 않으며, 촉탁승낙 살인죄로 처벌될 수 있다.

(2) 특별 위법성조각사유: 안락사(Euthanasie, 아름다운 죽음(schöner Tod)이 어원이다.)

① 안락사는 심한 육체적 고통에 시달리는 불치의 환자에 대해 고통을 덜어주기 위한 목적으로 사기를 앞당기는 의학적 조치를 말한다. 호스피스·완화의료 및 임종과정에 있는 환자의 연명의료결정에 관한 법률에 의하여 존엄사(안락사)를 인정하고 있다.

② 담당의사는 임종과정에 있는 환자가 연명의료계획서, 사전연명의료의향서, 환자가족의 진술을 통하여 환자의 의사(意思)로 보는 의사(意思)가 연명의료중단결정을 원하는 것이고, 임종과정에 있는 환자의 의사에도 반하지 아니하는 경우, 또는 연명의료중단결정이 있는 것으로 보는 경우에 한하여 연명의료중단 결정을 이행할 수 있다.

③ 19세 이상의 환자가 의사를 표현할 수 없는 의학적 상태인 경우 환자의 연명의료중단결정에 관한 의사(意思)로 보기에 충분한 기간 동안 일관하여 표시된 연명의료중단에 관한 의사(의사에 대하여 환자가족이 ㉮ 배우자, ㉯ 직계비속, ㉰ 직계존속, 앞의 ㉮~㉰의 사람이 없는 경우 형제자매) 2명 이상의 일치하는 진술(환자 가족이 1명인 경우 1명의 진술)이 있으면 담당의사와 해당 분야 전문의 1명의 확인을 거쳐 이를 환자의 의사(意思)로 본다.

④ 만일 환자가 19세 이상이 아닌 경우에 환자의 의사를 확인할 수 없고 환자가 의사표현을 할 수 없는 의학적 상태인 경우, 미성년자인 환자의 법정대리인(친권자에 한함)이 연명의료중단결정의 의사표시를 하고 담당의사와 해당분야 전문의 1명이 확인한 경우, 환자가족 전원의 합의로 연명의료중단결정의 의사표시를 하고 담당의사와 해당분야 전문의 1명이 확인한 경우 해당 환자를 위한 연명의료중단결정이 있는 것으로 본다.

⑤ 담당의사는 의료중단 결정을 이행하기 전에 해당 환자가 임종과정에 있는지 여부를 해당 분야 전문의 1명과 판단하고 그 결과를 기록하여야 한다.

참고

생명을 단축시키지 않는 안락사	• 진정 안락사: 임종을 맞은 환자의 고통만을 제거하는 것으로서 이를 범죄로 보기는 힘들다. 환자에게 고통제거수단으로 몰핀을 주사하는 경우이다.
생명을 단축시키는 안락사	(1) 적극적 안락사 　　환자의 고통을 제거하기 위하여 적극적으로 환자의 생명을 단축시키는 안락사를 말한다. 고통스러워하는 환자에게 극약을 투여하는 행위가 그 예이다. 환자의 촉탁이나 승낙 여부와 상관 없이 위법·유책한 살인행위가 된다. (2) 소극적 안락사 　　환자의 고통을 제거하기 위하여 생명연장수단을 사용하지 않는 경우이다. 인공호흡장치를 하지 않는 행위가 그 예이다. 일반적으로 이는 존엄사의 일종으로 보아 사회상규에 반하지 않는 행위로 판단한다. 즉 소극적 안락사의 불가벌의 법적 구조는 법령에 의한 정당행위이다.

4 죄수

죄수	① 생명은 일신전속적 법익·독립성으로 인하여 살인죄의 죄수는 **피해자의 수**에 따라 결정된다. 따라서 한 개의 행위로 수인을 살해하면 수 개의 살인죄가 성립하고 상상적 경합이 된다. 수 개의 행위로 수인을 살해하면 수 개의 살인죄가 성립하고 실체적 경합이 된다. ② 동일인에 대한 동일한 살해의사로 살인예비 및 살인미수를 거쳐 기수에 이른 경우 또는 상해를 거쳐 살해에 이른 경우는 보충관계에 해당하여 살인기수 1죄만 성립한다. 살해의 목적으로 동일인에게 일시·장소를 달리하고 **수 차에 걸쳐 공격을 하였으나 미수에 그치다가 그 목적을 달성한 경우**, 살해의 목적을 달성할 때까지의 행위는 모두 실행행위의 일부로서 이를 포괄적으로 보고 단순한 한 개의 **살인기수죄로 처단할 것이지** 살인예비 내지 미수죄와 동 기수죄의 경합범으로 처단할 수 없는 것이다. (대법원 65도695) ③ 살인행위와 동시에 의복의 손괴가 수반되었을 경우는 손괴죄는 불가벌적 수반행위로 살인죄만 성립한다.
타죄와의 관계	① 갑이 을을 살해한 후 을의 손목시계를 취득한 경우 판례는 살인죄와 절도죄가 성립(실체적경합)한다고 하고, 통설은 살인죄와 점유이탈물횡령죄(실체적경합)가 성립한다고 한다. ② 사체 갑의 손목시계를 통행인 을이 취득한 경우 점유이탈물횡령죄가 된다. ③ 갑이 을을 살해 후 죄적인멸을 위하여 사체를 손괴절단한 경우는 살인죄와 사체손괴죄가 성립(실체적경합)한다. ④ 갑이 을을 살해 후 죄적인멸을 위하여 사체를 한강에 버린 경우는 살인죄와 사체유기죄(실체적경합)가 성립한다. 다만 피해자를 유인하여 살해하고 사체를 방치하고 도주한 경우에는 별도의 사체은닉죄는 성립하지 않는다. ⑤ 갑은 자기 과수원에서 사체 을이 발견되므로 사체를 인근 공동묘지에 매장한 경우는 변사체검시방해죄가 성립한다. ⑥ 피고인이 피해자를 2회 강간하여 2주간의 치료를 요하는 질입구 파열창을 입힌 다음, 피해자에게 용서를 구했으나 피해자가 이에 불응하면서 위 강간사실을 부모에게 알리겠다고 하자, 피해자를 살해하여 범행을 은폐하기로 마음먹고 철사줄과 양손으로 피해자의 목을 졸라 죽인 경우는 강간치상죄와 살인죄의 실체적경합범이 된다. (대법원 86도2360)

III 존속살해죄

형법

제250조 【살인, 존속살해】 ② 자기 또는 배우자의 직계존속을 살해한 자는 사형, 무기 또는 7년 이상의 징역에 처한다.

제254조 【미수범】 제250조, 제252조 및 제253조의 미수범은 처벌한다. [전문개정 2023. 8. 8.]

제256조 【자격정지의 병과】 제250조, 제252조 또는 제253조의 경우에 유기징역에 처할 때에는 10년 이하의 자격정지를 병과할 수 있다.

1 의의

존속살해죄는 자기 또는 배우자의 직계존속을 살해함으로써 성립되는 범죄이다. 보통살인죄에 비하여 형벌이 가중되어 있는데, 이는 직계비속이 직계존속을 살해하는 경우에는 패륜성에 기초하여 비난이 더 가해지기 때문이다. 이 죄의 형가중의 근거에 대해서는 불법이 가중되는 범죄유형이라는 견해와 책임이 가중되는 형태라고 설명하는 견해가 대립된다.

2 구성요건

(1) 구성요건

1) 주체

직계비속의 신분을 갖는 자 또는 그의 배우자이어야 한다. (부진정신분범)

2) 객체

본죄의 객체는 자기 또는 배우자의 직계존속으로서, 민법상 법적 개념으로 사실상의 관계는 포함되지 않는다. 구체적인 범위는 다음과 같다.

혼인 외 출생자	인지 후의 생부를 살해한 경우	존속살해죄
	인지 전의 생부를 살해한 경우	보통살인죄
	생모를 살해한 경우	존속살해죄
양자	양부모를 살해한 경우	존속살해죄
	실부모를 살해한 경우	존속살해죄
친양자	양부모를 살해한 경우	존속살해죄
	실부모를 살해한 경우	보통살인죄
계모와 적모를 살해한 경우		보통살인죄
배우자의 직계존속을 살해한 경우	법률상의 배우자(별거 중이라도)	존속살해죄
	이혼, 사별 등을 한 경우	보통살인죄
	사실혼 관계 배우자	보통살인죄
동일한 기회에 배우자를 먼저 살해하고 계속하여 그의 직계존속을 살해한 경우		존속살해죄 (배우자에 대한 보통 살인죄와 실체적경합)

> **참고** 친양자제도(2008. 1. 1. 시행)
> 친양자의 경우는 양자와는 달리 양친과의 친족관계만 인정된다. 따라서 친양자가 실부모를 살해하는 것은 보통살인죄가 성립한다. 그러나 아직 실부모를 살해한 판례는 없다.

3) 착오 문제

① 존속살해죄의 고의가 성립하기 위해서는 자기 또는 배우자의 직계존속을 살해한다는 인식·인용이 있어야 한다. 따라서 그러한 인식·인용이 없다면 보통살인죄로 처벌될 뿐이다.

② 만일, 존속살해의 의사로 보통살인의 결과를 발생시킨 경우는 법정적 부합설의 입장에 따르면 발생사실인 보통살인죄의 기수가 성립한다. 그리고 보통살인의 의사로 존속살해의 결과를 발생시킨 경우에도 인식의 결여로 보통살인죄가 성립한다. (대법원 4293형상494)

3 공범관계

피해자인 존속에 대하여 비속의 신분관계가 있는 자의 행위에 비신분자가 가담한 경우 비신분자에게는 일단 제33조 본문에 의하여 공동정범이 성립한 후 처벌은 제33조 단서에 의해 해결한다. 예컨대 甲과 乙이 공동으로 甲의 아버지인 丙을 살해한 경우, 甲과 乙은 존속살해죄의 공동정범이 성립하였다가 乙은 보통살인죄로 처벌된다.

4 죄수

현주건조물을 방화하여 존속을 살해한 경우, 존속살해죄와 현주건조물방화치사죄가 상상적 경합을 한다. (대법원 96도485)

> **참고** 위헌성 여부
> 존속살해죄가 보통살인죄에 비하여 존속살해죄를 가중처벌하는 것은 직계비속이라는 신분을 이유로 한 차별이기 때문에 헌법 제11조 제1항 평등의 원칙에 반하는 것이 아닌가에 대해서 합헌설과 위헌설의 견해가 대립되고 있다. ⅰ) 위헌설은 친자관계라는 도덕원리는 봉건적 가족제도의 유산에 불과하고, 법과 도덕은 구별해야 하고 효라는 도덕적 가치를 특히 형벌에 의해 강제할 것은 못되며, 자신의 의사와 관계없이 출생된 직계비속이라는 신분 때문에 형벌을 가중하는 것은 사회적 신분으로 인한 차별이며, 반인륜성 내지 패륜성이라는 점에서 보면 존속살해와 비속살해는 차이가 없음에도 불구하고 존속살해만 가중처벌하는 것은 균형을 잃은 처사라고 한다. 반면에 ⅱ) 합헌설은 헌법상의 평등의 원칙은 개개인의 경제적·사회적 조건에 따른 합리적 근거있는 차등까지 금지하는 절대적 평등을 의미하는 것은 아니고, 존속에 대한 범죄를 중하게 처벌하는 것은 효라는 인류의 도덕적 기본가치에 근거를 둔 합리적 차별이며, 존속살해죄에 의해 존속이 더 강하게 보호받는 것은 비속의 패륜성 비난에 대한 반사적 이익에 불과하다고 한다. 이에 헌법재판소는 "친자관계의 도덕적 가치는 우리 사회윤리의 본질적 구성부분을 이루고 있는 가치질서로서, "비속"에 대한 가중처벌은 합리적 근거가 있으므로 평등원칙에 반하지 않는다"고 하면서 합헌설을 유지하고 있다. (헌법재판소 2000헌바53 전합)

관련판례

① 피고인이나 피해자가 타가의 양자로 입양된 사실이 있다 할지라도 <u>생가</u>를 중심으로 사는 종전의 친족관계는 소멸되는 것이 아니므로 타인의 양자로 입양된 자가 실부모를 살해한 경우는 존속살해죄가 성립한다. (대법원 66도1483)

② 생부가 혼인 외의 자를 혼인 중의 출생자로 호적 신고한 경우 친생자 출생신고로서는 무효이나 인지신고로서는 유효하므로 생부를 살해하면 존속살해죄가 성립한다. (대법원 71다1983) = 甲남이 乙녀와 정교를 맺어 乙이 A를 출산하자 자신의 처인 丙몰래 A를 자신과 丙사이의 혼인중의 출생자로 호적신고를 한 경우 A가 甲을 살해하였더라도 존속살해죄가 성립한다.

③ 혼인 외의 출생자가 인지하지 않은 <u>생모</u>를 살해하면 존속살해죄가 성립한다. (대법원 80도1731) = 따라서 생모는 인지를 안했어도 직계존속관계인 것이다.

④ 피해자(여)가 자기 집 문 앞에 버려진 영아(피고인)를 주어다 기르고 남편과의 친생자인 것처럼 출생신고를 하였으나 <u>입양요건을 갖추지 아니하였다면</u> 모자관계가 성립되지 않으므로 피고인이 동녀를 살해하여도 존속살인죄로 처벌할 수 없다. (대법원 81도2466)

⑤ 호적상 甲남과 乙녀 사이에 태어난 친생자로 등재되어 있으나, 사실은 乙이 타인과 정교를 맺어 출생한 자식이 甲을 살해한 경우에는 보통살인죄를 구성한다. (대법원 83도996)

⑥ 양친자관계를 창설하려는 명백한 의사가 있고 기타 입양의 실질적 요건이 구비되었음에도 입양신고를 하지 아니한 채 친생자 출생신고를 한 이후 계속하여 자신을 양육하여 온 사람을 살해한 경우 존속살해죄가 성립한다. (대법원 2007도8333, 2007감도22) = 다소 형식상 잘못이 있더라도 사실상 <u>입양 효력이 인정</u>되므로, 양자와 양부모 관계는 성립한 것으로 본다.

IV 영아살해죄

형법

제251조【영아살해】 직계존속이 치욕을 은폐하기 위하거나 양육할 수 없음을 예상하거나 특히 참작할 만한 동기로 인하여 분만 중 또는 분만직후의 영아를 살해한 때에는 10년 이하의 징역에 처한다.
제251조 삭제 <2023. 8. 8.>
저항 능력이 없거나 현저히 부족한 사회적 약자인 영아를 범죄로부터 두텁게 보호하고자 영아살해죄를 폐지하였다. 참고로 1998년 독일은 형법개정을 통해 영아살해죄 규정을 폐지하였다.

1 의의

직계존속이 참작할만한 일신상의 사정이나 특수한 동기로 인하여 <u>분만 중 또는 분만직후의 영아를 살해함으로써 성립</u>하는 범죄로서, 보통살인죄에 비하여 형이 감경되는 부진정신분범이다. 따라서 비신분자에게는 형법 제33조 단서가 적용된다.

2 구성요건

(1) 주체

① 판례는 법률상 직계존속에 한정하고 있다고 보며, 부모만 해당되고 조부모는 제외된다.

② 따라서 사실상 동거관계에 있는 남녀 사이에 태어난 영아를 동거남이 살해한 경우, 동거남은 영아와의 사이에 법률상의 직계존비속 관계가 없으므로 영아살해죄가 될 수 없고 보통살인죄로 책임을 진다. (대법원 69도2285)

(2) 객체

① 분만 중 또는 분만직후의 영아이다.

② 분만 중이란 분만 개시의 진통시부터 분만 완료 시점까지이고, 분만 직후는 분만의 흥분상태가 계속되는 동안으로 보고 있다.

③ 그러나 제왕절개수술 시점은 분만개시시점으로 볼 수 없다. (대법원 2005도3832)

(3) 주관적 구성요건

① 자신이 직계존속이라는 점과 영아를 살해한다는 점에 대한 인식이 필요하다.

② 또한 치욕은폐(강간, 근친상간 등), 양육할 수 없음 예상, 특히 참작할 만한 동기(조산, 기형, 불구 등) 등의 초과 주관적 구성요건이 필요하다.

(4) 초과 주관적 구성요건

① 치욕을 은폐하기 위한 경우

영아의 분만이 개인이나 가문의 명예에 치욕이 될 만한 사정이 있어서 이를 숨기기 위한 것으로 강간으로 인한 임신, 미혼모의 사생아 임신 등이 대표적일 것이다.

② 양육할 수 없음을 예상한 경우

출산 후 가정의 경제적 능력의 결핍 등으로 인하여 영아를 정상적으로 양육할 것이 불가능하다고 판단되어 해결수단으로 영아를 살해하는 경우를 말한다.

③ 특히 참작할 만한 동기가 있는 경우

조산, 기형아의 출산, 불구아의 출산 등의 원인으로 발생할 수 있다.

④ 동기에 대한 착오

직계존속이 적출자를 사생아로 오인하고 살해하면 행위자가 인식한 대로 영아살해죄가 성립하고, 이와 반대로 사생아를 적출자로 생각한 경우는 행위자가 인식한 대로 보통살인죄가 성립한다.

V 촉탁·승낙에 의한 살인죄

형법

제252조 【촉탁·승낙에 의한 살인】 ① 사람의 촉탁이나 승낙을 받아 그를 살해한 자는 1년 이상 10년 이하의 징역에 처한다.

제254조 【미수범】 제250조, 제252조 및 제253조의 미수범은 처벌한다. [전문개정 2023. 8. 8.]

제256조 【자격정지의 병과】 제250조, 제252조 또는 제253조의 경우에 유기징역에 처할 때에는 10년 이하의 자격정지를 병과할 수 있다.

1 의의

피해자의 촉탁 또는 승낙을 받아 살해하는 범죄로서 동의살인죄라고도 한다. 보통살인죄에 비해 형이 감경되어 있다. 감경근거의 이론을 둘러싸고 i) 책임감경설과 ii) 불법감경설이 대립한다. 전자는 생명은 처분할 수 없는 법익이므로 촉탁·승낙이 있더라도 책임이 감경될 뿐이라고 한다. 후자는 피해자의 자유로운 의사결정에 따른 생명포기라는 점을 중시하여 불법이 감경되는 것으로 본다.

2 구성요건

(1) 객체

① 촉탁 또는 승낙을 한 자이다.

② 촉탁·승낙자에게는 당연히 죽음의 의미를 이해하고 선악의 효과를 판단할 수 있는 능력이 있어야 한다. 따라서 연소자나 정신병자 기타 심신상실자는 이 죄의 행위객체가 되지 않는다. 이들은 보통살인죄의 객체가 될 뿐이다.

(2) 행위

이 죄의 행위는 촉탁 또는 승낙을 받아서 살해하는 것이다.

1) 촉탁 또는 승낙

① **촉탁**: 이미 죽음을 결심한 피해자가 행위자에게 살해를 부탁(위임)하는 것이다.

② **승낙**: 이미 살해결의를 한 행위자가 피해자로부터 살해의 동의를 받는 것이다.

③ 촉탁과 승낙은 당연히 진지한 것이어야 할 것이므로 강박, 기망, 농담 혹은 일시적 기분으로 한 촉탁 내지 승낙은 이에 해당되지 않는다.

④ 촉탁은 '명시적'이어야 하지만, 승낙은 반드시 명시적일 필요는 없고 최소한 외부에서 인식할 수 있도록 표시되면 된다.

⑤ 그리고 촉탁·승낙은 직접하여야 한다. 따라서 대리에 의한 촉탁승낙은 인정되지 아니한다.

2) 촉탁승낙의 시기

촉탁 내지 승낙은 살해행위 이전에 이루어져야 한다. 따라서 살해행위가 실행되는 도중에 촉탁을 받는다든지, 살해행위가 미수로 끝난 후에 피해자로부터 승낙을 받은 경우는 이에 해당되지 않고 보통살인죄의 미수로 처벌될 뿐이다.

(3) 주체

이 죄의 주체는 촉탁 내지 승낙을 받은 자이다. 그러므로 촉탁 또는 승낙의 상대방이 특정되어 있는 경우에는 그 자만이 이 죄의 행위주체로 될 수 있을 뿐이고, 제3자가 살해하면 보통살인죄가 적용된다.

3 고의

(1) 이 죄의 고의는 피해자의 촉탁 내지 승낙을 받아서 살해한다는 점에 대한 인식과 의사이다.

(2) 촉탁 또는 승낙에 대해 착오

① 촉탁 내지 승낙이 없었음에도 불구하고 있었다고 오인한 경우는 촉탁·승낙에 의한 살인죄가 성립한다. 즉 제15조 제1항의 구성요건적 착오에서 상황의 착오로 이해하는 견해가 지배적이다.

② 촉탁 내지 승낙이 있었음에도 불구하고 전혀 모르고 행위한 경우에는 촉탁·승낙에 의한 살인죄설과 보통살인죄설, 보통살인죄의 미수와 본죄의 상상적경합이 된다는 입장의 견해 대립이 있다. 다수설은 보통살인죄에 대한 고의만 성립하므로 보통살인죄의 기수가 성립한다는 입장이다.

4 미수범

이 죄의 미수범은 처벌한다. (제254조)

VI 자살관여죄

> **형법**
>
> **제252조 【자살교사·방조】** ② 사람을 교사하거나 방조하여 자살하게 한 자도 제1항의 형에 처한다.
>
> **제254조 【미수범】** 제250조, 제252조 및 제253조의 미수범은 처벌한다. [전문개정 2023. 8. 8.]
>
> **제256조 【자격정지의 병과】** 제250조, 제252조 또는 제253조의 경우에 유기징역에 처할 때에는 10년 이하의 자격정지를 병과할 수 있다.

1 의의

자살교사·방조죄는 사람을 교사 또는 방조하여 자살하게 하는 범죄이다. 일명 자살관여죄라고도 한다. 이 범죄의 법적성질에 관하여는 공범독립성설은 당연규정으로 보고, 공범종속성설은 예외규정 또는 특별규정으로 이해한다. 형법은 자살을 처벌하지 않는다. 왜냐하면 구성요건해당성이 없다. 처벌대상과 처벌의 이익이 없기 때문이다. 그러나 타인의 자살에 관여한 행위는 처벌대상이다.

2 구성요건

(1) 객체

① 자살하려는 자이다.

② 자살의 의미를 이해하고 자유롭게 자살을 결의할 능력이 있는 자라야 한다. 따라서 자살의 결정능력이 없는 유아, 정신병자 등은 이 죄의 객체로 될 수 없다. 자살의 결정능력이 없는 자를 교사, 방조하여 자살하게 한 경우에는 구체적인 사정을 검토하여 살인죄의 간접정범이나 위계·위력에 의한 살인죄로 처벌할 수 있을 것이다.

> **관련판례**
>
> 피고인이 7세, 3세 남짓된 어린 자식들에게 함께 죽자며 물속에 따라 들어오게 하여 자녀들이 익사한 경우, 자녀들이 너무 어려서 자살의 의미를 이해할 수 없는 경우이므로 살인의 범의가 인정되어 살인죄에 해당한다. (대법원 86도2395)
> = 자살교사죄가 아니라 보통살인죄에 해당한다.

(2) 행위 및 결과와 인과관계

① 교사

자살의사 없는 자에게 자살을 결의하게 하는 것이다. 수단과 방법에는 제한이 없으므로 명령, 권유, 애원, 이익 제공 등이 모두 가능하다. 다만 위계나 위력의 방법을 사용하면 이 죄가 아니라 위계·위력 살인죄가 성립된다.

② 방조

자살하려는 자를 도와주어서 자살을 용이하게 해 주는 것이다. 역시 수단과 방법에는 제한이 없다.

③ 자살

　　피교사 내지 피방조자의 자살행위가 있어야 한다. 즉, 자살이 성공되어야 이 죄의 기수가 성립되는 것이다.

④ 인과관계

　　교사, 방조와 자살 사이에는 인과관계가 있어야 한다. 따라서 교사, 방조가 행해졌지만 이에 기하여 자살한 것이 아닐 때에는 이 죄의 기수는 성립되지 않는다.

> **관련판례**
>
> ① 피고인이 인터넷 사이트 내 자살 관련 게시판에 청산염 등 자살용 유독물의 판매광고를 한 행위가 단지 금원 편취 목적의 사기행각의 일환으로 이루어졌고, 변사자들이 다른 경로로 입수한 청산염을 이용하여 자살한 사정 등에 비추어, 피고인의 행위는 자살방조에 해당하지 않는다. (대법원 2005도1373)
>
> ② [1] 사건 당일 새벽에 피고인과 말다툼을 하다가 죽고 싶다 또는 같이 죽자고 하며 피고인에게 기름을 사오라는 말을 하였고, 이에 따라 피고인이 피해자에게 휘발유 1병을 사다주었는데 그 직후에 피해자가 몸에 휘발유를 뿌리고 불을 붙여 자살한 경우, 피고인과 피해자 사이의 가정불화, 경제적 어려움 등을 보태어 보면, 피고인이 당시 피해자에게 휘발유를 사다주면 이를 이용해 자살할 수도 있다는 것을 충분히 예상할 수 있었음에도 피해자에게 휘발유를 사다주어 피해자가 자살하도록 한 피고인의 행위는 자살방조죄에 해당한다.
>
> [2] 형법 제252조 제2항의 자살방조죄는 자살하려는 사람의 자살행위를 도와주어 용이하게 실행하도록 함으로써 성립되는 것으로서, 이러한 자살방조죄가 성립하기 위해서는 그 방조 상대방의 구체적인 자살의 실행을 원조하여 이를 용이하게 하는 행위의 존재와 그 점에 대한 행위자의 인식이 요구된다. (대법원 2010도2328)

참고　합의동사(동반자살, 공동자살)의 생존자 문제

합의동사란 서로 합의하여 같이 자살하는 것을 말한다. 합의동사의 결과 모두 죽었으면 자살이 처벌되지 않으므로 형법적으로 문제될 것이 없으나, 한사람은 죽고 다른 사람은 살았다고 할 경우에는 과연 생존자에 대해 어떤 죄책을 물어야 할 것인지의 문제가 제기된다. 다음과 견해가 나뉜다.

㉠ 불벌설

　　촉탁 내지 승낙이 없었음에도 불구하고 있었다고 오인한 경우는 촉탁승낙에 의한 살인죄가 성립한다.

㉡ 자살관여죄설(통설)

　　생존자의 행위가 사망자의 자살에 대해 교사 내지 방조의 의미를 지니는 경우에는 생존자에게 자살관여죄의 죄책을 물을 수 있다는 견해이다. 즉 이는 그 가벌성을 다음과 같이 나누어서 인정한다. ⅰ) 자기는 함께 진정으로 죽을 의사로 합의동사를 기도했으나 한 사람은 살고 나머지 사람은 죽은 경우 자살교사죄나 자살방조죄가 성립한다. (물론 이 경우 교사나 방조한 사실이 없으면 무죄이다.) ⅱ) 자기는 죽을 의사가 없으면서 동반자살을 가장하여 타인을 자살케 한 경우는 위계에 의한 살인죄가 성립한다. ⅲ) 의사능력이 없는 자와 동반자살하여 자신만 살아남는 경우는 보통살인죄가 성립한다. 유아는 자살교사의 대상이 될 수 없다.

3　고의

① 자살교사의 경우 피교사자에게 자살을 결의하게 하여 실행시킨다는 점에 대한 인식과 의사이고, 자살방조의 경우 피방조자를 원조하여 자살을 용이하게 한다는 점에 대한 인식과 의사이다.

② 동기가 무엇인지는 묻지 않는다. 따라서 고통을 덜어주기 위해서 자살을 교사 내지 방조한 경우라도 이 죄의 성립에는 영향이 없다.

4 미수범

이 죄는 미수도 처벌된다. 따라서 실행착수 시기를 언제로 할 것인지가 문제되는 바, **자살을 교사 내지 방조하는 행위를 시작한 시점**을 이 죄의 실행착수 시기로 보자는 견해가 통설이다. 이에 의하면 자살실패 뿐 아니라 교사 내지 방조의 실패나 기도만 된 교사 내지 방조가 모두 이 죄의 미수범으로 처벌된다.

5 죄수

① 자살교사와 자살방조가 함께 이루어 진 경우에는 후자는 전자에 흡수되어 자살교사죄만 성립한다.

② 만일 교사자가 피교사자에게 자살을 교사한 후 피교사자가 교사자에게 촉탁을 하기에 살해한 경우, 자살교사죄는 촉탁·승낙살인죄에 흡수되어 촉탁·승낙살인죄만 성립한다고 본다.

③ **촉탁·승낙살인죄와의 구별**: 행위지배 유무에 따라 행위자에게 행위지배가 있으면 촉탁·승낙살인이고, 없으면 자살방조이다.

VII 위계·위력에 의한 살인죄

> **형법**
>
> **제253조 【위계 등에 의한 촉탁살인】** 전조의 경우에 위계 또는 위력으로써 촉탁 또는 승낙하게 하거나 자살을 결의하게 한 때에는 제250조의 예에 의한다.
>
> **제254조 【미수범】** 제250조, 제252조 및 제253조의 미수범은 처벌한다. [전문개정 2023. 8. 8.]
>
> **제256조 【자격정지의 병과】** 제250조, 제252조 또는 제253조의 경우에 유기징역에 처할 때에는 10년 이하의 자격정지를 병과할 수 있다.

1 구성요건

(1) 위계

목적 또는 수단을 상대방에게 알리지 않고 상대방의 부지·착오를 이용하여 그 목적을 달성하는 것이다. 예컨대 합의동사의 의사가 없음에도 있는 것으로 속여 상대방으로 하여금 자살하게 하는 경우이다.

(2) 위력

사람의 의사를 제압할 수 있는 유형·무형의 모든 힘을 말한다. 따라서 폭행·협박을 물론이고, 자기가 가지고 있는 사회적·경제적 지위를 이용하는 것도 포함된다. 사회경제적 지위의 이용이란, 예를 들어, 변제불능의 채무자에게 생명보험을 들게 한 후 사고를 가장하여 자살하게끔 하는 경우이다.

2 처벌

본죄는 형법 제250조의 예에 의해서 처벌된다. 따라서 행위객체가 일반인이면 보통살인죄(제250조 제1항), 자기 또는 배우자의 직계존속이면 존속살인죄(제250조 제2항)의 형에 따라 처벌될 것이다.

VIII 살인예비·음모죄

형법

제255조【예비, 음모】 제250조와 제253조의 죄를 범할 목적으로 예비 또는 음모한 자는 10년 이하의 징역에 처한다.

① 본죄는 살인죄 등을 범할 목적으로 예비 또는 음모하는 범죄이다. 모든 예비음모죄는 기본범죄의 목적이 필요한 목적범이다.
② 보통살인죄, 존속살인죄, 위계·위력에 의한 살인죄는 예비·음모 처벌규정이 있지만, 영아살해죄, 촉탁·승낙살인죄, 자살관여죄는 예비·음모 처벌규정이 없다.

> **관련판례**
> ① 권총 등을 교부하면서 사람을 살해하라고 하거나 행동자금을 교부하는 행위는 살인예비죄가 성립한다. (대법원 4283형상10)
> ② 남파된 간첩이 간첩활동을 저지한 자를 살해할 의사로 무기인 권총을 휴대하고 남하하였더라도 살해대상 인물이 결정되지 않은 이상 무기를 소지하고 있는 것만으로는 살인예비죄로 처단할 수 없다. (대법원 4292형상677)
> ③ 甲이 乙을 살해하기 위하여 丙, 丁 등을 고용하면서 그들에게 대가의 지급을 약속한 경우, 甲에게 살인예비죄가 성립한다. (대법원 2009도7150) = 미수가 아니다.

Section 02 상해의 죄

I 서설

1 조문 체계

범죄	조문	구성요건	미수	예비
상해	제257조 제1항	사람의 신체를 상해한 경우	○	×
존속상해	제257조 제2항	자기 또는 배우자의 직계존속의 신체를 상해한 경우	○	×
중상해	제258조 제1항, 제2항	사람의 신체를 상해하여 생명에 대한 위험을 발생하게 한 경우, 신체의 상해로 인하여 불구, 불치, 난치의 질병에 이르게 한 경우	×	×
존속 중상해	제258조 제3항	자기 또는 배우자의 직계존속의 신체를 상해하여 생명 위험, 불구, 불치, 난치의 질병에 이르게 한 경우	×	×
특수상해	제258조 제1항	단체 또는 다중의 위력을 보이거나 위험한 물건을 휴대하여 사람이나 존속을 상해한 경우	○	×
특수 중상해	제258조 제2항	단체 또는 다중의 위력을 보이거나 위험한 물건을 휴대하여 중상해한 경우	×	×
상해치사	제259조 제1항	사람의 신체를 상해하여 사망에 이르게 한 경우	×	×
존속 상해치사	제259조 제2항	자기 또는 배우자의 직계존속의 신체를 상해하여 사망에 이르게 한 경우	×	×
동시범 특례	제263조	독립행위가 경합하여 상해의 결과를 발생하게 한 경우에 있어서 원인된 행위가 판명되지 아니한 때에는 공동정범의 예에 의한다.		×
상습범	제264조	상습으로 상해 등을 범한 경우	○	×

2 의의 및 보호법익

① 상해죄는 타인의 신체를 고의로 상해함으로써 성립되는 범죄로서, 상해죄의 기본적 구성요건이다. 폭행죄와는 달리 반의사불벌죄가 아니다.

② 보호법익은 신체의 생리적 기능(다수설)으로 본다. 이때 생리적 기능에는 신체적 기능은 물론 정신적 기능까지 포함하므로 정신적 장애 초래도 상해죄가 될 수 있다.

③ **상해와 폭행죄**: 현행 형법은 상해죄와 폭행죄를 엄격하게 구별하고 있다. 구성요건이 완전히 분리되어 있을 뿐만 아니라 상해미수는 처벌되지만 폭행미수는 가벌성이 없다. 구체적인 보호법익이 무엇이며 양자가 어떻게 구별되는가에 대해서는 견해가 나뉜다. 통설·판례는 신체의 완전성(Korperintegritat)은 다시 신체의 건강(Gesundheit)과 건재(Wohlbefinden)로 나뉘고, 이 중에서 건강 즉, 신체의 내부적 기능의 완전성은 상해죄의 보호법익이며 건재 즉, 신체의 외적인 완전성은 폭행죄의 보호법익이라는 설이다. **건강은 다른 말로 생리적 기능**이라고도 한다. 그리하여 상해죄는 생리적 기능을 해하는 범죄라고 불리우기도 한다. 그러나 건강에 대한 침해는 건재에 대한 침해이다. 건재라는 개념이 모호하다.

- 상해죄와 폭행죄의 비교

	상해죄	폭행죄
보호법익	신체의 생리적 기능(건강)	신체의 완전성(건재)
범죄유형	결과범	거동범
미수처벌	미수 규정 ○	미수 규정 ×
과실처벌	처벌규정 ○	처벌규정 ×
소추조건	친고죄도 반의사불벌죄도 아니다.	반의사불벌죄
반의사불벌죄 여부	×	폭행, 존속폭행 ○ / 특수폭행, 폭행치사상 ×
결과적 가중범	중한 결과 발생 시 가중처벌 = 상해치사죄	폭행치사죄, 폭행치상죄
존속범죄	존속에 대한 범죄시 가중처벌 = 존속폭행 존속상해	존속폭행
행위태양상의 가중처벌	단체 또는 다중의 위력을 보이거나 위험한 물건을 휴대하고 범행을 한 경우, 가중처벌 = 특수상해 / 특수폭행	
상습성	상습 시에 형량의 1/2까지 가중처벌 = 상습상해 / 상습폭행	
자격정지 병과	존속상해, 존속폭행, 특수상해, 특수폭행, 중상해는 10년 이하 자격정지를 병과할 수 있음	
형법 제263조 (동시범 특례)	폭행이나 상해는 동시범으로 이루어져서 피해자에 대한 결과의 원인이 불명확한 경우, 해당 동시범을 공동정범의 예로 처벌	
죄수 관계	상해죄가 성립하면 폭행죄는 흡수된다.	

II 상해죄

형법

제257조【상해】
① 사람의 신체를 상해한 자는 7년 이하의 징역, 10년 이하의 자격정지 또는 1천만원 이하의 벌금에 처한다.
③ 미수범은 처벌한다.

1 구성요건

(1) 객체

① 타인의 신체이다. 그러므로 자신의 신체에 대한 상해(자상행위, 自傷)는 원칙적으로 죄가 되지 않는다. 그러나 병역법 제86조, 군형법 제41조에서는 자상행위를 처벌하는 규정이 있다. 타인을 강요하여 자상하게 하면 간접정범이 성립한다.

② 사람은 출생한 사람을 의미하므로 태아에 대한 상해는 본죄에 해당하지 않는다. 또한 태아에 대한 상해가 임부에 대한 상해로도 볼 수 없다는 것이 판례의 입장이다. (대법원 2005도3832)

(2) 행위

① 이 죄의 행위는 상해다. 수단과 방법에는 제한이 없으므로, 유형·무형(협박 등을 통하여 심각한 정신장애를 야기한 경우), 직접·간접, 작위·부작위(노모나 자녀에게 음식을 제공하지 않은 경우) 모두 가능하다.

② 상해의 개념에 관해서는 **생리적 기능훼손설이 다수설이자 판례**이다. 이에 따르면, 상해는 피해자의 신체의 완전성을 훼손하거나 생리적 기능에 장애를 초래하는 것으로, 반드시 외부적인 상처가 있어야만 하는 것이 아니고, 여기서의 생리적 기능에는 육체적 기능뿐만 아니라 정신적 기능도 포함된다. (대법원 96도2529)

③ 즉 찰과상, 치아탈락, 처녀막 파열 등 물리적인 신체 기능훼손은 물론이요, 보행불능, 수면장애, 식욕감퇴, 기절(실신) 등 정신적 기능장애까지 포괄한다.

④ 다만, 피해자가 입은 상처가 극히 경미하고 자연적으로 치유될 수 있는 정도라면 강도치상죄나 강도상해죄에서의 상해에 해당하지 않는다. (대법원 94도1311, 2000도5716)

⑤ 상해죄에서 상해는 피해자의 신체의 완전성을 훼손하거나 생리적 기능에 장애를 초래하였는지 객관적·일률적으로 판단할 것이 아니라, 피해자의 연령, 성별, 체격 등 신체·정신의 구체적 상태를 기준으로 판단해야 한다. (대법원 2016도15018)

■ **상해의 개념**

신체의 완전성 침해설	상해개념을 광의로 파악하여 외부적 완전성에 대한 침해만으로 상해가 된다. 폭행죄와 상해죄는 모두 신체의 완전성을 보호하기 위한 것이다. 독일의 통설이다.
생리적 기능훼손설(판례)	협의의 상해의 개념으로 사람의 생리적 기능을 훼손하거나 건강을 해치는 상해라고 본다. 신체의 내부적 완전성을 기준으로 하는 상해개념이다. 상해와 폭행을 입법적으로 구별하고 있는 형법의 입장에 따라서 양자를 구별해야 한다는 것이다.

> **관련판례** 상해 인정

① 타인의 신체에 폭행을 가하여 **보행불능 수면장애 식욕감퇴** 등 기능의 장해를 일으킨 때에는 형법상 상해를 입힌 경우에 해당한다. (대법원 69도161) = 강간치상 긍정

② 난소의 제거로 이미 임신불능 상태에 있는 피해자의 **자궁을 적출**한 경우 자궁을 제거한 것이 신체의 완전성을 해한 것이거나 생활기능에 아무런 장애를 주는 것이 아니고 건강상태를 불량하게 변경한 것도 아니더라도 상해에 해당한다. (대법원 92도2345) = 의사의 설명 부족을 이유로 업무상 과실치상 긍정

③ 갑상선아전절제술 및 전경부임파절청소술을 받은 환자가 기도부종으로 인한 호흡장애로 뇌기능 부분손상상태(식물인간상태)에 이르게 된 경우, 환자의 호흡 곤란을 알고도 00:30경부터 09:00경까지 환자의 상태를 확인하지 아니한 주치의 겸 당직의사와 그의 활력체크지시를 제대로 이행하지 아니하고 의사를 불러달라는 환자 보호자의 요청을 듣지 아니한 담당간호사들을 업무상과실치상죄가 인정된다. (대법원 93도3030)

④ 피해자가 성경험을 가진 여자로서 특이체질로 인해 새로 형성된 처녀막이 파열되었다 하더라도 강간치상죄를 구성하는 상처에 해당한다. (대법원 94도1351)

⑤ 미성년자에 대한 추행행위로 인하여 그 피해자의 **외음부 부위에 염증이 발생**한 것이라면, 그 증상이 약간의 발적과 경도의 염증이 수반된 정도에 불과하다고 하더라도 그로 인하여 피해자 신체의 건강상태가 불량하게 변경되고 생활기능에 장애가 초래된 것이 아니라고 볼 수 없으니, 이러한 상해는 미성년자의제강제추행치상죄의 상해의 개념에 해당한다. (대법원 96도1395)

⑥ 오랜 시간 동안 폭행·협박을 이기지 못하고 **실신**하여 범인이 불러온 구급차 안에서 정신을 차린 경우, 외부적 상처가 발생하지 않았다 하더라도 생리적 기능 훼손을 입은 것이므로 상해죄가 성립한다. (대법원 96도2529)

⑦ 성폭력범죄의 처벌 및 피해자 보호 등에 관한 법률 제9조 제1항의 상해는 피해자의 신체의 완전성을 훼손하거나 생리적 기능에 장애를 초래하는 것으로, 반드시 외부적인 상처가 있어야만 하는 것이 아니고, 여기서의 생리적

기능에는 육체적 기능뿐만 아니라 **정신적 기능도 포함**된다. 정신과적 증상인 외상 후 스트레스 장애의 경우도 법률 제9조 제1항이 정하는 상해를 입은 것으로 볼 수 있다. (대법원 98도3732)
⑧ 피해자가 소형승용차 안에서 강간범행을 모면하려고 저항하는 과정에서 피고인과의 물리적 충돌로 인하여 입은 우측 슬관절 부위 찰과상 등이 강간치상죄의 상해에 해당한다. (대법원 2005도1039)

> **관련판례** 상해 부정
> ① 강간과정에서 피해자가 손바닥에 약 2cm 정도로 긁힌 가벼운 상처를 입은 경우 (대법원 87도1880) = 강간치상죄의 상해로 인정할 수 없음. 즉 강간죄만 성립한다.
> ② 피해자를 강간하려다가 미수에 그치고 그 과정에서 피해자에게 경부 및 전흉부 피하출혈, 통증으로 약 7일 간의 가료를 요하는 상처가 발생한 경우, 그 상처가 굳이 치료를 받지 않더라도 일상생활을 하는 데 아무런 지장이 없고 시일이 경과함에 따라 자연적으로 치유될 수 있는 정도라고 하더라도 강간치상죄의 상해에 해당하지 않는다. (대법원 94도1311)
> ③ 1주간의 안정을 요하는 좌측 팔 부분에 **동전크기의 멍**이 든 경우에는 일상생활에서 얼마든지 생길 수 있는 극히 경미한 상처로 굳이 치료 필요성이 없기 때문에 상해에 해당하지 않는다. (대법원 96도2673)
> ④ 피해자를 강제로 눕혀 옷을 벗긴 뒤 1회용 면도기로 **피해자의 음모**를 위에서 아래로 약 5cm, 세로 약 3cm 정도 깎은 경우, 신체의 외모에 변화가 생겼더라도 신체건강상태가 불량하게 변경되거나 생활기능의 장애 초래한다고 볼 수 없으므로 강제추행치상죄의 상해에 해당하지 않는다. (대법원 99도3099)
> ⑤ 자동차 사고로 약 **1주일간의 치료를 요하는 요추부 통증상**으로 진단받고 주사 및 물리 치료 등은 받지 않았으나 약을 처방받아 2번 복용한 경우 (대법원 99도3910) = 특가법상 도주운전죄 부정
> ⑥ 피해자로부터 **신용카드**를 강취하고 비밀번호를 알아내는 과정에서 피해자에게 입힌 상처가 일상생활에 지장을 초래하지 않았고, 그 회복을 위하여 치료행위가 특별히 필요하지 않은 경우에는 강도상해죄의 상해에 해당하지 않는다. (대법원 2003도2313)
> ⑦ **태아를 사망에 이르게 하는 행위**가 임산부 신체의 일부를 훼손하는 것이라거나 태아의 사망으로 인하여 그 태아를 양육·출산하는 임산부의 생리적 기능이 침해되어 임산부에 대한 상해가 된다고 볼 수는 없다. (대법원 2005도3832)

(3) 인과관계
① 상해죄에 있어서 행위와 결과 사이의 인과관계와 객관적 귀속이 인정되어야 한다.
② 다만 동시범의 경우 인과관계 확정에 관한 특례가 형법 제263조에 규정되어 있다.

(4) 고의
① 상해의 고의가 있어야 한다. 따라서 고의가 없는 경우 상해의 결과가 발생하였다면, 과실치상죄 문제이다.
② 상해의 고의 수준은 **상해의 원인인 폭행에 관한 인식이 있으면 충분하고 상해를 가할 의사의 존재는 필요로 하지 않지만, 폭행을 가한다는 인식마저 없이 행위함으로써 피해자에게 상해를 입힌 경우에는 상해죄가 성립하지 않는다.** (대법원 83도231)
③ 폭행의 의사로 상해의 결과를 발생시킨 경우에는 폭행치상죄가 성립한다. 상해의 고의로 폭행했는데 단순폭행에 그친 경우 상해미수죄가 성립한다.
④ 만일 방법의 **착오**가 일어난 경우, 예를 들어, 피고인 甲이 乙, 丙 등과 시비가 붙어 싸우던 중 인근 포장마차에서 식칼을 들고 나와 휘두르다가 제3자인 丁의 신체를 상해한 경우, 판례는 법정적 부합설에 입각하여 과실치상죄가 아니라 상해죄를 인정한다. (대법원 87도1745)

2 위법성

이 죄의 위법성은 형법총칙의 일반적 위법성조각사유에 의하여 배제될 수 있다.

① 피해자의 승낙에 의해서 상해죄는 배제될 수 있다. 하지만 사회상규에 반하는 제약에 의한 승낙상해는 허용될 수 없다.(통설)

② 사회상규에 반하지 않는 경우, 위법성이 조각된다. 예컨대 병역기피를 위한 상해, 채무면제의 대가로 하는 상해, 싸움에 의한 상해는 위법성이 조각되지 아니한다. 복싱, 태권도 경기 등이 여기에 해당하나 비윤리적인 경기라면 위법성이 조각되지 않는다.

③ 의사의 치료행위는 정당행위로 위법성이 조각된다. 이 경우 설명의무, 피해자의 승낙, 의술법칙이 요구된다. 의사가 아닌 자의 치료행위는 의사의 치료행위와 동일하게 평가해야 한다. 그러나 그 행위가 영리목적으로 계속적·반복적으로 시행되었을 경우에는 무면허의료행위(의료법 위반)으로 처벌될 수 있다.

③ 상해의 결과를 일으킨 징계행위는 위법성을 조각하지 못한다. 체벌에 대해서는 논란이 있으나, 최근 경향은 위법성조각사유로 보지 아니하는 편이다.

④ 소극적 저항 수준의 폭행으로 상해를 입은 경우에는 해당 폭행은 정당행위에 해당하므로 상해죄를 구성하지 아니한다.

> **관련판례**
> ① 이웃주민이 야간에 술에 만취되어 시비를 걸며 거실에 들어오려 하여 이를 밀어내는 과정에서 전치 2주 상해를 입힌 경우는 정당행위에 해당한다. (대법원 94도2746)
> ② 넥타이를 잡고 늘어져 목이 졸리게 된 피고인이 피해자를 떼어놓기 위해 피해자의 손을 잡아 비틀면서 서로 밀고 당긴 정도는 소극적 저항행위에 불과하여 정당행위에 해당한다. (대법원 96도979)

3 죄수

죄수	① 폭행과 협박을 동시에 가한 경우 상해죄가 성립하면 수단인 폭행·협박은 상해죄에 흡수된다. ② 동일한 피해자를 수차례 상해를 한 경우, 상해의 포괄일죄를 구성한다. ③ 공무집행 중 공무원을 상해한 경우, 공무집행방해죄와 상해죄가 상상적 경합한다.
타죄와의 관계	④ 1개의 행위로 수인 상해한 경우 수개의 상해죄의 상상적 경합이 된다고 보지만, **상해를 입힌 행위가 동일한 일시, 장소에서 동일한 목적으로 저질러진 것이라도 피해자를 달리하고 있는 경우는 상해죄의 실체적 경합범(별죄)**로 본다. (대법원 83도524) ⑤ 피고인이 피해자를 폭행하여 비골 골절 등의 상해를 가한 다음 강제추행한 사건에서, 폭력행위 등 처벌에 관한 법률 위반죄(상해죄)로 처벌한 상해를 다시 결과적 가중범인 강제추행치상죄의 상해로 처벌할 수는 없다. (대법원 2009도1934)

4 상해죄 동시범의 특례

> **형법**
>
> **제263조【상해죄의 동시범】** 독립행위가 경합하여 상해의 결과를 발생하게 한 경우에 있어서 **원인된 행위가 판명되지 아니한 때에는 공동정범의 예에 의한다.**
>
> **제19조【독립행위의 경합】** 동시 또는 이시의 독립행위가 경합한 경우에 그 결과발생의 원인된 행위가 판명되지 아니한 때에는 각 행위를 미수범으로 처벌한다.

(1) 의의

동시범이란 2인 이상이 의사의 연락 없이 동시 또는 일시에 동일한 행위 객체에 범죄를 실행한 경우를 말한다. 독립행위가 경합하여 상해의 결과를 발생하게 한 경우 원인이 판명되지 아니한 때에는 공동정범의 예에 의한다.

1) 법규정

형법 제263조는 '**독립행위가 경합하여 상해의 결과를 발생하게 한 경우에 있어서 원인된 행위가 판명되지 아니한 때에는 공동정범의 예에 의한다**'고 규정하고 있다. 이것이 바로 상해죄에 있어서 동시범특례의 규정인데, 이는 원인행위가 판명되지 않은 상해죄의 동시범은 마치 공동정범의 경우처럼 취급하여 각 행위자에게 모두 상해의 인과관계를 인정하겠다는 의미를 지니고 있다.

2) 형법 제19조와의 관계

형법 제263조는 독립행위 경합시의 인과관계 문제를 다룬 형법 제19조의 예외이다. 즉, 형법 제19조는 '**동시 또는 이시의 독립행위가 경합한 경우에 그 결과발생의 원인된 행위가 판명되지 아니한 때에는 각 행위를 미수범으로 처벌한다**'고 하여 원인행위가 판명되지 아니한 동시범들의 인과관계를 부정하고 있는데, 이에 대해 형법 제263조는 상해죄는 예외임을 명시하고 있는 것이다.

3) 형법 제263조의 법적 성격: 거증책임전환

형법 제263조는 상해죄의 동시범에 있어서 인과관계가 판명되지 않더라도 개입된 모든 행위에 인과관계가 인정되는 것으로 추정해버리는 규정이라는 견해와 형사절차상 거증책임은 원칙적으로 검사에게 있는 것이지만 상해죄 동시범의 인과관계 문제에 대해서만은 피고인에게 부담시켜서 각 피고인이 자기의 행위가 상해의 결과발생에 연결되지 않았음을 적극적으로 증명해 내지 못하는 한 인과관계의 인정책임을 지워버리는 것이라는 거증책임전환설(다수설)의 대립이 있다.

4) 적용요건

① **독립행위의 경합**: 둘 이상의 상해행위가 행위자 사이의 사전 연락 없이 동일한 대상에 대해 행해져야 한다. 동시에 행해지는지, 이시에 행해지는지는 불문한다.

② **상해결과의 발생**

독립행위의 경합이란 2개 이상의 행위가 서로 의사의 연락 없이 같은 객체에 대해 행해지는 것을 말하며, 동시범특례가 적용되기 위해서는 독립행위가 경합하여 발생된 결과는 '상해나 폭행'이어야 한다.

③ **원인된 행위의 불판명**: 원인된 행위가 판명되지 않아야 한다. 원인행위가 판명된 경우에는 그에 따라 각자 기수 또는 미수의 책임을 진다. 원인된 행위가 판명되면 이에 따라 인과관계의 책임이 결정된다. 따라서 특

례의 적용은 원인된 행위가 판명되지 않은 경우에 한정된다. 주의할 점은 **상해죄의 동시범은 두 사람 이상이 가해행위를 하여 상해의 결과가 발생한 경우에 그 상해가 어느 사람의 가해행위 때문인지가 분명치 않을 때 가해자 모두를 공동정범으로 보는 것이므로 가해행위를 한 것 자체가 분명치 않은 사람에게는 동시범을 적용할 수 없다고 한다.** (대법원 84도488)

5) 적용범위

상해죄와 폭행치상죄에 있어서 본 특례가 적용된다는 점에는 이견이 없다. 하지만 상해치사죄, 폭행치사죄, 강간치상죄와 강도치상죄에도 특례가 적용되는가의 문제가 제기되며, 이에 대하여 피고인에게 불리한 규정인 형법 제263조를 확대하는 것은 피고인에게 불리한 것으로서 허용되지 못한다는 견해도 있으나 법원은 상해치사죄, 폭행치사죄는 적용을 인정한다. 결국 상해죄 동시범의 특례는 **상해죄, 폭행치상죄, 상해치사죄, 폭행치사죄**에 적용한다는 것이 판례의 입장이다. 그러나 보호법익을 달리하는 범죄의 경우(강간치상죄 또는 강도치상죄 등)에는 부정한다는 것이 판례의 입장이다.

> **참고**
>
> **[사례분석]** 甲은 술에 취한 피해자 丙의 어깨를 주먹으로 1회 때리고 쇠스랑 자루로 머리를 2회 강타하고 가슴을 1회 밀어 땅에 넘어뜨렸다. 그 후 3시간 가량 지나서 乙은 피해자의 멱살을 잡아 평상에 앉혀 놓고 피해자의 얼굴을 2회 때리고 손으로 2-3회 피해자의 가슴을 밀어 땅에 넘어뜨린 다음, 나일론 슬리퍼로 피해자의 얼굴을 수회 때렸다. 피해자는 그로부터 6일 후 뇌출혈로 사망하였다. 甲과 乙의 죄책은 어떻게 되는가?
>
> **[해설]** 이시(異時)에 상해의 독립행위가 경합하여 사망의 결과가 일어난 경우 그 원인된 행위가 판명되지 아니한 때 제263조의 적용을 받아 피고인들을 상해치사의 공동정범으로 처벌해야 한다는 것이 판례의 입장이다. (대법원 80도3321) 그 근거로 뇌출혈로 사망에 이르게 될 수 있다는 것은 통상인이라면 누가 예견할 수 있다. 판례는 과실범의 공동정범을 인정함으로써 결과적 가중범의 공동정범 또한 인정할 수 밖에 없는 논리적 귀결이다. 그러나 제263조가 상해치사나 폭행치사에는 적용되지는 않는다는 다수설에 의하면 甲과 乙이 무조건 상해치사의 책임을 부담하는 것은 아니다. 중한 결과인 사망에 대한 과실이 있으면 개별적으로 상해치사의 책임을 질 뿐이다.

> **관련판례**
>
> 피고인은 이미 2시간 전쯤 첫 번째 가해자의 가해행위에 의해 부상을 당해 의자에 누워 있는 피해자를 밀어 땅바닥에 떨어지게 하여 사망에 이르게 하였다. 그러나 그 사망의 원인이 누구 행위가 원인이 되었는지 밝혀지지 않았다. 시간적 차이가 있는 독립된 상해행위나 폭행행위가 경합하여 사망의 결과가 일어나고 그 사망의 원인된 행위가 판명되지 않는 경우, 공동정범의 예에 의하여 처벌할 것이다. (대법원 2000도2466)

III 존속상해죄

형법

제257조 【존속상해】 ② 자기 또는 배우자의 직계존속에 대하여 제1항의 죄를 범한 때에는 10년 이하의 징역 또는 1천500만원 이하의 벌금에 처한다.

제265조 【자격정지의 병과】 제257조 제2항, 제258조, 제258조의2, 제260조 제2항, 제261조 또는 전조의 경우에는 10년 이하의 자격정지를 병과할 수 있다.

자기 또는 배우자의 직계존속의 신체를 상해하여 성립하는 범죄이다. 존속살해죄와 마찬가지로 부진정신분범이며, 신분관계로 인해 형이 가중된다.

> **관련판례** **직계존속의 의미**
>
> 친자관계라는 사실은 호적상의 기재여하에 의하여 좌우되는 것은 아니며 호적상 친권자라고 등재되어 있다 하더라도 사실에 있어서 그렇지 않은 경우에는 법률상 친자관계가 생길 수 없다 할 것인바, 피고인은 호적부상 피해자와 모 사이에 태어난 친생자로 등재되어 있으나 피해자가 집을 떠난 사이 母가 타인과 정교관계를 맺어 피고인을 출산하였다면 **피고인과 피해자 사이에는 친자관계가 없으므로 존속상해죄는 성립될 수 없다.** (대법원 83도996) = 단순상해죄 인정

IV 중상해죄

형법

제258조 【중상해】
① 사람의 신체를 상해하여 생명에 대한 위험을 발생하게 한 자는 1년 이상 10년 이하의 징역에 처한다.
② 신체의 상해로 인하여 불구 또는 불치나 난치의 질병에 이르게 한 자도 전항의 형과 같다.

제265조 【자격정지의 병과】 제257조 제2항, 제258조, 제258조의2, 제260조 제2항, 제261조 또는 전조의 경우에는 10년 이하의 자격정지를 병과할 수 있다.

① 중상해죄는 보통상해죄보다 생리적·기능적 장애를 심하게 끼친 경우에 성립하는 범죄이다. 생명에 대한 구체적인 위험(치명상), 불구(실명, 혀의 절단 등), 불치 또는 난치의 질병을 발생키는 것을 의미한다.
② 중상해죄는 중한 결과에 대한 과실이 있는 경우는 물론 고의가 있는 경우에도 성립하는 부진정 결과적가중범이다.
③ 부진정 결과적 가중범으로 미수 처벌규정이 없다. 자격정지의 병과는 가능하다. 따라서 중상해 고의로 단순상해 결과가 발생한 경우 중상해미수가 되지만 처벌규정이 없다. 따라서 단순상해기수죄가 성립한다.

> **관련판례** **중상해 인정**
>
> ① 피해자를 협박하여 피해자가 자기 콧등을 길이 2.5cm, 깊이 0.56cm 절단함으로써 피해자에게 전치 3개월을 요하는 상처를 입혀 안면부 불구가 된 경우 중상해죄에 해당한다. (대법원 70도1638) = 중상해죄의 간접정범의 죄책을 진다.
> ② 피고인이 피해자의 안면부에 폭력을 가하여 실명하게 한 경우 중상해죄에 해당한다. (대법원 4292형상395)

> **관련판례** **중상해 부정**
>
> 1~2개월간 입원할 정도로 다리가 부러진 상해 또는 3주간의 치료를 요하는 우측흉부자상은 중상해에 해당하지 않는다. (대법원 2005도7527)

조문	구성요건	유형
중상해죄(제258조) 특수중상해죄(제258조의2)	생명에 대한 위험발생 불구 또는 불치나 난치의 질병	구체적 위험범
중유기죄(제271조) 중권리행사방해죄(제326조)	생명에 대한 위험발생	구체적 위험범
중손괴죄(제368조)	생명 또는 신체에 대한 위험발생	구체적 위험범
중체포·감금죄(제277조)	가혹행위	결합범 미수처벌 결과적 가중범 ×

V 존속중상해죄

형법

제258조【존속중상해】 ③ 자기 또는 배우자의 직계존속에 대하여 전2항의 죄를 범한 때에는 2년 이상의 15년 이하의 유기징역에 처한다.

제265조【자격정지의 병과】 제257조 제2항, 제258조, 제258조의2, 제260조 제2항, 제261조 또는 전조의 경우에는 10년 이하의 자격정지를 병과할 수 있다.

① 단순상해죄에 대하여 중상해라는 점 때문에 불법이 가중되고, 존속과 비속의 관계 때문에 가중되어 법정형이 이중으로 가중되어 있는 규정이다.

② 부진정 결과적 가중범으로 미수처벌규정이 없고, 자격정지 병과는 가능하다.

VI 특수상해죄

형법

제258조의2【특수상해】
① 단체 또는 다중의 위력을 보이거나 위험한 물건을 휴대하여 제257조제1항 또는 제2항의 죄를 범한 때에는 1년 이상 10년 이하의 징역에 처한다.
② 단체 또는 다중의 위력을 보이거나 위험한 물건을 휴대하여 제258조의 죄를 범한 때에는 2년 이상 20년 이하의 징역에 처한다.
③ 제1항의 미수범은 처벌한다.

미수처벌규정이 있다.

> **관련판례**
> 甲이 길이 140cm, 지름 4cm의 대나무로 A의 머리를 여러 차례 때려 그 대나무가 부러지고, A의 두피에 표재성 손상을 입혀 사건 당일 병원에서 봉합술을 받은 경우, 甲이 사용한 대나무는 특수상해죄에서의 '위험한 물건'에 해당한다. (대법원 2015도5854)

VII 상해치사죄

형법

제259조【상해치사】 ① 사람의 신체를 상해하여 사망에 이르게 한 자는 3년 이상의 유기징역에 처한다.

1 의의

① 사람의 신체를 상해하여 사망에 이르게 함으로써 성립된다. 전형적인 결과적 가중범, 그 중에서도 진정 결과적 가중범이다. 본죄는 객관적 구성요건요소로 기본범죄행위인 상해, 중한 결과인 사망, 인과관계가 있어야 한다.
② 또한 주관적 구성요건요소로 그의 행위로 인한 중한 결과의 발생을 예견할 수 있었을 때 성립한다.
③ 미수처벌규정이 없다.

2 구성요건

① 기본범죄로서 상해죄의 구성요건요소는 모두 충족시켜야 한다. 기본범죄로서의 상해죄에는 단순상해죄 만이 아니라 중상해죄도 포함된다.
② 사망의 결과가 발생되어야 한다.
③ 상해행위와 사망이라는 결과 사이에는 인과관계가 인정되어야 한다. 상해행위자에게 사망의 결과에 대한 주관적 예견가능성이 인정되어야 한다.

> **관련판례**
> ① 패싸움 중 한 사람이 상대방을 칼로 찔러 죽게 한 경우에 다른 공범자가 결과에 대한 인식이 없더라도 상해치사죄의 공동정범이 성립한다. (대법원 77도2193)
> ② 피고인의 구타행위로 상해를 입은 피해자가 정신을 잃고 **빈사상태에 빠지자** 사망한 것으로 오인하고 자신의 행위를 은폐하고 피해자가 **자살한 것처럼 가장하기 위하여 피해자를 베란다 아래**의 바닥으로 떨어뜨려 사망케 한 경우 포괄하여 **단일의 상해치사죄**에 해당한다. (대법원 94도2361) = 살인죄 ✗

3 공범관계

교사자가 피교사자에 대하여 상해 또는 중상해를 교사하였는데, 피교사자가 이를 넘어 살인을 실행한 경우, 교사자에게 피해자의 사망이라는 결과에 대하여 과실 내지 예견가능성이 있는 때에는 상해치사죄의 죄책을 지울 수 있다. (대법원 93도1873)

VIII 존속상해치사죄

> **형법**
>
> **제259조【존속상해치사】** ② 자기 또는 배우자의 직계존속에 대하여 전항의 죄를 범한 때에는 무기 또는 5년 이상의 징역에 처한다.

존속상해치사죄는 존속상해죄에 대한 결과적 가중범이다. 부진정신분범이다.

IX 상습상해죄

> **형법**
>
> **제264조【상습범】** 상습적으로 제257조(상해죄, 존속상해죄), 제258조(중상해죄, 존속중상해죄)의 죄를 범한자는 그 죄에 정한 형의 2분의 1까지 가중한다.

상해, 존속상해, 중상해, 존속중상해의 죄를 상습적으로 범한 자에게 상습범인이라는 신분때문에 가중처벌하는 부진정 신분범이다. 상습성이란 행위의 속성이 아니라 행위자의 속성이다.

관련판례

① 직계존속인 피해자를 폭행하고, 상해를 가한 것이 존속에 대한 동일한 폭력습벽의 발현에 의한 것으로 인정되는 경우, 그 중 법정형이 더 중한 **상습존속상해죄**에 나머지 행위들을 포괄시켜 하나의 죄만이 성립한다. (대법원 2002도7335) = 상습존속상해죄

② 상해죄 및 폭행죄의 상습범에 관한 형법 제264조는 "상습으로 제257조, 제258조, 제258조의2, 제260조 또는 제261조의 죄를 범한 때에는 그 죄에 정한 형의 2분의 1까지 가중한다."라고 규정하고 있다. 형법 제264조에서 말하는 '상습'이란 위 규정에 열거된 상해 내지 폭행행위의 습벽을 말하는 것이므로, 위 규정에 열거되지 아니한 다른 유형의 범죄까지 고려하여 상습성의 유무를 결정하여서는 아니 된다. (대법원 2017도21663)

③ 형법은 제264조에서 상습으로 제258조의2의 죄를 범한 때에는 그 죄에 정한 형의 2분의 1까지 가중한다고 규정하고, 제258조의2 제1항에서 위험한 물건을 휴대하여 상해죄를 범한 때에는 1년 이상 10년 이하의 징역에 처한다고 규정하고 있다. 위와 같은 형법 각 규정의 문언, 형의 장기만을 가중하는 형법 규정에서 그 죄에 정한 형의 장기를 가중한다고 명시하고 있는 점, 형법 제264조에서 상습범을 가중처벌하는 입법 취지 등을 종합하면, 형법 제264조는 상습특수상해죄를 범한 때에 형법 제258조의2 제1항에서 정한 법정형의 단기와 장기를 모두 가중하여 1년 6개월 이상 15년 이하의 징역에 처한다는 의미로 새겨야 한다. (대법원 2016도18194)

Section 03 폭행의 죄

I 서설

1 조문 체계

범죄	조문	구성요건	미수	예비
폭행	제260조 제1항	사람(타인)의 신체에 대하여 폭행을 가한 경우 (반의사불벌죄)	×	×
존속 폭행	제260조 제2항	자기 또는 배우자의 직계존속에 대하여 폭행을 가한 경우 (반의사불벌죄)	×	×
특수 폭행	제261조	단체 또는 다중의 위력을 보이거나 위험한 물건을 휴대하여 폭행 또는 존속폭행을 범한 경우 (반의사불벌죄가 아님.)	×	×
폭행 치사상	제262조	폭행·존속폭행·특수폭행을 범하여 사람을 사망이나 상해에 이르게 한 경우	×	×
동시범특례	제263조	독립행위가 경합하여 상해의 결과를 발생하게 한 경우에 있어서 원인된 행위가 판명되지 아니한 때에는 공동정범의 예에 의한다.	×	×
상습범	제264조	상습으로 폭행·존속폭행·특수폭행죄를 범한 경우	×	×

2 의의 및 보호법익

① 폭행죄는 상해죄와 함께 사람의 신체에 대한 침해를 내용으로 하는 범죄이다. 형법은 폭행죄 이외의 범죄에도 폭행이라는 수단을 사용하는 경우가 많은데 폭행의 의미가 모두 다르다.

② 보호법익은 신체의 완전성(안전)으로 이해한다.

③ 폭행죄는 거동범으로서 미수범 처벌규정이 없다. 존속범죄 가중처벌규정이 있다. (단순)폭행, 존속폭행은 반의사불벌죄이지만, 특수폭행, 상습폭행, 폭행치사상은 반의사불벌죄가 아니다.

■ 폭행개념의 분류

범위	강약	유형력의 정도	유형
최협의	최강	상대방의 항거를 현저히 곤란하게 하거나 반항을 억압할 정도의 강한 유형력의 행사	강도죄(제333조), 준강도죄(제334조), 강간죄(제297조)
협의	강	사람의 신체에 대한 직접적인 유형력의 행사	특수공무원의 폭행 등의 죄(제125조), 폭행죄(제260조), 존속폭행죄(제260조 제2항), 외국원수에 대한 폭행죄(제107조)
광의	약	사람에 대한 직접·간접의 유형력의 행사 = 권세나 위세	공무집행방해죄(제136조), 특수도주죄(제146조), 업무방해죄(제314조), 강요죄(제324조)
최광의	최약	일체의 유형력의 행사	내란죄(제87조), 소요죄(제115조), 다중불해산죄(제116조)

II 폭행죄

형법

제260조 【폭행】 ① 사람의 신체에 대하여 폭행을 가한 자는 2년 이하의 징역, 500만원 이하의 벌금, 구류 또는 과료에 처한다.

1 구성요건

(1) 객체

타인의 신체이다. 존속폭행죄의 경우 자기 또는 배우자의 직계존속의 신체이다. 따라서 단순히 물건에 대한 유형력의 행사는 본죄의 폭행에 해당할 수 없다.

(2) 행위

① 폭행이란 신체에 대한 유형력의 행사로서, 유형력을 행사하는 수단·방법에는 제한이 없다.

② 거동범으로 유형력이 타인의 신체에 근접하면 그만이지 반드시 신체접촉을 필요로 하는 것은 아니다. 즉 피해자에게 근접하여 욕설을 하면서 때릴 듯이 손발이나 물건을 휘두르거나 던지는 행위는 직접 피해자의 신체에 접촉하지 않았다고 하여도 폭행에 해당한다.

③ 이에는 신체의 안전을 해하는 신체에 대한 일체의 불법한 공격으로서 '육체적 고통'을 가하는 물리적 작용 이외에도 '정신적 고통'을 가하는 심리적 폭행도 포함한다.

④ 유형력의 행사는 신체적 고통을 주는 물리력의 작용을 의미하므로 신체의 청각기관을 직접적으로 자극하는 음향도 경우에 따라서는 유형력에 포함될 수 있다.

⑤ 다만, <u>거리상 멀리 떨어져 있는 사람에게 전화기를 이용하여 전화하면서 고성을 내거나 그 전화대화를 녹음 후 듣게 하는 경우에는 폭행죄에 해당하지 않는다.</u> 유형력 행사로 보기 어렵기 때문이다. (대법원 2000도5716)

⑥ 그리고 단순히 피해자에게 욕설을 한 정도, 피해자 집의 대문을 발로 찬 행위(대법원 90도2153), 홧김에 방문을 발로 찬 행위(대법원 83도3186), 남의 집 마당에 인분을 던진 행위(대법원 75도2673)만으로는 사람의 신체에 대한 유형력 행사가 아니기 때문에 폭행에 해당하지 않는다.

(3) 고의

① 폭행죄가 성립하기 위해서는 타인의 신체에 대하여 유형력을 행사한다는 사실에 대한 인식과 의사를 내용으로 하는 고의가 있어야 한다.

② 따라서 상해의 고의로 폭행의 결과를 발생시킨 경우에는 상해미수죄가 성립하고, 폭행의 고의로 상해의 결과를 발생시킨 경우에는 폭행치상죄가 성립한다.

> **관련판례** 폭행 인정
>
> 피해자에게 근접하여 욕설을 하면서 때릴 듯이 손발이나 물건을 휘두르거나 던지는 행위를 한 경우에 직접 피해자의 신체에 접촉하지 않더라도 폭행에 해당한다. (대법원 89도1406)

> **관련판례** 폭행 부정
>
> ① 甲이 먼저 乙에게 덤벼들고 뺨을 꼬집고 주먹으로 쥐어박았기 때문에 乙이 甲을 부등켜 안은 행위는 유형력의 행사인 폭행에 해당하지 않는다. (대법원 76도3758)
> ② 상대방의 시비를 만류하면서 조용히 얘기나 하자며 그의 팔을 2, 3회 끈 행위는 폭행죄의 폭행에 해당하지 않는다. (대법원 86도1796)
> ③ 거리상 멀리 떨어져 있는 사람에게 전화기를 이용하여 전화하면서 고성을 내거나 그 전화 대화를 녹음 후 듣게 하는 경우에는 특수한 방법으로 수화자의 청각기관을 자극하여 그 수화자로 하여금 고통스럽게 느끼게 할 정도의 음향을 이용하였다는 등의 특별한 사정이 없는 한 신체에 대한 유형력의 행사를 한 것으로 보기 어렵다. (대법원 2000도5716)
> ④ 단순히 눈을 부릅뜨고 "이 십팔놈아, 가면 될 것 아니냐"라고 욕설을 한 경우는 사람의 신체에 대한 유형력 행사가 아니기 때문에 폭행에 해당하지 않는다. (대법원 2001도277)

(4) 위법성

일반적인 위법성조각사유에 의하여 본죄의 위법성이 조각될 수 있다. 징계권자의 징계행위, 교사의 징계행위, 남의 자녀에 대한 징계행위, 군 지휘관의 부하에 대한 징계행위, 사회상규에 반하지 않는 행위, 자구행위 등이 있다.

> **관련판례**
>
> ① 지휘관이 군부대 내의 질서유지를 위해 실시한 기합에 부수되는 약간의 폭행은 사회상규에 반하지 않는 행위로서 위법성이 조각된다. (대법원 77도3149)
> ② 술취한 자가 시비를 걸면서 팔을 잡기에 뿌리친 경우 (대법원 80도1898) = 사회상규에 위배되지 않음.
> ③ 강제연행을 모면하기 위해서 팔꿈치로 이를 뿌리치면서 상대방의 가슴을 잡고 벽에 밀어붙인 경우는 소극적 저항으로 사회상규에 위배되지 않아 위법성이 조각된다. (대법원 81도2958)

2 소추조건

① 본죄는 피해자의 의사에 반하여 공소를 제기할 수 없는 반의사불벌죄이다.
② 그러나 특수폭행죄, 상습폭행죄 및 폭행이 폭력행위 등 처벌에 관한 법률에 해당할 경우에는 반의사불벌죄가 되지 않는다. (제2조 제2항)

> **관련판례**
>
> 폭행죄는 피해자의 명시한 의사에 반하여 공소를 제기할 수 없는 반의사불벌죄로서 **피해자가 사망한 후에는 그 상속인이 피해자를 대신하여 처벌불원의 의사표시를 할 수 없다**. (대법원 2010도2680)

3 죄수

① 상해나 살해의 수단으로 사용된 폭행은 불가벌적 수반행위로서 상해죄나 살인죄에 흡수된다.
② 폭행(또는 상해)을 가하면서 그 사실을 협박한 때 협박행위 내지 협박의 내용이 폭행에 대하여 독립된 의미가 없는 한 협박죄는 불가벌적 수반행위로 폭행죄에 흡수된다.(통설·판례)
③ 2인 이상이 공동하여 단순폭행죄를 범한 경우에는 폭처법 제2조 2항에 의하여 법정형이 2분의 1까지 가중된다. 아울러 폭처법상의 범죄(상해, 폭행, 체포감금, 협박, 주거침입·퇴거불응, 강요, 공갈, 손괴)를 범하여 2회 이상 징역형을 받은 자가 다시 단순폭행죄를 범하여 누범으로 처벌될 경우에는 3년 이상의 유기징역에 처한다.

III 존속폭행죄

> **형법**
>
> **제260조【존속폭행】** ② 자기 또는 배우자의 직계존속에 대하여 제1항의 죄를 범한 때에는 5년 이하의 징역 또는 700만원 이하의 벌금에 처한다.

존속폭행죄는 반의사불벌죄에 해당하므로 피해자의 명시한 의사에 반하여 공소를 제기할 수 없다.

IV 특수폭행죄

> **형법**
>
> **제261조【특수폭행】** 단체 또는 다중의 위력을 보이거나 위험한 물건을 휴대하여 제260조 제1항 또는 제2항의 죄를 범한 때에는 5년 이하의 징역 또는 1천만원 이하의 벌금에 처한다.

1 구성요건

(1) 단체 또는 다중의 위력

① 단체는 공동목적을 가진 다수인의 계속적·조직적 결합체를 말한다. 여기서 단체는 공동목적이 필요하지만, 목적의 적법·불법 여부를 불문한다. (법인, 노조, 사회단체, 범죄단체)

② 다중은 단체를 이루지 못한 다수인의 집합으로서 계속적 조직체가 아닌 다수인의 일시적 집합을 뜻한다. 위력은 사람의 의사를 제압함에 충분한 유형력을 말한다.

③ 특수폭행죄에서 다중의 위력을 보인다는 것은 위력을 상대방에게 인식시키는 것으로서 상대방의 의사가 현실적으로 제압될 것을 요하지 않지만, 상대방의 의사를 제압할 만한 세력을 인식시킬 정도는 되어야 한다. (대법원 2007도9885)

(2) 위험한 물건의 휴대

① 위험한 물건은 사람의 생명·신체에 해를 가하는데 이용될 수 있는 일체의 물건이다. 위험한 물건인지의 여부는 구체적인 사안에서 사회통념에 비추어 그 물건을 사용하면 상대방이나 제3자가 생명 또는 신체에 위험을 느낄 수 있는지 여부에 따라 판단하여야 한다. (대법원 2010도930)

② 휴대는 소지뿐만 아니라 널리 이용한다는 것도 포함한다. 범행현장에서 범행에 사용하려는 의도 아래 흉기 등 위험한 물건을 소지하거나 몸에 지닌 이상 그 사실을 피해자가 인식하거나 실제로 범행에 사용하였을 것까지 요구되지 않으며, 그 휴대를 상대방에게 인식시킬 필요도 없다. (대법원 2004도2018) 예컨대, 피고인이 폭력행위 당시 과도를 범행현장에서 호주머니 속에 지니고 있었다면 그 사실을 피해자가 몰랐다거나 실제로 범행에 사용하지 않았더라도 '위험한 물건의 휴대'에 해당한다. (대법원 84도353)

③ 그러나 그 범죄와 전혀 무관하게 우연히 이를 소지하게 된 경우까지를 포함하는 것은 아니다.

위험한 물건의 휴대	위험한 물건이 아님. 휴대가 아님.
① '휴대하여'란 소지뿐만 아니라 널리 이용한다는 뜻도 포함하고 있다. **승용차 앞 범퍼 부분**으로 피해자의 다리부분을 들이받고 진행하여 땅바닥에 넘어뜨린 경우 특수폭행죄가 성립한다. (대법원 97도597)	① 위험한 물건인지의 여부는 물건의 객관적 성질과 그 사용방법을 종합하여 구체적인 사안에 따라서 사회통념에 비추어 그 물건을 사용하면 그 상대방이나 제3자가 곧 위험성을 느낄 수 있으리라고 인정되는 물건인가의 여부에 따라 판단해야 한다. **쇠파이프**(길이 2m, 직경 5cm)로 머리를 구타당하자 이에 **대항하여 휘두른 각목**(길이 1m, 직경 5cm)은 위험한 물건이 아니다. (대법원 81도1046)
② 甲이 자신의 차를 가로막고 서 있는 A를 향해 차를 조금씩 전진시키고 A가 뒤로 물러나면 다시 차를 전진시키는 방식의 운행을 반복하였다면 甲은 특수폭행죄에 해당한다. (대법원 2016도9302)	② 청산염 2g 정도를 협박편지에 동봉 우송하여 피해자에게 도달하게 한 경우 (대법원 85도1851)
③ 고속도로 상에서 타인의 승용차에 바짝 따라붙거나 앞으로 몰고 가 급제동을 하거나 옆으로 바짝 밀어붙여 진로를 방해하거나 급제동·급차선 변경을 하게하고 중앙분리대와 충돌할 위험에 처하게 한 경우 특수폭행죄에 해당한다. (대법원 2001도271)	③ **경륜장 사무실**에서 술에 취해 소란을 피우면서 소화기를 집어던졌지만 특정인을 겨냥하여 던진 것이 아닌 점 등을 종합하여 볼 때 위 **소화기**는 폭력행위 등 처벌에 관한 법률 제3조 제1항의 '위험한 물건'에 해당하지 않는다. (대법원 2010도 930)
④ 상대방이나 제3자가 살상의 위험을 느낄 수 있는 것을 포함하는바, **깨어지지 아니한 상태의 맥주병** 역시 위의 위험한 물건에 해당한다고 하여야 할 것이다. (대법원 91도2527)	④ 피고인의 자취방 안에서 길이 50~60cm 정도의 **당구큐대로 피해자의 머리 부위를 3~4회**, 배 부위를 1회 가량 폭행하였으나, 피해자에게 어떠한 상해가 발생하였다는 흔적이 없다면, 위험한 물건에 해당하지 않는다. (대법원 2004도176)
⑤ 새벽에 인적이 없는 야산에서 폭력조직의 선배가 나이어린 후배들을 집합시켜 엎드리게 한 다음 길이 150㎝, 지름 7㎝의 쇠파이프와 길이 100㎝, 굵기 4cm 내지 5cm의 각목으로 엉덩이와 허벅지 부분을 1인당 70대씩 때려 피멍이 들게 한 경우, 그 쇠파이프와 각목은 폭력행위등처벌에관한법률 제3조 제1항 소정의 '위험한 물건'에 해당한다. (대법원 99도4146)	⑤ 피해자가 먼저 식칼을 들고 나와 피고인을 찌르려다가 피고인이 이를 저지하기 위하여 그 칼을 뺏은 다음 피해자를 훈계하면서 위 칼의 칼자루 부분으로 피해자의 머리를 가볍게 쳤을 뿐이라면 피해자가 위험성을 느꼈으리라고는 할 수 없다. (대법원 89도1570)
⑥ 피고인이 길이 140cm, 지름 4cm인 대나무를 휴대하여 피해자 갑, 을에게 상해를 입혔다는 내용으로 기소된 사안에서, 피고인이 위 대나무로 갑의 머리를 여러 차례 때려 대나무가 부러졌고, 갑은 두피에 표재성 손상을 입어 사건 당일 병원에서 봉합술을 받은 점 등에 비추어 피고인이 사용한 위 대나무가 '위험한 물건'에 해당한다. (대법원 2015도5854)	⑥ 자동차를 이용하여 다른 자동차(라노스 대 소나타)를 충격한 사안에서, 충격 당시 차량의 크기, 속도, 손괴 정도 등 제반 사정에 비추어 위 자동차가 폭력행위 등 처벌에 관한 법률 제3조 제1항에 정한 '위험한 물건'에 해당하지 않는다. (대법원 2007도3520)
⑦ 피해자에게 농약을 먹이려 하고 당구큐대로 폭행한 사안에서, 농약과 당구큐대가 폭력행위등처벌에관한법률 제3조 제1항 소정의 위험한 물건에 해당한다. (대법원 2002도2812)	⑦ 상해행위 과정에서 사용한 **당구공**이 폭력의 정도와 결과 등에 비추어 폭력행위 등 처벌에 관한 법률 제3조 제1항의 '위험한 물건'에 해당하지 않는다. (대법원 2007도9624)

V 폭행치사상죄

형법

제262조 【폭행치사상】 제260조와 제261조의 죄를 지어 사람을 사망이나 상해에 이르게 한 경우에는 제257조부터 제259조까지의 예에 따른다.

본죄는 단순폭행 또는 특수폭행의 죄를 범하여 사람을 사상에 이르게 한 결과적 가중범이다. 폭행의 고의와 치사상의 결과에 대한 예견가능성, 즉 과실이 있어야 한다.

관련판례 폭행치사죄 인정

① 주먹으로 복부를 1회 강타하여 장파열이 생겼으나, 의사의 수술지연 등의 과실로 인해 복막염으로 사망한 경우, 폭행치사죄가 성립한다. (대법원 84도831, 84감도129)
② 피고인들에게 폭행당하고 화장실에 숨어있던 피해자가 피고인들이 화장실 문을 지키고 당구큐대로 문을 쳐 부수자 창밖으로 숨으려다가 실족사한 경우, 폭행치사죄가 성립한다. (대법원 90도1786)
③ 안수기도를 하던 중 주먹과 손바닥으로 가슴과 배를 반복하여 누르거나 때려 사망한 경우, 폭행치사죄가 성립한다. (대법원 94도1484)
④ 甲은 이미 2시간 전 즈음 乙의 가해행위에 의해서 부상을 당하여 의자에 누워있던 丙을 밀어 땅바닥에 떨어지게 하였는데, 그 후 丙이 사망하였으나 그 사망의 원인이 甲의 가해행위 때문인지 아니면 乙의 가해행위 때문인지 밝혀지지 않은 경우 甲에게는 폭행치사죄가 성립한다. (대법원 2000도2466)
⑤ 형벌규정 해석에 관한 법리와 폭력행위 등 처벌에 관한 법률의 개정 경과 및 형법 제258조의2의 신설 경위와 내용, 그 목적, 형법 제262조의 연혁, 문언과 체계 등을 고려할 때, 특수폭행치상의 경우 형법 제258조의2의 신설에도 불구하고 종전과 같이 형법 제257조 제1항의 예에 의하여 처벌하는 것으로 해석함이 타당하다. (대법원 2018도3443) = 제262조의 경우 법정형을 피고인의 이익과 목적론적 해석 결과 제257조의 2의 예에 따라서 상향시켜야 할 이유가 없다는 의미이다.

관련판례 폭행치사죄 부정

① 자기의 앞가슴을 잡고 있는 피해자의 손을 떼어내기 위해 피해자의 손을 뿌리치자 넘어지면서 머리를 부딪쳐 사망한 경우는 폭행치사죄를 인정할 수는 없다. (대법원 87도464)
② 동료 사이에 말다툼을 하던 중 피고인의 삿대질을 피하려고 뒷걸음치던 피해자가 장애물에 걸려 넘어져 두개골 골절로 사망한 경우, 예견가능성이 없으므로 폭행치사죄가 성립하지 않고 폭행죄만 성립한다. (대법원 90도1596)
③ 속칭 '생일빵'을 한다는 명목으로 甲이 A를 폭행하였다면 폭행죄에 해당하나, '생일빵'은 사회상규에 위배되지 아니하는 정당행위에 해당하지 않는다. 다만, 폭행과 사망 간에 인과관계는 인정되지만, 폭행 당시 피해자의 사망을 예견할 수 없었다고 보아 치사는 인정할 수 없다. 따라서 폭행죄만 인정된다. (대법원 2010도2680)

VI 상습폭행죄

형법

제264조 【상습범】 상습으로 제260조 또는 제261조의 죄를 범한 때에는 그 죄에 정한 형의 2분의 1까지 가중한다.

> **관련판례** 상습존속폭행죄
>
> 단순폭행, 존속폭행의 범행이 동일한 폭행 습벽의 발현에 의한 것으로 인정되는 경우, 그 중 법정형이 더 중한 상습존속폭행죄에 나머지 행위를 포괄하여 하나의 죄만 성립한다. (대법원 2017도10956)

> **참고** 특별법상의 상해와 폭행 규정
>
> (1) 폭력행위 등 처벌에 관한 법률
>   ① 2인 이상이 공동으로 폭행, 존속폭행, 상해, 존속상해는 물론 협박, 존속협박, 체포감금, 존속체포감금, 주거침입, 퇴거불응, 재물손괴, 강요, 공갈은 형의 2분의 1까지 가중한다.
>   ② 상습범, 특수범, 상습특수범, 이들의 미수범으로 2회 이상 징역형을 받은 자가 다시 폭행, 존속폭행, 상해, 존속상해를 범하여 누범으로 처벌할 경우에는 가중처벌한다.
>   ③ 이 경우에는 반의사불벌죄가 적용되지 않는다.
>   ④ 정당한 이유 없이 이 법에 규정된 범죄에 공용될 우려가 있는 흉기나 그 밖의 위험한 물건을 휴대하거나 제공 또는 알선한 경우는 우범자로서 처벌한다.
>
> (2) 특정범죄 가중처벌법상의 상해와 폭행
>   ① 자기 또는 타인의 형사사건의 수사 또는 재판과 관련하여 고소·고발 등 수사단서의 제공, 진술, 증언 또는 자료제출에 대한 보복의 목적으로 또는 고소·고발 등 수사단서의 제공, 진술, 증언 또는 자료제출을 하지 못하게 하거나 고소·고발을 취소하게 하거나 거짓으로 진술·증언·자료제출을 하게 할 목적인 경우로서, 살인, 상해, 폭행, 체포감금, 협박을 한 경우에는 보복범죄로서 가중처벌하는 규정이 있다. (특정범죄가중처벌법 제5조의9)
>   ② 운행 중인 자동차 운전자에 대한 폭행, 협박을 처벌한다.
>   ③ 음주나 약물의 영향으로 정상적인 운전이 곤란한 상태에서 자동차(원동기장치 자전거 포함)를 운전하여 사람을 상해나 사망에 이르게 한 경우는 위험운전치사상으로 처벌한다.
>   ④ 특정범죄 가중처벌 등에 관한 법률(이하 '특정범죄가중법'이라 한다) 제5조의10 제1항은 "운행 중(여객자동차 운수사업법 제2조 제3호에 따른 여객자동차운송사업을 위하여 사용되는 자동차를 운행하는 중 운전자가 여객의 승차·하차 등을 위하여 일시 정차한 경우를 포함한다)인 자동차의 운전자를 폭행하거나 협박한 사람은 5년 이하의 징역 또는 2천만 원 이하의 벌금에 처한다.", 제2항은 "제1항의 죄를 범하여 사람을 상해에 이르게 한 경우에는 3년 이상의 유기징역에 처하고, 사망에 이르게 한 경우에는 무기 또는 5년 이상의 징역에 처한다."라고 규정하여 운행 중인 자동차의 운전자를 폭행·협박하거나 이로 인하여 상해 또는 사망에 이르게 한 경우를 가중처벌하고 있다. 특정범죄가중법 제5조의10의 문언 형식, 입법 취지 및 보호법익, 특정범죄가중법상 다른 자동차 등 관련 범죄의 가중처벌 규정과의 체계적 해석 등을 종합하면, 특정범죄가중법 제5조의10의 '자동차'는 도로교통법상의 자동차를 의미하고 <u>도로교통법상 원동기장치자전거는 '자동차'에 포함되지 않는다.</u> (대법원 2022도1013)

Section 04 과실치사상죄

I 서설

1 조문 체계

범죄	조문	구성요건	미수	예비	반의사불벌죄
과실치상	제266조 제1항	과실로 인하여 사람의 신체를 상해에 이르게 한 경우	×	×	○
과실치사	제267조	과실로 인하여 사람을 사망에 이르게 한 경우	×	×	×
업무상 과실치사상	제266조	업무상 과실로 인하여 사람을 사망이나 상해에 이르게 한 경우	×	×	×
중과실치사상	제266조	중대한 과실로 인하여 사람을 사망이나 상해에 이르게 한 경우	×	×	×

2 의의 및 보호법익

① 사람의 생명·신체를 과실로 침해하는 범죄를 말한다. 과실범은 형법에 특별한 규정이 있을 때에만 처벌된다. (형법 제14조) 산업사회의 발전과 더불어 과실범죄의 비중은 점점 높아지고 있다.

② 보호법익은 사람의 생명, 신체이다.

II 과실치상죄

형법

제266조 【과실치상】
① 과실로 인하여 사람의 신체를 상해에 이르게 한 자는 500만원 이하의 벌금, 구류 또는 과료에 처한다.
② 제1항의 죄는 피해자의 명시한 의사에 반하여 공소를 제기할 수 없다.

1 구성요건

상해의 결과는 과실로 인한 것이어야 한다. 반의사불벌죄이다. 과실치상죄는 결과범이기 때문에 상해의 결과에는 인과관계 및 객관적 귀속이 인정되어야 한다.

2 과실범의 공범

① 과실범에 대한 교사범과 종범의 성립은 불가능하다. 교사범과 종범은 고의의 정범에 대해서만 성립하기 때문이다.

② 과실의 공동정범은 판례는 인정(삼풍백화점 붕괴, 성수대교 붕괴사건)한다.

③ 과실범의 구성요건 제한사유(허용된 위험과 신뢰의 원칙)가 인정된다.

④ 골프경기를 하던 중 골프공을 쳐서 아무도 예상하지 못한 자신의 등 뒤편으로 보내어 등 뒤에 있던 경기보조원(캐디)에게 상해를 입힌 경우에는 주의의무를 현저히 위반하여 사회적 상당성의 범위를 벗어난 행위로서 과실치상죄가 성립한다. (대법원 2008도6940)

III 과실치사죄

형법

제267조【과실치사】 과실로 인하여 사람을 사망에 이르게 한 자는 2년 이하의 금고 또는 700만 원 이하의 벌금에 처한다.

과실로 사람을 사망에 이르게 한 때 성립하는 범죄이다. 보호법익이 사람의 생명이라는 점 이외 과실치상죄와 같다. 본죄는 사망의 결과에 관하여 고의가 없고 단지 과실이 있는 데 그치는 경우이다. 따라서 사망의 원인된 폭행이나 상해에 관한 인식이나 인용이 있었다면 폭행치사나 상해치사죄가 성립하고 본죄는 성립하지 않는다.

IV 업무상과실치사상죄

형법

제268조【업무상과실·중과실 치사상】 업무상과실 또는 중대한 과실로 사람을 사망이나 상해에 이르게 한 자는 5년 이하의 금고 또는 2천만원 이하의 벌금에 처한다.

1 의의

업무상 과실로 인하여 사람을 사상에 이르게 한 때에 성립하는 범죄이다. 업무자라는 이유로 형이 가중되는 부진정신분범에 해당한다.

■ 형의 가중 근거

주의의무설	업무자에게는 통상인에게 보다 고도의 객관적 주의의무가 요구되기 때문에 가중된다는 견해이다.
예견가능성설(다수설)	주의의무의 내용이나 주의의무 위반의 정도는 업무자나 통상인이나 동일하지만 업무자에게는 경험과 지식을 바탕으로 한 예견가능성이 더 크기 때문에 책임이 크다는 것이다.
주의능력설	업무자에게나 통상인에게나 부과되는 주의의무는 동일하지만 업무자는 고도의 주의 능력이 있으므로 일반인보다 불법이 크다는 입장이다.

2 구성요건

(1) 주체

① 생명 및 신체를 침해할 우려가 있는 업무에 종사하는 자를 의미한다. 이 때 업무에 직접 종사하는 자만이 이 죄의 행위주체가 될 수 있는 것이지 간접적으로 관련되어 있는 자는 이 죄에 해당되지 않는다는 점이다. 따라서 회사업무에 직접 관여하지 않는 회장이나 간부, 공장을 직접 운영하지 않고 임대 경영하는 자 등에게는 이 죄가 해당되지 않는다.

② 의료사고에 있어서 의사의 그 과실의 유무를 판단함에는 같은 업무와 직무에 종사하는 보통인의 주의정도를 표준으로 하여야 하며, 이에는 사고 당시의 일반적인 의학의 수준과 의료환경 및 조건, 의료행위의 특수성 등이 고려되어야 하나, 이러한 법리는 한의사의 경우에는 적용된다. (대법원 2013도16101)

(2) 업무

1) 사회생활상의 지위

① 업무는 사회생활상의 지위에 기한 것이어야 한다.
  - 예) 오토바이를 타고 배달하는 중국집 배달원의 행위, 버스차장의 업무

② 개인적·자연적 생활현상은 업무가 아니다.
  - 예) 식사, 산책, 수면, 친권자의 자녀양육, 가사, 주인집 개를 산책시킨 가정부의 행위 등

③ 사회생활상의 지위에 기한 것은 아니지만, 계속하여 종사하는 사무도 업무이다.
  - 예) 오락목적으로 자동차를 반복하여 운전하는 것

2) 계속성

① 업무는 객관적으로 상당한 횟수를 반복하여 행하여지거나 반복·계속할 의사로 행하여진 것이어야 한다. 따라서 계속성이 없는 것은 업무가 아니다.

② 단 1회의 행위라도 계속·반복할 의사로 행한 때에는 업무에 해당한다. 예컨대 의사가 개업 첫날 의료사고를 낸 경우도 업무상 과실치사(상)죄가 될 수 있다. 그러나 이러한 계속성, 반복성이 없이 평소 하지 않던 일을 우연히 해 본 경우라든가 호기심으로 한번 해 본 운전 등은 업무로 인정되지 않는다.

3) 사무

업무는 사회생활상 계속성을 가진 사무이면 공무·사무·보수의 유무, 적법·부적법 여부, 면허의 유무, 주된 사무·부수적 사무 여부를 불문한다. 따라서 무면허 운전행위, 무면허 의료행위도 업무에 해당한다. 이러한 점에서 업무상 과실치사상죄의 '업무' 범위는 업무방해죄의 '업무' 범위보다 넓다.

■ **업무상과실치사죄와 업무방해죄**

업무상 과실치사상의 업무	업무방해죄의 업무
• 오락적 업무(레저활동 등) 포함 = 계속성과 반복성이 있으면 업무에 수반하는 일체의 행위가 포함된다. 레저활동을 하다가 타인을 상해, 사망에 이르게 한 경우에도 업무상 과실치사나 업무상 과실치상이 인정될 수 있다.	• 오락적 업무 제외 = 오락적 업무는 형법이 보호할 가치가 없으므로 제외된다. 타인의 레저 등 오락활동을 방해했더라도 폭행이나 상해죄가 될지 몰라도 업무방해죄가 되지는 않는다. 다만, 레저 등 오락활동을 영업으로 제공하는 경우를 방해했다면 업무방해죄가 될 것이다.
• 보호가치 없는 업무도 포함 = 예컨대, 무면허의료행위는 보호가치없는 업무지만, 이 와중에 타인을 상해, 사망에 이르게 한 경우 업무상 과실치사나 업무상 과실치상이 인정될 수 있다. 정당성이나 적법성 유효성은 필요없다.	• 보호가치 없는 업무 제외 = 예컨대, 무면허의료행위나 성매매 영업을 방해하는 경우, 무면허의료나 성매매도 해당자에게는 업무(영업)로서 성질이 있더라도 사회적으로 보호하는 업무가 아니므로, 이를 방해한 것을 업무방해죄로 보지 않는다. 적법성과 유효성은 필요는 없으나 형법이 보호할 정도의 정당성은 필요하다.
공무도 포함된다.	공무는 포함되지 않는다.(판례)
동일한 점은 사회적 지위에서 행하여지는 계속적 사무라면 보수의 유무, 영리목적의 유무를 불문한다.	

- 업무의 개념

총칙상의 업무	• 위법성조각사유인 정당행위의 내용이 되는 업무(제20조)이다.
진정신분범의 요소로서의 업무	• 업무자의 행위만이 구성요건에 해당하는 경우이다. ① 업무상비밀누설죄(제317조) ② 업무상과실장물죄(제364조)
부진정신분범의 업무	• 일반인의 행위도 처벌되지만 업무자의 행위는 책임이 가중되기 때문에 중하게 처벌되는 경우이다. ① 업무상횡령죄, 업무상배임죄(제356조) ② 업무상과실치사(상)죄(제268조) ③ 업무상과실교통방해죄(제189조) ④ 업무상실화죄(제171조)
보호법익으로서의 업무	• 업무자체가 보호법익이 되는 경우이다. ① 업무방해죄(제314조 제1항) ② 컴퓨터사용업무방해죄(제314조 제2항)
행위태양	• 업무자체가 행위태양이 되는 경우이다. ① 아동혹사죄(제274조)

Ⅴ 중과실치사상죄

형법

제268조 【업무상과실·중과실 치사상】 업무상과실 또는 중대한 과실로 사람을 사망이나 상해에 이르게 한 자는 5년 이하의 금고 또는 2천만원 이하의 벌금에 처한다.

중대한 과실은 주의의무의 위반정도가 현저한 경우, 즉 조금만 주의하였더라도 결과의 발생을 회피할 수 있었음에도 불구하고 이를 게을리 한 경우이다. 중과실치사상죄의 주체에는 제한이 없다.

> **관련판례** 중과실 인정
>
> ① 농약을 평소에 신문지에 포장하여 판매하여 온 중조(소다)와 같은 모양으로 포장하여 점포선반에 방치하고 가족에게 알리지 아니하여 사고가 발생하였다면, 중과실치사의 죄책을 면할 수 없다. (대법원 4294형상312)
> ② 피고인이 관리하던 주차장 출입구 문주의 하단부분에 금이 가 있어 도괴될 위험성이 있었다면 피고인으로서는 소유자에게 그 보수를 요청하는 외에 그 보수가 있을 때까지 임시적으로라도 받침대를 세우는 등 도괴를 방지하거나 그 근처에 사람이나 자동차 등의 근접을 막는 등 도괴로 인한 인명의 피해를 막도록 조치를 하여야 할 주의의무가 있다 할 것이며 동 주차장에는 사람이나 자동차의 출입이 빈번하고 근처 거주의 어린아이들이 문주근방에서 놀이를 하는 사례가 많은데도 불구하고 소유자에게 그 보수를 요구하는데 그쳤다면 그 주의의무를 심히 게을리한 중대한 과실이 있다고 할 것이다. (대법원 82도2346)
> ③ 성냥불로 담배를 붙인 다음 그 성냥불이 꺼진 것을 확인하지 아니한 채 휴지가 들어있는 플라스틱 휴지통에 던진 것은 중대한 과실이 있는 경우에 해당한다. (대법원 93도135)
> ④ 안수기도를 하면서 고령의 여자 노인(84세)이나 나이 어린 여자 아이(11세의) 배와 가슴부분을 세게 때려 죽음에 이르게 한 경우는 중과실치사죄가 성립한다. (대법원 97도538)

⑤ 모텔 방에 투숙하여 담배를 피운 후 재떨이에 담배를 끄게 되었으나 담뱃불이 완전히 꺼졌는지 여부를 확인하지 않은 채 불이 붙기 쉬운 휴지를 재떨이에 버리고 잠을 잔 과실로 담뱃불이 휴지와 침대시트에 옮겨 붙게 함으로써 화재가 발생한 사안에서, 위 화재가 중대한 과실 있는 선행행위로 발생한 이상 화재를 소화할 법률상 의무는 있다 할 것이나, 화재 발생 사실을 안 상태에서 모텔을 빠져나오면서도 모텔 주인이나 다른 투숙객들에게 이를 알리지 아니하였다는 사정만으로는 화재를 용이하게 소화할 수 있었다고 보기 어렵다는 이유로, 부작위에 의한 현주건조물방화치사상죄의 공소사실에 대해 무죄를 선고한 원심의 판단은 정당하다. (대법원 2009도12109, 2009감도38)

> **관련판례** 중과실 부정

① 피고인이 사용한 양촉은 신품으로 약 3시간 지속할 수 있고, 촛불 부근에 헌가마니 쓰레기 등이 있을 뿐 휘발유 등 인화물질은 없었으며 양곡이 입고되어 있었고 약 30분 후에는 고사를 끝내고 고사에 사용한 쌀가마니를 입고할 예정으로 촛불을 끄지 아니하고 그대로 세워 놓고 창고문을 닫고 나온 것이니 위 경우에 인정되는 피고인이 촛불을 들고 나오든가 소화하고 나오지 아니한 과실은 어디까지나 경과실에 불과하다 할 것이다. (대법원 4292형상761)
② 임차인이 사용하던 방문에 약간의 틈이 있다거나 연통 등 **가스배출시설에 결함이 있는 정도의 하자**는 임대차 목적물인 위 방을 사용할 수 없을 정도의 파손상태라고 볼 수 없고 이는 임차인의 통상의 수선 및 관리의무에 속하는 것이므로 임차인이 그 방에서 **연탄가스에 중독되어 사망하였더라도** 위 사고는 임차인이 그 의무를 게을리 함으로써 발생한 것으로서 임대인에게 중과실치사의 죄책을 물을 수 없다. (대법원 85도2070)
③ 호텔오락실의 경영자가 그 오락실 천정에 형광등을 설치하는 공사를 하면서 그 호텔의 전기보안담당자에게 아무런 통고를 하지 아니한 채 무자격 전기기술자로 하여금 전기공사를 하게 하였더라도, 전기에 관한 전문지식이 없는 오락실경영자로서는, 전선의 합선에 의한 방화가 발생할 것등을 쉽게 예견할 수 있었다고 보기는 어려우므로 위 오락실경영자에게 위와 같은 과실이 있었더라도 사회통념상 이를 화재발생에 관한 중대한 과실이라고 평가하기는 어렵다. (대법원 89도204)
④ 함께 술을 마시던 피해자가 갑자기 총을 들어 자신의 머리에 대고 쏘는 소위 "러시안 룰렛" 게임을 하다가 사망한 경우 이를 제지하지 못한 동석자에 대하여 중과실치사죄가 성립하지 않는다. (대법원 91도3172)

> **관련판례**

① 업무상 과실치사상죄에서의 업무란 사람의 사회생활면에 있어서의 하나의 지위로서 계속적으로 종사하는 사무를 말하고 반복·계속의 의사와 사실이 있는 한 그 사무에 대한 각별한 경험이나 법규상의 면허를 필요로 하지 아니한다고 할 것인바, 기록에 의하면 피고인은 과거 자동차 조수로 약 1년 6월간 근무하였고 운전면허 없이 자동차를 운전하였던 사실을 인정할 수 있으므로 피고인이 면허 있는 자동차 운수가 아니라 할지라도 피고인의 본건 자동차 운전사무는 업무상 과실치사죄에 있어서의 업무에 해당한다. (대법원 4294형상5)
② 피고인이 완구상 점원으로서 완구배달을 하기 위해 자전거를 타고 소매상을 돌아다니는 일을 하고 있었다면 그 자전거를 운전하는 행위는 업무에 해당한다. (대법원 72도701)
③ 사람의 시기는 규칙적인 진통을 동반하면서 태아가 태반으로부터 이탈하기 시작한 때 다시 말하여 분만이 개시된 때(소위 진통설 또는 분만개시설)라고 봄이 타당하다. 따라서 조산원이 분만 중인 태아를 질식사에 이르게 한 경우에는 업무상 과실치사죄가 성립한다. (대법원 81도2621)
④ 골재채취작업 현장소장으로서 그 채취작업으로 생긴 깊이 약 2미터, 길이 약 60미터, 폭 약 40미터 크기의 타원형 웅덩이를 메우고 하상을 정리해서 익사 등의 사고를 방지해야 할 업무상 주의의무가 있음에도 불구하고 위 웅덩이를 그대로 방치한 과실로 피해자로 하여금 강을 건너던 중 위 웅덩이에 빠져 익사케 한 사실은 업무상 과실치사죄의 업무에 해당한다. (대법원 84도2527)
⑤ 버스운전사에게는 전날 밤에 주차해 둔 버스를 그 다음날 아침에 출발하기에 앞서 차체 밑에 장애물이 있는지 여부를 확인하여야 할 주의의무가 있다. (대법원 88도833)

⑥ 담임교사가 학생들에게 교실 청소를 시키면서 유리창을 청소할 때는 교실 안쪽에서 닦을 수 있는 유리창만을 닦도록 지시하였는데 유독 피해자만이 베란다로 넘어 갔다가 밑으로 떨어져 사망하였다면 담임교사에게 그 사고에 대한 어떤 형사상의 과실책임도 물을 수 없다. (대법원 89도108)

⑦ 바닷가 바위 위에서 전역할 병사를 헹가래쳐서 장난삼아 바다에 빠뜨리려고 하다가 그가 발버둥 치는 바람에 그의 발을 붙잡고 있던 피해자가 미끄러져 익사한 경우 헹가래치려 했던 동료 내무반원은 과실치사죄의 책임을 진다. (대법원 90도2106)

⑧ 방바닥에 폭 2~3cm의 틈이 나 있어 임차인은 임대인에게 방을 고쳐달라고 요구하였으나 아무런 조치도 하지 않는 경우에는 대보수가 필요한지의 여부를 불문하고 임대인에게 과실을 인정하였다. (대법원 93도196)

> **비교판례**
> 임대한 방의 부엌으로 통하는 문과 벽 사이에 있는 문틈(0.4㎝ 정도)으로 스며든 연탄가스에 임차인이 중독된 경우, 임대인에게 과실이 있다고 할 수 없다. (대법원 84도2034)

⑨ 함께 술을 마신 후 만취된 사람을 방안에 혼자 눕혀 놓고 촛불을 끄지 않고 나오는 바람에 화재가 발생하여 사망한 경우 과실치사의 책임을 진다. (대법원 94도1291)

⑩ 부러진 메스조각을 그대로 둔 채 수술부위를 봉합한 경우, 같은 수술과정에서 메스 끝이 부러지는 일이 흔히 있고, 부러진 메스가 쉽게 발견되지 않을 경우 수술과정에서 무리하게 제거하려고 하면 부가적인 손상을 줄 우려가 있어 일단 봉합한 후에 재수술을 통하여 제거하거나 그대로 두는 경우가 있는 점에 비추어 담당의사의 과실을 인정할 수 없다. (대법원 99도3711)

⑪ 교통사고를 발생시킨 당해 차량의 운전자에게 그 사고발생에 있어서 **고의, 과실 혹은 유책, 위법의 유무에 관계없이 부과된 의무**라고 해석함이 상당할 것이므로, 당해 사고에 있어 귀책사유가 없는 경우에도 위 의무가 없다 할 수 없고, 또 위 의무는 신고의무에만 한정되는 것은 아니므로 타인에게 신고를 부탁하고 현장을 이탈하였다고 하여 위 의무를 다한 것이라고 할 수 없다. (대법원 2000도1731)

> **유사판례**
> **특가법상 도주운전죄**
> ① 사고운전자가 사고로 인하여 피해자가 사상을 당한 사실과 피해자에 대한 구호조치의 필요성을 인식하였음에도 불구하고 피해자를 구호하는 등 도로교통법 제50조 제1항에 규정된 의무를 이행하기 이전에 사고현장을 이탈하였다면, 사고운전자가 사고현장을 이탈하기 전에 피해자에 대하여 자신의 신원을 확인할 수 있는 자료를 제공하여 주었다고 하더라도 여전히 '피해자를 구호하는 등 도로교통법 제50조 제1항의 규정에 의한 조치를 취하지 아니하고 도주한 때'에 해당한다 할 것이다. (대법원 2001도5369)
> ② 교통사고 야기자가 피해자를 병원에 후송하기는 하였으나 조사 경찰관에게 사고사실을 부인하고 자신을 목격자라고 하면서 참고인 조사를 받고 귀가한 경우, 특정범죄가중처벌등에관한법률 제5조의3 제1항 소정의 '도주'에 해당한다고 한 사례이다. (대법원 2002도5748)
> ③ 도로변에 자동차를 주차한 후 운전석 문을 열다가 후방에서 진행하여 오던 자전거의 핸들 부분을 충격하여 운전자에게 상해를 입히고도 아무런 구호조치 없이 현장에서 이탈한 경우, 구 특정범죄가중처벌 등에 관한 법률(2010. 3. 31. 법률 제10210호로 개정되기 전의 것) 제5조의3 제1항의 '도주차량 운전자'에 해당한다. (대법원 2010도1920)
> ④ 구호조치를 취할 필요가 있었다고 인정되지 않는 경우에도 구호조치를 이행하지 않고 사고현장을 이탈하였다면 뺑소니에 해당하지는 않는다. (대법원 2001도2869)
> ⑤ 사고 관련 차량의 충돌 부위와 충격의 정도, 피해자들의 상해 부위와 정도 등에 비추어 형법상 '상해'로 볼 수 없다는 이유로 특정범죄가중처벌 등에 관한 법률 제5조의3 제1항에 정한 도주운전죄의 성립을 부정한다. (대법원 2008도3078)

⑥ 피고인이 자동차를 후진하다가 甲을 역과하여 사망에 이르게 하고도 구호조치 없이 도주하였다고 하여 특정범죄 가중처벌 등에 관한 법률 위반(도주차량)으로 기소된 사안에서, 제반 사정에 비추어 피고인이 도주의 범의로써 사고현장을 이탈한 것으로 보기 어렵다. (대법원 2013도9124)

⑫ 내과의사가 신경과 전문의에 대한 협의진료 결과와 환자에 대한 진료 경과 등을 신뢰하여 뇌혈관계통 질환의 가능성을 염두에 두지 않고 내과 영역의 진료 행위를 계속하다가 환자의 뇌지주막하출혈을 발견하지 못하여 식물인간 상태에 이르게 한 경우, 내과의사의 업무상과실이 있었다고 단정하기는 어렵다. (대법원 2001도3292)

⑬ 간호사가 의사의 처방에 의한 정맥주사(Side Injection 방식)를 의사의 입회 없이 간호실습생(간호학과 대학생)에게 실시하도록 하여 발생한 의료사고에 대한 의사의 과실을 부정 (대법원 2001도3667)

> **비교판례**
> ① 전격성 간염의 경과를 보이는 입원환자를 직접 관찰하거나 진단하지 않고 간호사로 하여금 신경 안정제를 투여하게 한 종합병원 야간 당직의사는 업무상 과실이 없다고 할 수 없다. (대법원 2006도9435)
> ② 조증치료제인 클로르포르마진을 함부로 투여하여 환자가 전해질이상·빈혈·저알부민증 등으로 인한 쇼크로 사망하였다면, 그 치료 과정에서 야간당직의사의 과실이 일부 개입하였다고 하더라도 그의 주치의사 및 환자와의 관계에 비추어 볼 때 환자의 주치의사는 업무상과실치사죄의 책임을 면할 수는 없다. (대법원 93도2524)

⑭ 앞차를 뒤따라 진행하는 차량의 운전사로서는 앞차에 의하여 전방의 시야가 가리는 관계상 앞차의 어떠한 돌발적인 운전 또는 사고에 의하여서라도 자기 차량에 연쇄적인 사고가 일어나지 않도록 앞차와의 충분한 안전거리를 유지하고 진로 전방좌우를 잘 살펴 진로의 안전을 확인하면서 진행할 주의의무가 있다. (대법원 2001도5005)

> **유사판례**
> 고속도로의 노면이 결빙된 데다가 짙은 안개로 시계가 20m 정도 이내였다면 차량운전자는 제한시속에 관계없이 장애물 발견 즉시 제동정지할 수 있을 정도로 속도를 줄이는 등의 조치를 취하였어야 할 것이므로 단순히 제한속도를 준수하였다는 사실만으로는 주의의무를 다하였다 할 수 없다.

⑮ 건설회사가 건설공사 중 타워크레인의 설치작업을 전문업자에게 도급주어 타워크레인 설치작업을 하던 중 발생한 사고에 대하여 건설회사의 현장대리인에게 업무상과실치사상의 죄책을 물을 수 없다. (대법원 2005도3108)

⑯ 산후조리원에 입소한 신생아가 출생 후 10일 이상이 경과하도록 계속하여 수유량 및 체중이 지나치게 감소하고 잦은 설사 등의 이상증세를 보임에도 불구하고, 산후조리원의 신생아 집단관리를 맡은 책임자가 의사나 한의사 등의 진찰을 받도록 하지 않아 신생아가 탈수 내지 괴사성 장염으로 사망한 사안에서, 위 집단관리 책임자가 산모에게 신생아의 이상증세를 즉시 알리고 적절한 조치를 구하여 산모의 지시를 따른 것만으로는 업무상 주의의무를 다하였다고 볼 수 없다며 신생아 사망에 대한 업무상 과실치사의 죄책을 인정한 사례. (대법원 2005도1796)

⑰ 공휴일 또는 야간에는 소장을 대리하는 당직간부에게는 구치소에 수용된 수용자들의 생명·신체에 대한 위험을 방지할 법령상 내지 조리상의 의무가 있다고 할 것이고, 이와 같은 의무를 직무로서 수행하는 교도관들의 업무는 업무상과실치사죄에서 말하는 업무에 해당한다. (대법원 2006도3493)

⑱ 혈액원 소속의 검사자들이 채혈한 혈액의 검사를 잘못한 상태에서 부적격 혈액들을 출고하여 이를 수혈받은 피해자들로 하여금 C형 간염 등이 감염되는 상해를 입게 한 경우, **혈액원장에게 업무상과실치상의 죄책을 인정**한다. 반면 혈액원의 내부적 업무분장에 따라 부여된 행정적 업무를 처리하는 검사과장은, 그 각 지위와 업무 내용에 따라 요구되는 업무상의 주의의무의 내용이 다르다 할 것이므로, 검사자들의 혈액 검사의 오류로 인하여 부적격 혈액이 출고됨으로써 피해자들이 수혈감염에 의한 상해를 입은데 대하여 혈액원장에게 업무상과실치상의 죄책을 인정하는 이상 검사과장에 대해서도 당연히 업무상과실치상의 죄책을 인정하여야 한다는 상고이유의 주장은 받아들일 수 없다. (대법원 2006도6178)

⑲ 소아외과 의사가 5세의 급성 림프구성 백혈병 환자의 항암치료를 위하여 쇄골하 정맥에 중심정맥도관을 삽입하는 수술을 하는 과정에서 환자의 우측 쇄골하 부위를 주사바늘로 10여 차례 찔러 환자가 우측 쇄골하 혈관 및 흉막 관통상에 기인한 외상성 혈흉으로 인한 순환혈액량 감소성 쇼크로 사망한 경우, 담당 소아외과 의사는 업무상 과실이 없다. (대법원 2008도3090)

비교판례

① 환자의 주치의 겸 정형외과 전공의가 같은 과 수련의 처방에 대한 감독의무를 소홀히 한 나머지, 환자가 수련의의 잘못된 처방으로 인하여 상해를 입게 된 사안에서 전공의에 대한 업무상과실은 인정된다. (대법원 2005도9229)

② [1] 피고인이 제왕절개수술을 시행 중 태반조기박리를 발견하고도 피해자의 출혈 여부 관찰을 간호사에게 지시하였다가 수술 후 약 45분이 지나 대량출혈을 확인하고 전원 조치하였으나 그 후 피해자가 사망한 사안에서, 피고인에게 대량출혈 증상을 조기에 발견하지 못하고, 전원을 지체하여 피해자로 하여금 신속한 수혈 등의 조치를 받지 못하게 한 과실이 있다.
[2] 피고인이 전원받는 병원 의료진에게 피해자가 고혈압환자이고 제왕절개수술 후 대량출혈이 있었던 사정을 설명하지 않은 사안에서, 피고인에게 전원과정에서 피해자의 상태 및 응급조치의 긴급성에 관하여 충분히 설명하지 않은 과실이 있다. (대법원 2009도7070)

③ [1] 의사들의 주의의무 위반과 처방체계상의 문제점으로 인하여 수술 후 회복과정에 있는 환자에게 인공호흡 준비를 갖추지 않은 상태에서는 사용할 수 없는 약제가 잘못 처방되었고, 종합병원의 간호사로서 환자에 대한 투약 과정 및 그 이후의 경과 관찰 등의 직무 수행을 위하여 처방 약제의 기본적인 약효나 부작용 및 주사 투약에 따르는 주의사항 등을 미리 확인·숙지하였다면 과실로 처방된 것임을 알 수 있었음에도 그대로 주사하여 환자가 의식불명 상태에 이르게 된 사안에서, 간호사에게 업무상과실치상의 형사책임을 인정하였다.
[2] 의료사고에 있어 의료인의 과실을 인정하기 위하여서는 의료인이 결과 발생을 예견할 수 있음에도 불구하고 그 결과 발생을 예견하지 못하였고 그 결과 발생을 회피할 수 있었음에도 불구하고 그 결과 발생을 회피하지 못한 과실이 검토되어야 하고, 그 과실의 유무를 판단함에는 **같은 업무와 직무에 종사하는 일반적 보통인의 주의정도를 표준으로** 하여야 하며, 이에는 사고 당시의 일반적인 의학의 수준과 의료환경 및 조건, 의료행위의 특수성 등이 고려되어야 한다. (대법원 2005도8980)

⑳ 골프경기를 하던 중 골프공을 쳐서 아무도 예상하지 못한 자신의 등 뒤편으로 보내 등 뒤에 있던 경기보조원(캐디)에게 상해를 입힌 경우 주의의무를 현저히 위반하여 사회적 정당성의 범위를 벗어난 행위로서 과실치상죄가 성립한다. (대법원 2008도6940)

㉑ 업무상 과실치사상죄에 있어서의 업무란 사람의 사회생활면에 있어서의 하나의 지위로서 계속적으로 종사하는 사무를 말하고, 여기에는 수행하는 직무 자체가 위험성을 갖기 때문에 안전배려를 의무의 내용으로 하는 경우는 물론 사람의 생명·신체의 위험을 방지하는 것을 의무의 내용으로 하는 업무도 포함된다. 단지 **건물의 소유자로서 건물을 비정기적으로 수리하거나 건물의 일부분을 임대하였다는 사정**만으로는 업무상과실치상죄에 있어서의 '업무'로 보기 어렵다. (대법원 2009도1040)

㉒ 건축자재인 철판 수백 장의 운반을 의뢰한 자가 절단면이 날카롭고 무거운 철판을 묶기에 매우 부적합한 폴리에스터 끈을 사용하여 철판 묶음 작업을 하는 등의 과실로 철판 쏠림 현상이 발생하였고, 이로 인하여 철판을 차에서 내리는 과정에서 철판이 쏟아져 내려 화물차 운전자가 사망한 경우 운반 의뢰인에게 업무상 과실치사의 죄책이 인정된다. (대법원 2009도3219)

㉓ 화물차를 주차하고 적재함에 적재된 토마토 상자를 운반하던 중 적재된 상자 일부가 떨어지면서 지나가던 피해자에게 상해를 입힌 경우, 교통사고처리 특례법에 정한 '교통사고'에 해당하지 않아 업무상 과실치상죄에 해당한다. (대법원 2009도2390)

㉔ 앰부 배깅(ambu bagging)과 진정제 투여 업무만을 지시받은 피고인에게 일반적으로 구급차 탑승 전 또는 이송 도중 구급차에 비치되어 있는 산소통의 산소잔량을 확인할 주의의무가 있다고 보기는 어려우므로 피고인인 인턴 갑에게 업무상 과실치사죄가 인정되지 않는다. (대법원 2009도13959)

㉕ 의사가 수술 후 환자에 대하여 1시간 간격으로 4회 활력징후를 측정하라고 지시를 하였는데, 일반병실에 근무하는 간호사인 피고인 1이 중환자실이 아닌 일반병실에서는 4시간 간격으로 활력징후를 측정할 필요가 없다고 생각하여 2회만 측정한 채 3회차 이후 활력징후를 측정하지 않았고, 피고인 1과 근무교대한 간호사인 피고인 2 역시 자신의 근무교대 후 4회차 측정시각까지 활력징후를 측정하지 않았는데, 환자는 그로부터 약 10분 후 심폐정지상태에 빠지고 결국 과다출혈로 사망한 사례에서, 피고인들에게 업무상 과실이 있고, 피고인들의 과실과 피해자의 사망 사이의 인과관계가 있다. (대법원 2008도8606) = **간호사가 진료보조행위를 함에 있어 의사의 지시에 따르지 않을 경우 업무상 과실을 구성한다고 보았다.**

㉖ 환자의 생명과 자기결정권을 비교형량하기 어려운 특별한 사정이 있다고 인정되는 경우에 의사가 자신의 직업적 양심에 따라 환자의 양립할 수 없는 두 개의 가치 중 어느 하나를 존중하는 방향으로 행위하였다면, 이러한 행위는 처벌할 수 없다. 그렇지만 이러한 판단을 위해서는 환자가 거부하는 치료방법, 즉 수혈 및 이를 대체할 수 있는 치료방법의 가능성과 안정성 등에 관한 의사의 설명의무 이행과 이에 따른 환자의 자기결정권 행사에 어떠한 하자도 개입되지 않아야 한다는 점이 전제되어야 한다. 따라서 수술을 할 필요성이 있는지에 관하여 통상적인 경우보다 더욱 세심하게 주의를 기울임으로써, 과연 수술을 하는 것이 환자를 위한 최선의 진료방법인지 신중히 판단할 주의의무가 있다. (대법원 2009도14407)

㉗ 골프장의 경기보조원인 피고인이 골프 카트에 피해자 등 승객들을 태우고 진행하기 전에 안전 손잡이를 잡도록 고지하지도 않고, 또한 승객들이 안전 손잡이를 잡았는지 확인하지도 않은 상태에서 만연히 출발하였으며, 각도 70°가 넘는 우로 굽은 길을 속도를 충분히 줄이지 않고 급하게 우회전한 업무상 과실로, 피해자를 골프 카트에서 떨어지게 하여 두개골골절, 지주막하출혈 등의 상해를 입게 하였다. (대법원 2010도1911)

㉘ 건물의 일부만을 임차한 **임차인은 원칙적으로 그 점유·사용 부분에 한하여** 방화관리책임을 부담한다고 보아야 할 것이나, 소방시설의 구조나 위치, 건물의 점유 현황 등의 사정을 고려하여 **건물 소유자 등과의 협의를 통해 임차 부분을 포함한 건물 전체에 대한 방화관리업무를 수행하기로 한 경우에는 당연히 소방대상 건물 전체에 대한 방화관리책임을 부담하게** 되고, 이때 그 임차인에 의하여 방화관리의 업무를 부여 받은 자는 관할 관청에 대한 방화관리자 선임신고의 유무 혹은 적법 여부에 상관없이 그 업무 수행 중의 고의 혹은 과실로 인한 행위로 발생한 결과에 대하여 책임을 진다. (대법원 2010도2887)= 소방대상건물 중 일부의 임차인에게 건물 전체에 대한 방화관리책임을 지울 수 있는지 여부(원칙적 소극)

㉙ 공사감리자가 관계 법령과 계약에 따른 감리업무를 소홀히 하여 건축물 붕괴 등으로 인하여 사상의 결과가 발생한 경우에는 업무상 과실치사상의 죄책을 면할 수 없다. (대법원 2010도2615)

㉚ 지하철 공사구간 현장안전업무 담당자인 甲이 공사현장에 인접한 기존의 횡단보도 표시선 안쪽으로 돌출된 강철빔 주위에 라바콘 3개를 설치하고 신호수 1명을 배치하였는데, 피해자가 위 횡단보도를 건너면서 강철빔에 부딪혀 상해를 입은 경우 업무상 과실치상죄가 성립하지 않는다. (대법원 2012도11361)

㉛ 공사현장에서 포클레인을 이용해 흙을 트럭에 싣는 작업을 하는 경우 적재물이 낙하하여 사람이 다치거나 주변 통행에 방해가 되는 등의 사고가 발생할 수 있으므로 포클레인 기사는 낙하사고를 방지하기 위하여 필요한 조치를 취하여야 하고, 적재물이 덤프트럭 적재함 밖으로 떨어지지 않도록 충분한 주의를 기울이거나 그것이 어려운 경우 작업의 중단 내지 안전펜스 설치나 신호수의 배치요구를 하는 등의 조치를 취하여야 할 업무상 주의의무가 있었다는 이유로 업무상과실치상죄를 유죄로 인정하였다. (대법원 2021도11547)

Section 05 낙태의 죄

I 서설

1 조문 체계

범죄	조문	구성요건	미수	예비
(자기)낙태	제269조 제1항	부녀가 약물 기타 방법으로 낙태한 경우(헌법불합치로 없어짐)	×	×
동의낙태	제269조 제2항	부녀의 촉탁 또는 승낙을 받아 낙태하게 한 경우(그대로 유지)	×	×
업무상 동의낙태	제270조 제1항	의사, 한의사, 조산사, 약제사 또는 약종상이 부녀의 촉탁 또는 승낙을 받아 낙태하게 한 경우(헌법불합치로 의사 부분만 없어짐. 즉 한의사, 조산사, 약제사, 약종상의 경우에는 그대로 유지)	×	×
부동의낙태	제270조 제2항	부녀의 촉탁 또는 승낙 없이 낙태하게 한 경우(그대로 유지)	×	×
낙태치사상	제269조 제3항	동의낙태죄를 범하여 부녀를 상해에 이르게 하거나 사망에 이르게 한 경우(그대로 유지)	×	×
낙태치사상	제270조 제3항	업무상 동의낙태죄·부동의낙태죄를 범하여 부녀를 상해에 이르게 하거나 사망에 이르게 한 경우(그대로 유지)	×	×

2 의의 및 보호법익

① 제269조 제1항, 제270조 제1항 중 '의사'에 관한 부분은 모두 헌법에 합치되지 아니한다. 위 조항들은 2020. 12. 31.을 시한으로 입법자가 개정할 때까지만 적용되었고, 이후 대체입법이 이루어지지 않아서 2021. 1. 1.로 효력이 소멸되었다. 다만, 제269조 제1항과 제270조 제1항의 의사에 관한 부분만 소멸한 것이므로, 제269조 제2항(일반 동의낙태죄), 제270조 제1항에서도 조산사, 약제사, 약종상에 의한 동의낙태죄, 제270조 제2항(부동의낙태죄), 제269조 제3항, 제270조 제3항의 낙태치사상죄는 의사에 의한 경우를 제외하고는 그대로 존속된다.

② 예비음모나 미수 처벌규정이 없다.

③ 보호법익은 태아의 생명과 신체의 안전이고, 2차적으로 임산부의 생명과 신체의 안전도 포함한다.

④ 의사 등이 동의낙태하는 경우 등에는 7년 이하의 자격정지를 병과한다.

II 자기 낙태죄

형법

제269조【자기낙태】 ① 부녀가 약물 기타 방법으로 낙태한 때에는 1년 이하의 징역 또는 200만 원 이하의 벌금에 처한다.

헌법불합치 결정에 따라 부녀의 자기낙태죄 조항은 효력을 상실하였다.

> **관련판례**
>
> 자기낙태죄 조항은 입법목적을 달성하기 위하여 필요한 최소한의 정도를 넘어 임신한 여성의 자기결정권을 제한하고 있어 침해의 최소성을 갖추지 못하고 있으며, 법익균형성의 원칙도 위반하였다고 할 것이므로, 과잉금지원칙을 위반하여 임신한 여성의 자기결정권을 침해하는 위헌적인 규정이다. (헌법재판소 2017헌바127) = 목적의 정당성, 수단의 적합성을 준수하였으나 침해의 최소성, 법익의 균형성을 위반하여 과잉금지원칙에 위반된다. 따라서 여성의 자기결정권의 과도한 침해가 된다. 자기낙태죄 조항과 동일한 목표를 실현하기 위하여 임신한 여성의 촉탁 또는 승낙을 받아 낙태하게 한 의사를 처벌하는 의사낙태죄 조항도 같은 이유에서 위헌이다.

III 동의낙태죄

형법

제269조 【동의낙태】 ② 부녀의 촉탁 또는 승낙을 받아 낙태하게 한 자도 제1항의 형과 같다.

1 의의

임산부의 촉탁에 의해 낙태를 한 경우에는 동의낙태죄, 임산부에게 낙태를 교사한 경우 낙태죄의 교사범이 성립할 수 있다.

> **관련판례**
>
> 피고인이 결혼을 전제로 교제하던 여성 甲의 임신 사실을 알고 수회에 걸쳐 낙태를 권유하였다가 거부당하자, 甲에게 출산 여부는 알아서 하되 더 이상 결혼을 진행하지 않겠다고 통보하고, 이후에도 아이에 대한 친권을 행사할 의사가 없다고 하면서 낙태할 병원을 물색해 주기도 하였는데, 그 후 甲이 피고인에게 알리지 아니한 채 자신이 알아본 병원에서 낙태시술을 받은 사안에서, 피고인은 甲에게 직접 낙태를 권유할 당시뿐만 아니라 출산 여부는 알아서 하라고 통보한 이후에도 계속 낙태를 교사하였고, 甲은 이로 인하여 낙태를 결의·실행하게 되었다고 보는 것이 타당하며, 甲이 당초 아이를 낳을 것처럼 말한 사실이 있다는 사정만으로 피고인의 낙태교사행위와 甲의 낙태결의 사이에 인과관계가 단절되는 것은 아니라는 이유로, 피고인에게 낙태교사죄가 인정된다. (대법원 2012도2744)

2 구성요건

(1) 주체

신분이 한의사, 조산사, 약제사, 약종상인 때에는 업무상 동의낙태죄(제270조 제1항)에 해당될 것이기 때문에, 제269조의 동의낙태죄의 주체는 임산부 이외의 자로서 업무상 동의낙태죄의 주체들 이외의 자를 의미한다.

(2) 행위

① 촉탁 또는 승낙을 받아 낙태하는 것으로 촉탁과 승낙은 반드시 낙태 전에 이루어져야 한다.

② 촉탁과 승낙은 낙태의 의미를 이해할 수 있는 능력이 있는 자의 자유로운 의사에 의하여야 한다. 따라서 폭행·협박에 의하여 강요된 행위 촉탁이나 승낙의 경우는 부동의낙태죄(제270조 제2항)가 성립한다.

(3) 고의

본죄는 고의범이므로 촉탁·승낙의 존재 및 낙태에 대한 고의가 있어야 한다. 따라서 촉탁·승낙의 존재를 알지 못하고 낙태시킨 경우에는 부동의낙태죄가 성립한다.

(4) 위법성

동의낙태 행위가 임부의 생명 및 신체에 대한 현재의 위반을 피하지 위한 것인 때에는 긴급피난에 해당될 수 있다.

IV 업무상 동의낙태죄

형법

제270조【업무상낙태】 ① 의사, 한의사, 조산사, 약제사 또는 약종상이 부녀의 촉탁 또는 승낙을 받아 낙태하게 한 때에는 2년 이하의 징역에 처한다.

1 구성요건

(1) 주체

① 의사는 헌법불합치 이후 대체입법이 이루어지지 않아서 더 이상 적용대상이 되지 않는다.
② <u>따라서 본죄의 주체는 한의사, 조산사, 약제사, 약종상으로 제한되며, 면허 있는 자에 한정된다.</u>
③ <u>면허가 없는 자 또는 이 조항에 열거되지 않은 치과의사, 수의사, 간호사 등은 업무상 동의낙태죄가 되는 것이 아니라 동의낙태죄 문제가 되는 것이다.</u>
④ 한의사 등이라는 신분관계에 의해서 가중처벌되는 것으로, 동의낙태죄에 대한 부진정신분범에 해당한다.

(2) 행위

업무상 동의낙태죄의 행위는 부녀의 촉탁·승낙을 받아 낙태하는 것으로 동의낙태죄와 동일하다.

(3) 고의

업무상 동의낙태죄는 고의범이므로 자신이 업무상의 신분자라는 것과 촉탁·승낙의 존재 및 낙태에 대한 인식과 의사를 내용으로 하는 고의가 있어야 한다.

2 위법성

① 모자보건법 제14조에 해당하는 경우(i) 의학적·위생학적·윤리적 정당화 사유가 있는 경우, ii) 의사는 본인과 배우자의 동의를 얻어 임신 후 28주 이내에 인공임신중절을 할 수 있다. iii) 모체의 생명을 구하기 위하여 긴급피난으로 낙태하는 경우)와 긴급피난(임신으로 인하여 임부의 생명에 현저한 위험을 초래할 우려가 있는 경우의 낙태행위)에 의하여 위법성이 조각될 수 있다.
② 그러나 경제적 사정에 의한 낙태는 인정할 수 없다.

V 부동의 낙태죄

형법

제270조【부동의낙태】 ② 부녀의 촉탁 또는 승낙 없이 낙태하게 한 자는 3년 이하의 징역에 처한다.

부녀의 촉탁 또는 승낙도 없이 낙태하는 범죄이다. 부녀의 동의가 없어 형이 가중되는 형태이다. 동의낙태죄보다 불법이 가중된 가중적 구성요건이다. 임산부 몰래 또는 임산부의 무지를 이용한 경우에도 본죄가 성립한다.

VI 낙태치사상죄

형법

제269조【낙태치사상】 ③ 제2항의 죄를 범하여 부녀를 상해에 이르게 한 때에는 3년 이하의 징역에 처한다. 사망에 이르게 한 때에는 7년 이하의 징역에 처한다.

제270조【업무상 동의낙태치사상, 부동의 낙태치사상】 ③ 제1항 또는 제2항의 죄를 범하여 부녀를 상해에 이르게 한 때에는 5년 이하의 징역에 처한다. 사망에 이르게 한 때에는 10년 이하의 징역에 처한다.

동의낙태죄, 업무상 동의낙태죄, 부동의낙태죄를 범하여 부녀에게 치사상의 결과가 초래되었을 때 성립되는 범죄이며, 결과적가중범이다.

Section 06 유기와 학대에 대한 죄

I 서설

1 조문 체계

범죄	조문	구성요건	미수	예비
(단순)유기	제271조 제1항	나이가 많거나 어림, 질병 그 밖의 사정으로 도움이 필요한 사람을 법률상 또는 계약상 보호할 의무가 있는 자가 유기한 경우	×	×
존속유기	제271조 제2항	자기 또는 배우자의 직계존속에 대하여 제271조 제1항의 단순유기를 범한 경우	×	×
중유기	제271조 제3항	제271조 제1항의 단순유기죄를 범하여 사람의 생명에 대한 위험을 발생하게 한 경우	×	×
존속중유기	제271조 제4항	제271조 제2항의 존속유기죄를 범하여 사람의 생명에 대하여 위험을 발생하게 한 경우	×	×
영아유기	제272조	직계존속이 치욕을 은폐하기 위하거나 양육할 수 없음을 예상하거나 특히 참작할 만한 동기로 인하여 영아를 유기한 경우	×	×
학대	제273조 제1항	자기의 보호 또는 감독을 받는 사람을 학대한 경우	×	×
존속학대	제273조 제2항	자기 또는 배우자의 직계존속에 대하여 학대한 경우	×	×
아동혹사	제274조	자기의 보호 또는 감독을 받는 16세 미만의 자를 그 생명 또는 신체에 위험한 업무에 사용할 영업자 또는 종업자에게 인도하거나 인도받는 경우	×	×
유기치사상	제275조 제1항	유기·영아유기·학대를 범하여 사람을 사상에 이르게 한 경우	×	×
존속유기치사상	제275조 제2항	존속에 대해 유기·학대를 범하여 사람을 사상에 이르게 한 경우	×	×

2 의의 및 보호법익

① 유기죄는 일정한 사정으로 도움이 필요한 사람을 보호할 의무가 있는자가 유기함으로써 성립하는 범죄이다. 현행 유기죄 규정의 특징은 구법과 달리 도움이 필요한 원인을 기타사정으로 인한 경우까지 확대하면서 "법률상 또는 계약상 의무 있는 자"로 한정하여 성립 범위를 제한하고 있다.

② 보호법익은 유기죄는 사람의 생명·신체의 안전, 학대죄는 피보호대상자의 생명·신체의 안전과 인격권으로 본다. 아동혹사죄의 보호법익은 아동의 복지권이다. 추상적 위험범이다. 다만, 중유기죄만은 구체적위험범이다.

③ 존속범죄 가중처벌규정이 있다. 상습범 가중처벌 규정이 없다.

④ 중유기, 존속 중유기는 부진정 결과적 가중범이고, 유기치사상, 존속유기치사상은 결과적 가중범이다.

II 단순유기죄

> **형법**
>
> **제271조【유기】** ① 나이가 많거나 어림, 질병 그 밖의 사정으로 도움이 필요한 사람을 법률상 또는 계약상 보호할 의무가 있는 자가 유기한 경우에는 3년 이하의 징역 또는 500만원 이하의 벌금에 처한다.

1 구성요건

(1) 주체

① **법률상 또는 계약상 의무**

도움이 필요한 사람을 보호할 법률상 또는 계약상 의무가 있는 자, 즉 보호의무자로만 엄격히 제한하고 있다. (진정신분범) 따라서 단순히 일정기간을 동행한 사실만으로는 유기죄의 주체가 될 수 없는 것이다. (대법원 76도3419) 즉, 사무관리, 관습, 조리에 의해서 유기죄의 보호의무가 발생하지 아니한다. 다만, 계약상대방의 신체 또는 생명에 대한 주의와 배려라는 부수적 의무의 한 내용으로 상대방을 부조하여야 하는 경우를 배제하는 것은 아니다. (대법원 2011도12302)

② **보호의무의 범위**

부작위범의 보증인 의무(법률, 계약, 조리, 선행행위)보다 유기죄의 보호의무 발생근거(법률, 계약)의 범위가 **좁다**. 법률에 보호의무가 규정되어 있는 경우, 공법과 사법을 불문한다. 경찰관직무집행법 제4조의 경찰관보호조치 의무, 도로교통법 제54조에 규정된 사고운전자의 구호의무 등이 그 예이다. 계약상 의무는 간호사의 간호의무가 대표적이다. 또한 **민법상 부부간의 부양의무도 포함**되므로, 당사자 사이에 주관적으로 혼인의 의사가 있고 객관적으로도 사회 관념상 가족질서적인 면에서 부부공동생활을 인정할 만한 혼인생활의 실체가 존재한다면 사실혼 관계에서도 보호의무가 인정된다. 다만 이때 단순한 동거 또는 간헐적인 정교관계를 맺고 있다는 사정만으로는 부족하고, 그 당사자 사이에 주관적으로 혼인의 의사가 있고 객관적으로 사회관념상 인정할 만한 혼인생활의 실체가 존재하여야 한다. (대법원 2007도3952)

> **관련판례** **보호의무의 발생근거(법률·계약상 보호의무 있음)**
>
> ① 술에 만취된 피해자가 경찰지구대로 운반되어 의자 위에 눕혀졌을 때 숨을 가쁘게 쿨쿨 내뿜고 자신의 수족과 의사도 자제할 수 없는 상태에 있음에도 불구하고 경찰관이 3시간여 동안이나 아무런 구호조치를 취하지 아니한 경우 유기죄의 범의를 인정할 수 있다. (대법원 72도863)
> ② 유기죄에 관한 형법 제271조 제1항의 '계약상 의무'는 간호사나 보모와 같이 계약에 기한 주된 급부의무가 부조를 제공하는 것인 경우에 반드시 한정되지 아니하며, 계약의 해석상 계약관계의 목적이 달성될 수 있도록 상대방의 신체 또는 생명에 대하여 주의와 배려를 한다는 부수적 의무의 한 내용으로 상대방을 부조하여야 하는 경우를 배제하는 것은 아니라고 할 것이다. 그러나 <u>민사적 부조의무 또는 보호의무가 인정된다고 해서 형법 제271조 소정의 '계약상 의무'가 당연히 긍정된다고는 말할 수 없다.</u> 피고인이 자신이 운영하는 주점에 손님으로 와서 수일 동안 식사는 한 끼도 하지 않은 채 계속하여 술을 마시고 만취한 피해자를 주점 내에 그대로 방치하여 저체온증 등으로 사망에 이르게 한 경우, <u>계약상의 부조의무를 부담하므로 유기치사죄를 인정</u>한다. (대법원 2011도12302)
> ③ 유기죄의 법률상 보호의무에는 민법 제826조 제1항에 근거한 부부간의 부양의무도 포함된다. (대법원 2018도4018)
> ④ 생모가 사망의 위험이 예견되는 그 딸에 대하여는 수혈이 최선의 치료방법이라는 의사의 권유를 자신의 종교(여호와의 증인)적 신념이나 후유증 발생의 염려만을 이유로 완강하게 거부하고 방해하였다면 이는 결과적으로 요부조자(도움이 필요한 사람)를 위험한 장소에 두고 떠난 경우나 다름이 없다고 할 것이므로 부작위에 의한 유기치사죄의 죄책을 지지 않을 수 없다. (대법원 79도1387)

⑤ 형법 제271조 제1항에서 말하는 법률상 보호의무 가운데는 민법 제826조 제1항에 근거한 부부간의 부양의무도 포함되며, 나아가 법률상 부부는 아니지만 사실혼에 해당하여 법률혼에 준하는 보호를 받기 위하여는 단순한 동거 또는 간헐적인 정교관계를 맺고 있다는 사정만으로는 부족하고, 그 당사자 사이에 주관적으로 혼인의 의사가 있고 객관적으로도 사회관념상 가족질서적인 면에서 부부공동생활을 인정할 만한 혼인생활의 실체가 존재하여야 한다. (대법원 2007도3952)

> **관련판례** 보호의무의 발생근거(법률·계약상 보호의무 없음)
> ① 술에 취한 생면부지의 甲과 乙이 우연히 함께 집으로 가던 중 실족하여 개울에 떨어져 甲이 도로 위로 올라와 집으로 가고 나머지 乙은 추운날씨에 심장마비로 사망한 사건에서 현행 형법은 법률상 또는 계약상의 의무 있는 자만을 유기죄의 주체로 규정하고 있어 유기죄의 죄책을 인정하려면 보호책임이 있게 된 경위 사정관계 등을 설시하여 구성요건이 요구하는 **법률상 또는 계약상 보호 의무를 밝혀야 하고** 설혹 동행자가 구조를 요하게 되었다 하여도 일정거리를 동행한 사실만으로서는 피고인에게 법률상 계약상의 보호의무가 있다고 할 수 없으니 유기죄의 주체가 될 수 없다. (대법원 76도3419)
> ② 단순한 동거 또는 간헐적인 정교관계를 맺고 있다는 사정만으로는 부족하고, 그 당사자 사이에 주관적으로 혼인의 의사가 있고 객관적으로도 사회관념상 인정할 만한 혼인생활의 실체가 존재하여야 한다. (대법원 2007도3952)

(2) 객체

① 나이가 많거나 어림, 질병 그 밖의 사정으로 도움이 필요한 사람으로서, 다른 사람의 도움 없이는 자기의 생명 신체에 대한 위험을 스스로 극복할 수 없는 자, 병자, 상처를 입은 부상자, 명정으로 의식을 잃은 자는 객체에 해당한다.

② 다른 사람의 조력 없이는 생계를 유지할 수 없는 경제적 궁핍자, 경제적 요부조자가 포함되는지에 대해서는 부정함이 타당할 것이다.

(3) 행위

① 유기란 도움이 필요한 자(요부조자)를 보호 없는 상태에 둠으로써 그 생명 신체에 위험을 가져오는 행위이다. 적극적 유기와 요부조자를 그대로 두고 떠나는 소극적 유기가 있다. 작위·부작위에 의한 유기가 모두 포함된다. (부진정부작위범)

② 유기의 방법은 제한이 없다. 요보호자에게 돌아가지 않거나, 그대로 있으면서 보호하지 않으면 부작위에 의한 유기가 된다.

③ 요부조자가 안전하게 구조된 것을 확인하고 돌아갔다고 해도 유기죄가 성립한다고 보는 입장은 유기죄를 추상적 위험범으로 보는 견해이다.

(4) 고의

유기죄에 있어서는 행위자가 요부조자에 대한 보호책임의 발생원인이 된 사실이 존재한다는 것을 인식할 뿐 아니라, 이에 기한 부조의무를 해태한다는 의식(의사)이 있음, 즉 고의가 있어야 한다. (대법원 2007도3952)

> **관련판례**
> ① 치사량의 청산가리를 음독했을 경우 미처 인체에 흡수되기 전에 지체없이 병원에서 위 세척을 하는 등 응급 치료를 받으면 혹 소생할 가능은 있을지 모르나 이미 이것이 혈관에 흡수되어 피고인이 피해자를 변소에서 발견했을 때의 피해자의 증상처럼 환자의 안색이 변하고 의식을 잃었을 때는 우리의 의학기술과 의료시설로서는 그 치료가 불가능하여 결국 사망하게 되는 것이고 또 일반적으로 병원에서 음독환자에게 위세척 호흡촉진제 강심제주사 등으로 응급가료를 하나 이것이 청산가리 음독인 경우에는 아무런 도움도 되지 못하는 것이므로 피고인의 유기행위와 피해자의 사망간에는 상당인과관계가 없다 할 것이다. (대법원 67도1151) = 해석상 유기죄는 가능하다.
> ② 甲은 호텔 객실에서 애인인 乙女에게 성관계를 요구하였는데 乙女는 그 순간을 모면하기 위하여 甲이 모르는 사이에 7층 창문으로 뛰어내리다가 중상을 입었다. 그러나 이 사실을 모르는 甲이 빈사상태의 乙女를 방치하고 혼자서 호텔을 나온 경우, 甲이 전혀 알지 못했다면 유기죄의 고의가 인정되지 않는다. (대법원 86도225) = 유기죄의 고의도 없으며 유기죄의 주체가 되지 않는다.

2 미수와 기수
① 미수 처벌규정이 없다.
② 기수 시기는 보호의무자가 병원이나 고아원 문 앞에 어린이를 버리고 숨어서 지켜본 경우라도 버린 순간 기수가 성립한다. (추상적 위험범)

3 위법성
① 유기가 긴급피난에 해당되는 경우에는 위법성이 조각된다.
② 사회상규에 반한다고 볼 수 없는 경우에도 정당행위로서 위법성이 조각될 수 있을 것이다.

4 죄수
① 살인, 상해, 강도, 강간 등의 고의로 해당 범죄를 범한 이후, 피해자를 범행현장에 방치하고 왔다고 하더라도 해당 범죄만 성립할 뿐이지 별도로 유기죄가 성립하지 않는다. (흡수관계)
② 살인죄가 성립한 후에도 사체유기죄는 별도로 성립될 수 있다. (경합범)

> **관련판례**
> 甲이 乙에게 강간치상의 범행을 저지르고 그 범행으로 인하여 실신상태에 있는 乙을 구호하지 않고 방치하였다고 하더라도 유기죄가 성립하지 않는다. (대법원 80도726)

III 존속유기죄

형법

제271조 【존속유기】 ② 자기 또는 배우자의 직계존속에 대하여 제1항의 죄를 범한 때에는 10년 이하의 징역 또는 1천 500만 원 이하의 벌금에 처한다.

본죄는 자기 또는 배우자의 직계존속을 유기함으로써 성립하는 범죄이다. 본죄의 주체는 직계비속이다. 실제의 경우 직계비속은 직계존속에 대하여 보호 의무를 지는 경우가 대부분일 것이다. 본죄는 신분으로 인하여 책임이 가중되는 가중적 구성요건으로 부진정신분범이다.

IV 중유기죄 · 존속중유기죄

형법

제271조【중유기 · 존속중유기】 ③ 제1항의 죄를 범하여 사람의 생명에 대한 위험을 발생하게 한 때에는 7년 이하의 징역에 처한다.
④ 제2항의 죄를 범하여 사람의 생명에 대하여 위험을 발생한 때에는 2년 이상의 유기징역에 처한다.

단순유기 또는 존속유기의 죄를 범하여 피해자의 생명에 대한 구체적 위험을 발생하게 함으로써 성립한다. 중한 결과의 발생은 과실에 의한 경우뿐만 아니라 고의에 의한 경우에도 포함한다. (이른바 부진정 결과적가중범) 구체적 위험범이다.

V 영아유기죄

형법

제272조【영아유기】 직계존속이 치욕을 은폐하기 위하거나 양육할 수 없음을 예상하거나 특히 참작할 만한 동기로 인하여 영아를 유기한 때에는 2년 이하의 징역 또는 300만원 이하의 벌금에 처한다.

2024. 2. 9. 영아유기죄를 폐지함으로써 저항 능력이 없는 사회적 약자인 영아를 범죄로 보호하고자 한다.

VI 유기치사상죄 · 존속유기치사상죄

형법

제275조【유기치사상 · 존속유기치사상】 ① 제271조 또는 제273조의 죄를 범하여 사람을 상해에 이르게 한 때에는 7년이하의 징역에 처한다. 사망에 이르게 한 때에는 3년 이상의 유기징역에 처한다.
② 자기 또는 배우자의 직계존속에 대하여 제271조 또는 제273조의 죄를 범하여 상해에 이르게 한 때에는 3년 이상의 유기징역에 처한다. 사망에 이르게 한 때에는 무기 또는 5년 이상의 징역에 처한다.

유기죄 등을 범하여 사람을 사상에 이르게 한 경우에 성립하는 결과적 가중범이다. 판례는 어머니가 종교상의 이유로 수혈을 거부하여 딸을 사망에 이르게 한 경우 유기치사죄의 성립을 인정하였다. (대법원 79도1387)

> **관련판례**
> ① 특정 종교의 신도인 甲이 교리에 어긋난다는 이유로 최선의 치료방법인 수혈을 요하는 수술을 거부하여 자신의 딸인 乙을 사망하게 한 경우에는 유기치사죄가 성립한다. (대법원 79도1387)
> ② 피고인이 자신이 운영하는 주점에 손님으로 와서 수일 동안 식사는 한 끼도 하지 않은 채 계속하여 술을 마시고 만취한 피해자를 **주점 내에 그대로 방치하여 저체온증 등으로 사망**에 이르게 한 경우 계약상의 부조의무를 부담하므로 **유기치사죄를 인정**한다. (대법원 2011도12302)
> ③ 유기죄를 범하여 사람을 사망에 이르게 하는 유기치사죄가 성립하기 위해서는 먼저 유기죄가 성립하여야 하므로, 행위자가 유기죄에 관한 형법 제271조 제1항이 정하고 있는 것처럼 "노유, 질병 기타 사정으로 인하여 부조를 요하는 자를 보호할 법률상 또는 계약상 의무 있는 자"에 해당하여야 한다. 여기에서 말하는 법률상 보호의무에는 민법 제826조 제1항에 근거한 부부간의 부양의무도 포함된다. (대법원 2018도4018)

VII 학대죄 · 존속학대죄

> **형법**
> **제273조 【학대 · 존속학대】** ① 자기의 보호 또는 감독을 받는 사람을 학대한 자는 2년 이하의 징역 또는 500만원 이하의 벌금에 처한다.
> ② 자기 또는 배우자의 직계존속에 대하여 전항의 죄를 범한 때에는 5년 이하의 징역 또는 700만원 이하의 벌금에 처한다.

1 의의

학대죄는 육체적 정신적으로 고통을 주는 경향을 처벌하는 범죄이다. 즉 학대죄는 자기의 보호 또는 감독을 받는 사람에게 육체적으로 고통을 주거나 정신적으로 차별대우를 하는 행위가 있음과 동시에 범죄가 완성되는 상태범 또는 즉시범이다. (대법원 84도2922)

2 구성요건

① **주체**: 타인을 보호 또는 감독하는 자이다. 본죄의 주체는 널리 사무관리, 조리 또는 관습에 의한 경우도 포함된다. (통설)

② **객체**: 행위자의 보호 · 감독을 받는 자이면 모두 객체가 되며, 18세 미만의 경우는 아동복지법이 적용된다.
학대죄는 존속범죄 가중처벌 규정이 있다.

③ **행위**: 학대이다. 육체적 또는 정신적으로 가하는 고통행위이다.

④ 형법 제273조 제1항에서 말하는 '학대'라 함은 육체적으로 고통을 주거나 정신적으로 차별대우를 하는 행위를 가리키고, 이러한 학대행위는 단순히 상대방의 인격에 대한 반인륜적 침해만으로는 부족하고 적어도 유기에 준할 정도에 이르러야 한다. (대법원 2000도223)

> **관련판례**
> ① 4세인 아들이 대소변을 가리지 못한다고 닭장에 가두고 전신을 구타한 사안에서 판례는 학대죄를 인정하였다. (대법원 68도1793)
> ② 피고인이 자기의 친딸(12세)에게 포르노테이프를 보여주며 성관계를 가진 결과 처녀막 파열의 상처를 입었고, 그 후 피고인이 피해자와 비정상적 관계를 장장 8년간에 걸쳐 지속되어 왔다면 미성년자의제강간치상죄만 성립하고, 학대죄는 성립하지 않는다. (대법원 2000도223)
> ③ 아동복지법은 제17조에서 '누구든지 다음 각호의 어느 하나에 해당하는 행위를 하여서는 아니 된다'고 하면서, 제2호로 '아동에게 음란한 행위를 시키거나 이를 매개하는 행위 또는 아동에게 성적 수치심을 주는 성희롱 등의 성적 학대행위'를 금지행위로 규정하고, 제71조 제1항에서 '제17조를 위반한 자를 처벌한다'고 규정하고 있다. 이러한 아동복지법 규정의 각 문언과 조문의 체계 등을 종합하여 보면, 누구든지 제17조 제2호에서 정한 금지행위를 한 경우 제71조 제1항에 따라 처벌되는 것이고, 성인이 아니라고 하여 위 금지행위규정 및 처벌규정의 적용에서 배제된다고 할 수는 없다. (대법원 2020도6422)

VIII 아동혹사죄

형법

제274조【아동혹사】 자기의 보호 또는 감독을 받는 16세 미만의 자를 그 생명 또는 신체에 위험한 업무에 사용할 영업자 또는 그 종업자에게 인도한 자는 5년 이하의 징역에 처한다. 그 인도를 받은 자도 같다.

1 의의
① 자기의 보호 또는 감독을 받는 16세 미만의 사람을 인도하는 범죄이다. 아동학대죄의 보호법익은 아동복지권, 보호정도는 형식범(거동범)이다.

2 구성요건
① **주체:** 신분범이고 인도하는 자와 인도받은 자를 동일한 법정형으로 처벌하는 대향범이다. 현실적인 인도가 있어야 하고 단순한 계약을 체결할 때가 아니라 사람을 인도할 때 기수가 된다.
② **객체:** 이 죄의 객체는 16세 미만의 자이며 발육상태, 지능상태는 불문한다.
③ 미수 처벌규정이 없다.

3 위법성
피해자인 아동의 승낙이 있어도 위법성이 조각되지 않는다. (통설)

Chapter 02 자유에 대한 죄

Section 01 협박의 죄

I 서설

1 조문 체계

범죄	조문	구성요건	미수	예비	반의사불벌죄
협박	제283조 제1항	사람을 협박한 경우	○	×	○
존속협박	제283조 제2항	자기 또는 배우자의 직계존속에 대하여 협박한 경우	○	×	○
특수협박	제284조	단체 또는 다중의 위력을 보이거나 위험한 물건을 휴대하여 협박 또는 존속협박을 범한 경우	○	×	×
상습협박	제265조	상습으로 협박·존속협박·특수협박을 범한 경우	○	×	×

2 의의 및 보호법익

① 협박죄는 해악을 고지하여 개인의 의사결정의 자유를 제한하는 범죄이다.

② 보호법익은 의사결정의 자유로 본다. 판례는 위험범으로 이해하여 현실적 침해가 없더라도 범죄가 성립할 수 있다고 본다. 추상적 위험범이다. (판례) 다만, 통설은 협박죄를 침해범으로 본다.

③ (단순)협박, 존속협박은 반의사불벌죄이지만, 특수협박, 상습협박은 반의사불벌죄가 아니다. 존속범죄 가중처벌규정이 있다. 상습범 가중처벌규정이 있다.

II 협박죄

형법

제283조【협박】① 사람을 협박한 자는 3년 이하의 징역, 500만원 이하의 벌금, 구류 또는 과료에 처한다.
② 자기 또는 배우자의 직계존속에 대하여 제1항의 죄를 범한 때에는 5년 이하의 징역 또는 700만원 이하의 벌금에 처한다.
③ 제1항 및 제2항의 죄는 피해자의 명시한 의사에 반하여 공소를 제기할 수 없다.

제286조【미수범】 전3조의 미수범은 처벌한다.

1 구성요건

(1) 객체

① 객체는 자연인이다. 즉 **법인은 객체가 되지 못한다.** (대법원 2010도1017)

② 자연인이라도 의사결정능력이 없는 자는 객체가 되지 못한다. 의사결정의 자유를 보호법익으로 하기 때문에, 의사결정능력이 없다면 협박자의 해악의 고지의 의미를 파악하지 못할 것이기 때문이다. 따라서 영아, 명정자, 수면자, 정신병자는 협박의 객체가 아니다.

③ 피해자 본인이나 그 친족뿐만 아니라 그 밖의 '제3자'에 대한 법익 침해를 내용으로 하는 해악을 고지하는 것이라고 하더라도 **피해자 본인과 제3자가 밀접한 관계에 있어 그 해악의 내용이 피해자 본인에게 공포심을 일으킬만한 정도의 것이라면 협박죄**가 성립할 수 있다. 이 때 **제3자에는 자연인뿐만 아니라 법인도 포함된다.** (대법원 2010도1017)

> **관련판례**
>
> [1] 협박죄는 사람의 의사결정의 자유를 보호법익으로 하는 범죄로서 형법규정의 체계상 개인적 법익, 특히 사람의 자유에 대한 죄 중 하나로 구성되어 있는바, 위와 같은 협박죄의 보호법익, 형법규정상 체계, 협박의 행위 개념 등에 비추어 볼 때, 협박죄는 자연인만을 그 대상으로 예정하고 있을 뿐 **법인은 협박죄의 객체가 될 수 없다.**
> [2] 채권추심 회사의 지사장이 회사로부터 자신의 횡령행위에 대한 민·형사상 책임을 추궁당할 지경에 이르자 이를 모면하기 위하여 회사 **본사**에 '회사의 내부비리 등을 금융감독원 등 관계 기관에 고발하겠다'는 취지의 서면을 보내는 한편, 위 회사 경영지원본부장이자 상무이사에게 전화를 걸어 자신의 횡령행위를 문제삼지 말라고 요구하면서 위 서면의 내용과 같은 취지로 발언한 사안에서, 위 **상무이사에 대한 협박죄**가 성립한다. (대법원 2010도1017)

(2) 행위

① 협박이란 일반적으로 보아 사람으로 하여금 공포심을 일으킬 수 있는 정도의 해악을 고지하는 것을 의미한다. 일반인의 입장에서 공포심을 야기할 정도이면 된다는 것이지, 피해자가 실제로 공포심을 느껴야 한다는 의미가 아니다. (대법원 2011도2412)

② 해악의 고지 내용은 생명, 신체, 자유, 명예, 재산, 신용, 업무, 정조 등 일체의 해악을 포괄한다.

③ 협박죄에서 해악을 가할 것을 고지하는 행위는 통상의 언어에 의한 경우는 물론이고, 한 마디 말이 없이 거동만으로도 가능하다. (대법원 74도2727) = 사소한 문제로 시비 중에 소지 중이던 가위를 목에 겨누면서 찌를 것처럼 한 행위도 협박에 해당한다.

④ 다만, 협박죄가 성립하기 위해서는 적어도 발생 가능한 것으로 생각될 수 있는 정도의 구체적인 해악의 고지가 있어야 한다. (대법원 98도70, 2011도2412) 그리고 협박이라고 하기 위해서<u>는 해악의 발생이 직접·간접적으로</u> 행위자에 의하여 좌우될 수 있는 것이어야 한다. (대법원 2000도3245)

■ 협박의 정도

광의의 협박	일반적으로 타인에게 공포심을 불러일으킬 수 있는 모든 해악의 고지에 해당하는 협박(일반인 기준)	소요죄(제115조) 공무집행방해죄(제136조) 특수도주죄(제146조) 다중불해산죄(제116조)
협의의 협박	상대방이 저항할 수 없는 정도는 아니더라도 현실적으로 공포심을 느낄 수 있는 정도의 해악의 고지(피해자 기준)	협박죄(제283조) 공갈죄(제350조) 강요죄(제324조)
최협의의 협박	상대방이 반항할 수 없을 정도 내지 반항을 현저하게 곤란하게 할 정도의 해악의 고지	강도죄(제333조) 준강도죄(제335조)

> **관련판례** 협박의 정도

① 협박죄가 성립하려면 고지된 해악의 내용이 행위자와 상대방의 성향, 고지 당시의 주변 상황, 행위자와 상대방 사이의 친숙의 정도 및 지위 등의 상호관계, 제3자에 의한 해악을 고지한 경우에는 그에 포함되거나 암시된 제3자와 행위자 사이의 관계 등 행위 전후의 여러 사정을 종합하여 볼 때에 일반적으로 사람으로 하여금 공포심을 일으키게 하기에 충분한 것이어야 하지만, 상대방이 그에 의하여 현실적으로 공포심을 일으킬 것까지 요구하는 것은 아니며, 그와 같은 정도의 해악을 고지함으로써 상대방이 그 의미를 인식한 이상, 상대방이 현실적으로 공포심을 일으켰는지 여부와 관계없이 그로써 구성요건은 충족되어 협박죄의 기수에 이르는 것으로 해석하여야 한다. (대법원 2007도606)
② 협박죄에 있어서의 해악을 가할 것을 고지하는 행위는 통상 언어에 의하는 것이나 경우에 따라서는 한마디 말도 없이 거동에 의하여서도 고지할 수 있는 것이다. (대법원 74도2727)
③ 피고인이 피해자와 술을 마시던 중 화가 나 횟집 주방에 있던 회칼 2자루를 들고 나와 죽어버리겠다며 자해하려고 하였다는 내용으로 기소된 사안에서, 피고인의 행위가 '협박'에 해당한다고 볼 수 있다. (대법원 2010도14316)

(3) 고의

주관적 구성요건으로서 고의는 행위자가 그러한 정도의 해악을 고지한다는 것을 인식, 인용하는 것이 그 내용이고, **고지한 해악을 실제로 실현할 의도나 욕구는 필요치 않으며**, 다만 행위자의 언동이 **단순한 감정적인 욕설 내지 일시적 분노의 표시에 불과하여 주위사정에 비추어 가해의 의사가 없음이 객관적으로 명백한 때에는 협박행위 내지 협박의 의사를 인정할 수 없으나** 위와 같은 의미의 협박행위 내지 협박의사가 있었는지 여부는 행위의 외형뿐만 아니라 그러한 행위에 이르게 된 경위, 피해자와의 관계 등 주위상황을 종합적으로 고려하여 판단해야 한다고 판시한다. (대법원 90도2102, 2006도546)

> **관련판례** 협박죄 인정

① 피고인이 피해자인 누나의 집에서 온 몸에 연소성이 높은 고무놀을 바르고 라이타 불을 켜는 동작을 하면서 이를 말리려는 피해자 등에게 가위, 송곳을 휘두르면서 '방에 불을 지르겠다', '가족 전부를 죽여 버리겠다'고 소리친 경우, 실제로는 피해자 등의 신체에 위해를 가할 의사나 물을 의사가 없었다고 할지라도 피고인에게 협박의 고의가 있다. (대법원 90도2102)
② 친권자가 자(子)에게 야구방망이로 때릴 듯한 태도를 취하면서 "죽여 버린다"고 말한 경우에는 이를 교양권의 행사라고 볼 수 없으므로 협박죄를 구성한다. (대법원 2001도6468)
③ 피고인이 피해자의 장모가 있는 자리에서 서류를 보이면서 "피고인의 요구를 들어주지 않으면 서류를 세무서로 보내 세무조사를 받게 하여 피해자를 망하게 하겠다"라고 말하여 피해자의 장모로 하여금 피해자에게 위와 같은 사실을 전하게 하고, 그 다음날 피해자의 처에게 전화를 하여 "며칠 있으면 국세청에서 조사가 나올 것이니 그렇게 아시오"라고 말한 경우, 협박죄에 해당한다. (대법원 2006도1125)
④ 공군 중사가 상관인 피해자에게 그의 비위 등을 기록한 내용을 제시하면서 자신에게 폭언한 사실을 인정하지 않으면 그 내용을 상부기관에 제출하겠다는 취지로 말한 사안에서 공군 중사에게는 「군형법」상 상관협박죄의 기수에 이른 것이다. (대법원 2008도8922)
⑤ 협박죄에서 협박이란 일반적으로 보아 사람으로 하여금 **공포심을 일으킬 정도의 해악을 고지하는 것**을 의미하며, 그 고지되는 해악의 내용, 즉 침해하겠다는 법익의 종류나 법익의 향유 주체 등에는 아무런 제한이 없다. 따라서 피해자 본인이나 그 친족뿐만 아니라 그 밖의 '제3자'에 대한 법익 침해를 내용으로 하는 해악을 고지하는 것이라고 하더라도 피해자 본인과 **제3자가 밀접한 관계에 있어 그 해악의 내용이 피해자 본인에게 공포심을 일으킬 만한 정도의 것**이라면 협박죄가 성립할 수 있다. 이 때 **'제3자'에는 자연인뿐만 아니라 법인도 포함된다** 할 것인데, 피해자 본인에게 법인에 대한 법익을 침해하겠다는 내용의 해악을 고지한 것이 피해자 본인에 대하여 공포심을 일으킬 만한 정도가 되는지 여부는 고지된 해악의 구체적 내용 및 그 표현방법, 피해자와 법인의 관계, 법인 내에서의 피해자의 지위와

역할, 해악의 고지에 이르게 된 경위, 당시 법인의 활동 및 경제적 상황 등 여러 사정을 종합하여 판단하여야 한다. 협박죄는 사람의 의사결정의 자유를 보호법익으로 하는 범죄로서 자연인만을 그 대상으로 예정하고 있을 뿐 **법인은 협박죄의 객체가 될 수 없다.** 채권추심 회사의 지사장이 회사로부터 자신의 횡령행위에 대한 민·형사상 책임을 추궁당할 지경에 이르자 이를 모면하기 위하여 회사 본사에 '회사의 내부비리 등을 금융감독원 등 관계 기관에 고발하겠다'는 취지의 서면을 보내는 한편, 위 회사 경영지원본부장이자 상무이사에게 전화를 걸어 자신의 횡령행위를 문제삼지 말라고 요구하면서 위 서면의 내용과 같은 취지로 발언한 사안에서, 위 상무이사에 대한 협박죄를 인정한다. (대법원 2010도1017)

⑥ 피고인이 피해자와 횟집에서 술을 마시던 중 피해자가 모래 채취에 관하여 항의하는 데에 화가 나서, 횟집 주방에 있던 회칼 2자루를 들고 나와 죽어버리겠다며 자해하려고 한 경우, 이러한 피고인의 행위는 피고인의 요구에 응하지 않으면 피해자에게 어떠한 해악을 가할 듯한 위세를 보인 행위로서 협박에 해당한다고도 볼 수 있다. (대법원 2010도14316)

> **관련판례** 협박죄 부정

① 지서에 연행된 피고인이 경찰관으로부터 반공법위반 혐의사실을 추궁당하고 뺨까지 얻어맞게 되자 술김에 흥분하여 항의조로 "내가 너희들의 목을 자른다 내 동생을 시켜서라도 자른다"라고 말하였다 하여 당시 피고인에게 협박죄를 구성할 만한 해악을 고지할 의사가 있었다고 볼 수 없다. (대법원 72도1565)

② 불만의 표시로서 두고 보자는 말을 하였다하더라도 그 정도의 폭언을 협박이라고 할 수 없다. (대법원 74도1892)

③ 甲은 乙女에게 "자동차에 타라. 타지 않으면 가만있지 않겠다"고 협박하면서 乙女를 자동차 뒷자석에 강제로 밀어넣고 20여분간 자동차를 운전한 경우 감금죄 외에 협박죄는 성립되지 아니한다. (대법원 82도705)

④ 피고인은 피해자에게 여관을 명도해 주던가 명도소송비용을 내놓지 않으면 고소하여 구속시키겠다고 말한 경우 피고인이 매도인의 대리인인 위 피해자에게 위 여관의 명도 또는 명도소송비용을 요구한 것은 매수인으로서 정당한 권리행사라 할 것이며 위와 같이 다소 위협적인 말을 하였다고 하여도 이는 사회통념상 용인될 정도의 것으로서 협박으로 볼 수 없다. (대법원 84도648)

⑤ 피해자의 처와 통화하기 위하여 야간에 피해자의 집에 여러차례 전화를 하여 피해자가 전화를 받으면 20분 내지 30분동안 아무말도 하지 않고 있다가 전화를 끊어 버리거나 어떤 때는 "한번 만나자, 나한테 자신있나" 등의 말을 한 정도로는 피해자로 하여금 의구심을 가지게 하여 심적인 고통을 가하거나 분노를 일으키는등 감정을 자극하는 폭언을 한 정도에 그칠 뿐 피해자의 생명이나 신체등에 대하여 일정한 해악을 고지한 협박에 이른다고 볼 수 없다. (대법원 85도638)

⑥ 피해자와 언쟁 중 "입을 찢어 버릴라"라고 한 말은 당시이 주위 사정 등에 비추어 단순한 감정적인 욕설에 불과하고 피해자에게 해악을 가할 것을 고지한 행위라고 볼 수 없어 협박에 해당하지 않는다. (대법원 86도1140)

⑦ **"앞으로 수박이 없어지면 네 책임으로 한다"**고 말한 것은 해악의 고지라고 보기 어렵고, 가사 다소간의 해악의 고지에 해당한다고 가정하더라도 **위법성이 없다.** (대법원 94도2187)

⑧ **조상천도제**를 지내지 아니하면 좋지 않은 일이 생긴다는 취지의 해악의 고지는 길흉화복이나 천재지변의 예고로서 행위자에 의하여 직접·간접적으로 좌우될 수 없는 것이고 가해자가 현실적으로 특정되어 있지도 않으며 해악의 발생가능성이 합리적으로 예견될 수 있는 것이 아니므로 **협박으로 평가될 수 없다.** (대법원 2000도3245)

⑨ 피고인이 자신의 동거남과 성관계를 가진 바 있던 피해자에게 "사람을 사서 쥐도 새도 모르게 파묻어버리겠다. 너까지 것 쉽게 죽일 수 있다."라고 말한 경우, 이는 언성을 높이면서 말다툼으로 흥분한 나머지 단순히 감정적인 욕설 내지 일시적 분노의 표시를 한 것에 불과하고 해악을 고지한다는 인식을 갖고 한 것이라고 보기 어렵다. (대법원 2006도546)

⑩ 피고인이 혼자 술을 마시던 중 甲 정당이 국회에서 예산안을 강행처리하였다는 것에 화가 나서 공중전화를 이용하여 경찰서에 여러 차례 전화를 걸어 전화를 받은 각 경찰관에게 경찰서 관할구역 내에 있는 甲 정당의 당사를 폭파하겠다는 말을 한 사안에서, 피고인은 甲 정당에 관한 해악을 고지한 것이므로 각 경찰관 개인에 관한 해악을 고지하였다고 할 수 없고, 다른 특별한 사정이 없는 한 일반적으로 甲 정당에 대한 해악의 고지가 각 경찰관 개인에게 **공포심을 일으킬 만큼 서로 밀접한 관계에 있다고 보기 어려우므로 각 경찰관에 대한 협박죄에 구성한다고 볼 수 없다.** (대법원 2011도10451)

⑪ 피고인들을 비롯한 직원들의 임금이 체불되고 사무실 임대료를 내지 못할 정도로 재정 상태가 좋지 않는 등의 이유로 이 사건 회사의 경영상황이 우려되고 대표이사 겸 최대주주인 피해자의 경영능력이 의심받던 상황에서, 직접적 이해당사자인 피고인들이 2015. 11. 23. 동료 직원들과 함께 피해자를 만나 '사임제안서'만 전달하였을 뿐 별다른 말을 하지 않았고, 피해자도 약 5분 동안 이를 읽은 후 바로 그 자리를 떠났다. 대표이사 겸 최대주주로서 이 사건 회사의 정상화를 위한 주도권을 보유한 피해자는 '사임제안서'의 수용이나 거부는 물론 수정 제안 등 추가적인 협의를 시도할 수 있는 폭넓은 재량이나 권한을 가지고 있었고, 위와 같이 지속적으로 경영상황이 악화되는 가운데 직원들과 주요 투자자들이 합심하여 스스로의 민사상 권리를 보호하는 입장에서 자신을 압박하는 취지의 제안·조치를 취하리라는 것은 충분히 예상할 수 있었으므로, **'사임제안서'의 전달 행위**가 당시 상황에 비추어 피해자와 이해관계가 대립되는 피고인들 및 주요 투자자들의 권리 실현·행사의 내용으로 피해자가 통상적으로 수용할 수 있는 범위를 현저히 벗어난 정도에 이르렀다고 보기도 어렵다. (대법원 2022도9187)

2 미수와 기수

① 해악을 고지함으로써 상대방이 그 의미를 인식한 이상, 상대방이 현실적으로 공포심을 일으켰는지 여부와 관계없이, 즉 공포심을 일으키지 아니한 경우까지도 협박죄의 기수에 이르는 것으로 본다. (대법원 2007도606) = 사람이 공포심을 일으켰는지 여부의 의미나 판단 기준이 사람마다 다르며 그 정도를 측정할 객관적 척도도 존재하지 아니하는 점 등에 비추어 볼 때 상대방이 현실적으로 공포심을 일으켰는지 여부에 의하여 협박죄의 기수 여부가 좌우되는 것으로 해석하는 것은 부적절하기 때문이다.

② 협박죄를 침해범으로 보는 경우

해악의 내용이 상대방에게 도달되어 상대방이 실제 공포심을 느꼈을 때 기수가 된다. 해악의 내용이 상대방에게 도달되지 않았거나, 상대방이 해악의 고지에 대해 전혀 공포심을 느끼지 아니한 경우에는 협박죄의 미수가 된다.

③ 협박죄를 위험범으로 해석하는 경우(판례)

상대방이 현실적으로 공포심을 일으켰는지 여부와 관계없이 그로써 구성요건은 충족되어 협박죄의 기수에 이르는 것으로 해석하게 된다.

> **관련판례**
> 해악을 고지함으로써 상대방이 그 의미를 인식한 이상, 상대방이 현실적으로 공포심을 일으켰는지 여부와 관계없이 그로써 구성요건 충족되어 협박죄의 기수에 이르는 것으로 해석하여야 한다. (대법원 2007도606 전합)

④ 협박죄의 미수가 인정되는 경우는

㉠ 해악의 고지가 현실적으로 상대방에게 도달하지 아니한 경우

㉡ 도달은 하였으나 상대방이 이를 지각하지 못한 경우

㉢ 고지된 해악의 의미를 인식하지 못한 경우

등에 적용될 뿐이라고 한다. (대법원 2007도606)

3 위법성

① 해악의 고지가 있다 하더라도 그것이 사회의 관습이나 윤리관념 등에 비추어 볼 때에 사회통념상 용인할 수 있을 정도의 것이라면 협박죄는 성립하지 아니한다. (대법원 2006도6347)

② 해악성 고지가 있더라도 사회상규에 비추어 정당한 권리행사의 수단으로 허용될 성질이라면 위법성이 조각되지만, 권리의 남용이 되어버리면 협박죄가 성립한다. 즉 권리행사나 직무집행의 일환으로 상대방에게 일정한 해악을 고지한 경우, 그 해악의 고지가 정당한 권리행사나 직무집행으로서 사회상규에 반하지 아니하는 때에는 협박죄가 성립하지 않지만, 외관상 권리행사나 직무집행으로 보이는 경우라도 그것이 실질적으로 권리나 직무권한의 남용이 되어 사회상규에 반하는 때에는 협박죄가 성립한다. (대법원 2007도606)

③ 형사고소를 할 것이라고 고지하는 것은 고소할 진정한 의사가 있다면 협박이 아니고, 고소 의사가 없음에도 이를 표명한 경우는 협박죄가 성립한다.

> **관련판례**
>
> **신문기자인 피고인이 고소인에게 2회에 걸쳐 증여세 포탈에 대한 취재를 요구**하면서 이에 응하지 않으면 자신이 **취재한 내용대로 보도하겠다고 말하여** 협박하였다는 취지로 기소된 사안에서, 피고인이 취재와 보도를 빙자하여 고소인에게 부당한 요구를 하기 위한 취지는 아니었던 점, 당시 피고인이 폭언을 하거나 보도하지 않는 데 대한 대가를 요구하지 않은 점, 관할 세무서가 피고인의 제보에 따라 탈세 여부를 조사한 후 증여세를 추징하였다고 피고인에게 통지한 점, 고소인에게 불리한 사실을 보도하는 경우 기자로서 보도에 앞서 정확한 사실 확인과 보도 여부 등을 결정하기 위해 취재 요청이 필요했으리라고 보이는 점 등 제반 사정에 비추어, 위 행위가 설령 협박죄에서 말하는 **해악의 고지에 해당하더라도** 특별한 사정이 없는 한 기사작성을 위한 자료를 수집하고 보도하기 위한 것으로서 신문기자의 일상적 업무 범위에 속하여 **사회상규에 반하지 아니하는 행위**라고 보는 것이 타당하다. (대법원 2011도639) = 정당행위 인정

4 죄수

① 협박죄는 일신전속적 법익이므로 피해자가 수인인 경우는 피해자 수만큼 협박죄가 성립한다.

② 협박이 다른 범죄(강도, 강간 등)의 수단으로 사용된 경우에는 해당 협박은 해당 범죄(강도, 강간, 감금 등)에 흡수되고 협박죄는 별도로 성립하지 않는다. = 감금을 하기 위한 수단으로 행사된 단순 협박은 감금죄에 흡수되어 협박죄는 별도로 성립하지 않는다. (대법원 82도705)

③ 폭행을 가한 후 다시 협박하거나, 협박한 후 폭행을 가한 경우 협박죄와 폭행죄의 경합범이 된다.

④ 폭행을 가하겠다고 고지한 후 폭행한 경우처럼 고지된 범죄와 현실로 발생한 범죄의 내용·일시·장소가 동일하면 협박은 폭행에 흡수되어 폭행죄만 성립하지만, 고지된 범죄와 현실로 발생한 범죄의 내용·일시·장소가 다를 경우에는 협박죄와 폭행죄의 경합범이 된다.

III 존속협박죄

형법

제283조 【존속협박】 ② 자기 또는 배우자의 직계존속에 대하여 제1항(협박죄)의 죄를 범한 때에는 5년 이하의 징역 또는 700만원 이하의 벌금에 처한다.

자기 또는 배우자의 직계존속을 협박하는 부진정신분범이다. 반의사불벌죄이다.

IV 특수협박죄

형법

제284조【특수협박】 단체 또는 다중의 위력을 보이거나 위험한 물건을 휴대하여 전조(단순협박죄, 존속협박죄)의 죄를 범한 때에는 7년 이하의 징역 또는 1천만원 이하의 벌금에 처한다.

반의사불벌죄가 아니다. 협박의 의미는 협박죄와 같고 특수협박의 방법은 특수폭행죄와 같다.

관련판례

① 甲이 슈퍼마켓 사무실에서 식칼을 들고 피해자를 협박한 행위와 식칼을 들고 매장을 돌아다니며 손님을 내쫓아 그의 영업을 방해한 행위는 특수협박죄와 업무방해죄의 실체적 경합관계에 있다. (대법원 90도2445) = 그러나 식칼을 들고 매장을 돌아다니며 손님을 내쫓고 영업을 방해한 행위로서 협박죄와 업무방해죄는 상상적 경합관계에 해당한다.
② 폭력행위등 처벌에 관한 법률 제3조 제1항 소정의 위험한 물건의 "휴대"라 함은 범행현장에서 범행에 사용할 의도 아래 위험한 물건을 몸 또는 몸 가까이 소지하는 것을 말하므로 청산염 2그램 정도를 협박편지에 동봉 우송하여 피해자에게 도달케 하였다는 것만으로는 특수협박죄에서 말하는 위험한 물건의 휴대라고 할 수 없다. (대법원 2002도4586)

V 상습협박죄

형법

제285조【상습범】 상습으로 제283조 제1항(단순협박죄), 제2항(존속협박죄) 또는 전조(특수협박죄)의 죄를 범한 때에는 그 죄에 정한 형의 2분지 1까지 가중한다.

상습성으로 협박죄의 형벌을 가중시킨 범죄이다.

Section 02 강요의 죄

I 서설

1 조문 체계

범죄	조문	구성요건	미수	예비
강요	제324조 제1항	폭행 또는 협박으로 사람의 권리행사를 방해하거나 의무없는 일을 하게 하는 경우	○	×
특수강요	제324조 제2항	단체 또는 다중의 위력을 보이거나 위험한 물건을 휴대하여 강요죄를 범한 경우	○	×
중강요 (=중권리행사방해)	제326조	강요죄(제324조) 또는 점유강취죄·준점유강취죄(제325조)를 범하여 사람의 생명에 대한 위험을 발생하게 하는 경우	×	×
인질강요	제324조의2	사람을 체포·감금·약취 또는 유인하여 이를 인질로 삼아 제3자에 대하여 권리행사를 방해하거나 의무없는 일을 하게 한 경우	○	×
인질상해·치상	제324조의3	인질강요죄를 범한 자가 인질을 상해하거나 상해에 이르게 한 경우	○	×
인질살해·치사	제324조의4	인질강요죄를 범한 자가 인질을 살해하거나 사망에 이르게 한 경우	○	×

2 의의 및 보호법익

① 폭행 또는 협박으로 사람의 권리행사를 방해하거나 의무 없는 일을 하게 함으로써 성립하는 범죄이다.

② 강요죄의 보호법익은 의사활동의 자유이다. 침해범이다.

③ 인질강요(제324조의2), 인질상해·치상죄(제324조의3)는 인질을 안전한 장소에 풀어준 경우 형을 감경할 수 있다(임의적 감경). 즉 해방감경규정(제324조의6)이 있다. 물론 인질살인·치사(제324조의4)는 인질이 사망했으므로 당연히 해방감경규정이 적용되지 않는다.중권리행사방해죄(제326조) 내(內)의 중강요죄는 부진정 결과적 가중범이다. 형법 개정으로 제324조 제2항의 특수강요죄가 신설되었다.

II 강요죄

형법

제324조 【강요】 ① 폭행 또는 협박으로 사람의 권리행사를 방해하거나 의무없는 일을 하게 한 자는 5년 이하의 징역 또는 3천만원 이하의 벌금에 처한다.

제324조의5 【미수범】 제324조 내지 제324조의4의 미수범은 처벌한다.

1 구성요건

(1) 객체

① 의사자유를 가진 자연인인 타인이다.

② 폭행 및 협박의 상대방과 강요당하는 자(피강요자)가 다를 수도 있다. 폭행 및 협박대상자와 피강요자가 다르더라도 (이른바 삼각 강요) 피강요자의 의사활동이 자유가 침해되면 강요죄가 성립된다.

(2) 행위

① 폭행

폭행은 광의의 폭행으로 이해하여, 직접적·간접적인 유형력의 행사, 권위적 위협, 심지어 피강요자의 재물에 대한 손괴 등을 통해서도 성립할 수 있다. 폭행은 사람에 대한 직접적인 유형력의 행사뿐만 아니라 간접적인 유형력의 행사도 포함하며, 반드시 사람의 신체에 대한 것에 한정되지 않는다. 사람에 대한 간접적인 유형력의 행사를 강요죄의 폭행으로 평가하기 위해서는 피고인이 유형력을 행사한 의도와 방법, 피고인의 행위와 피해자의 근접성, 유형력이 행사된 객체와 피해자의 관계 등을 종합적으로 고려해야 한다. (대법원 2015도16696)

② 협박

협박은 일반적으로 사람으로 하여금 공포심을 일으키게 하는 정도의 해악을 고지하는 것으로 그 방법은 통상 언어에 의하는 것이나 경우에 따라서 한마디 말도 없이 거동에 의해서도 할 수 있다. 즉 협박죄의 협박도 같은 개념이다.

(3) 강요

1) 권리행사방해

① 행사할 수 있는 권리를 행사할 수 없게 하는 행위를 말한다.

② 이 경우, 권리는 재산적 권리뿐만 아니라 비재산적 권리로 볼 수 있는 개인의 계약체결에 대한 자유권도 포함되고, 그 계약체결이 법률상 위법 기타 제한이 있다 하더라도 무관하다.

2) 의무없는 일의 강요

① 상대에게 강요하는 행위의 태양은 작위, 부작위, 인용(수인) 등을 불문한다. 예컨대, 계약포기서나 소취하서를 쓰게 한 경우, 사과문이나 진술서를 쓰게 한 경우, 직원의 해고를 강요하는 경우는 작위행위를 강요하는 경우이고, 건물에 못 들어가게 한 경우, 자동차 운행을 못하게 한 경우 등은 부작위의 강요사례이다.

② 여기에서 '의무 없는 일'이란 법령, 계약 등에 기하여 발생하는 법률상 의무 없는 일을 말하므로, 폭행 또는 협박으로 '법률상 의무 있는 일'을 하게 한 경우에는 폭행 또는 협박죄만 성립할 뿐 강요죄는 성립하지 아니한다. (대법원 2008도1097)

(4) 고의

이 죄의 고의는 폭행, 협박에 대한 인식과 의사뿐 아니라 권리방해 및 일의 강제에 대한 인식과 의사까지를 포함한다.

관련판례 강요죄 인정

① 피고인이 피해자를 협박하여 동인으로 하여금 법률상 의무없는 진술서를 작성케한 행위는 사람의 자유·권행사를 방해한 것이므로 형법 제324조의 폭력에 의한 권리행사방해죄를 구성한다. (대법원 73도2578)
② 피해자의 해외도피를 방지하기 위하여 피해자를 협박하고 이에 피해자가 겁을 먹고 있는 상태를 이용하여 동인 소유의 여권을 교부하게 하여 피해자가 그의 여권을 강제 회수당하였다면 피해자가 해외여행을 할 권리는 사실상 침해되었다고 볼 것이므로 강요죄의 기수로 보아야 한다. (대법원 93도901)
③ 골프시설 운영자가 골프회원에게 불리하게 변경된 내용의 회칙에 대하여 동의한다는 내용의 등록신청서를 제출하지 아니하면 회원 대우를 하지 아니하겠다고 통지한 것은 강요죄에 해당한다. (대법원 2003도763)
④ 군에서 상사가 청소 불량을 이유로 부대원들에게 40~50분간 원산폭격과 양손 깍지 낀 상태에서 2시간 동안 팔굽혀 펴기를 50~60회 정도 하게 한 경우 강요죄에 해당한다. (대법원 2003도4151)
⑤ 환경단체 회원들이 축산 농가들의 폐수 배출 단속활동을 벌이면서 사진촬영하거나 지적하는 한편 사실확인서를 징구하는 과정에서 서명하지 아니할 경우 법에 저촉된다고 겁을 주는 등의 일련의 행위는 협박에 의한 강요에 해당된다. (대법원 2007도7064)
⑥ 민주노총 전국건설노조 건설기계지부 소속 노조원인 피고인들이, 현장소장인 피해자 갑이 노조원이 아닌 피해자 을의 건설장비를 투입하여 수해상습지 개선사업 공사를 진행하자 '민주노총이 어떤 곳인지 아느냐, 현장에서 장비를 빼라'는 취지로 말하거나 공사 발주처에 부실공사가 진행되고 있다는 취지의 진정을 제기하는 방법으로 공사현장에서 사용하던 장비를 철수하게 하고 '현장에서 사용하는 모든 건설장비는 노조와 합의하여 결정한다'는 협약서를 작성하게 함으로써 피해자들에게 의무 없는 일을 하게 한 경우, 피고인들의 행위는 사회통념상 허용되는 정도나 범위를 넘는 것으로서 강요죄의 수단인 협박에 해당한다. (대법원 2015도16696)

관련판례 강요죄 부정

① 전답의 점유를 침탈당한 자라도 이를 실력으로 회수할 수 없는 것이니 그 전답의 점유를 실력으로 회수하려는 자에게 폭행을 가하였다면 피고인에게 강요죄가 성립하지 않는다. (대법원 4294형상357)
② 폭력조직 전력이 있는 피고인이 일본인으로부터 특정 연예인이 팬미팅 공연을 이행하지 않는다는 말을 듣고, 팬미팅 공연을 하도록 강요하면서 만날 것을 요구하고, 팬미팅을 하지 않으면 안 좋은 일을 당할 것이라고 협박한 경우, 강요죄의 고의가 있다고 보기 어렵다. 다만 협박죄일 뿐이다. (대법원 2008도1097)
③ 직장에서 상사가 범죄행위를 저지른 부하직원에게 징계절차에 앞서 자진하여 사직할 것을 단순히 권유하였다고 하여 이를 강요죄에서의 협박에 해당한다고 볼 수는 없다. (대법원 2008도7018)
④ 상관이 직무수행을 태만히 하거나 지시사항을 불이행하고 허위보고 등을 한 부하에게 근무태도를 교정하고 직무수행을 감독하기 위하여 직무수행의 내역을 일지 형식으로 기재하여 보고하도록 명령하는 행위는 직무권한 범위 내에서 내린 정당한 명령이므로 부하는 명령을 실행할 법률상 의무가 있고, 명령을 실행하지 아니하는 경우 군인사법 제57조 제2항에서 정한 징계처분이 내려진다거나 그에 갈음하여 얼차려의 제재가 부과된다고 하여 그와 같은 명령이 형법 제324조의 강요죄를 구성한다고 볼 수 없다. (대법원 2010도1233)
⑤ 공무원이 자신의 직무와 관련된 상대방에게 공무원 자신 또는 자신이 지정한 제3자를 위하여 재산적 이익 등의 제공을 요구하고 상대방은 어떠한 이익을 기대하며 그에 대한 대가로 요구에 응하였다면, 다른 사정이 없는 한 협박을 요건으로 하는 강요죄가 성립하지 않는다. (대법원 2018도13792 전합)
⑥ 피고인이 갑과 공모하여 갑 소유의 차량을 을 소유 주택 대문 바로 앞부분에 주차하는 방법으로 을이 차량을 주택 내부의 주차장에 출입시키지 못하게 함으로써 을의 차량 운행에 관한 권리행사를 방해하였다는 내용으로 기소된 사안에서, 피고인이 을을 폭행하여 차량 운행에 관한 권리행사를 방해하였다고 평가하기 어렵다. (대법원 2018도1346)
⑦ 공무원인 행위자가 상대방에게 어떠한 이익 등의 제공을 요구하였더라도 그 과정에서 객관적으로 의사결정의 자유를 제한하거나 의사실행의 자유를 방해할 정도로 겁을 먹게 할 만한 해악의 고지가 있었다고 할 수 없다면, 직권남용이나 뇌물요구 등이 될 수는 있어도 협박을 요건으로 하는 강요죄가 성립하기는 어렵다. (대법원 2019도5186)

2 미수 및 기수

강요죄는 결과범이다. 폭행·협박을 하였으나 결과가 발생하지 않은 경우 미수범을 처벌한다. 침해범이므로 폭행·협박으로 상대의 권리행사가 방해되거나 의무 없는 일의 강제가 이루어져야 기수가 성립한다. 폭행 및 협박과 권리방해 사이에 인과관계가 없으면 미수에 해당한다.

3 죄수

① 강요의 수단인 폭행이나 협박은 강요죄가 성립하면 흡수될 뿐 별도의 폭행죄나 협박죄가 성립하지 않는다.

② 투자금의 회수를 위해 피해자를 강요하여 **물품대금을 횡령하였다는 자인서를 받아낸 뒤** 이를 근거로 돈을 갈취한 경우, <u>공갈죄만 성립하고 강요죄는 성립하지 않는다.</u> (대법원84도2083)

III 특수강요죄

> **형법**
>
> **제324조【특수강요】** ② 단체 또는 다중의 위력을 보이거나 위험한 물건을 휴대하여 제1항의 죄를 범한 자는 10년 이하의 징역 또는 5천만원 이하의 벌금에 처한다.

IV 인질강요죄

> **형법**
>
> **제324조의2【인질강요】** 사람을 체포·감금·약취 또는 유인하여 이를 인질로 삼아 제3자에 대하여 권리행사를 방해하거나 의무없는 일을 하게 한 자는 3년 이상의 유기징역에 처한다.
>
> **제324조의5【미수범】** 제324조 내지 제324조의4의 미수범은 처벌한다.
>
> **제324조의6【형의 감경】** 제324조의2 또는 제324조의3의 죄를 범한 자 및 그 죄의 미수범이 인질을 안전한 장소로 풀어준 때에는 그 형을 감경할 수 있다.

1 의의

체포·감금 또는 약취·유인한 사람을 인질로 삼아 제3자에게 강요행위를 함으로써 성립되는 범죄이다. 체포·감금죄 또는 약취·유인죄와 강요죄의 결합범이다.

2 구성요건

(1) 객체

인질강요죄에서 강요를 당하는 자(강요의 상대방)는 인질이 아니라 제3자이다. 이 죄의 객체는 자기 이외의 사람이다. 다만 <u>인질의 객체와 강요의 객체는 달라야 한다.</u> 그리고 인질의 객체는 자연인이어야 하나 강요의 객체는 자연인이든 법인이든, 국가기관이든 무관하다.

(2) 행위

이 죄의 행위는 체포·감금 또는 약취·유인하는 행위와 인질로 삼는 행위 그리고 강요 행위가 있어야 한다. 처음부터 강요의 목적으로 체포·감금 또는 약취·유인을 할 필요는 없다. 하지만 체포·감금 또는 약취·유인을 하지 않은 자가 강요한 경우에는 이 죄는 성립하지 않고 강요죄가 성립한다.

(3) 기수와 미수

이 죄의 미수범은 처벌된다. 아울러 침해범이기 때문에 강요행위로 인하여 강요의 결과가 발생하여 보호법익의 침해가 발생한 때 기수가 된다. 이 죄의 미수범은 강요행위가 성공하지 못했을 경우에 성립된다.

(4) 행위

이 죄의 고의는 사람을 체포·감금, 약취·유인하여 인질로 삼아 제3자에게 강요행위를 한다는 점에 대한 인식과 의사이다.

3 해방감경

① 해방감경규정이 있다. 형법은 이 죄를 범한 자 또는 그 미수범이 인질을 안전한 장소로 풀어 준 때에는 형을 감경할 수 있도록 하고 있다. (제324조의 6) 즉, 임의적 감경사유를 규정한 것인데, 이는 인질의 안전한 석방을 유도하고자 하는 정책적 목적에 기인한 것이다.

② 중지미수처럼 **자의에 의한 석방일 것을 요하지도 않는다.** 인질을 안전한 장소에 풀어주면 적용할 수 있다. 이 때의 형의 감경은 이 죄가 **이미 기수에 도달한 후에도 인질만 석방하면 적용될 수 있다.**

■ **인질강요죄와 인질강도죄 비교**

인질강요죄	강요의 상대방: 제3자	해방감경 규정 ○
인질강도죄	강도의 상대방: 제한 없음	해방감경 규정 ×

V 인질상해 · 치상죄

형법

제324조의3 【인질상해 · 치상】 제324조의2의 죄(인질강요죄)를 범한 자가 인질을 상해하거나 상해에 이르게 한 때에는 무기 또는 5년 이상의 징역에 처한다.

제324조의5 【미수범】 제324조 내지 제324조의4의 미수범은 처벌한다.

제324조의6 【형의 감경】 제324조의2 또는 제324조의3의 죄를 범한 자 및 그 죄의 미수범이 인질을 안전한 장소로 풀어준 때에는 그 형을 감경할 수 있다.

미수처벌규정 및 해방감경규정이 있다.

VI 인질살해 · 치사죄

형법

제324조의4 【인질살해 · 치사】 제324조의 2의죄(인질강요죄)를 범한 자가 인질을 살해한 때에는 사형 또는 무기징역에 처한다. 사망에 이르게 한 때에는 무기 또는 10년 이상의 징역에 처한다.

제324조의5 【미수범】 제324조 내지 제324조의4의 미수범은 처벌한다.

VII 중권리행사방해죄 내(內)의 중강요죄

형법

제326조 【중권리행사방해】 제324조(강요죄) 또는 제325조(점유강취, 준점유강취죄)의 죄를 범하여 사람의 생명에 대한 위험을 발생하게 한 자는 10년 이하의 징역에 처한다.

강요죄를 범하여 사람의 생명에 대한 위험을 발생하게 함으로써 성립되는 범죄이다. 부진정결과적가중범이고, 구체적 위험범이다.

Section 03 체포·감금죄

I 서설

1 조문 체계

범죄	조문	구성요건	미수	예비
체포·감금	제276조 제1항	사람을 체포 또는 감금한 경우	○	×
존속체포·감금	제276조 제2항	자기 또는 배우자의 직계존속을 체포·감금한 경우	○	×
중체포·중감금	제277조 제1항	사람을 체포 또는 감금하여 가혹한 행위를 가한 경우	○	×
존속 중체포·중감금	제277조 제2항	자기 또는 배우자의 직계존속을 체포 또는 감금하여 가혹한 행위를 가한 경우	○	×
특수체포·특수감금	제278조	단체 또는 다중의 위력을 보이거나 위험한 물건을 휴대하여 체포·감금, 존속체포·감금, 중체포·감금, 존속중체포·감금을 범한 경우	○	×
상습체포·감금	제279조	상습으로 체포감금·존속체포감금·중체포감금·존속중체포감금·특수체포감금을 범한 경우	○	×
체포·감금치사상	제281조 제1항	체포·감금 등의 죄를 범하여 사람을 상해나 사망에 이르게 한 경우	×	×
존속 체포·감금치사상	제281조 제2항	자기 또는 배우자의 직계존속에게 체포·감금 등의 죄를 범하여 상해나 사망에 이르게 한 경우	×	×

2 의의 및 보호법익

① 사람을 체포 또는 감금함으로써 성립되는 범죄이다.

② 보호법익은 잠재적 장소선택의 자유로 본다. 존속범죄 가중처벌규정이 있다.

③ 상습범 가중처벌 규정이 있다. 특히 중체포감금죄는 상습범 처벌규정이 있다.

④ 형법 제124조의 불법체포감금죄와 구별해야 한다. 불법체포·불법감금(제124조)는 "재판, 검찰, 경찰 기타 인신구속에 관한 직무를 행하는 자 또는 이를 보조하는 자가 그 직권을 남용하여 사람을 체포 또는 감금한 경우"로서, 그 주체가 수사기관이나 법원 등인 경우 일반 체포감금죄(제276조)보다 가중처벌되는 것으로서 일종의 부진정 신분범에 해당하는 것이다.

II 체포·감금죄

> **형법**
>
> **제276조 【체포·감금】** ① 사람을 체포 또는 감금한 자는 5년 이하의 징역 또는 700만원 이하의 벌금에 처한다.

1 구성요건

(1) 객체

행동의 자유와 의사를 통한 이전의 자유를 가지는 자연인이다. 따라서 잠재적 이전의 자유를 행사할 수 없는 **영아는 객체가 될 수 없지만**, 잠재적 이전의 자유를 가지는 만취자, 수면자, **정신병자**, 불구자 등은 **객체가 된다고 본다.**
(대법원 2002도4315)

(2) 행위

1) 체포

① 체포란 사람의 신체에 대하여 직접적 구속을 가하여 신체활동의 자유를 박탈하는 것을 말한다.

② 체포의 방법은 불문한다. 예컨대, 물리적·유형적 방법(수족을 포박하거나 몸을 잡는 행위·마취시켜 꼼짝 못하게 하는 경우), 심리적·무형적 방법(경찰관을 사칭하여 연행하는 행위·권총을 겨누고 협박하여 동행시킨 경우), 부작위(풀어 주어야 할 법률상 의무있는 자가 해당 석방대상자를 석방하지 않는 경우), 간접정범형태(경찰관을 속여서 체포케 하는 경우) 등이 모두 가능하다.

③ 체포죄에서 체포의 고의로 타인의 신체적 활동의 자유를 현실적으로 침해하는 행위를 개시한 때 체포죄의 실행의 착수가 되는 것이지 기수에 해당하는 것은 아니다. (대법원 2017도21249)

2) 감금

① 감금의 본질은 사람의 행동의 자유를 구속·박탈하는 것으로 그 수단과 방법에는 아무런 제한이 없다.
(대법원 2000도102)

② 감금죄가 성립하기 위해서는 반드시 사람의 행동의 자유가 전면적으로 박탈될 필요는 없고, 감금된 특정 구역 범위 안에서 일정한 생활의 자유가 허용되더라도 **유형적·무형적인 수단과 방법에 의해 사람이 특정 구역에서 벗어나는 것을 불가능하게 하거나 매우 곤란하게 한 이상** 감금죄의 성립에는 아무런 지장이 없다.
(대법원 99도5286)

> **관련판례**
>
> 감금죄는 사람의 행동의 자유를 그 보호법익으로 하여 사람이 특정한 구역에서 나가는 것을 불가능하게 하거나 또는 감히 곤란하게 하는 죄로서 이와 같이 사람이 특정한 구역에서 나가는 것을 불가능하게 하거나 감히 곤란하게 하는 그 장애는 물리적, 유형적 장애 뿐만 아니라 심리적, 무형적 장애에 의하여서도 가능하다. (대법원 91모5) = 피해자가 경찰서 안에서 직장동료인 피의자들과 같이 식사도 하고 사무실 안팎을 내왕하였더라도 피해자를 경찰서 밖으로 나가지 못하도록 신체자유를 제한하는 유무형의 억압이 있었다면 감금행위에 해당한다.

(3) 고의

이 죄의 고의는 체포·감금에 대한 인식과 의사이다. 미필적 고의로도 족하다.

> **관련판례** 감금 인정
>
> ① 피고인들이 대한상이군경회원 80여명과 공동으로 호텔출입문을 봉쇄하며 피해자들의 출입을 방해하였다면 감금죄에 해당한다. (대법원 80도277)
> ② 피해자가 만약 도피하는 경우에는 생명·신체에 심한 해를 당할지도 모른다는 공포감에서 도피하기를 단념하고 있는 상태하에서 호텔로 데리고 가서 함께 유숙한 후 함께 항공기로 국외로 나간 행위는 감금죄를 구성한다. (대법원 91도1604) = 무형적방법에 의해서도 감금가능.
> ③ 차량 내에서 피해자의 하차 요구를 무시하고 빠른 속도로 진행하여 피해자를 내리지 못하게 하는 행위는 감금죄에 해당한다. (대법원 99도5286)
> ④ 구「정신보건법」제23조 제2항에서 정한 자의(自意) 입원 정신질환자로부터 퇴원 요청이 있었음에도 관련 법령에 정해진 절차를 밟지 않은 채 방치한 경우 감금행위에 해당한다. (대법원 2017도7134)

> **관련판례** 감금 부정
>
> ① 정신병자의 어머니의 의뢰 및 승낙 하에 그 감호를 위하여 그 보호실 문을 야간에 한해서 3일간 시정하여 출입을 못하게 한 감금행위는 그 병자의 신체의 안정과 보호를 위하여 사회통념상 부득이한 조처로서 수긍될 수 있는 것이면 위법성이 없다. (대법원 79도1349)
> ② 정신건강의학과 전문의인 甲, 乙이 보호의무자인 피해자의 아들 丙의 진술뿐만 아니라 피해자를 직접 대면하여 진찰한 결과를 토대로 입원이 필요하다는 진단을 하고, 丙과 공동하여 피해자를 응급이송차량에 강제로 태워 병원으로 데려가 입원시킨 경우, 甲, 乙에게 감금죄의 고의가 있다고 보기 어렵고 이들의 행위가 형법상 감금행위에 해당한다고 단정하기 어렵다. (대법원 2015도8429)

2 미수와 기수

(1) 계속범

① 계속범의 의미는 기수시기에서는 즉시범과 차이가 없고, 다만 체포 또는 감금의 상태가 계속될 따름이기 때문에 일시적인 자유박탈의 경우에도 기수가 된다.

② 체포·감금을 시도했으나 실패한 경우만 미수가 된다.

> **관련판례** 감금 부정
>
> 체포죄는 계속범으로서 체포의 행위에 확실히 사람의 신체의 자유를 구속한다고 인정할 수 있을 정도의 시간적 계속이 있어야 기수에 이르고, 신체의 자유에 대한 구속이 그와 같은 정도에 이르지 못하고 일시적인 것으로 그친 경우에는 체포죄의 미수범이 성립할 뿐이다. (대법원 2016도18713)

(2) 피해자의 인식 요부

본죄의 보호법익을 잠재적 이전의 자유라고 보는 통설의 입장에서는 잠재적 행동의 자유가 침해된 사실만 있으면 피해자의 현실적인 인식여부와는 관계가 없다고 판단한다.

3 위법성

① 검사 또는 사법경찰관의 구속영장에 의한 구속, 사인의 현행범인 체포, **정신병원 관리자가 입원한 정신병자를 치료하기 위해 일시 가두는 것** 등은 정당행위로서 위법성이 조각되는 경우이다.

② 피해자의 승낙에 의한 체포·감금에 대해서도 위법성이 조각된다.

> **관련판례**
> ① 정신병자의 어머니의 의뢰 및 승낙하에 그 감호를 위하여 그 보호실 문을 야간에 한해서 3일간 시정하여 출입을 못하게 한 감금행위는 그 병자의 신체의 안정과 보호를 위하여 사회통념상 부득이 한 조처로서 수긍될 수 있는 것이면, 위법성이 없다. (대법원 79도1349)
> ② 수용시설에 수용중인 부랑인들의 야간도주 방지를 위해 취침시간 중 출입문을 안에서 잠근 경우 특수감금죄가 성립하지 않는다. (대법원 88도1580)

4 죄수

일죄	① 체포·감금의 수단으로 행하여진 폭행·협박은 체포·감금죄에 흡수되고 따로 폭행죄 또는 협박죄가 성립하지 않는다. (대법원 82도705) ② 한 사람을 체포한 자가 계속하여 감금한 때에는 포괄하여 1개의 감금죄만 성립한다.
수죄	① 1개의 행위로 수인을 감금한 경우 수 개의 감금죄의 상상적 경합이 된다. ② 경찰관을 사칭하여 사람을 체포한 경우에는 공무원 자격사칭죄와 체포·감금죄가 상상적으로 경합한다.
타죄와의 관계	① 감금행위가 강간죄나 강도죄의 수단이 된 경우에도 감금죄는 강간죄나 감금죄에 흡수되지 아니하고 별죄를 구성한다. ② 감금중에 범한 강간·강도·상해·살인은 체포·감금죄와 강간죄·강도죄·상해죄·살인죄의 경합범이 된다. ③ 피고인이 피해자가 자동차에서 내릴 수 없는 상태에 있음을 이용하여 강간하려고 결의하고 주행중인 자동차에서 탈출불가능하게 하여 외포케 하고 50킬로미터를 운행하여 여관 앞까지 강제연행 한 강간하려다가 미수에 그친 경우, 해당 협박이 감금죄 실행착수인 동시에 강간미수죄의 실행착수에 해당한다. 이처럼 해당 감금행위가 강간미수죄의 수단이 된 경우, 해당 감금행위는 강간미수죄에 흡수되는 것이 아니라 감금죄와 강간미수죄는 1개의 행위에 의해서 실현된 경우로서 상상적 경합한다. (대법원 83도323) ④ 피고인은 공소외 1등과 피해자로부터 돈을 빼앗자고 공모한 다음 그를 강제로 승용차에 태우고 가면서 공소사실과 같이 돈을 빼앗고 상해를 가한 뒤에도 계속하여 상당한 거리를 진행하여 가다가 교통사고를 일으켜 감금행위가 중단되었는데, 이와 같이 감금행위가 단순히 강도상해범행의 수단이 되는 데 그치지 아니하고 그 범행이 끝난 뒤에도 계속되었으므로, 그 감금행위는 강도상해죄에 흡수되지 아니하고 별죄를 구성하며 양 죄는 실체적 경합의 관계에 있다. (대법원 2002도4380) ⑤ 미성년자를 약취·유인한 자가 계속하여 감금한 경우 미성년자약취·유인죄 이외에 감금죄도 성립하고 경합범이 된다. (대법원 98도1036) ⑥ 피고인이 알콜중독의 남편인 피해자를 의사의 진찰도 없이 병원원무과장에게 부탁하여 강제로 병원에 입원시켰고, 이후 불안감을 느낀 피해자가 퇴원을 조건으로 하여 그 부동산의 이전요구에 응하였다면, 감금죄와 공갈죄의 실체적 경합의 죄책을 진다. (대법원 2000도4415)

III 존속체포·감금죄

형법

제276조【존속체포·존속감금】 ② 자기 또는 배우자의 직계존속에 대하여 제1항(체포·감금죄)의 죄를 범한 때에는 10년 이하의 징역 또는 1천 500만원 이하의 벌금에 처한다.

자기 또는 배우자의 직계존속을 체포·감금함으로써 성립되는 범죄로서 신분으로 인하여 형이 가중된 범죄유형이다.

IV 중체포·감금죄, 존속중체포·감금죄

형법
제277조 【중체포·중감금·존속중체포·존속중감금】 ① 사람을 체포 또는 감금하여 가혹한 행위를 가한 때에는 7년 이하의 징역에 처한다.
② 자기 또는 배우자의 직계존속에 대하여 전항(중체포·감금죄)의 죄를 범한 때에는 2년 이상의 유기징역에 처한다.

1 의의

사람 또는 직계존속을 체포·감금하여 가혹한 행위를 함으로써 성립되는 범죄이다. 체포·감금행위와 가혹행위가 결합된 결합범이다.

2 구성요건

(1) 가혹행위

가혹한 행위란 사람에게 육체적·정신적 고통을 가하는 일체의 행위를 말한다. **반드시 생명신체에 위험을 줄 정도임을 요하지 않으므로 학대보다 넓은 개념**으로 파악된다. 폭행을 가하거나 추행을 하거나 수면을 허용하지 않는 것 등이 그 예이다.

(2) 미수

이 죄의 미수는 중체포·감금의 의사로 범죄를 실행하였으나 체포·감금 자체가 미수로 끝난 경우, 역시 중체포·감금의 의사를 가지고 범죄를 실행하여서 체포·감금은 하였으나 가혹행위를 하지 못한 경우, 가혹행위까지 실행하였으나 그것이 미수로 끝난 경우 등을 모두 포함한다.

(3) 고의

이 죄의 고의에는 체포·감금행위와 가혹행위에 대한 인식과 의사가 있어야 한다. 다만 가혹행위에 대한 고의는 체포·감금 행위시에 있었던 경우만이 아니라 체포·감금 도중에 생긴 경우에도 포함한다.

3 특징

결과적 가중범이 아니다. 중상해죄는 결과적 가중범 형식이지만, 중체포감금죄는 결과적 가중범 형식이 아니다. 또한 위험범도 아니다.

V 특수체포·감금죄

형법
제278조 【특수체포·특수감금】 단체 또는 다중의 위력을 보이거나 위험한 물건을 휴대하여 전 2조(체포·감금죄, 존속체포·감금죄, 중체포·감금죄, 존속중체포·감금죄)의 죄를 범한 때에는 그 죄에 정한 형의 2분의 1까지 가중한다.

단체, 다중, 위력, 위험한 물건, 휴대 등의 개념은 특수폭행죄의 경우와 동일하다.

VI 상습체포·감금죄

형법

제279조 【상습체포·감금】 상습으로 제276조(체포·감금죄, 존속체포·감금죄) 또는 제277조(중체포·감금죄, 존속중체포·감금죄)의 죄를 범한 때에는 전조(특수체포·감금죄)의 예에 의한다.

VII 체포·감금치사상죄, 존속체포·감금치사상죄, 중감금치사상죄

형법

제281조 【체포·감금 등의 치사상】 ① 제276조 내지 제280조의 죄를 범하여 사람을 상해에 이르게 한 때에는 1년 이상의 유기징역에 처한다. 사망에 이르게 한 때에는 3년 이상의 유기징역에 처한다.
② 자기 또는 배우자의 직계존속에 대하여 제276조 내지 제280조의 죄를 범하여 상해에 이르게 한 때에는 2년 이상의 유기징역에 처한다. 사망에 이르게 한 때에는 무기 또는 5년 이상의 유기징역에 처한다.

결과적 가중범이다.

> **관련판례**
> ① 피고인이 동거하던 피해자(여성)가 다시 술집에 나가겠다고 하기에 못 나게 하려고 방에 가두고 밖에서 문을 못질을 하여 피해자를 아파트 안방에 감금하고 가혹행위를 하던 중 피해자가 계속되는 가혹행위를 피하려고 창문을 통하여 아파트 아래 잔디밭에 뛰어내리다가 사망한 경우, 중감금치사죄에 해당한다. (대법원 91도2085)
> ② 피고인이 피해자를 차량에서 내리지 못하게 하고 시속 70km로 주행하던 중, 피해자가 그와 같은 감금상태를 벗어날 목적으로 차량을 빠져 나오려다가 길바닥에 떨어져 상해를 입고 그 결과 사망에 이르렀다면 감금치사죄가 성립한다. (대법원 99도5286)

Section 04 약취와 유인의 죄

I 서설

1 조문 체계

구분	조문	구성요건	미수	예비	해방감경규정
미성년자 약취유인	제287조	미성년자를 약취 또는 유인한 경우	○	○	○
추행 등 목적 약취유인	제288조 제1항	추행, 간음, 결혼, 영리 목적으로 사람을 약취 또는 유인한 경우	○	○	○
노동력 착취 등 목적 약취유인	제288조 제2항	노동력 착취, 성매매와 성적 착취, 장기적출 목적으로 사람을 약취 또는 유인한 경우	○	○	○
피약취·유인자 국외이송	제288조 제3항	국외 이송 목적으로 사람을 약취 또는 유인하거나 또는 약취 또는 유인된 사람을 국외에 이송한 경우	○	○	○
인신매매	제298조 제1항	사람을 매매한 경우	○	○	○
추행 목적 인신매매	제298조 제2항	추행, 간음, 결혼, 영리 목적으로 사람을 매매한 경우	○	○	○
노동력 착취 등 목적 인신매매	제298조 제3항	노동력 착취, 성매매와 성적 착취, 장기적출 목적으로 사람을 매매한 경우	○	○	○
피매매자 국외이송	제298조 제4항	국외로 이송할 목적으로 사람을 매매하거나 매매된 사람을 국외로 이송한 경우	○	○	○
약취, 유인, 매매, 이송 등 상해	제290조 제1항	약취, 유인, 매매 또는 이송된 사람을 상해한 경우	○	○	○
약취, 유인, 매매, 이송 등 치상	제290조 제2항	약취, 유인, 매매 또는 이송된 사람을 상해에 이르게 한 경우	×	×	○
약취, 유인, 매매, 이송 등 살인	제291조 제1항	약취, 유인, 매매 또는 이송된 사람을 살해한 경우	○	○	×
약취, 유인, 매매, 이송 등 치사	제291조 제2항	약취, 유인, 매매 또는 이송된 사람을 사망에 이르게 한 때	×	×	×
약취, 유인, 매매, 이송된 사람의 수수·은닉 등	제292조 제1항	약취, 유인, 매매 또는 이송된 사람을 수수(授受) 또는 은닉한 경우	○	○	○
약취 등 범죄목적 모집, 운송, 전달 등	제292조 제2항	미성년자 약취유인, 추행 등 목적 약취유인, 인신매매의 죄를 범할 목적으로 사람을 모집, 운송, 전달한 경우	×	×	○

2 의의 및 보호법익

① 보호법익은 피약취유인자의 장소선택의 자유이며, 미성년자약취유인죄는 피약취유인자인 미성년자 본인의 자유권과 보호자(대체로 친권자)의 보호감독권으로 본다.

② <u>존속범죄 가중처벌규정은 없다.</u>

③ 예비음모 처벌규정이 있다. 다만, 약취유인치상(제290조 제2항), 약취유인치사(제291조 제2항), 약취유인 등 모집운송전달(제292조 제2항)은 예비음모 규정이 없다.
④ 미수 처벌규정이 있다. 다만, 약취유인치상(제290조 제2항), 약취유인치사(제291조 제2항), 약취유인 등 모집운송전달(제292조 제2항)은 미수 처벌규정이 없다.
⑤ 약취유인죄와 인신매매죄가 대체로 목적범이지만, 약취유인죄 중 미성년자약취유인, 피약취유인자에 대한 수수·은닉, 인신매매 중에서 단순 인신매매행위는 목적범이 아니다.
⑥ 해당 범죄의 기수 및 미수범에 대해서는 5천만원 이하의 벌금을 병과할 수 있다. 다만, 약취유인 등 모집운송전달(제292조 제2항)만은 벌금을 병과하는 규정이 없다.
⑦ 해당 범죄 모두에 대해서 세계주의가 적용된다. 즉 대한민국 영역 밖에서 죄를 범한 외국인에게도 적용한다는 것이다. 다만, 해당 범죄에 대한 예비음모에 대해서는 세계주의가 적용되지 아니한다.
⑧ <u>약취·유인·매매·이송한 사람(피약취유인자)을 안전한 장소로 풀어준 때에는 형을 감경할 수 있다. (임의적 감경) 즉 해방감경규정(제295조의2)이 있다.</u> 그러나 제291조(피약취유인자 살인과 치사죄)에 대해서는 해방감경규정이 적용될 수 없는데, 이는 피약취유인자가 사망했으므로 당연하다.

■ 피해자를 풀어준 경우에 형을 감경할 수 있는 범죄: 해방(석방)감경규정

해방감경 규정이 있는 경우	해방감경 규정이 없는 경우
• 약취·유인·인신매매죄(모두) • 인질강요죄 • 인질상해·치상죄	• 체포·감금죄 • 인질강도죄 • 인질살해·치사죄 • 피약취유인매매자살인·치사죄

관련판례

① 형법 제287조에 규정된 미성년자약취죄의 입법 취지는 심신의 발육이 불충분하고 지려와 경험이 풍부하지 못한 미성년자를 특별히 보호하기 위하여 그를 약취하는 행위를 처벌하려는 데 그 입법의 취지가 있으며, 미성년자의 자유 외에 보호감독자의 감호권도 그 보호법익으로 하고 있다는 점을 고려하면, 피고인과 공범들이 미성년자를 보호·감독하고 있던 그 아버지의 감호권을 침해하여 그녀를 자신들의 사실상 지배하로 옮긴 이상 미성년자약취죄가 성립한다 할 것이고, 약취행위에 미성년자의 동의가 있었다 하더라도 본죄의 성립에는 변함이 없다. (대법원 2002도7115)
② 15세 소녀가 스스로 가출하여 '주의 일'(껌팔이 등의 행상)을 했다고는 하나 그것이 피고인의 독자적인 교리 설교에 따라 하자 있는 의사로서 이루어진 것이고, 피해자를 보호·감독권자의 보호관계로부터 이탈시켜 피고인의 지배로 옮긴 이상 미성년자유인죄가 성립한다. (대법원 82도186)

II 미성년자 약취·유인죄

형법

제287조 【미성년자의 약취·유인】 미성년자를 약취 또는 유인한 사람은 10년 이하의 징역에 처한다.

1 구성요건

(1) 주체

모든 자연인으로, 미성년자의 보호감독자도 주체가 될 수 있고, **실부모도 이 죄의 주체가 될 수 있다.** (대법원 2007도8011)

> **관련판례**
> 친권자가 외조부가 맡아서 양육해 오던 미성년인 자(子)를 자(子)의 의사에 반하여 사실상 자신의 지배하에 옮긴 경우, 미성년자약취·유인죄가 성립한다. **미성년자를 보호감독하는 자라 하더라도 다른 보호감독자의 감호권을 침해하거나 자신의 감호권을 남용하여 미성년자 본인의 이익을 침해하는 경우에는 미성년자 약취·유인죄의 주체가 될 수 있다.** 피해자의 아버지인 피고인이 피해자의 어머니이자 피고인의 처가 교통사고로 사망하자 피해자의 외조부에게 피해자의 양육을 맡겨 왔으나, 교통사고 배상금 등을 둘러싸고 분쟁이 발생하자 자신이 직접 피해자를 양육하기로 마음먹고, 학교에서 귀가하는 피해자를 본인의 의사에 반하여 강제로 차에 태우고 할아버지에게 간다는 등의 거짓말로 속인 후 고아원에 데려가 피해자의 수용문제를 상담하고, 개사육장에서 잠을 재운 후 다른 아동복지상담소에 데리고 가는 등으로 사실상 지배함으로써 미성년자인 피해자를 약취하였다고 인정하였다. (대법원 2007도8011) = 외조부가 맡아서 양육해 오던 미성년인 자를 자의 의사에 반하여 사실상 자신의 지배하에 옮긴 친권자에 대하여 미성년자 약취·유인죄를 인정한 사례이다.

(2) 객체

① 객체는 민법에 따른 미성년자로서, 즉 19세 미만의 자를 의미한다.

② 혼인한 미성년자도 객체에 해당한다. (다수설)

(3) 행위

① 폭행, 협박, 기망, 유혹 등의 수단으로 사람을 자유롭거나 보호받는 상태로부터 자기 또는 제3자의 실력적 지배하에 옮기는 것을 말한다.

② 이때 약취행위는 피해자를 그 의사에 반하여 자유로운 생활관계 또는 보호관계로부터 범인이나 제3자의 사실상 지배하에 옮기는 행위를 말하는 것으로써 폭행 또는 협박을 수단으로 사용하는 경우에 그 폭행 또는 협박의 정도는 **상대방을 실력적 지배하에 둘 수 있을 정도이면 족하고 반드시 상대방의 반항을 억압할 정도의 것임을 요하지는 아니한다.** (대법원 91도1184)

③ 유인의 수단으로서 유혹이라 함은 기망의 정도에는 이르지 아니하나 감언이설로써 상대방을 현혹시켜 판단의 적정을 그르치게 하는 것이므로 반드시 그 유혹의 내용이 허위일 것을 필요로 하지 않는다. 즉 유혹의 내용이 허위가 아니라 진실이라도 유인의 수단이 될 수 있다. (대법원 95도2980)

④ **실력적 지배 하에 옮긴다는 것은 반드시 장소적 이전을 의미하는 것은 아니다.** (대법원 2007도8485)

> **관련판례** 감금 부정

① 미성년자가 혼자 머무는 주거에 침입하여 그를 감금한 뒤 폭행 또는 협박에 의하여 부모의 출입을 봉쇄하거나, 미성년자와 부모가 거주하는 주거에 침입하여 **부모만을 강제로 퇴거시키고 독자적인 생활관계를 형성하기에 이르렀다면**, 비록 **장소적 이전이 없었다** 할지라도 형법 제287조의 미성년자약취죄에 해당함이 명백하다. 그러나 강도 범행을 하는 과정에서 혼자 주거에 머무르고 있는 미성년자를 체포·감금하거나 혹은 **미성년자와 그의 부모를 함께 체포·감금, 또는 폭행·협박을 가하는 경우**, 나아가 주거지에 침입하여 미성년자의 신체에 위해를 가할 것처럼 협박하여 부모로부터 금품을 강취하는 경우와 같이, **일시적으로 부모와의 보호관계가 사실상 침해·배제되었다** 할지라도, 그 의도가 미성년자를 기존의 생활관계 및 보호관계로부터 이탈시키는 데 있었던 것이 아니라 단지 금품 강취를 위하여 반항을 제압하는 데 있었다거나 금품 강취를 위하여 고지한 해악의 대상이 그곳에 거주하는 미성년자였던 것에 불과하다면, 특별한 사정이 없는 한 **미성년자를 약취한다는 범의를 인정하기 곤란할 뿐 아니라**, 보통의 경우 시간적 간격이 짧아 그 주거지를 중심으로 영위되었던 기존의 생활관계로부터 완전히 이탈되었다고 평가하기도 곤란하다. (대법원 2007도8485)

② 미성년자의 아버지의 부탁으로 그 아이들을 보호하고 있는 자는 위 아이를 인도하라는 어머니의 요구를 거부하였다 하여 미성년자약취죄의 죄책을 진다고 볼 수 없다. (대법원 74도840)

(4) 고의

① 피인취자가 미성년이라는 점에 대한 인식과 폭행, 협박, 기망, 유혹에 의하여 자기 또는 제3자의 실력적 지배하에 둔다는 점에 대한 인식과 의사이다. 미필적 고의로도 족하다.

② 인취의 동기 내지 목적은 불문한다. 다만 그 목적이 추행, 간음, 영리, 국외이송, 결혼 등인 때에는 이 죄가 성립하지 않고 그 목적에 의한 범죄가 성립한다.

2 미수와 기수

① 실행의 착수는 인취의 수단인 폭행, 협박, 기망, 유혹을 개시한 때 실행의 착수가 인정된다.

② 기수의 시기는 피해자를 자기 또는 제3자의 사실적 지배 하에 두게 된 때이다.

> **관련판례**

① 피해자 甲은 사고능력이 현저하게 떨어지는 미성년의 저능아로서 자신의 4촌 매형인 乙의 보호하에 있었는데, 피고인 丙은 피해자 甲의 위와 같은 사정을 알면서도 그로부터 약 8개월 후 피해자 甲이 다시 서울로 돌아올 때까지도 乙에게 피고인 丙이 피해자 甲을 제주도로 데려간 사실을 한번도 이야기하지 아니한 채 숨긴 사실을 인정할 수 있는바, 피고인 丙이 피해자 甲을 제주도로 데려간 행위는 미성년자를 유인한 행위에 해당한다. (대법원 95도2980)

② 피고인이 피해자에게 집으로 돌아가라고 수차례 권유하였으나, 피해자는 오빠가 무섭다는 등의 이유로 이를 듣지 아니하였다면 미성년자유인죄는 성립하지 아니한다. (대법원 98도690)

③ 15세된 가출소녀를 유혹하여 단란주점에 팔 생각으로 피해자에게 접근하여 취직자리를 찾아 주겠다고 속여 자신의 원룸 아파트에 유인하였다가 단란주점 주인과 약속장소로 가는 도중에 검거되었다면 미성년자유인죄의 기수에 해당한다. (대법원 2002도7115) = 미성년자약취·유인죄의 입법취지는 심신의 발육이 불충분하고 지려와 경험이 풍부하지 못한 미성년자의 자유를 특별히 보호하자는 것이며, 부차적으로 보호자의 감독권도 보호하게 된다.

④ 간음할 목적으로 11세에 불과한 어린 나이의 피해자를 유혹하여 위 모텔 앞길에서부터 위 모텔 301호실까지2 데리고 간 이상, 그로써 피고인은 피해자를 자유로운 생활관계로부터 이탈시켜 피고인의 사실적 지배 아래로 옮겼다고 할 것이고, 이로써 **간음목적유인죄의 기수**에 이른 것으로 보아야 할 것이다. (대법원 2007도2318)

⑤ 甲이 간음할 목적으로 초등학교 5학년 여학생인 乙의 소매를 잡아 끌면서 "우리 집에 같이 자러가자"고 한 행위는 간음목적의 약취행위에 해당한다. (대법원 2009도3816) = 즉 실행의 착수를 인정할 수 있다는 것이다.

⑥ 피고인과 갑은 각각 한국과 프랑스에서 따로 살며 이혼소송 중인 부부로서 자녀인 피해아동 을(만 5세)은 프랑스에서 갑과 함께 생활하였는데, 피고인이 을을 면접교섭하기 위하여 그를 보호·양육하던 갑으로부터 을을 인계받아 국내로 데려온 후 면접교섭 기간이 종료하였음에도 을을 데려다주지 아니한 채 갑과 연락을 두절한 후 법원의 유아인도명령 등에도 불응한 사안에서, 피고인의 행위가 미성년자약취죄의 약취행위에 해당한다. (대법원 2019도16421)

3 위법성

① 약취유인이 정당행위, 정당방위, 긴급피난의 요건을 충족시키면 위법성이 조각될 수 있다.

② 피해자승낙의 경우, 피인취자나 보호자의 일방만이 동의한 정도로는 약취·유인의 위법성이 조각되지 않고 본죄의 성립에 영향이 없다. 피인취자의 자유와 보호자의 감독권을 모두 보호법익으로 하는 범죄이기 때문이다. 피인취자와 보호자가 모두 동의한 경우에는 위법성이 조각된다.

③ 그러나 부모 등 보호자가 승낙하였더라도 그 승낙이 사회적 상당성을 인정할 수 없는 경우는 위법성이 조각되지 아니한다.

관련판례

피고인과 공범들이 미성년자를 보호·감독하고 있던 그 아버지의 감호권을 침해하여 그녀를 자신들의 사실상 지배하로 옮긴 이상 미성년자약취죄가 성립한다 할 것이고, 약취행위에 미성년자의 동의가 있었다 하더라도 본 죄의 성립에는 변함이 없다. (대법원 2002도7115)

4 죄수

① 미성년자를 유인한 자가 계속하여 미성년자를 불법하게 감금하였을 때에는 미성년자유인죄 이외에 감금죄가 별도로 성립한다. (대법원 98도1036)

② 강도죄 과정에서 일어난 일시적인 부모와 미성년 자녀 사이의 격리는 별도의 미성년자약취유인죄에 해당하지 않는다. (대법원 2007도8485)

5 형의 감경(해방감경 규정)

① 미성년자 약취·유인을 범한 자가 피인취자를 안전한 장소로 풀어주면 형을 감경할 수 있다. (임의적 감경사유)

② 기수에 달한 후에도 피인취자를 풀어주면 감경사유에 해당된다는 점에서 중지미수와 차이가 있다.

III 추행 등 목적 약취, 유인 등 죄, 피약취·유인자 국외이송죄

형법

제288조【추행 등 목적 약취, 유인 등】 ① 추행, 간음, 결혼 또는 영리의 목적으로 사람을 약취 또는 유인한 사람은 1년 이상 10년 이하의 징역에 처한다.
② 노동력 착취, 성매매와 성적 착취, 장기적출을 목적으로 사람을 약취 또는 유인한 사람은 2년 이상 15년 이하의 징역에 처한다.
③ 국외에 이송할 목적으로 사람을 약취 또는 유인하거나 약취 또는 유인된 사람을 국외에 이송한 사람도 제2항과 동일한 형으로 처벌한다.

1 의의와 보호법익

추행 등 목적 약취, 유인 등 죄는 추행, 간음, 결혼, 영리,노동력 착취, 성매매와 성적 착취, 장기적출, 국외이송을 목적으로 사람을 약취 또는 유인함으로써 성립되는 범죄로서, 목적범이다. 그리고 **피약취·유인자 국외이송죄는** 약취 또는 유인된 사람을 국외에 이송함으로써 성립되는 범죄로서, 목적범이 아니다. 이 범죄는 미수와 예비를 처벌하며, 친고죄규정은 삭제함으로써 비친고죄가 되었다.

2 구성요건

(1) 객체

자연인인 사람이다. 성년, 미성년을 불문하고 남녀, 연령을 불문한다. 앞에서 설명한 바와 같이 추행 등의 목적으로 미성년을 인취하면 미성년자 약취, 유인죄가 아니라 이 죄가 성립한다.

(2) 주관적 구성요건

고의 이외의 추가로 추행, 간음, 결혼, 영리 등의 목적이 필요한 목적범이다. 이 죄의 고의는 사람을 약취, 유인한다는 점에 대한 인식과 의사이다. 아울러 추행·간음 또는 영리의 목적이란 고의 이외에 요구되는 초과주관적 구성요건요소이다.

① **추행의 목적**

추행이란 일반인의 성적 도덕감정을 침해하고 행위자 또는 제3자의 성적 만족을 위한 일체의 행위를 말하며, 추행의 목적이란 피인취자를 이러한 추행의 객체 혹은 주체로 삼으려는 목적을 말한다.

② **간음의 목적**

간음이란 결혼 아닌 성교를 의미하며, 간음의 목적이란 피인취자를 간음의 대상으로 하려는 목적을 말한다. 반드시 인취자 자신이 간음의 당사자일 필요는 없다.

③ **영리의 목적**

영리의 목적이란 자기 또는 제3자에게 재산상의 이익을 얻게 할 목적을 말한다. 피인취자의 노무를 통하여 재산상 이익을 얻으려는 경우가 그 대표적인 경우이다. 그리고 재산상의 이익이 반드시 피인취자의 부담이나 손해로 인한 것일 필요는 없다. 그리하여 인취행위에 대한 대가로 제3자로부터 보수를 받으려는 경우도 영리의 목적을 충족시키는 것으로 파악된다. 재산상의 이익이 반드시 불법한 이익일 필요도 없다. 즉, 채무변제를 하지 않는 자를 인취하여 일을 시킴으로써 채무를 변제 받고자 하는 경우에도 이 죄의 영리목적이 충족된다.

④ 국외이송 목적

법문이 '국외'라고 표현하고 있으므로 대한민국 영역 외라고 해석된다. 국외 이송의 목적으로 약취·유인·매매하면 이 죄가 성립하고 실제로 이송하였는지는 문제되지 않는다.

> **관련판례**
>
> 베트남 국적 여성인 피고인이 남편 갑의 의사에 반하여 생후 약 13개월 된 아들 을을 주거지에서 데리고 나와 약취하고 이어서 베트남에 함께 입국함으로써 을을 국외에 이송하였다고 하여 국외이송약취 및 피약취자국외이송으로 기소된 사안에서, 제반 사정을 종합할 때 피고인이 을을 데리고 베트남으로 떠난 행위는 어떠한 실력을 행사하여 을을 평온하던 종전의 보호·양육 상태로부터 이탈시킨 것이라기보다 친권자인 모(母)로서 출생 이후 줄곧 맡아왔던 을에 대한 보호·양육을 계속 유지한 행위에 해당하여, 이를 폭행, 협박 또는 불법적인 사실상의 힘을 사용하여 을을 자기 또는 제3자의 지배하에 옮긴 약취행위로 볼 수는 없다는 이유로, 피고인에게 무죄를 인정한 원심판단을 정당하다. (대법원 2010도14328 전합)

⑤ 노동력 착취 목적

노동력착취란 근로자에게 근로를 시키면서 정당한 대가를 지불하지 않거나, 정상적인 근로시간을 초과하여 무리하게 피로를 풀 시간적 여유도 주지 않는 것 등을 말한다. 근로시간을 휴게시간도 없이 장시간 근무를 시키는 것도 해당이 되며, 근로자에게 미리 돈을 빌려주고 이를 갚기 위해 일을 하도록 하는 것도 해당이 되며, 근무 장소를 특정한 곳을 지정한 후 출입을 자유롭게 보장해 주지 않는 것도 해당된다고 볼 수 있다.

⑥ 성매매 목적

성매매(性賣買)란 일정한 대가를 받기로 하고 성행위나 이에 준하는 행위를 하는 일을 일컫는다.

⑦ 성적 착취 목적

성적 착취란 성을 사거나 이를 알선하는 행위로서 음란물을 제작, 배포하는 행위 및 성폭력행위 등을 뜻한다.

성착취의 유형으로는 현실형태에 따라 알선이나 장소제공 등과 같이 제3자가 개입하는 형태와 성을 사는 자와 성을 사는 행위의 상대방이 되는 자간의 성적 착취행위로 분류될 수 있고, 형식적인 면에 따라 자발적으로 성을 사는 행위의 상대방이 되는 경우와 강요나 기망 또는 위협 등으로 인하여 비자발적으로 성을 사는 행위의 상대방이 되는 경우 등을 들 수 있다.

⑧ 장기적출을 목적

장기적출이란 인체에서 장기를 분리하는 것을 말한다.

(3) 기수시기

약취·유인하면 기수가 된다. 목적은 행위전에 있을 필요는 없고, 행위도중에 있으면 된다. 그리고 목적달성여부는 불문한다.

3 공범

추행 등의 목적을 가진 자에게만 제한적으로 적용된다. 따라서 공범이 미성년자를 약취·유인하면서 일부는 동 목적을 가졌고 일부는 가지지 않았다면 목적을 지닌 자에 대해서는 이 죄가 적용되지만 목적이 없었던 자에 대해서는 그저 미성년자 약취·유인죄만이 적용된다.

4 죄수

인취행위로써 성립되며, 그 후 추행, 간음 등의 행위를 하면 강제추행죄, 강간죄 등의 별죄가 성립하고 실체적경합이 된다.

5 특징

예비·음모 처벌규정이 있다. 미수 처벌규정이 있다. 해방감경규정, 벌금병과 규정이 있다. 존속 범죄에 대한 가중처벌규정이 없다.

> **관련판례**
>
> 베트남 국적 여성인 피고인이 남편 甲의 의사에 반하여 생후 약 13개월 된 아들 乙을 주거지에서 데리고 나와 약취하고 이어서 베트남에 함께 입국함으로써 乙을 국외에 이송하였다고 하여 국외이송약취 및 피약취자국외이송으로 기소된 사안에서, 제반 사정을 종합할 때 피고인이 乙을 데리고 베트남으로 떠난 행위는 어떠한 실력을 행사하여 乙을 평온하던 종전의 보호·양육 상태로부터 이탈시킨 것이라기보다 친권자인 모(母)로서 출생 이후 줄곧 맡아왔던 乙에 대한 보호·양육을 계속 유지한 행위에 해당하여, 이를 폭행, 협박 또는 불법적인 사실상의 힘을 사용하여 乙을 자기 또는 제3자의 지배하에 옮긴 약취행위로 볼 수는 없다. 즉 국외이송약취죄 및 피약취자국외이송죄가 성립하지 않는다. (대법원 2010도14328 전합) = 미성년의 자녀를 부모가 함께 동거하면서 보호·양육하여 오던 중 부모의 일방이 상대방 부모나 그 자녀에게 어떠한 폭행, 협박이나 불법적인 사실상의 힘을 행사함이 없이 그 자녀를 데리고 종전의 거소를 벗어나 다른 곳으로 옮겨 자녀에 대한 보호·양육을 계속하였다면, 형법상 미성년자에 대한 약취죄의 성립을 인정할 수 없다.

IV 인신매매죄

형법

제289조【인신매매】 ① 사람을 매매한 사람은 7년 이하의 징역에 처한다.
② 추행, 간음, 결혼 또는 영리의 목적으로 사람을 매매한 사람은 1년 이상 10년 이하의 징역에 처한다.
③ 노동력 착취, 성매매와 성적 착취, 장기적출을 목적으로 사람을 매매한 사람은 2년 이상 15년 이하의 징역에 처한다.
④ 국외에 이송할 목적으로 사람을 매매하거나 매매된 사람을 국외로 이송한 사람도 제3항과 동일한 형으로 처벌한다.

1 의의 및 보호법익

(1) 의의

사람을 매매함으로써 성립되는 범죄이다.

(2) 보호법익

사람의 자유이다.

2 구성요건

(1) 주체

이 죄의 주체에는 제한이 없다. 친권자나 배우자도 이 죄의 주체가 될 수 있으며, 매도인과 매수인은 필요적 공범이다.

(2) 객체

사람인 이상 성년, 미성년, 기혼, 미혼을 불문한다.

(3) 행위

이 죄의 행위는 매매이다.

3 기수와 미수

이 죄의 기수시기는 신체에 대한 실력지배의 이전이 있을 때이다. 따라서 매매계약만 체결하고 인도하지 아니한 때, 매매계약을 체결한 후 인도에 실패한 때는 이 죄의 미수에 해당한다. 대금이 아직 지급되기 전이라도 인신의 교부로 기수가 된다. 반대로 매매대금을 받았다 하더라도 아직 인신교부가 없으면 미수에 해당한다.

4 주관적 구성요건

이 죄의 성립에는 고의만 있으면 되고 특별한 목적은 필요없다.

V 약취·유인 상해·치상죄 및 살인·치사죄

형법

제290조【약취, 유인, 매매, 이송 등 상해·치상】 ① 제287조부터 제289조까지의 죄를 범하여 약취, 유인, 매매 또는 이송된 사람을 상해한 때에는 3년 이상 25년 이하의 징역에 처한다.
② 제287조부터 제289조까지의 죄를 범하여 약취, 유인, 매매 또는 이송된 사람을 상해에 이르게 한 때에는 2년 이상 20년 이하의 징역에 처한다.

제291조【약취, 유인, 매매, 이송 등 살인·치사】 ① 제287조부터 제289조까지의 죄를 범하여 약취, 유인, 매매 또는 이송된 사람을 살해한 때에는 사형, 무기 또는 7년 이상의 징역에 처한다.
② 제287조부터 제289조까지의 죄를 범하여 약취, 유인, 매매 또는 이송된 사람을 사망에 이르게 한 때에는 무기 또는 5년 이상의 징역에 처한다.

VI 약취, 유인, 매매, 이송된 사람의 수수·은닉 등 죄, 약취 등 범죄목적 모집, 운송, 전달 등 죄, 세계주의

형법

제292조【약취, 유인, 매매, 이송된 사람의 수수·은닉 등】 ① 제287조부터 제289조까지의 죄로 약취, 유인, 매매 또는 이송된 사람을 수수(授受) 또는 은닉한 사람은 7년 이하의 징역에 처한다.
제287조부터 제289조까지의 죄를 범할 목적으로 사람을 모집, 운송, 전달한 사람도 제1항과 동일한 형으로 처벌한다.

제296조의2【세계주의】 제287조부터 제292조까지 및 제294조는 대한민국 영역 밖에서 죄를 범한 외국인에게도 적용한다.

제292조 제1항은 예비·음모 처벌규정이 있지만, 제292조 제2항은 예비·음모 처벌규정이 없다.

Section 05 강간과 강제추행의 죄

I 서설

1 조문 체계

범죄	조문	구성요건	미수	예비
강간	제297조	폭행 또는 협박으로 사람을 강간한 경우	○	○
유사강간	제297조의2	폭행 또는 협박으로 사람에 대하여 구강, 항문 등 신체(성기는 제외한다)의 내부에 성기를 넣거나 성기, 항문에 손가락 등 신체(성기는 제외한다)의 일부 또는 도구를 넣는 행위를 한 경우	○	○
강제추행	제298조	폭행 또는 협박으로 사람에 대하여 추행을 한 경우	○	×
준강간	제299조	사람의 심신상실 또는 항거불능의 상태를 이용하여 간음 또는 추행을 한 경우	○	○
준유사강간	제299조		○	○
준강제추행	제299조		○	×
강간상해	제301조	강간죄, 강제추행죄, 준강간죄·준강제추행죄, 미성년자 의제강간·강제추행죄 및 그 미수범을 범한 자가 사람을 상해하거나 상해에 이르게 한 경우	×	○
강제추행 상해	제301조		×	○
강간치상	제301조		×	×
강제추행 치상	제301조		×	×
강간살인	제301조의2	강간죄, 강제추행죄, 준강간죄·준강제추행죄, 미성년자 의제강간·강제추행죄 및 그 미수범을 범한 자가 사람을 살해하거나 사망에 이르게 한 경우	×	×
강제추행 살인	제301조의2		×	×
강간치사	제301조의2		×	×
강제추행 치사	제301조의2		×	×
미성년자·심신미약자 간음	제302조	미성년자 또는 심신미약자에 대하여 위계 또는 위력으로써 간음 또는 추행을 한 경우	×	×
업무상 위력 등 간음	제303조 제1항	업무·고용 기타 관계로 인하여 자기의 보호 또는 감독을 받는 사람에 대하여 위계 또는 위력으로써 간음한 경우	×	×
피구금자 간음	제303조 제2항	법률에 의하여 구금된 사람을 감호하는 자가 그 사람을 간음한 경우	×	×
미성년자 의제강간·강제추행	제305조	13세 미만의 사람을 간음하거나 13세 미만의 사람에게 추행을 한 경우	○	○
16세 미만 간음	제305조 제2항	13세 이상 16세 미만의 사람에 대하여 간음 또는 추행을 한 19세 이상의 자	○	○
상습범	제305조의2	상습으로 강간 등 죄를 범한 경우	○	×
강도강간	제339조	강도가 사람을 강간한 경우	○	○
해상강도 강간	제340조 제3항	해상강도가 사람을 강간한 경우	○	○

2 의의 및 보호법익

① 강간과 추행의 죄란 개인의 **성적 자기결정의 자유**를 폭행, 협박 또는 위계, 위력 기타 이에 준하는 방법으로 침해하는 범죄이다. 그리고 보호의 정도는 침해범이다.

② 강간(제297조), 유사강간(제297조의2), 준강간(제299조), 강간상해(제301조), 미성년자에 대한 의제강간·강제추행(제305조)에 대해서는 예비음모 처벌규정이 있다. 그러나 강제추행(제298조), 준강제추행(제299조), 미성년자·심신미약자에 대한 위력·위계에 의한 간음·추행(제302조), 업무상 위력 등에 의한 간음(제303조) 및 강간치상(제301조), 강간치사(제301조의2)은 예비음모 처벌규정이 없다. 그리고 규정상으로는 강간살인, 강제추행살인(제301조의2)에 대해서는 예비음모 처벌규정이 없는데, 이는 살인죄가 예비음모로 처벌할 수 있기 때문으로 이해할 것이다.

③ 미수 처벌규정은 강간, 유사강간, 강제추행, 준강간, 준강제추행에 대해서 있으며, 미성년자 간음·추행(제305조 제1항, 제2항)에 대해서는 판례상 미수처벌규정 유추적용을 인정하고 있다. 그러나 강간·강제추행 상해·치상, 강간·강제추행 살인·치사, 미성년자·심신미약자에 대한 위계·위력에 의한 간음(제302조), 업무상 위력에 의한 간음에 대해서는 미수 처벌규정이 없다. 다만, 강간상해, 강제추행상해, 강간살인, 강제추행살인에 대해서 미수 처벌규정이 없는 것은 상해와 살인이 미수 규정이 있으므로 그에 따라서 미수를 처벌하면 되기 때문에 여기에 규정이 없는 것일 뿐이라고 볼 것이므로, 이들은 미수로 처벌할 수 있다고 보아야 할 것이다.

④ 상습범 가중처벌 규정이 있다.

⑤ 강간치상·강제추행치상에 대해서는 동시범 특례(제263조)가 적용되지 않는다.

⑥ 강도나 해상강도가 강간을 하는 경우 결합범으로 강도강간, 해상강도강간으로 처벌한다. 이때 미수 규정은 있다. 다만 강도강간(해상강도강간)의 예비음모란 강도의 예비음모로 처벌될 뿐이지 강도강간의 예비음모로까지 처벌되지는 않는다.

3 개정 경과

2012. 12. 18. 형법상 강간과 추행의 죄 중 친고죄인 경우를 친고죄가 아닌 것으로 변경하였고, 강간죄(제297조), 피감호부녀간음죄(제303조 제1항), 피구금부녀간음죄(동조 제2항), 미성년자의제강간죄(제305조)의 객체를 '부녀'에서 '사람'으로 변경하였다. 그리고 폭행 또는 협박으로 사람에 대하여 구강, 항문 등 신체(성기 제외)의 내부에 성기를 넣거나 성기, 항문에 손가락 등 신체(성기 제외)의 일부 또는 도구를 넣는 행위를 처벌하는 유사강간죄(제297조의2) 규정을 신설하였다.

II 강간죄

형법

제297조【강간】 폭행 또는 협박으로 사람을 강간한 자는 3년 이상의 유기징역에 처한다.

제300조【미수범】 제297조, 제297조의2, 제298조 및 제299조의 미수범은 처벌한다.

1 구성요건

(1) 의의 및 주체

폭행 또는 협박으로 사람을 강간함으로써 성립하는 범죄이다. 강제추행죄에 대하여 불법이 가중되는 가중적 구성요건으로 보는 견해도 있다. 본 죄는 비친고죄로 되었다. 이 죄의 주체에는 제한이 없다. 여자도 당연히 주체가 될 수 있다.

(2) 객체

① 사람이다. 종전 형법은 객체는 부녀에 한정되었으나 형법개정으로 사람이 그 객체로 되었다. 사람이라면 성년, 미성년, 기혼, 미혼을 불문하며 매춘부도 포함된다.

② 다만 13세 미만의 사람에 대해서는 성폭력특례법상 가중규정이 있다. (제8조의 2 제1항)

③ 19세 미만의 아동청소년에 대해서는 아동·청소년의 성보호에 관한 법률에 의해서 가중처벌된다. (제7조 제1항)

④ 법률상 부인(妻)도 객체로 인정한다. 즉 부부강간죄가 인정된다.

> **관련판례**
>
> ⅰ) 형법(2012. 12. 18. 법률 제11574호로 개정되기 전의 것, 이하 같다) 제297조는 부녀를 강간한 자를 처벌한다고 규정하고 있는데, 형법이 강간죄의 객체로 규정하고 있는 '부녀'란 성년이든 미성년이든, 기혼이든 미혼이든 불문하며 곧 여자를 가리킨다. 이와 같이 **형법은 법률상 처를 강간죄의 객체에서 제외하는 명문의 규정을 두고 있지 않으므로, 문언 해석상으로도 법률상 처가 강간죄의 객체에 포함된다고 새기는 것에 아무런 제한이 없다.** 한편 1953. 9. 18. 법률 제293호로 제정된 형법은 강간죄를 규정한 제297조를 담고 있는 제2편 제32장의 제목을 '정조에 관한 죄'라고 정하고 있었는데, 1995. 12. 29. 법률 제5057호로 형법이 개정되면서 **그 제목이 '강간과 추행의 죄'로 바뀌게 되었다. 이러한 형법의 개정은 강간죄의 보호법익이** 현재 또는 장래의 배우자인 남성을 전제로 한 관념으로 인식될 수 있는 '여성의 정조' 또는 '성적 순결'이 아니라, **자유롭고 독립된 개인으로서 여성이 가지는 성적 자기결정권이라는 사회 일반의 보편적 인식과 법감정을 반영한 것으로 볼 수 있다. 부부 사이에 민법상의 동거의무가 인정된다고 하더라도 거기에 폭행, 협박에 의하여 강요된 성관계를 감내할 의무가 내포되어 있다고 할 수 없다.** 혼인이 개인의 성적 자기결정권에 대한 포기를 의미한다고 할 수 없고, 성적으로 억압된 삶을 인내하는 과정일 수도 없기 때문이다.
>
> ⅱ) 결론적으로 헌법이 보장하는 혼인과 가족생활의 내용, 가정에서의 성폭력에 대한 인식의 변화, 형법의 체계와 그 개정 경과, 강간죄의 보호법익과 부부의 동거의무의 내용 등에 비추어 보면, 형법 제297조가 정한 강간죄의 객체인 '부녀'에는 법률상 처가 포함되고, **혼인관계가 파탄된 경우뿐만 아니라 혼인관계가 실질적으로 유지되고 있는 경우에도** 남편이 반항을 불가능하게 하거나 현저히 곤란하게 할 정도의 폭행이나 협박을 가하여 아내를 간음한 경우에는 강간죄가 성립한다고 보아야 한다. **다만 남편의 아내에 대한 폭행 또는 협박이 피해자의 반항을 불가능하게 하거나 현저히 곤란하게 할 정도에 이른 것인지 여부는, 부부 사이의 성생활에 대한 국가의 개입은 가정의 유지라는 관점에서 최대한 자제하여야 한다**는 전제에서, 그 폭행 또는 협박의 내용과 정도가 아내의 성적 자기결정권을 본질적으로 침해하는 정도에 이른 것인지 여부, 남편이 유형력을 행사하게 된 경위, 혼인생활의 형태와 부부의 평소 성행, 성교 당시와 그 후의 상황 등 모든 사정을 종합하여 신중하게 판단하여야 한다. (대법원 2012도14788 전합)

(3) 행위

① 강간죄에서 폭행 또는 협박은 **피해자의 반항을 불가능하게 하거나 항거를 현저히 곤란하게 할 정도**의 것이어야 하고(대법원 2000도1253), 그 판단은 유형력을 행사한 당해 폭행 및 협박의 내용과 정도는 물론이고, 유형력을 행사하게 된 경위, 피해자와의 관계, 범행 당시의 정황 등 제반 사정을 종합하여 판단해야 한다. 사후적으로 보아 피해자가 성교 이전에 범행 현장을 벗어날 수 있었다거나 피해자가 사력을 다하여 반항하지 않았다는 사정만으로 가해자의 폭행·협박이 피해자의 항거를 현저히 곤란하게 할 정도에 이르지 않았다고 섣불리 단정하여서는 안 된다는 것이 판례의 입장이다. (대법원 2005도3071)

② 최협의의 폭행·협박으로 이해하며, **물리적 폭력 뿐만 아니라 심리적 폭력(협박)도 포함한다.**

③ 피해자인 상대방이 반드시 현실적으로 반항할 것을 요하지는 않는다.

(4) 인과관계

① 폭행 및 협박과 강간 사이에는 인과관계가 있어야 한다. 폭행, 협박은 간음이 종료되기 전에 행해져야 하며, 간음 종료 후에 행해진 폭행, 협박은 그저 폭행죄 내지 협박죄만을 구성할 뿐이다.
② 다만 폭행·협박이 반드시 간음행위보다 선행되어야 하는 것은 아니다. (대법원 2016도16948)
③ 협박과 간음 또는 추행 사이에 시간적 간격이 있더라도 협박에 의하여 간음 또는 추행이 이루어진 것으로 인정될 수 있다면 강간죄 또는 강제추행죄가 성립한다. (대법원 2006도5979)

(5) 고의

이 죄의 고의는 폭행, 협박으로 사람을 그 의사에 반하여 간음한다는 사실에 대한 인식과 의사로서, 미필적 고의로도 족하다.

(6) 미수와 기수

1) 실행착수시기

① 폭행이나 협박을 개시한 시점이다. 따라서 폭행, 협박이 없이 그저 간음을 기도한 것만으로는 강간죄의 착수가 이루어졌다고 볼 수 없다.
② 실제로 그와 같은 폭행 또는 협박에 의하여 피해자의 항거가 불능하게 되거나 현저히 곤란하게 되어야만 실행의 착수가 있다고 볼 것은 아니다. (대법원 2000도1253)

> **관련판례** **강간 인정**
>
> ① 피고인이 간음할 목적으로 새벽 4시에 여자 혼자 있는 방문 앞에 가서 피해자가 방문을 열어 주지 않으면 부수고 들어갈 듯한 기세로 방문을 두드리고 피해자가 위험을 느껴 창문에 걸터앉아 가까이 오면 뛰어내리겠다고 하는데도 베란다를 통하여 창문으로 침입하려고 하였다면 강간의 착수가 인정된다. (대법원 91도288)
> ② 피해자의 방에 들어가 피해자의 팔을 잡아 그 곳 침대에 눕히고 몸으로 눌러 그녀의 반항을 억압한 후 유방과 엉덩이를 만지면서 속옷을 벗겨 간음하려고 하였으나 피해자가 강력히 반항하는 바람에 그 뜻을 이루지 못하고 미수에 그친 것이라고 함에 있다. (대법원 2000도1253)

> **관련판례** **강간 부정**
>
> 야간에 강간을 목적으로 피해자의 집에 담을 넘어 침입한 후, 안방에서 자고 있던 피해자의 가슴과 엉덩이를 만지면서 강간하려고 하였으나 피해자가 '야' 하고 비명을 지르는 바람에 도망한 경우라면 강간죄의 실행착수도 이루어지지 않았다. (대법원 90도607)

2) 기수시기

견해 대립은 있지만, 성기의 결합시기로 볼 것이다. 성적 만족 여부는 상관 없다.

2 위법성

상대방이 동의한 경우는 양해로서 구성요건해당성이 없다.

3 죄수

① 동일한 폭행, 협박을 이용하여 수회 간음한 때에는 강간죄 1죄만 성립한다.

② 폭행, 협박이나 강제추행, 강요 등은 모두 강간죄에 흡수되므로 이러한 수단들을 사용하여 강간에까지 이른 경우에는 강간죄만 성립한다. (대법원 2002도51)

③ 강간을 위하여 즉, 강간의 수단으로 감금을 한 경우 강간죄와 감금죄가 상상적 경합이 된다. (대법원 83도323)

④ 1회 강간하여 상처를 입힌 후 약 1시간 뒤 장소를 옮겨 다시 1회 강간한 경우는 실체적 경합관계가 성립한다. (대법원 87도694)

⑤ 피해자를 협박하여 1회 간음하고 200m쯤 가다가 다시 간음한 경우는 피고인의 의사 및 그 범행시각과 장소로 보아 두 번째의 간음행위는 처음 한 행위의 계속으로 볼 수 있으므로 단순일죄로 처단해야 한다. (대법원 70도1516)

⑥ 강간범이 강간미수로 상해를 입힌 상태에서 의식불명이 된 피해자를 구호하지 아니하고 방치한 경우, 강간치상죄는 성립하지만, 별도로 유기죄가 성립하지는 않는다. (대법원 80도726)

⑦ 강간피해자가 집으로 돌아가서 수치심에 몇 주 뒤 자살한 경우, 피고인은 강간죄일 뿐이지 강간치사죄로 처벌할 수는 없다. (대법원 82도1446)

⑧ 강간치상 후 범행을 은폐하기 위해 피해자를 살해한 경우에는 강간치상죄와 살인죄의 경합범이 성립한다. (대법원 86도2360) = 이 경우 강간의 기회에 살인을 한 경우라면 강간살인죄가 성립한다.

⑨ 미성년자의제강간죄 또는 미성년자의제강제추행죄는 행위시마다 1개의 범죄가 성립한다. (대법원 82도2442)

⑩ 피해자를 강간한 후 항거불능 상태에 있는 피해자에게 돈을 내놓으라고 하여 피해자가 서랍 안에서 꺼내주는 돈을 받는 즉시 팁이라고 하면서 피해자의 브라 속으로 그 돈을 집어 넣어 준 것이라면 이는 불법영득을 하려 한 것이 아니라 피해자를 희롱하기 위하여 돈을 뺏은 다음 그대로 돌려주려고 한 의도였다고 할 것이므로 불법영득의 의사가 있었다고 보기 어렵다. (대법원 86도776) = 강간죄만 성립한다.

⑪ 강간할 목적으로 피해자를 따라 피해자가 거주하는 아파트 내부의 엘리베이터에 탄 다음 그 안에서 폭행을 가하여 반항을 억압한 후 계단으로 끌고 가 피해자를 강간하고 상해를 입힌 경우, 강간상해죄와 주거침입죄가 실체적 경합한다. (대법원 2009도4335) = 피고인이 성폭력범죄의 처벌 및 피해자보호 등에 관한 법률 제5조 제1항에 정한 주거침입범의 신분을 가지게 되었다.

⑫ 피해자의 방안에 침입하여 식칼로 위협하여 반항을 억압한 다음 피해자를 강간하여 상해를 입게 한 피고인의 행위는 그 전체가 포괄하여 성폭력 처벌법 제9조 제1항의 죄를 구성할 뿐이지, 그 중 주거침입의 행위가 나머지 행위와 별도로 주거침입죄를 구성한다고는 볼 수 없다. (대법원 99도354)

⑬ **성폭력특례법상 특수강간**: 피고인 등이 비록 특정한 1명씩의 피해자만 강간하거나 강간하려고 하였다 하더라도, 사전의 모의에 따라 강간할 목적으로 심야에 인가에서 멀리 떨어져 있어 쉽게 도망할 수 없는 야산으로 피해자들을 유인한 다음 곧바로 암묵적인 합의에 따라 각자 마음에 드는 피해자들을 데리고 불과 100m 이내의 거리에 있는 곳으로 흩어져 동시 또는 순차적으로 피해자들을 각각 강간하였다면, 그 각 강간의 실행행위도 시간적으로나 장소적으로 협동관계에 있었다고 보아야 할 것이므로, 피해자 3명 모두에 대한 특수강간죄 등이 성립된다. (대법원 2004도2870)

⑭ 18세의 여자를 유흥주점에 팔 생각으로 유인하여 자기 집에 데리고 있으면서 강간한 후 유흥주점 업주에게 넘기려다 검거된 경우 영리목적 약취·유인죄와 강간죄의 경합범이 성립한다.

관련판례

① 피고인이 피해자의 손목을 비트는 등 강제로 여관에 끌고 들어가서 강간을 하였다고 진술하고 당시 여관주인이 방을 안내하였지만 창피해서 구조를 요청하지 아니하였다면, 대학 4학년인 피해자가 강간의 위험을 느끼면서도 손쉬운 구조요청의 기회를 이용하지 아니하였다는 것은 우리의 경험칙상 쉽게 납득이 가지 아니하는 것이다. (대법원 90도1562)

② 피고인과 피해자가 전화로 사귀어 오면서 음담패설을 주고 받을 정도까지 되었고 당초 간음을 시도한 방에서 피해자가 "여기는 죽은 시어머니를 위한 제청방이니 이런 곳에서 이런 짓을 하면 벌 받는다"고 말하여 안방으로 장소를 옮기게 된 사정 등으로 미루어 본다면, 강간피고사건의 피해자에게 가한 폭행 또는 협박이 그 반항을 현저히 곤란하게 할 정도에 까지 이른 것이라고 보기는 어렵다. (대법원 91도546)

③ 피고인이 피해자와 함께 있다가 욕정을 일으켜 피고인의 몸에 새겨진 문신을 보고 겁을 먹은 피해자에게 자신이 전과자라고 말하면서 캔맥주를 집어던지고 피해자의 뺨을 한 번 때리면서 성행위를 요구한 사실과 피해자의 연령이 어린 점, 다른 사람들의 출입이 없는 새벽에 건물 내실에서 피고인과 피해자가 단둘이 있는 상황인 점 등 모든 사정을 종합하면 피고인이 피해자의 항거를 현저히 곤란하게 할 정도의 유형력을 행사한 사실은 충분히 인정이 된다. (대법원 99도519)

④ 피고인이 피해자를 원심 판시 여관방으로 유인한 다음 방문을 걸어 잠근 후 피해자에게 성교할 것을 요구하였으나 피해자가 이를 거부하자 "옆방에 내 친구들이 많이 있다. 소리 지르면 다 들을 것이다. 조용히 해라. 한 명하고 할 것이냐? 여러 명하고 할 것이냐?"라고 말하면서 성행위를 요구한 사실은 강간의 협박이 될 수 있다. (대법원 2000도1914)

⑤ 피해자는 이른바 노래방 도우미로서, 피고인의 일행들이 먼저 귀가한 후 1시간 더 연장하자는 피고인의 요청에 따라 피고인과 단둘이 노래방에 있던 중, 피해자가 울면서 하지 말라고 하고 '사람 살려'라고 소리를 지르는 등 반항하였음에도, 피해자의 반항을 억압한 경우 강간의 폭행에 해당한다. (대법원 2005도3071)

⑥ 유부녀인 피해자에 대하여 혼인 외 성관계 사실을 폭로하겠다는 등의 내용으로 협박하여 간음 또는 추행한 경우, 강간죄 또는 강제추행죄가 성립한다. (대법원 2006도5979)

⑦ 동호회 회원들과 연말 회식을 한 후 귀가하려는 甲에게 대리기사를 불러 데려다 주겠다면서 자신의 승용차 뒷좌석에 태운 다음 甲의 의사에 반하여 그를 강간하였다면, 제반 사정에 비추어 피고인은 甲의 반항을 억압하거나 현저히 곤란하게 할 정도의 유형력을 행사하여 강간하기에 이르렀다고 보기에 충분하다. (대법원 2012도4031)

⑧ 의붓아버지와 의붓딸의 관계가 성폭력범죄의 처벌 등에 관한 특례법 제5조 제4항에서 규정한 '4촌 이내의 인척'으로서 친족관계에 해당한다. (대법원 2020도10806)

III 유사강간죄

형법

제297조의2 【유사강간】 폭행 또는 협박으로 사람에 대하여 구강, 항문 등 신체(성기는 제외한다)의 내부에 성기를 넣거나 성기, 항문에 손가락 등 신체(성기는 제외한다)의 일부 또는 도구를 넣는 행위를 한 사람은 2년 이상의 유기징역에 처한다.

종전의 「형법」에서는 이러한 변화의 양상을 미처 담아내지 못하고 있고, 유사성교행위만 하더라도 독일, 프랑스 등 선진 외국에서는 강간의 기준을 "신체에의 삽입"에 두고 강간죄에 포섭하여 엄하게 처벌하고 있는 것에 반하여 우리나라는 "성기간의 삽입"만을 강간죄로 처벌하고 이와 유사한 성교행위는 강제추행죄로 처벌하고 있는 점에서 새로운 범죄의 신설이 강하게 요구되어 개정형법에서 추가한 것이다.

> **관련판례** 주거침입유사강간죄의 주체 및 실행의 착수
>
> [사실관계]
> 피고인이 주점에서 술을 마시던 중 피고인을 남자화장실 앞까지 부축해 준 피해자를 주점의 여자화장실로 끌고 가 여자화장실의 문을 잠근 후 강제로 입맞춤을 하고 유사강간하려고 하였으나 미수에 그친 경우 성폭력특별법 위반(주거침입강간)죄에 해당하지 않는다.
>
> [판례]
> 주거침입강제추행죄 및 주거침입강간죄 등은 사람의 주거 등을 침입한 자가 피해자를 간음, 강제추행 등 성폭력을 행사한 경우에 성립하는 것으로서, ⅰ) 주거침입죄를 범한 후에 사람을 강간하는 등의 행위를 하여야 하는 일종의 **신분범**이고, ⅱ) 선후가 바뀌어 강간죄 등을 범한 자가 그 피해자의 주거에 침입한 경우에는 이에 해당하지 않고 강간죄 등과 주거침입죄 등의 실체적 경합범이 된다. 그 실행의 착수시기는 주거침입 행위 후 강간죄 등의 실행행위에 나아간 때이다. ⅲ) 강간죄는 사람을 강간하기 위하여 피해자의 항거를 불능하게 하거나 현저히 곤란하게 할 정도의 폭행 또는 협박을 개시한 때에 그 실행의 착수가 있다고 보아야 할 것이지, 실제 간음행위가 시작되어야만 그 실행의 착수가 있다고 볼 것은 아니다. 유사강간죄의 경우도 이와 같다. (대법원 2020도17796) = 유사강간미수죄와 주거침입죄의 실체적 경합범이나 성폭력특별법상 주거침입유사강간미수죄가 아니다.

> **참고**
> - 폭행 또는 협박으로 사람에 대하여 구강, 항문 등 신체(성기는 제외한다)의 내부에 손가락 등 신체(성기는 제외한다)의 일부 또는 도구를 넣는 행위를 한 경우에는 「형법」상 유사강간죄가 성립한다. (×) = 구강 등 신체 내부에 성기를 넣는 것인데 구강 등 신체 내부에 손가락을 넣는 경우라고 했으므로 틀리다. 성기나 항문 등에 손가락을 넣는 것이라고 하여야 한다.
> - 폭행·협박으로 사람에 대하여 구강의 내부에 손가락 등 신체(성기를 제외한다)의 일부 또는 도구를 넣는 행위를 한 사람은 유사강간죄로 처벌된다. (×)

Ⅳ 강제추행죄

> **형법**
>
> **제298조 【강제추행】** 폭행 또는 협박으로 사람에 대하여 추행한 자는 10년 이하의 징역 또는 1천 500만원 이하의 벌금에 처한다.

1 구성요건

(1) 행위

1) 폭행 또는 협박

① 사실관계

피고인은 2014. 8. 15. 19 : 23경 피고인의 주거지 방안에서 4촌 친족관계인 피해자(여, 15세)에게 "내 것 좀 만져줄 수 있느냐?"며 피해자의 왼손을 잡아 피고인의 성기 쪽으로 끌어당겼으나 피해자가 이를 거부하며 일어나 집에 가겠다고 하자, "한 번만 안아줄 수 있느냐?"며 피해자를 양팔로 끌어안은 다음 피해자를 침대에 쓰러뜨려 피해자 위에 올라타 반항하지 못하게 한 후, 피해자에게 "가슴을 만져도 되느냐?"며 피고인의 오른손을 피해자의 상의 티셔츠 속으로 집어넣어 속옷을 걷어 올려 왼쪽 가슴을 약 30초 동안 만지고 피해

자를 끌어안고 자세를 바꾸어 피해자가 피고인의 몸에 수차례 닿게 하였으며, "이러면 안 된다. 이러면 큰일 난다."며 팔을 풀어줄 것을 요구하고 방문을 나가려는 피해자를 뒤따라가 약 1분 동안 끌어안아 피해자를 강제로 추행하였다.

② **폭행 협박의 해석 기준**

강제추행죄의 범죄구성요건과 보호법익, 종래의 판례 법리의 문제점, 성폭력범죄에 대한 사회적 인식, 판례 법리와 재판 실무의 변화에 따라 해석기준을 명확히 할 필요성 등에 비추어 강제추행죄의 '폭행 또는 협박'의 의미는 다시 정의될 필요가 있다. <u>강제추행죄의 '폭행 또는 협박'은 상대방의 항거를 곤란하게 할 정도로 강력할 것이 요구되지 아니하고, 상대방의 신체에 대하여 불법한 유형력을 행사(폭행)하거나 일반적으로 보아 상대방으로 하여금 공포심을 일으킬 수 있는 정도의 해악을 고지(협박)하는 것이라고 보아야 한다.</u> (대법원 2018도13877 전합)

> **참고**
> 종래의 대법원의 강제추행의 폭행·협박은 상대의 항거를 곤란하게 할 정도 또는 상대의 의사에 반하는 정도의 유형력 행사를 의미한다고 보았으나 강제추행죄의 '폭행 또는 협박'은 상대방의 항거를 곤란하게 할 정도로 강력할 것이 요구되지 아니하고, 상대방의 신체에 대하여 불법한 유형력을 행사(폭행)하거나 일반적으로 보아 상대방으로 하여금 공포심을 일으킬 수 있는 정도의 해악을 고지(협박)하는 것이라고 보아야 한다. 강제추행죄의 폭행 또는 협박이 상대방의 항거를 곤란하게 할 정도일 것을 요한다고 본 대법원 2012. 7. 26. 선고 2011도8805 판결을 비롯하여 같은 취지의 종전 대법원판결은 이 판결의 견해에 배치되는 범위 내에서 모두 변경하기로 한다.

2) **'추행'의 의미와 그 판단 기준**

강제추행죄의 범죄구성요건과 보호법익, 종래의 판례 법리의 문제점, 성폭력범죄에 대한 사회적 인식, 판례 법리와 재판 실무의 변화에 따라 해석기준을 명확히 할 필요성 등에 비추어 강제추행죄의 '폭행 또는 협박'의 의미는 다시 정의될 필요가 있다. 강제추행죄는 상대방의 신체에 대해 불법한 유형력을 행사하거나 상대방으로 하여금 공포심을 일으킬 수 있는 정도의 해악을 고지하여 상대방을 추행한 경우에 성립한다. 어떠한 행위가 강제추행죄의 '폭행 또는 협박'에 해당하는지 여부는 행위의 목적과 의도, 구체적인 행위태양과 내용, 행위의 경위와 행위 당시의 정황, 행위자와 상대방과의 관계, 그 행위가 상대방에게 주는 고통의 유무와 정도 등을 종합하여 판단하여야 한다. (대법원 2018도13877)

(2) 고의

고의는 폭행·협박으로 사람을 추행한다는 인식과 의사를 가진 것이다. 성적 흥분이나 만족 같은 목적이나 동기는 필요로 하지 않는다.

(3) 예비음모와 미수

강제추행은 예비음모 처벌규정은 없지만, 미수 처벌규정은 있다.

2 강제추행 판례

> **참고**
>
> 강제추행죄는 상대방에 대하여 폭행 또는 협박을 가하여 항거를 곤란하게 한 뒤에 추행행위를 하는 경우뿐만 아니라 **폭행행위 자체가 추행행위라고 인정되는 경우**도 포함되는 것이며, 이 경우에 있어서의 폭행은 반드시 상대방의 **의사를 억압할 정도의 것임을 요하지 않고** 상대방의 의사에 반하는 유형력의 행사가 있는 이상 그 힘의 **대소강약을 불문한다**. 자신의 부인이 경영하는 가게 종업원들과 노래를 부르다가 피해자인 여자 종업원을 뒤에 껴안고 블루스 춤을 추면서 순간적으로 피해자의 유방을 만진 행위가 순간적인 행위에 불과하더라도 피해자의 의사에 반하여 행하여진 유형력의 행사에 해당하고 피해자의 성적 자유를 침해할 뿐만 아니라 일반인의 입장에서도 추행행위라고 평가될 수 있는 것으로서, 폭행행위 자체가 추행행위라고 인정되어 강제추행에 해당된다. (대법원 2001도2417) 폭행 자체가 추행인 경우에도 추행이 될 수 있다. (대법원 2012도3893) 이 경우에는 해당 폭행이 반드시 상대방의 의사를 억압할 정도의 것일 필요는 없다.
> → 이와 같이 본 종래의 판례 법리는 피해자의 '항거곤란'이라는 상태적 개념을 범죄구성요건에 포함시켜 폭행 또는 협박의 정도가 일반적인 그것보다 더 높은 수준일 것을 요구하였다. 그에 따라 강제추행죄가 성립하기 위해서는 높은 수준의 의사 억압 상태가 필요하다고 보게 되고, 이는 피해자가 실제로 어떠한 항거를 하였는지 살펴보게 하였으며, 반대로 항거가 없었던 경우에는 그러한 사정을 이유로 성적 자기결정권의 침해를 부정하는 결과를 초래하기도 하였다. 하지만 이와 같이 피해자의 '항거곤란'을 요구하는 것은 여전히 피해자에게 '정조'를 수호하는 태도를 요구하는 입장을 전제하고 있다고 볼 수 있고, 개인의 성적 자유 내지 성적 자기결정권을 보호법익으로 하는 현행법의 해석으로 더 이상 타당하다고 보기 어렵다.

> **관련판례** 강제추행 인정
>
> ① 직장 상사가 등 뒤에서 피해자의 의사에 명백히 반하여 어깨를 주무른 경우 추행에 해당한다. (대법원 2004도52) = 성폭력처벌법 업무상 위력 등에 의한 추행죄.
> ② 골프장 여종업원들이 거부의사를 밝혔음에도 골프장 사장과의 친분관계를 내세워 함께 술을 마시지 않을 경우 신분상 불이익을 가할 것처럼 협박하여 이른바 '러브샷'의 방법으로 술을 마시게 한 것은 강제추행죄에 해당한다. (대법원 2007도10050)
> ③ 양부가 취중에 10세의 입양한 딸과 잠을 자다가 다리로 딸의 몸을 누르면서 엉덩이와 가슴을 만진 사안에서, 강제추행죄를 인정한 사례이다. (대법원 2007도9487)
> ④ 초등학교 기간제 교사가 다른 학생들이 지켜보는 가운데 건강검진을 받으러 온 학생의 옷 속으로 손을 넣어 배와 가슴 등의 신체 부위를 만진 행위는, 설사 성욕을 자극·흥분·만족시키려는 주관적 동기나 목적이 없었더라도 객관적으로 일반인에게 성적 수치심이나 혐오감을 불러일으키고 선량한 성적 도덕관념에 반하는 행위라고 평가할 수 있으므로, 성폭력범죄의 처벌 및 피해자보호 등에 관한 법률 제8조의2 제5항에서 말하는 '추행'에 해당한다. (대법원 2009도2576)
> ⑤ '공중이 밀집하는 장소'에는 현실적으로 사람들이 빽빽이 들어서 있어 서로간의 신체적 접촉이 이루어지고 있는 곳만을 의미하는 것이 아니라 이 사건 찜질방 등과 같이 공중의 이용에 상시적으로 제공·개방된 상태에 놓여 있는 곳 일반을 의미한다. 또한, 위 공중밀집장소의 의미를 이와 같이 해석하는 한 그 장소의 성격과 이용현황, 피고인과 피해자 사이의 친분관계 등 구체적 사실관계에 비추어, 공중밀집장소의 일반적 특성을 이용한 추행행위라고 보기 어려운 특별한 사정이 있는 경우에 해당하지 않는 한, 그 행위 당시의 현실적인 밀집도 내지 혼잡도에 따라 그 규정의 적용 여부를 달리한다고 할 수는 없다. 찜질방 수면실에서 옆에 누워 있던 피해자의 가슴 등을 손으로 만진 행위가 성폭력범죄의 처벌 및 피해자보호 등에 관한 법률 제13조에서 정한 공중밀집장소에서의 추행행위에 해당한다. (대법원 2009도5704)
> ⑥ 엘리베이터 안에서 피해자들을 칼로 위협하는 등의 방법으로 꼼짝하지 못하도록 하여 자신의 실력적인 지배하에 둔 다음 자위행위 모습을 보여주고 피해자들로 하여금 이를 외면하거나 피할 수 없게 한 행위는 강제추행죄의 추행에 해당한다. (대법원 2009도13716)

⑦ 피고인이 사탕과 호루라기를 매개로 피해자들에게 접근하면서 피해자들을 끌어안는 것에 대하여 피해자들이 별다른 저항을 하지 않았다고 하더라도 음부를 만지는 행위에 대해서까지 용인하였다고 보기는 어려우며, 결국 피고인의 위 행위는 순간적인 행위이지만 피해자들의 의사에 반하여 행하여진 유형력의 행사로서, 객관적으로 일반인에게 성적 수치심이나 혐오감을 불러일으키고 선량한 성적 도덕관념에 반하는 행위에 해당하고, 그로 인하여 정신적·육체적으로 미숙한 피해자들의 심리적 성장 및 성적 정체성의 형성에 부정적 영향을 미쳤다고 할 것이므로, 앞서 본 법리에 비추어 볼 때 강제추행행위에 해당한다. (대법원 2012도3893, 2012감도14, 2012전도83)

⑧ 피고인이, 알고 지내던 여성인 피해자 甲이 자신의 머리채를 잡아 폭행을 가하자 보복의 의미에서 甲의 입술, 귀 등을 입으로 깨무는 등의 행위를 한 사안에서, 피고인의 행위가 강제추행죄의 '추행'에 해당한다. (대법원 2013도5856)

⑨ 피고인이 밤에 술을 마시고 배회하던 중 버스에서 내려 혼자 걸어가는 피해자 甲(여, 17세)을 발견하고 마스크를 착용한 채 뒤따라가다가 인적이 없고 외진 곳에서 가까이 접근하여 껴안으려 하였으나, 甲이 뒤돌아보면서 소리치자 그 상태로 몇 초 동안 쳐다보다가 다시 오던 길로 되돌아간 경우「아동·청소년의 성보호에 관한 법률」상 아동·청소년에 대한 **강제추행미수죄**에 해당한다. (대법원 2015도6980, 2015모2524(병합))

⑩ ⅰ) 구 성폭력범죄의 처벌 등에 관한 특례법 위반(공중밀집장소에서의 추행)의 주위적 공소사실로 기소된 사안에서, 위 죄가 기수에 이르기 위해서는 객관적으로 일반인에게 성적 수치심이나 혐오감을 일으키게 할 만한 행위로서 선량한 성적 도덕관념에 반하는 행위를 행위자가 대상자를 상대로 실행하는 것으로 충분하고, 행위자의 행위로 말미암아 대상자가 성적 수치심이나 혐오감을 **반드시 실제로 느껴야 하는 것은 아니다.** ⅱ) 피고인이 지하철 내에서 갑(여)의 등 뒤에 밀착하여 무릎을 굽힌 후 성기를 갑의 엉덩이 부분에 붙이고 앞으로 내미는 등 갑을 추행을 했다면 공중밀집장소추행죄는 기수이다. (대법원 2015도7102)

⑪ 강제추행죄는 정범 자신이 직접 범죄를 실행하여야 성립하는 자수범이 아니므로, 처벌되지 아니하는 **타인을 도구로 삼아 피해자를 강제로 추행하는 간접정범의 형태**로도 범할 수 있다. (대법원 2016도17733)

⑫ 성적 자기결정 능력은 피해자의 나이, 성장과정, 환경 등 개인별로 차이가 있으므로 성적 자기결정권이 침해되었는지 여부를 판단함에 있어서도 구체적인 범행 상황에 놓인 피해자의 입장과 관점이 충분히 고려되어야 한다. 그리고 여성에 대한 추행에 있어 신체 부분에 따라 본질적인 차이가 있다고 볼 수는 없다. (대법원 2019도12282)

⑬ 여성인 피해자가 성적 수치심이나 혐오감을 느낄 수 있는 부위인 허벅지를 쓰다듬은 행위는, 피해자의 의사에 반하여 이루어진 것인 한 피해자의 성적 자유를 침해하는 유형력의 행사에 해당할 뿐 아니라 일반인에게도 성적 수치심이나 혐오감을 일으키게 하는 추행행위라고 보아야 한다. 따라서 피해자가 피고인에게 즉시 거부의사를 밝히지 않았더라도 강제추행죄의 성립에는 지장이 없다. (대법원 2019도15994)

⑭ 강제추행죄의 성립에 필요한 주관적 구성요건요소는 고의만으로 충분하고, 그 외에 성욕을 자극·흥분·만족시키려는 주관적 동기나 목적까지 있어야 하는 것은 아니다. (대법원 2020두7981)

⑮ 피고인은 처음 보는 여성인 피해자의 뒤로 몰래 접근하여 성기를 드러내고 피해자를 향한 자세에서 피해자의 등 쪽에 소변을 보았다고 할 것인바, 그 행위를 앞서 본 법리에 비추어 평가하면 객관적으로 일반인에게 성적 수치심이나 혐오감을 일으키게 하고 선량한 성적 도덕관념에 반하는 행위로서 피해자의 성적 자기결정권을 침해하는 추행행위에 해당한다고 볼 여지가 있다. 피고인의 행위가 객관적으로 추행행위에 해당한다면 그로써 행위의 대상이 된 피해자의 성적 자기결정권은 침해되었다고 보아야 할 것이고, 행위 당시에 피해자가 이를 인식하지 못하였다고 하여 추행에 해당하지 않는다고 볼 것은 아니다. (대법원 2021도7538)

> **관련판례** 강제추행 부정
>
> ① 사람 및 차량의 왕래가 빈번한 도로에서 피해자를 따라가서 욕설을 하면서 단순히 피고인이 바지를 내리고 자신의 성기를 내어 일정한 거리를 두고 보여준 것만으로는 폭행 또는 협박으로 추행을 한 것이라고 볼 수 없다. (대법원 2011도8805)
> ② 군인인 피고인 갑은 자신의 독신자 숙소에서 군인 을과 서로 키스, 구강성교나 항문성교를 하는 방법으로 추행하고, 군인인 피고인 병은 자신의 독신자 숙소에서 동일한 방법으로 피고인 갑과 추행하였다고 하여 군형법 위반으로 기소된 사안에서, 피고인들과 을은 모두 남성 군인으로 당시 피고인들의 독신자 숙소에서 휴일 또는 근무시간 이후에 자유로운 의사를 기초로 한 합의에 따라 항문성교나 그 밖의 성행위를 한 점 등에 비추어 피고인들의 행위는 군형법 제92조의6에서 처벌대상으로 규정한 '항문성교나 그 밖의 추행'에 해당하지 않는다. (대법원 2019도3047 전합)

V 준강간·준강제추행죄

> **형법**
>
> **제299조【준강간·준강제추행】** 사람의 심신상실 또는 항거불능의 상태를 이용하여 간음 또는 추행을 한 자는 제297조, 제297조의2 및 제298조의 예에 의한다.

1 의의

심신상실이나 항거불능의 사람을 간음 혹은 추행함으로써 성립되는 범죄이다. 폭행이나 협박을 사용하지 않고 이미 심신상실상태 또는 항거불능상태에 빠져 있는 것을 이용한다는 점에 특징이 있다.

2 구성요건

(1) 주체

강간죄 및 유사강간죄, 강제추행죄의 주체와 같다.

(2) 객체

심신상실 또는 항거불능의 상태에 있는 사람이어야 한다는 특색을 지닌다.

① **심신상실의 상태**

정신기능의 장애로 사리를 분별할 능력이 없는 것을 말한다. 그 범위는 형법 제10조 제1항의 심신상실보다 넓은 개념으로 이해하는 것이 다수설이다. 다만, 심신미약의 경우는 포함하지 아니한다.

② **항거불능의 상태**

항거불능이란 심신상실 이외의 원인으로 육체적 또는 심리적으로 반항이 불가능 하거나 현저히 곤란한 경우를 말한다. 의사가 치료를 가장하여 환자에게 간음 내지 추행한 경우에 이 죄와 미성년자·심신미약자 간음죄(제302조) 중 어느 것이 성립하는지에 대해 논란이 있는데, 여기서 항거불능이라 함은 피해자가 반항하려해도 반항이 불가능한 경우를 말하기 때문에 이 외에 해당하지 않는다고 해야 한다. 따라서 이러한 의사의 행위는 의제강간·강제추행죄, 피감호부녀간음죄, 위계에 의한 간음죄 등으로 해결하여야 할 것이다.

(3) 행위

① 심신상실 또는 항거불능의 상태를 이용하여 간음 내지 추행하는 것이므로 이미 심신상실 또는 항거불능 상태에 있는 사람을 그런 상태를 이용하여 간음하거나 추행하는 것이다.

② 만일 행위자가 피해자에게 마취제 등을 이용하여 항거불능상태를 야기한 경우라면 강간죄, 강제추행죄가 성립한다.

③ 준강간죄란 **폭행 또는 협박의 방법이 아닌 심신상실 또는 항거불능의 상태를 이용하여 간음한 행위**를 강간죄에 준하여 처벌하고 있는 것이므로, 준강간의 고의는 **피해자가 심신상실 또는 항거불능의 상태에 있다는 것과 그러한 상태를 이용하여 간음한다는 구성요건적 결과 발생의 가능성을 인식하고 그러한 위험을 용인하는 내심의 의사를 말한다**. (대법원 2018도16002)

④ 피고인이 피해자가 심신상실 또는 항거불능의 상태에 있다고 인식하고 그러한 상태를 이용하여 간음할 의사로 피해자를 간음하였으나 피해자가 실제로는 심신상실 또는 항거불능의 상태에 있지 않은 경우에는, 실행의 수단 또는 대상의 착오로 인하여 준강간죄에서 규정하고 있는 구성요건적 결과의 발생이 **처음부터 불가능하였고 실제로 그러한 결과가 발생하였다고 할 수 없다. 피고인이 준강간의 실행에 착수하였으나 범죄가 기수에 이르지 못하였으므로 준강간죄의 불능미수범**이 성립한다. 피고인이 행위 당시에 인식한 사정을 놓고 일반인이 객관적으로 판단하여 보았을 때 준강간의 결과가 발생할 위험성이 있었으므로 **준강간죄의 불능미수가 성립한다**. (대법원 2018도16002)

⑤ 술·약물 등에 의해 일시적으로 의식을 잃은 상태 또는 완전히 의식을 잃지는 않았더라도 그와 같은 사유로 정상적인 판단능력과 대응·조절능력을 행사할 수 없는 상태에 있었다면 준강간죄 또는 준강제추행죄에서의 심신상실 또는 항거불능 상태에 해당한다. (대법원 2018도9781)

> **관련판례**
>
> ① 피고인이 술에 취하여 안방에서 잠을 자고 있던 피해자를 발견하고 갑자기 욕정을 일으켜 피해자의 옆에 누워 피해자의 몸을 더듬다가 피해자의 바지를 벗기려는 순간 피해자가 어렴풋이 잠에서 깨어났으나 피해자는 잠결에 자신의 바지를 벗기려는 피고인을 자신의 애인으로 착각하여 반항하지 않고 응한 경우에 준강간죄의 심신상실의 상태라고 볼 수 없다. (대법원 98도4355)
>
> ② 피고인이 잠을 자고 있는 피해자의 옷을 벗긴 후 자신의 바지를 내린 상태에서 피해자의 음부 등을 만지고 자신의 성기를 피해자의 음부에 삽입하려고 하였으나 피해자가 몸을 뒤척이고 비트는 등 잠에서 깨어 거부하는 듯한 기색을 보이자 더 이상 간음행위에 나아가는 것을 포기한 경우, 준강간죄의 실행에 착수하였다. (대법원 99도5187)
>
> ③ 교회 노회장이 교회 여신도들을 간음·추행한 사안에서, 교회 여신도들이 종교적 믿음에 대한 충격 등 정신적 혼란으로 인한 항거불능의 상태에 있었다고 보아 교회 노회장에게 준강간·강제추행죄 등을 인정한 사례도 있다. (대법원 2009도2001)
>
> ④ [1] 의학적 개념으로서의 '알코올 블랙아웃(black out)'은 중증도 이상의 알코올 혈중농도, 특히 단기간 폭음으로 알코올 혈중농도가 급격히 올라간 경우 그 알코올 성분이 외부 자극에 대하여 기록하고 해석하는 인코딩 과정(기억형성에 관여하는 뇌의 특정 기능)에 영향을 미침으로써 행위자가 일정한 시점에 진행되었던 사실에 대한 기억을 상실하는 것을 말한다. 알코올 블랙아웃은 인코딩 손상의 정도에 따라 단편적인 블랙아웃과 전면적인 블랙아웃이 모두 포함한다. 그러나 알코올의 심각한 독성화와 전형적으로 결부된 형태로서의 의식상실의 상태, 즉 알코올의 최면진정작용으로 인하여 수면에 빠지는 의식상실(passing out)과 구별되는 개념이다.
>
> [2] 피해자가 깊은 잠에 빠져 있거나 술·약물 등에 의해 일시적으로 의식을 잃은 상태 또는 완전히 의식을 잃지는 않았더라도 그와 같은 사유로 정상적인 판단능력과 대응·조절능력을 행사할 수 없는 상태에 있는 경우, 준강간죄 및 준강제추행죄에서의 심신상실 또는 항거불능 상태에 해당한다. 음주 후 준강간 또는 준강제추행을 당하였음을 호소한 피해자의 경우, **범행 당시 알코올이 위의 기억형성의 실패만을 야기한 알코올 블랙아웃 상태였다면 피해자는 기억장애 외에 인지기능이나 의식 상태의 장애에 이르렀다고 인정하기 어렵지만, 이에 비하여 피해자가 술에 취해 수면상태에 빠지는 등 의식을 상실한 "패싱아웃 상태"였다면 심신상실의 상태에 있었음을 인정할 수 있다**. (대법원 2018도9781)
> = 대법원은 블랙아웃상태를 넘어 패싱아웃상태였다고 판단하여 준강제추행죄가 성립한다고 판시하였다.

VI 강간 등 상해·치상죄, 강간 등 살인·치사죄

형법

제301조【강간 등 상해·치상】 제297조, 제297조의2 및 제298조부터 제300조까지의 죄를 범한 자가 사람을 상해하거나 상해에 이르게 한 때에는 무기 또는 5년 이상의 징역에 처한다.

제301조의2【강간 등 살인·치사】 제297조, 제297조의2 및 제298조부터 제300조까지의 죄를 범한 자가 사람을 살해한 때에는 사형 또는 무기징역에 처한다. 사망에 이르게 한 때에는 무기 또는 10년 이상의 징역에 처한다.

1 의의

강간죄, 유사강간죄, 강제추행죄, 준강간·강제추행죄 및 13세 미만의 미성년자의제강간·강제추행죄를 범하여 사람을 상해하거나 상해에 이르게 함으로써 성립하는 범죄이다. 강간등 상해죄 및 강간등 살인죄는 결합범이고, 강간등 치상죄와 강간등 치사죄는 결과적 가중범이다.

2 구성요건

(1) 주체

강간, 유사강간, 강제추행, 준강간, 준강제추행, 미성년자 의제강간, 미성년자 의제강제추행 등을 범한 자이다. 미수범도 포함된다.

(2) 상해

상해의 의미는 상해죄에서와 같다. 그렇지만 상해가 어느 정도에까지 이르러야 하는지는 구체적인 사안에 따라 판단된다. 판례에 의하면 어깨와 목을 입으로 빨아서 생긴 상처, 손바닥에 난 2센티미터 정도의 긁힌 상처, 3~4일 간의 가료를 요하는 외음부충혈의 경우는 강간 등 치상죄에 해당되지 않는다고 한다.

> **관련판례** 강간 등 치상죄에 있어 상해에 해당하는 경우
>
> ① 타인의 신체에 폭행을 가하여 보행불능, 수면장애, 식욕감퇴 등 기능의 장해를 일으킨 경우 (대법원 69도161)
> ② 강간이 미수에 그쳤다 하여도 이로 인해 10일간의 가료를 요하는 전환반응증(히스테리)를 야기시킨 경우 (대법원 69도2213)
> ③ 피해자를 강간하여 피해자에게 요치 10일의 0.1cm 정도의 회음부 찰과상을 입게 한 경우 (대법원 83도1258)
> ④ 피해자를 협박하여 억지로 성교하려 하고 그로 인하여 피해자에게 요치 1주일 간의 좌둔부 찰과상을 입게 한 경우 (대법원 84도1209)
> ⑤ 피해자를 2회 강간하여 2주간 치료를 요하는 질입구파열창을 입힌 경우 (대법원 86도2360)
> ⑥ 피해자가 추행을 하여 피해자의 음순 좌우 양측에 2일의 치료를 요하는 남적색 피하일혈반(타박이나 마찰로 말미암아 음순내부에 피멍이 든 것으로서 그 상처부위에 소변의 독소가 들어가면 염증이 생길 수도 있다)이 생긴 경우 (대법원 90도154)
> ⑦ 피고인이 강간하려고 피해자의 반항을 억압하는 과정에서 주먹으로 피해자의 얼굴과 머리를 몇 차례 때려 피해자가 코피를 흘리고 콧등이 부은 경우 (대법원 91도1832)
> ⑧ 강간피해자 甲은 외음부종창 및 찰과상의 상해를, 乙은 외음부종창과 출혈 및 안면부와 경부에 찰과상, 소파상의 상해를 입은 경우 (대법원 92도962)
> ⑨ 피해자가 성경험을 가진 여자로서 특이체질로 인해 새로 형성된 처녀막이 파열된 경우 (대법원 94도1351)
> ⑩ 피해자가 불안, 불면, 악몽, 자책감, 우울감정, 대인관계 회피, 일상생활에 대한 무관심, 흥미상실 등 외상 후 스트레스 장애의 증상을 보인 경우 (대법원 98도3732)

⑪ 피고인의 강간행위에 수반된 추행이나 간음행위 자체로 인하여 피해자가 약 2주간의 치료를 요하는 외음부좌상을 입은 경우 (대법원 99도519)
⑫ 피해자가 강제추행 과정에서 가해자로부터 왼쪽 젖가슴을 꽉 움켜잡힘으로 인하여 왼쪽 젖가슴에 약 10일간의 치료를 요하는 좌상을 입고, 심한 압통과 약간의 종창이 있어 그 치료를 위하여 병원에서 주사를 맞고 3일간 투약을 한 경우 (대법원 99도4794)
⑬ 좌족관절부좌상은 피고인이 피해자를 강간하기 위하여 행사한 폭행 또는 그에 수반되는 행위로 인하여 발생한 것이라고 봄이 상당하고, 피해자는 위 좌족관절부좌상으로 인하여 당시 왼쪽 발목이 부었고, 병원에서 보름정도 맛사지와 찜질치료를 받고, 약을 먹은 경우 (대법원 2003도1256)
⑭ 피고인이 피해자의 반항을 억압하고는 피고인의 성기를 피해자의 음부에 삽입하였고, 이 사건 발생 후 너무 아파서 잠을 자지 못하여 이 사건 당일 바로 치료를 받은 결과 외음부찰과상 등으로 진단된 경우 (대법원 2005도3071)
⑮ 수면제와 같은 약물을 투약하여 피해자를 일시적으로 수면 또는 의식불명 상태에 이르게 한 경우 (대법원 2017도3196)

> **관련판례** 강간 등 치상죄에 있어 상해에 해당하지 않는 경우

① 강간도중 흥분하여 피해자의 왼쪽 어깨를 입으로 빨아서 생긴 동전크기 정도의 반상출혈상은 의학상 치료를 받지 아니하더라도 자연흡수되어 보통 1주 정도가 지나면 자연치유되는 경우 (대법원 85도2042)
② 피고인이 피해자를 강간하려다가 미수에 그치고 그 과정에서 위 피해자의 왼쪽 손바닥에 약 2센티미터 정도의 긁힌 가벼운 상처가 발생한 경우라면 그 정도의 상처(소상)는 일상생활에서 얼마든지 생길 수 있는 극히 경미한 상처로서 굳이 치료할 필요가 없는 경우 (대법원 87도1880)
③ 피해자가 이미 성행위의 경험이 있는 자로서 그가 입은 상처가 3, 4일간의 가료를 요하는 외음부 충혈과 양 상박부 근육통으로서 치료를 받지 않더라도 일상생활을 하는데 아무런 지장이 없고 자연적으로 치유가 될 수 있는 정도인 경우 (대법원 88도831)
④ 강간 피해자가 좌전경부흡입상을 입었으나 인체의 생활기능에 장애를 주고 건강상태를 불량하게 변경하였다고 보기 어려운 경우 (대법원 91도2188)
⑤ 피해자를 강간하려다가 미수에 그치고 그 과정에서 피해자에게 경부 및 전흉부 피하출혈, 통증으로 약 7일 간의 가료를 요하는 상처가 발생하였으나 그 상처가 굳이 치료를 받지 않더라도 일상생활을 하는 데 아무런 지장이 없고 시일이 경과함에 따라 자연적으로 치유될 수 있는 경우 (대법원 94도1311)
⑥ 피해자의 음모의 모근(毛根) 부분을 남기고 모간(毛幹) 부분만을 일부 잘라냄으로써 음모의 전체적인 외관에 변형만이 생긴 경우 (대법원 99도3099)

(3) 사망

상해에서와 같이, 폭행으로 사망의 결과가 발생하든 강간 등으로 사망의 결과가 발생하든 더 나아가 피해자가 강간 등을 피하려다 사망의 결과가 발생하든 불문한다.

(4) 인과관계

① 강간 등과 상해, 강간 등과 사망 사이에는 인과관계가 있어야 한다.
② 중간에 피해자 혹은 제3자나 자연적인 사건 등이 개입되어서 치사상의 결과가 발생한 경우에는 인과관계가 부정된다. 강간당한 피해자가 수치심에 자살한 경우가 그 예이다.

> **관련판례**
>
> ① 강간이 미수에 그친 경우라도 그 수단이 된 폭행에 의하여 피해자가 상해를 입었으면 강간치상죄가 성립한다. (대법원 88도1628)
> ② 피해자가 성경험을 가진 여자로서 특이체질로 인해 새로 형성된 처녀막이 파열되었다 하더라도 강간치상죄를 구성하는 상처에 해당한다. (대법원 94도1351)
> ③ 甲이 피해자를 강제로 눕혀 옷을 벗긴 뒤 1회용 면도기로 피해자의 음모를 반 정도 깎았다면, 상해라고 보기는 어려워서 강제추행치상의 죄책을 지지 않는다. (대법원 99도3099)
> ④ 피해자가 입은 상해가 사람의 반항을 억압할 만한 폭행 또는 협박이 없어도 일상생활 중 발생할 수 있는 것이거나 합의에 따른 성교행위에서도 통상 발생할 수 있는 상해와 같은 정도의 것이라고 가정한다면, 이는 강간치상죄의 상해에 해당되지 아니한다고 할 수 있다. (대법원 2005도1039)
> ⑤ 피고인들이 의도적으로 피해자를 술에 취하도록 유도하고 수차례 강간한 후 의식불명 상태에 빠진 피해자를 비닐창고로 옮겨 놓아 피해자가 저체온증으로 사망한 사안에서, 위 피해자의 사망과 피고인들의 강간 및 그 수반행위와의 인과관계 그리고 피해자의 사망에 대한 피고인들의 예견가능성이 인정되므로, 피고인들은 피해자의 사망에 대한 책임을 면한다고 볼 수 없어 강간치사죄가 인정된다. (대법원 2007도10120)
> ⑥ 강제추행치상죄에서 상해의 결과는 강제추행의 수단으로 사용한 폭행이나 추행행위 그 자체 또는 강제추행에 수반하는 행위로부터 발생한 것이어야 한다. 따라서 상해를 가한 부분을 고의범인 상해죄로 처벌하면서 이를 다시 결과적 가중범인 강제추행치상죄의 상해로 인정하여 이중으로 처벌할 수는 없다. 피고인이 피해자를 폭행하여 비골 골절 등의 상해를 가한 다음 강제추행한 사안에서, 피고인의 위 폭행을 강제추행의 수단으로서의 폭행으로 볼 수 없어 위 상해와 강제추행 사이에 인과관계가 없다는 이유로, 폭력행위 등 처벌에 관한 법률 위반죄로 처벌한 상해를 다시 결과적 가중범인 강제추행치상죄의 상해로 처벌할 수 없다. (대법원 2009도1934)

(5) 고의

① 강간 등 상해죄와 강간 등 살인죄에 있어서는 각 상해 및 살인의 고의가 있어야 한다. 결합범이기 때문이다.
② 강간 등 치상죄와 강간 등 치사죄는 강간 등에 대한 고의만 있으면 족하고 치상 내지 치사의 부분에 대해서는 과실이 인정되면 된다. 결과적 가중범이기 때문이다.

3 특징

형량을 차등하여 규정하고 있는 강간치사죄와 강간살인죄와 달리, 강간치상죄와 강간상해죄는 형량이 동일하다.

VII 미성년자 의제강간·강제추행죄

> **형법**
>
> **제305조 【미성년자에 대한 간음, 추행】** ① 13세 미만의 사람에 대하여 간음 또는 추행을 한 자는 제297조(강간죄), 제297조의2(유사강간죄), 제298조(강제추행죄), 제301조(강간등 상해·치상죄) 또는 제301조의2(강간등 살인·치사죄)의 예에 의한다.
> ② 13세 이상 16세 미만의 사람에 대하여 간음 또는 추행을 한 19세 이상의 자는 제297조(강간), 제297조의2(유사강간), 제298조(강제추행), 제301조(강간상해·강간치상) 또는 제301조의2(강간살인·강간치사)의 예에 의한다.

1 의의

13세 미만의 사람을 간음하거나 13세 미만의 사람을 추행함으로써 성립한다. 보호법익은 연소자의 절대적 성보호이다. 13세 미만의 사람을 간음 또는 추행하는 것으로, 13세 미만자가 동의하였더라도 범죄가 성립한다. 그 성립에 있어 위계 또는 위력이나 폭행 또는 협박의 방법에 의함을 요하지 아니하며 피해자의 동의가 있었다고 하여도 성립하는 것이다. (대법원 82도2183)

2 구성요건

(1) 주체와 객체

① 주체

제한이 없다. 남자 뿐 아니라 여자도 이 죄의 공동정범 혹은 간접정범이 될 수 있다.

② 객체

13세 미만자로 한정된다.

(2) 행위

이 죄의 행위는 간음, 추행이다. 그 의미는 강간죄와 강제추행죄의 그것과 같으며, 연소자가 동의한 경우에도 성립된다는 점에 주의를 요한다.

(3) 고의

① 이 죄의 고의는 상대가 13세 미만자라는 사실에 대한 인식과 간음, 추행에 대한 인식과 의사이다. 미필적 고의로도 족하다. 즉 13세 미만, 또는 16세 미만이라는 점을 행위자가 인식하여야 성립한다. (대법원 2012도7377)

② 문제는 13세 미만 여부에 대해 행위자의 오인이 있는 경우인데, 13세 미만자를 13세이상으로 안 경우에는 고의가 조각되어 불벌이다. 18세인 甲이 15세인 乙의 동의 하에 乙을 간음한 경우 주체가 19세 이상이어야 하기 때문에 18세인 경우에 동의 하에 간음한 경우라면 범죄가 아니다. 19세인 甲이 16세인 乙의 동의 하에 乙을 간음한 경우 객체가 13-15세 사이이어야 하는데 16세이므로 동의 하에 간음한 경우라면 범죄가 아니다.

③ 성욕을 자극·흥분·만족시키려는 주관적 동기나 목적 필요 여부

형법 제305조의 미성년자의제강제추행죄는 '13세 미만의 아동이 외부로부터의 부적절한 성적 자극이나 물리력의 행사가 없는 상태에서 심리적 장애 없이 성적 정체성 및 가치관을 형성할 권익'을 보호법익으로 하는 것으로서, 그 성립에 필요한 주관적 구성요건요소는 고의만으로 충분하고, 그 외에 성욕을 자극·흥분·만족시키려는 주관적 동기나 목적까지 있어야 하는 것은 아니다. (대법원 2005도6791)

(4) 미성년자의제강간·강제추행죄의 미수

이 죄에는 미수범 처벌에 관해 준용규정이 없다. 하지만, 강간죄(제297조) 및 강제추행죄(제298조)의 예에 의하는데 동 죄들의 미수범이 처벌되기 때문에 미수범도 처벌된다는 것이 통설과 판례의 입장이다.

(5) 특징

① 19세 이상인 자가 13세 이상 16세 미만의 사람을 강간, 유사강간, 강제추행, 강간상해·강간치상·강간살해·강간치사하는 경우, 13세 이상 16세 미만의 자가 동의를 하였더라도 처벌하도록 규정하였다.

② 미수처벌규정이 명시적으로 없지만, 강간, 유사강간, 강제추행에 해당하는 경우에는 그 예에 의하므로 미수를 처벌한다고 볼 것이다.

> **관련판례**
>
> ① 형법 제305조의 미성년자의제강제추행죄는 '13세 미만의 아동이 외부로부터의 부적절한 성적 자극이나 물리력의 행사가 없는 상태에서 심리적 장애 없이 성적 정체성 및 가치관을 형성할 권익'을 보호법익으로 하는 것으로서, 그 성립에 필요한 주관적 구성요건요소는 고의만으로 충분하고, 그 외에 성욕을 자극·흥분·만족시키려는 <u>주관적 동기나 목적까지 있어야 하는 것은 아니다. 초등학교 4학년 담임교사(남자)가 자신이 담당하는 반의 남학생의 성기를 만진 행위가 미성년자의제강제추행죄</u>에서 말하는 '추행'에 해당한다. (대법원 2005도6791)
>
> ② 미성년자의제강간·강제추행죄를 규정한 형법 제305조가 "13세 미만의 부녀를 간음하거나 13세 미만의 사람에게 추행을 한 자는 제297조, 제298조, 제301조 또는 제301조의2의 예에 의한다"로 되어 있어 강간죄와 강제추행죄의 미수범의 처벌에 관한 형법 제300조를 명시적으로 인용하고 있지 아니하나, 형법 제305조의 입법 취지는 성적으로 미성숙한 13세 미만의 미성년자를 특별히 보호하기 위한 것으로 보이는바 이러한 입법 취지에 비추어 보면 동조에서 규정한 형법 제297조와 제298조의 '예에 의한다'는 의미는 미성년자의제강간·강제추행죄의 처벌에 있어 그 법정형뿐만 아니라 <u>미수범에 관하여도 강간죄와 강제추행죄의 예에 따른다는 취지로 해석되고, 이러한 해석이 형벌법규의 명확성의 원칙에 반하는 것이거나 죄형법정주의에 의하여 금지되는 확장해석이나 유추해석에 해당하는 것으로 볼 수 없다.</u> (대법원 2006도9453)
>
> ③ 피고인이 만 12세의 피해자를 강간할 당시 피해자가 자신을 중학교 1학년이라 14세라고 하였고, 피해자는 키와 체중이 동급생보다 큰 편이었으며, 이들이 모텔에 들어갈 때 특별한 제지도 받지 아니하였다면, 성폭력범죄처벌특례법상 13세 미만 미성년자 강간에 해당하지 아니한다. (대법원 2012도7377)

VIII 미성년자, 심신미약자 위계·위력에 의한 간음·추행죄

> **형법**
>
> **제302조【미성년자 등에 대한 간음】** 미성년자 또는 심신미약자에 대하여 위계 또는 위력으로써 간음 또는 추행을 한 자는 5년 이하의 징역에 처한다.

1 의의

i) 미성년자 또는 심신미약자에게 위계나 위력을 사용하여 간음 및 추행함으로써 성립되는 범죄로서 독립적 구성요건이다. 미성년자는 19세 미만의 자를 말하며, 민법상의 성년의제 규정을 적용시킬 것인지에 대해서는 논란이 있다. 아울러 의제강간·강제추행죄와의 관계에 비추어 13세 미만의 자는 제외된다. ii) 심신미약자는 정신기능의 장애로 사리분별능력이 부족한 자를 말한다. 반드시 형법 제10조 2항의 심신미약자와 같은 의미는 아니다.

2 행위

(1) 위계

① 위계란 행위자가 간음의 목적으로 상대방에게 오인, 착각, 부지를 일으키고는 상대방의 그러한 심적 상태를 이용하여 간음의 목적을 달성하는 것을 말하는 것이고, 여기에서 오인, 착각, 부지란 간음행위 자체에 대한 오인, 착각, 부지를 말하는 것이지, 간음행위와 불가분적 관련성이 인정되지 않는 다른 조건에 관한 오인, 착각, 부지를 가리키는 것은 아니다.

② 심신미약자는 정신기능의 장애로 사리분별능력이 부족한 자를 말한다. 반드시 형법 제10조 2항의 심신미약자와 같은 의미는 아니다. 여기서 '미성년자 또는 심신미약자에 대하여 위계 또는 위력으로써 간음 또는 추행'한 자를

처벌하는 「형법」 제302조는, 미성년자나 심신미약자와 같이 판단능력이나 대처능력이 일반인에 비하여 낮은 사람은 낮은 정도의 유·무형력의 행사에 의해서도 저항을 제대로 하지 못하고 피해를 입을 가능성이 있기 때문에 그 범죄의 성립요건을 강간죄나 강제추행죄보다 **완화된 형태**로 규정한 것이다. (대법원 2019도3341)

③ 위계에 의한 간음죄에서 '위계'란 행위자의 행위목적을 달성하기 위하여 피해자에게 오인, 착각, 부지를 일으키게 하여 이를 이용하는 것을 말한다. 이때 위계의 개념은 행위자가 간음의 목적으로 피해자에게 오인, 착각, 부지를 일으키고 피해자의 그러한 심적 상태를 이용하여 간음의 목적을 달성하였다면 위계와 간음행위 사이의 인과관계를 인정할 수 있다. 왜곡(착각)된 성적 결정에 기초하여 성행위를 하였다면 왜곡(착각)이 발생한 지점이 성행위 그 자체인지 성행위에 이르게 된 동기인지는 성적 자기결정권에 대한 침해가 발생한 것은 마찬가지라는 점에서 핵심적인 부분이라고 하기 어렵다. 즉 피해자가 오인, 착각, 부지에 빠지게 되는 대상은 간음행위 자체일 수도 있고, 간음행위에 이르게 된 동기이거나 **간음행위와 결부된 금전적·비금전적 대가와 같은 요소**일 수도 있다. (대법원 2015도9436)

④ 다만 행위자의 위계적 언동이 존재하였다는 사정만으로 위계에 의한 간음죄가 성립하는 것은 아니므로 위계적 언동의 내용 중에 피해자가 성행위를 결심하게 된 중요한 동기를 이룰 만한 사정이 포함되어 있어 피해자의 자발적인 성적 자기결정권의 행사가 없었다고 평가할 수 있어야 한다. 이와 같은 인과관계를 판단할 때에는 피해자의 연령 및 행위자와의 관계, 범행에 이르게 된 경위, 범행 당시와 전후의 상황 등 여러 사정을 종합적으로 고려하여야 한다.

⑤ 이때 인과관계의 판단은 위계에 의한 간음죄가 보호대상으로 삼는 아동·청소년, 미성년자, 심신미약자, 피보호자·피감독자, 장애인 등의 성적 자기결정 능력은 그 나이, 성장과정, 환경, 지능 내지 정신기능 장애의 정도 등에 따라 개인별로 차이가 있으므로 간음행위와 인과관계가 있는 위계에 해당하는지 여부를 판단할 때에는 구체적인 범행 상황에 놓인 **피해자의 입장과 관점이 충분히 고려되어야 하고, 일반적·평균적 판단능력을 갖춘 성인 또는 충분한 보호와 교육을 받은 또래의 시각에서 인과관계를 쉽사리 부정하여서는 안 된다**.

> **관련판례** 성적 자유의 의미
>
> 형법 제302조는 "미성년자 또는 심신미약자에 대하여 위계 또는 위력으로써 간음 또는 추행을 한 자는 5년 이하의 징역에 처한다."라고 규정하고 있다. 형법은 제2편 제32장에서 '강간과 추행의 죄'를 규정하고 있는데, 이 장에 규정된 죄는 모두 개인의 성적 자유 또는 성적 자기결정권을 침해하는 것을 내용으로 한다. 여기에서 **'성적 자유'는 적극적으로 성행위를 할 수 있는 자유가 아니라 소극적으로 원치 않는 성행위를 하지 않을 자유**를 말하고, '성적 자기결정권'은 성행위를 할 것인가 여부, 성행위를 할 때 상대방을 누구로 할 것인가 여부, 성행위의 방법 등을 스스로 결정할 수 있는 권리를 의미한다. 형법 제32장의 죄의 기본적 구성요건은 강간죄(제297조)나 강제추행죄(제298조)인데, 이 죄는 미성년자나 심신미약자와 같이 판단능력이나 대처능력이 일반인에 비하여 낮은 사람은 낮은 정도의 유·무형력의 행사에 의해서도 저항을 제대로 하지 못하고 피해를 입을 가능성이 있기 때문에 범죄의 성립요건을 보다 완화된 형태로 규정한 것이다. (대법원 2019도3341)

> **관련판례** 위계의 의미
>
> 피고인이 스마트폰 채팅 애플리케이션을 통하여 알게 된 14세의 피해자에게 자신을 '고등학교 2학년인 갑'이라고 거짓으로 소개하고 채팅을 통해 교제하던 중 자신을 스토킹하는 여성 때문에 힘들다며 그 여성을 떼어내려면 자신의 선배와 성관계를 하여야 한다는 취지로 피해자에게 이야기하고, 피고인과 헤어지는 것이 두려워 피고인의 제안을 승낙한 피해자를 마치 자신이 갑의 선배인 것처럼 행세하여 간음한 사안에서, 피고인은 간음의 목적으로 피해자에게 오인, 착각, 부지를 일으키고 피해자의 그러한 심적 상태를 이용하여 피해자를 간음한 것이므로 피고인의 간음행위는 위계에 의한 것이라고 평가할 수 있다. (대법원 2015도9436 전합)

> **참고**
> 기존의 남자를 소개시켜주겠다고 거짓말을 하여 피해자가 속아 여관에서 성관계를 하거나 성경험이 있는 여고 1학년생인 청소년에게 돈을 주겠다고 하고 성행위를 한 경우나 정신장애가 있어 인터넷 쪽지를 이용하여 유인하여 성교행위를 한 행위는 대법원 2015도9436 전합 판결로 인해 유죄로 변경되었다.

(2) 위력

① 위력이란 사람의 의사를 제압할 수 있는 힘이다. 폭행, 협박, 기타 지위나 권세의 이용 등이 모두 포함될 터인데, 폭행, 협박은 강간죄나 강제추행죄에 이르지 않은 정도를 말한다.

② 피해자가 미성년자라 하더라도 폭행의 방법으로 강간을 한 이상 본건 소정의 강간죄에 해당되며 이를 본법 제302조 소정의 미성년자 등에 대한 간음죄로 규정할 수 없다.

IX 업무상 위계·위력에 의한 간음죄

> **형법**
> **제303조 【업무상 위력 등에 의한 간음】** ① 업무, 고용 기타 관계로 인하여 자기의 보호 또는 감독을 받는 사람에 대하여 위계 또는 위력으로 간음한 자는 7년 이하의 징역 또는 3천만원 이하의 벌금에 처한다.

1 의의

진정신분범이다. 즉, 주체는 업무, 고용 기타 관계로 사람을 보호, 감독하는 자이며, 객체는 그러한 사람이다. 여기서 업무, 고용 등은 보호·감독관계의 한 예시이다. 기타 관계에 어떤 것이 포함될지가 문제되는데, 처가 경영하는 미장원에 고용된 부녀가 그 예이다.

> **관련판례**
> ① 형법 제303조 규정의 업무고용 기타 관계로 인하여 자기의 보호 또는 감독을 받는 부녀라 함에 있어서의 기타 관계로 자기의 보호 또는 감독을 받는 부녀라 함에는 사실상의 보호 또는 감독을 받는 상황에 있는 부녀인 경우도 이에 포함되는 것으로 보는 것이 타당하다 할 것인바 피고인은 미장원 여주인의 남편으로서 매일같이 동 미장원에 수시로 출입하고 있을 뿐 아니라 청소는 물론 동 미장원을 지켜주고 한편 손님이 오면 살림집으로 연락을 해주는 등 그의 처를 도와주고 있고 피해자는 직접 간접의 지시에 따르고 있었다는 사정 등이 시인될 수 있다 할 것이니 비록 피고인이 직접 피해자를 미장원의 종업원으로 고용한 것은 아니라 하더라도 자기의 처가 경영하는 미장원에 매일같이 출입하면서 미장원 일을 돕고 있었다면 피고인은 피해자에 대하여 사실상 자기의 보호 또는 감독을 받는 상황에 있는 부녀의 경우에 해당된다. (대법원 74도1519)
> ② '업무상 위력 등에 의한 추행'에 관한 처벌 규정에서, '업무, 고용이나 그 밖의 관계로 인하여 자기의 보호, 감독을 받는 사람'에는 **직장 안에서 보호 또는 감독을 받거나 사실상 보호 또는 감독을 받는 상황에 있는 사람뿐만 아니라 채용절차에서 영향력의 범위 안에 있는 사람도 포함된다.** (대법원 2020도5646) = 편의점 업주인 피고인이 아르바이트 구인 광고를 보고 온 면접자인 피해자를 추행한 경우, 성폭력처벌특례법상 업무상위력 등에 의한 추행죄가 성립한다.
> ③ 병원 응급실에서 당직 근무를 하던 의사가 가벼운 교통사고로 인하여 비교적 경미한 상처를 입고 입원한 여성 환자들의 바지와 속옷을 내리고 음부 윗부분을 진료행위를 가장하여 수회 누른 행위가 업무상 위력 등에 의한 추행에 해당한다. (대법원 2003도7107)

2 위계 또는 위력의 의미는 미성년자 간음·추행죄의 경우와 같다. 미수처벌규정이 없다.

X 피구금자간음죄

형법

제303조【피구금자간음】 ② 법률에 의하여 구금된 사람을 감호하는 자가 그 사람을 간음한 때에는 10년 이하의 징역에 처한다.

1 의의

구금된 사람을 감호자가 간음함으로써 성립되는 범죄이며, 독립적 구성요건이다. 폭행, 협박, 위계, 위력 등의 수단이 사용되지 않더라도 간음행위만 있으면 처벌하는 범죄이다. 구금상태에 있는 사람은 간음을 거절하기 곤란한 약점을 지니고 있다는 것을 고려하여 이러한 약점을 이용하여 간음한 경우는 13세 미만의 사람을 간음한 경우와 유사하게 취급한다. 성적 자유 뿐 아니라 형사사법의 공명정대성까지를 보호법익으로 한다는 것은 이미 기술한 바 있다.

(1) 주체
주체가 법률에 의해 구금된 사람을 감호하는 자로 한정된다. 따라서 진정신분범이며, 자수범이다.

(2) 객체
이 죄의 객체는 법률에 의하여 구금된 사람이다. 피고인의 지위든 피의자의 지위든 묻지 아니한다. 그리고 그 구금이 적법하든 불법하든 묻지 아니한다. 확정판결에 의해 형의 집행을 받고 있는 사람, 노역장에 유치된 사람, 소년원에 수용된 사람, 구속된 사람 등이 모두 포함된다. 그러나, 선고유예·집행유예중에 있는 사람, 불구속피의자·피고인, 보호관찰을 받는 사람 등은 현재 구금중에 있는 사람이 아니다.

2 특징

이 죄의 성립에는 특별한 수단이 필요하지 않는다. 즉, 피해자의 승낙이 있어도 이 죄에 해당된다. 이울러 폭행, 협박이 있었던 경우에는 이 죄가 아니라 강간죄에 해당될 것이며, 위계나 위력을 사용한 경우에는 이 죄에 해당된다. 이 죄의 행위태양은 간음에 국한된다. 미수처벌규정이 없다.

XI 상습강간죄

제305조의 2【상습범】 상습으로 제297조, 제297조의2, 제298조부터 제300조까지, 제302조, 제303조 또는 제305조의 죄를 범한 자는 그 죄에 정한 형의 2분의 1까지 가중한다.

XII 강도강간죄

제339조 【강도강간】 강도가 사람을 강간한 때에는 무기 또는 10년 이상의 징역에 처한다.

① 강도죄와 강간죄의 결합범이다.
② 본죄의 주체는 강도이다. 강도의 실행에 착수한 이상 기수이든 미수이든 묻지 않는다.
③ 이 죄는 강도범이 강간한 경우에 성립하며, 강간한 후 비로소 강도까지 한 경우에는 강간죄와 강도죄가 경합될 뿐이다. 다만, 강간범이 강간행위가 종료되기 전에 강도로 나아가면 강도강간죄가 성립한다. 이 때 강도피해자와 강간피해자가 반드시 동일인이어야 하는 것도 아니다.
④ 강도가 사람을 강간함으로써 성립하는 강도죄와 강간죄의 결합범이자 신분범이다.
⑤ 본죄의 미수범은 처벌한다. 여기서 미수는 강도의 미수를 말하는 것이 아니라 강간의 미수를 말한다. 강도강간죄는 강간행위의 기수·미수에 의해서 기수여부가 결정된다.

관련판례

① 피고인 2가 피해자의 가슴에 칼을 들이대고 강간할 의사를 표명하면서 협박하고, 피고인 1은 과도를 피해자의 등에 들이대고 강제로 옷을 벗겨 1회 성교하여 강간한 경우, 피고인 2의 위 협박행위는 강도강간죄의 수단을 이루고 강도강간죄의 실행행위의 일부를 분담 수행하였다고 할 것이고 피고인들 간에는 강도강간에 대한 암묵의 의사연락이 있었다고 보여짐으로 피고인 2는 강도강간죄의 죄책을 지게 된다. (대법원 84도2732, 84감도429)
② 강간범이 강간하는 과정에서 피해자들이 도망가지 못하게 하기 위해 손가방을 빼앗은 경우 강도강간죄에 해당한다고 볼 수 없다. (대법원 85도1170) = 재물강취의 영득의사가 없으므로 강도죄가 성립하지 않으므로 강간죄만 성립할 뿐이다.
③ 강도가 재물강취의 뜻을 재물의 부재로 이루지 못한 채 미수에 그쳤으나 그 자리에서 항거불능의 상태에 빠진 피해자를 간음할 것을 결의하고 실행에 착수하였으나 역시 미수에 그쳤더라도 반항을 억압하기 위한 폭행으로 피해자에게 상해를 입힌 경우에는 **강도강간미수죄와 강도치상죄의 상상적 경합관계**가 성립된다. (대법원 88도820)
④ 공원벤치에 함께 앉아 데이트 중인 남녀를 만나서 남자로부터 금품을 강취하고 여자를 강간한 경우, 강도죄와 강간죄의 경합범이 아니라 강도강간죄가 성립한다. (대법원 91도2241)
⑤ 甲은 강도의 범의로 야간에 칼을 휴대한 채 타인의 주거에 침입하여 동정을 살피다가 피해자 乙을 발견하고 갑자기 욕정을 일으켜 칼로 협박하고 강간하였다. 甲의 죄책은 특수강도강간죄에 해당하지 않는다. (대법원 91도2296) = 특수강도로 나아가기 전에 강간이 이루어졌으므로 강도강간이 아니다.
⑥ **강간범이 강간행위 후에 강도의 범의를 일으켜 그 부녀의 재물을 강취하는 경우에는 형법상 강도강간죄가 아니라 강간죄와 강도죄의 경합범**이 성립될 수 있을 뿐인바, 성폭력범죄의처벌및피해자보호등에관한법률 제5조 제2항은 형법 제334조(특수강도) 등의 죄를 범한 자가 형법 제297조(강간) 등의 죄를 범한 경우에 이를 특수강도강간 등의 죄로 가중하여 처벌하고 있으므로, 다른 특별한 사정이 없는 한 강간범이 강간의 범행 후에 특수강도의 범의를 일으켜 그 부녀의 재물을 강취한 경우에는 이를 성폭력범죄의처벌및피해자보호등에관한법률 제5조 제2항 소정의 특수강도강간죄로 의율할 수 없다. (대법원 2001도6425)
⑦ 형법 제335조, 제342조에서 규정하고 있는 준강도범 내지 준강도미수범은 성폭력범죄의 처벌 및 피해자보호 등에 관한 법률 제5조 제2항에서 정하는 특수강도강제추행죄의 행위주체가 될 수 없다. (대법원 2006도2621)
⑧ 강간범인이 부녀를 강간할 목적으로 폭행, 협박에 의하여 반항을 억압한 후 반항억압 상태가 계속 중임을 이용하여 재물을 탈취하는 경우에는 재물탈취를 위한 새로운 폭행, 협박이 없더라도 강도죄가 성립한다. (대법원 2010도9630) = <u>강간범이 강간행위 후 강도의 범의를 일으켜 재물을 강취하는 경우 강도강간죄가 아니라 강간죄와 강도죄의 경합범이지만, 강간행위 종료 전에 강도행위를 한 경우 강도강간죄가 구성된다.</u> 즉 야간에 갑의 주거에 침입하여 드라이버를 들이대며 협박하여 강간행위를 하던 도중 피해자의 핸드백을 가지고 간 경우에는 특수강도강간죄가 성립한다.

■ 성범죄 특별법
(1) 성폭력범죄 처벌특례법(성폭력처벌법)

범죄	구성요건	미수
특수강도강간	주거침입, 야간주거침입절도, 특수절도, 또는 그 미수범이 강간, 유사강간, 강제추행, 준강간, 준강제추행을 범한 경우	○
	특수강도나 그 미수범이 강간, 유사강간, 강제추행, 준강간, 준강제추행을 범한 경우	○
특수강간·특수강제추행	흉기나 그 밖의 위험한 물건을 지닌 채 또는 2명 이상이 합동하여 강간죄, 강제추행, 준강간, 준강제추행을 범한 경우	○
친족강간 등	친족관계(4촌 이내 혈족·인척·동거친족)인 자가 강간, 강제추행, 준강간, 준강제추행을 범한 경우	○
장애인 강간·강제추행	신체·정신 장애가 있는 자를 강간, 유사강간, 강제추행, 준강간, 준강제추행, 위계·위력에 의한 간음·추행, 보호감독자의 간음 등을 범한 경우	○
13세 미만 미성년자 강간·강제추행	13세 미만 미성년자에 대한 강간, 유사강간, 강제추행, 준강간, 준강제추행, 위계·위력에 의한 간음·추행을 범한 경우	○
강간 상해·치상	특수강도강간 중 절도에 의한 경우, 특수강간, 장애인 강간 등, 13세 미만자 강간 등을 범한 자 또는 그 미수범이 다른 사람을 상해하거나 상해에 이르게 한 경우	○
	친족 강간 등 및 그 미수범이 다른 사람을 상해하거나 상해에 이르게 한 경우	○
강간 살인·치사	특수강도강간, 특수강간, 친족강간 등, 장애인 강간 등, 13세 미만자 강간 등을 범한 자와 그 미수범, 그리고 형법상 강간, 유사강간, 강제추행 및 그 미수범이 다른 사람을 살해한 경우	○
	특수강도, 친족강간 또는 그 미수범이 사람을 사망에 이르게 한 경우	
	장애인 강간 등, 13세 미만자 강간 등, 또는 그 미수범이 사람을 사망에 이르게 한 경우	
업무상 위력 등에 의한 추행	업무, 고용이나 그 밖의 관계로 인하여 자기의 보호, 감독을 받는 사람에 대하여 위계·위력으로 추행한 경우	×
피구금자 추행	법률에 따라 구금된 사람을 감호하는 사람이 추행한 경우	×
공중밀집장소 추행	대중교통수단, 공연·집회 장소, 그 밖에 공중(公衆)이 밀집하는 장소에서 사람을 추행한 경우	×
성적 목적 다중이용장소 침입행위	자기의 성적 욕망을 만족시킬 목적으로 화장실, 목욕장·목욕실 또는 발한실(發汗室), 모유수유시설, 탈의실 등 불특정 다수가 이용하는 다중이용장소에 침입하거나 같은 장소에서 퇴거의 요구를 받고 응하지 아니하는 경우	×
통신매체를 이용한 음란행위	자기 또는 다른 사람의 성적 욕망을 유발하거나 만족시킬 목적으로 전화, 우편, 컴퓨터, 그 밖의 통신매체를 통하여 성적 수치심이나 혐오감을 일으키는 말, 음향, 글, 그림, 영상 또는 물건을 상대방에게 도달하게 한 경우	×
카메라 등을 이용한 촬영 (신체촬영죄)	카메라나 그 밖에 이와 유사한 기능을 갖춘 기계장치를 이용하여 성적 욕망 또는 수치심을 유발할 수 있는 사람의 신체를 촬영대상자의 의사에 반하여 촬영한 경우	○
	신체촬영한 촬영물이나 복제물을 반포·판매·임대·제공, 공공연하게 전시·상영한 경우, 또는 신체촬영 당시 촬영대상자의 의사에 반하지 아니한 경우라도 사후에 촬영물이나 복제물을 대상자의 의사에 반하여 반포 등을 한 경우	
	영리 목적으로 촬영대상자의 의사에 반하여 정보통신망을 이용하여 촬영물이나 복제물을 반포 등을 한 경우	

(2) 아동·청소년의 성보호에 관한 법률(청소년성보호법)

범죄	구성요건	미수
아동·청소년에 대한 강간·강제추행	아동·청소년에 대한 강간, 유사강간, 강제추행, 준강간, 준강제추행, 위계·위력에 의한 간음·추행	○
장애인인 아동·청소년에 대한 간음	19세 이상의 사람이 장애 아동·청소년(신체적·정신적 장애로 사물변별이나 의사결정능력이 미약한 13세 이상의 아동·청소년)을 간음 또는 추행하거나 해당 장애 아동·청소년으로 하여금 다른 사람을 간음 또는 추행하게 한 경우	○
13세 이상 16세 미만 아동·청소년에 대한 간음	19세 이상의 사람이 13세 이상 16세 미만인 아동·청소년(장애 아동·청소년은 제외)의 궁박한 상태를 이용하여 간음 또는 추행하거나 해당 아동·청소년으로 하여금 다른 사람을 간음 또는 추행하게 한 경우	×
강간 등 상해·치상	아동·청소년에 대한 강간·강제추행을 범한 자가 다른 사람을 상해하거나 상해에 이르게 한 경우	×
강간 등 살인·치사	아동·청소년에 대한 강간·강제추행을 범한 자가 다른 사람을 살해하거나 사망에 이르게 한 경우	×
아동·청소년 이용 음란물 제작·배포	아동·청소년 이용음란물을 제작·수입·수출한 경우	○
	• 영리 목적으로 아동·청소년 이용음란물을 판매·대여·배포·제공하거나 소지·운반하거나 공연히 전시·상영한 경우 • 아동·청소년 이용음란물을 배포·제공하거나 공연히 전시·상영한 경우 • 아동·청소년 이용음란물을 제작할 것이라는 정황을 알면서 아동·청소년을 제작자에게 알선한 경우 • 아동·청소년 이용음란물임을 알면서 이를 소지한 경우	×
아동·청소년 매매행위	아동·청소년의 성을 사는 행위 또는 아동·청소년이용음란물을 제작하는 행위의 대상이 될 것을 알면서 아동·청소년을 매매 또는 국외에 이송하거나 국외에 거주하는 아동·청소년을 국내에 이송한 경우	○
아동·청소년의 성을 사는 행위	• 아동·청소년의 성을 사는 행위를 한 경우 • 아동·청소년의 성을 사기 위하여 아동·청소년을 유인하거나 성을 팔도록 권유한 경우	×
아동·청소년에 대한 강요행위	• 폭행이나 협박으로 아동·청소년으로 하여금 아동·청소년의 성을 사는 행위의 상대방이 되게 한 경우 • 선불금(先拂金), 그 밖의 채무를 이용하는 등의 방법으로 아동·청소년을 곤경에 빠뜨리거나 위계 또는 위력으로 아동·청소년으로 하여금 아동·청소년의 성을 사는 행위의 상대방이 되게 한 경우 • 업무·고용이나 그 밖의 관계로 자신의 보호 또는 감독을 받는 것을 이용하여 아동·청소년으로 하여금 아동·청소년의 성을 사는 행위의 상대방이 되게 한 경우 • 영업으로 아동·청소년을 아동·청소년의 성을 사는 행위의 상대방이 되도록 유인·권유한 경우 • 이 범죄의 대가의 전부 또는 일부를 받거나 이를 요구 또는 약속한 경우	○
	아동·청소년의 성을 사는 행위의 상대방이 되도록 유인·권유한 경우	×
알선영업행위	• 아동·청소년의 성을 사는 행위의 장소를 제공하는 행위를 업으로 한 경우 • 아동·청소년의 성을 사는 행위를 알선하거나 정보통신망에서 알선정보를 제공하는 행위를 업으로 한 경우 • 이 범죄에 사용되는 사실을 알면서 자금·토지 또는 건물을 제공한 자	×

알선영업행위	• 영업으로 아동·청소년의 성을 사는 행위의 장소를 제공·알선하는 업소에 아동·청소년을 고용하도록 한 경우 • 영업으로 아동·청소년의 성을 사는 행위를 하도록 유인·권유 또는 강요한 경우 • 아동·청소년의 성을 사는 행위의 장소를 제공한 경우 • 아동·청소년의 성을 사는 행위를 알선하거나 정보통신망에서 알선정보를 제공한 경우 • 영업으로 장소제공이나 행위알선 등의 행위를 약속한 경우 • 아동·청소년의 성을 사는 행위를 하도록 유인·권유 또는 강요한 경우	×
피해자 등에 대한 강요행위	폭행이나 협박으로 아동·청소년대상 성범죄의 피해자 또는 「아동복지법」 제3조제3호에 따른 보호자를 상대로 합의를 강요한 경우	×
신고의무자의 성범죄 가중처벌	기관·시설·단체의 장과 그 종사자가 자기 보호·감독·진료를 받는 아동·청소년을 대상으로 성범죄를 범한 경우, 형의 2분의 1까지 가중처벌한다.	

(3) 성폭력처벌법과 청소년성보호법의 처벌 특례

성폭력처벌법 제16조 제1항	법원은 해당 성폭력범죄자에게 형의 선고유예를 하는 경우 1년 동안 보호관찰을 명할 수 있다. 다만, 소년의 경우 형을 선고유예하는 경우 반드시 보호관찰을 명해야 한다. = 형벌과 수강명령 등의 병과
성폭력처벌법 제16조 제2항	법원이 해당 성폭력범죄자에게 유죄판결(선고유예 제외)을 선고하거나 약식명령을 고지하는 경우, 500시간 범위에서 수강명령이나 성폭력 치료프로그램 이수명령을 병과하여야 한다. 다만, 수강명령이나 이수명령을 부과할 수 없는 특별한 사정이 있는 경우는 그러하지 아니한다.
성폭력처벌법 제16조 제5항	성폭력범죄자에 대한 수강명령은 형의 집행을 유예할 경우에 그 집행유예기간 내에서 병과하고, 이수명령은 벌금 이상의 형을 선고하거나 약식명령을 고지할 경우에 병과한다. 다만, 이수명령은 해당자가 전자장치부착법률에 의하여 이수명령을 부과받은 경우에는 병과하지 아니한다.
청소년성보호법 제21조 제4항	법원이 아동·청소년대상 성범죄를 범한 사람에 대하여 형의 집행을 유예하는 경우에는 제2항에 따른 수강명령 외에 그 집행유예기간 내에서 보호관찰 또는 사회봉사 중 하나 이상의 처분을 병과할 수 있다.
청소년성보호법 제21조 제5항	수강명령이나 이수명령은 형의 집행을 유예할 경우 그 집행유예기간 내에, 벌금형을 선고하거나 약식명령을 고지할 경우에는 형 확정일부터 6개월 이내에, 징역형 이상의 실형을 선고할 경우 그 형기 내에 각각 집행한다. 다만, 수강명령이나 이수명령은 해당자가 아동청소년성보호법률에 의해 수강명령이나 이수명령을 부과받은 경우에는 병과하지 아니한다.
청소년성보호법 제49조 제1항	법원은 다음 각 호의 어느 하나에 해당하는 자에 대하여 판결로 제4항의 공개정보를 「성폭력범죄의 처벌 등에 관한 특례법」 제45조 제1항의 등록기간 동안 정보통신망을 이용하여 공개하도록 하는 명령(이하 "공개명령"이라 한다)을 등록대상 사건의 판결과 동시에 선고하여야 한다. 다만, 피고인이 아동·청소년인 경우, 그 밖에 신상정보를 공개하여서는 아니 될 특별한 사정이 있다고 판단하는 경우에는 그러하지 아니하다.
청소년성보호법 제22조	법원은 성폭력범죄를 범한 피고인에 대하여 피고인에 대한 판결 전 조사를 요구할 수 있다.
청소년성보호법 제19조	음주 또는 약물로 인한 심신장애 상태에서 성폭력범죄를 범한 때에는 형법 제10조 제1항(심신상실: 형 면제), 제2항(심신미약: 임의적 감경), 제11조(농아자: 필요적 감경)을 적용하지 아니한다. (「형법」상 감경규정에 관한 특례)

관련판례

① 혼인신고가 없기 때문에 법률상 혼인으로 인정되지 않는 이른바 사실혼으로 인하여 형성되는 인척도 성폭력범죄의 처벌 및 피해자보호 등에 관한 법률의 사실상의 관계에 의한 친족에 해당한다. (대법원 99도5395)
② 사실상의 양자의 양부와 같이 법정혈족관계를 맺고자 하는 의사의 합치 등 법률이 정하는 실질관계는 모두 갖추었으나 신고 등 법정절차의 미이행으로 인하여 법률상의 존속으로 인정되지 못하는 자도 성폭력범죄의 처벌 및 피해자보호 등에 관한 법률 제7조 제5항이 규정한 사실상의 관계에 의한 친족에 해당한다. (대법원 2005도8427)
③ 야간에 버스 안에서 휴대폰 카메라로 옆 좌석에 앉은 여성(18세)의 **치마 밑으로 드러난 허벅다리 부분**을 촬영한 사안에서, 그 촬영 부위가 성폭력범죄의 처벌 및 피해자보호 등에 관한 법률 제14조의2 제1항의 '성적 욕망 또는 수치심을 유발할 수 있는 타인의 신체'에 해당한다. (대법원 2008도7007)

유사판례

① 피고인이 화장실에서 재래식 변기를 이용하는 여성의 모습을 촬영하였던 점, 피해자들의 용변 보는 모습이 촬영되지는 않았으나, 용변을 보기 직전의 무릎 아래 맨 다리 부분과 용변을 본 직후의 무릎 아래 맨 다리 부분이 각 촬영한 경우 수치심을 유발할 수 있는 다른 사람의 신체에 해당한다. (대법원 2014도6309)
② 피고인이 편의점 안에서 카메라 기능이 설치된 휴대전화를 손에 쥔 채 치마를 입은 피해자들을 향해 쪼그려 앉아 휴대전화가 피해자들의 치마 밑으로 향하도록 한 후 몇 초 뒤 다시 일어나 휴대전화를 확인하는 행동을 수차례 반복하는 경우 성폭력처벌법상 카메라이용촬영죄의 실행의 착수가 인정된다. (대법원 2021도7035) = 여기서 촬영이란 카메라 이와 유사한 기능을 갖춘 기계장치 속에 들어 있는 필름이나 저장장치에 피사체에 대한 영상정보를 입력하는 행위를 의미한다.
③ 휴대전화를 든 피고인의 손이 피해자가 용변을 보고 있던 화장실 칸 너머로 넘어온 점, 카메라 기능이 켜진 위 휴대전화의 화면에 피해자의 모습이 보인 점 등에 비추어 보면, 피고인은 촬영대상을 피해자로 특정하고 휴대전화의 카메라 렌즈를 통하여 피해자에게 초점을 맞추는 등 휴대전화에 영상정보를 입력하기 위한 구체적이고 직접적인 행위를 개시함으로써 성폭력처벌법위반(카메라등이용촬영)죄의 실행에 착수하였음이 인정된다. (대법원 2021도749)
④ 피고인이 휴대폰을 이용하여 동영상 촬영을 시작하여 일정한 시간이 경과하였다면 설령 촬영 중 경찰관에게 발각되어 저장버튼을 누르지 않고 촬영을 종료하였더라도 카메라 등 이용 촬영 범행은 이미 '기수'에 이르렀다. (대법원 2010도10677)
⑤ ⅰ) 피해자는 연예기획사 매니저와 사진작가의 1인 2역 행세를 한 피고인의 거짓말에 속아 피고인이 요구한 나체 촬영과 성관계 등에 응하면 피고인이 자신을 모델 등으로 만들어 줄 것으로 오인, 착각에 빠졌음은 앞서 인정한 바와 같은바, 피해자는 이러한 심적 상태에서 피고인의 촬영 요구 등에 응하였다고 보이고, 피고인 또한 그와 같은 피해자의 심적 상태를 유발하고 이를 적극적으로 이용하였다고 할 것이므로, 피해자가 피고인에 대하여 자신의 신체 촬영을 승낙한 것은 피해자의 자유로운 의사에 기초한 것이라고 보기 어렵고, 따라서 피고인의 위 행위는 피해자의 의사에 반한다고 볼 여지가 충분하다.
ⅱ) 카메라 기타 이와 유사한 기능을 갖춘 기계장치를 이용하여 성적 욕망 또는 수치심을 유발할 수 있는 타인의 신체를 그 의사에 반하여 촬영하는 행위를 처벌하는 성폭력처벌법 제14조 제1항은 인격체인 피해자의 성적 자유 및 함부로 촬영당하지 않을 자유를 보호하기 위한 것이다. (대법원 2021도9041)
⑥ ⅰ) '카메라등이용촬영죄'는 이른바 '몰래카메라'의 폐해가 사회문제가 되면서 촬영대상자의 의사에 반하는 촬영 및 반포 등의 행위를 처벌하기 위하여 신설된 조항으로서, 피해자의 성적 자기결정권 및 일반적 인격권 보호, 사회의 건전한 성풍속 확립을 그 보호법익으로 하며, 구체적으로 인격체인 피해자의 성적 자유와 함부로 촬영당하지 아니할 자유를 보호하기 위한 것이다. 여기에서 '성적 자유'는 소극적으로 자기 의사에 반하여 성적 대상화가 되지 않을 자유를 의미한다.

ⅱ) 피고인이 청바지를 입은 여성을 따라다니면서 계단을 오르는 모습을 바로 뒤에서 엉덩이를 부각하여 촬영한 경우는 성적 수치심을 유발할 수 있다고 볼 여지가 있다. 그러나 특별히 엉덩이를 부각하지 않고 일상복인 청바지를 입은 여성의 뒷모습 전신을 어느 정도 떨어진 거리에서 촬영하였을 뿐이라면 일반적이고 평균적인 사람들의 관점에서 성적 욕망이 유발될 수 있다거나 그와 같은 촬영을 당하였을 때 성적 수치심을 유발할 수 있는 경우에 해당한다고 단정하기 어렵다. (대법원 2021도13203)

⑦ 성폭력처벌법 제14조 제2항 위반죄는 반포 등 행위 시를 기준으로 촬영대상자의 의사에 반하여 그 행위를 함으로써 성립하고, 촬영이 촬영대상자의 의사에 반하지 아니하였더라도 그 성립에 지장이 없다. 촬영대상자의 신원이 파악되지 않는 등 촬영대상자의 의사를 명확히 확인할 수 없는 경우 촬영대상자의 의사에 반하여 반포 등을 하였는지 여부는, 촬영물 등을 토대로 확인할 수 있는 촬영대상자와 촬영자의 관계 및 촬영 경위, 그 내용이 성적 욕망 또는 수치심을 유발하는 정도, 촬영대상자의 특정가능성, 촬영물 등의 취득·반포 등이 이루어진 경위 등을 종합하여 판단하여야 한다. 이때 해당 촬영물 등이 인터넷 등 정보통신망을 통하여 급속도로 광범위하게 유포될 경우 피해자에게 심각한 피해와 고통을 초래할 수 있다는 점도 아울러 고려하여야 한다. (대법원 2022도15414)

비교판례

피고인이 피해자 甲과 인터넷 화상채팅 등을 하면서 휴대전화를 이용하여 甲의 신체 부위를 甲의 의사에 반하여 촬영하였다고 하여 구 성폭력범죄의 처벌 등에 관한 특례법 위반(카메라등이용촬영)으로 기소된 사안에서, 피고인이 촬영한 대상은 甲의 신체 이미지가 담긴 영상일 뿐 甲의 신체 그 자체는 아니라는 이유로 무죄를 인정한 원심판단을 정당하다. (대법원 2013도4279)

④ 찜질방 수면실에서 옆에 누워 있던 피해자의 가슴 등을 손으로 만진 행위는 성폭력범죄의 처벌 및 피해자보호 등에 관한 법률상 공중밀집장소에서의 추행행위에 해당한다. (대법원 2009도5704)

⑤ 피고인이 피해자의 주거에 침입하여 강간하려다 미수에 그침과 동시에 자기의 형사사건의 수사 또는 재판과 관련하여 수사단서를 제공하고 진술한 것에 대한 보복 목적으로 그를 폭행하였다는 내용으로 기소된 사안에서, 특정범죄 가중처벌 등에 관한 법률 위반(보복범죄등)죄 및 성폭력범죄의 처벌 등에 관한 특례법 위반(주거침입강간등)죄가 각 성립하고 두 죄가 상상적 경합관계에 있다. (대법원 2012도544) = 하나의 폭행행위가 보복범죄와 강간의 수단이 되었다.

⑥ 甲이 A와 교제하면서 촬영한 성관계 동영상, 나체사진 등의 촬영물을 A와 교제하던 다른 남성에게 A와 헤어지게 할 의도로 전송한 행위는 「성폭력범죄의 처벌 등에 관한 특례법」 제14조 제2항의 카메라 이용 촬영물의 '반포'에 해당하지 아니하고 '제공'에 해당한다. (대법원 2016도16676) = 반포란 불특정 다수에게 무상으로 교부하는 것을 말하고, 반포할 의사 없이 특정한 1인이나 소수의 사람에게 무상으로 교부하는 것은 제공에 해당하는 것이다.

⑦ 상대방에게 성적 수치심을 일으키는 그림 등이 담겨 있는 웹페이지 등에 대한 인터넷 링크(internet link)를 보내는 행위를 통해 그와 같은 그림 등이 상대방에 의하여 인식될 수 있는 상태에 놓이고 실질에 있어서 이를 직접 전달하는 것과 다를 바 없다고 평가되고, 이에 따라 **상대방이 이러한 링크를 이용하여 별다른 제한 없이 성적 수치심을 일으키는 그림 등에 바로 접할 수 있는 상태가 실제로 조성되었다면**, 그러한 행위는 전체로 보아 성적 수치심을 일으키는 그림 등을 상대방에게 도달하게 한다는 구성요건을 충족한다. (대법원 2016도21389)

⑧ ⅰ) 2010. 4. 15. 제정된 당초의 성폭력처벌법 제6조는 '신체적인 장애 등으로 항거불능인 상태에 있는 여자 내지 사람'을 객체로 하는 간음, 추행만을 처벌하였으나, 2011. 11. 17.자 개정 이후 '신체적인 장애가 있는 여자 내지 사람'을 객체로 하는 강간, 강제추행 등도 처벌대상으로 삼고 있다. 이러한 개정 취지는 성폭력에 대한 인지능력, 항거능력, 대처능력 등이 비장애인보다 낮은 장애인을 보호하기 위하여 장애인에 대한 성폭력범죄를 가중처벌하는 데 있다. ⅱ) 한편 장애와 관련된 피해자의 상태는 개인별로 그 모습과 정도에 차이가 있는데 그러한 모습과 정도가

성폭력처벌법 제6조에서 정한 신체적인 장애를 판단하는 본질적인 요소가 되므로, 신체적인 장애를 판단함에 있어서는 해당 피해자의 상태가 충분히 고려되어야 하고 비장애인의 시각과 기준에서 피해자의 상태를 판단하여 장애가 없다고 쉽게 단정해서는 안 된다. 아울러 본 죄가 성립하려면 행위자도 범행 당시 피해자에게 이러한 신체적인 장애가 있음을 인식하여야 한다. (대법원 2016도4404, 2016전도49)

⑨ ⅰ) '성적 욕망'에는 성행위나 성관계를 직접적인 목적이나 전제로 하는 욕망뿐만 아니라, 상대방을 성적으로 비하하거나 조롱하는 등 상대방에게 성적 수치심을 줌으로써 자신의 심리적 만족을 얻고자 하는 욕망도 포함된다. 또한 이러한 '성적 욕망'이 상대방에 대한 분노감과 결합되어 있더라도 달리 볼 것은 아니다. ⅱ) 성폭력범죄의 처벌 등에 관한 특례법 제13조는 "자기 또는 다른 사람의 성적 욕망을 유발하거나 만족시킬 목적으로 전화, 우편, 컴퓨터, 그 밖의 통신매체를 통하여 '성적 수치심이나 혐오감을 일으키는 말, 음향, 글, 그림, 영상 또는 물건'(이하 '성적 수치심을 일으키는 그림 등'이라 한다)을 상대방에게 도달하게 한 사람"을 처벌하고 있다. 성폭력범죄의 처벌 등에 관한 특례법 제13조에서 정한 '통신매체 이용 음란죄'는 '성적 자기결정권에 반하여 성적 수치심을 일으키는 그림 등을 개인의 의사에 반하여 접하지 않을 권리'를 보장하기 위한 것으로 성적 자기결정권과 일반적 인격권의 보호, 사회의 건전한 성풍속 확립을 보호법익으로 한다. (대법원 2018도9775)

⑩ ⅰ) 범인이 피해자를 촬영하기 위하여 육안 또는 캠코더의 줌 기능을 이용하여 피해자가 있는지 여부를 탐색하다가 **피해자를 발견하지 못하고 촬영을 포기**한 경우에는 촬영을 위한 준비행위에 불과하여 성폭력처벌법위반(카메라등이용촬영)죄의 실행에 착수한 것으로 볼 수 없다. ⅱ) 이에 반하여 범인이 카메라 기능이 설치된 휴대전화를 피해자의 치마 밑으로 들이밀거나, 피해자가 용변을 보고 있는 **화장실 칸 밑 공간 사이로 집어넣는** 등 카메라 등 이용 촬영 범행에 밀접한 행위를 개시한 경우에는 성폭력처벌법위반(카메라등이용촬영)죄의 실행에 착수하였다고 볼 수 있다. (대법원 2021도749)

⑪ 성폭력범죄의 처벌 등에 관한 특례법 제6조에서 정하는 '정신적인 장애가 있는 사람'이란 '정신적인 기능이나 손상 등의 문제로 일상생활이나 사회생활에서 상당한 제약을 받는 사람'을 가리킨다. 장애인복지법에 따른 장애인 등록을 하지 않았다거나 **그 등록 기준을 충족하지 못하더라도 여기에 해당할 수 있다.** (대법원 2021도9051)

⑫ 아동·청소년의 성보호에 관한 법률 제11조 제2항에서 규정한 '영리의 목적'이란 위 법률이 정한 구체적 위반행위를 함에 있어서 재산적 이득을 얻으려는 의사 또는 이윤을 추구하는 의사를 말하며, 이는 널리 경제적인 이익을 취득할 목적을 말하는 것으로서 반드시 아동·청소년이용음란물 배포 등 위반행위의 직접적인 대가가 아니라 위반행위를 통하여 간접적으로 얻게 될 이익을 위한 경우에도 영리의 목적이 인정된다. (대법원 2020도8978)

⑭ 아동·청소년이용음란물을 제작한 자가 그 음란물을 소지하게 되는 경우, 아동·청소년의 성보호에 관한 법률 위반(음란물소지)죄는 같은 법 위반(음란물제작·배포등)죄에 흡수된다. (대법원 2021도2993) = 그러나 아동·청소년이용음란물을 제작한 자가 제작에 수반된 소지행위를 벗어나 사회통념상 새로운 소지가 있었다고 평가할 수 있는 별도의 소지행위를 개시한 경우, 같은 법 위반(음란물제작·배포등)죄와 별개의 같은 법 위반(음란물소지)죄에 해당한다.

⑮ 당시 15세의 미성년자였던 피해자 공소외인(이하 '피해자'라고 한다)은 친인척과의 관계를 단절하고 가출을 한 상황에서 5세 연상인 피고인을 만났고, 피고인 외에는 경제적, 심리적으로 도움을 받을 사람이 없었던 점, 피해자는 피고인만을 믿고 의지하여 아무런 연고도 없는 서울로 가게 되었고, 성매매로 단속되어 조사받던 날에도 피고인의 상태를 물으면서 피고인에게 의존하는 모습을 보인 점, 피고인은 피해자가 머물 수 있도록 모텔을 잡아 주고, 휴대전화 공기계를 구해 주거나 피해자를 병원에 데려다주고, 피해자가 받은 성매매 대금을 관리하는 등 피해자의 생활 전반에 관여하면서 사실상 보호자로서의 역할을 수행한 점, 피해자는 성매매를 하거나 피고인과 있는 시간 외에는 주로 모텔에서 혼자 생활하였고, 피해자의 전반적인 생활은 피고인과 함께 형성되어 있었던 점, 피고인은 성매매로 단속되어 피해자가 쉼터에 들어가자 보호자로서 피해자를 데려가기도 한 점 등 제반 사정을 종합하면, 비록 피고인과 피해자의 연령 차이가 5세에 불과하다고 하더라도 피해자는 피고인으로부터 사실상의 보호 또는 감독을 받는 상황에 있었다고 보아 「아동·청소년의 성보호에 관한 법률」 위반(강요행위등)이다. (대법원 2021도4042)

⑯ 성폭력처벌법 제14조 제2항에서 유포 행위의 한 유형으로 열거하고 있는 '**공공연한 전시**'란 불특정 또는 다수인이 **촬영물 등을 인식할 수 있는 상태에 두는 것을 의미하고, 촬영물 등의 '공공연한 전시'로 인한 범죄는 불특정 또는 다수인이 전시된 촬영물 등을 실제 인식하지 못했다고 하더라도 촬영물 등을 위와 같은 상태에 둠으로써 성립**한다. (대법원 2022도1683)

⑰ 아동·청소년은 성적 가치관을 형성하고 성 건강을 완성해가는 과정에 있으므로 아동·청소년에 대한 성적 침해 또는 착취행위는 아동·청소년이 성과 관련한 정신적·신체적 건강을 추구하고 자율적 인격을 형성·발전시키는 데에 심각하고 지속적인 부정적 영향을 미칠 수 있다. 따라서 **아동·청소년이 외관상 성적 결정 또는 동의로 보이는 언동을 하였더라도, 그것이 타인의 기망이나 왜곡된 신뢰관계의 이용에 의한 것이라면, 이를 아동·청소년의 온전한 성적 자기결정권의 행사에 의한 것이라고 평가하기 어렵다.** (대법원 2020도12419)

⑱ 성적 수치심 또는 혐오감의 유발 여부는 일반적이고 평균적인 사람들을 기준으로 하여 판단함이 타당하고, 특히 성적 수치심의 경우 피해자와 같은 성별과 연령대의 일반적이고 평균적인 사람들을 기준으로 하여 그 유발 여부를 판단하여야 한다. 성적 자유를 침해당했을 때 느끼는 성적 수치심은 부끄럽고 창피한 감정만으로 나타나는 것이 아니라 다양한 형태로 나타날 수 있고, 혐오감 또한 추행 피해자가 느낄 수 있는 감정에 해당한다. (대법원 2020도11185)

⑲ 피해자가 피고인을 상대로 성적 자기결정권을 행사할 수 없거나 행사하기 곤란한 항거불능 또는 항거곤란 상태에 있었는지 여부는 피해자의 장애 정도와 함께 다른 여러 사정들을 종합하여 범행 당시를 기준으로 판단해야 하는 것이고, 피해자의 장애가 성적 자기결정권을 행사하지 못할 정도인지 여부가 절대적인 기준이 되는 것은 아니다. 그리고 이를 판단함에 있어서는 장애와 관련된 피해자의 상태는 개인별로 그 모습과 정도에 차이가 있다는 점에 대한 이해를 바탕으로 해당 피해자의 상태를 충분히 고려하여야 하고 비장애인의 시각과 기준에서 피해자의 상태를 판단하여 '장애로 인한 항거불능 또는 항거곤란 상태'에 해당하지 않는다고 쉽게 단정해서는 안 된다. (대법원 2020도13672)

Chapter 03 명예와 신용·업무에 대한 죄

Section 01 명예훼손죄

I 서설

1 조문 체계

범죄	조문	구성요건		소추 조건	미수	예비
사실적시 명예훼손	제307조 제1항	공연히 사실을 적시하여 사람의 명예를 훼손한 경우		반의사불벌죄	×	×
허위사실적시 명예훼손	제307조 제2항	공연히 허위의 사실을 적시하여 사람의 명예를 훼손한 경우		반의사불벌죄	×	×
사자(死者) 명예훼손	제308조	공연히 허위의 사실을 적시하여 사자(死者)의 명예를 훼손한 경우		친고죄	×	×
출판물 등에 의한 명예훼손	제309조	사람을 비방할 목적으로 신문, 잡지 또는 라디오 기타 출판물에 의하여 사실 또는 허위의 사실을 적시하여 사람의 명예를 훼손하는 것	공연히 사실의 적시(제307조 제1항)하여 사람의 명예를 훼손한 경우	반의사불벌죄	×	×
			공연히 허위의 사실을 적시(제307조 제2항)하여 사람의 명예를 훼손한 경우			
모욕	제311조	공연히 사람을 모욕(侮辱)하는 것		친고죄	×	×
위법성 조각사유	제310조	제307조 제1항의 행위가 진실한 사실로서 오로지 공공의 이익에 관한 때에는 처벌하지 아니한다.				

2 의의 및 보호법익

① 명예에 관한 죄는 사람의 인격적 가치에 대한 사회적 평가를 위태롭게 하는 것을 내용으로 하는 범죄이다.

② 사자의 명예훼손과 모욕죄는 친고죄이고, 일반 명예훼손(사실적시든 허위사실적시든)과 출판물에 의한 명예훼손은 반의사불벌죄이다.

③ 명예훼손에 대한 위법성조각사유인 제310조는 제307조 제1항(사실 적시 명예훼손)에 대해서만 적용되는 것이다. 다만, 판례는 제309조(출판물 등에 의한 명예훼손)에 대해서 진실성과 공익성이 인정되는 경우, 제310조를 적용하는 것은 아니지만, 비방 목적이 인정되지 않는다는 이유로 출판물에 의한 명예훼손죄의 성립을 부정하고 있다.

④ 명예에 관한 죄의 보호법익은 사람의 인격적 가치인 명예이다. 명예는 i) 사람의 인격적 가치에 대한 사회적 판단, 즉 **외부적 명예** ii) 그 사람이 가지는 진정한 가치인 내부적 명예 iii) 자기의 인격적 가치에 대한 스스로의 주관적인 평가 또는 감정을 말하는 명예감정으로 나누어진다. 이 중 내부적 명예는 외부적으로 침해될 수 없는 성질을 가지고 있으므로 명예에 관한 죄의 보호대상이 되지 않는다. 명예감정까지 형법이 보호해 줄 수는 없다. 따라서 명예에 관한 죄의 보호법익은 사람의 인격가치에 대한 타인에 의한 **일반적인 사회적 평가인 외부적인 명예**이지(대법원 87도739), 내적명예나 명예감정은 보호법익이 아니다. 판례도 같은 입장이다.

⑤ 경제적 평가는 1차적으로 신용훼손죄의 보호법익으로 보고, 명예훼손죄에서는 2차적으로 본다.

II 명예훼손죄

형법

제307조 【명예훼손】 ① 공연히 사실을 적시하여 사람의 명예를 훼손한 자는 2년 이하의 징역이나 금고 또는 500만원 이하의 벌금에 처한다.
② 공연히 허위의 사실을 적시하여 사람의 명예를 훼손한 자는 5년 이하의 징역, 10년 이하의 자격정지 또는 1천만원 이하의 벌금에 처한다.

제310조 【위법성의 조각】 제307조 제1항의 행위가 진실한 사실로서 오로지 공공의 이익에 관한 때에는 처벌하지 아니한다.

제312조 【고소와 피해자의 의사】 피해자의 명시한 의사에 반하여 공소를 제기할 수 없다.

1 객관적 구성요건

(1) 객체

명예훼손죄의 객체는 사람의 명예로 **외적 명예를 말한다.** 명예의 주체는 명예를 가질 수 있는 자를 말한다.

1) **자연인**

   ① 성별, 연령, 혼인여부 등을 불문하고 유아·정신병자·범죄자를 불문하지만, 태아는 제외된다. **명예훼손죄가 성립하려면 반드시 사람의 성명을 명시하여 허위의 사실을 적시하여야만 하는 것은 아니므로** 사람의 성명을 명시하지 않은 허위사실의 적시행위도 그 표현의 내용을 주위사정과 종합 판단하여 그것이 어느 특정인을 지목하는 것인가를 알아차릴 수 있는 경우에는 그 특정인에 대한 명예훼손죄를 구성한다.

   ② 사자(死者)도 인격의 가치를 보호받아야 하므로 객체가 되므로 제308조에서 사자의 명예훼손죄로 보호하고 있다.

2) **법인**

   ① 법인은 설립 후 청산종료 되기 전까지 명예의 주체가 된다.

   ② 법인격 없는 단체의 경우에는 학설이 나누어지지만, 사회적으로 독립되어 있는 것이면 명예주체로서 이 죄의 객체가 될 수 있다. 따라서 정당, 노동조합, 병원, 상공회의소, 종교단체 등도 명예의 주체가 된다.

   ③ 그러나 개인적인 취미생활을 위해 모인 **친목회**(등산, 낚시, 축구 등)·가족·동네는 대외적인 법적활동의 주체로 볼 수 없어 **명예의 주체가 될 수 없다.**

3) **집단의 명칭을 사용하는 경우**

   ① 집단의 구성원이 일반인과 구별될 수 있을 정도로 명백히 특정되며, 명예훼손의 내용이 그 집단 구성원 전부에 대한 것일 때에는 집단에 대한 명예훼손죄가 성립한다. 이 경우도 명예훼손의 피해자는 집단전체가 아니라 그 구성원 개인 각자이다. (대법원 99도5407)

   ② 예를 들어, 서울시의회의원, 대전지역 검사들(대법원 2002도63558), A지방법원의 판사, 서울대학교 로스쿨의 교수, '3.19동지회' 소속교사 등은 명예주체가 되지만(대법원 99도5407), 상인들, **서울시민, 경기도민**, 전라도사람, 경상도사람 등은 명예의 주체가 될 수 없다. (대법원 4293형상244)

4) 국가나 지방자치단체의 객체성 부정

국가나 지방자치단체, 즉 정부나 국가기관은 형법상 명예훼손죄나 모욕죄의 피해자가 될 수 없다. 정부 또는 국가기관의 정책결정 또는 업무수행과 관련된 사항을 주된 내용으로 하는 언론보도로 인하여 그 정책결정이나 업무수행에 관여한 공직자에 대한 사회적 평가가 다소 저하될 수 있더라도, 그 보도의 내용이 **공직자 개인에 대한 악의적이거나 심히 경솔한 공격으로서 현저히 상당성을 잃은 것으로 평가되지 않는 한, 그 보도로 인하여 곧바로 공직자 개인에 대한 명예훼손이 된다고 할 수 없다.** (대법원 2010도17237, 2014도15290)

(2) 공연성

① 공연성(公然性)이란 '불특정 또는 다수인이 인식할 가능성이 있는 상태'를 의미한다. (대법원 89도886) 불특정의 경우에는 다수·소수를 불문하고 또 다수인인 경우에는 특정·불특정 여부를 불문한다. 특히 다수인이 한 숫자로 특정할 수는 없으나 명예가 훼손된다고 평가할 수 있을 정도의 다수는 되어야 한다.

② '인식할 수 있는 상태'의 의미에 대해서는 **불특정 또는 다수인이 직접 인식할 수 있는 상태여야 한다는 것**이 다수설이지만, **판례**는 사실을 적시하는 대상이 불특정 또는 다수인일 필요는 없고 비록 1인이더라도 그 사람이 **불특정 또는 다수인에게 전파할 가능성이 있으면 공연성이 충족된다.** (대법원 99도4579, 99도5622) = **전파성이론**

> **관련판례** 공연성(전파가능성) 인정
>
> ① 편지의 수신인이 편지내용을 타인에게 유포할 가능성이 있으면 공연성이 인정된다. (대법원 79도1517)
> ② 동네 아줌마 및 피해자의 시어머니가 있는 자리에서 피해자에 대하여 "시커멓게 생긴 놈하고 매일 붙어 다닌다. 점방 마치면 여관에 가서 누워 자고 아침에 들어온다"는 말을 한 경우, 명예훼손의 공연성이 인정된다. (대법원 83도2222)
> ③ 피고인들이 인쇄물을 우송한 200여명이 회사의 주주들에 한정되어 있었고 피고인들과 이해관계를 같이 하는 자들이라 하여도 거기에 공연성이 없다고는 할 수 없다. (대법원 83도3292)
> ④ 피고인들이 **출판물 15부를 피고인들이 소속된 교회의 교인 15인에게 배포**하였는데, 배부받은 사람 중 일부가 위 출판물 작성에 가담한 사람들인 경우, 명예훼손죄가 인정된다. (대법원 83도3124)
> ⑤ 피고인이 경찰관으로부터 고문을 받았다는 허위사실을 4인에게 순차로 유포한 것이긴 하나 각 그들로부터 불특정 또는 다수인에게 충분히 전파될 가능성이 있던 경우라고 보기에 넉넉하다. (대법원 84도2380)
> ⑥ 피고인이 행정서사 사무실에서 피해자와 같은 교회에 다니는 세 사람에게 "피해자가 처자식이 있는 남자와 살고 있다는데 아느냐."고 한 경우, 명예훼손죄에 해당한다. (대법원 85도431) = 공연성 인정
> ⑦ 진정서 사본과 고소장 사본을 특정 사람들에게만 개별적으로 우송하였더라도 그 수가 200명에 이를 정도로 다수인에게 배포하였고, 또 그 내용이 다른 사람에게 전파될 가능성도 있어 공연성이 인정된다. (대법원 91도347)
> ⑧ 명예훼손의 발언을 들은 사람들이 피해자들과 **일면식이 없다거나 이미 피해자들의 전과사실을 알고 있었다고 하더라도** 공연성, 즉 발언이 전파될 가능성이 없다고 볼 수 없다. (대법원 92도455)
> ⑨ **지방의회 선거를 앞둔 시점**에서 현역 시의회의원이 후보자가 되려는 자에 대해서 **특별한 친분관계가 없는 자들에게** 여러 차례에 걸쳐, 매번 한 사람에게만 의원후보가 되고자 하는 자를 비방하는 말을 한 경우에도 공연성을 갖추었다고 할 수 있다. (대법원 96도1007)
> ⑩ **직장의 전산망에 설치된 전자게시판**에 타인의 명예를 훼손하는 내용의 글을 게시한 행위는 명예훼손죄를 구성한다. (대법원 99도5734)
> ⑪ 피고인이 공소외 1 주식회사와 발생한 분쟁을 해결하려고 대표이사 공소외 2를 사기혐의로 고소하였으나 검찰에서 혐의없음 처분이 내려지자, 공소외 2와의 분쟁을 야당 국회의원들을 통하여 해결하고자 공소외 3에게 허위 사실들을 적시하면서 국회차원에서 공소외 1 주식회사의 비리를 조사해 줄 것을 부탁하면서 관련 자료를 넘겨주었고, 이에 공소외 3은 국회의원 공소외 4에게 그 자료를 넘겨주었으며, 공소외 4는 그와 같은 자료를 바탕으로 국회에서 공소외 1 주식회사에 관하여 발표함으로써 피고인이 적시한 허위 사실들이 언론에 보도된 경우, 피고인으로서는 공소외 3이 피고인으로부터 전해 들은 허위 사실들을 야당 국회의원 등을 통하여 공론화함으로써 불특정 또는 다수인에게 전파될 가능성이 있었음을 인식하면서 이를 용인하고 있었음이 인정된다. (대법원 2004도340) = 단순명예훼손죄이다.

⑫ 甲은 A, B와 같은 블로그 회원으로, **개인블로그의 비공개 대화방**에서 상대방 A로부터 비밀을 지키겠다는 말을 듣고 **일대일로 대화**를 하면서 B의 명예를 훼손하는 내용을 사실을 말하였다면, 그 사정만으로 대화 상대방이 대화내용을 불특정 다수인에게 전파할 가능성이 없다고 할 수 없으므로, 명예훼손의 요건인 공연성을 인정할 여지가 있다. (대법원 2007도8155)

⑬ 피고인들이 피해자에 대한 허위사실을 적시한 서명자료를 만들어 여러 명의 동료들에게 읽게 하고 서명을 받았다면 불특정 또는 다수인이 인식할 수 있는 상태에 해당하고, 설령 그 내용이 동료들 사이에 만연한 소문이었다고 하더라도 명예훼손죄를 구성하는 공연성이 인정된다. (대법원 2015도15619)

⑭ 피고인이 음식점에서 창밖으로 지나가는 피해자 공소외 1을 보며 공소외 2에게 "내가 새벽에 운동을 하고 나오면 헬스장 근처에 있는 모텔에서 피해자가 남자 친구와 나오는 것을 몇 번 봤다. 나를 봤는데 얼마나 창피했겠냐."라고 말하여 공연히 사실을 적시한 경우, 발언한 장소가 공개된 식당으로 발언 당시 공소외 3을 비롯한 손님들이 있었던 사정에 더하여 피고인과 공소외 2의 관계까지 비추어 보더라도 피고인의 판시 행위에 공연성을 인정할 수 있다. (대법원 2019도12282)

⑮ 甲이 집 뒷길에서 자신의 남편 乙 및 A의 친척인 丙이 듣는 가운데 자신의 남편과 A에 대해서 '저것이 징역 살다 온 전과자다' 등으로 큰 소리로 말한 경우, 자신의 남편과 A의 친척에게 말한 것이라 할지라도 명예훼손죄의 구성요건요소인 '공연성'이 인정된다. (대법원 2020도5813 전합)

관련판례 공연성(전파가능성) 부정

① 피고인이 공소외인과 단둘이 식당에서 피해자 1과 피해자 2가 불륜관계에 있다는 내용의 말을 하였고, 공소외인과 피해자 1과는 친척 간이라서 창피하여 아무 말 못하고 헤어진 후, 즉시 피해자 1을 찾아가 힐책하였고, 힐책을 받은 피해자 1이 피해자 2에게 이를 알리고 같이 피고인을 찾아간 경우 이 사건 행위는 그 상대방인 공소외인과 피해자와의 신분관계로 보아 전파될 가능성이 없다. (대법원 81도1023)

② 피고인이 공소외인에게 피해자가 부정한 여자인 것처럼 허위의 사실을 적시(남편 있는 누구도 서방질을 하는데 과부가 서방을 두는 것이 잘못이냐)하여 발설한 장소는 마을 입구 노상으로서 당시는 밤이고 공소외인 혼자만 있었으며, 또 위와 같은 허위사실을 발설하게 된 것은 피고인이 평소 유혹하려던 과부인 공소외인과 단둘이 마주치게 되자 공소외인을 설득하는 과정에서 발설하였다면 공연성을 인정하기 어렵다. (대법원 81도2152)

③ 피고인이 피해자 甲에게 "사이비 기자 운운"이라 하고, 피해자 乙에게 "너 이 쌍년 왔구나"라고 말을 한 장소가 여관방이고, 그 장소에는 피고인 부부, 위 피해자들, 위 피해자들의 딸, 사위, 매형밖에 없었으며 그들은 피해자 아들과 피고인의 딸 사이의 혼인생활이 파탄의 지경에 이르자 이를 수습하기 위하여 서로 만나 이야기를 하던 중 피고인이 감정이 격화되어 피해자들에게 위와 같은 발설을 한 사실이 인정된다면 피고인이 명예훼손 발언은 공연성이 없다. (대법원 83도49)

④ 甲은 乙이 교사로 근무하는 **학교법인 이사장 앞으로 "乙은 전과 6범으로 교사직**을 팔아가며 이웃을 해치고 고발을 일삼는 **악덕교사이다.**"라는 취지의 진정서를 제출하였다. 이 경우 甲에게는 명예훼손죄가 성립하지 않는다. (대법원 83도2190)

⑤ 피고인이 다방에서 피해자와 동업관계로 친한 사이인 甲에게 피해자의 험담을 한 경우에 있어서 다방 내의 좌석이 **다른 손님의 자리와 멀리 떨어져 있고**, 그 당시 甲은 피고인에게 **"왜 피해자에 관해서 그런 말을 하느냐"**고 힐책까지 한 사실이 있는 경우, 명예훼손죄 성립하지 않는다. (대법원 83도891) = 공연성 부정됨.

⑥ 피고인의 집에서 피고인의 처로부터 전날 피고인이 외박한 사실에 대하여 추궁 당하자 이를 모면하기 위하여 처에게 피해자와 여관방에서 동침한 사실이 있다고 말한 사실만으로써는 명예훼손죄의 구성요건인 공연성이 있다 할 수 없다. (대법원 84도86)

⑦ 피고인이 자기 집에서 피해자와 서로 다투다가 피해자에게 한 욕설을 피고인의 남편외에 들은 사람이 없다고 한다면 그 욕설을 불특정 또는 다수인이 인식할 수 있는 상태였다고 할 수는 없으므로 공연성을 인정하기 어렵다. (대법원 85도2037)

⑧ 조합장으로 취임한 피고인이 조합의 원만한 운영을 위하여 피해자의 측근이사이며 피해자의 불신임을 적극 반대하였던 甲에게 조합운영에 대한 협조를 구하기 위하여 동인과 단둘이 있는 자리에서 동인에게 피해자의 여자관계의 소문이 돌고 있었다는 취지의 말을 하였다면, 피고인의 위와 같은 행위는 공연성이 없었던 것이라고 판단하였다. (대법원 89도1467)

⑨ 피고인을 명예훼손죄로 고소할 수 있도록 **그 증거자료를 미리 은밀하게 수집, 확보하기 위하여 피고인의 발언을 유도하였다고 의심되는 사람들**에게 한 피해자의 여자 문제 등 사생활에 관한 피고인의 발언은 이들이 수사기관 이외의 다른 사람에게 전파할 가능성이 있다고 단정하기는 어렵다. (대법원 94도3309) = 발언을 유도시켜 대답을 하여 전파가능성 인식 부정. 신학대 교수가 출판물을 통하여 특정 종교단체를 이단이라고 비판하는 과정에서 특정인을 실질적 지도자로 지목했으나 비방의 목적이라기보다는 공공의 이익이 있다고 보인다. 그리고 피고인에게 증거자료 수집차 피고인의 발언을 유도한 사람들에게 한 발언은 전파가능성이 없다.

⑩ 이혼소송 중인 처가 남편의 친구에게 서신을 보내면서 남편의 명예를 훼손하는 문구가 기재된 서신을 동봉한 경우, 공연성이 결여되었다. (대법원 99도4579)

⑪ 어느 사람에게 **귓엣말** 등 그 사람만 들을 수 있는 방법으로 그 사람 본인의 사회적 가치 내지 평가를 떨어뜨릴 만한 사실을 이야기하였다 하더라도 그 자체만으로 공연성이 있다고 볼 수 없다. (대법원 2004도2880)

⑫ 甲은 자신의 아들 등에게 폭행을 당하여 입원한 피해자의 병실로 찾아가 그의 모 乙과 대화하던 중 乙의 이웃 A 및 甲의 일행 B가 있는 자리에서 "학교에 알아보니 피해자에게 원래 정신병이 있었다고 하더라."라고 허위사실을 말하였다. A는 乙과 같은 건물에 나란히 있는 점포에서 영업을 하면서 5~6년간 알고 지내는 사이이며, B는 甲과 같은 가해학생의 부모로서 乙과 합의 여부 등에 관하여 대화를 하기 위해 찾아간 사람이다. 공연성이 인정되지 않아 명예훼손죄가 부정된다. (대법원 2010도7497)

⑬ 피고인이 평소 A가 자신의 일에 간섭하는 것이 기분이 나쁘다는 이유로 B로부터 취득한 A의 범죄경력기록을 **같은 아파트에 거주**하는 C에게 보여주면서 "전과자이고 나쁜 년"이라고 사실을 적시한 경우는 전파가능성이 없어서 명예훼손죄가 부정된다. (대법원 2010도8265)

⑭ 피고인은 사무실에서 친구 공소외 2가 있는 자리에서 피해자에 관하여 "신랑하고 이혼했는데, 아들이 하나가 장애인이래, 그런데 공소외 1이 그래도 살아보겠다고 돈 갖다 바치는 거지, 그런데 이년이."라고 말함으로써 공연히 허위의 사실을 적시하여 피해자의 명예를 훼손하였다. 발언 상대방이 비밀의 보장이 상당히 높은 정도로 기대되는 경우로서 공연성이 부정된다. (대법원 2015도12933)

(3) 사실의 적시

1) 사실의 적시가 요건이라는 점 때문에 모욕죄와 구별된다.

모욕죄는 사실의 적시없이 명예를 훼손하는 것이고 사실적시 명예훼손죄(제307조 제1항)는 사실의 적시를 통하여 명예를 훼손하는 범죄이다. 적시된 사실이 허위이면 허위사실적시 명예훼손죄(제307조 제2항)로 더 무겁게 처벌받는다. 따라서 여기서의 사실 적시는 진실의 사실을 적시하는 경우를 말한다. 적시할 사실은 사회적으로 사람의 인격적 가치를 손상시킬 일체의 사실을 말한다. 악행, 추행, 성격, 건강, 경력 등이 모두 포함된다.

2) 구체성

① 명예훼손죄가 성립하기 위해서는 사실의 적시가 있어야 하고, 적시된 사실은 특정인의 사회적 가치나 평가가 침해될 가능성이 있을 정도로 구체성을 띄어야 한다는 것이 판례의 입장이다. (대법원 93도696, 98도2188) 그리고 명예훼손죄에 있어서의 사실의 적시는 사실을 직접적으로 표현한 경우에 한정될 것은 아니고, 간접적이고 우회적인 표현에 의하더라도 그 표현의 전 취지에 비추어 그와 같은 사실의 존재를 암시하고, 또 이로써 특정인의 사회적 가치 내지 평가가 침해될 가능성이 있으면 족하다는 것이다.

② 이때 구체성의 정도에 대해서는, 명예훼손죄에서 특정인의 사회적 가치나 평가를 저하시키기에 충분한 구체적인 사실의 적시가 있다고 하기 위해서는 반드시 그러한 구체적인 사실이 **직접적으로 명시되어 있을 것을 요구하는 것은 아니지만, 적어도 적시된 내용 중의 특정 문구에 의하여 그러한 사실이 곧바로 유추될 수 있을 정도는 되어야 한다.** (대법원 2011도6904)

3) 사실(事實)

① 여기서 사실이란 현실적으로 발생하고 증명이 가능한 과거나 현재의 상태를 말한다.

② 외적명예를 저하시킬 만하면 내용은 불문한다. **가치중립적인 표현을 사용한 경우라도** 사회통념상 그로 인하여 특정인의 사회적 평가가 저하되었다면 **명예훼손죄가 성립할 수 있다.** (대법원 2008도6728)

③ **이미 사회의 일부에 잘 알려진 사실(공지의 사실)이더라도** 이를 적시하여 사람의 사회적 평가를 저하시킬 만한 행위를 한 때에는 **명예훼손죄를 구성**한다. (대법원 93도3535) 적시되는 사실은 과거 혹은 현재에 속하는 사실이어야 한다. 즉, 장래의 일을 예견하는 것은 단순한 개인의 가치평가일 뿐 사실의 적시로 볼 수 없다. 그러나 **장래의 사실도 현재나 과거사실에 대한 주장을 포함할 경우에는 사실에 포함된다.** (대법원 2002도7420)

> **관련판례**
>
> ① 명예훼손죄가 성립하기 위하여는 사실의 적시가 있어야 하는데, 여기에서 적시의 대상이 되는 사실이란 현실적으로 발생하고 증명할 수 있는 과거 또는 현재의 사실을 말하며, 장래의 일을 적시하는 경우에는 그것이 과거 또는 현재의 사실을 기초로 하거나 이에 대한 주장을 포함하는 경우에도 명예훼손죄가 성립할 수 있다. 따라서 피고인이 경찰관을 상대로 진정한 사건이 혐의인정되지 않아 내사종결 처리되었음에도 불구하고 공연히 "사건을 조사한 경찰관이 내일부로 검찰청에서 구속영장이 떨어진다."고 말한 것은 현재의 사실을 기초로 하거나 이에 대한 주장을 포함하여 장래의 일을 적시한 것으로 볼 수 있어 명예훼손죄에 있어서의 사실의 적시에 해당한다. (대법원 2002도7420)
> ② 피해자가 **동성애자가 아님에도 불구하고** 피고인은 싸이월드 인터넷사이트에 7회에 걸쳐 피해자가 동성애자라는 내용의 글을 게재한 사실이 있다면 가치중립적인 표현이라도 사회적 평가를 저하될 수 있다면, 피해자의 명예를 훼손한 행위이다. (대법원 2007도5077)
> ③ '민생법안이 널려 있어도 / 국회에 앉아 있으면 하품만 하는 년이지 / 아니지 국회 출석율 꼴지이지'라는 내용은 피해자의 의정활동에 관련된 사실에 해당하여 명예훼손죄가 성립한다. (대법원 2007도1307)

> **관련판례** 허위 사실의 적시 부정
>
> ① "아무 것도 아닌 **똥꼬다리 같은 놈**이 들어와서 잘 운영되어 가는 **어촌계를 파괴**하려는데 주민들은 이에 동조 현혹되지 말라"고 말한 것은 명예훼손죄에 해당하지 않는다. (대법원 88도1397) = 명예훼손죄에 있어서의 사실의 적시는 사람의 사회적 가치 내지 평가를 저하시키는 구체적 사실의 적시를 요하며 단지 모욕적 언사를 사용하는 것은 모욕죄에 해당할 뿐 명예훼손죄에 해당하지는 않는다. = 사실의 적시가 아니다.
> ② '월간중앙'이 '부·처별 고려대상자 명단'이라는 '극비 보고서'를 단독 입수했다는 부분은 자신의 기사가 「특종」임을 과시하려는 문구에 불과한 것으로 보이고, 이로써 피해자가 중요문서를 소홀하게 관리하고 있다는 사실을 암시하는 내용이라고 보기는 어렵다. 나아가, 신문이나 월간지 등 언론매체가 이른바 「극비 보고서」를 입수하여 보도하였다는 이유만으로 위 보고서의 작성명의자로 되어 있는 특정인이 보안의식 등에 문제가 있는 것처럼 보이게 하여 동인의 명예를 훼손하는 범죄를 저질렀다고 평가하는 것은 언론의 자유 보장이라는 헌법적 가치에 비추어 보더라도 부당하다. 따라서 명예훼손죄가 성립하지 않는다. (대법원 2004도4573)
> ③ 목사 甲은 예배를 인도하면서 A 교회 목사인 乙에 대해 "**A 교회 목사 乙은 이단 중에 이단이다.**"라고 설교하였다. (대법원 2007도1220) = 사실의 적시가 아니므로 명예훼손이 아니다.
> ④ "피해자가 전과 13범인 것이 확실하다", "경찰서에 가서 확인해 보자"라고 말을 했다 하더라도, 이는 그 발언의 경위에 비추어 피해자의 전과에 대한 진위가 확인되었다거나 또는 그 진위를 확인해보자는 소극적인 확인답변에 불과하므로 명예훼손죄에서 말하는 사실의 적시라고 할 수 없고, 명예훼손의 범의도 인정할 수 없다. (대법원 2008도6515)

⑤ 우리나라 유명 소주회사가 일본의 주류회사에 지분이 50% 넘어가 **일본 기업이 되었다**고 하는 사실적시는 가치중립적 표현이며 사회적 평가를 저하시킨다고 볼 수 없어서 명예훼손적 표현으로 보기 어렵다. (대법원 2008도6728) = 가치중립적인 표현을 사용하였다 하여도 사회통념상 그로 인하여 특정인의 사회적 평가가 저하되었다고 판단된다면 명예훼손죄가 성립할 수 있으나, 판례는 우리나라 유명 소주회사가 일본의 주류회사에 지분이 50% 넘어가 일본 기업이 되었다고 하는 사실적시는 가치중립적 표현으로서 명예훼손적 표현으로 볼 수 없다고 판시한 바 있다.

⑥ 피고인이 제5회 전국동시지방선거에서 군수로 당선된 甲을 비방하는 내용의 문자메시지를 마치 관할 지방검찰청 지청에서 발신하는 것처럼 기자들에게 발송하여 해당 지청장 또는 지청 구성원의 명예를 훼손하였다는 내용으로 기소된 사안에서, 이들의 사회적 가치나 평가를 저하시키기에 충분한 구체적인 사실의 적시가 있다고 볼 수 없다. (대법원 2011도6904)

⑦ 피고인이 '야당 대통령후보였던 갑은 일명 부림사건의 변호인으로서 체제전복을 위한 활동을 한 국가보안법 위반 사범들을 변호하면서 그들과 동조하여 그들과 동일하게 체제전복과 헌법적 기본질서를 부정하는 활동인 공산주의 활동 내지 공산주의 운동을 해 왔다.'는 취지의 발언을 하여 허위사실적시 명예훼손으로 기소된 사안에서 피고인이 '공산주의자 발언'은 자신의 경험을 통한 피고인의 의견 내지 입장표명에 해당하여 갑의 명예를 훼손할 만한 구체적인 사실의 적시라고 보기 어렵다. (대법원 2020도12861)

⑧ 피고인이 동 주민자치위원에게 전화를 걸어 '어제 열린 당산제(마을제사) 행사에 남편과 이혼한 甲도 참석을 하여, 이에 대해 행사에 참여한 사람들 사이에 안 좋게 평가하는 말이 많았다.'는 취지로 말하고, 동 주민들과 함께한 저녁식사 모임에서 '甲은 이혼했다는 사람이 왜 당산제에 왔는지 모르겠다.'는 취지로 말하여 甲의 명예를 훼손하였다는 내용으로 기소된 사안에서, 피고인의 위 발언은 甲의 사회적 가치나 평가를 침해하는 구체적인 사실의 적시에 해당하지 않고 甲의 당산제 참여에 관한 **의견표현**에 지나지 않는다. (대법원 2020도15642)

⑨ **사실의 적시는 가치판단이나 평가를 내용으로 하는 의견표현과는 구별되는 개념**이다. (대법원 2016도18024) 제307조 제1항의 명예훼손죄에서 '사실'이란 허위사실과 반대되는 진실한 사실을 말하는 것이 아니라 가치판단이나 평가를 내용으로 하는 '의견'에 대치되는 개념이다. 따라서 제307조 제1항의 명예훼손죄는 진실한 사실인 경우이든 허위의 사실인 경우이든 모두 성립될 수 있다. 특히 적시된 사실이 허위의 사실이라도 행위자가 허위성에 대한 인식이 없는 경우는 제307조 제2항의 명예훼손죄가 아니라 제307조 제1항의 명예훼손죄가 성립한다. (대법원 2016도18024)

⑩ 경멸적 감정과 같은 주관적 의사표시는 모욕죄가 구성될 수 있으나 명예훼손죄가 성립되지 않는다. 예컨대, 목사가 예배 중 특정인을 가리켜 '이단 중의 이단이다'라고 설교한 부분은 사실이 아니라 의견일 뿐이다. (대법원 2007도1220)

⑪ 甲이 고발의 동기나 경위에 관한 언급 없이 제3자에게 "乙이 丙을 선거법 위반으로 고발하였다"는 말만 하였다면, 乙의 사회적 가치나 평가를 침해하기에 충분한 구체적 사실이 적시되었다고 보기 어렵다. (대법원 2009도6687)

⑫ 평균적인 독자의 관점에서 문제 된 부분이 실제로는 비평자의 주관적 의견에 해당하고, 다만 비평자가 자신의 의견을 강조하기위한 수단으로 겉으로 보기에 증거에 의해 입증 가능한 구체적인 사실관계를 서술하는 형태의 표현을 사용한 것이라고 이해된다면 명예훼손죄에서 말하는 사실의 적시에 해당한다고 볼 수 없다. (대법원 2016도19255)

⑬ 과거의 역사적 사실관계 등에 대하여 민사판결을 통하여 어떠한 사실인정이 있었다는 이유만으로, 이후 그와 반대되는 사실의 주장이나 견해의 개진 등을 형법상 명예훼손죄 등에서 '허위의 사실 적시'라는 구성요건에 해당한다고 단정할 수 없다. (대법원 2017도15628)

⑭ 해양경찰청장과 세월호 침몰사고 현장 구조대원들, 세월호 구조 담당 해양경찰을 피해자로 하여 피고인이 그들을 비방할 목적으로 거짓 사실(생존자가 있는데도 구조작업을 막고 언론을 통제하여 진실을 은폐하고 있다)을 드러냈다면서 정보통신망법(명예훼손)위반죄와 출판물에 의한 명예훼손죄로 피고인을 기소했으나 허위임을 단정하기 어렵고 비방의 목적이 있다고 보기 어렵고, 공적인 존재에 대한 명예훼손이나 집단표시에 의한 명예훼손이 성립하는 경우에도 해당하지 않는다. (대법원 2016도14678)

⑮ 공적 관심사에 대한 표현의 자유는 중요한 헌법상 권리로서 최대한 보장되어야 한다. 따라서 공적 인물과 관련된 공적 관심사에 관하여 의혹을 제기하는 형태의 표현행위에 대해서는 일반인에 대한 경우와 달리 암시에 의한 사실의 적시로 평가하는 데 신중해야 한다. 공개적인 발언으로 인한 명예훼손죄 성립 여부가 문제 되는 경우 발언으로 인한 피해자가 공적 인물인지 사적 인물인지, 발언이 공적인 관심사안에 관한 것인지 순수한 사적인 영역에 속하는 사안에 관한 것인지, 발언이 객관적으로 국민이 알아야 할 공공성이나 사회성을 갖춘 사안에 관한 것으로

여론형성이나 공개토론에 기여하는 것인지 아닌지 등을 따져보아 공적 인물에 대한 공적 관심사안과 사적인 영역에 속하는 사안 사이에 심사기준의 차이를 두어야 한다. (대법원 2020도12861)

⑯ 학문적 표현의 자유를 실질적으로 보장하기 위해서는, 학문적 연구 결과 발표에 사용된 표현의 적절성은 형사 법정에서 가려지기보다 자유로운 공개토론이나 학계 내부의 동료평가 과정을 통하여 검증되는 것이 바람직하다. 그러므로 **학문적 연구에 따른 의견 표현을 명예훼손죄에서 사실의 적시로 평가하는 데에는 신중할 필요가 있다.** 역사학 또는 역사적 사실을 연구 대상으로 삼는 학문 영역에서의 '역사적 사실'과 같이, 그것이 분명한 윤곽과 형태를 지닌 고정적인 사실이 아니라 사후적 연구, 검토, 비판의 끊임없는 과정 속에서 재구성되는 사실인 경우에는 더욱 그러하다. 이러한 점에서 볼 때, 학문적 표현을 그 자체로 이해하지 않고, 표현에 숨겨진 배경이나 배후를 섣불리 단정하는 방법으로 암시에 의한 사실 적시를 인정하는 것은 허용된다고 보기 어렵다. (대법원 2017도16897) = 학문적 표현물에 대한 명예훼손죄의 '사실의 적시' 인정 기준, 피고인이 2013년 출간한 도서 '제국의 위안부에서 일본군 위안부였던 피해자들에 대해 허위 사실을 적시하여 그 명예를 훼손하였다는 혐의로 기소된 사안이다.

4) 적시(摘示)

① 적시란 사람의 사회적 가치 내지 평가를 저하시키는 데 충분한 사실을 지적·표시하는 것이다.

② 적시의 수단이나 방법에는 제한이 없다. 또한 고발의 동기나 경위가 불순하다거나 온당하지 못하다는 등의 사정이 함께 알려진 경우에는 고발인의 명예가 침해될 가능성이 있다. (대법원 2009도6687)

③ 반드시 피해자의 성명을 명시할 필요는 없으나 표현내용과 주위사정을 종합적으로 판단하여 누구에 대한 것인지 알 수 있어야 한다.

> **관련판례** 피해자를 특정할 수 없는 경우
>
> ① 인터넷 아이디(ID)는 사이버 공간 밖에서 사용되는 성명과 마찬가지로 사이버 공간 안에서 그 아이디를 사용하는 사람을 특정짓는 기능을 하는 것이지만, 그와 같은 인터넷 아이디를 가진 사람이 누구인지 알아차릴 수 없는 경우에는 아이디에 대한 명예훼손이나 모욕행위는 형법상 명예훼손죄나 모욕죄를 구성하지 못한다. (헌법재판소 2007헌마461)
> ② 명예훼손에 의한 불법행위가 성립하려면 피해자가 특정되어 있어야 하지만, 그 특정을 할 때 반드시 사람의 성명이나 단체의 명칭을 명시해야만 하는 것은 아니고, 사람의 성명을 명시하지 않거나 **두문자나 이니셜만 사용한 경우**라도 그 표현의 내용을 주위 사정과 종합하여 볼 때 그 표시가 피해자를 지목하는 것을 알아차릴 수 있을 정도이면 피해자가 **특정되었다고 할 수 있다.** (대법원 2008다53812)
> ③ 피고인이 세월호 참사 국민대책회의 공동위원장이자 '4월 16일의 약속 국민연대' 상임운영위원으로서 언론사 기자와 시민 등을 상대로 기자회견을 하던 중 '세월호 참사 당일 7시간 동안 대통령 갑이 마약이나 보톡스를 했다는 의혹이 사실인지 청와대를 압수·수색해서 확인했으면 좋겠다.'는 취지로 발언함으로써 허위사실을 적시하여 갑의 명예를 훼손하였다는 내용으로 기소된 사안에서, 위 발언은 '갑이 마약을 하거나 보톡스 주사를 맞고 있어 직무수행을 하지 않았다.'는 구체적인 사실을 적시하였다고 단정하기 어렵고, 피고인이 공적 인물과 관련된 공적 관심사항에 대한 의혹 제기 방식으로 표현행위를 한 것으로서 대통령인 갑 개인에 대한 악의적이거나 심히 경솔한 공격으로서 현저히 상당성을 잃은 것으로 평가할 수 없어 명예훼손죄로 처벌할 수 없다. (대법원 2016도14995)
> ④ 피고인이 초등학생인 딸 갑에 대한 학교폭력을 신고하여 교장이 가해학생인 을에 대하여 학교폭력대책자치위원회의 의결에 따라 '피해학생에 대한 접촉, 보복행위의 금지' 등의 조치를 하였는데, 그 후 피고인이 자신의 카카오톡 계정 프로필 상태메시지에 "**학교폭력범은 접촉금지!!!**"라는 글과 주먹 모양의 그림말 세 개를 게시한 사건에서 피해자의 사회적 가치를 저하시키기에 충분한 구체적 사실을 드러냈다고 볼 수 없다. (대법원 2019도12750)

(4) 명예훼손이라는 결과

불특정 또는 다수인이 직접 인식할 수 있는 상태에 이르면 기수가 되며, 현실적으로 상대방이 인지할 것은 요하지 않는다. (추상적 위험범)

(5) 고의

① 명예훼손죄는 고의범이므로 타인의 명예를 훼손할 사실 또는 허위의 사실을 공연히 적시한다는 점에 대한 인식과 의사가 최소한 미필적으로라도 있어야 한다. (대법원 2004도340)

② 명예훼손내용의 사실이 <u>그 사실의 확인 요구에 대답하는 과정에서 나온 것이라면 고의를 인정할 수 없다.</u> (대법원 94도3309)

> **관련판례**
>
> ① 피고인 甲이 상가 관리단의 임시총회에서 피해자 乙이 새로운 관리인으로 선출되자, 피해자 乙이 뇌물공여죄, 횡령죄 등 전과 13범으로 관리단규약에 의하여 선량한 관리인으로서의 자격이 없다는 내용을 담은 서면을 관리단 감사에게 <u>팩스로 전송한 경우는 전파가능성이 인정되어 명예훼손죄를 구성한다.</u> 다만, 이 사건에서 명예훼손사실을 발설한 것이 사실이냐는 질문에 대답하는 과정에서 타인의 명예를 훼손하는 사실을 발설하게 된 것이라면, 그 발설내용과 동기에 비추어 명예훼손의 범의를 인정할 수 없고 <u>질문에 대한 단순한 확인대답을 한 것은 명예훼손에서 말하는 사실적시라고는 할 수 없어서 그 부분에 대해서는 명예훼손이 아니다.</u> 즉 피고인 甲은 상가 관리인에서 해임되고 새롭게 乙이 관리인으로 선출되자, 상가 관리단 임원들이던 B 등에 대하여 "乙(피해자)이 전과 13범인 것이 확실하다 경찰서에 가서 확인해보자"는 말을 했더라도 이는 그 진위를 확인해보자는 소극적인 확인답변에 불과하므로 명예훼손죄의 고의를 인정할 수 없다. (대법원 2008도6515) = 팩스로 보낸 것은 명예훼손의 유죄, 그 외의 단순 확인대답 부분은 명예훼손의 고의가 없어서 무죄라는 판결이다.
>
> ② 甲 회사와 乙의 공유인 특허발명이 진보성이 부정된다는 이유로 특허심판원의 무효심결이 내려진 후, 확정되기 전에 甲 회사의 대표인 피고인이 '丙이 생산·판매한 제품은 위 특허권을 침해한 제품이다.'라는 사실을 인터넷을 통하여 적시하고, 또한 丙의 거래처들에 같은 내용의 내용증명을 발송하였다는 내용으로 기소된 사안에서, 위 각 범행일시에 피고인에게 위와 같이 적시된 사실이 '허위'라는 인식이 있었다고 보기 어렵다. (대법원 2009도4949)
>
> ③ 마트의 운영자인 피고인이 마트에 아이스크림을 납품하는 업체 직원인 甲을 불러 '다른 업체에서는 마트에 입점하기 위하여 입점비를 준다고 하던데, 입점비를 얼마나 줬냐? 점장 乙이 여러 군데 업체에서 입점비를 돈으로 받아 해먹었고, 지금 뒷조사 중이다.'라고 말하여 공연히 허위 사실을 적시하여 乙의 명예를 훼손하였다는 내용으로 기소된 사안에서, <u>질문하는 과정에서 위와 같은 말을 한 것으로 보이므로 피고인에게 명예훼손의 고의를 인정하기 어렵다.</u> (대법원 2018도4200)
>
> ④ 작업장의 책임자인 피고인이 갑으로부터 작업장에서 발생한 성추행 사건에 대해 보고받은 사실이 있음에도, 직원 5명이 있는 회의 자리에서 상급자로부터 경과보고를 요구받으면서 과태료 처분에 관한 책임을 추궁받자 <u>이에 대답하는 과정</u>에서 '갑은 성추행 사건에 대해 애초에 보고한 사실이 없다. 그런데도 이를 수사기관 등에 신고하지 않았다고 과태료 처분을 받는 것은 억울하다.'는 취지로 발언함으로써 허위사실을 적시하여 갑의 명예를 훼손하였다는 내용으로 기소된 사안에서, 피고인에게 유죄를 인정한 원심판결에 명예훼손죄의 고의와 사실의 적시에 관한 법리오해의 잘못이 있다. (대법원 2021도17744)
>
> ⑤ 아파트 관리소장인 피고인이 피해자가 개인적인 이익을 위해 아파트 관리업무에 관해 과다한 민원을 제기하여 아파트 관리업무를 방해한다고 생각하던 차에 피해자의 민원으로 과태료까지 부과 받게 되자, 피해자가 관리소장으로 근무하는 오피스텔의 입주자대표회의 회장에게 '피해자가 관리소장의 업무를 소홀히 한다'는 취지로 발언한 것과 관련, 대법원은 피고인과 피해자 및 상대방의 관계, 표현 정도와 방법, 발언에 이르게 된 경위, 발언의 의미와 전체적인 맥락, 발언 이후의 정황 등에 비추어, 피고인의 발언이 사회통념상 피해자의 명예를 훼손할 정도에 이르렀다고 보기 어렵고, 명예훼손의 고의도 인정되지 않는다. (대법원 2021도1089)
>
> ⑥ 빌라를 관리하고 있는 피고인들이 빌라 아랫집에 거주하는 갑으로부터 누수 문제로 공사 요청을 받게 되자, 갑과 전화 통화를 하면서 빌라를 임차하여 거주하고 있는 피해자들에 대하여 누수 공사 협조의 대가로 과도하고 부당한 요구를 하거나 막말과 욕설을 하였다는 취지로 발언하고, '무식한 것들', '이중인격자' 등으로 말하여 명예훼손죄와 모욕죄로 기소된 사안에서, 위 발언들은 신속한 누수 공사 진행을 요청하는 갑에게 임차인인 피해자들의 협조 문제로 공사가 지연되는 상황을 설명하는 과정에서 나온 것으로서, 이에 관한 피고인들의 진술내용을 종합해 보더라도 피고인들이 전파가능성에 대한 인식과 위험을 용인하는 내심의 의사에 기하여 위 발언들을 하였다고 단정하기 어렵다. (대법원 2020도8336)

(6) 착오

① 허위사실을 진실한 사실로 오인하고 적시한 경우, 제307조 제2항의 허위사실 적시 명예훼손죄가 아니라 제307조 제1항 사실 적시 명예훼손죄 여부를 판단한다.

② 진실한 사실을 허위사실로 오인하고 적시한 경우, 역시 제307조 제2항의 허위사실 적시 명예훼손죄는 성립할 수 없고, 제307조 제1항 사실 적시 명예훼손죄 여부를 판단한다. 즉 허위라는 인식이 없으면 제307조 제1항이다. 대법원은 허위성에 대한 착오에 상당한 이유가 있으면 제310조의 위법성을 조각한다. 그러나 다수설은 위법성조각사유 전제사실의 착오로 과실범으로 해결한다. 명예훼손죄는 과실범 처벌규정이 없어 불가벌이다.

2 위법성

(1) 일반적 위법성조각사유

제20조의 정당행위, 제24조의 피해자 승낙에 의해 위법성이 조각될 수 있다. 다만, 명예훼손행위에 대한 정당방위나 자구행위는 인정되지 않는다.

> **관련판례** 정당행위를 인정하여 위법성이 조각된 경우 = 명예훼손죄 아님
>
> ① 과수원을 경영하는 피고인이 사과를 절취당한 피해자의 입장에서 재발하지 않도록 예방하기 위하여, 과수원의 관리자와 같은 동네의 새마을 지도자에게 각각 그들만이 있는 자리에서 개별적으로 피해자가 피고인 소유의 과수원에서 사과를 훔쳐간 사실을 말한 경우, 정당행위로서 역시 명예훼손죄가 성립하지 않는다. (대법원 86도1341)
>
> ② 피고인이 소속한 교단협의회에서 조사위원회를 구성하여 피고인이 목사로 있는 교회의 이단성 여부에 대한 조사활동을 하고 보고서를 그 교회 사무국장에게 작성토록 하자, 피고인이 조사보고서의 관련자료에 피해자를 명예훼손죄로 고소했던 고소장의 사본을 첨부한 경우, 정당행위로서 위법성이 조각되므로 명예훼손죄가 성립하지 않는다. (대법원 93도923)
>
> ③ 피고인이 방송국 홈페이지의 시청자 의견란에 작성·게시한 글 중 일부의 표현이 모욕적 언사에 해당 될지라도 게시판에 올린 글을 전체적인 맥락에서 파악했을 때, 이로써 곧 사회 통념상 피해자의 사회적 평가를 저하시키는 내용의 경멸적 판단을 표시한 것으로 인정하기 어렵다면 형법 제20조의 사회상규에 위배되지 아니하는 행위로 봄이 상당하다. (대법원 2003도3972)

(2) 제310조에 의한 위법성조각사유

1) 특징

① 형법 제310조(위법성의 조각)에 의하여, **제307조 제1항**의 행위가 진실한 사실로서 오로지 공공의 이익에 관한 것인 때에는 벌하지 아니한다. **개인의 명예보호와 헌법상 표현의 자유와 국민의 알 권리 등과의 조화**를 위해 형법 제310조를 규정하였다.

② **제307조 제2항(허위사실에 의한 명예훼손), 제308조(사자에 대한 명예훼손), 제309조(출판물 등에 의한 명예훼손), 모욕죄(제311조)는 제310조가 적용되지 않으므로 제310조에 의해서 위법성이 조각되는 경우가 원칙상 아니다.** 물론 이 경우들이라도 정당행위 등으로 위법성은 조각될 수 있다.

③ 다만, 적시된 사실이 허위사실이라도 행위자에게 허위성에 대한 인식이 없다는 경우라면 제307조 제2항의 허위사실 적시 명예훼손죄가 아니라 제307조 제1항의 사실 적시 명예훼손죄가 성립할 수 있다. 이 경우라면 제310조 적용이 가능하다. (대법원 2016도18024) = 허위사실 여부에 대한 착오

2) 요건

① 진실성

㉠ 진실한 사실이란 그 내용 전체의 취지를 살펴볼 때 중요한 부분이 객관적 사실과 합치되는 사실이라는 의미로서 세부(細部)에 있어 **진실과 약간 차이가 나거나 다소 과장된 표현이 있더라도 무방하다.** (대법원 2001도3309, 2012도13718)

㉡ 제310조 규정은 인격권과 표현의 자유라는 두 법익의 조화를 도모하는 것으로 적시된 사실이 진실한 것이거나 적어도 행위자가 **진실한 것으로 믿었고 그렇게 믿을 만한 상당한 이유가 있어야 한다.** (대법원 94도237)

② 공공의 이익(공익성)

㉠ 사실의 적시는 공공의 이익을 위해 필요한 것이어야 한다.

㉡ 공공의 이익에는 **널리 국가·사회 기타 일반 다수인의 이익에 관한 것뿐만 아니라 특정한 사회집단이나 그 구성원 전체의 관심과 이익에 관한 것도 포함된다.** (대법원 2004도3912) 개인의 사적인 신상에 관한 사실이라고 하더라도 그가 관계하는 사회적 활동의 성질이나 이를 통하여 사회에 미치는 영향력의 정도 등의 여하에 따라서는 그 사회적 활동에 대한 비판 내지 평가의 한 자료가 될 수 있는 것이므로 개인의 사적인 신상에 관하여 적시된 사실도 그 적시의 주요한 동기가 공공의 이익을 위한 것이라면 위와 같은 의미에서 형법 제310조 소정의 공공의 이익에 관한 것으로 볼 수 있는 경우가 있다. (대법원 94도3309)

㉢ 적시된 사실이 공공의 이익에 관한 것인지 여부는 당해 적시 사실의 내용과 성질, 당해 사실의 공표가 이루어진 상대방의 범위, 그 표현의 방법 등 그 표현 자체에 관한 제반 사정을 감안함과 동시에 그 표현에 의하여 훼손되거나 훼손될 수 있는 명예의 침해 정도 등을 비교·고려하여 결정하여야 하고, 행위자의 주요한 동기 내지 목적이 공공의 이익을 위한 것이라면 **부수적으로 다른 사익적 목적이나 동기가 내포되어 있더라도 형법 제310조의 적용을 배제할 수 없다.** (대법원 98도2188)

③ 주관적 정당화요소

행위자는 진실한 사실을 오직 공익을 위하여 적시한다는 동기나 목적이 있어야 한다. 다만, 피고인들의 소행에 피해자를 **비방할 목적이 함께 숨어 있었더라도 소행의 주요한 동기가 공공의 이익을 위한 것이라면 형법 제310조는 적용이 가능하다.** (대법원 99도1543)

3) 진실성과 공익성에 대한 거증책임

형법 제310조에 정한 진실한 사실로서 오로지 공공의 이익에 해당하는지 여부는 검사가 아니라 **행위자(피고인)**가 증명해야 한다. (대법원 92도3160)

> **관련판례** 공공의 이익 인정 = 명예훼손죄 아님
>
> ① **교회담임목사를 출교처분**한다는 취지의 교단산하 재판위원회의 판결문은 성질상 교회나 교단 소속신자들 사이에서는 당연히 전파, 고지될 수 있는 것이므로 위 판결문을 복사하여 예배를 보러온 신도들에게 배포한 행위에 의하여 그 목사의 명예가 훼손된다 하여도 그것은 진실한 사실로서 오로지 교단 또는 그 산하교회 소속신자들의 이익에 관한 때에 해당하거나 적어도 사회상규에 위배되지 아니하는 행위에 해당하여 위법성이 없다. (대법원 88도899)
>
> ② **신학대학교의 교수**가 출판물 등을 통하여 종교단체인 구원파를 이단으로 비판하는 과정에서 특정인을 그 실질적 지도자로 지목하여 명예를 훼손하는 사실을 적시하였으나 비방의 목적에서라기보다는 공공의 이익을 위하여 한 행위이다. (대법원 94도3309)
>
> ③ **조합의 재건축사업 추진**을 방해하여 온 피해자의 행위에 대하여 논의한 끝에 피고인들은 이를 주민들에게 사실대로 홍보하여 재건축사업에 적극 협조를 구할 필요가 있다는 결의를 하였고, 피고인들이 공소사실 기재 내용과 같은 유인물을 제작·반포하게 된 주요한 동기는 피해자의 방해행위를 조합원들에게 통지하여 조합원들의 동요를

막기 위한 것으로 보이므로, 이는 위 조합 또는 조합원들 모두의 이익을 위한 것으로서 '오로지 공공의 이익에 관한 때'에 해당한다. (대법원 95도1473)

④ **한국국악협회 이사장** 선거 전후에 걸쳐 이사장으로 입후보하여 당선된 자에 관한 사실을 적시한 행위가, 개인적인 동기가 다소 개재되었다고 하더라도 공공의 이익을 위한 것으로서 위법성이 조각된다. (대법원 97도88)

⑤ **특정 기독교 교단의 목사**들이 교단 내 목회자들에게 보낸 유인물에서 다른 목사의 목사안수를 비난한 것이 형법 제310조 소정의 '오로지 공공의 이익에 관한 때'에 해당한다. (대법원 99도1543)

⑥ **전국교직원노동조합 소속교사가 작성·배포한 보도자료**의 일부에 사실과 다른 기재가 있으나 전체적으로 그 기재내용이 진실하고 공공의 이익을 위한 것이므로 명예훼손죄의 위법성이 조각된다. (대법원 2001도3594) = 다소 과장된 표현이 있더라도 무방하다. 다소 과장된 표현이라도 무방. 피고인이 시의원들이 학교에서 교사들에 무례한 행동을 한 것을 알리고 이에 항의함으로써 교사의 권익을 지킨다는 취지에서 시의원이 여교사를 아가씨라고 부르며 차를 달라고 한 것, 교감책상에 앉아 있는 시의원에게 항의한 교사에게 일부 시의원이 고함을 지르는 등 무례한 행동을 한 것을 보도자료로 만들어 배포한 경우, 위법성이 조각된다.

⑦ **국립대학교 교수**가 자신의 연구실 내에서 제자인 여학생을 성추행하였다는 내용의 글을 지역 여성단체가 자신의 인터넷 홈페이지 또는 소식지에 위와 같은 내용을 게재한 행위는 학내 성폭력 사건의 철저한 진상조사와 처벌 그리고 학내 성폭력의 근절을 위한 대책 마련을 촉구하기 위한 목적으로 공공의 이익을 위한 것으로서 달리 비방의 목적이 있다고 단정할 수 없다. (대법원 2003도2137) = 공공의 이익이 인정되어 출판물에 의한 명예훼손죄 성립하지 않음

⑧ **아파트 동대표**인 피고인이 자신에 대한 부정비리 의혹을 해명하기 위하여 그 의혹제기자가 명예훼손죄로 입건된 사실 등을 기재한 문서를 아파트 입주민들에게 배포한 사안에서, 문서에 기재된 내용이 대체로 객관적인 사실과 일치하고, 배포가 이루어진 상대방의 범위가 제한되며, 그 표현방법도 위 의혹제기자를 비방하는 표현이 없는 점 등 제반 사정에 비추어, 위 문서 배포행위가 오로지 공공의 이익을 위하여 진실한 사실을 적시한 경우로서 형법 제310조의 위법성조각사유에 해당한다. (대법원 2004도1388)

⑨ **축산업협동조합중앙회장**이 농림부장관이 공식 채택한 수입쇠고기 유통 및 판매의 권장정책 및 농축협 통합정책의 정당성 여부를 문제삼는 내용의 광고를 게재한 사안에서 형법 제310조에서 말하는 공공의 이익에는 널리 국가, 사회 기타 일반 다수인의 이익에 관한 것뿐만 아니라 특정 사회집단이나 그 구성원 전체의 관심과 이익에 관한 것도 포함되고, 행위자의 주요한 동기 내지 목적이 공공의 이익을 위한 것이라면 부수적으로 다른 개인적인 목적 또는 동기가 내포되어 있거나 그 표현에 있어서 다소 모욕적인 표현이 들어 있다 하더라도, 형법 제310조의 적용을 배제할 수 없다. (대법원 2004도1632)

⑩ **개인택시운송조합 전임 이사장**이 새로 취임한 이사장의 비리에 관한 사실을 적시하여 조합원들에게 유인물을 배포한 행위가 진실한 사실로서 공공의 이익에 관한 것이므로 위법성이 조각된다. (대법원 2006도2074)

⑪ 교장 갑(甲)이 **여성기간제 교사 을(乙)에게 차 접대 요구**와 부당한 대우를 하였다는 인상을 주는 내용의 글을 게재한 교사 병(丙)의 명예훼손행위는 공공의 이익에 관한 것으로서 위법성이 조각된다. (대법원 2007도9885)

⑫ **특정 상가건물관리회의 회장**이 위 관리회의 결산보고를 하면서 전 관리회장이 체납관리비 등을 둘러싼 분쟁으로 자신을 폭행하여 유죄판결을 받은 사실을 알린 경우, 건물관리회원 전체의 관심과 이익에 관한 것으로서 형법 제310조에 의하여 위법성이 조각된다. (대법원 2008도6342)

⑬ **재단법인 이사장** 甲이 전임 이사장 乙에 대하여 재임 기간 중 재단법인의 재산을 횡령하였다고 고소하였다가 무고죄로 유죄판결을 받자, 피고인들이 甲의 퇴진을 요구하는 시위를 하면서 甲이 유죄판결을 받은 사실 등을 적시하여 명예훼손으로 기소된 사안에서, 피고인들이 甲의 범행전력을 적시함으로써 사회적 평가를 저하시키는 행위를 하였지만, 적시된 주된 사실이 진실에 부합하고 오로지 공공의 이익에 관한 것으로 위법성이 조각된다. (대법원 2016도8557)

⑭ **조합의 조합원**인 피고인은 식당 출입구에서 임시총회에 참석하는 조합원 60여 명에게 "이거 보아라, 공소외 1이 공소외 3 사장이랑 같이 회사돈을 다 해먹었다."라고 말하면서 위 특정경제범죄법 위반(횡령) 사건의 판결문 사본을 배포하였다. 이로써 피고인은 피해자 공소외 1에 대한 사실 적시에 의한 명예훼손 행위는 진실한 사실로서 오로지 공공의 이익에 관한 때에 해당하므로, 형법 제310조에 따라 그 위법성이 조각된다. (대법원 2019도13404)

⑮ 피고인들이 종중 회장 선출을 위한 종친회에서 피해자의 종친회 회장 출마에 반대하면서 "○○○은 남의 재산을 탈취한 사기꾼이다. 사기꾼은 내려오라."로 말한 사안에서, 피해자에게 「특정경제범죄 가중처벌 등에 관한 법률」 위반(횡령)죄의 전과가 있는 이상 위 발언이 주요부분에 있어 객관적 사실에 합치되는 것으로 볼 수 있고, 피해자의 종친회 회장으로서의 적격 여부는 종친회 구성원들 전체의 관심과 이익에 관한 사항으로서 공익성이 인정되었다. 일반 개인이라도 그가 관계하는 사회적 활동의 성질과 사회에 미칠 영향을 헤아려 공공의 이익에 관련되는지 판단하여야 한다. (대법원 2021도10827)

관련판례 공공의 이익 부정 = 명예훼손죄 인정

① 일정한 입장에 있는 인물에 관한 행위가 공적 비판의 대상이 된다고 하더라도 신문에 비하여 신속성의 요청이 덜한 잡지에 인신공격의 표현으로 비난하는 내용의 기사를 게재함에 있어서는 기사내용의 진실여부에 대하여 미리 충분한 조사활동을 거쳐야 할 것인바, 잡지발행인이 수기를 잡지에 게재함에 있어 그 내용의 진실성에 대하여는 전혀 검토하지 아니한 채 원문의 뜻이 왜곡되지 않는 범위내에서 문장의 일부만을 수정하여 피해자가 변호사로서의 본분을 망각한 악덕변호사인 것처럼 비방하는 내용의 글을 그대로 잡지에 게재하였다면 잡지발행인으로서는 위 수기의 내용이 진실한 것으로 믿는데 상당한 이유가 있었다고 할 수 없고, 잡지에 이 수기를 게재하여 반포하였다면 위 피해자의 사회적 평가가 저하되었다 할 것이므로 위 잡지발행인은 위 피해자에 대한 명예훼손의 책임을 면할 수 없다. (대법원 85다카29) = 인신공격 표현은 오로지 공공의 이익을 위한 것으로 보기 어렵다.

② 피고인이 작성·발송한 청원서의 내용이 진실한 사실로서 시정되어야 할 연구소의 사정이 포함되어 있기는 하나 상대방을 비방하는 취지가 그 내용의 주조를 이루고 있는 점 등 그 표현의 방법 외에도 피고인이 위 청원서를 그의 주장을 심사할 수 있는 권한을 가진 사람들에게 발송하여 그 시정을 구하였음에도 불구하고 그러한 조치가 제대로 이루어지지 않았다면 모르되 감독관청인 과기처장관에게 보냄과 더불어 막바로 그러한 권한과는 무관한 정치인에게 발송하는 것을 시발로 하여 약간의 시차를 두고 정치인, 언론인, 언론기관 등에게 광범위하게 발송한 사정에 비추어 볼 때, 피고인의 범행이 오로지 공공의 이익에 관한 것이라고는 할 수 없다. (대법원 94도1942)

③ 회사의 대표이사에게 압력을 가하여 단체협상에서 양보를 얻어내기 위한 방법의 하나로 현수막과 피켓을 들고 확성기를 사용하여 반복해서 불특정다수의 행인을 상대로 소리치면서 거리행진을 함으로써 위 대표이사의 명예를 훼손한 행위는 공공의 이익을 위하여 사실을 적시한 것으로 볼 수 없어서 위법성이 조각되지 않는다. (대법원 2004도3912)

④ 피고인이 자신과 관련된 선거범죄 사건의 제보자를 전파가능성이 있는 같은 당 당원들에게 알리는 행위는 공소외인의 제보로 인하여 수사를 받거나 처벌을 받게 될 피고인 및 그들과 이해를 같이하는 자들의 개인적인 이해관계에 부합하는 행위일 뿐 선거범죄의 처벌을 통하여 공명정대한 선거문화를 정착하려는 공공의 이익에 반하는 행위이다. (대법원 2005도2049)

⑤ 학교운영의 공공성, 투명성의 보장을 요구하여 학교가 합리적이고 정상적으로 운영되게 할 목적으로 공연히 사실을 적시하였더라도, **피해자들의 거주지 앞에서 그들의 주소까지 명시**하여 명예를 훼손하였다면, 이는 공공의 이익을 위한 사실의 적시로 볼 수 없어서 위법성이 조각되지 아니한다. (대법원 2006도6049)

⑥ ○○작가협회 회원이 타인의 명의를 도용하여 협회 교육원장을 비방하는 내용의 호소문을 작성한 후 이를 협회 회원들에게 우편으로 송달한 경우, 사문서위조죄와 명예훼손죄가 각 성립하고, 이는 실체적 경합관계이다. (대법원 2008도8527) = 불법적인 명의도용을 사용.

⑦ 대안학교에서 영어 교과를 담당하는 피고인이 교장 갑이 정신과를 다닌다는 내용의 발언을 하거나 갑이 학교 재산을 횡령하였다는 내용의 글을 게시하여 명예훼손, 정보통신망 이용촉진 및 정보보호 등에 관한 법률 위반(명예훼손)으로 기소된 사안에서, 피고인은 갑을 속이고 자신이 별도로 운영하는 교육 콘텐츠 제공 등 업체가 사용권이 있는 영어 교육 프로그램을 도입하면서 이용료를 학생들로부터 지급받은 문제 등으로 갑과 대립하면서 학교 운영의 정상화나 학생의 학습권 보장 등의 목적이 아니라 본인의 이익을 추구할 목적으로 갑을 비난하는 내용의 위와 같은 행위를 하였으므로 비방의 목적이 인정된다. (대법원 2020도8780)

⑧ 회사에서 징계업무를 담당하는 직원은 다른 직원에 대한 징계절차 회부사실이 기재된 문서를 각 게시판에 게시하였는데 징계절차에 회부된 사실뿐만 아니라 징계사유로 근무성적 또는 근무태도가 불성실하고 회사의 명예를 손상하였고 상급자의 지휘명령에 불복하였고 상급자의 업무 훈계에 불량한 태도를 보였다는 내용이 기재되었다. 징계혐의 사실은 징계절차를 거친 다음 확정되는 것이므로 징계절차에 회부되었을 뿐인 단계에서 그 사실을 공개함으로써 피해자의 명예를 훼손하는 경우, 이를 사회적으로 상당한 행위라고 보기는 어려운 점, 피해자에 대한 징계 의결이 있기 전에 징계절차에 회부되었다는 사실이 공개되는 경우 피해자가 입게 되는 피해의 정도는 가볍지 않은 점 등을 종합하면, 피해자에 대한 징계절차 회부 사실을 공지하는 것이 회사 내부의 원활하고 능률적인 운영의 도모라는 공공의 이익에 관한 것으로 볼 수 없다는 이유로, 이와 달리 본 원심판단에 명예훼손죄에서의 '공공의 이익'에 관한 법리오해의 잘못이 있다. (대법원 2021도6416)

(3) 소추조건

명예훼손죄는 반의사불벌죄이므로 피해자의 명시한 의사에 반하여 공소제기를 할 수 없다.

(4) 죄수

① 명예훼손죄와 모욕죄는 법조경합의 관계를 이룬다. 따라서 모욕적인 언행을 하면서 사실을 적시하여 타인의 명예를 훼손하면 모욕죄는 성립하지 않고 명예훼손죄만이 성립한다.

② 명예훼손죄의 죄수는 피해자의 수를 기준으로 하므로 1회의 발언으로 수인의 명예를 훼손하면 수 개의 명예훼손죄가 상상적 경합관계로 성립한다. 그리고 수회 연속해서 동일인의 명예를 훼손한 경우에는 포괄일죄가 된다.

III 허위사실에 의한 명예훼손죄

형법

제307조 【명예훼손】 ② 공연히 허위의 사실을 적시하여 사람의 명예를 훼손한 자는 5년 이하의 징역, 10년 이하의 자격정지 또는 1천만원 이하의 벌금에 처한다.

제312조 【고소와 피해자의 의사】 ② 피해자의 명시한 의사에 반하여 공소를 제기할 수 없다.

① 적시된 사실이 허위이면 가중처벌하는 규정이다.

② 형법 제307조 제2항이 정하는 허위사실 적시에 의한 명예훼손죄가 성립하기 위해서는 범인이 공연히 사실의 적시를 하여야 하고, 그 적시한 사실이 사람의 사회적 평가를 저하시키는 것으로서 허위이어야 하며, 범인이 그와 같은 사실이 **허위라고 적극적으로 인식하였어야 한다.**

③ 형법 제307조 제2항을 적용하기 위하여 적시된 사실이 허위의 사실인지 여부를 판단함에 있어서는 적시된 사실의 내용 전체의 취지를 살펴볼 때 중요한 부분이 **객관적 사실과 합치되는 경우에는 세부(細部)에 있어서 진실과 약간 차이가 나거나 다소 과장된 표현이 있다 하더라도 이를 허위의 사실이라고 볼 수는 없다.** (대법원 2012도13718)

④ 소추조건으로는 반의사불벌죄이다. = 피해자의 명시한 의사에 반하여 공소를 제기할 수 없다.

IV 사자의 명예훼손죄

> **형법**
>
> **제308조 【사자의 명예훼손】** 공연히 허위의 사실을 적시하여 사자의 명예를 훼손한 자는 2년 이하의 징역이나 금고 또는 500만원 이하의 벌금에 처한다.
>
> **제312조 【고소와 피해자의 의사】** ① 고소가 있어야 공소를 제기할 수 있다.

1 객체

본죄의 객체는 사자(死者)의 명예이다. 사자는 자연인만 가능하므로 법인이 해산된 경우는 사자(死者)에 해당되지 않는다.

2 행위

본죄의 행위는 **공연히 허위사실을 적시하여** 사자의 명예를 훼손하는 것이다. 따라서 진실한 사실을 적시한 경우는 본죄가 성립하지 않는다. (대법원 2007도8411) 그러나 피고인이 사망자의 사망사실을 알면서 '위 망인은 사망한 것이 아니고 빚 때문에 죽은 척하는 나쁜 놈'이라고 함은 공연히 허위사실을 적시한 행위로서 사자의 명예를 훼손하였다고 볼 것이다. (대법원 83도1520)

3 고의

본죄는 고의범이므로 공연히 허위의 사실을 적시하여 사자의 명예를 훼손한다는 점에 대한 인식과 의사를 내용으로 하는 고의가 있어야 한다. 확정적 고의는 물론 미필적 고의에 의해서도 본죄가 성립한다. (대법원 2013도12430)

> **관련판례**
>
> 역사드라마 서울 '1945'에서 장택상이 여운형의 암살을 암시적으로 지시했다는 특정 장면은 이승만에 대한 사자 명예훼손죄에 해당하지 않는다. (대법원 2007도8411)

4 소추조건

친고죄이다.

V 출판물에 의한 명예훼손죄

> **형법**
>
> **제309조 【출판물 등에 의한 명예훼손】** ① 사람을 **비방할 목적으로** 신문, 잡지 또는 라디오 기타 출판물에 의하여 제307조 제1항의 죄를 범한 자는 3년 이하의 징역이나 금고 또는 700만원 이하의 벌금에 처한다.
> ② 제1항의 방법으로 제307조 제2항의 죄를 범한 자는 7년 이하의 징역, 10년 이하의 자격정지 또는 1천500만원 이하의 벌금에 처한다.
>
> **제312조 【고소와 피해자의 의사】** ② 피해자의 명시한 의사에 반하여 공소를 제기할 수 없다.

1 의의

(1) 특징

사람을 비방할 목적으로 신문·잡지 또는 라디오 기타 출판물에 의하여 제307조 1항의 죄(명예훼손죄) 또는 제307조 제2항의 죄(허위사실적시 명예훼손죄)를 범한 경우에 성립하는 범죄이다. 목적범이며 반의사불벌죄이다. 본죄는 제307조의 명예훼손죄에 비하여 '비방의 목적'이 있고, 출판물 등은 전파성이 크므로 불법성이 가중된 구성요건이다.

(2) 정보통신망법상의 명예훼손죄

출판물에 의한 명예훼손 행위가 최근 블로그, 유튜브 등 인터넷(정보통신망)에 의하여 이루어지는 경우가 많은데, 이때 인터넷에 의한 방식은 보통 형법상 이 법조가 아니라 정보통신망 이용촉진 및 정보보호 등에 관한 법률(정보통신망법)상의 명예훼손죄(제70조)로 규율한다. 이처럼 정보통신망을 이용한 명예훼손의 경우, 범죄종료시기는 원래의 게시물이 삭제되어 정보의 송수신이 불가능해지는 시점이 아니라 해당 게시물의 **게시행위**(업로드)를 한 시점으로 본다. (대법원 2006도346)

2 객관적 구성요건

(1) 신문·잡지·라디오·기타 출판물

① 신문·잡지·라디오는 예시규정일 뿐이고, TV, 영화, 인터넷 등의 매체도 모두 포괄하는 넓은 개념이다.

② 그러나 단순히 개인적으로 제작한 비디오나 녹음테이프는 전파가능성이 낮으므로 출판물에서 제외된다.

③ 그리고 출판물은 등록, 출판된 제본인쇄물 정도의 효용과 기능을 가진 인쇄물이어야 한다. **따라서 모조지 위 싸인펜으로 쓴 광고문, 낱장 2장의 인쇄물, 프린트, 손으로 쓴 것은 제외된다.** (대법원 97도158)

> **관련판례**
>
> 컴퓨터 워드프로세서로 작성되어 프린트된 A4용지 **7쪽 분량의 인쇄물**은 형법 제309조 제1항 소정의 '기타 출판물'에 해당하지 않는다. (대법원 99도3048)

(2) 사실 또는 허위사실의 적시

① 타인을 비방할 목적으로 허위사실인 기사의 재료를 **신문기자에게 제공하여** 그 사정을 모르는 기자(편집인)가 허위기사를 신문지상에 게재한 경우 **기사재료를 제공한 자는 출판물에 의한 명예훼손죄의 죄책을 면할 수 없다.** (대법원 93도3535, 2000도3045)

② 다만, 신문기자에게 경쟁자의 명예를 훼손하는 내용의 사실을 알려주었으나 신문기자는 기사거리가 넘쳐 **이를 기사화하지 않은 경우, 출판물에 의한 명예훼손죄가 성립하지 않는다.** 통상 기자가 아닌 보통 사람에게 사실을 적시할 경우에는 그 자체로서 적시된 사실이 외부에 공표되는 것이므로 그 때부터 곧 전파가능성을 따져 공연성 여부를 판단하여야 할 것인데 비해서, 기자를 통해 사실을 적시하는 경우는 기사화되어 보도되어야만 적시된 사실이 외부에 공표된다고 보아야 할 것이므로 **기자가 취재를 한 상태에서 아직 기사화하여 보도하지 아니한 경우에는 공연성이 없다.** (대법원 99도5622) = 미수가 아니다. 왜냐하면 명예훼손죄는 미수처벌규정이 없다.

③ 언론의 자유에 대한 제한이 완화되어야 하고, 공적인 존재나 공적인 관심사안에 대한 감시와 비판 기능은 그것이 악의적이거나 현저히 상당성을 잃은 공격이 아닌 한 쉽게 제한되어서는 아니 된다. 즉 **적시된 사실이 진실이 아니고 일부 허위라도 기자가 진실이라고 믿고 보고 보도했으며 그렇게 믿을 만한 상당한 이유가 있는 경우에는 명예훼손죄가 성립하지 않는다.** (대법원 94도3191)

④ 그러나 i) 언론매체가 피해자의 명예를 현저하게 훼손할 수 있는 보도내용의 주된 부분이 허위임을 충분히 인식하면서도 이를 보도하였다면 특별한 사정이 없는 한 비방목적이 있다고 볼 것이고 위법성이 조각될 여지가 없다. 즉, 객관적으로 피해자의 사회적 평가를 저하시키는 사실에 관한 **보도내용이 소문이나 제3자의 말, 보도를 인용하는 방법으로** 단정적인 표현이 아닌 전문 또는 **추측한 것을 기사화한 형태로 표현**하였지만, 그 표현 전체의 취지로 보아 **그 사실이 존재할 수 있다는 것을 암시하는 방식으로 이루어진 경우에는 사실을 적시한 것이라고 보아야 한다.** (대법원 2007도5312) 따라서 위와 같은 언론의 보도라면 출판물에 의한 명예훼손죄를 구성한다. ii) 독자, 시청자, 청취자 등은 언론매체의 보도내용을 진실로 신뢰하는 경향이 있고, 언론매체는 이러한 신뢰를 기반으로 사회에 대한 비판·감시기능을 수행하는 것이라는 점 등을 고려하면, 언론매체가 피해자의 명예를 현저하게 훼손할 수 있는 보도내용의 주된 부분이 허위임을 충분히 인식하면서도 이를 보도하였다면 특별한 사정이 없는 한 거기에는 사람을 비방할 목적이 있다고 볼 것이고, 이 경우에는 위와 같은 법리에 의하여 위법성이 조각될 여지가 없는 것이다.

⑤ 신문, 잡지, 라디오, 기타 출판물이 명예훼손의 수단으로 사용됨으로 인하여 공연성이 특히 강한 범죄이다. 공연성의 요건을 별도로 명정하지 않은 것은 행위수단의 특수성으로 말미암아 당연히 공연성이 전제되기 때문이다.

⑥ 본죄는 불특정 또는 다수인이 인식할 수 있는 상태에 이르면 기수가 된다. 현실적 인식여부는 불문한다. (추상적 위험범)

> **참고** 통상 사람에게 사실을 적시할 경우 그 자체로서 적시된 사실이 외부에 공표되는 것이므로 그 때부터 곧 전파가능성을 따져 공연성 여부를 판단하여야 할 것이고, 이는 기자를 통해 사실을 적시하는 경우라고 하여 달리 볼 것이 아니다.(×)

3 주관적 구성요건

(1) 고의

본죄는 고의범이므로 출판물 등에 의하여 사실 또는 허위사실을 적시한다는 점에 대한 인식과 의사를 내용으로 하는 고의가 있어야 한다.

> **관련판례**
> ① 방송국 프로듀서 甲은 특정 프로그램 방송보도를 통하여 이른바 **한미 쇠고기 수입협상**과 관련하여 '미국산 쇠고기 수입을 위한 제2차 한미 전문가 기술협의'의 협상단 대표와 주무부처 장관이 미국산 쇠고기 실태를 제대로 파악하지 못하였다는 취지의 보도를 하면서 자질 및 공직수행 자세를 비하하여 이들의 명예를 훼손하였다는 내용으로 기소된 사건에서, **보도내용 중 일부가 허위사실 적시에 해당하지만 명예훼손의 고의를 인정하기는 어렵다.** (대법원 2010도17237)
> ② 피의사실을 보도함에 있어서 **검사가 소정의 절차에 의하여 작성한 수사자료를 근거로 취재하여 수정없이 그대로 보도하는 경우**에는 특단의 사정이 없는 한 그 행위를 위법한 것이라고 할 수 없으므로 출판물에 의한 명예훼손죄는 성립하지 않는다고 한다. (대법원 97다10215)

(2) 비방의 목적

① 본죄는 <u>목적범으로서 비방의 목적이 있어야 한다</u>. 따라서 고의 이외의 초과 주관적 구성요건 요소로서 타인의 인격적 가치를 손상시키려는 목적을 가져야 한다.

② 예컨대, 인터넷 포털 사이트의 기사란에 마치 특정 여자연예인이 재벌의 아이를 낳았거나 그 대가를 받은 것처럼 댓글이 달린 상황에서 같은 취지의 댓글을 추가 게시한 경우는 명예훼손죄가 성립한다. (대법원 2008도2422)

③ 그러나 신문 등을 통해 명예를 훼손하여도 비방의 목적이 없으면 본죄가 성립되지 않고, 제307조 제1항 내지 제2항의 명예훼손죄 성립 여부를 판단할 뿐이다.

④ 형법 제309조 소정의 '사람을 비방할 목적'이란 가해의 의사나 목적을 요하는 것으로서 공공의 이익을 위한 것과는 행위자의 주관적 의도의 방향이 서로 상반된 관계에 있다고 할 것이므로, **적시한 사실이 공공의 이익에 관한 것인 때에는 특별한 사정이 없는 한 비방의 목적이 인정되지 않는다.** (대법원 2003도6036)

> **관련판례** 비방목적 인정

① 대간첩작전시의 기념촬영사진을 광주민주화운동 관련화보로 제공하여 월간잡지에 게재케 한 경우 비방의 목적이 있었다. (대법원 89도1744)
② 명예훼손죄가 성립하기 위하여는 반드시 숨겨진 사실을 적발하는 행위만에 한하지 아니하고 이미 사회의 일부에 잘 알려진 사실이라고 하더라도 이를 적시하여 사람의 사회적 평가를 저하시킬 만한 행위를 한 때에는 명예훼손죄를 구성한다. (대법원 93도3535)
③ 감사원에 근무하는 감사주사가, 감사사항에 대한 감사가 종료된 후 감사반원들의 토론을 거쳐 감사지적사항으로 선정하지 않기로 하여 감사가 종결된 것임에도, 일일감사상황보고서의 일부를 변조하여 제시하면서 자신의 상사인 감사원 국장이 고위층의 압력을 받고 감사기간 중 자신이 감사를 진행중인 사항에 대한 감사활동을 중단시켰다고 기자회견을 한 경우, 그 적시사실의 허위성에 대한 인식은 물론 상사에 대한 비방의 목적도 있었다. (대법원 2000도329)
④ 피고인 1은 양육비채권자의 제보를 받아 양육비 미지급자의 신상정보를 공개하는 사이트 운영에 관계된 사람, 피고인 2는 위 사이트에 전 배우자를 제보한 사람임. 피고인 1은 위 사이트에 피고인 2의 전 배우자를 비롯하여 피해자 5명의 이름, 거주지, 직장명, 얼굴 등을 공개하는 글이 올라가게 하고, 피고인 2는 피고인 1과 공모하여 전 배우자의 신상을 공개하는 글이 올라가게 하고, 인스타그램에 그 링크 주소를 첨부하고 '미친년'이라는 표현 등을 덧붙인 글을 게시하여, 피고인들이 정보통신망이용촉진및정보보호등에관한법률위반(명예훼손)으로 기소된 사안에서 사건 사이트에서 신상정보를 공개하면서 공개 여부 결정의 객관성을 확보할 수 있는 기준이나 양육비채무자에 대한 사전 확인절차를 두지 않고 양육비를 지급할 기회를 부여하지도 않은 것은 양육비채무자의 권리를 침해하는 정도가 커 정당화되기 어려운 점, 이 사건 사이트에서 얼굴 사진, 구체적인 직장명, 전화번호 등을 공개함으로써 양육비채무자가 입게 되는 피해의 정도가 매우 큰 점 등을 종합하여, 피고인들의 행위에 대하여 비방할 목적을 인정할 수 있다고 보아, 피고인들에 대하여 유죄로 판단한 원심판결을 수긍하였다. (대법원 2022도699) = 비방의 목적 인정

> **관련판례** 비방목적 부정

① 감사원 소속 공무원이 재벌그룹의 콘도미니엄 사업승인과 관련한 특혜의혹사건에 관하여 기자들에게 "양심선언"이란 제목 아래 감사원 국장이 외부의 압력을 받아 감사를 이유 없이 중단시켰다는 내용의 유인물을 배포한 사안에서, 비방의 목적이나 허위라는 인식이 없으므로 출판물에 의한 명예훼손죄가 성립하지 않는다. (대법원 2006도7915)
② 영화 내용에 관하여 명예훼손이 성립하지 않는 경우에는 그 광고·홍보 자체만을 들어 별도로 명예훼손책임을 물을 수 없다. (대법원 2007다3483) = 영화내용을 진실로 보아서는 아니되고 전체적으로 역사 사실에 바탕을 두고 극적 허구와의 조화 속에서 확인된 사실관계를 최대한 반영하는 것일 뿐이기 때문이다.
③ 대한항공 858기 폭파사건에 관한 소설을 집필, 출간한 행위에 비방의 목적을 인정할 수 없어 출판물에 의한 명예훼손죄가 성립하지 않는다. (대법원 2009도156)
④ 인터넷 포털사이트의 지식검색 질문·답변 게시판에 성형시술 결과가 만족스럽지 못하다는 주관적인 평가를 주된 내용으로 하는 한 줄의 댓글을 게시한 경우, 정보통신망 이용촉진 및 정보보호 등에 관한 법률상의 명예훼손죄(출판물에 의한 명예훼손)가 아니다. (대법원 2008도8812)
⑤ 갑 운영의 산후조리원을 이용한 피고인이 인터넷 카페나 자신의 블로그 등에 자신이 직접 겪은 불편사항 등을 후기 형태로 게시한 경우, 정보통신망 이용촉진 및 정보보호 등에 관한 법률 제70조 제1항에서 정한 명예훼손죄 구성요건요소인 '사람을 비방할 목적'이 인정되지 않는다. (대법원 2012도10392) = 단순 의견의 제시일 뿐이며, 공공의 이익 성질도 다소 있다.

⑥ 사이버대학교 법학과 학생인 피고인 甲이, 법학과 학생들만 회원으로 가입한 네이버밴드에 A의 총학생회장 출마 자격에 관하여 조언을 구한다는 글을 게시하자 이에 대한 댓글 형식으로 직전 연도 총학생회장 선거에 입후보하였다가 중도 사퇴한 친구 B의 실명을 거론하며 'B 학우가 학생회비도 내지 않고 총학생회장 선거에 출마하려 했다가 상대방 후보를 비방하고 이래저래 학과를 분열시키고 개인적인 감정을 표한 사례가 있다.'고 언급한 다음 '그러한 부분은 지양했으면 한다.'는 의견을 덧붙임으로써 B의 명예를 훼손하였다고 하여 정보통신망 이용촉진 및 정보보호 등에 관한 법률 위반(명예훼손)으로 기소된 사안에서, 피고인의 주요한 동기와 목적은 공공의 이익을 위한 것으로서 피고인에게 B를 **비방할 목적이 있다고 보기 어렵다.** (대법원 2018도15868)

⑦ 피고인이 페이스북에 과거 자신이 근무했던 소규모 스타트업 회사의 대표가 회식 자리에서 직원들에게 술을 강권하였다는 취지의 글을 게시하여 정보통신망법 제70조 제2항 위반죄로 기소된 사안에서, 대법원은 위 조항이 정한 '허위사실 적시에 의한 명예훼손죄'의 구성요건인 '비방할 목적'과 행위자의 주관적 의도에서 상반되는 공공의 이익관련성을 확장하는 취지의 설시를 한 후, 개인적 환경이나 근로 환경에 따라 회식 자리에서의 음주와 관련한 근로자 개인이 느끼는 압박감의 정도가 다를 수 있는 등 그 판시와 같은 사정을 들어 피고인이 게시한 글이 허위사실이 아니고, 비방할 목적도 인정되지 않는다. (대법원 2020도15738)

⑧ 피고인이 고등학교 동창인 갑으로부터 사기 범행을 당했던 사실과 관련하여 같은 학교 동창 10여 명이 참여하던 단체 채팅방에서 '갑이 내 돈을 갚지 못해 사기죄로 감방에서 몇 개월 살다가 나왔다. 집에서도 포기한 애다. 너희들도 조심해라.'라는 내용의 글을 게시함으로써 갑의 명예를 훼손하였다고 하여 정보통신망 이용촉진 및 정보보호 등에 관한 법률 위반(명예훼손)으로 기소된 사안에서, 게시 글은 채팅방에 참여한 고등학교 동창들로 구성된 사회집단의 이익에 관한 사항으로 볼 수 있고, 피고인이 게시 글을 채팅방에 올린 동기나 목적에는 자신에게 재산적 피해를 입힌 갑을 비난하려는 목적도 포함되었다고 볼 수 있으나, 갑으로 인하여 동창 2명이 재산적 피해를 입은 사실에 기초하여 갑과 교류 중인 다른 동창생들에게 주의를 당부하려는 목적이 포함되어 있고, 실제로 게시 글의 말미에 그러한 목적을 표시하였으므로, 피고인의 주요한 동기와 목적은 공공의 이익을 위한 것으로 볼 여지가 있고 피고인에게 갑을 비방할 목적이 있다는 사실이 합리적 의심의 여지가 없을 정도로 증명되었다고 볼 수 없다는 이유로, 이와 달리 보아 공소사실을 유죄로 인정한 원심판결에 같은 법 제70조 제1항에서 정한 '비방할 목적'에 관한 법리오해의 잘못이 있다. (대법원 2022도4171)

4 위법성

비방의 목적이 있는 출판물에 의한 명예훼손에 대해서는 제310조에 의한 위법성조각이 적용되지 않는다. (대법원 2003도5370)

5 소추조건: 반의사불벌죄

본죄는 반의사불벌죄, 즉 피해자의 명시한 의사에 반하여 공소를 제기할 수 없다.

6 죄수

'한국소비자보호원의 발표 내용을 과장·왜곡하고 발표에 들어 있지 아니한 내용을 삽입하는 등의 광고를 한 경우, 출판물에 의한 명예훼손죄 및 업무방해죄의 상상적 경합에 해당한다. (대법원 92도3035)

VI 모욕죄

형법

제311조 【모욕】 공연히 사람을 모욕한 자는 1년 이하의 징역이나 금고 또는 200만원 이하의 벌금에 처한다.

1 의의

(1) 특징

① 모욕죄(侮辱罪)는 공연히 사람을 모욕함으로써 성립된다.

② 보호법익은 명예훼손죄와 같이 사람의 외적 명예이며, 명예훼손죄와 모욕죄는 사실의 적시(摘示)가 있었는가를 기준으로 하여 구별된다. 따라서 모욕죄는 사실을 적시하지 않고 사람에 대하여 경멸(輕蔑)의 의사를 표시하는 것을 의미한다. (대법원 81도2280)

(2) 범죄 유형

모욕죄의 보호정도는 추상적 위험범이고, 친고죄이다.

2 구성요건

(1) 객체

① 모욕죄의 객체는 사람이다. 자연인 이외에 법인, 법인격 없는 단체도 포함된다. 자연인 이상 유아·정신병자도 포함되나, 사자(死者)는 제외된다.

② **집단표시에 의한 모욕은 개별 구성원에 이르러서도 그 비난의 정도가 희석되지 않아 구성원 개개인의 사회적 평가를 저하시킬 만한 것으로 평가될 경우 예외적으로 구성원 개개인에 대해 모욕이 성립할 수 있다.** (대법원 2011도15631) = 이 판례에서는 비난(모욕)의 정도가 희석되었다고 보아서 피고인에게 모욕죄가 성립하지 않음.

> **관련판례**
> 국회의원이었던 피고인이 국회의장배 전국 대학생 토론대회 참여학생들과 저녁회식 자리에서 장래 희망이라고 한 여학생들에게 "다 줄 생각을 해야 하는데, 그래도 아나운서 할 수 있겠느냐, ○○여대 이상은 자존심 때문에 그렇게 못하더라"라는 발언을 하여 ○○○○○ 연합회 회원인 여자 아나운서 154명을 각 모욕했다는 공소사실로 기소된 사건에서, **여성 아나운서라는 집단 자체의 경계가 불분명하며,** 피고인의 발언이 해당 연합회만을 구체적으로 지칭한다고 보기도 어려운 점, 개별구성원인 피해자들에 이르러서는 비난의 정도가 희석되어 피해자 개개인의 사회적 평가에 영향을 미친 정도에까지 이르지 아니하므로 모욕죄에 해당한다고 보기 어렵다. (대법원 2011도15631)

(2) 행위

① 모욕죄의 행위는 공연히 모욕하는 것이다. 공연성은 불특정 또는 다수인이 인식할 수 있는 상태를 말한다.

② **모욕은 구체적 사실을 적시하지 아니하고 사람의 인격을 경멸하는 추상적 가치판단을 표시하는 것이다.** 수단과 방법에는 제한이 없다. 피해자의 외적명예를 저하시킬 만한 추상적인 판단을 표시한 때 기수가 된다.

③ 어떠한 표현이 상대방의 인격적 가치에 대한 사회적 평가를 저하시킬 만한 것이 아니라면 표현이 다소 무례한 방법으로 표시되었다 하더라도 모욕죄의 구성요건에 해당한다고 볼 수 없다. (대법원 2017도2661)

> **관련판례**
> 명예훼손죄의 구성요건인 공연성이란 '불특정 또는 다수인이 인식할 수 있는 상태'를 의미하는데, 개별적으로 소수의 사람에게 사실을 적시하였더라도 그 상대방이 불특정 또는 다수인에게 적시된 사실을 전파할 가능성이 있는 때에는 공연성이 인정된다는 종전 대법원의 일관된 판시를 재확인하였고, **이러한 법리는 모욕죄에도 동일하게 적용된다.** (대법원 2021도15122) = 피고인들이 자신들의 주거지인 아파트에서 위층에 사는 피해자가 손님들을 데리고 와 시끄럽게 한다는 이유로 화가 나 인터폰으로 피해자에게 전화하여 손님 공소외인과 그 자녀들이 듣고 있는 가운데 피해자의 자녀 교육과 인성을 비하하는 내용의 욕설을 함으로써 공모하여 공연히 피해자를 모욕하였다.

(3) 고의

모욕죄는 고의범이므로 공연히 모욕한다는 사실에 대한 인식과 의사를 내용으로 하는 고의가 있어야 한다. 미필적 고의로도 충분하며, 가해의사·목적은 필요 없다.

3 위법성

일반적인 위법성조각사유에 의하여 모욕죄의 위법성이 조각될 수 있다. 주로 정당행위로서 위법성이 조각된다. 그리고 판례는 모욕죄에는 **형법 제310조가 적용되지 않는다.** (대법원 4291형상539) **다만, 일반적인 위법성조각사유는 적용될 수 있다.**

4 소추조건

모욕죄는 친고죄이므로 고소가 있어야 공소를 제기할 수 있다.

5 죄수

① 모욕죄와 명예훼손을 동시에 범하면 명예훼손죄만 성립한다. (법조경합)
② 사람에게 폭행을 가하여 경멸의사를 표시한 경우에는 폭행죄와 모욕죄의 상상적 경합이 된다.

> **관련판례 모욕죄 인정**
> ① 피해자에 대하여 "야 이 개같은 잡년아, 시집을 열두번을 간 년아, 자식도 못 낳는 창녀같은 년"이라고 큰소리 친 경우, 형법 제311조의 모욕에 해당한다. (대법원 85도1629)
> ② 피고인이 "늙은 화냥년의 간나, 너가 화냥질을 했잖아"라고 발언한 경우 (대법원 87도739)
> ③ 주민계도 홍보용 앰프방송시설을 통하여 "아무것도 아닌 똥꼬다리 같은 놈"이라고 한 경우 (대법원 88도1397)
> ④ 동네사람 4명과 구청직원 2명 등이 있는 자리에서 피해자가 듣는 가운데 구청직원에게 피해자를 가리키면서 '저 망할 년 저기 오네.'라고 피해자를 경멸하는 욕설 섞인 표현을 하였다면 피해자를 모욕하였다고 볼 수 있다. (대법원 90도873)
> ⑤ 피고인이 피해자의 집 앞에서 공소외인들이 있는 자리에서 피해자에게 "애꾸눈, 병신"이라고 말한 경우 (대법원 94도1770)
> ⑥ 피고인이 자신의 인터넷 블로그에 '듣보잡', '함량미달', '함량이 모자라도 창피한 줄 모를 정도로 멍청하게 충성할 사람', '싼 맛에 갖다 쓰는 거죠' 등이라고 한 부분은 피해자를 비하하여 사회적 평가를 저하시킬만한 추상적 판단이나 경멸적 감정을 표현한 것으로 모욕죄에 해당한다. (대법원 2010도10130)
> ⑦ 피고인들이 소속 노동조합 위원장 甲을 '어용', '앞잡이' 등으로 지칭하여 표현한 현수막, 피켓 등을 장기간 반복하여 일반인의 왕래가 잦은 도로변 등에 게시한 사안에서, '어용'이란 자신의 이익을 위하여 권력자나 권력 기관에 영합하여 줏대 없이 행동하는 것을 낮잡아 이르는 말, '앞잡이'란 남의 사주를 받고 끄나풀 노릇을 하는 사람을 뜻하는 말로서 언제나 위 표현들이 지칭된 상대방에 대한 모욕에 해당한다거나 사회상규에 비추어 허용되지 않는 것은 아니지만, 제반 사정에 비추어 피고인들의 위 행위는 甲에 대한 모욕적 표현으로서 사회상규에 위배되지 않는 행위로 보기 어렵다. (대법원 2016도88)

⑧ ⅰ) 모욕죄는 공연히 사람을 모욕하는 경우에 성립하는 범죄로서(형법 제311조), 사람의 가치에 대한 사회적 평가를 의미하는 외부적 명예를 보호법익으로 하고, 여기에서 '모욕'이란 사실을 적시하지 아니하고 사람의 사회적 평가를 저하시킬 만한 추상적 판단이나 경멸적 감정을 표현하는 것을 의미한다. 그리고 모욕죄는 피해자의 외부적 명예를 저하시킬 만한 추상적 판단이나 경멸적 감정을 공연히 표시함으로써 성립하므로, 피해자의 외부적 명예가 현실적으로 침해되거나 구체적·현실적으로 침해될 위험이 발생하여야 하는 것도 아니다. ⅱ) 피고인이 2015. 1. 1. 09:00경부터 같은 날 09:30경까지 서울 영등포구 영등포동에 있는 '○○○순대국집' 식당에서, 위 식당 영업 업무를 방해하고 피해자에게 폭행을 하던 중 112 신고를 받고 출동한 영등포경찰서 중앙지구대 소속 경장에게 제지를 당하자 위 식당의 업주와 성명불상의 손님들이 있는 가운데 피해자에게 큰 소리로 "젊은 놈의 새끼야, 순경새끼, 개새끼야.", "씨발 개새끼야, 좆도 아닌 젊은 새끼는 꺼져 새끼야."라고 욕설하는 등 공연히 피해자를 모욕한 행위에 해당한다. (대법원 2016도9674)

⑨ 연예인의 사생활에 대한 모욕적인 표현에 대하여 표현의 자유를 근거로 모욕죄의 구성요건에 해당하지 않거나 사회상규에 위배되지 않는다고 판단하는 데에는 신중할 필요가 있다. 특히 최근 사회적으로 인종, 성별, 출신 지역 등을 이유로 한 혐오 표현이 문제 되고 있으며, 혐오 표현 중에는 특정된 피해자에 대한 사회적 평가를 저하하여 모욕죄의 구성요건에도 해당하는 것이 적지 않은데, 그러한 범위 내에서는 모욕죄가 혐오 표현에 대한 제한 내지 규제로 기능하고 있는 측면을 고려하여야 한다. (대법원 2017도19229) = 피고인이 인터넷 포털사이트 뉴스 댓글난에 연예인 피해자를 '국민호텔녀'로 지칭하는 댓글을 게시하여 모욕죄로 기소된 사안이다.

관련판례 모욕죄 부정

① '부모가 그런 식이니 자식도 그런 것이다.'와 같은 표현으로 인하여 상대방의 기분이 다소 상할 수 있다고 하더라도, 그 내용이 너무나 막연하여 그것만으로 곧 상대방의 명예감정을 해하여 형법상 모욕죄를 구성한다고 보기 어렵다. (대법원 2006도8915) = 구성요건해당성 조각

② 임대아파트의 분양전환과 관련하여 임차인이 아파트 관리사무소의 방송시설을 이용하여 임차인 대표회의 전임회장을 비판하며 '전 회장의 개인적인 의사에 의하여 주택공사의 일방적인 견해에 놀아나고 있기 때문에'라고 한 표현은 모욕죄에 해당하지 않는다. (대법원 2008도8917) = 구성요건해당성조각

③ 아파트 입주자대표회의 감사인 피고인이 아파트 관리소장의 업무처리에 항의하기 위해 관리소장실을 방문한 자리에서 언쟁을 하다가 "야, 이따위로 일할래", "나이 처먹은 게 무슨 자랑이냐"라고 말한 경우, 무례한 언사지만 모욕죄가 성립한다고 보기는 어렵다. (대법원 2015도2229) = 구성요건해당성조각

④ 택시 기사와 요금 문제로 시비가 벌어져 112 신고를 한 후, 신고를 받고 출동한 경찰관에게 늦게 도착한 데 대하여 항의하는 과정에서 "이이 씨발!"이라고 말한 경우, 직접 피해자를 특정했다고 보기 어려워 모욕죄가 성립하지 아니한다. (대법원 2015도6622) =구성요건해당성조각

⑤ 노동조합 사무장인 피고인이 노사 관계자 140여 명이 있는 가운데 피고인보다 15세 연장자인 회사 부사장에게 "야 ○○아, 니 이름이 ○○이잖아, ○○아 나오니까 좋지?" 등 반말로 여러 차례 이름을 부른 경우, 무례한 표현이지만 모욕죄 언사에 해당하지는 않는다. (대법원 2017도2661) = 구성요건해당성조각

⑥ ⅰ) 사업소 소장인 피고인이 직원들에게 갑이 관리하는 다른 사업소의 문제를 지적하는 내용의 카카오톡 문자메시지를 발송하면서 "갑은 정말 야비한 사람인 것 같습니다."라고 표현하여 갑을 모욕하였다는 내용으로 기소된 사안에서, 제반 사정에 비추어 볼 때 위 표현은 피고인의 갑에 대한 부정적·비판적 의견이나 감정이 담긴 경미한 수준의 추상적 표현에 불과할 뿐 갑의 외부적 명예를 침해할 만한 표현이라고 단정하기 어렵다.
ⅱ) 어떠한 표현이 개인의 인격권을 심각하게 침해할 우려가 있는 것이거나 상대방의 인격을 허물어뜨릴 정도로 모멸감을 주는 혐오스러운 욕설이 아니라 상대방을 불쾌하게 할 수 있는 무례하고 예의에 벗어난 정도이거나 상대방에 대한 부정적·비판적 의견이나 감정을 나타내면서 경미한 수준의 추상적 표현이나 욕설이 사용된 경우 등이라면 특별한 사정이 없는 한 외부적 명예를 침해할 만한 표현으로 볼 수 없어 모욕죄의 구성요건에 해당된다고 볼 수 없다. (대법원 2019도7370) = 구성요건해당성조각

⑦ 채권자가 **추심을 함**에 있어서 모욕적 언사를 쓴 경우에 그런 정도의 언사는 부정행위자에게 뉘우침을 갖게 하고 자기의 급박한 권리침해를 방어하는데 보통 사용하는 언사에 불과하므로 위법성이 조각된다. (대법원 66도469) = 위법성조각

⑧ 피고인이 방송국 시사프로그램을 시청한 후 방송국 홈페이지의 **시청자 의견란**에 작성·게시한 글에서 "그렇게 소중한 자식을 범법행위 변명의 방패로 쓰시다니 정말 대단하십니다."라고 말한 경우, 일부 표현이 모욕적 언사이기는 하지만 형법 제20조의 사회상규에 위배되지는 아니하여 위법성이 조각된다. (대법원 2003도3972) = 위법성조각

⑨ **골프클럽 경기보조원**들의 구직편의를 위해 제작된 인터넷 사이트 내 회원 게시판에 특정 골프클럽의 운영상 불합리성을 비난하는 글을 게시하면서 위 클럽담당자에 대하여 **한심하고 불쌍한 인간이라는 등의 경멸적 표현**을 한 경우에도 사회상규에 위배되지 않는다. 즉 위법성이 조각되어 모욕죄가 아니다. (대법원 2008도1433) = 위법성조각

⑩ 제품의 안정성에 논란이 많은 가운데 인터넷 신문사 소속 기자 갑이 작성한 기사가 인터넷 포털 사이트의 '핫이슈' 난에 게재되자, 그 기사를 읽은 상당수의 독자들이 네티즌 댓글난에 기자를 비판하는 댓글을 달고 있는 상황에서, 피고인이 "이런 걸 기레기라고 하죠?"라는 댓글을 게시한 경우, '**기레기'는 모욕적 표현에 해당하나**, 위 댓글의 내용, 작성 시기와 위치, 위 댓글 전후로 게시된 다른 댓글의 내용과 흐름 등을 종합하면, 위 댓글을 작성한 행위는 **사회상규에 위배되지 않는 행위로서 형법 제20조에 의하여 위법성이 조각된다.** (대법원 2017도17643) = 위법성조각

⑪ 부사관 교육생이던 피고인이 동기들과 함께 사용하는 단체채팅방에서 지도관이던 피해자가 목욕탕 청소 담당에게 과실 지적을 많이 한다는 이유로 "도라이 ㅋㅋㅋ 습기가 그렇게 많은데"라는 글을 게시하여 공연히 상관인 피해자를 모욕하였다는 내용으로 기소된 사안에서, '도라이'는 상관인 피해자를 경멸적으로 비난한 것으로 모욕적인 언사라고 볼 수 있으나, 피고인의 위 표현은 동기 교육생들끼리 고충을 토로하고 의견을 교환하는 사이버공간에서 상관인 피해자에 대하여 일부 부적절한 표현을 사용하게 된 것에 불과하고 이로 인하여 군의 조직질서와 정당한 지휘체계가 문란하게 되었다고 보이지 않으므로, 이러한 행위는 사회상규에 위배되지 않는다. (대법원 2020도14576) = 위법성조각

⑫ 피고인이 자신의 페이스북에 갑에 대한 비판적인 글을 게시하면서 "철면피, 파렴치, 양두구육, 극우부패세력"이라는 표현을 사용하여 갑을 모욕하였다는 내용으로 기소된 사안에서, 피고인이 사용한 위 표현이 모욕적 표현으로서 모욕죄의 구성요건에는 해당하나, 제반 사정을 종합할 때 피고인이 갑의 공적 활동과 관련한 자신의 의견을 담은 게시글을 작성하면서 위 표현을 한 것은 사회상규에 위배되지 않는 행위로서 위법성이 조각된다. (대법원 2020도16897) = 위법성조각

⑬ 지역버스노동조합 조합원인 피고인이 자신의 페이스북에 집회 일정을 알리면서 노동조합 집행부인 피해자 갑과 을을 지칭하며 "버스노조 악의 축, 갑과 을 구속수사하라!!"라는 표현을 적시하여 피해자들을 모욕하였다는 내용으로 기소된 사안에서, 위 표현이 피해자들의 사회적인 평가를 저해시킬 만한 경멸적인 표현에 해당하는 것으로 보이지만, 제반 사정을 종합할 때 피고인이 노동조합 집행부의 공적 활동과 관련한 자신의 의견을 담은 게시글을 작성하면서 그러한 표현을 한 것은 사회상규에 위배되지 않는 정당행위로서 **위법성이 조각**된다고 볼 여지가 크다. (대법원 2019도14421) = 위법성조각

⑭ 피고인들이 인터넷 다음 사이트의 아고라 토론방에 "개독알밥 ○○○○ 꼴통놈들은", "전문시위꾼 ○○○○ 똘마니들", "존만이들아" 등 판시와 같은 글을 게재한 경우 인터넷 카페의 회원 일반을 대상으로 비난의 정도가 희석되어 피해자 개인의 사회적 평가에 영향을 미칠 정도에 이르지 않았다고 볼 여지가 충분하다. (대법원 2012도13189) = 비난의 정도 희석

⑮ 종교적 목적을 위한 언론·출판의 자유를 행사하는 과정에서 타 종교의 신앙의 대상을 우스꽝스럽게 묘사하거나 다소 모욕적이고 불쾌하게 느껴지는 표현을 사용하였더라도 그것이 그 종교를 신봉하는 신도들에 대한 증오의 감정을 드러내는 것이거나 그 자체로 폭행·협박 등을 유발할 우려가 있는 정도가 아닌 이상 허용된다고 보아야 한다. (대법원 2012도13718) = 비난의 정도 희석

⑯ ⅰ) 피고인이 자신의 유튜브 채널에 갑의 방송 영상을 게시하면서 갑의 얼굴에 '**개**' 얼굴을 합성하는 방법으로 갑을 모욕하였다는 내용으로 기소된 사안에서, 원심판단 중 피고인이 갑을 '개'로 지칭하지는 않은 점 및 효과음, 자막을 사용하지 않았다는 사정을 무죄의 근거로 든 것은 적절하지 않으나, 영상의 전체적인 내용을 살펴볼 때, 피고인이

갑의 얼굴을 가리는 용도로 동물 그림을 사용하면서 갑에 대한 부정적인 감정을 다소 해학적으로 표현하려 한 것에 불과하다고 볼 여지도 상당하므로, 해당 영상이 갑을 불쾌하게 할 수 있는 표현이기는 하지만 객관적으로 갑의 인격적 가치에 대한 사회적 평가를 저하시킬 만한 모욕적 표현을 한 경우에 해당한다고 단정하기 어렵다.

ⅱ) 피고인이 자신의 유튜브 채널에 갑의 방송 영상을 게시하면서 갑의 얼굴에 '개' 얼굴을 합성하는 방법으로 갑을 모욕하였다는 내용으로 기소된 사안에서, 원심판단 중 피고인이 갑을 '개'로 지칭하지는 않은 점 및 효과음, 자막을 사용하지 않았다는 사정을 무죄의 근거로 든 것은 적절하지 않으나, 영상의 전체적인 내용을 살펴볼 때, 피고인이 갑의 얼굴을 가리는 용도로 동물 그림을 사용하면서 갑에 대한 부정적인 감정을 다소 해학적으로 표현하려 한 것에 불과하다고 볼 여지도 상당하므로, 해당 영상이 갑을 불쾌하게 할 수 있는 표현이기는 하지만 객관적으로 갑의 인격적 가치에 대한 사회적 평가를 저하시킬 만한 모욕적 표현을 한 경우에 해당한다고 단정하기 어렵다.
(대법원 2022도4719)

⑰ 피고인이 같은 정당에 소속된 상대방에게 카카오톡 메신저로 피해자가 같은 정당 소속 의원과 간담회에 참석한 사진을 보내면서 '거기에 술꾼인 피해자가 송충이랑 가 있네요 ㅋ 거기는 술 안 사주는데. 입 열면 막말과 비속어, 욕설이 난무하는 피해자와 가까이 해서 대장님이 득 될 것은 없다 봅니다.'는 취지의 메시지를 전송한 사건에서 모욕죄의 공연성이 있었다거나 전파가능성에 대한 인식과 그 위험을 용인하는 의사가 있었다고 단정할 수 없다.
(대법원 2022도14571)

Section 02 신용·업무와 경매에 대한 죄

I 서설

1 조문체계

범죄	조문	구성요건	미수	예비
신용훼손	제313조	허위의 사실을 유포하거나 기타 위계로써 사람의 신용을 훼손한 경우	×	×
업무방해	제314조 제1항	허위의 사실을 유포하거나 기타 위계 또는 위력으로써 사람의 업무를 방해한 경우	×	×
컴퓨터 등 업무방해	제314조 제2항	컴퓨터등 정보처리장치 또는 전자기록 등 특수매체기록을 손괴(損壞)하거나 정보처리장치에 허위의 정보 또는 부정한 명령을 입력하거나 기타 방법으로 정보처리에 장애를 발생하게 하여 사람의 업무를 방해한 경우	×	×
경매 입찰 방해	제315조	위계 또는 위력 기타 방법으로 경매 또는 입찰의 공정을 해한 경우	×	×

2 의의 및 보호법익

① 신용훼손죄, 업무방해죄, 경매·입찰방해죄는 각기 독립적 구성요건이다. 1995년 개정형법은 업무방해죄의 규정안에 컴퓨터등 업무방해죄를 신설하였다.

② 신용훼손죄는 신용, 업무방해죄는 업무(다수설), 경매·입찰방해죄는 경매·입찰의 공정성을 보호법익으로 한다.

③ 세 가지 범죄 유형 모두 추상적인 위험범이다.

④ 부분적으로 재산죄 성질을 가지는 것은 사실이지만 아울러 자유에 대한 죄의 성격도 무시할 수 없다는 견해가 통설이다.

II 신용훼손죄

형법

제313조 【신용훼손】 허위의 사실을 유포하거나 기타 위계로써 사람의 신용을 훼손한 자는 5년 이하의 징역 또는 1천500만원 이하의 벌금에 처한다.

1 구성요건

(1) 객체

신용(信用)이란 사람의 **지불능력이나 지불의사에 대한 사회적 신뢰**를 의미한다. (대법원 68도1660) 여기서의 사람이란 자연인은 물론 법인, 법인격 없는 사단이나 재단도 포함한다.

(2) 행위

① 허위사실의 유포, 기타 위계의 방법으로 사람의 신용을 훼손하는 것을 말한다.

② 허위사실이란 객관적으로 보아 진실과 부합하지 않는 과거 또는 현재의 사실에 국한하지 않고 증거에 의한 입증이 가능한 미래의 사실도 포함하나, **단순한 의견이나 가치판단을 표시하는 것은 이에 해당하지 않는다.** (대법원 82도2486)

③ 유포(流布)란 불특정 다수인에게 전파하는 것으로 유포의 수단과 방법에는 제한이 없다. 유포는 공연성보다는 넓은 개념이다.

④ **위계(僞計)란 상대방의 착오·부지를 이용하거나 기망·유혹의 방법으로 판단을 그르치게 하는 일체의 행위를 말한다.** (대법원 2006도3400)

⑤ 신용의 훼손이란 사람의 **지불능력이나 지불의사에 대한 사회적 신뢰를 저하**시킬 우려가 있는 상태를 발생시키는 것을 말한다. 본 죄는 추상적 위험범이므로 신용훼손이라는 현실적인 결과발생을 요하지 않는다.

(3) 고의

① 신용훼손죄는 고의범이므로 허위사실유포 또는 위계로서 특정인의 신용을 훼손한다는 사실에 대한 인식과 의사를 내용으로 하는 고의가 필요하다. (대법원 2004도1313)

② 허위사실을 진실한 사실로 오인한 경우에는 구성요건적 사실의 착오로서 고의가 조각되어 과실여부를 검토할 것인데, 신용훼손죄는 과실범 처벌규정이 없으므로 불가벌이다.

2 죄수

① 허위사실 유포는 물론 위계를 사용하여 사람의 신용을 훼손한 경우에는 신용훼손죄의 포괄일죄가 성립한다.

② **공연히 진실한 사실을 적시하여 명예와 신용을 훼손한 경우, 사실적시 명예훼손죄(제307조 제1항)만 성립**한다. 허위사실이 아니기 때문에 신용훼손죄는 성립하지 않는다.

③ **1개의 허위사실을 공연히 적시하여 명예와 신용을 훼손한 경우, 허위사실 적시 명예훼손죄(제307조 제2항)와 신용훼손죄의 상상적 경합**이 된다. (다수설)

④ **공공연히는 아니되 허위사실을 적시하여 명예와 신용을 훼손한 경우, 신용훼손죄만 성립한다. 공연성이 없기 때문이다. 즉 명예훼손죄는 공연성이 필요한데 공연성이 없으니 명예훼손은 될 수 없고, 신용훼손죄는 공연성이 필요하지 않으므로 신용훼손죄만 성립**하는 것이다.

⑤ 신용훼손죄와 업무방해죄는 각기 보호법익을 달리하는 별개의 범죄이므로, 하나의 행위로 신용을 훼손하고 업무도 방해하면 신용훼손죄와 업무방해죄는 상상적 경합이다.

관련판례

① 피해자는 8년 전부터 남편 없이 3자녀를 데리고 생계를 꾸려왔을 뿐 아니라 피고인에 대한 다액의 채무를 담보하기 위해 동녀의 아파트와 가재도구까지를 피고인에게 제공한 사실이 인정되니 위 피해자가 집도 남편도 없는 과부라고 말한 것이 허위사실이 될 수 없고 또 피고인의 위 피해자에 대한 개인적 의견이나 평가를 진술한 것에 불과하여 허위사실의 유포라고 볼 수 없다. (대법원 82도2486)

② 건축공사의 시공사 대표이사가 비용을 줄이려는 시도에서 건축설계자에게 제품변경을 요청하는 문서를 송부한 사안에서, 위 문서의 내용은 위 제품을 판매하는 회사의 지불능력이나 지불의사에 대한 사회적 신뢰를 저해한 것이 아니라고 보아 신용훼손죄의 객체인 신용에 해당하지 않는다. (대법원 2004도1313)

③ 피고인은 조흥은행 본점 앞으로 '피해자가 대출금 이자를 연체하여 위 은행의 수락지점장이 3,000만 원의 연체이자를 대납하였다'는 등의 내용을 기재한 편지를 보낸 사실, 그러나 실제로는 수락지점장이 위 연체이자를 대납한 적이 없는 사실을 인정할 수 있고, 피고인은 위 내용이 허위라는 점에 대하여 미필적으로나마 인식하고 있었던 것으로 보이는바, 위 인정 사실에 의하면 피고인이 위 편지를 조흥은행 본점에 송부한 행위가 그 내용을 불특정 또는 다수인에게 전파시킨 경우에 해당한다고 보기는 어려우나, 그로써 조흥은행의 오인 또는 착각 등을 일으켜 위계로써 피해자의 신용을 훼손한 경우에는 해당한다. (대법원 2006도3400)

④ 퀵서비스 운영자인 甲이 배달 업무를 하면서, 손님의 불만이 예상되는 경우에는 평소 경쟁관계에 있는 乙이 운영하는 퀵서비스 명의로 된 영수증을 작성·교부하여 손님들로 하여금 불친절하고 배달을 지연시킨 사업체가 乙 운영의 퀵서비스인 것처럼 인식하게 한 경우 신용훼손죄를 구성하지 않는다. 명예훼손죄나 업무방해죄가 구성될 사안이다. (대법원 2009도5549) = 신용이란 경제적 지불능력이나 지불의사의 신뢰를 저하시키는 것인데, 위 사안은 고객들이 해당업체의 행위에 속아서 피해업체에 대하여 불친절하다는 인식을 심게 되는 것이라서 지불능력과는 관련이 없기 때문에, 신용훼손죄가 아니다. 다만 피해업체의 영업을 방해하는 격이므로 업무방해죄는 구성될 것이다.

III 업무방해죄

형법

제314조【업무방해】 ① 제313조의 방법 또는 위력으로써 사람의 업무를 방해한 자는 5년 이하의 징역 또는 1천500만원 이하의 벌금에 처한다.

1 의의

업무방해죄란 허위의 사실을 유포하거나 위계 또는 위력으로써 사람의 업무를 방해함으로써 성립하는 범죄이다. 본죄는 재산죄적 성격과 사회적 활동의 자유에 대한 죄로서의 성격을 모두 가지고 있다.

2 구성요건

(1) 객체

업무방해죄의 객체는 사람의 업무로서, 자연인은 물론 법인, 법인격 없는 단체 등의 업무를 모두 포함된다.

1) 업무의 개념

① 업무(業務)란 사람이 사회생활상의 지위로서 계속적·반복적으로 행하는 사무·사업을 말한다. (대법원 2004도8701) 일종의 직업적 일로서 업무상과실치사상죄의 업무와 다소 차이가 있다. 업무상과실치사상죄는 하나의 행위유형이며 그 자체가 보호법익이 아니다. 그러나 업무방해죄는 그 자체가 보호법익이다. 이러한 업무는 보수의 유무, 영리의 유무 또는 주된 업무·부수적 업무를 묻지 않는다. 예컨대, 9시 이전에 출근하여 9시에 업무를 시작할 수 있도록 준비하는 행위도 업무방해죄의 객체인 업무에 포함된다. (대법원 96도419)

② 업무방해죄의 업무방해는 널리 그 경영을 저해하는 경우에도 성립하는데, 업무로서 행해져 온 회사의 경영행위에는 그 목적 사업의 직접적인 수행뿐만 아니라 그 확장, 축소, 전환, 폐지 등의 행위도 정당한 경영권 행사의 일환으로서 이에 포함된다. (대법원 2004도8701)

> **관련판례** 업무성 인정 = 업무방해죄 성립
>
> ① **경비원이 상사의 명령에 의하여** 일시적으로 수행하는 유인물의 배부행위는 설사 계속적인 직무권한에 속하지 아니한 일시적인 것이라 할지라도 업무방해죄의 업무에 해당한다. (대법원 71도399)
> ② 건물의 전차인이 임대인의 승낙 없이 전차하였다고 하더라도 전차인이 불법침탈등의 방법에 의하여 위 건물의 점유를 개시한 것이 아니고 그동안 평온하게 음식점 등 영업을 하면서 점유를 계속하여 온 이상 위 전차인의 업무를 업무방해죄에 의하여 보호받지 못하는 권리라고 단정할 수 없다. (대법원 86도1372)
> ③ 피고인이 학교장 등이 대학원장의 **대학원 입학전형업무를 방해**함에 공모하여 방조한 이상 대학원 입학전형 업무는 업무방해죄의 업무에 해당한다. (대법원 94도1520)
> ④ **종중 정기총회**를 주재하는 종중 회장의 의사진행업무 자체는 1회성을 갖는 것이라고 하더라도, 그것이 종중회장으로서의 사회적 지위에서 계속하여 행하여 온 종중 업무수행의 일환으로 행해진 것이라면, 그와 같은 의사진행업무도 업무방해죄에서 보호되는 업무이다. (대법원 95도1589)
> ⑤ 회사가 사업장의 이전을 계획하고 그 이전을 전후하여 사업을 중단 없이 영위할 목적으로 이전에 따른 사업의 지속적인 수행방안, 새 사업장의 신축 및 가동개시와 구 사업장의 폐쇄 및 가동중단 등에 관한 일련의 경영상 계획의 일환으로서 시간적·절차적으로 일정기간의 소요가 예상되는 사업장 이전을 추진, 실시하는 행위는 그 자체로서 일정기간 계속성을 지닌 업무의 성격을 지니고 있을 뿐만 아니라 회사의 본래 업무인 목적 사업의 경영과 밀접불가분의 관계에서 그에 수반하여 이루어지는 것으로 볼 수 있으므로 이 점에서도 업무방해죄에 의한 보호의 대상이 되는 업무에 해당한다. (대법원 2004도8701)
> ⑥ 여객선의 출항 전 안전점검을 충실히 하고 그 결과를 기재한 서류를 작성 또는 보관하여야 할 운항관리자의 업무가 한국해운조합에 대한 관계에서 타인의 업무에 해당한다. (대법원 2015도17290)

> **관련판례** 업무성 부정 = 업무방해죄 부정
>
> ① 주주로서 **주주총회에서 의결권 등을 행사**하는 것은 주식의 보유자로서 그 자격에서 권리를 행사하는 것에 불과할 뿐 그것이 '직업 기타 사회생활상의 지위에 기하여 계속적으로 종사하는 사무 또는 사업'에 해당한다고는 할 수 없다. 따라서 주식회사의 대표이사가 회사의 직원들 130명과 공모하여 위 회사의 주주총회에서 위력으로 21명의 개인주주들이 발언권과 의결권을 행사하지 못하도록 한 경우에는 업무방해죄가 성립하지 않는다. (대법원 2004도1256)
> ② **초등학생들이 학교에 등교하여 교실에서 수업을 듣는 것**은 형법상 업무방해죄의 보호대상이 되는 업무에 해당한다고 할 수 없다. (대법원 2013도3829)

2) 업무의 보호가치

　① 형법상 보호할 가치가 있는 업무인가의 여부는 그 사무가 실제 평온상태에서 일정한 기간 계속적으로 사회생활의 기반을 이루느냐에 따라 결정된다. **업무의 기초가 된 계약 또는 행정행위가 반드시 적법하거나 유효한 업무일 필요는 없지만,** 최소한 형법이 보호할 가치가 있는 업무이어야 한다. (대법원 2006도3687)

　② 그러나 사무나 활동 그 자체가 사회적으로 용인될 수 없을 정도로 반사회적이라면, 업무방해죄의 보호대상이 되는 업무에는 해당되지 않는다. (대법원 2001도5592)

> **관련판례** 업무로서 보호가치성이 인정되는 경우 = 업무방해죄 성립
>
> ① 형법상 업무방해죄의 보호대상이 되는 **업무의 기초가 된 계약 또는 행정행위 등이 반드시 적법하여야 하는 것은 아니지만**, 타인의 위법한 행위에 의한 침해로부터 **보호할** 가치가 있는 것이어야 한다. (대법원 2006도3687)
> ② 한국도로공사의 입찰에 참가한 회사의 하이패스 시스템이 시험에 관한 기본가정 내지 제안요청서상 요구되는 **기술적 조건을 충족하지 못하였고 입찰참여조건을 위반하여 성능시험자체가 부적합**한 것으로 드러났다고 하더라도, 위 시험의 개시나 수행과정에서의 하자 정도가 반사회성을 띠는 데까지 이르렀다고 볼 수 없다. 따라서 도로공사의 위 성능시험 업무는 업무방해죄의 보호대상이 된다. (대법원 2008도2344)

③ 의료인인 갑의 명의로 의료인이 아닌 을이 개설하여 운영하는 병 병원에서, 피고인이 11회에 걸쳐 큰 소리를 지르거나 환자 진료 예약이 있는 갑을 붙잡고 있는 등의 방법으로 위력으로써 갑의 진료 업무를 방해하였다는 내용으로 기소된 사안에서 무자격자에 의해 개설된 의료기관에 고용된 의료인이 환자를 진료한다고 하여 그 진료행위 또한 당연히 반사회성을 띠는 행위라고 볼 수 없다. (대법원 2021도16482) = 의료기관의 운영과 의사의 진료를 분리하여 해석하여야 한다.

> **관련판례** 업무의 보호가치성이 인정되지 않는 경우 = 업무방해죄 부정
>
> ① **의료인이나 의료법인이 아닌 자가 의료기관을 개설**하여 운영하는 행위는 그 위법정도가 중하여 사회생활상 도저히 용납될 수 없는 반사회성을 띠고 있으므로 업무방해죄의 보호대상인 업무에 해당되지 않는다. (대법원 2001도2015)
> ② **법원으로부터 직무집행정지 가처분결정을 받아 그 직무집행이 정지된 자**가 법원의 가처분결정에 반하여 계속 수행하는 업무는 업무방해죄의 보호대상이 되는 업무에 해당하지 않는다. (대법원 2001도5592) = 직무집행정지된 자가 법원의 가처분결정에 반하여 수행한 업무는 법의 보호가치를 상실한 행위이기 때문이다.
> ③ 회사 운영권의 양도·양수 합의의 존부 및 효력에 관한 다툼이 있는 상황에서, **양수인이 비정상적으로 위 회사의 임원변경등기를 마친 것만으로는** 회사 대표이사로서 정상적인 업무를 하기 시작하였다거나, 그 업무가 양도인에 대한 관계에서 보호할 가치에 이르렀다고 보기 어려우므로 업무방해죄가 되지 않는다. (대법원 2006도3687)
> ④ 공인중개사 면허로 등록을 하였으나 **실제 운영은 공인중개사가 아닌 사람이 중개업을 영위**한 경우, 법령 위반행위로서 보호대상인 업무에 해당되지 않는다. (대법원 2006도6599)
> ⑤ 도로관리청으로부터 권한을 위임받아 **과적단속 업무를 담당하는 피해자**의 적재량 재측정을 거부하면서 재측정의 목적으로 피고인의 차량에 올라탄 피해자를 그대로 둔 채 차량을 진행한 사안에서, 적재량 측정을 강제할 수 있는 법령상의 근거가 없는 한 측정을 강제하기 위한 조치를 취할 권한이 없으므로, 이를 행하는 조치는 **정당한 업무집행이라고 볼 수는 없다.** (대법원 2010도935)
> ⑥ 폭력조직 간부인 피고인이 조직원들과 공모하여 甲이 운영하는 **성매매업소 앞에 속칭 '병풍'**을 치거나 차량을 주차해 놓는 등 위력으로써 업무를 방해한 경우는 업무방해죄의 업무에 해당하지 않는다. 성매매알선 등 행위는 법에 의하여 원천적으로 금지된 행위로서 형사처벌의 대상이 되는 중대한 범죄행위일 뿐 아니라 정의관념상 용인될 수 없는 정도로 반사회성을 띠는 경우에 해당하므로, 업무방해죄의 보호대상이 되는 업무라고 볼 수 없다. (대법원 2011도7081)

3) 공무와의 관계

공무원이 직무상 수행하는 공무를 방해하는 행위에 대해서는 업무방해죄를 의율할 수 없다고 본다. 예컨대, 서울 시장이 매년 직무상 행하는 년초의 기자회견을 방해한 경우, 이는 공무집행방해죄로 볼 것이지 업무방해죄로 의율할 것이 아니다. (대법원 2009도11104) 따라서 공무 제외설의 입장이다.

(2) 행위

1) 허위사실의 유포

허위사실의 유포란 신용훼손죄에서와 같이 객관적 진실에 합치하지 않는 사실을 불특정 또는 다수인에게 전파하는 행위이다. (대법원 93도1278) 예컨대, 동종·유사한 상호나 상표를 사용하여 고객을 빼앗는 경우, 종업원이 기술이 졸렬하니 해고하라는 편지를 주인에게 발송한 경우로 허위사실여부의 판단 기준으로는 '그 내용 전체의 취지를 살펴 볼 때 중요한 부분이 객관적 사실과 합치되고 단지 세부에 있어 **약간의 차이가 있거나 다소 과장된 표현이 있는 정도에 불과하여 타인의 업무를 방해할 위험이 없는 경우는 이에 해당하지 않는다.** (대법원 2006도1580)

> **관련판례**
>
> 업무방해죄에서 '허위사실의 유포'란 객관적으로 진실과 부합하지 않는 사실을 유포하는 것으로서 단순한 의견이나 가치판단을 표시하는 것은 이에 해당하지 않는다. 유포한 대상이 사실과 의견 가운데 어느 것에 속하는지 판단할 때는 언어의 통상적 의미와 용법, 증명가능성, 문제 된 말이 사용된 문맥, 당시의 사회적 상황 등 전체적 정황을 고려해서 판단해야 한다. 의견표현과 사실 적시가 혼재되어 있는 경우에는 이를 전체적으로 보아 허위사실을 유포하여 업무를 방해한 것인지 등을 판단해야지, 의견표현과 사실 적시 부분을 분리하여 별개로 범죄의 성립 여부를 판단해서는 안 된다. 반드시 기본적 사실이 거짓이어야 하는 것은 아니고 비록 기본적 사실은 진실이더라도 이에 거짓이 덧붙여져 타인의 업무를 방해할 위험이 있는 경우도 업무방해에 해당한다. 그러나 그 내용 전체의 취지를 살펴볼 때 중요한 부분이 객관적 사실과 합치되고 단지 세부적으로 약간의 차이가 있거나 다소 과장된 표현이 있는 정도에 지나지 않아 타인의 업무를 방해할 위험이 없는 경우는 이에 해당하지 않는다. (대법원 2021도6634)

2) 위계(僞計)

① 위계란 행위자의 행위목적을 달성하기 위하여 상대방에게 오인·착각 또는 부지를 일으키게 하여 이를 이용하는 것을 말한다. 따라서 인터넷 자유게시판 등에 실제의 객관적인 사실을 게시하는 행위는 설령 그로 인하여 피해자의 업무가 방해된다고 하더라도 업무방해죄의 '위계'에 해당하지 않는다. (대법원 2006도3839)

② 담당자가 **충분한 심사를 하였음에도** 위계행위가 완벽에 가까워서 속임수를 알아차릴 수 없을 정도인 경우에는 위계가 인정되어 **업무방해죄가 성립한다.** 하지만 **담당자가 불충분한 심사를 하여** 알아차릴 수 있는 수준의 위계에 빠진 경우라면, 위계가 인정되지 않아서 **업무방해죄가 성립하지 않는다.** (대법원 2003도7927)

③ 또한 위계는 상대방을 오인·착각·부지에 빠지게 하는 것이므로, 해당자가 **스스로 위계를 창출하는 경우에는 위계의 상대방이 없는 것이므로 업무방해죄가 성립하지 않는다.** 예컨대, 신규직원 채용권한을 가지고 있는 지방공사 사장이 시험업무 담당자들에게 지시하여 상호 공모 내지 양해 하에 시험성적조작 등의 부정한 행위를 한 경우, 법인인 공사에게 신규직원 채용업무와 관련하여 오인·착각 또는 부지를 일으키게 한 것이 아니므로 업무방해죄에 해당하지 않는다. (대법원 2005도6404) 지방공기업 사장인 피고인이 내부 인사규정 변경을 위한 적법한 절차를 거치지 않은 채 채용공고 상 자격요건을 무단으로 변경하여 공동피고인을 2급 경력직의 사업처장으로 채용한 행위에 대하여 위계 또는 위력에 의한 업무방해죄로 기소된 사안에서, 채용공고가 인사규정에 부합하는지 여부는 서류심사위원과 면접위원의 업무와 무관하고, 피고인들이 서류심사위원과 면접위원에게 오인, 착각 또는 부지를 일으키게 하여 이를 이용하였다고 볼 수 없으며, 공기업 대표이사인 피고인은 직원 채용 여부에 관한 결정에 있어 인사담당자의 의사결정에 관여할 수 있는 권한을 갖고 있어 관련 업무지시를 위력 행사로 볼 수 없고, 피고인들이 서류심사위원과 면접위원, 인사담당자의 업무의 공정성, 적정성을 해하였거나, 이를 해한다는 인식이 있었다고 단정하기 어렵다고 보아 전부 무죄로 판단한 원심을 수긍한 사례이다. (대법원 2020도16182)

④ 그러나 **수산업협동조합 신규직원 채용 업무와 관련하여 필기시험** 채점업무 담당자들이 조합장인 피고인의 지시에 따라 점수조작을 통해 필기시험에 합격시켜 면접을 보게 한 사안에서, **공모 또는 양해하였다고 볼 수 없는 면접위원의 면접업무를 방해하였다고 보아 업무방해죄를 인정한 바 있다.** (대법원 2009도8506)

⑤ 보통 면접점수 조작이나 시험 조작행위는 업무방해죄를 구성하는 것이되, 지방공사 신규직원 채용사건은 예외적인 판례임을 알아두길 바란다.

⑥ 위계에 의한 업무방해죄의 성립요건 및 컴퓨터 등 정보처리장치에 정보를 입력하는 등의 행위가 입력된 정보 등을 바탕으로 업무를 담당하는 사람의 오인, 착각 또는 부지를 일으킬 목적으로 행해진 경우, 그 행위가 업무를 담당하는 사람을 직접적인 대상으로 이루어진 것이 아니라도 '위계'에 해당한다. (대법원 2013도5814)

> **관련판례** 위계에 의한 업무방해죄 인정

① 교수인 피고인 갑(甲)이 출제교수들로부터 **대학원신입생전형시험문제를 제출받아** 피고인 을(乙), 병(丙)에게 그 시험문제를 알려주자 그들이 답안쪽지를 작성한 다음 이를 답안지에 그대로 베껴 써서 그 **정을 모르는 시험감독관에게 제출한 경우**에는, 위계로써 입시감독업무를 방해한 것이므로 업무방해죄에 해당한다. (대법원 91도2211)

② 사립대학교 대학원생 甲은 석사학위 취득을 목적으로 타인에게 전체 논문의 초안작성을 의뢰하고, 그에 따라 작성된 논문의 내용에 약간의 수정만을 가하였으면서도 자신이 직접 작성한 것처럼 속이고 지도교수에게 논문을 제출하여 심사를 통과하였다면, 위계에 의한 업무방해죄가 성립한다. (대법원 94도2708)

③ 주한외국영사관에 비자 발급을 신청함에 있어서 허위의 사실을 기재한 신청서와 이를 입증할 다른 허위자료까지 제출하고 공범으로 하여금 **비자 면접 때 그에 맞추어 허위의 답변을 하도록 연습을** 시킨 경우 위계에 의한 업무방해죄가 성립된다. (대법원 2003도7927)

④ 대한주택공사가 시행하는 택지개발사업의 공동택지용지 수의공급업무와 관련하여 택지개발예정지구 지정공고일 이후에 대상토지를 매수하여 관련 규정상 신청자격이 없는 자가 계약일자를 위 공고일 이전으로 **허위기재한 매매계약서를 기초로 소유권이전등기를 마친 후** 그 등기부등본과 계약일자를 허위로 기재한 소유토지조서를 첨부하여 **수의공급신청을 한 경우**, 위 공사의 택지공급업무의 적정성과 공정성을 해할 위험을 초래한 것에 해당하여 위계에 의한 업무방해죄를 구성한다. 신청인이 업무담당자에게 허위의 주장을 하면서 이에 부합하는 허위의 소명자료를 첨부하여 제출한 경우 그 수리 여부를 결정하는 업무담당자가 관계 규정이 정한 바에 따라 그 요건의 존부에 관하여 나름대로 충분히 심사를 하였음에도 신청사유 및 소명자료가 허위임을 발견하지 못하여 그 신청을 수리하게 될 정도에 이르렀다면, 이는 업무담당자의 불충분한 심사가 아니라 신청인의 위계행위에 의하여 업무방해의 위험성이 발생한 것이어서 위계에 의한 업무방해죄가 성립한다. (대법원 2007도5030)

⑤ 특정 회사가 제공하는 게임사이트에서 **정상적인 포커게임을 하고 있는 것처럼 가장하면서** 통상적인 업무처리 과정에서 적발해 내기 어려운 사설 프로그램을 이용하여 **약관상 양도가 금지되는 포커머니를 약속된 상대방에게 이전**해 준 행위는 「형법」 제314조 제2항에 정한 '부정한 명령의 입력'에 해당하지 않지만, 회사의 정상적인 게임사이트 운영 업무를 방해한 것이므로 위계에 의한 업무방해죄는 구성한다. (대법원 2007도9334)

⑥ 甲 상호저축은행 경영진인 피고인이 영업정지가 임박한 상황에서 甲 저축은행에 파견되어 있던 금융감독원 감독관에게 알리지 아니한 채 영업마감 후에 특정 고액 예금채권자들에게 영업정지 예정사실을 알려주어 예금을 인출하도록 함으로써 파견감독관의 상시감독업무를 방해하였다는 내용으로 기소된 사안에서, 피고인의 행위가 업무방해죄의 '위계'에 해당한다. (대법원 2012도10629)

⑦ ACS(Auto Calling Service)시스템에 허위의 응답을 입력한 행위만 한 것이 아니라, 선거구 지역에 거주하지 아니하여 여론조사에 응답할 자격이 없거나 중복응답이 되어 여론조사를 왜곡할 위험이 있다는 사정을 알면서도 여론조사에 참여하기 위하여 미리 자신의 휴대전화를 착신전환해 둔 사실, ACS 전화가 걸려오자 고의로 허위의 응답을 입력함으로써 공소외 1 후보의 지지율을 높이는 방법으로 경선관리위원회와 공소외 2 주식회사의 공정한 여론조사를 통한 후보자 경선관리업무에 위험을 초래한 사실도 인정할 수 있으므로, 피고인들의 위와 같은 일련의 행위는 단순히 정보처리장치를 부정 조작한 수준을 넘어 사람에 의하여 이루어지는 여론조사를 통한 경선관리업무를 위계로 방해하였다고 평가할 여지가 충분하여(ACS시스템에 대한 허위 입력은 전체적인 위계의 행위태양 중 일부분일 뿐만 아니라 경선을 통한 후보자 확정과정에서 부분적 도구에 불과함) 형법 제314조 제1항에 규정된 업무방해죄에 해당한다. (대법원 2013도5814)

⑧ 피고인 갑, 을이 공모하여, 피고인 갑은 병 고등학교의 학생 정이 약 10개월 동안 총 84시간의 봉사활동을 한 것처럼 허위로 기재된 봉사활동확인서를 발급받아 피고인 을에게 교부하고, 피고인 을은 이를 정의 담임교사를 통하여 병 학교에 제출하여 정으로 하여금 2010년도 학교장 명의의 봉사상을 수상하도록 하는 방법으로 위계로써 학교장의 봉사상 심사 및 선정 업무를 방해하였다. (대법원 2017도19283)

관련판례 위계에 의한 업무방해죄 부정

① 피고인이 그가 경영하던 공장을 갑에게 양도하면서 **미수 외상대금 채권의 수금권을 포기하기로 약정**하고도 이를 외상채무자들에게 **고지하지 아니하고 외상대금을 수령**한 행위는 업무방해죄가 성립하지 않는다. (대법원 83도2270)

② **신규직원 채용권한을 가지고 있는 지방공사 사장**이 시험업무 담당자들에게 지시하여 상호 공모 내지 양해 하에 **시험성적조작 등의 부정한 행위를 한 경우** 법인인 공사에게 신규직원 채용업무와 관련하여 오인·착각 또는 부지를 일으키게 한 것이 아니므로 업무방해죄에 해당하지 않는다. (대법원 2005도6404)

③ '위계'라 함은 행위목적을 달성하기 위하여 상대방에게 오인·착각 또는 부지를 일으키게 하여 이를 이용하는 것을 말하므로, **인터넷 자유게시판 등에 실제의 객관적인 사실을 게시하는 행위**는, 설령 그로 인하여 피해자의 업무가 방해된다고 하더라도, 위 법조항 소정의 '위계'에 해당하지 않는다. (대법원 2006도3839)

④ 대학교 시간강사 임용과 관련하여 허위의 학력이 기재된 이력서만을 제출한 사안에서, 임용심사업무 담당자가 불충분한 심사로 인하여 허위 학력이 기재된 이력서를 믿은 것이므로 위계에 의한 업무방해죄를 구성하지 않는다. (대법원 2008도6950)

⑤ 피고인이 피해자 게임회사들이 제작한 모바일게임의 이용자들의 게임머니나 능력치를 높게 할 수 있는 변조된 게임프로그램을 해외 인터넷 사이트에서 다운로드받은 다음, 위와 같은 게임프로그램을 제공한다는 것을 나타내는 문구가 게임프로그램 실행 시 화면에 나올 수 있도록 게임프로그램을 변조한 후 자신이 직접 개설한 모바일 어플리케이션 공유사이트 게시판에 위와 같이 변조한 게임프로그램들을 게시·유포하여 위계로써 피해자 게임회사들의 정상적인 영업업무를 방해하였다는 내용으로 기소된 사안에서, 피고인이 어떠한 방법으로 변조된 게임프로그램을 실행하여 게임서버에 접속하였는지에 관하여 전혀 특정하지 아니한 채 변조된 게임프로그램을 **게시·유포하였다는 사실만으로는** 위계에 의한 업무방해죄가 성립하지 않는다. (대법원 2016도15144) = 게임회사로서는 위와 같이 변조된 게임프로그램을 설치·실행하여 서버에 접속한 게임이용자와 정상적인 게임프로그램을 **설치·실행하여** 서버에 접속한 게임이용자를 구별할 수 없게 되므로, 게임이용자가 변조된 게임프로그램을 설치·실행하여 게임서버에 접속하여야 비로소 게임회사에 대한 위계에 의한 업무방해죄가 성립한다고 할 것이다.

⑥ 피고인이 피해 회사가 사용 중인 서비스표를 피해 회사보다 시간적으로 먼저 등록출원을 하였다거나 피해 회사가 사용 중인 서비스표의 제작에 실제로는 관여하지 않았으면서도 서비스표 등록출원을 하였다는 등의 사정만으로는 피해 회사에 대한 위계에 해당한다고 단정하기 어렵다. (대법원 2017도7236)

⑦ 전화금융사기 조직의 현금 수거책인 피고인이 무매체 입금거래의 '1인 1일 100만 원' 한도 제한을 회피하기 위하여 은행 자동화기기에 제3자의 주민등록번호를 입력하는 방법으로 이른바 '쪼개기 송금'을 한 것이 은행에 대한 업무방해죄로 기소된 사안에서, 대법원은 피고인의 행위가 업무방해죄에서 말하는 위계에 해당하지 않는다는 전제에서 위계에 의한 업무방해죄가 성립하지 않는다. (대법원 2021도12394)

⑧ 계좌개설 신청인 甲이 접근매체를 양도할 의사로 금융기관에 법인명의 계좌를 개설하면서 예금거래신청서 등에 금융거래의 목적이나 접근매체의 양도의사 유무 등에 관한 사실을 허위로 기재하였으나, 계좌개설 심사업무를 담당하는 금융기관의 업무담당자가 단순히 예금거래신청서 등에 기재된 계좌개설 신청인의 허위 답변만을 그대로 믿고 그 내용의 진실 여부를 확인할 수 있는 증빙자료의 요구 등 추 확인조치 없이 법인 명의의 계좌를 개설해 준 경우 그 계좌개설은 금융기관 업무담당자의 불충분한 심사에 기인한 것이므로, 계좌개설 신청인의 위계가 업무방해의 위험성을 발생시켰다고 할 수 없어 위계에 의한 업무방해죄를 구성하지 않는다. (대법원 2021도17151)

⑨ 학위청구논문의 작성계획을 밝히는 예비심사 단계에서 제출된 논문 또는 자료의 경우에는 아직 본격적인 연구가 이루어지기 전이고, 연구주제 선정, 목차 구성, 논문작성계획의 수립, 기존 연구성과의 정리 등에 논문지도교수의 폭넓은 지도를 예정하고 있다고 할 것이어서 학위논문과 동일하게 볼 수 없다. 따라서 피고인 A가 지도교수에 의한 수정, 보완을 거친 이 사건 예심자료를 제출하였다 하더라도 이로써 X대학원장 등에게 오인·착각 또는 부지를 일으키게 하여 이를 이용하였다거나, 업무방해의 결과를 초래할 위험이 발생하였다고 단정하기 어렵다. (대법원 2021도13708)

3) 위력(威力)

위력이란 사람의 자유의사를 제압·혼란케 할 만한 일체의 유형·무형의 세력을 말한다. 현실적으로 피해자의 자유의사가 제압될 것을 요하는 것은 아니다. (대법원 99도495)

위력의 수단과 방법은 불문한다. **폭행·협박은 물론 무형적인 사회적·경제적·정치적 지위와 권세에 의한 압박도 이에 포함되며**, 반드시 업무에 종사 중인 사람에게 직접 가해지는 세력이 아니더라도, 사람의 자유의사나 행동을 제압할 만한 일정한 물적 상태를 만들어 그 결과 사람으로 하여금 정상적인 업무수행 활동을 불가능하게 하거나 현저히 곤란하게 하는 행위도 이에 포함될 수가 있다. (대법원 2007도6754) 정치적인 의사표현을 위한 집회나 행위가 헌법 제21조에 따라 보장되는 정치적 표현의 자유나 헌법 제10조에 내재된 일반적 행동의 자유의 관점 등에서 보호받을 가능성이 있더라도 전체 법질서상 용인될 수 없을 정도로 사회적 상당성을 갖추지 못한 때에는 그 행위 자체가 위법한 세력의 행사로서 형법 제314조 제1항의 업무방해죄에서 말하는 위력의 개념에 포섭될 수 있다. (대법원 2021도16591)

> **관련판례** **위력에 의한 업무방해죄 인정**
>
> ① 피고인이 자신의 명의로 등록되어 있는 피해자 운영의 학원에 대해서 피해자의 승낙을 받지 아니하고 폐원신고를 하였다고 하더라도 피해자에게 사전에 통고를 한 뒤 **폐원신고를 하였다면**, 피해자가 운영하고 있는 학원이 **자신의 명의로 등록되어 있는 지위를 이용하여 임의로 폐원신고를 함으로써 피해자의 업무를 위력으로써 방해한 것이다.** (대법원 2003도5004)
>
> ② 임대인이 임차인의 물건을 임의로 철거·폐기할 수 있다는 **임대차계약 조항에 따라** 임대인인 피고인이 간판업자를 동원하여 임차인 피해자가 영업 중인 식당 점포의 **간판을 철거하고 출입문을 봉쇄하는 등의 행위**는 위력을 사용하여 피해자의 업무를 방해한 행위에 해당한다. (대법원 2004도341)
>
> ③ 대부업체 직원 甲은 대출금을 회수하기 위하여 소액의 지연이자를 문제 삼아 법적 조치를 거론하면서 소규모 간판업자인 채무자의 휴대전화로 수백 회에 이르는 전화공세를 하였다면, 위력에 의한 업무방해죄가 성립한다. (대법원 2004도8447)
>
> ④ 피고인을 비롯한 **전국철도노동조합 집행부**가 중앙노동위원회 위원장의 **직권중재회부결정에도 불구하고 파업에 돌입할 것을 지시하여**, 조합원들이 사업장에 출근하지 아니한 채 업무를 거부하여 철도 운행이 중단되도록 함으로써 사용자(한국철도공사)에게 손해를 입힌 경우, 업무방해죄가 성립한다. (대법원 2007도482)
>
> ⑤ **전국철도노동조합이 파업을 예고한 상황**에서 파업 예정일 하루 전에 사용자인 한국철도공사 측 교섭위원 甲이 산하 차량정비단 직원들을 상대로 **설명회 등 특별교육을 실시하려고 하자**, 노동조합 간부인 피고인 등이 **직원들의 교육장 진입을 막는 등** 위력으로 甲의 업무를 방해한 행위는 업무방해죄에 해당한다. (대법원 2012도3475)

> **관련판례** **위력에 의한 업무방해죄 부정**
>
> ① 도급인의 공사계약해제가 적법하고 **수급인이 스스로 공사를 중단한 상태**에서 도급인이 공사현장에 남아 있는 수급인 소유의 **공사자재 등을 다른 곳으로 옮긴 경우**, 수급인의 공사업무를 방해했다고 볼 수 없다. (대법원 98도3240)
>
> ② 만 74세를 넘긴 노인이 주위에 종중원들 및 마을 주민 10여 명과 지적공사 직원 3명이 모여 있는데 나타나서 혼자 측량을 반대하면서 소리치며 시비를 한 경우, 피해자의 자유의사를 제압하기에 족한 위력을 행사한 것으로 볼 수 없다. (대법원 99도495)
>
> ③ 임대인 甲으로부터 건물을 임차하여 학원을 운영하던 피고인이 건물을 인도한 이후에도 자신 명의로 된 학원설립등록을 말소하지 않고 **휴원신고를 연장함으로써** 새로운 임차인 乙이 그 건물에서 **학원설립등록을 하지 못하도록 한 경우 업무방해죄가 성립하지 않는다.** (대법원 2010도9186)
>
> ④ 인터넷카페의 운영진인 피고인들이 카페 회원들과 공모하여, **특정 신문들에 광고를 게재하는 광고주들에게 불매운동의 일환으로 지속적·집단적으로 항의전화**를 하거나 항의글을 게시하는 등의 방법으로 광고중단을 압박한 경우, 광고주들의 자유의사를 억압할 위력이 있다고는 볼 수 있으나, 신문사들에 대해서 직접적인 위력이 있다고 보기는 어려워서 신문사에 대한 업무방해죄가 성립하지 않는다. (대법원 2010도410)

⑤ 피고인이 갑과 토지 지상에 창고를 신축하는 데 필요한 형틀공사 계약을 체결한 후 그 공사를 완료하였는데, 갑이 공사대금을 주지 않는다는 이유로 위 토지에 쌓아 둔 건축자재를 치우지 않고 공사현장을 막는 방법으로 위력으로써 갑의 창고 신축 공사 업무를 방해하였다는 내용으로 기소된 사안에서, 피고인이 자신의 공사를 위하여 쌓아 두었던 건축자재를 공사 완료 후에 단순히 치우지 않은 행위가 위력으로써 갑의 추가 공사 업무를 방해하는 업무방해죄의 실행행위로서 갑의 업무에 대하여 하는 적극적인 방해행위와 동등한 형법적 가치를 가진다고 볼 수 없다. (대법원 2017도13211)

4) 업무방해

① 업무방해란 업무의 집행 자체를 방해한 경우는 물론이고, 널리 업무의 경영을 저해하는 것을 포함한다. (대법원 98도3767, 2010도410) 그리고 특정한 업무 그 자체를 방해하는 것뿐 아니라 널리 업무수행의 원활한 진행을 저해하는 것도 포함한다.

② 업무방해죄는 업무를 방해할 우려가 있는 상태가 발생한 때에 기수가 된다. 방해결과의 현실적 발생은 요하지 않는다. (추상적 위험범) 즉, 업무방해죄의 성립에는 업무방해의 결과가 실제로 발생함을 요하지 않고 업무방해의 결과를 초래할 위험이 발생하면 족하며, **업무수행 자체가 아니라 업무의 적정성 내지 공정성이 방해된 경우에도 업무방해죄가 성립한다.** (대법원 2009도8596) 다만 업무방해 결과발생의 염려가 아예 없는 경우에는 본죄가 성립하지 않는다고 할 것이다. (대법원 2005도5432)

(3) 고의

업무방해죄는 고의범이므로 허위사실유포·위계·위력으로 타인의 업무를 방해한다는 사실에 대한 인식·의사를 내용으로 하는 고의가 있어야 한다. 다만, 업무방해죄에서 업무방해의 범의는 반드시 업무방해의 목적이나 계획적인 업무방해의 의도가 있어야 인정되는 것은 아니고, 자기의 행위로 인하여 타인의 업무가 방해될 것이라는 결과를 발생시킬 만한 가능성 또는 위험이 있음을 인식하거나 예견하면 족한 것이며, 그 인식이나 예견은 확정적인 것은 물론 불확정적인 것이라도 이른바 미필적 고의로 인정되는 것이다. (대법원 2012도3475)

3 위법성

정당행위	① **시장번영회 회장**이 이사회의 결의와 시장번영회의 **관리규정에 따라서 관리비 체납자의 점포에 대하여 실시한 단전조치**는 정당행위로 업무방해죄가 성립하지 않는다. (대법원 2003도4732) ② **백화점 입주상인들**이 영업을 하지 않고 매장 내에서 점거 농성만을 하면서 매장 내의 기존의 전기시설에 임의로 전선을 연결하여 각종 **전열기구를 사용함으로써** 화재위험이 높아 백화점 경영회사의 대표이사인 피고인이 부득이 **단전조치를 취한 경우**, 위력에 의한 업무방해죄가 성립하지 않는다. (대법원 94도3136)
	① 근로자들이 집단적으로 근로의 제공을 거부하여 사용자의 정상적인 업무운영을 저해하는 **쟁의행위로서 파업을 언제나 업무방해죄에 해당하는 것으로 볼 것은 아니고**, 전후 사정과 경위 등에 비추어 사용자가 예측할 수 없는 시기에 전격적으로 이루어져 사용자의 사업운영에 **심대한 혼란 내지 막대한 손해를 초래하는 등으로 사용자의 사업계속에 관한 자유의사가 제압·혼란될 수 있다고 평가할 수 있는 경우**에 비로소 집단적 노무제공의 거부가 위력에 해당하여 **업무방해죄**가 성립한다. (대법원 2011도393) = 기존에는 위력에 의한 업무방해죄에 해당한다고 보았으나 전원합의체판결을 통해 한정적극으로 파업의 위력의 의미를 제한하였다. ② 근로자들이 직장 또는 사업장 시설을 전면적·배타적으로 점거하여 조합원 이외의 자의 출입을 저지하거나 사용자 측의 관리지배를 배제하여 업무의 중단 또는 혼란을 야기케 하는 것과 같은 행위는 쟁의행위의 정당성의 한계를 벗어난 것이다. (대법원 2010도9963) ③ 즉, '노동조합이 근로조건 개선을 내세워 쟁의행위에 돌입하였으나 그 주된 목적이 정부의 공기업 구조조정에 의한 조폐창 통폐합을 반대하기 위한 대정부 투쟁'에 있는 경우(대법원 99도5380)나 '단순노무제공의 거부라고 하더라도 그것이 정당한 쟁의행위가 아니면서 위력으로 업무의 정상적인 운영을 방해할 정도에 이르는 경우(대법원 2001도1863)'는 위법성이 조각되지 않고 업무방해죄가 성립한다. (대법원 2001도1863)

④ 피고인을 비롯한 **전국철도노동조합 집행부**가 중앙노동위원회 위원장의 **직권중재회부결정에도 불구하고 파업에 돌입할 것을 지시하여**, 조합원들이 사업장에 출근하지 아니한 채 업무를 거부하여 철도 운행이 중단되도록 함으로써 사용자(한국철도공사)에게 손해를 입힌 경우, 업무방해죄가 성립한다. (대법원 2007도482)

⑤ [1] 형법 제20조는 '사회상규에 위배되지 아니하는 행위'를 정당행위로서 위법성이 조각되는 사유로 규정하고 있다. 위 규정에 따라 사회상규에 의한 정당행위를 인정하려면, 첫째 그 행위의 동기나 목적의 정당성, 둘째 행위의 수단이나 방법의 상당성, 셋째 보호이익과 침해이익과의 법익균형성, 넷째 긴급성, 다섯째로 그 행위 외에 다른 수단이나 방법이 없다는 보충성 등의 요건을 갖추어야 하는데, 위 '목적·동기', '수단', '법익균형', '긴급성', '보충성'은 불가분적으로 연관되어 하나의 행위를 이루는 요소들로 종합적으로 평가되어야 한다. '목적의 정당성'과 '수단의 상당성' 요건은 행위의 측면에서 사회상규의 판단 기준이 된다. 사회상규에 위배되지 아니하는 행위로 평가되려면 행위의 동기와 목적을 고려하여 그것이 법질서의 정신이나 사회윤리에 비추어 용인될 수 있어야 한다. 수단의 상당성·적합성도 고려되어야 한다. 또한 보호이익과 침해이익 사이의 법익균형은 결과의 측면에서 사회상규에 위배되는지를 판단하기 위한 기준이다. 이에 비하여 행위의 긴급성과 보충성은 수단의 상당성을 판단할 때 고려요소의 하나로 참작하여야 하고 이를 넘어 독립적인 요건으로 요구할 것은 아니다. 또한 그 내용 역시 다른 실효성 있는 적법한 수단이 없는 경우를 의미하고 '일체의 법률적인 적법한 수단이 존재하지 않을 것'을 의미하는 것은 아니라고 보아야 한다.

[2] 갑 대학교는 학교법인의 전 이사장 을이 부정입학과 관련된 금품수수 등의 혐의로 구속되었다가 갑 대학교 총장으로 선임됨에 따라 학내 갈등을 빚던 중, 총학생회 간부인 피고인들이 총장 을과의 면담을 요구하면서 총장실 입구에서 진입을 시도하거나, 교무위원회 회의실에 들어가 총장의 사퇴를 요구하면서 이를 막는 학교 교직원들과 실랑이를 벌임으로써 위력으로 업무를 방해하였다는 내용으로 기소된 사안에서, 행위의 목적 및 경위 등에 비추어 보면, 피고인들이 분쟁의 중심에 있는 을을 직접 찾아가 면담하는 이외에는 다른 방도가 없다는 판단 아래 을과 면담을 추진하는 과정에서 피고인들을 막아서는 사람들과 길지 않은 시간 동안 실랑이를 벌인 것은 사회상규에 위배되지 아니하는 **정당행위에 해당**한다. (대법원 2017도2760)

정당방위	토지매수자가 토지를 경작하기 위하여 소를 이용하여 쟁기질을 하고 성장한 보리를 갈아 뭉개는 행위는, 피고인의 재산에 대한 현재의 부당한 침해라 할 것이므로 이를 막기 위하여 그 경작을 못 하도록 **소 앞을 가로막고 쟁기를 잡아당기는 피고인의 행위**는 정당방위에 해당한다. (대법원 76도3469) = 업무방해죄가 아님.
피해자 승낙	• 甲은 남편 사망 후 세 자녀를 데리고 계주를 해가며 어렵게 살던 중, 계 운영이 어려워지자 피고인 乙에게 빚을 지고 담보를 설정해주었다. 甲이 계속 빚을 못 갚자 乙은 계원들에게 "甲은 과부의 몸이고, 계금을 모아서 도망가더라도 어느 한 사람 책임지고 도와 줄 사람이 없으니 계금을 甲에게 주지 말고 나에게 달라"고 한 경우, 乙의 행위는 업무방해죄에 해당하지 않는다. • 왜냐하면 피고인 乙에 대하여 **다액의 채무를 부담하고 있던 甲**으로서는 채권확보를 위한 피고인의 요구를 거절할 수 없었기 때문에 피고인이 계주의 업무를 대행하는 데 대하여 이를 승인 내지 **묵인한 사실이 인정되니 피해자의 승낙에 의한 행위**로 위법성이 조각되기 때문이다. • 또한 신용훼손죄도 되지 않는데, 해당 사실이 허위사실의 유포라고 보기 어렵기 때문이며, 명예훼손죄도 인정되지 않는다고 본다. (대법원 82도2486)
기타 위법성조각	① 피고인의 의사에 반하여 피고인이 30년 동안 점유해 온 대지위에 담장을 축조하려는 것을 피고인이 다소 위력을 과시하여 이를 저지한 것이 사회통념상 일탈한 것이라고 볼 수 없다면 위법성이 조각된다. (대법원 82도805) ② 자기소유의 토지에다 타인이 가옥을 신축하려고 기초를 판 것을 메워버린 행위는 자기소유·점유에 대한 부당한 침탈 또는 방해행위를 배제하기 위한 것이고 이를 타인의 업무를 방해한 것이라고 보기는 어렵다. (대법원 85도1597)

4 죄수

① 허위사실을 수회 반복하여 수인에게 유포하거나 위계와 위력을 함께 사용한 경우에는 업무방해죄의 단순일죄가 된다.

② 1개의 행위로 신용을 훼손함과 동시에 업무도 방해한 경우에는 업무방해죄와 신용훼손죄의 상상적 경합이 되고, 업무방해가 동시에 배임행위가 되는 경우에는 업무방해죄와 배임죄의 상상적 경합이 된다.

③ 충남**지방경찰청 민원실에서** 민원인들이 진정사건 처리와 관련하여 지방경찰청장과의 면담 등을 요구하면서 이를 제지하는 **경찰관들에게 큰소리로 욕설을 하고 행패를 부린 행위**에 대해서 **공무집행방해가 구성될 수 있을지는 몰라도 수사 관련 업무를 방해한 것이라는 이유로 업무방해죄 성립을 인정할 수는 없다.** (대법원 2009도4166) 형법이 업무방해죄와는 별도로 공무집행방해죄를 규정하고 있는 것은 사적 업무와 공무를 구별하여 공무에 관해서는 공무원에 대한 폭행, 협박 또는 위계의 방법으로 그 집행을 방해하는 경우에 한하여 처벌하겠다는 취지라고 보아야 한다. 따라서 공무원이 직무상 수행하는 공무를 방해하는 행위에 대해서는 업무방해죄로 의율할 수는 없다. (대법원 2009도4166) 경찰청 민원실에서 말똥을 책상 및 민원실 바닥에 뿌리고 소리를 지르는 등 난동을 부린 행위가 '위력'으로 경찰관의 민원접수 업무를 방해한 것이라는 이유로 업무방해로 의율할 수 없다. (대법원 2008도9049)

> **관련판례** 업무방해죄 인정
>
> ① **경비원이 상사의 명령에 의하여** 일시적으로 수행하는 유인물의 배부행위는 설사 계속적인 직무권한에 속하지 아니한 일시적인 것이라 할지라도 업무방해죄의 업무에 해당한다. (대법원 71도399)
>
> ② 피고인 甲은 대표선출에 관한 규정에 위배하여 개최된 유림총회의 회의를 위력으로 진행하지 못하게 하고, 걸려 있는 현수막을 제거하였으며, 회의장에 들어가려는 대의원들을 회의에 참석하지 못하게 하였다. 이로 인해 총회의 무기연기가 선언되었다면, 위력에 의한 업무방해죄가 성립한다. (대법원 90도2501)
>
> ③ 교수인 피고인 갑이 출제교수로부터 **대학원 신입생 전형시험문제를 제출받아** 피고인 을, 병에게 그 시험문제를 알려주자 그들이 답안쪽지를 작성한 다음 이를 답안지에 그대로 베껴 써서 그 **정을 모르는 시험감독관에게 제출한 경우**에는, 위계로써 입시감독업무를 방해한 것이므로 업무방해죄에 해당된다. (대법원 91도2211)
>
> ④ 피고인이 학교장 등이 대학원장의 **대학원 입학전형업무를 방해**함에 공모하여 방조한 이상 대학원 입학전형 업무는 업무방해죄의 '업무'에 해당한다. (대법원 94도1520)
>
> ⑤ 사립대학교 대학원생 甲은 석사학위 취득을 목적으로 타인에게 전체 논문의 초안작성을 의뢰하고, 그에 따라 작성된 논문의 내용에 약간의 수정만을 가하였으면서도 자신이 직접 작성한 것처럼 속이고 지도교수에게 논문을 제출하여 심사를 통과하였다면, 위계에 의한 업무방해죄가 성립한다. (대법원 94도2708)
>
> ⑥ **종중 정기총회**를 주재하는 종중 회장의 의사진행업무 자체는 1회성을 갖는 것이라고 하더라도, 그것이 종중회장으로서의 사회적 지위에서 계속적으로 행하여 온 종중 업무수행의 일환으로 행해진 것이라면, 그와 같은 의사진행업무도 업무방해죄에서 보호되는 업무이다. (대법원 95도1589)
>
> ⑦ 선착장에 대한 공유수면점용허가를 받지 아니하고 고흥군의 지시에 따라 선착장점용허가권자인 마을주민 대표들과 임대차계약을 체결하고 선박으로 폐석을 운반하는 업무는 업무방해죄의 보호대상이 되는 업무에 해당한다. (대법원 96도2214)
>
> ⑧ '한국조폐공사 노동조합이 근로조건 개선을 내세워 쟁의행위에 돌입하였으나 그 주된 목적이 정부의 공기업 구조조정에 의한 조폐창 통폐합을 반대하기 위한 대정부 투쟁'에 있는 경우는 업무방해죄에 해당한다. (대법원 99도5380)
>
> ⑨ 단순노무제공의 거부라고 하더라도 그것이 정당한 쟁의행위가 아니면서 위력으로 업무의 정상적인 운영을 방해할 정도에 이르는 경우는 위법성이 조각되지 않고 업무방해죄가 성립한다. (대법원 2001도1863)
>
> ⑩ 피고인이 자신의 명의로 등록되어 있는 피해자 운영의 학원에 대해서 피해자의 승낙을 받지 아니하고 폐원신고를 하였다고 하더라도 피해자에게 사전에 통고를 한 뒤 **폐원신고를 하였다면**, 피해자가 운영하고 있는 학원이 **자신의 명의로 등록되어 있는 지위를 이용하여 임의로 폐원신고를 함으로써 피해자의 업무를 위력으로써 방해한 것이다.** (대법원 2003도5004)

⑪ 주한외국영사관에 비자 발급을 신청함에 있어서 허위의 사실을 기재한 신청서와 이를 입증할 다른 허위자료까지 제출하고 공범으로 하여금 **비자 면접 때 그에 맞추어 허위의 답변을 하도록 연습을** 시킨 경우 위계에 의한 업무방해죄가 성립된다. (대법원 2003도7927)

⑫ 임대인이 임차인의 물건을 임의로 철거·폐기할 수 있다는 **임대차계약 조항에 따라** 임대인인 피고인이 간판업자를 동원하여 임차인 피해자가 영업 중인 식당 점포의 **간판을 철거하고 출입문을 봉쇄하는 등의 행위**는 위력을 사용하여 피해자의 업무를 방해한 행위에 해당한다. (대법원 2004도341)

⑬ 대부업체 직원 甲은 대출금을 회수하기 위하여 소액의 지연이자를 문제 삼아 법적 조치를 거론하면서 소규모 간판업자인 채무자의 휴대전화로 수백 회에 이르는 전화공세를 하였다면, 위력에 의한 업무방해죄가 성립한다. (대법원 2004도8447)

⑭ 형법상 업무방해죄의 보호대상이 되는 **업무의 기초가 된 계약 또는 행정행위 등이 반드시 적법하여야 하는 것은 아니지만,** 타인의 위법한 행위에 의한 침해로부터 보호할 가치가 있는 것이어야 한다. (대법원 2006도3687)

⑮ 피고인을 비롯한 **전국철도노동조합** 집행부가 중앙노동위원회 위원장의 **직권중재회부결정에도 불구하고 파업에 돌입할 것을 지시하여,** 조합원들이 사업장에 출근하지 아니한 채 업무를 거부하여 철도 운행이 중단되도록 함으로써 사용자(한국철도공사)에게 손해를 입힌 경우, 업무방해죄가 성립한다. (대법원 2007도482)

⑯ 대한주택공사가 시행하는 택지개발사업의 공동택지용지 수의공급업무와 관련하여 택지개발예정지구 지정공고일 이후에 대상토지를 매수하여 관련 규정상 신청자격이 없는 자가 계약일자를 위 공고일 이전으로 **허위기재한 매매계약서를 기초로 소유권이전등기를 마친 후** 그 등기부등본과 계약일자를 허위로 기재한 소유토지조서를 첨부하여 **수의공급신청을 한 경우,** 위 공사의 택지공급업무의 적정성과 공정성을 해할 위험을 초래한 것에 해당하여 위계에 의한 업무방해죄를 구성한다. (대법원 2007도5030)

⑰ 특정 회사가 제공하는 게임사이트에서 **정상적인 포커게임을 하고 있는 것처럼 가장하면서** 통상적인 업무처리 과정에서 적발해 내기 어려운 사설 프로그램을 이용하여 **약관상 양도가 금지되는 포커머니를 약속된 상대방에게 이전해 준 행위는** 「형법」 제314조 제2항에 정한 '부정한 명령의 입력'에 해당하지 않지만, 회사의 정상적인 게임사이트 운영 업무를 방해한 것이므로 위계에 의한 업무방해죄는 구성한다. (대법원 2007도9334)

⑱ 주차장이 원래 소유자이었던 乙로부터 丙, 丁, 戊에게 순차 임대 또는 전대되어 戊가 주차장을 운영해 오고 있었는데, 정당한 소유자로부터 위 주차장을 **새로 임대받은 甲이 戊의 주차장 영업을 방해한 경우**, 소유관계의 여하를 별론으로 하고 업무방해죄가 성립한다. (대법원 2007도11181)

⑲ 한국도로공사의 입찰에 참가한 회사의 하이패스 시스템이 시험에 관한 기본가정 내지 제안요청서상 요구되는 기술적 조건을 충족하지 못하였고 입찰참여조건을 위반하여 성능시험자체가 부적합한 것으로 드러났다고 하더라도, 위 시험의 개시나 수행과정에서의 하자 정도가 반사회성을 띠는 데까지 이르렀다고 볼 수 없다. 따라서 도로공사의 위 성능시험 업무는 업무방해죄의 보호대상이 된다. (대법원 2008도2344)

⑳ 다른 사람이 작성한 논문을 피고인 단독 혹은 공동으로 작성한 논문인 것처럼 학술지에 제출하여 발표한 논문연구실적을 부교수 승진심사 서류에 포함하여 제출한 사안에서, 당해 논문을 제외한 다른 논문만으로도 부교수 승진 요건을 월등히 충족하고 있었다는 등의 사정만으로는 승진심사 업무의 적정성이나 공정성을 해할 위험성이 없었다고 단정할 수 없으므로, 위계에 의한 업무방해죄를 구성한다. (대법원 2009도4772)

㉑ **수산업협동조합 신규직원 채용업무와 관련하여 필기시험** 채점업무 담당자들이 조합장인 피고인의 지시에 따라 점수조작을 통해 필기시험에 합격시켜 면접을 보게 한 사안에서, **공모 또는 양해하였다고 볼 수 없는 면접위원의 면접 업무를 방해하였다고 보아 업무방해죄에 해당한다.** (대법원 2009도8506)

㉒ **전국철도노동조합이 파업을 예고한 상황**에서 파업 예정일 하루 전에 사용자인 한국철도공사 측 교섭위원 甲이 산하 차량정비단 직원들을 상대로 **설명회 등 특별교육을 실시하려고 하자,** 노동조합 간부인 피고인 등이 **직원들의 교육장 진입을 막는 등** 위력으로 甲의 업무를 방해한 행위는 업무방해죄에 해당한다. (대법원 2012도3475)

㉓ 해외건설협회로부터 해외건설공사 기성실적 증명서를 허위로 발급받아 이를 대한건설협회에 제출하여 국가종합전자조달 시스템에 입력되게 함으로써 거액의 관급공사의 낙찰자격을 획득한 후 실제로 여러 관급공사를 낙찰받거나 제3자에게 낙찰받게 한 경우, 위계에 의한 업무방해죄가 성립한다. (대법원 2012도12377)

㉔ 甲 정당의 국회의원 비례대표 후보자 추천을 위한 당내 경선과정에서 **피고인들이 선거권자들로부터 인증번호만을 전달받은 뒤 그들 명의로 특정 후보자에게 전자투표**를 하였다면 업무방해죄가 성립한다. (대법원 2013도5117)

㉕ 쟁의행위가 업무방해죄에 해당하는 경우 제3자가 그러한 정을 알면서 쟁의행위의 실행을 용이하게 한 경우에는 업무방해방조죄가 성립할 수 있다. 다만 헌법 제33조 제1항이 규정하고 있는 노동3권을 실질적으로 보장하기 위해서는 근로자나 노동조합이 노동3권을 행사할 때 제3자의 조력을 폭넓게 받을 수 있도록 할 필요가 있고, 나아가 근로자나 노동조합에 조력하는 제3자도 헌법 제21조에 따른 표현의 자유나 헌법 제10조에 내재된 일반적 행동의 자유를 가지고 있으므로, 위법한 쟁의행위에 대한 조력행위가 업무방해방조에 해당하는지 판단할 때는 헌법이 보장하는 위와 같은 기본권이 위축되지 않도록 업무방해방조죄의 성립 범위를 신중하게 판단하여야 한다. (대법원 2015도12632)

관련판례 업무방해죄 부정

① 토지매수자가 토지를 경작하기 위하여 소를 이용하여 쟁기질을 하고 성장한 보리를 갈아 뭉개는 행위는, 피고인의 재산에 대한 현재의 부당한 침해라 할 것이므로 이를 막기 위하여 그 경작을 못 하도록 **소 앞을 가로막고 쟁기를 잡아당기는 피고인의 행위**는 정당방위에 해당하여 업무방해죄가 아니다. (대법원 76도3460)

② 피고인의 의사에 반하여 피고인이 30년 동안 점유해 온 대지위에 담장을 축조하려는 것을 피고인이 다소 위력을 과시하여 이를 저지한 것이 사회통념상 일탈한 것이라고 볼 수 없다면 위법성이 조각된다. (대법원 82도805)

③ 甲은 남편 사망 후 세 자녀를 데리고 계주를 해가며 어렵게 살던 중, 계운영이 어려워지자 피고인 乙에게 빚을 지고 담보를 설정해주었다. 甲이 계속 빚을 못 갚자 乙은 계원들에게 "甲은 과부의 몸이고, 계금을 모아서 도망가더라도 어느 한 사람 책임지고 도와줄 사람이 없으니 계금을 甲에게 주지 말고 나에게 달라"고 한 경우, 乙의 행위는 업무방해죄에 해당하지 않는다. 왜냐하면 피고인 乙에 대하여 **다액의 채무를 부담하고 있던 甲**으로서는 채권확보를 위한 피고인의 요구를 거절할 수 없었기 때문에 피고인이 계주의 업무를 대행하는 데 대하여 이를 승인 내지 **묵인한 사실이 인정되니 피해자의 승낙에 의한 행위**로 위법성이 조각되기 때문이다. (대법원 82도2486)

④ 피고인이 그가 경영하던 공장을 갑에게 양도하면서 **미수외상대금채권의 수금권을 포기하기로 약정**하고도 이를 외상채무자들에게 **고지하지 아니하고 외상대금을 수령**한 행위는 업무방해죄가 성립하지 않는다. (대법원 83도2270)

⑤ 자기소유의 토지에다 타인이 가옥을 신축하려고 기초를 판 것을 메워버린 행위는 자기소유·점유에 대한 부당한 침탈 또는 방해행위를 배제하기 위한 것이고 이를 타인의 업무를 방해한 것이라고 보기는 어렵다. (대법원 85도1597)

⑥ 대하양식장에 관한 권리를 양도하고 그 대금 일부를 지급받은 자가 잔대금의 지급관계를 둘러싸고 분규가 계속되자 양수인의 대하 포획행위를 중지시키기 위하여 수문을 잠그고 또 수문여닫이용 손잡이를 회사 창고에 보관한 경우에는 업무방해죄가 성립하지 않는다. (대법원 93도2690)

⑦ **백화점 입주상인들**이 영업을 하지 않고 매장 내에서 점거 농성만을 하면서 매장 내의 기존의 전기시설에 임의로 전선을 연결하여 **각종 전열기구를 사용함으로써 화재위험이 높아** 백화점 경영회사의 대표이사인 피고인이 부득이 **단전조치를 취한 경우**, 위력에 의한 업무방해죄가 성립하지 않는다. (대법원 94도3136)

⑧ **도급인의 공사계약해제가 적법하고 수급인이 스스로 공사를 중단한 상태**에서 도급인이 공사현장에 남아 있는 수급인 소유의 **공사자재 등을 다른 곳으로 옮긴 경우**, 수급인의 공사업무를 방해했다고 볼 수 없다. (대법원 98도3240)

⑨ 만 74세를 넘긴 노인이 주위에 종중원들 및 마을 주민 10여 명과 지적공사 직원 3명이 모여 있는데 나타나서 혼자 측량을 반대하면서 소리치며 시비를 한 경우, 피해자의 자유의사를 제압하기에 족한 위력을 행사한 것으로 볼 수 없다. (대법원 99도495)

⑩ 시험의 출제위원이 문제를 선정하여 시험실시자에게 제출하기 전에 이를 유출하였다고 하더라도 이러한 행위 자체는 위계를 사용하여 시험실시자의 업무를 방해하는 행위가 아니라 그 준비단계에 불과한 것이고, 그 후 그와 같이 유출된 문제가 시험실시자에게 제출되지도 아니하였다면 그러한 문제유출로 인하여 시험실시 업무가 방해될 추상적인 위험조차도 있다고 할 수 없으므로 업무방해죄가 성립한다고 할 수 없다. (대법원 99도3487)

⑪ **의료인이나 의료법인이 아닌 자가 의료기관을 개설**하여 운영하는 행위는 그 위법의 정도가 중하여 사회생활상 도저히 용납될 수 없는 반사회성을 띠고 있으므로 업무방해죄의 보호대상인 '업무'에 해당하지 않는다. (대법원 2001도2015)

⑫ 재건축 조합장이었던 甲은 새로 선출된 재건축 조합장 직무대행자가 법원의 직무집행정지 가처분결정을 내어 법원으로부터 직무집행정지 가처분결정을 받아 그 직무집행이 정지되었음에도 법원의 가처분결정에 반하여 계속 수행하는 업무는 업무방해죄의 보호대상이 되는 업무에 해당하지 않는다. (대법원 2001도5592)

⑬ 시장번영회 회장이 이사회의 결의와 시장번영회의 관리규정에 따라서 관리비 체납자의 점포에 대하여 실시한 단전조치는 정당행위로 업무방해죄가 성립하지 않는다. (대법원 2003도4732)

⑭ 주주로서 주주총회에서 의결권 등을 행사하는 것은 주식보유자로서의 자격에서 권리를 행사하는 것에 불과할 뿐 그것이 '직업 기타 사회생활상의 지위에 기하여 계속적으로 종사하는 사무'에 해당한다고는 할 수 없다. 따라서 주식회사의 대표이사가 회사의 직원들 130명과 공모하여 위 회사의 주주총회에서 위력으로 21명의 개인주주들이 발언권과 의결권을 행사하지 못하도록 한 경우에는 업무방해죄가 성립하지 않는다. (대법원 2004도1256)

⑮ 신규직원 채용권한을 가지고 있는 지방공사 사장이 시험업무 담당자들에게 지시하여 상호 공모 내지 양해 하에 시험성적조작 등의 부정한 행위를 한 경우 법인인 공사에게 신규직원 채용업무와 관련하여 오인·착각 또는 부지를 일으키게 한 것이 아니므로 업무방해죄에 해당하지 않는다. (대법원 2005도6404)

⑯ 회사 운영권의 양도·양수 합의의 존부 및 효력에 관한 다툼이 있는 상황에서, 양수인이 비정상적으로 위 회사의 임원변경등기를 마친 것만으로는 회사 대표이사로서 정상적인 업무를 하기 시작하였다거나, 그 업무가 양도인에 대한 관계에서 보호할 가치에 이르렀다고 보기 어려우므로 업무방해죄가 되지 않는다. (대법원 2006도3687)

⑰ '위계'라 함은 행위목적을 달성하기 위하여 상대방에게 오인·착각 또는 부지를 일으키게 하여 이를 이용하는 것을 말하므로, 인터넷 자유게시판 등에 실제의 객관적인 사실을 게시하는 행위는, 설령 그로 인하여 피해자의 업무가 방해된다고 하더라도, 위 법조항 소정의 '위계'에 해당하지 않는다. (대법원 2006도3839)

⑱ 공인중개사 면허로 등록을 하였으나 실제 운영은 공인중개사가 아닌 사람이 중개업을 영위한 경우, 법령 위반행위로서 보호대상인 업무에 해당하지 않는다. (대법원 2006도6599)

⑲ 피해자가 농장 출입을 위하여 사용해 온 피고인 소유 토지 위의 현황도로 일부를 피고인이 막았으나 이미 오래전부터 바로 근방에 농장으로의 차량 출입이 가능한 비포장도로가 대체도로로 개설되어 있었던 경우라면, 결과발생의 염려가 없으므로 업무방해죄가 성립한다고 할 수 없다. (대법원 2006도9028)

⑳ 피고인들이 주류판매, 접대부 알선의 행위로 형사처벌을 받은 전력이 있는 노래방 업주로 하여금 행정처분을 받게 할 목적으로 노래방에서 주류제공 및 접대부 알선을 요구한 후 경찰에 신고한 경우, 위계에 의한 업무방해죄가 성립하지 아니한다. (대법원 2007도5095)

㉑ 주택재개발조합의 조합장인 피고인이 조합사무장에게 조합정관 개정 및 조합장 재신임의 안건에 대하여 반대한다는 내용이 담긴 조합원 276명 명의의 서면결의서 등을 접수하지 말 것을 지시하여 위 조합원들의 의사를 누락시킨 채 임시총회를 개최하여 안건을 통과시킨 경우, 오인, 착각, 부지를 일으킨 행위로 보기 어렵다는 점에서 위력에 의한 업무방해죄가 성립하기도 어렵다. (대법원 2008도9947)

㉒ 충남지방경찰청 민원실에서 민원인들이 진정사건의 처리와 관련하여 지방경찰청장과의 면담 등을 요구하면서 이를 제지하는 경찰관들에게 큰소리로 욕설을 하고 행패를 부린 행위에 대해서 공무집행방해가 구성될 수 있을지는 몰라도 수사 관련 업무를 방해한 것이라는 이유로 업무방해죄 성립을 인정할 수는 없다. (대법원 2009도4166 전합)

㉓ 서울시장이 매년 직무상 행하는 년초의 기자회견을 방해한 경우, 이는 공무집행방해죄로 볼 것이지 업무방해죄로 의율할 것이 아니다. (대법원 2009도11104)

㉔ 인터넷카페의 운영진인 피고인들이 카페 회원들과 공모하여, 특정 신문들에 광고를 게재하는 광고주들에게 불매운동의 일환으로 지속적·집단적으로 항의전화를 하거나 항의글을 게시하는 등의 방법으로 광고중단을 압박한 경우, 광고주들의 자유의사를 억압한 위력이 있다고는 볼 수 있으나 신문사들에 대해서 직접적인 위력이 있다고 보기는 어려워서 신문사에 대한 업무방해죄가 성립하지 않는다. (대법원 2010도410)

㉕ 도로관리청으로부터 권한을 위임받아 과적단속 업무를 담당하는 피해자의 적재량 재측정을 거부하면서 재측정의 목적으로 피고인의 차량에 올라탄 피해자를 그대로 둔 채 차량을 진행한 사안에서, 적재량 측정을 강제할 수 있는 법령상의 근거가 없는 한 측정을 강제하기 위한 조치를 취할 권한이 없으므로, 이를 행하는 조치는 정당한 업무집행이라고 볼 수는 없다. (대법원 2010도935)

㉖ 임대인 갑으로부터 건물을 임차하여 학원을 운영하던 피고인이 건물을 인도한 이후에도 자신 명의로 된 학원설립등록을 말소하지 않고 **휴원신고를 연장함으로써 새로운 임차인 을이 그 건물에서 학원설립등록을 하지 못하도록 한 경우 업무방해죄가 성립하지 않는다.** (대법원 2010도9186)

㉗ 폭력조직 간부인 피고인이 조직원들과 공모하여 甲이 운영하는 **성매매업소 앞에 속칭 '병풍'**을 치거나 차량을 주차해 놓는 등 위력으로써 업무를 방해한 경우는 업무방해죄의 업무에 해당하지 않는다. (대법원 2011도7081)

㉘ **초등학생들이 학교에 등교하여 교실에서 수업을 듣는 것**은 형법상 업무방해죄의 보호대상이 되는 업무에 해당한다고 할 수 없다. (대법원 2013도3829)

㉙ 기존의 비실명예금을 합의차명에 의하여 명의대여자의 실명으로 전환한 행위는 위 긴급명령에 따른 금융기관의 실명전환에 관한 업무를 방해한 것이라 할 수 없다. (대법원 96도3377)

㉚ ⅰ) 회계자료열람권을 가진 피고인이 이 사건 협회 사무실에서 회계서류 등의 열람을 요구하는 과정에서 협회 직원들을 불러 모아 상당한 시간 동안 이야기를 하거나 피고인의 요구를 거부하는 직원에게 다소 언성을 높여 책임을 지게 될 수 있다고 이야기한 사정 등만으로는 피고인의 행위가 업무방해 행위에 해당하지 않는다. ⅱ) 업무방해죄의 수단인 위력은 사람의 자유의사를 제압·혼란하게 할 만한 일체의 억압적 방법을 말하고 이는 제3자를 통하여 간접적으로 행사하는 것도 포함될 수 있다. 그러나 어떤 행위의 결과 상대방의 업무에 지장이 초래되었다 하더라도 행위자가 가지는 정당한 권한을 행사한 것으로 볼 수 있는 경우에는, 그 행위의 내용이나 수단 등이 사회통념상 허용될 수 없는 등 특별한 사정이 없는 한 업무방해죄를 구성하는 위력을 행사한 것이라고 할 수 없다. 따라서 제3자로 하여금 상대방에게 어떤 조치를 취하게 하는 등으로 상대방의 업무에 곤란을 야기하거나 그러한 위험이 초래되게 하였더라도, 행위자가 그 제3자의 의사결정에 관여할 수 있는 권한을 가지고 있거나 그에 대하여 업무상의 지시를 할 수 있는 지위에 있는 경우에는 특별한 사정이 없는 한 업무방해죄를 구성하지 아니한다. (대법원 2021도3805)

㉛ 주택재개발정비사업조합 구역 내 건물의 소유자인 피고인들이 위 건물에 대한 건물명도소송 확정판결에 따른 강제집행을 보상액이 적다는 이유로 위력으로 방해함으로써 집행관에게 집행위임을 한 조합의 이주·철거업무를 방해하였다는 내용으로 기소된 사안에서, 위 강제집행은 특별한 사정이 없는 한 집행위임을 한 조합의 업무가 아닌 **집행관의 고유한 직무**에 해당하고, 설령 피고인들이 집행관의 강제집행 업무를 방해하였더라도 이를 채권자인 조합의 업무를 직접 방해한 것으로 볼 만한 증거도 부족하므로, 피고인들이 조합의 업무를 방해하였다고 볼 수 없고 피고인들의 행위와 조합의 업무방해 사이에 상당인과관계가 있다고 단정할 수도 없다. (대법원 2020도34)

㉜ 갑 고등학교의 교장인 피고인이 신입생 입학 사정회의 과정에서 면접위원인 피해자들에게 "참 선생님들이 말을 안 듣네. 중학교는 이 정도면 교장 선생님한테 권한을 줘서 끝내는데. 왜 그러는 거죠?" 등 특정 학생을 합격시키라는 취지의 발언을 하여 특정 학생의 면접 점수를 상향시켜 신입생으로 선발되도록 함으로써 위력으로 피해자들의 신입생 면접 업무를 방해하였다는 내용으로 기소된 사안에서, 제반 사정을 종합하면, 피고인은 학교 교장이자 학교입학전형위원회 위원장으로서 위 사정회의에 참석하여 자신의 의견을 밝힌 후 계속하여 논의가 길어지자 발언을 한 것인바, 그 발언에 다소 과도한 표현이 사용되었더라도 위력을 행사하였다고 단정하기 어렵고, 그로 인하여 피해자들의 신입생 면접 업무가 방해될 위험이 발생하였다고 보기도 어렵다. (대법원 2019도7446)

㉝ 피고인은 2018. 10. 11.경 개최된 ○○대학교 총학생회 국장단회의에서 이 사건 음주운전의 공론화 여부·방식·내용 등에 대해 추가 논의 후 최종적으로 공소사실 기재와 같은 게시 글을 올려 공론화하기로 결정하였다. 피고인은 2018. 10. 12. 오전까지 ○○대학교 부총학생회장 및 중앙집행위원장 등과 이 사건 게시 글 초안의 세부 내용에 대해 논의하여 수정·보완을 거친 후 같은 날 페이스북, 커뮤니티 사이트인, ○○대학교 커뮤니티 어플리케이션인, 전체 학생대표자들의 카카오톡 단체대화방에 피고인 자신의 이름·직책을 명시하여 '총학생회장으로서 음주운전을 끝까지 막지 못하여 사과드립니다.'는 제목의 이 사건 게시 글을 올렸다. 이 사건 게시 글의 중요한 부분은 '진실한 사실'에 해당한다. 개인적·사회적 희생과 피해를 줄이고 농활이라는 사회참여활동의 순수성이 훼손되는 것을 방지하기 위한 목적까지 있었다고 봄이 타당하므로, 이 사건 게시 글은 주된 의도·목적의 측면에서 공익성이 충분히 인정된다. (대법원 2022도13425)

㉞ [1] 업무방해죄의 보호대상이 되는 '업무'라 함은 직업 또는 사회생활상의 지위에 기하여 계속적으로 종사하는 사무나 사업을 말하는 것으로, 이러한 주된 업무와 밀접불가분의 관계에 있는 부수적인 업무도 이에 포함된다.

[2] 피고인들이 공모하여 이사회에서 '급여규정 일부 개정안'에 대하여 허위로 설명 또는 보고하거나 개정안과 관련하여 허위의 자료를 작성하여 제시하였는데, 위와 같은 행위로 위계로써 갑 농협 감사의 갑 농협의 재산과 업무집행상황에 대한 감사, 이사회에 대한 의견 진술 등에 관한 업무를 방해하였다는 내용으로 기소된 사안에서, 갑 농협의 정관에 따르면 감사는 갑 농협의 재산과 업무집행상황을 감사하는 것을 주된 업무로 하는 점, 이사회의 구성 및 운영 주체는 이사들이고, 개별 이사회에서 이루어지는 심의·의결 등 업무는 **감사가 그 주체로서 행한 업무에 해당하지 아니하므로** 이사회가 의안 심의 및 결의에 관한 업무와 관련하여 특정 안건의 심의 및 의결 절차의 편의상 이사회 구성원이 아닌 감사 등의 의견을 청취하는 것은 그 실질에 있어 이사회 구성원인 이사들의 의안 심의 및 결의에 관한 계속적 업무 혹은 그와 밀접불가분의 관계에 있는 업무에 해당할 뿐, 피고인들의 행위로 이사회에 출석하여 의견을 진술한 **이사회 구성원 아닌 감사의 업무가 방해된 경우에 해당한다고 볼 수 없다.** (대법원 2023도9332)

IV 컴퓨터 등 업무방해죄

형법

제314조【업무방해】 ② 컴퓨터 등 정보처리장치 또는 전자기록 등 특수매체기록을 손괴하거나 정보처리장치에 허위의 정보 또는 부정한 명령을 입력하거나 기타 방법으로 정보처리에 장애를 발생하게 하여 사람의 업무를 방해한 자도 제1항의 형과 같다.

1 구성요건

(1) 객체

① 컴퓨터 등 업무방해죄의 객체는 '컴퓨터 등 정보처리 장치'와 '전자기록 등 특수매체기록'이다.

② 컴퓨터 등 정보처리 장치란 자동적으로 계산이나 데이터처리를 할 수 있는 전자장치를 말한다. 타인의 업무에 사용되면 공무도 포함된다. 그리고 하드웨어 이외에 소프트웨어도 포함되며(대법원 2002도631), 컴퓨터 등의 소유관계는 상관없다.

③ '전자기록 등 특수매체기록'이란 사람의 지각으로 인식할 수 없는 방식에 의하여 만들어진 기록으로서 정보처리장치에 의해 정보처리에 사용되는 것을 말한다. 컴퓨터 하드디스크, 램 등이 여기에 속한다.

④ 전자기록과 광학기록이 포함되며 '기록'이란 일정한 매체위에 정보 내지 데이터가 보존되어 있는 상태를 말하는 것이다. 즉 컴퓨터 등 정보처리장치에 사용하는 기록에 한정되기 때문에 녹음테이프, 녹화필름, 마이크로필름은 본죄의 객체가 아니다.

(2) 행위: 손괴, 허위정보 또는 부정한 명령의 입력, 기타 방법에 의한 장애의 발생

① 컴퓨터 등 업무방해죄의 행위는 컴퓨터 등 정보처리장치 또는 전자기록 등 특수매체기록을 손괴하거나 정보처리장치에 허위의 정보 또는 부정한 명령을 입력하거나 기타 방법으로 정보처리에 장애를 발생하게 하는 것이다.

② 손괴에는 물리적 파괴나 멸실을 가하는 것은 물론 기기조작으로 입력된 데이터의 자기디스크 등에 기록된 내용을 지우는 것도 포함된다.

③ 허위의 정보 또는 부정한 명령을 입력하는 것은 진실에 반하는 정보나 사무처리상 입력하지 말아야 할 정보를 입력하는 것이다. (해킹, 바이러스 침투 등) 예를 들어, '대학의 컴퓨터시스템 서버를 관리하던 피고인이 전보발령을 받아 더 이상 웹서버를 관리 운영할 권한이 없는 상태에서, 웹서버에 접속하여 홈페이지 관리자의 아이디와 비밀번호를 무단으로 변경하는 행위'는 부정한 명령의 입력으로 업무방해죄가 된다. (대법원 2005도382)

④ 기타 방법이란 손괴나 허위정보 입력 외의 수단으로 컴퓨터의 작동에 직접영향을 미치는 일체의 행위로서 (대법원 2002도631) 예컨대, 전원·통신회선 절단, 입출력장치의 손괴 등이 있다.

(3) 정보처리의 장애의 발생과 업무방해

① 컴퓨터의 정상적인 기능을 저해하는 것으로 사용목적에 따른 작동을 제대로 못하게 하는 것이다. 사용목적과 다른 동작을 하게하는 경우도 포함된다.

② **정보처리에 장애는 현실적으로 발생하여야 한다.** (대법원 2008도11978) 일반적으로 업무를 방해할 우려가 있는 상태가 발생한 때 기수가 된다. **업무방해의 현실적 결과는 요하지 않는다.** (추상적 위험범)

(4) 고의

컴퓨터 등 업무방해죄는 고의범이므로 본죄의 객관적 구성요건에 해당하는 사실에 대한 인식과 의사를 내용으로 하는 고의가 있어야 한다.

2 죄수

① 1개의 정보처리장치에 수회의 허위정보를 입력한 경우에는 단순일죄가 된다.

② 컴퓨터 등을 손괴하여 업무를 방해한 경우에는 법조경합으로 컴퓨터 등 업무방해죄만 성립한다.

> **관련판례** 컴퓨터 등 업무방해죄 인정
>
> ① 대학의 컴퓨터 시스템 서버를 관리하던 자가 전보발령을 받아 더 이상 웹서버를 관리·운영할 **권한이 없는 상태**에서 그 웹서버에 접속하여 **홈페이지 관리자의 아이디와 비밀번호를 함부로 변경**한 행위는 피해 대학에 업무방해의 위험을 초래하는 행위에 해당하여 컴퓨터 등 장애 업무방해죄가 성립한다. (대법원 2005도382)
>
> ② 포털사이트 운영회사의 통계집계시스템 서버에 **허위의 클릭정보**를 전송하여 검색순위 결정 과정에서 위와 같이 전송된 허위의 클릭정보가 실제로 통계에 반영됨으로써 정보처리에 장애가 현실적으로 발생하였다면, 그로 인하여 실제로 검색순위의 변동을 초래하지는 않았다 하더라도 컴퓨터 등 장애 업무방해죄가 성립한다. (대법원 2008도11978)
>
> ③ 甲 주식회사 대표이사인 피고인이, **악성프로그램이 설치**된 피해 컴퓨터 사용자들이 실제로 인터넷 포털사이트에 해당 검색어로 검색하거나 검색 결과에서 해당 스폰서링크를 클릭하지 않았음에도 그와 같이 검색하고 클릭한 것처럼 인터넷 포털사이트의 관련 시스템 서버에 허위의 신호를 발송하는 방법으로 정보처리에 장애를 발생하게 한 경우 컴퓨터 등 업무방해죄가 성립한다. (대법원 2010도14607)
>
> ④ 주택재건축조합 조합장인 피고인이 자신에 대한 감사활동을 방해하기 위하여 조합 사무실에 있던 컴퓨터에 비밀번호를 설정하고 하드디스크를 분리·보관함으로써 조합 업무를 방해하였다는 내용으로 기소된 사안에서, 위와 같은 방법으로 조합의 정보처리에 관한 업무를 방해한 행위는 형법 제314조 제2항의 컴퓨터 등 업무방해죄에 해당한다. (대법원 2011도7943)

> **관련판례** 컴퓨터 등 업무방해죄 부정
>
> ① 메인컴퓨터의 비밀번호를 후임자에게 알려주지 않은 시스템관리자의 행위가 컴퓨터 등 장애 업무방해죄에 해당하지 않는다. (대법원 2002도631)
> ② 피고인들이 불특정 다수의 인터넷 이용자들에게 배포한 **'업링크솔루션'이라는 프로그램**은, 갑(甲) 회사의 네이버 포털사이트 서버가 이용자의 컴퓨터에 정보를 전송하는 데에는 아무런 영향을 주지 않고, 다만 이용자의 동의에 따라 위 프로그램이 설치된 컴퓨터 화면에서만 네이버 화면이 전송받은 원래 모습과는 달리 피고인들의 광고가 대체 혹은 삽입된 형태로 나타나도록 하는 것에 불과하므로, 이것만으로는 정보처리장치의 작동에 직접·간접으로 영향을 주어 그 사용목적에 부합하는 기능을 하지 못하게 하거나 사용목적과 다른 기능을 하게 하였다고 볼 수 없어 컴퓨터 등 업무방해죄로 의율할 수 없다. (대법원 2009도12238)
> ③ 데이터베이스제작자의 권리가 침해되었다고 하기 위해서는 데이터베이스제작자의 허락 없이 데이터베이스의 전부 또는 상당한 부분의 복제 등이 되어야 하는데, 여기서 상당한 부분의 복제 등에 해당하는지를 판단 할 때는 양적인 측면만이 아니라 질적인 측면도 함께 고려하여야 한다. 양적으로 상당한 부분인지 여부는 복제 등이 된 부분을 전체 데이터베이스의 규모와 비교하여 판단하여야 하며, 질적으로 상당한 부분인지 여부는 복제 등이 된 부분에 포함되어 있는 개별 소재 자체의 가치나 그 개별 소재의 생산에 들어간 투자가 아니라 데이터베이스제작자가 그 복제 등이 된 부분의 제작 또는 그 소재의 갱신·검증 또는 보충에 인적 또는 물적으로 상당한 투자를 하였는지를 기준으로 제반 사정에 비추어 판단하여야 한다. 또한 앞서 본 규정의 취지에 비추어 보면, 데이터베이스의 개별 소재 또는 상당한 부분에 이르지 못하는 부분의 반복적이거나 특정한 목적을 위한 체계적 복제 등에 의한 데이터베이스제작자의 권리 침해는 데이터 베이스의 개별 소재 또는 상당하지 않은 부분에 대한 반복적이고 체계적인 복제 등으로 결국 상당한 부분의 복제 등을 한 것과 같은 결과를 발생하게 한 경우에 한하여 인정함이 타당하다. (대법원 2021도1533) = 구 정보통신망법 제48조 제1항은 누구든지 정당한 접근권한 없이 또는 허용된 접근권한을 넘어 정보통신망에 침입하는 것을 금지하고 있고, 이를 위반하여 정보통신망에 침입한 자의 규정에서 접근권한을 부여하거나 허용되는 범위를 설정하는 주체는 **서비스제공자**이다. 따라서 서비스제공자로부터 권한을 부여받은 이용자가 아닌 제3자가 정보통신망에 접속한 경우 그에게 접근권한이 있는지 여부는 서비스제공자가 부여한 접근권한을 기준으로 판단하여야 한다.

V 경매·입찰방해죄

형법

제315조【경매·입찰의 방해】 위계 또는 위력 기타 방법으로 경매 또는 입찰의 공정을 해한 자는 2년 이하의 징역 또는 700만원 이하의 벌금에 처한다.

1 구성요건

(1) 의의

경매·입찰방해죄는 위계 또는 위력 기타 방법으로 경매 또는 입찰의 공정을 침해함으로써 성립하는 범죄이다. 경매·입찰방해죄의 보호법익은 경매 또는 입찰의 공정이다.

(2) 객체

① 경매란 매도인이 다수의 매수인으로부터 구두로 청약을 받고 그 중에서 최고가격의 청약자에게 승낙을 함으로써 성립하는 매매로서, 각 경쟁자가 다른 경쟁자의 표시내용을 알 수 있는 것이다. 값을 올려가는 경매가 일반적이지만, 값을 내려가는 경매도 있다.

② 입찰은 경쟁계약에 있어서 다수인으로 하여금 문서로 계약내용을 표시하게 하고, 그 중에서 가장 유리한 청약자와 계약을 체결하는 방식으로, 경쟁자 서로 다른 경쟁자의 표시내용을 알 수 없는 것이 특징이다.

③ 경매와 입찰의 종류는 불문한다. 입찰시행자가 입찰을 실시할 법적의무에 기하여 시행한 입찰이어야만 입찰방해죄의 객체가 되는 것은 아니다. (대법원 2006도8070) 즉 국가 또는 공공단체 뿐 아니라 사인이 하는 것도 포함된다.

④ 담합행위가 입찰방해죄로 되기 위해서는 반드시 입찰참가자 전원과의 사이에 담합이 이루어져야 하는 것은 아니고 입찰참가자들 중 일부와의 사이에만 담합이 이루어진 경우에도 성립할 수 있다. (대법원 2008도11361)

⑤ 입찰 자체가 실시되지 않은 경우에는 성립하지 않는다. (대법원 2000도4700)

(3) 행위

① 위계·위력의 의미는 신용훼손죄나 업무방해죄에서 설명한 것과 동일하다. 위력의 사용은 폭행·협박의 정도에 이르러야만 되는 것은 아니다. 입찰장소에 주변을 에워싸고 사람들의 출입을 막는 위력을 사용하는 방법도 입찰방해죄를 구성한다. (대법원 92도3395) 기타 방법은 경매·입찰의 공정성을 해할 수 있는 유형·무형의 일체의 방법으로서, 예컨대, 담합이나 경쟁자간 금품수수 등이다.

② 경매·입찰의 공정성을 해하는 것이란 적정한 가격을 형성하는 공정한 자유경쟁이 방해될 우려가 있는 상태를 발생시키는 것을 말한다. 공정을 해하는 행위에는 경매·입찰의 가격결정뿐만 아니라 공정한 경쟁방법을 해하는 행위도 포함한다. (대법원 2002도3924)

③ 담합(談合)이란 경매·입찰의 참가자 상호간의 모의에 의하여 특정인을 낙찰자나 경락자로 하기위하여 그 이외의 자는 일정가격이상 또는 이하로 하지 않을 것을 협정하는 것을 말한다. 이 경우에 담합이 이루어진 때 기수가 된다. (대법원 2002도3924)

④ 기수시점은 경매·입찰의 공정을 해하는 행위가 있는 때에 기수가 된다. (추상적 위험범) 경매·입찰의 공정의 현실적 침해결과는 요하지 않는다. (대법원 94도600)

> **참고 경쟁가격설**
> 적정가격의 기준에 대해서 경쟁가격설과 시장가격설이 있다. 경쟁가격설은 적정가격은 객관적으로 산정되는 것이 아니고 경매·입찰의 구체적 진행과정에서 얻어지는 가격을 의미한다.(통설) 시장가격설은 시장의 평균적 가격으로 결정되어야 한다는 입장이다. 객관적 시장가격을 정하는 일이 쉽지 않을 뿐만 아니라 시장가격에 의한 결정은 경매입찰제도 취지에 부합하지 않은 측면으로 통설과 판례처럼 경쟁가격설이 타당하다.

(4) 고의

경매·입찰방해죄는 고의범이므로 위계·위력 기타 방법으로 경매·입찰의 공정을 해한다는 사실에 대한 인식과 의사를 내용으로 하는 고의가 있어야 한다.

2 죄수

위계에 의한 공무집행방해죄와 경매·입찰방해죄의 관계에 대하여, 범죄행위가 법원경매업무를 담당하는 집행관의 구체적인 직무집행을 저지하거나 현실적으로 곤란하게 하는 데까지는 이르지 않고 입찰의 공정을 해하는 정도의 행위라면 형법 제315조의 경매·입찰방해죄에만 해당하고, 위계에 의한 공무집행방해죄는 성립하지 아니한다. (대법원 2000도102)

관련판례 경매·입찰방해죄 인정

① 피고인들이 공모하여 경매신청에 나서려는 성명불상의 2, 3인의 사람을 경매법정 밖으로 밀어내어 공소외인 단독으로 경매절차에 참여하도록 한 경우, 경매입찰방해죄에 해당한다. (대법원 90도2022)

② 동종(同種)업자 사이의 무모한 출혈경쟁을 방지하기 위한 수단에 불과하여 입찰가격에 있어 입찰실시자의 이익을 해치거나 입찰자에게 부당한 이익을 얻게 하는 것이 아니었더라도, 즉 유찰방지를 위한 수단에 불과하여 이익을 해치지 않았더라도 실질적으로 단독입찰하면서 경쟁입찰인 것처럼 가장하였다면, 그 입찰가격으로써 낙찰하게 한 점에서 경쟁입찰 방법을 해한 것이므로 입찰의 공정을 해친 것이다. (대법원 2002도3924)

③ 고속도로 휴게소 운영권 입찰에서 여러 회사가 각자 입찰에 참가하되 누구라도 낙찰될 경우 동업하여 새로운 회사를 설립하고 그 회사로 하여금 휴게소를 운영하기로 합의한 후 입찰에 참가한 경우도 입찰방해죄에 해당한다. (대법원 2004도2581)

④ 학교법인의 이사장과 직원이 특정업자와 공모하여 예정가격을 미리 알려 줌으로써 그 특정업자가 공정한 자유경쟁 없이 공사를 낙찰받을 수 있도록 한 경우, 경매입찰방해죄에 해당한다. (대법원 2006도8070)

⑤ 입찰자들 상호간에 **특정업체가 낙찰받기로 하는 담합이 이루어진 상태**에서 그 특정업체를 포함한 다른 입찰자들은 당초의 합의에 따라 입찰에 참가하였으나 **일부 입찰자가 자신이 낙찰받기 위하여 당초의 합의에 따르지 아니한 채 오히려 낙찰받기로 한 특정업체보다 저가로 입찰한 경우** 이러한 일부 입찰자의 행위는 입찰방해죄에 해당한다. (대법원 2010도4940)

⑥ 피고인이 민사집행법상 기일입찰 방식의 경매절차에서 경매목적물을 매수할 의사나 능력 없이 오로지 경매목적물이 제3자에게 매각되는 것을 저지하기 위하여 **경매절차를 지연할 목적으로 다른 사람의 명의를 이용하여 감정가와 현저하게 차이가 나는 금액으로 입찰하는 행위**를 반복함으로써 제3자의 매수를 사실상 봉쇄하여 전체적으로 경매절차를 형해화하는 정도에 이르렀고 이는 위계로써 경매의 공정을 해한 것으로 볼 수 있다. (대법원 2023도10254)

관련판례 경매·입찰방해죄 부정

① 입찰자 일부와 담합이 있고 담합금이 수수되었다 하더라도 타 입찰자와는 담합이 이루어지지 않아, 입찰시행자의 이익을 해함이 없이 자유로운 경쟁을 한 것과 동일한 결과로 되는 경우 입찰의 공정을 해할 위험성이 없다. (대법원 81도824)

② 실제로 수의계약을 체결하면서 입찰을 거쳤다는 증빙을 남기기 위해서 입찰을 전혀 하지 않은 채 형식적으로 입찰서류만 작성하여 입찰한 것처럼 조작하였으나 실제 실시된 바 없어서 입찰방해죄가 성립하지 않는다. (대법원 2000도4700) = 입찰방해죄는 입찰참가자들 중 일부와의 사이에만 담합이 이루어진 경우에도 성립할 수 있지만, 입찰 자체가 실시되지 않은 경우에는 성립하지 않는다.

③ 한국토지공사 지역본부가 중고자동차매매단지를 분양하기 위하여 유자격 신청자들을 대상으로 **무작위 공개추첨**하여 1인의 수분양자를 선정하는 절차를 진행하는데, 신청자격이 없는 피고인이 총 12인의 신청자 중 9인의 신청자의 자격과 명의를 빌려 그 당첨확률을 약 75%까지 인위적으로 높여 분양을 신청한 사안에서, **입찰방해죄와 업무방해죄의 성립을 모두 부정**하였다. (대법원 2007도5037)

④ 입찰방해죄는 위계 또는 위력 기타의 방법으로 입찰의 공정을 해하는 경우에 성립하는 위태범으로서 결과의 불공정이 현실적으로 나타나는 것을 필요로 하지 않는다. 여기서 '입찰의 공정을 해하는 행위'란 공정한 자유경쟁을 방해할 염려가 있는 상태를 발생시키는 것, 즉 공정한 자유경쟁을 통한 적정한 가격형성에 부당한 영향을 주는 상태를 발생시키는 것으로, 그 행위에는 가격결정뿐 아니라 '적법하고 공정한 경쟁방법'을 해하는 행위도 포함되고, 입찰참가자들 사이의 담합행위가 입찰방해죄로 되기 위하여는 반드시 입찰참가자 전원 사이에 담합이 이루어져야 하는 것은 아니며, 입찰참가자들 중 일부 사이에만 담합이 이루어진 경우라고 하더라도 그것이 입찰의 공정을 해하는 것으로 평가되는 이상 입찰방해죄가 성립한다. 그리고 방해의 대상인 '입찰'은 공정한 자유경쟁을 통한 적정한 가격형성을 목적으로 하는 입찰절차를 말하고, 공적·사적 경제주체가 **임의의 선택에 따라 진행하는 계약체결 과정**은 이에 해당하지 않는다. (대법원 2022도8459)

Chapter 04 사생활의 평온에 대한 죄

Section 01 비밀침해에 대한 죄

I 개관

1 조문체계

범죄	조문	구성요건	소추조건	미수	예비
비밀침해	제316조	① 봉함 기타 비밀장치한 사람의 편지, 문서 또는 도화를 개봉한 경우 ② 봉함 기타 비밀장치한 사람의 편지, 문서, 도화 또는 전자기록 등 특수매체기록을 기술적 수단을 이용하여 그 내용을 알아낸 경우	친고죄	×	×
업무상 비밀누설	제317조	① 의사, 한의사, 치과의사, 약제사, 약종상, 조산사, 변호사, 변리사, 공인회계사, 공증인, 대서업자나 그 직무상 보조자 또는 차등의 직에 있던 자가 그 직무처리 중 지득한 타인의 비밀을 누설한 경우 ② 종교의 직에 있는 자 또는 있던 자가 그 직무상 지득한 사람의 비밀을 누설한 경우	친고죄	×	×

2 의의 및 보호법익

① 비밀침해의 죄는 개인의 사생활의 비밀(privacy)을 침해하는 범죄이다.

② 비밀침해죄의 보호법익은 개인의 비밀이며 비밀의 주체는 개인이어야 한다. 다만 본죄의 객체가 공무원의 직무에 관한 비밀을 내용으로 하고 있을 경우에는 형법 제140조의 공무상비밀침해죄가 된다. (국가비밀불포함설)

③ 추상적 위험범이며, **친고죄**이다.

II 비밀침해죄

형법

제316조【비밀침해】 ① 봉함 기타 비밀장치한 사람의 편지, 문서 또는 도화를 개봉한 자는 3년 이하의 징역이나 금고 또는 500만원 이하의 벌금에 처한다.
② 봉함 기타 비밀장치한 사람의 편지, 문서, 도화 또는 전자기록 등 특수매체기록을 기술적 수단을 이용하여 그 내용을 알아낸 자도 제1항의 형과 같다.

제318조【고소】 고소가 있어야 공소를 제기할 수 있다.

1 구성요건

(1) 객체

① 봉함 기타 비밀장치한 타인의 편지·문서·도화·전자기록 등 특수매체기록이다.

② 편지란 반드시 우편물로 한정하지 않으며 발송전후도 불문하지만, 수신인이 열람한 후에는 객체로 보지 않는다.

③ 문서란 의사표시를 담은 서류로서 편지 이외의 것으로 공문서·사문서를 불문하지만, 의사표시를 내용으로 하지 않는 것은 객체가 아니다.

④ 도화(圖畵)란 그림에 의하여 사람의 의사가 표시된 것이다.

⑤ 전자기록 등 특수매체기록이란 사람의 지각으로 인식할 수 없는 방식에 의하여 만들어진 기록으로서, 전자기록, 광학기록, 녹음테이프, 녹화테이프, 마이크로필름 등이 객체이다.

⑥ 봉함이란 그 외포를 훼손하지 않고서는 그 내용을 쉽게 알아볼 수 없도록 한 장치를 말한다.

⑦ 기타 비밀장치란 봉함 이외의 방법으로 외포를 만들거나 기타 특수한 방법으로 그 내용을 쉽게 알아보지 못하게 하는 일체의 장치를 말한다. 그러나 봉함·비밀장치하지 않는 편지 등은 객체가 아니다. (대법원 2008도9071)

(2) 행위

① 개봉(開封)이란 봉함 기타 비밀장치를 훼손 또는 무효로 하여 편지·문서·도화의 내용을 알 수 있는 상태에 두는 것을 말한다. 그 방법에는 제한이 없다. 개봉의 경우에는 편지 등을 개봉하여 그 '내용을 알 수 있는 상태에 둔 때'에 기수가 된다. 그 내용을 인식할 것을 요하지 않는다. (추상적 위험범)

② 기술적 수단을 이용한 내용탐지는 개봉하지 않고 원형 그대로 둔 채 기술적 수단을 이용하여 그 내용을 알아내는 것(예컨대, 투시기, 약물, 해킹 등)을 말한다. 그러나 **단순히 불빛에 투시하여 내용을 알아내는 것은 기술적 수단에 해당되지 않는다.**

> **관련판례**
>
> [1] 전자기록 등 특수매체기록이란 일정한 저장매체에 전자방식이나 자기방식 또는 광기술 등 이에 준하는 방식에 의하여 저장된 기록을 의미한다. 특히 전자기록은, 그 자체로는 물적 실체를 가진 것이 아니어서 별도의 표시·출력장치를 통하지 아니하고는 보거나 읽을 수 없고, 그 생성 과정에 여러 사람의 의사나 행위가 개재됨은 물론 추가 입력한 정보가 프로그램에 의하여 자동으로 기존의 정보와 결합하여 새로운 전자기록을 작출하는 경우도 적지 않으며, 그 이용 과정을 보아도 그 자체로서 객관적·고정적 의미를 가지면서 독립적으로 쓰이는 것이 아니라 개인 또는 법인이 전자적 방식에 의한 정보의 생성·처리·저장·출력을 목적으로 구축하여 설치·운영하는 시스템에서 쓰임으로써 예정된 증명적 기능을 수행한다. 따라서 그 자체로서 객관적·고정적 의미를 가지면서 독립적으로 쓰이는 것이 아니라 개인 또는 법인이 전자적 방식에 의한 정보의 생성·처리·저장·출력을 목적으로 구축하여 설치·운영하는 시스템에서 쓰임으로써 예정된 증명적 기능을 수행하는 것은 전자기록에 포함된다.
>
> [2] 피고인이 사무실에서 직장 동료인 피해자의 노트북 컴퓨터에 '(프로그램명 생략)'이라는 프로그램을 몰래 설치한 사실, 위 프로그램은 그것이 설치된 컴퓨터의 사용자가 키보드로 입력하는 내용이나 방문한 웹사이트 등을 탐지해 이를 텍스트 파일 형식으로 저장한 후 이메일 등의 방법으로 프로그램 설치자에게 전송해 주는 속칭 '키로그' 프로그램인 사실, 피고인은 위 프로그램을 사용함으로써 피해자가 네이트온, 카카오톡, 구글 계정에 접속하는 과정에서 컴퓨터 키보드에 입력한 이 사건 아이디 등을 알아낸 사실을 알 수 있는바, 위 사실만으로는 이 사건 아이디 등 혹은 그 내용이 기록된 텍스트 파일에 봉함 기타 비밀장치가 되어 있는 것으로 볼 수 없고 달리 이를 인정할 증거가 없으며, 오히려 피해자의 노트북 컴퓨터 그 자체에는 비밀번호나 화면보호기 등 별도의 보안장치가 설정되어 있지 않았던 것으로 보일 뿐이다. 결국 **이 사건 아이디 등이 형법 제316조 제2항에 규정된 전자기록 등 특수매체기록에는 해당하더라도 이에 대하여 별도의 보안장치가 설정되어 있지 않은 등 비밀장치가 된 것으로 볼 수 없는 이상, 이 사건 아이디 등을 위 프로그램을 이용하여 알아냈더라도 전자기록등내용탐지죄가 성립하지 않는다.** (대법원 2021도8900)

(3) 고의

비밀침해죄는 고의범이므로 본죄의 객체를 개봉하거나 기술적 수단을 이용하여 그 내용을 탐지한다는 사실에 대한 인식과 의사를 가져야 한다.

(4) 착오

① 타인의 편지를 자기의 편지로 오인하고 개봉한 경우, 사실의 착오로서 고의가 조각되고 과실을 검토하는데, 과실에 대한 처벌규정도 없으므로 아예 불가벌이다.

② 타인의 편지임을 알면서도 자신에게 권한이 있다고 오인하고 개봉한 경우에는 금지착오 중 허용존재사실의 착오로서 정당한 이유가 있는 경우에는 책임이 조각된다.

2 위법성

(1) 피해자의 동의 및 추정적 승낙

① 피해자의 동의는 구성요건해당성을 조각하는 양해(諒解)가 된다.

② 배우자는 상대방의 편지를 개봉할 권한이 없지만, 개봉이 상대방의 추정적 의사에 합치할 때에는 추정적 승낙에 의하여 위법성이 조각된다.

(2) 정당행위

형의 집행 및 수용자 처우에 관한 법률, 형사소송법, 통신비밀보호법, 우편법 등 법령에 의해서 비밀침해행위에 대한 위법성이 조각될 수 있다.

> **관련판례**
> '회사직원이 회사의 이익을 빼 돌린다'는 소문을 확인할 목적으로, 비밀번호를 설정함으로써 비밀장치를 한 전자기록인 피해자가 사용하던 '개인용 컴퓨터의 하드디스크'를 떼어내어 다른 컴퓨터에 연결한 다음 의심이 드는 단어로 파일을 검색하여 메신저 대화내용, 이메일 등을 출력한 사안에서 피고인의 그러한 행위는 사회통념상 허용될 수 있는 상당성이 있는 행위로서 정당행위에 해당한다. (대법원 2007도6243)

3 소추조건

비밀침해죄는 친고죄이므로 고소가 있어야 공소를 제기할 수 있다.

4 죄수

① 편지봉투를 찢은 후에 편지를 꺼내 읽어보고 제자리에 둔 경우에는 비밀침해죄만 성립한다.

② 편지봉투를 찢고 읽은 후 편지자체를 찢거나 은닉한 경우에는 비밀침해죄와 손괴죄의 실체적 경합이다.

III 업무상비밀누설죄

형법

제317조 【업무상비밀누설】
① 의사, 한의사, 치과의사, 약제사, 약종상, 조산사, 변호사, 변리사, 공인회계사, 공증인, 대서업자나 그 직무상 보조자 또는 차등의 직에 있던 자가 그 직무처리중 지득한 타인의 비밀을 누설한 때에는 3년 이하의 징역이나 금고, 10년 이하의 자격정지 또는 700만원 이하의 벌금에 처한다.
② 종교의 직에 있는 자 또는 있던 자가 그 직무상 지득한 사람의 비밀을 누설한 때에도 전항의 형과 같다.

제318조 【고소】 고소가 있어야 공소를 제기할 수 있다.

1 구성요건

(1) 주체

① 업무상비밀누설죄의 주체는 '의사, 한의사, 치과의사, 약제사, 약종상, 조산사, 변호사, 변리사, 공인회계사, 공증인, 대서업자나 그 직무상 보조자 또는 차등의 직에 있던 자(제317조 제1항)', '종교의 직에 있는 자 또는 있던 자(제317조 제2항)'이다.

② 진정신분범으로 주체에 대하여는 법조문에 열거된 자 이외에는 본죄의 정범이 될 수 없다.

③ 공무원 또는 공무원이었던 자가 법령에 의한 직무상 비밀을 누설한 때에는 공무상비밀누설죄(제127조)가 성립하고, 외교상의 비밀을 누설한 때에는 외교상기밀누설죄(제113조)가 성립한다.

(2) 객체

① 업무상비밀누설죄의 객체는 업무처리 중 또는 직무상 지득한 타인의 비밀이다.

② 비밀이란 특정인 또는 일정범위의 사람에게만 알려져 있는 사실로서 타인에게 알려지지 않음으로써 본인에게 이익이 있는 사실을 말한다. 따라서 공지의 사실은 비밀이 아니다.

③ 개인은 자연인, 법인, 법인격 없는 단체를 불문한다. 국가나 공공단체는 비밀주체에 포함되지 않는다. (다수설) 본죄의 비밀은 본인이 비밀로 할 것을 원할 뿐 아니라(비밀유지의사), 객관적으로도 비밀로 할 이익(비밀유지이익)이 있어야 한다. (통설)

④ 업무처리 중의 직무상 지득한 비밀이어야 하므로 그와 무관하게 알게 된 비밀은 본죄의 보호대상이 아니다. 비밀지득방법은 비밀주체의 고지에 의한 것이건 행위자 스스로의 판단에 의한 것이건 불문한다.

(3) 행위

① 누설이란 비밀을 모르는 제3자에게 비밀을 고지하는 것이다. 따라서 이미 비밀을 아는 사람에게 누설한 것은 불가벌이다.

② **공연성을 요하지 않으므로** 누설의 상대방은 1인이건 다수건 불문한다. 누설방법에도 제한이 없다. 구두·서면, 작위·부작위를 불문한다.

③ 누설행위에 의해 비밀이 상대방에게 도달한 때 기수가 된다. 상대방의 현실적 인식은 요하지 않는다. (추상적 위험범)

(4) 고의

① 업무상비밀누설죄는 고의범이므로 자신의 신분을 인식하고 비밀을 누설한다는 사실에 대한 인식과 의사를 내용으로 하는 고의가 있어야 한다.

② 신분에 대한 착오가 있거나 지득한 사실이 비밀이 아니라고 오인하고 누설한 경우에는 사실의 착오로서 고의가 조각된다. 그러나 자기에게 누설할 권한이 있다고 오인하고 누설한 경우에는 금지착오로서 정당한 이유가 있는 경우에 한하여 책임이 조각된다.

2 위법성

① 피해자의 동의는 구성요건해당성이 배제되는 양해가 된다. 생명·신체·자유에 대한 위난을 피하기 위한 긴급피난으로 위법성이 조각된다. 법령에 의하여 비밀고지가 의무로 되어있는 경우(감염병의 예방 및 관리에 관한 법률 제11조) 및 업무로 인한 경우(변호인의 변호권한의 범위 내에서의 비밀누설행위)는 정당행위로 위법성이 조각된다.

② 업무상비밀누설죄의 주체는 대부분 소송법상 증언거부권이 있는데, 이를 행사하지 아니하고 증언할 때 비밀을 누설한 경우에는 위법성이 조각된다.(다수설) 증언거부권을 행사하지 아니하면 증언의무가 있기 때문이다.

3 소추조건

업무상비밀누설죄는 친고죄이므로 고소가 있어야 공소를 제기할 수 있다.

4 죄수

공연히 업무상 비밀을 누설하여 타인의 명예를 훼손한 경우에는 업무상비밀누설죄와 명예훼손죄의 상상적 경합이 된다.

> **관련판례**
>
> **병원에서 분실된 진료기록의 일부를 당사자가 증거로 제출**하는 것이 형법 제317조 제1항 소정의 업무상비밀누설죄에 해당된다고 볼 수 없다. (대법원 91다39320)

Section 02 주거침입의 죄

I 서설

1 조문체계

범죄	조문	구성요건	미수	예비
주거침입	제319조 제1항	사람의 주거, 관리하는 건조물, 선박이나 항공기 또는 점유하는 방실에 침입한 경우	○	×
퇴거불응	제319조 제2항	전항의 장소에서 퇴거요구를 받고 응하지 아니한 경우	○	×
특수주거침입	제320조	단체 또는 다중의 위력을 보이거나 위험한 물건을 휴대하여 전조의 죄를 범한 경우	○	×
주거·신체 수색	제321조	사람의 신체, 주거, 관리하는 건조물, 자동차, 선박이나 항공기 또는 점유하는 방실을 수색한 경우	○	×

2 의의 및 보호법익

① 주거침입의 죄란 사람의 주거 또는 관리하는 장소의 평온과 안전을 침해하는 것을 내용으로 하는 범죄이다. 보호법익은 그 주거를 지배하는 공동생활자 모두의 사실상의 평온이다. (대법원 82도1363)

② 주거침입죄의 보호법익에 대해서는 i) 호주의 주거권이라는 견해와 ii) 주거권자의 주거권이라는 견해도 있지만 iii) 사실상 주거를 지배하고 있는 공동생활자 모두의 사실상 평온이 주거침입죄의 보호법익이라고 하는 견해가 타당하고 판례도 같은 입장이다. (**사실상 평온설**)

II 주거침입죄

형법

제319조 【주거침입, 퇴거불응】 ① 사람의 주거, 관리하는 건조물, 선박이나 항공기 또는 점유하는 방실에 침입한 자는 3년 이하의 징역 또는 500만원 이하의 벌금에 처한다.
② 전항의 장소에서 퇴거요구를 받고 응하지 아니한 자도 전항의 형과 같다.

제322조 이 죄의 미수범은 처벌한다.

1 의의

주거침입의 죄의 기본적 구성요건이며 계속범이다. 주거침입죄는 **미수 처벌규정이 있다.**
추상적 위험범과 거동범의 성질을 가진다.

2 구성요건

(1) 객체

객체는 사람의 주거, 관리하는 건조물·선박·항공기 또는 점유하는 방실이다. **자동차는 객체가 아니다.**

1) 주거

① 사람의 주거란 사람의 취식과 취침에 사용하는 장소로서, 자신의 주거가 아니라 타인의 주거를 말한다. 따라서 가족이라도 공동생활에서 이탈한 후에는 해당 주거에 침입하면 주거침입죄가 성립한다.

② 주거는 계속적으로 사용되는 것뿐만 아니라 일시적으로 사용되는 것도 포함한다. 주거의 설비·구조는 상관 없으며, 부동산 이외의 동산도 주거가 될 수 있다. (예 일반 차량이 아닌 주거용 차량)

③ 주거자체를 위한 건물이외에 그 부속물도 주거에 포함된다. 즉 다가구용 단독주택이나 다세대주택·연립주택·아파트 등 **공동주택 안에서 공용으로 사용하는 계단과 복도**는 특별한 사정이 없는 한 주거침입죄의 객체인 '사람의 주거'에 해당한다. (대법원 2009도4355). 따라서 다가구용 단독주택인 빌라의 잠기지 않은 대문을 열고 들어가 **공용 계단으로 빌라 3층까지 올라갔다가 1층으로 내려온 경우 주거침입죄를 구성**한다고 본다. (대법원 2009도3452) 뿐만 아니라, 담장과 방사이의 통로도 주거에 해당된다. (대법원 2001도1092)

④ 주거에 사람이 현존할 필요는 없으며 건조물에 대한 소유관계는 불문한다. 즉 주거침입죄는 사실상의 주거의 평온을 보호법익으로 하는 것이므로 그 주거자 또는 간수자가 건조물 등에 거주 또는 간수할 권리를 가지고 있는가의 여부는 범죄의 성립을 좌우하는 것이 아니며, 점유할 권리없는 자의 점유라고 하더라도 그 주거의 평온은 보호되어야 할 것이므로, 권리자가 그 권리를 실행함에 있어 법에 정하여진 절차에 의하지 아니하고 그 건조물 등에 침입한 경우에는 주거침입죄가 성립한다. (대법원 87도1760)

⑤ 주거는 적법·부적법 여부를 상관하지 않는다. 즉, 임대차계약 만료 후에도 주거의 평온은 객체가 된다.

관련판례

① 건물의 소유자라고 주장하는 피고인 甲과 그것을 점유관리하는 피해자 乙 사이에 건물의 소유권에 대한 분쟁이 계속되고 있는 상황에서 피고인 甲이 그 건물에 乙의 허락 없이 침입한 경우, 주거침입죄가 인정된다. (대법원 89도889) = 해당 가옥이 피고인의 소유라도 피해자가 점유관리하고 있었다면 피고인의 침입은 주거침입죄에 해당한다.

② 형법상 주거침입죄의 객체인 주거는 타인이 거주하는 것에 한하고, 타인과 공동으로 생활하고 있는 자가 행위자인 경우에는 그가 공동생활에서 이탈한 후가 아니면 당해 주거는 본죄의 객체가 되지 않는다. 다만 다른 사람과 공동으로 주거에 거주하거나 건조물을 관리하던 사람이 공동생활관계에서 이탈하거나 주거 등에 대한 사실상 지배나 관리를 상실 겨우 등 특별한 사정이 있는 경우 주거침입죄가 성립할 수 있을 뿐이다. (대법원 2020도6085)

2) 관리하는 건조물·선박·항공기

① 여기에서 관리란 사람이 사실상 지배·보존하는 것으로서, 타인의 침입을 방지할 만한 인적·물적 설비를 구비하는 것이다. 반드시 출입이 불가능 또는 곤란하게 할 정도의 설비일 필요는 없으나, 단순히 출입금지의 표시만으로는 관리라고 할 수 없다.

② 건조물이란 주거를 제외한 일체의 건물 및 그 위요지(圍繞地)로서 지붕이 있고 담·기둥으로 지지되어 토지에 정착하고 사람이 출입할 수 있는 구조물을 말한다. (대법원 88도2430) 예컨대, 공장, 창고, 극장, 관공서의 청사, 폐쇄된 별장 등이 있다.

③ 위요지는 건조물에 인접한 그 주변 토지로서 관리자가 외부와의 경계에 문과 담 등을 설치하여 그 토지가 건조물의 이용을 위하여 제공되었다는 것이 명확히 드러나야 할 것인데, **화단의 설치, 수목의 식재 등으로 담장의 설치를 대체하는 경우에도 건조물에 인접한 그 주변 토지가 건물, 화단, 수목 등으로 둘러싸여 건조물의 이용에 제공되었다**는 것이 명확히 드러난다면 위요지가 될 수 있다. (대법원 2009도12609)

④ 그러나 건조물의 이용에 기여하는 **인접의 부속 토지라고 하더라도** 인적 또는 물적 설비 등에 의한 구획 내지 통제가 없어 통상의 보행으로 그 경계를 쉽사리 넘을 수 있는 정도라고 한다면 일반적으로 외부인의 출입이 제한된다는 사정이 객관적으로 명확하게 드러났다고 보기 어려우므로, 이는 다른 특별한 사정이 없는 한 **주거침입죄의 객체에 속하지 않는다.** (대법원 2009도14643)

⑤ **타워크레인은 건조물로 보지 않지만**(대법원 2005도5351), 골리앗크레인은 건조물로 본다. (대법원 91도753) 단순한 물탱크시설은 건조물에 해당되지 않는다. (대법원 2007도7247)

⑥ 선박·항공기는 크기는 불문하지만 주거에 사용될 수 있을 정도여야 하므로 소형보트 등은 본죄의 객체가 아니다.

3) 점유하는 방실

점유하는 방실이란 건물 내에서 사실상 지배·관리하는 구획으로 점포, 사무실, 연구실, 하숙방, 숙박시설객실 등을 말한다.

> **관련판례**
> ① 건물신축 공사현장에 무단으로 들어간 뒤 **타워크레인**에 올라가 이를 점거한 경우에는 건조물침입죄가 성립하지 않는다. (대법원 2005도5351)
> ② 다가구용 단독주택인 빌라의 잠기지 않은 대문을 열고 들어가 **공용 계단으로 빌라 3층까지 올라갔다가 1층으로 내려온 경우** 주거침입죄를 구성한다. (대법원 2009도3452)
> ③ 다가구용 단독주택이나 다세대주택·연립주택·아파트 등 **공동주택 안에서 공용으로 사용하는 계단과 복도**는 특별한 사정이 없는 한 주거침입죄의 객체인 '사람의 주거'에 해당한다. (대법원 2009도4335)

(2) 행위

1) 침입의 의미

① 침입이란 주거권자의 의사에 반하여 들어가는 것을 말하며, 침입의 방법은 불문한다. 침입은 외부로부터 이루어져야하므로 죄수가 교도소의 다른 감방에 들어간 경우는 침입이 아니다.

② 부작위에 의한 침입도 가능하다. 예컨대, 주거에 대한 보증인이 제3자의 침입을 방치한 경우에는 주거침입죄의 부작위에 의한 종범이 된다.

③ 또한 부작위에 의한 침입은 퇴거요구를 받을 것을 요하지 않는다는 점에서 퇴거불응죄와 구별된다. 예컨대, 허가받고 들어간 자가 영업시간이 끝난 후에도 숨어있는 경우나 착오로 타인의 집에 들어간 자가 자기 집이 아닌 것을 안 후에도 그대로 머무르는 경우에는 부작위에 의한 침입으로 주거침입죄가 된다.

> **관련판례** **주거침입 인정**
> ① 대학교가 한총련의 행사개최를 불허하고 외부인의 출입을 금지하는 한편 경찰에 시설물 보호를 위한 경비지원을 요청하였음에도 피고인이 다른 많은 학생들과 함께 위 행사에 참여하거나 주최하기 위하여 대학교에 들어간 행위는 주거침입이 된다. (대법원 2003도604)
> ② 피고인이 피해자가 사용중인 **공중화장실의 용변칸에 노크하여 남편으로 오인한 피해자**가 용변칸 문을 열자 강간할 의도로 용변 칸에 들어간 것이라면 피해자가 명시적 또는 묵시적으로 이를 승낙하였다고 볼 수 없어 주거침입이 된다. (대법원 2003도1256)

> **관련판례** 주거침입 부정
>
> 피고인이 이웃에 있는 고종사촌의 집에 잠시 들어가 있는 동안에 고종사촌에게 돈을 갚기 위해 찾아온 타인의 돈을 절취한 경우, 주거침입죄가 성립하지는 않는다. (대법원 83도2897)

2) 동의: 주거침입의 양해

① 동의권자의 의사는 주거자·관리권자·점유자의 의사 또는 추정적 의사에 반할 경우에만 침입이라고 할 수 있으므로, **동의권자의 동의가 있으면 양해가 된다.** 동의의 표시방법은 명시적이든 묵시적이든 불문한다.

② 주거자에 의한 동의는 자유롭고 진지하게 이루어져야 하므로 강제·기망에 의한 동의는 양해로서의 효력이 없다. (대법원 2006도5979)

③ 주거침입죄는 사실상 주거의 평온을 보호법익으로 한다. 주거침입죄의 구성요건적 행위인 침입은 주거침입죄의 보호법익과의 관계에서 해석하여야 하므로, 침입이란 거주자가 주거에서 누리는 사실상의 평온상태를 해치는 행위태양으로 주거에 들어가는 것을 의미하고, 침입에 해당하는지 여부는 출입 당시 객관적·외형적으로 드러난 행위태양을 기준으로 판단함이 원칙이다. 사실상의 평온을 해치는 행위태양으로 주거에 들어가는 것이라면 특별한 사정이 없는 한 거주자의 의사에 반하는 것이겠지만, 단순히 주거에 들어가는 행위 자체가 거주자의 의사에 반한다는 거주자의 주관적 사정만으로 바로 침입에 해당한다고 볼 수 없다. **따라서 침입에 해당한다고 인정하기 위해서는 거주자의 의사에 반한다는 사정만으로는 부족하고, 주거의 형태와 용도·성질, 외부인의 출입에 대한 통제·관리 상태, 출입의 경위와 태양 등을 종합적으로 고려하여 객관적·외형적으로 판단할 때 주거의 사실상의 평온상태를 해치는 경우에 이르러야 한다.** (대법원 2021도15507)

④ 사실상의 평온상태를 해치는 행위 태양으로 주거에 들어가는 것이라면 대체로 거주자의 의사에 반하겠지만, 단순히 주거에 들어가는 행위 자체가 거주자의 의사에 반한다는 주관적 사정만으로는 바로 침입에 해당한다고 볼 수 없다. 거주자의 의사에 반하는지는 사실상의 평온상태를 해치는 행위 태양인지를 평가할 때 고려할 요소 중 하나이지만 주된 평가 요소가 될 수는 없다. 따라서 침입행위에 해당하는지는 거주자의 의사에 반하는지가 아니라 사실상의 평온상태를 해치는 행위 태양인지에 따라 판단되어야 한다. (대법원 2017도18272 전합, 2020도12630)

⑤ 행위자가 거주자의 승낙을 받아 주거에 들어갔으나 범죄 등을 목적으로 한 출입이거나 거주자가 행위자의 실제 출입 목적을 알았더라면 출입을 승낙하지 않았을 것이라는 사정이 인정되는 경우 행위자의 출입행위가 주거침입죄에서 규정하는 침입행위에 해당하려면, 출입하려는 주거 등의 형태와 용도·성질, 외부인에 대한 출입의 통제·관리 방식과 상태, 행위자의 출입 경위와 방법 등을 종합적으로 고려하여 행위자의 출입 당시 객관적·외형적으로 드러난 행위 태양에 비추어 주거의 사실상 평온상태가 침해되었다고 평가되어야 한다. 이때 거주자의 의사도 고려되지만 주거 등의 형태와 용도·성질, 외부인에 대한 출입의 통제·관리 방식과 상태 등 출입 당시 상황에 따라 그 정도는 달리 평가될 수 있다. (대법원 2017도18272 전합)

⑥ 동의권자는 반드시 소유자·직접점유자일 필요는 없고 주거 등에의 출입과 거주를 결정할 권리가 있는 사람을 말한다. 임차한 주거(借家)에 대하여는 임차인만이 동의할 수 있으며(대법원 73도460), 적법하게 점유를 개시한 거주인이라면 점유권의 유무는 불문하므로 임대차 기간이 경과한 후에도 동의권을 가진다.

⑦ 가사도우미 등에게 집을 보게 하는 경우와 같이 주거자 등은 동의권을 타인에게 위탁할 수도 있다.

> **관련판례** 공동거주자의 주거의 이용관계
>
> ① 공동주거인 경우에는 각자가 별도의 동의권자이다. 즉 **남편의 일시 부재중 성관계 목적으로 처의 동의를 얻고 들어간 경우에는 남편의 주거권을 침해하므로 주거침입죄가 성립된다는 판례**(대법원 83도685)**를 변경하여 이제는 주거침입죄가 되지 아니한다고 본다.** 즉, 공동거주자 중 주거 내에 현재하는 거주자의 현실적인 승낙을 받아 통상적인 출입방법에 따라 들어갔다면, 설령 그것이 부재 중인 다른 거주자의 의사에 반하는 것으로 추정되더라도 주거침입죄의 보호법익인 사실상 주거의 평온을 깨트렸다고 볼 수 없다. 다시 말해서, 공동주거의 경우 여러 사람이 하나의 생활공간에서 거주하는 성질에 비추어 공동거주자 각자는 다른 거주자와의 관계로 인하여 주거에서 누리는 사실상 주거의 평온이라는 법익이 일정 부분 제약될 수밖에 없고, 공동거주자는 공동주거관계를 형성하면서 이러한 사정을 서로 용인하였다고 보아야 한다. (대법원 2020도12630)
>
> ② 공동거주자 중 한 사람이 법률적인 근거 기타 정당한 이유 없이 다른 공동거주자가 공동생활의 장소에 출입하는 것을 금지한 경우, 다른 공동거주자가 이에 대항하여 공동생활의 장소에 들어갔더라도 이는 사전 양해된 공동주거의 취지 및 특성에 맞추어 공동생활의 장소를 이용하기 위한 방편에 불과할 뿐, 그의 출입을 금지한 공동거주자의 사실상 주거의 평온이라는 법익을 침해하는 행위라고는 볼 수 없으므로 주거침입죄는 성립하지 않는다. 공동거주자 상호간에는 특별한 사정이 없는 한 다른 공동거주자가 공동생활의 장소에 자유로이 출입하고 이를 이용하는 것을 금지 할 수 없다. (대법원 2020도6085) = 자신의 아파트에 들어가려는데 처제가 출입을 막은 사건.

(3) 고의

① 주거침입죄는 주거자의 고의범이므로 주거자의 의사에 반하여 들어간다는 고의가 있어야 한다. **신체의 일부라도 타인의 주거 안으로 들어간다는 인식이 있으면 된다.** (대법원 94도2561)

② 거주자의 의사에 반한다는 점을 인식하지 못한 경우는 사실의 착오의 문제이고, 거주자의 의사에 반한다고 오인한 경우는 불능미수이고, 주거에 들어갈 정당한 권리가 있다고 오인한 경우는 법률의 착오의 문제에 해당된다.

> **관련판례**
>
> 야간에 타인의 집의 창문을 열고 집 안으로 얼굴을 들이미는 등의 행위를 하였다면 피고인이 자신의 신체의 일부가 집 안으로 들어간다는 인식하에 하였더라도 주거침입죄의 범의는 인정되고, 또한 비록 신체의 일부만이 집 안으로 들어갔다고 하더라도 사실상 주거의 평온을 해하였다면 주거침입죄는 기수에 이르렀다. 주거로 들어가는 문의 시정장치를 부수거나 문을 여는 등 침입을 위한 구체적 행위를 시작하였다면 주거침입죄의 실행의 착수는 있었다고 보아야 하고, 신체의 극히 일부분이 주거 안으로 들어갔지만 **사실상 주거의 평온을 해하는 정도에 이르지 아니하였다면 주거침입죄의 미수**에 그친다라고 판시함으로써 결과범으로 해석한다. (대법원 94도2561)

3 미수와 기수

① 주거침입죄의 실행의 착수가 인정되기 위해서는 주거자의 의사에 반하여 주거나 관리하는 건조물 등에 들어가는 행위까지 요구하는 것은 아니고, 범죄구성요건의 실현에 이르는 현실적 위험성을 포함하는 행위를 개시하는 것으로 족하다. (대법원 2006도2824)

② 신체전부침입설(통설)에 의하면, 범인의 신체 전부가 들어와야만이 기수로 본다. 이 학설에 따르면 일부만 들어온 경우에는 i) 신체 전부가 들어올 고의로 들어오려다가 일부만 들어왔다면 미수이고, ii) 처음부터 일부만 들어올 생각이었다면 미수도 아니라고 보아 무죄로 본다.

③ 이에 비해서, 신체일부침입설(판례)에 의하면, 범인의 신체가 전부 들어온 경우는 당연히 기수이고, 신체 일부만 들어온 경우에는 i) 신체 일부 침입이 사생활 침범 수준에 이른 경우에는 기수, ii) 신체 일부 침입이 사생활 침범 수준에 이르지 못한 경우에는 미수로 본다.

④ 판례는 신체일부침입설에 입각하여 신체의 일부만이 침입한 경우에도 주거의 사실상 평온을 해한 경우는 **기수**가 된다. 즉 야간에 타인의 집의 창문을 열고 집 안으로 얼굴을 들이미는 등의 행위를 하면서 신체의 전부가 집 안으로 들어가지는 않은 경우라도 주거침입죄의 기수이다. (대법원 94도2561)

⑤ 그러나 침입 대상인 아파트에 사람이 있는지 확인하기 위해 **초인종을 누른 행위만으로는 주거침입죄의 실행의 착수에 해당하지 아니한다.** (대법원 2008도1464)

⑥ 주거침입죄는 계속범이므로 기수 이후에도 퇴거하기 전까지는 범죄행위가 계속된다. 따라서 기수 이후에 퇴거요구에 불응한 경우에도 별도로 퇴거불응죄가 성립되지 않는다.

> **관련판례** **주거침입의 실행착수 인정**
>
> ① 주거침입의 범위로써 예컨대, 주거로 들어가는 문의 시정장치를 부수거나 문을 여는 등 침입을 위한 구체적 행위를 시작하였다면 주거침입의 실행의 착수가 있었다고 보아야 한다. (대법원 94도2561)
> ② 출입문이 열려 있으면 **안으로 들어가겠다는 의사 아래 출입문을 당겨보는 행위**는 바로 주거의 사실상 평온을 침해할 객관적인 위험성을 포함하는 행위를 한 것으로 볼 수 있어 그것으로 주거침입의 실행에 착수한 것으로 보아야 한다. (대법원 2006도2824)

> **관련판례** **주거침입의 실행착수 부정**
>
> 침입 대상인 아파트에 사람이 있는지를 확인하기 위해 그 집의 **초인종을 누른 행위만으로는** 침입의 현실적 위험성을 포함하는 행위를 시작하였다거나, 주거의 사실상의 평온을 침해할 객관적인 위험성을 포함하는 행위를 한 것으로 볼 수 없으므로 피고인들이 주거침입의 실행의 착수에 해당하는 행위를 하였다고 볼 수 없다. (대법원 2008도1464)

4 위법성

① 홍수가 나서 이를 피하기 위해서 타인의 주거에 들어간 경우 긴급피난이 인정될 수 있다.

② 옆집에 불이 난 것을 끄기 위해서 들어간 경우 정당행위가 인정될 수 있다.

③ 채권자가 채권추심을 위하여 채무자의 집에 들어가는 경우에는 그 침입의 정도가 사회상규에 위반하지 않는다고 판단될 때 정당행위로 볼 수 있다.

> **관련판례**
>
> ① 사인이 현행범을 추격하는 가운데 임의로 타인의 집에 들어가는 경우에도 주거침입죄가 성립하게 된다. (대법원 65도899) = 위법성이 조각되지 않는다.
> ② 연립주택 아래층에 사는 피해자가 위층 피고인의 집으로 통하는 상수도관의 밸브를 임의로 잠근 후 이를 피고인에게 알리지 않아 하루 동안 수돗물이 나오지 않는 고통을 겪었던 피고인이 상수도관의 밸브를 확인하고 이를 열기 위하여 부득이 피해자의 집에 들어간 행위는 사회상규에 위배되지 아니하는 행위로서 정당행위에 해당하여 주거침입죄가 성립하지 않는다. (대법원 2003도7393) = 위법성이 조각된다.
> ③ 피고인과 "甲" "乙"의 세 사람이 함께 술을 마시고 그들이 사는 동리의 "甲" 집 앞길에 이르렀을 때 "甲"이 사소한 일로 피고인에게 폭행을 가함으로써 상호 시비 중 "甲"이 그의 집으로 들어가기에 피고인도 술에 취하여 동인에게 얻어맞아 가면서 甲의 **집까지 따라 들어가서 때리는 이유를 따지었던 경우**에 피고인이 "甲"의 집에 따라 들어간 소위를 위법성 있는 주거침입이라고 논단하기 어렵다. (대법원 67도1089)

5 죄수

① 주거침입의 수단으로 폭행·손괴한 경우에는 주거침입죄와 폭행죄·손괴죄의 상상적 경합이 된다.

② 주거침입을 하여 살인·강도·절도를 한 경우에는 주거침입죄와 살인죄·강도죄·절도죄의 실체적 경합이 된다.

③ 야간주거침입절도죄(제330조), 야간주거문호손괴침입의 특수절도죄(제331조)의 경우에는 주거침입이 구성요건요소로 되어 있으므로 별도로 주거침입죄가 성립하지 않는다. 따라서 야간에 건조물의 입구를 손괴하고 주거에 침입하여 절취한 경우에는 제331조 제1항의 특수절도죄만 성립한다.

④ 그러나 형법 제331조 제2항의 특수절도(흉기휴대 또는 2인 이상 합동)에 있어서 주간에 절도범인이 그 범행수단으로 주거침입을 한 경우에 그 주거침입행위는 절도죄에 흡수되지 아니하고 별개로 주거침입죄를 구성하여 절도죄와는 실체적 경합의 관계에 서는 것이 원칙이다. (대법원 2009도9667)

6 타죄와의 관계

성폭력특별법상 강간치상죄와 주거침입죄와의 관계 (= 흡수관계)	성폭력범죄의 처벌 및 피해자보호 등에 관한 법률 제5조 제1항은 형법 제319조 제1항의 죄를 범한 자가 강간의 죄를 범한 경우를 규정하고 있고, 성폭력범죄의 처벌 및 피해자보호 등에 관한 법률 제9조 제1항은 같은 법 제5조 제1항의 죄와 같은 법 제6조의 죄에 대한 결과적 가중범을 동일한 구성요건에 규정하고 있으므로, **피해자의 방안에 침입하여 식칼로 위협하여 반항을 억압한 다음 피해자를 강간하여 상해를 입히게 한 피고인의 행위는 그 전체가 포괄하여 같은 법 제9조 제1항의 죄를 구성할 뿐이지, 그 중 주거침입의 행위가 나머지 행위와 별도로 주거침입죄를 구성한다고는 볼 수 없다.** (대법원 99도354)
특정범죄가중처벌법 제5조의4	특정범죄가중처벌법 제5조의4에 의한 상습절도에 있어서 주간에 상습적으로 주거침입하여 절도한 자에 대해서는 특정범죄가중처벌법상 상습절도죄만 1죄로 성립하고 별도로 주거침입죄는 성립하지 아니한다고 본다. (대법원 2017도4044)

> **관련판례** 주거침입죄 인정

① **사인이 현행범인을 추적**하다가 타인의 주거에 들어간 경우에는 주거침입 부분에 대해서는 정당행위가 인정되지 않고 주거침입죄가 성립한다. (대법원 65도899)

② 근저당권설정등기가 되어 있지 아니한 별개 독립의 이 사건 건물이 근저당권의 목적으로 된 대지 및 건물과 일괄하여 경매된 경우 이 사건 건물에 대한 경락허가결정이 당연무효라고 하더라도 이에 기한 인도명령에 의한 집행으로서 일단 이 사건 건물의 점유가 경락인에게 이전된 이상 이 사건 건물의 소유자인 피고인이 위 무효인 인도집행에 반하여 위 건물에 들어간 경우에도 주거침입죄는 성립한다. (대법원 83도1429)

③ 주거침입죄는 사실상의 주거의 평온을 보호법익으로 하는 것이므로, 법에 정해진 절차에 의하지 아니하고 거주 또는 간수할 권리가 없는 자의 건조물 등에 침입하였더라도 주거침입죄는 성립한다. (대법원 87도1760)

④ 건물의 소유권에 대한 분쟁이 계속되고 있는 상황에서 건물의 소유자라고 주장하는 자가 그 건물에 침입한 경우, 주거침입죄 인정된다. (대법원 89도889)

⑤ 주거침입의 범위로써 예컨대, 주거로 들어가는 문의 시정장치를 부수거나 문을 여는 등 침입을 위한 구체적 행위를 시작하였다면 주거침입의 실행의 착수가 있었다고 보아야 한다. (대법원 94도2561)

⑥ **학생회관의 관리권은 그 대학 당국**에 귀속된다고 보아야 한다. 따라서 학생회의 동의가 있어 그 침입이 위법하지 않다고 믿었다 하더라도 정당한 사유가 있다고 볼 수 없으므로 주거침입죄를 구성한다. (대법원 95도12)

⑦ 남의 방에 몰래 들어가 타인이 개인적으로 사용하는 일반 전화를 무단으로 사용한 경우 절도죄는 성립하지 아니하고, 주거침입죄만 성립 (대법원 98도700)

⑧ 이미 수일 전에 2차례에 걸쳐 피해자를 강간하였던 피고인이 대문을 몰래 열고 들어와 담장과 피해자가 거주하던 방 사이의 좁은 통로에서 창문을 통하여 방안을 엿본 경우, 피해자의 사실상의 평온을 침해한 것이기 때문에 주거침입죄가 성립된다. (대법원 2001도1092)

⑨ 대학교가 한총련의 행사개최를 불허하고 외부인의 출입을 금지하는 한편 경찰에 시설물 보호를 위한 경비지원을 요청하였음에도 피고인이 다른 많은 학생들과 함께 위 행사에 참여하거나 주최하기 위하여 대학교에 들어간 행위는 주거침입이 된다. (대법원 2003도604)

⑩ 피고인이 피해자가 사용 중인 **공중화장실의 용변칸에 노크하여 남편으로 오인한 피해자**가 용변칸 문을 열자 강간할 의도로 용변 칸에 들어간 것이라면 피해자가 명시적 또는 묵시적으로 이를 승낙하였다고 볼 수 없어 주거침입이 된다. (대법원 2003도1256)

⑪ **피고인이 약 37명 가량의 일반승려들을 규합**하여 이들과 함께 날이 채 새기도 전에 잠겨진 뒷문을 넘어 들어가거나 정문에 설치된 철조망을 걷어 내고 정문을 통과하는 방법으로 사찰 경내로 난입했다면, 그러한 피고인등의 행위는 종법에 따른 검수절차를 통한 주지직 취임의 한계를 일탈한 것이고, 전임 주지측의 사찰경내에 대한 사실상 점유의 평온을 침해한 것으로 주거침입죄가 성립한다. (대법원 82도1363)

⑫ 전국노동조합대표자회의 등이 특정 대학교 총장에게 전국노동자대회 등 개최를 위한 장소사용 허가를 요청하였다가 명시적으로 불허통보를 받았음에도 대회 개최를 위하여 각 대학교에 들어간 행위는 건조물침입죄가 된다. (대법원 2006도755)

⑬ **출입문이 열려 있으면 안으로 들어가겠다는 의사 아래 출입문을 당겨보는 행위**는 바로 주거의 사실상 평온을 침해할 객관적인 위험성을 포함하는 행위를 한 것으로 볼 수 있어 그것으로 주거침입의 실행에 착수한 것으로 보아야 한다. (대법원 2006도2824)

⑭ **점유할 권리 없는 자의 점유라고 하더라도 그 주거의 평온은 보호**되어야 할 것이므로, 권리자가 그 권리실행으로서 자력구제의 수단으로 건조물에 침입한 경우에도 주거침입죄가 성립한다 할것이다. (대법원 85도122) 같은 취지에서 설령 이 사건 비닐하우스의 소유권이 피고인에게 있다 하더라도, **피해자가 공소외인으로부터 이 사건 비닐하우스를 인도받아 점유하고 있는 이상** 피고인이 함부로 이 사건비닐하우스의 열쇠를 손괴하고 그 안에 들어간 행위는 재물손괴죄 및 주거침입죄에 해당한다. (대법원 2006도7044)

⑮ **피해자 소유의 축사건물 및 그 부지**를 임의경매절차에서 매수한 사람이 위 부지 밖에 설치된 피해자 소유 소독시설을 통로로 삼아 위 축사건물에 출입한 경우, 건조물침입죄에 해당한다. (대법원 2007도7247) = 소독시설 자체가 독자적인 건조물에 해당한다.

⑯ 다른 사람의 주택에 무단 침입한 범죄사실로 이미 **유죄판결을 받은 사람이** 그 판결이 확정된 후에도 퇴거하지 않은 채 계속하여 당해 주택에 거주한 경우 위 **판결 확정 이후의 행위는 별도의 주거침입죄**를 구성한다. (대법원 2007도11322)

⑰ 다가구용 단독주택인 빌라의 잠기지 않은 대문을 열고 들어가 **공용 계단으로 빌라 3층까지 올라갔다가 1층으로 내려온 경우** 주거침입죄를 구성한다. (대법원 2009도3452)

⑱ 다가구용 단독주택이나 다세대주택·연립주택·아파트 등 **공동주택 안에서 공용으로 사용하는 엘리베이터, 계단과 복도**는 특별한 사정이 없는 한 주거침입죄의 객체인 '사람의 주거'에 해당한다. (대법원 2009도4335)

⑲ **사용자가 제3자와 공동으로 관리·사용하는 공간**을 사용자에 대한 쟁의행위를 이유로 관리자의 의사에 반하여 침입·점거한 경우 비록 그 공간의 점거가 사용자에 대한 관계에서 **정당한 쟁의행위로 평가된다 할지라도** 그 제3자의 명시적 또는 추정적 승낙이 없는 이상 주거침입죄는 성립한다. (대법원 2009도5008)

⑳ 입주자대표회의가 입주자 등이 아닌 자(이하 '외부인'이라 한다)의 단지 안 주차장에 대한 출입을 금지하는 결정을 하고 그 사실을 외부인에게 통보하였음에도 외부인이 입주자대표회의의 결정에 반하여 그 주차장에 들어갔다면, 출입 당시 관리자로부터 구체적인 제지를 받지 않았다고 하더라도 그 주차장의 관리권자인 입주자대표회의의 의사에 반하여 들어간 것이므로 건조물침입죄가 성립한다. 설령 외부인이 일부 입주자 등의 승낙을 받고 단지 안의 주차장에 들어갔다고 하더라도 개별 입주자 등은 그 주차장에 대한 본질적인 권리가 침해되지 않는 한 입주자대표회의의 단지 안의 주차장 관리에 관한 결정에 따를 의무가 있으므로 건조물침입죄의 성립에 영향이 없다. (대법원 2017도21323)

㉑ 아파트 등 공동주택의 공동현관에 출입하는 경우에도, 그것이 주거로 사용하는 각 세대의 전용 부분에 필수적으로 부속하는 부분으로 거주자와 관리자에게만 부여된 비밀번호를 출입문에 입력하여야만 출입할 수 있거나, 외부인의 출입을 통제·관리하기 위한 취지의 표시나 경비원이 존재하는 등 외형적으로 외부인의 무단출입을 통제·관리하고 있는 사정이 존재하고, 외부인이 이를 인식하고서도 그 출입에 관한 거주자나 관리자의 승낙이 없음은 물론, 거주자와의 관계 기타 출입의 필요 등에 비추어 보더라도 정당한 이유 없이 비밀번호를 임의로 입력하거나 조작하는 등의 방법으로 거주자나 관리자 모르게 공동현관에 출입한 경우와 같이, 그 출입 목적 및 경위, 출입의 태양과 출입한 시간 등을 종합적으로 고려할 때 공동주택 거주자의 "사실상 주거의 평온상태를 해치는 행위 태양"으로 볼 수 있는 경우라면 공동주택 거주자들에 대한 주거침입에 해당할 것이다. (대법원 2021도15507) = 이별한 이후 아파트 문앞까지 찾아간 사건이다. 피고인은 공동현관의 비밀번호를 무단으로 입력하고 들어가 현관문 비밀번호를 누르며 피해자 집에 출입하려고 하다가 누구세요라고 묻자 다시 내려왔다. 즉 외부인이 부정한 목적으로 권한 없이 비밀번호를 누르고 공동현관에 출입 순간 주거침입죄는 기수이다. 공동주택의 공용 부분 출입으로 주거침입 여부를 판단방법.

㉒ 아파트 등 공동주택의 공동현관에 출입하는 경우에도, 그것이 주거로 사용하는 각 세대의 전용 부분에 필수적으로 부속하는 부분으로 거주자와 관리자에게만 부여된 비밀번호를 출입문에 입력하여야만 출입할 수 있거나, 외부인의 출입을 통제·관리하기 위한 취지의 표시나 경비원이 존재하는 등 외형적으로 외부인의 무단출입을 통제·관리하고 있는 사정이 존재하고, 외부인이 이를 인식하고서도 그 출입에 관한 거주자나 관리자의 승낙이 없음은 물론, 거주자와의 관계 기타 출입의 필요 등에 비추어 보더라도 정당한 이유 없이 비밀번호를 임의로 입력하거나 조작하는 등의 방법으로 거주자나 관리자 모르게 공동현관에 출입한 경우와 같이, 출입 목적 및 경위, 출입의 태양과 출입한 시간 등을 종합적으로 고려할 때 공동주택 거주자의 사실상 주거의 평온상태를 해치는 행위태양으로 볼 수 있는 경우라면 공동주택 거주자들에 대한 주거침입에 해당한다. (대법원 2022도3801)

㉓ 피해자들 측이 불법적으로 이 사건 공사현장을 점거하였지만 관할 경찰서로부터 집단민원현장 경비원배치신고 및 관련 허가를 받아 약 65일간 경비원을 상주시키면서 점유·관리하여 온 상황에서 피고인들이 정당하고 적법한 절차에 의하지 않고 이 사건 공사현장 및 건조물에 침입한 이상 건조물침입죄가 성립한다. (대법원 2022도5940)

> **관련판례** **주거침입죄 부정**

① 피고인이 이웃에 있는 고종사촌의 집에 잠시 들어가 있는 동안에 고종사촌에게 돈을 갚기 위해 찾아온 타인의 돈을 절취한 경우, 주거침입죄가 성립하지는 않는다. (대법원 83도2897)
② 주택의 매수인이 계약금과 중도금을 지급하고서 그 주택을 명도받아 점유하고 있던 중 위 매매계약을 해제하고 중도금반환청구소송을 제기하여 얻은 그 승소판결에 기하여 강제집행에 착수한 이후라고 하더라도, 매도인이 매수인이 잠그어 놓은 위 주택의 출입문을 열고 들어간 경우라면 주거침입죄를 구성하지 아니한다. (대법원 87도3)
③ 근로자가 그 해고의 효력을 다투고 있는 경우에는 해고의 효력이 확정될 때까지는 최소한 조합원으로서의 지위를 상실하는 것이 아니므로 피고인이 조합원의 자격으로서 노조사무실 출입목적으로 경비원의 제지를 뿌리치고 회사 내로 들어가는 것은 건조물침입죄로 벌할 수 없다. (대법원 91도326) = 단, 해고를 다투고 있는 근로자인 피고인이 경비원들의 제지를 뿌리치고 회사 내로 들어간 후 **식당에서 유인물을 배포**하였다면 건조물 침입이 인정.
④ 사용자의 **직장폐쇄가 정당한 쟁의행위로 인정되지 아니한 때에는** 다른 특별한 사정이 없는 한 근로자가 평소 출입이 허용되는 사업장 안에 들어가는 행위는 **주거침입죄가 되지 않는다.** (대법원 2002도2243)
⑤ 연립주택 아래층에 사는 피해자가 위층 피고인의 집으로 통하는 상수도관의 밸브를 임의로 잠근 후 이를 피고인에게 알리지 않아 하루 동안 수돗물이 나오지 않는 고통을 겪었던 피고인이 상수도관의 밸브를 확인하고 이를 열기 위하여 부득이 피해자의 집에 들어간 행위는 사회상규에 위배되지 아니하는 행위로서 정당행위에 해당하여 주거침입죄가 성립하지 않는다. (대법원 2003도7393)
⑥ 건물신축 공사현장에 무단으로 들어간 뒤 **타워크레인**에 올라가 이를 점거한 경우에는 건조물침입죄가 성립하지 않는다. (대법원 2005도5351)

⑦ 침입 대상인 아파트에 사람이 있는지를 확인하기 위해 그 집의 **초인종을 누른 행위만으로는** 침입의 현실적 위험성을 포함하는 행위를 시작하였다거나, 주거의 사실상의 평온을 침해할 객관적인 위험성을 포함하는 행위를 한 것으로 볼 수 없으므로 피고인들이 주거침입의 실행의 착수에 해당하는 행위를 하였다고 볼 수 없다. (대법원 2008도1464)

⑧ 건조물의 이용에 기여하는 **인접의 부속 토지라고 하더라도** 인적 또는 물적 설비 등에 의한 구획 내지 통제가 없어 통상의 보행으로 그 경계를 쉽사리 넘을 수 있는 정도라고 한다면 일반적으로 외부인의 출입이 제한된다는 사정이 객관적으로 명확하게 드러났다고 보기 어려우므로, 이는 다른 특별한 사정이 없는 한 **주거침입죄의 객체에 속하지 않는다.** (대법원 2009도14643)

⑨ ⅰ) **일반인의 출입이 허용된 음식점에 영업주의 승낙을 받아 통상적인 출입방법으로 들어갔다면 특별한 사정이 없는 한 주거침입죄에서 규정하는 침입행위에 해당하지 않는다.** 설령 행위자가 범죄 등을 목적으로 음식점에 출입하였거나 영업주가 행위자의 실제 출입 목적을 알았더라면 출입을 승낙하지 않았을 것이라는 사정이 인정되더라도 그러한 사정만으로는 출입 당시 객관적·외형적으로 드러난 행위 태양에 비추어 사실상의 평온상태를 해치는 방법으로 음식점에 들어갔다고 평가할 수 없으므로 침입행위에 해당하지 않는다. ⅱ) 건조물 침입을 구성요건으로 하는 야간건조물침입절도죄에서 건조물침입에 해당하는지를 판단할 때에도 같은 법리가 적용된다. (대법원 2017도18272 전합, 2022도5659) = 종전 주거침입 구성 판례 변경하였다. 비록 甲과 乙이 A, B로부터 음식점의 방실에서 녹음장치를 설치하거나 제거에 승낙을 받지 않더라도 주거침입죄가 성립되지 않는다.

⑩ 공동거주자가 공동생활의 장소에 출입하기 위하여 **출입문의 잠금장치를 손괴하는 등 다소간의 물리력을 행사하여 그 출입을 금지한 공동거주자의 사실상 평온상태를 해쳤더라도** 그러한 행위 자체를 처벌하는 별도의 규정에 따라 처벌될 수 있음은 별론으로 하고, 주거침입죄가 성립하지 아니함은 마찬가지이다. 공동거주자의 승낙을 받아 공동생활의 장소에 함께 들어간 외부인의 출입 및 이용행위가 **전체적으로 그의 출입을 승낙한 공동거주자의 통상적인 공동생활 장소의 출입 및 이용행위의 일환이자 이에 수반되는 행위로 평가할 수 있는 경우**라면, 이를 금지하는 공동거주자의 사실상 평온상태를 해쳤음에도 불구하고 그 외부인에 대하여도 역시 주거침입죄(폭처법위반의 공동주거침입)가 성립하지 않는다. (대법원 2020도6085 전합)

⑪ **피고인이 甲의 부재중에 甲의 처 乙과 혼외 성관계를 가질 목적으로 乙이 열어 준 현관 출입문을 통하여 甲과 乙이 공동으로 거주하는 아파트에 들어간 사안**에서, 피고인이 乙로부터 현실적인 승낙을 받아 통상적인 출입방법에 따라 주거에 들어갔으므로 주거의 사실상 평온상태를 해치는 행위 태양으로 주거에 들어간 것이 아니어서 주거에 침입한 것으로 볼 수 없고, 피고인의 주거 출입이 부재중인 甲의 의사에 반하는 것으로 추정되더라도 주거침입죄의 침입행위에 해당하지 않는다. (대법원 2020도12630 전합) = 종전 주거침입 구성 판례 변경

⑫ 관리자에 의해 출입이 통제되는 건조물에 관리자의 승낙을 받아 건조물에 통상적인 출입방법으로 들어갔다면, 이러한 승낙이 의사표시에 기망이나 착오 능의 하자가 있더라도 특별한 사정이 없는 한 형법 제319조 제1항에서 정한 건조물침입죄가 성립하지 않는다. 이러한 경우 관리자의 현실적인 승낙이 있었으므로 가정적·추정적 의사는 고려할 필요가 없다. 단순히 승낙의 동기에 착오가 있다고 해서 승낙의 유효성에 영향을 미치지 않으므로, 관리자가 행위자의 실제 출입 목적을 알았더라면 출입을 승낙하지 않았을 사정이 있더라도 건조물침입죄가 성립한다고 볼 수 없다. 나아가 관리자의 현실적인 승낙을 받아 통상적인 출입방법에 따라 건조물에 들어간 경우에는 출입 당시 객관적·외형적으로 드러난 행위태양에 비추어 사실상의 평온상태를 해치는 모습으로 건조물에 들어간 것이라고 평가할 수도 없다. (대법원 2018도15213)

⑬ 피고인들이 접견신청인으로서 서울남부구치소의 관리자인 구치소장으로부터 구치소에 대한 출입관리를 위탁받은 교도관의 현실적인 승낙을 받아 통상적인 출입방법으로 구치소 내 접견실에 들어갔으므로 사실상의 평온상태를 해치는 행위 태양으로 접견실에 들어갔다고 볼 수 없다. 사건에서 피고인들이 구치소에 수용 중인 사람을 취재하고자 구치소장의 허가 없이 접견내용을 촬영·녹음할 목적으로 안경 모양으로 제작된 녹음·녹화장비를 착용하고 접견실에 들어간 것이어서 구치소장이나 교도관이 이러한 사실을 알았더라면 피고인들이 위 녹음·녹화장비를 착용한 채 접견실에 출입하는 것을 승낙하지 않았을 것이라는 사정이 인정되더라도, 그러한 사정만으로는 사실상의 평온상태를 해치는 행위 태양으로 접견실에 출입하였다고 평가할 수 없다. 따라서 피고인들에 대하여는

건조물침입죄가 성립하지 않는다. (대법원 2020도8030) = 관리자에 의해 출입이 통제되는 건조물이더라도 관리자의 승낙을 받아 통상적인 출입방법으로 들어갔다면 특별한 사정이 없는 한 건조물침입죄에서 규정하는 침입행위에 해당하지 않는다.

⑭ 피고인이 피해자의 안방에 CCTV 카메라와 동영상 저장장치를 부착한 TV인 사실을 숨기고 피해자에게 TV를 설치해주겠다면서 안방까지 들어가 피해자의 주거에 침입하였다는 내용으로 기소된 사안에서, 피해자의 사실상 평온상태가 침해되었다고 볼 만한 사정이 없다는 이유로, 피고인의 출입이 비록 범죄 등의 목적을 숨기고 한 것이라도 주거침입죄가 성립하지 않는다. (대법원 2022도1717)

⑮ [1] 일반적으로 출입이 허용되어 개방된 건조물에 관리자의 출입 제한이나 제지가 없는 상태에서 통상적인 방법으로 들어갔다면, 사실상의 평온상태를 해치는 행위 태양으로 그 건조물에 들어갔다고 볼 수 없으므로 건조물침입죄에서 규정하는 침입행위에 해당하지 않는다.

[2] 마트산업노동조합 간부와 조합원인 피고인들이 공동하여, 대형마트 지점에 방문한 대표이사 등에게 해고와 전보 인사발령에 항의하기 위하여 지점장 갑의 의사에 반하여 정문을 통해 지점 2층 매장으로 들어감으로써 건조물에 침입하였다고 하여 폭력행위 등 처벌에 관한 법률 위반(공동주거침입)으로 기소된 사안에서, 피고인들이 들어간 지점 2층 매장은 영업시간 중에는 출입자격 등의 제한 없이 일반적으로 개방되어 있는 장소인 점, 피고인들은 영업시간에 손님들이 이용하는 정문과 매장 입구를 차례로 통과하여 2층 매장에 들어가면서 보안요원 등에게 제지를 받거나 보안요원이 자리를 비운 때를 노려 몰래 들어가는 등 특별한 조치를 취하지도 아니한 점에 비추어 보면, 일반적으로 출입이 허용되어 개방된 지점 매장에 관리자의 출입 제한이나 제지가 없는 상태에서 통상적인 방법으로 들어간 이상 사실상의 평온상태를 해치는 행위 태양으로 들어갔다고 볼 수 없어 건조물침입죄에서 규정하는 침입행위에 해당하지 않으며, 지점 관리자의 명시적 출입 금지 의사는 확인되지 않고, 설령 피고인들이 지점 매장에 들어간 행위가 그 관리자의 추정적 의사에 반하였더라도, 그러한 사정만으로는 사실상의 평온상태를 해치는 행위 태양으로 출입하였다고 평가할 수 없으므로 피고인들에 대하여 건조물침입죄가 성립하지 않는다. (대법원 2021도9055)

⑯ 피고인들이 공동하여 시청에 이르러 150여 명의 조합원들과 함께 위 건물 안으로 들어가 1층 로비 바닥에 앉아 구호를 외치며 소란을 피움으로써 시청 건물 관리자의 의사에 반하여 건조물에 침입하였다는 내용으로 기소된 사안에서, 이 부분 공소사실과 같이 시청에 들어간 행위가 ○○시청 관리자의 추정적 의사에 반하였더라도, 그러한 사정만으로는 사실상의 평온상태를 해치는 행위 태양으로 시청 로비에 출입하였다고 평가할 수 없다. 따라서 피고인 2, 피고인 3에 대하여는 건조물침입죄가 성립하지 않는다. (대법원 2021도7087)

⑰ 피고인이 일요일 야간에 피해 회사 사무실에 절도 목적으로 출입하였으나, 피고인은 피해자로부터 교부받은 스마트키를 이용하여 피해회사에서 예정한 통상적인 출입방법에 따라 위 사무실에 들어간 것일 뿐 그 당시 객관적·외형적으로 드러난 행위태양을 기준으로 볼 때 사실상의 평온상태를 해치는 방법으로 피해 회사에 들어갔다고 볼 만한 사정도 보이지 않는다. (대법원 2023도3351)

⑱ 업무시간 중 출입자격 등의 제한 없이 일반적으로 개방되어 있는 장소에 들어간 경우 건조물침입죄의 성립하지 않는다. (대법원 2022도15955)

III 퇴거불응죄

형법

제319조 【주거침입, 퇴거불응】 ② 전항의 장소에서 퇴거요구를 받고 응하지 아니한 자도 전항의 형과 같다.

1 의의

(1) 보충관계

사람의 주거, 관리하는 건조물, 선박이나 항공기 또는 점유하는 방실에 적법하게 또는 과실로 들어간 자가 주거자·관리자·점유자의 퇴거요구를 받고 나가지 않음으로써 성립하는 범죄이다. 합법적으로 주거에 들어간 자가 퇴거요구를 받고 나가지 않음으로써 성립하는 범죄이다. 따라서 주거침입죄가 성립하고나서 퇴거요구에 불응한 경우에는 주거침입죄만 성립한다. 즉 퇴거불응죄는 주거침입죄에 대해서 법조경합 중 보충관계에 있다.

(2) 특징

① 본죄는 주거침입의 죄의 독립된 구성요건이며, 진정부작위범이며 거동범이다.

② 미수 처벌규정이 있다. 예비음모 처벌규정은 없다.

③ **법정형은 퇴거불응죄와 주거침입죄가 동일하다.**

2 구성요건

(1) 주체

주체는 사람의 주거 등에 적법하게 또는 과실로 들어간 자이다. 처음부터 고의로 위법하게 들어간 자는 주거침입죄의 주체이다.

(2) 객체

주거침입죄와 동일하다.

(3) 행위

행위는 퇴거요구를 받고 불응하는 것이다. 퇴거요구는 1회로도 충분하고 명시적·묵시적임을 불문한다. 그러나 퇴거요구는 행위자의 공법·사법상 권리에 의하여 제한될 수가 있다. 예컨대, 음식점 손님은 식사를 마칠 때까지 퇴거요구에 응할 필요는 없다.

3 고의

퇴거불응죄는 고의범이므로 주거자 등의 퇴거요구를 받고 응하지 아니한다는 사실에 대한 인식과 의사가 있어야 한다.

4 미수와 기수

퇴거불응이란 퇴거할 수 있음에도 불구하고 퇴거하지 아니하는 것을 말하므로, 퇴거요구를 받고 즉시 응하지 않음으로써 기수가 된다. 그리고 퇴거불응의 실행착수와 동시에 실행종료가 발생하고 기수가 성립하므로(거동범), **미수 처벌규정이 있지만** 실제로는 성립할 여지가 없는 것이다. 따라서 이 죄의 미수범 규정은 입법상의 착오이다.

> **관련판례** **퇴거불응죄 인정**

① 근로자들의 직장점거가 개시 당시 적법한 것이었다 하더라도 사용자가 이에 대응하여 적법하게 직장폐쇄를 하게 되면, 사용자는 점거중인 근로자들에 대하여 정당하게 사업장으로부터의 퇴거를 요구할 수 있고 퇴거를 요구받은 이후의 직장점거는 위법하게 되므로, 적법히 직장폐쇄를 단행한 사용자로부터 퇴거요구를 받고도 불응한 채 직장점거를 계속한 행위는 퇴거불응죄를 구성한다. (대법원 91도1324)
② 피고인이 예배의 목적이 아니라 교회의 예배를 방해하여 교회의 평온을 해할 목적으로 교회에 출입하는 것이 판명되어 교회당회에서 피고인에 대한 교회출입금지의결을 하고, 교회의 관리인이 피고인에게 퇴거를 요구한 경우, 위 교회의 의사는 명백히 나타난 것이기 때문에 퇴거요구를 한 것은 정당하고 이에 불응하여 퇴거를 하지 아니한 행위는 퇴거불응죄에 해당한다. (대법원 91도2309)

> **관련판례** **퇴거불응죄 부정**

① 사용자의 직장폐쇄가 정당한 쟁의행위로 인정되지 아니하는 때에는 적법한 쟁의행위로서 사업장을 점거 중인 근로자들이 직장폐쇄를 단행한 사용자로부터 퇴거요구를 받고 이에 불응한 채 직장점거를 계속하더라도 퇴거불응죄가 성립하지 아니한다. (대법원 2006도9307)
② 사용자의 직장폐쇄가 정당한 쟁의행위로 인정되지 아니하는 때에는 적법한 쟁의행위로서 사업장을 점거 중인 근로자들이 직장폐쇄를 단행한 사용자로부터 퇴거 요구를 받고 이에 불응한 채 직장점거를 계속하더라도 퇴거불응죄가 성립하지 아니한다. (대법원 2007도5204)
③ 정당한 퇴거요구를 받고 건물에서 나가면서 가재도구 등을 남겨두는 행위는 퇴거불응죄를 구성하지 않는다. (대법원 2007도6990)

IV 특수주거침입죄

형법

제320조 【특수주거침입】 단체 또는 다중의 위력을 보이거나 위험한 물건을 휴대하여 전조의 죄를 범한 때에는 5년 이하의 징역에 처한다.

> **관련판례**

① 폭력행위등 처벌에 관한 법률의 목적과 그 제3조 제1항 소정의 흉기 기타 위험한 물건을 휴대하여 그 죄를 범한 자란 범행현장에서 그 범행에 사용하려는 의도아래 흉기를 소지하거나 몸에 지니는 경우를 가리키는 것이지 그 범행과는 전혀 무관하게 우연히 이를 소지하게 된 경우까지를 포함하는 것은 아니다. 피고인은 버섯을 채취하러 산에 가면서 칼을 휴대한 것일 뿐 판시 주거침입에 사용할 의도 아래 이를 소지한 것이 아니고 판시 주거침입시에 이를 사용한 것도 아니라는 것인 바 흉기를 휴대하여 주거침입의 죄를 범한자라고 할 수는 없다. (대법원 90도401)
② 수인이 흉기를 휴대하여 타인의 건조물에 침입하기로 공모한 후 그중 일부는 밖에서 망을 보고 나머지 일부만이 건조물 안으로 들어갔을 경우 특수주거침입죄의 구성요건이 충족되었다고 볼 수 있는지의 여부는 직접 건조물에 들어간 범인을 기준으로 하여 그 범인이 흉기를 휴대하였다고 볼 수 있느냐의 여부에 따라 결정되어야 한다. 당시 흉기가 보관되어 있던 차량은 피고인 등이 침입한 위 건물로부터 약 30 내지 50미터 떨어진 거리에 있었고, 차량 안에 남아 있던 다른 피고인들은 만약의 사태에 대비하면서 차량 안에 남아서 유심히 주위의 동태를 살피다가 피고인 등이 도망치는 모습을 발견하고서는 그대로 차를 운전하여 도주하였다면 위 건물 안으로 들어간 피고인 등 범인들을 기준으로 할 경우에 그들이 위 건조물에 들어갈 때 30 내지 50여미터 떨어진 거리에 세워진 차 안에 있던 흉기를 휴대하고 있었다고는 볼 수 없을 것이다. (대법원 94도1991)

Ⅴ 주거·신체수색죄

형법

제321조【주거·신체 수색】 사람의 신체, 주거, 관리하는 건조물, 자동차, 선박이나 항공기 또는 점유하는 방실을 수색한 자는 3년 이하의 징역에 처한다.

① 주거·신체수색죄는 주거침입죄의 독자적 변형구성요건이다.

② 미수 처벌규정이 있다.

③ 주거·신체수색죄의 행위는 수색으로, 사람 또는 물건을 발견하기 위하여 사람의 신체 또는 일정한 장소를 조사하는 것이다. 주주총회에 참석한 주주가 강제로 사무실을 뒤져 회계장부를 찾아내는 것이 정당행위가 되는 것은 아니다. (대법원 2001도2917)

④ 주거·신체수색죄는 고의범이므로 사람의 신체·주거 등을 수색한다는 사실에 대한 인식과 의사가 필요하다.

⑤ 위법하게 주거에 침입하여 수색하면 주거수색죄와 주거침입죄의 실체적 경합이 되고, 절도·강도의 목적으로 금품을 수색한 경우에 수색은 절도죄·강도죄에 흡수된다. (불가벌적 수반행위)

Chapter 05 재산에 대한 죄

CRIMINAL LAW

Section 01 재산범죄 일반이론

I 재산범죄 조문 체계

	객체	점유·소유 관계	불법영득의사	침해방법	미수	예비음모	친족상도례
절도죄	재물죄	타인소유 타인점유	영득죄	탈취죄	○	×	○
횡령죄	재물죄	타인소유 자기점유	영득죄	탈취죄	○	×	○
점유이탈 횡령죄	재물죄	타인소유 점유없음	영득죄	탈취죄	×	×	○
권리행사 방해죄	자신의 물건	자기소유 타인점유	비영득죄	-	×	×	○
강도죄	재물죄 + 이득죄	타인소유 타인점유	영득죄	탈취죄	○	○	×
공갈죄	재물죄 + 이득죄	타인소유 타인점유	영득죄	편취죄 = 피해자의 처분행위 필요	○	×	○
사기죄	재물죄 + 이득죄	타인소유 점유불문	영득죄	편취죄 = 피해자의 처분행위 필요	○	×	○
컴퓨터 사용 사기죄	이득죄	타인소유 점유불문	영득죄	-	○	×	○
배임죄	이득죄	타인소유 점유불문	영득죄	-	○	×	○
장물죄	재물죄	-	비영득죄 (장물취득 제외)	탈취죄	×	×	○
손괴죄	재물죄	타인소유 점유불문	비영득죄	-	○	×	×
강제집행 면탈	재산	-	영득이 아니라 강제집행면탈의 목적	-	×	×	×
점유강취	재물죄	자기소유 타인점유	비영득죄	-	-	×	×

II 재산범죄의 개관

1 재산범죄의 객체: 재물과 재산상 이익

(1) 재물의 개념: 유체성설과 관리가능성설

① 형법상 재물이란 유체물(동산과 부동산)과 관리가능한 동력을 의미한다. 즉 무체물이나 동력이라도 관리가능한 경우에는 재물로 인정한다. 예컨대, 전기는 눈에 보이지 않더라도 관리가능한 성질이므로 재물로서 절도죄의 객체가 된다.

② 부동산이란 토지, 건물, 토지부속물을 말하는 것으로, 수목, 과실, 건물의 일부 등이 토지와 분리되지 않는 상태에 있다면 이를 토지부속물이라고 하는 것으로 부동산에 해당한다. 다만, 수목, 과실, 건물의 일부 등이 토지와 분리되는 경우 더 이상 부동산이 아니라 동산이 된다.

③ 부동산은 강도, 사기, 공갈, 횡령 등 대부분의 재산범죄의 객체가 되지만, 절도의 객체가 될 수는 없다.

④ 절도죄의 객체인 **재물은 반드시 객관적인 금전적 교환가치를 가질 필요는 없고** 소유자, 점유자가 주관적인 가치를 가지고 있음으로써 족하다고 할 것이고, 이 경우, 주관적·경제적 가치의 유무를 판별함에 있어서는 그것이 타인에 의하여 이용되지 않는다고 하는 소극적 관계에 있어서 그 가치가 성립하더라도 관계없다. (대법원 2007도2595)

■ **재물의 개념**

유체성설	재물은 일정한 공간을 차지하고 있는 유체물에 한한다.
관리가능성설(판례)	관리할 수 있으면 유체물 뿐만 아니라 무체물도 재물이 된다고 본다.

> **관련판례** 관리가능성설
>
> 횡령죄에 있어서의 재물은 동산, 부동산의 유체물에 한정되지 아니하고 관리할 수 있는 동력도 재물로 간주되지만, 여기에서 말하는 관리란 물리적 또는 물질적 관리를 가리킨다고 볼 것이고, 재물과 재산상 이익을 구별하고 횡령과 배임을 별개의 죄로 규정한 현행 형법의 규정에 비추어 볼 때 사무적으로 관리가 가능한 채권이나 그 밖의 권리 등은 재물에 포함된다고 해석할 수 없다. (대법원 93도2272)

(2) 재산상 이익(이득)

① 재산상 이익이란 재물 이외의 재산적 가치를 가지는 모든 이익으로 적극적 이익(채권 등 권리의 취득, 노무의 제공 등)은 물론 소극적 이익(채무면제, 채무이행의 유예·연기) 등을 포함한다. 적극적 이익이란 채권과 같은 권리, 어업권이나 특허권과 같은 권리, 노무의 제공, 영업비밀과 같은 정보 등이고, 소극적 이익이란 채무의 면제, 채무이행의 유예·연기 등이다.

② **경제적 이익을 기대할 수 있는 자금운용의 권한 내지 지위의 획득**도 그 자체로 경제적 가치가 있는 것으로 평가할 수 있다면 사기죄의 객체인 **재산상의 이익에 포함된다.** (대법원 2011도282)

③ 재산상 이익은 영구적 이익이든 일시적 이익이든 불문하며, 반드시 금전적으로 산출될 이익일 필요는 없다.

④ 재산상 이익은 법률적·경제적 측면에서 이해한다는 것이 통설이자 판례이다.

⑤ 재산상 이익은 그 취득이 사법상 유효인지 무효인지를 상관하지 않는다. 즉 **재산상 이익은 반드시 사법상 유효한 재산상의 이득만을 의미하는 것이 아니고 외견상 재산상의 이득을 얻을 것이라고 인정할 수 있는 사실관계만 있으면 된다.** (대법원 96도3411)

(3) 재물죄와 재산상 이득죄

① 절도죄, 횡령죄, 점유이탈횡령죄, 장물죄, 손괴죄, 점유강취죄는 재물만을 객체로 하는 순수재물죄이고, 배임죄, 컴퓨터사용사기죄는 재산상 이익만을 객체로 하는 순수이득죄이다. 강도, 사기, 공갈, 권리행사방해, 강제집행면탈죄는 재물죄이자 이득죄이다.

② 어떤 객체가 재물인지 재산상 이익인지 불분명한 경우, 재물로 인정하여 재물죄를 성립시키는 편이다. 이 경우 후속 장물죄 구성이 수월하기 때문이다.

2 소유와 점유

(1) 소유와 점유의 개념

■ 점유의 개념에 따른 범죄유형

객체	타인소유, 타인점유	절도, 강도, 사기, 공갈
주체	타인소유, 자기점유	횡령죄
점유×	타인소유, 점유×	점유이탈물횡령죄
보호객체	자기소유, 타인점유	권리행사방해죄
보호객체	자기소유, 자기점유	강제집행면탈죄

① 소유란 소유권의 유무에 따라서 파악하는 것이고, 점유란 현재 해당자가 해당 재물을 관리하고 있느냐에 따라서 파악하는 것이다.

② 형법상의 점유는 사실상의 지배의사와 더불어서 사회규범적 측면에서 확대되기도 하고 축소되기도 한다. 즉 형법에 있어서 점유가 인정되기 위해서는, i) **객관적·물리적 요소로서 지배사실**, ii) **주관적·정신적 요소로서의 지배의사** 그리고 사회통념에 따라 그 범위와 한계를 확대 또는 제한할 수 있는 iii) **사회적·규범적 요소**가 있어야 한다.

③ 어떤 사람이 물리적으로 시공간상 재물과 떨어져 있더라도 사회규범적으로 그가 재물을 관리하고 있다고 이해되면 점유가 인정된다. 예를 들어, 집에서 외출한 경우 집에 있는 물건과는 물리적으로는 시공간적으로 떨어져 있으나 해당 물건의 소유자가 관리하고 있다고 이해하여 점유를 인정하는 것이다. 이 경우 절도범이 해당 주거에 들어가서 재물을 절취한 경우, 절도죄가 성립하는 것이다.

④ 반대로, 어떤 사람이 물리적으로 해당 물건을 차지하고 있어서 마치 관리하고 있는 것으로 보이더라도 사회규범적으로 그가 점유하고 있는 것이 아니라고 이해될 수도 있다. 예를 들어, 의류가게의 점원이 가게 안에 있는 의류들을 점유하고 있는 것으로 보이더라도 의류의 소유자인 사장이 관리하고 있는 경우라면 이는 점원에게 점유가 인정되지 않고 사장에게 점유가 인정되는 것이다. 이 경우 점원이 해당 의류를 절취하는 경우 횡령이 아니라 절도가 성립하는 것이다. 다만, 이 경우에도 사장이 관리하지 않고 완전히 점원에게 일임되어 있어서 점원의 단독점유가 인정되는 수준에서 해당 점원이 의류를 절취한 경우는 절도가 아니라 횡령에 해당한다.

⑤ 이때 **형법상 점유**란 현실적으로 어떠한 재물을 지배하는 순수한 사실상의 관계를 말하는 것으로서 **민법상 점유와 반드시 일치하는 것은 아니다.** 물론 이러한 현실적 지배라고 하여도 점유자가 반드시 직접 소지하거나 항상 감수하여야 하는 것은 아니고, 재물을 사실상으로 지배하는지 여부는 재물의 크기, 형상, 그 개성의 유무, 점유자와 재물과의 시간적·장소적 관계 등을 종합하여 사회통념에 비추어 결정하여야 한다. (대법원 2010도6334)

■ 점유의 요건

객관적 요소	사실상 지배 충분, 적법한 권원 불요
주관적 요소	사실적 지배의사, 일반적 지배의사, 잠재적 지배의사
규범적 요소	점유개념을 확대하거나 축소하여 부정하기도 한다.

> **관련판례**
>
> 절취란 타인이 점유하고 있는 재물을 점유자의 의사에 반하여 그 점유를 배제하고 자기 또는 제3자의 점유로 옮기는 것을 말하고, 어떤 물건이 타인의 점유하에 있는지 여부는, 객관적인 요소로서의 관리범위 내지 사실적 관리가능성 외에 주관적 요소로서의 지배의사를 참작하여 결정하되 궁극적으로는 당해 물건의 형상과 그 밖의 구체적인 사정에 따라 사회통념에 비추어 규범적 관점에서 판단하여야 한다. (대법원 2008도3252)

(2) 공동소유 공동점유 단독점유: 절도와 횡령의 차이점

1) 공동소유

① 공동소유하는 재물에 대해서 일방이 타방의 동의 없이 임의처분하면 범죄가 성립한다고 본다.

② 공동소유물은 절도죄의 객체가 되는 타인의 재물에 해당한다. 다만 이때 점유형태가 공동점유이면 절도죄가 성립하지만, 행위자의 단독점유이면 횡령죄가 성립한다고 본다.

> 예) 甲이 타인 乙과 공동소유(공유)·공동점유하는 재물을 乙의 동의 없이 임의처분한 경우 절도죄가 성립한다. (대법원 90도1021)
> 예) 甲이 타인 乙과 공동소유하지만 단독점유하는 재물을 乙의 동의 없이 임의처분한 경우는 절도죄가 아니라 횡령죄가 성립한다.

2) 공동점유와 단독점유

① 공동소유가 아니라 재물의 운반 시나 종업원에게 맡겨진 재물 등에 대해서도 공동점유인지 단독점유인지에 따라서 역시 절도죄와 횡령죄로 구분된다.

> [사례] 택배기사(운반자)가 위탁자(고객)의 물건을 무단히 절취하는 경우
> 예) 보통 위탁자가 이에 대해서 관리할 수 없으므로 택배기사가 해당 재물을 단독점유한다고 생각하면 이를 택배기사가 절취하는 것은 횡령죄가 된다.
> 예) 만일 위탁자가 이를 관리할 수 있다면 택배기사는 해당 재물을 단독점유하는 것이 아니라 위탁자와 공동점유하는 상태에 있다고 본다. 따라서 이때 택배기사가 해당 재물을 절취하면 공동점유에 대한 침해로서 횡령죄가 아니라 절도죄가 되는 것이다.

3) 봉함된 포장물의 점유

관련판례 임치된 포장물 내용의 점유는 위탁자의 점유

① 보관중인 정부소유 미곡 가마니에서 보관자가 삭대로 쌀을 꺼내간 경우 포장된 가마니 속의 정부 소유미의 점유는 정부에 있다 할 것이므로 이를 발취한 보관자의 지위는 절도죄에 해당할 것이고, 횡령죄에 해당한다고 볼 수 없다. (대법원 4288형상375)

② 철도운송 승무원들이 그 운송중의 화물을 탈취한 때에는 업무상 횡령이 아니고 특수절도가 된다. (대법원 65도798)

4) 사자의 점유

관련판례 살인죄와 절도죄의 실체적 경합범

[1] 피해자를 살해한 방에서 사망한 피해자 곁에 4시간 30분쯤 있다가 그곳 피해자의 자취방 벽에 걸려 있던 피해자가 소지하는 물건들을 영득의 의사로 가지고 나온 경우 피해자가 생전에 가진 점유는 사망 후에도 여전히 계속되는 것으로 보아야 한다.

[2] 사망자 명의로 된 문서라고 할지라도 그 문서의 작성일자가 명의자의 생존중의 날짜로 된 경우 일반인으로 하여금 사망자가 생존중에 작성한 것으로 오신케 할 우려가 있으므로, 비록 시간적으로 피해자의 사망 이후에 피해자 명의의 문서를 위조하고 이를 행사한 것이라 하더라도 사문서위조죄와 동행사죄가 성립한다. (대법원 93도2143)

5) 사망자의 재산취득

> **관련판례**
>
> [1] 피고인 A가 **내연관계에 있는** 甲과 아파트에서 동거하다가 甲의 사망으로 상속인인 乙 및 丙 소유에 속하게 된 부동산 등기권리증 등이 들어 있는 **가방을 위 아파트에서 가지고 간 경우 절도죄가 성립하지 않는다.**
>
> [2] 종전 점유자의 점유가 그의 사망으로 인한 상속에 의하여 당연히 그 상속인에게 이전된다는 민법 제193조는 절도죄의 요건으로서의 '타인의 점유'와 관련하여서는 적용의 여지가 없고, 재물을 점유하는 소유자로부터 이를 상속받아 그 소유권을 취득하였다고 하더라도 상속인이 그 재물에 관하여 사실상의 지배를 가지게 되어야만 이를 점유하는 것으로서 그때부터 비로소 상속인에 대한 절도죄가 성립할 수 있다. (대법원 2010도6334)

(3) 소유와 점유 판례

> **관련판례** 절도죄 인정
>
> ① 철도운송 승무원들이 그 운송중의 화물을 탈취한 때에는 업무상 횡령이 아니고 특수절도가 된다. (대법원 65도798) = 운반 위탁된 재물의 점유
>
> ② 甲은 경리담당직원의 요청으로 은행에 동행하여 찾은 현금 일부를 그의 부탁으로 소지하게 되었는데 사무실에 당도하여 그 금액의 일부를 현금처럼 가장한 돈뭉치와 바꿔치기 하여서 이를 절취하였다면, 절도죄가 성립한다. (대법원 65도1178)
>
> ③ 피고인들은 열차사무소 급하수로서 합동하여 그들이 승무한 화차내에서 동 화차에 적재한 운송인인 철도청의 수탁화물중 이사짐 포장을 풀고 그 속에 묶어 넣어둔 탁상용 시계1개 외 의류등 9점을 빼내어 탈취하였다는 것인 바, 이 운송중의 화물은 교통부의 기관에 의하여 점유보관되는 것이라 해석되고, 피고인들의 점유 보관하에 있는 것이라 볼 수 없는 바이어서 원판결이 피고인들의 본건 범행을 소론 업무상 횡령으로 보지 아니하고, 특수절도로 보았음은 정당하다. (대법원 69도798)
>
> ④ 피해자가 경영하는 주점의 잠겨 있는 샷타문을 열고 그곳 주방안에 있던 맥주 등을 꺼내어 마셨다면 타인의 재물에 대한 불법영득의 의사가 있었다고 할 것이고 주점까지 가게된 동기가 주점점원의 초청에 의한 것이었다 하더라도 피해자의 승낙없이 재물을 지거하는 행위는 절도죄를 구성한다. (대법원 86도1439)
>
> ⑤ 명의대여 약정에 따라 **종업원 甲의 명의로 음식점의 영업허가를 받고 사업자등록을 한 뒤** 甲 명의의 영업허가증과 사업자등록증을 乙이 교부받아 보관하고 있던 중 甲이 이를 꺼내어 갔다면 절도죄에 해당한다. (대법원 2002도5090)
>
> ⑥ 쇄석장비들에 관하여 점유개정의 방법에 의한 양도담보부 금전소비대차계약을 체결한 후 채무자가 변제기일이 지나도 채무를 변제하지 아니하자 채권자 甲이 채무자의 의사에 반하여 쇄석장비들을 임의로 분해하여 가지고 간 경우, 절도죄가 성립한다. (대법원 2005도2861) = 변제기일 지나더라도 소유권이나 점유권이 채권자에게 자동으로 이전되는 것이 아니므로, 채권자는 소유권도 점유권도 없는 상태로서 타인소유 타인점유 물건을 임의로 분해 취거해 온 것이 되기 때문에 절도죄가 성립한다.
>
> ⑦ 피고인이 **타인의 명의를 모용하여 신용카드를 발급받은 경우**, 비록 카드회사가 피고인으로부터 기망을 당한 나머지 피고인에게 피모용자 명의로 발급된 신용카드를 교부하고, 사실상 피고인이 지정한 비밀번호를 입력하여 현금자동지급기에 의한 현금대출(현금서비스)을 받을 수 있도록 하였다 할지라도, 카드회사의 내심의 의사는 물론 표시된 의사도 어디까지나 카드명의인인 피모용자에게 이를 허용하는 데 있을 뿐 피고인에게 이를 허용한 것은 아니라는 점에서, **피고인이 타인의 명의를 모용하여 발급받은 신용카드를 사용하여 현금자동지급기에서 현금대출을 받는 행위**는 카드회사에 의하여 미리 포괄적으로 허용된 행위가 아니라, 현금자동지급기의 관리자의 의사에 반하여 그의 지배를 배제한 채 그 현금을 자기의 지배하에 옮겨 놓는 행위로서 **절도죄에 해당한다.** (대법원 2006도3126)

⑧ 자동차 명의신탁관계에서 피고인인 **제3자 甲이 명의수탁자 乙로부터 승용차를 가져가 매도할 것을 허락받고 인감증명 등을 교부받아** 차량을 명의신탁자 丙 몰래 가져가서 중고차량 판매사원인 丁에게 매매한 경우, 甲과 乙은 절도죄의 공모공동정범이 성립한다. 이때 甲이 丁에 대해서 명의신탁사실을 고지하지 않고 자신의 소유라고 말을 하면서 자동차를 매도하여 이전등록까지 마쳐주었다 하더라도, 매수인인 판매사원인 丁에 대해서는 사기죄는 성립하지 않는다. (대법원 2006도4498)

⑨ 피고인 **甲이 자신의 모(母) 乙명의로 구입·등록하여 乙에게 명의신탁한 자동차를 丙에게 담보로 제공**한 후, 丙 몰래 가져가 절취하였다는 내용으로 기소된 사안에서, 丙에 대한 관계에서 자동차의 소유자는 乙이고 피고인 甲은 소유자가 아니므로 丙이 점유하고 있는 자동차를 임의로 가져간 이상 절도죄가 성립한다. (대법원 2010도11771)

> **관련판례** 횡령죄 인정 = 절도죄 부정

① 사환이 동직원으로부터 시청금고에 입금하도록 교부 받은 현금과 예금에서 찾은 돈을 사생활비에 소비한 경우에는 절도죄가 아니라 횡령죄가 성립된다. (대법원 68도1222)

② 민법상 점유보조자(점원)라고 할지라도 그 물건에 대하여 사실상 지배력을 행사하는 경우에는 형법상 보관의 주체로 볼 수 있으므로 이를 영득한 경우에는 절도죄가 아니라 횡령죄에 해당한다. (대법원 81도3396)

③ 물건의 운반을 의뢰받은 짐꾼이 그 물건을 의뢰인에게 운반해 주지 않고 용달차에 싣고 가서 처분한 경우에는 절도죄가 아니라 횡령죄를 구성한다. (대법원 82도2394)

④ 피해자가 그 소유의 **오토바이를 타고 심부름을 다녀오라고 하여서** 甲이 그 오토바이를 타고 가다가 마음이 변하여 이를 반환하지 아니한 채 그대로 타고 가버렸다면 횡령죄가 성립한다. (대법원 86도1093)

⑤ 甲이 상사와의 의견 충돌 끝에 항의의 표시로 사표를 제출한 다음 평소 자신이 전적으로 보관·관리해 오던 이른바 비자금 관계 서류 및 금품이 든 가방을 들고 나온 경우, 횡령은 될지 몰라도 절도는 될 수 없다. (대법원 94도3033)
= 해당 가방은 타인소유물이지만 아직은 자기점유에 해당하기 때문이다.

(4) 점유의 부재: 점유이탈물횡령죄

형법

제360조 【점유이탈횡령】 ① 유실물, 표류물 또는 타인의 점유를 이탈한 재물을 횡령한 자는 1년 이하의 징역이나 300만원 이하의 벌금 또는 과료에 처한다.
② 매장물을 횡령한 자도 전항의 형과 같다.

① 甲의 자신의 소유는 아니되 누구의 점유에도 속하지 않는 재물(길거리에 떨어져 있는 지갑 등)에 대해서 취거하는 경우는 절도죄가 아니라 점유이탈물횡령죄(제360조)에 해당한다. 즉 유류물이나 분실물을 무단 취거한 경우는 점유이탈물횡령죄가 되는 것이다.

② 그런데, 이 경우도 원래 점유자가 물건 소재를 모르는 경우라면 점유이탈물로 인정하지만(길거리나 일반버스, 지하철 등에서 분실한 경우), 원래 점유자가 물건 소재를 알 수 있는 경우나 분실물을 분실장소의 다른 사람이 점유할 수 있는 경우라면(음식점, PC방, 노래방 등에서 분실한 경우) 점유이탈물로 보지 않는다.

③ 전자와 같이 길거리나 대중교통에서 분실물을 어떤 사람이 취거하는 경우는 점유이탈물횡령죄가 되지만, 후자와 같이 음식점, PC방 등에서 분실물을 어떤 사람이 취거하는 경우는 절도죄가 되는 것이다.

④ 착오로 인하여 점유한 물건이나 타인이 놓고 간 물건, 일실한 가축도 점유이탈물에 포함될 수 있다.

> **관련판례**
>
> ① 고속버스 운전사는 고속버스의 관수자로서 차내에 있는 승객의 물건을 점유하는 것이 아니고 승객이 잊고 내린 유실물을 교부받을 권능을 가질 뿐이므로 **유실물을 현실적으로 발견하지 않는 한 이에 대한 점유를 개시하였다고 할 수 없고**, 그 사이에 다른 승객이 유실물을 발견하고 이를 가져 갔다면 절도에 해당하지 아니하고 점유이탈물횡령에 해당한다. (대법원 92도3170)
> ② 승객이 놓고 내린 지하철의 전동차 바닥이나 선반 위에 있던 물건을 가지고 간 경우, 지하철의 승무원은 유실물법상 전동차의 관수자로서 승객이 잊고 내린 유실물을 교부받을 권능을 가질 뿐 전동차 안에 있는 승객의 물건을 점유한다고 할 수 없고, **그 유실물을 현실적으로 발견하지 않는 한 이에 대한 점유를 개시하였다고 할 수도 없으므로**, 그 사이에 위와 같은 유실물을 발견하고 가져간 행위는 점유이탈물횡령죄에 해당함은 별론으로 하고 절도죄에 해당하지는 않는다. (대법원 99도3963)

■ 절도죄와 점유이탈물횡령죄 비교

절도죄 인정	점유이탈물횡령죄 인정
• 당구장에서 잃어버린 금반지를 제3자가 취거한 경우(대법원 88도409) • PC방에서 깜박하고 두고 간 휴대폰을 제3자가 취거한 경우(대법원 2006도9338)	• 고속버스에서 유실물을 다른 승객이 가져간 경우(대법원 92도3170) • 지하철에서 선반 위에 있던 분실물을 다른 승객이 가져간 경우(대법원 99도3963)

> **참고**
>
> 고속버스에서 유실물을 버스기사가 발견하기 전에 다른 승객 甲이 가져간 경우 甲은 점유이탈횡령죄에 해당하지만, 고속버스에서 유실물을 버스기사가 발견한 후에 다른 승객 甲이 가져간 경우 甲은 절도죄에 해당한다. (○) = 관리가능한지 여부에 따라 점유가 결정되므로, 기사가 발견 전에 관리가능하지 못한 상태라서 점유이탈횡령이고, 발견 후에는 관리가능한 상태라서 절도죄에 해당한다. 만일 발견 후 버스기사나 유실물센터 직원이 이를 임의 취거하고 반환하지 않는다면, 이들은 횡령죄에 해당한다.

3 불법영득의사

(1) 의의

① 불법영득의사란 행위자가 권리자를 배제하고 권리자인 타인의 물건을 자기 소유물과 같이 그 경제적 용법에 따라 이용·처분할 적극적인 의사와 소유자가 해당 재물을 영구히 찾기 어려울 수 있다는 소극적 요소가 인정되는 것을 말한다. 여기서의 영득이란 행위자가 영구히 그 물건의 경제적 이익을 보유한다는 의미라기보다는 피해자인 소유자가 해당 재물을 찾기 어려워졌다는 점에 더 주안점이 있는 것이다.

② 불법영득의사를 범죄 성립에 필요로 하는 재산범죄에는 절도, 강도, 점유이탈물횡령죄, 사기, 컴퓨터사용사기, 공갈, 횡령, 배임 등이 있다. 이들은 고의 외에도 추가적으로 주관적 구성요건요소로서의 불법영득의사가 필요한 이른바 영득죄에 해당한다.

③ 이에 비해, 손괴, 권리행사방해, 점유강취, 강제집행면탈, 장물(장물취득은 제외)은 불법영득의사를 필요로 하지 않으므로 비영득죄라고 한다. 예컨대, 손괴는 타인의 재물을 부수는 것으로서 행위자가 해당 물건을 경제적 용법에 따라 이용·처분할 수 없게 되므로, 영득의사는 없는 것이다.

■ **불법영득의사**

소극적 요소	재물에 대한 기존의 소유자의 지위를 배제하려는 의사를 말한다. 이러한 의사는 **어느 정도의 지속적이어야** 한다.
적극적 요소	재물을 자기의 소유물처럼 이용처분 하려는 의사를 말한다. 적극적 요소는 일시적이어도 상관없다.
불법성	영득의 불법을 말하는지 아니면 **절취의 불법**을 말하는지에 관해서는 견해가 대립되나 대법원은 절취만 불법하면 된다는 입장이다.

(2) 사용절도의 개념 비교

① 절도죄는 불법영득의사가 필요한 대표적인 영득죄에 해당한다.

② 그런데 타인의 재물을 허락을 받지 않고 행위자가 임의로 일시 사용한 후 원래대로 반환하는 것, 이른바 사용절도는 절도죄에 해당하지 않는다고 본다. 왜냐하면 불법영득의사가 없다고 보기 때문이다.

③ 다만, **일시 사용 후라도 타인의 재물을 방치하는 경우**, 소유자가 해당 재물을 영구히 찾기 어려운 상태에 빠지므로 사용절도가 아니라 **절도죄가 구성된다고 본다**. 예컨대, 타인의 휴대전화를 일시 사용 후 원래 자리가 아니라 화분 옆에 두고 간 경우(대법원 2012도1132), 오토바이를 소유자 승낙 없이 타고 가서 다른 장소에 방치하고 가버린 경우(대법원 2002도3456) 등은 사용절도가 아니라 절도죄가 성립한다고 본다.

④ 또한 **일시 사용 후 반환이라도 해당 재물의 가치가 현저히 침해된 경우가 인정되면**, 사용절도로서 불가벌이 아니라 **절도죄가 구성된다**. 예컨대, 타인의 지우개를 임의로 사용한 후 반환하였으나 지우개가 사실상 사용할 수 없는 수준이 된 경우, **예금통장을 임의로 가져가서 현금인출 후 다시 제자리로 통장은 반환한 경우**(대법원 2009도9008) **등은 절도죄**가 성립한다. 그러나 **신용카드를 임의로 가져가서 현금인출 후 반환한 경우 불법영득의사가 인정되지 않아서 신용카드에 대한 절도죄는 성립하지 않는다.** (대법원 99도857)

⑤ 사용절도란 타인의 재물을 무단으로 일시적으로 사용한 후에 소유자에게 반환하는 것을 말한다. 사용절도는 원칙적으로 불법영득의사의 **소극적 요소가 결여**되어 불법영득의사를 인정할 수 없으므로 절도죄가 성립하지 않는다. 그러나 그 객체가 자동차, 선박, 항공기 또는 원동기장치자전거일 경우 자동차등불법사용죄로 처벌된다. (형법 제331조의2)

4 처분행위: 탈취죄와 편취죄

① 처분행위란 자신의 소유물을 임의로 증여, 매매 등 타인에게 양도하는 행위는 물론 이를 임의로 훼손, 폐기해 버리는 행위 등을 말한다. 다시 말해서 소유물을 마음대로 처리할 수 있다는 의미이다. 그리고 이렇게 할 수 있는 권한을 처분권한이라고 하는 것이다. 보통 소유물의 소유권자가 처분권한을 가지며, 그에 따른 처분행위를 할 수 있는 것이다.

② 탈취죄와 편취죄를 구분하는 기준은 해당 재산범죄의 피해자의 처분행위를 필요로 하는지 여부에 의한다. 즉 피해자의 처분행위가 필요한 재산범죄는 편취죄, 필요로 하지 않는 재산범죄는 탈취죄이다.

③ 예컨대, 사기죄에서 행위자(사기꾼)의 기망행위(속임수)로 인하여 처분권을 가진 **피기망자(예 사기피해자)가 착오에 빠져 자기의 자유의사에 따라 스스로 처분행위를 하는 것이다. 이런 점에서 사기죄는 편취죄에 해당한다.** (대법원 2008도6641) 즉 처분행위를 쉽게 말하면, 피기망자가 스스로 행위자(사기꾼)에게 재물과 재산상 이익을 갖다 바친다는 것이다.

④ 이에 비해서 절도죄나 강도죄는 피해자 몰래 재물을 훔치거나 강제로 빼앗는 것이므로 피해자의 처분행위가 없는 것이다. 이처럼 피해자의 처분행위가 없는 재산범죄를 탈취죄라고 하는 것이다.

⑤ 편취죄에는 사기죄, 공갈죄가 대표적이고, 탈취죄에는 절도죄, 강도죄, 점유이탈횡령죄가 대표적이다.
⑥ 처분행위는 법률행위(계약이나 사법상의 의사표시 등), 순수한 사실행위(노무의 제공 등)를 불문하며, 행위자가 재물이나 재산상 이익을 취득할 때 이를 묵인하거나 방치하는 경우(**일종의 부작위**)도 해당한다.

5 친족상도례

> **형법**
>
> **제328조 【친족간의 범행과 고소】** ① 직계혈족, 배우자, 동거친족, 동거가족 또는 그 배우자간의 제323조의 죄는 그 형을 면제한다.
> ② 제1항 이외의 친족간에 제323조의 죄를 범한 때에는 고소가 있어야 공소를 제기할 수 있다.
> ③ 전 2항의 신분관계가 없는 공범에 대하여는 전 이항을 적용하지 아니한다.

(1) 의의

① 친족 간에 일어난 재산범죄에 대해서 범죄는 성립하되 처벌을 하지 않는다는 특례조항이다.
② 제328조 제1항은 인적 처벌조각사유이고, 제328조 제2항은 상대적 친고죄 규정이다. 피고인이 피해자의 외사촌 동생인 경우 제328조 제2항에 의해 피해자의 고소가 있어야 처벌할 수 있다. (대법원 91도1077)

(2) 적용범위

1) 적용되는 범죄

① **강도죄, 손괴죄, 강제집행면탈죄, 점유강취죄, 준점유강취죄, 경계침범죄**에 대해서는 적용되지 않는다.
② **흉기 기타 위험한 물건을 휴대하고 협박함으로써 공갈죄**를 범하여 폭력행위등처벌에관한법률 제3조 제1항에 의해 가중 처벌된 경우에도 친족상도례가 적용된다. (대법원 2010도5796) 그리고 **특정경제범죄가중처벌등에관한법률 제3조 제1항에 의해 가중처벌되는 사기죄**의 경우에도 친족상도례가 적용된다. (대법원 99오1)

> **참고**
> ① 모든 재산범죄와 그 미수범에 대해서 형법 제328조(친족간의 범행과 고소)가 준용된다. (×)
> ② 친족상도례 규정은 강도죄, 경계침범죄, 강제집행면탈죄에는 적용되지 않으나 특수절도죄 및 상습절도죄에는 적용된다. (○)
> ③ 직계혈족, 배우자는 동거유무 불문하고 형이 면제되나 형제자매 등 가족이나 친족은 동거하는 경우에만 형이 면제된다. (○)

2) 친족의 범위

친족의 범위는 민법에 의해 결정된다.

직계혈족	직계존속과 직계비속 관계. 동거유무 상관 없음
배우자	법률혼 관계만 의미하며, 동거유무 상관 없음. 다만 사실혼관계는 인정하지 않음.
동거친족	직계혈족, 배우자 이외의 동거하는 친족
동거가족	1개 가정의 구성원
그 배우자	**동거가족의 배우자만이 아니라**, 직계혈족, 동거친족, 동거가족의 배우자 (대법원 2011도1765)

(3) 친족상도례 적용범위

① 행위자와 소유자, 점유자, 위탁자 사이에 <u>모두</u> 친족관계가 있어야 한다. (대법원 2008도3438)

② 재물 소유자가 수인인 경우 <u>모든</u> 소유자와 행위자는 친족관계이어야 한다.

③ 친족상도례가 적용되기 위한 친족관계는 원칙적으로 **범행 당시**에 존재하여야 하는 것이지만, 부의 인지가 범행 후에 이루어진 경우에는 그 소급효에 따라 형성되는 친족관계를 기초로 하여 친족상도례의 규정이 적용된다. (대법원 96도1731)

④ 공범에게 친족상도례를 적용하려면 친족관계 있는 경우만 적용이 가능하지, 친족관계(신분관계)가 없다면 친족상도례를 적용하지 않는다. 예를 들어, 갑'과 '을'은 공동하여 '을'의 외사촌 동생 '병'의 손목시계를 절취하였다면, 갑은 친족상도례가 적용되지 않는다.

⑤ 형법 제328조 제1항은 "직계혈족, 배우자, 동거친족, 동거가족 또는 그 배우자 간의 제323조의 죄는 그 형을 면제한다."라고 정하고 있는데, 위 조항에 따른 형면제요건에 해당하는지는 각 죄마다 살펴보아야 한다. (대법원 2021도16876)

> **관련판례** 친족상도례 인정
>
> ① ⅰ) **법원을 기망하여** 제3자로부터 재물을 편취한 경우에는 피해자인 제3자와 **사기죄**를 범한 자가 직계혈족의 관계에 있다면 친족상도례를 적용할 수 있다. ⅱ) 행위자와 피해자 사이에 친족관계가 존재해야 한다. 피기망자와 피해자가 다른 경우 피기망자는 사기죄의 피해자라고 할 수 없으므로 피기망자와 행위자 사이에 친족관계가 있을 것을 요하지 않는다. (대법원 75도781)
>
> > **유사판례**
> > 법원을 기망하여 직계혈족 관계에 있는 제3자로부터 재물을 편취한 경우, 사기죄의 범인에 대하여 형을 면제하여야 한다. (대법원 2014도8076)
>
> ② 절도피해자가 범인의 고모아들의 부인 즉 고종사촌 형수인 경우에는 범인과 피해자 사이에는 형법 제328조 제2항 소정의 친족관계가 있다. (대법원 79도2874) = 혈족의 배우자로서 인척이다.
>
> ③ 친족상도례에 관한 규정은 범인과 피해물건의 소유자 및 점유자 모두 사이에 친족관계가 있는 경우에만 적용된다. (대법원 80도131)
>
> ④ 피해품인 민화가 피고인의 오빠가 매수한 것이라면 이는 동인의 특유재산으로서 이에 대한 점유·관리권은 동인에게 있다 할 것이고 범행당시 비록 동인이 집에 없었다 하더라도 그것이 동인소유의 집 벽에 걸려있었던 이상 동인의 지배력이 미치는 범위안에 있는 것이라 할 것이므로 동인의 소지에 속하고 그 부부의 공동점유하에 있다고 볼 수는 없어 이를 절취한 행위에 대하여는 친족상도례가 적용된다. (대법원 84도365)
>
> ⑤ 공갈죄가 야간에 범하여져 폭력행위등처벌에관한법률 제2조 제2항에 의해 가중처벌되는 경우에도 형법상 공갈죄의 성질은 그대로 유지되는 것이고, 특별법인 위 법률에 친족상도례에 관한 형법 제354조, 제328조의 적용을 배제한다는 명시적인 규정이 없으므로, 형법 제354조는 위 특별법 제2조 제2항 위반죄에도 그대로 적용된다고 보아야 할 것이다. (대법원 94도617)
>
> ⑥ '갑'은 자신의 사실상의 아버지인 '을'이 은행으로부터 임차 사용해 오던 대여금고의 문을 열고 그 대여금고의 안에 보관 중이던 양도성예금증서를 다른 형제들 몰래 처분하기 위하여 꺼내어 갔고, 그 후 '을'은 '갑'을 친생자로 **인지**하였다면, 친족상도례가 적용된다. (대법원 96도1731)

> **관련판례** 친족상도례 부정
>
> ① 손자가 할아버지 소유 농업협동조합 예금통장을 절취하여 이를 현금자동지급기에 넣고 조작하는 방법으로 예금 잔고를 자신의 거래 은행 계좌로 이체한 경우에는 농업협동조합이 컴퓨터 등 사용사기 범행 부분의 피해자이므로 **친족상도례를 적용할 수 없다.** (대법원 2006도2704)
>
> ② 횡령범인이 위탁자가 소유자를 위해 보관하고 있는 물건을 위탁자로부터 보관받아 이를 횡령한 경우, 범인과 피해물건의 소유자는 물론 위탁자까지도 모두 서로 친족관계에 있는 경우에만 적용되고, 단지 횡령범인과 피해물건의 소유자간에만 친족관계가 있거나 횡령범인과 피해물건의 위탁자간에만 친족관계가 있는 경우에는 적용되지 않는다. (대법원 2008도3438)
>
> ③ 피고인이 백화점 내 점포에 입점시켜 주겠다고 속여 피해자로부터 입점비 명목으로 돈을 편취하였다며 사기로 기소된 경우, 피고인의 딸과 피해자의 아들이 혼인하여 피고인과 피해자가 **사돈지간이라고 하더라도 민법상 친족으로 볼 수 없으므로** 위 범죄를 친족상도례가 적용되는 친고죄라고 할 수 없다. (대법원 2011도2170) = 사돈은 친족으로 볼 수 없다.
>
> ④ 피고인은 피해자로부터 금원을 편취하기 위한 기망의 수단으로 피해자와 혼인신고를 하였을 뿐이고, 그들 사이에 부부로서의 결합을 할 의사나 실체관계가 있었다고 볼 아무런 사정도 없으므로, 비록 피고인과 피해자 사이에 혼인신고가 되어 있었다고 하더라도 그들 사이의 혼인은 '당사자 사이에 혼인의 합의가 없는 때'에 해당하여 무효이고, 따라서 피고인의 이 부분 사기 범행에 대하여는 친족상도례를 적용할 수 없다. (대법원 2014도11533) = 혼인이 무효
>
> ⑤ 당사자 사이에 자동차의 소유권을 그 등록명의자 아닌 자가 보유하기로 약정한 경우, 그 약정 당사자 사이의 내부관계에서는 등록명의자 아닌 자가 소유권을 보유하게 된다고 하더라도 **제3자에 대한 관계에서는 어디까지나 그 등록명의자가 자동차의 소유자**라고 할 것이다. 한편 형법상 절취란 타인이 점유하고 있는 자기 이외의 자의 소유물을 점유자의 의사에 반하여 그 점유를 배제하고 자기 또는 제3자의 점유로 옮기는 것을 말하며, 형법 제344조에 의하여 준용되는 형법 제328조 제1항에 정한 친족간의 범행에 관한 규정은 범인과 피해물건의 소유자 및 점유자 **쌍방간에 같은 규정에 정한 친족관계가 있는 경우에만 적용되는 것이며, 단지 절도범인과 피해물건의 소유자간에만 친족관계가 있거나 절도범인과 피해물건의 점유자간에만 친족관계가 있는 경우에는 그 적용이 없다**고 보아야 한다. (대법원 2014도8984)
>
> ⑥ 피고인 등이 공모하여, 피해자 甲, 乙 등을 기망하여 甲, 乙 및 丙과 부동산 매매계약을 체결하고 소유권을 이전받은 다음 잔금을 지급하지 않아 같은 금액 상당의 재산상 이익을 편취하였다는 내용으로 기소된 사안에서, 甲은 피고인의 8촌 혈족, 丙은 피고인의 부친이나, 위 부동산이 甲, 乙, 丙의 합유로 등기되어 있어 피고인에게 형법상 친족상도례 규정이 적용되지 않는다. (대법원 2015도3160)

6 장물죄의 특칙

> **형법**
>
> **제365조【친족 간의 범행】** ① 전3조의 죄(장물)를 범한 자와 피해자간에 제328조 제1항, 제2항의 신분관계가 있는 때에는 동조의 규정을 준용한다. (친족상도례 준용)
> ② 전3조의 죄(장물)를 범한 자와 본범간에 **제328조 제1항**의 신분관계가 있는 때에는 그 형을 감경 또는 면제한다. 단, 신분관계가 없는 공범에 대하여는 예외로 한다.

(1) 장물범과 피해자가 친족관계인 경우(제365조 제1항)

① 제328조 제1항의 신분관계(직계친족, 배우자, 동거친족, 동거가족, 이들의 배우자들 사이)에 있는 경우, 형을 면제한다.

② 제328조 제2항의 신분관계(위의 신분관계 이외의 친족 사이)에 있는 경우, 고소가 있어야 공소를 제기할 수 있다고 하여 상대적 친고죄를 규정하고 있다.

③ 「형법」 제354조에 의하여 준용되는 제328조 제1항에서 "직계혈족, 배우자, 동거친족, 동거가족 또는 그 배우자 간의 제323조의 죄는 그 형을 면제한다."고 규정하고 있는바, 여기서 '그 배우자'는 동거가족의 배우자만을 의미하는 것이 아니라, 직계혈족, 동거친족, 동거가족 모두의 배우자를 의미하는 것으로 볼 것이다. (대법원 2011도1765)

(2) 장물범과 본범이 친족관계인 경우(제365조 제2항)

① 장물범과 본범 사이가 제328조 제1항의 신분관계(직계친족, 배우자, 동거친족, 동거가족, 이들의 배우자들 사이)에 있는 경우, 형을 감경 또는 면제한다. = 여기서 조심할 것은 제328조 제1항이지 제328조 제2항이 아니라는 것이다.

② 그러나 본범 중에서 신분관계가 없는 공범자에게는 적용하지 아니한다.

> **참고**
> ① 장물죄를 범한 자와 본범 간에 「형법」 제328조 제2항의 신분관계가 있는 때에는 형을 감경 또는 면제한다. 단, 신분관계가 없는 공범에 대하여는 예외로 한다. (×) = 제328조 제2항 아니라 제328조 제1항.
> ② 장물범이 피해자와 동거하지 않는 직계혈족인 경우에는 그 동거여부를 불문하고 형을 면제한다. (○)

7 친족관계의 착오

① 친족상도례는 인적 처벌조건으로 현실적으로 존재하는 경우 적용하는 것이므로 친족관계의 인식이 필요하지 않다. 즉 **친족관계가 있는 것으로 오인하고 재물을 절취한 경우 친족상도례가 적용할 수 없고**, 친족관계가 있음을 알지 못하고 절취한 경우라도 실제 친족관계가 있다면 친족상도례가 적용된다. 다시 말해서 친족관계의 존부에 대한 착오는 고의에 영향을 미치지 않으며 친족상도례 규정의 적용에 영향이 없다.

② 예컨대, 아버지의 물건으로 알고 절취하였는데 실제는 행위자와 친족관계가 없는 다른 사람의 물건이었을 때에는 친족상도례가 적용되지 않는다.

8 친족상도례의 공범관계

① 정범과 공범은 물론 수인의 공범에 대하여도 친족상도례는 친족관계에 있는 자에게만 적용되므로 친족이 아닌 자에게는 친족상도례의 적용이 없다.

② 예컨대, 甲과 乙이 공동으로 甲의 父의 물건을 절취한 경우 甲은 절도죄가 성립하나 친족상도례가 적용되어 형이 면제되고 乙은 친족상도례가 적용되지 않으므로 절도죄로 처벌된다. 甲으로 하여금 甲의 아버지의 시계를 훔치도록 교사한 乙이 甲의 아버지와 친족관계가 없다면 乙은 친족상도례 적용을 받지 않는다.

Section 02 절도의 죄

I 서설

1 조문체계

범죄		조문	구성요건	미수	예비
절도		제329조	타인의 재물을 절취한 경우	○	×
야간주거침입 절도		제330조	야간에 사람의 주거, 관리하는 건조물, 선박, 항공기 또는 점유하는 방실(房室)에 침입하여 타인의 재물을 절취한 경우	○	×
특수절도	야간 문호 손괴침입 절도	제331조 제1항	야간에 문이나 담 그 밖의 건조물의 일부를 손괴하고 제330조의 장소에 침입하여 타인의 재물을 절취한 경우	○	×
	흉기 휴대 절도	제331조 제2항	흉기를 휴대하고 타인의 재물을 절취한 경우		
	합동 절도		2명 이상이 합동하여 타인의 재물을 절취한 경우		
자동차 등 불법사용		제331조의2	권리자의 동의없이 타인의 자동차, 선박, 항공기 또는 원동기장치자전차를 일시 사용한 경우	○	×
상습절도		제332조	상습으로 제329조 내지 제331조의2의 죄를 범한 경우	○	×

2 의의 및 보호법익

① 절도죄의 기본적 구성요건은 단순절도죄(329조)이다. 특수절도죄(제331조 2항)와 상습절도죄(제332조), 야간주거침입절도죄(제330조)는 가중적 구성요건이다. 1995년개정 형법은 자동차등 불법사용죄(제331조의 2)를 독립적 구성요건으로 신설하였다. 이 죄들은 미수범을 처벌하고(제342조), 동력에 관한 규정과 친족상도례 규정(제328조, 제344조)이 적용된다.

② 소유자나 합법점유자로부터 그의 의사에 반하여 재물을 절취하는 탈취죄의 일종이다. 즉 소유자나 합법점유자라는 피해자의 처분행위가 필요하지 않다는 점이 특징이다. 바로 이런 점에서 절도는 소유자나 합법점유자를 기망하거나 공갈하여 피해자의 처분행위에 따라 재물을 받아내는 사기죄나 공갈죄와 같은 편취죄와는 구별된다.

③ **타인소유 타인점유의 재물**을 객체로 하는 범죄이다. 즉 소유자나 합법점유자가 관리 중인 재물을 절취하는 경우가 절도로서, 소유자나 합법점유자가 관리할 수 없는 상태의 재물(예컨대, 노상이나 버스 등에서 잃어버린 물건 등)을 가져가는 점유이탈횡령죄와는 구별된다.

④ 절도는 소유자나 합법점유자로부터 해당 재물에 대한 관리권한을 받지 않는 자가 가져가는 점에서 타인소유, 타인점유를 침해한 것인데 비해서, 소유자 등 정당한 권리가 있는 자로부터 해당 재물에 대한 관리권한을 받은 자(보관자)가 소유자 등을 배신하고 타인소유 합법 자기점유 상태의 재물을 가져가는 횡령죄와는 구별된다.

⑤ 절도는 횡령과 함께 오로지 객체를 재물로만 한정하는 순수재물죄에 해당한다. 이 점에서 재산상 이익만을 객체로 삼는 배임죄, 컴퓨터 사용사기죄, 또는 재물이나 재산상 이익을 객체로 삼는 강도죄, 사기죄, 공갈죄 등의 재산범죄와는 구별된다.

⑥ 야간주거침입에 의한 절도, 야간에 문호나 장벽 등을 손괴하고 침입하여 하는 절도, 흉기휴대 절도, 합동절도 등 행위 양태에 따른 가중처벌 규정이 있다.

■ 보호법익에 따른 분류

소유권을 보호법익 하는 범죄	절도죄, 횡령죄, 손괴죄, 장물죄
소유권 외 물권 또는 채권을 보호법익으로 하는 범죄	권리행사방해죄
전체로서의 재산권을 보호법익으로 하는 범죄	강도죄, 사기죄, 공갈죄, 배임죄

II 절도죄

형법

제329조【절도】 ① 타인의 재물을 절취한 자는 6년 이하의 징역 또는 1천만원 이하의 벌금에 처한다.

제345조【자격정지의 병과】 본장의 죄를 범하여 유기징역에 처할 경우에는 10년 이하의 자격정지를 병과할 수 있다.

제342조【미수범】 제329조 내지 제341조의 미수범은 처벌한다.

1 객체

(1) 타인소유 타인점유 재물

① 형법상 재물이란 유체물과 관리가능한 동력을 의미한다. 즉 무체물이나 동력이라도 관리가능한 경우에는 재물로 인정한다.

② 복사본, 정보, 채권과 같은 권리, 재물 중에서도 부동산, 금제품, 신체 일부나 사체 등의 경우 상황에 따라 절도죄의 객체로 인정하지 않는 것이 원칙이다.

③ **재물은 반드시 객관적인 금전적 교환가치를 가질 필요는 없고** 소유자나 점유자에게 주관적인 가치가 있으면 충분하다.

개념	내용
전기 등 관리가능한 동력	① 전기는 절도죄의 객체가 된다. 다만 임차인이 임대계약 종료 후 식당 건물에서 퇴거하면서 종전부터 사용하던 냉장고의 전원을 켜 둔 채 그대로 두었다가 약 1개월 후 철거해 가는 바람에 그 기간 동안 전기가 소비된 경우 임차인의 행위는 전기에 대한 절도죄가 성립하지 않는다. (대법원 2008도3252) = 타인점유가 아니라 자기점유상태가 인정되기 때문임 ② 타인의 전화기를 임의로 사용하여 전화통화한 경우 송수신기능은 재물이라고 할 수 없어서 절도죄의 객체가 아니다. (대법원 98도700)
부동산	① 절도죄는 부동산을 객체로 보지 않는다. 그러나 사기죄나 공갈죄나 횡령죄의 객체는 될 수 있다. ② 다만, 수목, 과실, 건물의 일부 등이 토지(부동산)에서 분리된 경우에는 동산(動産)으로서 재물이 되어 절도죄의 객체가 될 수 있다. ③ 타인의 토지상에 권원 없이 감나무를 식재한 자가 감을 수확한 것은 절도죄에 해당한다. (대법원 97도3425) = 감나무는 토지소유자의 소유이다. ④ 피고인이 피해자의 권원에 의하여 식재한 피해자 소유의 대나무를 피해자의 의사에 반하여 벌채하여 간 경우 절도죄가 성립한다. (대법원 80도1874) = 대나무는 권원에 의해 식재했으므로 식재자의 소유이다. ⑤ 단, 타인의 토지에 이를 사용수익할 만한 권한이 없어 농작물을 경작한 경우 그 농작물의 소유권은 경작한 사람에게 귀속되므로 경작한 콩을 뽑아버리면 재물손괴죄가 성립한다. (대법원 70도82) = 경작자 소유이다.

개념	내용
금제품 (금지물품)	① 절대적 금제품(위조통화, 아편흡식기 등)은 재물이 아니므로 절도죄의 객체가 되지 않지만, 상대적 금제품(마약류 등)은 재물로서 절도죄의 객체가 될 수 있다. ② 판례는 위조된 리프트탑승권(위조 유가증권)은 몰수되기 전까지는 소지자의 점유를 보호해야 하므로 형법상 재물로서 절도죄의 객체가 되며, 장물취득죄도 구성한다. (대법원 98도2967)라고 판시하여 절대적 금제품인 위조된 리프트탑승권까지도 절도죄의 객체로 보고 있다.
권리	① 채권과 같은 권리는 유체물이 아니므로 절도죄의 객체가 될 수 없다. ② **수산업법에 의한 양식어업권을 행사하는 구역 내에서 자연 번식하는 수산동·식물을 채취한 경우에는 절도죄가 성립하지 않는다.** 왜냐하면, 어업권은 배타적 채취 권리일 뿐이지 이것이 소유권이나 점유권이 아니므로 피해자의 양식장에서 자연산 모시조개를 무단 채취한 행위는 절도죄에 해당하지 아니한다. (대법원 2009도11827) ③ 권리가 화체된 문서(어음, 수표, 상품권 등의 유가증권)는 유체물로서 절도죄의 객체가 된다.
문서 (= 정보)	① 피고인이 컴퓨터에 저장된 정보를 출력하여 생성한 문서는 피해회사의 업무를 위하여 생성되어 피해회사에 의하여 보관되고 있던 문서가 아니라 피고인이 가지고 갈 목적으로 피해회사의 업무와 관계없이 새로이 생성시킨 문서라 할 것이므로 이는 피해회사 소유의 문서라고 볼 수는 없다 할 것이어서 이를 가지고 간 행위를 들어 피해회사 소유의 문서를 절취한 것으로 볼 수는 없다. 즉, 절도죄의 객체는 관리가능한 동력을 포함한 재물에 한한다고 할 것이고, 컴퓨터에 저장되어 있는 **'정보' 그 자체는 유체물이라고 볼 수도 없고**, 물질성을 가진 동력도 아니므로 재물이 될 수 없다 할 것이며, 또 이를 복사하거나 출력하였다 할지라도 그 정보 자체가 감소하거나 피해자의 점유 및 이용가능성을 감소시키는 것이 아니므로 그 복사나 출력 행위를 가지고 절도죄를 구성한다고 볼 수도 없다. (대법원 2002도745) ② 회사직원이 업무 관련된 회사 문서를 복사한 후 **원본은 제자리에 갖다 놓고** 복사본만 가져간 경우, 사본의 절도로 보기 어렵다. (대법원 95도192) ③ 그러나 피고인이 절취한 주주명부가 기재된 용지는 피해자 회사에 비치되어 있던 복사용지를 이용하여 출력한 사실을 감안할 때 원주주명부를 복사하여 놓은 복사본이라도 주관적·경제적 가치가 있다고 할 것으로 절도죄의 객체가 되는 재물에 해당한다. (대법원 2004도5183) = 정보가 수록된 서류의 재물성을 긍정한 사례이다. ④ 사원이 회사를 퇴사하면서 원료의 배합비율, 제조공정, 시제품의 품질 확인이나 제조기술 향상을 위한 각종 실험결과 등을 기재한 자료를 가져간 경우 이는 절도에 해당하고, 위 자료는 구 부정경쟁방지 및 영업비밀보호에 관한 법률에 정한 영업비밀에 해당한다. (대법원 2005도6223)

절도죄 객체 인정 = 재물성이 인정	절도죄 객체 부정 = 재물성이 부정
• 주민등록증도 절도죄의 객체가 될 수 있으나 불법영득의 사가 없으면 절도죄가 성립될 수 없다. (대법원 70도1399) • 인감증명서(대법원 85도1775) • 법원으로부터 송달된 심문기일소환장(대법원 99도5775) • 퇴사하면서 회사 승낙 없이 가지고 부동산 매매계약서의 사본들(대법원 2007도2595) • 발행자가 회수하여 3조각으로 찢어버림으로써 폐지로 되어 쓸모없는 것처럼 보이는 약속어음(대법원 74도3442) • 피고인이 절취한 「도시계획구조변경계획서」가 폐지로서 소각할 것이라고 하더라도 그 내용을 알아볼 수 있고 그 내용이 경제생활상 가치가 있는 이상 재물에 해당된다. (대법원 80도2902) • 사원이 회사를 퇴사하면서 동 회사연구실에 보관중이던 회사의 목적 업무상 기술분야에 관한 문서사본을 취거하는 행위가 절도죄에 해당된다. (대법원 86도1205) • 백지의 자동차출고의뢰서 용지(대법원 95도3057) • 주권포기각서(대법원 95도2747) • 지하철 등에 무료로 배포하는 무료신문 다량 가져간 경우 (대법원 2009도11781)	• 광업권(대법원 93도2272)=횡령죄 객체 부정 • 보험가입증명원(대법원 96도2625)=사기죄 객체 부정 • 권리, 특허권, 정보, 전화 송수신기능, 위조문서, 위조통화, 사람의 시체나 유골 등 • 묘는 이장하고 망부석만 30년간 방치된 상태에서 임야관리인으로서 망부석을 사실상 점유하여 온 자가 이를 처분한 경우, 해당 망부석(대법원 80도509)

(2) 공동 소유

공동점유자 상호간에는 **타인의 점유**로 취급된다. 따라서 공동점유자 중 1인이 다른 점유자의 동의 없이 단독점유에 옮긴 경우 절도죄가 성립한다.

> **관련판례** 타인의 점유
>
> ① 타인과 공동소유관계에 있는 물건은 절도죄의 객체가 되는 타인의 재물에 해당한다. 따라서 동업자의 공동점유에 속하는 동업재산을 동업자의 승낙 없이 일방이 자기 지배로 옮겼다면 절도죄가 성립한다. (대법원 94도2432)
> ② 하나의 교회가 두 개 이상으로 분열된 경우 그 재산의 처분에 관하여 교회 장정 등에 규정이 없는 한 분열 당시 교인들의 총의에 따라 그 귀속을 정하여야 하고 그와 같은 절차 없이 위 재산에 대하여 다른 교파의 점유를 배제하고 자기 교파만의 지배에 옮긴다는 인식 아래 이를 가지고 갔다면 절도죄를 구성한다. (대법원 98도126) = 공동소유 중 총유
> ③ 조합원 1인이 조합원 공동점유에 속하는 재물을 다른 조합원의 승낙없이 단독 취거한 경우 절도죄가 성립한다. (대법원 82도2058) = 공동소유 중 합유
> ④ 동업체에 제공된 물품은 **동업관계가 청산되지 않는 한 동업자들의 공동점유**에 속하므로, 그 물품이 원래 피고인의 소유라거나 피고인이 다른 곳에서 빌려서 제공하였다는 사유만으로는 절도죄의 객체가 됨에 지장이 없다. (대법원 94도2076)
> ⑤ 피고인이 지원소대장으로서 상황장갑차의 탑승원중 가장 상급자라 하더라도 그 장갑차내에 적재된 군용물이 피고인의 단독점유하에 있다고는 볼 수 없으므로 피고인이 이를 불법영득하였다면 절도죄에 해당한다. (대법원 83도3271) = 탑승원의 공동점유
> ⑥ 산기기로서 종중 소유의 분묘를 간수하고 있는 자는 그 분묘에 설치된 석등이나 문관석 등을 점유하고 있다고는 할 수 없으므로 이러한 물건 등을 반출하여 가는 행위는 횡령죄가 아니고 절도죄를 구성한다. (대법원 84도3024) = 산지기는 점유보조자이다.

> **관련판례** 자기 점유
> ① 두 사람으로 된 생강농사 동업관계에 불화가 생겨 그 중 1인이 나오지 않자, 남은 동업인이 혼자 생강 밭을 경작하여 생강을 반출한 행위가 절도죄를 구성하지 않는다. (대법원 2008도11804)
> ② 임차인이 임대계약 종료 후 식당건물에서 퇴거하면서 종전부터 사용하던 냉장고의 전원을 켜 둔 채 그대로 두어 전기가 소비된 사안에서 절도죄의 성립을 부정하였다. (대법원 2008도3252)
> ③ 갑은 강제경매 절차에서 피고인 소유이던 토지 및 그 지상 건물을 매수한 후 법원으로부터 인도명령을 받아 인도집행을 하였는데, 피고인이 인도집행 전에 건물 외벽에 설치된 전기코드에 선을 연결하여 피고인이 점유하며 창고로 사용 중인 컨테이너로 전기를 공급받아 사용하였다고 하여 절도로 기소된 사안에서, **피고인은 인도명령의 집행이 이루어지기 전까지는 당초부터 피고인이 점유·관리하던 전기를 사용한 것에 불과**할 뿐 타인이 점유·관리하던 전기를 사용한 것이라고 할 수 없고, 피고인에게 절도의 범의도 인정할 수 없다. (대법원 2016도15492)

2 행위

(1) 소유나 점유의 배제: 절취행위

① 형법상 절취란 타인이 점유의 배제란 타인이 점유하고 있는 자기 이외의 자의 소유물을 점유자의 의사에 반하여 그 점유를 배제하고 자기 또는 제3자의 점유로 옮기는 것을 말한다. (대법원 2014도8984)
② 수단과 방법에는 제한이 없다.

(2) 책략절도: 절도와 사기의 차이

① 예컨대, 금은방에서 반지 등을 사는 척하면서 화장실이 다녀온다고 주인을 속인 후에 도주한 경우, 절도죄로 볼 것인지 사기죄로 볼 것인지 문제가 되는데, 이를 책략절도라고 한다.
② 사기죄가 성립하려면 피해자의 처분행위가 필요하다. 피해자의 처분행위란 피해자가 재물을 처분하는 의사가 자의성(선택가능성)이 있어야 하며, 기망자(사기꾼)의 행위가 중간에 개입하지 않고 피해자가 재물의 점유이전을 종국적 의사를 가지고 수행한다는 점에서 직접성이 인정되어야 한다.
③ 그런데 위의 금은방에서 반지를 사는 척하면서 화장실 다녀온다고 속인 후 도주한 경우는 피해자인 주인이 해당 반지를 종국적으로 해당자에게 이전시켜주려는 처분의사가 있었다고 볼 수 없으므로 이는 사기죄가 아니라 절도죄이다.

> **관련판례** 자기 점유
> ① 자전차를 살 의사도 없이 피해자로부터 시운전을 빙자하여 교부받은 자전차를 타고 시운전을 하는 척 하다가 그대로 도망간 경우 사기죄가 성립한다. (대법원 68도480)
> ② 피해자가 가지고 있는 책을 잠깐 보겠다고 하며 동인이 있는 자리에서 보는 척 하다가 가져갔다면 위 책은 아직 피해자의 점유하에 있었다고 할 것이므로 절도죄가 성립한다. (대법원 82도3115)
> ③ 피고인이 피해자 경영의 금방에서 마치 귀금속을 구입할 것처럼 가장하여 피해자로부터 순금목걸이 등을 건네받은 다음 화장실에 갔다 오겠다는 핑계를 대고 도주한 것이라면 위 순금목걸이 등은 도주하기 전까지는 아직 피해자의 점유하에 있었다고 할 것이므로 이를 절도죄로 의율 처단한 것은 정당하다. (대법원 94도1487)
> ④ **예식장의 축의금** 접수대에서 접수인인 것처럼 행세하여 축의금을 교부받아 가로챈 행위는 절도죄가 성립한다. (대법원 96도2227, 96감도94)

3 주관적 구성요건

(1) 고의

절도죄가 성립하기 위해서는 타인이 점유하는 타인의 재물을 타인의 의사에 반하여 자기 혹은 제3자의 지배하로 옮긴다는 '인식과 의사' 즉 고의가 있어야 한다.

> **관련판례** **자기 점유**
>
> 고양이를 빌려가지고 있다가 잃어 버렸는데 다른 사람 소유의 고양이를 자기가 잃어버린 고양이인 줄로 잘못 알고 가지고 가다가 주인이 자기 것이라고 하여 돌려 준 경우, 절도죄의 고의가 인정되지 않는다. (대법원 83도1762, 83감도 315) = 절도죄에 있어서 재물의 타인성을 오신하여 그 재물이 자기에게 취득(빌린 것)할 것이 허용된 동일한 물건으로 오인하고 가져온 경우에는 범죄사실에 대한 인식이 있다고 할 수 없으므로 범의가 조각되어 절도죄가 성립하지 아니한다. 과실절도란 없다.

(2) 불법영득의사: 사용절도의 개념

① 절도죄는 주관적 구성요건요소로서 고의 외에도 추가적으로 불법영득의사까지 필요로 하는 영득죄이다.

② 절도죄의 성립에 필요한 불법영득의 의사란 권리자를 배제하고 타인의 물건을 자기의 소유물과 같이 이용·처분할 의사를 말한다. 그리고 불법영득의 의사는 그것이 물건 자체를 영득할 의사인지 물건의 가치만을 영득할 의사인지를 불문한다. 즉 단순히 타인의 점유만을 침해하였다고 하여 그로써 곧 절도죄가 성립하는 것은 아니지만, 재물의 소유권 또는 이에 준하는 본권을 침해하는 의사가 있으면 성립되는 것이지, 반드시 영구적으로 보유할 의사가 필요한 것은 아니라는 의미이다. (대법원 2013도14139)

③ 그래서 타인의 재물을 동의받지 않고 임의대로 일시 사용 후에 원래대로 반환하는 이른바 사용절도는 불법영득의사가 없다고 보아서 절도죄가 아니다.

④ 그러나 일시 사용 후 반환이라도 해당 재물의 가치의 현저한 침해, 해당 재물을 제자리가 아닌 곳으로 반환하여 방치하게 된 경우는 불법영득의사를 인정하여 절도죄가 성립한다. (대법원 2012도12828)

⑤ 어떠한 물건을 점유자의 의사에 반하여 취거하는 행위가 결과적으로 소유자의 이익으로 된다는 사정 또는 소유자의 추정적 승낙이 있다고 볼 만한 사정이 있더라도 다른 특별한 사정이 없는 한 그러한 사유만으로 불법영득의 의사가 없다고 할 수 없다. (대법원 2013도14139)

> **관련판례**
>
> [1] ① 피고인은 2011년 9월경 이 사건 승용차의 소유자인 ○○캐피탈로부터 공소외인 명의로 위 승용차를 리스하여 운행하던 중, 사채업자로부터 1,300만 원을 빌리면서 위 승용차를 인도한 사실, ② 위 사채업자는 피고인이 차용금을 변제하지 못하자 위 승용차를 매도하였고 최종적으로 피해자가 위 승용차를 매수하여 점유하게 된 사실, ③ 피고인은 위 승용차를 회수하기 위해서 피해자와 만나기로 약속을 한 다음 2012. 10. 22.경 약속장소에 주차되어 있던 위 승용차를 미리 가지고 있던 보조열쇠를 이용하여 임의로 가져간 사실, ④ 이후 위 승용차는 공소외인을 통하여 약 한 달 뒤인 2012. 11. 23.경 ○○캐피탈에 반납된 사실 등을 알 수 있다. 위와 같은 사실관계를 앞서 본 법리에 비추어 살펴보면, 우선 피고인이 자기 이외의 자의 소유물인 이 사건 승용차를 점유자인 피해자의 의사에 반하여 그 점유를 배제하고 자기의 점유로 옮긴 이상 그러한 행위가 '절취'에 해당함은 분명하다.
>
> [2] 형법상 절취란 타인이 점유하고 있는 자기 이외의 자의 소유물을 점유자의 의사에 반하여 점유를 배제하고 자기 또는 제3자의 점유로 옮기는 것을 말한다. 그리고 절도죄의 성립에 필요한 불법영득의 의사란 타인의 물건을 그 권리자를 배제하고 자기의 소유물과 같이 그 경제적 용법에 따라 이용·처분하고자 하는 의사를 말하는 것으로서, 단순히 타인의 점유만을 침해하였다고 하여 그로써 곧 절도죄가 성립하는 것은 아니나, 재물의 소유권 또는

이에 준하는 본권을 침해하는 의사가 있으면 되고 반드시 영구적으로 보유할 의사가 필요한 것은 아니며, **그것이 물건 자체를 영득할 의사인지 물건의 가치만을 영득할 의사인지를 불문한다.** 따라서 어떠한 물건을 점유자의 의사에 반하여 취거하는 행위가 결과적으로 소유자의 이익으로 된다는 사정 또는 소유자의 추정적 승낙이 있다고 볼 만한 사정이 있다고 하더라도, 다른 특별한 사정이 없는 한 그러한 사유만으로 불법영득의 의사가 없다고 할 수는 없다. (대법원 2013도14139)

관련판례 불법영득의사 인정 = 절도죄 인정

① 피고인이 길가에 세워져 있는 **오토바이를 소유자의 승낙없이 타고가서** 용무를 마친 약1시간 30분 후 본래 있던 곳에서 약 7, 8미터 되는 장소에 **방치**하였다면 불법영득의 의사가 있었다고 할 것이다. (대법원 81도2394)

② 인장이 들은 돈궤짝을 사실상 별개 가옥에 별거 중인 남편이 그 거주가옥에 보관중이었다면 처가 그 돈궤짝의 열쇠를 소지하고 있었다고 하더라도 그안에 들은 인장은 처의 단독보관하에 있은 것이 아니라 남편과 공동보관하에 있다고 보아야 할 것이므로, 공동보관자중의 1인인 처가 다른 보관자인 남편의 동의없이 불법영득의 의사로 위 인장을 취거한 이상 절도죄를 구성한다고 보아야 할 것이다. (대법원 83도3027) = 공동소유 중 공유

③ 강간을 당한 피해자가 도피하면서 현장에 놓아두고 간 손가방은 점유이탈물이 아니라 사회통념상 피해자의 지배하에 있는 물건이라고 보아야 하므로, 피고인이 그 손가방 안에 들어 있는 피해자 소유의 돈을 꺼낸 경우 절도죄에 해당한다. (대법원 84도38) = 피해자의 일반적 점유 인정.

④ 피해자가 경영하는 주점의 잠겨 있는 샷타문을 열고 그곳 주방안에 있던 맥주등을 꺼내어 마셨다면 타인의 재물에 대한 불법영득의 의사가 있었다고 할 것이고 주점까지 가게된 동기가 주점점원의 초청에 의한 것이었다 하더라도 피해자의 승낙없이 재물을 취거하는 행위는 절도죄를 구성한다. (대법원 86도1439) = 피해자는 주점의 주인이다.

⑤ 피해자를 살해한 방에서 사망한 피해자 곁에 4시간 30분쯤 있다가 그곳 피해자의 자취방 벽에 걸려 있던 피해자가 소지하는 물건들을 영득의 의사로 가지고 나온 경우 절도죄가 성립한다. (대법원 93도2143) = 사자의 점유

⑥ 피고인이 소총 소지자를 총기로 협박하여 그 소총을 교부받아 실탄을 장전한 후 소속 부대 하급자에게 건네주어 그로 하여금 소속 부대원들이 내무반에서 나오는지 여부를 감시하도록 지시한 경우, 피고인은 그 소총을 소지자로부터 자기의 지배하에 이전하여 그 소유자가 아니라면 할 수 없는 사용처분행위를 하였다고 할 것이므로, 비록 피고인의 지시에 따라 그 소총을 소지하고 있던 하급자가 나중에 피고인이 위병소를 빠져나갈 때 뒤따라 나가면서 그 소총에서 탄창을 제거한 후 그 소총을 원래의 소지자에게 던져 준 사실이 있다고 하더라도, 그러한 사정만으로는 피고인에게 그 소총에 대한 군용물특수강도죄의 불법영득의사가 없었다고 할 수 없다. (대법원 95도910)

⑦ 후일 변제할 의사로 피해자의 승낙 없이 현금이 들어있는 지갑을 가져간 경우 절도죄가 성립한다. (대법원 99도519)

⑧ 일시사용의 목적으로 소유자의 승낙 없이 오토바이를 타고 가다가 원래 있던 장소로부터 3km 정도 떨어진 장소에 버린 경우 절도죄가 성립한다. (대법원 2002도3465)

⑨ 甲이 타인의 예금통장을 무단사용하여 예금을 인출한 후 바로 예금통장을 반환하였다 하더라도 그 사용으로 인한 경제적 가치의 소모가 무시할 수 있을 정도로 경미하지 않은 경우는 예금통장 자체가 가지는 예금액 증명기능의 경제적 가치에 대한 불법영득의 의사를 인정할 수 있으므로 절도죄 성립한다. (대법원 2009도9008)

비교판례

① 타인의 신용카드를 무단 사용하여 현금자동지급기에서 현금을 인출한 후 바로 반환한 경우 그 신용카드에 대한 절도죄가 성립하지 않는다. 현금인출에 대해서는 절도죄가 성립한다. (대법원 99도857)

② 타인의 직불카드를 무단 사용하여 그 타인의 예금계좌에서 자기의 예금계좌로 돈을 이체시킨 후 바로 반환한 경우 그 직불카드에 대한 절도죄가 성립하지 않는다. 다만, 승낙 없는 계좌이체 부분은 컴퓨터사용사기죄가 된다. (대법원 2005도7819)

⑩ 甲 주식회사 감사인 피고인이 회사 경영진과의 불화로 한 달 가까이 결근하다가 회사 감사실에 침입하여 자신이 사용하던 컴퓨터에서 하드디스크를 떼어간 후 4개월 가까이 지난 시점에 반환한 사안에서, 피고인이 하드디스크를 일시 보관 후 반환하였다고 평가하기 어려워 불법영득의사를 인정할 수 있다. (대법원 2010도9570)

⑪ 피고인이 甲의 영업점 내에 있는 甲 소유의 휴대전화를 허락 없이 가지고 나와 사용한 다음 약 1~2시간 후 위 영업점 정문 옆 화분에 놓아두고 가는 바람에 절취하였다는 내용으로 기소된 사안에서, 일시 사용의 목적으로 타인의 점유를 침탈한 경우에도 그 사용으로 인하여 물건 자체가 가지는 경제적 가치가 상당한 정도로 소모되거나 또는 상당한 장시간 점유하고 있거나 본래의 장소와 다른 곳에 유기하는 경우에는 이를 일시 사용하는 경우라고는 볼 수 없으므로 영득의 의사가 없다고 할 수 없다. (대법원 2012도1132) = 절도죄 인정

⑫ 피고인이 자신의 명의로 등록된 자동차를 사실혼 관계에 있던 甲에게 증여하여 甲만이 이를 운행·관리하여 오다가 서로 별거하면서 재산분할 내지 위자료 명목으로 甲이 소유하기로 하였는데, 피고인이 이를 임의로 운전해 간 경우 자동차 등록명의와 관계없이 피고인의 행위는 절도죄가 성립한다. (대법원 2012도15303) = 증여 및 재산분할

> **관련판례** 불법영득의사 부정 = 절도죄 부정

① 甲이 부정행위를 한 A를 꾸짖어 줄 목적으로 A의 소유물건을 가져와 보관하고 있으면 A가 이를 찾으러 올 것이고 그때에 그 물건을 반환하면서 A를 꾸짖어 줄 생각으로 그 물건을 가져온 것이라면, 절도의 고의가 인정되지 아니한다. (대법원 72도2812)

② 甲이 자신이 소속한 중대에 소총 1정이 부족 하자 이를 분실한 줄 알고 그 보충을 위하여 다른 부대의 소총 1정을 몰래 가져온 경우, 불법영득의사가 인정될 수 없어서 절도죄가 성립하지 아니한다. (대법원 77도1069)

③ ⅰ) 피고인들이 친구의 근무처인 세차장에 들렀다가 이 사건 승용차를 발견하고는 습득한 승용차열쇠로 문을 열고 시동을 걸고서 아는 여자를 만나러 가기 위해 위 차를 운행하여 갔다가 위 세차장으로 되돌아 오던 중 위 승용차가 운행정지처분을 당하여 앞 번호판이 없었던 관계로 때마침 순찰중이던 방범대원에게 검문을 당하여 입건되었고 피고인들이 검거장소까지 운행한 거리가 약 2킬로미터 정도로서 그에 소요된 시간이 약 10분 정도라면 피고인들은 위 승용차를 불법영득하려 한 것이 아니고 잠깐동안 사용할 의사로 위와 같이 무단운행한 것이라 인정되므로 피고인들에게 불법영득의 의사가 있다고 보기 어렵다. ⅱ) 불법영득의 의사없이 타인의 자동차를 일시 사용하는 경우 휘발유가 소비되는 것은 필연적이므로 자동차의 사용방법, 사용시간, 주행거리 그 밖의 구체적인 상황으로 보아 자동차 그 자체의 일시사용이 그 주목적이고 소비된 휘발유의 양이 매우 적은 것임이 명백한 경우에는 그 휘발유의 소비는 자동차의 일시사용 가운데 포함되는 것으로서 이에 대하여는 별도의 절도죄가 성립되지 아니한다. (대법원 84도311)

④ 피해자의 인감도장을 몰래 꺼내서 가지고 가서 차용금증서의 연대보증인란에 날인한 후 제자리에 갖다 놓은 경우, 절도죄가 성립하지 않는다. (대법원 87도1959) = 사용 절도

⑤ 피고인이 군무를 이탈할 때 총기를 휴대하고 있는지 조차 인식할 수 없는 정신상태에 있었고 총기는 어떤 경우라도 몸을 떠나서는 안된다는 교육을 지속적으로 받아왔다면 사격장에서 군무를 이탈하면서 총기를 휴대하였다는 것만 가지고는 피고인에게 총기에 대한 불법영득의 의사가 있었다고 할 수 없다. (대법원 91도3149)

⑥ 피고인이 타인 소유의 버스요금함 서랍 견본 1개를 그에 대한 최초 고안자로서의 권리를 확보하겠다는 생각으로 가지고 나가 변리사에게 의장출원을 의뢰하고 그 도면을 작성한 뒤 당일 이를 원래 있던 곳에 가져다 두었다면 불법영득의사를 인정할 수 없다. (대법원 91도878) = 사용절도

⑦ 가구회사의 디자이너가 평소 임의처분이 허용된 자신이 제작한 가구 디자인 도면을 가지고 나온 행위에 불법영득의사를 인정할 수 없다. (대법원 91도2831) = 사용절도

⑧ 동네 선배의 차량을 빌렸다가 반환하지 아니한 보조열쇠를 이용하여 그 후 3차례에 걸쳐 2~3시간 정도 운행한 후 주차된 곳에 갖다 놓은 경우, 절도죄가 성립하지 않는다. (대법원 92도118)

⑨ 피고인이 내연관계를 회복시켜 볼 목적으로 내연녀의 물건을 가져와 보관한 후 이를 찾으러 오면 그때 그 물건을 반환하면서 잘 타일러 다시 내연관계를 지속시킬 생각으로 그 물건을 가져온 경우, 불법영득의사가 없어서 절도죄가 성립하지 않는다. (대법원 92도280)

⑩ 甲이 상사와의 의견충돌 끝에 **항의의 표시**로 사표를 제출한 다음 평소 자신이 전적으로 보관·관리해 오던 비자금 관련 서류 및 금품이 든 가방을 가지고 나온 경우 불법영득의사가 인정되지 않을 뿐만 아니라 타인의 점유라고 볼 수도 없으므로 절도죄가 성립하지 않는다. (대법원 94도3033)

⑪ 타인의 **신용카드**를 무단 사용하여 현금자동지급기에서 현금을 인출한 후 바로 반환한 경우 그 신용카드에 대한 절도죄가 성립하지 않는다. 현금인출에 대해서는 절도죄가 성립한다. (대법원 99도857)

> **유사판례**
> 타인의 직불카드를 무단 사용하여 그 타인의 예금계좌에서 자기의 예금계좌로 돈을 이체시킨 후 바로 반환한 경우 그 직불카드에 대한 절도죄가 성립하지 않는다. 다만, 승낙 없는 계좌이체 부분은 컴퓨터사용사기죄가 된다. (대법원 2005도7819)

⑫ 甲이 짝사랑하던 乙녀의 승낙 없이 乙녀와 혼인한 것으로 혼인신고서를 작성하기 위하여 乙녀의 집 안방 화장대 서랍에서 乙녀의 승낙 없이 乙녀의 도장을 몰래 꺼내어 이를 이용하여 혼인신고서를 작성한 후 곧바로 도장을 **제자리**에 갖다 놓은 경우 절도죄가 성립하지 않는다. (대법원 2000도493)

⑬ 피고인이 살해된 피해자의 주머니에서 꺼낸 지갑을 살해도구로 이용한 골프채와 옷 등 다른 증거품들과 함께 자신의 차량에 싣고 가다가 쓰레기 소각장에서 태워버린 경우, 절도의 불법영득의사가 부정된다. (대법원 2000도3655)

⑭ 채권자가 양도담보 목적물을 제3자에게 처분하여 그 목적물의 소유권을 취득하게 한 다음 그 제3자로 하여금 채권자로부터 목적물반환청구권을 양도받는 방법으로 그 목적물을 취거하게 한 경우, 피고인이 채권자로부터 매각 등을 통해 양도받은 경우이므로 소유권을 가지고 있는 것이므로 임의취거 하더라도 절도죄가 성립하지 않는다. (대법원 2006도4263) = **권리행사방해죄에 해당한다.**

(3) 불법의 의미

① 영득의 불법여부는 실질적으로 소유권질서에 일치하는가의 여부에 따라 결정되어야 한다는 영득의 불법설과 절취행위자체가 적법하지 않으면 불법영득의사를 인정해야 한다는 절취의 불법설로 대립된다.

② 판례는 형법상 절취란 타인이 점유하고 있는 자기 이외의 자의 소유물을 점유자의 의사에 반하여 그 점유를 배제하고 자기 또는 제3자의 점유로 옮기는 것을 말하는 것으로, 비록 약정에 기한 인도 등의 청구권이 인정된다고 하더라도, 취거 당시에 점유 이전에 관한 점유자의 명시적·묵시적인 동의가 있었던 것으로 인정되지 않는 한, 점유자의 의사에 반하여 점유를 배제하는 행위를 함으로써 절도죄는 성립하는 것이고, 그러한 경우에 특별한 사정이 없는 한 불법영득의 의사가 없었다고 할 수는 없다. (대법원 2001도4546) 판례는 **절취(수단)의 불법설**에 따라 절도죄가 성립된다고 보았다.

> **관련판례** **수단의 불법**
> ① 외상매매계약을 해제한 후에 매도인이 매수인의 승낙을 받지 않고 매매물품을 가져간 경우는 그 매도인에게 반환청구권이 있더라도 절도행위에 해당된다. (대법원 72도2538)
> ② 채무자의 책상서랍을 승낙 없이 뜯어 돈을 꺼내 자기의 채권의 변제에 충당한 것은 자기채권의 추심을 위하여 채무자의 점유하에 있는 채무자 소유의 금원을 불법하게 탈취한 것으로 불법영득의 의사가 있다고 볼 것이다. (대법원 83도297)
> ③ 甲회사가 乙에게 철재를 외상 판매하고 그 대금지급을 위하여 받은 약속어음이 부도되어 동 물품의 반환청구권을 가지고 있다 하여도, 甲회사의 사원인 피고인이 위 乙로부터 피해자 丙이 위 철재를 매수하여 점유하고 있는 사실을 알고서도 이를 운반하여 갔다면 절도죄의 성립에 영향이 없다. (대법원 83도2539)

④ 회사의 채권을 확보할 목적으로 회사의 총무과장이 채무자 소유의 자동차를 채무자의 승낙없이 운전하여 회사로 옮겨 놓은 다음, 법원의 가압류결정과 감수보존명령에 따라 집달관이 보관하게 될 때까지 위 회사의 지배하에 둔 경우 불법영득의사가 있다. (대법원 90도573)

⑤ 피고인이 피고인과 피해자의 동업자금으로 구입한 포크레인을 피해자의 허락 없이 다른 사람으로 하여금 운전하여 가도를 한 행위가 절도죄를 구성한다. (대법원 90도1021)

⑥ 굴삭기 매수인이 약정된 기일에 대금채무를 이행하지 아니하면 굴삭기를 회수하여 가도 좋다는 약정을 하고 각서와 매매계약서 및 양도증명서 등을 작성하여 교부한 후 채무를 불이행하자 그 담당자가 굴삭기를 취거하여 매도한 경우, 굴삭기에 대한 소유권 등록 없이 매수인의 위와 같은 약정 및 각서 등의 작성, 교부만으로 굴삭기에 대한 소유권이 판매회사로 이전될 수는 없으므로 그 굴삭기 취거행위는 절도죄에 해당하고 불법영득의 의사도 인정된다. (대법원 2001도4546)

⑦ 쇄석장비들에 관하여 점유개정의 방법에 의한 양도담보부 금전소비대차계약을 체결한 후 채무자가 변제기일이 지나도 채무를 변제하지 아니하자 채권자 甲이 채무자의 의사에 반하여 쇄석장비들을 임의로 분해하여 가지고 간 경우, 절도죄가 성립한다. (대법원 2005도2861)

⑧ 변제기일 지나더라도 소유권이나 점유권이 채권자에게 자동으로 이전되는 것이 아니므로, 채권자는 소유권도 점유권도 없는 상태로서 타인소유 타인점유 물건을 임의로 분해 취거해 온 것이 되기 때문에 절도죄가 성립한다. (대법원 2001도4546)

> **관련판례** 자동차 소유권 유보특약
>
> ① 乙이 甲회사로부터 중기를 甲회사에 소유권을 유보하고 할부로 매수한 다음 丙회사에 이를 지입하고 중기등록원부에 丙회사를 소유자로 등록한 후 乙의 甲에 대한 할부매매대금 채무를 담보하기 위하여 甲명의로 근저당권 설정등록을 하였으며 위 중기는 乙이 이를 점유하고 있었는데 甲의 회사원인 피고인들이 합동하여 승낙없이 위 중기를 가져간 경우, 지입자가 사실상의 처분관리권을 가지고 있다고 하여도 이는 지입자와 지입받은 회사와의 내부관계에 지나지 않는 것이고 대외적으로는 자동차등록원부상의 소유자 등록이 원인무효가 아닌 한 지입받은 회사가 소유권자로서의 권리를 가지고 의무를 지는 것이므로 피고인들의 중기취거행위는 지입받은 회사인 丙의 중기등록원부상의 소유권을 침해한 것으로서 특수절도죄에 해당한다. (대법원 89도773)
>
> ② 대출원리금의 완제시까지 할부금융회사에게 유보된다는 특약이 있다고 하더라도 A주식회사 명의로 등록이 된 이상 소유권은 대외적으로 A주식회사에 귀속된다. 피고인 甲이 A주식회사가 리스료를 연체하자 덤프트럭 5대를 A주식회사의 동의나 승낙 없이 운전하여 간 경우 권리행사방해죄가 아니라 절도죄가 성립한다. (대법원 2009도5074)

4 미수와 기수

(1) 실행의 착수시기: 밀접행위설(통설·판례)

① 절도의 실행착수는 타인소유 타인점유를 배제하는 **밀접행위를 한 때**, 즉 타인소유 타인점유의 재물에 대하여 **물색단계에 이른 때로 본다.**

② 주간에 타인의 주거에 침입하였더라도 절취물건에 대한 물색행위를 시작하기 전이었다면 주거침입죄만 성립할 뿐이지 절도죄의 실행착수가 인정되지 않는다. (대법원 92도1650)

> **관련판례** 실행착수 인정 = 절도미수

① 피고인이 피해자 집 내정 빨래줄에 널려있는 쉐터를 절취할 목적으로 동 내정에 투입하여 빨래줄 밑에까지 접근하여 훔치려고 하는 순간 피해자에게 발견되어 목적을 달성하지 못한 경우, 피고인이 동 쉐터에 손을 아직 대지 못하였다 하여 실행의 착수에 이르지 못하였다고 할 수 없다. (대법원 65도427)
② 피해자 집에 침입하여 응접실 책상위에 놓여 있던 라디오를 훔치려고 라디오 선을 건드리다가 발각된 경우에는 절도미수죄가 성립한다. (대법원 66도383)
③ 금품을 절취하기 위하여 고속버스 선반 위에 놓여진 손가방의 한쪽 걸쇠만 열었다 하여도 절도범행의 실행에 착수하였다 할 것이다. (대법원 83도2432, 83감도420)
④ 절도의 목적으로 건조물에 침입한 자가 절취할 물건을 물색하다가 발각되어 미수에 그친 경우에는 건조물침입죄와 절도미수의 죄가 성립된다. (대법원 84도71)
⑤ 소매치기의 경우 피해자의 양복상의 주머니로부터 금품을 절취하려고 그 호주머니에 손을 뻗쳐 그 곁을 더듬은 때에는 절도의 범행은 예비단계를 지나 실행에 착수하였다고 봄이 상당하다. (대법원 84도2524)
⑥ 피해자 소유 자동차 안에 들어 있는 밍크코트를 발견하고 이를 절취할 생각으로 공범이 위 차 옆에서 망을 보는 사이 위 차 오른쪽 앞문을 열려고 앞문손잡이를 잡아당기다가 피해자에게 발각되었다면 절도의 실행에 착수하였다고 봄이 상당하다. (대법원 86도2256)
⑦ 범인들이 함께 담을 넘어 마당에 들어가 그 중 1명이 그곳에 있는 구리를 찾기 위하여 담에 붙어 걸어가다가 잡혔다면 절취대상품에 대한 물색행위가 없었다고 할 수 없다. (대법원 89도1153)
⑧ 주간에 절도의 목적으로 방 안까지 들어갔다가 절취할 재물을 찾지 못하여 거실로 돌아나온 경우, 절도죄의 실행착수가 인정된다. (대법원 2003도1985, 2003감도26)
⑨ 야간에 손전등과 박스 포장용 노끈을 이용하여 도로에 주차된 차량의 문을 열고 현금 등을 훔치기로 마음먹고, 차량의 문이 잠겨 있는지 확인하기 위해 양손으로 운전석 문의 손잡이를 잡고 열려고 하던 중 경찰관에게 발각된 사안에서, 절도죄의 실행에 착수한 것으로 보아야 한다. (대법원 2009도5595)

> **관련판례** 실행착수 부정

① 평소 잘 아는 피해자에게 전화채권을 사주겠다고 하면서 골목길로 유인하여 돈을 절취하려고 기회를 엿본 행위만으로는 절도의 예비행위는 될지언정 행위의 방법, 태양 및 주변상황 등에 비추어 볼때 타인의 재물에 대한 사실상 지배를 침해하는데 밀접한 행위가 개시되었다고 단정할 수 없다. (대법원 82도2944)
② 노상에 세워 놓은 자동차안에 있는 물건을 훔칠 생각으로 자동차의 유리창을 통하여 그 내부를 **손전등으로 비추어 본 것에 불과**하다면 비록 유리창을 따기 위해 면장갑을 끼고 있었고 칼을 소지하고 있었다 하더라도 절도의 예비행위로 볼 수는 있겠으나 타인의 재물에 대한 지배를 침해하는데 밀접한 행위를 한 것이라고는 볼 수 없어 절취행위의 착수에 이른 것이었다고 볼 수 없다. (대법원 85도464)
③ 소를 흥정하고 있는 피해자의 뒤에 접근하여 그가 들고 있던 가방으로 돈이 들어 있는 피해자의 하의 왼쪽 주머니를 스치면서 지나간 행위는 단지 피해자의 주의력을 흐트려 주머니속에 들은 금원을 절취하기 위한 예비단계의 행위에 불과한 것이고 이로써 실행의 착수에 이른 것이라고는 볼 수 없다. (대법원 86도1109, 86감도143)
④ 피해자의 집 부엌문에 시정된 열쇠고리의 장식을 뜯는 행위만으로는 절도죄의 실행행위에 착수한 것이라고 볼 수 없다. (대법원 88도1165)
⑤ 야간에 다세대주택에 침입하여 물건을 절취하기 위하여 가스배관을 타고 오르다가 순찰 중이던 경찰관에게 발각되어 그냥 뛰어내렸다면, 야간주거침입절도죄의 실행의 착수에 이르지 못했다. (대법원 2008도917)
⑥ 피고인이 아파트 신축공사 현장 안에 있는 건축자재 등을 훔칠 생각으로 공범과 함께 위 공사현장 안으로 들어간 후 창문을 통하여 신축 중인 아파트의 지하실 안쪽을 살핀 행위가 특수절도죄의 실행의 착수에 해당하지 않는다. (대법원 2009도14554)

(2) 기수: 점유의 취득

① 점유의 취득이란 행위자가 타인의 재물에 대하여 방해받지 않고 사실상의 지배를 갖는 상태를 말한다.

② 장소적 이전이 없더라도 행위자가 재물을 취득한 시점을 기수 시기로 본다. (취득설)

③ **쉽게 운반할 수 있는 재물(작은 물건: 휴대폰, 노트북 등)**은 손으로 잡아 가지거나 호주머니 또는 가방에 넣었을 때 기수가 된다. 그러나 **쉽게 운반할 수 없는 재물(큰 물건: 냉장고나 소파 등)**은 피해자의 지배범위를 벗어났을 때 기수가 된다.

> **관련판례**
>
> ① 피고인이 피해자 경영의 카페에서 야간에 아무도 없는 그곳 내실에 침입하여 장식장 안에 들어 있던 정기적금통장 등을 꺼내 들고 카페로 나오던 중 발각되어 돌려준 경우 피고인은 피해자의 재물에 대한 소지(점유)를 침해하고, 일단 피고인 자신의 지배 내에 옮겼다고 볼 수 있으니 절도의 미수에 그친 것이 아니라 야간주거침입절도의 기수라고 할 것이다. (대법원 91도476)
>
> ② 자동차를 절취할 생각으로 자동차의 조수석문을 열고 들어가 시동을 걸려고 시도하는 등 차 안의 기기를 이것저것 만지다가 핸드브레이크를 풀게 되었는데, 그 장소가 내리막길인 관계로 시동이 걸리지 않은 상태에서 약 10미터 전진하다가 가로수를 들이받는 바람에 멈추게 되었다면 절도의 기수에 해당한다고 볼 수 없을 뿐 아니라 「도로교통법」 제2조 제19호 소정의 자동차의 운전에 해당하지 아니한다. (대법원 94도1522)
>
> ③ 절도범 甲(여성)이 타인의 연구소에 식재된 영산홍 입목을 혼자 땅에서 완전히 캐낸 후에 비로소 제3자인 乙이 가담하여 함께 입목을 운반한 경우, **甲이 입목을 캐낸 시점에 절도의 기수가 이루어진 것**이고 乙은 기수 이후 가담한 것이므로 양자를 합동절도(특수절도 중 제332조 제2항)로 볼 수 없다. (대법원 2008도6080)

III 야간주거침입절도

형법

제330조 【야간주거침입절도】 야간에 사람의 주거, 관리하는 건조물, 선박, 항공기 또는 점유하는 방실(房室)에 침입하여 타인의 재물을 절취(竊取)한 자는 10년 이하의 징역에 처한다.

1 의의

본죄는 야간에 사람의 주거, 간수하는 저택, 건조물이나 선박 또는 점유하는 방실에 침입하여 타인의 재물을 절취함으로써 성립한다. 야간이라는 행위상황을 고려한 주거침입죄와 절도죄의 결합범의 성격을 가지고 있다.

2 구성요건

(1) 야간

야간이 언제부터 언제까지인지에 대해 견해가 대립하나, 통설, 판례가 **일몰 후 일출 전**이라는 천문학적 기준으로 해결한다.

(2) 행위

이 죄의 행위는 야간에 주거침입과 절취를 하여야 하는데 야간은 주거침입이나 절취행위의 한 경우에만 야간이면 된다는 견해가 통설의 입장이다. 그러나 판례에 의하면 주거침입시에 야간이어야 한다고 판시하였다. **주간에 모텔에 침입하여 야간이 되기를 기다렸다가 모텔방에 있던 LCD TV를 절취한 경우 주거침입죄와 절도죄가 각각 성립**하고 실체적경합범이 된다고 판시하였다. (대법원 2011도300)

(3) 실행의 착수시기와 기수시기

① <u>절도의 의사로 주거에 침입한</u> 때이다.

② 야간에 절도 고의로 주거침입한 것이 주거침입자체가 미수가 되더라도 야간주거침입 절도죄의 미수이다.

③ 주간에 절도의 목적으로 주거에 침입하였으나 아직 절취하기 전인 경우는 주거침입죄만 성립한다.

④ 야간에 **종업원이 점포 안에 둔 주인의 돈을 훔친 경우** 주거의 침입이 없으므로 야간 주거침입절도죄는 성립하지 않는다. (대법원 76도414)

⑤ 기수시기는 절도죄에서와 같다. (취득설)

관련판례

① 야간에 타인의 재물을 절취할 목적으로 주거에 침입한 경우에는 야간주거침입절도죄의 실행에 착수한 것으로 봄이 타당하다. (대법원 70도507)

② 야간에 아파트에 침입하여 물건을 훔칠 의도하에 아파트의 베란다 철제난간까지 올라가 유리창문을 열려고 시도하였다면 야간주거침입절도죄의 실행에 착수한 것으로 보아야 한다. (대법원 2003도 4417)

③ [1] <u>출입문이 열려 있으면 안으로 들어가겠다는 의사 아래 출입문을 당겨보는 행위</u>(다세대주택의 1~3층의 출입문을 열어보다 모두 잠겨있어 실패)는 바로 주거의 사실상의 평온을 침해할 객관적인 위험성을 포함하는 행위를 한 것으로 볼 수 있어 그것으로 주거침입의 실행에 착수한 것으로 보아야 한다.

[2] 실행의 착수시기는 절도의 의사로 야간에 주거 등에 침입하는 행위를 한 경우이다. 따라서 야간에 주거침입의사로 주거 등의 문호 등을 건드린 경우에는 야간주거침입절도의 착수가 인정된다. 그러므로 야간에 타인의 재물을 절취할 목적으로 주거에 침입한 경우 야간주거침입절도죄의 실행의 착수가 인정되는 것이다. (대법원 2006도2824)

④ 야간에 다세대주택에 침입하여 물건을 절취하기 위하여 가스배관을 타고 오르다가 경찰관에게 발각되자 그냥 뛰어내려 도주한 경우, 야간주거침입절도의 착수가 인정되지 아니한다. (대법원 2008도917)

⑤ 야간에 도로에 주차된 차량의 문을 열고 현금 등을 훔치기로 마음먹고, 차량의 문이 잠겨 있는지 확인하기 위해 양손으로 운전석 문의 손잡이를 잡고 열려고 하던 중 경찰관에게 발각된 경우, 절도죄의 실행에 착수한 것으로 보아야 한다. (대법원 2009도5595) = 다만 야간주거침입절도죄의 실행착수는 아니라는 점에 유의해야 한다. 차량은 주거 등이 아니기 때문이다.

⑥ 주간에 사람의 주거 등에 침입하여 야간에 타인의 재물을 절취한 행위는 「형법」 제330조의 야간주거침입절도죄를 구성하지 않는다. (대법원 2011도300, 2011감도5) = 주거침입죄와 절도죄의 실체적 경합관계

IV 특수절도

형법

제331조【특수절도】 ① 야간에 문이나 담 그 밖의 건조물의 일부를 손괴하고 제330조의 장소에 침입하여 타인의 재물을 절취한 자는 1년 이상 10년 이하의 징역에 처한다.
② 흉기를 휴대하거나 2명 이상이 합동하여 타인의 재물을 절취한 자도 전항의 형과 같다.

제345조 이 죄를 범하여 유기징역에 처할 경우에는 10년 이하의 자격정지를 병과할 수 있다.

제344조 이 죄의 미수범은 처벌한다.

1 의의

특수절도죄는 절도죄와 야간주거침입절도죄에 대한 가중적 구성요건이다. 제1항은 범행수단의 가중된 불법성을 이유로, 제2항은 범행의 위험성과 집단성을 이유로 불법이 가중되어 있는 구성요건이다. 특수절도죄에 대해서도 친족상도례는 적용된다.

2 구성요건

(1) 손괴 후 야간주거침입절도(제331조 제1항)

1) 야간

야간의 의미는 야간주거침입절도죄의 경우와 같다.

2) 문호 또는 장벽 기타 건조물의 일부손괴

① '문호'란 주거 등에 드나드는 문을 의미하고, '장벽'은 담과 벽이다. 기타 건조물의 일부란 주거 등에 출입하는 것을 통제하기 위한 시설(잠금장치, 도랑)을 말한다.

② '손괴'는 문호 등의 일부를 물리적으로 훼손하여 효용을 상실시키는 것을 말한다. 따라서 문을 부수는 것은 손괴에 해당하나, 열쇠로 열고 침입하는 것은 물리적 훼손이 없어 손괴로 볼 수 없다.

3) 실행의 착수시기와 기수시기

야간에 건조물 등의 일부를 손괴하기 시작한 때이다. 기수시점은 재물취득시이다.

> **관련판례**
>
> ① 야간에 두사람이 공모 합동하여 타인의 재물을 절취하려고 한 사람은 망을 보고 또 한 사람은 기구를 가지고 출입문의 자물쇠를 떼어내거나 출입문의 환기창문을 열었다면 특수절도죄의 실행에 착수한 것이다. (대법원 86도843)
> ② 2인 이상이 합동하여 주간에 절도의 목적으로 아파트 출입문 잠금장치를 손괴하다가 발각되어 도주한 경우라면 특수절도죄의 실행의 착수로 볼 수 없다. (대법원 2009도9667) = 야간이 아니라 주간에 절도 목적으로 타인 주거에 침입하려 하였더라도 아직 물색 전이라면 특수절도죄(합동절도)의 실행착수로 볼 수 없으므로 특수절도의 미수에 해당할 수 없다. 그저 주거침입죄의 미수에 해당할 뿐이다.
> ③ 피고인이 야간에 식당에 침입하여 현금을 절취한 사안에서, 피고인이 피해자들이 운영하는 식당의 창문과 방충망을 창틀에서 분리하였을 뿐 물리적으로 훼손하여 효용을 상실하게 한 것이 아니라면, 「형법」 제331조 제1항의 특수절도죄의 손괴에는 해당한다고 할 수 없다. (대법원 2015도7559)

(2) 흉기휴대절도(제331조 제2항 전단)

① 흉기

사람의 살상 또는 재물의 손괴에 이용될 수 있는 물건을 말한다. 위험한 물건 즉, 도끼, 망치, 철봉 등도 흉기에 포함된다. 반대견해는 있지만 흉기가 반드시 고체일 필요가 없다. 액체나 기체도 흉기에 포함된다고 해석된다.

② 휴대

몸이나 몸 가까이 소지하는 것을 말한다. 행위시 즉, 실행의 착수시부터 종료시까지의 사이에 휴대하면 되므로 반드시 가지고 들어가야 할 필요는 없고 현장에서 집어든 경우도 포함된다.

> **관련판례**
>
> 형법 제331조 제2항에서 규정한 흉기는 본래 살상용·파괴용으로 만들어진 것이거나 이에 준할 정도의 위험성을 가진 것으로 봄이 상당하고, 그러한 위험성을 가진 물건에 해당하는지 여부는 그 물건의 본래의 용도, 크기와 모양, 개조 여부, 구체적 범행 과정에서 그 물건을 사용한 방법 등 제반 사정에 비추어 사회통념에 따라 객관적으로 판단할 것이다. 피고인이 사용한 이 사건 드라이버는 일반적인 드라이버와 동일한 것으로 특별히 개조된 바는 없는 것으로 보이고, 그 크기와 모양 등 제반 사정에 비추어 보더라도 피고인의 이 사건 범행이 흉기를 휴대하여 타인의 재물을 절취한 경우에 해당한다고 보기는 어렵다고 보인다. (대법원 2012도4175)

(3) 합동절도(제331조 제2항 후단)

① 2인이상이 합동하여 범하는 경우를 합동범이라 한다. 합동의 의미는 '같은 시간에 동일한 장소, 즉, 현장에 모여서 협동하는' 것을 말한다. (현장설) 판례는 망(파수)을 보는 정도로도 현장에 있다고 본다.

② **합동이란 공동보다 좁은 개념으로서 현장성, 즉 다수인의 시간적·장소적 협동을 의미한다는 현장설이 통설·판례의 입장이다.**

③ 합동범에 관하여 현장설을 따를 때 합동범을 필요적 공범으로 보게 된다. 따라서 합동범에 대하여는 교사범 내지 종범은 성립할 수 있으나, 현장에 있지 않은 자가 이론상 공동정범으로 따로 취급될 여지는 없다. 그러나 최근의 판례에서는 **합동절도에 있어서 2인이상이 현장에 있는 경우는 나머지 현장에 없는 공모자도 공동정범이 된다는 입장**을 취하고 있다.

> **관련판례**
>
> ① 甲, 乙, 丙이 타인의 전축을 절취하기로 모의한 후 甲의 집으로 가서 모의한 바에 따라 전축을 절취하러 가자고 하자 甲은 자신이 없다고 하여 그 범행하는 것을 포기한 경우에는 乙, 丙만의 실행행위는 甲과는 전연 무관한 것이므로 실행행위의 분담까지 모의하였다고 볼 수 없는 甲에 대하여 특수절도죄(합동범)가 성립할 수 없다. (대법원 75도2635)
>
> ② 피고인은 원심공동피고인 甲, 乙과 함께 서울 동작구 상도동 소재 丙경영의 **M상사 창고에 몰래 들어가 피혁을 훔치기로 약속하였으나 피고인은 절취할 마음이 내키지 아니하고 처벌이 두려워 만나기로 한 시간에 약속장소로 가지 아니하고** 성남시 중동 소재 포장마차에서 술을 마신 후 인근 여관에서 잠을 잤으며, 甲등은 약속장소에서 피고인을 기다리다가 그들끼리 모의된 범행을 결행하기로 하여 甲은 그 창고 앞에서 망을 보고 乙은 창고에 침입하여 가죽 약 1만평을 절취한 것이라는 바 그렇다면 피고인은 특수절도의 공동정범이 성립될 수 없음은 물론 다른 공모자들이 실행행위에 이르기 이전에 그 공모관계로부터 이탈한 것이 분명하므로 그 이후의 다른 공모자의 절도행위에 관하여도 공동정범으로서 책임을 지지 아니한다고 할 것이다. (대법원 88도837)

③ ⅰ) 형법 제331조 제2항 후단의 2인 이상이 합동하여 타인의 재물을 절취한 경우의 특수절도죄가 성립하기 위하여는 주관적 요건으로서의 공모와 객관적 요건으로서의 실행행위의 분담이 있어야 하고 그 실행행위에 있어서는 시간적으로나 장소적으로 협동관계에 있음을 요한다. ⅱ) 피고인이 피해자의 형과 범행을 모의하고 피해자의 형이 피해자의 집에서 절취행위를 하는 동안 피고인은 그 집 안의 **가까운 곳에 대기**하고 있다가 절취품을 가지고 같이 나온 경우 시간적, 장소적으로 협동관계가 있다고 보아야 할 것이다. (대법원 96도313)

④ [1] 속칭 삐끼주점의 지배인인 피고인이 피해자로부터 신용카드를 강취하고 신용카드의 비밀번호를 알아낸 후 현금자동지급기에서 인출한 돈을 삐끼주점의 분배관례에 따라 분배할 것을 전제로 하여 甲(삐끼), 乙(삐끼주점 업주), 丙(삐끼)과 피고인은 삐끼주점 내에서 피해자를 계속 붙잡아 두면서 감시하는 동안 甲, 乙, 丙은 피해자의 위 신용카드를 이용하여 현금자동지급기에서 현금을 인출하기로 공모하였고, 그에 따라 甲, 乙, 丙이 편의점에서 합동하여 현금자동지급기에서 현금 4,730,000원을 절취하였다면, 비록 피고인이 범행 현장에 간 일이 없다 하더라도 피고인이 합동절도의 범행을 현장에서 실행한 甲, 乙, 丙과 공모한 것만으로서도 그들의 행위를 자기 의사의 수단으로 하여 합동절도 범행에 대하여 공동정범으로서의 죄책을 면할 수 없다.

[2] 3인 이상의 범인이 합동절도의 범행을 공모한 후 적어도 2인 이상의 범인이 범행 현장에서 시간적, 장소적으로 협동관계를 이루어 절도의 실행행위를 분담하여 절도 범행을 한 경우에는 공동정범의 일반 이론에 비추어 그 공모에는 참여하였으나 현장에서 절도의 실행행위를 직접 분담하지 아니한 다른 범인에 대하여도 그가 현장에서 절도 범행을 실행한 위 2인 이상의 범인의 행위를 자기 의사의 수단으로 하여 합동절도의 범행을 하였다고 평가할 수 있는 정범성의 표지를 갖추고 있다고 보여지는 한 그 다른 범인에 대하여 합동절도의 공동정범의 성립을 부정할 이유가 없다. (대법원 98도321 전합)

V 자동차 등 불법사용죄

형법

제331조의2 【자동차 등 불법사용】 권리자의 동의 없이 타인의 자동차, 선박, 항공기 또는 원동기장치자동차를 일시 사용한 자는 3년 이하의 징역, 500만원 이하의 벌금, 구료 또는 과료에 처한다.

제345조 이 죄를 범하여 유기징역에 처할 경우에는 10년 이하의 자격정지를 병과할 수 있다.

제344조 이 죄의 미수범은 처벌한다.

1 의의 및 보호법익

(1) 의의

권리자의 동의 없이 자동차 등을 일시 사용함으로써 성립되는 범죄이다. 사용절도를 예외적으로 처벌하는 규정이다. 이 죄는 미수범을 처벌한다. 1995년에 신설되었다.

(2) 보호법익

보호법익이 무엇인가에 대하여는 ① 사용권이라는 견해와 ② 소유권이라는 견해가 대립되나 이 죄가 절도죄와는 별개의 범죄이고 불법영득의사가 없고 단지 사용만이 문제된다는 점에서 사용권설이 타당하다.

2 구성요건

(1) 객체

자동차, 선박, 항공기 또는 원동기장치자전거이다.

자동차란 자동차관리법 제3조에서 말하는 승용자동차, 승합자동차, 화물자동차, 특수자동차, 이륜자동차를 포함한다. 선박과 항공기는 수상교통기관, 공중교통기관을 말하며 그 종류와 대소를 불문한다. 원동기장치자전거란 자동차관리법 제3조의 규정에 의한 이륜자동차 중 배기량 125cc이하의 이륜자동차와 50cc미만의 원동기를 단 차를 말하며 3륜 기타 다른 모양으로 변형시킨 것도 포함한다.

(2) 행위

권리자의 동의 없이 일시 사용하는 것이다.

1) 권리자의 동의 없이

① **권리자의 동의가 있으면 구성요건해당성을 배제**한다. 이때의 권리자는 소유자나 사용권을 위임받은 자를 말한다.

② 무죄가 되기 위한 동의는 사전에 있거나 최소한 사용시에는 있어야 한다. 사후동의는 범죄성립에 영향이 없다. **동의가 있으면 그 후 정도를 초과한 사용이라도 본죄가 성립하지 않는다고 해석된다.**

2) 일시 사용

① 사용이란 자동차 등을 통행수단으로 용법에 따라 이용하는 것을 말한다. 자동차 안에 들어가 낮잠을 자거나 라디오를 듣거나 물건을 숨겨 놓는 경우는 사용으로 볼 수 없다.

② 사용은 일시적인 것이라야 한다. 일시적 사용이 아닌 경우는 영득의 의사가 인정되어 절도죄가 성립하기 때문이다.

> **관련판례**
> ① 차량을 반환할 의사로 피해자의 동의 없이 일시 사용한 경우이므로 특수절도죄가 아닌 자동차등불법사용죄를 적용해야 한다. (대법원 98도2181)
> ② 불법영득의 의사없이 타인의 자동차를 일시사용한 경우, 이에 따른 유류소비행위는 위 자동차의 일시사용에 필연적으로 부수되어 생긴 결과로서 절도죄를 구성하지 않는 위 자동차의 일시사용행위에 포함된 것이라 할 것이므로 자동차 자체의 일시사용과 독립하여 별개의 절도죄를 구성하지 않는다. (대법원 84도1613) = 유류소비는 자동차 사용에 수반되어 불가벌이다.

3 죄수

① 피고인이 절도의 습벽으로 자동차등불법사용의 범행을 하였으나 검사가 자동차등불법사용의 점을 제외한 나머지 범행에 대하여만 상습절도 등의 죄로 기소하였다 하더라도, 자동차등불법사용의 범행도 상습절도 등 죄의 위법성 평가에 포함되어 흡수되어 **상습절도 1죄**만 성립하는 것이다. (대법원 2002도429)

② **자동차등불법사용죄는 상습절도와 포괄일죄**의 관계에 있다. (대법원 2002도429)

VI 상습절도죄

형법

제332조【상습범】 상습으로 제329조 내지 제331조의2의 죄를 범한 자는 그 죄에 정한 형의 2분의 1까지 가중한다.

제345조【자격정지의 병과】 본장의 죄를 범하여 유기징역에 처할 경우에는 10년 이하의 자격정지를 병과할 수 있다.

제344조【미수범】 이 죄의 미수범은 처벌한다.

1 의의

상습으로 절도죄·야간주거침입절도죄·특수절도죄를 범한 경우에 성립하는 범죄이다. 그리고 범행한 여러 개의 절도죄 중에서 가장 중한 범죄의 형에서 2분의 1을 가중하게 된다.

2 상습절도와 타죄와의 관계

① 형법상 상습절도에 대해서도 미수처벌규정이 있으므로 형법 제25조에 의하여 미수감경도 적용된다.

② 그러나 구 특정범죄가중처벌등에관한법률 제5조의4 제1항에 의한 상습절도죄의 경우에는 형법 제25조 제2항에 의한 미수감경이 허용되지 아니한다. (대법원 2010도11620)

③ 「형법」 제332조에 규정된 상습절도죄를 범한 범인이 범행의 수단으로 주간에 주거침입을 한 경우, 주거침입 행위는 다른 상습절도죄에 흡수되지 아니하며 **상습절도죄와 별개로 주거침입죄**를 구성한다. (대법원 2015도8169)

④ 특정범죄 가중처벌 등에 관한 법률 제5조의4 제6항에 규정된 상습절도 등 죄를 범한 범인이 그 범행의 수단으로 주거침입을 한 경우에 주거침입행위는 상습절도 등 죄에 흡수되어 위 조문에 규정된 **상습절도 등 죄의 1죄**만이 성립하고 별개로 주거침입죄를 구성하지 않으며, 또 위 상습절도 등 죄를 범한 범인이 그 범행 외에 상습적인 절도의 목적으로 주거침입을 하였다가 절도에 이르지 아니하고 주거침입에 그친 경우에도 그것이 절도 상습성의 발현이라고 보이는 이상 주거침입행위는 다른 상습절도 등 죄에 흡수되어 위 조문에 규정된 상습절도 등 죄의 1죄만을 구성하고 상습절도 등 죄와 별개로 주거침입죄를 구성하지 않는다. (대법원 2017도4044)

⑤ 수회의 범행이 **우발적 동기나 급박한 경제적 사정**에서 생한 것으로써 범인이 평소에 가지고 있던 절도습성의 발현이라고 볼 수 없는 경우에는 이를 상습절도로 인정할 수 없다는 것이 판례의 입장이다.

> **관련판례 상습성 부정**
>
> ① 3회에 걸친 절도의 범죄사실은 모두 취중에 우발적으로 한 범행으로서 집행유예의 선고 또는 기소유예의 처분을 받은 것이고 이 사건 범행도 피고인이 근무하던 공장의 사장과 다른 종업원들과 같이 술을 마시고 2차로 사장과 같이 스텐드바에 가서 다시 밤늦게까지 술을 마신 뒤 같이 나오다가 다시 피고인이 놔두고 나온 가방을 가지러 들어갔다가 술에 많이 취한 중에 우발적으로 범행에 이르게 된 경우 (대법원 89도695)
>
> ② 최종 전과사실로부터 약 2년 6개월 경과된 후 평소 알고 지내던 집에 갔다가 아무도 없어 우발적으로 2회 절취한 범행한 경우 (대법원 82감도463)

VII 절도의 죄수

① 재물은 비전속적 법익이므로 소유자가 아니라 관리자의 수에 따라서 결정한다.

② 절도죄의 죄수는 원칙적으로 침해된 점유의 개수에 의하여 결정되므로, 동일인의 점유 또는 공동점유 아래 있는 재물을 절취한 경우 비록 그 소유자를 달리하더라도 일죄이다. (대법원 70도1133) 예컨대, 절도범이 밤 중에 어느 회사 사무실에 들어가서 그 사무실 책상들의 서랍들을 열어서 물건들을 절취해 갔다면, 해당 회사 사무실의 여러 직원들의 물건들을 가져갔을 것인데, 이는 해당 물건들의 소유자들은 수인일 것이지만 해당 사무실의 관리권은 1개(쉽게 말해서 해당 사무실의 경비는 회사 사장이 경비업체에 맡겼을 것)이므로 점유가 1개로 봐서 이때에 일죄로 처리한다는 것이다.

② 단일범의로서 절취한 시간과 장소가 접착되어 있고 같은 관리인의 관리하에 있는 방 안에서 소유자를 달리하는 두 사람의 물건을 절취한 경우에는 1개의 절도죄가 성립한다. (대법원 70도1133)

③ 절도범이 갑의 집에 침입하여 그 집의 방안에서 그 소유의 재물을 절취하고 그 무렵 그 집에 세들어 사는 을의 방에 침입하여 재물을 절취하려다 미수에 그쳤다면 위 두 범죄는 그 범행장소와 물품의 관리자를 달리하고 있어서 별개의 범죄를 구성한다. (대법원 89도664)

④ 40여 일간에 걸쳐 피해자 C 소유 임야에서 고령토를 계속 절취하는 경우는 범의의 단일성을 인정할 수 있으므로 일죄이다. (대법원 70도2612) 피해자도 1인이고 절취재물도 1개 종류라서 계속된 범죄는 연속범이므로 일죄로 본다.

⑤ 절도죄는 상태범이므로 절취 장물을 행위자가 손괴·처분·이용·은닉한 경우에는 불가벌적 사후행위로서 절도죄만 성립한다는 보는 것이 원칙이다.

⑥ 그러나 예외적으로 별죄(실체적 경합)를 인정하는 경우가 있다.

- **절취한 전당표로 전당물품을 찾아가는 경우:** 별도의 사기죄 성립
- **절취한 편지를 개봉한 경우:** 별도의 비밀침해죄 성립

⑦ **주간에 주거침입하여 재물을 절취한 경우:** 형법상 주거침입죄와 절도죄의 실체적 경합으로 본다. 다만, 특정범죄가중처벌법상의 상습절도죄가 성립하는 경우에는 그 수단으로 주거침입을 한 경우에는 주거침입죄가 별개로 성립하지 아니하고 상습절도죄에 흡수되어 상습절도죄 1죄만 성립할 뿐이다.

⑧ **야간에 주거침입하여 재물을 절취한 경우:** 야간주거침입절도죄 1죄

⑨ **절도범이 체포면탈을 위해서 타인을 폭행·협박한 경우:** 준강도죄 1죄

⑩ 절취한 자기앞수표를 음식대금으로 교부하고 거스름돈을 환불받은 행위는 절도의 불가벌적 사후처분행위로서 사기죄가 되지 아니한다. (대법원 86도1728) = 금융기관발행의 자기앞수표는 그 액면금을 즉시 지급받을 수 있어 현금에 대신하는 기능을 하고 있으므로 절취한 자기앞수표를 현금 대신으로 교부한 행위는 절도행위에 대한 가벌적 평가에 당연히 포함되는 것으로 본다.

⑪ 자동차를 절취한 후 자동차등록번호판을 떼어내는 행위가 절도범행의 불가벌적 사후행위에 해당하는 것은 아니다. (대법원 2007도4739)

⑫ 부정한 이익을 얻을 목적으로 타인의 영업비밀이 담긴 CD를 절취하여 그 영업비밀을 부정사용한 사안에서, 절도죄와 별도로 부정경쟁방지 및 영업비밀보호에 관한 법률상 영업비밀부정사용죄가 성립한다. (대법원 2008도5364)

⑬ 주간에 주거에 침입하여 절도하면 주거침입죄와 절도죄의 실체적 경합범이 된다. 형법 제332조에 규정된 상습절도죄를 범한 범인이 범행의 수단으로 주간에 주거침입을 한 경우, 주간 주거침입행위가 별개로 주거침입죄를 구성한다. (대법원 2015도8169)

⑭ 절도를 교사하고 장물을 취득하면 절도교사와 장물취득죄의 경합범이 되며 절도교사자가 절취한 장물을 기망수단으로 편취하면 절도교사죄와 사기죄의 경합범이 된다. (대법원 91도542)

Section 03 강도의 죄

I 서설

1 조문 체계

범죄		조문	구성요건	미수	예비
강도		제333조	폭행 또는 협박으로 타인의 재물을 강취하거나 기타 재산상의 이익을 취득하거나 제삼자로 하여금 이를 취득하게 한 경우	○	○
특수강도	야간주거 침입강도	제334조 제1항	야간에 사람의 주거, 관리하는 건조물, 선박이나 항공기 또는 점유하는 방실에 침입하여 강도죄(제333조의 죄)를 범한 경우	○	○
	흉기휴대 강도	제334조 제2항	흉기를 휴대하여 강도죄(제333조의 죄)를 범한 경우		
	합동강도		2인 이상이 합동하여 강도죄(제333조의 죄)를 범한 경우		
준강도		제335조	절도가 재물의 탈환을 항거하거나 체포를 면탈하거나 범죄의 흔적을 인멸할 목적으로 폭행 또는 협박을 가한 경우	○	○
인질강도		제336조	사람을 체포·감금·약취 또는 유인하여 이를 인질로 삼아 재물 또는 재산상의 이익을 취득하거나 제3자로 하여금 이를 취득하게 한 경우	○	○
강도상해		제337조	강도가 사람을 상해한 경우	○	○
강도치상			강도가 사람을 상해에 이르게 한 경우		
강도살인		제338조	강도가 사람을 살해한 경우	○	○
강도치사			강도가 사람을 사망에 이르게 한 경우	○	○
강도강간		제339조	강도가 사람을 강간한 경우	○	○
해상강도	해상강도	제340조 제1항	다중의 위력으로 해상에서 선박을 강취하거나 선박 내에 침입하여 타인의 재물을 강취한 경우	○	○
	해상강도상해	제340조 제2항	해상강도가 사람을 상해한 경우	○	○
	해상강도치상		해상강도가 사람을 상해에 이르게 한 경우		
	해상강도살인	제340조 제3항	해상강도가 사람을 살해한 경우	○	○
	해상강도치사		해상강도가 사람을 사망에 이르게 한 경우		
	해상강도강간		해상강도가 사람을 강간한 경우		
상습범		제341조	상습으로 제333조(강도), 제334조(특수강도), 제336조(인질강도) 또는 제340조 제1항(단순해상강도)의 죄를 범한 경우	○	○

2 의의 및 보호법익

① 폭행 또는 협박으로 타인의 재물을 강취하거나 기타 재산상 이익을 취득하거나 제3자로 하여금 이를 취득하게 함으로써 성립하는 범죄이다.

② 보호법익은 타인의 재산권이며 부수적으로 자유권도 내용으로 한다.

③ 영득죄, 탈취죄, 침해범의 성격을 가진다. 재산죄와 폭행 또는 협박죄의 결합범이다.

④ 친족상도례 적용하지 않는다. 상습범 가중처벌규정이 있다.

⑤ 본장의 죄를 범하여 유기징역에 처할 경우에는 10년 이하의 자격정지를 병과할 수 있다.

II 강도죄

형법

제333조 【강도】 폭행 또는 협박으로 타인의 재물을 강취하거나 기타 재산상의 이익을 취득하거나 제삼자로 하여금 이를 취득하게 한 자는 3년 이상의 유기징역에 처한다.

1 객체

(1) 재물 또는 재산상 이익

① 재물의 개념은 절도죄와 동일하다. 절도죄와 달리 재물은 물론 재산상 이익을 객체로 삼고 있으며, 재물 중에 부동산도 객체로 삼고 있다.

② 재산상 이익이란 재물 이외의 재산적 가치를 가지는 모든 이익으로 적극적 이익(재산 증대, 채권취득 등)은 물론 소극적 이익(채무면제, 채무상환의 유예, 연기) 등을 포함하여 영구적 이익이든 일시적 이익이든 불문한다. 아울러 반드시 계산적으로 산출될 이익일 필요도 없다.

(2) 형법상 재산개념

재산상 이익은 경제적 가치가 있으면 법적으로 승인되지 않더라도 모두 재산죄의 행위객체인 재산상 이익에 포함된다는 견해(경제적 재산설)와 경제적으로 가치 있는 이익 가운데 법률적으로 승인된 이익만 재산상 이익 즉 법률적·경제적 측면에서 이해한다는 학설(법률적 경제적 재산설)이 있다. **법률적·경제적 재산설이 통설이자 판례**이다. 강도죄에 있어서의 **재산상 이익이란 재물 이외의 재산상의 이익을 말하는 것으로서, 그 재산상의 이익은 반드시 사법상 유효한 재산상의 이득만을 의미하는 것이 아니고 외견상 재산상의 이득을 얻을 것이라고 인정할 수 있는 사실관계만 있으면 된다.** (대법원 96도3411)

2 행위

(1) 폭행 또는 협박

① 폭행이란 사람에 대한 일체의 유형력 행사를 말한다. 협박이란 현재 또는 장래의 해악을 고지함으로써 상대방에게 공포심을 일으키게 하는 것을 말한다. 강도죄에 있어서 **폭행과 협박의 정도는 사회통념상 객관적으로 상대방의 반항을 억압하거나 항거불능케 할 정도의 것이라야 한다.** (대법원 2004도4437)

② 강도의 고의라도 폭행·협박이 상대방의 반항을 억압하는 수준이 되지 않는 경우, 강도죄가 아니라 공갈죄가 성립한다.

> **관련판례** **폭행·협박 인정**
>
> ① 아리반(신경안정제) 4알을 탄 우유나 사와가 들어 있는 갑을 휴대하고 다니다가 사람에게 마시게 하여 졸음에 빠지게하고 그 틈에 그 사람의 돈이나 물건을 빼앗은 경우에 그 수단은 강도죄에서 요구하는 남의 항거를 억압할 정도의 폭행에 해당된다. (대법원 79도1735)
> ② 약물을 탄 오렌지를 먹자 마자 정신이 혼미해지고 그 후 기억을 잃었다는 것은 강도죄에 있어서 항거불능 상태를 의미한다. (대법원 84도2324)

> **관련판례** **폭행·협박 부정**
>
> ① 피고인이 이건 두번의 범행시 비록 칼을 내보이기는 하였으나 범행시간과 장소 및 불과 일이백원정도의 잔돈만을 소지하고 있는 15, 16세 정도의 소년만을 대상자로 선정 범행한 점, 피해자가 피고인에게 "내돈을 돌려 주어"라고 요구했고 피고인이 피해자에게 시계를 벗어 달라고 했으나 시계는 안주었다는 취지의 진술이 있는 점등의 사정으로 보아 그의 협박의 정도가 피해자 등의 반항을 억압함에 족한 협박이라고 볼 수 없는 경우에는 피고인을 강도죄로 처단할 수 없다. (대법원 76도1932)
> ② 피고인이 피해자에게 사기화투를 친 것인지 여부를 확인하고 잃은 돈을 되돌려 받을 속셈으로 추궁하였으나 피해자가 순순히 응하지 않으므로 다소의 강제력을 사용하여 피해자로부터 금원을 억지로 되돌려 받은 것이 아닌가 짐작은 가나 그것이 강도죄의 구성요건으로서의 폭행이나 협박에까지 이른다고 인정하기는 어렵다. (대법원 92도2884)
> ③ 피고인들 일행 4명이 피해자를 체포하여 승합차에 감금한 상태에서 경찰관을 사칭하면서 기소중지 상태의 피해자에 대하여 '경찰서로 가자.', '돈을 갚지 않으면 풀어줄 수 없다.' 또는 '돈을 더 주지 않으면 가만 두지 않겠다.'는 등의 협박을 하였다는 정도만으로는, 공갈죄에 있어서의 폭행과 협박에 해당함은 별론으로 하더라도, 사회통념상 객관적으로 상대방의 반항을 억압하거나 항거불능케 할 정도에 이르렀다고 볼 수는 없다. (대법원 2001도359)

(2) 재물의 강취

① 재물의 강취라 함은 폭행·협박에 의해서 상대방의 의사에 반하여 타인의 재물을 자기 또는 제3자의 점유로 옮기는 것을 말한다.

② 폭행·협박은 재물취득보다 시간적으로 앞서야 하며, 폭행·협박에 의해서 재물취득이 이루어져야 한다는 점에서 양자는 인과관계가 있어야 한다.

③ 따라서 재물취득 이후에 폭행·협박을 하는 경우에는 재물탈환에 항거하거나 체포를 면탈할 목적으로 하는 경우에는 준강도죄가 성립할 뿐이다.

④ 또는 폭행·협박이 재물취득과 인과관계가 인정되지 않는 경우에는 강도죄가 아니라 차라리 폭행죄와 절도죄의 경합관계가 될 수 있다. (대법원 2008도10308) = 즉 타인에 대하여 반항을 억압함에 충분한 정도의 폭행 또는 협박을 통하여 상해를 가하여 혼미상태에 빠지게 하였더라도 그 타인이 재물취거의 사실을 알지 못하는 사이에 그 틈을 이용하여 우발적으로 그의 재물을 가져간 경우에는 강도죄가 성립하는 것이 아니라 폭행죄와 절도죄의 실체적 경합관계이다.

⑤ 피해자의 처분행위를 요하지 아니한다. 즉 피해자의 처분행위가 있든 없든 강도죄 성립에는 영향이 없다.

> **관련판례**
>
> ① 피고인이 주점 도우미인 피해자에게 화대를 지급하고 성관계를 하던 중에 피해자가 피고인의 성교행위가 너무 과격하다는 이유로 항의를 하면서 성교를 중단하는 바람에 말다툼이 벌어져 이에 화가 난 피고인이 피해자에 대한 폭행을 시작하면서 피해자가 이불을 뒤집어쓴 후에도 계속해서 주먹과 발로 피해자를 구타한 후 이불 속에 들어 있는 피해자를 두고 옷을 입고 방을 나가다가 탁자 위의 피해자 손가방 안에서 현금 20만원 등이 든 피해자의 키홀더를 가져갔다면 강도죄가 성립하지 아니한다. (대법원 2008도10308) = 상해행위의 폭행·협박과 재물취득 사이에 인과관계가 인정되지 않으므로 이를 강도강간죄 및 강도죄로 볼 수 없고, 상해죄와 절도죄의 실체적 경합으로 볼 것이다.
> ② 타인에게 상해를 가하여 혼미상태에 빠지게 한 후에 우발적으로 그의 재물을 가져간 경우에는 강도죄가 성립하지 않는다. (대법원 2008도10308)
> ③ 강간범인이 부녀를 강간할 목적으로 폭행, 협박에 의하여 반항을 억업한 후 반항억압 상태가 계속 중임을 이용하여 재물을 탈취하는 경우에는 재물탈취를 위한 새로운 폭행, 협박이 없더라도 강도죄가 성립한다. (대법원 2010도9630)

(3) 재산상 이익의 취득

피해자에게 일정 처분을 시켜 이익을 취득하는 경우, 대가의 제공 없이 경제적 노무를 제공하게 하는 경우, 피해자에게 일정한 의사표시를 하게 하여 이익을 취득한 경우 등을 말한다.

3 고의와 불법영득의사(불법이득의사)

고의 이외에 추가적으로 불법영득의사 또는 불법이득의사가 필요하다. 즉 객체가 재물인 경우에는 불법영득의사, 객체가 재산상 이익인 경우에는 불법이득의사가 있어야 한다.

4 미수와 기수

실행착수시점은 폭행·협박을 개시한 시점이고, 기수시점은 재물이나 재산상 이익을 취득한 시점이다.

> **관련판례 폭행·협박 부정**
>
> 피고인이 폭행·협박으로 피해자로 하여금 매출전표에 서명을 하게 한 다음 이를 교부받아 소지하였더라도 피해자가 그 매출전표에 허위 서명한 경우에는 신용카드 가맹점 규약 또는 약관의 규정을 들어 그 금액의 지급을 거절할 수 있다고 하더라도 피고인에게는 재산상 이익을 취득한 강도죄의 기수가 인정된다. (대법원 96도3411)

5 위법성

권리자가 권리행사의 수단으로 폭행·협박을 통하여 재물을 받아낸 경우, 강도죄가 성립한다. (대법원 95도2385)

> **관련판례**
>
> 채권자로부터 채무자에 대한 외상물품 대금채권의 회수를 의뢰받았다 하더라도, 채무자의 반항을 억압할 정도의 폭행과 협박을 가하여 재물 및 재산상 이득을 취득한 이상 이는 정당한 권리행사라고 볼 수 없음이 명백하여 강도상해죄가 성립한다. (대법원 95도2385)

III 특수강도죄

> **형법**
>
> **제334조 【특수강도】** ① 야간에 사람의 주거, 관리하는 건조물, 선박이나 항공기 또는 점유하는 방실에 침입하여 제333조의 죄를 범한 자는 무기 또는 5년 이상의 징역에 처한다.
> ② 흉기를 휴대하거나 2인 이상이 합동하여 전조의 죄를 범한 자도 전항의 형과 같다.

1 의의

① 특수강도죄는 특수절도죄와 유사하게 야간주거침입강도(제334조 제1항), 흉기휴대강도(제334조 제2항), 합동강도(제334조 제2항)으로 3가지 유형으로 나누어진다.

② 야간주거침입강도에서 침입의 대상은 주거, 관리하는 건조물, 선박, 항공기, 점유하는 방실이지, 자동차는 침입대상으로 규정되어 있지 않다.

2 실행의 착수시기

① 실행의 착수시기는 원칙적으로 폭행협박시이다.

② 다만, 야간 주거침입 강도의 실행착수시기에 대해서 폭행협박 개시시점과 주거침입시점을 두고 학설이 나누어지며 판례도 일관적이지 않다.

> **관련판례** 주거침입시
>
> 甲과 乙은 야간에 丙의 집에 이르러 재물을 강취할 의도로 甲은 출입문 옆의 창살을 통하여 침입하고, 乙은 부엌 방충망을 뜯고 들어가다가 丙의 시아버지의 헛기침에 발각된 것으로 알고 도주한 경우, 甲과 乙의 죄책은 특수강도미수죄이다. (대법원 92도917) = 폭행·협박을 개시한 시점이 아니라 주거침입시에 실행착수가 인정되기 때문이다.

> **관련판례** 폭행·협박 개시시
>
> 甲은 강도의 범의로 야간에 칼을 휴대한 채 타인의 주거에 침입하여 동정을 살피다가 피해자 乙을 발견하고 갑자기 욕정을 일으켜 칼로 협박하고 강간한 경우, 甲의 죄책은 특수강도강간죄를 인정할 수 없다. (대법원 91도2296) = 이 경우는 판례가 주거침입시가 아니라 폭행·협박 시점을 강도의 착수시점으로 본 것이라서, 아직 주거침입만으로 특수강도 착수는 아니므로 특수강도 착수 전에 저질러진 강간행위에 대해서 특수강도강간죄에 해당한다고 할 수 없고, 주거침입죄와 강간죄의 실체적 경합으로 본 것이다.

IV 준강도죄

형법

335조 【준강도】 절도가 재물의 탈환을 항거하거나 체포를 면탈하거나 범죄의 흔적을 인멸할 목적으로 폭행 또는 협박을 가한 때에는 전2조의 예에 의한다.

1 의의

절도가 재물의 탈환을 항거하거나 체포를 면탈하거나 죄적을 인멸할 목적으로 폭행 또는 협박을 함으로써 성립한다. 사후강도죄라고도 한다. 객체는 절도죄를 기준으로 하기 때문에 재물죄에 해당한다. 재산상 이익은 준강도의 객체가 아니다.

2 구성요건

(1) 주체

① 목적범이자 진정신분범이다.

② 준강도죄의 주체는 모든 형태의 절도죄를 말한다. 절도는 단순절도뿐만 아니라 야간주거침입절도, 특수절도, 상습절도를 포함한다. 절도죄의 기수·미수를 불문한다.

③ 만약 주간에 절도의 의사로 주거에 침입했다가 절취행위 시작 전에 주인에게 발각되어 폭행을 실행한 경우에는 절도죄의 실행착수가 없으므로 준강도죄가 성립되지 못하고, 주거침입죄와 폭행죄의 경합범으로만 처벌될 뿐이다.

④ 절도의 실행착수가 있은 후에 해당자가 탈환항거, 체포면탈, 범죄의 흔적인멸의 목적으로 폭행·협박을 가한 경우에 준강도죄가 성립한다. 다만, 절도행위 도중에 발각되자 폭행·협박으로 재물을 강취한 경우에는 준강도죄가 아니라 강도죄가 성립한다. 왜냐하면 준강도죄는 강도죄에 대하여 법조경합상 보충관계에 있다고 보기 때문이다.

⑤ 준강도죄의 주체는 절도이므로 강도는 준강도의 주체가 될 수 없다. (대법원 92도917)

(2) 행위

1) 폭행 또는 협박

폭행협박의 수준은 강도죄의 수준이어야 하며, 폭행 또는 협박은 절도의 기회에 행해져야 한다. 즉, 준강도죄의 성립에 필요한 수단으로서의 폭행이나 협박의 정도는 상대방의 반항을 억압하는 수단으로서 일반적·객관적으로 가능하다고 인정되는 정도의 것이면 되고 현실적으로 반항을 억압하였음을 필요로 하는 것은 아니다.

(대법원 81도409)

관련판례 준강도 폭행·협박 인정

① 절도가 체포를 면탈할 목적으로 상대방의 **왼쪽 손바닥을 1회 입으로 깨물어** 동인에게 전치 1주일을 요하는 좌측 수장교상을 입힌 경우 (대법원 67도1015)
② 절도의 현장에서 발각되어 도주하다가 추격하여 온 피해자에 대하여 체포를 면할 목적으로 **손전지**로 피해자의 오른손을 구타하는 경우 (대법원 66도1108)
③ 오토바이를 끌고 가다가 추격하여 온 피해자에게 멱살을 잡히게 되자 체포를 면탈할 목적으로 피해자의 얼굴을 주먹으로 때리고, **놓아 주지 아니하면 죽여버리겠다고** 협박한 경우 (대법원 82도2838)
④ 피고인이 점유자 또는 소유자의 승낙 없이 물건을 갖고 나오다 경비원에게 발각되어 동인이 절도범인 체포 사실을 파출소에 신고 전화하려는데 피고인이 **잘해 보자며 대들면서** 폭행을 가한 경우 (대법원 84도1167)
⑤ 절도가 체포를 면탈할 목적으로 자기의 멱살을 잡은 피해자의 얼굴을 주먹으로 때리고 뒤로 넘어 뜨려 상해를 입게 한 폭행은 피해자의 반항을 억압하기 위한 수단으로서 일반적, 객관적으로 가능하다고 인정되는 정도라고 볼 수 있으므로 강도죄에서 말하는 폭행에 해당한다. (대법원 85도2115)
⑥ 준강도죄의 구성요건인 폭행, 협박은 일반강도죄와의 균형상 사람의 반항을 억압할 정도의 것임을 요하므로, 일반적, 객관적으로 체포 또는 재물탈환을 하려는 자의 체포의사나 탈환의사를 제압할 정도라고 인정될 만한 폭행, 협박이 있어야만 준강도죄가 성립한다. (대법원 90도193)

관련판례 준강도 폭행·협박 부정

① 피고인의 범행이 발각되어 목욕탕을 나와 출입문 앞길로 도망하는데 피해자가 추적해와 피고인의 저고리 어깨와 등 부분을 붙잡아 도망하려고 잡은 **손을 뿌리치는 바람에** 피해자는 밀려 넘어 지면서 상처를 입은 경우 (대법원 85도619)
② 피고인을 체포하려는 피해자가 체포에 필요한 정도를 넘어서서 발로 차며 늑골 9, 10번 골절상, 좌폐기흉증, 좌흉막출혈 등 전치 3개월을 요하는 중상을 입힐 정도로 심한 폭력을 가하자 피고인이 이를 피하기 위하여 엉겁결에 **솥뚜껑을 들어 위 폭력을 막아 내려다가** 그 솥뚜껑에 스치어 피해자가 상처를 입게 된 경우 (대법원 90도193)

2) 절도의 기회

① 장소적 근접성

준강도죄가 되기 위해서는 폭행, 협박이 절도의 기회에 행해져야 한다. 절도 현장 혹은 그 부근에서 폭행, 협박이 이루어 져야 하는 것이다. 발각되어 계속 추격당하고 있는 경우에는 절도의 기회라고 해석될 수 있다.

관련판례

① 절도범행의 종료 후 얼마되지 아니한 단계이고 안전지대에로 이탈하지 못하고 피해자측에 의하여 체포될 가능성이 남아있는 단계에서 추적당하여 체포되려 하자 구타한 경우에는 절도행위와 그 체포를 면탈하기 위한 구타행위와의 사이에 시간상 및 거리상 극히 근접한 관계에 있다 할 것이므로, 준강도죄가 성립한다. (대법원 82도1352)
② 피고인이 야간에 절도의 목적으로 피해자의 집에 담을 넘어 들어간 이상 절취한 물건을 물색하기 전이라고 하여도 이미 야간주거침입절도의 실행에 착수한 것이라고 하겠고, 그 후 피해자에게 발각되어 **계속 추격당하거나** 재물을 면탈하고자 피해자에게 폭행을 가하였다면 그 장소가 소론과 같이 범행현장으로부터 200미터 떨어진 곳이라고 하여도 절도의 기회 계속 중에 폭행을 한 것이라고 보아야 할 것이다. (대법원 84도1398)
③ 피해자의 집에서 **절도범행을 마친지 10분가량 지나 피해자의 집에서 200m가량 떨어진** 버스정류장이 있는 곳에서 피고인을 절도범인이라고 의심하고 뒤쫓아 온 피해자에게 붙잡혀 피해자의 집으로 돌아왔을 때 비로소 피해자를 폭행한 경우 준강도성립을 부정하였다. (대법원 98도3321)

② 시간적 근접성

준강도는 절도범인이 절도의 기회에 재물탈환, 항거 등 목적으로 폭행 또는 협박을 가함으로써 성립되는 것이므로, 그 폭행 또는 협박은 절도의 실행에 착수하여 그 실행중이거나 그 실행 직후 또는 실행의 범의를 포기한 직후로서 사회통념상 범죄행위가 완료되지 아니하였다고 인정될만한 단계에서 행하여짐을 요한다.

(3) 주관적 구성요건

절도죄의 고의와 불법영득의사 그리고 '재물의 탈환을 항거하거나 체포를 면탈하거나 죄적을 인멸할 목적'이 있어야 한다.

3 기수시기

① 준강도죄의 미수범은 처벌되는데 준강도죄의 기수와 미수를 절취행위를 기준으로 정할 것인지, 폭행·협박행위를 기준으로 정할 것인지가 문제된다. 즉 이 죄의 기수와 미수를 구별하는 기준에 대해서는 견해가 대립한다. 절취행위를 기준으로 준강도의 기수와 미수를 구별해야 한다는 견해(절취행위기준설)와 폭행, 협박행위가 기수인지 미수인지를 기준으로 준강도의 기수와 미수를 구별하자는 견해(폭행협박행위기준설) 등이 대립한다. 판례는 종래 폭행협박행위기준설을 따르다가 **절취행위기준설로 입장을 바꾸었다.**

② 준강도죄의 미수는 절도의 기수·미수에 따라서 결정해야 한다는 절취행위표준설이 다수설이자 판례의 입장이다. 즉 **준강도죄의 미수·기수 여부는 절도행위의 미수·기수 여부를 기준으로 하여 판단할 것이지, 폭행 또는 협박이 종료되었는가 하는 점에 따라 결정할 것이 아니다.** (대법원 2004도5074)

> **관련판례**
>
> [1] 甲은 건물 내 주점의 잠금장치를 뜯고 침입하여 진열장에 있던 양주를 바구니에 담고 있던 중, 주점 종업원 丙이 주점으로 돌아오는 소리를 듣고 甲이 양주를 그대로 둔 채 출입문을 열고 나오다가 丙에게 붙잡히자 체포를 면탈할 목적으로 丙에게 폭행을 가한 경우 **준강도죄의 미수**가 성립한다.
>
> [2] 절도미수범이 체포를 면탈할 목적으로 피해자를 폭행한 경우에는 준강도죄의 미수범이 된다. (대법원 2004도5074 전합)

4 처벌

준강도죄는 강도죄와 특수강도죄의 예에 의하여 처벌한다. 다만, 그 기준에 관하여는 견해가 대립하나 **판례는 폭행협박행위를 기준으로** 강도처벌인지 아니면 특수강도의 처벌인지의 여부를 판단한다.

> **관련판례** 처벌규정의 준용 기준
>
> 강도죄에 있어서의 재물탈취의 수단인 폭행 또는 협박의 유형을 흉기를 휴대하고 하는 경우와 그렇지 않은 경우로 나누어 흉기를 휴대하고 하는 경우를 특수강도로 하고, 그렇지 않은 경우를 단순강도로 하여 처벌을 달리하고 있음에 비추어 보면 절도범인이 처음에는 흉기를 휴대하지 아니하였으나 체포를 면탈할 목적으로 폭행 또는 협박을 가할 때에 비로소 흉기를 휴대사용하게 된 경우에는 형법제334조의 예에 의한 준강도(특수강도의 준강도)가 되는 것으로 해석하여야 할 것이다. (대법원1973.11.13. 73도1553 전합) = **단순절도범인이 체포를 면탈하기 위하여 협박을 가하면서 비로소 흉기를 사용한 소위를 특수강도의 준강도로 본 사례이다.**

5 준강도죄의 공동정범

판례는 합동절도를 공모하여 실행 중 1인이 체포면탈 등의 목적으로 폭행을 가한 경우 폭행에 가담하지 않은 자들에게도 준강도죄가 성립하는가에 대해서 합동하여 절도를 한 경우 범인 중 1인이 체포를 면탈할 목적으로 상해를 가한 때에는 나머지 범인도 이를 <u>예기하지 못한 것으로 볼 수 없으면 준강도에 의한 강도상해죄의 죄책을 면할 수 없다</u>고 판시하여 예견가능성이 있는 경우 공동정범을 인정하고 있다. (대법원 83도3321)

> **관련판례** **예견가능성 인정**
>
> ① 특수절도의 범인들이 범행이 발각되어 각기 다른 길로 도주하다가 그중 1인이 체포를 면탈할 목적으로 폭행하여 상해를 가한 때에는, 나머지 범인도 위 공범이 추격하는 피해자에게 체포되지 아니하려고 위와 같이 폭행할 것을 전연 예기하지 못한 것으로는 볼 수 없다 할 것이므로 그 폭행의 결과로 발생한 상해에 관하여 강도상해죄의 책임을 면할 수 없다. (대법원 84도1887, 84감도296)
>
> ② 피고인들이 합동하여 절도범행을 하는 도중에, 사전에 구체적인 의사연락이 없었다고 하여도, 피고인이 체포를 면탈할 목적으로 피해자를 힘껏 떠밀어 콘크리트바닥에 넘어뜨려 상처를 입게 함으로써 추적을 할 수 없게 한 경우, 폭행의 정도가 피해자의 추적을 억압할 정도의 것이었던 이상 피고인들은 강도상해의 죄책을 면할 수 없다. (대법원 91도2267)

> **관련판례** **예견가능성 부정**
>
> ① 피해자는 피고인 甲, 乙이 자기 집에서 물건을 훔쳐 나왔다는 연락을 받고 도주로를 따라 추격하자 범인들이 이를 보고 도주하므로 1킬로미터 가량 추격하여 甲을 체포하여 같이 추격하여 온 동리 사람들에게 인계하고, 1킬로미터를 더 추격하여 乙을 체포하여 가지고 간 나무몽둥이로 乙을 1회 구타하자 乙이 위 몽둥이를 빼앗아 피해자를 구타 상해를 가하고 도주한 경우, 乙은 준강도상해죄에 해당된다고 할 것이나 甲은 사전에 乙과의 사이에 상의한 바 없었음은 물론 체포 현장에 있어서도 동 구타상해행위를 공모 또는 예기하지 못하였으므로 준강도 상해의 죄책을 문의할 수 없다. (대법원 82도1352)
>
> ② 공모자가 담배창구를 통하여 가게에 들어가 물건을 절취하고 피고인은 밖에서 망을 보던중 예기치 않았던 인기척 소리가 나므로 도주해버린 이후에 위 공모자가 창구에 몸이 걸려 빠져 나오지 못하게 되어 피해자에게 붙들리자 체포를 면탈할 목적으로 피해자에게 폭행을 가하여 상해를 입힌 것이고, 피고인은 그동안 상당한 거리를 도주하였을 것으로 추정되는 상황하에서는 피고인이 위 공모자의 폭행행위를 전연 예기할 수 없었다고 보여지므로 피고인에게 준강도상해죄의 공동책임을 지울 수 없다. (대법원 83도3321)

6 죄수

① 절도범인이 체포를 면탈할 목적으로 경찰관에게 폭행·협박을 가한 때: 준강도죄 와 공무집행방해죄의 상상적 경합관계이다. (대법원 92도917)

② 강도범인이 체포를 면탈할 목적으로 경찰관에게 폭행을 가한 때: 강도죄와 공무집행방해죄의 실체적 경합관계이다. (대법원 92도917)

> **관련판례** 예견가능성 인정
>
> ① 절도범인이 처음에는 흉기를 휴대하지 아니하였으나, **체포를 면탈할 목적으로 폭행 또는 협박을 가할 때에 비로소 흉기를 휴대 사용하게 된 경우**에는 형법 제334조의 예에 의한 준강도(특수강도의 준강도)가 된다. (대법원 73도1553 전합)
> ② 절도범인이 피해자로부터 옷을 잡히자 체포를 면하기 위하여 충동적으로 저항을 시도하여 피해자에게 잡힌 손을 뿌리친 경우에는 준강도죄가 성립하지 않는다. (대법원 85도619)
> ③ **절도범행 후 10분이 지나** 피해자의 집에서 **200미터 떨어진 버스정류장**에서 뒤쫓아 온 피해자에게 붙잡혀 피해자의 집으로 돌아왔을 때 비로소 피해자를 폭행한 경우, 그 폭행은 절도범행이 이미 완료된 이후에 이루어진 것이므로 준강도죄에 해당하지 아니한다. (대법원 98도3321) = 절도죄와 폭행죄의 경합범
> ④ 甲은 건물 내 주점의 잠금장치를 뜯고 침입하여 진열장에 있던 양주를 바구니에 담고 있던 중, 주점 종업원 丙이 주점으로 돌아오는 소리를 듣고 甲이 양주를 그대로 둔 채 출입문을 열고 나오다가 丙에게 붙잡히자 체포를 면탈할 목적으로 丙에게 폭행을 가한 경우 준강도죄의 미수가 성립한다. (대법원 2004도5074 전합)
> ⑤ 피고인이 술집 운영자 甲으로부터 **술값의 지급을 요구받자 甲을 유인·폭행하고 도주**하였다면, 甲에게 지급해야 할 술값의 지급을 면하여 재산상 이익을 취득하였으므로 준강도죄가 성립하지 않는다. (대법원 2014도2521) = 준강도가 아닌 강도죄가 성립, 절도죄의 실행의 착수가 없어 준강도가 성립하지 않는 것이다.

V 강도상해·치상죄

형법

제337조 【강도상해, 치상】 강도가 사람을 상해하거나 상해에 이르게 한때에는 무기 또는 7년 이상의 징역에 처한다.

1 의의

강도가 사람을 상해하거나 상해에 이르게 함으로써 성립되는 범죄이다. 강도상해죄는 강도죄와 상해죄의 결합범이고, 강도치상죄는 진정결과적가중범이다.

2 구성요건

(1) 주체

주체는 강도범이다. 강도는 단순강도, 특수강도, 준강도, 인질강도를 모두 포함한다. 강도의 실행에 착수한 이상 기수, 미수를 불문한다.

(2) 행위

상해 혹은 상해에 이르게 하는 것이다. 상해는 고의가 있는 경우이고, 치상은 과실인 경우를 말한다. 상해와 치상의 상대방은 강도의 피해자에게 한정하지 않는다. 그리고 상해 또는 치상의 결과는 강도의 수단인 폭행, 협박에서 직접 발생할 필요는 없고 강도의 기회에 발생하면 된다.

(3) 주관적 요건

강도부분에 대해서는 고의와 불법영득의사가 있어야 한다. 아울러 상해의 경우에는 상해고의가 요구되고 치상의 경우에는 치상에 대한 예견가능성이 있어야 한다.

3 미수

기수시점은 강도행위의 미수·기수에 의해서가 아니라 상해의 미수·기수에 의해서 결정된다. 예컨대, 강도가 고의로 협박 중에 상대방이 반항하기에 상해를 입혔으나 재물을 강취하지는 못한 경우라면, 상해는 기수고 강도는 미수이지만, 강도상해죄의 기수에 해당한다.

4 공범

강도의 공동정범 중 1인이 상해 또는 치상의 결과를 발생시킨 경우에 나머지의 공범들에게도 치상의 결과에 대해 예견가능성이 있을 때에는 이 죄의 공동정범이 성립한다.

5 죄수

강도가 1개의 강도범행 중에 수인의 피해자를 폭행하여 상해를 입힌 경우, 피해자별로 강도상해죄의 실체적 경합이다.

> **관련판례**
>
> ① 강도가 재물강취의 수단으로서 한 폭행에 의하여 상해를 입힌 경우가 아니라도 강도의 기회에 상해를 입힌 것이라면 강도상해죄가 성립한다 할 것인바, 강취현장에서 피고인의 발을 붙잡고 늘어지는 피해자를 30미터쯤 끌고 가서 폭행함으로써 상해한 피고인의 소위는 강도상해죄에 해당한다 할 것이다. (대법원 84도970)
> ② 택시를 타고 가다가 요금지급 면할 목적으로 소지한 과도로 운전수를 협박하자 놀란 운전수가 택시를 급우회전하다가 과도에 어깨를 찔려 상처를 입은 경우, 강도치상죄 인정된다. (대법원 84도2397)
> ③ 甲과 乙, 丙이 타인의 재물을 절취하기로 공모한 다음 甲은 망을 보고 乙과 丙이 재물을 절취한 다음 달아나려다가 피해자에게 발각되자 체포를 면탈할 목적으로 피해자를 때려 상해를 입혔다면 甲도 이를 전혀 예견하지 못했다고 볼 수 없어 강도상해죄의 죄책을 면할 수 없다. (대법원 84도2552) = 강도치상죄가 아니다.
> ④ 甲이 절취품을 물색하던 중 피해자가 잠에서 깨어 '도둑이야'라고 고함치자 체포면탈목적으로 이불을 덮어 씌우고 목을 졸라 상해를 입힌 경우 **절도의 목적달성여부와 관계없이** 강도상해죄가 성립한다. (대법원 85도682)
> ⑤ 강도상해죄는 강도가 사람을 상해한 경우에 성립하는 것이므로 강도를 체포하기 위해 부상을 입은 경우라면 위 부상들은 피해자들의 적극적인 체포행위 과정에서 스스로의 행위의 결과로 입은 상처이어서 위 상해의 결과에 대하여 강도상해죄로 의율할 수 없다. (대법원 85도1109)
> ⑥ 절도범인 甲을 체포하려고 피해자가 폭력을 가해 오자 甲이 이를 피하기 위하여 엉겁결에 솥뚜껑을 들어 그 폭력을 막아내려다가 그 솥뚜껑에 스치어 피해자가 상처를 입게 되었다면 甲은 강도상해죄가 성립하지 않는다. (대법원 90도193)
> ⑦ 절도범인이 체포를 면탈할 목적으로 체포하려는 여러 사람에게 같은 기회에 폭행을 가하여 그 중 1인에게만 상해를 가하였다면 포괄하여 하나의 강도상해죄만 성립한다. (대법원 2001도3447)
> ⑧ 절도범인이 일단 체포되었으나 아직 신병확보가 확실하지 않은 단계에서 체포 상태를 면하기 위해 상해를 가한 경우에는 강도상해죄가 성립한다. (대법원 2001도4142, 2001감도100)
> ⑨ 피해자가 입은 상처가 극히 경미하여 굳이 치료할 필요가 없고 치료를 받지 않더라도 일상생활을 하는 데 아무런 지장이 없으며 시일이 경과함에 따라 자연적으로 치유될 수 있는 정도라면, 그로 인하여 피해자의 신체의 건강상태가 불량하게 변경되었다거나 생활기능에 장애가 초래된 것으로 보기 어려워 강도상해죄에 있어서의 상해에 해당한다고 할 수 없다. (대법원 2003도2313)
> ⑩ 날치기 수법으로 피해자가 들고 있던 가방을 탈취하면서 가방을 놓지 않고 버티는 피해자를 5m 가량 끌고 감으로써 피해자의 무릎 등에 상해를 입힌 경우에는 강도치상죄가 성립한다. (대법원 2007도7601) = 날치기 수법의 점유탈취 과정에서 이를 알아채고 재물을 뺏기지 않으려는 상대방의 반항에 부딪혔음에도 계속하여 피해자를 끌고 가면서 억지로 재물을 빼앗은 행위는 피해자의 반항을 억압하지 못한 경우이므로 강도에 해당한다.

> **비교판례**
>
> 날치기 수법에 의한 절도범이 절취 과정에서 우연히 피해자가 넘어진 정도는 절도에 불과할 뿐 강도치상죄로 보기 어렵다. 날치기와 같이 강력적으로 재물을 절취하는 행위는 때로는 피해자를 전도시키거나 부상케 하는 경우가 있고, 구체적인 상황에 따라서는 이를 강도로 인정하여야 할 때가 있다 할 것이나, 그와 같은 결과가 피해자의 반항억압을 목적으로 함이 없이 점유탈취의 과정에서 우연히 가해진 경우라면 이는 절도에 불과한 것으로 보아야 할 것이고, 준강도죄에 있어서의 '**재물의 탈환을 항거할 목적**'이라 함은 일단 절도가 **재물을 자기의 배타적 지배하에 옮긴 뒤 탈취한 재물을 피해자측으로부터 탈환당하지 않기 위하여 대항하는 것**을 말하는 것이라 할 것이다. (대법원 2003도2316) = 재물의 탈환을 항거할 목적의 의미

⑪ 다른 3명의 공모자들과 강도 모의를 하면서 삽을 들고 사람을 때리는 시늉을 하는 등 그 모의를 주도한 피고인이 함께 범행 대상을 물색하다가 다른 공모자들이 강도의 대상을 지목하고 뒤쫓아 가자 단지 "어?"라고만 하고 비대한 체격 때문에 뒤따라가지 못한 채 범행현장에서 200m 정도 떨어진 곳에 앉아 있었으나 위 공모자들이 피해자를 쫓아가 강도상해의 범행을 저질렀다면, 강도상해의 공동정범이 성립한다. (대법원 2008도1274)

⑫ 형법 제337조의 강도상해죄는 강도범인이 강도의 기회에 상해행위를 함으로써 성립하므로 강도범행의 실행 중이거나 실행 직후 또는 실행의 범의를 포기한 직후로서 사회통념상 범죄행위가 완료되지 아니하였다고 볼 수 있는 단계에서 상해가 행하여짐을 요건으로 한다. 그러나 반드시 강도범행의 수단으로 한 폭행에 의하여 상해를 입힐 것을 요하는 것은 아니고 상해행위가 강도 기수에 이르기 전에 행하여져야만 하는 것은 아니므로, 강도범행 이후에도 피해자를 계속 끌고 다니거나 차량에 태우고 함께 이동하는 등으로 **강도범행으로 인한 피해자의 심리적 저항불능 상태가 해소되지 않은 상태에서 강도범인의 상해행위가 있었다면 강취행위와 상해행위 사이에 다소의 시간적·공간적 간격이 있었다는 것만으로는 강도상해죄의 성립에 영향이 없다.** (대법원 2014도9567)

> **관련판례** 강도상해·치상죄와 공범관계
>
> ① 피고인이 원심 공동피고인 1, 2, 공소외 1, 2 등과 합동하여 피해자 1, 2 부부의 집밖에서 금품을 강취할 것을 공모하고 피고인은 집밖에서 망을 보기로 하였으나 상피고인들이 위 피해자의 집에 침입한 후 담배생각이 나서 담배를 사기 위하여 망을 보지 않았다고 하더라도 피고인은 판시 강도상해죄의 죄책을 면할 수가 없다. (대법원 83도2941)
>
> ② 2인 이상이 합동하여 절도를 한 경우, 범인 중의 1인이 체포를 면할 목적으로 폭행을 하여 상해를 가한 때에는 **나머지 범인도 이를 예기하지 못한 것으로 볼 수 없으면 강도상해죄의 죄책을 면할 수 없다.** (대법원 84도2552)
>
> ③ 강도공범자 중의 1인이 강도의 기회에 피해자에게 폭력을 가하여 상해를 입힌 경우에, 다른 공범자도 재물강취의 수단으로 폭행이 가해질 것이라는 점에 관하여 상호의사의 연락이 있었던 것이므로, 구체적으로 상해에 관하여는 공모하지 않았다 하더라도 폭행으로 생긴 결과에 대하여 공범으로서의 책임을 진다. (대법원 88도1844)

Ⅵ 강도살인·치사죄

형법

제338조 【강도살인·치사】 강도가 사람을 살해한 때에는 사형 또는 무기징역에 처한다. 사망에 이르게 한 때에는 무기 또는 10년 이상의 징역에 처한다.

1 의의

강도가 사람을 살해하거나 사망에 이르게 함으로써 성립하는 범죄이다. 강도는 단순강도, 준강도, 특수강도인가를 불문하고, 기수와 미수여부도 묻지 않는다.

2 특징

강도살인죄는 강도죄와 살인죄의 결합범이고 미수를 처벌한다. 강도치사죄는 결과적가중범이다. 결과적가중범이므로 제345조의 미수처벌규정은 강도치사죄에는 적용되지 않는 것으로 해석된다. 강도의 수단으로 사람을 살해한 이상 그 살해행위는 강취행위 전에 있었거나 후에 있었거나 불문한다.

3 미수

강도살인죄의 미수는 강도의 기수·미수가 아니라 살인의 기수·미수에 따라 결정된다. 따라서 살해행위가 미수에 그쳤으면 강도의 기수·미수를 불문하고 강도살인미수죄가 성립한다.

4 형벌

강도상해죄와 강도치상죄는 형량이 동일한데 비해서, 강도살인죄와 강도치사죄는 형량이 다르다.

> **관련판례**
>
> ① 피고인 1이 피고인 2, 3과 합동하여 택시운전사를 상대로 금품을 강취할 것을 공모하고, 피해자 운전의 택시에 승차한 후 피고인 2가 피해자에게 택시요금이 없으니 다음에 받아가라고 시비하는 사이에 피고인 1은 피해자가 경찰서 등에 무임승차 신고를 할 것이 두려워 겁을 먹고 피고인 3의 가방을 넘겨받아 먼저 산쪽으로 도주해 버리고, 피고인 3도 기회를 보아 도망갈 태세를 취하던 중, 피해자가 피고인 2의 옷자락을 붙잡고 요금을 내놓으라고 하며 휴대하고 있던 공구(스파나)로 피고인 2의 우측 두정부를 내려쳐 피가 나자 같은 피고인은 격분하여 순간적으로 살의를 품고 피고인 3과 합세하여 피해자에게 폭행을 가하여 살해하고 피해자 주머니와 택시 안에서 현금을 꺼내어 강취하였으며 또 택시요금의 지급을 면하여 재산상의 이익을 취득한 경우, 피고인 1은 특수강도예비죄, 피고인 2,3은 강도살인죄가 인정된다. (대법원 84도2956)
> ② 甲은 乙의 택시에 승차하여 택시요금을 요구하는 乙의 추급을 벗어나고자 乙을 살해한 직후 乙의 주머니에서 택시 열쇠와 돈 8,000원을 꺼내어 乙의 택시를 운전하고 현장을 벗어난 경우 甲에게 강도살인죄가 적용된다. (대법원 85도1527)
> ③ 강도살인죄(형법 제338조)의 주체인 강도는 준강도죄(형법 제335조)의 강도범인을 포함한다고 할 것이므로 절도가 체포를 면탈할 목적으로 사람을 살해한 때에는 강도살인죄가 성립한다. (대법원 87도1592)
> ④ 피해자를 살해한 방에서 사망한 피해자 곁에 4시간 30분쯤 있다가(상당한 시간이 지난 후) 그곳 피해자의 자취방 벽에 걸려 있던 피해자가 소지하는 물건들을 영득의 의사로 가지고 나온 경우 (별도의 범의에 터잡아 재물을 취거해 온 경우), 강도살인죄가 아니라 살인죄와 절도죄의 경합범으로 처리한다. (대법원 93도2143) = 살인죄는 성립하고, 시간적 간극이 있으므로 강도죄로 볼 수는 없고 절도죄로 본다. 그리고 피해자가 사망했더라도 이와 같은 경우는 피해자가 **생전에 가진 점유는 사망 후에도 여전히 계속**되는 것으로 보아야 한다.
> ⑤ 강도살인이라 함은 강도범인이 강도의 기회에 살인행위를 함으로써 성립하는 것이므로, 강도범행의 실행 중이거나 그 실행 직후 또는 실행의 범의를 포기한 직후로서 사회통념상 범죄행위가 완료되지 아니하였다고 볼 수 있는 단계에서 살인이 행하여짐을 요건으로 한다. 강도범행 직후 신고를 받고 출동한 경찰관이 화물차를 타고 도주하는 피고인을 발견하고 순찰차로 추적하여 격투 끝에 피고인을 붙잡았으나, 피고인이 너무 힘이 세고 반항이 심하여 수갑도 채우지 못한 채 피고인을 순찰차에 억지로 밀어 넣고서 파출소로 연행하고자 하였는데, 그 순간 피고인이 체포를 면하기 위하여 소지하고 있던 과도로써 옆에 앉아 있던 경찰관을 찔러 사망케 하였다면 피고인의 위 살인행위는 강도행위와 시간상 및 거리상 극히 근접하여 사회통념상 범죄행위가 완료되지 아니한 상태에서 이루어진 것이라고 보여지므로(위 살인행위 당시에 피고인이 체포되어 신체가 완전히 구속된 상태이었다고 볼 수 없다),

강도살인죄가 적용된다. (대법원 96도1108) = 즉 절도가 체포를 면탈할 목적으로 사람을 살해한 때에는 준강도죄와 살인죄의 실체적 경합이 아니라 강도살인죄의 1죄가 되는 것이다.

⑥ 피고인들이 피해자들의 재물을 강취한 후 그들을 살해할 목적으로 현주건조물에 방화하여 사망에 이르게 한 경우, 피고인들의 행위는 강도살인죄와 현주건조물방화치사죄에 모두 해당하고 그 두 죄는 상상적 경합범관계에 있다. (대법원 98도3416)

⑦ 술집에 피고인과 술집 주인 두 사람밖에 없는 상황에서 술값의 지급을 요구하는 술집 주인을 살해하고 곧바로 피해자가 소지하던 현금을 탈취한 경우 강도살인죄가 성립한다. (대법원 99도242)

⑧ 강도가 베개로 피해자의 머리부분을 약 3분간 누르던 중 피해자가 저항을 멈추고 사지가 늘어졌음에도 계속하여 누른 행위에 살해의 고의가 있었다. (대법원 2001도6425)

⑨ 피고인 甲, 乙이 공모하여 **채무를 면탈할 의사로 채권자 丙을 살해한 사안**에서, 甲의 丙에 대한 채무의 존재가 명백할 뿐만 아니라 丙의 상속인이 존재하고 그 상속인에게 채권의 존재를 확인할 방법이 확보되어 있으므로 재산상 이익이 채권자 측으로부터 甲 앞으로 이전되었다고 볼 수 없으므로 **강도살인죄가 성립하지 않는다**. (대법원 2004도1098) = 채권자 丙이 살해되었더라도 해당 채권은 丙의 자녀 등에게 상속되므로 피고인 입장에서 채무를 면탈할 수 없다. 즉 이 살인행위로 인하여 어떠한 재산상 이익도 얻을 수 없기 때문에 강도죄는 성립할 수 없어서 강도살인죄가 될 수 없고 그냥 보통살인죄이다.

VII 강도강간죄

형법

제339조 【강도강간】 강도가 사람을 강간한 때에는 무기 또는 10년 이상의 징역에 처한다.

① 강도죄와 강간죄의 결합범이다.

② 본죄의 주체는 강도이다. 강도의 실행에 착수한 이상 기수이든 미수이든 묻지 않는다.

③ 이 죄는 강도범이 강간한 경우에 성립하며, 강간한 후 비로소 강도까지 한 경우에는 강간죄와 강도죄가 경합될 뿐이다. 다만, 강간범이 강간행위가 종료되기 전에 강도로 나아가면 강도강간죄가 성립한다. 이 때 강도피해자와 강간피해자가 반드시 동일인이어야 하는 것도 아니다.

④ 강도가 사람을 강간함으로써 성립하는 강도죄와 강간죄의 결합범이자 신분범이다.

⑤ 본죄의 미수범은 처벌한다. 여기서 미수는 강도의 미수를 말하는 것이 아니라 강간의 미수를 말한다. (강간죄에서 설명한 부분 참조)

VIII 해상강도

형법

제340조【해상강도】 ① 다중의 위력으로 해상에서 선박을 강취하거나 선박내에 침입하여 타인의 재물을 강취한 자는 무기 또는 7년 이상의 징역에 처한다.
② 제1항의 죄를 범한 자가 사람을 상해하거나 상해에 이르게 한때에는 무기 또는 10년 이상의 징역에 처한다.
③ 제1항의 죄를 범한 자가 사람을 살해 또는 사망에 이르게 하거나 강간한 때에는 사형 또는 무기징역에 처한다.

해방감경규정이 없다. 해상강도죄는 다중의 위력으로 해상의 선박을 약탈함으로써 성립되는 범죄이다. 일명 해적죄라고 부른다. '해상'이란 영해와 공해를 불문하나 하천, 호수, 항만의 경우는 육지의 지배력이 미치는 곳이기 때문에 포함하지 아니한다.

관련판례

① 선장을 비롯한 일부 선원들을 살해하는 등의 방법으로 선박의 지배권을 장악하여 목적지까지 항해한 후 선박을 매도하거나 침몰시키려고 한 경우에 선박에 대한 불법영득의 의사가 있다고 보아 해상강도살인죄로 인정하였다. (대법원 97도1142)

② 소말리아 해적인 피고인들 등이 공모하여 공해상에서 대한민국 해운회사가 운항 중인 선박을 납치하여 대한민국 국민인 선원 등에게 해상강도 등 범행을 저질렀다는 내용으로 국내법원에 기소된 사안에서, 피고인 甲이 선장 乙을 살해할 의도로 乙에게 총격을 가하여 미수에 그친 사실을 충분히 인정할 수 있으나, 나머지 피고인들로서는 피고인 甲이 乙을 살해하려고 할 것이라는 점까지 예상할 수는 없었다. (대법원 2011도12927)

IX 인질강도죄

형법

제336조【인질강도】 사람을 체포·감금·약취 또는 유인하여 이를 인질로 삼아 재물 또는 재산상의 이익을 취득하거나 제3자로 하여금 이를 취득하게 한 자는 3년 이상의 유기징역에 처한다.

① 체포감금죄 또는 약취유인죄와 공갈죄의 결합범이다.
② 해방감경규정이 없다.

X 상습강도죄

형법

제341조【상습범】 상습으로 제333조(강도죄), 제334조(특수강도죄), 제336조(인질강도죄) 또는 전조1항(해상 강도죄)의 죄를 범한 자는 무기 또는 10년 이상의 징역에 처한다.

상습으로 강도죄·특수강도죄·인질강도죄 또는 해상강도죄를 범함으로써 성립하는 범죄 이다. 상습성 때문에 형이 가중되는 부진정신분범이다.

> **관련판례**
>
> ① 비록 피고인에게 강도의 전과사실이 없다 하더라도 불과 3개월여 사이에 16회에 걸쳐 특수강도행위를 반복하였고 여러 사람이 한 밤중에 칼을 협박의 도구로 사용하며 피해자들을 묶어놓는 등 그 범행의 수단 방법이 범행을 거듭함에 따라 전문화, 대형화 해가고 있다면 특수강도의 상습성을 인정할 수 있다. (대법원 86도778)
> ② **절도죄의 전과가 2회 있을 뿐 강도의 전력이 없다면** 위와 같은 절도의 전과만으로 강도죄의 상습성을 인정하는 자료로 삼을 수 없다. (대법원 89도1995)

XI 강도의 예비·음모

형법

제343조 【예비, 음모】 강도할 목적으로 예비 또는 음모한 자는 7년 이하의 징역에 처한다.

1 준강도의 목적도 이죄의 '강도할 목적'에 해당하는지 여부

① 수회에 걸쳐 "총을 훔쳐 전역 후 은행이나 현금수송차량을 털어 한탕하자"는 말을 하는 것은 강도음모죄에 해당하지 않는다. (대법원 99도3801)

② 강도예비·음모죄가 성립하기 위해서는 행위자에게 미필적으로라도 강도를 할 목적이 있어야 하고 단순히 준강도 할 목적만 있는 경우에는 강도예비·음모죄로 처벌할 수 없다. (대법원 2004도6432)

> **관련판례**
>
> 피고인은 심야의 인적이 드문 주택가 주차장이나 길가에 주차된 자동차를 골라 그 문을 열고 동전 등 물건을 훔치는 범행을 계속해 온 사실 등을 알 수 있는바, 주택가를 배회하며 범행 대상을 물색할 당시 비록 등산용 칼 등을 휴대하고 있었다 하더라도, 피고인이 절도 범행이 발각되었을 경우 체포를 면탈하는데 도움이 될 수 있을 것이라는 정도의 생각에서 더 나아가, 타인으로부터 물건을 강취하는 데 사용하겠다는 생각으로 준비하였다고 단정하기는 어려워 강도예비죄의 죄책을 인정할 수는 없다. (대법원 2004도6432)

2 강도죄의 죄수

(1) 일반적 죄수 문제

① 강도죄의 수단인 폭행, 협박은 별도의 죄를 구성하지 않고 강도죄에 흡수된다.

② 절취한 후 동일한 기회에 다른 사람의 물건을 강취하는 경우 절도죄는 강도죄에 흡수된다. 즉 강도죄만 성립한다.

③ 강취한 현금카드를 사용하여 현금자동지급기에서 예금을 인출한 행위는 현금지급기 관리자(은행)의 의사에 반하여 현금을 자기 지배로 이전한 것으로서 카드에 대한 강도죄와 현금인출의 절도죄가 별죄로 성립한다. (대법원 2007도1375)

(2) 강도죄와 준강도죄

① 절취행위에 착수한 자가 저항하는 피해자를 폭행·협박하여 재물을 탈취한 경우, 준강도죄가 아니라 강도죄 성립한다.

② **절도가 체포면탈 목적으로 경찰관을 폭행협박한 경우, 준강도죄와 공무집행방해죄의 상상적 경합이 이루어진다. 다만, 강도가 체포면탈 목적으로 경찰을 폭행한 경우에는 강도죄와 공무집행방해죄가 실체적 경합이다.** (대법원 92도917)

③ 절도범이 체포면탈 목적으로 체포하려는 수인의 피해자를 같은 기회에 폭행을 가하여 그 중 1인에게만 상해를 가한 경우에는 포괄하여 강도상해죄만 성립한다.

(3) 강도죄와 감금죄

① 감금행위가 강도죄의 수단이 된 경우, 감금죄는 강도죄에 흡수되지 않고 별죄를 구성한다. (대법원 96도2715) 이때, 감금 중에 강도를 하게 되면, 감금죄와 강도죄의 실체적 경합이고, 강도 목적으로 감금을 한 경우라면, 강도죄와 감금죄의 상상적 경합이다.

② 감금행위가 강도상해 범행종료 이후에도 지속된 경우, 강도상해죄와 감금죄의 실체적 경합이다. (대법원 2002도4380)

(4) 강도죄와 강간죄

① 강도범이 강도행위 도중에 강간을 하는 경우, 강도강간죄가 성립한다.

② 강간범이 강간 후 강도를 저지른 경우, 강간죄와 강도죄의 경합범으로 본다. (대법원 77도1350)

(5) 강도죄와 강도치사상·강도살인·상해

① 피고인들이 피해자들의 **재물을 강취한 후 그들을 살해할 목적으로 현주건조물에 방화하여 사망**에 이르게 한 경우, 피고인들의 행위는 강도살인죄와 현주건조물방화치사죄에 모두 해당하고 그 두 죄는 **상상적 경합범** 관계에 있다. (대법원 98도3416)

② 피고인이 여관에서 종업원을 칼로 찔러 상해를 가하고 객실로 끌고 들어가는 등 폭행·협박을 하고 있던 중, 마침 다른 방에서 나오던 여관의 주인도 같은 방에 밀어 넣은 후, 주인으로부터 금품을 강취하고 1층 안내실에서 종업원 소유의 현금을 꺼내 갔다면, 여관종업원과 주인에 대한 각 강도행위는 **상상적 경합범**의 관계에 있고, 이어서 2층 투숙객들을 상대로 강도행위를 이어간 경우에는 1층의 여관주인 등에 대한 강도상해죄와 각 투숙객들에 대한 강도죄가 **실체적 경합** 관계에 있다. (대법원 91도9630)

Section 04 사기의 죄

I 서설

1 조문 체계

범죄	조문	구성요건	미수	예비
사기	제347조	① 사람을 기망하여 재물의 교부를 받거나 재산상의 이익을 취득한 경우 ② 전항의 방법으로 제삼자로 하여금 재물의 교부를 받게 하거나 재산상의 이익을 취득하게 한 경우	○	×
컴퓨터등 사용사기	제347조의2	컴퓨터등 정보처리장치에 허위의 정보 또는 부정한 명령을 입력하거나 권한 없이 정보를 입력·변경하여 정보처리를 하게 함으로써 재산상의 이익을 취득하거나 제3자로 하여금 취득하게 한 경우	○	×
준사기	제348조	① 미성년자의 사리분별력 부족 또는 사람의 심신장애를 이용하여 재물을 교부받거나 재산상 이익을 취득한 경우 ② 제1항의 방법으로 제3자로 하여금 재물을 교부받게 하거나 재산상의 이익을 취득하게 한 경우	○	×
편의시설 부정이용	제348조의2	부정한 방법으로 대가를 지급하지 아니하고 자동판매기, 공중전화 기타 유료자동설비를 이용하여 재물 또는 재산상의 이익을 취득한 경우	○	×
부당이득	제349조	① 사람의 곤궁하고 절박한 상태를 이용하여 현저하게 부당한 이익을 취득한 경우 ② 제1항의 방법으로 제3자로 하여금 부당한 이익을 취득하게 한 경우	×	×
상습범	제351조	상습으로 제347조 내지 전조의 죄를 범한 경우	○	×

2 의의 및 보호법익

① 사기죄란 사람을 기망하여 재물의 교부를 받거나 재산상의 이익을 취득하거나 제3자로 하여금 얻게 함으로써 성립하는 범죄이다.

② 사기죄는 재물뿐만 아니라 재산상의 이익도 객체로 하는 점에서 재물죄인 동시에 이득 죄이다.

③ 절도죄와 강도죄가 싱대방의 의사에 의하지 아니한 탈취에 의하여 재물을 취득할 것을 요하는 점에 반하여, 사기죄는 상대방의 하자 있는 의사에 의하여 재물을 취득하는 경우인 편취죄에 해당한다.

④ 10년 이하 자격정지를 병과할 수 있다.

⑤ 보호법익은 재산권이고, 객체는 재물죄이자 재산상 이득죄이다. 재산권이 보호법익이라는 점에 대해서는 이견이 없다. 거래의 진실성 내지 신의성실도 이 죄의 보호법익인지에 대해서는 견해가 대립한다. 보호의 정도는 사기죄의 보호법익을 거래의 진실성과 신의성실까지 포함하는 입장에 따르면 위험범으로 보게 된다.

⑥ **친족상도례**가 사기죄에 적용되는데, 이는 사기죄를 가중처벌하는 **특정경제범죄가중처벌 등에 관한 법률 제3조 제1항 위반죄에도 적용**된다. (대법원 99오1) 친족상도례와 관련하여 **사돈은 민법상 친족으로 볼 수 없어 사돈지간의 사기죄는 친족상도례가 적용되지 않는다.** (2011도2170)

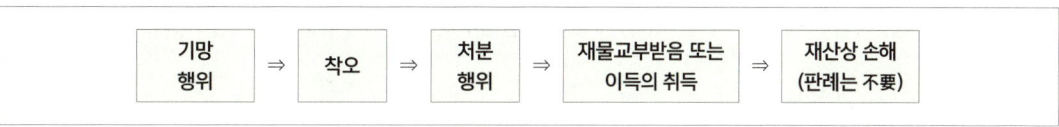

II 사기죄

형법

제347조【사기】 ① 사람을 기망하여 재물의 교부를 받거나 재산상의 이익을 취득한 자는 10년 이하의 징역 또는 2천만원 이하의 벌금에 처한다.
② 전항의 방법으로 제삼자로 하여금 재물의 교부를 받게 하거나 재산상의 이익을 취득하게 한 때에도 전항의 형과 같다.

1 객체

(1) 재물

① 타인소유 타인점유의 재물을 말하며, 부동산도 포함한다.

② **자기가 점유하는 타인의 재물**에 대하여는 이것을 영득함에 기망행위를 하여도 **횡령죄가 성립하는 것이지 사기죄는 성립하지 않는다**. (대법원 80도1177)

(2) 재산상 이익

① 적극적 이익(노무의 제공, 권리 등), 소극적 이익(채무의 면제, 채무이행의 연기 등)을 모두 포괄하며, 일시적 이익·영구적 이익을 불문한다. 재산상 이익의 취득은 사법상 유효·무효를 상관하지 않고 외견상 취득한 것으로 볼 수 있는 사실관계가 있으면 족하다.

② **경제적 이익을 기대할 수 있는 자금운용의 권한 내지 지위의 획득**도 그 자체로 경제적 가치가 있는 것으로 평가할 수 있다면 사기죄의 객체인 **재산상의 이익에 포함된다**. (대법원 2011도282)

③ 불법원인급여물도 사기죄의 객체가 되는지 여부

불법원인급여에 대해서 사기죄가 성립한다. 즉 민법 제746조의 불법원인급여에 해당하여 급여자가 수익자에 대한 반환청구권을 행사할 수 없다고 하더라도, 수익자가 기망을 통하여 급여자로 하여금 불법원인급여에 해당하는 재물을 제공하도록 하였다면 사기죄가 성립한다. (대법원 2006도6795) 예를 들어 성매매 사건에서 성매매자가 금품 등을 받을 것을 전제로 성행위를 제공하는 경우 성매수자가 지급하는 **성매매대금은 불법원인급여이지만, 이를 성매수자가 지급하기로 약속하고도 지급하지 않는 경우에는 사기죄가 성립한다**. (대법원 2001도2991)

④ 사기 범행의 피해자로부터 현금을 예금계좌로 송금받은 경우, 그 사기죄의 객체가 '재물'인지 또는 '재산상의 이익'인지 여부(=재물)

⑤ 본인 명의의 예금계좌를 양도하는 방법으로 본범의 사기 범행을 용이하게 한 방조범이 본범의 사기행위 결과 그의 예금계좌에 입금된 돈을 인출한 경우, '장물취득죄'가 성립하지 않는다.

장물취득죄에서 '취득'이라 함은 장물의 점유를 이전받음으로써 그 장물에 대하여 사실상 처분권을 획득하는 것을 의미하는데, 이 사건의 경우 본범의 사기행위는 피고인이 예금계좌를 개설하여 본범에게 양도한 방조행위가 가공되어 본범에게 편취금이 귀속되는 과정 없이 피고인이 피해자로부터 피고인의 예금계좌로 돈을 송금받아 취득함으로써 종료되는 것이고, 그 후 피고인이 자신의 예금계좌에서 위 돈을 인출하였다 하더라도 이는 예금명의자로서 은행에 예금반환을 청구한 결과일 뿐 본범으로부터 위 돈에 대한 점유를 이전받아 사실상 처분권을 획득한 것은 아니므로, 피고인의 위와 같은 인출행위를 장물취득죄로 벌할 수는 없다. (대법원 2010도6256)

> **관련판례** 객체에 해당하는 경우

① 국유재산의 매각을 전제로 연고권자에게 유상대부계약을 할 때에 허위로 연고권이 있는 것 같이 관계 공무원을 기망하였다면 사기죄가 된다. (대법원 71도1193)

② 피고인이 피해자를 기망하여 연대보증인으로 서명하게 한 행위는 사기죄의 재산상 이익에 해당한다. (대법원 82도2555)

③ 채권자에게 채권을 추심하여 줄 것 같이 속여 채권의 추심승락을 받아 그 채권을 추심하여 이를 취득하였다면 이는 채권자의 착오에 기한 재산처분행위라고 할 것이므로 이는 사기죄를 구성한다. (대법원 83도1520)

④ 약속어음은 그 자체가 재산적 가치를 지닌 유가증권으로서 만기에 지급장소에서 어음금이 지급되지 아니하는 때라도 소지인은 배서인, 발행인 기타 어음채무자에 대하여 소구권을 행사할 수 있어서 그 효용이 소멸된 것이 아니므로 발행인의 자금부족으로 지급장소에서 지급되지 아니하는 약속어음이라도 사기죄의 객체가 된다. (대법원 85도951)

⑤ 등기공무원이 경매법에 의한 경락허가결정의 등본에 소유권이전등기를 완료하였다는 등기필의 취지를 기재하고 등기소인을 압날한 문서는 사기죄의 객체가 되는 재물이다. (대법원 88도975)

⑥ 약속어음공정증서에 증서를 무효로 하는 사유가 존재한다고 하더라도 그 증서 자체에 이를 무효로 하는 사유의 기재가 없고 외형상 권리의무를 증명함에 족한 체제를 구비하고 있는 한 그 증서는 형법상의 재물로서 사기죄의 객체가 된다. (대법원 94도3013)

⑦ 신축중인 다세대주택에 관하여 건축허가 명의가 변경되었다 하여 그 소유권이 변경된 건축허가 명의인에게 이전되는 것은 아니므로, 피고인이 법원을 기망하여 건축주명의변경절차이행청구 소송에서 승소확정판결을 받았다거나 나아가 이에 기하여 위 다세대주택에 관한 건축허가 명의를 변경하였다 하여 위 다세대주택 그 자체를 편취한 것으로는 볼 수 없고, 단지 건축주로서 공사를 계속하여 다세대주택을 완공하고 사용승인을 받은 다음 건축물대장에 등재하여 완공된 다세대주택에 관하여 그의 명의로 소유권보존등기를 경료할 수 있는 등 건축허가에 따른 재산상 이익을 취득한 것으로 보아야 한다. (대법원 95도1874)

⑧ 일반적으로 부녀와의 성행위 자체는 경제적으로 평가할 수 없고, 부녀가 상대방으로부터 금품이나 재산상 이익을 받을 것을 약속하고 성행위를 하는 약속 자체는 선량한 풍속 기타 사회질서에 위반한 사항을 내용으로 하는 법률행위로서 무효이나, 사기죄의 객체가 되는 재산상의 이익이 반드시 사법상 보호되는 경제적 이익만을 의미하지 아니하고, 부녀가 금품 등을 받을 것을 전제로 성행위를 하는 경우 그 행위의 대가는 사기죄의 객체인 경제적 이익에 해당하므로, 부녀를 기망하여 성행위 대가의 지급을 면하는 경우 사기죄가 성립한다. (대법원 2001도2991)

⑨ <u>채무이행을 연기받는 것은 사기죄에 있어서 재산상의 이익</u>이 되므로 채무자가 채권자에 대하여 소정기일까지 지급할 의사나 능력이 없음에도 종전 채무의 변제기를 늦출 목적에서 어음을 발행·교부한 경우에는 사기죄가 성립한다. (대법원 2005도5972)

⑩ 주유소 운영자가 농민들에게 면세유를 공급한 것처럼 부당하게 발급받은 면세유류공급확인서로 석유정제업자를 기망하여 부가가치세 등에 상당한 석유류를 취득한 사안에서, 석유정제업자에게 현실적인 재산상 손해가 없더라도 사기죄가 성립한다. (대법원 2006도6687)

⑪ 아파트 소유권이전등기청구권을 가압류당한 아파트 수분양권자가 위 청구권을 행사하거나 아파트를 매도할 수 없게 되자 가압류채권자에게 가압류를 해제하여 주면 아파트 매도대금으로 채무를 변제하겠다고 거짓말하여 가압류를 해제한 후 아파트를 매도하였으면서도 위 채무를 변제하지 아니한 사안에서, 위 수분양권자로서는 가압류가 해제됨으로써 아파트 매도가 용이해져 매도대금을 수령할 수 있게 된 이익이 있으므로 가압류청구금액 상당의 재산상의 이익을 취득한 사기죄가 성립한다. (대법원 2007도3160)

⑫ 부동산가압류결정을 받아 부동산에 관한 가압류집행까지 마친 자가 그 가압류를 해제하면 소유자는 가압류의 부담이 없는 부동산을 소유하는 이익을 얻게 되므로, 가압류를 해제하는 것 역시 사기죄에서 말하는 재산적 처분행위에 해당하고, 그 이후 가압류의 피보전채권이 존재하지 않는 것으로 밝혀졌다고 하더라도 가압류의 해제로 인한 재산상의 이익이 없었다고 할 수 없다. (대법원 2007도5507)

⑬ 임차권등기의 기초가 되는 임대차계약이 통정허위표시로서 무효라 하더라도, 장차 피신청인의 이의신청 또는 취소신청에 의한 법원의 재판을 거쳐 그 임차권등기가 말소될 때까지는 신청인은 외형상으로 우선변제권 있는 임차인으로서 부동산 담보권에 유사한 권리를 취득하게 된다 할 것이니, 이러한 이익은 재산적 가치가 있는 구체적 이익으로서 사기죄의 객체인 재산상 이익에 해당한다. (대법원 2010도12732)
⑭ 피고인이 자신이 개발한 주식운용프로그램을 이용하면 상당한 수익을 낼 수 있고 만일 손해가 발생하더라도 원금과 은행 정기예금 이자 상당의 반환은 보장하겠다는 취지로 피해자 甲을 기망하여 甲의 자금이 예치된 甲 명의 주식계좌에 대한 사용권한을 부여받아 재산상 이익을 취득한 경우, 피고인에게 사기죄를 인정한다. (대법원 2011도282)
⑮ 채무자의 기망행위로 인하여 채권자가 **채무를 확정적으로 소멸 내지 면제시키는 특약** 등 처분행위를 하였다면, 이후에 채권자의 재산적 처분행위가 사기를 이유로 민법에 따라 취소될 수 있는 경우라도 **사기죄가 성립**한다. (대법원 2012도1101) = 이미 채권자가 채무면제 등의 처분행위를 한 때에 사기죄의 기수가 성립하므로, 이후 취소할 수 있더라도 사기죄 인정에 아무런 영향이 없다.
⑯ **비트코인**은 경제적인 가치를 디지털로 표상하여 전자적으로 이전, 저장과 거래가 가능하도록 한 가상자산의 일종으로 사기죄의 객체인 재산상 이익에 해당한다. (대법원 2021도9855)

> **관련판례** 객체에 해당하지 않는 경우

① 법원을 기망하여 **부재자의 재산관리인**으로 선임된것만으로 어떤 재산권이나 재산상의 이익을 얻은 것이라고 볼 수 없으므로 그 행위를 사기죄에 해당한다고 볼 수 없다. (대법원 73도1080)
② **보험가입사실증명원**은 교통사고를 일으킨 차가 교통사고처리특례법 제4조에서 정한 취지의 보험에 가입하였음을 보험회사가 증명하는 내용의 문서일 뿐이고 거기에 재물이나 재산상의 이익의 처분에 관한 사항을 포함하고 있는 것은 아니므로, 보험가입사실증명원은 사기죄의 객체가 되지 아니한다. (대법원 96도2625)
③ 기망행위에 의하여 국가적 또는 공공적 법익을 침해한 경우라도 그와 동시에 형법상 사기죄의 보호법익인 재산권을 침해하는 것과 동일하게 평가할 수 있는 때에는 당해 행정법규에서 사기죄의 특별관계에 해당하는 처벌규정을 별도로 두고 있지 않는 한 사기죄가 성립할 수 있다. 그런데 기망행위에 의하여 조세를 포탈하거나 조세의 환급·공제를 받은 경우에는 조세범처벌법 제9조에서 이러한 행위를 처벌하는 규정을 별도로 두고 있을 뿐만 아니라, 조세를 강제적으로 징수하는 국가 또는 지방자치단체의 직접적인 권력작용을 사기죄의 보호법익인 재산권과 동일하게 평가할 수 없는 것이므로 조세범처벌법 위반죄가 성립함은 별론으로 하고, 형법상 사기죄는 성립하지 않는다. (대법원 2008도7303)
④ 일반 국민이 담당 공무원을 기망하여 권력작용에 의한 재산권 제한을 면하는 경우에는 부과권자의 직접적인 권력작용을 사기죄의 보호법익인 재산권과 동일하게 평가할 수 없는 것이므로, 행정법규에서 그러한 행위에 대한 처벌규정을 두어 처벌함은 별론으로 하고, 사기죄는 성립할 수 없다. (대법원 2019도2003)
⑤ 피고인이 담당 공무원을 기망하여 납부의무가 있는 농지보전부담금을 면제받은 경우 사기죄가 성립하지 않는다. (대법원 2019도2003)
⑥ 피고인이 총각이라면서 결혼하여 사업을 일으켜 보자고 하였더라도, 피해자가 금원을 대여할 당시 피고인이 경영하는 회사의 자금사정이 어렵다는 사실 및 피고인에게 동거하는 약혼녀가 있다는 사실을 알고 있음에도 그를 좋아하고 동정한 나머지 위 금원을 대여하여 주었다면 피고인에게 기망되어 금원을 편취당하였다고 보기 어려우므로 사기죄는 성립하지 아니한다. (대법원 83도831) = 다만, 결혼할 의사 없이 결혼하겠다고 속이고 상대방으로부터 금품을 교부 받는 행위는 사기죄가 성립한다.

2 기망행위

(1) 기망의 의의

ⅰ) 기망이란 허위표시에 의해 사람을 착오에 빠지게 하는 행위를 말한다. 판례는 기망을 '널리 재산상의 거래관계에 있어서 자타 상호간 지켜야 할 신의와 성실의 의무를 배반하는 것'이라고 판시한 바 있다. 의견이나 단순한 가치판단의 경우는 기망이 될 수 없다. ⅱ) 사기는 행위자가 피기망자를 속이는 기망행위를 하고 이에 피기망자가 착오에 빠져서 일정한 처분행위(증여, 매매 등 다양한 방식의 재산상의 처분행위)를 함으로써 행위자가 재물이나 재산상 이익을 취득하는 방식으로 이루어진다. ⅲ) 기망(속임수)이란 사실(증명이 가능한 내용)에 대해서 속이는 것이지 증명이 불가능한 주관적 가치판단(의견표시)은 원래 기망이 될 수 없음이 원칙이다. 다만, 가치판단이라도 구체적으로 객관적 내용과 관련한 것이라면 기망이 될 수 있다.

(2) 기망의 수단

기망행위의 수단에는 제한이 없다. 작위·부작위를 불문하고, 작위의 경우라도 명시적·묵시적 행위를 불문한다.

1) 명시적 기망행위

행위자가 언어나 문자 등 명시적 방법으로 피기망자인 상대방을 기망한 경우를 말한다.

2) 묵시적 기망행위

① 무전취식·무전숙박, 애초에 변제능력이나 변제의사가 없음에도 이를 주문하거나 숙박하려 들어가는 행동이 묵시적으로 상대방을 기망하는 것에 해당한다.

② 차용금(소비대차계약 = 금원대출)도 이와 마찬가지로 돈을 빌리는 시점에 **애초부터 변제의사가 없거나 변제기일에 변제할 능력이 없음이 확실함에도 이를 빌리고 있다면** 그 행동 자체가 묵시적으로 상대방을 기망하는 것이다. 따라서 이와 같은 경우 사기죄가 성립한다. (대법원 2007도1033) 그러나, 소비대차 거래에서 차주가 돈을 빌릴 당시에는 변제할 의사와 능력을 가지고 있었다면 비록 그 후에 변제하지 않고 있더라도 이는 민사상 채무불이행에 불과하며 형사상 사기죄가 성립하지는 아니한다. (대법원 2012도14516)

③ 취식 후에 지불(변제)능력이 없음을 비로소 알게 된 경우나 금원차용 후 사정변경으로 변제를 못하게 된 경우는 해당 주문행위 당시나 차용행위 당시에 고의가 존재하지 않으므로 기망행위라고 볼 수 없어서 사기죄가 성립하지 않는다. 따라서 이와 같은 경우 지불능력이 없음을 알고 몰래 도망갔더라도 사기죄가 되는 것이 아니라 민사상 채무불이행 문제만 생기는 것이다. 그러나 이때 주인에게 돈을 가져오겠다는 식으로 말하고 온 후에 지불하지 않았다면, 이는 명시적 기망행위로서 사기죄가 성립한다.

④ **처분권이 없는 자가 권리자인 것처럼 행세하여 예금을 청구하는 등의 행위**가 묵시적 기망으로 사기죄를 구성하기도 한다. 예컨대, **절취한 예금통장을 자기 것인 양 예금을 청구**하는 경우 마치 정당한 권리자인 것처럼 묵시적 기망한 것으로 사기죄가 성립한다. (대법원 84도2817)

3) 부작위에 의한 기망과 묵시적 기망의 구별

① 부작위에 의한 기망

㉠ 이미 상대방이 착오에 빠져있는 것을 전제로 행위자가 상대방을 착오에서 벗어나게 해야 할 의무있는 자가 의무를 이행하지 않는 경우를 말한다. 따라서 부작위에 의한 기망이 사기죄가 되기 위해서는 올바른 사실을 알려주어야 할 작위의무(보증인지위)가 있어야 한다. 묵시적 기망은 어떤 행동(작위)을 함으로써 상대방을 착오에 빠뜨린다는 점에서 보증인적 지위가 필요없는 데 비해서, 부작위에 의한 기망은 행

동(작위)이 없다는 점에서 구별되는 것이다.

ⓒ 예를 들어, 보험사기와 관련하여, 질병 등 보험사고의 내용이 있음에도 이를 숨기면서 보험금을 차후에 받을 생각으로 보험계약을 체결한다면, 보험법상 고지의무를 하지 않은 것이므로 부작위에 의한 사기가 성립한다. 그리고 보험사기의 착수 시점은 보험관련 서류 발부받는 시점이 아니라 보험금 청구시점이고, 기수시점은 보험금 수령시점이다.

② 묵시적 기망

어떠한 행동이나 동작을 통해 상대방을 착오에 빠뜨리게 하는 일체의 행위를 말한다. 묵시적 기망의 예로는 절취한 장물을 담보로 제공하고 돈을 빌린 경우나 절취한 예금통장으로 자신이 진정한 예금주인 것처럼 은행으로부터 예금을 인출한 경우를 들 수 있다.

4) 잔전사기

① 매수인이 매도인에게 매매잔금을 지급함에 있어 착오에 빠져 지급해야 할 금액을 초과하는 돈을 교부하는 경우, 매도인이 사실대로 고지하였다면 매수인이 그와 같이 초과하여 교부하지 아니하였을 것임은 경험칙상 명백하므로, 매도인이 **매매잔금을 교부받기 전 또는 교부받던 중에 그 사실을 알게 되었을 경우**에는 특별한 사정이 없는 한 매도인으로서는 매수인에게 사실대로 고지하여 매수인의 그 착오를 제거하여야 할 신의칙상 의무를 지므로 그 의무를 이행하지 아니하고 매수인이 건네주는 돈을 그대로 수령한 경우에는 **사기죄**에 해당한다.

② **초과금액을 미리 알지 못하고 매매잔금을 건네주고 받는 행위를 끝마친 후에야 비로소 알게 되었을 경우**에는 주고 받는 행위는 이미 종료되어 버린 후이므로 매수인의 착오 상태를 제거하기 위하여 그 사실을 고지하여야 할 법률상 의무의 불이행은 더 이상 그 초과된 금액 편취의 수단으로서의 의미는 없으므로, 교부하는 돈을 그대로 받은 그 행위는 **점유이탈물횡령죄**가 될 수 있음은 별론으로 하고 사기죄를 구성할 수는 없다. (대법원 2003도4531) 잔전사기와 관련하여, 거스름돈이 초과지급된 것임을 알면서도 수령하고 있다면 이를 고지하고 초과금액을 되돌려주어야 하는데 이를 하지 않고 재물을 취득하는 것이므로 부작위에 의한 사기가 된다. (잔전사기 = 거스름돈 사기)

5) 무전취식·무전숙박

처음부터 돈이 없는 줄 알면서도 음식점에 들어가서 음식을 주문하여 먹은 후 도주한 경우는 사기죄가 성립한다. 그러나, 취식·숙박 후 비로소 지불능력이 없음을 알고서 도주한 경우에는 단순히 몰래 도주한 경우에는 기망이라 볼 수 없다. (경범죄처벌법위반)

6) 용도를 속인 경우

① 타인을 기망하여 대출을 받은 것이 **신규대출이 아니라 대환에 해당한 경우** 사기죄가 성립한다. (대법원 96도2904)

② 금원을 차용함에 있어서 **용도를 속이고 돈을 빌린 경우**에 있어서 **만일 진정한 용도를 고지하였더라면 상대방이 돈을 빌려주지 않았을 것이라는 관계에 있는 경우 사기죄**가 성립한다. (대법원 95도2828)

③ 국민주택건설자금을 융자받고자 하는 민간사업자가 처음부터 사실은 국민주택건설자금으로 사용할 의사가 없으면서도 국민주택건설자금으로 사용할 것처럼 용도를 속여 국민주택건설자금을 대출받은 경우에는 그 대출금 전액에 대하여 사기죄가 성립한다. (대법원 2007도3005)

관련판례 부작위에 의한 사기죄가 인정

① 토지를 매도함에 있어서 채무담보를 위한 가등기와 근저당권설정등기가 경료되어 있는 사실을 숨기고 이를 고지하지 아니하여 매수인이 그 토지를 매수하였다면 사기죄를 구성한다. (대법원 81도1638)

② 부동산매매에 있어서 매매목적물의 소유권 귀속에 관한 재심소송 계속 사실을 숨기고 매도하여 대금을 교부받은 경우, 이는 사기죄를 구성한다. (대법원 86도956)

③ 공장의 정상가동 여부는 매매계약의 체결 여부를 결정짓는 중요한 요소이므로 이 사건 공장의 가동이 불가능하거나 공장을 이전하지 아니하고서는 공장을 계속 가동할 수 없는 사정을 고지하지 아니하고, 더욱이 공장을 운영하는데 아무런 문제가 없다고 말하였다면 이는 피해자를 기망한 경우라고 보아야 할 것이다. (대법원 91도458)

④ 부동산매매에 있어서 부동산매매목적물이 유언으로 재단법인에 출연된 사실을 숨기고 매도하여 대금을 교부받은 경우 이는 사기죄를 구성한다. (대법원 91도2202)

⑤ 甲이 자신의 토지에 대하여 여객정류장시설 또는 유통업무설비시설을 설치하는 **도시계획이 입안되어 있어 장차 위 토지가 수용될 것이라는 점을 알고 있으면서도,** 이러한 사정을 모르고 위 토지를 매수하려는 乙에게 그 사정을 고지하지 아니하고 매도한 경우 甲에게는 乙에 대한 부작위에 의한 사기죄가 성립한다. (대법원 93도14)

⑥ 자신이 진정한 토지의 소유자가 아닌 사실을 알면서도 **사실을 고지하지 아니한 채 수용보상금으로 공탁된 공탁금의 출급을 신청**하여 이를 수령한 경우, 사기죄가 성립한다. (대법원 94도1911)

⑦ 어떤 물품의 국내의 독점판매계약을 하면서 이미 다른 회사가 같은 용도와 성능을 가진 이름도 같은 제품을 국내에 판매하고 있는 것을 알았다면 설사 그 제품의 원산지와 일부 부품이 틀리더라도 신의성실의 원칙상 사전에 상대방에게 그와 같은 사정을 고지할 의무가 있다고 할 것이므로 이를 고지하지 아니한 것은 상대방을 기망한 것이 되어 사기죄를 구성한다. (대법원 96도1081)

⑧ 임대인이 임대차계약을 체결하면서 임차인에게 임대목적물이 경매진행 중인 사실을 알리지 않았다면, 설령 임차인이 등기부를 확인 또는 열람하는 것이 가능하였다 하더라도 사기죄가 성립한다. (대법원 98도3263)

⑨ 특정 시술을 받으면 아들을 낳을 수 있을 것이라는 착오에 빠져있는 피해자들에게 그 시술의 효과와 원리에 관하여 사실대로 고지하지 아니한 채 아들을 낳을 수 있는 시술인 것처럼 가장하여 일련의 시술과 처방을 행한 의사에 대하여 사기죄가 성립한다. (대법원 99도2884)

⑩ 사채업자가 대출을 의뢰받아 대출희망자가 자동차의 실제 구입자가 아니어서 자동차할부금융의 대상이 되지 아니함에도 그가 실제로 자동차를 할부로 구입하는 것처럼 그 명의의 대출신청서 등 관련 서류를 작성한 후 이를 할부금융회사에 제출하여 자동차할부금융으로 대출금을 받은 경우, 사기죄가 성립한다. (대법원 2003도7828)

⑪ 주식매도인이 주식매수인에게 주식거래의 목적물이 증자 전의 주식이 아니라 증자 후의 주식이라는 점을 제대로 알리지 않은 것이 사기죄의 기망행위에 해당한다. (대법원 2004도6503)

⑫ 명의신탁자가 매도인 명의를 수탁자로 하여 제3자에게 신탁재산을 매도하는 계약을 체결하면서 수탁자가 위 신탁재산의 매도를 반대하며 매도에 따른 절차이행에 협조하기를 거절하고 있는 사정을 숨긴 경우, 매수인인 제3자에 대한 기망행위가 된다. (대법원 2007도4812)

⑬ 보험사고가 이미 발생하였음에도 이를 묵비한 채 보험계약을 체결하거나 보험사고 발생의 개연성이 농후함을 인식하면서도 보험계약을 체결하는 경우 또는 보험사고를 임의로 조작하려는 의도를 갖고 보험계약을 체결하는 경우와 같이 고의의 기망행위로 보험계약을 체결하고 위 보험사고가 발생하였다는 이유로 보험회사에 보험금을 청구하여 보험금을 지급받았을 때 사기죄는 기수에 이른다. (대법원 2014도2754)

⑭ 피고인이 甲 저축은행에 대출을 신청하여 심사를 받을 당시 동시에 다른 저축은행에 대출을 신청한 상태였는데도 甲 저축은행으로부터 다른 금융회사에 동시에 진행 중인 대출이 있는지에 대하여 질문을 받자 '없다'고 답변하였고, 甲 저축은행으로부터 대출을 받은 지 약 6개월 후에 신용회복위원회에 대출 이후 증가한 채무를 포함하여 프리워크아웃을 신청한 경우, 사기죄에서 기망행위, 기망행위와 처분행위 사이의 인과관계와 편취의 고의가 인정된다. (대법원 2017도20682)

관련판례 부작위에 의한 사기죄가 부정

① 아파트 신축분양자가 미완공아파트를 채권담보의 뜻으로 채권자들에게 분양한 후 <u>소유권이전 등기 경료 전에 다시 제3자에게 위 분양사실을 고지하지 아니하고 임대차계약을 체결한 것</u>은 사기죄에 해당하지 아니한다. (대법원 87도1839)

② <u>중고차 매매계약을 체결</u>하면서 매도인이 <u>할부금융회사 또는 보증보험회사</u>에 대한 할부금 채무가 남아 있음을 매수인에게 고지하지 아니한 경우, 사기죄가 성립하지 않는다. (대법원 98도231) = 할부금 채무가 매수인에게 이전되지 않으므로 매수인에게 손해발생 가능성이 없기 때문에, 굳이 매도인이 매수인에게 고지할 의무 자체가 없다.

③ 매수인이 매도인에게 <u>매매잔금을 지급함에 있어 착오에 빠져 지급해야 할 금액을 초과하는 돈을 교부</u>하는 경우, 매도인이 <u>매매잔금을 받은 후 비로소 그 사실을 알게 되었음</u>에도 불구하고 그 사실을 매수인에게 알리고 초과금액을 되돌려 주지 않은 경우에는 부작위에 의한 사기죄가 성립하지 않는다. (대법원 2003도4531) = 점유이탈물횡령죄 성립은 가능하다.

④ 부동산중개인이 매매계약을 중개함에 있어서 <u>매도인이 전매인이라는 사정과 매도인과 원소유자 사이의 매매대금의 액수에 관하여 이를 고지하지 않았다고 하더라도</u> 이는 매매로 인한 법률관계에 아무런 영향을 미칠 수 없는 것이어서 매수인의 권리의 실현에 장애가 되지 아니하는 사유로 매수인에게 고지하지 않더라도 사기죄가 성립하는 것은 아니다. (대법원 2004도1232)

⑤ <u>자동차 명의신탁관계에서 자동차의 명의수탁자가 명의신탁사실을 고지하지 않고</u>, 나아가 자신의 소유라는 말을 하면서 자동차를 제3자(매수인)에게 매도하고 이전등록까지 마쳐준 경우, 매수인에 대하여 사기죄가 성립하지 않는다. (대법원 2006도4498) = 역시 명의신탁사실을 고지하지 않고 매수인에게 매도했더라도 매수인은 온전히 자동차의 소유권을 획득하기 때문에, 매수인이 굳이 매도인에게 자신의 소유가 아니고 명의신탁된 자동차라는 점을 고지할 의무 자체가 없다.

⑥ 피고인이 부동산에 대해 甲과 신탁금지약정을 체결한 사실을 乙 은행에 알리지 아니한 채 위 부동산을 담보신탁하고 乙 은행에서 대출을 받은 경우라도 그 사정만으로 신탁계약의 효력과 그 신탁계약에 따르는 채무이행에 장애를 가져오거나 수탁자와 우선수익자의 권리실현에 장애가 된다고 볼 수 없기 때문에, 乙 은행에 대한 사기죄가 성립한다고 볼 수 없다. (대법원 2011도2989)

⑦ 피고인이 화가 甲에게 돈을 주고 자신의 기존 콜라주 작품을 회화로 그려오게 하거나, 자신이 추상적인 아이디어만 제공하고 이를 甲이 임의대로 회화로 표현하게 하는 등의 작업을 지시한 다음 甲으로부터 완성된 그림을 건네받아 경미한 작업만 추가하고 자신의 서명을 하였음에도, 위와 같은 방법으로 그림을 완성한다는 사실을 고지하지 아니하고 사실상 甲 등이 그린 그림을 마치 자신이 직접 그린 친작인 것처럼 전시하여 피해자들에게 그림을 판매하고 대금 상당의 돈을 편취하였다는 내용으로 기소된 사안에서, 피해자들이 위 미술작품을 피고인의 친작으로 착오한 상태에서 구매한 것이라고 단정하기 어렵다. (대법원 2018도13696)

(3) 기망의 정도

1) 신의성실원칙의 위반

① 기망은 피기망자(상대방)를 단순히 착오에 빠뜨리는 것으로는 부족하고, 적어도 거래관계에 있어서 신의칙에 반하는 정도에 이르러야 한다. (대법원 83도2995) 기망은 널리 재산상의 거래관계에 있어서 서로 지켜야 할 <u>신의와 성실의 의무를 저버리는 모든 적극적 또는 소극적 행위</u>를 말하는 것으로서, <u>반드시 법률행위의 중요부분에 관한 허위표시임을 요하지 아니하고</u>, 상대방을 착오에 빠지게 하여 행위자가 희망하는 재산적 처분행위를 하도록 하기 위한 판단의 기초가 되는 사실에 관한 것이면 충분하다. (대법원 98도3549)

② 즉 기망행위가 없었다면 상대방이 거래를 하지 않았을 것이라면(기망행위에 속아서 상대방이 처분행위를 하게 되었다는 점이 인정되는 경우) 사기죄가 성립하고, 기망행위의 있든 없든 간에 상관없이 상대방은 거래를 했을 것임이 인정되는 경우(기망행위가 상대방의 거래의 목적달성에 지장을 주지 않는 경우) 사기죄가 성립하지 않는다.

2) 과장광고

① 재화나 서비스에 대한 광고는 다소 과장이나 허위가 있을 수 있다고 보아서 신의칙에 비추어 볼 때 과장이나 허위가 용인할 수 있는 수준이라면 기망행위로 보지 않아 사기죄가 성립하지 않는다.

② 그러나 거래의 중요사항에 관하여 구체적 사실을 허위로 광고하거나 고지하는 경우는 신의칙상 용인할 수 없는 수준으로 허위과장광고로 사기죄의 기망행위에 해당한다고 본다. (대법원 91도2994)

> **관련판례**
>
> ① **식육식당에서 수입소고기를 사용**하는 식당영업주가 한우만을 취급한다는 취지의 상호를 사용하고 식단표 등에도 한우만을 사용한다고 기재한 경우는 사기죄의 기망행위에 해당한다. (대법원 97도1561) = 일반적 상술의 정도를 넘어섰다.
>
> ② '**녹동달오리골드**'(누에, 동충하초, 녹용 등을 혼합·제조)라는 제품이 성인병에 특효약이라고 허위광고하여 고가에 판매한 경우 사기죄가 인정된다. (대법원 2001도1429)
>
> ③ ⅰ) 농업협동조합의 조합원이나 검품위원이 아닌 자가 TV홈쇼핑업체에 납품한 삼이 제3자가 산삼의 종자인지 여부가 불분명한 삼의 종자를 뿌려 이식하면서 인공적으로 재배한 삼이라는 사실을 알면서도 광고방송에 출연하여 위 삼이 조합의 조합원들이 **자연산삼의 종자를 심산유곡에 심고 자연방임 상태에서 성장시킨 산양산삼**이며 자신이 조합의 검품위원으로서 위 삼중 우수한 것만을 선정하여 감정인의 감정을 받은 것처럼 허위 내용의 광고를 한 경우 사기죄가 성립한다. ⅱ) 사기죄의 요건으로서의 기망은 널리 재산상의 거래행위에 있어서 서로 지켜야 할 신의와 성실의 의무를 저버리는 모든 적극적 및 소극적 행위로서 사람으로 하여금 착오를 일으키게 하는 것을 말하며, 사기죄의 본질은 기망에 의한 재물이나 재산상 이익의 취득에 있고 상대방에게 **현실적으로 재산상 손해가 발생함을 그 요건으로 하지 아니하는 바**, 일반적으로 상품의 선전, 광고에 있어 다소의 과장, 허위가 수반되는 것은 그것이 일반 상거래의 관행과 신의칙에 비추어 시인될 수 있는 한 기망성이 결여된다 할 것이나 거래에 있어서 중요한 사항에 관하여 구체적 사실을 거래상의 신의성실의 의무에 비추어 비난받을 정도의 방법으로 허위로 고지한 경우에는 과장, 허위광고의 한계를 넘어 사기죄의 기망행위에 해당한다. (대법원 2001도5789)

3) 이중매매와 이중저당

① 이중매매란 매도인(파는 사람) 甲이 매수인(사는 사람) 乙(제1 매수인)과 이미 재물을 매매하기로 계약을 체결한 후에 제3자(제2 매수인) 丙이 더 많은 액수로 사려는 의사를 표명하자 乙과의 매매계약이 있음에도 丙과 계약을 맺고 丙에게 해당 재물을 매매해버리는 경우이다.

② 이 경우 甲의 행동은 乙에 대해서는 신의칙을 위반하는 배신으로 배임죄를 구성한다. 그러나 甲의 행동이 제2 매수인 丙에 대해서는 사기죄가 성립하지 않는다. 왜냐하면 미리 乙과 계약을 맺었다는 등의 사정을 고지하지 않았다고 하더라도, 해당 거래로 제2 매수인 丙은 유효하게 재물의 소유권을 취득하게 될 것이기 때문이다.

③ 이중저당이란 甲이 乙에게 대출 등 금원을 차용하면서 담보로 자신의 부동산을 제공하기로(저당권설정)한 이후에, 제3자인 丙에게 해당 부동산을 먼저 담보로 제공(저당권설정)하는 경우이다. 즉 甲은 乙에게 저당권 1순위를 주겠다고 하고 돈을 차용한 후에 丙에게 저당권 1순위를 설정해준 것이다. 甲의 행동은 丙에게는 사기죄가 아니다. 丙에게 乙과의 관계를 고지하지 않았더라도 丙이 저당권 1순위를 얻게 되는데 지장은 없기 때문이다. 그러나 乙에 대해서는 사기죄가 성립할 가능성이 있다.

3 기망의 상대방와 인과관계

(1) 기망의 상대방

① i) 상대방인 피기망자가 행위자의 기망행위에 속아서 착오에 빠져야 한다. ii) 기망의 상대방은 재물에 대한 사실상의 처분능력이 존재해야 한다. 미성년자나 심신장애자도 사기죄의 상대방이 될 수 있으나 유아나 심신상실자 등은 기망의 상대방이 될 수 없다. 그리고 기망행위의 상대는 반드시 특정인일 필요도 없다. 과장광고가 그 예이다.

② 사기죄의 기망은 사람을 속이는 것이지, 사람의 착오를 매개로 하지 않고 기계적 작동의 오류를 이용하는 것은 사기죄가 아니다. (대법원 2011도5299)

③ 피기망자는 재물이나 재산상 이익에 대한 처분행위를 할 수 있는 처분권한을 가지고 있어야 한다. 피기망자와 피해자가 다를 수 있는데, 이때에도 **피기망자는 재물이나 재산상 이익에 대한 처분권을 가지고 있어야지 사기죄가 성립하는 것이지, 피기망자가 처분권이 없는 자라면 사기죄가 성립하지 않는다.**

(2) 인과관계

① 행위자의 기망행위와 상대방인 피기망자의 착오 발생 사이에 인과관계가 있어야 한다는 의미이다. 동시에 **기망, 착오, 재산상 처분행위 사이에도 인과관계가 있어야 한다.** (대법원 2015도20233) 인과관계가 없으면 사기죄는 미수에 불과하다.

② 피기망자의 착오발생에 기망행위가 유일한 이유일 필요까지는 없으며, 피기망자에게 과실이 있더라도 인과관계는 인정될 수 있다.

4 처분권한과 처분행위

(1) 처분권한과 처분행위의 의미

① 사기죄의 처분행위라고 하는 것은 재산상 손해를 초래하는 재산적 처분행위를 의미하며, 이러한 작위나 부작위를 피기망자가 인식하고 한 것이라면 처분행위에 상응하는 처분의사가 인정된다. 다시 말해서 처분결과까지 인식하여야 처분의사를 인정할 수 있는 것이 아니다. (대법원 2016도13362)

② 즉, 행위자의 기망행위로 인하여 처분권을 가진 **피기망자가 착오에 빠져 자기의 자유의사에 따라 스스로 처분행위를 해야 한다는 점에서 사기죄**는 편취죄라고 한다. (대법원 2008도6641) 즉 처분행위를 쉽게 말하면, 피기망자가 스스로 행위자(사기꾼)에게 재물과 재산상 이익을 갖다 바친다는 것이다. 이 점에서 처분행위가 없는 탈취죄인 절도죄, 강도죄와 구별되는 것이다.

③ 예를 들어, 금은방에서 행위자가 금은방 주인에게 여러 질문을 하면서 주위를 어지럽게 한 이후 반지 등을 낀 상태에서 화장실에 다녀오겠다고 하면서 그대로 도주한 경우, 마치 금은방 주인에게 화장실에 다녀오겠다고 하고 도주하였으므로 이것이 기망행위로 보여 사기죄로 이해할 수도 있으나, 이는 책략절도라고 하여 사기죄가 아니라 절도죄로 본다. 책략절도를 사기가 아니고 절도로 이해하는 것은 피기망자가 스스로 처분행위를 한 것이라고 볼 수 없기 때문이다.

④ 또한 甲이 乙에게 자신이 경찰인 척하면서 乙의 재물을 압수해 간 경우, 마치 기망행위가 있는 것처럼 보여 사기로 이해할 수도 있지만, 이도 역시 피기망자가 스스로 처분행위를 한 것이라고 볼 수 없기 때문에 사기가 아니라 절도죄로 볼 것이다.

⑤ 처분행위는 법률행위(계약이나 사법상의 의사표시 등), 순수한 사실행위(노무의 제공 등)를 불문하며, 행위자가 재물이나 재산상 이익을 취득할 때 이를 묵인하거나 방치하는 경우 **(일종의 부작위)도 해당한다.**

⑥ 사기죄의 피해자가 법인이나 단체인 경우에 기망행위가 있었는지는 법인이나 단체의 대표 등 최종 의사결정권자 또는 내부적인 권한 위임 등에 따라 실질적으로 법인의 의사를 결정하고 처분을 할 <u>권한을 가지고 있는 사람</u>을 기준으로 판단하여야 한다. (대법원 2016도18986)

> **참고 절도죄와 사기죄의 구분**
>
> **[사실관계]**
> 피해자 갑은 드라이버를 구매하기 위해 특정 매장에 방문하였다가 지갑을 떨어뜨렸는데, 10분쯤 후 피고인이 같은 매장에서 우산을 구매하고 계산을 마친 뒤, 지갑을 발견하여 습득한 매장 주인 을로부터 "이 지갑이 선생님 지갑이 맞느냐?"라는 질문을 받자 "내 것이 맞다."라고 대답한 후 이를 교부받아 가지고 간 사안에서, 을의 행위는 사기죄에서 말하는 처분행위에 해당하고, 피고인의 행위를 절취행위로 평가할 수 없다.
>
> **[절도죄와 사기죄의 구분 기준]**
> 형법상 절취란 타인이 점유하고 있는 자기 이외의 자의 소유물을 점유자의 의사에 반하여 점유를 배제하고 자기 또는 제3자의 점유로 옮기는 것을 말한다. 이에 반해 기망의 방법으로 타인으로 하여금 처분행위를 하도록 하여 재물 또는 재산상 이익을 취득한 경우에는 절도죄가 아니라 사기죄가 성립한다.
> 사기죄에서 처분행위는 행위자의 기망행위에 의한 피기망자의 착오와 행위자 등의 재물 또는 재산상 이익의 취득이라는 최종적 결과를 중간에서 매개·연결하는 한편, 착오에 빠진 피해자의 행위를 이용하여 재산을 취득하는 것을 본질적 특성으로 하는 사기죄와 피해자의 행위에 의하지 아니하고 행위자가 탈취의 방법으로 재물을 취득하는 절도죄를 구분하는 역할을 한다. 처분행위가 갖는 이러한 역할과 기능을 고려하면 피기망자의 의사에 기초한 어떤 행위를 통해 행위자 등이 재물 또는 재산상의 이익을 취득하였다고 평가할 수 있는 경우라면, 사기죄에서 말하는 처분행위가 인정된다. 한편 사기죄가 성립되려면 피기망자가 착오에 빠져 어떠한 재산상의 처분행위를 하도록 유발하여 재산적 이득을 얻을 것을 요하고, 피기망자와 재산상의 피해자가 같은 사람이 아닌 경우에는 피기망자가 피해자를 위하여 그 재산을 처분할 수 있는 권능을 갖거나 그 지위에 있어야 한다. (대법원 2022도12494)

> **참고**
> ① 사기죄의 처분행위라고 하는 것은 재산적 처분행위를 의미하고, 그것은 주관적으로 피기망자에게 처분의사 즉 처분결과에 대한 인식이 있고, 객관적으로 이러한 의사에 지배된 행위가 있을 것을 요한다. (×)
> ② 사기죄는 타인을 기망하여 착오를 일으키게 하고 그로 인한 처분행위를 유발하여 재물·재산상의 이익을 얻음으로써 성립하고, 여기서 처분행위라 함은 재산적 처분행위로서 피기망자가 자유의사로 직접 재산상의 손해를 초래하는 작위에 나아갈 것이 필요하며, 부작위에 의한 처분행위는 인정되지 않는다. (×) = 부작위에 의한 처분행위가 가능하다.

> **관련판례**
> ① <u>결혼예식장에서 신부측 축의금</u> 접수인인 것처럼 행세하여 피해자가 축의금을 내어놓자 이를 교부받아 가로챈 행위는 절도죄이지 사기죄에 해당하지 않는다. (대법원 96도2227, 96감도94) = 피기망자나 피해자 측의 처분행위가 없기 때문에 사기죄가 아니다.
> ② 출판사 경영자가 <u>출고현황표를 조작</u>하는 방법으로 실제출판부수를 속여 작가에게 인세의 일부만을 지급한 경우 사기죄에 해당한다. (대법원 2005도9221) = 피해자인 작가가 나머지 인세에 대한 청구권의 존재 자체를 알지 못하는 착오에 빠져 이를 행사하지 아니한 것이고 이런 피해자인 작가의 <u>부작위에 의한 처분행위가 있다고</u> 보아 사기죄 성립을 인정하였다.
> ③ 甲이 점포에 대한 권리금을 지급한 것처럼 허위의 사용내역서를 작성·교부하여 동업자들을 기망하고 출자금 지급을 면제받으려 하였으나 미수에 그친 경우 동업자들이 甲에 대한 출자의무를 명시적으로 면제하지 않았더라도 착오에 빠져 이를 면제해 주는 결과에 이를 수 있기 때문에 이는 부작위에 의한 처분행위에 해당한다. (대법원 2008도6641)

④ 예금주인 피고인이 제3자에게 **편취당한 송금의뢰인**으로부터 **자신의 은행계좌에 계좌송금된 돈**을 출금한 경우 사기죄가 성립하지 않는다. 즉 송금의뢰인과 수취인 사이에 계좌이체 등의 원인이 되는 법률관계가 존재하지 않음에도 계좌이체에 의하여 수취인이 이체금액 상당의 예금채권을 취득한 경우, 수취인이 은행에 예금반환을 청구하여 지급받는 행위는 **은행을 피해자로 한 사기죄에 해당하지 않는다는 것**이다. (대법원 2010도3498) = 자기 계좌에서 예금을 인출한 것 자체는 은행에 대한 사기죄는 인정되지 않는다는 의미이다. 즉 피해자의 처분행위가 없다고 보는 것이다. 다만, 송금의뢰인에 대해서는 사기죄의 공동정범이 인정될 수 있다.

⑤ 甲이 A에게 사업자등록 명의를 빌려주면 세금이나 채무는 모두 자신이 변제하겠다고 속여 그로부터 명의를 대여받아 호텔을 운영한 경우, A가 명의를 대여하였다는 것만으로 사기죄의 처분행위가 있었다고 보기는 어렵다. (대법원 2012도4773) = 사기죄의 객체인 재산상 이익이란 자금운용권한 같은 것도 포함하는 것이지만, 이 사안에서 단지 명의를 대여받은 정도(대여라는 것은 어디까지나 그에 따른 사용료를 지급해야 하는 것)만으로는 피해자 A가 이를 피고인(사기범행자)인 갑에게 처분행위를 한 것으로 보기는 어렵다. A가 명의대여자(소유주)로서 갑(사업자)이 세금을 내지 않는 부분 등에 대해서 연대책임을 지는 것은 사실이지만, 이로부터 갑이 임대료나 세금 등의 채무를 면제받는 것이 아니고 A에게 지불해야 하는 것이므로 결국 갑의 채무가 사라지지 않는다는 점에서 A의 명의대여만으로 처분행위가 있었다고 보기 어렵다는 것이다.

⑥ '서명사취' 사기에서, 피기망자가 처분결과 즉, 문서의 구체적 내용과 법적 효과를 미처 인식하지 못하였더라도, 어떤 문서에 스스로 서명 또는 날인함으로써 처분문서에 서명 또는 날인하는 행위에 관한 인식이 있었던 이상 **피기망자의 처분의사는 인정**된다. (대법원 2016도13362 전합) = A가 甲의 기망행위로 인하여 착오에 빠진 결과 내심의 의사와 다른 효과를 발생시키는 내용의 처분문서에 서명 또는 날인함으로써 처분문서의 내용에 따른 재산상 손해가 초래되었다면 그와 같은 처분문서에 서명 또는 날인한 A의 행위는 사기죄에서 말하는 처분행위에 해당한다. 피고인 등이 토지소유자이자 매도인인 피해자 甲 등에게 토지거래허가 등에 필요한 서류라고 속여 근저당설정계약서 등에 서명날인하게 하고 인감증명서를 교부받은 다음, 이를 이용하여 甲 등의 소유 토지에 피고인을 채무자로 한 근저당권을 乙 등에게 설정하여 주고 돈을 차용하는 방법으로 재산상 이익을 취득하였다고 하여 사기로 기소된 사건에서, 甲 등의 행위는 사기죄에서 말하는 처분행위에 해당하고 甲 등의 처분의사가 인정된다.

⑦ 피해자 법인이나 단체의 대표자 또는 실질적으로 의사결정을 하는 최종결재권자 등이 기망행위자와 동일인이거나 기망행위자와 공모하는 등 기망행위임을 알고 있었다면 사기죄가 성립하지 않는다. (대법원 2017도8449) = 기망행위임을 알고 있었던 경우에는 기망행위로 인한 착오가 있다고 볼 수 없고, 재물 교부 등의 처분행위가 있었더라도 기망행위와 인과관계가 있다고 보기 어렵다. 이러한 경우에는 사안에 따라 업무상횡령죄 또는 업무상배임죄 등이 성립하는 것은 별론으로 하고 사기죄가 성립한다고 볼 수 없다. 반면에 피해자 법인이나 단체의 업무를 처리하는 실무자인 일반 직원이나 구성원 등이 기망행위임을 알고 있었더라도, 피해자 법인이나 단체의 대표자 또는 실질적으로 의사결정을 하는 최종결재권자 등이 기망행위임을 알지 못한 채 착오에 빠져 처분행위에 이른 경우라면, 피해자 법인에 대한 사기죄의 성립에 영향이 없다.

(2) 삼각사기: 피기망자와 피해자가 반드시 동일인이 아니어도 무방하다.

① 피기망자와 피해자가 일치해야 하는 것은 아니라는 점에 주의해야 한다. 즉 행위자(사기꾼)의 기망행위에 속는 상대방인 피기망자와 재산상 손해를 입게 되는 피해자가 동일한 경우가 많지만, 동일하지 않아도 상관이 없다.

② 예컨대, 행위자 甲이 차후에 전혀 갚을 의사가 없는 상태에서 K은행직원 乙에게 허위의 대출서류 등을 제출함으로써 乙을 기망하여 대출(금원차용)을 받았다면, 피기망자는 乙이지만 재산상의 피해자는 乙이 아니라 K은행인 것이다.

③ 다만 피기망자가 처분행위를 할 수 있는 권한은 가진 자이어야 한다. 즉 피기망자와 처분행위자는 동일인이어야 한다. (대법원 89도346) 위 경우 피해자인 K은행은 직원인 乙에게 대출업무의 권한을 부여하고 있는 것이므로 乙은 처분권을 가지고 있는 것이다.

④ 다시 말하자면, 전혀 처분권이 없는 자에 의해서는 사기죄가 성립하지 않는다. 위의 예에서 은행직원 乙이 아니라 전혀 은행업무를 할 수 없는 사람이 행위자 甲의 기망에 속아서 착오가 일어났더라도 그는 은행대출을 해 줄 수 없으므로(처분권한이 없어서 처분행위를 할 수 없으므로) 사기죄가 성립될 수가 없는 것이다.

⑤ 더 쉬운 예를 들자면, 고속버스에서 사기꾼 甲이 짐칸에서 다른 사람(피해자 丙)의 짐을 자신의 짐이라고 기망하여 버스기사 乙로부터 받아갔다면, 이는 사기죄가 될 수 없고 절도죄일 뿐이다. 왜냐하면 피해자인 丙은 피기망자가 아니라서 처분행위를 한 바 없고, 버스기사 乙이 속아서 짐을 내주었는데 乙은 해당 짐을 처분할 수 있는 권한을 가진 자가 아니기 때문이다.

⑥ 이처럼 피기망자와 피해자가 일치하지 않는 경우를 삼각사기라고 한다. 삼각사기의 대표적 사례는 소송사기이다. 소송사기에서 피기망자는 법원(판사)이고 피해자는 소송상 원고든 피고이든 사기적 소송으로 패소하는 자로서 재산상 피해를 입게 되는 자이다. 이때 법원(판사)는 재판 후에 피해자의 재산상 처분의 원인이 되는 판결을 내릴 수 있는 권한을 가지고 있다는 점에서 처분권한(처분할 수 있는 지위)을 가진 자이다. 즉 이 경우도 피기망자인 법원이 처분권한은 가지고 있다는 것이다.

> **관련판례**
>
> 사기죄가 성립되려면 피기망자가 착오에 빠져 어떠한 재산상의 처분행위를 하도록 유발하여 재산적 이득을 얻을 것을 요하고, 피기망자와 재산상의 피해자가 같은 사람이 아닌 경우에는 피기망자가 피해자를 위하여 그 재산을 처분할 수 있는 권능을 갖거나 그 지위에 있어야 하지만, 여기에서 피해자를 위하여 재산을 처분할 수 있는 권능이나 지위라 함은 반드시 사법상의 위임이나 대리권의 범위와 일치하여야 하는 것은 아니고 피해자의 의사에 기하여 재산을 처분할 수 있는 서류 등이 교부된 경우에는 피기망자의 처분행위가 설사 피해자의 진정한 의도와 어긋나는 경우라고 할지라도 위와 같은 권능을 갖거나 그 지위에 있는 것으로 보아야 한다. (대법원 94도1575)

> **참고**
>
> 사기죄에서 처분행위자와 피기망자는 동일인이어야 하나, 피기망자와 재산상 피해자는 동일인이 아니어도 무방하다. (○)

5 재산상 손해: 편취액

① 피기망자의 처분행위로 기망행위자이나 제3자가 재물이나 재산상 이익을 취득하여야 한다.

② 사기죄 성립에 있어서 반드시 피해자에게 재산상 손해가 발생해야 하는가에 대해서 학설이 나누어지는데, 판례는 피해자의 재산상 손해 발생이 반드시 필요한 것은 아니고 **재산가치에 대한 구체적 위험성만 존재해도 사기죄 성립을 인정할 수 있다**는 불요설에 따르고 있다.

③ 상대방을 기망하여 재물을 교부받으면서 시가 상당의 대금을 지급하였다면, 그 이후 대가지급이나 피해자에게 전체 재산상 손해가 발생한 바 없더라도 사기죄가 성립한다. (대법원 2000도1899)

④ 특정경제범죄가중처벌법에서 사기, 컴퓨터등사용사기죄 및 그에 대한 상습범에 대해서 재물 및 재산상 이익의 가액이 5억원 이상인 경우에 가중처벌한다.

- **이득액이 50억원 이상인 경우**: 무기 또는 5년 이상 징역
- **이득액이 50억원 미만인 경우**: 3년 이상 유기징역
- 동시에 이득액 이하에 상당하는 벌금을 병과할 수 있다.

⑤ 특정경제범죄가중처벌법 규정에 의해 편취가액의 계산에 따라 처벌형량이 달라지므로 편취액 계산도 중요하다. 원칙은 재물편취를 내용으로 하는 사기죄에 있어서는 기망으로 인한 재물교부가 있으면 그 자체로써 피해자의 재산침해가 되어 이로써 곧 사기죄가 성립하는 것이고, 상당한 대가가 지급되었다거나 피해자의 전체 재산상에 손해가 없다 하여도 사기죄의 성립에는 그 영향이 없으므로 사기죄에 있어서 그 대가가 일부 지급된 경우에도 <u>그 편취액은 피해자로부터 교부된 재물의 가치로부터 그 대가를 공제한 차액이 아니라 교부받은 재물 전부</u>이다. (대법원 2005도5774)

⑥ 다만, <u>재물을 편취한 후 현실적인 자금의 수수 없이 형식적으로 기왕에 편취한 금원을 새로이 장부상으로만 재투자하는 것으로 처리한 경우 그 재투자금액은 편취액의 합산에서 제외하여야 한다.</u> (대법원 2006도7470)

> **관련판례** **편취액의 기준**
>
> ① 타인을 기망하여 재물을 편취하는 사기죄에 있어서는 피기망자의 착오에 의한 재물의 교부 자체가 재산상 손해에 해당하는 것으로서 이 밖에 피해자의 전체 재산의 감소를 필요로 하지 않는다고 할 것이므로, 피해자가 피고인의 기망에 의하여 운송면허를 양수하고 그 대가를 지급한 이상 그 대가를 반환받을 수 있다고 하여도 재산상 손해는 이미 발생한 것이라고 할 것이다. (대법원 84도1936)
>
> ② 甲은 사실은 국민주택건설자금으로 사용할 의사가 없으면서도 국민주택건설자금으로 사용할 것처럼 용도를 속여 국민주택건설자금을 대출받았다. 甲이 대출받을 당시 자금의 일부를 지급받는 대신 이로써 같은 은행에 대한 기존채무의 변제에 갈음하기로 하였다면 그 변제액을 제외하지 않고 대출금 전체에 대하여 사기죄가 성립한다. (대법원 2002도2620)
>
> ③ 사람을 기망하여 부동산의 소유권을 이전받거나 제3자로 하여금 이전받게 함으로써 이를 편취한 경우, 그 부동산에 근저당권설정등기가 경료되어 있거나 압류 또는 가압류 등이 이루어져 있는 때에는 그 부동산의 시가 상당액에서 근저당권의 채권최고액 범위 내에서의 피담보채권액, 압류에 걸린 집행채권액, 가압류에 걸린 청구금액 범위 내에서의 피보전채권액 등을 뺀 실제의 교환가치를 편취금액으로 보아야 한다. (대법원 2005도7288 전합)
>
> ④ 재물을 편취한 후 현실적인 자금의 수수 없이 형식적으로 기왕에 편취한 금원을 새로이 장부상으로만 재투자하는 것으로 처리한 경우, 그 재투자금액은 이를 편취액의 합산에서 제외하여야 한다. (대법원 2006도7470)
>
> ⑤ 실제 지급받을 수 있는 보험금보다 다액의 보험금을 편취할 의사로 장기간의 입원 등을 통하여 과다한 보험금을 지급받는 경우에는 지급받은 보험금 전체에 대하여 사기죄가 성립한다. (대법원 2008도4665)
>
> ⑥ 어음·수표의 할인에 의한 사기죄에서 피고인이 취득한 이익액은 어음 액면금이 아니라 수령한 현금액이다. (대법원 2009도2384)
>
> ⑦ 금원 편취를 내용으로 하는 사기죄에서는 기망으로 인한 금원 교부가 있으면 그 자체로써 피해자의 재산침해가 되어 바로 사기죄가 성립하고, 상당한 대가가 지급되었다거나 피해자의 전체 재산상에 손해가 없다 하여도 사기죄의 성립에는 영향이 없다. 그러므로 사기죄에서 그 대가가 일부 지급되거나 담보가 제공된 경우에도 편취액은 피해자로부터 교부된 금원으로부터 그 대가 또는 담보 상당액을 공제한 차액이 아니라 <u>교부받은 금원 전부</u>라고 보아야 한다. (대법원 2017도12649)
>
> ⑧ 특정경제범죄가중처벌등에관한법률 제3조에서 말하는 이득액은 <u>단순일죄의 이득액이나 혹은 포괄일죄가 성립하는 경우의 이득액의 합산액</u>을 의미하는 것이고, 경합범으로 처벌될 수 죄의 각 이득액을 합한 금액을 의미하는 것은 아니며, 수인의 피해자에 대하여 각별로 기망행위를 하여 각각 재물을 편취한 경우에는 범의가 단일하고 범행방법이 동일하더라도 각 피해자의 피해법익은 독립한 것이므로 이를 포괄일죄로 파악할 수 없고 피해자별로 독립한 사기죄가 성립된다. (대법원 2000도1899)

6 고의와 불법영득의사

사기죄는 과실이란 있을 수 없고, 행위자에게 기망행위와 피해자의 재산상 손해 위험성 등에 대한 고의(인식과 의사)가 있어야 하며, 추가적으로 불법영득의사(불법이득의사)가 필요하다.

7 미수와 기수

(1) 실행의 착수시기: 기망행위를 개시한 때

① 사기죄의 실행착수 시점은 **기망행위를 개시한 때**이다.

② **소송사기는 원고가 사기범죄자인 경우에는 소를 제기한 때, 피고가 사기범죄자인 경우에는 허위의 답변서나 준비서면을 제출한 때**에 실행의 착수가 인정된다.

③ 보험사기에서는 보험금지급청구시 실행의 착수가 있고, 보험금취득시 기수가 된다. 물론 이 경우도 처음부터 병력을 속이고 보험에 가입한 경우는 가입시에 실행의 착수가 인정된다. 보험사기는 **연성사기는 보험금의 지급을 청구한 때, 경성사기는 보험계약을 체결할 때**에 실행의 착수가 인정된다.

④ 법원의 임차권등기명령을 피해자의 재산적 처분행위에 갈음하는 내용과 효력이 있는 것으로 보고 그 집행에 의한 임차권등기가 마쳐짐으로써 신청인이 재산상 이익을 취득하였다고 보는 이상, **진정한 임차권자가 아니면서 허위의 임대차계약서를 법원에 제출하여 임차권등기명령을 신청하면 그로써 소송사기의 실행행위에 착수한 것으로 보아야** 하고, 나아가 그 임차보증금 반환채권에 관하여 현실적으로 청구의 의사표시를 하여야만 사기죄의 실행의 착수가 있다고 볼 것은 아니다. (대법원 2010도12732)

⑤ 강제집행절차를 통한 소송사기는 **집행절차의 개시신청을 한 때 또는 진행 중인 집행절차에 배당신청을 한 때**에 실행에 착수하였다고 볼 것이다. 부동산에 관한 권리이전청구권에 대한 강제집행은 허위 채권에 기한 공정증서를 집행권원으로 하여 채무자의 소유권이전등기청구권에 대하여 **압류신청을 한 시점**에 소송사기의 실행에 착수하였다고 볼 것이다. (대법원 2014도10086)

> **관련판례**
>
> ① **사기도박에서 사기적인 방법으로 도금을 편취하려고 하는 자**가 상대방에게 **도박에 참가할 것을 권유**하는 등 기망행위를 개시한 때에 실행의 착수가 있는 것으로 보아야 하며, 그 후에 사기도박을 숨기기 위하여 정상적인 도박을 하였더라도 이는 사기죄의 실행행위에 포함된다. (대법원 2015도10948)
> ② 甲이 피해자 A로 하여금 A의 예금을 인출하게 하고, 그 인출한 현금을 A의 집에 보관하도록 거짓말을 한 경우, 그 정도만으로는 기망행위가 착수된 것이라는 점이 증명되지 않았기 때문에 사기죄의 미수마저도 성립하였다고 보기 어렵다. 또한 피해자가 아직 처분행위가 있었다고 보기도 어렵다. (대법원 2017도1544)

> **관련판례**
>
> ① 장해보상지급청구권자에게 보상금을 찾아주겠다고 거짓말을 하여 동인을 보상금 지급기관까지 유인한 것만으로는 사기죄에 있어서의 기망행위의 착수에 이르렀다고 보기 어렵다. (대법원 78도2259)
> ② 태풍 피해복구보조금 지원절차가 행정당국에 의한 실사를 거쳐 피해자로 확인된 경우에 한하여 보조금 지원신청을 할 수 있도록 되어 있는 경우, 허위의 피해신고만으로는 위 보조금 편취범행의 실행에 착수한 것이라고 볼 수 없다. (대법원 98도3443)
> ③ 장애인단체의 지회장이 지방자치단체로부터 보조금을 더 많이 지원받기 위하여 허위의 보조금 정산보고서를 제출한 경우, 보조금 편취범행(기망)의 실행에 착수한 것으로 보기 어렵다. (대법원 2003도1279)

④ 타인의 사망을 보험사고로 하는 생명보험계약을 체결함에 있어 제3자가 피보험자인 것처럼 가장하여 체결하는 등으로 그 유효요건이 갖추어지지 못한 경우에도, 보험계약 체결 당시에 이미 보험사고가 발생하였음에도 이를 숨겼다거나 보험사고의 구체적 발생 가능성을 예견할 만한 사정을 인식하고 있었던 경우 또는 고의로 보험사고를 일으키려는 의도를 가지고 보험계약을 체결한 경우와 같이 보험사고의 우연성과 같은 보험의 본질을 해칠 정도라고 볼 수 있는 특별한 사정이 없는 한, 그와 같이 **하자 있는 보험계약을 체결한 행위만으로는 미필적으로라도 보험금을 편취하려는 의사에 의한 기망행위의 실행에 착수한 것으로 볼 것은 아니다.** 그러므로 그와 같이 기망행위의 실행의 착수로 인정할 수 없는 경우에 피보험자 본인임을 가장하는 등으로 보험계약을 체결한 행위는 단지 장차의 보험금 편취를 위한 예비행위에 지나지 않는다. (대법원 2013도7494)

(2) 기수시기: 재물 또는 재산상 이익의 이전이 이루어진 때

① **동산은 인도한 때, 부동산은 이전등기가 경료된 때, 재산상 이익은 해당 이익을 취득한 때**(채무면제의 경우, 채권자가 채무를 확정적으로 소멸 내지 면제하는 처분행위를 한 때), 소송사기는 기망행위자(사기꾼)가 승소를 하여 승소판결이 확정된 때(즉 피해자가 패소한 판결이 확정된 때), 보험사기는 보험금을 지급받은 때 기수가 인정된다.

② 다만, 사기죄에 있어서 재물의 교부가 있었다고 하기 위하여는 반드시 재물의 현실의 인도가 필요한 것은 아니다. **재물이 범인의 사실상의 지배 아래에 들어가 그의 자유로운 처분이 가능한 상태에 놓인 경우라면, 재물의 현실의 인도가 없더라도 재물의 교부가 있었다고 볼 수 있다.** (대법원 2001도1825) = 이 사건에서 피고인의 주문(사기)에 따라 제작된 도자기 중 실제로 배달된 것 뿐만 아니라 피고인이 지정하는 장소로 배달을 위해 피해자가 보관 중인 도자기도 피고인에게 모두 교부되었다고 판단하여 사기죄의 기수를 인정한다.

③ [1] 간접정범을 통한 범행에서 피이용자는 간접정범의 의사를 실현하는 수단으로서의 지위를 가질 뿐이므로, 피해자에 대한 사기범행을 실현하는 수단으로서 타인을 기망하여 그를 피해자로부터 편취한 재물이나 재산상 이익을 전달하는 도구로서만 이용한 경우에는 편취의 대상인 재물 또는 재산상 이익에 관하여 피해자에 대한 사기죄가 성립할 뿐 **도구로 이용된 타인에 대한 사기죄가 별도로 성립한다고 할 수 없다.**

[2] 전기통신금융사기(이른바 보이스피싱 범죄)의 범인이 피해자를 기망하여 피해자의 자금을 사기이용계좌로 **송금·이체받으면 사기죄는 기수**에 이르고, 범인이 피해자의 자금을 점유하고 있다고 하여 피해자와의 어떠한 위탁관계나 신임관계가 존재한다고 볼 수 없을 뿐만 아니라, 그 후 범인이 사기이용계좌에서 현금을 인출하였더라도 이는 이미 성립한 사기범행이 예정하고 있던 행위에 지나지 아니하여 새로운 법익을 침해한다고 보기도 어려우므로, 위와 같은 인출행위는 사기의 피해자에 대하여 별도의 횡령죄를 구성하지 아니한다. 이러한 법리는 사기범행에 이용되리라는 사정을 알고서 자신 명의 계좌의 접근매체를 양도함으로써 사기범행을 방조한 종범이 사기이용계좌로 송금된 피해자의 자금을 임의로 인출한 경우에도 마찬가지로 적용된다. (대법원 2017도3894)

8 위법성

자신의 채권을 변제받기 위한 경우처럼 정당한 권리의 행사인 경우에는 사기죄라고 할 수 없으나, 그 방식이 사회상규를 위반하는 경우에는 권리남용에 해당하므로 위법성이 인정되어 사기죄가 성립할 수 있다.

9 죄수

(1) 사기죄의 피해자 수에 따른 죄수

① 동일한 피해자에게 수차례에 걸쳐 기망행위를 하고 금원을 편취한 경우라면, 사기죄의 포괄일죄로 본다. 다만 범의의 동일성이나 계속성이 인정되지 않는 경우라면 동일 피해자에 대한 사기라도 실체적 경합범이 성립한다. (대법원 99도4862)

② 다수의 피해자에 대해서 1개의 기망행위로 각각 재물을 편취한 경우라면, 피해자별로 수개의 사기죄가 성립하고 각 죄는 상상적 경합이다. (대법원 2014도16980)

③ 다수의 피해자에 대해서 각 피해자별로 기망행위를 하여 각자에게 재물을 편취한 경우에는 범의가 단일하고 범행방법이 동일하더라도 포괄일죄가 아니라 피해자별로 1개씩의 사기죄가 성립한다. 즉 실체적 경합범이다. (대법원 2011도769)

④ 그러나 피해자들이 하나의 동업체를 구성하는 등으로 피해법익이 동일하다고 볼 수 있는 사정이 있다면 피해자가 복수(수인)라도 이들에 대한 사기죄를 포괄하여 일죄로 볼 수는 있다. (대법원 2011도769)

⑤ 다수의 계를 조직하여 수인의 계원들을 개별적으로 기망하여 계불입금을 편취한 사안에서, 각 피해자별로 독립하여 사기죄가 성립하고 그 사기죄 상호간은 실체적 경합범 관계에 있다. (대법원 2010도2810)

(2) 일죄: 포괄일죄 및 법조경합

① 기망행위로 재물교부가 있으면 피해자의 재산침해가 있으므로 이때 사기죄는 기수를 이루고, 그 이후 피해자를 기망하여 편취한 재물반환을 회피할 목적으로 기존 차입원리금을 새로이 투자하는 형식을 취한 경우라면 이는 새로운 법익의 침해가 아니므로 별도의 사기죄를 구성하지는 않는다. 즉 불가벌적 사후행위에 해당한다는 것이다. (대법원 2000도3483)

② 사기행위로 재물 또는 재산상 이익을 얻은 후 이를 소비하는 것은 불가벌적 사후행위일 뿐이다.

③ 타인의 재물을 합법적으로 점유하는 보관자가 위탁자를 기망하여 해당 재물을 영득한 경우, 횡령죄만 성립하고 사기죄는 성립하지 않는다. (대법원 80도1177) = 피해자의 처분행위가 없는 것이며, 사기죄의 객체는 타인소유 타인점유이어야 한다.

④ 사기도박의 경우는 도박죄는 성립하지 않고 사기죄만 성립한다. 도박이란 우연성에 입각한 것인데, 사기도박은 우연성에 입각한 것이 아니라 이미 승부가 결정이 되어 있는 것이므로 도박이 아니다. 따라서 사기도박의 상대방은 피해자일 뿐이지 도박죄가 성립하지 않는다. (대법원 2010도9330)

> **참고**
> [1] 이른바 '사기도박'의 경우 사기죄 외에 도박죄가 별도로 성립하는지 여부(소극)
> 도박이란 2인 이상의 자가 상호간에 재물을 도(賭)하여 우연한 승패에 의하여 그 재물의 득실을 결정하는 것이므로, 이른바 사기도박과 같이 도박당사자의 일방이 사기의 수단으로써 승패의 수를 지배하는 경우에는 도박에서의 우연성이 결여되어 사기죄만 성립하고 도박죄는 성립하지 아니한다.
> [2] 사기도박에서 실행의 착수시기(=사기도박을 위한 기망행위를 개시한 때)
> 사기죄는 편취의 의사로 기망행위를 개시한 때에 실행에 착수한 것으로 보아야 하므로, 사기도박에서도 사기적인 방법으로 도금을 편취하려고 하는 자가 상대방에게 도박에 참가할 것을 권유하는 등 기망행위를 개시한 때에 실행의 착수가 있는 것으로 보아야 한다.
> [3] 피고인 등이 사기도박에 필요한 준비를 갖추고 그 실행에 착수한 후에 사기도박을 숨기기 위하여 얼마간 정상적인 도박을 하였더라도 이는 사기죄의 실행행위에 포함되는 것이어서, 피고인에 대하여는 피해자들에 대한 사기죄만이 성립하고 도박죄는 따로 성립하지 아니한다.
> [4] 피고인 등이 피해자들을 유인하여 사기도박으로 도금을 편취한 행위는 사회관념상 1개의 행위로 평가함이 상당하므로, 피해자들에 대한 각 사기죄는 상상적 경합의 관계에 있다. (대법원 2010도9330)

⑤ 피고인이 수개의 선거비용 항목을 허위기재한 하나의 선거비용 보전청구서를 제출하여 대한민국으로부터 선거비용을 과다 보전받아 이를 편취하였다면 이는 일죄로 평가되어야 하고, 각 선거비용 항목에 따라 별개의 사기죄가 성립하는 것은 아니다. (대법원 2016도21713)

⑥ 사기 범행의 피해자들이 부부인 경우 사기죄의 죄수관계가 문제된 사건에서 위와 같은 법리를 설시하면서 부부인 피해자들에 대한 기망행위의 공통성, 기망행위에 이르게 된 경위, 재산 교부에 관한 의사결정의 공통성, 재산의 형성·유지 과정, 재산 교부의 목적 및 방법, 기망행위 이후의 정황 등을 종합적으로 고려하여, 부부인 피해자들의 피해법익이 동일한 경우로 볼 수 있다고 보아, 이를 포괄일죄를 인정하였다. (대법원 2023도13514)

(3) 상상적 경합

① **공무원이 직무에 관하여 타인을 기망하여 재물을 교부받은 경우, 수뢰죄와 사기죄의 상상적 경합이지만, 기망이 아니라면 수뢰죄만 성립**한다. (대법원 77도1069)

② 금융회사 임직원이 직무사항에 대하여 알선할 의사와 능력이 없음에도 알선한다고 기망하여 금품을 수수한 경우, 사기죄와 특정경제범죄가중처벌법상 알선수재죄는 상상적 경합이다. (대법원 2012도3927)

③ 배임죄와 사기죄의 관계

타인의 사무를 처리하는 자가 사무를 위탁한 본인을 기망하여 재산상 이익을 취득한 경우, 사기죄와 배임죄가 상상적 경합이다. (대법원 2002도669)

④ 수뢰죄와 사기죄의 관계

공무원이 자신의 직무와 관련하여 타인을 기망하고 재물을 교부받은 경우에는 사기죄와 수뢰죄의 상상적 경합범이 성립한다. (대법원 77도1069)

(4) 실체적 경합

① **절취나 횡령 등으로 영득한 장물을 자기 소유인 것처럼 행세함으로써 제3자를 기망하여 금원 등을 편취한 경우, 별도의 사기죄**를 구성한다. 즉 실체적 경합이다. (대법원 80도2310)

② 사기죄에서 피해자에게 그 대가가 지급된 경우, **피해자를 기망하여 그가 보유하고 있는 그 대가를 다시 편취하거나 피해자로부터 그 대가를 위탁받아 보관 중 횡령**하였다면, 이는 새로운 법익의 침해가 발생한 경우이므로 기존에 성립한 사기죄와는 **별도의 새로운 사기죄나 횡령죄**가 성립한다. (대법원 2009도7052)

③ **편취한 약속어음을 그와 같은 사실을 모르는 제3자에게 편취사실을 숨기고 할인받은 행위**는 당초의 어음 편취와는 별개로 새로운 사기죄를 구성한다. (대법원 2005도52376)

④ 피고인이 건물에 관하여 전세임대차계약을 체결할 권한이 없음에도 임차인들을 속이고 전세임대차계약을 체결하여 그 임차인들로부터 전세보증금 명목으로 돈을 교부받은 행위는 건물주가 민사적으로 임차인들에게 전세보증금반환채무를 부담하는지 여부와 관계없이 사기죄에 해당하고, 위 건물에 관하여 전세임대차계약이 아닌 월세임대차계약을 체결하여야 할 업무상 임무를 위배하여 전세임대차 계약을 체결하여 그 건물주인 피해자로 하여금 전세보증금반환채무를 부담하게 한 행위는 위 사기죄와 별도로 업무상배임죄에 해당한다. (대법원 2010도10690)

⑤ 피고인이 어음을 편취한 후 이를 숨기고 제3자로부터 할인받은 경우, 그 어음할인행위가 별도의 사기죄를 구성한다. (대법원 2005도5236)

⑥ **수출입거래를 가장한 신용장 개설방법인** 가장거래에 의한 사기죄'와 '분식회계에 의한 사기죄'는 범행 방법이 동일하지 않아 그 피해자가 동일하더라도 포괄일죄가 성립한다고 할 수 없다. (대법원 2007도10056) = 실체적 경합

관련판례 사기죄 인정

① 절취한 예금통장을 자기 것인 양 예금을 청구하는 경우 마치 정당한 권리자인 것처럼 묵시적 기망한 것으로 사기죄가 성립한다. (대법원 74도2817)

② 자신이 절취한 장물을 자기의 소유물로 위장하여 제3자에게 담보로 제공하고 금원을 편취한 경우 사기죄가 성립할 수 있다. (대법원 80도2310)

③ 피고인의 사업에 관한 선전광고가 허위의 것이라면 그 선전광고 내용을 믿고 대리점계약에 응모하러 온 피해자들은 그 광고에 기망되어 착오에 빠져 있었음이 분명하다 할 것이니 사기죄가 성립한다. (대법원 81도2531)

④ 약속어음은 그 자체가 재산적 가치를 지닌 유가증권으로서 재물성이 있고 이 사건 어음은 단일하여 불가분이므로 설사 피고인이 피해자에 대하여 편취어음금의 일부에 해당하는 채권을 가진다 하더라도 이 사건의 어음을 기망에 의하여 교부받은 경우에는 그 어음금 전부에 대하여 사기죄가 성립한다. (대법원 82도1679)

⑤ 피해자를 우연에 의하여 승부가 결정되는 것처럼 오신시켜 돈을 도하게 하여 이를 편취한 행위는 이른바 기망방법에 의한 도박으로서 사기죄에 해당한다. (대법원 85도583)

⑥ 매매목적물의 물량을 명시하지 않은 이른바 밭떼기 매매라고 할지라도 경작면적을 속여 표시하였다면 허위의 사실을 고지한 것이라고 볼 수 밖에 없다. (대법원 89도2224)

⑦ 부동산의 공동매수인 중 일방이 매도인과 공모하여 자신의 실제 매수가격을 숨긴 채, 타 매수인에게는 자신도 동인과 같은 값으로 매수하는 것인 양 말하여 비싼 값으로 매수하게 한 뒤 그 차액을 분배받은 행위가 기망 행위에 해당한다. (대법원 91도2746)

⑧ 종전에 출하한 일이 없던 신상품에 대하여 첫 출하시부터 종전가격 및 할인가격을 비교표시하여 막바로 세일에 들어가는 이른바 변칙세일은 진실규명이 가능한 구체적 사실인 가격조건에 관하여 기망이 이루어진 경우로서 사기죄이다. (대법원 91도2994)

⑨ 민사판결의 주문에 표시된 채권을 변제받거나 상계하여 그 채권이 소멸되었음에도 불구하고, 판결정본을 소지하고 있음을 기화로 이를 근거로 하여 강제집행을 하였다면 사기죄를 구성한다. (대법원 92도2218)

⑩ 甲이 자신의 토지에 대하여 여객정류장시설 또는 유통업무설비시설을 설치하는 도시계획이 입안되어 있어 장차 위 토지가 수용될 것이라는 점을 알고 있으면서도, 이러한 사정을 모르고 위 토지를 매수하려는 乙에게 그 사정을 고지하지 아니하고 매도한 경우 甲에게는 乙에 대한 부작위에 의한 사기죄가 성립한다. (대법원 93도14)

⑪ 자신이 진정한 토지의 소유자가 아닌 사실을 알면서도 그 사실을 고지하지 아니한 채 수용보상금으로 공탁된 공탁금의 출급을 신청하여 이를 수령한 경우, 사기죄가 성립한다. (대법원 94도1911)

⑫ 피고인이 자기 자본 없이 금융기관 대출금과 분양대금만으로 상가 및 오피스텔의 신축 및 분양 사업을 진행하다가 공사를 중단, 방치한 경우 분양대금 등의 편취 범의를 인정하여 사기죄에 해당한다. (대법원 95도424)

⑬ 교주가 신도들로부터 헌금 명목으로 금원을 교부받은 경우 사기죄에 해당한다. (대법원 95노250)

⑭ 판매하다 남은 식품에 부착되어 있는 바코드와 비닐랩 포장을 뜯어내고 다시 포장을 하면서 가공일이 당일로 기재된 바코드와 백화점 상표를 부착하여 진열대에 진열하여 마치 위 상품이 판매 당일 구입·가공되어 신선한 것처럼 고객에게 판매한 행위는 사기죄이다. (대법원 95도2121)

⑮ 식육식당에서 수입소고기를 사용하는 식당영업주가 한우만을 취급한다는 취지의 상호를 사용하고 식단표 등에도 한우만을 사용한다고 기재한 경우는 사기죄의 기망행위에 해당한다. (대법원 97도1561) = 그 사술의 정도가 사회적으로 용인될 수 있는 상술의 정도를 넘는 것이고, 따라서 피고인의 기망행위 및 편취의 범의를 인정하기에 넉넉하다.

⑯ 가맹점주가 용역의 제공을 가장한 허위의 매출전표임을 고지하지 아니한 채 신용카드회사에게 제출하여 대금을 청구한 행위는 사기죄의 실행행위로서의 기망행위에 해당한다. (대법원 98도3549)

⑰ 가공의 무역관계 서류를 그 정을 모르는 수출입대행업체을 통하여 피해자 은행들에 제출함으로써 피해자 은행들은 시중 대출금리보다 훨씬 저렴한 금리로 수출환어음을 매입한 후 그 대금을 수출입대행업체을 통하여 위 피고인들에게 지급한 경우, 비록 피해자 은행들이 수출입대행업체와의 약정에 의하여 위와 같이 편취당한 금원을 변상받을 수 있게 되어 있다고 하더라도 피해자 은행들은 위 피고인들의 기망행위로 인한 사기의 피해자가 아니라고 할 수 없다. (대법원 99도1040)

⑱ 채무자가 강제집행을 승낙한 취지의 기재가 있는 약속어음 공정증서에 있어서 그 약속어음의 원인관계가 소멸하였음에도 불구하고, 약속어음 공정증서 정본을 소지하고 있음을 기화로 이를 근거로 하여 강제집행을 하였다면 사기죄를 구성한다. (대법원 99도2213)

⑲ 당해 회계연도의 결산이 적자인 경우 다음해에 관급공사의 수주나 금융기관으로부터의 대출이 어렵게 되는 것을 피하기 위하여 실제로는 손실을 입었음에도 이익이 발생한 것처럼 이른바 분식결산서를 작성한 후 이를 토대로 금융기관으로부터 대출을 받은 행위가 사기죄에 해당한다. (대법원 2000도1447)

⑳ '녹동달오리골드'(누에, 동충하초, 녹용 등을 혼합·제조)라는 제품이 성인병에 특효약이라고 허위광고하여 고가에 판매한 경우 사기죄가 인정된다. (대법원 2001도1429)

㉑ 성매매 사건에서 성매자가 금품 등을 받을 것을 전제로 성행위를 제공하는 경우 성매수자가 지급하는 **성매매금은 불법원인급여이지만, 이를 성매수자가 지급하기로 약속하고도 지급하지 않는 경우에는 사기죄**가 성립한다. (대법원 2001도2991) = 성행위의 대가는 재산상 이익을 인정한 판례이다.

㉒ 농업협동조합의 조합원이나 검품위원이 아닌 자가 TV홈쇼핑업체에 납품한 삼이 제3자가 산삼의 종자인지 여부가 불분명한 삼의 종자를 뿌려 이식하면서 인공적으로 재배한 삼이라는 사실을 알면서도 광고방송에 출연하여 위 삼이 조합의 조합원들이 **자연산삼의 종자를 심산유곡에 심고 자연방임 상태에서 성장시킨 산양산삼**이며 자신이 조합의 검품위원으로서 위 삼중 우수한 것만을 선정하여 감정인의 감정을 받은 것처럼 허위 내용의 광고를 한 경우 사기죄가 성립한다. (대법원 2001도5789)

㉓ 타인의 명의를 빌려 예금계좌를 개설한 후, 통장과 도장은 명의인에게 보관시키고 자신은 위 계좌의 현금인출카드를 소지한 채, 명의인을 기망하여 위 예금계좌로 돈을 송금하게 한 경우, 자신은 통장의 현금인출카드를 소지하고 있으면서 언제든지 카드를 이용하여 차명계좌 통장으로부터 금원을 인출할 수 있었고, 명의인을 기망하여 위 통장으로 돈을 송금받은 이상, 이로써 송금받은 돈을 자신의 지배하에 두게 되어 편취행위는 기수에 이르렀다고 할 것이고, 이후 편취금을 인출하지 않고 있던 중 명의인이 이를 인출하여 갔다 하더라도 이는 범죄성립 후의 사정일 뿐 사기죄의 성립에 영향이 없다. (대법원 2003도2252)

㉔ 명의상의 학원 원장에 불과한 자가 외환위기 후 신규창업 자금을 지원하기 위한 생계형 창업특별보증제도의 목적 및 대출금의 용도에 반하여 창업자금 대출금 중 일부를 개인적인 용도로 사용할 생각이었음에도 불구하고 이를 속이고 위 대출금을 위 학원 운전자금 용도로 사용하겠다면서 보증을 신청한 행위가 사기죄의 기망행위에 해당한다. (대법원 2003도4450)

㉕ 기망행위를 수단으로 한 권리행사의 경우 그 권리행사에 속하는 행위와 그 수단에 속하는 기망행위를 전체적으로 관찰하여 그와 같은 기망행위가 사회통념상 권리행사의 수단으로서 용인할 수 없는 정도라면 그 권리행사에 속하는 행위는 사기죄를 구성한다. (대법원 2003도4914)

㉖ 피고인이 피해자들에게 음악편지도착 등의 문자메시지를 무작위로 보내어 마치 아는 사람으로부터 음악 및 음성 메시지가 도착한 것으로 오인하게 하여 통화버튼을 눌러 접속하게 한 후 정보이용료가 부과되게 한 행위는 사기죄의 구성요건에 해당한다. (대법원 2004도4705)

㉗ 의사인 피고인이 입원치료를 받을 필요가 없는 환자들이 보험금 수령을 위하여 입원치료를 받으려고 하는 사실을 알면서도 입원을 허가하여 형식상으로 입원치료를 받도록 한 후 입원확인서를 발급하여 준 사안에서, 사기방조죄가 성립한다. (대법원 2004도6557)

㉘ 특정 주식의 시세조종과정에서 단기간에 주가를 목표가격대로 상승시키기 위해서 증권회사로부터 금원을 차용하여 대량의 주식을 미수 매수한 경우, 위 미수대금 상당액에 대한 사기죄가 성립한다. (대법원 2004도8651)

㉙ **채무이행을 연기받는 것은 사기죄에 있어서 재산상의 이익**이 되므로 채무자가 채권자에 대하여 소정기일까지 지급할 의사나 능력이 없음에도 종전 채무의 변제기를 늦출 목적에서 어음을 발행·교부한 경우에는 사기죄가 성립한다. (대법원 2005도5972)

㉚ 빌딩을 경락받은 피고인들이 비정상적인 이면약정을 체결하고 점포를 분양하였음에도, 금융기관에 대해서는 그러한 이면약정의 내용을 감춘 채 분양 중도금의 집단적 대출을 교섭하여 중도금 대출 명목으로 금원을 지급받은 사안에서, 대출 금융기관에 이를 알리지 않은 것은 사기죄의 요건으로서의 부작위에 의한 기망에 해당한다. (대법원 2005도8645)

㉛ 출판사 경영자가 **출고현황표를 조작**하는 방법으로 실제출판부수를 속여 작가에게 인세의 일부만을 지급한 경우 사기죄에 해당한다. (대법원 2005도9221) = 피해자인 작가가 나머지 인세에 대한 청구권의 존재 자체를 알지 못하는 착오에 빠져 이를 행사하지 아니한 것이고 이런 피해자인 작가의 **부작위에 의한 처분행위가 있다고** 보아 사기죄 성립을 인정하였다.

㉜ 특정 질병을 앓고 있는 사람이 보험회사가 정한 약관에 그 질병에 대한 고지의무를 규정하고 있음을 알면서도 이를 고지하지 아니한 채 그 사실을 모르는 보험회사와 그 질병을 담보하는 보험계약을 체결한 다음 바로 그 질병의 발병을 사유로 하여 보험금을 청구한 경우 사기죄가 성립한다. (대법원 2007도967)

㉝ 차용금(소비대차계약 = 금원대출)도 이와 마찬가지로 돈을 빌리는 시점에 **애초부터 변제의사가 없거나 변제기일에 변제할 능력이 없음이 확실함에도 이를 빌리고 있다면** 그 행동 자체가 묵시적으로 상대방을 기망하는 것이다. 따라서 이와 같은 경우 사기죄가 성립한다. 변제의 의사나 능력이 없음에도 이를 숨긴 채 피해자에게 금원 대여를 요청하여 이에 속은 피해자로부터 동인의 배서가 된 약속어음을 교부받아 이를 금융기관에서 할인한 후 그 할인금을 사용하였으나 그 후 위 약속어음이 지급기일에 거절되고 피고인이 금융기관에 대하여 그 상환채무를 지게 되었더라도 해당 행위는 사기죄가 성립한다. (대법원 2007도1033)

㉞ 산업재해보상보험 요양신청서에 부상 발생경위를 허위로 기재하는 등의 부정한 방법으로 요양신청을 하여 산업재해보상 보험급여를 지급받은 경우 사기죄에 있어서의 기망행위에 해당한다. (대법원 2007도1780)

㉟ 피고인이 보험사고에 해당할 수 있는 사고로 인하여 경미한 상해를 입었다고 하더라도 이를 기화로 보험금을 편취할 의사로 그 상해를 과장하여 병원에 장기간 입원하고 이를 이유로 실제 피해에 비하여 과다한 보험금을 지급받는 경우에는 그 보험금 전체에 대해 사기죄가 성립한다. (대법원 2007도2134)

㊱ 차용금 사기죄로 기소된 피고인이 파산신청을 하여 면책허가결정이 확정된 사안에서, 피고인이 파산신청 2년 전부터 불과 40여 일 전까지 여러 사람들로부터 돈을 빌려서 채무변제와 생활비 등으로 사용한 것은 사기죄를 구성한다. (대법원 2007도8549)

㊲ 피고인에게 피해자 명의의 가등기 말소를 구할 권리가 인정된다 하더라도 피고인이 기망행위를 사용하여 피해자로 하여금 위 가등기를 말소하게 한 경우 그 기망행위가 사회통념상 권리행사의 수단으로서 용인될 수 없는 것이라면 피고인의 위와 같은 행위는 사기죄를 구성한다. (대법원 2007도9417)

㊳ 공무원이 취급하는 사건에 관하여 청탁 또는 알선을 할 의사와 능력이 없음에도 청탁 또는 알선을 한다고 기망하고, 이에 속은 피해자로부터 청탁 또는 알선을 한다는 명목으로 금품을 받은 경우 그 행위는 다른 사람을 속여 재물을 받은 행위로서 사기죄를 구성한다. (대법원 2007도10004)

㊴ 신용보증기금의 신용보증서 발급이 피고인의 기망행위에 의하여 이루어진 이상 그로써 곧 사기죄는 성립한다. (대법원 2007도10416)

㊵ 피고인과 피해자들 사이의 매매계약이 토지거래허가를 받지 아니하여 유동적 무효의 상태에 있었다 하더라도, 피고인이 대출금 및 매매대금을 정산해 줄 것처럼 피해자 공소외 2를 기망하여 그로 하여금 근저당권을 설정하게 함으로써 재산상의 이익을 취득한 이상 피고인으로서는 사기죄의 죄책을 면할 수 없다. (대법원 2007도10658)

㊶ 甲이 점포에 대한 권리금을 지급한 것처럼 허위의 사용내역서를 작성·교부하여 동업자들을 기망하고 출자금 지급을 면제받으려 하였으나 미수에 그친 경우 동업자들이 甲에 대한 출자의무를 명시적으로 면제하지 않았더라도 착오에 빠져 이를 면제해 주는 결과에 이를 수 있기 때문에 이는 부작위에 의한 처분행위에 해당한다. 사기죄가 성립한다. (대법원 2008도6641)

㊷ 甲이 乙에게 이중매도한 택지분양권을 순차 매수한 丙·丁에게 이중매도 사실을 숨긴 채 자신의 명의로 형식적인 매매계약서를 작성해 준 경우 甲이 직접 매매대금을 수령하지 않았더라도 丙·丁에 대한 사기죄가 성립한다. (대법원 2008도9985)

㊸ 근저당권자의 대리인인 피고인이 채무자 겸 소유자인 피해자를 대리하여 경매개시결정 정본을 받을 권한이 없음에도, 피해자 명의의 위임장을 위조하여 법원에 제출하는 방법으로 경매개시결정 정본을 교부받은 사안에서, 비록 근저당권이 유효하다고 하더라도 사기죄의 기망행위에 해당한다. (대법원 2009도295)

㊹ 부동산 소유권이전등기절차 이행을 구하는 소를 제기하여 동시이행 조건 없이 이행을 명하는 승소확정판결을 받은 피고인이, 부동산 소유권을 이전받더라도 매매잔금을 공탁할 의사나 능력이 없음에도 피해자에게 매매잔금을 공탁해 줄 것처럼 거짓말을 하여 그러한 내용으로 합의한 후 그에 따라 부동산 소유권을 임의로 이전받은 경우, 사기죄의 기망행위에 해당한다. (대법원 2010도14856)

㊹ 피고인들이 민사소송의 조정 과정에서 피해자에게 아파트 시행 사업 양도대금의 지급시기를 설명하지 않았다는 사정만으로 곧바로 기망행위가 성립하였다거나 그로 인한 손해가 발생하였다고 할 수 없다고 보았다. (대법원 2020도10330) = 아파트 시행사업을 하던 피고인들이 투자자인 피해자로부터 약정금 반환을 구하는 소를 제기 당하자, 조정절차에서 합의된 금전의 지급 재원이 될 아파트 시행 사업 양도대금의 지급시기에 관하여 조정 상대방인 피해자를 기망하여 이에 속은 피해자가 조정에 응함으로써 약정금을 감액받아 채무면제를 받았다는 이유로 사기죄로 기소된 사건에서 신의칙상 주의의무를 다하지 아니하였다거나 조정성립과 상당인과관계 있는 손해가 발생하였다고 쉽사리 단정하여서는 아니 된다.

㊺ 피고인이 보험사고에 해당할 수 있는 사고로 인하여 **경미한 상해를 입었다고 하더라도 이를 기화로 보험금을 편취할 의사로 그 상해를 과장**하여 병원에 장기간 입원하고 이를 이유로 실제 피해에 비하여 과다한 보험금을 지급받는 경우에는 그 보험금 전체에 대해 사기죄가 성립한다. (대법원 2010도17512)

㊻ 甲 주식회사의 실질적 운영자인 피고인 등이 공모하여, 회사에 대한 고의 부도 준비 사실 등을 숨긴 채 甲 회사 명의로 대한주택보증 주식회사와 임대보증금 보증약정을 체결하여 재산상 이익을 취득하였다면 사기죄가 성립한다. (대법원 2011도7229)

㊼ 피고인이 피해자에게서 매수한 재개발아파트 수분양권을 이미 매도하였는데도 마치 자신이 피해자의 입주권을 정당하게 보유하고 있는 것처럼 피해자의 딸과 사위에게 거짓말하여 피해자 명의의 인감증명서를 교부받은 사안에서, 위 인감증명서는 피해자측이 발급받아 소지하게 된 피해자 명의의 것으로서 재물성이 인정된다 할 것인데, 피고인이 피해자측을 기망하여 이를 교부받은 이상 피고인의 행위에 대하여는 재물의 편취에 의한 사기죄가 성립한다. (대법원 2011도9919)

㊽ **의사가 전화를 이용하여 진찰**한 것임에도 내원 진찰인 것처럼 가장하여 국민건강보험관리공단에 요양급여비용을 청구하여 진찰료를 수령한 경우 사기죄가 성립한다. (대법원 2011도10797)

㊾ **피고인이 피해자로부터 돈을 빌리기 위해 피해자가 요구하는 대로 차용금에 대한 담보 명목으로 위 공사대금 채권을 양도하는 형식만 갖추었을 뿐, 당초부터 위 공사대금 채권을 추심하여 빼돌릴 생각을 가지고 있었던 경우라면**, 차용금 편취에 관한 **'사기죄'는 성립**하지만, 위 공사대금 채권을 양도한 후 공사 대금을 수령하여 임의 소비한 행위는 금전 차용 후 담보로 제공한 양도채권을 추심받아 이를 빼돌리려는 사기범행의 실행행위에 포함된 것으로 봄이 상당하므로 **사기죄와 별도로 횡령죄는 성립되지 않는다고 할 것**이다. (대법원 2011도1442)

㊿ 채무자의 기망행위로 인하여 채권자가 **채무를 확정적으로 소멸 내지 면제시키는 특약** 등 처분행위를 하였다면, 이후에 채권자의 재산적 처분행위가 사기를 이유로 민법에 따라 취소될 수 있는 경우라도 **사기죄가 성립**한다. (대법원 2012도1101) = 이미 채권자가 채무면제 등의 처분행위를 한 때에 사기죄의 기수가 성립하므로, 이후 취소할 수 있더라도 사기죄 인정에 아무런 영향이 없다.

(51) 비의료인이 개설한 의료기관이 「의료법」에 의하여 적법하게 개설된 요양기관인 것처럼 국민건강보험공단에 요양급여비용의 지급을 청구하여 지급받은 경우, 사기죄가 성립한다. (대법원 2014도11843)

(52) 보험자가 보험금액이 목적물의 가액을 현저히 초과한다는 사정을 알았더라면 같은 조건으로 보험계약을 체결하지 않았고 협정보험가액에 따른 보험금을 그대로 지급하지 않았을 것임에도 보험계약자가 초과보험 사실을 알지 못하는 보험자에게 목적물의 가액을 묵비한 채 보험금을 청구하여 지급받은 경우, 사기죄의 실행위로서의 기망행위에 해당한다. (대법원 2015도6905)

(53) 피고인이 피해자에게 불행을 고지하거나 길흉화복에 관한 어떠한 결과를 약속하고 기도비 등의 명목으로 대가를 교부받은 경우에 전통적인 관습 또는 종교행위로서 허용될 수 있는 한계를 벗어났다면 사기죄에 해당한다. (대법원 2016도12460)

(54) **'서명사취' 사기**에서, 피기망자가 처분결과 즉, 문서의 구체적 내용과 법적 효과를 미처 인식하지 못하였더라도, 어떤 문서에 스스로 서명 또는 날인함으로써 처분문서에 서명 또는 날인하는 행위에 관한 인식이 있었던 이상 **피기망자의 처분의사는 인정**된다. (대법원 2016도13362 전합) = 피고인 등이 토지소유자이자 매도인인 피해자 甲 등에게 토지거래허가 등에 필요한 서류라고 속여 근저당설정계약서 등에 서명날인하게 하고 인감증명서를 교부받은 다음, 이를 이용하여 甲 등의 소유 토지에 피고인을 채무자로 한 근저당권을 乙 등에게 설정하여 주고 돈을 차용하는 방법으로 재산상 이익을 취득하였다고 하여 사기로 기소된 사건에서, 甲 등의 행위는 사기죄에서 말하는 처분행위에 해당하고 甲 등의 처분의사가 인정된다.

(55) 의료인의 자격이 없는 일반인(비의료인)이 개설한 의료기관이 마치 의료법에 의하여 적법하게 개설된 요양기관인 것처럼 국민건강보험공단에 요양급여비용의 지급을 청구하는 것은 국민건강보험공단으로 하여금 요양급여비용 지급에 관한 의사결정에 착오를 일으키게 하는 것이 되어 사기죄의 기망행위에 해당하고, 이러한 기망행위에 의하여 국민건강보험공단으로부터 요양급여비용을 지급받을 경우에는 사기죄가 성립한다. (대법원 2017도17699)

관련판례 **사기죄 부정**

① 피고인 소유가 아닌 부동산에 대하여 피고인 소유인 것처럼 보존등기신청을 하여 그 정을 모르는 등기공무원으로 하여금 그 등기를 하게 한 경우에 등기공무원의 위 행위는 사기죄를 구성하지 아니한다. (대법원 81도944)

② 위조된 약속어음을 진정한 약속어음인 것처럼 속여 기왕의 물품대금채무의 변제를 위하여 채권자에게 교부하였다고 하여도 어음이 결제되지 않는 한 사기죄는 성립되지 않는다. (대법원 82도2938)

③ 자기의 채권자에 대한 채무이행으로 채권을 양도하였다 하더라도 위 채권이 존재하지 않는다면 이를 양도하였다 하여 권리이전의 효력을 발생할 수 없는 것이고 따라서 채권자에 대한 기존의 채무도 소멸하는 것이 아니므로 위 채권의 양도로써 재산상의 이득을 취하였다고는 볼 수 없으므로 사기죄는 성립하지 않는다. (대법원 85도74) = 이익의 취득이 없는 사례

④ 피고인이 진실한 용도를 속이고 피해자로부터 그 인감도장을 교부받아 이 사건 부동산에 관한 소유권이전등기를 마쳤다 하여도 피해자의 처분행위가 있었다고 할 수 없고 또 인감도장이라는 재물을 영득할 의사가 없었다면 사기죄는 성립되지 않는다. (대법원 89도335)

⑤ 피고인이 피해자에게 백미 100가마를 변제한다고 말하면서 10가마의 백미보관증을 100가마의 보관증이라고 속여 교부하고 한문판독능력이 없는 피해자가 이를 100가마의 보관증으로 믿고 교부받았다고 하더라도 나머지 90가마의 채무가 소멸할리 없고 피고인이 위 채무를 면탈하였다고 할 수 없어 이익사기죄에 해당한다고 할 수 없다. (대법원 90도2037)

⑥ 금융기관 발행의 자기앞수표는 그 액면금을 즉시 지급받을 수 있는 점에서 현금에 내신하는 기능을 가지고 있어서 장물인 자기앞수표를 취득한 후 이를 현금 대신 교부한 행위는 불가벌적 사후행위로서 별도의 범죄를 구성하지 아니한다. (대법원 93도213)

⑦ 법인이 임대주택용지 분양신청을 함에 있어서 분양신청자 중의 추첨대상자에 들기 위하여 법인의 대표이사 개인의 허위 건축실적증명을 첨부한 경우 기망행위와 처분행위사이의 인과관계가 없어 사기죄를 구성하지 않는다. (대법원 93도1839)

⑧ **결혼예식장에서 신부측 축의금** 접수인인 것처럼 행세하여 피해자가 축의금을 내어놓자 이를 교부받아 가로챈 행위는 절도죄이지 사기죄에 해당하지 않는다. (대법원 96도2227, 96감도94) = 피기망자나 피해자 측의 처분행위가 없기 때문에 사기죄가 아니다.

⑨ 보험모집인이 자동차 보험가입자의 형사책임을 면하게 하기 위하여 위 보험가입자의 **미납보험료가 정상적으로 납부된 것처럼 전산조작하는 방법으로 보험회사를 기망하여 보험가입사실증명원을 발급받은 경우** 사기죄가 성립하지 않는다. (대법원 96도2625) = 보험가입사실증명원은 재물이나 재산상 이익의 처분에 관한 사항을 포함하고 있지 않기 때문에 사기죄의 객체가 되지 않으므로 사기죄가 성립하지 않는 것이다.

⑩ 어음, 수표를 타에 양도함으로써 전전유통되고 최후소지인이 지급기일에 지급제시하였으나 부도되었다고 하더라도 특별한 사정이 없는 한 그 최후소지인에 대한 관계에서 발행인의 행위를 사기죄로 의율할 수 없다. (대법원 97도3040)

⑪ **중고차 매매계약을 체결**하면서 매도인이 **할부금융회사 또는 보증보험회사**에 대한 할부금 채무가 남아 있음을 매수인에게 고지하지 아니한 경우, 사기죄가 성립하지 않는다. (대법원 98도231)

⑫ 태풍 피해복구보조금 지원절차가 행정당국에 의한 실사를 거쳐 피해자로 확인된 경우에 한하여 보조금 지원신청을 할 수 있도록 되어 있는 경우, 허위의 피해신고만으로 사기죄의 실행의 착수가 있다고 볼 수 없다. (대법원 98도3443)

⑬ 타인의 일반전화를 무단 이용하여 전화통화를 한 경우 사기죄를 구성하지 않는다. (대법원 98도3891) = 사람을 기망하지 않았기 때문이다. 통화의 기능이나 전파만 이용했으므로 재물이 아니므로 절도죄도 아니다.

⑭ 기존채무의 변제기 연장으로 인한 기한 유예의 재산상 이익이 아니라 변제기를 연장받음으로써 연장기간 동안의 이자 중 미지급 부분에 대한 재산상 이익을 편취하였다는 공소사실에 대하여 피기망자의 재산적 처분행위가 없었다는 이유로 사기죄의 성립을 부정하였다. (대법원 99도1326)

⑮ 형질변경 및 건축허가를 받는데 필요하다고 피해자를 속여, 즉 진실한 용도를 속이고 피해자로부터 부동산매도용 인감증명 및 등기의무자본인확인서면을 교부받아 이를 이용하여 피해자 소유의 부동산에 관하여 자기 명의로 소유권이전등기를 마친 경우 위 부동산에 관한 사기죄가 성립하지 않는다. (대법원 2001도1289) = 피해자의 처분행위가 있었다고 볼 수 없다.

⑯ 어음의 발행인들이 각자 자력이 부족한 상태에서 자금을 편법으로 확보하기 위하여 서로 동액의 융통어음을 발행하여 교환한 경우, 사기죄가 성립하지 않는다. (대법원 2001도6570)

⑰ 매수인이 매도인에게 **매매잔금을 지급함에 있어 착오에 빠져 지급해야 할 금액을 초과하는 돈을 교부**하는 경우, 매도인이 **매매잔금을 받은 후 비로소 그 사실을 알게 되었음**에도 불구하고 그 사실을 매수인에게 알리고 초과금액을 되돌려 주지 않은 경우에는 부작위에 의한 사기죄가 성립하지 않는다. (대법원 2003도4531)

⑱ 토지의 매수를 권유하면서 언급한 내용이 객관적 사실에 부합하거나 비록 확정된 것은 아닐지라도 연구용역 보고서와 신문스크랩 등에 기초한 것이라면 사기죄의 기망행위에 해당하지 않는다. (대법원 2004도45) = 단순 광고에 불과한 수준이다.

⑲ **자동차 명의신탁관계에서 자동차의 명의수탁자가 명의신탁사실을 고지하지 않고**, 나아가 자신의 소유라는 말을 하면서 자동차를 제3자(매수인)에게 매도하고 이전등록까지 마쳐 준 경우, 매수인에 대하여 사기죄가 성립하지 않는다. (대법원 2006도4498)

⑳ 양도증서 등 특허 관련 명의변경 서류를 위조하여 **일본국 특허청 공무원에게 제출함으로써** 특허 출원자를 자신의 명의로 변경한 경우, 사기죄가 성립하지 않는다. (대법원 2007도3475) = 특허권의 처분행위가 있었다고 볼 수 없다.

㉑ 차용인이 대여인으로부터 관광버스 구입자금을 차용한 후 계속된 사업실패로 파산신청을 하여 면책허가결정이 확정되자 대여인이 차용금 사기죄로 고소한 사안에서, 차용 당시 차용인에게 편취의 범의가 있었다고 볼 수 없다. (대법원 2007도10770)

㉒ 주유소 운영자가 농·어민 등에게 조세특례제한법에 정한 **면세유**를 공급한 것처럼 위조한 면세유류공급확인서로 정유회사를 기망하여 상당의 이득을 취득한 경우, 조세범처벌법 위반죄 성립은 별론으로 하고 국가 또는 지방자치단체에 대해서도 사기죄는 성립하지 않는다. (대법원 2008도7303) = 정유회사에 대한 사기죄는 성립할 수 있고, 기망행위에 의하여 조세를 포탈하거나 조세의 환급·공제를 받은 것은 사기죄의 기망행위로 보지 않고 조세포탈죄로 처리한다.

㉓ **타인의 폭행으로 상해**를 입고 병원에서 **치료를 받으면서** 상해를 입은 경우에 관하여 거짓말을 하여 국민건강보험공단으로부터 보험급여 처리를 받은 경우 위 상해가 '**전적으로 또는 주로 피고인의 범죄행위에 기인하여 입은 상해**'라고 할 수 없다면 사기죄가 성립하지 않는다. (대법원 2010도1777)

㉔ 예금주인 피고인이 제3자에게 **편취당한 송금의뢰인으로부터 자신의 은행계좌에 계좌송금된 돈**을 출금한 경우 사기죄가 성립하지 않는다. 즉 송금의뢰인과 수취인 사이에 계좌이체 등의 원인이 되는 법률관계가 존재하지 않음에도 계좌이체에 의하여 수취인이 이체금액 상당의 예금채권을 취득한 경우, 수취인이 은행에 예금반환을 청구하여

지급받는 행위는 **은행을 피해자로 한 사기죄에 해당하지 않는다는 것**이다. (대법원 2010도3498) = 자기 계좌에서 예금을 인출한 것 자체는 은행에 대한 사기죄는 인정되지 않는다는 의미이다. 즉 피해자의 처분행위가 없다고 보는 것이다. 다만, 송금의뢰인에 대해서는 사기죄의 공동정범이 인정될 수 있다.

㉕ 아파트 입주권의 매매계약을 체결하면서 매수인이 입주권 가격에 대해 아무런 문의도 하지 않았다 하더라도 매도인인 부동산중개업자가 그 입주권을 2억 5,000만 원에 확보하여 2억 9,500만 원에 전매한다는 사실을 매수인에게 고지하지 않았더라도, 이러한 고지의무의 불이행을 기망으로 보기 어렵기 때문에 사기죄가 성립한다고 볼 수 없다. (대법원 2010도5124)

㉖ 기획부동산업자인 피고인들이 도시계획시설 사업으로 수용되는 철거주택의 입주권을 받게 해 줄 의사나 능력이 없는데도 '구청 공무원들에게 이미 작업을 해놓아 입주권이 나올 것이 확실하다는 취지로 피해자들을 기망하여 입주권 매매대금을 편취한 경우, 피고인들은 이전부터 입주권 판매사업을 하면서 도시계획시설 결정에 관한 권한을 가진 서대문구청장 등에게 금전을 제공하는 대가로 도움을 받은 바 있었고, 이 사건 역시 같은 방식으로 그들의 도움을 받았으므로, 피고인들이 피해자들에게 언급한 내용은 객관적 사실에 부합하거나, 비록 다소의 과장이나 허위가 수반되었다고 하더라도 일반 상거래의 관행과 신의칙에 비추어 시인될 수 있는 정도를 벗어나 사기죄에 있어서의 기망행위에 해당한다고 보기는 어렵다. (대법원 2010도7298)

㉗ 피고인이 부동산에 대해 甲과 신탁금지약정을 체결한 사실을 A은행에 알리지 아니한 채 위 부동산을 담보신탁하고 A은행에서 대출을 받은 경우라도, 그 사정만으로 신탁계약의 효력과 그 신탁계약에 따르는 채무이행에 장애를 가져오거나 수탁자와 우선수익자의 권리실현에 장애가 된다고 볼 수 없기 때문에, A은행에 대한 사기죄가 성립한다고 볼 수 없다. (대법원 2011도2989)

㉘ 피고인이 이동통신 판매대리점의 컴퓨터를 이용하여 **이동 통신회사들의 전산망에 접속**한 다음 전산상으로 사용정지된 휴대전화를 사용할 수 있도록 하거나 **유심칩 읽기를 통해 문자메시지 발송**한도를 해제함으로써 다량의 문자메세지를 과금없이 보냄으로써 이동통신사에 재산상 손해를 초래했다는 사안에서, **사기죄가 성립하지 않는다**. 다만, 정보통신망법 위반죄는 성립한다. (대법원 2011도5299)

㉙ 甲 주식회사 운영자인 피고인이 회사 운영이 어려워 돈을 차용하거나 투자를 받더라도 갚을 의사나 능력이 없는데도 피해자들을 기망하여 회사 운영자금 명목으로 돈을 차용하여 편취하였다는 내용으로 기소된 사안에서, 甲 회사나 피고인이 타인으로부터 투자금을 조달하지 않는 한 자력으로는 대여금을 변제할 만한 능력이 없다는 점, 피해자들로부터 차용한 돈은 甲 회사의 운영경비 등으로 사용된 점 등 피고인이 피해자들을 기망하였다거나 피고인의 기망행위로 인하여 피해자들이 착오에 빠져 어떠한 재산적 처분행위를 하였다고 볼 수 없다. (대법원 2011도8829)

㉚ 甲이 A에게 사업자등록 명의를 빌려주면 세금이나 채무는 모두 자신이 변제하겠다고 속여 그로부터 명의를 대여받아 호텔을 운영한 경우, A가 명의를 대여하였다는 것만으로 사기죄의 처분행위가 있었다고 보기는 어렵다. (대법원 2012도4773)

㉛ 소비대차 거래에서 차주가 돈을 빌릴 당시에는 변제할 의사와 능력을 가지고 있었다면 비록 그 후에 변제하지 않고 있더라도 이는 민사상 채무불이행에 불과하며 형사상 사기죄가 성립하지는 아니한다. (대법원 2012도14516)

㉜ 어린이집 운영자가 어린이집의 운영과 관련하여 허위로 지출을 증액한 내용으로 '재무회계규칙에 의한 회계'를 하고 그 결과를 보고하여 기본보육료를 지급받은 경우, 사기죄에 해당하지 않는다. (대법원 2015도3394)

㉝ 종합문화재수리업자로 등록된 주식회사 A의 대표이사 甲은 실제로는 문화재수리를 직접 수행할 의사와 능력이 없었음에도 피해자와 도급계약을 체결하면서, 마치 문화재수리기술자 4명 등을 상시 보유하고 있는 종합문화재수리업자이고, A회사에서 위 공사를 직접 시행할 것처럼 피해자를 기망한 경우, 공사도급계약 당시 관련 영업 또는 업무를 규제하는 행정법규나 입찰 참가자격, 계약절차 등에 관한 규정을 위반한 사정이 있는 때에는 그러한 사정만으로 공사도급계약을 체결한 행위가 기망행위에 해당한다고 단정해서는 안 되고, 그 위반으로 말미암아 계약 내용대로 이행되더라도 공사의 완성이 불가능하였다고 평가할 수 있을 만큼 그 위법이 공사의 내용에 본질적인 것인지 여부를 심리·판단하여야 한다. (대법원 2015도9130)

㉞ 피고인이 식당을 운영하면서 중국산 부세를 제공하면서도 원산지를 국내산이라고 기재하여 마치 국내산 식재료와 굴비인 것처럼 손님들에게 판매한 경우, 피고인은 전남 영광군 법성포에서 굴비처럼 가공한 중국산 부세를 20,000원짜리 점심 식사 등에 사용한 점, 중국산 부세와 같은 크기의 국내산 굴비는 1마리에 200,000원 내외의 고가인 점 등에 비추어 보면, 손님들이 메뉴판에 기재된 국내산이라는 원산지 표시에 속아 식당을 이용하였다고 보기 어렵다. (대법원 2015도12932)

㉟ 피고인 등이 피해자 甲 등에게 자동차를 매도하겠다고 **거짓말하고 자동차를 양도하면서 매매대금을 편취한 다음, 자동차에 미리 부착해 놓은 지피에스(GPS)로 위치를 추적하여 자동차를 절취**하였다고 하여 사기죄 및 특수절도죄로 기소된 경우, 피고인에게는 **특수절도죄가 성립할 뿐이고 사기죄는 별도로 성립하지 않는다.** (대법원 2015도17452) = 자동차 매도 시에 소유권이전등록의 필요서류 일체를 제공하였으므로 甲이 언제든지 소유권이전등록을 마칠 수 있으므로 사기죄는 아니다. 즉 자동차 매도할 당시 바로 다시 절취할 의사를 숨긴 것을 기망이라고 할 수는 없으므로 특수절도죄만 성립할 뿐이고 사기죄는 성립하지 않는다.

㊱ 甲이 피해자 A로 하여금 A의 예금을 인출하게 하고, 그 인출한 현금을 A의 집에 보관하도록 거짓말을 한 경우, 그 정도만으로는 기망행위가 착수된 것이라는 저이 증명되지 않았기 때문에 사기죄의 미수마저도 성립하였다고 보기 어렵다. 또한 피해자가 아직 처분행위가 있었다고 보기도 어렵다. (대법원 2017도1544)

㊲ 피해자 법인이나 단체의 대표자 또는 실질적으로 의사결정을 하는 최종결재권자 등이 기망행위자와 동일인이거나 기망행위자와 공모하는 등 기망행위임을 알고 있었다면 사기죄가 성립하지 않는다. (대법원 2017도8449) = 기망행위임을 알고 있었던 경우에는 기망행위로 인한 착오가 있다고 볼 수 없고, 재물 교부 등의 처분행위가 있었더라도 기망행위와 인과관계가 있다고 보기 어렵다. 이러한 경우에는 사안에 따라 업무상횡령죄 또는 업무상배임죄 등이 성립하는 것은 별론으로 하고 사기죄가 성립한다고 볼 수 없다. 반면에 피해자 법인이나 단체의 업무를 처리하는 실무자인 일반 직원이나 구성원 등이 기망행위임을 알고 있었더라도, 피해자 법인이나 단체의 대표자 또는 실질적으로 의사결정을 하는 최종결재권자 등이 기망행위임을 알지 못한 채 착오에 빠져 처분행위에 이른 경우라면, 피해자 법인에 대한 사기죄의 성립에 영향이 없다.

㊳ 의료인으로서 자격과 면허를 보유한 사람이 「의료법」제4조 제2항을 위반하여 다른 의료인의 명의로 의료기관을 개설·운영함으로써 요양급여비용을 지급받은 경우, 「국민건강보험법」상 요양급여비용을 적법하게 지급받을 수 있는 자격 내지 요건이 흠결되지 않은 이상, 국민건강보험공단을 피해자로 하는 사기죄를 구성되지 아니한다. (대법원 2019도1839)

㊴ 일반 국민이 담당 공무원을 기망하여 권력작용에 의한 재산권 제한을 면하는 경우에는 부과권자의 직접적인 권력작용을 사기죄의 보호법익인 재산권과 동일하게 평가할 수 없는 것이므로, 행정법규에서 그러한 행위에 대한 처벌규정을 두어 처벌함은 별론으로 하고, 사기죄는 성립할 수 없다. (대법원 2019도2003)

㊵ 기망행위에 의하여 조세를 포탈하거나 조세의 환급·공제를 받은 경우, 형법상 사기죄가 성립하지 않는다. (대법원 2021도7831)

㊶ 도급계약 당시 관련 영업 또는 업무를 규제하는 행정법규나 입찰 참가자격, 계약절차 등에 관한 규정을 위반한 사정만으로 도급계약 체결행위가 기망행위에 해당하지 않는다. (대법원 2017도20911)

㊷ 사기로 편취한 재물 또는 재산상의 이익의 가액을 구체적으로 산정할 수 없는 경우, 특정경제범죄 가중처벌 등에 관한 법률 위반(사기)죄로 처벌할 수 없다. (대법원 2022도3771)

㊸ i) 사기죄는 타인을 기망하여 착오에 빠뜨리고 처분행위를 유발하여 재물을 교부받거나 재산상 이익을 얻음으로써 성립하는 범죄로서 본질은 기망행위에 의한 재물이나 재산상 이익의 취득이다. 그리고 사기죄는 보호법익인 재산권이 침해되었을 때 성립하는 범죄이므로, 사기죄의 기망행위라고 하려면 불법영득의 의사 내지 편취의 범의를 가지고 상대방을 기망한 것이어야 한다. 사기죄의 주관적 구성요건인 불법영득의 의사 내지 편취의 범의는 피고인이 자백하지 않는 이상 범행 전후 피고인의 재력, 환경, 범행의 내용, 거래의 이행과정 등과 같은 객관적인 사정 등을 종합하여 판단할 수밖에 없다. ii) 특히 도급계약에서 편취에 의한 사기죄의 성립 여부는 **계약 당시를 기준**으로 피고인에게 일을 완성할 의사나 능력이 없음에도 피해자에게 일을 완성할 것처럼 거짓말을 하여 피해자로부터 일의 대가 등을 편취할 고의가 있었는지 여부에 의하여 판단하여야 한다. 이때 법원으로서는 도급계약의 내용,

체결경위 및 계약의 이행과정이나 결과 등을 종합하여 판단하여야 한다. iii) 사기죄의 보호법익은 재산권이므로, 기망행위에 의하여 **국가적 또는 공공적 법익이 침해되었다는 사정만으로 사기죄가 성립한다고 할 수 없다.** 따라서 도급계약이나 물품구매 조달계약 체결 당시 관련 영업 또는 업무를 규제하는 행정법규나 입찰 참가자격, 계약절차 등에 관한 규정을 위반한 사정이 있더라도 그러한 사정만으로 도급계약을 체결한 행위가 기망행위에 해당한다고 단정해서는 안 되고, 그 위반으로 말미암아 계약 내용대로 이행되더라도 일의 완성이 불가능하였다고 평가할 수 있을 만큼 그 위반이 일의 내용에 본질적인 것인지 여부를 심리·판단하여야 한다. (대법원 2017도14104) = 피고인이 설립한 갑 주식회사는 설립 자본금을 가장납입하고, 자격증 대여자를 보유 건설기술자로 등록하는 등 자본금 요건과 기술자 보유 요건을 가장하여 전문건설업을 부정 등록한 무자격 건설업자로 전문공사를 하도급받을 수 없었음에도, 이를 바탕으로 공사 발주기관을 기망하여 특허 사용협약을 체결하고, 해당 공사를 낙찰받은 건설회사 담당자를 기망하여 하도급 계약을 체결한 후, 각 계약들에 따른 공사대금을 지급받아 편취로 기소되었으나 사기죄 부정

㊹ 피고인들이 민사소송의 조정 과정에서 피해자에게 아파트 시행 사업 양도대금의 지급시기를 설명하지 않았다는 사정만으로 곧바로 기망행위가 성립하였다거나 그로 인한 손해가 발생하였다고 할 수 없다고 보았다. (대법원 2020도10330) = 아파트 시행사업을 하던 피고인들이 투자자인 피해자로부터 약정금 반환을 구하는 소를 제기 당하자, 조정절차에서 합의된 금전의 지급 재원이 될 아파트 시행 사업 양도대금의 지급시기에 관하여 조정 상대방인 피해자를 기망하여 이에 속은 피해자가 조정에 응함으로써 약정금을 감액받아 채무면제를 받았다는 이유로 사기죄로 기소된 사건에서 신의칙상 주의의무를 다하지 아니하였다거나 조정성립과 상당인과관계 있는 손해가 발생하였다고 쉽사리 단정하여서는 아니 된다.

> **참고** 비의료기관의 사기죄 여부 문제 + 비의료기관의 진단서·처방전 작성·발급 문제
> ① 의사가 환자와 대면하지 아니하고 전화나 화상 등을 이용하여 환자의 용태를 스스로 듣고 판단하여 처방전 등을 발급한 행위를 '직접 진찰한 의사'가 아닌 자가 처방전 등을 발급한 행위로 해석하는 것은 유추해석금지 원칙에 위반된다. (대법원 2010도1388) = 즉 구 의료법이 직접 진찰한 의사가 아니면 처방전을 작성하여 환자에게 교부하지 못한다고 규정하고 있는데, 이 규정만으로 대면진찰을 하지 않았거나 충분한 진찰을 하지 않은 상태에서 처방전을 발급하는 행위 일반을 금지하는 조항이 아니다. 따라서 이를 위와 같이 해석하는 것은 죄형법정주의 위반이다. 다만 이후 법개정을 통하여 원격진료가 인정되는 예외 경우를 규정한 후 그 이외의 대면진찰이 아닌 원격진료 등을 하고 처방전을 교부하는 행위는 의료법상 위법으로 규정하여 입법적으로 이 문제를 해소하였다.
> ② 의사가 전화를 이용하여 진찰한 것임에도 내원 진찰인 것처럼 가장하여 국민건강보험관리공단에 요양급여비용을 청구하여 진찰료를 수령한 경우, 사기죄가 성립한다. (대법원 2011도10797)
> ③ 비의료인이 개설한 의료기관이 「의료법」에 의하여 적법하게 개설된 요양기관인 것처럼 국민건강보험공단에 요양급여비용의 지급을 청구하여 지급받은 경우, 의료법상 의료기관이라고 할 수 없으므로 이런 곳이 급여비용을 지급청구한 것은 국민건강보험공단을 피해자로 한 사기죄에 해당한다. (대법원 2014도11843)
> ④ 의료법 제34조 제1항에 의하면 의료인이 의료인에게 의료지식이나 기술 등을 지원하는 원격진료는 할 수 있지만, 특별한 사정이 없는 한 원격지에 있는 환자에 대해서 전화 등으로 원격진료를 하는 것은 환자나 환자 보호자의 요청에 의한 경우라도 의료법 위반행위이다. (대법원 2015도13830)
> ⑤ 비의료인이 개설한 의료기관이라도 면허를 갖춘 의료인을 통하여 환자에 대한 진료가 이루어지고 해당 환자가 가입해 둔 보험회사 등에 진료수가(진료비)를 청구한 것이라면 보험회사에 이런 사정을 고지하지 아니한 채 청구했더라도 기망으로 볼 수 없다. 또한 이런 비의료기관이 보험회사에 이를 고지하지 않고 보험수익자인 환자에게 진료사실증명을 발급해주었다고 하더라도 역시 기망행위로 볼 수 없다. (대법원 2017도17699)
> ⑥ 의료인으로서 자격과 면허를 보유한 사람이 「의료법」 제4조 제2항을 위반하여 다른 의료인의 명의로 의료기관을 개설·운영함으로써 요양급여비용을 지급받은 경우, 「국민건강보험법」상 요양급여비용을 적법하게 지급받을 수 있는 자격 내지 요건이 흠결되지 않은 이상, 국민건강보험공단을 피해자로 하는 사기죄를 구성하지 아니한다. (대법원 2019도1839)
> ⑦ 의사가 환자를 직접 진찰하지 않은 채 그 환자를 대상자로 표시하여 진단서나 처방전을 작성·교부하였다면, 의료법 위반행위로 보아야 하며, 이는 환자가 실제 존재하지 않는 허무인인 경우에도 마찬가지이다. (대법원 2020도13899)

III 사기죄의 유형: 소송사기

1 개념

① 소송사기는 피기망자(법원)와 피해자(원고이든 피고이든)가 일치하지 않는 삼각사기의 대표사례이다. 이때 피기망자인 법원은 처분권한은 가지고 있는 것이다.

② 행위자가 소송당사자가 되어 법원에 허위사실을 주장하거나 허위증거를 제출하여 유리한 판결한 받아 재판에서 패소한 소송상대방으로부터 강제집행 등을 통하여 재물이나 재산상 이득을 취득하는 것이다.

③ **자기에게 유리한 판결을 얻기 위하여 소송상의 주장이 사실과 다름이 객관적으로 명백하거나 증거가 조작되어 있는 점을 인식하지 못하는 제3자를 이용하여** 그로 하여금 소송의 당사자가 되게 하고 법원을 기망하여 소송 상대방의 재물 또는 재산상 이익을 취득하려고 하였다면 **간접정범의 형태에 의한 소송사기죄도 성립**한다. (대법원 2006도3591)

④ **민사소송에서 원고만이 사기행위자가 되는 것이 아니라 피고도 사기행위자가 될 수 있다. 즉 방어적인 위치에 있는 피고라 하더라도 적극적인 방법으로 법원을 기망할 의사를 가지고 허위내용의 서류를 증거로 제출하거나 그에 따른 주장을 담은 답변서나 준비서면을 제출한 경우에 사기죄의 실행의 착수**가 인정된다. (대법원 97도2786)

2 기망행위

① 증거를 허위로 조작하는 것과 같은 적극적인 사술을 사용해야 한다. 이때 소송사기에서 말하는 증거의 조작이란 처분문서 등을 거짓으로 만들어 내거나 증인의 허위 증언을 유도하는 등으로 객관적·제3자적 증거를 조작하는 행위를 말한다.

② 재판과정에서 단순히 자신에게 불리한 사실을 묵비한다거나 단순 부인하는 정도, 다소 과장된 정도의 주장을 하는 정도, 또는 **상대방에게 유리한 증거를 제출하지 않거나 상대방에게 유리한 사실을 진술하지 않는 행위만으로는 소송사기의 기망행위로 볼 수 없다.** (대법원 2001도1610)

3 처분행위

사기죄는 피기망자의 처분권에 따른 피해자의 처분행위가 필요한데, 소송사기에서는 피기망자인 법원의 판결을 처분행위로 이해한다. 따라서 **사자(死者: 사망자)에 대한 소송은 판결이 이루어져도 피해자의 처분행위에 의한 재물이나 재산상 이익을 행위자가 취득할 수 없으므로** 불능범이 되므로 사기죄가 성립하지 않는다. (대법원 97도632)

4 고의

법원을 기망하여 유리한 재판을 받아내어 소송상대방으로부터 재물이나 재산상 이익을 취득하려는 인식과 의사가 필요하다.

5 실행착수와 기수의 시기

실행착수 시점	원고가 행위자	소 제기 시(법원에 소장제출 시점)
	피고가 행위자	허위주장이 담긴 답변서나 준비서면의 제출 시점
기수 시점	원고가 행위자	원고의 승소판결이 확정된 때(피고의 패소판결이 확정된 때)
	피고가 행위자	피고의 승소판결이 확정된 때(원고의 패소판결이 확정된 때)
미수	원고가 행위자	소 제기하여 재판했으나 원고가 패소하여 판결확정된 때
	피고가 행위자	허위 답변서 등을 제출했으나 피고가 패소하여 판결확정된 때

소 제기가 없는 가압류의 신청, 가처분의 신청, 소송상 화해는 소송사기의 실행착수로 인정되지 않는다. (대법원 82도1529)

> **참고**
> '가압류'란 금전 또는 금전으로 환산할 수 있는 청구권을 그대로 두면 장래 강제집행이 불가능하게 되거나 곤란하게 되는 것을 막기위해 미리 일반담보가 되는 채무자의 재산을 압류, 확보하는 것으로 보전절차의 일종이다. 보전절차에는 가처분과 가압류가 있는데, 가처분은 금전채권이외의 채권에 대하여 행하는 보전절차로서 가압류와 가처분은 보전하려는 청구권의 종류가 무엇이냐에 따라서 구별된다. '가처분'은 금전 채권 이외의 특정의 지급을 목적으로 하는 청구권을 보전하기 위하거나 또는 다투어지고 있는 권리 관계에 관하여 임시의 지위를 정함을 목적으로 하는 재판이다.

6 위법성: 정당한 권리행사로서의 소송제기

① 권리자(채권자 등)가 정당한 권리행사 차원에서 채무자 등을 상대로 소송을 제기하는 것은 고의가 인정되지 않을 뿐만 아닌 것이 원칙이며(구성요건해당성 자체가 없음), 이 과정에서 다소 허위나 과장이 있더라도 전체적으로 보아 소송 자체에 위법성이 없다고 볼 여지가 있다.

② 그러나 정당한 권리행사 수준을 넘어서는 경우, 권리행사의 남용에 해당되어 고의와 위법성이 조각되지 않는다.

7 죄수

법원을 기망하여 승소판결을 받아 해당 확정판결에 따라 소유권이전등기를 경료한 경우, 사기죄와 공정증서원본불실기재죄의 실체적 경합범이 된다. (대법원 83도188) 단, **부실기재가 신고인의 허위신고에 의한 것이 아니라 법원의 촉탁 등에 의해 이루어진 경우라면 공정증서원본불실기재죄가 아니다.** (대법원 83도2442)

> **관련판례** 소송사기가 성립하기 위한 요건
> ① 소송사기가 성립하기 위하여는 제소 당시에 그 주장과 같은 채권이 존재하지 아니하다는 것만으로는 부족하고 그 주장의 채권이 존재하지 아니한 사실을 잘 알고 있으면서도 허위의 주장과 입증으로써 법원을 기망한다는 인식을 하고 있어야만 하고, 단순히 사실을 잘못 인식하거나 법률적인 평가를 그르침으로 인하여 존재하지 않는 채권을 존재한다고 믿고 제소하는 행위는 사기죄를 구성하지 않는다. (대법원 2003도373) = 사기란 고의가 있어야 하므로 이처럼 채권의 존재에 착각이 확실하다면 이는 과실에 해당하는 것이라서 사기죄가 성립하지 않는다.
> ② **예고등기로 인한 경매대상 부동산의 경매가격 하락 등을 목적으로 허위 채권을 주장**하며 채권자대위의 방식에 의한 원인무효로 인한 소유권보존등기 **말소청구소송을 제기한 경우는 사기죄가 성립하지 않는다.** (대법원 2009도128) = 경매절차 진행 중 부동산에 예고등기가 경료되도록 함으로써 경매가격 하락 등을 의도한 것으로 보이지만 말소청구소송을 통하여 승소판결을 받아 재산상 이익을 취하려고 한 것은 아니다. 즉 불법영득의사가 있다고 보기 어렵다. 왜냐하면 원고가 승소하더라도 피고의 등기가 말소되는 것일 뿐 이것만으로 해당 피고인이 위 부동산에 관하여 어떠한 권리를 취득하거나 의무를 면하는 것이 아니므로 법원을 기망하여 재물이나 재산상 이익을 편취한 것으로 보기 어렵기 때문이다. 따라서 해당 소제기는 실행의 착수로 볼 수 없다.

> **관련판례** 소송사기 인정
> ① 피고인이 타인명의로 채무자를 상대로 법원을 기망하여 지급명령과 가집행선고부 지급명령을 발부받고 이를 채무명의로 하여 채무자의 제3채무자에 대한 정기예금 원리금 채권에 대하여 채권압류 및 전부명령을 하게 하고 송달시켜 위 채권을 전부받아 편취한 경우에는 그로서 사기죄는 기수에 이르렀다 할 것이고 실제로 위 원리금을 은행으로부터 지급받아 취득하였는지 여부는 사기의 기수·미수를 논하는데 아무런 소장을 가져오지 않는다. (대법원 76도3700)
> ② 적극적 소송당사자인 원고가 아니라 방어적인 위치에 있는 피고라 하더라도 허위내용의 서류를 작성하여 이를 증거로 제출하거나 위증을 시키는 등의 적극적인 방법으로 법원을 기망하여 착오에 빠지게 한 결과 승소확정판결을 받음으로써 자기의 재산상의 의무이행을 면하게 된 경우에는 그 재산가액 상당에 대하여 사기죄가 성립한다. (대법원 87도1090)

③ 대여금 채권자가 채무자에 대하여 승소확정판결을 받은 대여원리금채권을 그 판결확정후에 전액을 변제받고서도 형식상 적법한 채무명의인 판결정본을 그대로 소지하고 있음을 이용하여 위 판결정본에 기한 채권이 존재함을 내세워 집달관으로 하여금 그 집행절차를 수임하게 하여 위 채무자 소유의 동산에 압류집행을 하도록 하였다면 채권자의 위 소위는 사기미수에 해당한다. (대법원 87도2394)

④ 점유취득시효 완성 후 등기명의인을 상대로 **점유취득시효 완성을 원인으로 한 소유권이전등기청구소송을 제기**하면서 점유의 권원에 관한 증거를 위조하고 그 진정성립 등에 관한 위증을 교사하는 등 법원을 기망하여 승소판결을 받고, 등기까지 한 경우 **사기죄를 구성한다.** (대법원 96도1405)

⑤ 가계수표발행인이 자기가 발행한 가계수표를 타인이 교부받아 소지하고 있는 사실을 알면서도, 또한 그 수표가 적법히 지급 제시되어 수표상의 소구의무를 부담하고 있음에도 불구하고 허위의 분실사유를 들어 공시최고 신청을 하고 이에 따라 법원으로부터 제권판결을 받음으로써 수표상의 채무를 면하여 그 수표금 상당의 재산상 이득을 취득하였다면 이러한 행위는 사기죄에 해당한다. (대법원 99도364)

⑥ **배당이의 소송의 제1심에서 패소판결**을 받고 항소한 자가 그 항소를 취하하는 것만으로는 사기죄에서 말하는 재산적 처분행위가 있다고 볼 것이다. 즉 사기죄가 성립한다. (대법원 2000도4419)

⑦ 허위의 증거를 이용하지 않더라도 **허위의 내용으로 지급명령을 신청**하여 지급명령이 확정된 경우에는 사기죄가 성립한다. (대법원 2002도4151) = 지급명령은 정식 민사소송 이전의 절차이기는 하지만 확정이 되면 정식 소송의 판결과 같은 효력을 가지므로, 이를 허위로 신청하여 확정된 경우라면 사기죄의 기수에 해당한다.

⑧ 부동산등기부상 소유자로 등기된 적이 있는 자가 자기 이후에 소유권이전등기를 경료한 등기명의인들을 상대로 **허위의 사실을 주장하면서 그들 명의의 소유권이전등기의 말소**를 구하는 소송을 제기한 경우 말소등기청구 소송의 제기는 사기의 실행에 착수한 것이라고 보아야 한다. (대법원 2003도1951)

> **비교판례**
> 갑이 부동산을 매수한 일이 없음에도 매수한 것처럼 **허위의 사실을 주장**하여 위 부동산에 대한 소유권이전등기를 거친 사람을 상대로 그 이전등기의 원인무효를 내세워 그 이전등기의 말소를 구하는 소송을 갑 명의로 제기하고 그 소송의 결과 원고로 된 갑이 승소한다고 가정하더라도 그 피고의 등기가 말소될 뿐이고 이것만으로 피고인이 위 부동산에 관한 어떠한 권리를 취득하거나 의무를 면하는 것은 아니므로 법원을 기망하여 재물이나 재산상 이익을 편취한 것이라고 보기 어렵고, 따라서 위 소제기 행위를 가리켜 **사기의 실행에 착수한 것이라고 할 수 없다.** (대법원 2009도128)

⑨ 피고인 또는 그와 공모한 자가 자신이 토지의 소유자라고 허위의 주장을 하면서 소유권보존등기 명의자를 상대로 보존등기의 말소를 구하는 소송을 제기하여 승소확정판결을 받는다면, 이는 법원을 기망하여 유리한 판결을 얻음으로써 '대상 토지의 소유권에 대한 방해를 제거하고 그 소유명의를 얻을 수 있는 지위'라는 재산상 이익을 취득한 것이어서 사기죄에 해당하고, 그 경우 기수시기는 위 판결이 확정된 때이다. (대법원 2005도9858 전합)

⑩ 소송사기는 소송에서 주장하는 권리가 존재하지 않는 사실을 알고 있으면서도 법원을 기망한다는 인식을 가지고 소를 제기하면 이로써 실행의 착수가 있고 소장의 유효한 송달을 요하지 아니한다고 할 것인바, 이러한 법리는 제소자가 상대방의 주소를 허위로 기재함으로써 그 허위주소로 소송서류가 송달되어 그로 인하여 상대방 아닌 다른 사람이 그 서류를 받아 소송이 진행된 경우에도 마찬가지로 적용된다. (대법원 2006도5811)

⑪ 주권을 교부한 자가 이를 분실하였다고 **허위로 공시최고신청을 하여 제권판결**을 선고받아 확정되었다면, 그 제권판결의 적극적 효력에 의해 그 자는 그 주권을 소지하지 않고도 주권을 소지한 자로서의 권리를 행사할 수 있는 지위를 취득하였다고 할 것이므로, 이로써 사기죄에 있어서의 재산상 이익을 취득한 것으로 보기에 충분하다. (대법원 2006도8488)

비교판례

甲 주식회사의 실질적 경영자인 피고인이, 전(前) 대표이사 乙이 지방자치단체에 기부금을 납부하기로 약정하고 골프장사업을 승인받으면서 그 이행을 위해 약속어음을 발행·교부한 사실을 잘 알고 있음에도, 위 어음을 분실하였다는 허위 사유를 들어 법원을 기망하고 **제권판결**을 선고받음으로써 어음금 상당의 재산상 이익을 편취하였다는 공소사실에 대하여, 위 기부금 증여계약은 지방자치단체장의 공무수행과 결부된 금전적 대가로서 그 조건이나 동기가 사회질서에 반하여 **무효**이므로 지방자치단체로서는 위 어음금의 지급을 청구할 수 없다. (대법원 2007도9331)

⑫ **부동산가압류결정을 받아** 부동산에 관한 가압류집행까지 마친 자가 그 가압류를 해제하면 소유자는 가압류의 부담이 없는 부동산을 소유하는 이익을 얻게 되므로, 가압류를 해제하는 것 역시 사기죄에서 말하는 재산적 처분행위에 해당한다. 심지어 가압류해제 이후 피보전채권이 존재하지 않는 것으로 밝혀진 경우일지라도 사기죄의 처분행위에 해당한다. (대법원 2007도5507) = 가압류의 신청은 소송사기의 실행착수로 보지 않지만, 행위자가 피해자인 상대방으로부터 가압류해제를 이끌어 내는 것은 사기죄에 해당한다.

⑬ A회사의 경영자인 피고인이, A회사와 B회사 사이에 허위로 작성된 물품공급계약서에 따른 공급을 한 사실이 없음에도 완료하였음을 전제로 B회사를 상대로 물품대금 청구소송을 제기하면서 증거자료로 위 물품공급 계약서를 제출하였다가 그 후 소송을 취하하였다면 사기미수죄가 성립한다. (대법원 2011도7262)

⑭ 甲이 일제시대 사정(査定)받은 토지에 대하여 소유자 미복구를 원인으로 국가 명의의 소유권보존등기가 되어 있는 상태에서, 피고인이 제1심 공동피고인과 공모하여 乙이 사정명의인 甲의 소유권을 대습상속한 것처럼 조작한 다음 국가를 상대로 소유권보존등기 말소등기 청구소송을 제기하여 이를 일부 인용하는 취지의 화해권고결정이 확정된 사안에서, 법원을 기망하여 유리한 결정을 받음으로써 '대상 토지의 소유명의를 얻을 수 있는 지위'라는 재산상 이익을 취득하였다고 할 것이고, 이는 사기죄의 대상인 재산상 이익의 편취에 해당한다는 이유로, 위 청구인용 부분에 대하여 사기죄, 그리고 화해권고결정에 의하여 등기말소청구를 포기한 부분에 대하여 사기미수죄를 인정한다. (대법원 2011도8873)

⑮ 유치권에 의한 경매를 신청한 유치권자는 일반채권자와 마찬가지로 피담보채권액에 기초하여 배당을 받게 되므로, 피담보채권인 **공사대금 채권을 실제와 달리 허위로 부풀려 유치권에 의한 경매를 신청**하는 경우, 정당한 채권액에 의하여 경매를 신청한 경우보다 더 많은 배당금을 받을 수도 있으므로 법원을 기망하여 배당이라는 법원의 처분행위에 의하여 재산상 이익을 취득하려는 행위로서 소송사기죄의 실행착수에 해당한다. (대법원 2012도9603)

⑯ 허위 채권에 기한 공정증서를 집행권원으로 하여 채무자의 소유권이전등기청구권에 대하여 **압류신청을 한 시점**에 소송사기의 실행에 착수하였다고 할 수 있다. (대법원 2014도10086)

관련판례 소송사기 부정

① 타인 명의의 등기서류를 위조하여 등기공무원에게 제출함으로써 피고인 명의로 소유권이전등기를 마쳤다고 하여도 등기공무원에게는 위 부동산의 처분권한이 있다고 볼 수 없어 사기죄가 성립하지 않는다. (대법원 81도529)

② 기한 미도래의 채권을 소송에 의하여 청구함에 있어서 단지 즉시 지급을 구하는 취지의 지급명령신청은 법원을 기망하여 부당한 이득을 편취하려는 기망행위에 해당하지 아니한다. (대법원 82도1160)

③ 허위채권으로 본안소송을 제기하지 아니한 채 **가압류만 한 경우에는 사기죄의 실행착수가 인정되지 않는다.** (대법원 82도1529)

④ 피고인이 국가 등의 소유인 토지들이 미등기임을 기화로 甲과 공모하여 乙을 그 소유자로 내세운 다음 甲이 乙을 상대로 위 토지들에 대하여 매매를 원인으로 한 소유권이전등기절차이행의 소를 제기하여 소송진행 중 쌍방의 소송대리인 등에게 화해하도록 하여 재판부로 하여금 乙이 대금수령과 상환으로 甲에게 위 토지들에 대한 소유권이전등기절차를 이행한다는 취지의 화해조서를 작성하게 한 경우, 이와 같은 소송상 화해의 효력은 소송당사자들 사이에만 미치고 제3자인 토지소유자에게는 미치지 아니하며 그 화해조서에 기하여 위 토지들에 대한 제3자의 소유권이 갑에게 이전되는 것도 아니므로 피고인의 위와 같은 행위가 사기죄를 구성한다고 할 수 없다. (대법원 87도1153)

⑤ **실재하고 있지 아니한 자에 대하여** 허위의 권원에 의한 소송을 제기하여 승소판결이 확정된 경우라도 사기죄가 성립하지 않는다. (대법원 92도743) = 불능범
⑥ 소송사기에 있어 사기죄가 성립하기 위하여는 제소 당시 그 주장과 같은 권리가 존재하지 않는다는 것만으로는 부족하고, 그 주장의 권리가 존재하지 않는다는 사실을 잘 알고 있으면서도 허위의 주장과 입증으로 법원을 기망한다는 인식을 요하고, 단순히 사실을 잘못 인식하였다거나 법률적 평가를 잘못하여 존재하지 않는 권리를 존재한다고 믿고 제소한 행위는 사기죄를 구성하지 아니한다. (대법원 94도1819)
⑦ 피고인들이 **타인과 공모하여 그 공모자를 상대로 제소한 경우**나 피고인들이 법원을 기망하여 얻으려고 한 판결의 내용이 소송 상대방의 의사에 부합하는 것일 때에는 착오에 의한 재물의 교부행위가 있다고 할 수 없어 소송사기죄가 성립되지 아니한다. (대법원 96도1265)
⑧ 사망한 자를 상대로 제소한 경우 **사망한 자에 대한 판결**은 그 내용에 따른 효력이 생기지 아니하여 상속인에게 그 효력이 미치지 아니하고 따라서 사기죄를 구성한다고 할 수 없다. (대법원 97도632) = 불능범
⑨ 피고인이 타인과 공모하여 그를 상대로 **자백간주(의제자백) 판결을 받아 소유권이전등기를 마친 경우**에는 그 타인과 소송사기의 공동정범으로 처벌 받지 않는다. (대법원 97도2430)
⑩ 공사대금채권과 대여금채권을 합산하여 임대차보증금반환채권으로 전환하기로 합의하여 임대차계약을 체결하고, 실제로 임차인이 임대차목적물에 거주하면서 주민등록전입신고를 하고 확정일자를 받은 경우, 임차인이 이에 기하여 경매법원으로부터 배당을 받은 행위를 사기죄로 의율할 수 없다. (대법원 2003도6412)
⑪ 소송사기에서 말하는 증거의 조작이란 처분문서 등을 거짓으로 만들어내거나 증인의 허위 증언을 유도하는 등으로 객관적·제3자적 증거를 조작하는 행위를 말하는 것이므로, 피고인이 소송 제기에 앞서 그 명의로 피해자에 대한 일방적인 권리주장을 기재한 통고서 등을 작성하여 내용증명우편으로 발송한 다음, 이를 법원에 증거로 제출하였다 하더라도, 증거를 조작하였다고 볼 수는 없다. (대법원 2003도7700)
⑫ 법률문외한인 피고인이 실질적으로는 동일한 선순위근저당권과 후순위근저당권의 피담보채권에 관하여 각각 배당을 요구하여 배당받은 행위가 소송사기에 해당하지 아니한다. (대법원 2005도4222)
⑬ **소송비용을 편취할 의사로 소송비용의 지급을 구하는 손해배상**청구의 소를 제기한 경우, 이는 위험성도 인정되지 않아서 불능범으로서 사기죄가 성립하지 않는다. (대법원 2005도8105) = 불능미수조차 아니다.
⑭ 甲이 **금융기관에 피고인의 명의로 예금을 하면서 자신만이 인출할 수 있게 해달라고 요청하여** 금융기관 직원이 예금 관련 전산시스템에 '甲이 예금, 인출 예정'이라고 입력하였고 피고인도 이의를 제기하지 않았는데, **그 후 피고인이 금융기관을 상대로 예금 지급을 구하는 소를 제기하였다가 금융기관의 변제공탁으로 패소한 경우** 사기미수죄가 아니다. (대법원 2009도5386)
⑮ 부동산 경매절차에서 피고인들이 **허위의 공사대금채권을 근거로 유치권 신고를 한 경우**, 소송사기의 실행의 착수가 있다고 볼 수 없다. (대법원 2009도5900) = 유치권 신고가 들어오면 법원은 매각물건명세서에 이를 기재하고 해당 내용을 매각기일공고에 적시하지만 이는 경매목적물에 대하여 유치권 신고가 있음을 입찰예정자들에게 고지하는 것에 불과할 뿐 처분행위라고 볼 수 없다. 즉 유치권 신고만으로는 아직은 본격적인 경매절차의 시작은 아니므로 허위의 유치권 신고만으로는 소송사기의 실행착수가 있다고 보기 어렵다.
⑯ A회사 운영자 甲이 'A회사의 B에 대한 채권'이 존재하지 않는다는 사실을 알면서도 그 사실을 모르는 A회사의 채권자 乙에게 'A회사의 B에 대한 채권'의 압류 및 전부명령을 신청하게 하여 그 명령을 받게 하였으나, 아직 乙이 B를 상대로 전부금 소송을 제기하지는 않은 상태인 경우, 소송사기의 실행착수를 인정할 수 없다. (대법원 2009도9982) = 소송사기가 성립하기 위하여는 제소 당시에 그 주장과 같은 채권이 존재하지 아니한다는 것만으로는 부족하고 그 주장의 채권이 존재하지 아니하는 사실을 잘 알면서도 허위의 주장과 입증으로써 법원을 기망한다는 인식을 하고 있어야만 한다. 위 사안에서 甲이 채권이 존재하지 않는다는 사실을 알면서도 그 사정을 모르는 채권자들(乙)로 하여금 피해자인 B를 제3채무자로 한 압류 및 전부(추심)명령을 받게 하였더라도 그것만으로 법원을 기망하였다고 볼 수 없고, 위 채권자들(乙)이 B를 상대로 소송을 제기하지 아니한 이상 소송사기의 실행착수로 볼 수 없다. 乙이 甲에 대해서 진정한 채권을 가지고 있는 사례이다.

비교판례

갑이 존재하지 않는 약정이자에 관한 내용을 부가하여 위조한 을 명의 차용증을 바탕으로 을에 대한 차용금채권을 병에게 양도하고, 이러한 사정을 모르는 병으로 하여금 을을 상대로 양수금청구소송을 제기하게 한 사안에서, 갑의 행위는 병을 도구로 이용한 간접정범형태의 소송사기죄를 구성한다.

갑이 을 명의 차용증을 가지고 있기는 하나 그 채권의 존재에 관하여 을과 다툼이 있는 상황에서 당초에 없던 월 2푼의 약정이자에 관한 내용 등을 부가한 을 명의 차용증을 새로 위조하여, 이를 바탕으로 자신의 처에 대한 채권자인 병에게 차용원금 및 위조된 차용증에 기한 약정이자 2,500만 원을 양도하고, 이러한 사정을 모르는 병으로 하여금 을을 상대로 양수금 청구소송을 제기하도록 한 사안에서, 적어도 위 약정이자 2,500만 원 중 법정지연손해금 상당의 돈을 제외한 나머지 돈에 관한 갑의 행위는 병을 도구로 이용한 **간접정범 형태의 소송사기죄를 구성한다.** (대법원 2006도3591)

⑰ 피고인이 위 소송을 제기하면서 위 근로계약서의 일급란 기재 금액을 변조하여 제출하였더라도 그것만으로 피고인이 증거조작을 통하여 법원을 기망한 것이라거나 피고인에게 허위사실을 증명함으로써 법원을 기망한다는 인식이 있었다고 볼 수 없다. (대법원 2018도13305)

⑱ 甲은 乙에 대한 손해배상채권에 기하여 피고인을 상대로 '피고인이 乙로부터 부동산을 매수한 것은 사해행위에 해당한다.'는 이유로 **사해행위취소소송**을 제기하여 제1심에서 승소판결을 받고, 피고인은 이에 대해 추완항소를 제기하였는데, 피고인은 선행 사해행위취소소송을 제기한 채권자 丙과의 사이에 성립한 조정 결과에 따른 가액배상금의 변제를 완료하였으므로 이를 사해행위 대상 부동산의 담보가치에서 공제하여야 한다고 주장하며 해당 금융거래내역을 증거로 제출하였으나, 사실은 미리 丙으로부터 송금받은 금원을 거의 그대로 재송금한 거래내역에 불과하여 실제 채무변제가 완료되지는 않았고, 피고인의 항소는 기각된 사안에서 소송사기가 성립하기 위하여는 주장하는 채권이 존재하지 않는다는 것만으로는 부족하고 그 주장의 채권이 존재하지 않는 사실을 잘 알면서도 허위의 주장과 증명으로써 법원을 기망한다는 인식을 하고 있어야만 하고, 단순히 사실을 잘못 인식하였다거나 법률적 평가를 잘못하여 존재하지 않는 권리를 존재한다고 믿는 등의 행위로는 사기죄를 구성하지 않는다. (대법원 2022도1227)

소송사기 인정	소송사기 부정
• 허위로 부풀려 유치권에 의한 경매를 신청 • 허위의 말소등기청구 소송 • 부동산 가압류 해제 • 압류신청 • 배당이의 소송 • 지급명령 • 점유취득시효 • 허위로 공시최고신청을 하여 제권(除權)판결	• 허위의 공사대금채권을 근거로 유치권 신고 • 예고등기로 인한 경매가격 하락 목적의 말소등기청구 • 가압류 청구 • 타인과 공모하여 공모자 상대 제소 • 타인과 공모하여 자백간주(의제자백) • 소송비용을 편취 위한 손해배상 청구 • 사망한 자에 대한 소송

IV 컴퓨터 등 사용사기죄

> **형법**
>
> **제347조의2 【컴퓨터 등 사용사기죄】** 컴퓨터 등 정보처리장치에 허위의 정보 또는 부정한 명령을 입력하거나 권한 없이 정보를 입력·변경하여 정보처리를 하게 함으로써 재산상의 이익을 취득하거나 제3자로 하여금 취득하게 한 자는 10년 이하의 징역 또는 2천만원 이하의 벌금에 처한다.

1 의의

컴퓨터 등 정보처리장치에 허위의 정보 또는 부정한 명령을 입력하여 정보처리를 하게 함으로써 재산상의 이익을 취득하거나 제3자로 하여금 취득하게 함으로써 성립한다. 컴퓨터재산범죄로서 사람을 기망하지 않으면서 재산상의 이익을 취득하는 행위를 처벌하고자 하는 것이다. 순수 이득죄이고 사람을 기망하지 않기 때문에 사기죄와는 보충관계에 있다.

2 구성요건

(1) 주체

본죄의 주체에는 제한이 없다. 오퍼레이터와 같이 컴퓨터정보처리의 담당자도 본죄의 주체가 될 수 있다.

(2) 객체

① 재산상 이익을 객체로 하는 순수이득죄이다. 따라서 타인의 현금카드나 신용카드를 이용하여 타인 계좌에서 이체하는 것이 아니라 현금을 인출하는 행위는 재물의 취득에 해당하므로 컴퓨터사용사기죄가 아니라 절도죄인 것이다.

② 객체인 재물이 아닌 재산상 이익은 점유를 논하는 것이 이상하지만, 기본적으로 재산상 이익은 타인소유 타인점유적 성질이어야 한다. 따라서 **자신 명의의 계좌에 착오로 송금된 돈을 다른 계좌로 이체하는 등 임의로 사용한 경우, 횡령죄가 성립한다고 보는 것이지 컴퓨터등사용사기죄에 해당하지 않는다.** (대법원 2005도5975) 왜냐하면, 송금착오로 입금되었더라도 엄연히 타인계좌가 아니라 자기계좌이므로 은행에 대하여 예금반환청구권을 가진 것이므로 이를 다른 계좌로 이체하는 것은 컴퓨터사용사기죄가 성립하지 않고 횡령죄가 성립하는 것이다.

③ 할아버지 소유의 농협 예금통장을 절취하여 현금지급기에서 해당 계좌의 예금을 자기 계좌로 이체한 경우, 컴퓨터사용사기죄가 성립한다. **이때 친족상도례가 적용되지 않는다.** 왜냐하면 해당 예금은 직계친족인 할아버지의 소유가 아니라 은행 소유라고 보기 때문이다. (대법원 2006도2704)

(3) 행위

컴퓨터 등 정보처리장치에 허위의 정보 또는 부정한 명령을 입력하여 정보처리를 하게 함으로써 재산상 이익을 취득하는 것이다.

1) 컴퓨터 등 정보처리장치

정보처리장치는 자동적으로 데이터를 처리할 수 있는 전자장치로서 재산적 이익의 득실과 관련되는 장치일 것을 요한다. 은행의 온라인과 연결된 컴퓨터, 현금자동지급기 등이 대표적인 예이다.

2) 허위의 정보 또는 부정한 명령의 입력, 권한 없이 정보를 입력·변경

① 허위의 정보의 입력이란 내용이 진실에 반하는 정보를 입력하는 것으로 은행 컴퓨터에 허위로 입금, 출금 데이터를 입력하여 예금잔고를 증액, 감소시키는 것 등이 그 예이다.

② '부정한 명령의 입력'은 당해 사무처리시스템에 예정되어 있는 사무처리의 목적에 비추어 지시해서는 안 될 명령, 즉 권한 없는 명령이나 허위의 명령을 입력하는 것을 의미한다.

③ '권한 없는 정보의 입력'은 타인의 진정한 정보를 권한 없는 자가 그 타인의 승낙 없이 사용하는 것을 의미한다.

④ '정보를 처리하게 한다'는 것은 정보 혹은 명령의 입력 등에 따라 진실에 반하거나 정당하지 아니한 기록을 만드는 것 또는 정당하지 아니한 사무처리를 하게 하는 것을 의미한다. 여기서 <u>'정보처리'는 사기죄에서 피해자의 처분행위에 상응하므로 입력된 허위의 정보 등에 의하여 계산이나 데이터의 처리가 이루어짐으로써 직접적으로 재산처분의 결과를 초래하여야 한다.</u>

⑤ 컴퓨터 등 사용사기죄에서의 '정보처리'는 입력된 허위의 정보 등에 의하여 계산이나 데이터의 처리가 이루어짐으로써 직접적으로 재산처분의 결과를 초래하여야 하고, 행위자나 제3자의 '재산상 이익 취득'은 사람의 처분행위가 개재됨이 없이 컴퓨터 등에 의한 정보처리 과정에서 이루어져야 한다. (대법원 2013도16099) 즉, 컴퓨터사용사기죄는 사람을 상대로 기망행위를 하거나 피기망자 등의 처분행위가 필요하지 않고, 정보처리작업에서 허위정보에 의해 직접 재산처분의 결과를 초래하는 방식으로 이루어져야 한다. 바로 이 점에서 사람을 기망하는 방식의 사기죄와 구별된다.

(4) 재산상 이익의 취득

① 이를 통하여 재산상 이익을 취득하거나 제3자로 하여금 취득하게 하는 것이어야 한다. 적극적 이익은 물론 소극적 이익도 포함된다.

② 즉 본죄 성립에는 재산상 이익의 취득이 필요한 것이므로, 단순히 허위정보나 부정명령 입력을 했으나 정보처리 자체가 이루어지지 않았다면, 컴퓨터사용사기죄가 성립하지 아니한다.

③ 다만, **행위자가 이미 계좌이체로 하여 특정계좌로 금원이 입금되었다면 이때 컴퓨터사용사기죄는 기수를 이루는 것으로**, 행위자들이 현실적으로 인출하지 못했더라도 이미 성립한 컴퓨터사용사기죄에 어떤 영향을 주지 않는다.

3 고의

고의가 필요하다. 과실에 의한 컴퓨터사용사기죄란 없다. 고의 이외에 불법영득의사가 요구된다는 것이 일반적인 견해이다.

4 실행의 착수시기와 기수시기

실행착수 시기는 허위의 정보 혹은 부정한 명령을 입력·변경하기 시작한 때이고, 기수시기는 재산상 이익을 취득한때이다.

5 죄수

① 컴퓨터 등에 대한 불법적 조작으로 자기 계좌로 불법 이체한 후 자기계좌에서 이체된 금원을 인출하는 것은 불가벌적 사후행위에 해당하여 별도의 절도죄를 구성하지 않는다. (대법원 2008도2440)

② 재산상 권리의무 또는 사실증명에 관한 전자기록을 권한 없이 작성하거나 변경하여 재산상 이득 등을 취득하는 경우, 컴퓨터사용사기죄와 전자기록위변작죄 및 동행사죄가 상상적 경합한다.

> **관련판례**
>
> ① 평상시 여·수신업무를 처리할 권한이 있는 금융기관직원이 범죄의 목적으로 전산단말기를 이용하여 다른 공범들이 지정한 특정계좌에 무자원 송금의 방식으로 거액을 입금한 것은 '권한 없이 정보를 입력하여 정보처리를 하게 한 경우'에 해당한다. (대법원 2005도8507)
> ② 금융기관 직원이 전산단말기를 이용하여 다른 공범들이 지정한 특정계좌에 돈이 입금된 것처럼 허위의 정보를 입력하는 방법으로 위 계좌로 입금되도록 한 경우, 이러한 <u>입금절차를 완료함으로써 장차 그 계좌에서 이를 인출하여 갈 수 있는 재산상 이익을 취득하였으므로 형법 제347조의2에서 정하는 컴퓨터 등 사용사기죄는 기수</u>에 이르렀고, <u>그 후 그러한 입금이 취소되어 현실적으로 인출되지 못하였다고 하더라도 이미 성립한 컴퓨터 등 사용사기죄에 어떤 영향이 있다고 할 수는 없다.</u> (대법원 2006도4127) = 즉 기수에 해당한다.
> ③ 휴대전화기의 통화버튼이나 인터넷접속버튼을 누르는 것만으로 사용자에 의한 정보 혹은 명령의 입력이 행하여 졌다고 보기 어렵고, 따라서 휴대전화 또는 이동통신회사에 의하여 그 입력된 정보 혹은 명령에 따른 정보처리가 이루어진 것으로 보기도 어렵다는 이유로, 컴퓨터등사용사기죄의 성립을 부정하였다. (대법원 2008도128)
> ④ 피고인이 A회사에서 운영하는 전자복권구매시스템에서 일정한 조건하에 복권 구매명령을 입력하면 가상계좌로 복권 구매요청금과 동일 액수의 가상현금이 입금되는 프로그램 오류를 이용하여 복권 구매명령 입력 행위를 반복함으로써 자신의 가상계좌로 구매요청금 상당의 금액이 입금되게 하였다면 '부정한 명령의 입력'에 해당한다. 즉 컴퓨터사용사기죄로 처벌된다. (대법원 2011도4440) = 컴퓨터등사용사기죄에서 '부정한 명령의 입력'이란 당해 사무처리시스템의 프로그램을 구성하는 개개의 명령을 부정하게 변개·삭제하는 물론 프로그램 자체에서 발생하는 오류를 적극적으로 이용하여 그 사무처리의 목적에 비추어 정당하지 아니한 사무처리를 하게 하는 행위도 특별한 사정이 없는 한 위 '부정한 명령의 입력'에 해당한다고 보아야 한다.

V 신용카드 부정사용죄(여신전문금융업법 위반죄)

1 신용카드의 성질

① 신용카드는 중요한 경제거래수단이므로 재물성이 인정되므로 재산범죄의 객체가 된다.

② 하지만, 그 자체로서 재산권이 화체되어 있는 것은 아니므로 어음이나 상품권과 같은 유가증권은 아니다.

③ 카드회원의 물품구매자격을 증명하는 신용카드회사의 의사표시를 징표하는 것으로 사문서에 해당한다. 따라서 신용카드의 마그네트 부분을 변조하는 경우 사전자기록위작죄가 성립할 수 있으나, 법조경합상 특별관계에 있는 여신전문금융법위반죄 흡수되므로 여신전문금융법위반죄만 성립한다. 뿐만 아니라, 신용카드를 부정사용한 경우 사문서부정행사죄가 성립할 수 있으나, 역시 신용카드부정사용죄(여신전문금융법위반죄)에 흡수된다.

④ 타인의 신용카드를 무단 사용하여 현금 인출 후 바로 반환한 경우, 현금인출 부분은 절도죄가 될 수 있어도 신용카드 자체에 대한 절취는 사용절도에 해당하여 신용카드에 대한 절도죄는 성립하지 않는다.

⑤ 예금잔고 범위 내에서 예금인출기에서 현금을 인출하는 현금카드, 미리 대금을 내고 사용하는 형식의 선불카드(버스카드 등), 직불카드회원과 신용카드가맹점 사이에서 전자금융거래 방식으로 이체하는 직불카드와는 구별된다.

⑥ 신용카드를 부정사용한 결과 사기죄 구성요건에 해당하고 그 각 사기죄가 실체적 경합관계에 해당한다고 하여도 신용카드부정사용죄와 사기죄는 그 보호법익이나 행위태양이 전혀 달라서 실체적 경합관계에 있다. (대법원 96도1181)

> **관련판례** 신용카드의 성질
> ① **한국외환은행 소비조합이 그 소속조합원에게 발행한 신용카드**는 그 카드에 의해서만 신용구매의권리를 행사할 수 있는 점에서 재산권이 증권에 화체되었다고 볼 수 있으므로 유가증권이라 할 것이다. (대법원 84도1862)
> ② **신용카드업자가 발행한 신용카드**는 이를 소지함으로써 신용구매가 가능하고 금융의 편의를 받을수 있다는 점에서 경제적 가치가 있다 하더라도, 그 자체에 경제적 가치가 화체되어 있거나 특정의 재산권을 표창하는 유가증권이라고 볼 수 없다. (대법원 99도857)
> ③ 신용카드 가맹점주가 신용카드회사에게 용역 제공을 가장한 허위의 매출전표를 제출하여 대금을 청구한 경우, 비록 당시 그에게 신용카드 이용대금을 변제할 의사와 능력이 있었다고 하더라도 사기죄가 성립한다. (대법원 98도3549)

> **관련판례**
> [자기명의 신용카드]
> ① 정상적으로 대금을 결제할 의사나 능력이 없음에도 불구하고 이를 숨기고 신용카드를 발급받은 다음 가맹점에서 물품을 구매하고, 또한 현금자동인출기에서 현금을 인출한 경우 이는 모두가 피해자인 카드회사의 기망당한 의사표시에 따른 카드발급에 터잡아 이루어진 행위이므로 사기죄의 포괄일죄가 성립한다. (대법원 95도2466)
> ② 이미 과다한 부채의 누적 등으로 신용카드 사용으로 인한 대출금채무를 변제할 의사나 능력이 없는 상황에 처하였음에도 불구하고 신용카드를 사용한 경우, 사기죄에 있어서 기망행위 내지 편취의 범의를 인정할 수 있다고 한 사례이다. 신용카드의 거래는 신용카드업자로부터 카드를 발급받은 사람 (카드회원)이 신용카드를 사용하여 가맹점으로부터 물품을 구입하면 신용카드업자는 그 카드를 소지하여 사용한 사람이 신용카드업자로부터 신용카드를 발급받은 정당한 카드회원인 한 그 물품구입대금을 가맹점에 결제하는 한편, 카드회원에 대하여 물품구입대금을 대출해준 금전채권을 가지는 것이고, 또 카드회원이 현금자동지급기를 통해서 현금서비스를 받아 가면 현금대출관계가 성립되어 신용카드업자는 카드회원에게 대출금채권을 가지는 것이므로, 궁극적으로는 카드회원이 신용카드업자에게 신용카드 거래에서 발생한 대출금채무를 변제할 의무를 부담하게 되고, 그렇다면 이와 같이 신용카드 사용으로 인한 신용카드업자의 금전채권을 발생케 하는 행위는 카드회원이 신용카드업자에 대하여 대금을 성실히 변제할 것을 전제로 하는 것이므로, **카드회원이 일시적인 자금궁색 등의 이유로 그 채무를 일시적으로 이행하지 못하게 되는 상황이 아니라 이미 과다한 부채의 누적 등으로 신용카드 사용으로 인한 대출금 채무를 변제할 의사나 능력이 없는 상황에 처하였음에도 불구하고 신용카드를 사용하였다면 사기죄에 있어서 기망행위 내지 편취의 범의를 인정할 수 있다.** (대법원 2004도6859)

> [타인의 신용카드를 부정사용]
> ① 우리 형법은 재산범죄의 객체가 재물인지 재산상의 이익인지에 따라 이를 재물죄와 이득죄로 명시하여 규정하고 있는 데, 형법 제347조가 일반 사기죄를 재물죄 겸 이득죄로 규정한 것과 달리 형법 제347조의2는 컴퓨터등사용사기죄의 객체를 재물이 아닌 재산상의 이익으로만 한정하여 규정하고 있으므로, 절취한 타인의 신용카드로 현금자동지급기에서 현금을 인출하는 행위가 재물에 관한 범죄임이 분명한 이상 이를 위 컴퓨터등사용사기죄로 처벌할 수는 없다고 할 것이고, 입법자의 의도가 이와 달리 이를 위 죄로 처벌하고자 하는 데 있었다거나 유사한 사례와 비교하여 처벌상의 불균형이 발생할 우려가 있다는 이유만으로 그와 달리 볼 수는 없다. (대법원 2003도1178) = 재물도 컴퓨터등사용사기죄의 객체인지 여부
> ② 피고인은 절취한 카드로 가맹점들로부터 물품을 구입하겠다는 단일한 범의를 가지고 그 범의가 계속된 가운데 동종의 범행인 신용카드 부정사용행위를 동일한 방법으로 반복하여 행하였고, 또 위 신용카드의 각 부정사용의 피해법익도 모두 위 신용카드를 사용한 거래의 안전 및 이에 대한 공중의 신뢰인 것으로 동일하므로, 피고인이 동일한 신용카드를 위와 같이 부정사용한 행위는 포괄하여 일죄에 해당하고, 신용카드를 부정사용한 결과가 사기죄의 구성요건에 해당하고 그 각 사기죄가 실체적 경합관계에 해당한다고 하여도 **신용카드부정사용죄와 사기죄는 그 보호법익이나 행위의 태양이 전혀 달라 실체적 경합관계에 있으므로** 신용카드 부정사용행위를 포괄일죄로 취급하는 데 아무런 지장이 없다. (대법원 96도1181) = 타인의 신용카드로 물건을 구입

③ 매출표의 서명 및 교부가 별도로 사문서위조 및 동행사의 죄의 구성요건을 충족한다고 하여도 이 **사문서위조 및 동행사의 죄는 위 신용카드부정사용죄에 흡수되어 신용카드부정사용죄의 1죄만이 성립**하고 별도로 사문서위조 및 동행사의 죄는 성립하지 않는다. (대법원 92도77)

④ 타인의 신용카드를 절취한 후 이를 사용해 현금을 인출한 행위는 카드자체에 대한 절도죄와 현금인출에 대한 절도죄와 여신전문금융업법위반죄의 실체적경합이다. (대법원 95도997)

⑤ 강취한 신용카드를 가지고 자신이 그 신용카드의 정당한 소지인인 것처럼 가맹점의 점주를 속이고 점주로부터 주류 등을 제공받아 이를 취득한 것이라면 신용카드부정사용죄와 별도로 사기죄가 성립한다. (대법원 96도2715)

⑥ 신용카드를 절취한 사람이 대금을 결제하기 위하여 **신용카드를 제시**하고 카드회사의 승인까지 받았다고 하더라도 매출전표에 서명한 사실이 없고 도난카드임이 밝혀져 최종적으로 매출취소로 거래가 종결되었다면, 신용카드 부정사용의 미수행위에 불과하다고 한 사례이다. (대법원 2007도8767) = 신용카드에 대한 절도죄, 신용카드부정사용은 미수

⑦ 甲이 권한 없이 인터넷뱅킹으로 타인의 예금계좌에서 자신의 예금계좌로 돈을 이체한 후 그 중 일부를 인출하여 그 정을 아는 乙에게 교부한 경우, 甲이 컴퓨터등사용사기죄에 의하여 취득한 예금채권은 재물이 아니라 재산상 이익이므로, 그가 자신의 예금계좌에서 돈을 인출하였더라도 장물을 금융기관에 예치하였다가 인출한 것으로 볼 수 없다는 이유로 乙의 장물취득죄의 성립을 부정한다. (대법원 2004도353) = 신용카드에 절도죄, 계좌이체는 컴퓨터등사용사기죄, 현금인출 절도죄 부정, 인출된 현금은 장물 부정

[타인의 현금카드 또는 신용카드를 사용하고 소유자에게 돌려줄 의사로 절취]

① 타인의 현금카드를 사용하고 소유자에게 돌려줄 의사로 절취한 경우는, 불법영득의사를 인정할 수 없으므로 카드에 대한 절도죄가 성립하지 않는다. (대법원 98도2642) 그러나 현금카드를 사용하여 현금을 지급 받은 경우에는 절도죄(현금에 대한 절도죄)가 성립한다. (대법원 95도99)

② 신용카드업자가 발행하는 신용카드는 이를 소지함으로써 신용구매가 가능하고 금융 편의를 받을 수 있다는 점에서 경제적 가치가 있다 할 것이다. 그러나 그 자체에 경제적 가치가 의체되어 있거나 특정한 재산권을 표창하는 유가증권이라 볼 수 없고, 단지 신용카드회원이 현금자동지급기에 주입하는 등의 방법으로 서비스를 받을 수 있는 증표로서의 가치를 갖는 것이어서, 현금자동지급기에서 현금을 인출하였다 하더라도 신용카드 자체가 가지는 경제적 가치가 인출된 예금액만큼 소모되었다고 할 수 없으므로, 이를 일시 사용하고 **곧 반환**한 경우에는 불법영득의사를 인정할 수 없다. (대법원 99도857)

③ 피해자로부터 지갑을 잠시 건네받아 임의로 지갑에서 현금카드를 꺼내어 현금자동인출기에서 현금을 인출하고 곧바로 피해자에게 현금카드를 반환한 경우, 현금카드에 대한 불법영득의사가 없다고 본 사례이다. (대법원 98도2642)

[절취한 타인의 신용카드를 이용하여 현금지급기에서 자신의 예금계좌로 돈을 이체시킨 후 현금을 인출]

절취한 타인의 신용카드를 이용하여 현금지급기에서 계좌이체를 한 행위는 컴퓨터등사용 사기죄에서 컴퓨터 등 정보처리장치에 권한 없이 정보를 입력하여 정보처리를 하게 한 행위에 해당함은 별론으로 하고 이를 절취행위라고 볼 수는 없고, 한편 위 계좌이체 후 현금지급기에서 현금을 인출한 행위는 자신의 신용카드나 현금카드를 이용한 것이어서 이러한 현금인출이 현금지급기 관리자의 의사에 반한다고 볼 수 없어 절취행위에 해당하지 않으므로 절도죄를 구성하지 않는다. (대법원 2008도2440)

[갈취 또는 편취한 신용카드를 이용한 경우 신용카드부정사용죄]

[1] 여신전문금융업법 제70조 제1항 제4호에서는 '강취·횡령하거나, 사람을 기망하거나 공갈하여 취득한 신용카드나 직불카드를 판매하거나 사용한 자'를 처벌하도록 규정하고 있는데, 여기에서 '사용'은 강취·횡령, 기망 또는 공갈로 취득한 신용카드나 직불카드를 진정한 카드로서 본래의 용법에 따라 사용하는 경우를 말한다. 그리고 '기망하거나 공갈하여 취득한 신용카드나 직불카드'는 문언상 '기망이나 공갈을 수단으로 하여 다른 사람으로부터 취

득한 신용카드나 직불카드'라는 의미이므로, '신용카드나 직불카드의 소유자 또는 점유자를 기망하거나 공갈하여 그들의 자유로운 의사에 의하지 않고 점유가 배제되어 그들로부터 사실상 처분권을 취득한 신용카드나 직불카드'라고 해석되어야 한다.

[2] 피고인은 교도소에 수용 중인 피해자를 기망하여 2019. 2. 22. 이 사건 신용카드를 교부받은 뒤, 2019. 2. 26.부터 같은 해 3. 25.까지 약 1개월 간 총 23회에 걸쳐 피고인의 의사에 따라 이 사건 신용카드를 사용하였으므로, 피해자는 피고인으로부터 기망당함으로써 피해자의 자유로운 의사에 의하지 않고 이 사건 신용카드에 대한 점유를 상실하였고, 피고인은 이 사건 신용카드에 대한 사실상 처분권을 취득하였다고 보아야 한다. 따라서 이 사건 신용카드는 피고인이 이 사건 신용카드의 소유자인 피해자를 기망하여 취득한 신용카드에 해당하고, 이를 사용한 피고인의 행위는 기망하여 취득한 신용카드 사용으로 인한 여신전문금융업법 위반죄에 해당한다. (대법원 2022도10629) = 피고인의 의사에 따라 사용한 경우 신용카드부정사용죄가 성립한다.

[갈취 또는 편취한 현금카드를 이용한 현금인출행위]

① 예금주인 현금카드 소유자를 협박하여 그 카드를 갈취하였고, 하자 있는 의사표시이기는 하지만 **피해자의 승낙에 의하여 현금카드를 사용할 권한을 부여받아 이를 이용하여 현금을 인출한 이상**, 피해자가 그 승낙의 의사표시를 취소하기까지는 현금카드를 적법, 유효하게 사용할 수 있고, 은행의 경우에도 피해자의 지급정지신청이 없는 한 피해자의 의사에 따라 그의 계산으로 적법하게 예금을 지급할 수밖에 없는 것이므로, 피고인이 피해자로부터 현금카드를 사용한 예금인출의 승낙을 받고 현금카드를 교부받은 행위와 이를 사용하여 현금자동지급기에서 예금을 여러 번 인출한 행위들은 모두 피해자의 예금을 갈취하고자 하는 피고인의 단일하고 계속된 범의 아래에서 이루어진 일련의 행위로서 **포괄하여 하나의 공갈죄를 구성한다**고 볼 것이지, 현금지급기에서 피해자의 예금을 취득한 행위를 현금지급기 관리자의 의사에 반하여 그가 점유하고 있는 현금을 절취한 것이라 하여 **이를 현금카드 갈취행위와 분리하여 따로 절도죄로 처단할 수는 없다.** (대법원 95도1728) = 피해자의 의사에 따른 사용으로 포괄하여 공갈죄만 성립한다.

② 예금주인 현금카드 소유자로부터 그 카드를 편취하여, 비록 하자 있는 의사표시이기는 하지만 현금카드 소유자의 승낙에 의하여 사용권한을 부여받은 이상, 그 소유자가 승낙의 의사표시를 취소하기까지는 현금카드를 적법, 유효하게 사용할 수 있으며, 은행 등 금융기관은 현금카드 소유자의 지급정지 신청이 없는 한 카드 소유자의 의사에 따라 그의 계산으로 적법하게 예금을 지급 할 수밖에 없는 것이므로, 피고인이 현금카드의 소유자로부터 현금카드를 사용한 예금인출의 승낙을 받고 현금카드를 교부받은 행위와 이를 사용하여 현금자동지급기에서 예금을 여러 번 인출한 행위들은 모두 현금카드 소유자의 예금을 편취하고자 하는 피고인의 단일하고 계속된 범의 아래에서 이루어진 일련의 행위로서 포괄하여 하나의 사기죄를 구성한다고 볼 것이지, 현금자동지급기에서 카드 소유자의 예금을 인출, 취득한 행위를 현금자동지급기 관리자의 의사에 반하여 그가 점유하고 있는 **현금을 절취한 것이라 하여 이를 현금카드 편취행위와 분리하여 따로 절도죄로 처단할 수는 없다.** (대법원 2005도5869)

[현금카드를 사용한 현금인출]

① 강취한 현금카드를 사용하여 현금자동지급기에서 예금을 인출한 행위가 강도죄와 별도로 절도죄를 구성한다. (대법원 2007도1375)

② 범인이 피해자로부터 직불카드 등을 강취한 경우에는, 이를 갈취 또는 편취한 경우와는 달리, 피해자가 그 직불카드 등의 사용권한을 범인에게 부여하였다고 할 수 없고, 따라서 그와 같이 강취한 직불카드를 사용하여 현금자동인출기에서 현금을 인출하여 가진 경우에는 그 현금자동인출기 관리자의의사에 반하여 그의 지배를 배제하고 그 현금을 자기의 지배하에 옮겨 놓는 것이 되므로 절도죄가 별도로 성립한다고 할 것이다. (대법원 2007도1377)

③ 하나의 카드에 직불카드 내지 신용카드 기능과 현금카드 기능이 겸용되어 있더라도, 이는 은행의 예금업무에 관한 전자적 정보와 신용카드업자의 업무에 관한 전자적 정보가 회원(예금주)의 편의를 위해 신용카드업자 등에 의해 하나의 자기띠에 입력되어 있을 뿐이지, 양 기능은 전혀 별개의 기능이라 할 것이어서, 이와 같은 겸용 카드를

이용하여 현금지급기에서 예금을 인출하는 행위를 두고 직불카드 내지 신용카드를 그 본래의 용법에 따라 사용하는 것이라 보기도 어렵다고 판단한 후 피고인이 피해자의 직불카드를 절취한 후 그 직불카드를 이용하여 현금자동지급기로부터 피해자의 예금을 인출한 행위가 직불카드부정행사죄에 해당하지 않는다. (대법원 2003도3977)
= 무죄

[타인의 명의를 모용하여 신용카드를 발급받은 자가 현금지급기에서 현금대출을 받은 행위]

① ⅰ) 피고인이 타인의 명의를 모용하여 신용카드를 발급받은 경우, 비록 카드회사가 피고인으로부터 기망을 당한 나머지 피고인에게 피모용자 명의로 발급한 신용카드를 교부하고, 사실상 피고인이 지정한 비밀번호를 입력하여 현금자동지급기에 의한 현금대출(현금서비스)을 받을 수 있도록 하였다 할지라도, 카드회사의 내심의 의사는 물론 표시된 의사도 어디까지나 카드명의인인 피모용자에게 이를 허용하는 데 있을 뿐, 피고인에게 이를 허용한 것은 아니라는 점에서 피고인이 타인의 명의를 모용하여 발급받은 신용카드를 사용하여 현금자동지급기에서 현금대출을 받는 행위는 카드회사에 의하여 미리 포괄적으로 허용된 행위가 아니라, 현금자동지급기의 관리자의 의사에 반하여 그의 지배를 배제한 채 그 현금을 자기의 지배하에 옮겨 놓는 행위로서 **절도죄**에 해당한다고 봄이 상당하다.

ⅱ) 타인의 명의를 모용하여 발급받은 신용카드의 번호와 그 비밀번호를 이용하여 ARS 전화서비스나 인터넷 등을 통하여 신용대출을 받는 방법으로 재산상 이익을 취득하는 행위 역시 미리 포괄적으로 허용된 행위가 아닌 이상, 컴퓨터 등 정보처리장치에 권한 없이 정보를 입력하여 정보처리를 하게 함으로써 재산상 이익을 취득하는 행위로서 **컴퓨터 등 사용사기죄**에 해당한다. (대법원 2006도3126)

② 타인의 인적 사항을 도용하여 타인 명의로 발급받은 신용카드의 번호와 그 비밀번호를 인터넷사이트에 입력함으로써 재산상 이익을 취득한 행위가 구 형법 제347조의2 소정의 컴퓨터등사용사기죄에 해당하지 않는다고 무죄를 선고한 원심판결을 파기한 사례이다. 컴퓨터사용사기죄가 인정되었다. (대법원 2002도2363)

[위임받은 금액을 초과한 현금인출과 컴퓨터등사용사기죄]

예금주인 현금카드 소유자로부터 일정한 금액의 현금을 인출해 오라는 부탁을 받으면서 이와 함께 현금카드를 건네받은 것을 기화로 그 위임을 받은 금액을 초과하여 현금을 인출하는 방법으로 그 차액 상당을 위법하게 이득할 의사로 현금자동지급기에 그 초과된 금액이 인출되도록 입력하여 그 초과된 금액의 현금을 인출한 경우에는, 그 인출된 현금에 대한 점유를 취득함으로써 이 때에 그 **인출한 현금 총액 중 인출을 위임받은 금액을 넘는 부분의 비율에 상당하는 재산상 이익을 취득**한 것으로 볼 수 있으므로, 이러한 행위는 그 차액 상당액에 관하여 형법 제347조의2에 규정된 컴퓨터등 정보처리장치에 권한 없이 정보를 입력하여 정보처리를 하게 함으로써 재산상의 이익을 취득하는 행위로서 컴퓨터등사용사기죄에 해당된다. (대법원 2005도3516)

[피해자들이 결제하라고 건네준 신용카드]

ⅰ) 유흥주점 업주가 과다한 술값 청구에 항의하는 피해자들을 폭행 또는 협박하여 피해자들로부터 일정 금액을 지급받기로 합의한 다음, 피해자들이 결제하라고 건네준 신용카드로 합의에 따라 현금서비스를 받거나 물품을 구입한 경우, 신용카드에 대한 피해자들의 점유가 피해자들의 의사에 기하지 않고 이탈하였거나 배제되었다고 보기 어려워 **여신전문금융업법상의 신용카드 부정사용에 해당하지 않는다**. ⅱ) 여신전문금융업법 제70조 제1항 제4호에 의하면, "강취·횡령하거나 사람을 기망·공갈하여 취득한 신용카드 또는 직불카드를 판매하거나 사용한 자"에 대하여 "7년 이하의 징역 또는 5천만 원 이하의 벌금에 처한다"고 규정하고 있는바, 여기서 강취, 횡령, 기망 또는 공갈로 취득한 신용카드는 소유자 또는 점유자의 의사에 기하지 않고, 그의 점유를 이탈하거나 그의 의사에 반하여 점유가 배제된 신용카드를 가리킨다. (대법원 2006도654)

■ 신용카드관련 범죄의 태양

사례		내용
신용카드	자기명의 신용카드 부정발급 후 인출	• 신용카드 발급 → 사기죄 • 물품구매 및 현금인출 → 포괄하여 사기죄
	타인명의 신용카드 발급사용	• 오프라인 물품구입 → 사기죄 • 현금지급기에서 현금인출 → 절도죄 • 온라인 물품구매 → 컴퓨터등 사용사기죄 • ARS나 인터넷을 통한 신용대출 → 컴퓨터 등 사용사기죄
	절취·강취한 신용카드 사용	• 신용카드 자체에 대한 절도나 강도죄 (다른 범죄와는 경합범관계) • 현금서비스(현금대출) → 신용카드부정사용죄 + 절도죄 • 수회에 걸쳐 물품구입 　→ 신용카드부정사용죄 포괄일죄와 각 가맹점별 사기죄의 경합범 　→ 사문서위조죄·동행사죄는 신용카드부정사용에 흡수 • 현금지급기에서 자기통장으로 계좌이체 (서비스이체) 　→ 신용카드부정사용죄와 컴퓨터등 사용사기죄의 실체적 경합
	갈취·편취한 신용카드 사용	• 신용카드를 갈취·편취하여 피해자의 의사에 따라 사용 　→ 포괄하여 공갈죄나 사기죄 1죄만 성립 　→ 별도로 신용카드부정사용죄 성립하지 않음 • 신용카드를 갈취·편취하여 피고인의 의사에 따라 사용 　→ 신용카드부정사용죄 성립 　→ 물품구매시 사기죄, 현금인출시 절도죄, 계좌이체나 온라인 대출시 컴퓨터사용사기죄
현금카드	강취한 현금카드 인출	• 강취한 현금카드로 예금인출 → 절도죄 • 신용카드에 부수한 현금기능이용 예금인출 → 현금에 대한 절도죄만 성립 (신용카드부정사용죄는 성립하지 않음, 현금카드와 동일)
	갈취·편취한 현금카드 사용	• 현금카드를 갈취하여 아이디와 비밀번호를 알아내어 사용권한 부여 받고 여러 차례 인출 　→ 공갈하여 포괄일죄 (별도의 절도죄는 성립하지 않는다. 소유자가 현금인출 권한을 부여했기 때문이다.)

VI 준사기죄

형법

제348조【준사기】 ① 미성년자의 사리분별력 부족 또는 사람의 심신장애를 이용하여 재물을 교부받거나 재산상 이익을 취득한 자는 10년 이하의 징역 또는 2천만원 이하의 벌금에 처한다.
② 제1항의 방법으로 제3자로 하여금 재물을 교부받게 하거나 재산상 이익을 취득하게 한 경우에도 제1항의 형에 처한다.

제352조【미수범】 이 죄의 미수범은 처벌한다.

1 의의

(1) 개념

미성년자의 지려천박 또는 사람의 심신장애를 이용하여 재물의 교부를 받거나 재산상의 이익을 취득하거나 또는 제3자로 하여금 재물의 교부를 받게 하거나 재산상의 이익을 취득하게 함으로써 성립하는 범죄이다.

(2) 특징

사기죄의 보충규정이다. 따라서 대상자가 미성년자나 심신장애자라 할지라도 적극적으로 기망행위를 한 경우에는 이 죄가 아니라 사기죄가 성립된다. 미수범처벌규정이 있다.

2 구성요건

(1) 행위

1) 미성년자의 지려천박

미성년자는 민법상 미성년자를 말하고 19세 미만의 자이다. 지려천박(知慮淺薄)이란 지각능력과 사고능력이 부족한 경우를 말한다. 미성년자 모두를 객체로 삼는 것이 아니라, 미성년자(만 19세 미만자) 중에서 사리분별력이 부족한 경우만을 객체로 삼는다.

2) 사람의 심신장애

재산적 거래를 할 수 있는 판단능력이 결여된 자로서 형법상 책임무능력자가 되기 위한 심신장애와는 일치하지는 않는다.

3) 이용행위

유혹에 빠지기 쉬운 상태를 이용하는 것을 말한다. 기망에는 이르지 않아야 한다. 기망의 정도에 이르면 사기죄가 성립하기 때문이다.

(2) 보충규정

사리분별력의 부족이나 심신장애를 이용하는 것이기 때문에 미성년자나 심신장애자더라도 이를 이용하지 않고 일반적인 사기나 공갈행위를 한 것이라면 본죄가 아니라 사기죄나 공갈죄에 해당한다.

VII 편의시설부정이용

형법

제348조의2 【편의시설부정이용】 부정한 방법으로 <u>대가를 지급하지 아니하고</u> 자동판매기, 공중전화 기타 유료자동설비를 이용하여 재물 또는 재산상 이익을 취득한 자는 3년 이하의 징역, 500만원 이하의 벌금, 구류 또는 과료에 처한다.

제352조 【미수범】 이 죄의 미수범은 처벌한다.

1 의의

부정한 방법으로 대가를 지급하지 아니하고 자동판매기, 공중전화 기타 유료 자동설비를 이용하여 재물 또는 재산상의 이익을 취득함으로써 성립하는 범죄이다.

2 구성요건

(1) 자동판매기, 공중전화 기타 유료자동설비

대가를 지불하는 경우에 기계 또는 전자장치가 작동을 개시하여 일정한 물건 또는 편익을 제공하는 일체의 기계를 말한다. 자동판매기, 공중전화, 오락실의 컴퓨터 게임기, 주차장이나 유료도로의 요금자동징수 설비, 자동놀이기구, 자동물품보관함 등이 모두 포함된다.

(2) 이용행위

자동설비를 정상적인 이용방법을 통하여 재물 또는 재산상의 이익을 취득하는 것이다. 자동설비를 이용하지 않으면서 그 설비를 손괴하여 그 속에 있는 물건을 취득하면 손괴죄와 절도죄의 경합범이 된다.

(3) 실행의 착수 및 기수시기

부정이용행위 개시한 때 착수시기이며, 기수시기는 재물 또는 재산상 이익을 취득한 때이다.

3 특징

미수처벌규정이 있다.

> **관련판례** 후불식 통신카드를 절취하여 이용한 행위
>
> ① 편의시설부정이용의 죄는 부정한 방법으로 대가를 지급하지 아니하고 자동판매기, 공중전화 기타 유료자동설비를 이용하여 재물 또는 재산상의 이익을 취득하는 행위를 범죄구성요건으로 하고 있는데, 타인의 전화카드(한국통신의 후불식 통신카드)를 절취하여 전화통화에 이용한 경우에는 통신카드서비스 이용계약을 한 피해자가 그 통신요금을 납부할 책임을 부담하게 되므로, 이러한 경우에는 피고인이 '대가를 지급하지 아니하고' 공중전화를 이용한 경우에 해당한다고 볼 수 없어 편의시설부정이용의 죄를 구성하지 않는다.
>
> ② [1] 편의시설부정이용죄는 부정한 방법으로 대가를 지급하지 않고 자동판매기, 공중전화 기타 유료자동설비를 이용하여 재물 또는 재산상의 이익을 취득하는 행위를 범죄구성요건으로 하고 있는데, 타인의 케이티전화카드(한국통신의 후불식 통신카드)를 절취하여 전화 통화에 이용한 경우는 통신카드서비스 이용계약을 한 피해자가 그 통신요금을 납부할 책임을 부담하게 되므로, 이러한 경우에는 피고인이 '대가를 지급하지 아니하고' 공중전화를 이용한 경우에 해당된다고 볼 수 없으므로 **편의시설부정이용죄를 구성하지 않는다**. (대법원 2001도3625)
>
> [2] 그 후 **사문서부정행사죄에 해당한다고** 판시하였다. 사용자에 관한 각종 정보가 전자기록되어 있는 자기띠가 카드번호와 카드발행자 등이 문자로 인쇄된 플라스틱 카드기 부착되어 있는 전화카드의 경우 그 자기띠 부분은 카드의 나머지 부분과 불가분적으로 결합되어 전체가 하나의 문서를 구성 하므로, 전화카드를 공중전화기에 넣어 사용하는 경우 비록 전화기가 전화카드로부터 판독할 수 있는 부분은 자기띠 부분에 수록된 전자기록에 한정된다고 할지라도, 전화카드 전체가 하나의 문서로서 사용된 것으로 보아야 하고 그 자기띠 부분만 사용된 것으로 볼 수는 없으며, 따라서 피고인이 절취한 전화카드를 공중전화기에 넣어 사용한 것은 권리의무에 관한 타인의 사문서를 부정행사한 경우에 해당한다. (대법원 2002도461)

VIII 부당이득죄

형법

제349조 【부당이득】 ① 사람의 곤궁하고 절박한 상태를 이용하여 현저하게 부당한 이익을 취득한 자는 3년 이하의 징역 또는 1천만원 이하의 벌금에 처한다.
② 제1항의 방법으로 제3자로 하여금 부당한 이익을 취득하게 한 때에도 전항의 형과 같다.

1 의의

사람의 궁박한 상태를 이용하여 현저하게 부당한 이익을 취득하거나 제3자로 하여금 부당한 이익을 취득하게 함으로써 성립하는 범죄이다.

2 구성요건

(1) 사람의 궁박한 상태

형법상 부당이득죄에서 궁박이라 함은 '급박한 곤궁'을 의미하고, '현저하게 부당한 이익의 취득'이라 함은 <u>단순히 시가와 이익과의 배율로만 판단해서는 안 되고</u> 구체적·개별적 사안에 있어서 일반인의 사회통념에 따라 결정하여야 한다. 피해자가 궁박한 상태에 있었는지 여부 및 급부와 반대급부 사이에 현저히 부당한 불균형이 존재하는지 여부는 <u>거래당사자의 신분과 상호간의 관계, 피해자가 처한 상황의 절박성의 정도, 계약의 체결을 둘러싼 협상과정 및 거래를 통한 피해자의 이익, 피해자가 그 거래를 통해 추구하고자 한 목적을 달성하기 위한 다른 적절한 대안의 존재 여부, 피고인에게 피해자와 거래하여야 할 신의칙상 의무가 있는지 여부 등 여러 상황을 종합하여 구체적으로 판단</u>하여야 한다. (대법원 2008도1246)

> **관련판례** 부당이득죄 인정
>
> 갑건설회사의 공동주택신축사업 **계획을 미리 알고 있던 을이** 사업부지 내의 토지소유자 병을 회유하여 갑과 맺은 토지매매 약정을 깨고 자신에게 이를 매도 및 이전등기하게 한 다음 이를 갑에게 재매도하면서 2배 이상의 매매대금과 양도소득세를 부담시킨 사안에서, 위 토지가 전체 사업부지 내에서 갖는 중요성, 을의 자력, 갑의 사업진행정도 등을 고려할 때 부당이득죄가 성립한다. (대법원 2008도2612)

> **관련판례** 부당이득죄 부정
>
> ① 아파트 신축사업이 **추진되기 수년 전 사업부지 중 일부 토지를 취득**하여 거주 또는 영업장소로 사용하던 피고인이 이를 사업자에게 매도하면서 시가 상승 등을 이유로 대금의 증액을 요구하여 종전보다 1.5 내지 3배가량 높은 대금을 받은 사안에서, 부당이득죄의 성립을 부정하였다. (대법원 2008도1246) = 재건축조합의 궁박 상태 인정하기에 부족함.
> ② 개발사업 등이 추진되는 사업부지 중 일부의 매매와 관련된 이른바 '알박기' 사건에서 부당이득죄의 성립 여부가 문제되는 경우, 그 범죄의 성립을 인정하기 위해서는 <u>피고인이 피해자의 개발사업 등이 추진되는 상황을 미리 알고 그 사업부지 내의 부동산을 매수한 경우</u>이거나 <u>피해자에게 협조할 듯한 태도를 보여 사업을 추진하도록 한 후에 협조를 거부하는 경우</u> 등과 같이, <u>피해자가 궁박한 상태에 빠지게 된 데에 피고인이 적극적으로 원인을 제공하였거나 상당한 책임을 부담하는 정도에 이르러야</u> 한다. 이러한 정도에 이르지 않은 상태에서 단지 개발사업 등이 추진되기 오래 전부터 사업부지 내의 부동산을 소유하여 온 피고인이 이를 매도하라는 피해자의 제안을 거부하다가 수용하는 과정에서 큰 이득을 취하였다는 사정만으로 함부로 부당이득죄의 성립을 인정해서는 안 된다. (대법원 2008도8577, 2010도778) = 피고인이 주상복합건물 신축사업 부지 중 일부 부동산을 매수하였다가, 위 사업의 시행사에 주변 부지의 평당 매매가보다 약 2.4배 이상 비싼 금액에 다시 매도한 사안에서 부당이득죄의 성립을 부정하였다.

3 특징

이 죄의 미수범은 처벌하지 않는다.

IX 상습사기죄

형법

제351조 【상습범】 상습으로 제347조 내지 제349조의 죄를 범한 자는 그 죄에 정한 형의 2분의 1까지 가중한다.

제352조 【미수범】 이 죄의 미수범은 처벌한다.

1 상습의 의미

'상습'이란 동종의 범행을 반복하는 습벽이 있는 것을 말한다. 반드시 전과가 있어야 하는 것은 아니다. 상습으로 행해진 행위 전부가 포괄하여 1죄가 되고 사실심판결선고시까지 행해진 행위에 기판력이 미친다. 사취금액이 5억원 이상인 경우에는 특정경제범죄가중처벌에 관한 법률의 대상이 된다. 5억원 이상 50억원 미만인 때에는 3년 이상의 유기징역에 처한다.

2 특징

상습으로 사기죄, 컴퓨터 등 사용사기죄, 준사기죄, 편의시설부정이용죄, 부당이득죄, 공갈죄를 범하는 경우에 성립하는 가중적 구성요건이다.

Section 05 공갈의 죄

I 서설

1 조문 체계

범죄	조문	구성요건	미수	예비
단순공갈	제350조	① 사람을 공갈하여 재물의 교부를 받거나 재산상의 이익을 취득한 경우 ② 전항의 방법으로 제삼자로 하여금 재물의 교부를 받게 하거나 재산상의 이익을 취득하게 한 경우	○	×
특수공갈	제350조의2	단체 또는 다중의 위력을 보이거나 위험한 물건을 휴대하여 제350조의 죄(공갈죄)를 범한 경우	○	×
상습범	제351조	상습으로 공갈죄를 범한 경우	○	×

2 의의 및 보호법익 및 타죄와 구별

① 재물과 재산상 이익을 객체로 하며, 주된 보호법익은 재산권이지만 공갈죄는 공갈을 수단으로 한다는 점에서 의사결정의 자유도 2차적 보호법익이다.

② 공갈죄는 폭행·협박을 행위방식으로 한다는 점에서 강도죄와 유사하지만, 기망을 행위방식으로 하는 사기죄와 구별된다.

③ 공갈죄는 피해자 측의 처분행위를 필요로 한다는 점에서 사기죄와 유사하지만, 처분행위를 요하지 않는 강도죄와 구별된다.

④ 특정경제범죄가중처벌법상 공갈, 특수공갈, 상습공갈에 대해서 가액이 50억원 이상이면 무기 또는 5년 이상, 5억원 이상 50억원 미만이면 3년 이상 징역, 벌금 병과의 가중처벌규정이 있다.

⑤ 폭력행위 처벌에 관한 법률에서 2인 이상의 공동공갈, 집단적 폭행에 의한 특수공갈에 대하여 가중처벌규정이 있다. 제353조의 본장의 죄에는 10년 이하의 자격정지를 병과할 수 있다.

II 공갈죄

형법

제350조【공갈】 ① 사람을 공갈하여 재물의 교부를 받거나 재산상의 이익을 취득한 자는 10년 이하의 징역 또는 2천만원 이하의 벌금에 처한다.
② 전항의 방법으로 제삼자로 하여금 재물의 교부를 받게 하거나 재산상의 이익을 취득하게 한 때에도 전항의 형과 같다.

제352조【미수범】 제347조 내지 제348조의2, 제350조, 제350조의2와 제351조의 미수범은 처벌한다.

1 의의

사람을 공갈하여 재물이나 재산상 이익을 취득하는 범죄이다.

2 객체

재물 또는 재산상 이익이다. 재물과 재산상 이익의 개념은 사기죄에서와 같다. 강도죄에서와 마찬가지로 공갈죄에서도 행위객체인 재산상 이익은 경제적 가치를 지니는 것이어야 한다. 창녀 등을 상대로 대가를 지급하기로 약속하고 정교를 맺은 후 폭행, 협박으로 대가를 지급하지 않으면 이는 공갈죄에 해당되지만, 일반 부녀를 공갈하여 정교를 맺으면 강간죄나 강요죄는 별론으로 하고 공갈죄는 성립하지 않는다.

> **관련판례** 자기의 재물 교부받은 경우 공갈죄 부정
>
> ① 피고인이 가짜 기자행세를 하면서 싸롱객실에서 나체쇼를 한 피해자를 고발할 것처럼 데리고 나와 여관으로 유인한 다음, 겁에 질려있는 그녀의 상태를 이용하여 동침하면서 1회 성교하여 그녀의 정조 대가에 상당하는 재산상 이익을 갈취하였다는 공소사실에 대하여 여자의 정조 그 자체는 경제적 이익이 아니라는 이유로 무죄를 선고하였는바, 창녀나 위 피해자와 같은 주점접대부의 정조는 금전화될 수 있어 이들과의 정교는 경제적 이익이라고 볼 수 있으므로 공갈수단을 사용하여 창녀나 접대부와 정교를 맺고 그 매음대가의 지급을 면한 이상, 공갈죄가 성립한다는 것이나, 이 사건에 있어서는 위 피해자가 주점접대부라고 할지라도 피고인과 매음을 전제로 정교를 맺은 것이 아닌 이상, 피고인이 매음대가의 지급을 면하였다고 볼 여지가 없다. (대법원 82도2714)= 정교는 공갈의 객체 부정
>
> ② 갑이 을의 돈을 절취한 다음 다른 금전과 섞거나 교환하지 않고 쇼핑백 등에 넣어 자신의 집에 숨겨두었는데, 피고인이 을의 지시로 폭력조직원 병과 함께 갑에게 겁을 주어 쇼핑백 등에 들어 있던 절취된 돈을 교부받아 갈취하였다고 하여 폭력행위 등 처벌에 관한 법률위반(공동공갈)으로 기소된 사안에서, 피고인 등이 갑에게서 되찾은 돈은 절취대상인 당해 금전이라고 구체적으로 특정할 수 있어 객관적으로 갑의 다른 재산과 구분됨이 명백하므로 이를 타인인 갑의 재물이라고 볼 수 없고, 따라서 비록 피고인 등이 갑을 공갈하여 돈을 교부받았더라도 타인의 재물을 갈취한 행위로서 공갈죄가 성립된다고 볼 수 없다. (대법원 2012도6157)

3 행위

(1) 공갈

① 공갈이란 재물을 교부받거나 재산상 이익을 취득하기 위하여 폭행, 협박을 하여 상대방으로 하여금 공포심을 일으키게 하는 것을 말한다. 이 경우 폭행·협박의 정도는 사람의 의사 내지 자유를 제한할 수 있는 정도면 족하고 반드시 상대방의 반항을 억압할 정도에 이를 것을 요하지는 않는다.

② 공갈의 수단으로 폭행의 정도는 강도죄보다 낮아서 사람의 의사 내지 자유를 제한할 수 있는 정도면 족하고 반드시 상대방의 반항을 억압할 정도에 이를 것을 요하지는 않는다. (광의의 폭행) 공갈죄의 수단으로서 협박은 사람의 의사결정의 자유를 제한하거나 의사실행의 자유를 방해할 정도로 겁을 먹게 할 만한 해악을 고지하는 것을 말하고, 해악의 고지는 반드시 명시의 방법에 의할 것을 요하지 아니하며 언어나 거동에 의하여 상대방으로 하여금 어떠한 해악에 이르게 할 것이라는 인식을 갖게 하는 것이면 족하다.

③ 공갈은 직접적이 아니더라도 피공갈자 이외의 **제3자를 통해서** 간접적으로 할 수도 있으며, 행위자가 그의 직업, 지위 등에 기하여 불법한 위세를 이용하여 재물의 교부나 재산상 이익을 요구하고 상대방으로 하여금 그 요구에 응하지 아니한 때에는 부당한 불이익을 초래할 위험이 있다는 위구심을 야기하게 하는 경우에도 해악의 고지가 된다.

④ 공갈죄의 고지된 해악의 실현은 그 자체가 위법한 것임을 요하지 않는다. (대법원 2007도6406) 즉 다만 해악의 고지가 비록 정당한 권리의 실현 수단으로 사용된 경우라도 그 권리실현의 수단·방법이 사회통념상 허용되는 정도나 범위를 넘는다면 공갈죄의 실행에 착수한 것으로 보아야 한다. (대법원 2018도19493) 또한 고지된 해악의 내용이 허위라도 무방하다.

⑤ 천재지변·신력·길흉화복의 고지가 공갈이 되기 위한 요건

판례는 공갈죄의 수단으로서의 협박은 인위적인 것뿐만 아니라 천재지변 또는 신력이나 길흉화복에 관한 것도 포함될 수 있으나, 다만 천재지변 또는 신력이나 길흉화복을 해악으로 고지하는 경우에는 상대방으로 하여금 행위자 자신이 그 천재지변 또는 신력이나 길흉화복을 사실상 지배하거나 그에 영향을 미칠 수 있는 것으로 믿게 하는 명시적 또는 묵시적 행위가 있어야 공갈죄가 성립한다고 판시하였다. (대법원 2000도3245)

> **관련판례** 공갈죄 인정: 공갈죄의 폭행협박의 정도
>
> ① 피고인은 폭력조직인 속칭 '향촌동파' 추종세력인 스포츠 머리를 한 건장한 폭력배들과 함께 특별히 하는 일 없이 아리아나호텔의 커피숍 등에 모여 앉아 시간을 보내는 등 어울려 다니면서 그들로 하여금 피고인에게 "형님"이라면서 90도로 인사를 하게 하는 등 피고인이 조직폭력배 두목인 것처럼 과시하여 이에 겁을 먹은 피해자 등이 위 호텔 프론트 직원으로 하여금 호텔 객실을 내어주게 하고, 호텔측에서 객실요금을 지불해 줄 것을 요구하면 어깨에 힘을 주면서 "나중에 주겠다."거나 "알았다."고 말하고 그냥 가버리는 등 40회에 걸쳐 위 호텔을 이용한 후 그 이용료 합계 9,875,258원의 지급을 하지 않았다면, 첩보를 입수한 경찰이 이 사건 범행에 대한 조사에 착수하여 본격적인 수사에 들어가자 비로소 나타나 위와 같이 연체된 호텔 이용료를 변제하였다 하더라도 공갈죄가 성립한다. (대법원 2003도709) = 폭력배와 잘 알고 있다는 지위이용
>
> ② 피해자들이 제작·투자한 영화('친구')의 소재로 삼은 폭력조직의 두목 또는 조직원이 피해자들에게 그 영화의 감독을 통해 조직폭력배의 불량한 성행, 경력 등을 이용하여 재물의 교부를 요구하고 피해자들로 하여금 그 요구에 응하지 아니할 때에는 부당한 불이익을 초래할 위험이 있을 수 있다는 위구심을 야기하게 하였고, 피해자들도 돈을 요구하는 상대방이 자신들이 영화의 소재로 삼았던 폭력조직의 두목 또는 조직원이므로 이에 응하지 않을 경우 자신들이 받을 불이익을 두려워하거나 또는 곤경에 빠진 위 영화감독을 위해서라도 돈을 지급하지 않을 수 없다고 판단하여 마지못해 돈을 준 경우, 공갈죄가 성립된다. (대법원 2004도1565) = 언어나 거동에 의한 해악의 고지
>
> ③ 방송기자가 아파트의 공사하자에 대해 보도할 것 같은 태도를 계속 취한 경우나 신문사 사주나 광고국장이 관련 기사의 보도자제를 요청하는 건설회사 대표이사에게 기자들이 계속 게재할 것 같다는 분위기를 전달한 경우, 주인을 협박하여 취직한 종업원이 근로를 제공하지 않고 월급 상당액을 받은 경우도 공갈죄가 성립한다. (대법원 91도1755, 91도80, 96도1959)
>
> ④ 갑 주식회사가 특정 신문들에 광고를 편중했다는 이유로 기자회견을 열어 갑 회사에 대하여 불매운동을 하겠다고 하면서 특정 신문들에 대한 광고를 중단할 것과 다른 신문들에 대해서도 동등하게 광고를 집행할 것을 요구하고 갑 회사 인터넷 홈페이지에 그와 같은 내용의 팝업창을 띄우게 한 사안에서, 강요죄나 공갈죄의 수단인 협박은 사람의 의사결정의 자유를 제한하거나 의사실행의 자유를 방해할 정도로 겁을 먹게 할 만한 해악을 고지하는 것을 말하는데, 해악의 고지는 반드시 명시적인 방법이 아니더라도 말이나 행동을 통해서 상대방으로 하여금 어떠한 해악에 이르게 할 것이라는 인식을 갖게 하는 것이면 족하고, 피공갈자 이외의 제3자를 통해서 간접적으로 할 수도 있으며, 행위자가 그의 직업, 지위 등에 기하여 불법한 위세를 이용하여 재물의 교부나 재산상 이익을 요구하고 상대방으로 하여금 그 요구에 응하지 않을 때에는 부당한 불이익을 당할 위험이 있다는 위구심을 일으키게 하는 경우에도 해악의 고지가 된다. 따라서 본 사안은 제반 사정을 고려할 때 피고인의 행위가 공갈죄의 수단인 협박에 해당한다. (대법원 2010도13774) = 언어나 거동에 의한 해악의 고지

> **관련판례** 공갈죄의 폭행협박 부정
>
> ① 가출자의 가족에 대하여 가출자의 소재(서울 성동구에서 가출한 후 구두닦이를 하고 있는 것)를 알려주는 조건으로 보험가입을 요구한 피고인의 행위 도의상 비난할 수 있을지언정 그로 인하여 가족들에 새로운 외포심을 일으키게 되거나 외포심이 더하여 진다고는 볼 수 없으므로 이를 공갈죄에 있어서의 협박이라고 단정할 수 없다. (대법원 75도2818)
> ② 지역신문의 발행인이 시정에 관한 비판기사 및 사설을 보도하고 관련 공무원에게 광고의뢰 및 직보배정을 타신문사와 같은 수준으로 높게 해달라고 요청한 사실만으로 공갈죄의 수단으로서 그 상대방을 협박하였다고 볼 수 없다. (대법원 2001도7095)

(2) 공갈의 상대방 (삼각공갈)

공갈죄에 있어서 **공갈의 상대방은 재산상의 피해자와 동일함을 요하지는 아니하나**, 공갈의 목적이 된 재물 기타 재산상의 이익을 **처분할 수 있는 사실상 또는 법률상의 권한을 갖거나** 그러한 지위에 있음을 요한다. (대법원 2005도4738)
= 주점의 종업원을 협박하여 양주 등 주류를 가져오게 했다면, 종업원은 재산상 피해자가 아니지만 해당 처분행위를 할 수 있는 처분권한은 가지고 있기에, 공갈죄가 성립한다.

(3) 교부행위 또는 처분행위

① 처분행위는 반드시 작위에 한하지 아니하고, 피공갈자가 외포심을 일으켜 묵인하고 있는 동안에 공갈자가 직접 재산상의 이익을 탈취하는 부작위로도 가능하다.
② 이때 공갈과 처분행위 사이에도 인과관계가 있어야 한다. 공갈을 받은 피해자가 외포심을 느낀 것이 아니라 동정심으로 인해 재물을 교부한 경우는 공갈죄 미수가 된다.

> **관련판례** 공갈의 상대방
>
> ① 공갈죄에 있어서 공갈의 상대방은 재산상의 피해자와 동일함을 요하지는 아니하나, 공갈의 목적이 된 재물 기타 재산상의 이익을 처분할 수 있는 사실상 또는 법률상의 권한을 갖거나 그러한 지위에 있음을 요한다. 주점의 종업원에게 신체에 위해를 가할 듯한 태도를 보여 이에 겁을 먹은 위 종업원으로부터 주류를 제공받은 경우에 있어 위 종업원은 주류에 대한 사실상의 처분권자이므로 공갈죄의 피해자에 해당된다고 보아 공갈죄가 성립한다. (대법원 2005도4738)
> ② 피해자를 위하여 재산을 처분할 수 있는 권능이나 지위라 함은 반드시 사법상의 위임이나 대리권의 범위와 일치하여야 하는 것은 아니고 피해자의 의사에 기하여 재산을 처분할 수 있는 서류 등이 교부된 경우에는 피기망자의 처분행위가 설사 피해자의 진정한 의도와 어긋나는 경우라고 할지라도 위와 같은 권능을 갖거나 그 지위에 있는 것으로 보아야 한다. (대법원 94도1575)
> ③ 공갈죄는 다른 사람을 공갈하여 그로 인한 하자 있는 의사에 기하여 자기 또는 제3자에게 재물을 교부하게 하거나 재산상 이익을 취득하게 함으로써 성립되는 범죄로서, **공갈의 상대방이 재산상의 피해자와 같아야 할 필요는 없고**, 피공갈자의 하자 있는 의사에 기하여 이루어지는 재물의 교부 자체가 공갈죄에서의 재산상 손해에 해당하므로, **반드시 피해자의 전체 재산의 감소가 요구되는 것도 아니다.** (대법원 2010도13774)

> **관련판례** 처분행위 부정
>
> 피고인이 피해자가 운전하는 택시를 타고 간 후 최초의 장소에 이르러 택시요금의 지급을 면할 목적으로 다른 장소에 가자고 하였다면서 택시에서 내린 다음 택시요금 지급을 요구하는 피해자를 때리고 달아나자, 피해자가 피고인이 말한 다른 장소까지 쫓아가 기다리다 그곳에서 피고인을 발견하고 택시요금 지급을 요구하였는데 피고인이 다시 피해자의 얼굴 등을 주먹으로 때리고 달아난 사안에서, 피해자가 피고인에게 계속해서 택시요금의 지급을 요구하였으나 피고인이 이를 면하고자 피해자를 폭행하고 달아났을 뿐, 피해자가 폭행을 당하여 외포심을 일으켜 수동적·소극적으로라도 피고인이 택시요금 지급을 면하는 것을 용인하여 이익을 공여하는 처분행위를 하였다고 할 수 없다. (대법원 2011도16044)

4 재산상 손해

① 객체는 사기죄와 마찬가지로 **타인소유 타인점유의 재물이나 재산상 이익**이다. 따라서 사람을 공갈하여 자기의 재물을 교부받는 경우에는 공갈죄가 성립하지 아니한다. (대법원 2012도6157)

② 재산상 손해가 현실적으로 발생해야 하느냐에 대해서 학설이 나누어지지만, 판례는 사기죄와 마찬가지로 현실적 손해발생을 요하지 않고 손해발생의 구체적 위험성이 있다면 된다.

5 고의와 불법영득(이득)의사

고의와 불법영득(이득)의사가 있어야 한다.

6 위법성

① 청구권이 있는 자(채권자)의 권리주장이 공갈죄가 될 수 있느냐가 문제이다. 예컨대, 甲은 乙로부터 범인으로 오인되어 경찰에 끌려가 구타당하여 입원하게 되자 乙에게 치료비 등 손해배상을 청구하면서 응하지 않으면 무고죄로 고소하겠다고 하여 치료비를 받은 경우는 정당한 권리의 주장으로 공갈죄가 되지 않는다. 그러나 경미한 교통사고에서 고액의 합의금을 요구하며 응하지 않으면 사고 후 운전자를 바꾼 사실을 신고하겠다고 한 경우는 공갈죄에 해당한다. (대법원 90도2036)

② 즉 채권자(피고인)이 채무자(피해자)에 대하여 **진정한 채권을 가지고 있더라도, 사회통념상 용인되기 어려운 정도를 넘는 협박**을 수단으로 상대방을 외포케 하여 재물의 교부 또는 재산상의 이익을 받았다면, **공갈죄는 성립한다.** (대법원 99도4305)

7 미수와 기수

갈취의 의사로 공갈을 개시한 때 실행의 착수가 있고, 피공갈자의 처분행위로 피해자에게 손해가 발생한 때 기수가 된다.

> **관련판례**
>
> ① 부동산에 대한 공갈죄는 그 부동산에 관하여 소유권이전등기를 경료받거나 또는 인도를 받은 때에 기수로 되는 것이고, 소유권이전등기에 필요한 서류를 교부 받은 때에 기수로 되어 그 범행이 완료되는 것은 아니다. (대법원 92도1506)
>
> ② 피해자의 고용인을 통하여 피해자에게 피해자가 경영하는 기업체의 탈세사실을 국세청이나 정보부에 고발한다는 말을 전하였다면 이는 공갈죄의 행위에 착수한 것이라 할 것이다. (대법원 69도984)
>
> ③ 자동차가 공갈죄의 객체인 경우는 자동차에 대한 소유권이전등록을 받기 전이라도 자동차를 현실로 인도받은 때에 공갈죄의 기수가 된다. (대법원 2001도1884)
>
> ④ 피해자들을 공갈하여 피해자들로 하여금 지정한 예금구좌에 돈을 입금케한 이상, 위 돈은 범인이 자유로이 처분할 수 있는 상태에 놓인 것으로서 공갈죄는 이미 기수에 이르렀다 할 것이다. (대법원 85도1687 판결) = 식품제조회사를 상대로 지정한 예금계좌에 1억원을 입금하지 않으면 식품에 독극물을 투입하겠다고 협박하여 그 예금계좌에 1억원을 입금 받고 아직 인출하지 않은 사례이다.

8 공갈죄의 공동정범

다른 공범자가 공갈행위의 실행에 착수한 후 그 범행을 인식하면서 그와 공동의 범의를 가지고 그 후의 공갈행위를 계속하여 재물의 교부나 재산상 이익의 취득에 이른 때에는 공갈죄의 공동정범이 성립한다. (대법원 96도1959)

9 죄수

(1) 일죄와 수죄

① 1개 공갈행위로 동일 피해자로부터 수차례에 걸쳐 재물 등을 받아낸 경우는 포괄일죄이다.

② 그런데, 1개 공갈행위로 수인에게 겁을 주어 재물을 받아낸 경우는 상상적 경합에 해당한다.

③ 동일인에게 여러 차례 공갈행위를 한 경우는 공갈죄의 실체적 경합범으로 본다.

(2) 사기죄와의 관계

① 강도죄가 성립하면 공갈죄는 성립하지 않는다.

② 사기죄와 공갈죄가 같이 성립하는 경우, 피해자의 의사형성에 더 큰 영향을 준 쪽을 선택하면 된다.

③ **예금주인 현금카드 소유자를 협박하여 그 카드를 갈취한 다음 피해자의 승낙에 의하여 현금카드를 사용할 권한을 부여받아 이를 이용하여 현금자동지급기에서 현금을 인출한 행위**와 관련하여 현금자동지급기에서 피해자의 예금을 인출한 행위는 현금카드 갈취행위와 분리하여 따로 절도죄로 처단할 수는 없다. (대법원 95도1728) 즉 이런 경우 포괄하여 1개의 공갈죄로 본다.

> **관련판례**
>
> 현금카드 소유자를 협박하여 예금인출 승낙과 함께 카드를 교부받아 현금자동지급기에서 예금을 인출한 경우에 대법원은 공갈죄만 성립할 뿐 현금지급기에서 예금을 취득한 행위를 별도로 절도죄로 처단할 수 없다고 판시하였다. (대법원 95도1728)

(3) 뇌물죄와의 관계

① 직무집행의 의사로 공갈하여 재물의 교부를 받은 때에는 수뢰죄와 공갈죄의 상상적경합이 된다. 이 때 공갈죄의 피해자는 증뢰죄가 성립한다. 공갈죄는 편취죄이므로 증뢰한다는 고의가 있었기 때문이다.

② 직무집행과 상관없이 공갈한 경우에는 공갈죄만이 성립한다. 이 경우 공갈죄의 피해자는 증뢰죄가 성립하지 아니한다. (대법원 94도2528)

(4) 강요죄와의 관계

두자금의 회수를 위해 피해자를 강요하여 <u>물품대금을 횡령하였다는 자인서를 받아낸 뒤</u> 이를 근거로 돈을 갈취한 경우, **공갈죄만 성립하고 강요죄는 성립하지 않는다.** (대법원 84도2083) = 피고인이 피해자 甲에게 채권을 가지고 있다고 하여도 "지금 대공분실장의 특별지시로 너희들 동업체에 대하여 조사를 하고 있으니 꼼짝 말고 앉아있어라, 나는 김천일대에서 쪽제비로 이름이 나있어 모르는 사람이 없는데 오늘 맛 좀 보여 주겠다, 말을 듣지 않으면 대공분실 지하실에 데리고가서 거꾸로 매달아 오줌물을 먹이고 죽여버려도 쥐도 새도 모른다."고 말하는 등 피해자에게 장시간 감금을 하고 폭행·협박 등 가혹한 행위를 가하여 금원지급의 승낙(횡령했다는 자인서를 받아낸 것)을 받아낸 것이라면 공갈미수죄의 성립을 인정할 수 있을 것이다.

(5) 협박죄와의 관계

피고인이 피해자와의 동거를 정산하는 과정에서 피해자에 대하여 금전채권이 있다고 하더라도, 그 권리행사를 빙자하여 사회통념상 용인되기 어려운 정도를 넘는 협박을 수단으로 사용하였다면, 공갈죄가 성립한다. 공갈죄의 수단으로 한 협박은 공갈죄에 흡수될 뿐 별도로 협박죄를 구성하지 않으므로 그 범죄사실에 대한 피해자의 고소는 결국 공갈죄에 대한 것이라 할 것이다. (대법원 96도2151)

(6) 상해죄와의 관계

상해행위는 공갈행위의 수단으로 행하여졌음을 알 수 있으므로 이 사건 상해죄와 공갈죄는 상상적 경합 관계에 있다. (대법원 2007도9580)

> **관련판례** **공갈죄 인정**
>
> ① 피해자의 고용인을 통하여 피해자에게 피해자가 경영하는 기업체의 탈세사실을 국세청이나 정보부에 고발한다는 말을 전하였다면 이는 공갈죄의 행위에 착수한 것이라 할 것이다. (대법원 69도984)
> ② 피고인이 가사 보수청구권을 가진다 할지라도 그 권리행사에 빙자하여 협박수단을 써서 금원을 갈취하였다면 공갈죄가 성립한다. (대법원 81도2093)
> ③ 피고인과 고소인의 연령이 각 16세, 32세인 점 및 한집에 여러 사람이 취침한다는 점으로 미루어 피고인이 고소인을 강간한 것이 아니라 피해자의 유혹으로 간통관계를 갖게되었다 하더라도, 이를 미끼로 협박하여 금원을 교부받은 이상 피고인의 위 소위는 공갈죄를 구성한다. (대법원 84도573)
> ④ 피해자들을 공갈하여 피해자들로 하여금 지정한 예금구좌에 돈을 입금케한 이상, 위 돈은 범인이 자유로이 처분할 수 있는 상태에 놓인 것으로서 공갈죄는 이미 기수에 이르렀다 할 것이다. (대법원 85도1687)
> ⑤ 외상대금채권회수의 의뢰를 받고 피해자에게 채무를 갚고 나서 영업을 하라고 요구하고, 욕을 하며 눈을 치켜뜨고 죽어볼래 하면서 멱살을 잡아 흔드는 등 겁을 먹게 하여 동 피해자로 하여금 금원을 교부하게 하였다면, 피고인의 소위는 공갈죄를 구성한다. (대법원 87도1656)
> ⑥ 피고인이 피해자와 **동거를 청산하는 과정에서 비록 피해자에게 받을 돈이 있다고 하더라도, 그 권리 행사를 빙자하여 사회통념상 용인되기 어려운 정도를 넘는 협박을 수단으로 사용하였다면 공갈죄가 성립한다.** (대법원 96도2151)
> ⑦ 교통사고로 2주일간의 치료를 요하는 상해를 당하여 그로 인한 손해배상청구권이 있음을 기화로 사고차량의 운전사가 바뀐 것을 알고서 **운전사의 사용자에게 과다한 금원을 요구하면서** 이에 응하지 않으면 수사기관에 신고할 듯한 태도를 보여 이에 겁을 먹은 동인으로부터 금 3,500,000원을 교부받은 경우 공갈죄가 성립한다. (대법원 89도2036)
> ⑧ **방송기자가 건설회사 경영주에게** 그 회사가 건축한 아파트의 공사하자에 관하여 방송으로 계속 보도할 것 같은 태도를 보임으로써 회사의 신용훼손을 우려한 그로부터 **속보 무마비조로 돈** 2,000,000원을 받은 경우 공갈죄가 성립한다. (대법원 91도80)
> ⑨ 피해자의 기망에 의하여 **부동산을 비싸게 매수한 피고인**이라도 그 계약을 취소함이 없이 등기를 피고인 앞으로 둔 채 피해자의 **전매차익을 받아낼 셈으로** 피해자를 협박하여 재산상의 이득을 얻거나 돈을 받았다면 이는 정당한 권리행사의 범위를 넘은 것으로서 사회통념상 용인될 수 없으므로 공갈죄를 구성한다. (대법원 91도1824)
> ⑩ 공사부실로 하자가 발생하여 공사를 중단한 수급인이 도급인으로부터 공사대금 명목의 금품을 받은 소위가 정당한 권리행사에도 해당되지 않고 그 수단이 **사회통념상 허용되는 범위를 넘는 것**이어서 공갈죄에 해당한다. (대법원 91도2127)
> ⑪ 부동산에 대한 공갈죄는 그 부동산에 관하여 소유권이전등기를 경료받거나 또는 인도를 받은 때에 기수로 되는 것이고, 소유권이전등기에 필요한 서류를 교부 받은 때에 기수로 되어 그 범행이 완료되는 것은 아니다. (대법원 92도1506)
> ⑫ 부실공사 관련 기사에 대한 해당 업체의 반박광고가 있음에도 반복 기사가 나간 상태에서, 그 신문사 사주 및 광고국장이 그 업체 대표이사에게 감정이 격양되어 있는 기자들의 분위기를 전하는 방식으로 자사 신문에 사과광고를 게재토록 하면서 과다 광고료를 받은 행위가 공갈죄가 성립한다. 그리고 이때 신문사 사주 및 광고국장 사이에 광고료 갈취에 대한 사전모의는 없었으나 암묵적인 의사연락에 의한 공범관계가 존재하고, 동일 장소에서 동일 기회에 상호 다른 자의 범행을 인식하고 이를 이용한 경우에 해당한다고 보아, 신문사 사주 및 광고국장의 행위가 폭력행위등처벌에관한법률 제2조 제2항의 "2인 이상이 공동하여 공갈죄를 범한 때"(공갈죄의 공동정범)에 해당한다. (대법원 96도1959)

⑬ 피고인이 피해자와의 동거를 정산하는 과정에서 피해자에 대하여 금전채권이 있다고 하더라도, 그 권리행사를 빙자하여 사회통념상 용인되기 어려운 정도를 넘는 협박을 수단으로 사용하였다면, 공갈죄가 성립한다. (대법원 96도2151)

⑭ 정읍휴게소 내 식당에서 주먹으로 피해자 2의 머리를 때린 후 인상을 쓰고 주먹으로 곧 내리칠 것 같은 태도를 보이면서 이전할 것을 협박한 것을 비롯하여 같은 해 11월 초 일자불상경까지 매일 밤, 낮으로 같은 취지로 전화 협박하여 이에 외포된 동인으로 하여금 같은 달 21일 피고인 1이 지정한 공소외인 앞으로 소유권이전등기를 경료함으로써 이를 갈취하였다."고 인정한 것은 정당하다. (대법원 99도4305)

⑮ 피고인은 원래 위 호텔의 직원들이나 관계자와는 전혀 알지 못하는 사이로서, 자신의 자력만으로는 적지 않은 호텔 이용료를 부담할 수 없었던 상황이었음에도 불구하고, 조직폭력배 두목인 것처럼 과시하여 이에 겁을 먹은 호텔 프론트 직원으로 하여금 40회에 걸쳐 위 호텔을 이용한 후 그 이용료 지급을 하지 않음으로써 그 금액 상당의 재산상 이득을 취득하였다. 첩보를 입수한 경찰이 이 사건 범행에 대한 조사에 착수하여 본격적인 수사에 들어가자 비로소 연체된 호텔 이용료를 변제 하였더라도 공갈죄가 성립한다. (대법원 2003도709)

⑯ 피해자들이 제작·투자한 영화의 소재로 삼은 폭력조직의 두목 또는 조직원이 피해자들에게 재물의 교부를 요구하여 응하지 아니할 때에는 부당한 불이익을 초래할 위험이 있을 수 있다는 위구심을 야기하게 하였고, 피해자들도 응하지 않을 경우 자신들이 받을 불이익을 두려워하거나 또는 곤경에 빠진 위 영화감독을 위해서라도 돈을 지급하지 않을 수 없다고 판단하여 마지못해 돈을 준 경우, 공갈죄가 성립한다. (대법원 2004도1565)

⑰ 피고인이 甲 주식회사가 특정 신문들에 광고를 편중했다는 이유로 기자회견을 열어 甲 회사에 대하여 불매운동을 하겠다고 하면서 **특정 신문들에 대한 광고를 중단할 것과 다른 신문들에 대해서도 동등하게 광고를 집행할 것을 요구**하고 甲 회사 인터넷 홈페이지에 그와 같은 내용의 팝업창을 띄우게 한 경우 강요죄나 공갈죄의 협박에 해당한다. (대법원 2010도13774)

⑱ [1] 해악의 고지가 비록 정당한 권리의 실현 수단으로 사용된 경우라 하여도 그 권리실현의 수단·방법이 사회통념상 허용되는 정도나 범위를 넘는다면 공갈죄의 실행에 착수한 것으로 보아야 한다. 여기서 어떠한 행위가 구체적으로 사회통념상 허용되는 정도나 범위를 넘는지는 그 행위의 주관적인 측면과 객관적인 측면, 즉 추구한 목적과 선택한 수단을 전체적으로 종합하여 판단한다.

[2] 계속적인 재정 악화 등으로 회사 운영에 어려움을 겪은 피고인이 합법적인 방법으로 피해자 회사들과 갈등을 해결하려고 시도하지 않고 피해자 회사들에 유예기간을 두고 돈을 요구하면서 그때까지 돈이 지급되지 않으면 **자동차 부품 생산라인을 중단**하여 자동차 부품 공급 중단으로 큰 손실을 입게 만들겠다는 태도를 보였다. 이러한 언행은 피해자 회사들의 자유로운 의사결정을 제한하거나 의사실행의 자유를 방해할 정도에 이르는 해악의 고지에 해당한다. (대법원 2018도19493) =권리행사가 공갈죄를 구성하는 기준

관련판례 공갈죄 부정

① 피해자로부터 범인으로 오인되어 경찰에 끌려가 구타당한 후 입원치료비 변상을 요구하면서 이에 불응하면 무고죄로 고소하겠다고 하여 치료비를 받은 경우 이것이 범법행위가 된다고 볼 수 없다. (대법원 71도1629)

② 가출자의 가족에 대하여 그의 소재를 알려주는 조건으로 보험가입을 요구한 경우는 공갈죄에 있어서의 협박으로 볼 수 없다. (대법원 75도2818)

③ 피고인이 공사한 건물의 대장상 평수보다 실제상의 평수가 많아 실제상의 평수에 따른 공사금의 지급을 요구하면서 그렇지 않으면 구청장에게 진정하여서라도 대장상의 건물평수가 부족함을 밝히겠다고 하는 의사표시는 사회상규에 어긋나지 아니하며 협박을 하여 부당한 이득을 얻으려는 의사가 있었다고 볼 수 없다. (대법원 79도1660)

④ 피고인 등이 **비료를 매수**하여 시비한 결과 딸기묘목 또는 사과나무 묘목이 고사하자 그 비료를 생산한 회사에게 손해배상을 요구하면서 사장 이하 간부들에게 욕설을 하거나 응접탁자 등을 들었다 놓았다 하거나 현수막을 만들어 보이면서 시위를 할 듯한 태도를 보이는 등 하였다 하여도 이는 손해배상청구권에 기한 것으로서 그 방법이 사회통념상 인용된 범위를 일탈한 것이라 단정하기 어려우므로 공갈 및 공갈미수의 죄책을 인정할 수 없다. (대법원 79도2565)

⑤ 부녀를 공갈하여 정교를 맺었다고 하여도 특단의 사정이 없는 한 이로써 재산상 이익을 갈취한 것이라고 볼 수는 없는 것이며, 부녀가 주점접대부라 할지라도 피고인과 매음을 전제로 정교를 맺은 것이 아닌 이상 피고인이 매음 대가의 지급을 면하였다고 볼 여지가 없으니 공갈죄가 성립하지 아니한다. (대법원 82도2714)

⑥ 토지매도인이 그 매매대금을 지급받기 위하여 매수인을 상대로 하여 당해 **토지에 관한 소유권이전등기말소청구소송을 제기하고** 위 대금을 변제받지 못하면 위 소송을 취하하지 아니하고 **예고등기도 말소하지 않겠다는 취지를 알린 경우**, 공갈행위에 해당한다고 단정할 수 없다. (대법원 87도690) = 정당한 권리의 주장이다.

⑦ 피고인이 그 소유건물에 인접한 대지 위에 건축허가조건에 위반되게 건물을 신축, 사용하는 소유자로부터 **일조권** 침해 등으로 인한 손해배상에 관한 합의금을 받은 것이 사회통념상 용인되는 범위를 넘지 않는 것이어서 공갈죄가 성립되지 않는다. (대법원 90도114)

⑧ 국가안전기획부 직원이 아들 담임선생의 부탁을 받고 그 담임선생의 채무자에게 채무변제를 독촉하는 과정에서 다소 위협적인 말을 하였다 하더라도 사회통념상 허용되는 범위를 넘어선 것이라고 할 수 없어 공갈죄가 성립되지 아니한다. (대법원 93도2339)

⑨ 조상천도제를 지내지 아니하면 좋지 않은 일이 생긴다는 취지의 해악의 고지는 길흉화복이나 천재지변의 예고로서 행위자에 의하여 직접, 간접적으로 좌우될 수 없는 것이고 가해자가 현실적으로 특정되어 있지도 않으며 해악의 발생가능성이 합리적으로 예견될 수 있는 것이 아니므로 협박으로 평가될 수 없다. (대법원 2000도3245)

> **비교판례**
> 공갈죄의 수단으로써의 협박은 객관적으로 사람의 의사결정의 자유를 제한하거나 의사실행의 자유를 방해할 정도로 겁을 먹게 할 만한 해악을 고지하는 것을 말하고, 그 해악에는 인위적인 것뿐만 아니라 천재지변 또는 신력이나 길흉화복에 관한 것도 포함될 수 있으나, 다만 천재지변 또는 신력이나 길흉화복을 해악으로 고지하는 경우에는 상대방으로 하여금 행위자 자신이 그 천재지변 또는 신력이나 길흉화복을 사실상 지배하거나 그에 영향을 미칠 수 있는 것으로 믿게 하는 명시적 또는 묵시적 행위가 있어야 공갈죄가 성립한다. (대법원 2000도3245)

⑩ **지역신문의 발행인이 시정에 관한 비판기사** 및 사설을 보도하고 관련 공무원에게 광고의뢰 및 직보배정을 타 신문사와 같은 수준으로 높게 해달라고 요청한 사실만으로는 공갈죄의 수단으로서 그 상대방을 협박하였다고 볼 수 없다. (대법원 2001도7095)

⑪ 피해자가 피고인에게 계속해서 **택시요금의 지급을 요구하였으나 피고인이 이를 면하고자 피해자를 폭행하고 달아났을 뿐** 피해자가 폭행을 당하여 외포심을 일으켜 수동적·소극적으로라도 피고인이 택시요금 지급을 면하는 것을 용인하여 이익을 공여하는 처분행위를 하였다고 할 수 없는 경우 공갈죄가 성립하지 아니한다. (대법원 2011도16044)

⑫ 甲이 乙의 돈을 절취한 다음 다른 금전과 섞거나 교환하지 않고 쇼핑백 등에 넣어 자신의 집에 숨겨두었는데, 피고인이 乙의 지시로 폭력조직원 丙과 함께 甲에게 겁을 주어 쇼핑백 등에 들어 있던 절취된 돈을 교부받아 갈취하였다면 공갈죄가 성립되지 않는다. (대법원 2012도6157) = 공갈죄의 객체는 타인소유, 타인점유이어야 하는데, 해당 금원은 자기소유 금원이기 때문이다.

III 특수공갈죄

형법

제350조의2 【특수공갈】 단체 또는 다중의 위력을 보이거나 위험한 물건을 휴대하여 제350조의 죄를 범한 자는 1년 이상 15년 이하의 징역에 처한다.

특수공갈죄 조항이 신설되었다.

IV 상습공갈죄

형법

제351조 【상습공갈】 상습으로 전조(공갈죄)의 죄를 범한 자는 그 죄에 정한 형의 2분의 1까지 가중한다.
제352조 【미수범】 제347조 내지 제348조의2, 제350조, 제350조의2와 제351조의 미수범은 처벌한다.

상습으로 공갈죄를 범함으로써 성립되는 범죄이다.

Section 06 횡령죄

I 횡령죄의 개관

1 조문 체계

범죄	조문	구성요건	미수	예비
횡령	제355조 제1항	타인의 재물을 보관하는 자가 그 재물을 횡령하거나 그 반환을 거부한 경우	○	×
업무상 횡령	제356조	업무상의 임무에 위배하여 제355조 제1항의 죄(횡령죄)를 범한 경우	○	×
점유이탈물횡령	제360조	유실물, 표류물, 매장물, 타인의 점유를 이탈한 재물을 횡령한 경우	×	×

2 보호법익 및 본질

① 횡령죄의 보호법익은 소유권이다. 횡령죄의 보호법익은 **타인의 재물에 관한 소유권 등 본권이고**, 법익침해 위험성이 있으면 침해의 결과가 발생되지 아니하더라도 성립하는 **위험범이다.** (대법원 2010도10500) 다수설은 보호의 정도에 관해 침해범이라고 보고 있다.

② 횡령죄의 본질

구분	월권행위설	불법영득행위설(통설, 판례)
본질	위탁된 물건에 대한 권한을 초월하여 행위를 함으로써 위탁에 의한 신임관계 위배	위탁된 보관물을 불법하게 영득(대법원 71도2353)
불법영득의사 필요여부	불요	요
일시사용, 손괴나 은닉목적으로 처분	횡령죄	횡령죄 불성립

③ 배임죄와의 관계

구분	횡령죄	배임죄
주체	타인의 재물을 보관하는 자	타인의 사무를 처리하는 자
객체	재물죄	순수한 이득죄
공통점	타인의 신임관계 위배, 신분범	
관계	• 횡령죄(특별법)와 일반법(배임죄)의 관계에 있다. • 재물에 대한 횡령은 횡령죄가 성립하지만 재산상 이익에 대한 횡령이란 횡령죄가 아니고 배임죄가 되는 것이다. (대법원 4294형상371)	

④ 횡령죄와 업무상 횡령죄는 10년 이하 자격정지를 병과할 수 있다.

⑤ 횡령죄는 진정신분범이고, 업무상 횡령죄는 진정신분범인 동시에 부진정신분범이다.

⑥ 특정경제범죄가중처벌법에서 횡령과 업무상횡령에 대해서 가액이 5억원 이상인 경우 가중처벌하는 규정을 두고 있다.

II 단순횡령죄

형법

제355조【횡령】 ① 타인의 재물을 보관하는 자가 그 재물을 횡령하거나 그 반환을 거부한 때에는 5년 이하의 징역 또는 1천500만원 이하의 벌금에 처한다.

제359조【미수범】 이 죄의 미수범은 처벌한다.

1 의의

횡령죄는 타인의 재물을 보관하는 자가 그 재물을 횡령하거나 반환을 거부함으로써 성립하는 범죄이다.

2 구성요건

(1) 객체: 타인소유의 자기점유 재물

횡령죄에 있어서의 재물은 동산, 부동산의 유체물에 한정되지 아니하고 관리할 수 있는 동력도 재물로 간주된다.

> **관련판례 재물 인정**
>
> ① 횡령죄의 객체인 타인의 재물이라함은 부동산, 동산은 물론 유가증권 등을 포함하는 개념이므로 주권(株券)은 유가증권으로서 재물에 해당하므로 횡령죄의 객체가 될 수 있다. (대법원 2007도6406)
> ② 산업발전법상 기업구조조정조합의 업무집행조합원이 투자자산의 처분 등을 조합원총회의 결의사항으로 규정한 조합규약에도 불구하고 조합 명의로 업무상 보관하던 주식을 임의로 매각한 사안에서, 횡령죄의 성립을 인정하였다. (대법원 2007도6463) = 주식매각은 주권(재물)을 발행하여 양도하는 방식이므로 횡령죄이다.
> ③ [1] 예탁결제원에 예탁되어 계좌 간 대체 기재의 방식으로 양도되는 주권이 횡령죄의 객체가 될 수 있다.
> [2] 주권이 발행되지 않은 상태에서 주권불소지 제도, 일괄예탁 제도 등에 근거하여 예탁결제원에 예탁된 것으로 취급되어 **계좌 간 대체 기재의 방식으로 양도되는 주식은 재물이 아니므로 횡령죄의 객체가 될 수 없다.** (대법원 2020도2884)

> **관련판례 재물 부정**
>
> ① 자본의 구성 단위 또는 주주권(주주의 지위)을 의미하는 상법상 주식은 재물에 해당하지 않으므로, 횡령죄의 객체가 될 수 없다. (대법원 2002도2822)
> ② 횡령죄의 객체는 자기가 보관하는 '타인의 재물'이므로 재물이 아닌 재산상의 이익은 횡령죄의 객체가 될 수 없고, 사무적으로 관리가 가능한 채권이나 그 밖의 권리 등은 재물에 포함된다고 해석할 수 없다. (대법원 2011도832) 따라서, **광업권**은 재물인 광물을 취득할 수 있는 권리에 불과하지 **재물 그 자체는 아니므로** 횡령죄의 객체가 된다고 할 수 없다. (대법원 93도2272)

(2) 타인소유

타인 소유의 재물이어야 한다. 자기소유의 재물은 횡령죄가 될 수 없다. 회사에서 지급된 노트에 영업상의 주요사항이 기재되어 있더라도 그 노트가 피고인의 소유이어서 퇴직시 이를 회사에 반환하지 않은 행위가 횡령죄를 구성하지 않는다. (대법원 94도763)

1) 공동소유

공동소유도 타인소유에 해당한다. 즉 행위자가 타인과 공동소유하는 재물을 상대방의 동의 없이 임의처분한 경우 횡령죄가 성립할 수 있다.

> **관련판례** 동업재산인 합유물은 타인의 재물이므로 횡령죄 성립
>
> ① 공유물의 매각대금도 정산하기까지는 각 공유자의 공유에 귀속한다고 할 것이므로, 공유자 1인이 그 매각대금을 임의로 소비하였다면 횡령죄가 성립한다. (대법원 80도1161)
> ② 동업관계에 있는 피고인과 피해자 사이에 손익분배의 정산이 되지 아니하였다면 동업자의 한 사람인 피고인은 피고인과 피해자의 합유에 속하는 동업재산이나 동업재산의 매각대금에 대한 지분을 처분할 권한이 없는 것이므로, 피고인이 동업재산인 교회건물의 매각대금을 매수인으로부터 받아 보관 중 임의로 소비하였다면 지분 비율에 관계없이 임의로 소비한 금액 전부에 대해 횡령죄의 죄책을 부담한다. (대법원 95도2824)
> ③ 동업자 중 1인이 동업재산을 보관 중에 임의로 소비한 경우, **지분비율에 관계없이** 임의사용한 금액 전부에 대하여 횡령죄의 죄책을 부담한다. 다시 말해서, **동업자 사이에 손익분배 정산이 되지 아니하였다면 동업자 한 사람이 임의로 동업자들의 합유에 속하는 동업재산을 처분할 권한이 없는 것이므로**, 동업자 한 사람이 동업재산을 보관 중 임의로 횡령하였다면 **지분비율에 관계없이 횡령한 금액에 대하여 횡령죄의 죄책을 부담한다.** (대법원 2010도17684)
> ④ 오피스텔 등 신축·분양사업의 시행사인 甲 주식회사와 시공사인 乙 주식회사가 동업계약을 체결하여 조합을 구성하였는데, 甲 회사의 대표이사인 피고인이 조합 사업과 관련된 부가가치세 환급금 등을 동업재산에 귀속시키지 않고 甲 회사 운영자금 등에 임의로 사용하였다면 甲 회사와 乙 회사의 이익분배비율과 관계없이 그 전액에 대하여 횡령죄의 죄책을 부담한다. 단, 피고인이 위 돈을 조합 사업과 직·간접적으로 관련된 비용에 지출하였더라면 횡령죄의 불법영득의사가 부정된다. (대법원 2011도1904)
> ⑤ 횡령죄는 타인의 재물에 대한 재산범죄로서 재물의 소유권 등 본권을 보호법익으로 하는 범죄이다. 따라서 횡령죄의 객체가 타인의 재물에 속하는 이상 구체적으로 누구의 소유인지는 횡령죄의 성립 여부에 영향이 없다. (대법원 2019도9773)

2) 회사 소유

타인 소유의 재물이어야 한다. 이때 타인이란 자연인 뿐만 아니라 법인, 법인격 없는 단체까지 포괄하는 것이다. 즉 회사의 대표이사가 자기가 창업한 회사(법인)의 재산을 타당한 이유 없이 자신이나 제3자를 위해서 임의 소비 등의 행위를 하는 경우 횡령죄가 성립할 수 있다. 개인이 출자하여 1인 회사를 설립하면 그 재산은 출자자 개인의 소유가 아니라 회사의 단독소유가 된다.

> **관련판례** 회사소유 = 타인소유 횡령죄 인정
>
> ① 1인 주주 겸 대표이사인 경우로도 회사(법인)은 타인이 되는 것이다. 즉 1인회사인 경우라도 회사는 대표이사와는 **별개의 인격체이므로** 법인인 주식회사 소유의 금원을 임의 소비하면 횡령죄가 성립하고, 해당 주식회사에 불법적인 이유로 손해를 발생시키면 배임죄가 성립한다. (대법원 99도1040, 96도1525)
> ② 출자지분이 2인의 사원에게 귀속하고 있는 유한회사의 대표사원이 다른 사원의 승낙을 얻어 회사소유재산을 개인 용도에 소비한 경우, 행위의 주체인 대표사원과 그 본인인 유한회사는 별개의 인격체이어서 비록 유한회사의 손해가 궁극적으로는 위 사원들의 손해에 귀착된다고 하더라도 회사의 재산을 사원의 개인용도에 소비하는 행위는 본인의 위탁의 취지에 반함이 명백하여 횡령죄를 구성한다. (대법원 86도280) = 甲과 乙이 동업하여 공동으로 회사 A를 설립·운영하던 중에 甲이 乙의 승낙을 받고 회사소유 재산을 개인용도로 소비한 경우도 횡령죄가 성립한다. 왜냐하면, **회사(법인)은 개인들과는 다른 별개의 인격체이므로**, 비록 이들이 설립자이자 경영자라도 하더라도 이를 경영상의 이유가 없이 개인적 용도로 불법사용한 경우라면, **동업자 중 일방이 승낙한 경우라도 법인 A에 대한 횡령죄가 성립**한다.

③ 주식회사는 주주와 독립된 별개의 권리주체로서 그 이해가 반드시 일치하는 것은 아니므로 주주총회의 의결권에는 스스로 한계가 있고 그 한계를 벗어나는 사항에 대하여서는 비록 그 의결이 있었다 해도 범죄를 구성할 수 있는 것인 바, 형사재판을 받는 대표이사의 개인적인 변호사비용과 그의 정신적, 육체적 손해에 대한 보상금을 요양비 또는 퇴직위로금 명목으로 가장하여 회사자금으로 지급하였다면 이는 주식회사제도의 목적에 비추어 볼 때 **주주총회의 결의에 관계없이** 횡령에 해당한다. (대법원 89도2466)

④ 피고인이 주식회사의 경영권을 인수한 후 회사 소유의 예금을 인출하여 피고인의 위 회사 인수를 위한 대출금 변제에 사용한 경우, 횡령죄가 성립한다. (대법원 2010도17396)

⑤ 주식회사의 주주 겸 대표이사가 장차 신주발행절차에서 자신이 취득하게 될 주식을 타인에게 매도하고자 하면서 다만 양도소득세 등의 부담을 피하기 위해 주식매수인이 회사에 대해 직접 신주를 인수하는 절차를 취한 경우, 회사에 대한 관계에서 신주인수인은 대표이사가 아니라 주식매수인이므로 대표이사가 주식매수인으로부터 받은 주식매매대금은 신주인수대금으로서 이를 보관 중 개인적인 용도로 사용하였다면 횡령죄를 구성한다. (대법원 2004도6503)

⑥ 대표이사가 회사에 귀속된 위 대출금을 인출하여 임의로 사용한 행위는 업무상횡령에 해당하고, 그 후 개인자금으로 대출금 상당액을 상환하였다는 등의 사정은 범죄 성립에 영향을 미치지 아니한다. (대법원 2010도369)

⑦ 회사의 대표이사인 피고인이 5명의 근로자들의 급여에서 국민연금 보험료 중 근로자 기여금을 공제한 후 이를 업무상 보관하던 중 회사 운영 자금으로 임의로 사용하였다는 업무상횡령의 공소사실에 대하여, 원천공제의 취지상 사용자가 근로자에게 위 기여금을 공제한 임금을 지급하면 그 즉시 사용자는 공제된 기여금을 근로자를 위하여 보관하는 것으로 보아야 하므로 업무상 횡령죄의 책임을 면할 수 없다. (대법원 2010도13284)

> **관련판례** 재물의 타인성 입증
>
> 횡령죄는 타인의 재물을 보관하는 자가 그 재물을 횡령하는 것을 처벌하는 범죄이므로, 피고인을 유죄로 인정하기 위해서는 횡령의 대상이 된 재물이 타인의 소유라는 점이 입증되어야 할 것이고, 형사재판에서의 유죄의 인정은 법관으로 하여금 합리적인 의심을 할 여지가 없을 정도의 확신을 가지게 하는 엄격한 증거에 의하여야 하므로, 그 재물이 당초 피고인에게 보관된 타인의 재산이라고 하더라도 그 이후 타인이 피고인에게 이를 양도하거나 임의사용을 승낙한 것으로 볼 여지가 있는 사정이 재판에 나타난다면 이러한 의문이 해명되지 아니하는 한 피고인을 유죄로 단정할 수는 없다. (대법원 2023도1096)

3) 금원 등의 용도·목적 외 사용

① 대체물이 없는 특정물(예) 문화재급 도자기, 보석류, 공탁금 등)은 소유권이 위탁자(맡긴 사람)에게 있는 것이므로 이를 수탁자(보관자)가 임의소비하는 것은 횡령죄가 된다.

② 위탁자가 금원의 용도·목적을 정하여 위탁한 경우, 수탁자(보관자)가 **이를 정해진 용도·목적 이외로 사용하는 때에는 횡령죄가 성립한다.** 예컨대, 마을 이장이 경로당 화장실 개·보수 공사를 위하여 업무상 보관 중이던 공사비를 그 용도 외에 다른 용도로 사용하였다면, 과거에 마을을 위하여 자신의 개인 돈을 지출하였다고 하여도 횡령죄가 성립한다. (대법원 2010도7012)

③ **다만 위탁자가 금원 등의 용도·목적을 지정하지 않은 경우**에는 소유권은 수탁자(보관자)에게 이전되는 것으로 보기 때문에, 수탁자가 위탁자의 동의 없이 임의 소비 등 **임의처분을 하더라도 횡령죄가 성립하지 않는다. 다만 이 경우 배임죄 성립 여부는 따지게 될 것이다.** 예컨대, 보험을 유치하면서 특별이익 제공과는 무관한 통상적인 실적급여로서의 **시책비**를 지급받아 그 중 일부를 개인적인 용도로 사용한 경우, 시책비는 용도나 목적이 지정되지 않은 것으로 보므로 임의소비해도 횡령죄가 아니다. (대법원 2003도6733)

④ 그러나 회사의 **업무추진비**가 직무수행경비를 보전해 주는 실비변상적 급여의 성질을 가지고 있고, 정관 등에서 업무와 관련하여 지출하도록 포괄적으로 정하고 그 용도나 목적에 구체적인 제한을 두고 있지 않고, 이를 사용한 후에도 그 지출에 관한 증빙자료를 요구하고 있지 않았더라도, 임직원이 이 업무추진비를 업무와 관련하여 **합리적인 범위를 넘어 과다**하게 지출하였다면 불법영득의사가 인정된다. (대법원 2014도3112)

⑤ 만일 甲으로부터 금전 수수를 수반하는 사무처리를 위임받은 자 乙이 그 사무처리 과정에서 제3자 丙으로부터 수령한 금전은 용도·목적이 정해진 것과 같다고 볼 것이므로 이를 위임자인 甲의 승낙 없이 수임인인 乙이 임의처분하는 경우 횡령죄가 성립한다. (대법원 2010도17202)

4) 학교 회계의 용도별 사용 문제

① 사립학교의 교비회계에 속하는 수입을 교비회계의 세출에 포함되는 용도가 아닌 다른 용도에 사용한 경우 그 자체로써 횡령죄가 성립한다. (대법원 2014도15182)

② 그런데 원래 사립학교의 교비회계에 속하는 자금으로 지출할 수 있는 항목에 관한 **차입금을 상환하기 위하여 교비회계 자금을 지출한 경우 횡령죄가 성립하지 않는다**. (대법원 2005도4085) 이러한 차입금 상환행위에 관하여 교비회계 자금을 임의로 횡령하고자 하는 불법영득의 의사가 있다고 보기 어렵기 때문이다.

③ 학교법인이 아닌 **사인(私人)이 설치·경영하는 학교에 있어서 학생 등이 납부한 수업료 등으로 조성된 교비**는 특별한 사정이 없는 한 학교의 설치·경영자의 소유에 속하므로, 피고인이 학교의 설치·경영자와 공모하여 학생 등이 납부한 수업료 등을 **교비회계 아닌 다른 회계에 임의로 사용하였더라도 사립학교법 위반죄 외에 따로 (학생이나 학부모에 대한) 횡령죄가 성립한다고 볼 수 없다**. (대법원 2011도12408)

④ 초·중등교육법에 정한 학교발전기금으로 기부된 금원을 관련 법령상 엄격히 정해진 용도 이외에 학교운영에 필요한 특정한 공익적 용도로 수수한 것으로 볼 수 있는 예외적 경우가 아닌 한, 학교운영위원회에 귀속되어 법령에서 정한 사용 목적으로만 사용되어야 하고, 정해진 용도 외의 사용행위는 원칙적으로 횡령죄를 구성한다. (대법원 2012도6336)

5) 회사나 단체의 직원의 횡령 문제

① 회사나 단체 소유 금전을 해당 사무를 관리하는 담당자가 임의로 유용하는 경우 횡령죄가 성립한다.

② 이사가 회사 재산으로 다른 회사의 주식이나 부동산 구입, 자신의 채무변제를 위해 사용하는 경우도 업무상 횡령죄가 성립한다.

6) 위탁매매(소유권 유보부 위탁매매)

① 판매대금의 소유권은 위탁자에게 있으므로 위탁판매인이 대금을 임의소비하면 횡령죄가 성립한다.

② 위탁매매에서는 위탁품의 소유권이 위탁자에게 있으므로 수탁인(위탁판매인)이 목적물을 처분하면 횡령죄가 성립한다. 수탁인이 위탁물판매대금을 임의로 소비한 경우에도 횡령죄가 성립한다.

7) 익명조합 등 수탁자에게 소유권이 인정되는 경우(소유권 양도부 위탁매매)

① 그러나 익명조합은 위탁매매와 다르다. 익명조합의 조합원 출자재산의 소유권은 출자자인 조합원에게 있는 것이 아니라 영업자에게 있다고 본다. 즉 이는 위탁자가 용도·목적을 지정하지 않고 금원을 위탁한 경우와 마찬가지로 이해할 수 있다. 즉 소유권 양도부 위탁매매로 이해할 수 있다는 것이다. 다시 말해서, **영업자가 이를 조합원의 승낙 없이 임의처분하더라도 횡령죄가 성립하지 않는다. 다만 배임죄 성립여부를 따질 것이다.**

② 조합재산은 조합원의 합유에 속하므로 조합원 중 한 사람이 조합재산 처분으로 얻은 대금을 임의로 소비하였다면 횡령죄의 죄책을 면할 수 없다. 그러나 이러한 법리는 익명 조합의 경우는 위와 달리 위탁관계(보관자 지위)를 인정할 수 없어서 횡령죄가 성립하지 않는다. (대법원 71도2032)

③ 예를 들어, 계주가 계불입금을 계원들 몰래 가지고 도망간 경우, 이는 절도죄도 아니고 횡령죄도 아니다. 절도죄는 타인소유 타인점유이어야 하는데, 계불입금은 계주가 합법적으로 자기점유하는 것이기 때문이다. 그렇다면 횡령죄는 될 수 있는 타인소유 자기점유로 볼 수 있다고 생각할 수 있으나, 법적 관념에서 계주와 계원 관계는 익명조합의 성질로서 해당 계불입금의 소유권은 계원들이 아니라 계주에게 있다고 보므로, 자기소유 자기점유가 되어 횡령죄도 아니다. 다만 계원들과의 신임을 계주가 배신하고 자신 또는 제3자가 이익을 취득한다는 점에서 배임죄가 성립할 수 있다.

④ 피고인이 갑과 특정 토지를 매수하여 전매한 후 전매이익금을 정산하기로 약정한 다음 갑이 조달한 돈 등을 합하여 토지를 매수하고 소유권이전등기는 피고인 등의 명의로 마쳐 두었는데, 위 토지를 제3자에게 임의로 매도한 후 갑에게 전매이익금 반환을 거부한 경우 피고인에게 횡령죄가 성립하지 않는다. (대법원 2010도5014) = 익명조합과 유사한 무명계약에 해당한다고 본다.

8) 할부매매(소유권 보유 조건부 매매)

① 할부매매는 대금완납을 조건으로 소유권은 판매자(매도인)에게 보류하되 구매자(매수인)가 대금을 완납하면 소유권이 구매자에게 이전되는 계약 방식이다. 따라서 **할부대금 완납 전에는 소유권이 매도인에게 있으므로 매수인이 대금완납 전에 임의처분하는 경우 횡령죄가 성립할 수 있다.**

② 그러나 이런 할부매매의 개념은 동산에서만 의미가 있는 것이지, **등기가 필요한 부동산, 등록이 필요한 자동차, 중장비, 선박** 등에서는 의미가 없다. 즉, 부동산과 같이 등기에 의해 소유권이 이전되는 경우 등기를 대금완납 시까지 미룰 수 있으므로 소유권보유부 매매 개념을 사용할 필요가 없는 것이다. 그래서 대금을 **완납받기 전이라도 일단 매도인이 매수인에게 소유권을 이전등기 경료해 준 이상 매수인에게 소유권이 넘어가는 것으로 본다.**

③ 이는 등록이 필요한 자동차, 중기, 건설기계 등도 부동산과 마찬가지로 이해한다. 따라서 매수인(구매자)의 대금 완납 전이라도 매도인(판매자)이 매수인 명의로 자동차(덤프트럭)를 등록하도록 해 준 경우, 차후에 매수인이 대금 완납 전에 자동차를 임의처분하더라도 횡령죄가 성립하지 않는다. (대법원 2009도5064)

④ 다만, 취득에 등록이 필요한 타인 소유 차량을 인도받아 보관하던 자가 이를 사실상 처분하면 횡령죄이고 보관위임자나 보관자가 차량 등록명의자일 필요는 없다. 그래서 지입회사 소유의 차량에 대해서 지입회사로부터 운행관리권을 위임받은 지입차주가 지입회사 승낙없이 보관중인 차량을 사실상 처분한 경우 횡령죄에 해당한다. (대법원 2015도1944 전합) = 횡령죄에서 재물의 보관은 재물에 대한 사실상 또는 법률상 지배력이 있는 상태를 의미한다.

> **관련판례**
>
> ① 횡령죄는 타인의 재물에 대한 재산범죄로 그 재물의 소유권 등 본권을 보호법익으로 하는 범죄이므로, 어떤 재물을 횡령의 객체로 보느냐에 따라 그 재물이 타인의 소유인지, 위탁관계에 기초한 보관자의 지위가 인정되는지, 피해자가 누구인지, 그 재물에 대한 반환청구가 가능한지 등이 달라질 수 있다. 따라서 횡령행위가 여러 단계의 일련의 거래 과정을 거쳐 이루어지는 등의 사유로 **여러 재물을 횡령의 객체로 볼 여지가 있어 이를 확정할 필요가 있는 경우**에는, 해당 재물의 소유관계 및 성상(性狀), 위탁관계의 내용, 재물의 보관·처분 방법, 행위자가 어떤 재물을 영득할 의사로 횡령행위를 한 것인지 등의 **제반 사정을 종합적으로 고려하여 횡령의 객체를 확정해야 한다.** (대법원 2013도658)
>
> ② 피고인이 보관 중인 부동산에 임의로 근저당권설정등기를 마치는 방법으로 부동산을 횡령하여 취득한 구체적인 이득액은 부동산의 시가 상당액에서 위 범행 전에 설정된 피담보채무액을 공제한 잔액이 아니라 위 각 부동산을 담보로 제공한 **피담보채무액 내지 그 채권최고액**이라고 보아야 한다. (대법원 2013도2857)
>
> ③ 근로자는 운송회사로부터 일정액의 급여를 받으면서 당일 운송수입금을 전부 운송회사에 납입하고, 운송회사는 이를 월 단위로 정산하기로 한 약정이 체결된 경우, 근로자가 운송수입금을 회사에 납입하지 않고 임의로 소비하였다면 이는 불법영득의사가 인정되어 횡령죄를 구성하며, 근로자가 사납금을 초과하는 수입금 일부를 배분받을 권리가 있더라도 마찬가지이다. (대법원 2013도8799)

3 횡령의 주체: 합법 자기 점유 = 보관자의 지위

(1) 위탁관계에 의한 보관자의 지위

① 횡령죄는 위탁관계에 의한 타인의 재물을 보관하는 자로서의 지위가 있어야만 하는 진정신분범이다.

② 즉 횡령죄에 있어서 보관이라 함은 재물이 **사실상 지배하에 있는 경우 뿐만 아니라 법률상의 지배·처분이 가능한 상태를 모두 가리키는 것**(대법원 2015도1944 전합)으로 그 보관이 위탁관계에 기인하는 것이다. 이때 위탁관계는 반드시 사용대차·임대차·위임 등의 계약에 의하여 설정될 것을 요하지 아니하고, 사무관리·관습·조리·신의칙 등에 의해서도 성립될 수 있다.

③ 타인의 금전을 위탁받아 보관하는 자는 보관방법으로 이를 **은행 등의 금융기관에 예치한 경우에도 보관자의 지위를 갖는 것이다.** 따라서 금융기관에 자신의 명의로 예치한 후 이를 함부로 인출하여 소비한 경우 횡령죄가 성립한다. (대법원 2014도11244)

④ **위탁관계는 사실상 관계도 포함하므로, 위탁자에게 해당 물건을 위탁할 법률상 권한이 없는 경우도 성립이 가능하다. 즉 횡령죄에서 재물보관의 위탁관계는 사실상의 관계가 있으면 충분하다.** 예컨대, 절도범으로부터 장물인 줄 모르고 장물을 위탁받은 자가 이를 임의처분하는 경우 횡령죄가 성립한다. 물론 장물인 줄 알고 위탁받았다면 장물보관죄가 성립하고 횡령죄는 불가벌적 사후행위에 해당하여 성립하지 않는다.

⑤ 다만, **아예 위탁관계에 기초하지 않고** 타인의 점유를 떠나 우연히 자기의 점유에 들어 온 물건을 가진 경우에는 횡령죄가 아니라 **점유이탈물횡령죄**가 성립한다.

⑥ 그러나 판례는 명시적 위탁관계가 아닌 경우에도 조리·신의칙상 보관자 지위를 인정하여 횡령죄 성립을 인정한 경우가 있다. 예컨대, **송금절차 착오로 자신의 예금계좌로 잘못 입금된 타인의 돈을 임의로 다른 계좌로 이체하거나 인출하여 소비하는 경우 횡령죄가 성립한다.** (대법원 84도2644)

(2) 보관자의 지위

1) 위탁관계가 있는 점유보조자

① 민법상의 점유보조자라도 그 물건에 대하여 사실상 지배력을 행사하는 경우, 형법상 보관의 주체로 볼 수 있다. (대법원 81도3396)

② 주인의 심부름으로 오토바이 열쇠를 받아 타고 도주한 종업원, 사환에게 은행에 입금시키라고 돈을 준 경우, 주인이 점원에게 금고열쇠와 오토바이열쇠를 맡기고 금고 안의 돈은 배달될 가스대금으로 지급할 것을 지시하고 외출하였는데, 점원이 금고 안의 현금과 오토바이를 타고 도주한 경우 등은 위탁관계가 있는 점유보조자로서 보관자이다.

2) 화물자동차 운전자, 지게꾼, 짐꾼 등 독자적 영업자

> **관련판례**
>
> ① 물건의 운반을 의뢰받은 짐꾼이 그 물건을 의뢰인에게 운반해 주지 않고 용달차에 싣고 가서 처분한 경우에는 횡령죄를 구성한다. (대법원 82도2394)
> ② 소유권의 취득에 등록이 필요한 <u>타인 소유의 차량을 인도 받아 보관하고 있는 사람이 이를 사실상 처분하면 횡령죄가 성립하며, 그 보관 위임자나 보관자가 차량의 등록명의자일 필요는 없다.</u> 지입회사에 소유권이 있는 차량에 대하여 <u>지입회사로부터 운행관리권을 위임받은 지입차주</u>가 지입회사의 승낙 없이 그 보관 중인 차량을 사실상 처분하거나 <u>지입차주로부터 차량 보관을 위임받은 사람</u>이 지입차주의 승낙 없이 보관 중인 차량을 사실상 처분한 경우 횡령죄가 성립한다. (대법원 2015도1944)

3) 회사의 대표이사의 횡령죄

① 회사의 대표이사는 회사(법인)을 스스로 설립하여 경영하는 경우라도(심지어 1인 주식회사인 경우까지도) 회사(법인)과는 별개의 인격체로 이해한다. 다만 대표이사는 대내적으로 회사의 업무를 집행하고 대외적으로 회사를 대표함으로써 실질적으로 경영하는 사람인데, 이런 대표이사의 성질에서 회사(법인)의 재물 등을 관리하는 경우 보관하는 지위에서 횡령죄의 주체가 될 수 있고, 회사(법인)의 사무를 처리한다는 점에서 타인(법적으로 회사법인은 대표이사와 별개의 타인임)의 사무를 처리하는 자로서 배임죄의 주체가 될 수 있다.
② 회사의 대표이사인 피고인이 납득할 만한 증빙자료를 제시하지 못한 채 회사 금원을 무단히 인출하는 경우, 횡령죄를 구성한다.
③ 회사에 대하여 개인적인 채권을 가지고 있는 대표이사가 회사를 위하여 보관하고 있는 회사 소유의 금전으로 이사회의 승인 등의 절차 없이 자신의 채권 변제에 충당한 경우 횡령죄가 성립하지 않는다. (대법원 2013도12155)

4) 유가증권의 소지자

어음이나 수표와 같은 유가증권의 경우는 소지자가 법률상 원인에 의한 보관자가 된다.

> **관련판례**
>
> 채권자가 그 채권의 지급을 담보하기 위하여 채무자로부터 수표를 발행·교부받아 이를 소지한 경우에는, 단순히 보관의 위탁관계에 따라 수표를 소지하고 있는 경우와는 달리 <u>그 수표상의 권리가 채권자에게 유효하게 귀속되고</u>, 채권자와 채무자 사이의 수표반환에 관한 약정은 원인관계상의 인적 항변사유에 불과하므로, 채권자는 횡령죄의 주체인 타인의 재물을 보관하는 자의 지위에 있다고 볼 수 없다. (대법원 99도4979)

5) 가맹점 본사와 가맹점 점주

가맹점 본사(本社)와 가맹점계약(프랜차이즈계약)을 맺은 가맹점 주인인 피고인이 보관 중인 물품판매 대금을 임의로 소비한 경우, 횡령죄가 성립하지 않는다. 왜냐하면, 물품판매대금은 타인의 재물이 아니라 **가맹점주** 자신의 재물이다. 즉 가맹점주(대리점주)는 가맹점 본사에게 물품판매대금에 따른 대금지급을 할 민사채무만을 질 뿐이지 이를 반드시 지급해야 하는 타인의 재물에 대한 보관자의 지위에 있지 아니한다. (대법원 98도292)

(3) 불법원인급여와 위탁관계

① 불법원인급여란 재물의 급여(제공)의 이유가 불법인 경우로서 급여자(제공자)에게 반환청구권이 인정되지 않는 경우이다. 예컨대, 甲이 공무원 乙에게 뇌물로 공여하기로 하고 이를 알선하는 丙에게 급여(제공)한 금원은 불법원인급여가 된다. 이때 丙이 해당 금원을 공무원 乙에게 주지 않는 경우, 금원의 원 소유자인 甲이 丙에게 해당 금원을 돌려달라고 할 수 없다는 것이다.

② 이와 같은 경우, 불법원인급여를 착복한 丙에게 해당 금원의 적법한 보관자로서의 지위를 인정하여 횡령죄를 구성할 수 있느냐가 문제인 것이다.

③ 판례는 불법원인급여물에 대해서 횡령죄를 부정한다. 즉 불법원인급여는 적법한 위탁관계가 아니어서 원 소유자에게 반환할 필요가 없으므로 이를 보관하는 자가 착복해도 횡령죄가 성립하지 않는다. (대법원 86도628)

④ 그러나 성매매 알선자인 포주가 성매수자가 급여한 성매매대금(불법원인급여)을 성매매여성에게 전달하지 않고 중간에 착복한 경우에는 불법원인급여임에도 성매매여성에게 소유권을 인정하여 중간 알선자인 포주가 착복한 경우를 횡령죄로 본다. (대법원 98도2036)

> **관련판례** 횡령죄 인정
>
> ① 포주와 윤락녀 사이에 윤락녀가 받은 화대를 포주가 보관하였다가 절반씩 분배하기로 약정하고도 보관중인 화대를 포주가 임의로 소비한 경우, 포주와 윤락녀의 사회적 지위, 약정에 이르게 된 경위와 약정의 구체적 내용, 급여의 성격 등을 종합해 볼 때 포주의 불법성이 윤락녀의 불법성보다 현저히 크므로 화대의 소유권은 여전히 윤락녀에게 속하므로 횡령죄가 성립한다. (대법원 98도2036)
> ② '에스크로(Escrow) 및 자문 계약'을 체결한 후 계약에 따라 갑으로부터 50억 원을 송금받아 보관하던 중 20억여 원을 임의로 소비하여 횡령하였다고 하여 특정경제범죄 가중처벌 등에 관한 법률 위반으로 기소된 사안에서 갑의 피고인에 대한 투자금의 교부가 불법원인급여에 해당하지 않는다고 보아 횡령죄가 성립한다. (대법원 2017도11931)
> ③ 병원에서 의약품 선정·구매 업무를 담당하는 약국장 甲이 병원을 대신하여 제약회사로부터 의약품 제공의 대가로 기부금 명목의 돈을 받아 보관중 임의소비한 사안에서, 위 돈은 병원이 약국장에게 불법원인급여를 한 것에 해당하지 않아 여전히 반환청구권을 가지므로, 업무상 횡령죄가 성립한다. (대법원 2007도2511)

> **관련판례** 불법원인급여물에 대한 횡령죄 부정
>
> ① 조합장이 조합으로부터 공무원에게 뇌물로 전달하여 달라고 금원을 교부받은 것은 불법원인으로 인하여 지급 받은 것으로서 이를 뇌물로 전달하지 않고 타에 소비하였다고 해서 타인의 재물을 보관 중 횡령하였다고 볼 수는 없다. (대법원 86도628)
> ② 성매매알선 등 행위에 관하여 동업계약을 체결한 당사자 일방이 상대방에게 동업계약에 따라 성매매의 권유·유인·강요의 수단으로 이용되는 선불금 등 명목으로 사업자금을 제공한 경우, 그 사업자금이 불법원인급여에 해당하여 반환을 청구할 수 없다. (대법원 2013도321)
> ③ 갑이 을로부터 제3자에 대한 뇌물공여 또는 배임증재의 목적으로 전달하여 달라고 교부받은 금전은 불법원인급여물에 해당하여 그 소유권은 갑에게 귀속되는 것으로서 갑이 위 금전을 제3자에게 전달하지 않고 임의로 소비하였다고 하더라도 횡령죄가 성립하지 않는다. (대법원 99도275)
> ④ 피고인 甲이 A로부터 범죄수익(불법 금융다단계 유사수신행위에 의한 사기범행을 통하여 취득한 범죄수익 등)에 해당하는 19억원 가량의 수표를 현금으로 교환해 달라는 부탁을 받은 후, 그 일부를 현금으로 교환한 상태에서 아직 교환하지 않은 수표와 교환한 현금 중 18억원 가량을 임의로 사용하였더라도, 甲이 교부받은 수표는 불법의 원인으로 급여한 물건에 해당하여 그 소유권이 甲에게 귀속되므로 횡령죄가 성립하지 않는다. (대법원 2016도18035)

⑤ 피고인이 의료기관을 개설할 자격이 없는 자들끼리 노인요양병원을 설립·운영하기로 한 약정에 따라 교부받은 투자금을 임의로 처분하여 횡령죄로 기소된 사안에서, 대법원은 피고인이 보관하던 투자금은 의료법 제87조, 제33조 제2항에 따라 처벌되는 무자격자의 의료기관 개설·운영이라는 범죄의 실현을 위해 교부되었으므로, 해당 금원에 관하여 피고인과 피해자 사이에 **횡령죄로 보호할 만한 신임에 의한 위탁관계는 인정되지 않는다.** (대법원 2017도21286) = 위탁된 재물을 소비하더라도 횡령죄 불성립

4 부동산의 경우

(1) 부동산의 처분권능 = 등기상 소유자

부동산은 동산과 달리 보관여부를 점유를 기준으로 하는 것이 아니라 **법률상 유효하게 처분할 수 있는 권능을 가진 자(대체로 등기상 소유자)가 보관자가 된다.** 다만, **원인무효인 소유권이전등기의 명의자가 횡령죄의 주체인 타인의 재물을 보관하는 자에 해당하지 아니한다.** (대법원 88도1368, 2009도9242)

(2) 위탁관계로서의 명의신탁

1) 의의

① 부동산 명의신탁의 대내적 소유권은 신탁자가 가지되 대외적 소유권은 수탁자가 갖도록 하는 것인데, 수탁자가 신탁자의 의사에 반하여 임의로 제3자에게 처분한 경우 횡령죄나 배임죄로 처벌할 수 있는지 문제이다. 특히 1995년 부동산실명법(부동산 실권리자 명의등기에 관한 법률)이 시행된 이후, 명의신탁에 따른 부동산의 이전등기는 무효로 본다고 규정하여 더욱 문제가 된다.

② 판례는 2자간 명의신탁의 경우에 수탁자의 임의처분을 종래 판례에서는 횡령죄로 인정하였으나 2021년 판례를 변경하여 원칙적으로 횡령죄와 배임죄로 처벌하지 않으며(대법원 2016도18761 전합), 중간생략형 명의신탁의 경우(대법원 2014도6992 전합)와 계약(위임형)명의신탁의 경우에서도 매도인이 명의신탁사실을 모르는 선의의 경우에 수탁자가 신탁부동산에 대하여 임의처분하였을 경우에 횡령죄나 배임죄의 성립을 부정하고 있다. (대법원 2011도7361)

2) 2자간 명의신탁

① 부동산 소유자 A가 부동산의 명의만 수탁자 B에게 이전하기로 하는 경우이다. 이 방식은 부동산실명법 위반임에도 불구하고 현재까지 판례는 수탁자 B가 신탁자 A의 동의없이 해당 부동산을 임의처분하는 경우 B에게 **횡령죄가 성립한다고 볼 수 없다.**

② 다만, 부동산실명제법상 명의신탁을 허용하는 경우인 종중, 종교단체(교회나 사찰 등)에서는 명의신탁자(종중, 교회, 사찰 등)에 대해서 명의수탁자(명의수탁받은 종중원, 담임목사님, 주지스님 등)가 명의신탁된 부동산을 임의처분할 경우 여전히 횡령죄가 성립할 여지가 있다.

3) 계약명의신탁

계약명의신탁은 수탁자 B가 신탁자 A로부터 매매계약을 위임받아 부동산을 매수하는 경우로서 매도인(파는 사람) C로부터 수탁자 B가 소유권이전등기를 경료받게 되는 방식이다. **A와 B 사이의 명의신탁이 부동산실명법상 무효이므로 B가 A의 동의없이 임의처분하더라도 횡령죄나 배임죄가 성립하지 않는다.** (대법원 2010도10515) 계약명의신탁에 있어서 명의수탁자가 부동산을 담보로 잡히거나 임의로 처분하는 행위는 부동산 매도인이 명의신탁사실을 알았는지 여부와 상관없이 횡령죄로 처벌할 수 없다. (대법원 2008도7451)

4) 중간생략 명의신탁(3자간 명의신탁)

매수인 A가 매도인 C와 부동산매매계약을 맺으면서 매도인 C가 수탁자 B 앞으로 명의를 이전하도록 하는 방식이다. 이런 A와 B 사이의 명의신탁은 부동산실명법 위반으로 무효가 되어 수탁자 B가 신탁자 A의 동의없이 해당 부동산을 임의처분하는 경우라도 B에게 **횡령죄가 성립하지 않는다고 본다.**

(3) 부동산의 횡령죄 문제

① 명의신탁된 **종중소유의 토지를** 그 개인의 소유라고 거짓말하여 타인에게 매도하고 대금을 받았다면, 이는 **사기죄가 아니라 횡령죄이다.** (대법원 70도1668) = 부동산실명법에서도 중종, 배우자 명의, 종교단체 명의의 명의신탁은 조세포탈, 강제집행 면탈, 법령상 제한 회피 목적이 아닌 이상 명의신탁이 가능하다고 특례규정을 두고 있으므로, 여전히 횡령죄가 성립할 것이다.

② **종중의 회장으로부터 담보 대출을 받아달라는 부탁**과 함께 종중 소유의 임야를 이전받은 자가 임야를 담보로 금원을 대출받아 임의로 사용하고 자신의 개인적인 대출금 채무를 담보하기 위하여 임야에 근저당권을 설정하였다면, **횡령죄가 성립**한다. (대법원 2005도2413)

③ **미성년자의 친권자**, 법인의 대표이사는 법률상의 권한에 기하여 사실상 타인의 부동산을 관리하는 사람이므로 **등기명의가 없더라도 보관자의 지위에 선다.** 이들이 임의처분하는 경우 횡령죄가 된다.

④ **임차인**은 임차부동산을 마치 자신 소유인 것처럼 행세하고 처분한 경우라도 **사기죄는 될 수 있어도 횡령죄는 될 수 없다.** 왜냐하면 임차인은 법적으로 처분권능이 없기 때문이다.

(4) 미등기부동산의 횡령죄

① 미등기건물, 미등기부동산의 경우, 사실상 해당 부동산을 관리·지배하는 자가 보관자의지위에 선다. 즉 부동산의 보관은 원칙으로 등기부상의 소유명의인에 대하여 인정되지만 등기부상의 명의인이 아니라도 소유자의 위임에 의거해서 실제로 타인의 부동산을 관리 지배하면 부동산의 보관자라 할 수 있고, **미등기건물에 대하여는 위탁관계에 의하여 현실로 부동산을 관리·지배하는 자가 보관자라고 할 수 있다.**

② 예를 들어, 신축 부동산에 대해서 미보존등기건물의 건축허가명의를 수탁받은 자는 사실상 지배와 관계없이 보관자의 지위에 선다. (대법원 89도1911) 따라서 **이 사람이 피해자(분양권자들)의 동의 없이 해당 미보존등기건물을 자신의 명의로 보존등기한 때에 횡령죄는 기수를 이루며, 이후 근저당설정등기를 한 것은 불가벌적 사후행위로 별도의 횡령죄를 구성하지는 않는다.** (대법원 92도2999)

관련판례

1. 원인무효

① 원인무효인 소유권이전등기의 명의자로서 그 부동산을 법률상 유효하게 처분할 수 있는 지위에 있지 않은 자는 횡령죄의 주체인 타인의 재물을 보관하는 자에 해당하지 않는바 부동산의 명의수탁인 B로부터 A가 소유이전등기를 경료받은 경우 B의 처분행위는 대외적으로 유효하여 A는 부동산의 권리를 취득하는 것이지 명의수탁자의 지위를 승계하는 것이 아니므로 A가 한 처분행위는 권리자의 처분행위로서 횡령죄가 성립할 수 없다. (대법원 88도1368) = 횡령죄에서 말하는 보관자의 지위는 부동산의 경우, 점유를 기준으로 할 것이 아니라 그 부동산을 제3자에게 유효하게 처분할 수 있는 권능의 유무를 기준으로 결정하여야 하므로 원인무효인 소유권이전등기의 명의자는 타인의 재물을 보관하는 자에 해당한다고 할 수 없다. (대법원 2009도9242)

② 임야의 진정한 소유자와는 전혀 무관하게 신탁자로부터 임야지분을 명의신탁받아 지분이전등기를 경료한 수탁자가 신탁받은 지분을 임의처분한 사안에서, 신탁자와 수탁자 사이에 법률상 또는 사실상 관계가 인정되지 않으므로 처분권능을 갖고 있지 못하다. 따라서 수탁자가 위 임야지분을 보관하는 자의 지위에 있다고 볼 수 없어서 횡령으로 볼 수 없다. (대법원 2007도1082)

③ 등기명의인이라도 등기가 원인무효인 경우, 위탁자가 소유권을 취득할 수 없는 경우에는 보관자의 지위에 서지 못하므로 역시 횡령죄가 되지 않는다. = A 명의의 해당 토지들에 대한 각 소유권이전등기는 허위 보증서나 확인서에 의해 마쳐진 것으로서 원인무효의 등기에 해당하고 이에 기초한 피고인 甲 명의의 각 소유권이전등기 역시 원인무효의 등기에 해당한다. 피고인 甲은 이 사건 토지들을 유효하게 처분할 수 있는 권능이 없어 피해자들을 위해 토지들을 보관하는 자에 해당한다고 볼 수 없고 토지들에 관한 수용보상금에 대해서도 보관자의 지위를 인정할 수 없다. 따라서 해당 토지들에 관한 수용보상금을 소비했더라도 횡령죄가 성립하지 아니한다. (대법원 2018도18010)

2. 이자간 명의신탁

① 명의수탁자가 제3자와 한 처분행위가 부동산실명법 제4조 제3항에 따라 유효하게 될 가능성이 있다고 하더라도 이는 거래 상대방인 제3자를 보호하기 위하여 명의신탁약정의 무효에 대한 예외를 설정한 취지일 뿐 명의신탁자와 명의수탁자 사이에 위 처분행위를 유효하게 만드는 어떠한 위탁관계가 존재함을 전제한 것이라고는 볼 수 없다. 따라서 말소등기의무의 존재나 명의수탁자에 의한 유효한 처분가능성을 들어 명의수탁자가 명의신탁자에 대한 관계에서 '타인의 재물을 보관하는 자'의 지위에 있다고 볼 수도 없다. 이러한 법리는, 부동산 명의신탁이 부동산실명법 시행 전에 이루어졌고 같은 법이 정한 유예기간 이내에 실명등기를 하지 아니함으로써 그 명의신탁약정 및 이에 따라 행하여진 등기에 의한 물권변동이 무효로 된 후에 처분행위가 이루어진 경우에도 마찬가지로 적용된다. (대법원 2016도18761)

② 종중으로부터 명의신탁받아 보관 중인 종중 소유의 부동산에 근저당권설정등기를 경료함으로써 일단 횡령죄가 기수에 이르렀다면, 그 후 해당 부동산을 매각하는 행위는 새로운 법익침해의 결과를 발생시켰다고 볼 수 있으므로 별도의 횡령죄가 성립한다. (대법원 2010도10500) = 종중의 경우

3. 계약 명의신탁

① 명의신탁자와 명의수탁자가 이른바 계약명의신탁 약정을 맺고 명의수탁자가 당사자가 되어 명의신탁 약정이 있다는 사실을 알고 있는 소유자와 부동산에 관한 매매계약을 체결한 후 매매계약에 따라 부동산의 소유권이전등기를 명의수탁자 명의로 마친 경우에는 부동산실명법(제4조 제2항)에 의하여 수탁자 명의의 소유권이전등기는 무효이고 부동산의 소유권은 매도인이 그대로 보유하게 되므로, 명의수탁자는 부동산 취득을 위한 계약의 당사자도 아닌 명의신탁자에 대한 관계에서 횡령죄에서 '타인의 재물을 보관하는 자'의 지위에 있다고 볼 수 없고, 또한 명의수탁자가 명의신탁자에 대하여 매매대금 등을 부당이득으로 반환할 의무를 부담한다고 하더라도 이를 두고 배임죄에서 '타인의 사무를 처리하는 자'의 지위에 있다고 보기도 어렵다. (대법원 2011도7361) = 매도인이 악의인 경우 계약명의신탁 횡령죄·배임죄 부정

Chapter 05 재산에 대한 죄

② 피고인이 甲과 체결한 명의신탁약정에 따라 甲이 분양받은 아파트에 관하여 피고인 명의로 소유권보존등기를 마친 후 甲의 허락 없이 이를 乙에게 매도하여 횡령하였다는 내용으로 기소된 사안에서, 제반 사정에 비추어 피고인이 甲에 대한 관계에서 '아파트를 보관하는 자'의 지위에 있다고 볼 수 없다. (대법원 2010도10515) = 매도인이 악의인 경우 횡령죄 부정

③ 신탁자와 수탁자 사이의 명의신탁 약정에 따라 수탁자가 명의신탁 약정이 있다는 사실을 알지 못하는 소유자와 사이에서 부동산매매계약을 체결한 후 당해 부동산의 소유권이전등기를 수탁자 명의로 경료한 경우, 그 수탁자가 형법 제355조 제1항 소정의 '타인의 재물을 보관하는 자'에 해당하지 않는다. (대법원 98도4347) = 매도인이 선의인 경우 횡령죄 부정

④ 甲이 乙과 부동산취득을 위한 계약명의신탁을 맺은 후 약정에 따라 이 약정을 알지 못하는 A주식회사와 매매계약을 체결하고 甲명의로 소유권이전등기를 마친 후, 甲이 자신의 명의로 소유권이전등기가 되어 있음을 기화로 위 부동산을 B주식회사에 매도하고 임의로 소비한 경우 피고인이 위 수탁부동산 및 그 처분대금에 대하여 타인의 재산을 처리하는 자의 지위에 있다고 볼 수 없으므로 배임죄로 처벌할 수 없다. (대법원 2001도2722) = 매도인이 선의인 경우 배임죄 부정

4. 중간생략형 명의신탁

명의신탁자가 매수한 부동산에 관하여 부동산실명법을 위반하여 명의수탁자와 맺은 명의신탁약정에 따라 매도인에게서 바로 명의수탁자 명의로 소유권이전등기를 마친 이른바 중간생략등기형 명의신탁을 한 경우, **명의신탁자는 신탁부동산의 소유권을 가지지 아니하고, 명의신탁자와 명의수탁자 사이에 위탁신임관계를 인정할 수도 없다.** 따라서 명의수탁자가 명의신탁자의 재물을 보관하는 자라고 할 수 없으므로, 명의수탁자가 신탁받은 부동산을 임의로 처분하여 <u>명의신탁자에 대한 관계에서 횡령죄가 성립하지 아니한다.</u> (대법원 2014도6992 전합) = 중간생략형명의신탁

5 행위: 횡령 또는 반환의 거부

(1) 횡령

① 횡령행위란 타인의 재물을 보관하는 자가 자기 또는 제3자의 이익을 꾀할 목적으로 업무상의 임무에 위배하여 보관하는 타인의 재물을 자기의 소유인 경우와 같이 사실상 또는 법률상 처분하는 행위를 말한다. 불법영득의사를 객관적으로 인식할 수 있는 방법으로 표출하므로 통설과 판례는 영득행위설의 입장에 있다.

② 매매, 증여, 저당권 설정, 담보권설정, 상계처리 등과 같이 법률행위로 할 수도 있고, 소비착복, 은닉 등의 사실행위로도 할 수 있다.

③ 작위는 물론 부작위로도 횡령이 가능하다.

④ 횡령주체(범인)의 자기 보관 재물(대체로 부동산)에 대한 처분행위가 강행규정 위반으로 무효인 때에는 횡령죄가 성립하지 않는다. 그러나 횡령주체의 처분행위가 단순 사법상의 무효인 때에는 아무런 영향을 주지 않으므로 횡령죄가 성립한다.

⑤ 예컨대, 공장저당법에 따라 공장재산을 구성하는 기계를 타인에게 양도담보로 제공하였다 하여도 공장저당법의 강행성에 비추어 위 양도는 무효이므로 양도인이 위 기계에 대하여 다시 근저당권을 설정한 행위는 횡령죄를 구성하지 아니한다고 함으로써 법률행위의 경우 당연 무효인 경우는 횡령이 되지 않는다. = 강행규정위반으로 무효(횡령죄 부정)

(2) 반환거부

① 반환거부 행위가 횡령행위와 같다고 볼 수 있을 정도라면 불법영득의사가 인정되어 횡령죄가 성립한다.

② 다만 반환할 수 없는 정당한 사정이 있다면 고의나 불법영득의사가 없으므로 횡령죄가 성립하지 않는다.

관련판례

① 보관물에 대하여 소유자의 권리를 배제하는 의사표시를 하는 행위를 뜻하므로 타인의 재물을 보관하는 자가 단순히 반환을 거부한 사실만으로 횡령죄를 구성하는 것은 아니고, 그 반환거부의 이유 및 주관적인 의사와 종합하여 **반환거부 행위가 횡령행위와 같다고 볼 수 있을 정도이어야만** 횡령죄를 구성한다. (대법원 86도1516)

② 시로부터 벽돌 제조기를 무상으로 대여받은 자가 반환기일에 반환하지 아니하고 여러 차례 연기원을 제출하고 사용하여 오다가 이를 타인에게 사용료를 받고 대여한 것이라면 달리 정당한 이유가 있었다는 점이 인정되지 아니하는 한 이는 **반환을 거부**하는 행위로서 횡령죄가 성립된다. (대법원 67도1456)

③ 임차인이 이사하면서 그 소유 물건들을 임차공장 내에 그대로 두었는데 임대인이 이를 처분하거나 반환을 거부한 경우, 甲회사가 시공 중이던 공사가 중단된 후 이를 인수한 乙회사가 잔여공사를 진행하면서 甲회사가 현장에 남겨 둔 형틀을 사용하고 반환요구에 불응한 경우 횡령죄가 성립한다. (대법원 84도300)

④ 회사의 대표이사 등이 이자나 변제기의 약정 없이 이사회 결의 등 적법한 절차를 거치지 아니하고 회사를 위한 지출 이외의 용도로 거액의 회사자금을 가지급금 등의 명목으로 인출, 사용한 행위가 횡령죄를 구성한다. (대법원 2010도8614)

6 고의와 불법영득의사

① 고의와 불법영득의사가 요구된다.

② 위탁자의 신뢰관계를 배신하고 재물을 자기 또는 제3자의 이익을 위해 임의처분하려는 인식과 의사가 필요한 것이다. 만일 위탁자를 위한 처분행위로 인정된다면, 불법영득의사가 없으므로 횡령죄가 성립하지 않는다.

③ **제한된 용도 이외의 목적에 사용한 경우, 횡령죄가 성립한다.**

④ 타인으로부터 용도가 엄격히 제한된 자금을 위탁받아 집행하면서 그 **제한된 용도 이외의 목적으로 자금을 사용하는 것은**, 그 사용이 개인적인 목적에서 비롯된 경우는 물론 결과적으로 자금을 위탁한 본인을 위하는 면이 있더라도, 그 사용행위 자체로서 불법영득의사를 실현한 것이 되어 **횡령죄가 성립한다.**

⑤ 다른 항목의 자금을 유용한 경우, 그러한 항목유용 자체가 위법한 목적을 가지고 있다거나 그 용도가 엄격하게 제한되어 있는 경우에는 별론으로 하고, 유용이 있었다는 것만으로 바로 그 유용자에게 불법영득의 의사가 있었다고 할 수 없다.

관련판례 불법영득의사 인정

① 피고인이 교회신축공사를 감독하면서 위 교회로부터 **레미콘대금**을 지급하라는 명목으로 금원을 받았으면서도 거기에 사용하지 아니하고 이를 마음대로 피고인이 받을 채권과 상계처리하였다면 상계정산하기로 하였다는 특별한 약정이 없는 한 이는 금원을 위탁한 취지에 반하는 것이어서 횡령죄를 구성한다. (대법원 88도1992)

② 환전하여 달라는 부탁과 함께 교부받은 돈을 그 목적과 용도에 사용하지 않고 마음대로 피고인의 위탁자에 대한 채권에 **상계충당**함은, 상계정산하기로 하였다는 특별한 약정이 없는 한, 당초 위탁한 취지에 반하는 것으로서 횡령죄를 구성한다. (대법원 97도1520)

③ 학교법인의 회계는 학교회계와 법인회계로 구분되고 학교회계 중 특히 **교비회계**에 속하는 수입은 다른 회계에 전출하거나 대여할 수 없는 등 용도가 엄격히 제한되어 있기 때문에 교비회계자금을 다른 용도에 사용하였다면 그 자체로서 횡령죄가 성립한다. (대법원 2002도235)

> **비교판례**
>
> [1] 피고인이 甲 사립학교 경영자 乙과 공모하여 학생이나 학부모가 납부한 **수업료** 기타 납부금을 교비회계 아닌 다른 회계에 임의로 사용하였다고 하여 구 특정경제범죄 가중처벌 등에 관한 법률 위반(횡령)으로 기소된 사안에서, 甲 학교는 사인(私人)인 乙 등이 설립하여 운영하는 학교로서 수업료 등으로 조성된 교비는 특별한 사정이 없는 한 甲 학교의 설치·경영자인 乙 등의 소유에 속하므로, 피고인이 乙과 공모하여 이를 임의로 사용하였더라도 사립학교법 위반죄가 성립하는 것 외에 따로 횡령죄가 성립하지 않는다.
>
> [2] 학교법인 이사장인 피고인이 산하 대학의 건물 중 일부를 정관 기타 규정상 근거 없이 주거용으로 사용하다가 거실 확장 공사 및 인테리어 공사를 한 후 그 공사대금을 대학 교비회계에 속하는 수입으로 지급한 경우 업무상횡령죄가 성립한다. (대법원 2011도12408)

④ 주상복합상가의 매수인들로부터 우수상인유치비 명목으로 금원을 납부받아 보관하던 중 그 **용도와 무관**하게 일반경비로 사용한 경우 횡령죄를 구성한다. (대법원 2002도366)

⑤ 금전의 수수를 수반하는 사무처리를 위임받은 자가 그 행위에 기하여 위임자를 위하여 제3자로부터 수령한 금전을 그 위임의 취지대로 사용하지 않고 마음대로 피고인의 위임자에 대한 채권에 상계충당함은, 상계정산하기로 하였다는 특별한 약정이 없는 한, 당초 위임한 취지에 반하는 것으로서 횡령죄를 구성한다. (대법원 2006도8939)

⑥ 사회복지사업을 수행하는 자가 국가 또는 지방자치단체로부터 교부받은 **보조금**을 위탁받아 집행하는 자가 이를 다른 용도에 사용하면 그 자체로서 불법영득의 의사를 실현한 것이 되어 횡령죄가 성립한다. (대법원 2010도13814)

⑦ 초·중등교육법에 정한 **학교발전기금**으로 기부한 금원의 경우, 법령상 엄격히 제한된 용도 외에 학교운영에 필요한 특정한 공익적 용도로 수수한 것으로 볼 수 있는 예외적 경우가 아닌 한, 학교운영위원회에 귀속되어 법령에서 정한 사용목적으로만 사용되어야 할 것이므로, 그 정해진 용도 외의 사용행위는 원칙적으로 횡령죄를 구성한다. (대법원 2012도6336)

⑧ **교비회계**에 속하는 수입은 다른회계에 전출하거나 대여할 수 없도록 용도가 엄격히 제한되어 있기 때문에 교비회계자금을 다른 용도로 사용하였다면 횡령죄가 성립하며, 법인의 운영자 또는 관리자가 법인과 아무런 관련이 없거나 개인적 용도로 착복할 목적으로 법인 자금을 빼내어 별도로 비자금을 조성한 경우, 그 자체로써 업무상횡령죄의 불법영득의사가 인정된다. (대법원 2014도15182)

⑨ 타인을 위하여 금전 등을 보관·관리하는 자가 개인적 용도로 사용할 자금을 마련하기 위하여, **적정한 금액보다 과다하게 부풀린 금액**으로 공사계약을 체결하기로 공사업자 등과 사전에 약정하고 그에 따라 과다 지급된 공사대금 중의 **일부를 공사업자로부터 되돌려 받는 행위**는 그 타인에 대한 관계에서 **과다하게 부풀려 지급된 공사대금 상당액의 횡령**이 된다. (대법원 2013도13444)

⑩ 학교법인의 이사장이었던 자가 이사장으로 근무할 당시 학교법인이 부담하는 부외부채를 자신의 자금으로 변제한 후 그 자금회수를 위하여 자신이 보관하던 학교법인 소유의 양도성 예금증서를 어음할인에 대한 담보로 제공한 경우, 그 부외부채가 학교법인이 승인한 채무가 아니고 그 변제도 학교법인의 의사에 반하여 임의로 한 것이라는 이유로 불법영득의 의사를 인정한다. (대법원 99도3982)

⑪ 피고인이 2천 원을 내어 피해자를 통하여 구입한 복권 4장을 피고인과 피해자를 포함한 4명이 한 장씩 나누고 피해자 등 2명이 1천 원씩에 당첨되자 이를 다시 복권 4장으로 교환하여 같은 4명이 한 장씩 골라잡아 복권 2장이 2천만 원씩에 당첨되었으나 당첨금을 수령한 피고인이 피해자에게 그 당첨금의 반환을 거부한 경우, 피고인과 피해자 사이에는 어느 누구의 복권이 당첨되더라도 당첨금을 공평하게 나누거나 공동으로 사용하기로 하는 묵시적인 합의가 있었다고 보아야 하므로 그 당첨금 전액은 같은 4명의 공유라고 봄이 상당하여 피고인으로서는 그의 몫을 반환할 의무가 있고 이를 거부하고 있는 이상 불법영득의사가 있다는 이유로 횡령죄가 성립될 수 있다. (대법원 2000도4335)

⑫ 업무상횡령죄에서 불법영득의 의사라 함은, 자기 또는 제3자의 이익을 꾀할 목적으로 업무상의 임무에 위배하여 보관하는 타인의 재물을 자기의 소유인 경우와 같이 처분하는 의사를 말하고 사후에 이를 반환하거나 변상, 보전하는 의사가 있다 하더라도 이를 인정하는 데는 지장이 없다. 또한 업무상횡령죄는 위와 같은 불법영득의 의사가 확정적으로 외부에 표현되었을 때 성립하는 것이므로, 횡령의 범행을 한 자가 물건의 소유자에 대하여 별도의 금전채권을 가지고 있었다 하더라도 횡령 범행 전에 상계 정산하였다는 등 특별한 사정이 없는 한 그러한 사정만으로 이미 성립한 업무상횡령죄에 영향을 미칠 수는 없다. (대법원 2010도9871)

> **관련판례** **불법영득의사 부정**

① 법인의 대표자가 법인경비에서 직무집행정지가처분결정을 당한 이사의 소송비용을 지급하더라도 이는 법인의 업무수행에 필요한 비용을 지급한 것에 해당하고 법인의 경비를 횡령한 것이라고는 볼 수 없다. (대법원 89도1102)

② 예산을 집행할 직책에 있는 자가 자기 자신의 이익을 위한 것이 아니고 경비부족을 메꾸기 위하여 예산을 전용한 경우, 그것이 본래 책정되거나 영달되어 있어야 할 필요경비이기 때문에 일정한 절차를 거치면 그 지출이 허용될 수 있었던 때에는 그 간격을 메우기 위한 유용이 있었다는 것만으로 바로 그 유용자에게 불법영득의 의사가 있었다고 단정할 수는 없다. (대법원 2001도5439)

③ 회사에 대하여 개인적인 채권을 가지고 있는 대표이사가 회사를 위하여 보관하고 있는 회사 소유의 금전으로 자신의 채권 변제에 충당하는 행위는 **대표이사의 권한 내**에서 한 회사 채무의 이행행위로서 유효하고, 따라서 불법영득의 의사가 인정되지 않는다. (대법원 2001도5459)

④ 보관자의 지위에 있는 공동명의 예금채권자가 피해자 조합원들이 제기한 소송으로 인하여 조합이 입게 되는 손해에 대한 **구상금 채권의 집행 확보**를 위하여 피해자 조합원들에 대하여 예금계좌에 초과로 입금된 개발부담금의 반환을 거부한 경우, 불법영득 의사가 인정되지 않아서 횡령죄가 성립하지 아니한다. (대법원 2008도8279) = 단순히 거부한 사실만으로 주관적 구성요건인 불법영득의사를 인정하기에는 부족하다.

⑤ 법인의 임직원이 법인의 운영에 필요한 자금을 조달하기 위하여 법인의 무자료 거래를 통해 비자금을 조성한 경우, 법인에 대한 관계에서 횡령죄가 성립하지 아니한다. (대법원 2013도658) = 법인 운영자금 조달을 위한 점에서 법인에 대해서는 불법영득의사를 추단하기 어렵다는 판례이다. 보관자가 소유자의 이익을 위하여 재물을 처분한 경우라면 특별한 사정이 없는 한 불법영득의사를 인정할 수 없다.

⑥ 갑 아파트의 입주자대표회의 회장인 피고인이, 일반 관리비와 별도로 입주자대표회의 명의 계좌에 적립·관리되는 특별수선충당금을 아파트 구조진단 견적비 및 시공사인 을 주식회사에 대한 손해배상청구소송의 **변호사 선임료**로 사용함으로써 아파트 관리규약에 의하여 정하여진 용도 외에 사용하였다고 하여 업무상횡령으로 기소된 사안에서, 피고인이 특별수선충당금을 위와 같이 지출한 것이 위탁의 취지에 반하여 자기 또는 제3자의 이익을 위하여 자기의 소유인 것처럼 처분하였다고 단정하기 어려우므로 피고인의 불법영득의사를 인정할 수 없다. (대법원 2013도14777)

> **비교판례**
>
> 집합건물의 관리회사가 구분소유자들로부터 특별수선충당금의 명목으로 금원을 납부받아 보관하던 중 이를 일반경비로 사용한 경우 횡령죄를 구성한다. (대법원 2003도6988)

⑦ 대학교 산학협력단의 운영자가 **산학협력단의 자금**을 이용하여 **비자금**을 조성하였다고 하더라도 그것이 단지 당해 비자금의 소유자인 법인 이외의 제3자가 이를 발견하기 곤란하게 하기 위한 목적으로 장부상의 분식을 한 경우 불법영득의 의사를 인정하기 어렵다. (대법원 2014도15182)

⑧ 사회복지단체인 '음성 꽃동네'의 운영자가 등기절차 등의 편의상 친인척 명의를 일시적으로 빌려 업무관련 토지를 구입하고 친인척들에게 이를 사용하도록 하였더라도, 그 후 비교적 단기간 내에 '음성 꽃동네'가 속한 천주교회 교구 명의로 근저당권이 설정되고 토지 대부분에 대한 소유 명의가 교구 소속 수사 등 앞으로 이전되었다면, 업무상횡령죄의 불법영득의사를 인정할 수 없다. (대법원 2006도8870)

⑨ 횡령죄에서 보관자가 자기 또는 제3자의 이익을 위하여 소유자의 이익에 반하여 재물을 처분한 경우에는 재물에 대한 불법영득의사를 인정할 수 있으나, 그와 달리 **소유자의 이익을 위하여 재물을 처분**한 경우에는 특별한 사정이 없는 한 그 재물에 대하여는 불법영득의사를 인정할 수 없다. (대법원 2013도658)

⑩ 비자금은, 법인을 위한 목적이 아니라 법인의 자금을 빼내어 착복할 목적으로 조성한 것임이 명백히 밝혀진 경우에는 조성행위 자체로써 불법영득의 의사가 실현된 것으로 볼 수 있다. 하지만 이와 달리 피고인들이 불법영득의사의 존재를 인정하기 어려운 사유를 들어 비자금의 행방이나 사용처에 대한 설명을 하고 있고 이에 부합하는 자료도 제시한 경우에는 피고인들이 보관·관리하고 있던 비자금을 일단 다른 용도로 소비한 다음 그만한 돈을 별도로 입금 또는 반환한 것이라는 등의 사정이 인정되지 않는 한, 함부로 그 비자금을 불법영득의사로 인출·사용함으로써 횡령하였다고 단정할 것은 아니다. (대법원 2016도9027)

⑪ 피고인은 주식회사의 대표이사로서 회사소유 공장부지를 매각하는 과정에서 **리베이트**를 받아 배임수재로 기소되어 형사재판을 받게 되었다. 그러자 피고인은 재판에서 선처를 받기 위해 회사 명의 계좌로 가수금 계정으로 입금한 후 이를 인출하여 추징금 납부에 사용한 사안에서, 피고인이 가수금을 회사에 확정적으로 귀속시켰다고 보기 어렵고, 가수금채무의 이행행위로 위 돈을 인출하여 사용하였으므로, 피고인에게 불법영득의사가 인정되지 않는다. (대법원 2018도16469)

⑫ 甲 주식회사의 공동운영자인 피고인들이 乙 주식회사의 자금집행 담당자 丙과 공모하여, 乙 회사가 甲 회사와 체결한 선박건조계약에 따라 甲 회사로부터 지급받은 **선박건조선수금**을 甲 회사의 대출금 변제 등 다른 용도에 사용하였다고 하여 업무상횡령으로 기소된 사안에서, 위 선수금의 용도가 선박건조용으로 엄격하게 제한되어 있었다거나 丙에게 불법영득의사가 있었다고 단정하기 어렵다. (대법원 2012도535) = 선박착수금을 받았으므로 받은자 소유

⑬ 새마을금고의 임원인 피고인 등이 위 금고의 직원들로 하여금 고객들이 맡긴 정기예탁금을 정상거래시스템이 아닌 부외거래시스템에 입금하게 하는 행위가, 위 부외거래시스템의 도입 경위 및 운용 실태, 부외거래자금의 흐름이나 사용처 등의 여러 사정을 종합할 때 회계처리상 부외거래시스템의 계좌 혹은 통합전산망의 차명계좌에 예금액을 기재하는 행위에 불과하고 그 자체로 위 금고의 공식적인 자금에서 벗어난 별도의 비자금을 조성하는 행위로 볼 수는 없다. (대법원 2010도11015)

7 미수와 기수

① 횡령죄의 기수시기에 대해서는 불법영득의사가 객관적으로 표현되기만 하면 기수가 된다는 표현설과 표현만으로는 부족하고 그 의사가 실현되어야 한다는 실현설로 나누어지고, 판례도 일관적이지는 않다.

② 횡령죄는 미수처벌규정이 있다. 하지만 횡령죄는 불법영득의사가 표시되면 바로 기수를 이루는 편이므로(표현설) 미수가 성립하는 경우가 많지 않다.

> **관련판례** **횡령죄의 미수**
>
> 피고인이 보관하던 이 사건 수목을 함부로 제3자에 매도하는 계약을 체결하고 계약금을 수령·소비하여 이 사건 수목을 횡령하였다는 공소사실에 관하여 횡령미수죄를 인정하였다. (대법원 2011도9113)

8 죄수

(1) 횡령죄 자체의 죄수

① 횡령죄의 죄수는 **위탁관계의 수**를 기준으로 판단한다. 따라서 1개의 행위로 수인으로부터 위탁받은 재물을 횡령하면 수 개의 횡령죄가 상상적 경합하고, 1인으로부터 위탁받은 수인의 재물을 횡령하면 1개의 횡령죄가 성립한다.

② 횡령물을 처분하는 행위는 불가벌적 사후행위로서 횡령죄에 흡수된다. 그런데 선행 처분행위로 횡령죄 성립 이후, 후행 처분행위로 다시 별도의 횡령죄가 성립할 수 있다.

> **관련판례**
>
> [1] 종중으로부터 종중 소유의 토지를 명의신탁받아 보관 중이던 甲이 자신의 개인 채무 변제에 사용할 돈을 차용하기 위해 위 토지에 근저당권을 설정하였는데, 그 후 甲·乙이 공모하여 위 토지를 丙에게 매도한 행위는 선행 근저당설정행위와는 별도의 횡령죄를 구성한다.
>
> [2] 특정한 처분행위(이를 '선행 처분행위'라 한다)로 인하여 법익침해의 위험이 발생함으로써 횡령죄가 기수에 이른 후, 종국적인 법익침해의 결과가 발생하기 전에 새로운 처분행위(이를 '후행 처분행위'라 한다)가 이루어졌을 때, 후행 처분행위가 선행 처분행위에 의하여 발생한 위험을 현실적인 법익침해로 완성하는 수단에 불과하거나 그 과정에서 당연히 예상될 수 있는 것으로서 **새로운 위험을 추가하는 것이 아니라면 후행 처분행위에 의해 발생한 위험은 선행 처분행위에 의하여 이미 성립된 횡령죄에 의해 평가된 위험에 포함되는 것**이므로 후행 처분행위는 이른바 **불가벌적 사후행위**에 해당한다.
> 그러나 타인의 부동산을 보관 중인 자가 불법영득의사를 가지고 그 부동산에 **근저당권설정등기를 경료함으로써 일단 횡령행위가 기수에 이르렀다 하더라도 그 후 같은 부동산에 별개의 근저당권을 설정하여 새로운 법익침해의 위험을 추가함으로써 법익침해의 위험을 증가시키거나 해당 부동산을 매각함으로써 기존의 근저당권과 관계없이 법익침해의 결과를 발생시켰다면**, 이는 당초의 근저당권 실행을 위한 임의경매에 의한 매각 등 그 근저당권으로 인해 당연히 예상될 수 있는 범위를 넘어 새로운 법익침해의 위험을 추가시키거나 법익침해의 결과를 발생시킨 것이므로 특별한 사정이 없는 한 **불가벌적 사후행위로 볼 수 없고, 별도로 횡령죄를 구성**한다. (대법원 2010도10500)

(2) 횡령죄와 사기죄

① 자기가 점유하는 타인의 재물을 횡령하기 위하여 기망행위를 한 경우에는 **횡령죄만 성립**하고, 별도의 사기죄가 성립하지 않는다. 그러나 횡령한 재물로 타인을 기망하여 재물이나 재산상 이익을 편취하면 횡령죄와 별도로 사기죄가 성립한다.

② 반대로 피해자를 기망하여 약속어음을 교부받은 경우, 교부받는 시점에 사기죄가 성립하고 이를 피해자에 대한 피고인의 채권변제에 충당한 행위는 불가벌적 사후행위로서 사기죄에 흡수될 뿐이지 별도의 횡령죄를 구성하지 않는다. (대법원 82도3079)

③ A종친회 회장인 甲이 위조한 종친회 규약 등을 공탁관에게 제출하는 방법으로 A종친회를 피공탁자로 하여 공탁된 수용보상금을 출급받아 편취하고, 이를 종친회를 위하여 업무상 보관하던 중 반환을 거부하였다면, 甲이 공탁관을 기망하여 공탁금을 출급받음으로써 A종친회를 피해자로 한 사기죄가 성립하고, 그 후 A종친회에 대하여 공탁금 반환을 거부한 행위에 대해 별도의 횡령죄는 성립하지 않는다. (대법원 2015도8592)

④ 주식회사의 대표이사가 타인을 기망하여 신주를 인수하게 한 후 그로부터 납입받은 신주인수대금을 횡령한 것은 사기죄와는 전혀 다른 새로운 보호법익을 침해하는 행위로서 별죄를 구성한다. (대법원 2004도6503)

(3) 보이스피싱(전자금융사기)에 있어 통장을 대여한 자의 죄책

1) 계좌명의인이 사기죄의 방조범인 경우

계좌명의인이 사기의 공범이라면 자신이 가담한 범행의 결과 피해금을 보관하게 된 것일 뿐이어서 피해자 사이에 위탁관계가 없고, 그게 송금·이체된 돈을 인출하더라도 이는 자신이 저지른 사기 범행의 실행행위에 지나지 아니하여 새로운 법익을 침해한다고 볼 수 없으므로 사기죄 외에 별도로 횡령죄를 구성하지 않는다. (대법원 2017도17494)

2) 계좌명의인이 사기죄가 성립하지 않는 경우

① 피해자에 대한 횡령죄

계좌명의인인은 피해자와 사이에 아무런 법률관계 없이 송금·이체된 사기피해금 상당의 돈을 피해자에게 반환하여야 하므로, 신의칙상 피해자를 위하여 사기피해금을 보관하는 지위에 있다고 보아야 하고, 만약 계좌 명의인이 그 돈을 영득할 의사로 인출하면 피해자에 대한 **횡령죄**가 성립한다. (대법원 2017도17494)

② **금융사기범(본범)에게는 횡령죄가 성립하지 않는다.**

계좌명의인의 인출행위는 전자통신금융사기의 법인에 대한 관계에서는 횡령죄가 되지 않는다. 예금계좌에 연결된 접근매체(통장 또는 카드)를 양도하였다 하더라도 은행에 대하여는 여전히 계좌명의인은 예금 계약의 당사자로서 **예금반환청구권**을 가지고 또한 **전기통신금융사기의 범인 사이의 관계**는 횡령죄로 보호할 만한 가치가 있는 위탁관계로 볼 수 없기 때문이다. (대법원 2017도17494) = 계좌명의인이 은행에 대하여는 예금반환청구권을 가진다는 점에서 계좌명의인의 현금인출행위가 별도로 은행에 대한 사기죄를 구성하는 것도 아니다.

> **관련판례** 보이스피싱
>
> ① 피고인 갑, 을이 공모하여, 피고인 갑 명의로 개설된 예금계좌의 접근매체를 보이스피싱 조직원 병에게 양도함으로써 병의 정에 대한 전기통신금융사기 범행을 방조하고, 사기피해자 정이 병에게 속아 위 계좌로 송금한 사기피해금 중 일부를 별도의 접근매체를 이용하여 임의로 인출함으로써 주위적으로는 병의 재물을, 예비적으로는 정의 재물을 횡령하였다는 내용으로 기소되었는데, 피고인들에게 사기방조죄가 성립하지 않는 이상 사기피해금 중 일부를 임의로 인출한 행위는 **사기피해자 정에 대한 횡령죄**가 성립한다. (대법원 2017도17494)
>
> ② 전기통신금융사기(이른바 보이스피싱 범죄)의 범인이 피해자를 기망하여 피해자의 돈을 사기이용계좌로 송금·**이체받았다면 이로써 편취행위는 기수**에 이른다. 따라서 범인이 피해자의 돈을 보유하게 되었더라도 이로 인하여 피해자와 사이에 어떠한 위탁 또는 신임관계가 존재한다고 할 수 없는 이상 피해자의 돈을 보관하는 지위에 있다고 볼 수 없으며, 나아가 그 후에 범인이 사기이용계좌에서 현금을 인출하였더라도 이는 이미 성립한 사기범행의 실행행위에 지나지 아니하여 새로운 법익을 침해한다고 보기도 어려우므로, 위와 같은 인출행위는 사기의 피해자에 대하여 따로 횡령죄를 구성하지 아니한다. 그리고 이러한 법리는 사기범행에 이용되리라는 사정을 알고서도 자신 명의 계좌의 접근매체를 양도함으로써 사기범행을 방조한 종범이 사기이용계좌로 송금된 피해자의 돈을 임의로 인출한 경우에도 마찬가지로 적용된다. (대법원 2017도3045)

(4) 횡령죄와 배임죄

① 회사의 사무를 처리하는 자가 회사로 하여금 자신의 채무에 관하여 연대보증채무를 부담하게 한 다음 회사의 자금을 보관하는 자의 지위에서 이를 임의로 인출하여 위 **개인채무변제에 사용한 행위는 배임죄와 별도로 횡령죄를 구성한다.** 배임죄와 횡령죄의 구성요건적 차이에 비추어 보면, 회사에 대한 관계에서 타인의 사무를 처리하는 자가 임무에 위배하여 회사로 하여금 자신의 채무에 관하여 연대보증채무를 부담하게 한 다음, 회사의

금전을 보관하는 자의 지위에서 회사의 이익이 아닌 **자신의 채무를 변제하려는 의사로 회사의 자금을 자기의 소유인 경우와 같이 임의로 인출**한 후 개인채무의 변제에 사용한 행위는, 연대보증채무 부담으로 인한 배임죄와 다른 새로운 보호법익을 침해하는 것으로서 배임 범행의 불가벌적 사후행위가 되는 것이 아니라 별죄인 횡령죄를 구성한다고 보아야 하며, 횡령행위로 인출한 자금이 선행 임무위배행위로 인하여 회사가 부담하게 된 연대보증채무의 변제에 사용되었다 하더라도 달리 볼 것은 아니다. (대법원 2011도277)

② 그런데, 만일 甲주식회사 대표이사인 피고인이 자신의 채권자 乙에게 차용금에 대한 **담보로 甲회사 명의 정기예금에 질권을 설정하여 주었는데**, 그 후 乙이 차용금과 정기예금의 변제기가 모두 도래한 이후 피고인의 동의 하에 정기예금 계좌에 입금되어 있던 **甲회사 자금을 전액 인출하였다면**, 예금인출의 동의행위는 이미 배임행위로 이루어진 질권설정행위의 불가벌적 사후행위에 해당하므로, **배임죄와 별도로 횡령죄까지 성립한다고 볼 수 없다.** (대법원 2012도10980) 예금인출에 대한 동의행위는 불가벌적 사후행위에 해당한다.

(5) 횡령죄와 장물죄

절도범인으로부터 장물보관을 의뢰받은 자가 그 정을 알면서 이를 인도받아 보관하고 있다가 임의처분한 경우, 장물보관죄가 성립할 뿐이지 횡령죄는 불가벌적 사후행위로서 성립하지 않는다. (대법원 2003도8219)

(6) 횡령죄와 공범

① 회사의 이사 등이 업무상의 임무에 위배하여 보관 중인 회사의 자금으로 뇌물을 공여하였다면 뇌물공여죄의 죄책을 지는 동시에 업무상횡령죄의 죄책도 진다. (대법원 2011도9238)

② 회사의 대표이사가 회사 자금을 빼돌려 횡령한 다음 그 중 일부를 배임증재에 공여한 한 경우, 횡령죄와 배임증재죄의 실체적 경합범이다. (대법원 2011도9238)

③ **수의계약을 체결하는 공무원이 해당 공사업자와 적정한 금액 이상으로 계약 금액을 부풀려서 계약하고 부풀린 금액을 자신이 되돌려 받기로 사전에 약정한 다음 그에 따라 수수한 돈은 성격상 뇌물이 아니고 횡령금에 해당한다.** (대법원 2005도7112)

④ 횡령 범행으로 취득한 돈을 공범자끼리 수수한 행위가 공동정범들 사이의 범행에 의하여 취득한 돈을 공모에 따라 **내부적으로 분배**한 것에 지나지 않는다면 별도로 그 돈의 수수행위에 관하여 뇌물죄가 성립하는 것은 아니다. (대법원 2019도11766)

⑤ 주식회사의 재산을 임의로 처분하려는 대표이사의 횡령행위를 주선하고 그 처분행위를 적극적으로 종용한 경우에는 대표이사의 횡령행위에 가담한 공동정범의 죄책을 면할 수 없다. (대법원 2005도3045) = 적극가담시 공동정범 성립

⑥ 채권자가 채무자로부터 채권확보를 위하여 담보물을 제공받을 때 그 물건이 채무자가 보관중인 타인의 물건임을 알았다고 하여도 그것만으로 채권자가 채무자의 불법영득행위인 횡령행위에 공모가담한 것으로 단정할 수 없다. (대법원 92도1396) = 소극가담시 공동정범 불성립

> **관련판례** 횡령죄 인정

① 구분소유적 공유관계에서 각 공유자 상호 간에는 각자의 특정 구분부분을 자유롭게 처분함에 서로 동의하고 있다고 볼 수 있으므로, 공유자 각자는 자신의 특정 구분부분을 단독으로 처분하고 이에 해당하는 공유지분등기를 자유로이 이전할 수 있는데, 이는 공유지분등기가 내부적으로 공유자 각자의 특정 구분부분을 표상하기 때문이다. 그러나 구분소유하고 있는 특정 구분부분별로 독립한 필지로 분할되는 경우에는 특별한 사정이 없는 한 각자의 특정 구분부분에 해당하는 필지가 아닌 나머지 각 필지에 전사된 공유자 명의의 공유지분등기는 더 이상 당해 공유자의 특정 구분부분에 해당하는 필지를 표상하는 등기라고 볼 수 없고, 각 공유자 상호 간에 상호명의신탁관계만이 존속하므로, 각 공유자는 나머지 각 필지 위에 전사된 자신 명의의 공유지분에 관하여 다른 공유자에 대한 관계에서 그 **공유지분을 보관하는 자의 지위**에 있다. (대법원 2011도11084)

② 타인을 위하여 토지매매거래를 포괄적으로 대리하여 온 자가 토지 잔대금을 그 매도인에게 지급하여야 함에도 불구하고 이를 임의로 소비하였다면 횡령죄가 성립한다. (대법원 82도1486)

③ 타인에 대한 채무변제를 위탁받은 돈을 자신의 위탁자에 대한 채권에 충당한 경우, 횡령죄가 성립한다. (대법원 84도1199)

④ 양식어업면허권자가 그 어업면허을 양도한 후 아직도 어업면허권이 자기 앞으로 되어 있음을 틈타서 **어업권손실보상금을 수령**하여 일부는 자기 이름으로 예금하고 **일부는 생활비 등에 소비**한 경우, 횡령죄가 성립한다. (대법원 93도1578) = 양식어업권 부분만 보고 권리는 재물이 아니니까 횡령이 안 된다고 착각해서는 안 된다. 왜냐하면 여기서의 객체는 어업권 손실보상금이기 때문이다.

⑤ 위탁자로부터 특정용도에 사용하도록 위탁받은 금원을 수탁자가 그 용도에 사용하지 아니하고 임의로 소비한 행위는 횡령죄를 구성한다. (대법원 94도462)

⑥ 피해자가 토지를 매수하여 사실상의 처분권을 취득한 후 다시 매도인에게 그 토지의 매각을 의뢰한 경우 그 매도인이 그 매각대금을 임의로 소비하였다면 횡령죄가 성립한다. (대법원 95도1923)

⑦ 금전의 수수를 수반하는 사무처리를 위임받은 甲이 **위임자를 위하여 제3자로부터 수령한 금전을 임의로 소비**한 경우, 횡령죄가 성립한다. (대법원 96도106)

⑧ 채무자가 채무총액에 관한 지불각서를 써 줄 것으로 믿고, 채권자가 채무자에게 그 액면금 등을 확인할 수 있도록 가계수표들을 교부하였다면, 채권자와 채무자 사이에는 만약 합의가 결렬되어 채무자가 채권자에게 지불각서를 써 주지 아니하는 경우에는 곧바로 그 가계수표들을 채권자에게 반환하기로 하는, 횡령죄에 있어서 조리에 의한 위탁관계가 발생하였다고 보아, 채무자가 가계수표들 중 일부를 찢어버린 행위는 횡령죄를 구성한다. (대법원 96도410)

⑨ 위탁자로부터 당좌수표 할인을 의뢰받은 피고인이 제3자를 기망하여 당좌수표를 할인받은 다음 그 할인금을 임의소비한 경우, 제3자에 대한 사기죄와 별도로 위탁자에 대한 횡령죄가 성립한다. (대법원 97도3057)

⑩ 회사의 이사가 회사 재산을 처분하여 공직선거에 입후보한 타인의 선거자금으로 지원한 경우 그것이 회사의 이익을 도모할 목적으로 합리적인 범위 내에서 이루어졌다면 그 이사에게 횡령죄에 있어서 요구되는 불법영득의 의사가 있다고 할 수 없을 것이나, 그것이 그 후보자 개인의 이익을 도모할 목적으로 행하여졌다면 횡령죄의 죄책을 면하지 못한다. (대법원 99도1141)

⑪ ⅰ) 다른 사람의 재물을 보관하는 사람이 그 사람의 동의 없이 함부로 이를 담보로 제공하는 행위는 불법영득의 의사를 표현하는 횡령행위로서 사법(私法)상 그 담보제공행위가 무효이거나 그 재물에 대한 소유권이 침해되는 **결과가 발생하는지 여부에 관계없이** 횡령죄를 구성한다. ⅱ) 甲은 A로부터 공장을 매수하여 인수하면서 그 공장에 있던 乙소유의 기계를 함께 인도받아 보관하던 중 은행에 구「공장저당법」에 따른 근저당을 설정하고 대출받으면서 공장 내 **乙소유의 기계들도 자기소유인 것처럼** 근저당권 목적물 목록에 포함시켰다면, 횡령죄가 성립한다. (대법원 2002도2219)

⑫ 피해자가 피고인으로부터 차량을 매수하여 피고인을 통하여 지입회사에 지입하여 두었으나 그 권리관계에 문제가 발생하자 피고인이 피해자와 합의하여 이를 처분한 다음 그 대금으로 압류되어 있는 다른 차량을 찾아서 피해자에게 넘겨주기로 약정한 경우, 피고인이 그 매각대금을 보관 위탁의 취지에 반하여 임의로 소비하였다면 횡령죄가 성립한다. (대법원 2003도1741)

⑬ 피고인이 금전의 수수를 수반하는 부동산의 매도에 관한 사무의 **위탁의 취지에 반하여** 부동산의 매매계약금으로 수령한 돈을 자신의 피해자에 대한 채권의 변제에 충당한다는 명목으로 그 반환을 거부하면서 자기의 소유인 것같이 이를 처분하였다면 횡령죄가 성립된다. (대법원 2004도134)

⑭ 자기 명의의 계좌에 추가로 송금된 3억 2,000만원이 피해자 측에서 **착오로 송금**한 것이라는 사실을 알면서도 그 금액을 **다른 계좌로 이체**하는 등 임의로 사용한 경우, 횡령죄 성립한다. (대법원 2005도5975)

⑮ 동산 담보권자가 담보권의 범위를 벗어나서 담보물의 반환을 거부하거나 처분한 경우 횡령죄가 성립한다. (대법원 2005도7880)

⑯ 주식회사의 대표이사가 자신의 다른 횡령사실을 감추기 위한 목적으로 가공의 공사대금을 지급한 것처럼 허위로 회계처리하면서 가공의 공사대금에 대한 부가가치세 명목으로 회사 자금을 임의로 지출한 경우에는 그로써 횡령죄는 **기수**에 이른다. 그 후에 그 지출액 상당을 매입세액으로 환급받아 회사에 다시 입금하였다고 하더라도 이미 성립한 횡령죄에 영향을 미치지 아니한다. (대법원 2006도4885)

⑰ 지사에 근무하는 직원들이 본사를 위하여 보관 중이던 **돈의 일부를 접대비 명목 등으로 임의로 나누어 사용하려고 비자금으로 조성한 경우** 업무상횡령죄에 해당한다. (대법원 2009도1373) = 비자금 조성 당시 불법영득의사가 객관적으로 표시되었다.

⑱ 송금인이 송금 절차의 착오로 인하여 甲 명의의 은행 계좌에 잘못 송금한 돈을 甲이 임의로 인출하여 소비한 경우 송금인과 甲 사이에 별다른 거래관계가 없다고 하더라도 甲에게 횡령죄가 성립한다. (대법원 2010도891)

⑲ 금은방을 운영하는 피고인은 甲이 맡긴 금을 시세에 따라 사고파는 방법으로 운용하여 매달 일정한 이익금을 지급하는 한편, 甲의 요청이 있으면 언제든지 보관 중인 금과 현금을 반환하기로 甲과 약정하였는데, 그 후 경제사정이 악화되자 이를 자신의 개인채무 변제 등에 사용한 경우 횡령죄가 인정된다. (대법원 2012도16191)

⑳ 관광지조성사업조합의 조합장인 피고인이 정관에서 정한 절차를 거치지 않고 조합 명의의 계좌에서 급여 명목의 보수를 수령하여 개인 채무 변제 등에 사용한 경우 횡령죄가 성립한다. (대법원 2013도2761)

㉑ 자기 또는 제3자의 이익을 꾀할 목적으로 업무상의 임무에 위반하여 보관하고 있는 타인의 재물을 자기의 소유인 것과 같이 사실상 또는 법률상 처분하였다면 사후에 이를 반환하거나 변상, 보전하는 의사가 있었다고 하더라도 불법영득의사가 인정된다. (대법원 2013도12155)

㉒ 주식회사의 대표이사가 회사의 금원을 인출하여 사용하였는데 그 사용처에 관한 증빙자료를 제시하지 못하고 있고 그 인출사유와 금원의 사용처에 관하여 납득할 만한 합리적인 설명을 하지 못하고 있다면, 이러한 금원은 그가 불법영득의 의사로 회사의 금원을 인출하여 개인적 용도로 사용한 것으로 추단할 수 있다. 즉 횡령죄가 성립한다. (대법원 2014도9691)

㉓ 타인의 금전을 위탁받아 보관하는 자가 보관방법으로 금융기관에 자신의 명의로 예치한 후 이를 함부로 인출하여 소비한 경우 횡령죄가 성립한다. (대법원 2014도11244)

㉔ 사립학교의 교비회계에 속하는 수입을 교비회계의 세출에 포함되는 용도가 아닌 다른 용도에 사용한 경우 그 자체로써 횡령죄가 성립한다. (대법원 2014도15182)

㉕ 지입회사 소유의 차량에 대해서 지입회사로부터 운행관리권을 위임받은 **지입차주가 지입회사 승낙 없이 보관 중인 차량을 사실상 처분한 경우, 횡령죄가 성립한다.** (대법원 2015도1944 전합) = 소유권 취득에 등록이 필요한 다른 사람 소유 차량을 인도받아 보관받고 있는 사람이 이를 사실상 처분한 경우 횡령죄가 성립하며, 보관 위임자나 보관자가 차량의 등록명의자일 필요는 없다.

㉖ A 주식회사의 자금 관리를 사실상 담당하던 피고인이 대표이사의 결재나 승인 등 적법한 내부절차를 거치지 않은 채 공범의 지시에 따라 공범이 사실상 지배하는 다른 회사의 법인계좌로 A 주식회사의 자금을 송금하고 지인들의 자금 대여 요청에 응하여 A 주식회사의 자금을 임의로 처분한 행위가 「특정경제범죄 가중처벌 등에 관한 법률」 위반(횡령)죄를 구성한다. (대법원 2022도1271)

> **관련판례** 횡령죄 부정

① 물건납품을 위한 선매대금은 매수인으로부터 매도인에게 교부되면 그 소유권이 매도인에게 이전되는 것이고 따라서 매수인을 위하여 그 대금을 보관하는 지위에 있지 아니하므로 매도인이 그 대금으로 교부받은 돈을 임의로 소비하였다 하더라도 이는 횡령죄를 구성하지 아니한다. (대법원 86도631)

② 부동산의 소유명의 및 관리를 위탁받은 자가 자기명의로의 소유권이전등기를 생략한 채 그 자에게 소유권이전등기를 하여 주고 사망하였다면 비록 자가 그러한 사정을 알고 있었다고 하더라도 그로써 곧 그 자가 위탁자에 대한 관계에 있어 등기명의 및 관리의 수탁자로서의 지위를 취득하거나 승계하게 된다고는 할 수 없어 위탁자에게 그 부동산의 반환을 거부한다 하더라도 횡령죄를 구성하지는 않는다. (대법원 86도2349)

③ 위탁판매인과 위탁자간에 판매대금에서 각종 비용이나 수수료 등을 공제한 이익을 분배하기로 하는 등 그 대금 처분에 관하여 특별한 약정이 있는 경우에는 위탁물을 판매하여 이를 소비하거나 인도를 거부하였다 하여 곧바로 횡령죄가 성립한다고는 할 수 없다. (대법원 89도813)

④ 피해자가 피고인 소유의 식품대리점을 운영하다가 경영난으로 임차기간이 만료하기 훨씬 전에 위 점포를 제3자에게 세를 놓아 달라고 부탁하고 위 점포를 비우면서 그 곳에 두고 나온 것들을 피고인이 보관하고 있던 것으로서, 피고인은 피해자가 그때까지 연체한 2개월분의 월세를 지급받기 전까지는 이 사건 물건들을 반환할 수 없다고 거부하였다는 것이니, 피고인의 불법영득의 의사를 가지고 그 물건의 반환을 거부한 것이라고는 할 수 없다. (대법원 92도2079)

⑤ 발행인으로부터 일정한 금액의 범위 내에서 액면을 보충·할인하여 달라는 의뢰를 받고 액면이 백지인 약속어음을 교부받아 보관중이던 자가 <u>보충권의 한도를 넘어</u> 보충을 한 약속어음을 자신의 채무변제조로 제3자에게 교부하여 임의로 사용하였다고 하더라도 횡령죄가 성립될 수는 없다. (대법원 94도2760) = 어음을 교부받아 보관하던 중에 보충권 한도를 넘어서 보충을 한 약속어음을 발행하였다면 이는 새로운 어음으로 볼 것이다. 그래서 이를 자신의 채무변제를 위해서 자신이 보충한 약속어음은 임의사용했더라도 어음 자체에 대해서는 보관자의 지위에 있을 수 없으므로 횡령죄는 아니다. 다만 이런 행위가 배임죄는 성립될 여지는 있다.

⑥ 수인이 부동산경매절차에서 대금을 분담하되 그 중 1인의 단독명의로 낙찰받기로 약정하여 그에 따라 낙찰이 이루어진 후 그 명의자가 임의로 처분한 경우 횡령죄가 성립하지 않는다. (대법원 2000도258)

⑦ 부동산을 <u>공동으로 상속한 자들 중 1인이</u> 상속 부동산을 혼자 점유하던 중 다른 공동상속인의 상속 지분을 임의로 <u>처분</u>하여도 횡령죄가 성립하지 않는다. (대법원 2000도565) = 처분권능이 없기 때문이다.

⑧ 보관자의 지위에 있는 등기명의자가 명의이전을 거부하면서 부동산의 진정한 소유자가 밝혀진 후에 명의이전을 하겠다는 의사를 표시하였다면 불법영득의 의사를 가지고 그 반환을 거부한 것이라고 단정할 수 없다. (대법원 2000도637)

⑨ 회사의 대표이사가 보관중인 회사 재산을 처분하여 그 대금을 정치자금으로 기부한 경우 그것이 회사의 이익을 도모할 목적으로 합리적인 범위 내에서 이루어졌다면 횡령죄에 있어서 요구되는 불법영득의 의사가 있다고 할 수 없다. (대법원 2003도5519)

⑩ **구분소유자 전원의 공유에 속하는 공용부분인 지하주차장 일부를 그 중 1인이 독점 임대하고 수령한 임차료를 임의로 소비한 경우, 횡령죄가 성립하지 않는다.** (대법원 2003도6988)

⑪ 회사의 대표이사가 당초부터 진실한 <u>주금납입으로 회사의 자금을 확보할 의사 없이</u>, 형식상 또는 일시적으로 주금을 납입하고 이 돈을 은행에 예치하여 납입의 외형을 갖추고 주금납입증명서를 교부받아 설립등기나 증자등기의 절차를 마친 다음 바로 그 납입한 돈을 인출하고는, 그 인출한 돈을 특별히 회사를 위해 사용하지도 않은 경우에는 <u>납입가장죄, 공정증서원본부실기재죄, 동행사죄 성립하나 횡령죄는 성립하지 않는다.</u> (대법원 2003도7645 전합)

⑫ 주식회사의 설립업무 또는 증자업무를 담당한 자와 주식인수인이 사전 공모하여 주금납입취급은행 이외의 제3자로부터 납입금에 해당하는 금액을 차입하여 주금을 납입하고 납입취급은행으로부터 납입금보관증명서를 교부받아 회사의 설립등기절차 또는 증자등기절차를 마친 직후 이를 인출하여 위 차용금채무의 변제에 사용하는 경우, 업무상 배임죄도 성립하지 않는다. (대법원 2012도15585)

⑬ <u>판공비</u>에 대해 피고인이 그 행방이나 구체적인 사용처를 제대로 설명하지 못한다거나 사후적으로 그 사용에 관한 증빙자료를 제출하지 못하고 있는 경우, 불법영득의 의사로 이를 횡령하였다고 추단하여서는 안 된다. (대법원 2007도5899)

⑭ 골프회원권 매매중개업체를 운영하는 甲이 매수의뢰와 함께 입금받아 다른 회사자금과 함께 보관하던 금원을 일시적으로 다른 회원권의 매입대금 등으로 임의로 소비한 경우, 횡령죄가 성립하지 않는다. (대법원 2007도7568)

⑮ 법인의 이사를 상대로 한 이사직무집행정지 가처분이 결정되자 법인의 대표자 甲이 위 가처분에 대항하여 항쟁할 필요가 있기 때문에 직무집행정지 가처분 결정을 받은 이사에게 그 사건에 관한 소송비용을 법인 경비로 지급한 경우, 횡령죄가 성립하지 않는다. (대법원 2008도10826)

⑯ 채무자가 채권자에게 동산을 양도담보로 제공하고 점유개정 방법으로 점유하고 있는 상태에서 채무자가 양도담보 목적물을 제3자에게 처분하거나 담보로 제공하였더라도 횡령죄를 구성하지 아니한다. (대법원 2008도10971)

⑰ 조합재산은 조합원의 합유에 속하므로 조합원 중 한 사람이 조합재산 처분으로 얻은 대금을 임의로 소비하였다면 횡령죄의 죄책을 면할 수 없다. 그러나 이러한 법리는 **익명 조합**의 경우는 위와 달리 위탁관계(보관자 지위)를 인정할 수 없어서 횡령죄가 성립하지 않는다. (대법원 2010도5014)

⑱ 회사 운영자나 대표 등이 그 내부 절차를 거쳐 고문 등을 위촉하고 급여를 지급한 행위가 업무상횡령으로 인정되기 위해서는 그와 같이 고문 등을 위촉할 필요성이나 정당성이 명백히 결여되거나 그 지급되는 급여가 합리적인 수준을 현저히 벗어나는 경우이어야 한다. 그리고 그에 해당하는지를 판단하기 위해서는 종합적으로 고려하여 판단하여야 한다. (대법원 2012도4848) = 내부의 정상적 의사결정 절차에 따른 사용이라면 불법영득의사 부정

⑲ [1] 채권양도인이 **채권양도 통지 전에 채무자로부터 채권추심하여 수령한 금전**을 채권양수인의 승낙 없이 자신의 동생에게 빌려준 경우, 횡령죄에 해당한다는 판례(대법원 97도666 전합)는 채권양도계약이 이루어진 후 채권양도인이 채무자에게 채권양도 통지를 하는 등으로 채권양도의 대항요건을 갖추어 주지 않은 채 채무자로부터 채권을 추심하고 금전을 수령하여 임의로 처분한 행위에 대하여 횡령죄로 기소된 사안에서 특별한 사정이 없는 한 채권양도인이 수령한 금전의 소유권은 채권양수인이 아니라 채권양도인에게 귀속하고, 채권양도인이 위 금전에 관하여 채권양수인을 위하여 보관하는 자의 지위에 있다고 볼 수 없으므로, 채권양도인이 이를 임의로 처분하더라도 재물의 타인성과 처분자에게 보관자의 지위가 있을 것을 구성요건으로 하는 **횡령죄는 성립하지 않는다고 판례 변경되었다.**

[2] 임차인 갑이 A와 임대차보증금반환채권에 관한 채권양도계약을 체결하고 임대인 B에게 채권양도 통지를 하기 전에 B로부터 채권을 추심하여 남아 있던 임대차보증금을 수령하였더라도 임대차보증금으로 받은 금전의 소유권은 갑에게 귀속할 뿐 A에게 귀속한다고 볼 수 없고, 나아가 채권양도계약을 체결한 갑과 A는 통상의 권리이전계약에 따른 이익대립관계에 있을 뿐 갑이 A를 위한 보관자 지위가 인정될 수 있는 신임관계에 있다고 볼 수 없다. (대법원 2017도3829 전합)

> **유사판례**
> 채무자가 제3채무자에게 채권양도 통지를 하지 않은 채 자신이 사용힐 의도로 제3채무자로부터 변제를 받아 변제금을 수령한 경우라도 민사 채무불이행에 불과할 뿐 보관자 지위에 있다고 볼 수 없으므로, 이를 채무자가 임의소비하더라도 횡령죄가 성립하지 아니한다. (대법원 2020도12927)

⑳ 주류업체 갑 주식회사의 사내이사인 피고인이 피해자를 상대로 주류대금 청구소송을 제기한 민사 분쟁 중 피해자가 착오로 피고인이 관리하는 갑 회사 명의 계좌로 금원을 송금하여 피고인이 이를 보관하게 되었는데, 피고인은 피해자로부터 위 금원이 착오송금된 것이라는 사정을 문자메시지를 통해 고지받아 위 금원을 반환해야 할 의무가 있었음에도, 피해자와 상계 정산에 관한 합의 없이 피고인이 주장하는 주류대금 채권액을 임의로 상계 정산한 후 반환을 거부하여 횡령죄로 기소된 사안에서, 피고인이 피해자의 착오로 갑 회사 명의 계좌로 송금된 금원 중 갑 회사의 피해자에 대한 채권액에 상응하는 부분에 관하여 반환을 거부한 행위는 **정당한 상계권의 행사로 볼 여지**가 있으므로, 피고인의 반환거부행위가 횡령행위와 같다고 보아 불법영득의사를 인정한 원심판결에 법리오해의 잘못이 있다고 한 사례이다. (대법원 2021도2088) = 거래처에서 착오 송금한 금원을 납품대금을 정산 후 돌려준 경우 불법영득의사 부정

III 업무상 횡령죄

형법

제356조【업무상의 횡령】 업무상의 임무에 위배하여 제355조(단순횡령죄)의 죄를 범한 자는 10년 이하의 징역 또는 3천만원 이하의 벌금에 처한다.

제359조【미수범】 제355조 내지 제357조의 미수범은 처벌한다.

1 의의
타인의 재물의 보관자라는 진정신분범적 지위와 함께 업무자라는 부진정신분범적(가중적) 지위가 필요한 이중적 신분범이다.

2 행위
① 업무상 임무에 위배하여 타인의 재물을 횡령하는 것이다.

② 업무란 **법령, 계약에 의한 것 뿐만 아니라 관례를 좇거나 사실상의 것이거나를 묻지 않고 같은 행위를 반복할 지위에 따른 사무를 가리키며**, 타인을 위한 업무는 물론 자기를 위한 업무, 주된 업무, 부수적 업무를 포괄하며, 사람의 생명·신체에 위험을 초래할 수 있는 업무에서부터 타인의 재물의 보관을 주로 하는 업무까지 포괄한다.

③ 보통 회사의 이사, 경리담당 직원의 공금 횡령, 비자금 조성 등이 이에 속한다.

④ 단순보관자가 업무상보관자와 공범이 인정되는 경우, 제33조 본문에 의해 업무상 횡령죄가 성립하되 제33조 단서에 의하여 처벌만 단순횡령죄로 처단한다.

IV 점유이탈물 횡령죄

형법

제360조【점유이탈물횡령】 ① 유실물, 표류물 또는 타인의 점유를 이탈한 재물을 횡령한 자는 1년 이하의 징역이나 300만원 이하의 벌금 또는 과료에 처한다.
② 매장물을 횡령한 자도 전항의 형과 같다.

1 의의
점유이탈물횡령죄는 유실물, 표류물 또는 매장물 기타 타인의 점유를 이탈한 재물을 횡령함으로써 성립된다. 점유의 침해가 없다는 점에서 절도죄와 구별되며 위탁관계가 없다는 점에서 횡령죄와 구별된다. 보호법익은 소유권이다.

2 주관적 구성요건
고의와 불법영득의사가 필요하다.

3 특징
① 미수처벌규정이 없다.

② 상대방이 착오로 초과한 거스름돈을 주는 줄 알면서 이를 영득한 경우는 부작위에 의한 사기죄로 보지만, 잘못 받아온 초과금이나 거스름돈을 나중에 알고 그대로 영득한 경우는 점유이탈물횡령죄로 본다. (대법원 2003도4531)

Section 07 배임죄

I 배임죄의 개관

1 조문 체계

범죄	조문	구성요건	미수	예비
배임	제355조 제2항	타인의 사무를 처리하는 자가 그 임무에 위배하는 행위로써 재산상의 이익을 취득하거나 제3자로 하여금 이를 취득하게 하여 본인에게 손해를 가한 경우	○	×
업무상 배임	제356조	업무상 임무를 위배하여 제355조 제2항의 죄(배임죄)를 범한 경우	○	×

2 의의 및 보호법익

① 타인의 사무처리자가 배임행위에 의하여 재산상 이익을 취득하거나 제3자로 하여금 이를 취득하게 하여 본인에게 손해를 가하는 것을 내용으로 하는 범죄이다.

② 보호법익은 전체로서의 재산이다.

③ 10년 이하 자격정지를 병과할 수 있다.

④ 친족상도례 적용된다.

⑤ 객체는 재물이 아니라 재산상 이득으로 하는 순수이득죄이다.

⑥ 횡령죄에 대해서 보충관계에 있으므로 횡령죄가 성립하면 배임죄는 성립하지 않는 것이 원칙이다. 배임죄 본질을 배신설에 따르는 판례와 통설은 횡령죄와는 일반-특별의 관계에 있다고 본다.

⑦ 현실적 손해가 발생해야 하는 것이 아니라 **손해(실해) 발생가능성**으로 성립하는 위험범이다.

⑧ 배임죄는 타인의 사무를 처리하는 자라는 지위가 필요한 진정신분범이고, 업무상 배임죄는 진정신분범인 동시에 가중적인 부진정신분범이다.

⑨ 타인의 사무처리자(수임자)가 위임자 본인을 배신하고 자기 또는 제3자에게 재산상 이익을 취득하거나 취득하게 하여 위임자 본인에게 재산상 손해(실해)를 발생시키거나 발생시킬 가능성이 농후하다는 점에서 배신행위를 **본질**(배신설: 통설·판례)로 한다.

■ 배임죄의 본질

비교	배신설(통설·판례)	권한초월설
본질	본인에 대한 신임관계 위배	법적 대리권 남용행위
대리권	대리권 불요	대리권 반드시 필요
성질	법률행위·사실행위 불문	법률행위 제한
횡령죄 구별	객체에 의한 구별	침해방법의 성질에 의해 구별

⑩ 배임수재·배임증재는 배임죄보다는 뇌물죄(수뢰죄와 증뢰죄)와 성질이 유사하다. 즉 본인에 대한 손해발생 여부가 중요하기 보다는 청렴성의 훼손이 본질에 가깝다.

⑪ 배임수재·배임증재는 이는 재물과 재산상 이익을 모두 객체로 한다는 점에서 순수이득죄인 배임죄가 구별된다.

II 배임죄

> **형법**
>
> **제355조【배임】** ② 타인의 사무를 처리하는 자가 그 임무에 위배하는 행위로써 재산상의 이익을 취득하거나 제3자로 하여금 이를 취득하게 하여 본인에게 손해를 가한 때에도 전항의 형(5년 이하의 징역 또는 1,000만원 이하의 벌금)과 같다.
>
> **제359조【미수범】** 제355조 내지 제357조의 미수범은 처벌한다.

1 객관적 구성요건

(1) 주체: 타인의 사무를 처리하는 자

   1) 사무처리의 근거

   ① 배임죄의 주체로서 '**타인의 사무를 처리하는 자**'란 타인과의 대내관계에 있어서 신의성실의 원칙에 비추어 그 사무를 처리할 신임관계가 존재한다고 인정되는 자를 의미하고, 반드시 제3자에 대한 대외관계에서 그 사무에 관한 **대리권이 존재할 것을 요하지 않으며**, 업무상 배임죄에 있어서의 업무의 근거는 **법령, 계약, 관습의 어느 것에 의하건 묻지 않고, 사실상의 것도 포함한다.**

   ② 예컨대, 법령에 의한 경우란 회사의 대표자, 친권자, 대리인 등이고, 계약이란 위임이나 고용관계, 양도담보 제공자 등을 의미하는 것이다. 여기에는 고유의 권한으로서 그 처리를 하는 자에 한하지 않고 그 자의 보조기관으로서 직접 또는 간접으로 그 처리에 관한 사무를 담당하는 자도 포함한다. (대법원 2005도9288)

   ③ 계약이 무효인 경우에는 신임관계가 발생하지 않기 때문에 타인인 사무를 처리하는 자의 지위에 설 수 없으므로 그가 배임적 행위를 하더라도 원칙적으로 배임죄로 단정내리지는 않는다. (대법원 2012도2142)

   ④ 그러나 무효가 아닌 이상(취소할 수 있는 경우 등), 해당 사무처리자의 지위에 대해서 법률상 문제를 따지지 않고 배임죄 성립할 수 있다. 즉 **사실상 사무처리의 신임관계가 존재한다고 볼 수 있는 경우에도 배임죄가 성립할 수 있다.**

   ⑤ 그리고 법인이 처리할 의무를 지는 타인의 사무에 관하여는 법인이 배임죄의 주체가 될 수 없고 그 법인을 대표하여 사무를 처리하는 자연인인 대표기관이 배임죄의 주체가 된다. (대법원 82도2595 전합)

   > **관련판례** **타인의 사무처리자 인정**
   >
   > ① 피고인은 위 학교법인의 이사 겸 위 학교법인이 설립 경영하는 위 고등학교의 교장으로서 그의 처가 이사장으로 선임되어 있으나, 사실상 피고인이 위 학교법인의 경영을 주도하며 재산관리 및 수익사업을 비롯한 법인업무 전반을 총괄하는 한편 위 고등학교의 교무를 총괄하면서 교비회계에 속하는 자금을 비롯하여 위 고등학교의 운영을 위하여 위 고등학교에 귀속된 모든 자금을 보관·관리하는 업무를 취급하고 있는 자이므로, 학교재산에 관한 임대차계약을 체결하는 경우 업무상 배임죄의 주체가 될 수 있다. (대법원 99도457)
   >
   > ② 주택조합 정산위원회 위원장이 해임되고 후임 위원장이 선출되었는데도 업무 인계를 거부하고 있던 중 정산위원회를 상대로 제기된 소송의 소장부본 및 변론기일소환장을 송달받고도 그 제소사실을 정산위원회에 알려주지도 않고 스스로 응소하지도 않아 의제자백에 의한 패소확정판결을 받게 한 경우, 업무상배임죄가 성립한다. (대법원 99도1095)
   >
   > ③ 미성년자와 **친생자관계가 없으나 호적상 친모로 등재되어 있는 자**가 미성년자의 상속 재산 처분에 관여한 경우, 배임죄에 있어서 타인의 사무를 처리하는 자의 지위에 있다. (대법원 2001도3534) = 법률상 하자가 있더라도 사실상의 관계에서도 신임관계가 성립할 수 있다.

④ 회사의 대표이사가 회사가 속한 재벌그룹의 前 회장이 부담하여야 할 원천징수소득세의 납부를 위하여 채권확보에 필요한 조치를 취하지 아니한 채 다른 회사에 회사자금을 대여한 경우에는 업무상 배임죄가 성립한다. (대법원 2009도1149)

⑤ 재무구조가 열악한 회사의 대표이사가 제3자에게 회사의 자산으로 거액의 기부를 한 경우 그 기부액수가 회사의 재정상태 등에 비추어 기업의 사회적 역할을 감당하는 정도를 넘는 과도한 규모로서 상당성을 결여한 것이고 특히 그 기부의 상대방이 대표이사와 개인적 연고가 있을 뿐 회사와는 연관성이 거의 없다면, 그 기부는 대표이사의 선량한 관리자로서의 업무상 임무에 위배되는 행위에 해당한다 할 것이고, 그 대표이사가 실질적 1인 주주라는 등의 사정이 있다고 하더라도 마찬가지라 할 것이다. (대법원 2010도9871)

⑥ 지입차주가 자신이 실질적으로 소유하거나 처분권한을 가지는 자동차에 관하여 지입회사와 지입계약을 체결함으로써 지입회사에 그 자동차의 소유권등록 명의를 신탁하고 운송사업용 자동차로서 등록 및 그 유지 관련 사무의 대행을 위임한 경우, 지입회사 운영자가 지입차주와의 관계에서 '타인의 사무를 처리하는 자'의 지위에 있다. (대법원 2015도19696)

> **관련판례** 타인의 사무처리자 부정

① 건축공사수급자의 건축에 관한 소위는 그 자신의 사무의 처리에 속하므로 그가 설계도에 따라 시공하지 아니하였다 하여도 배임죄를 구성하지 아니한다. (대법원 82도45)

② 내연의 처와의 불륜관계를 지속하는 대가로서 부동산에 관한 소유권이전등기를 경료해 주기로 약정한 경우, 선량한 풍속과 사회질서에 반하는 것으로 무효이어서 위 증여로 인한 소유권이전등기의무가 인정되지 아니하는 이상 등기의무를 이행하지 않는다 하더라도 배임죄를 구성하지 않는다. (대법원 86도1382)

③ 음식점 임대차계약에 의한 임차인의 지위를 양도한 자는 양도사실을 임대인에게 통지하고 양수인이 갖는 임차인의 지위를 상실하지 않게 할 의무가 있다고 하여도, 이러한 임무는 임차권 양도인으로서 부담하는 채무로서 양도인 자신의 의무일 뿐이지 자기의 사무임과 동시에 양수인의 권리취득을 위한 사무의 일부를 이룬다고 볼 수 없으므로 양도인을 배임죄의 주체인 타인의 사무를 처리하는 자로 볼 수 없다. (대법원 91도2184) = 단순 민사채무

④ 배임죄에 있어서 타인의 사무를 처리하는 자라 함은 양자간의 신임관계에 기초를 둔 타인의 재산보호 내지 관리의무가 있음을 그 본질적 내용으로 하는 것이므로, 배임죄의 성립에 있어 행위자가 <u>대외관계에서</u> 타인의 재산을 처분할 <u>적법한 대리권이 있음을 요하지 아니한다.</u> (대법원 97도3219)

⑤ 신주발행에 있어서 대표이사가 납입의 이행을 가장한 경우, 상법상 가장납입죄가 성립하는 이외에 따로 기존 주주에 대한 업무상배임죄가 성립하지 않는다. (대법원 2002도7340)

⑥ 골프시설의 운영자기 일반회원들을 위한 회원의 날을 없애고, 일반회원들 중에서 주말예약에 대하여 우선권이 있는 특별회원을 모집한 것이 일반회원들에 대한 배임죄를 구성하지 아니한다. (대법원 2003도763)

⑦ 재정경제부 금융정책국장이 위 신주발행에서 위 은행이나 그 주주들에 대한 사무처리자의 지위에 있다고 볼 수는 없다. (대법원 2010도387)

⑧ **미리 부동산을 이전받은 매수인이 이를 담보로 제공하여 매매대금 지급을 위한 자금을 마련**하고 이를 매도인에게 제공함으로써 잔금을 지급하기로 당사자 사이에 약정하였다고 하더라도, 이는 기본적으로 매수인이 매매대금의 재원을 마련하는 방편에 관한 것이고, 그 성실한 이행에 의하여 매도인이 대금을 모두 받게 되는 이익을 얻는다는 것만으로 매수인이 신임관계에 기하여 매도인의 사무를 처리하는 것이 된다고 할 수 없다. (대법원 2011도3247) = 단지 채무관계일 뿐이지 사무처리자의 지위가 아니다.

⑨ 매매와 같이 당사자 일방이 재산권을 상대방에게 이전할 것을 약정하고 상대방이 그 대금을 지급할 것을 약정함으로써 그 효력이 생기는 계약의 경우(민법 제563조), 쌍방이 그 계약의 내용에 좇은 이행을 하여야 할 채무는 특별한 사정이 없는 한 '자기의 사무'에 해당하는 것이 원칙이다. (대법원 2014도12104) = 수분양권 매도인이 위와 같은 의무를 이행하지 아니하고 수분양권 또는 이에 근거하여 향후 소유권을 취득하게 될 목적물을 미리 제3자에게 처분하였더라도 형법상 배임죄가 성립하는 것은 아니다.

⑩ 채무자가 채권양도담보계약에 따라 부담하는 '담보 목적 채권의 담보가치를 유지·보전할 의무'를 이행하는 것은 채무자 자신의 사무에 해당할 뿐이고, 채무자가 통상의 계약에서의 이익대립관계를 넘어서 채권자와의 신임관계에 기초하여 채권자의 사무를 맡아 처리한다고 볼 수 없으므로, 이 경우 채무자는 채권자에 대한 관계에서 '타인의 사무를 처리하는 자'에 해당한다고 할 수 없다. (대법원 2015도5184, 2020도3514)

⑪ 피고인이 알 수 없는 경위로 甲의 특정 거래소 가상지갑에 들어 있던 비트코인을 자신의 계정으로 이체받은 후 이를 자신의 다른 계정으로 이체하여 재산상 이익을 취득하고 甲에게 손해를 가하였다고 하여 특정경제범죄 가중처벌 등에 관한 법률 위반(배임)의 기소된 사안에서, 비트코인이 법률상 원인 관계없이 甲으로부터 피고인 명의의 전자지갑으로 이체되었더라도 피고인이 신임관계에 기초하여 甲의 사무를 맡아 처리하는 것으로 볼 수 없는 이상 甲에 대한 관계에서 '**타인의 사무를 처리하는 자'에 해당하지 않는다.** (대법원 2020도9789) = 가상자산은 국가에 의해 통제받지 않고 블록체인 등 암호화된 분산원장에 의하여 부여된 경제적인 가치가 디지털로 표상된 정보로서 재산상 이익에 해당하며, 가상자산에 대해서는 현재까지 관련 법률에 따라 법정화폐에 준하는 규제가 이루어지지 않는 등 법정화폐와 동일하게 취급되고 있지 않고 그 거래에 위험이 수반되므로, 형법을 적용하면서 법정화폐와 동일하게 보호해야 하는 것은 아니다.

2) 사무의 내용

① 사무는 공적 사무이든 사적 사무이든 불문하며, 법률적 사무와 사실적 사무, 계속적 사무와 일시적 사무도 불문한다. **다만 재산적 사무이어야 한다.** 따라서 공무원도 국가에 손해를 가한 경우 업무상 배임죄가 성립할 수 있다. (대법원 2013도6835) "타인의 사무를 처리하는 자"란 타인의 재산관리에 관한 사무의 전부 또는 일부를 대행하는 경우와 타인의 재산보전에 협력하는 경우를 말한다. (대법원 86도2490)

② 다만, 사무처리자에게 사무처리에 독립성이 없고 오로지 지시에 따라 기계적으로 사무를 수행하는 경우일 뿐이라면, 사무처리자로 볼 수 없어서 배임죄가 성립하지 않는다. 적어도 사무처리의 보조자로서 재량권 정도는 있어야 한다.

3) 사무의 타인성

① 배임죄에서 타인이란 행위자 이외의 모든 자연인, 법인(회사), 법인격 없는 단체를 포괄하며, 이들의 사무를 처리하는 지위에 있는 자(대체로 대표이사, 지배인 등)가 주체가 된다.

② **1인 주식회사에서 1인 주주도 해당 회사(법인)에 손해를 끼치고 불법적으로 자신이나 제3자에게 이익을 취하게 하는 경우**, 궁극적으로 해당 손해가 주주인 자신에게 미친다 하더라도, 주주와 법인은 별개의 인격체이므로 해당 행위는 **배임죄가 성립**한다. (대법원 83도2230)

③ 다만, 자기의 사무를 처리하는 경우는 배임죄가 성립할 수 없다. 즉, 계약이행을 위한 일반적인 의무사항을 수행하는 것은 타인의 사무가 아니고 자기 사무이므로 이를 이행하지 않는다고 해도 민사상 문제일 뿐 일반적으로 배임죄라고 할 수 없다. **예컨대, 차용금을 변제기에 변제하지 않는 채무불이행의 경우, 원칙상 자기 사무이지 타인의 사무를 처리하는 개념이 아니므로** 이는 민사법상 채무불이행일 뿐이지 **배임죄가 될 수 없다.** 물론 금전 차용 시부터 변제의사가 없었다고 볼 수 있다면, 사기죄가 성립할 뿐이다.

④ 그러나 자기 사무이기도 하고 타인 사무이기도 한 경우에는 사무의 타인성이 인정되어 배임죄가 성립할 수 있다. 즉, **부동산 매매계약에서** 매도인은 매수인으로부터 매매대금을 완납받은 경우 매수인에게 **소유권이전등기를 해주어야 할 의무**가 발생하는데, 이는 민사상 자기 의무인 동시에 타인의 사무이기도 하다. 따라서 이를 이행하지 않고 제3자(제2매수인)에게 이중매매하는 경우, 배임죄로 이해하는 것이다. 그러나 청산회사 청산인의 회사 청산의무는 자기사무이므로 타인의 사무처리자가 아니다. (대법원 90도6)

(2) 행위

임무위배행위 ⇒ 재산상 이익 취득 ⇒ 손해발생

1) 임무위배행위

① 타인의 사무를 처리하는 자가 임무에 위배되는 행위를 하는 것이다.

② 작위뿐 아니라 부작위에 의한 배임행위도 가능하다. 예컨대, 은행직원의 예금유용을 알면서도 지점장이 이를 방임한 것은 부작위에 의한 배임의 방조죄가 성립한다. (대법원 84도1906, 2020도15529) 철도공무원이 고의로 무임승차를 방임하는 경우도 그 예이다.

③ 법률의 규정, 계약의 내용 혹은 신의칙상 당연히 할 것으로 기대되는 행위를 하지 않거나 당연히 하지 않아야 할 것으로 기대하는 행위를 함으로써 본인과 사이의 신임관계를 저버리는 일체의 행위를 포함하며 그러한 행위가 **법률상 유효한가 여부는 따져 볼 필요가 없고, 일부 사무를 위임한 본인을 위하는 부분이 있더라도 법령이나 사회상규상 위법하여 용인할 수 없는 경우에는 배임죄 성립에 영향이 없다.** 배임죄의 주체는 타인의 사무를 처리하는 지위 또는 신분이 있는 자이고, 그 임무에 위배하는 행위라 함은 법률의 규정, 계약의 내용 혹은 신의칙상 당연히 할 것으로 기대되는 행위를 하지 않거나 당연히 하지 않아야 할 것으로 기대하는 행위를 함으로써 본인과 사이의 신임관계를 저버리는 일체의 행위를 포함하며 그러한 행위가 **법률상 유효한가 여부는 따져 볼 필요가 없다.** (대법원 94도3013)

> **관련판례** 부작위에 의한 업무상배임죄의 실행의 착수시기
>
> 업무상배임죄는 타인과의 신뢰관계에서 일정한 임무에 따라 사무를 처리할 법적 의무가 있는 자가 그 상황에서 당연히 할 것이 법적으로 요구되는 행위를 하지 않는 부작위에 의해서도 성립할 수 있다. 그러한 부작위를 실행의 착수로 볼 수 있기 위해서는 작위의무가 이행되지 않으면 사무처리의 임무를 부여한 사람이 재산권을 행사할 수 없으리라고 객관적으로 예견되는 등으로 **구성요건적 결과 발생의 위험이 구체화한 상황에서 부작위가 이루어져야 한다.** 그리고 행위자는 부작위 당시 자신에게 주어진 임무를 위반한다는 점과 그 부작위로 인해 손해가 발생할 위험이 있다는 점을 인식하였어야 한다. (대법원 2020도15529) = 환지예정지의 경제적 가치가 상승한 것을 알면서 이를 묵비하고 퇴사하였다. 이로 인하여 피고인의 친인척, 지인 등 환지예정지를 환지받기로 한 사람들이 토지 가치상승액의 이익을 취득하게 하고 도시개발사업조합이 토지 가치상승액의 합계인 약 34억원의 손해를 입게 하려 한 사건에서 환지예정지 가치상승을 청산절차에 반영하지 못할 위험이 아직 구체화되지 않은 상황에서 퇴사했으므로 업무상배임미수죄가 성립하지 않는다고 판시하였다.

2) 이익의 취득

배임죄는 본인에게 재산상의 손해를 가하는 외에 배임행위로 인하여 행위자 스스로 또는 제3자로 하여금 재산상의 이익을 취득할 것을 요건으로 하므로, 본인에게 손해를 가하였다고 할지라도 재산상 이익을 행위자 또는 제3자가 취득한 사실이 없다면 배임죄가 성립하지 않는다. (대법원 2007도2484)

관련판례 배임죄 인정

① 재단법인의 이사장 직무대리인이 후원회 기부금을 정상 회계처리하지 않고 자신과 친분관계에 있는 신도에게 확실한 담보도 제공받지 아니한 채 대여한 경우, 그 신도가 이자금을 제때에 불입하고 나중에 원금을 변제하였다 하더라도 배임죄가 성립한다. (대법원 99도3338)

② 위임받은 타인의 사무가 부동산소유권이전등기의무인 경우에 매도인의 임무위배행위로 인하여 매도인의 소유권이전등기의무가 이행불능되거나 이행불능에 빠질 위험성이 있으면 배임죄가 성립하고, 매도인과 매수인 사이에 소유권이전등기절차를 이행하기로 하는 재판상화해가 성립한 경우에도 마찬가지이다. (대법원 2007도3882)

③ 회사의 이사 등이 타인에게 회사자금을 대여함에 있어 타인이 이미 채무변제능력을 상실하여 그에게 자금을 대여할 경우 회사에 손해가 발생하리라는 정을 충분히 알면서 이에 나아갔거나, 충분한 담보를 제공받는 등 상당하고도 합리적인 채권회수조치를 취하지 아니한 채 만연히 대여해 주었다면, 그와 같은 자금대여는 타인에게 이익을 얻게 하고 회사에 손해를 가하는 행위로서 회사에 대하여 배임행위가 되고, 회사의 이사는 단순히 그것이 경영상의 판단이라는 이유만으로 배임죄의 죄책을 면할 수 없으며, 이러한 이치는 타인이 자금지원 회사의 계열회사라 하여 달라지지 않는다. 위와 같은 사정들을 종합하여 볼 때 문제 된 계열회사 사이의 지원행위가 합리적인 경영판단의 재량 범위 내에서 행하여진 것이라고 인정된다면 이러한 행위는 본인에게 손해를 가한다는 인식하의 의도적 행위라고 인정하기 어렵다. (대법원 2015도12633)

④ **주식회사의 대표이사가 대표권을 남용하는 등 그 임무에 위배하여 약속어음을 발행한 경우** 어음법상 발행인은 종전의 소지인에 대한 인적 관계로 인한 항변으로써 소지인에게 대항하지 못하므로, **어음발행이 무효라 하더라도 그 어음이 실제로 제3자에게 유통되었다면** 회사로서는 어음채무를 부담할 위험이 구체적·현실적으로 발생하였다고 보아야 하고, 따라서 **그 어음채무가 실제로 이행되기 전이라도 배임죄의 기수범이 된다.** 그러나 **약속어음 발행이 무효일 뿐만 아니라 그 어음이 유통되지도 않았다면** 회사는 어음발행의 상대방에게 어음채무를 부담하지 않기 때문에 특별한 사정이 없는 한 회사에 현실적으로 손해가 발생하였다거나 실해 발생의 위험이 발생하였다고도 볼 수 없으므로, 이때에는 **배임죄의 기수범이 아니라 배임미수죄로 처벌하여야** 한다. (대법원 2014도1104 전합) = 대표이사가 대표권을 남용하여 어음발행을 한 경우

> **유사판례**
>
> **대표이사의 대표권 남용의 일반적인 경우**
>
> ① ⅰ) 주식회사의 대표이사가 대표권을 남용하는 등 그 임무에 위배하여 회사 명의로 의무를 부담하는 행위를 하더라도 일단 회사의 행위로서 유효하고, 다만 상대방이 대표이사의 진의를 알았거나 알 수 있었을 때에는 회사에 대하여 무효가 된다. 따라서 **상대방이 대표권남용 사실을 알았거나 알 수 있었던 경우 그 의무부담행위는 원칙적으로 회사에 대하여 효력이 없고**, 경제적 관점에서 보아도 이러한 사실만으로는 회사에 현실적인 손해가 발생하였다거나 실해 발생의 위험이 초래되었다고 평가하기 어려우므로, 달리 그 의무부담행위로 인하여 실제로 채무의 이행이 이루어졌다거나 회사가 민법상 불법행위책임을 부담하게 되었다는 등의 사정이 없는 이상 배임죄의 기수에 이른 것은 아니다. 그러나 이 경우에도 **대표이사로서는 배임의 범의로 임무위배행위를 함으로써 실행에 착수한 것이므로 배임죄의 미수범이 된다.**
> ⅱ) 그리고 **상대방이 대표권남용 사실을 알지 못하였다는 등의 사정이 있어 그 의무부담행위가 회사에 대하여 유효한 경우**에는 회사의 채무가 발생하고 회사는 그 채무를 이행할 의무를 부담하므로, 이러한 채무의 발생은 그 자체로 현실적인 손해 또는 재산상 실해 발생의 위험이라고 할 것이어서 그 채무가 현실적으로 이행되기 전이라도 **배임죄의 기수**에 이르렀다고 보아야 한다. (대법원 2014도1104) = 대표권남용 악의: 미수 선의: 기수
>
> ② 법인의 대표이사 甲이 회사의 이익이 아닌 자기 또는 제3자의 이익을 도모할 목적으로 권한을 남용하여 회사 명의의 금전소비대차 공정증서를 작성하여 법인 명의의 채무를 부담한 경우에는 상대방이 대표이사의 진의를 알았거나 알 수 있었다면 배임죄가 성립하지 아니한다. 상대방 A가 피고인인 대표이사 甲의 진실한 의도를 알았거나 알 수 있었다면 서로 짜고 치는 민법상 통정허위표시에 해당하기 때문에 해당 채무부담 거래계약은 무효가 되어 버린다. 따라서 회사(법인)은 차후에 A에게 채무를 변제할 필요가 없기 때문에 위험성도 발생하지 아니하므로, 배임죄가 성립하지 않는다. (대법원 2012도2142)

⑤ 신주인수권부사채는 미리 확정된 가액으로 일정한 수의 신주 인수를 청구할 수 있는 신주인수권이 부여된 사채로서, 원칙적으로 신주인수권이 행사되어 신주가 발행되더라도 사채는 그대로 존속한다. 신주인수권부사채의 발행업무를 담당하는 사람과 신주인수권부사채 인수인이 사전 공모하여 제3자로부터 차용한 돈으로 인수대금을 납입하고 신주인수권부사채 발행절차를 마친 직후 곧바로 이를 인출하여 직·간접적으로 위 차용금 채무의 변제에 사용하는 등 실질적으로 신주인수권부사채 인수대금이 납입되지 않았음에도 신주인수권부사채를 발행한 경우, 특별한 사정이 없는 한 신주인수권부사채의 발행업무를 담당하는 사람은 회사에 대하여 신주인수권부사채 인수대금이 모두 납입되어 실질적으로 회사에 귀속되도록 조치할 업무상의 임무를 위반하였다고 보아야 한다. (대법원 2022도3784) = 이 경우 손해액은 **인수대금 상당액**으로 보아야 한다.

관련판례 배임죄 부정

① 피고인이 이 사건 에어콘 등을 피해자에게 양도담보로 제공하고 점유개정의 방법으로 점유하고 있다가 다시 이를 제3자에게 역시 점유개정의 방법으로 점유를 계속한 경우, 제3자는 처음의 담보권자인 피해자에 대하여 배타적으로 자기의 담보권을 주장할 수 없으므로 위와 같이 이중으로 양도담보제공이 된 것만으로는 처음의 양도담보권자에게 담보권의 상실이나 담보가치의 감소 등 손해가 발생한 것으로 볼 수 없으니 배임죄를 구성하지 않는다. (대법원 89도1931)

② [1] 업무상 배임죄는 본인에게 재산상의 손해를 가하는 외에 배임행위로 인하여 행위자 스스로 재산상의 이익을 취득하거나 제3자로 하여금 재산상의 이익을 취득하게 할 것을 요건으로 하므로, 본인에게 손해를 가하였다고 할지라도 행위자 또는 제3자가 재산상 이익을 취득한 사실이 없다면 배임죄가 성립할 수 없다.
[2] 회사를 대표하여 기계 제작·설치 계약의 이행에 관한 업무를 처리하는 사람이 고의로 기계 제작 의무를 이행하지 않아 계약이 해제됨으로써 상대방이 보증보험회사로부터 선급금반환 및 위약금 명목의 보험금을 수령한 사안에서, 위 보험금의 수령사실만으로 상대방이 재산상 이익을 취득하였다고 단정할 수 없다. (대법원 2005도6439)

③ 점유개정의 방법으로 양도담보에 제공한 동산인 어선(20t 이하)을 다시 제3자에게 매도하고 어선원부상 소유자 명의를 변경 등록한 것만으로는 양도담보권자에게 어떠한 재산상 손해를 발생시킬 위험이 없다는 이유로 배임죄의 성립을 부정한다. (대법원 2006도6686)

④ 입주자대표회의 회장이 열 사용요금의 납부를 위한 지출결의서의 날인을 거부함으로써 아파트 입주자들에게 그 연체료를 부담시킨 사안에서, 열 사용요금 납부연체료를 지급받은 공급업체가 연체료 상당의 재산상 이익을 취득한 것으로 볼 수 없다는 이유로 업무상 배임죄의 성립을 부정하였다. (대법원 2008도3792)

⑤ 대표이사가 대표권을 남용하여 자신의 개인채무에 대하여 회사 명의의 차용증을 작성하여 주었고, 그 상대방도 이와 같은 진의를 알았거나 알 수 있었던 사안에서, **부효인 차용증을 작성하여 준 것**만으로는 회사에 재산상 손해가 발생하였다거나 재산상 실해 발생의 위험이 초래되었다고 볼 수 없어 업무상배임죄가 성립하지 않는다. (대법원 2010도1490)

⑥ 배합사료 판매회사인 갑 회사의 영업사원인 피고인이 을에게 배합사료를 공급하면서 갑 회사의 내부 결재를 거치지 않고 장려금 등 명목으로 임의로 단가를 조정하거나 대금을 할인해 준 경우, 갑 회사에 재산상 실해가 발생할 가능성이 생겼다고 말할 수는 있어도 나아가 그 실해 발생의 위험이 구체적·현실적인 정도에 이르렀다고 보기 어려운데도 공소사실을 유죄로 판단한 원심판결에 배임죄의 재산상 손해 요건에 관한 법리를 오해하여 필요한 심리를 다하지 아니한 잘못이 있다. (대법원 2017도6151)

⑦ 회사의 대표이사 등이 임무에 위배하여 회사로 하여금 다른 사업자와 용역계약을 체결하게 하면서 부당하게 과다한 용역비를 정하여 지급하게 하였다면 그와 같이 지급한 용역비와 적정한 수준의 용역비 사이의 차액 상당의 손해를 회사에 가하였다고 볼 수 있다. 이 경우 배임죄가 성립하기 위해서는 해당 용역비가 과다하다고 볼 수 있는지가 충분히 증명되어야 하고, 손해의 발생이 그와 같이 증명된 이상 배임죄의 성립에는 영향이 없다. 그러나 적정한 수준에 비하여 과다한지 여부를 단지 임무위배행위가 없었다면 더 낮은 수준의 용역비로 정할 수도 있었다는 가능성만을 가지고 재산상 손해 발생이 있었다고 쉽사리 단정하여서는 안 된다. (대법원 2017도17627)

⑧ 회사 직원이 경쟁업체 또는 스스로의 이익을 위하여 이용할 의사로 무단으로 자료를 반출한 행위가 업무상배임죄에 해당하기 위해서는 그 자료가 **영업상 주요한 자산**에 해당하여야 한다. 또한 비밀유지조치를 취하지 아니한 채 판매 등으로 공지된 제품의 경우, 상당한 시간과 노력 및 비용을 들이지 않고도 **통상적인 역설계(reverse engineering) 등의 방법으로 쉽게 입수 가능한 상태에 있는 정보가 영업상 주요한 자산에 해당하지 않는다.** (대법원 2018도4794)

3) 손해의 발생

① 손해발생의 의미

㉠ 배임죄나 업무상배임죄에 있어 재산상의 손해를 가한 때라 함은 **현실적인 손해를 가한 경우뿐만 아니라 재산상 실해(실제손해) 발생의 위험을 초래한 경우도 포함되고**, 재산상 손해의 유무에 대한 판단은 법률적 판단에 의하지 아니하고 **경제적 관점에서 파악하여야 한다.** (대법원 82도293, 2011도16763)

㉡ 배임죄에서 '재산상 손해를 가한 때'에는 '재산상 손해발생의 위험을 초래한 경우'도 포함되는 것이다.

㉢ 불법적 조치에 의해서 본인에게 손해발생 위험성이 발생하면 배임죄는 기수가 되는 것으로, 사후에 담보를 취득하거나 피해가 회복되었더라도 배임죄 성립에 영향을 주지 않는다. (대법원 2002도5679)

㉣ 업무상배임죄의 재산상 손해의 유무에 관한 판단 가운데 **소극적 손해는 재산증가를 객관적·개연적으로 기대할 수 있음에도 임무위배행위로 이러한 재산증가가 이루어지지 않은 경우**를 의미한다. (대법원 2011도6798)

㉤ 업무상배임죄가 성립하려면 **재산상 이익과 손해 사이에 서로 대응하는 관계에 있는 등 일정한 관련성이 인정**되어야 한다. 임무위배행위로 인하여 본인에게 재산상 손해를 가하였으나 행위자나 제3자가 **재산상 이익을 취득한 사실이 없는** 경우, 업무상배임죄가 성립하지 않는다. (대법원 2016도3452)

> **관련판례** 재산상 손해 인정
>
> ① 금융기관이 거래처의 기존 대출금에 대한 원리금에 충당하기 위하여 거래처에 신규대출을 함에 있어 형식상 신규대출을 한 것처럼 서류상 정리를 하였을 뿐 실제로 거래처에 대출금을 새로 교부한 것이 아니라면 그로 인하여 금융기관에 어떤 새로운 손해가 발생하는 것은 아니라고 할 것이므로 따로 업무상배임죄가 성립된다고 볼 수 없으나, 금융기관이 실제로 거래처에 대출금을 새로 교부한 경우에는 거래처가 그 대출금을 임의로 처분할 수 없다거나 그 밖에 어떠한 이유로든 그 대출금이 기존 대출금의 원리금으로 상환될 수밖에 없다는 등의 특별한 사정이 없는 한 비록 새로운 대출금이 기존 대출금의 원리금으로 상환되도록 약정되어 있다고 하더라도 그 대출과 동시에 이미 손해발생의 위험은 발생하였다고 보아야 할 것이므로 업무상배임죄가 성립한다. (대법원 2009도10730) = 금융기관의 대환대출과 배임죄의 성부
>
> ② 배임죄에 있어서 재산상의 손해를 가한 때라 함은 현실적인 손해를 가한 경우뿐만 아니라 재산상 실해 발생의 위험을 초래한 경우도 포함되는바, 주식의 실질가치가 영(零)인 회사가 발행하는 신주를 액면가격으로 인수하는 경우에 그로 인한 손해액은 그 신주 인수대금 전액 상당으로 보아야 한다. (대법원 2004도520)
>
> ③ [1] 피고인이, 甲이 운영하는 乙 주식회사의 부사장으로 대외 영업활동을 하여 그 활동 및 계약을 乙 회사에 귀속시키기로 甲과 약정하고도 乙 회사에 알리지 않고 피고인 자신이 乙 회사 대표인 것처럼 가장하거나 피고인이 별도로 설립한 丙 주식회사 명의로 금형제작·납품계약을 체결함으로써 乙 회사에 손해를 가하였다고 하여 업무상배임으로 기소된 사안에서, 乙 회사의 재산상 손해는 피고인의 임무위배행위로 乙 회사의 금형제작·납품계약 체결기회가 박탈됨으로써 발생하므로, 원칙적으로 계약을 체결할 때를 기준으로 금형제작·납품계약 대금에 기초하여 산정하여야 하며, 계약대금 중에서 사후적으로 발생되는 미수금이나 계약 해지로 받지 못하게 되는 나머지 계약대금 등은 특별한 사정이 없는 한 계약 대금에서 공제할 것이 아닌데도, 이와 달리 금형제작·납품계약 대금 중 미수금 및 계약 해지로 받지 못하게 된 부분은 피고인의 배임행위로 인한 재산상 손해로 인정할 수 없다고 본 원심판결에 업무상배임죄의 재산상 손해에 관한 법리를 오해한 잘못이 있다.

[2] 업무상배임죄에서 재산상 손해의 유무에 관한 판단은 법률적 판단에 의하지 아니하고 경제적 관점에서 실질적으로 판단하여야 하는데, 여기에는 재산의 처분 등 직접적인 재산의 감소, 보증이나 담보제공 등 채무 부담으로 인한 재산의 감소와 같은 적극적 손해를 야기한 경우는 물론, 객관적으로 보아 취득할 것이 충분히 기대되는데도 임무위배행위로 말미암아 이익을 얻지 못한 경우, 즉 소극적 손해를 야기한 경우도 포함된다. (대법원 2011도6798)

> **관련판례** 재산상 손해 부정

① 배임죄에 있어서 '재산상의 손해를 가한 때'라 함은, 재산상의 현실적인 손해를 발생하게 한 경우뿐만 아니라 현실적인 손해발생의 위험을 생기게 한 경우도 포함하지만, 일반경쟁입찰에 의해 체결하여야 할 공사도급계약을 수의계약에 의하여 체결하였다면 **수의계약에 의한 공사대금이 적정한 공사대금의 수준을 벗어나 부당하게 과대하여 일반경쟁입찰에 의해 공사도급계약을 체결할 경우 예상되는 공사대금의 범위를 벗어난 것이 아니라면** 재산상 손해를 가한 때에 해당한다고 볼 수 없다. (대법원 80도2934)

② 재산상의 손해를 가한다 함은 총체적으로 보아 본인의 재산상태에 손해를 가하는 경우, 즉 본인의 전체적 재산가치의 감소를 가져오는 것을 말하므로 **재산상의 손실을 야기한 임무위배행위가 동시에 그 손실을 보상할 만한 재산상의 이익을 준 경우**, 예컨대 그 배임행위로 인한 급부와 반대급부에 상응하고 다른 재산상 손해(현실적인 손해 또는 재산상 실해 발생의 위험)도 없는 때에는 전체적 재산가치의 감소, 즉 재산상 손해가 있다고 할 수 없다. (대법원 2004도7053)

③ 배임죄에서 '재산상 손해를 가한 때'에는 '재산상 손해발생의 위험을 초래한 경우'도 포함되는 것이므로, 법인의 대표이사 甲이 회사의 이익이 아닌 자기 또는 제3자의 이익을 도모할 목적으로 권한을 남용하여 회사 명의의 금전소비대차 공정증서를 작성하여 법인 명의의 채무를 부담한 경우에는 상대방이 대표이사의 진의를 알았거나 알 수 있었다면 배임죄가 성립하지 아니한다. (대법원 2012도2142)

④ 甲 새마을금고 임원인 피고인이 새마을금고의 여유자금 운용에 관한 규정을 위반하여 금융기관으로부터 원금 손실의 위험이 있는 금융상품을 매입함으로써 甲 금고에 액수 불상의 재산상 손해를 가하고 금융기관에 수수료 상당의 재산상 이익을 취득하게 하였다고 하여 업무상배임으로 기소된 사안에서, 피고인의 임무위배행위로 甲 금고에 액수 불상의 재산상 손해가 발생하였더라도 금융기관이 취득한 수수료 상당의 이익을 **그와 관련성 있는 재산상 이익이라고 인정할 수 없고**, 또한 위 수수료 상당의 이익은 배임죄에서의 재산상 이익에 해당한다고 볼 수도 없으므로 처벌할 수 없다. (대법원 2016도3452)

⑤ 군위군수이자 사단법인 군위군교육발전위원회 이사장인 피고인이, 군위축협 조합원들이 군위군에서 추진하던 신공항 사업을 반대한다는 이유로 위원회 명의로 군위축협에 예치된 20억 상당의 정기예금을 중도 해지하고 그 돈을 군위농협에 재예치시켰다 하더라도 위 공소사실에 기재된 군위농협의 재산상 이익과 이 사건 위원회의 재산상 손해 사이에 대응관계 등의 **관련성이 인정된다고 볼 수 없어** 피고인에게 업무상배임죄가 성립된다고 볼 수 없다. (대법원 2022도3717) = 사단법인 이사장이 사단법인의 甲 조합 정기예금을 중도 해지하고 乙 조합의 새로운 정기예금에 가입한 행위는 사단법인에 대한 업무상배임죄에 해당하지 않는다.

⑥ 배임죄에서 재산상 손해가 발생하였다고 평가될 수 있는 재산상 실해 발생의 위험이란 본인에게 손해가 발생할 막연한 위험이 있는 것만으로는 부족하고 **경제적인 관점**에서 보아 본인에게 손해가 발생한 것과 같은 정도로 구체적인 위험이 있는 경우를 의미한다. 따라서 재산상 실해 발생의 위험은 구체적·현실적인 위험이 야기된 정도에 이르러야 하고 단지 막연한 가능성이 있다는 정도로는 부족하다. (대법원 2016도3674)

② 경영상 판단과 손해여부

㉠ 경영자의 경영조치로 인해 현실적으로 손해가 발생하더라도 해당 조치가 통상의 거래관행상 용인되는 수준으로 **경영상 판단으로 인정되는 경우, 배임죄가 성립하지 않는다.**

ⓒ 경영상 판단과 관련하여 경영자에게 배임의 고의와 불법이득의 의사가 있었는지 여부를 판단할 때에는 문제된 경영상의 판단에 이르게 된 경위와 동기, 판단대상인 사업의 내용, 기업이 처한 경제적 상황, 손실발생의 개연성과 이익획득의 개연성 등 여러 사정에 비추어 자기 또는 제3자가 재산상 이익을 취득하고 본인에게 손해를 가한다는 인식하의 의도적 행위임이 인정되는 경우인지에 따라 개별적으로 판단하여야 한다. (대법원 2013도7360)

> **관련판례**
> ① 자기 또는 제3자가 재산상 이익을 취득한다는 인식과 본인에게 손해를 가한다는 인식(미필적 인식을 포함) 하의 의도적 행위임이 인정되는 경우에 한하여 배임죄의 고의를 인정하는 엄격한 해석기준은 유지되어야 하고, 그러한 인식이 없는데 단순히 본인에게 손해가 발생하였다는 <u>결과만으로 책임을 묻거나 주의의무를 소홀히 한 과실이 있다는 이유로는 책임을 물을 수 없다.</u> (대법원 2002도4229)
> ② 회사의 승낙 없이 임의로 지정 할인율보다 더 높은 할인율을 적용하여 회사가 지정한 가격보다 낮은 가격으로 거래처에 제품을 판매하였지만 시장거래 가격에 따라 제품을 판매한 경우, 경제적 관점에서 실질적으로 판단하여야 하므로 피고인이 피해회사가 정한 할인율 제한을 위반했더라도 시장가격에 따라 제품을 판매하였다면 거래상대방 회사가 재산상 이익을 얻었다고 볼 수 없다. 즉 배임죄가 아니다. (대법원 2007도2484)

2 주관적 구성요건요소: 고의와 불법영득(이득)의사

① 고의 이외에 불법영득(이득)의사가 있어야 한다.

② 배임죄는 타인의 사무처리자가 자기나 제3자를 위한 재산상 이득의사를 가지고 임무 위배행위를 하여 본인에게 손해를 가함으로써 성립한다. 타인의 사무처리자에게는 임무에 위배된 행위와 그 행위가 임무에 위배된다는 인식이 있어야 하며, 인식이 없는 경우에는 고의가 조각된다. (대법원 85도2745)

③ 피고인이 본인의 이익을 위한다는 의사도 가지고 있었다 하더라도 위와 같은 간접사실에 의하여 본인이 이익을 위한다는 의사는 부수적일 뿐이고 이득 또는 가해의 의사가 주된 것임이 판명되면 배임죄의 고의가 있었다고 할 것이다. (대법원 97도2919)

④ 불법영득(이득)의사는 필요하다고 보지만, 손해를 가할 목적까지는 필요하지 않다.

> **관련판례** 배임죄의 고의의 의미 및 증명방법
> ① 현행 형법상의 배임죄가 위태범이라는 법리를 부인할 수 없다 할지라도, 문제된 경영상의 판단에 이르게 된 경위와 동기, 판단대상인 사업의 내용, 기업이 처한 경제적 상황, 손실발생의 개연성과 이익획득의 개연성 등 제반 사정에 비추어 자기 또는 제3자가 재산상 이익을 취득한다는 인식과 본인에게 손해를 가한다는 인식(미필적 인식을 포함)하의 의도적 행위임이 인정되는 경우에 한하여 배임죄의 고의를 인정하는 엄격한 해석기준은 유지되어야 할 것이고, 그러한 인식이 없는데 단순히 본인에게 손해가 발생하였다는 결과만으로 책임을 묻거나 주의의무를 소홀히 한 과실이 있다는 이유로 책임을 물을 수는 없다. (대법원 2018도20655)
> ② 업무상배임죄는 타인에 대한 신뢰관계에서 일정한 임무에 따라 사무처리를 할 법적 의무가 있는 자가 당해 사정하에서 당연히 할 것이 법적으로 기대되는 행위를 하지 않는 때에 성립하는 것으로 그 죄가 성립하기 위하여는 행위자가 주관적으로 자기의 행위가 임무에 위배되는 것이라는 인식 외에도 그로 인하여 본인에게 재산상 손해를 발생 또는 발생시킬 염려가 있다는 인식이 있어야 한다. (대법원 2001도4035) = 본인을 위한다는 의사는 부수적이고 가해 의사가 주된 것임이 판명되면 배임죄의 고의를 부정할 수 없다.

3 미수와 기수

① **배임죄의 실행의 착수시기**: 타인의 사무를 처리하는 자가 배임의 범의로 **임무에 위배한 행위를 개시한 때**

② **배임죄의 기수시기**: 임무위배행위로 인하여 자기 또는 제3자가 이익을 취득하여 **본인에게 손해를 가한 때(손해 발생 가능성)**

③ 타인의 사무를 처리하는 자가 배임의 범의로, 즉 임무에 위배하는 행위를 한다는 점과 이로 인하여 자기 또는 제3자가 이익을 취득하여 본인에게 손해를 가한다는 점에 대한 인식이나 의사를 가지고 임무에 위배한 행위를 개시한 때 배임죄의 실행에 착수한 것이고, 이러한 행위로 인하여 자기 또는 제3자가 이익을 취득하여 본인에게 손해를 가한 때 배임죄는 기수가 된다. (대법원 2014도9960) = 그런데 타인의 사무를 처리하는 자의 임무위배행위는 민사재판에서 법질서에 위배되는 법률행위로서 무효로 판단될 가능성이 적지 않고, 그 결과 본인에게도 아무런 손해가 발생하지 않는 경우가 많다. 이러한 때에는 배임죄의 기수를 인정할 수 없다. 그러나 의무부담행위로 인하여 실제로 채무의 이행이 이루어지거나 본인이 민법상 불법행위책임을 부담하게 되는 등 본인에게 현실적인 손해가 발생하거나 실해 발생의 위험이 생겼다고 볼 수 있는 사정이 있는 때에는 배임죄의 기수를 인정하여야 한다.

④ 회사직원이 영업비밀 등을 경쟁업체에 유출하거나 스스로의 이익을 위하여 임무를 배신함으로써 성립하는 배임죄의 기수시점은 다음과 같다.

- 회사재직 중인 경우, 해당 영업비밀을 무단 반출하는 시점
- 적법반출하였다가 회사 퇴사 후에 반환하거나 폐기하여야 함에도 해당 영업비밀을 반환하거나 폐기하지 아니하였다면, 반출 시점이 아니라 퇴사 시점

> **관련판례**
>
> ⅰ) 회사직원이 재직 중에 영업비밀 또는 영업상 주요한 자산을 경쟁업체에 유출하거나 스스로의 이익을 위하여 이용할 목적으로 무단으로 반출하였다면 **유출 또는 반출 시에 업무상배임죄의 기수**가 된다. ⅱ) 회사직원이 영업비밀 등을 적법하게 반출하여 반출행위가 업무상배임죄에 해당하지 않는 경우라도, 퇴사 시에 영업비밀 등을 회사에 반환하거나 폐기할 의무가 있음에도 경쟁업체에 유출하거나 스스로의 이익을 위하여 이용할 목적으로 이를 반환하거나 폐기하지 아니하였다면, 이러한 행위 역시 **퇴사 시에 업무상배임죄의 기수**가 된다. 재직 시 무단 반출(유출)하거나 퇴사 후 반환·폐기하지 아니하여 **배임죄가 기수에 이른 이후에 이 직원과 접촉하여 영업비밀을 취득한 자에 대해서는 배임죄의 공동정범이 성립하지 않는다**고 본다. ⅲ) 회사직원이 퇴사한 후에는 특별한 사정이 없는 한 퇴사한 회사직원은 더 이상 업무상배임죄에서 타인의 사무를 처리하는 자의 지위에 있다고 볼 수 없고, 위와 같이 반환하거나 폐기하지 아니한 영업비밀 등을 경쟁업체에 유출하거나 스스로의 이익을 위하여 이용하더라도 이는 이미 성립한 업무상배임 행위의 실행행위에 지나지 아니하므로, 그 유출 내지 이용행위가 부정경쟁방지 및 영업비밀보호에 관한 법률 위반(영업비밀누설등)죄에 해당하는지는 별론으로 하더라도, 따로 업무상배임죄를 구성할 여지는 없다. 그리고 위와 같이 퇴사한 회사직원에 대하여 타인의 사무를 처리하는 자의 지위를 인정할 수 없는 이상 제3자가 위와 같은 유출 내지 이용행위에 공모·가담하였더라도 타인의 사무를 처리하는 자의 지위에 있다는 등의 사정이 없는 한 업무상배임죄의 공범 역시 성립할 수 없다. (대법원 2017도3808)

4 부동산의 이중매매와 이중저당

(1) 부동산 이중매매의 의미

1) 의의

이중매매란 부동산의 매도인 A가 제1매수인 B와 부동산 매매계약을 맺고 매매대금을 지급받고 아직 소유권이전등기를 해 주지 않은 상태에서 해당 부동산을 제2매수인 C에게 다시 매도하고 소유권이전등기는 해준 경우이다.

2) 타인의 사무를 처리하는 자

부동산 매매과정에서 매수인은 매도인의 등기협력 없이 소유권을 취득할 수 없다. 따라서 소유권이전등기 협력이라는 매도인의 의무수행은 재산처분행위 완성이라는 자신의 사무임과 동시에 타인 매수인의 소유권 취득을 위한 사무를 처리하는 것이기도 하다. 따라서 매수인은 배임죄의 주체인 타인의 사무를 처리하는 자의 지위에 있다. (대법원 74도2215)

3) 지위의 발생시기

① 계약금만 수령한 단계

제1매수인 B로부터 **계약금만 수수하고 중도금 지급 전이라면**, 배임죄는 아직 아니다. 배임죄의 실행착수도 아니므로 **무죄**이다. 제2매수인 C에게 부동산을 매도하기로 하고 **계약금만을 지급받은 경우도** 배임죄의 실행의 착수가 아니고 **무죄**이다. 타인의 사무처리자의 지위에 서지 않는다. (대법원 84도315)

② 중도금 또는 잔금을 수령한 단계

제1매수인 B로부터 매매계약을 체결하고 **B로부터 중도금 이상을 수령한 상태에서 제2매수인 C에게 중도금 또는 잔금을 수령한 때 배임죄의 실행의 착수**가 있다고 본다. 중도금 수령이후부터는 타인인 매수인의 사무를 처리하는 지위에 서게 되고 배임죄의 주체가 된다. (대법원 92도49)

③ 배임죄의 기수시기

제2매수인 C에게 **소유권이전등기를 마친 때에는 기수**로 본다. (대법원 83도1946)

④ 악의의 후매수인 배임죄의 공범 성립

㉠ 만일 아예 처음부터 매도인 A가 처음부터 제1매수인 B에게 매매의 의사도 없는 경우였다면, 배임죄가 아니라 사기죄일 뿐이다.

㉡ 제2매수인 C는 단순히 A와 B 사이의 매매계약 체결을 알고 있었다는 사실만으로는 배임죄의 공범으로 볼 수 없고, **배임죄의 공범이 성립하려면 제2매수인 C가 A의 이중매매(배임)행위에 적극적으로 가담한 경우이어야 한다**. 즉 악의의 후매수인의 형사책임은 **교사범이나 공동정범은 성립될 수 있다.**

㉢ 만약 선의의 제2매수인 C는 부동산에 대해 소유권을 취득하므로 매도인은 제2매수인에 대해서는 원칙적으로 형사책임이 없으므로 배임죄는 성립하지 않는다.

㉣ 추가적으로, 만일 매도인 A가 제1매매계약이 있음에도 제2매수인 C에게도 중도금 또는 잔금을 받은 단계에서 제2매수인(후매수인) C에게 소유권이전등기하지 않고 원래대로 제1매수인(선매수인) B에게 소유권이전등기를 경료한 경우, 제2매수인 C에 대해서 A는 배임죄가 성립하지 않는다. 다만 이때 C에게 해당 제1매매사실을 숨기거나 소유권이전등기를 해줄 수 있는 것처럼 기망하였다면 사기죄는 성립할 수 있다. (대법원 2009도14427)

> **관련판례**

① 이중매매에 있어서 매도인이 매수인의 사무를 처리하는 자로서 배임죄의 주체가 되기 위하여는 매도인이 계약금을 받은 것만으로는 부족하고 **적어도 중도금을 받는 등** 매도인이 더 이상 임의로 계약을 해제할 수 없는 상태에 이르러야 한다. (대법원 85도1873)

② 배임죄에 있어서 재산상 손해를 가한 때라 함은 현실적인 손해를 가한 경우뿐 아니라 재산상 손해발생의 위험을 초래한 경우도 포함하는바, 부동산의 매도인으로서 매수인에 대하여 그 앞으로의 소유권이전등기절차에 협력할 의무 있는 자가 그 임무에 위배하여 같은 부동산을 매수인 이외의 **제3자에게 이중으로 매도하고 제3자 앞으로 소유권이전청구권 보전을 위한 가등기를 마쳐 주었다면**, 이는 매수인에게 손해발생의 위험을 초래하는 행위로서 배임죄를 구성한다. (대법원 2008도3766)

③ 부동산 매매계약에서 계약금만 지급된 단계에서는 어느 당사자나 계약금을 포기하거나 그 배액을 상환함으로써 자유롭게 계약의 구속력에서 벗어날 수 있다. 그러나 **중도금이 지급되는 등 계약이 본격적으로 이행되는 단계에 이른 때**에는 계약이 취소되거나 해제되지 않는 한 매도인은 매수인에게 부동산의 소유권을 이전해 줄 의무에서 벗어날 수 없다. 따라서 이러한 단계에 이른 때에 매도인은 매수인에 대하여 매수인의 재산보전에 협력하여 재산적 이익을 보호·관리할 신임관계에 있게 된다. 그때부터 매도인은 배임죄에서 말하는 '타인의 사무를 처리하는 자'에 해당한다고 보아야 한다. 그러한 지위에 있는 매도인이 매수인에게 계약 내용에 따라 부동산의 소유권을 이전해 주기 전에 그 부동산을 제3자에게 처분하고 제3자 앞으로 그 처분에 따른 등기를 마쳐 준 행위는 매수인의 부동산 취득 또는 보전에 지장을 초래하는 행위이다. 이는 **매수인과의 신임관계를 저버리는 행위로서 배임죄가 성립**한다. 그리고 **매도인이 매수인에게 순위보전의 효력이 있는 가등기를 마쳐 주었더라도** 이는 향후 매수인에게 손해를 회복할 수 있는 방안을 마련하여 준 것일 뿐 그 자체로 물권변동의 효력이 있는 것은 아니어서 매도인으로서는 소유권을 이전하여 줄 의무에서 벗어날 수 없으므로, 그와 같은 가등기로 인하여 매수인의 재산보전에 협력하여 재산적 이익을 보호·관리할 신임관계의 전형적·본질적 내용이 변경된다고 할 수 없다. (대법원 2019도16228)

> **관련판례**

중도금 또는 잔금을 받은 단계에서 부동산을 이중으로 매도한 경우 매도인이 선매수인에게 소유권이전의무를 이행하였다고 하여 후매수인에 대한 관계에서 그가 임무를 위법하게 위배한 것이라고 할 수 없다. (대법원 2009도14427) = 선매수인에게 소유권이전등기를 한 사례

(2) 이중매매에서 제1매매 행위가 무효인 경우

① 매도인 A와 제1매수인 B 사이의 제1 매매계약 자체가 무효인 경우에는 A가 C에게 매도하더라도 이중매매(배임죄)가 성립하지 않는다.

② 예컨대, **토지거래허가지역 내에서의 허가받지 않고 매도인 A와 매수인 B 사이에 매매계약을 하였다면, 이는 국토이용관리법상 강행법규 위반으로 무효이므로** A가 B에게 소유권이전등기를 해 줄 협력의무가 발생하지 않는다. 따라서 A가 B가 아닌 제2매수인 C와 다시 매매계약을 맺고 소유권이전등기를 해주더라도 배임죄가 성립하지 않는다. 즉 이중매매 매도인이 배임죄의 주체인 타인의 사무를 처리하는 자에 해당하지 않는다. (대법원 96도1514)

③ 그러나 **토지거래계약의 신고구역내**의 경우에는 매매계약을 신고를 하지 않았더라도 강행법규 위반이 아니므로 무효가 아니라서 매 약을 위반하여 제2매수인에게 매도하고 소유권이전등기를 해준다면 배임죄가 성립한다. (대법원 91도846)

> **관련판례** 선매수인과 계약이 무효여서 배임죄 부정
>
> ① 국토이용관리법 제21조의7 소정의 신고구역에 관한 규정은 단속법규에 속하고 신고의무에 위반한 거래계약의 사법적 효력까지 부인되는 것이 아니므로 신고구역내의 토지에 대하여 매매 당사자들이 당국에 신고하지 아니하고 매매계약을 체결한 것이라고 하여도 이를 무효라고 할 수 없으므로 위 토지가 신고구역내의 토지인지 여부는 그 이중매도로 인한 배임죄의 성립에 영향이 없다. (대법원 91도846)
> ② 농지개혁법상 자경 또는 자영의 의사가 없는 농지의 매수인은 농지매매증명의 발급 여부에 관계없이 농지에 대한 소유권을 취득할 수 없고, 비농가인 매수인이 자경·자영의사가 없었다고 인정되면 매수인은 매도인에 대하여 소유권이전등기절차의 이행을 청구할 수 없다. (대법원 2009도10701)

(3) 부동산의 이중저당

① 이중저당이란 A가 B에게 자기 부동산에 대해 1번 저당권을 설정해 주기로 약정한 후, 아직 저당권 설정등기가 되지 않은 상태에서 제3자인 C에게 다시 저당권을 설정하고 1번 저당권을 설정해 준 경우로서 배임죄 여부가 문제가 된다.

② 채무자가 저당권설정계약에 따라 채권자에 대하여 부담하는 저당권을 설정할 의무는 계약에 따라 부담하게 된 채무자 자신의 의무이다. 채무자가 위와 같은 의무를 이행하는 것은 채무자 자신의 사무에 해당할 뿐이므로, 채무자를 채권자에 대한 관계에서 '타인의 사무를 처리하는 자'라고 할 수 없다. 따라서 채무자가 제3자에게 먼저 담보물에 관한 저당권을 설정하거나 담보물을 양도하는 등으로 담보가치를 감소 또는 상실시켜 채권자의 채권실현에 위험을 초래하더라도 배임죄가 성립한다고 할 수 없다. (대법원 2019도14340 전합) = 피고인이 갑으로부터 18억 원을 차용하면서 담보로 피고인 소유의 아파트에 갑 명의의 4순위 근저당권을 설정해 주기로 약정하였음에도 제3자에게 채권최고액을 12억 원으로 하는 4순위 근저당권을 설정하여 줌으로써 12억 원 상당의 재산상 이익을 취득하고 갑에게 같은 금액 상당의 손해를 가하였다는 사안에서, 배임죄가 성립하지 아니한다고 판시하였다.

(4) 이중 증여의 의사표시

서면으로 부동산 증여의 의사를 표시한 증여자는 계약이 취소되거나 해제되지 않는 한 수증자에게 목적부동산의 소유권을 이전할 의무에서 벗어날 수 없다. 그러한 증여자는 '타인의 사무를 처리하는 자'에 해당하고, 그가 수증자에게 증여계약에 따라 부동산의 소유권을 이전하지 않고 부동산을 제3자에게 처분하여 등기를 하는 행위는 수증자와의 신임관계를 저버리는 행위로서 배임죄가 성립한다. (대법원 2016도19308)

(5) 임차권이나 담보권의 설정행위

① 매매계약 후 전세권·담보권 설정을 하는 경우, 전세계약 후 담보권 설정하는 경우, 담보계약 후 매매 등을 하는 경우는 배임죄가 성립한다.

② 그러나 임차권을 이중양도하는 것은 배임죄는 아니다. 예컨대, 음식점의 임차권양도계약을 체결한 양도인의 이중양도행위는 배임죄가 아니다. 왜냐하면 양수인에게 점포를 명도하여 줄 양도인의 의무는 민사채무에 불과하므로, 타인의 사무로 볼 수 없기 때문이다. (대법원 86도811) = 단순 민사채무

5 동산의 이중매매

① 매도인 A가 매수인 B에게 동산을 판매하기로 하고 중도금·잔금을 수령한 후 제3자인 제2매수인 C에게 판매하고 현실적으로 인도해버린 경우, A는 B에 대한 배임죄가 되느냐가 문제이다.

② 학설은 배임죄를 인정하지만, 우리 판례는 동산은 인도함으로써 계약의 이행을 완료하게 되는 것이므로 **자기 소유의 동산에 대해 매수인과 매매계약을 체결한 매도인이 중도금까지 지급받은 상태에서 그 목적물을 제3자에 대한 자기의 채무변제에 갈음하여 그 제3자에게 양도해 버린 경우에는 기존 매수인에 대한 배임죄가 아니라고 보았다.** (대법원 2008도10479 전합) = 제1매수인 B에게 수령한 잔금을 반환하고 민사상 손해배상을 해주면 그만이라는 것이다. 즉 동산의 매매관계에서 민사법으로 해결할 수 있는 사안에 대해 형법적 해결의 관여를 최소화하고자 하는 것은 형법의 보충성원칙에 부합한다.

③ 그러나 매도인 A가 매수인 B에게 동산을 매각하고 점유개정을 통해 A가 동산을 보관하던 중에 다시 제3자인 C에게 매각하여 인도해버린 경우에는 타인소유 자기점유를 침해한 것으로 횡령죄에 해당한다.

> **관련판례**
>
> [1] 매매와 같이 당사자 일방이 재산권을 상대방에게 이전할 것을 약정하고 상대방이 그 대금을 지급할 것을 약정함으로써 그 효력이 생기는 계약의 경우 (민법 제563조), 쌍방이 그 계약의 내용에 좇은 이행을 하여야 할 채무는 **특별한 사정이 없는 한 '자기의 사무'에 해당하는 것이 원칙**이다.
>
> [2] **매매의 목적물이 동산(이 판례에서는 인쇄기)일 경우**, 매도인은 매수인에게 계약에 정한 바에 따라 그 목적물인 동산을 인도함으로써 계약의 이행을 완료하게 되고 그때 매수인은 매매목적물에 대한 권리를 취득하게 되는 것이므로, 매도인에게 자기의 사무인 동산인도채무 외에 별도로 매수인의 재산의 보호 내지 관리 행위에 협력할 의무가 있다고 할 수 없다. **동산매매계약에서의 매도인은 매수인에 대하여 그의 사무를 처리하는 지위에 있지 아니하므로, 매도인이 자기목적물을 매수인에게 인도하지 아니하고 이를 타에 처분하였다 하더라도 형법상 배임죄가 성립하는 것은 아니다.** (대법원 2008도10479 전합) = 이때 매도인으로부터 동산을 구매하는 제2매수인은 매도인과 매수인 사이에 계약내용을 알고 있었더라도 배임죄의 방조범이 되지는 않는다.

6 비전형담보제도와 횡령 및 배임죄: 양도담보 문제

(1) 비전형담보제도의 의미

① 매도담보, 양도담보(협의의 양도담보)는 모두 민법이 정하는 담보물권이 아니라 거래관행상 만들어진 비전형담보 제도로서 광의의 양도담보에 해당한다. 이와 더불어 가등기담보는 이러한 광의의 양도담보(매도담보와 협의의 양도담보)를 수정하는 차원에서 규정된 것이다.

② (협의의) 양도담보란 채무자 A가 채권자 B로부터 소비대차 형식으로 자금을 획득할 때(금원차용), 소비대차계약 체결 시 담보물의 소유권은 채무자 A가 소유하되, 채무자 A가 채무를 이행하지 않는 경우(금원을 변제하지 못하는 경우) 채권자 B가 해당 목적물로부터 우선 변제 받는 것이고, 채무자 A가 채무를 이행하면(금원을 변제하는 경우) 목적물을 채무자가 보유하고 채권채무관계가 종료하는 것이다.

③ 매도담보(대체로, 대물반환의 예약)는 채무자 A가 채권자 B와 매매형식으로 자금을 획득하는 방식으로, 목적물을 아예 채권자 B에게 매도하고 그 매매대금을 받아서 자금을 충당하고 이후에 채무자 A가 일정 기한 내에 원리금(원금과 이자)을 지급하고 해당 목적물을 B로부터 다시 사는 것을 예약(환매나 재매매의 예약)하는 방식으로 이루어지는 것이다. 채무자 A가 해당 기일(변제기일)에 목적물을 다시 사지 않는다고 하면(재매매예약의 포기) 목적물은 확정적으로 채권자 B의 소유가 되는 것이다.

④ 양도담보와 매도담보가 비슷하지만 차이점이 있다. 양도담보는 채무자가 채무이행을 부담하므로 채권자가 채무자에게 소비대차에 대한 변제를 청구할 권리를 가지지만, 매도담보는 아예 소유권이 넘어간 것으로 보기 때문에 채권자가 채무자에게 변제를 청구할 권리를 가지지 않고 오히려 채무자가 해당 기일(사실상의 변제기일)에 재매매 포기를 통하여 일종의 채권채무관계를 종료할 수 있다는 점에서 차이가 있다.

⑤ 다만 양도담보와 매도담보는 부동산에 대해서는 가등기담보제도에 따라 규제받음으로써 현재에는 가등기담보법이 적용되지 않는 동산에 대해서만 주로 영향을 준다고 볼 수 있다.

(2) 가등기담보(부동산의 양도담보와 매도담보 문제)

① 그러나 이런 비전형담보제도는 채권자의 폭리행위 문제가 있었다. 첫째, 채권자가 고가의 부동산을 청산절차 없이 취득할 수 있다는 점에서 폐단이 지적되었고, 둘째, 채권자가 목적물을 제3자에게 처분한 경우, 양도담보든 매도담보든 소유권은 채권자에게 이전되어 있으므로, 변제기 전후 또는 제3자의 선의·악의를 불문하고 해당 처분은 유효하므로, 채무자가 현실적으로 변제기일에 변제하더라도 목적물을 되찾아오기 어려웠던 것이다. 이런 문제점에 의하여 1984년 부동산에 대해서는 가등기담보법이 제정되어 규제를 하게 되었다.

② 가등기담보에 따른 양도담보는 채무자의 채무불이행이 있어야 비로소 담보물의 소유권이 채권자에게 이전하는 형식을 취한다. 즉 앞서 살펴본 양도담보가 소유권이 채권자에게 계약체결과 함께 이전되는 것과 달리, 소유권은 채무자에게 남아 있다가 변제기일에 변제하지 못하면 그제서야 소유권이 채권자에게 이전되는 것이다.

③ 즉 소비대차(금원차용)에 기한 채권을 담보할 목적으로 채권자와 채무자 또는 제3자 사이에 채무자 또는 제3자 소유인 부동산을 목적물로 하는 대물변제 예약이나 매매의 예약을 하고, 채무자의 채무불이행이 있는 경우에 채권자가 예약상의 권리를 행사함으로서 발생하게 될 장래의 소유권이전등기청구권을 보전하기 위하여 가등기(가등록)을 하는 내용의 가등기담보계약을 체결한 후 이에 기하여 채권자 앞으로 가등기를 경료해두는 담보 유형인 것이다.

④ 가등기담보설정권자(채무자)가 담보목적물을 가치를 감소시킨 경우, 가등기담보권자(채권자)는 방해제거 또는 예방을 청구할 수 있고, 해당 침해행위로 인해 피담보채권으로부터 완전한 변제를 얻을 수 없다면 손해배상청구권도 발생한다.

⑤ 채무자가 변제기일에 변제하지 못하는 경우, 가등기담보권을 실행하는 방식에는 채권자(가등기담보권자)가 법원에 경매를 청구하여 담보권을 실행하는 처분청산 방식과 채권자가 담보목적물의 소유권을 취득하여 변제에 갈음하는 귀속청산이 있다. 다만 담보가등기가 경료된 부동산에 대하여 경매 등 개시 결정이 있으면, 그 경매 신청이 청산금을 지급하기 전(또는 청산기간 경과 전)에 행하여졌다면 채권자(가등기담보권자)는 가등기에 따른 본등기를 청구할 수 없다. 즉 사적 실행을 할 수 없다.

⑥ 다시 말해서 처분청산 방식은 매우 제한적일 뿐이다. 처분청산(법원의 경매가 아닌 권리취득을 통한 사적 실행)을 하려면, 채무자가 채무불이행에 빠진 후 채권자가 귀속청산 방법으로 실행하겠다는 통지를 채무자에게 하고, 2개월의 청산기간이 경과한 후 담보목적물의 평가액에서 피담보채권액을 공제한 금액을 청산금을 채무자에게 지급하고, 청산금 지급과 상환으로 소유권이전등기청구권을 취득하여 본등기를 경료함으로써 소유권을 취득하는 절차를 거쳐야만 한다.

⑦ 결론적으로 볼 때, **가등기담보는 변제기 전에 소유권이 채권자 B에게 이전되지 않고 채무자 A에게 있다가, 채무자 A가 채권자 B에게 변제기일 이후로 변제하지 못하는 경우에 소유권이 법원의 경매나 청산절차 등을 거친 이후에 채권자인 B에게 이전되는 것을 말한다.**

(3) 동산의 양도담보

1) 채무자(양도담보설정권자)

① 변제기 전후를 불문하고, 점유개정으로 담보목적물을 점유하고 있던 채무자(양도담보설정권자) 甲이 담보목적물을 채권자(양도권자) A의 동의 없이 임의처분한 경우, 횡령죄도 아니고 배임죄도 아니다. 왜냐하면 소유권은 여전히 채무자(양도담보설정권자) 甲에게 있기 때문에 횡령죄가 될 수 없기 때문이다. 또한, 채무를 변제

하는 일은 타인의 사무가 아니라 자기의 사무에 불과하므로 담보목적물을 처분하고도 돈을 갚지 않더라도 (변제하지 않더라도) 이는 타인의 사무처리자의 지위가 없고 자기사무일 뿐이라서 배임죄가 되지 아니하다. (대법원 2008도10971)

② 변제기 전후를 불문하고, 점유개정으로 담보목적물인 동산을 점유하고 있던 채무자 甲이 채권자 A의 허락 없이 담보목적물인 동산을 다시 제3자 B에게 양도담보하는 경우(이중양도담보), 甲 입장에서 담보목적물은 자기소유이며 채무변제는 자기사무일 뿐이므로 원래 채권자인 A에 대해서 횡령죄나 배임죄가 성립하지 않는다. 다만 후행 채권자가 되는 제3자 B에 대해서 B가 이런 사실을 모르고 있었다면 B에 대해서 배임죄 문제가 아니라 사기죄 여부를 검토해야 한다.

③ 변제기 전후를 불문하고, 점유개정으로 담보목적물인 동산을 점유하고 있던 채무자 甲이 채권자 A의 허락 없이 다시 B에게 양도담보한 상태(이중양도담보)에서 또다시 A와 B 모르게 제3자 C에게 임의처분한 경우는 어떻게 되겠느냐가 문제이다. 이때에도 채무자 甲은 원래 채권자 A에 대해서 횡령이나 배임이 성립하지 않는데, 해당 담보물인 동산은 자기소유이고 변제도 자기사무일 뿐이기 때문이다. 뿐만 아니라 후행 채권자인 B에 대해서도 배임죄가 되지 아니하는데, 변제는 자기사무일 뿐이기 때문이다.

④ 이런 법리는 양도담보이든 매도담보이든 판례에 따르자면 다르게 보지 않는다.

관련판례 대법원 2019도9756 전합 판례 (2020년 전원합의체 판례변경)

- 갑 주식회사를 운영하는 피고인이 을 은행으로부터 대출을 받으면서 대출금을 완납할 때까지 갑 회사 소유의 동산인 골재생산기기(크러셔)를 점유개정 방식으로 양도담보로 제공하기로 하는 계약을 체결하였음에도 담보목적물인 동산을 병 등에게 매각함으로써 을 은행에 대출금 상당의 손해를 가하였다고 하여 배임의 공소사실로 기소된 사안이다.
- 위 양도담보계약은 피고인이 운영하는 갑 회사가 을 은행에 대한 대출금 채무를 담보하기 위하여 동산에 관하여 양도담보를 설정하고, 갑 회사의 채무불이행 시 양도담보권의 실행, 즉 동산을 처분하여 그 매각대금으로 채무의 변제에 충당하거나 채무의 변제에 갈음하여 을 은행이 담보목적물을 취득하기로 하는 내용의 전형적인 양도담보계약이다.
- 양도담보계약서 제2조, 제4조 등에는 '담보목적물은 설정자가 채권자의 대리인으로서 점유·사용·보전·관리한다', '설정자는 선량한 관리자로서의 주의의무를 다하여 점유·사용·보전·관리하여야 한다' 등과 같이 담보설정자(갑 회사)의 담보목적물의 보전·관리에 관한 내용이 포함되어 있으나, 위와 같은 계약서의 기재 내용만으로 위 양도담보계약이 전형적인 양도담보계약이 아니라거나 양도담보계약과 별도로 을 은행이 갑 회사에 신임관계에 기초하여 담보목적물의 보관·관리에 관한 사무의 처리를 위탁하는 내용의 특약이 있다고 보기 어려운 점 등을 종합하면,
- 위 양도담보계약에서 갑 회사와 을 은행 간 당사자 관계의 전형적·본질적 내용은 대출금 채무의 변제와 이를 위한 담보에 있고, 갑 회사를 통상의 계약에서의 이익대립관계를 넘어서 을 은행과의 신임관계에 기초하여 을 은행의 사무를 맡아 처리하는 것으로 볼 수 없는 이상 갑 회사를 운영하는 피고인을 을 은행에 대한 관계에서 '타인의 사무를 처리하는 자'에 해당한다고 할 수 없다. <u>즉 배임죄가 성립하지 아니하며, 횡령죄도 될 수 없다.</u>
- 배임죄에서 '타인의 사무를 처리하는 자'라고 하려면, 타인의 재산관리에 관한 사무의 전부 또는 일부를 타인을 위하여 대행하는 경우와 같이 당사자 관계의 전형적·본질적 내용이 통상의 계약에서의 이익대립관계를 넘어서 그들 사이의 신임관계에 기초하여 타인의 재산을 보호 또는 관리하는 데에 있어야 한다. 이익대립관계에 있는 통상의 계약관계에서 채무자의 성실한 급부이행에 의해 상대방이 계약상 권리의 만족 내지 채권의 실현이라는 이익을 얻게 되는 관계에 있다거나, 계약을 이행함에 있어 상대방을 보호하거나 배려할 부수적인 의무가 있다는 것만으로는 채무자를 타인의 사무를 처리하는 자라고 할 수 없고, 위임 등과 같이 계약의 전형적·본질적 급부의 내용이 상대방의 재산상 사무를 일정한 권한을 가지고 맡아 처리하는 경우에 해당하여야 한다.

- 채무자가 금전채무를 담보하기 위하여 그 소유의 동산을 채권자에게 양도담보로 제공함으로써 채권자인 양도담보권자에 대하여 담보물의 담보가치를 유지·보전할 의무 내지 담보물을 타에 처분하거나 멸실, 훼손하는 등으로 담보권 실행에 지장을 초래하는 행위를 하지 않을 의무를 부담하게 되었더라도, 이를 들어 채무자가 통상의 계약에서의 이익대립관계를 넘어서 채권자와의 신임관계에 기초하여 채권자의 사무를 맡아 처리하는 것으로 볼 수 없다. 따라서 채무자를 배임죄의 주체인 '타인의 사무를 처리하는 자'에 해당한다고 할 수 없고, 그가 담보물을 제3자에게 처분하는 등으로 담보가치를 감소 또는 상실시켜 채권자의 담보권 실행이나 이를 통한 채권실현에 위험을 초래하더라도 배임죄가 성립한다고 할 수 없다.
- 위와 같은 법리는, 채무자가 동산에 관하여 양도담보설정계약을 체결하여 이를 채권자에게 양도할 의무가 있음에도 제3자에게 처분한 경우에도 적용되고, 주식에 관하여 양도담보설정계약을 체결한 **채무자가 제3자에게 해당 주식을 처분한 사안에도 마찬가지로 적용된다.**

2) 채권자(양도담보권자)

① 채권자 A가 채무자 甲으로부터 동산을 양도담보 형태로 담보로 제공받고 이를 자신의 점유 하에 두게 된 상태에서, 해당 담보목적물인 동산을 채무자 甲의 동의 없이 제3자에게 임의처분한 경우에는 다음과 같다.

② 변제기 전이라면 양도담보에서 자기소유물이 아닌 동산을 임의처분한 것이므로 채무자 甲에 대해서 횡령죄가 성립할 수 있다. (대법원 88도906)

③ 만일 매도담보라면, 채권자 A 입장에서 해당 동산은 자기소유로 볼 수 있으므로 임의처분이라도 횡령죄는 되지 않겠지만, 변제기일에 채무자가 변제하면 재매매 형식으로 목적물을 돌려주도록 약정한 것을 배신한 것이므로 배임죄가 된다.

④ 다만, 변제기 후로서 채권자 A가 채무자 甲에게 변제에 대한 통지 후에 일정 기간 변제기회를 준 이후라면, 채권자 A가 담보목적물인 동산을 임의처분하더라도 횡령죄나 배임죄가 되지 아니한다.

⑤ 그런데 여기서 동산이라도 목적물을 처분하여 청산 후에 청산금을 채무자에게 돌려주지 않는다면, 해당 청산금 부분에 대해서 횡령죄 성립하느냐가 문제가 된다. 하지만, 청산은 민사적 문제일 뿐이므로 역시 횡령죄나 배임죄를 구성하지 않는다. 심지어 채권자 A가 해당 담보목적물을 염가처분하더라도 채무자 甲에 대해서 배임죄가 되지 아니한다.

> **관련판례**
>
> ① 금전채무를 담보하기 위하여 채무자가 그 소유의 동산을 채권자에게 양도하되 점유개정에 의하여 채무자가 이를 계속 점유하기로 한 경우 특별한 사정이 없는 한 동산의 소유권은 신탁적으로 이전됨에 불과하여 채권자와 채무자 사이의 대내적 관계에서 채무자는 의연히 소유권을 보유하나 대외적인 관계에 있어서 채무자는 동산의 소유권을 이미 채권자에게 양도한 무권리자가 되는 것이어서 다시 다른 채권자와 사이에 양도담보 설정계약을 체결하고 점유개정의 방법으로 인도를 하더라도 선의취득이 인정되지 않는 한 나중에 설정계약을 체결한 채권자는 양도담보권을 취득할 수 없는데, 현실의 인도가 아닌 점유개정으로는 선의취득이 인정되지 아니하므로, 결국 뒤의 채권자는 양도담보권을 취득할 수 없고, 따라서 이와 같이 채무자가 그 소유의 동산에 대하여 점유개정의 방식으로 채권자들에게 이중의 양도담보 설정계약을 체결한 후 양도담보 설정자가 목적물을 임의로 제3자에게 처분하였다면 양도담보권자라 할 수 없는 뒤의 채권자에 대한 관계에서는, 설정자인 채무자가 타인의 사무를 처리하는 자에 해당한다고 할 수 없어 배임죄가 성립하지 않는다. (대법원 2004도1751) = 채무자가 채권자 A와 B에게 순차적으로 그 소유의 동산에 대하여 점유개정의 방식으로 이중의 양도담보 설정계약을 체결한 후 그 목적물을 임의로 제3자에게 처분하였더라도 A는 물론 B에 대한 관계에서도 배임죄가 성립하지 아니한다.

② 채무자가 채권자에게 동산을 양도담보로 제공하고 점유개정의 방법으로 점유하고 있는 경우에는 그 동산의 소유권은 여전히 채무자에게 유보되어 있는 것이어서 채무자는 자기의 물건을 보관하고 있는 셈이 되므로, 양도담보의 목적물을 제3자에게 처분하거나 담보로 제공하였다 하더라도 횡령죄를 구성하지 아니한다. (대법원 2008도10971)

③ 금전채무를 담보하기 위하여 채무자가 그 소유의 동산을 채권자에게 점유개정에 의하여 양도한 경우에는 이른바 약한 양도담보가 설정된 것이라고 볼 것이므로, 채무자는 채권자(양도담보권자)가 담보의 목적을 달성할 수 있도록 이를 보관할 의무를 지게 되어 채권자에 대하여 그의 사무를 처리하는 자의 지위에 있게 된다 할 것이니, 채무자가 양도담보된 동산을 처분하는 등 부당히 그 담보가치를 감소시키는 행위를 한 경우에는 배임죄가 성립된다. (대법원 2010도11293) = 이 판례는 위의 대법원 2019도9756 전합 판례에 의해서 변경되었다. 즉 이제는 **배임죄가 성립하지 않는다.**

④ 채무자가 금전채무를 담보하기 위하여 그 소유의 동산을 채권자에게 동산·채권 등의 담보에 관한 법률(이하 '동산채권담보법'이라 한다)에 따른 동산담보로 제공함으로써 채권자인 동산담보권자에 대하여 담보물의 담보가치를 유지·보전할 의무 또는 담보물을 타에 처분하거나 멸실, 훼손하는 등으로 담보권 실행에 지장을 초래하는 행위를 하지 않을 의무를 부담하게 되었더라도, 이를 들어 채무자가 통상의 계약에서의 이익대립관계를 넘어서 채권자와의 신임관계에 기초하여 채권자의 사무를 맡아 처리하는 것으로 볼 수 없다. 따라서 이러한 경우 채무자를 배임죄의 주체인 '타인의 사무를 처리하는 자'에 해당한다고 할 수 없고, 그가 담보물을 제3자에게 처분하는 등으로 담보가치를 감소 또는 상실시켜 채권자의 담보권 실행이나 이를 통한 채권실현에 위험을 초래하더라도 배임죄가 성립하지 아니한다. (대법원 2019도14770 전합)

(4) 부동산의 경우 양도담보와 매도담보(대물반환의 예약): 부동산의 경우 가등기 담보법 적용.

1) **채무자(담보설정권자)**

① 청산기 전에 채무자 甲이 채권자 A의 동의 없이 임의처분하는 경우, 가등기담보법상 부동산의 소유권을 채무자(양도담보설정권자) 甲이 가지므로, 이전에 담보제공된 부동산을 임의처분하더라도 횡령죄는 성립하지 않는다. 또한 채무변제는 민사문제로서 자기사무에 불과하므로 배임죄도 성립하지 아니한다.

② 청산기 이후라도 담보목적물인 부동산의 소유권이 바로 채권자에게 이전된다고 볼 수 없고 소유권이전은 어디까지나 등기이전이 필요한 것이므로 등기이전 전이라면 채무자가 여전히 소유권을 가지고 있는 것이다. 따라서 이를 채권자 A의 동의 없이 담보제공된 부동산을 채무자 甲이 임의처분하더라도 甲은 채권자 A에 대해서 횡령죄가 될 수 없다.

③ 또한 이때 임의처분한 부동산의 판매대금으로 채권자 A에게 변제를 하지 않는다고 하더라도 이는 민사채무로서 채무자 甲의 자기 사무에 불과하여 타인사무처리자 지위에 있는 것이 아니므로 배임죄도 성립하지 아니한다.

관련판례 대법원 2019도14340 전합 (2020년 전원합의체 판례변경)

- 피고인이 갑으로부터 18억 원을 차용하면서 담보로 피고인 소유의 아파트에 갑 명의의 4순위 근저당권을 설정해 주기로 약정하였음에도 제3자에게 채권최고액을 12억 원으로 하는 4순위 근저당권을 설정하여 줌으로써 12억 원 상당의 재산상 이익을 취득하고 갑에게 같은 금액 상당의 손해를 가하였다고 하여 특정경제범죄 가중처벌 등에 관한 법률 위반(배임)으로 기소된 사안에서,
- 위 근저당권설정계약에서 피고인과 갑 사이 당사자 관계의 전형적·본질적 내용은 채무의 변제와 이를 위한 담보에 있고, 피고인을 통상의 계약에서의 이익대립관계를 넘어서 갑과의 신임관계에 기초하여 갑의 사무를 맡아 처리하는 것으로 볼 수 없는 이상 갑에 대한 관계에서 '타인의 사무를 처리하는 자'에 해당한다고 할 수 없다. = 즉 배임죄가 성립할 수 없다.

- 채무자가 금전채무를 담보하기 위한 저당권설정계약에 따라 채권자에게 그 소유의 부동산에 관하여 저당권을 설정할 의무를 부담하게 되었다고 하더라도, 이를 들어 채무자가 통상의 계약에서 이루어지는 이익대립관계를 넘어서 채권자와의 신임관계에 기초하여 채권자의 사무를 맡아 처리하는 것으로 볼 수 없다.
- 채무자가 저당권설정계약에 따라 채권자에 대하여 부담하는 저당권을 설정할 의무는 계약에 따라 부담하게 된 채무자 자신의 의무이다. 채무자가 위와 같은 의무를 이행하는 것은 채무자 자신의 사무에 해당할 뿐이므로, 채무자를 채권자에 대한 관계에서 '타인의 사무를 처리하는 자'라고 할 수 없다. 따라서 채무자가 제3자에게 먼저 담보물에 관한 저당권을 설정하거나 담보물을 양도하는 등으로 담보가치를 감소 또는 상실시켜 채권자의 채권실현에 위험을 초래하더라도 배임죄가 성립한다고 할 수 없다.
- 위와 같은 법리는, 채무자가 금전채무에 대한 담보로 부동산에 관하여 양도담보설정계약을 체결하고 이에 따라 채권자에게 소유권이전등기를 해 줄 의무가 있음에도 제3자에게 그 부동산을 처분한 경우에도 적용된다.

> **관련판례**
>
> ① 甲이 A에게 전세권설정계약을 맺고 전세금의 중도금을 지급받은 후 당해 부동산에 임의로 제3자에게 근저당권설정등기를 경료해 주어 담보능력상실의 위험이 발생한 경우, 배임죄가 성립한다. (대법원 93도2206) = 이 판례는 위의 대법원 2019도14340 전합 판례에 의해서 변경되었다고 볼 것이다. 즉 배임죄가 성립하지 아니한다.
> ② 대물변제예약이 되어 있더라도, 그 목적은 차용금반환채무의 이행확보에 있고, 채무자가 대물변제예약에 따라 부동산에 대한 소유권이전등기절차를 이행할 의무는 궁극적 목적을 달성하기 위해 채무자에게 요구되는 부수적 내용이어서 타인의 사무에 해당한다고 볼 수 없다. 그러므로 **채권 담보를 위한 대물변제예약 사안에서 채무자가 대물로 변제하기로 한 부동산을 제3자에게 처분**하였다고 하더라도 형법상 배임죄가 성립하는 것은 아니다. (대법원 2014도3363)

2) 채권자(담보권자)

① 청산기 전에 채권자가 임의처분하는 경우, 가등기담보법상 소유권이 채무자 甲에게 있고 채권자 A에게 없으므로, 논리적으로 횡령죄가 성립한다고 볼 것이다. 하지만 우리 판례는 배임죄로 판시하고 있으므로 배임죄로 알아두어야 한다. (대법원 95도283)

② 이때 담보목적 부동산에 대해서 채무자 甲의 아들로부터 채무변제 공탁사실을 통고받고서도 채권자 A가 자신의 명의로 본등기를 경료함과 동시에 제3자 앞으로 가등기를 경료해 준 경우는 배임죄이다. (대법원 90도414)

③ 청산기 이후에는 소유권은 아니더라도 채권자 A에게 변제를 받기 위한 담보목적물인 부동산의 처분권한이 이전되므로, 이를 채무자 동의 없이 임의처분하더라도 무죄이다. 따라서 담보목적 부동산을 청산기 이후에 염가로 제3자에게 처분하여 채무자에게 반환할 청산금이 없더라도 배임죄도 성립하지 않는다. (대법원 87도126, 97도2430)

④ 심지어 논리적으로 청산금을 반환하지 않는 경우 가등기담보법의 취지에 따르면 청산금에 대한 횡령죄가 성립한다고 볼 수 있다. 그러나 판례는 정산의무는 가등기담보법이라는 민사적 의무일 뿐이므로 이를 위반하고 정산금을 반환하지 않더라도 형법상 횡령죄도 아니고 배임죄도 아니라고 보았다. (대법원 85도1493 전합)

⑤ 다만 채권자(양도담보권자)가 변제공탁금을 수령하고도 법원의 경매절차에 손을 쓰지 않는 바람에 목적부동산이 타인에게 경락되게 하고 그 부동산 잔금까지 받아 간 경우, 채권자에게 배임죄가 성립한다. (대법원 88도184)

> **관련판례**
> 양도담보가 처분정산형이든 귀속정산형이든 담보권자가 청산금을 담보제공자에게 반환할 의무는 담보계약에 따라 부담하는 자신의 정산의무이므로 그 의무를 이행하는 사무는 타인인 채무자의 사무처리에 속한다고 볼 수 없다. 따라서 그 정산의무를 이행하지 아니한 행위는 배임죄를 구성하지 않는다. (대법원 85도1493 전합)

7 계주와 계불입금

① 계주가 계원으로부터 징수한 계불입금은 계주에게 소유권이 인정되는 것이되 계원들에게 일정 시일이 되면 계불입금과 이자를 반환한 의무가 있는 것이므로, 계주가 계불입금을 가지고 도주하거나 임의처분하는 경우 횡령죄가 아니라 배임죄가 된다. (대법원 86도1744)

② 그런데, 낙찰계의 계주가 계원들에게서 계불입금을 징수하지 않은 상태에서 부담하는 계금지급 의무는 배임죄에서 말하는 '타인의 사무'마저도 해당하지 않으므로 배임죄가 성립하지 않는다. (대법원 2009도3143) = 이는 아직 계주가 계불입금을 징수하지 않은 상태라면 계주의 계금지급 의무는 사실상 없는 것이나 다름 없으므로 계금을 지급하지 않더라도 이를 배임죄라고 할 수 없다는 것이다.

8 배임죄의 공범

① 배임죄로 이익을 얻는 수익자 또는 그와 밀접한 관련이 있는 **제3자를 배임의 실행행위자와 공동정범으로 인정하기 위해서는** 실행행위자의 행위가 피해자 본인에 대한 배임행위에 해당한다는 것을 알면서도 소극적으로 배임행위에 편승하여 이익을 취득한 것만으로는 부족하고, 실행행위자의 배임행위를 교사하거나 또는 **배임행위의 전 과정에 관여하는 등으로 배임행위에 적극 가담할 것이 필요하다.** (대법원 99도1911)

② 예를 들어, S회사의 대표이사인 甲은 전임 대표이사가 A와 B에게 회사소유의 상가를 분양하여 대금전액을 완납 받았음을 알면서도 乙과 공모하여 이중분양하기로 하고 乙에게 위 상가의 소유권이전등기를 해 준 경우, 乙이 상가가 A와 B에 매도된 사실을 알고 있으면서 甲과 공모하여 자기명의로 소유권이전등기를 경료함으로써 甲의 배임행위에 적극 가담한 경우 乙은 배임죄의 공동정범으로 처벌될 수 있다. (대법원 2008도287)

③ 피고인 甲이 타인(특허권자) A 소유의 특허권을 명의신탁받아 관리하는 업무를 수행해 오다가 제3자 乙로부터 특허권을 이전해 달라는 제의를 받고 대금을 지급받고는 그 타인 A의 승낙도 받지 않은 채 제3자 乙 앞으로 특허권을 이전등록한 경우에는 甲은 업무상 배임죄가 성립한다. (대법원 2014도17211) - 그러나 이 사안에서 제3자인 乙이 특허권이전이라는 甲의 업무상 배임에 공범(교사)이 인정되려면 적극적인 가담이 필요한데, 단순히 특허권이 甲의 권리가 아니라는 점을 乙이 알고 있었다는 사정만으로는 적극적인 가담을 인정하여 공범(교사)을 인정하기는 부족하다. 그리고 이때 甲과 乙이 甲은 배임증재, 乙은 배임수재가 될 수 있는지도 검토되었으나, 배임수증재죄는 '부정한 청탁'이 있어야 성립하는 것인데, 이 사안에서는 '부정한 청탁'을 단정하기 어려워서 甲의 배임증재, 乙의 배임수재도 인정되지 아니한다.

9 배임죄의 죄수

① 동일 신임관계를 위배하여 1개 행위로 횡령죄와 배임죄에 해당하는 경우, 배임죄는 횡령죄에 흡수되고 횡령죄만 성립한다.

② 그러나 동일 신임관계가 아니라면, 즉 여러 명에게 사무를 위임받아 처리하는 사람이 배임죄가 실체적 경합관계에 있다.

③ 1인 회사의 주주가 자신의 개인채무를 담보하기 위하여 회사 소유의 부동산에 대하여 근저당권설정등기를 마쳐주어 배임죄가 성립한 이후에 그 부동산에 대하여 새로운 담보권을 설정해 주는 행위는 선순위 근저당권의 담보가치를 공제한 나머지 담보가치 상당의 재산상 이익을 침해하는 행위로서 별도의 배임죄가 성립한다. (대법원 2005도4915)

④ 동일인 한도초과 대출로 인하여 '상호저축은행법 위반죄'와 '업무상배임죄'가 성립하는 경우 두 죄의 죄수 관계는 **상상적 경합**이다. (대법원 2010도13801)

⑤ 대출에서 부실한 담보를 받고 대출 한도 거래약정 또는 여신 한도 거래약정을 체결하면 그 때에 **그 한도 금액 범위 내에서 1개의 배임죄가 성립한다고 볼 것이며**, 그 한도 금액을 여러 번에 걸쳐 나누어 인출하였다고 하여 그 여러 번의 인출행위를 포괄하여 배임죄의 일죄가 성립한다고 볼 것은 아니다. (대법원 2000도5000)

⑥ 甲이 부동산에 A명의의 근저당권을 설정하여 줄 의사가 없음에도 A를 속이고 근저당권 설정을 약정하여 금원을 편취한 이후 그 부동산에 관하여 제3자 명의로 근저당권설정등기를 마친 경우, 사기죄는 물론이고 별도로 배임죄도 성립하여 실체적 경합한다(대법원 2007도9328)는 판례는 위에서 살펴본 대법원 2019도14340 전합 판례에 의해서 변경되었다고 보아야 한다. 즉 사기죄만 성립할 뿐이지 배임죄는 별도로 성립한다고 볼 수 없다.

■ 사기죄와 배임죄 죄수 판례

사기죄의 1죄 = 법조경합 (불가벌적 사후행위)	아파트 소유권자인 피고인이 가등기권리자 갑에게 아파트에 관한 소유권이전청구권가등기를 말소해 주면 대출은행을 변경한 후 곧바로 다시 가등기를 설정해 주겠다고 속여 가등기를 말소하게 하여 재산상 이익을 편취하고, 가등기를 회복해 줄 임무에 위배하여 아파트에 제3자 명의로 근저당권 및 전세권설정등기를 마침으로써 갑에게 손해를 가하였다고 하여 사기 및 배임으로 기소된 사안에서, 사기죄를 인정하는 이상 비양립적 관계에 있는 배임죄는 별도로 성립하지 않는다. 법조경합으로 이해하여 사기죄의 1죄로 처리한다. (대법원 2016도15226)
상상적 경합	신용협동조합의 전무인 피고인이 조합의 담당직원을 기망하여 예금인출금 또는 대출금 명목으로 금원을 교부받은 경우, 업무상배임행위에 사기행위가 수반된 때의 죄수 관계에 관하여 보면, 사기죄는 사람을 기망하여 재물의 교부를 받거나 재산상의 이익을 취득하는 것을 구성요건으로 하는 범죄로서 임무위배를 그 구성요소로 하지 아니하고 사기죄의 관념에 임무위배 행위가 당연히 포함된다고 할 수도 없으며, 업무상배임죄는 업무상 타인의 사무를 처리하는 자가 그 업무상의 임무에 위배하는 행위로써 재산상의 이익을 취득하거나 제3자로 하여금 이를 취득하게 하여 본인에게 손해를 가하는 것을 구성요건으로 하는 범죄로서 기망적 요소를 구성요건의 일부로 하는 것이 아니어서 **양 죄는 그 구성요건을 달리하는 별개의 범죄이고** 형법상으로도 각각 별개의 장(章)에 규정되어 있어, 1개의 행위에 관하여 사기죄와 업무상배임죄의 각 구성요건이 모두 구비된 때에는 양 죄를 법조경합 관계로 볼 것이 아니라 **상상적 경합관계로 봄이 상당하다.** (대법원 2002도669 전합)
실체적 경합	건물관리인이 건물주로부터 월세임대차계약 체결업무를 위임받고도 임차인들을 속여 전세임대차계약을 체결하고 그 보증금을 편취한 경우, 사기죄와 별도로 업무상배임죄가 성립하고 두 죄가 실체적 경합범의 관계에 있다. 피고인이 이 사건 각 건물에 관하여 전세임대차계약을 체결할 권한이 없음에도 임차인들을 속이고 전세임대차계약을 체결하여 그 임차인들로부터 전세보증금 명목으로 돈을 교부받은 행위는 건물주인 공소외인이 민사적으로 임차인들에게 전세보증금반환채무를 부담하는지 여부와 관계없이 사기죄에 해당하고, 이 사건 각 건물에 관하여 전세임대차계약이 아닌 월세임대차계약을 체결하여야 할 업무상 임무를 위반하여 전세임대차계약을 체결하여 그 건물주인 피해자 공소외인으로 하여금 전세보증금반환채무를 부담하게 한 행위는 위 사기죄와 별도로 업무상배임죄에 해당한다고 판단하였다. (대법원 2010도10690) = 배임행위가 본인 이외의 제3자에 대한 사기죄를 구성한다고 하더라도 그로 인하여 본인에게 손해가 생긴 때에는 사기죄와 함께 배임죄가 성립하고, 두 죄는 실체적 경합의 관계에 있다. = 즉 본인 이외의 제3자에 대한 '사기죄'를 구성하는 경우 별도로 '배임죄'가 성립한다고 보는 것이고 이들은 실체적 경합 관계에 있다.

III 업무상 배임죄

형법

제356조 【업무상의 배임】 업무상의 임무에 위배하여 제355조의 죄(단순배임죄)를 범한 자는 10년 이하의 징역 또는 3천만원 이하의 벌금에 처한다.

제359조 【미수범】 제355조 내지 제357조의 미수범은 처벌한다.

① 업무상 배임죄도 타인의 사무처리자라는 진정신분범적 지위와 업무자라는 부진정신분범적 지위가 필요한 **이중적 신분범**이다.

② 업무상 사무처리자라는 신분 없는 자가 업무상 배임죄에 가담한 경우, 역시 제33조 본문에 의하여 업무상 배임죄가 성립하되, 처벌은 제33조 단서에 따라서 업무의 보조자로서 성질이 있다면 단순 배임죄로 처벌되거나 아예 업무와 관련이 없는 경우에는 단순 배임죄로도 처벌할 수 없다.

③ **금융기관의 임직원**이 보통예금계좌에 입금된 **예금주의 예금을 무단으로 인출한 경우**에 그 임직원은 예금주와의 사이에서 그의 재산관리에 관한 사무를 처리하는 자의 지위에 있다고 볼 수 없어서, 이런 예금인출행위는 예금주에 대한 관계에서 **업무상배임죄를 구성하지 않는다.** (대법원 2008도1408) = 예금은 은행소유로 보기 때문에 은행직원은 예금에 대해서 예금주에 대해서 사무처리자가 아니라 은행(법인)에 대해서 사무처리자이다.

> **관련판례** **배임죄 인정**
>
> ① 다방영업 허가에 따르는 재산적 이익의 실질적 귀속자인 갑이 피고인에게 다방시설을 포함한 운영권 일체를 임대함에 있어서 임대기간 동안은 다방 영업허가 명의를 피고인 명의로 변경하고, 그 임대기간이 종료될 때에는 다시 갑 또는 갑이 지정하는 제3자 앞으로 명의를 변경하기로 약정하였다면, 피고인은 임대기간이 종료되면 위 약정대로 그 허가 명의를 변경할 수 있도록 협력할 의무가 있고, 이 의무이행은 피고인 자신의 사무인 동시에 갑의 사무라고 할 것인데, 피고인이 위 명의환원 약정을 부인하고 자신이 명실상부한 영업허가 명의자라고 주장하면서 영업장소를 이전하고 다방의 상호를 변경하고 갑의 명의변경 요구를 거부하는 소위는 배임죄에 해당한다. (대법원 80도1176)
> ② 신용협동조합의 이사장이 그 임무에 위배하여 장부와 기록을 작성 비치하지 않는 이른바 부외거래의 방법으로, 조합의 사무실에서 조합원이 아닌 사람들로부터 예탁금을 수입하면서, 조합원으로부터 예탁금을 수입하는 경우와 마찬가지로 조합의 명의로 작성된 정기 예탁금증서를 교부한 다음 그 예탁금을 조합에 일단 입금시켰다가 임의로 인출하여, 신용상태가 나쁜 사람들이 발행하거나 배서한 어음을 교부받고 돈을 대여하는 등의 어음할인업무를 취급하였다면, 그와 같은 거래가 조합과 관계가 없는 피고인의 개인적인 거래라고는 볼 수 없으므로, 배임죄를 인정한다. (대법원 89도325)
> ③ 학교법인의 이사장이 학교법인 소유의 토지를 예측되는 전매가격보다 현저한 저가로 매도한 경우, 배임죄가 성립한다. (대법원 89도1417)
> ④ 노동쟁의조정법 제14조 소정의 냉각기간 중에 서울시내 각 지하철역의 개찰구를 개방하고 안내방송으로 승객들에게 무임승차를 권유하는 등의 행위로 무임승차토록 하여 지하철공사에 운임 금 1,620,682,940원 상당의 손해를 입혔다면 이와 같은 행위는 쟁의권의 남용에 해당하여 업무상 배임죄에 해당한다. (대법원 90도357)
> ⑤ 사회복지법인의 부회장(상무이사)이 서울특별시로부터 보조금을 받아 법인의 목적 이외에 사용하였다면 이는 위 법인에 손해를 가한 것이 되고 또 불법영득의 의사가 있었다고 보아야 하므로 업무상 배임죄를 구성한다. (대법원 90도1042)
> ⑥ 채권의 담보를 목적으로 부동산의 소유권이전등기를 경료받은 채권자는 그 변제기일 이전에 그 임무에 위배하여 이를 제3자에게 처분하였다면 변제기일까지 채무자의 변제가 없었다 하더라도 배임죄는 성립된다. (대법원 92도753)
> ⑦ 계주가 계원들로부터 월불입금을 모두 징수하였음에도 불구하고 그 임무에 위배하여 정당한 사유 없이 이를 지정된 계원에게 지급하지 아니하였다면 다른 특별한 사정이 없는 한 그 지정된 계원에 대한 관계에 있어서 배임죄를 구성한다. (대법원 93도2221)

⑧ 피고인이 A그룹 측으로부터 그들 공유토지의 처분을 위임받고, 실제로 원매자인 주택조합측과의 사이에 A그룹의 소유지분에 관한 매도가격을 피고인의 것보다 훨씬 싼 값으로 하기로 합의절충하여 A그룹이 그 소유지분을 피고인에 비하여 상대적으로 현저하게 불리한 가격조건으로 매도하게 함으로써 그 임무에 위배한 행위를 하였다고 할 것이니 이러한 피고인의 행위는 배임죄를 구성한다. (대법원 94도902)

⑨ 증권회사 직원이 고객의 매수주문 없이 고객의 예탁금으로 주식을 무단 매수하였다가 주식시세의 하락으로 손해가 발생한 경우 업무상 배임죄에 해당한다. (대법원 94도1598)

⑩ 재개발조합 조합장이 조합원들의 이주비 차용에 따른 약속어음공증신청을 법무사에게 일괄위임함에 있어 과다한 액수의 수수료 요구를 그대로 받아들여 용역계약을 체결한 경우 업무상배임죄가 성립된다. (대법원 97도618)

⑪ 기업의 영업비밀을 사외로 유출하지 않을 것을 서약한 회사의 직원이 경제적인 대가를 얻기 위하여 경쟁업체에 영업비밀을 유출하는 행위는 피해자와의 신임관계를 저버리는 행위로서 업무상배임죄를 구성한다. (대법원 98도4704)

⑫ 주택조합 정산위원회 위원장이 해임되고 후임 위원장이 선출되었는데도 업무 인계를 거부하고 있던 중 정산위원회를 상대로 제기된 소송의 소장부본 및 변론기일소환장을 송달받고도 그 제소사실을 정산위원회에 알려주지도 않고 스스로 응소하지도 않아 의제자백에 의한 패소확정판결을 받게 한 경우, 업무상배임죄의 성립을 인정한다. (대법원 99도1095)

⑬ 경영자가 적대적 M&A로부터 경영권을 유지하기 위하여 종업원의 자사주 매입에 회사자금을 지원한 경우에는 업무상 배임죄가 성립하며, 회사의 이사가 채무변제능력을 상실한 계열회사에게 회사자금을 대여하거나 그의 채무를 지급보증한 경우, 업무상배임죄의 성립을 인정한다. (대법원 99도1141)

⑭ 타인의 사무를 처리하는 자가 기한 연장 당시에는 채무자로부터 대출금을 모두 회수할 수 있었는데 기한을 연장해 주면 채무자의 자금사정이 **대출금을 회수할 수 없을 정도로 악화**되리라는 사정을 알고 그 기한을 연장해 준 경우에 그 기한연장으로 인한 새로운 손해가 발생하였다고 할 수 있을 것이므로 이러한 사정이 밝혀지지 않고서는 대출기한을 연장해 준 부분을 따로 떼어 배임죄가 성립된다고 할 수 없다. (대법원 99도1864) = 최초의 대출시에 이미 배임죄가 성립하고 있는 것으로 인정하고 있어 그 기한연장으로 새로운 대출금 상당의 손해가 발생한 경우, 위 사정이 밝혀진 때에 한하여 대출기한을 연장해 준 부분에 대한 배임죄가 별도로 성립한다.

⑮ 이사회의 결의가 있더라도 그 결의 내용이 주주 또는 회사 채권자를 해하는 불법한 목적이 있는 경우에는 이에 맹종할 것이 아니라 회사를 위하여 성실한 직무수행을 할 의무가 있으므로, 이사가 임무에 위배하여 주주 또는 회사 채권자에게 손해가 될 행위를 하였다면, 회사 이사회의 결의가 있었다고 하여 그 배임행위가 정당화될 수 없다. (대법원 99도2781)

⑯ 비등록·비상장 법인의 대표이사가 시세차익을 얻을 의도로 주식 시가보다 현저히 낮은 금액을 전환가격으로 한 전환사채를 발행하고 제3자의 이름을 빌려 이를 인수한 후 전환권을 행사하여 인수한 주식 중 일부를 직원들에게 전환가격 상당에 배분한 경우, 전환사채의 발행·인수로써 주식 시가와 전환가격의 차액 상당의 재산상의 이익을 취득하고 법인에게 손해를 가한 업무상배임죄가 성립한다. (대법원 2001도3191)

⑰ 미성년자와 친생자관계가 없으나 **호적상 친모로 등재되어 있는 자**가 미성년자의 상속 재산 처분에 관여한 경우, 배임죄에 있어서 **타인의 사무를 처리하는 자의 지위에 있어서 배임죄**가 된다. (대법원 2001도3534)

⑱ 대기업의 회장 등이 경영상의 판단이라는 이유로 甲 계열회사의 자금으로 재무구조가 상당히 불량한 상태에 있는 乙 계열회사가 발행하는 신주를 액면가격으로 인수한 경우, 업무상 배임죄가 성립한다. (대법원 2004도520)

⑲ 상호지급보증 관계에 있는 회사 간에 보증회사가 채무변제능력이 없는 피보증회사에 대하여 합리적인 채권회수책 없이 새로 금원을 대여하거나 예금담보를 제공한 경우, 업무상 배임죄가 성립한다. (대법원 2004도810) = 배임행위로 금융기관이 입는 손해는 대출금 전액이거나 약속액면금 상당액.

⑳ 대기업 또는 대기업의 회장 등 개인이 정치적으로 난처한 상황에서 벗어나기 위하여 자회사 및 협력회사 등으로 하여금 특정 회사의 주식을 매입수량, 가격 및 매입시기를 미리 정하여 매입하게 한 경우, 업무상 배임죄가 성립한다. (대법원 2004도5742)

㉑ 재벌그룹 회장과 그룹 구조조정추진본부 임원들이 해외금융자본과 특정 계열사의 분쟁을 해결하는 방편으로 다른 계열사들로 하여금 해외금융자본과 옵션계약을 체결하게 하는 방식으로 다른 계열사들을 특정 계열사의 유상

증자에 동원하여 참여시킴으로써 다른 계열사들에 손해를 입힌 사안에서, 다른 계열사들이 옵션계약을 체결하게 된 사정, 재정상태 등 제반 사정에 비추어 업무상배임죄가 성립한다. (대법원 2005도4640)

㉒ 무허가건물대장에 소유자로 등재되었다는 사정만으로는 그 무허가건물에 대한 소유권 기타의 권리를 취득하거나 권리자로 추정되는 효력은 없다 할 것이나, 무허가건물의 양도인은 특별한 사정이 없는 한 대금수령과 동시에 양수인에게 그 건물을 인도할 의무가 있다 할 것이고, 양수인에게 무허가건물을 인도할 의무를 부담하는 양도인이 중도금 또는 잔금까지 수령한 상태에서 양수인의 의사에 반하여 제3자에게 그 무허가건물을 이중으로 양도하고 중도금까지 수령하였다면 이는 양수인에 대한 관계에서 임무위배행위로서 배임죄의 실행의 착수가 있었다고 할 것이고, 더 나아가 제3자로부터 잔금을 수령하고 무허가건물을 인도하였다면 이는 배임죄의 기수에 해당한다. (대법원 2005도5713)

㉓ 재벌그룹 소속 甲회사가 골프장 건설 사업을 진행 중인 비상장회사 乙의 주식전부를 보유하고 乙회사를 위하여 수백억원의 채무보증을 한 상태에서 甲회사의 대표이사와 이사들이 乙회사의 주식 전부를 주당 1원으로 계산하여 그룹 회장인 위 대표이사와 그룹 계열사에 매도한 경우, 배임죄가 성립한다. (대법원 2005도7911)

㉔ 기업인수에 필요한 자금을 마련하기 위하여 인수자가 금융기관으로부터 대출을 받고 나중에 피인수회사의 자산을 담보로 제공하는 방식, 이른바 LBO(Leveraged Buyout) 방식을 사용하는 경우, 인수자가 피인수회사의 위와 같은 담보제공으로 인한 위험부담에 상응하는 대가를 지급하는 등의 반대급부를 제공하는 경우에 한하여 허용될 수 있다 할 것이다. 만일 인수자가 피인수회사에 아무런 반대급부를 제공하지 않고 임의로 피인수회사의 재산을 담보로 제공하게 하였다면, 피인수회사에게 그 재산상 손해를 가하였다고 봄이 상당하다. 이는 인수자가 자신이 인수한 주식, 채권 등이 임의로 처분되지 못하도록 피인수회사 또는 금융기관에 담보로 제공함으로써 피담보채무에 대한 별도의 담보를 제공한 경우라고 하더라도 마찬가지이다. (대법원 2007도5987)

㉕ 종중의 임원이 종중의 자금을 대여하면서 담보를 제공받는 등 상당하고 합리적인 채권회수조치를 전혀 취하지 아니한 경우, 업무상배임죄가 성립한다. (대법원 2007도6554)

㉖ 부동산의 매도인으로서 매수인에 대하여 그 앞으로의 소유권이전등기절차에 협력할 의무 있는 甲이 같은 부동산을 매수인 이외의 제3자에게 이중으로 매도하고 제3자 앞으로 소유권이전청구권 보전을 위한 가등기를 마쳐 준 경우, 배임죄가 성립한다. (대법원 2008도3376)

㉗ 회사의 대표이사가 회사가 속한 재벌그룹의 前 회장이 부담하여야 할 원천징수소득세의 납부를 위하여 채권확보에 필요한 조치를 취하지 아니한 채 다른 회사에 회사자금을 대여한 경우에는 업무상 배임죄가 성립한다. (대법원 2009도1149)

㉘ 대표이사 갑이 회사에 필요한 물품을 할인된 가격으로 납품받을 수 있었음에도 자신이 이익을 취득할 의도로 납품업자에게 가공의 납품업체를 만들게 한 뒤, 그 납품업체로부터 할인되지 않은 가격으로 납품을 받은 경우, 업무상 배임죄가 성립한다. (대법원 2009도5655)

㉙ 피고인이 甲 회사와 乙 회사의 주식매수청구권 계약과 관련하여 이사회의 결의 없이 甲 회사와 동일 기업집단 내 계열사 명의의 손실보상각서를 작성하여 준 행위가 업무상배임죄에 해당한다. (대법원 2009도7783)

㉚ 甲 상호저축은행 임원인 피고인들이 임직원의 친척 등 명의로 토지를 매수한 다음 이른바 특수목적법인(SPC)인 乙 주식회사를 설립하고 乙 회사에 甲 은행 자금을 대출하여 乙 회사 명의로 골프장 건설사업을 추진함으로써 甲 은행에 손해를 가한 경우, 업무상배임의 고의를 인정할 수 있다. (대법원 2009도14464)

㉛ 甲 주식회사와 가맹점 관리대행계약 등을 체결하고 그 대리점으로서 가맹점 관리업무 등을 수행하는 乙 주식회사 대표이사인 피고인이 임무에 위배하여 甲 회사의 가맹점을 다른 경쟁업체 가맹점으로 임의로 전환하여 甲 회사에 재산상 손해를 가한 경우 업무상 배임죄가 성립한다. (대법원 2010도3532)

㉜ 甲은 乙 주식회사에서 재직 중 취득한 乙 회사의 영업비밀에 해당하는 파일들을 乙 회사와 경쟁업체인 丙 주식회사로 이직하면서 유출하였다면, 업무상 배임죄에 해당한다. (대법원 2010도9652)

㉝ 甲 주식회사 대표이사인 피고인이 乙 주식회사 대표이사 丙과 포괄적 주식교환계약을 체결하면서 甲 회사의 매출액을 부풀려 허위 계상한 회계자료를 평가기관에 제공하는 방법으로 甲 회사의 주식가치가 과대평가되도록 하여 주식교환비율을 정한 다음 乙 회사의 대표이사로 취임한 후 위 계약에 따라 주식교환을 실시함으로써 乙 회사에 손해를 가한 경우, 乙 회사와 신임관계를 저버리는 행위를 한 것으로 보기에 충분하다는 이유로, 배임죄가 성립한다. (대법원 2010도11382)

㉞ 주식회사의 임원이 공적 업무수행을 위하여서만 사용이 가능한 법인카드를 개인 용도로 계속적, 반복적으로 사용한 경우 특별한 사정이 없는 한 업무상배임죄를 구성한다. (대법원 2011도8870)

㉟ 실질적으로 전환사채 인수대금이 납입되지 않았음에도 전환사채를 발행한 경우, 업무상배임죄의 죄책을 진다. 이때 전환사채 인수인이 전환사채를 처분하여 대금 중 일부를 회사에 입금하였거나 전환사채를 주식으로 전환하였다는 사후적인 사정이 이미 성립된 업무상배임죄에 영향을 주지 못한다. (대법원 2012도235)

㊱ 직무발명에 대한 권리를 사용자 등에게 승계한다는 취지를 정한 약정 또는 근무규정의 적용을 받는 종업원 등이 직무발명의 완성 사실을 사용자 등에게 통지하지 아니한 채 그에 대한 특허를 받을 수 있는 권리를 제3자에게 이중으로 양도하여 제3자가 특허권 등록까지 마치도록 하는 등으로 발명의 내용이 공개되도록 한 경우, 배임죄를 구성한다. (대법원 2012도6676)

㊲ 공무원인 피고인이 대통령의 퇴임 후 사용할 사저부지와 그 경호부지를 일괄 매수하는 사무를 처리하면서 인근 부동산업자들이나 인터넷, 지인 등으로부터의 불확실한 정보를 가지고 감정평가결과와 전혀 다르게 상대적으로 사저부지 가격을 낮게 평가하고 경호부지 가격을 높게 평가하여 매수대금을 배분한 것은 국가사무를 처리하는 자로서의 임무위배행위에 해당하고 위 피고인들에게 배임의 고의 및 불법이득의사도 인정된다. (대법원 2013도6835) = 공무원도 업무상배임죄의 주체가 될 수 있다.

㊳ 주식회사의 **대표이사가 대표권을 남용하여 회사 명의로 약속어음을 발행한 경우 그 어음발행이 무효라 하더라도 어음이 실제로 제3자에게 유통되었다면 배임죄의 기수범이 된다.** 그러나 약속어음 발행이 무효가 되고 그 어음이 실제로 유통되지도 않았다면, 특별한 사정이 없는 한 배임죄의 기수범이 아니라 배임미수죄로 처벌되어야 한다. (대법원 2014도1104 전합)

㊴ 甲 조합의 대출업무 등 담당자인 피고인이 甲 조합에 처와 모친 소유의 토지를 담보로 제공하고 그들 명의로 대출을 받은 다음 위임장 등을 위조하여 담보로 제공된 위 토지에 설정된 근저당권설정등기를 말소한 경우, 배임죄가 성립한다. (대법원 2014도2578)

㊵ 한국농어촌공사의 직원이 구 한국농어촌공사 및 농지관리기금법 제18조에서 정한 농지매매사업 등을 수행하기 위하여 정부에서 위탁받아 운용하는 농지관리기금을 농지매매사업의 지원대상에 해당하지 아니하는 농지를 매입하는 데 사용하거나 지원요건을 갖추지 아니한 농업인을 위하여 부당하게 지원하도록 한 경우, 한국농어촌공사가 업무상배임죄의 재산상 손해를 입었다고 볼 것이다. (대법원 2014도5713)

㊶ 갑 주식회사 대표이사인 피고인이 갑 회사 설립의 동기가 된 동업약정의 투자금 용도로 부친 을로부터 2억 원을 차용한 후 을에게 갑 회사 명의의 차용증을 작성·교부하는 한편 갑 회사 명의로 액면금 2억 원의 약속어음을 발행하여 공증해 줌으로써 갑 회사에 재산상 손해를 입게 하고 을에게 재산상 이익을 취득하게 하였다고 하여 업무상배임으로 기소된 사안에서, 제반 사정에 비추어 피고인의 임무위배행위로 인하여 갑 회사에 현실적인 손해가 발생하였거나 실해 발생의 위험이 생겼으므로 배임죄의 기수가 성립한다. (대법원 2014도9960)

㊷ 甲 주식회사 대표이사인 피고인이 자신과 딸이 발행주식 전부를 소유하고 있는 乙 주식회사 및 丙 주식회사를 운영하면서, 甲 회사로 하여금 乙 회사가 건물 신축 과정에서 받은 대출금 등 채무를 연대보증하게 하고 신축될 건물을 미리 임차하여 임대차보증금을 선지급하도록 하거나, 丙 회사의 대출금채무를 연대보증하게 한 경우, 피고인의 행위는 甲 회사에 대한 임무위배행위로서 甲 회사에 재산상 손해발생의 위험을 초래하였고, 배임의 고의도 인정된다. (대법원 2014도17180)

㊸ 서면으로 부동산 증여의 의사를 표시한 증여자는 계약이 취소되거나 해제되지 않는 한 수증자에게 목적부동산의 소유권을 이전할 의무에서 벗어날 수 없다. 그러한 증여자는 '타인의 사무를 처리하는 자'에 해당하고, 그가 수증자에게 증여계약에 따라 부동산의 소유권을 이전하지 않고 부동산을 제3자에게 처분하여 등기를 하는 행위는 수증자와의 신임관계를 저버리는 행위로서 배임죄가 성립한다. (대법원 2016도19308)

㊹ 피고인이 피해회사의 재정상태나 투자금 회수 가능성, 향후 해외투자대상 법인을 통한 A그룹 계열사의 사업 확장 및 발전 가능성 등에 관한 면밀한 분석이나 피해회사 내부의 실질적인 의결과정을 거치지 않은 채 피해회사의 자금을 투자한 것은 업무상배임에 해당하며, 차명으로 주식을 매수하면서 매수대금 중 일부를 피해회사에 전가한 것이 횡령에 해당한다. (대법원 2018도13689)

> **관련판례** 배임죄 부정

① 부동산을 경락한 피고인이 그 경락허가결정이 확정된 뒤에 그 경매부동산의 소유자들에게 그 경락을 포기하겠노라고 약속하여 놓고, 한편으로는 그 경매법원에서 경락대금지급명령이 전달되자, 위의 약속을 어기고 그 경락대금을 완납함으로써 그 경락 부동산에 대한 소유권을 완전히 취득한 경우에 위의 피고인은 그 소유자들에게 대하여 민법상의 채무를 부담하고 있는데, 불과하다 할 것이요, 형법 제355조 제2항에서 말하는 이른바 "타인의 사무를 처리하는자"에 해당한다 라고는 말할 수 없다. (대법원 69도46)

② 피고인이 피해자와 공동구입한 택시를 법정폐차 시한 전에 임의로 폐차케 한 경우 특단의 사정이 없는 한 그 폐차조치만으로는 피해자에게 장차 얻을 수 있었을 수익금상실의 손해는 발생하였을지언정 피고인이 피해자 몫에 해당하는 이익을 취득하였다고 볼 수는 없으므로 배임죄가 성립하지 않는다. (대법원 81도2601)

③ 배임죄의 요건인 "타인의 사무처리"로 인정되려면 타인의 재산관리에 관한 사무의 전부 또는 일부를 타인을 위하여 대행하는 경우와 타인의 재산보전행위에 협력하는 경우라야만 되는 것이고 단순히 타인에 대하여 채무를 부담하는 경우에는 본인의 사무로 될지언정 타인의 사무처리에 해당한다고 볼 수 없는바, 건축공사수급자의 건축에 관한 소위는 그 자신의 사무의 처리에 속하므로 그가 설계도에 시공하지 아니하였다 하여도 배임죄를 구성하지 아니한다. (대법원 82도45)

④ 비록 담보물에 대한 대출한도액을 초과하여 대출하거나 담보로 할 수 없는 물건을 담보로 하여 대출하였다 하더라도 그 대출에 따른 인적, 물적담보를 확보하여 그렇게 대출한 것이 회수할 수 없는 채권을 회수하여 실질적으로 은행에 이익이 되고 그것이 통상적인 업무집행 범위에 속하는 것으로 용인될 수 있는 것이라면 임무위반행위에 해당하거나 임무위반의 인식이 있었다고 볼 수 없다. (대법원 85도1339)

⑤ 보험계약 모집인이 회사로부터 자기가 체결시킨 보험계약이 위험성이 크니 해약토록 하라는 지시를 받고 이를 이행하지 아니하는 사이 보험사고가 발생하여 그 계약에 따른 보험금을 지급하게 되었다 하더라도 위 보험모집인에게 보험계약을 해약시켜야 할 법적 의무가 없어 업무상 배임죄가 성립하지 않는다. (대법원 85도2144) = 보험모집인은 계약해지 법적의무 없다.

⑥ 채권자가 채무자로부터 양도 담보 받은 부동산을 채무자의 승낙 하에 자신의 채무에 대한 담보로 제공한 경우 배임죄가 성립되지 않는다. (대법원 88도1153)

⑦ 피고인이 이 사건 에어콘 등을 피해자에게 양도담보로 제공하고 점유개정의 방법으로 점유하고 있다가 다시 이를 제3자에게 역시 점유개정의 방법으로 점유를 계속한 경우, 제3자는 처음의 담보권자인 피해자에 대하여 배타적으로 자기의 담보권을 주장할 수 없으므로 위와 같이 이중으로 양도담보제공이 된 것만으로는 처음의 양도담보권자에게 담보권의 상실이나 담보가치의 감소 등 손해가 발생한 것으로 볼 수 없으니 배임죄를 구성하지 않는다. (대법원 89도1931)

⑧ 양품점의 임차권만의 양도계약을 체결한 경우 양수인에게 그 점포를 명도하여 줄 양도인의 의무는 양도계약에 따른 민사상의 채무에 불과할 뿐 타인의 사무라고 할 수 없으므로 위 점포의 이중양도행위는 배임죄를 구성하지 않는다. (대법원 90도1216) = 단순 민사채무

⑨ 단위농협의 조합장이 대금 회수 확보를 위한 담보 취득 등의 조치 없이 변질의 우려가 있는 조합의 양곡을 외상판매함으로써 조합에 손해가 발생한 경우 배임죄가 성립하지 않는다. (대법원 91도1675) = 오로지 조합의 이익을 위하여 양곡을 신속처분하려다가 손해를 입힌것이라면, 양곡 외상판매행위가 위 조합에 손해를 가하고 자기 또는 제3자에게 재산상 이익을 취득하게 한다는 인식이나 인용이 없었다.

⑩ 피해자는 자금만 투자하고 피고인은 공사 시공 및 일체의 거래행위를 담당하는 내용의 동업계약을 체결하였다가 위 계약이 종료되었는데, 그 정산과정에서 피고인이 임의로 제3자에 대하여 채권양도행위를 한 경우 배임죄가 성립하지 않는다. (대법원 91도2390)

⑪ 주택조합 조합장이 주택조합측으로부터 아파트부지의 선정과 매입에 관한 일체의 권한을 위임받아 아파트부지를 구입하는 과정에서 공원용지지정의 해제가 없는 한 아파트를 건축할 수 없음에도 불구하고, 정치자금을 내면 권력층을 통하여 공원용지지정을 해제시켜 주겠다는 갑 등의 계획적인 기망행위에 속아 용도지정의 해제가 가능할 것으로 믿고 용도지정의 해제에 필요하다는 경비조로 금원을 갑 등에게 교부한 경우 주택조합 아파트부지의

구입에 관한 포괄적인 권한을 위임받고 있었으므로 조합장의 권한목적 외의 행위로서 그 자체로 배임이 된다고 할 수 없다. (대법원 92도166)

⑫ 담보권자가 변제기 경과 후에 담보권을 실행하기 위하여 담보목적물을 처분하는 행위는 담보계약에 따라 담보권자에게 주어진 권능이어서 자기의 사무처리에 속하는 것이지 타인인 채무자의 사무처리에 속하는 것이라고 할 수 없으므로, 담보권자가 담보권을 실행하기 위하여 담보목적물을 처분함에 있어 시가에 따른 적절한 처분을 하여야 할 의무는 담보계약상의 민사채무일 뿐 그와 같은 형법상의 의무가 있는 것은 아니므로 그에 위반한 경우 배임죄가 성립된다고 할 수 없다. (대법원 97도2430)

⑬ 주식회사의 감사 겸 서울사무소장인 피고인의 유가증권위조·행사로 말미암아 회사에 대하여 손해를 가하였다고 하여 피고인에게 배임죄의 책임을 물으려면, 피고인이 위와 같은 지위에 있었다는 것만으로는 부족하고, 피고인이 유가증권의 위조·행사와 관련하여 법령 또는 계약 등에 의하여 구체적으로 어떠한 사무를 처리하는 신분이 있었는지를 먼저 확정하지 아니하면 안된다. 주식회사의 감사 겸 서울사무소장의 회사 명의의 유가증권위조·행사 행위가 회사의 사무처리와 무관하다는 이유로 배임죄가 성립하지 않는다. (대법원 98도2577)

⑭ 주택조합 조합장이 총회의 승인 없이 발행한 조합 회원증을 담보로 금원을 차용하여 조합운영비로 사용한 후 위 회원증을 매도하게 하여 채무 전액의 변제에 충당한 경우, 총회 승인 없이 발행된 조합 회원증의 매수인들은 조합원 자격을 취득할 수 없고 단지 조합에 대하여 매수대금 상당의 손해배상채권을 취득할 뿐이므로 조합장이나 회원증 매수인들이 어떠한 재산상 이득을 취득한 바 없다는 이유로 업무상배임죄의 성립을 부정한다. (대법원 99도311)

⑮ 금융기관이 거래처의 기존 대출금에 대한 원리금 및 연체이자에 충당하기 위하여 위 거래처가 신규대출을 받은 것처럼 서류상 정리하였더라도 금융기관이 실제로 위 거래처에게 대출금을 새로 교부한 것이 아니라면 그로 인하여 금융기관에게 어떤 새로운 손해가 발생하는 것은 아니라고 할 것이므로 따로 업무상배임죄가 성립된다고 볼 수 없다. (대법원 2000도1155)

⑯ 업무상배임죄는 타인에 대한 신뢰관계에서 일정한 임무에 따라 사무처리를 할 법적 의무가 있는 자가 당해 사정 하에서 당연히 할 것이 법적으로 기대되는 행위를 하지 않는 때에 성립하는 것으로 그 죄가 성립하기 위하여는 행위자가 주관적으로 자기의 행위가 임무에 위배되는 것이라는 인식 외에도 그로 인하여 본인에게 재산상 손해를 발생 또는 발생시킬 염려가 있다는 인식이 있어야 한다. (대법원 2001도4035)

⑰ 계약명의신탁의 약정에 따라 체결한 분양권매수 계약에 기하여 취득한 이 사건 아파트에 관한 수분양자로서의 지위 및 그 분양권 관련 서류에 대한 수분양자로서의 권리는 피고인 자신의 사무 또는 권리라 할 것이므로 신탁자인 피해회사의 반환 요구를 거절하고 피고인 명의로 그 소유권이전등기를 경료하였다 하여 업무상배임죄가 성립하지 아니한다. (대법원 2003도6994)

⑱ 대표이사가 개인의 차용금 채무에 관하여 개인 명의로 작성하여 교부한 **차용증**에 추가로 회사의 법인 인감을 날인한 경우 업무상 배임죄가 성립하지 않는다. (대법원 2004도771)

⑲ 다수의 이해관계가 충돌하는 복잡한 사안에서 담당공무원이 직무범위 내에서 가장 합리적인 방안을 강구하여 직무를 처리하였음에도 불구하고, 결과적으로 국가에 재산적 손해를 야기하거나 제3자에게 재산적 이익이 귀속된 경우, 업무상배임죄가 성립하지 않는다. (대법원 2006도2222)

⑳ 피해자 회사의 사업부 **영업팀장인 피고인이 체인점들에 대한 전매입고 금액을 삭제하여 전산상 회사의 체인점들에 대한 외상대금채권이 줄어든 것으로** 처리하는 전산조작행위를 한 경우 업무상 배임죄가 성립하지 않는다. (대법원 2006도3145) = 전산조작으로 회사의 체인점들에 대한 외상대금채권 행사가 사실상 불가능해지거나 또는 현저히 곤란해진 것이 아니라면, 해당 체인점 점주들이 그에 상응하는 재산상 이익을 취득했다고 보기 어렵기 때문이다.

㉑ **새마을금고 임·직원이 동일인 대출한도 제한규정을 위반**하여 초과대출행위를 하였더라도 대출채권 회수에 문제가 없는 것으로 판단되는 경우라면 업무상 **배임죄가 성립하지 않는다.** (대법원 2006도4876 전합) = 동일인 대출한도 초과 사실만으로 곧바로 대출채권을 회수하지 못하게 될 위험이 발생했다고 볼 수 없고, **대출한도 제한규정 위반으로 새마을금고법 위반죄가 성립할 수 있음은 별론으로 하되, 채무상환능력이 부족하거나 제공된 담보의 경제적 가치가 부실해서 대출채권의 회수에 문제가 있는 것으로 판단되는 경우에 업무상배임죄가 성립하는 것이다.**

㉒ 회사의 승낙없이 임의로 지정 할인율보다 더 높은 할인율을 적용하여 회사가 지정한 가격보다 낮은 가격으로 거래처에 제품을 판매하였지만 시장거래 가격에 따라 제품을 판매한 경우, 경제적 관점에서 실질적으로 판단하여야 하므로 피고인이 피해회사가 정한 할인율 제한을 위반했더라도 시장가격에 따라 제품을 판매하였다면 거래상대방 회사가 재산상 이익을 얻었다고 볼 수 없다. 즉 배임죄가 아니다. (대법원 2007도2484)

㉓ 채무자가 제3자 소유의 부동산을 채무의 담보로 제공하기로 한 약정에 따라 채권자를 위하여 그 부동산에 근저당권설정등기를 경료하여 준 경우, 그 후 위 근저당권설정등기를 임의로 말소하여서 안 되는 것은 물권의 대세적 효력의 당연한 귀결로서 채무자를 포함한 모든 사람이 부담하는 의무이고 채무자가 그 담보제공약정에 따라 채권자의 재산의 관리보호를 위하여 특별히 부담하는 의무는 아니므로, 채무자가 등기관계 서류를 위조하여 근저당권설정등기를 말소하였다 하더라도 이는 문서에 관한 범죄를 구성할 뿐이고 달리 배임죄를 구성한다고 할 수 없다. (대법원 2007도3408) = 단순 민사채무

㉔ 건설업자가 피해자들 소유의 토지 위에 다세대주택을 신축하여 그 중 일부를 피해자들에게 분양해 주기로 하면서 분양대금의 선지급 명목으로 토지의 소유권을 이전받은 후 이를 담보로 대출받은 돈을 임의로 사용한 경우, 위 대출금을 공사 목적 범위 내에서 사용할 임무는 배임죄에 있어서 타인의 사무에 해당하지 않는다. (대법원 2007도6161) = 단순 민사채무

㉕ 이미 신용불량자로 등록되어 있어 추가대출이 불가능한데도 마치 그 연체대출금이 모두 변제된 것처럼 전산조작을 하여 부정대출을 해주었더라도, 이로 인하여 결과적으로 회수한 채권액이 더 많아졌다면 계산상 대출금융기관에게 손해가 아닌 이익이 되었다고 볼 여지가 있다. (대법원 2007도7716) = 이 사건의 대출의 실행과 더불어 연체대출금의 변제로 신용불량자 지위에서 벗어난 사례이다.

㉖ 아파트 건축공사 시행사가 시공사와의 아파트 건축공사 도급계약을 체결하면서 분양수입금을 공동명의로 개설한 예금계좌로만 수령하고 그 분양수입금으로 공사대금 등을 지급하기로 특약하였음에도, 시행사가 이를 어기고 아파트에 대한 분양수입금을 공동명의 예금계좌에 입금하지 아니한 채 이를 자신의 기존 채무의 변제 등에 사용한 사안에서, 그 분양수입금으로 시공사에 공사대금을 지급하는 사무는 시행사 자신의 사무에 속하는 것이므로, 시행사의 위 행위는 시공사에 대한 단순한 민사상의 채무불이행에 불과할 뿐 배임죄를 구성한다고 볼 수 없다. (대법원 2008도373) = 단순 민사채무

㉗ 회사의 대표이사가 제3자의 채무를 담보하기 위하여 회사 명의의 백지약속어음을 제공하는 배임행위를 한 후 법적 효력이 더 확실한 채무보증을 위해 이를 회수하고 대신 다른 회사가 발행한 새로운 약속어음을 배서·교부한 사안에서, 선행 담보제공행위로 백지약속어음을 제공할 때 이미 회사에 그 피담보채무액 상당의 손해발생 위험이 발생하였고, 경제적인 관점에서 볼 때 전후의 담보제공에 의해 발생하는 손해발생의 위험성은 결국 동일하므로, 이 담보교체행위로 선행 담보제공으로 인한 기존의 위험과는 별개로 회사에 새로운 손해발생의 위험을 초래하였다고 보기 어렵다. (대법원 2008도484)

㉘ **금융기관의 임직원이 보통예금계좌에 입금된 예금주의 예금을 무단으로 인출한 경우**에 그 임직원은 예금주와의 사이에서 그의 재산관리에 관한 사무를 처리하는 자의 지위에 있다고 볼 수 없어, 이런 예금인출행위는 **예금주에 대한 관계에서 업무상배임죄를 구성하지 않는다.** (대법원 2008도1408)

㉙ 갑은 을에게 3,000만 원을 차용하면서 자신의 승용차에 근저당권을 설정해 주었으나 이후 당해 자동차를 다른 사람에게 매도한 경우, 배임죄가 성립하지 아니한다. (대법원 2008도3651) = 자동차에 대한 저당권 설정이 된 경우, 자동차 교환가치는 저당권에 포섭되는 것이다. 저당권설정자가 자동차를 매도하여 그 소유자가 달라지더라도 저당권에는 영향이 없다. 따라서 타인에게 매매하더라도 배임죄가 성립하지 않는다. 왜냐하면, 동산의 양도담보설정과 달리 자동차의 저당권설정은 자동차 등록부에 공시되기 때문에 채무자가 이를 처분하여도 채권자가 자동차에 대하여 담보권(저당권)을 실행할 수 있다. 따라서 저당권자에게 손해발생 여지가 없으므로 배임죄가 성립하지 않는다.

㉚ 매도인(피고인)이 자기소유의 **동산인 인쇄기에 대해 매수인 甲에게 양도하기로 매매계약을 체결하고 계약금 및 중도금까지 지급받은 상태에서** 이 목적물을 자신의 채권자 乙(제3자)에게 기존 채무 **변제에 갈음하여 양도해 버린 경우에는 기존 매수인 甲에 대한 배임죄가 성립하지 않는다.** (대법원 2008도10479 전합) = 동산매매계약에서의 매도인은 매수

인에 대하여 매수인의 사무를 처리하는 지위에 있지 않으므로 매도인이 목적물을 매수인에게 인도하지 아니하고 이를 타에 처분한 경우 형법상 배임죄가 성립하지 아니한다.

㉛ 아파트 건축분양회사가 수분양자들에게 소유권이전등기절차를 이행하지 않은 채 분양 전 금융기관과 체결한 근저당권설정계약에 따라 근저당권설정등기를 경료해 준 사안에서, 수분양자들에 대한 배임죄의 성립이 부정된다. (대법원 2008도11722)

㉜ 낙찰계의 계주가 계원들에게서 계불입금을 징수하지 않은 상태에서 부담하는 계금지급 의무는 배임죄에서 말하는 '타인의 사무'에 해당하지 않는다. 즉 배임죄가 성립하지 않는다. (대법원 2009도3143)

㉝ 피고인들이 대표이사로 되어 있는 甲 주식회사는 피보증인인 乙 주식회사의 금융기관 채무를 연대보증하거나 백지어음을 담보로 제공한 상태인데, 피고인들이 乙 회사가 丙 상호신용금고로부터 자금을 차용할 때 甲 회사의 예금을 담보로 제공한 뒤 그 신규자금을 기존에 甲 회사가 보증한 위 금융기관 채무를 변제하도록 한 것은, 기왕의 보증채무와 별도로 새로운 손해를 발생시킬 위험을 가져온 것으로 볼 수 없어 업무상배임죄에 해당하지 않는다. (대법원 2009도9144)

㉞ 甲 주식회사 대표이사인 피고인이 주주총회 의사록을 허위로 작성하고 이를 근거로 피고인을 비롯한 임직원들과 주식매수선택권부여계약을 체결한 경우, 업무상 배임죄가 성립하지 않는다. (대법원 2010도11394) = 법률상 무효인 계약을 체결한 것만으로 업무상 배임죄 구성요건의 완성이나 범행의 종료로 볼 수 없다. 이 사례에서 임직원들이 이후 계약에 기초하여 甲 회사에 주식매수선택권을 행사하고, 피고인이 이에 호응하여 주식의 실질가치에 미달하는 금액만을 받고 신주를 발행해 줌으로써 비로소 甲 회사에 현실적 손해가 발생하거나 그러한 실해 발생의 위험이 초래되었다고 볼 수 있는 것이다. 즉 업무상 배임은 피고인이 의도한 배임행위가 모두 실행된 때로서 최종 주식매수선택권이 행사되고 그에 따라 신주가 발행된 시점에 종료되었다고 보아야 한다.

㉟ 미리 부동산을 이전받은 매수인이 이를 담보로 제공하여 매매대금 지급을 위한 자금을 마련하고 이를 매도인에게 제공함으로써 잔금을 지급하기로 당사자 사이에 약정하였다고 하더라도, 이는 기본적으로 매수인이 매매대금의 재원을 마련하는 방편에 관한 것이고, 그 성실한 이행에 의하여 매도인이 대금을 모두 받게 되는 이익을 얻는다는 것만으로 매수인이 신임관계에 기하여 매도인의 사무를 처리하는 것이 된다고 할 수 없다.

갑은 을에게서 부동산을 매수하면서 계약금을 지급하는 즉시 자신(갑) 앞으로 소유권을 이전받되 매매잔금은 일정기간 내에 이를 담보로 대출을 받아 지급하기로 약정하였는데, 소유권을 이전받은 직후 당해 부동산에 다른 용도로 근저당권을 설정하고 자금을 융통한 후 이를 임의로 소비하였으며, 융통한 자금을 을에게 매매대금으로 지급하지도 않은 경우, 배임죄가 성립하지 아니한다. (대법원 2011도3247) = 단순 민사채무

㊱ 甲 주식회사 직원인 피고인이 대표이사 乙 등이 직무에 관하여 발명한 '재활용 통합 분리수거 시스템'의 특허출원을 하면서 임의로 특허출원서 발명자란에 乙 외에 피고인의 성명을 추가로 기재하여 공동발명자로 등재되게 한 사안에서, 피고인의 행위만으로 곧바로 甲 회사의 특허권 자체나 그와 관련된 권리관계에 어떠한 영향을 미친다고 볼 수 없어, 업무상배임죄가 성립하지 않는다. (대법원 2011도10525)

> **유사판례**
> 甲 주식회사의 임원 또는 종업원인 피고인들이 직무발명에 대한 특허출원인 명의를 피고인들 등으로 변경하여 특허출원이 이루어지도록 하여 甲 회사에 재산상 손해를 가하였다는 내용으로 기소된 사안에서, 사용자인 甲 회사가 피고인들로부터 발명에 대하여 특허를 받을 수 있는 권리를 적법하게 승계하였다고 할 수 없으므로, 피고인들의 행위가 업무상배임죄에 해당하지 않는다. (대법원 2010도12834) = 자기사무

㊲ 직무발명에 대하여 특허를 받을 수 있는 권리를 미리 사용자에게 승계시키는 계약이나 근무규정이 있거나 발명의 완성 후에 이를 승계시키는 계약이 있었다는 등의 특별한 사정이 없는 한 종업원이 직무발명을 사용자가 아닌 종업원의 이름으로 특허출원하더라도 이는 자신의 권리를 행사하는 것으로서 업무상배임죄가 성립할 여지는 없다. (대법원 2011도15093)

㊳ 甲 주식회사의 실질적 경영자인 피고인이 자신의 개인채무를 담보하기 위하여 甲 회사 소유 부동산에 乙 앞으로

근저당권설정등기를 마침으로써 甲 회사에 재산상 손해를 가하였다는 내용으로 기소된 사안에서, 乙은 피고인이 개인채무를 담보하기 위하여 근저당권을 설정한다는 사정을 잘 알고 있어서 근저당권 설정행위는 대표권 남용행위로서 무효이므로 근저당권이 그 후 해지를 원인으로 말소되어, 피고인의 근저당권 설정행위로 말미암아 甲 회사에 재산상 손해가 발생하였다거나 재산상 실해 발생의 위험이 초래된 것으로 볼 수 없다. (대법원 2011도15857)

㊴ 배임죄에서 '재산상 손해를 가한 때'에는 '재산상 손해발생의 위험을 초래한 경우'도 포함되는 것이므로, 법인의 대표이사 甲이 회사의 이익이 아닌 자기 또는 제3자의 이익을 도모할 목적으로 권한을 남용하여 회사 명의의 금전소비대차 공정증서를 작성하여 법인 명의의 채무를 부담한 경우에는 상대방이 대표이사의 진의를 알았거나 알 수 있었다면 배임죄가 성립하지 아니한다. (대법원 2012도2142)

㊵ 채권담보 목적으로 부동산에 관한 대물변제예약을 체결한 채무자가 대물로 변제하기로 한 부동산을 제3자에게 임의로 처분한 경우, 업무상 배임죄가 성립하지 않는다. (대법원 2014도3363 전합) = 부동산을 임의처분한 이후 채권자에게 해당 채권금액을 변제해도 되기 때문이다.

㊶ A가 B 새마을금고로부터 특정 토지 위에 건물을 신축하는 데 필요한 공사자금 10억 원을 대출받으면서 이를 담보하기 위하여 C 신탁회사를 수탁자, B 금고를 우선 수익자, A를 위탁자 겸 수익자로 한 담보신탁계약 및 자금관리대리사무계약을 체결하였고 계약 내용에 따라 건물이 준공된 후 C 회사에 신탁등기를 이행하여 B 금고의 우선 수익권을 보장할 의무가 있었음에도 임의로 D 앞으로 건물의 소유권보존등기를 마쳐준 경우라고 하더라도, A는 통상의 계약에서의 이익대립관계를 넘어서 B 금고와의 신임관계에 기초하여 B 금고의 우선 수익권을 보호 또는 관리하는 등 그의 사무를 처리하는 자의 지위에 있다고 보기 어려우므로, A에게는 배임죄가 성립하지 않는다. (대법원 2014도9907) = 단순 민사채무

㊷ 형법 제356조의 업무상배임죄는 취득한 재산상 이익의 가액이 얼마인지는 범죄 성립에 영향을 미치지 아니한다. 반면 배임 또는 업무상배임으로 인한 특정경제범죄 가중처벌 등에 관한 법률 제3조 위반죄는 취득한 재산상 이득액에 따라 형벌도 매우 가중되어 있으므로 업무상배임으로 취득한 재산상 이익이 있더라도 가액을 구체적으로 산정할 수 없는 경우, 적용할 수 없다. (대법원 2014도12619) = 피고인이 실질적으로 소유·지배하는 갑 주식회사 명의로 빌딩을 매입하면서 은행에서 매입자금을 대출받고 을 주식회사로 하여금 대출금채무에 연대보증하게 한 경우, 빌딩은 일본 동경 중심가의 상업적 요지에 있는 건물로 대출 당시 부동산 가격과 임대료의 상승이 예측되고 있었던 점 등 제반 사정을 종합하면, 연대보증 당시 갑 회사가 상당한 정도의 대출금채무를 자력으로 임의 변제할 능력을 갖추고 있었던 것으로 볼 수 있고, 배임행위로 취득한 재산상 이익의 가액을 산정할 수 없어 구 특정경제범죄 가중처벌 등에 관한 법률 제3조를 적용할 수 없다.

㊸ 피고인이 의류매장에 관한 임차인 명의와 판매대금의 입금계좌 명의를 공소외인 앞으로 그대로 유지하여야 할 의무는 단순한 민사상의 채무로서 자기의 사무에 불과하여 타인의 사무에 해당하지 않는다고 보아 배임죄에 관한 공소사실을 무죄로 판단하였다. (대법원 2015도1301) =단순 민사채무

㊹ 타인에 대한 채무의 담보로 제3채무자에 대한 채권에 대하여 권리질권을 설정하고, 질권설정자가 제3채무자에게 질권설정의 사실을 통지하거나 제3채무자가 이를 승낙한 상태에서, 질권설정자가 질권자의 동의 없이 제3채무자에게서 질권의 목적인 채권의 변제를 받은 경우, 질권자에 대한 관계에서 배임죄가 성립하지 않는다. (대법원 2015도5665)

㊺ **주권발행 전 주식 양도인은** 양수인으로 하여금 회사 이외의 제3자에게 대항할 수 있도록 확정일자 있는 증서에 의한 양도통지 또는 승낙을 갖추어 주어야 할 채무를 부담한다 하더라도 이는 자기의 사무라고 보아야 한다. 따라서 주권발행 전 주식에 대한 양도계약에서의 양도인이 위와 같은 제3자에 대한 대항요건을 갖추어 주지 아니하고 이를 타에 처분하였더라도 형법상 배임죄가 성립하는 것은 아니다. (대법원 2015도6057) = 주권발행 전 주식의 이중양도

㊻ **갑 은행 지점장인 피고인이 업무상 임무에 위배하여 물품대금지급보증서를 발급**한 후, 을 주식회사의 거래처인 병 주식회사에 건네줌으로써 갑 은행에 손해를 가하였다고 하여 기소된 사안에서, 병 회사가 을 회사와 거래를 개시하지 않아 지급보증 대상인 물품대금 지급채무 자체가 현실적으로 발생하지 않은 이상, 보증인인 갑 은행에 경제적인 관점에서 손해가 발생한 것과 같은 정도로 구체적인 위험이 발생하였다고 평가할 수 없다. (대법원 2015도6745)

㊼ 적정한 수준에 비하여 과다한지 여부를 판단할 객관적이고 합리적인 평가 방법이나 기준 없이 단지 임무위배행

위가 없었다면 더 낮은 수준의 용역비로 정할 수도 있었다는 가능성만을 가지고 재산상 손해 발생이 있었다고 쉽사리 단정하여서는 안 된다. (대법원 2017도17627)

㊽ **채무자가 저당권설정계약에 따라 채권자에 대하여 부담하는 저당권을 설정할 의무는 계약에 따라 부담하게 된 채무자 자신의 의무**이다. 채무자가 위와 같은 의무를 이행하는 것은 채무자 자신의 사무에 해당할 뿐이므로, 채무자를 채권자에 대한 관계에서 '타인의 사무를 처리하는 자'라고 할 수 없다. 따라서 채무자가 제3자에게 먼저 담보물에 관한 저당권을 설정하거나 담보물을 양도하는 등으로 담보가치를 감소 또는 상실시켜 채권자의 채권실현에 위험을 초래하더라도 배임죄가 성립한다고 할 수 없다. (대법원 2019도14340 전합)

㊾ [1] 채무자가 금전채무를 담보하기 위하여 '자동차 등 특정동산 저당법' 등에 따라 그 소유의 동산에 관하여 채무자가 저당권설정계약에 따라 부담하는 의무는 채무자 자신의 사무에 해당할 뿐이고, 배임죄의 주체인 '타인의 사무를 처리하는 자'에 해당한다고 할 수 없다. 그러므로 채무자가 담보물을 제3자에게 처분하는 등으로 담보가치를 감소 또는 상실시켜 채권자의 담보권 실행이나 이를 통한 채권실현에 위험을 초래하더라도 배임죄가 성립하지 아니한다. 위와 같은 법리는, 금전채무를 담보하기 위하여 공장 및 광업재단 저당법에 따라 저당권이 설정된 동산을 채무자가 제3자에게 임의로 처분한 사안에도 마찬가지로 적용된다.

[2] 동산 매매계약에서의 매도인은 매수인에 대하여 그의 사무를 처리하는 지위에 있지 아니하므로, 매도인이 목적물을 타에 처분하였다 하더라도 형법상 배임죄가 성립하지 아니한다. 위와 같은 법리는 권리이전에 등기 · 등록을 요하는 동산에 대한 매매계약에서도 동일하게 적용되므로, **자동차 등의 매도인은 매수인에 대하여 그의 사무를 처리하는 지위에 있지 아니하여, 매도인이 매수인에게 소유권이전등록을 하지 아니하고 타에 처분하였다고 하더라도 마찬가지로 배임죄가 성립하지 아니한다.**

[3] 이와 달리 채무 담보를 위하여 채권자에게 동산에 관하여 저당권 또는 공장저당권을 설정한 채무자가 타인의 사무를 처리하는 자에 해당함을 전제로 채무자가 담보목적물을 처분한 경우 배임죄가 성립한다고 한 대법원 2003.7.11. 선고 2003도67 판결, 대법원 2012.9.13. 선고 2010도11665 판결을 비롯한 같은 취지의 대법원판결들은 이 판결의 견해에 배치되는 범위 내에서 모두 변경하기로 한다. (대법원 2020도6258 전합)

㊿ 채무자가 금전채무를 담보하기 위하여 자동차 등 특정동산 저당법 등에 따라 그 소유의 동산에 관하여 채권자에게 저당권을 설정해 주기로 약정하거나 저당권을 설정한 경우 채무자가 저당권설정계약에 따라 부담하는 의무는 모두 저당권설정계약에 따라 부담하게 된 채무자 자신의 급부의무이다. 따라서 채권자에 대한 관계에서 배임죄의 주체인 '타인의 사무를 처리하는 자'에 해당한다고 할 수 없다. 그러므로 채무자가 담보물을 제3자에게 처분하는 등으로 담보가치를 감소 또는 상실시켜 채권자의 담보권 실행이나 이를 통한 채권실현에 위험을 초래하더라도 배임죄가 성립하지 아니한다. 위와 같은 법리는, 금전채무를 담보하기 위하여 공장 및 광업재단 저당법에 따라 저당권이 설정된 동산을 채무자가 제3자에게 임의로 처분한 사안에도 마찬가지로 적용된다. (대법원 2020도10862)

(51) 자동차 등에 관하여 양도담보설정계약을 체결한 채무자는 채권자에 대하여 그의 사무를 처리하는 지위에 있지 아니하므로, 채무자가 채권자에게 양도담보설정계약에 따른 의무를 다하지 아니하고 이를 타에 처분하였다고 하더라도 배임죄가 성립하지 아니한다. (대법원 2020도8682) = 권리이전에 등록을 요하는 자동차 이중양도

(52) 갑 주식회사는 도시개발사업의 시행자인 을 조합으로부터 기성금 명목으로 체비지를 지급받은 다음 이를 다시 병에게 매도하였는데, 을 조합의 조합장인 피고인이 환지처분 전 체비지대장에 소유권 취득자로 등재된 갑 회사와 병의 명의를 임의로 말소함으로써 재산상 이익을 취득하고 병에게 손해를 가하였다는 배임의 공소사실로 기소된 사안에서, 을 조합이 시행한 도시개발사업은 도시개발법에 따라 이루어진 것이므로 체비지대장에의 등재가 환지처분 전 체비지 양수인이 취득하는 채권적 청구권의 공시방법이라고 볼 수 없다는 등의 이유로 배임죄가 성립하지 않았다. (대법원 2018도13604) = 도시개발법에 따라 도시개발사업을 시행하는 조합의 대표자인 피고인이 체비지대장상 최종 취득자란에 등재된 체비지 전매수인의 명의를 말소한 경우 배임죄의 불성립, 현행 도시개발법에 따라 체비지대장에 등재된 체비지 양수인의 법적 지위는 물권 유사의 권리자가 아니라 매매 등 계약에 기한 채권적 청구권자에 불과하고, 따라서 조합장의 체비지대장 관리사무가 타인의 사무처리에 해당하지 않는다는 점을 명시적으로 선언한 판결이다.

Section 08 배임수재죄와 배임증재죄

I 배임수증재죄 개관

1 조문체계

범죄	조문	구성요건	미수	예비
배임 수재	제357조 제1항	타인의 사무를 처리하는 자가 그 임무에 관하여 부정한 청탁을 받고 재물 또는 재산상의 이익을 취득하거나 제3자로 하여금 이를 취득(取得)하게 한 경우	○	×
배임 증재	제357조 제2항	제1항(배임수재)의 재물 또는 재산상 이익을 공여한 자는 에 처한다.	○	×

2 의의 및 보호법익

① 본죄는 타인의 사무를 처리하는 자가 그 임무에 관하여 부정한 청탁을 받고 재물 또는 재산상의 이익을 취득하거나 제3자로하여금 취득하게 함으로써 성립하는 범죄이다. 공무원의 뇌물죄에 상응하는 규정으로 통설과 판례는 거래·사무처리의 청렴성을 보호법익으로 한다.

② 10년 이하 자격정지 병과할 수 있다.

③ 친족상도례가 적용된다.

④ 배임수재죄와 배임증재죄는 배임죄보다는 뇌물죄(수뢰죄와 증뢰죄)와 성질이 유사하다.

■ 수뢰죄와 배임죄와의 구별

	배임죄	배임수재죄·배임증재죄
보호법익	전체로서의 재산권	사무처리의 청렴성
사무의 속성 및 범위	재산상 사무에 한정	재산상 사무에 한정하지 않음
객체	재산상 이익(순수이득죄)	재물 또는 재산상 이익

	수뢰죄	배임수재죄
주체	중재인이나 공무원	타인의 사무처리자
부정한 청탁 요건	부정한 청탁 요건이 필요 없음	부정한 청탁이라는 요건이 구성요건이므로 필요함
미수 처벌규정	미수 처벌규정 없음	미수 처벌규정 있음
행위	이익의 취득(수수), 약속, 요구	이익을 취득해야만 성립함. 약속, 요구로는 성립하지 않음

II 배임수증재죄

> **형법**
>
> **제357조【배임수증재】** ① 타인의 사무를 처리하는 자가 그 임무에 관하여 부정한 청탁을 받고 재물 또는 재산상의 이익을 취득하거나 **제3자**로 하여금 이를 취득하게 한 때에는 5년 이하의 징역 또는 1천만원 이하의 벌금에 처한다.
> ② 제1항의 재물 또는 재산상 이익을 공여한 자는 2년 이하의 징역 또는 500만원 이하의 벌금에 처한다.
> ③ 범인 또는 그 사정을 아는 **제3자**가 취득한 제1항의 재물은 몰수한다. 그 재물을 몰수하기 불가능하거나 재산상의 이익을 취득한 때에는 그 가액을 추징한다.
>
> **제359조【미수범】** 제355조 내지 제357조의 미수범은 처벌한다.

1 객관적 구성요건

(1) 주체: 타인의 사무처리자

① 배임수재죄는 타인의 사무를 처리하는 자라는 신분이 필요한 진정신분범이며, 이때 사무는 배임죄와 달리 재산상 사무에 국한되지 않는다. 예컨대, 방송국 가요 담당 PD도 재산상 사무가 아님에도 배임수재의 주체가 된다.

② 배임증재죄는 증뢰죄와 마찬가지로 누구든지 가능하다.

③ **범위**: 타인의 사무처리는 업무자로 하든지 비업무자로서 하든지 관계가 없으며 반드시 재산상 사무일 필요도 없다.

④ **신분의 구비시기**: 타인의 사무처리자라는 신분은 부정한 청탁을 받을 때 있으면 충분하고 재물 또는 재산상의 이익을 취득할 당시에는 그 직무를 담당하지 아니하게 된 경우에도 배임수재죄는 성립한다. 다만 사무처리자의 지위를 획득하기 전 부정한 청탁을 받은 경우 배임수재죄가 성립하지 않는다.

> **관련판례**
>
> 배임수재죄의 주체로서 타인의 사무를 처리하는 자라 함은 타인과의 대내관계에 있어서 신의성실의 원칙에 비추어 그 사무를 처리할 신임관계가 존재한다고 인정되는 자를 의미하고, **반드시 제3자에 대한 대외관계에서 그 사무에 관한 권한이 존재할 것을 요하지 않으며**, 또 그 사무가 포괄적 위탁사무일 것을 요하는 것도 아니고, 사무처리의 근거, 즉 신임관계의 발생근거는 법령의 규정, 법률행위, 관습 또는 사무관리에 의하여도 발생할 수 있다. (대법원 2002도6834)

(2) 객체

행위의 객체는 재물 또는 재산상의 이익이다.

(3) 행위

① **임무에 관하여**

배임수재는 임무에 관한 부정한 청탁을 받고 재물 또는 재산상 이익을 자기가 취득하거나 제3자에게 취득하게 하는 것이다. 배임증재는 타인의 사무를 처리하는 자에게 **부정한 청탁**을 하고 재물 또는 재산상 이익을 제공하는 것이다. '임무에 관하여'라 함은 위탁관계로 인한 본래의 사무뿐만 아니라 그와 밀접한 관계의 사무도 포함되고, 고유의 권한으로서 그 처리를 하는 자에 한하지 않고 보조기관으로서 직접 또는 간접으로 그 처리에 관한 사무를 담당하는 자도 포함된다. (대법원 2005도6433)

② **필요적 공범**

배임수재죄와 배임증재죄는 통상 필요적 공범의 관계에 있기는 하나 이것은 **반드시 수재자와 증재자가 같이 처벌받아야 하는 것을 의미하는 것은 아니고, 증재자에게는 정당한 업무에 속하는 청탁이라도 수재자에게는 부정한 청탁이 될 수도 있다.** (대법원 90도2257)

③ **부정한 청탁**

배임수증죄에 있어서 부정한 청탁이란 반드시 업무상 배임에 이르는 정도는 필요없지만, 이 부정한 청탁이 사회상규와 신의성실의 원칙에 반하는 것을 말하고, 이를 판단함에 있어서는 청탁의 내용과 이와 관련되어 교부받거나 공여한 재물의 액수, 형식, 보호법익인 사무처리자의 청렴성 등을 종합적으로 고찰하여야 하며 그 청탁이 반드시 명시적임을 요하는 것은 아니다. (대법원 95도2090)

> **관련판례** **배임수재죄에서 부정한 청탁에 해당**
>
> 개정 형법(2016. 5. 29. 법률 제14178호로 개정된 것) 제357조 제1항은 구법과 달리 배임수재죄의 구성요건을 '타인의 사무를 처리하는 자가 그 임무에 관하여 부정한 청탁을 받고 재물 또는 재산상의 이익을 취득하거나 제3자로 하여금 이를 취득하게 한 때'라고 규정함으로써 제3자로 하여금 재물이나 재산상 이익을 취득하게 하는 행위를 구성요건에 추가하였다. 개정 형법 제357조의 보호법익 및 체계적 위치, 개정 경위, 법문의 문언 등을 종합하여 볼 때, 개정 형법이 적용되는 경우에도 ⅰ) '제3자'에는 **다른 특별한 사정이 없는 한 사무처리를 위임한 타인은 포함되지 않는다**고 봄이 타당하다. 그러나 ⅱ) 배임수재죄의 행위주체가 재물 또는 재산상 이익을 취득하였는지는 증거에 의하여 인정된 사실에 대한 규범적 평가의 문제이다. 부정한 청탁에 따른 재물이나 재산상 이익이 외형상 사무처리를 위임한 타인에게 지급된 것으로 보이더라도 사회통념상 그 타인이 재물 또는 재산상 이익을 받은 것을 부정한 청탁을 받은 사람이 직접 받은 것과 동일하게 평가할 수 있는 경우에는 배임수재죄가 성립될 수 있다. ⅲ) 유료 기사게재를 청탁하는 행위는 사실상 광고를 언론 보도인 것처럼 가장하여 달라는 것으로서 배임수재죄의 부정한 청탁에 해당한다. (대법원 2019도17102)

④ **방법**

다만, 막연히 편의를 요구하거나 선처를 바란다는 부탁은 부정한 청탁으로 볼 수 없다. 예컨대, 규정이 허용하는 범위 내에서 **최대한의 선처를 바란다는 청탁을 받고 그 사례로 금품을 수수한 경우 배임수재죄의 '부정한 청탁'에 해당되지 않는다.** (대법원 82도1656)

⑤ 임무위배행위는 배임수재죄의 성립요건이 아니므로, 임무 위배행위가 없더라도 배임수재죄는 성립한다. 배임수재죄는 타인의 사무를 처리하는 자가 그 임무에 관하여 부정한 청탁을 받고 재물 또는 재산상의 이익을 취득함으로써 기수에 이르는 것이고 **청탁에 상응하는 부정행위 내지 임무위배행위가 현실적으로 행하여질 것을 요하지 않는다.** (대법원 87도1560)

> **관련판례** **배임수재죄 성립**
>
> ① 타인의 사무를 처리하는 자가 부정한 청탁을 받고 사직한 후에 재물을 수수한 경우, 배임수재죄가 성립한다. (대법원 97도2042) = 부정한 청탁을 받고 사직 또는 이직 이후 재물을 수수
> ② 배임수재죄 구성요건 중 '부정한 청탁'의 의미와 판단 기준 및 부정한 청탁을 받고 나서 사후에 청탁의 대가로 재물 또는 재산상의 이익을 취득한 경우와 부정한 청탁의 결과로 상대방이 얻은 재물 등의 일부를 상대방으로부터 청탁의 대가로 취득한 경우, 배임수재죄가 성립한다. (대법원 2011도11174)
> ③ 장래에 담당할 임무에 관하여 부정한 청탁을 받고 재물 또는 재산상 이익을 취득한 후 그 임무를 현실적으로 담당하게 된 경우, 배임수재죄가 성립한다. (대법원 2012도13719)= 장래 담당이 기대되는 경우

(4) 재물 또는 재산상 이익의 취득

① 배임수재죄에서 말하는 '재산상 이익의 취득'이라 함은 현실적인 취득만을 의미하므로 단순한 **요구 또는 약속**만을 한 경우에는 배임수재죄의 기수로 처벌하지 못한다. 이 경우 미수가 될 가능성이 있을 뿐이라는 점에서는 미수가 없는 뇌물죄와 구별된다. (대법원 98도4182) = 하지만 해당 판례에서는 미수도 인정하지 않고 명의이전이 없었다는 이유에서 무죄를 선고하였다.

② 본인에게 재산상의 손해를 발생시켰는가의 여부는 배임수재죄의 성립에는 영향이 없다. (대법원 83도2447)

③ 기수시기

재물이나 이익의 취득만으로 바로 기수에 이르면 청탁에 상응하는 부정행위 내지 배임행위에 나아갈 것은 요구되지 아니한다.

> **관련판례**
>
> 배임수재죄 및 배임증재죄에서 공여 또는 취득하는 재물 또는 재산상 이익은 부정한 청탁에 대한 대가 또는 사례여야 한다. 따라서 거래상대방의 대향적 행위의 존재를 필요로 하는 유형의 배임죄에서 그 거래상대방이 양수대금 등 그 해당 거래에 따른 **계약상 의무를 이행하고 배임행위의 실행행위자가 이를 이행받은 것을 두고 부정한 청탁에 대한 대가로 수수하였다고 쉽게 단정하여서는 아니 된다.** (대법원 2014도17211)

2 주관적 구성요건

고의 이외에 불법영득의사가 있어야 한다.

3 죄수 및 타죄와의 관계

① 배임수재한 사람이 배임행위까지 나아간 경우 배임수재죄와 배임죄의 실체적 경합이 된다.

② 수인으로부터 각각 같은 종류의 부정한 청탁과 함께 금품을 받은 배임수재행위는 실체적 경합범이다.

③ 회사의 대표이사가 회사 자금을 빼돌려 횡령한 다음 그 중 일부를 배임증재에 공여한 한 경우, 횡령죄와 배임증재죄의 실체적 경합범이다.

④ 배임수재죄와 배임증재죄는 통상 필요적 공범의 관계에 있기는 하나 이것은 반드시 수재자와 증재자가 같이 처벌받아야 하는 것을 의미하는 것은 아니고, 증재자에게는 정당한 업무에 속하는 청탁이라도 수재자에게는 부정한 청탁이 될 수도 있다.

⑤ 甲 주식회사를 사실상 관리하는 乙이 甲 회사가 사업용 부지로 매수한 토지에 관하여 처분금지가처분등기를 마쳐두었는데, 위 토지를 매수하려는 丙에게서 가처분을 취하해 달라는 취지의 청탁을 받고 돈을 수수한 경우, 乙은 배임수재죄가 인정되지만, 丙은 배임증재죄가 인정되지 않는다.

⑥ 업무상배임죄와 배임증재죄는 별개의 범죄로서 배임증재죄를 범한 자라 할지라도 그와 별도로 타인의 사무를 처리하는 지위에 있는 사람과 공범으로서는 업무상배임죄를 범할 수도 있다. (대법원 99도883)

4 몰수·추징

① 배임수재죄에 제공한 재물은 필요적 몰수이나, 배임증재죄는 임의적 몰수이다.

② 재물을 몰수가 불가능하거나 재산상 이익을 취득한 때에는 가액을 추징한다.

관련판례 배임수증재죄 인정

① 피고인들은 그들이 속하고 있는 종중으로부터 위 세우회관을 매수하는 사무를 수탁처리함에 있어 매도인으로부터 그 매수대금을 증액결가함과 또 약정의 대금지급기일 이전에 대금을 지급(소유권이전도 받기 전에)의 요청을 받아 이에 응하고 그 사례로 금원을 수수한 행위는 부정한 청탁을 받고 재물을 취득하였다 할 것이며, 배임수재죄에 있어서 본인에게 손해발생여부는 동죄의 성립에 아무런 영향이 없다. (대법원 79도190)

② 대출금의 회수불능이 예상되는 회사들 앞으로 거액의 대출을 원활하게 하여 달라고 은행장에게 청탁하고 거액의 돈을 공여한 것은 불량대출까지도 그 청탁의 내용으로 한 것이었다 할 것이므로 이는 은행장으로서의 임무에 관한 부정한 청탁에 해당한다. (대법원 82도2873)

③ 공사 도급 회사의 현장감독이 수급인으로부터 공사시공에 하자가 있더라도 묵인하여 달라는 취지의 청탁을 받고 금원을 수령한 경우, 이들을 배임수증죄로 의율하였다. (대법원 91도2418)

④ 대학교 부총장이 의과대학부속병원의 부대시설 운영권을 인수하는 데 우선적으로 추천하여 달라는 청탁을 받고 그 사례비를 받은 경우 배임수재죄가 성립된다. (대법원 91도2543)

⑤ 종합병원 또는 대학병원 소속 의사들이 의약품수입업자로부터 일정 비율의 사례비를 줄터이니 수입하여 독점판매하고 있는 특정약을 본래의 적응증인 순환기질환뿐 아니라 내분비 등 거의 모든 병에 잘 듣는 약이니 그러한 환자에게 원외처방하여 그들로 하여금 위 약을 많이 사먹도록 해달라는 부탁을 받고 금원을 교부받은 경우 배임수재죄를 구성한다. (대법원 91도413)

⑥ 대학교수가 특정출판사의 교재를 채택하여 달라는 청탁을 받고 교재 판매대금의 일정비율에 해당하는 금원을 받은 경우 배임수증죄를 긍정하였다. (대법원 95도2090)

⑦ [1] 배임수증죄에 있어서 부정한 청탁이라 함은 청탁이 사회상규와 신의성실의 원칙에 반하는 것을 말하고, 이를 판단함에 있어서는 청탁의 내용과 이와 관련되어 교부받거나 공여한 재물의 액수, 형식, 보호법익인 사무처리자의 청렴성 등을 종합적으로 고찰하여야 하며 그 청탁이 반드시 명시적임을 요하는 것은 아니다.

[2] 피고인이 정당지구당 후보공천과 관련하여 중앙당 당기 위원회 부위원장에게 향후 공천비리를 더 이상 문제삼지 말아 달라는 취지로 자기앞수표 10장을 교부한 경우이다. (대법원 96도837)

⑧ 감정평가법인의 지점을 독립채산제로 운영하는 자가 위 법인의 명의로 감정평가업무를 수주하여 그 업무를 처리한 경우, 배임수재죄에 있어서의 타인의 사무를 처리한 경우에 해당한다. (대법원 2003도7340)

⑨ 정상적으로 KOC 위원의 위촉절차를 밟지 않고 당시 KOC 위원장인 피고인의 힘을 빌어 KOC 위원이 되고자 피고인에게 KOC 위원으로 선임해 달라는 등의 부탁을 받고 금원을 교부받은 경우 배임수재죄가 성립한다. (대법원 2004도6646)

⑩ 재건축조합장이 재건축 현장의 철거공사 수주와 관련하여 철거업체로부터 금품을 수수한 경우, 배임수재죄의 주체로 인정하였다. (대법원 2007도3096)

⑪ 회원제 골프장의 예약업무 담당자가 부킹대행업자의 청탁에 따라 회원에게 제공해야 하는 주말부킹권을 부킹대행업자에게 판매하고 그 대금명목의 금품을 받은 것이 배임수재죄에 해당한다. (대법원 2008도6987)

⑫ 시·도 화물자동차운송사업협회(이하 '지역협회'라 한다) 대표자인 피고인들이 甲으로부터 전국화물자동차운송사업연합회 회장 선거에서 자신을 지지해달라는 취지의 부정한 청탁을 받고 돈을 수수하였으므로 배임수재죄가 성립한다. (대법원 2009도5618)

⑬ 방송국 예능국 PD가 연예기획사를 운영하는 사람으로부터 시세차액이 예상되는 주식의 매수기회를 제공받음으로써 피고인이 담당하는 예능프로그램에 그 연예기획사 소속 연예인을 출연시키거나 뮤직비디오를 방영해 달라는 부정한 청탁을 묵시적으로 받았고 이어 그 처제 명의로 그 주식을 매수함으로써 재산상 이익을 취득한 경우 배임수재죄가 성립한다. (대법원 2009도7568)

⑭ 대학병원 의사인 갑은 의약품인 조영제나 의료재료를 지속적으로 납품할 수 있도록 해달라는 청탁 또는 의약품 등을 사용해 준 대가로 제약회사 등으로부터 명절 선물이나 골프접대 등 향응을 제공받은 것은 배임수재죄가 성립한다. 그러나 위와 같은 청탁의 취지로 제약회사 등이 제공하는 조영제에 관한 '시판 후 조사' 연구용역계약을

체결하고 연구비 명목의 돈을 수수한 행위는 배임수재죄에 해당하지 아니한다. (대법원 2010도10290) = 골프접대나 회식비는 부정한 청탁으로 배임수재죄이지만, 연구용역은 배임수재죄가 아니다.

⑮ 피고인들(공장 경영자)이 해당 산업단지 업체들로부터 금원을 모금하여 언론사 기자들에게 지급하면서 해당 산업단지 내 업체들에 대한 부정적 기사를 게재하지 않도록 청탁하면서, 적정한 광고비의 1.5배에서 4.5배에 이르는 금액을 지급하였다면, 적법한 광고홍보비로서 개별광고를 의뢰하였다고 보기는 어렵다. 따라서 해당 청탁은 사회상규와 신의성실의 원칙에 반하는 것으로 부정한 청탁에 해당하여 배임수재죄에 해당한다. (대법원 2012도11259)

⑯ 타인의 사무를 처리하는 자가 증재자(증재자)로부터 돈이 입금된 계좌의 예금통장이나 이를 인출할 수 있는 현금카드나 신용카드를 교부받아 이를 소지하면서 언제든지 위 예금통장 등을 이용하여 예금된 돈을 인출할 수 있어 예금통장의 돈을 자신이 지배하고 입금된 돈에 대한 실질적인 사용권한과 처분권한을 가지고 있는 것으로 평가될 수 있다면, 예금된 돈을 취득한 것으로 보아야 한다. (대법원 2017도11564)

⑰ 백화점 및 면세점의 입점업체 선정 업무를 총괄하는 피고인이 입점업체들로부터 추가 입점이나 매장 이동 등 입점 관련 편의를 제공해 달라는 청탁을 받고 그 대가로 매장 수익금 등을 지급받는 방법으로 돈을 수수하였다고 하여 구 형법상 배임수재가 성립된다. (대법원 2017도12129)

> **관련판례** **배임수증재죄 부정**
>
> ① 재물을 공여하는 자가 부정한 청탁을 하였다 하더라도 피고인이 그 청탁을 받아들임이 없이 **그 청탁과는 관계없이** 금품을 받은 경우는 배임수증재죄가 성립하지 아니한다. (대법원 82도874) = 보험회사로부터 선체 검사를 의뢰받은 피고인이 해당 선박 관련자로부터 보험금을 더 받을 수 있도록 검사해달라고 부정한 청탁을 하며 금원을 제공하려 했으나 완강히 거부하였고 제공받은 금원을 그대로 가지고 보관하다가 차후에 돌려준 경우, 금원을 청탁과 관련하여 받았다고 볼 수 없으므로 배임수재죄가 성립하지 않는다.
>
> ② 청탁한 내용이 단순히 규정이 허용하는 **범위 내에서 최대한 선처를 바란다**는 내용에 불과하다면 사회상규에 어긋난 부정한 청탁이라고 볼 수 없고 따라서 이러한 청탁의 사례로 금품을 수수한 것은 배임증재 또는 배임수재에 해당하지 않는다. (대법원 82도1656)
>
> ③ 피고인이 유류부정처분 대금을 나누어 준 것이 단지 환심을 사두어 후일 범행이 발각되더라도 이를 누설하지 않게끔 하기 위한 것이었다고 보여지는 경우에 있어서는 만연히 임무와 관련하여 재물 또는 재산상 이득을 취득한 데 불과하고 배임수재죄에 있어서 청탁의 내용이라 할 수 있는 구체적이고 특정한 임무행위에 관하여 부정한 청탁이라고 보기 어렵다. (대법원 83도2472)
>
> ④ 단위농업협동조합의 **총대**가 총대회에서 조합장 후보자 추천과 관련하여 돈을 주고 받았더라도 배임수증죄는 성립하지 않는다. (대법원 89도563)
>
> ⑤ **계약관계를 유지**시켜 기존 권리를 확보하기 위하여 하는 부탁행위 등이 배임수증죄의 부정한 청탁에 해당하지 않는다. (대법원 91도61)
>
> ⑥ 대학 **편입학업무**를 담당하지 아니한 피고인 甲이 피고인 乙로부터 편입학과 관련한 부정한 청탁을 받고 금품을 수수하였다 하더라도 편입학업무를 담당한 교무처장 등이 피고인 甲이 부정한 청탁을 받았음을 알았거나 스스로 부정한 청탁을 받지 않은 경우, 피고인 甲을 배임수재로, 피고인 乙을 배임증재로 처벌할 수 없다. (대법원 98도663) = 형법 제357조 제1항 소정의 배임수증죄는 타인의 사무를 처리하는 자가 그 임무에 관하여 부정한 청탁을 받고 재물 또는 재산상의 이익을 얻는 경우에 성립하는 범죄로서 원칙적으로 타인의 사무를 처리하는 자라야 그 범죄의 주체가 될 수 있고, 그러한 신분을 가지지 아니한 자는 신분 있는 자의 범행에 가공한 경우에 한하여 그 주체가 될 수 있을 뿐이다.
>
> ⑦ 실질적으로 **학교법인의 이사장** 직무를 수행하면서 학교공사와 관련하여 공사대금 중 수급인이 학교법인 부담부분 상당액을 학교법인에 기부하는 것을 조건으로 공사계약을 체결한 후 공사를 완성하여 이 부분에 대한 공사대금 지급의무를 면제받거나 그 대금 상당액을 입금받은 다음 다시 수급인에게 공사대금으로 지급한 것으로 처리한 경우, 배임수재죄의 성립하지 아니한다. (대법원 2000도4700) = 학교법인의 이익으로 되는 것일 뿐 실질적으로 학교법인의 이사장 직무를 수행한자가 면제받은 대금 상당의 이익을 취득한 것이 아니기 때문이다.

⑧ 정보통신연구진흥원 산업기반사업부 융자팀장으로서 정보화촉진기금의 **융자 관련 업무**를 총괄하는 피고인에게 "정보통신업계의 동향과 전망에 관한 정보와 **자료를 제공**하여 달라"는 취지로 한 청탁이 사회상규와 신의성실에 반하는 **부정한 청탁**에 해당하지 않는다. (대법원 2005도6027)

⑨ **한국야구위원회 사무총장**(KBO)이 잠실야구장의 광고권자 선정 업무를 처리하는 자에 해당한다고 볼 수는 없고, 그 담당 업무가 위 광고권자 선정 업무와 밀접한 관계가 있는 범위 내의 사무라고 보기도 어려워, 위 광고권자 선정과 관련하여 부정한 청탁을 받고 금품을 수수한 행위를 배임수재죄로 처벌할 수 없다. (대법원 2005도6433)

⑩ 대학원생들이 지도교수들을 통하여 다른 대학교 교수인 피고인에게 "학위논문 작성에 필요한 실험대행 및 논문의 주요부분 작성 등 편의를 제공하여 문제없이 학위를 취득하게 해 달라"는 청탁을 하고 금품을 교부한 사안에서, 위 청탁은 부정한 청탁에 해당하지만, **타 대학 대학원생들에 대한 논문지도 및 심사업무가 피고인의 업무라고 할 수 없으며**, 피고인이 대학원생들 지도교수들의 배임수재행위에 공모하였다고 보기도 어렵다. (대법원 2006도3504)

⑪ 조합 이사장이 조합이 주관하는 도자기 축제의 대행기획사로부터 조합운영비 명목으로 현금 3,000만 원을 교부받아 **조합운영비로 사용**한 사안에서, 배임수재죄의 성립을 부정하였다. (대법원 2006도1202)

⑫ 수급인이 일괄 하도급하거나 공사금액의 88% 이하의 가액으로 하도급하는 것이 금지되어 있었음에도, 실제로는 수급인이 하수급인에게 위 신축공사 전부를 81%의 공사금액에 일괄 **하도급을 주면서** 형식상 88%의 공사금액에 하도급을 주는 것처럼 계약서를 허위로 작성·제출한 후 발주청이 기성금을 입금하면 하수급인으로 하여금 그 차액 상당액을 교부하도록 하였다고 하더라도 배임증재죄로 처벌할 수는 없다. (대법원 2007도2178)

⑬ [1] **'타인의 사무를 처리하는 자'의 지위를 취득하기 전**에 부정한 청탁을 받은 경우, 배임수재죄로 처벌할 수 없다.
[2] 시(市)에서 발주한 도시형폐기물종합처리시설 건설사업의 기본설계 적격심의 및 평가위원으로서 그 임무와 관련하여 부정한 청탁을 받고 재물을 취득하였다는 공소사실에 대하여, 청탁을 받을 당시에 위 건설사업에 관한 사무를 처리하는 지위에 있었다고 인정되지 아니하는 이상 배임수재죄로 처벌할 수는 없다. (대법원 2009도12878)

⑭ 대학병원 등의 의사인 피고인들이, 의약품인 조영제를 사용해 준 대가 또는 향후 조영제를 지속적으로 납품할 수 있도록 해달라는 청탁의 취지로 제약회사 등이 제공하는 조영제에 관한 '**시판 후 조사**'(PMS, Post Marketing Surveillance) **연구용역계약**을 체결하고 연구비 명목의 돈을 수수한 경우, 연구용역계약은 의학적 관점에서 필요성에 따라 근거와 이유를 가지고 정당하게 체결되어 수행되었을 뿐, 제약회사 등의 조영제 납품에 관한 부정한 청탁 또는 대가 지급 의도로 체결된 것으로 볼 수 없다. (대법원 2010도10290)

⑮ **학교법인의 이사장** 또는 사립학교경영자가 학교법인 운영권을 양도하고 양수인으로부터 양수인측을 학교법인의 임원으로 선임해 주는 대가로 양도대금을 받기로 하는 내용의 청탁을 받았다 하더라도, 특별한 사정이 없는 한 그 청탁을 배임수재죄의 구성요건인 '부정한 청탁'에 해당한다고 할 수 없다. (대법원 2013도11735)

⑯ 공동의 사기 범행으로 인하여 얻은 돈을 **공범끼리 수수**한 행위가 공동 정범들 사이의 범행에 의하여 취득한 돈이나 재산상 이익의 내부적인 분배행위에 지나지 않는다면 돈의 수수행위가 따로 배임수증재죄를 구성한다고 볼 수는 없다. (대법원 2015도18795)

⑰ 형법 제357조 제1항의 '제3자'에는 사무처리를 위임한 '타인'이 포함되지 않는다. **신문사 기자들이 홍보성 기사를 게재하는 대가**로 기자들이 소속된 신문사들이 피고인으로부터 돈을 교부받은 행위는 형법 제357조 제1항의 사무처리자 또는 제3자가 돈을 교부받은 경우가 아니므로, 신문사들의 배임수재죄가 성립하지 않고 이를 전제로 하는 피고인의 배임증재죄 역시 성립하지 않는다는 이유로 무죄이다. (대법원 2020도2641) = '제3자'에는 사무처리를 위임한 '타인'이 포함되지 않는다.

Section 09 장물죄

I 서설

1 조문체계

범죄	조문	구성요건	미수	예비
장물	제362조 제1항, 제2항	장물을 취득·양도·운반·보관 또는 알선하는 것	×	×
상습장물	제363조	상습으로 장물을 취득·양도·운반·보관 또는 알선하는 경우	×	×
업무상과실·중과실 장물	제364조	업무상 과실 또는 중대한 과실로 인하여 장물을 취득·양도·운반 또는 보관하거나 이를 알선하는 경우	×	×

2 의의 및 보호법익

① 장물이란 위법한 재산범죄를 통해 취득한 재물로서, 장물죄는 재물만을 객체로 하는 재물죄이다.

② 본범인 재산범죄를 전제로 하여 불법영득한 재물을 사후적으로 은닉한다는 점에서 본범조장성(사후종범성)을 지닌다. 그러나 절도죄보다 법정형이 가볍지 않고 오히려 무겁다.

③ 보호법익은 피해자의 재산권이다.

④ 장물죄는 행위양태에 따라서 장물취득죄, 장물양도죄, 장물운반죄, 장물보관죄, 장물알선죄로 구분되며, 상습장물죄, 업무상 과실장물죄, 중과실장물죄도 규정되어 있다. 다만, 일반 과실장물죄는 없다는 점을 유의해야 한다.

⑤ 장물알선죄는 추상적 위험범이고, 장물 취득, 양도, 운반, 보관의 죄는 침해범이다.

⑥ 친족상도례 규정의 특례가 있다.

3 장물죄의 범죄성의 본질

(1) 추구권설

① 본범이 영득한 위법한 점유에 대해 피해자의 사법상의 반환청구권(추구권)을 불능·곤란하게 하는 것을 장물죄의 본질로 보므로, 추구권이 없는 경우 장물이 성립하지 않는다고 본다.

② 따라서, 불법원인급여물, 시효소멸에 걸린 경우, 대체장물, 본범이 소유권을 취득하거나 제3자가 선의취득한 경우는 장물이 성립하지 않는다.

③ 추구권에 따르면 본범이 반드시 재산범죄일 필요도 없어서 공무상 비밀표시무효죄, 공무상 보관물무효죄 등에 의해서 불법 취득한 경우도 장물이 성립할 수 있다.

④ 장물에 대해서 절도, 강도, 사기 등을 범한 경우, 재산범죄 외에도 장물죄 성립이 가능하다고 본다.

(2) (위법재산상태) 유지설

① 본범이 영득한 재물을 취득·이전 받음으로써 본범에 의한 위법한 재산상태를 본범 또는 점유자(장물범)와의 합의 하에 유지·존속시키는 것이 장물죄의 본질이라고 보므로, 본범을 재산범죄로 한정하지 아니한다.

② 유지설에 의하더라도 본범이 소유권을 획득한 경우라면 피해자에게 추구권이 없으므로 본범에게 위법성도 없게 되는 것이라서 이를 취득·이전받더라도 장물죄가 되지 않는다는 점에서 추구권설과 유사하다. 다만, 추구권이 없는 불법원인급여물도 장물이 성립할 여지가 있다고 본다. 왜냐하면, 유지설은 추구권(반환청구권)의

유무와는 관계없이 위법 재산상태에 있는 재물을 장물로 보기 때문에, 불법원인급여도 위법성을 인정할 수 있기 때문이다.

③ 위법상태가 인정될 수 있는 뇌물죄, 도박죄, 통화위조죄, 문서위조죄 등으로 취득한 재물도 장물죄 성립이 가능하다.

④ 장물에 대해서 절도, 강도, 사기 등을 범한 경우 본범과 재물의 점유자(장물범) 사이의 합의가 없기 때문에 장물죄가 성립하지 않는다.

(3) 공범설(이익관여설)

① 본범이 취득한 범죄이익에 장물범이 참여·가담하는 행위가 장물죄의 본질이라고 보므로, 장물죄가 성립하려면 주관적 이득 의사가 필요하다.

② 장물범이 본범의 피해자와 관련성이 인정된다면, 불법원인급여, 대체장물, 본범이 소유권을 취득한 재물 등에 대해서도 널리 장물죄를 인정할 수 있다.

(4) 결합설

장물죄는 위법재산상태의 유지와 피해자의 추구권(사법상 반환청구권)을 곤란하게 만들어서 재산상 손해를 심화시킨다는 점에 본질이 있다고 본다. (다수설) 대체로 장물의 취득, 운반, 보관, 알선은 위법 재산상태 유지설에 따르는 편이고, 장물 양도죄는 추구권설에 따르는 편이다. 즉 일관성을 보이고 있지는 않다.

> **관련판례**
>
> ① 장물인 정을 모르고 보관하던 중 장물인 정을 알게 되었고, 위 장물을 반환하는 것이 불가능하지 않음에도 불구하고 계속 보관함으로써 피해자의 정당한 반환청구권 행사를 어렵게 하여 위법한 재산상태를 유지시킨 경우에는 장물보관죄에 해당한다. (대법원 87도1633) = 추구권설의 입장
>
> ② 절도 범인으로부터 장물보관 의뢰를 받은 자가 그 정을 알면서 이를 인도받아 보관하고 있다가 임의 처분하였다 하여도 장물보관죄가 성립하는 때에는 이미 그 소유자의 소유물 추구권을 침해하였으므로 그 후의 횡령행위는 불가벌적 사후행위에 불과하여 별도로 횡령죄가 성립하지 않는다. (대법원 2003도8219) = 결합설의 입장

II 장물의 개념

1 재물

① **재산범죄에 의하여 불법하게 취득된 재물**이다. 장물은 재물에 한정되는데, 동산·부동산 불문하며, 관리할 수 있는 동력도 장물이 될 수 있다. (대법원 72도971)

② 재산상의 이익이나 권리는 장물이 아니다. 다만 권리가 화체되어 있는 재물(유가증권이나 승차권 등)은 장물이 될 수 있다.

> **관련판례**
>
> ① 전화가입권의 실체는 가입권자가 전화관서로부터 전화역무를 제공받을 하나의 채권적 권리이며, 이는 하나의 재산상의 이익은 될지언정 위에 말한 장물의 범주에 속하지 아니한다. (대법원 70도2589)
>
> ② **재산상 이익이나 권리**는 이죄의 객체가 되지 못한다. 따라서 **이중매매 된 부동산이나 양도담보로 제공**된 **부동산은 장물이 될 수 없다.** (대법원 81도618) = 순수이득죄인 배임죄가 본범이기 때문이다.

2 본범에 관한 요건

(1) 재산범죄

장물죄의 본범은 재산범죄 중에서 재물을 행위 객체로 하는 재산죄이어야 한다. 즉, 절도죄, 강도죄, 사기죄, 공갈죄, 횡령죄, 권리행사방해죄, 장물죄, 배임수재·증재죄는 장물죄의 본범이 되지만(대법원 2004도5904), **배임죄, 컴퓨터 등 사용사기죄는 재산상 이익만을 객체로 하므로 장물죄의 본범이 될 수 없다.**

(2) 영득한 재물

① 영득한 재물이어야 하므로, 영득죄가 아닌 손괴죄는 본범이 될 수 없다.
② **문서위조죄상 위조문서, 통화위조죄상 위조통화는 재산범죄의 재물이 아니므로 장물이 아니다.**
③ **불가벌적 사후행위**에 의해 취득한 물건도 장물이 될 수 있다.
④ 본범은 타인이어야 한다. 공동정범, 간접정범은 장물죄의 주체가 될 수 없으나, 교사범이나 방조범은 정범의 범죄에 가담한 타인의 행위이므로 장물범이 성립할 수 있다.
⑤ 장물죄의 본범인 횡령죄에서 재물의 타인성 등과 관련된 법률관계에 외국적 요소가 있는 경우, 우리 법의 귀속관계 규정에 의해서 결정한다. 장물죄에 있어서 본범의 행위에 관한 법적 평가는 그 행위에 대하여 우리 형법이 적용되지 아니하는 경우에도 우리 형법을 기준으로 하여야 한다. (대법원 2010도15350)
⑥ 본범과 장물범의 시간적 관계에서, 본범은 장물죄보다 먼저 행해져야 하고, **본범은 기수에 이르러야 한다.** 다만, 강도살인죄, 강도강간죄와 같은 결합범의 경우에는 재산죄(즉 강도죄)가 기수에 이르면 족하다.

> **관련판례**
>
> ① 장물은 재산범죄에 의하여 영득하게 된 재물자체를 의미하므로 이중매매로 인하여 배임죄가 성립된 대상 부동산을 매수한 경우에는 장물취득죄가 성립하지 않는다. (대법원 74도2804)
> ② 甲이 회사 자금으로 乙에게 주식매각 대금조로 금원을 지급한 경우, 그 금원은 단순히 횡령행위에 제공된 물건이 아니라 횡령행위에 의하여 영득된 장물에 해당한다고 할 것이고, 나아가 설령 甲이 乙에게 **금원을 교부한 행위 자체가 횡령행위라고 하더라도 이러한 경우 甲의 업무상횡령죄가 기수에 달하는 것과 동시에 그 금원은 장물**이 된다. (대법원 2004도5904)
> ③ 형법 제41장의 장물에 관한 죄에 있어서의 '장물'이라 함은 재산범죄로 인하여 취득한 물건 그 자체를 말하므로, 재산범죄를 저지른 이후에 별도의 재산범죄의 구성요건에 해당하는 사후행위가 있었다면 비록 그 행위가 불가벌적 사후행위로서 처벌의 대상이 되지 않는다 할지라도 그 사후행위로 인하여 취득한 물건은 재산범죄로 인하여 취득한 물건으로서 장물이 될 수 있다. (대법원 2004도353)
> ④ 장물인 현금 또는 수표를 금융기관에 예금의 형태로 보관하였다가 이를 반환하기 위하여 인출한 동일한 액수의 현금은 물리적 동일성은 상실되었지만 액수에 의하여 표시되는 **금전적 가치에는 아무런 변동이 없으므로** 장물이다. (대법원 98도2579)
> ⑤ **컴퓨터등사용사기죄의 범행**으로 예금채권을 취득한 다음 자기의 현금카드를 사용하여 현금자동지급기에서 현금을 인출한 경우, 그 현금인출행위에 대해서 절도죄나 사기죄가 성립하지 않음은 물론 그 인출된 현금은 재산범죄에 의하여 취득한 재물이 아니므로 장물에 해당하지 않는다. 甲이 권한 없이 인터넷 뱅킹으로 타인의 예금계좌에서 자신의 예금계좌로 돈을 이체한 후 그 중 일부를 인출하여 그 정을 아는 乙에게 교부한 경우, 장물취득죄가 성립하지 아니한다. (대법원 2004도353) = 컴퓨터등사용사기에 의해 취득한 예금채권
> ⑥ 대한민국 국민 또는 외국인이 미국 캘리포니아주에서 미국 리스회사와 미국 캘리포니아주의 법에 따라 차량 이용에 관한 리스계약을 체결하였는데, 이후 자동차수입업자인 피고인이 리스기간 중 위 리스이용자들이 임의로 처분한 위 차량들을 수입한 경우, **장물취득죄**가 성립한다. 횡령죄가 성립하기 위하여는 그 주체가 '타인의 재물을 보관

하는 자'이어야 하고, 타인의 재물인가 또는 그 재물을 보관하는가의 여부는 민법·상법 기타의 민사실체법에 의하여 결정되어야 한다. 따라서 타인의 재물인가 등과 관련된 법률관계에 당사자의 국적·주소, 물건 소재지, 행위지 등이 외국과 밀접하게 관련되어 있어서 국제사법 제1조 소정의 외국적 요소가 있는 경우에는 **다른 특별한 사정이 없는 한 국제사법의 규정에 좇아 정하여지는 준거법을 1차적인 기준으로 하여 당해 재물의 소유권의 귀속관계 등을 결정하여야** 한다. (대법원 2010도15350)

3 재물의 동일성

① 재물은 동일성이 인정되는 것이어야 한다. 원형이 다소 변경되어도 동일성이 인정된다면 장물로 본다. 예컨대, 절도품인 반지를 녹여 금괴로 만든 경우 장물이다.

② 그리고 장물인 통화(금전)를 다른 통화로 환전한 경우, 은행에 예금했다가 인출한 금원은 동일성이 인정된다고 보아 장물로 본다. 즉 장물인 현금 또는 수표를 금융기관에 예금의 형태로 보관하였다가 이를 반환받기 위하여 동일한 액수의 현금 또는 수표를 인출한 경우에 예금계약의 성질상 그 인출된 현금 또는 수표는 당초의 현금 또는 수표와 물리적인 동일성이 상실되었지만 액수에 의하여 표시되는 금전적 가치에는 아무런 변동이 없으므로 장물로서의 성질은 그대로 유지된다고 봄이 상당하고, 자기앞수표도 그 액면금을 즉시 지급받을 수 있는 등 현금에 대신하는 기능을 가지고 거래상 현금과 동일하게 취급되고 있는 점에서 금전의 경우와 동일하게 보아야 한다. (대법원 98도2579)

③ 또는 甲이 절도범 乙로부터 장물이라는 정을 알면서도 자기앞수표를 교부받아 이를 음식대금으로 지급하고 거스름돈을 환불 받은 경우도 甲에게는 장물취득죄가 성립한다고 본다. (대법원 93도213)

④ 그러나 동일성이 인정되지 않는 경우, 예컨대, 절취한 문서나 입시문제를 복사한 사본, **장물을 전당잡은 전당표는 장물이 아니다.** 역시 대체장물, 즉 장물의 매각대금(대법원 72도971), 장물인 금전으로 구입한 물건에 대해서는 판례는 장물성을 부정한다.

■ 장물성의 여부

장물이 인정	장물이 부정
① 장물인 귀금속을 금괴로 만든 경우	① **장물을 매각한 대금** (대법원 72도971)
② 원화를 달러로 환전한 경우	② 장물인 돈으로 매수한 물건
③ 수표를 현금으로 교환한 경우 (대법원 2004도134)	③ 장물과 교환한 물건
④ 금융기관에 **예금의 형태로 보관하였다가 이를 반환받기 위하여 동일한 액수의 현금을 인출한 경우** (대법원 98도2579)	④ **장물을 전당잡은 전당표** (대법원 73도58)
⑤ 대표이사 甲이 회사 자금으로 乙에게 주식매각 대금조로 금원을 지급한 경우 그 금원 (대법원 2004도5904)	⑤ 공소시효가 완성된 재물 (대법원 80도86)
⑥ **절취한 예금통장을 이용하여 찾은 현금의 경우** = 절도죄의 장물성이 아니라 사기죄의 장물성이 인정	⑥ 전화가입권(대법원 70도2589) = 권리임.
⑦ 리프트 탑승권 발매기를 전산 조작하여 위조한 탑승권을 발매기에서 뜯어간 행위 (대법원 98도2967)	⑦ **이중매매 된 부동산, 양도담보로 제공된 부동산** (대법원 81도618)
⑧ 재산범죄를 저지른 이후에 별도의 재산범죄의 구성요건에 해당하는 사후행위가 있었다면 비록 그 행위가 불가벌적 사후행위로서 처벌의 대상이 되지 않는다 할지라도 그 사후행위로 인하여 취득한 물건	⑧ 수뢰죄에 의해 수수된 뇌물
	⑨ **문서위조죄에 의해 만들어진 위조문서**
	⑩ **임산물단속에 관한 법률 위반죄에 의하여 생긴 임산물** (대법원 74도1804)
⑨ 산림법 제39조 소정의 절취한 임산물	⑪ 수렵법·수산업법에 위반하여 포획한 목적물
	⑫ 컴퓨터등사용사기죄 범행으로 예금채권을 취득한 다음 자기의 현금카드를 사용하여 현금자동지급기에서 인출한 현금 (대법원 2004도353)

4 본범의 실현정도

(1) 구성요건해당성·위법성

① 본범인 재산범죄는 구성요건에 해당하고 위법하면 족하고, 본범이 유책하거나 처벌조건·소추조건을 갖출 필요는 없다. (대법원 2010도15350)

② 본범이 기소되거나 유죄의 확정판결을 받았을 것을 요하지도 않는다. 따라서 재산범죄를 저지른 이후 별도의 재산범죄의 구성요건에 해당하는 사후행위가 있었다면 비록 불가벌적 사후행위로 처벌대상이 되지 않는다 하더라도 사후행위로 인하여 취득한 물건은 장물이 될 수 있다. (대법원 2004도353)

③ 그러나 본범의 공소시효가 완성되어 국가형벌권을 발동할 수 없는 단계에 이르면 장물성은 상실한다. (대법원 80도86)

(2) 기수

장물죄가 성립하기 위해서는 본범이 기수에 이르러야 한다. 본범이 미수상태에 있는 경우에는 본범의 공범이 될 뿐이다.

III 행위: 장물취득·양도·운반·보관·알선죄

형법

제362조 【장물의 취득, 알선 등】 ① 장물을 취득, 양도, 운반 또는 보관한 자는 7년 이하의 징역 또는 1천500만원 이하의 벌금에 처한다.
② 전항의 행위를 알선한 자도 전항의 형과 같다.

1 의의

본죄는 장물을 취득, 양도, 운반, 보관 또는 알선함으로써 성립하는 범죄이다.

2 객관적 구성요건

(1) 행위의 주체

1) 본범의 정범이 아닌 자

장물죄의 주체는 본범(합동범 포함) 및 그 공동정범·간접정범이 아닌 자이다. 즉 본범의 정범은 장물죄의 주체가 될 수 없다. 따라서 본범의 정범은 장물죄의 주체가 될 수 없으므로 장물행위가 있더라도 구성요건 해당성이 없다.

관련판례 장물죄 주체(정범 이외의 자)

① 특수강도의 범행을 모의한 이상 범행의 실행에 가담하지 아니하고, 공모자들이 강취해 온 장물의 처분을 알선만 하였다 하더라도, 특수강도의 공동정범이 된다 할 것이므로 장물알선죄로 의율할 것이 아니다. (대법원 82도3103) = 특수강도의 공동정범은 장물죄 주체될 수 없다.

② 평소 본범과 공동하여 수차 상습으로 절도등 범행을 자행함으로써 실질적인 범죄집단을 이루고 있었다 하더라도, 당해 범죄행위의 정범자(공동정범이나 합동범)로 되지 아니한 이상 이를 자기의 범죄라고 할 수 없고 따라서 그 장 정범이 아닌 물의 취득을 불가벌적 사후행위라고 할 수 없다. (대법원 86도1273) = 이상 장물죄 주체 될 수 없다.

2) 본범의 공범

본범에 대한 협의의 공범(교사범·종범)은 장물죄의 주체가 될 수 있다.

> **관련판례**
> 횡령 교사를 한 후 그 횡령한 물건을 취득한 때에는 횡령교사죄와 장물취득죄의 경합범이 성립된다. (대법원 69도692)

(2) 개별 유형

1) 장물취득죄

① **취득의 개념**

㉠ 장물취득죄에서 취득이란 점유를 이전받음으로써 그 장물에 대하여 사실상의 처분권을 획득하는 것을 의미하는 것이므로, 단순히 보수를 받고 본범을 위하여 장물을 일시사용하거나 그와 같이 사용할 목적으로 장물을 건네받은 것만으로는 장물을 취득한 것으로 볼 수 없다. (대법원 2003도1366)

㉡ 점유의 이전과 처분권의 확득이라는 두 요소가 있어야 한다.

② **장물에 대한 인식**

㉠ 장물취득죄는 취득 당시 장물인 정을 알면서 재물을 취득하여야 성립하는 것으로, 취득 당시에 장물일지 모른다는 식의 **미필적 인식으로서 충분하다.** (대법원 94도1968, 99도3590) 계약시에는 몰랐더라도 인도시에 장물임을 안 경우도 인식이 있으므로 장물취득죄가 성립한다.

㉡ 하지만, 피고인이 재물을 인도받은 후에 비로소 장물이 아닌가 하는 **의구심**을 가졌다고 하여 그 재물수수행위가 장물취득죄를 구성한다고 할 수 없다. (대법원 71도468, 2004도6084)

2) 장물양도죄

① **양도의 범위**

㉠ 양도는 취득 시에는 장물인지 모르고 수취하였으나 이후 장물임을 알면서 제3자에게 유상·무상으로 수여하는 행위를 말한다. 처음부터 알고 수취하였다가 제3자에게 양도하는 경우는 장물취득죄에 해당할 뿐이고, 해당 양도 행위는 불가벌적 사후행위가 된다.

㉡ 유상·무상 불문하며 제3자의 선의·악의 역시 불문한다.

② **양도의 기수시기**

㉠ 장물양도죄는 현실적인 점유이전이 있어야 기수가 되며 양도계약만으로 부족하다.

㉡ 피고인이 도난차량인 미등록 수입자동차를 취득하여 신규등록을 마친 후 위 자동차가 장물일지도 모른다고 생각하면서 이를 양도한 경우, 피고인에게 장물양도죄가 성립한다. (대법원 2009도3552)

3) 장물운반죄

① **운반**

㉠ 운반은 장물임을 알면서 장물의 소재를 장소적으로 이전하는 것이다.

㉡ 유상·무상을 불문한다.

② **본범자와 공동운반**

본범이 장물을 운반하는 것은 장물죄가 성립하지 않는다. 따라서 장물인 정을 알고 제3자가 본범자와 공동하여 장물을 운반한 경우 본범자는 장물죄에 해당하지 않으나 제3자에 대해서는 본죄가 성립한다.

③ 간접정범

장물임을 모르는 자를 이용하여 운반하는 때 본죄의 간접정범이 된다.

④ 타죄와 관계

㉠ 장물 취득자가 운반하거나 양도를 위해 운반하는 경우는 각기 취득죄 및 양도죄가 성립하기 때문에 운반죄가 되기 위해서는 취득죄와 양도죄가 성립하지 않는 경우이어야 한다.

㉡ 장물인 정을 모르고 취득하거나 보관한 자가 그 정을 알면서 운반한 때에는 장물운반죄가 성립한다.

관련판례

① 타인이 절취, 운전하는 승용차의 뒷자석에 **편승**한 것을 가리켜 장물운반행위의 실행을 분담하였다고는 할 수 없다. (대법원 83도1146)
② 본범자와 공동으로 장물을 운반한 경우 본범자는 장물죄에 해당하지 않으나 그 외의 자는 장물운반죄를 구성하므로, 피고인이 본범이 절취한 차량이라는 정을 알면서 그들이 위 차량을 이용하여 강도를 하려 함에 있어 차량을 운전해 달라는 부탁을 받고 운전해준 경우는, **강도예비죄와 아울러 장물운반죄가 성립하여 상상적 경합관계에 있다.** (대법원 98도3030)

4) 장물보관죄

① 보관의 개념

보관이란 장물임을 알면서 위탁을 받아 장물을 자기의 점유하에 두는 것인데, 장물보관죄 역시 취득, 양도, 운반죄가 성립한 경우는 불가벌적 사후행위가 되어 별도로 장물보관죄는 성립하지 아니한다.

② 장물취득죄와 구별

㉠ **장물인 정을 모르고 보관 중에 장물임을 알게 된 경우**, 장물을 반환하는 것이 불가능하지 않음에도 계속 보관하였다면, 위법한 재산상태를 유지한 것이므로 장물보관죄에 해당한다. (대법원 87도1633)

㉡ 다만, 이와 같은 경우에도 <u>점유할 권한이 있는 때에는 이를 계속 보관하더라도 장물보관죄가 성립하지 않는다.</u> (대법원 85도2472, 2004도6084)

> 예 채권의 담보로 교부받은 수표가 장물이라는 사실을 알게 되었으면서도 이를 계속 보관한 경우이다. 즉 채권담보로 교부받았기 때문에 점유할 권한이 있어 장물보관죄는 성립하지 않는 것이다.

5) 장물알선죄

① 알선

장물의 취득, 양도, 보관, 운반을 매개하거나 주선하는 것을 말한다. 유상·무상을 불문하며 법률행위·사실행위를 불문한다.

② 기수시기

기수시기는 판례는 알선행위시를 취한다.

> **관련판례**
>
> ① 알선이란 장물을 취득·양도·운반·보관하려는 당사자 사이에 서서 이를 중개하거나 편의를 도모하는 것을 의미한다. 따라서 장물인 정을 알면서, 장물을 취득·양도·운반·보관하려는 당사자 사이에 서서 서로를 연결하여 장물의 취득·양도·운반·보관행위를 **중개하거나 편의를 도모**하였다면, 그 알선에 의하여 **당사자 사이에 실제로 장물의 취득·양도·운반·보관에 관한 계약이 성립하지 아니하였거나 장물의 점유가 현실적으로 이전되지 아니한 경우라도 장물알선죄가 성립한다.** (대법원 2009도1203)
> ② 장물인 귀금속의 매도를 부탁받은 피고인이 그 귀금속이 장물임을 알면서도 매매를 중개하고 매수인에게 이를 전달하려다가 매수인을 만나기도 전에 체포되었다 하더라도, 위 귀금속의 매매를 **중개함으로써 장물알선죄가 성립한다.** 즉 장물인 정을 알면서 장물을 취득·양도·운반·보관하려는 당사자 사이에 서서 서로를 연결하여 장물의 취득, 양도, 운반, 보관행위를 중개하거나 편의를 도모하였다면, 그 알선에 의해 당사자 사이에 실제로 장물의 취득, 양도, 운반, 보관에 관한 계약이성립하지 아니하였거나 장물의 점유가 현실적으로 이전되지 아니한 경우라도 장물알선죄는 성립한다는 것이다. (대법원 2009도1203)

IV 주관적 구성요건

1 고의

① 장물죄는 고의가 필요하다. 이때 장물의 인식은 확정적 인식임을 요하지 않으며 장물일지도 모른다는 의심을 가지는 정도의 미필적 인식으로서 충분하다. (대법원 99도3590, 2009도3552) 다만, 불법영득의 의사는 필요로 하지 아니한다.

② 본범의 범죄를 구체적으로 알아야 하는 것도 아니며, 피해자가 누구인지 본범의 일시와 장소 등도 인식할 필요까지는 없다.

2 불법영득의사

불법영득의사가 필요한가에 관하여 불요설과 필요설이 대립하고 있으나 다수설은 장물취득죄는 불법영득의사가 필요하다는 입장이다. 양도·운반·보관·알선죄는 불법영득의사 불요하다는 입장이다.

V 장물죄의 친족간 특례

형법

제365조【친족간의 범행】 ① 전3조의 죄를 범한 자와 피해자간에 **제328조 제1항**(직계혈족, 배우자, 동거친족, 그 배우자), **제2항**(1항 이외의 친족: 비동거친족)의 **신분관계**가 있는 때에는 동조의 규정을 준용한다.
② 전3조의 죄를 범한 자와 본범간에 **제328조 제1항**(직계혈족, 배우자, 동거친족, 그 배우자)의 **신분관계**가 있는 때에는 그 형을 감경 또는 면제한다. 단, 신분관계가 없는 공범에 대하여는 예외로 한다.

① 제365조 제1항(장물범과 피해자간에 친족관계가 있는 경우)

이 경우에는 친족간 특례의 원칙 규정인 제328조 제1항과 제2항이 그대로 적용되어 직계혈족, 배우자, 동거친족, 동거가족 또는 그 배우자간에는 그 형을 면제한다. (필요적 면제) 또한 제1항 이외의 친족간에는 고소가 있어야 죄를 논한다. (상대적 친고죄)

② 제365조 제2항(장물범과 본범간에 신분관계가 있는 경우)

이 경우는 장물범과 본범간에 제328조 제1항의 친족관계, 즉 직계혈족, 배우자, 동거친족, 동거가족 또는 그 배우자의 관계에 있는 경우에만 필요적 감면한다. 그러나 그 이외의 친족관계에 대해서는 아무런 고려를 하지 않고 있다.

> **참고**
> - 어머니가 아들이 절취하여 갖고 온 장물을 취득하여 보관한 경우 어머니에 대해서는 그 형을 감경 또는 면제한다.(○)

VI 죄수

1 장물죄 안에서의 죄수

① 장물을 취득한 자가 이를 운반하거나 보관하더라도 장물취득죄만 성립한다.

② 장물을 알선하기 위해 운반, 보관 후 알선한 경우는 장물알선죄만 성립한다.

③ 장물인 정을 모르고 보관하다가 나중에 안 경우, 위 장물을 반환하는 것이 불가능하지 않음에도 불구하고 계속 보관함으로써 피해자의 정당한 반환청구권행사를 어렵게 하여 위법한 재산상태를 유지시킨 경우에는 **장물보관죄가 성립하며, 장물취득죄는 성립하지 않는다.** (대법원 87도1633)

④ 절도 범인으로부터 장물보관 의뢰를 받은 자가 그 정을 알면서 이를 인도받아 보관하고 있다가 임의로 처분한 경우 장물보관죄가 성립하는 때에는 별도로 횡령죄가 성립하지 않는다. (대법원 2003도8219) = 장물보관자가 횡령하면 장물보관죄만 성립한다. 횡령은 **불가벌적 사후행위**가 되는 것이다. 심지어 업무상 과실로 장물을 보관하고 있다가 임의처분한 경우에도 업무상 과실장물보관죄 이외에 별도로 횡령죄가 성립하지 아니한다.

⑤ 즉 장물에 대해 절도, 강도, 사기, 공갈, 횡령 등이 행해질 때 이들 범죄이외에 따로 장물죄도 성립하는가의 문제가 제기된다. 장물임을 모르고 절도, 강도, 사기, 공갈, 횡령 등을 행한 경우는 장물죄는 성립하지 않는다고 봄이 타당하다. 그리고 장물임을 알고 절도, 강도, 사기, 공갈, 횡령 등을 행한 경우도 장물죄가 성립하지 않는다고 본다.

2 본범과 장물죄

① 장물죄는 타인이 불법하게 영득한 재물에 대해서만 성립하는 것이고, 자기가 영득한 재물에 대해서는 성립되지 않는다. 따라서 본범의 정범이나 공동정범은 장물죄의 주체가 될 수 없다. 하지만 교사범이나 종범은 따로 장물죄를 범할 수 있다.

② 甲이 乙(20세)에게 시계점에서 시계를 훔쳐올 것을 교사하고 乙이 훔쳐온 시계를 매수한 경우, 甲에게는 절도교사죄와 장물취득죄의 경합범이 성립한다. (대법원 86도1273) = 장물죄는 타인(본범)이 불법영득한 재물의 처분에 관여하는 범죄로서 자기 범죄로 영득한 물건을 처분하는 것은 장물죄가 아니고 본범의 불가벌적 사후행위에 불과하다. 그러나 이때 자기 범죄라 함은 정범자(공동정범과 합동범 포함)에 한정되는 것이므로 평소 본범과 공동으로 수차 상습적으로 절도 등 범행을 수행했던 자라도, 당해 범죄행위에서 정범자가 아니라면 자기범죄라고 할 수 없다. 따라서 이 경우 장물취득을 불가벌적 사후행위라고 할 수 없다.

③ 횡령교사를 한 후 그 횡령한 물건을 취득한 때에는 횡령교사죄와 장물취득죄의 경합범이 성립된다. (대법원 69도692)

3 그 밖의 죄수

① 타인의 죄증을 인멸하기 위해 장물을 은닉한 경우, 증거인멸죄와 장물보관죄의 상상적 경합이 된다.

② 공무원이 장물인 정을 알면서 뇌물로 받은 경우, 수뢰죄와 장물취득죄의 상상적 경합이 된다.

③ 타인이 갈취한 재물을 절취한 경우 절도죄를 구성하고 장물취득죄는 성립되지 않는다. (대법원 66도1437)

VII 상습장물죄

형법

제363조 【상습범】 ① 상습으로 전조의 죄(장물죄)를 범한 자는 1년 이상 10년 이하의 징역에 처한다.
② 제1항의 경우에는 10년 이하의 자격정지 또는 1천500만원 이하의 벌금을 병과할 수 있다.

상습성으로 인하여 책임을 가중하는 가중적 요건이다. 상습범임에도 형의 2분의 1까지 가중하지 않고 별도로 법정형을 두고 있다.

> **관련판례**
>
> 상습범은 포괄일죄에 해당하므로 장물취득죄도 상습장물알선죄와 포괄일죄가 된다. (대법원 73도1848)

VIII 업무상과실·중과실 장물죄

형법

제364조 【업무상과실, 중과실】 업무상과실 또는 중대한 과실로 인하여 제362조의 죄를 범한 자는 1년 이하의 금고 또는 500만원 이하의 벌금에 처한다.

1 의의

업무상과실 또는 중과실로 장물죄를 범한 자를 처벌하는 범죄이다. 중고품상이나 전당포와 같이 장물을 취득하기 쉬운 업무자의 업무처리에 각별히 주의의무를 요구하는 규정이다.

2 성격

① 재산죄 가운데 과실범이 처벌되는 유일한 경우이다.

② 일반과실장물은 처벌하지 않으면서 **업무상과실 및 중과실만을 처벌한다.** 즉 가중적 구성요건이 아니다.

③ 업무상과실장물취득죄는 '업무'가 신분요소로 작용하는 경우로서, 업무자의 신분이 있는 경우에만 범죄가 성립하는 진정신분범이다.

관련판례

① 금팔찌를 전당잡으면서 소유자라고 자칭하는 자가 주민등록증을 분실하였다 하여 그 남편이라는 자의 주민등록증을 제시받아 전당물 대장에 동인의 주소, 성명, 연령과 전당물의 표시 등을 기재해 두었다면 전당포업주로서는 그 업무상 요구되는 상당한 주의의무를 다한 것이다. (대법원 83도1215)

② 전당포주가 전당포영업법 규정에 의한 전당물주의 신원확인절차를 거쳤다고 하여도 좀 더 세심한 주의를 기울였다면 전당물이 장물임을 알 수 있었음에도 불구하고 **이를 게을리하여** 장물인 정을 모르고 전당잡은 경우에는 업무상과실장물취득의 죄책을 면할 수 없다. (대법원 84도1413)

③ 로렉스 손목시계 1개를 전당잡음에 있어 甲의 주소지가 전당포와는 멀리 떨어진 곳이고, 나이는 20세에 불과하여 로렉스 손목시계를 소지하기에는 부적합한데도, 단순히 주민등록증만 확인하고 이를 전당잡아 장물을 보관한 사실이 인정된다면, 이에 대하여 **업무상과실장물취득죄가 인정**된다. (대법원 84도2732, 84감도429)

④ 전당포 경영자가 전당물을 입질받음에 있어 소유관계를 묻고 주민등록증을 제시받아 전당물 대장에 주소, 성명, 직업, 주민등록번호, 연령 등을 기재하였다면 특별한 사정이 없는 한 전당포 경영자로서의 주의의무를 다한 것이고 더 나아가 입질물품이 실제로 상대방의 소유인지의 여부 또는 전당물의 출처, 전당잡히려는 동기 등을 확인하여야 할 주의의무까지는 없다. (대법원 86도2077)

⑤ 14K 커플링반지를 매도한 19세의 乙이 얼마 지나지 아니하여 다시 판매가격이 54만 원이나 하는 반지 두 개를 가지고 와서 매수를 요청하면서 그 중량이나 가격조차 알지 못하였다면 금은방을 운영하는 피고인으로서는 乙의 신원확인을 하는 것을 넘어 이 사건 반지의 출처 및 소지경위 등에 대하여도 확인할 업무상 주의의무가 있다고 할 것임에도, 이를 확인하지 아니하였다면 **업무상과실장물취득죄**가 인정된다. (대법원 2003도348)

⑥ 피고인은 중고 휴대전화를 매입함에 있어 업무상 주의의무를 게을리 하여 장물인 휴대전화 34대를 매수하여 장물을 취득하였다. 피고인이 휴대전화 개통 여부를 확인할 수 있는 권한이나 방법은 없더라도 가개통 휴대전화 매입을 요청한 원심공동피고인 1이 휴대전화 판매점 점장으로 근무하고 있어 그에게 휴대전화의 개통 여부 및 개통 명의자, 정상적인 해지 여부 등을 쉽게 확인할 수 있었는데도 이를 하지 않았다고 보아 원심은 유죄로 판단하였다. 그러나 피고인과 같은 중고 휴대전화 매입 업무 종사자가 위 이동통신사가 보유하는 정보를 확인할 방법이 있는지, 이동통신사로부터 조회 권한을 부여받은 휴대전화 판매점 직원을 통해 정보를 확인하는 경우 개인정보 보호법, 정보통신망 이용촉진 및 정보보호 등에 관한 법률에 위반될 여지는 없는지 심리했어야 할 것이다. 이러한 원심판결에는 업무상과실장물취득죄에 있어서의 업무상 주의의무에 관한 심리미진, 법리오해로 판결에 영향을 미친 잘못이 있다. (대법원 2016도21178)

관련판례 장물죄 인정

① 甲이 乙(20세)에게 시계점에서 시계를 훔쳐올 것을 교사하고 乙이 훔쳐온 시계를 매수한 경우, 甲에게는 절도교사죄와 장물취득죄의 경합범이 성립한다. (대법원 86도1273) = 장물죄는 타인(본범)이 불법영득한 재물의 처분에 관여하는 범죄로서 자기 범죄로 영득한 물건을 처분하는 것은 장물죄가 아니고 본범의 불가벌적 사후행위에 불과하다. 그러나 이때 자기 범죄라 함은 정범자(공동정범과 합동범 포함)에 한정되는 것이므로 평소 본범과 공동으로 수차 상습적으로 절도 등 범행을 수행했던 자라도, 당해 범죄행위에서 정범자가 아니라면 자기범죄라고 할 수 없다. 따라서 이 경우 장물취득을 불가벌적 사후행위라고 할 수 없다.

② 장물인 정을 모르고 보관하던 중 장물인 정을 알게 되었고, 위 장물을 반환하는 것이 불가능하지 않음에도 불구하고 계속 보관한 경우 장물보관죄에 해당한다. (대법원 87도1633)

③ 甲이 절도범 乙로부터 장물이라는 정을 알면서도 자기앞수표를 교부받아 이를 음식대금으로 지급하고 거스름돈을 환불 받은 경우도 甲에게는 장물취득죄가 성립한다고 본다. (대법원 93도213)

④ 장물인 귀금속의 매도를 부탁받은 피고인이 그 귀금속이 장물임을 알면서도 매매를 중개하고 매수인에게 이를 전달하려다가 매수인을 만나기도 전에 체포되었다 하더라도, 위 귀금속의 매매를 **중개함으로써 장물알선죄가 성립한다**. 즉 장물인 정을 알면서 장물을 취득·양도·운반·보관하려는 당사자 사이에 서서 서로를 연결하여 장물의

취득·양도·운반·보관행위를 중개하거나 편의를 도모하였다면, 그 알선에 의해 당사자 사이에 실제로 장물의 취득, 양도, 운반, 보관에 관한 계약이 성립하지 아니하였거나 장물의 점유가 현실적으로 이전되지 아니한 경우라도 장물알선죄는 성립한다. (대법원 2009도1203)
⑤ 피고인이 도난차량인 미등록 수입자동차를 취득하여 신규등록을 마친 후 위 자동차가 장물일지도 모른다고 생각하면서 이를 양도한 경우, 피고인에게 장물양도죄가 성립한다. (대법원 2009도3552)

관련판례 **장물죄 부정**

① 장물을 팔아서 얻은 돈인 줄을 피고인이 알고 취득하였더라도 장물취득죄가 성립하는 것은 아니다. (대법원 72도971) = 장물은 본범이 영득한 재물 자체를 말하는 것으로, 장물을 팔아서 얻은 돈은 이미 장물성을 찾아볼 수 없는 것이 원칙이다.
② 장물은 재산범죄에 의하여 영득하게 된 재물자체를 의미하므로 이중매매로 인하여 배임죄가 성립된 대상 부동산을 매수한 경우에는 장물취득죄가 성립하지 않는다. (대법원 74도2804)
③ 명의신탁부동산의 신탁행위에 있어서는 수탁자가 외부관계에 대하여 소유자로 간주되므로 이를 취득한 제3자는 수탁자가 신탁자의 승낙없이 매각하는 정을 알고 있는 여부에 불구하고 장물취득죄가 성립하지 아니한다. (대법원 79도2410)
④ 단순히 보수를 받고 본범을 위하여 장물을 일시 사용하거나 그와 같이 사용할 목적으로 장물을 건네받은 경우도 장물을 취득한 것에 해당하지 않는다. 즉 장물취득죄가 성립하지 아니한다. (대법원 2003도1366)
⑤ 甲이 권한 없이 인터넷 뱅킹으로 타인의 예금계좌에서 자신의 예금계좌로 돈을 이체한 후 그 중 일부를 인출하여 그 정을 아는 乙에게 교부한 경우, 장물취득죄가 성립하지 아니한다. 장물인 현금을 예금의 형태로 보관하였다가 이를 반환하기 위하여 동일한 액수의 현금은 물리적 동일성은 상실되었지만 액수에 의하여 표시되는 금전적 가치에는 아무런 변동이 없으므로 장물이지만, 그러나 컴퓨터사용사기죄 범행으로 예금채권을 취득한 다음 자기의 현금카드를 사용하여 현금자동지급기에서 현금을 인출한 경우 그 현금인출행위에 대해서 절도죄가 성립하지 않음은 물론 그 인출된 현금은 장물에 해당하지 않는다. (대법원 2004도353)
⑥ 갑이 을을 기망하여 을이 갑의 계좌로 현금 1천만 원을 송금한 경우, 갑이 사기죄로 취득한 것은 예금채권이라기보다 현금 그 자체를 송금형식으로 취득한 것으로 봐서 재산상 이익이 아니라 재물로 보므로 당해 현금 1천만 원은 장물에 해당할 것이다. 다만 본범의 사기행위는 피고인이 예금계좌를 개설하여 본범에게 양도한 방조행위가 가공되어 본범에게 편취금이 귀속되는 과정 없이 피고인이 피해자로부터 피고인의 예금계좌로 돈을 송금받아 취득함으로써 종료되는 것이고, 이후 피고인이 자신의 예금계좌에서 돈을 인출하였더라도 이 인출행위를 장물취득죄로 벌할 수는 없다. (대법원 2010도6256) = 사기방조로 취득한 재물에 대해 별도 장물취득죄는 성립하지 않는다.

Section 10 손괴죄

I 서설

1 조문 체계

범죄	조문	구성요건		미수	예비
재물손괴	제366조	타인의 재물·문서 또는 전자기록 등 특수매체기록을 손괴 또는 은닉 기타 방법으로 그 효용을 해하는 경우		○	×
공익건조물파괴	제367조	공익에 공하는 건조물을 파괴하는 경우		○	×
중손괴	제368조 제1항	재물손괴죄와 공익건조물파괴죄를 범하여 사람의 생명 또는 신체에 대하여 위험을 발생하게 하는 경우		×	×
손괴치상	제368조 제2항	재물손괴죄와 공익건조물파괴죄를 범하여 사람을	상해에 이르게 한 경우	×	×
손괴치사			사망에 이르게 한 경우	×	×
특수손괴	제369조	단체 또는 다중의 위력을 보이거나 위험한 물건을 휴대하여	재물을 손괴한 경우	○	×
			공익건조물을 파괴한 경우		
경계침범	제370조	경계표를 손괴·이동 또는 제거하거나 기타 방법으로 토지의 경계를 인식불능하게 하는 경우		×	×

2 의의 및 보호법익

① 미수처벌규정은 손괴, 특수손괴, 공익건조물파괴죄에는 있고, 중손괴, 손괴치사상, 경계침범죄에는 없다.

② 친족상도례가 적용되지 않는다.

③ 보호법익에 관해서는 손괴죄는 소유권의 이용가치, 공익건조물파괴죄는 소유권과 건조물의 유지라는 공공의 이익, 경계침범죄는 토지 권리관계의 명확성과 토지소유권의 이용가치라고 본다.

④ 재물죄이지만, 불법영득의사가 필요 없는 범죄유형이다.

II 손괴죄

형법

제366조【재물손괴 등】 타인의 재물, 문서 또는 전자기록등 특수매체기록을 손괴 또는 은닉 기타 방법으로 기 효용을 해한 자는 3년이하의 징역 또는 700만원 이하의 벌금에 처한다.

제371조【미수범】 제366조, 제367조와 제369조의 미수범은 처벌한다.

1 객관적 구성요건

(1) 객체

   1) 재물

   ① 재물은 반드시 경제적 교환가치를 가진 것임을 요하지 않으며 이용가치나 효용을 가진 것으로 족하다.
   (대법원 74도3442)

② 객체는 재물로서 타인의 소유이어야 한다. 재물손괴죄는 타인의 재물을 손괴 또는 은닉하거나 기타의 방법으로 그 효용을 해하는 경우에 성립하고, 여기서 타인의 재물을 손괴한다는 것은 **타인과 공동으로 소유하는 재물을 손괴하는 경우도 포함**된다. (헌법재판소 2016헌마160)

③ 본래 용도에 사용할 수 없으나 다른 용도에 사용할 수 있다면 이는 재물손괴죄의 객체가 된다. (대법원 2007도5207)

> **관련판례**
> ① 재건축사업으로 철거예정이고 그 입주자들이 모두 이사하여 아무도 거주하지 않은 채 비어 있는 아파트라 하더라도, 재물손괴죄의 객체가 된다. (대법원 2007도5207, 2009도8473)
> ② 재건축사업으로 철거가 예정되어 있는 아파트를 가집행선고부 판결을 받아 철거한 행위는 형법 제20조 정당행위에 해당한다. (대법원 2009도8473)

2) 문서

① 공문서이든 사문서이든 불문하며 권리의무에 관한 문서이든 사실증명에 대한 문서이든 묻지 않으며 편지나 도화나 유가증권도 본죄의 문서에 포함된다.

② 만일 자기소유 재물이나 문서를 손괴하는 것은 재물손괴죄가 성립하지 않고, 권리행사방해죄나 공무상보관물무효죄가 성립할 수 있다.

③ 문서의 경우 타인소유이면 자기명의이든 타인명의이든 상관없다. 즉 자기명의라도 타인소유인 문서(예 채권자에게 채무자 자신이 써 준 차용증)를 훼손하는 경우 문서손괴죄에 해당한다.

■ **문서손괴죄와 문서변조죄 구분: 문서의 내용을 변경한 경우**

내용	결론
타인명의 문서의 내용을 변경한 경우	타인소유·자기소유를 불문하고 문서변조죄가 성립
자기명의의 문서의 내용을 변경한 경우	타인소유인 경우에 한하여 문서손괴죄가 성립 자기소유인 경우에는 무죄
연명문서의 내용의 일부를 말소하고 새로운 사항을 기입하는 경우	문서변조죄가 성립

3) 전자기록 등 특수매체기록

① 사람의 지각으로 인식할 수 없는 방식에 의하여 만들어진 전자기록, 전기기록, 광학기록 등을 의미한다.

② 기록이란 매체물이 담고 있는 데이터의 기록자체만을 의미한다. 따라서 그 기록을 담고 있는 매체물(예 컴퓨터 디스켓, 레이저 디스크)는 재물에 해당하며 마이크로필름은 문서에 해당하고 영상기록은 재물에 해당한다.

4) 타인의 소유

① **개념**

재물, 문서, 전자기록 등 특수매체기록은 타인의 소유여야 한다. 타인이라 함은 자연인 이외 국가, 법인, 법인격 없는 단체를 포함한다.

② **범위**

㉠ **문서 이외의 재물**: 타인소유이면 자기점유·타인점유를 불문하고 본죄 객체가 되며 공유물은 공유자 상호간에 타인소유로 취급된다.

ⓒ **문서의 경우:** 타인소유이면 자기명의·타인명의 불문하고 본죄 객체가 된다. 따라서 자기명의의 타인소유문서를 소지인의 동의 없이 폐기하거나 내용을 변경하면 문서손괴죄이다.

(2) 행위

1) 손괴

① 손괴란 중요부분의 훼손을 요하는 것도 아니며 물건 자체가 소멸하는 것을 요하는 것이 아니라 **본래 효용(목적)으로 사용할 수 없게 된 경우**를 말한다. 훼손이 영구적일 필요도 없고 일시적으로도 손괴죄가 성립한다. (대법원 2007도2590)

② 이때 재물손괴죄에서 재물의 효용을 해한다고 함은 그 물건의 본래의 사용목적에 공할 수 없게 하는 상태로 만드는 것은 물론 일시 그것을 이용할 수 없는 상태로 만드는 것도 이에 해당한다. (대법원 92도1345)

2) 은닉

은닉이란 재물 또는 문서의 소재를 불분명하게 하여 그 발견을 곤란 또는 불가능하게 함으로써 그 효용을 해하는 것을 말한다. 따라서 반환을 거부한 경우도 은닉에 해당한다. (대법원 71도1576)

3) 기타의 방법

손괴 또는 은닉 이외의 방법으로 재물 등의 효용을 해하는 일체의 행위를 말한다. 이 때 물질적 훼손 뿐만 아니라 사실상·감정상 그 물건의 본래의 용도에 사용할 수 없게 하는 일체의 행위를 포함한다.

4) 실행의 착수 및 기수시기

실행의 착수시기는 효용을 해하는 행위를 개시한 때이고 기수시기는 효용이 훼손되었을 때이다.(침해범) 본죄의 미수범은 처벌한다.

2 주관적 구성요건

① 고의는 필요하지만, 영득죄가 아니므로 불법영득의사는 필요하지 않다.

② 재물손괴의 범의를 인정함에 있어서는 반드시 계획적인 손괴의 의도가 있거나 물건의 손괴를 적극적으로 희망하여야 하는 것은 아니고, 소유자의 의사에 반하여 재물의 효용을 상실케 하는 데 대한 인식이 있으면 된다. (대법원 93도2701)

③ 과실손괴란 없다.

3 위법성

손괴의 위법성은 위법성조각사유에 의해 조각될 수 있다. 단 피해자의 동의는 구성요건해당성을 조각하는 양해에 해당한다.

4 죄수

① 특수매체기록의 손괴 등을 통하여 업무를 방해하는 경우, 컴퓨터업무방해죄만 성립한다.

② 증거인멸이 동시에 재물손괴가 되는 경우, 증거인멸죄와 손괴죄의 상상적 경합이다.

③ 타인의 사무처리자가 위탁 재물을 손괴한 경우, 배임죄와 손괴죄의 상상적 경합이다.

관련판례 **손괴죄 인정**

① 타인 소유의 토지에 사용·수익의 권한 없이 농작물을 경작한 경우에 그 농작물의 소유권은 경작한 사람에게 귀속된다. 따라서 토지의 소유권자라 하더라도 타인의 모판을 함부로 파헤치는 경우 타인의 재물의 손괴하였다고 볼 수 있다. (대법원 68도906)

② 우물에 연결하고 땅속에 묻어서 수도관인의 역할을 하고 있는 고무호오스중 약 1.5미터를 발굴하여 우물가에 제쳐 놓음으로써 물이 통하지 못하게 한 행위는 호오스 자체를 물질적으로 손괴한 것이 아니라 할지라도 그 구체적인 역할을 하고 있는 고무호오스 효용을 해한 것이라고 볼 수 있다. (대법원 70도2378)

③ 포도주 원액이 부패하여 포도주 원료로서의 효용가치는 상실되었으나, 그 산도가 1.8도 내지 6.2도에 이르고 있어 식초의 제조등 다른 용도에 사용할 수 있는 경우에는 재물손괴죄의 객체가 될 수 있다. (대법원 78도2138)

④ 약속어음의 수취인이 은행에 보관시킨 약속어음을 은행지점장이 발행인의 부탁을 받고 그 지급기일란의 일자를 지움으로써 그 효용을 해한 경우, 문서손괴죄가 성립한다. (대법원 82도223)

⑤ 판결에 의하여 명도받은 토지의 경계에 설치해 놓은 철조망과 경고판을 치워 버림으로써 울타리로서의 역할을 해한 경우는 재물손괴죄에 해당한다. (대법원 82도1057)

⑥ 자기 명의의 문서라 할지라도 이미 타인에 접수되어 있는 문서에 대하여 함부로 이를 무효화시켜 그 용도에 사용하지 못하게 했다면 문서손괴죄가 성립한다. (대법원 87도177) = 채무자가 채권자로부터 차용증서를 잠시 돌려받아 그 내용의 일부를 변경한 경우 자기 명의의 문서이므로 문서손괴죄에 해당한다.

유사판례
① 피고인이 甲에게 채무 없이 단순히 잠시 빌려준 피고인 발행 약속어음을 甲대이 乙에게 배서양도하여 乙원이 소지 중 피고인이 이를 찢어버린 것은 문서손괴죄에 해당하고 이를 자구행위 또는 긴급피난에 해당하는 것이라 할 수 없다. (대법원 74도3559)
② 확인서가 소유자의 의사에 반하여 손괴된 것이라면 그 확인서가 피고인 명의로 작성된 것이고 또 그것이 진실에 반하는 허위내용을 기재한 것이라 하더라도 피고인은 문서손괴의 죄책을 면할 수 없다. (대법원 82도1807)
③ 약속어음의 발행인이 소지인에게 어음의 액면과 지급기일을 개서하여 주겠다고 하여 위 어음을 교부받은 후 위 어음의 수취인란에 타인의 이름을 추가로 기입하여 위 어음배서의 연속성을 상실하게 함으로써 그 효용을 해한 경우에는 문서손괴죄에 해당한다. (대법원 84도2802)

⑦ 타인소유의 광고용 간판을 백색 페인트로 도색하여 광고문안을 지워버린 행위는 재물손괴죄를 구성한다. (대법원 91도2090)

⑧ 구 도시재개발법에 의한 관리처분계획의 인가·고시 이후 분양처분의 고시 이전에 재개발구역 안의 무허가 건물을 제3자가 임의로 손괴하는 경우, 재물손괴죄의 성립한다. (대법원 2004도434)

⑨ 해고노동자 등이 복직을 요구하는 집회를 개최하던 중 래커 스프레이를 이용하여 회사 건물 외벽과 1층 벽면 등에 낙서한 행위는 건물의 효용을 해한 것으로 볼 수 있다. (대법원 2007도2590)

⑩ 재건축사업으로 철거예정이고 그 입주자들이 모두 이사하여 아무도 거주하지 않은 채 비어 있는 아파트라 하더라도, 그 객관적 성상이 본래 사용목적인 주거용으로 쓰일 수 없는 상태라거나 재물로서의 이용가치나 효용이 없는 물건이라고도 할 수 없어 재물손괴죄의 객체가 된다. (대법원 2007도5207, 2009도8473)

⑪ 甲은 A건물 1층 출입구 자동문의 설치공사를 맡았던 자로서, 설치자가 아니면 해제할 수 없는 자동문의 자동작동 중지 예약기능을 이용하여 특정시점부터 자동문이 수동으로만 여닫히게 하였다면, 자동문이 자동잠금장치로서 일시적으로 역할을 할 수 없게 된 것에 그쳤더라도 재물손괴죄가 성립한다. (대법원 2016도9219)

⑫ 홍보를 위해 1층 로비에 설치해 둔 홍보용 배너와 거치대를 훼손 없이 그 장소에서 제거하여 컨테이너로 된 창고로 옮겨 놓아 사용할 수 없게 한 행위는 재물의 효용을 해하는 행위에 해당한다. (대법원 2017도18807)

⑬ 피고인이 평소 자신이 굴삭기를 주차하던 장소에 갑의 차량이 주차되어 있는 것을 발견하고 갑의 차량 앞에 철근 콘크리트 구조물을, 뒤에 굴삭기 크러셔를 바짝 붙여 놓아 갑이 17~18시간 동안 차량을 운행할 수 없게 된 사안에서, 차량 앞뒤에 쉽게 제거하기 어려운 구조물 등을 붙여 놓은 행위는 차량에 대한 유형력 행사로 보기에 충분하고, 차량 자체에 물리적 훼손이나 기능적 효용의 멸실 내지 감소가 발생하지 않았더라도 갑이 위 구조물로 인해 차량을 운행할 수 없게 됨으로써 일시적으로 본래의 사용목적에 이용할 수 없게 된 이상 차량 본래의 효용을 해한 경우이다. (대법원 2019도13764)

> **관련판례** **손괴죄 부정**

① 공중전화기가 고장난 것으로 생각하고 파출소에 신고하기 위하여 전화선코드를 빼고 이를 떼어낸 것이라면 위 전화기를 물질적으로 파괴하거나 또는 위 전화기를 떼어내 전화기의 구체적 역할인 통화를 할 수 없게 함으로써 그 효용을 해할려는 **손괴의 범의가 있었다고 볼 수 없다.** (대법원 86도941)

> **유사판례**
> 임차인이 가재도구를 그대로 둔 채 시골로 내려가 버린 사이에 임대인의 모인 피고인이 임차인의 승낙 없이 가재도구를 옥상에 옮겨놓으면서 그 위에다 비닐장판과 비닐천 등을 덮어씌워 비가 스며들지 않게끔 하고 또한 다른 사람이 열지 못하도록 종이를 바르는 등 조치를 취하였다면 설사 그 무렵 내린 비로 침수되어 그 효용을 해하였다 하더라도 손괴의 범의가 있다고 보기 어렵다. (대법원 83도595)

② 이미 작성되어 있던 장부의 기재를 새로운 장부로 이기하는 과정에서 누계 등을 잘못 기재하다가 그 부분을 찢어 버리고 계속하여 종전장부의 기재내용을 모두 이기하였다면 그 당시 새로운 경리장부는 아직 작성중에 있어서 손괴죄의 객체가 되는 문서로서의 경리장부가 아니라 할 것이고, 또 그 찢어버린 부분이 진실된 증빙내용을 기재한 것이었다는 등의 특별한 사정이 없는 한 그 이기과정에서 잘못 기재되어 찢어버린 부분 그 자체가 손괴죄의 객체가 되는 재산적 이용가치 내지 효용이 있는 재물이라고도 볼 수 없다. (대법원 88도1296)

> **유사판례**
> 피고인이 자기가 속하고 있는 종중 소유라고 믿고 있는 임야에 대한 소외인 명의의 등기권리증을 그 소지인이 제시하자 이를 가지고 가서 위 종중이 원고가 되어 그 말소등기를 구하는 민사사건에 증거로 제출한 소위는 문서은닉죄에 해당되지 아니한다. (대법원 79도1266)

③ 영업을 방해하기 위하여 타인이 설치하려는 철조망을 영업자가 당초 놓여있던 곳으로부터 200 내지 300미터 떨어진 곳으로 옮긴 행위에 있어 재물은닉의 범의가 없다. (대법원 90도1591)

④ 쪽파의 매수인이 명인방법을 갖추지 않은 경우, 쪽파에 대한 소유권을 취득하였다고 볼 수 없어 그 소유권은 여전히 매도인에게 있고 매도인과 제3자 사이에 **일정 기간 후 임의처분의 약정**이 있었다면 그 기간 후에 제3자가 쪽파를 손괴하였더라도 재물손괴죄가 성립하지 않는다. (대법원 95도2754) = 피해자의 동의(양해)

⑤ 해고노동자 등이 복직을 요구하는 집회를 개최하던 중 계란 30여 개를 회사 건물에 투척한 행위는 건물의 효용을 해하는 정도의 것에 해당하지 않는다. (대법원 2007도2590)

⑥ 아파트 관리사무소장이 아파트 입주자들의 소유에 속하는 문서(생활쓰레기 자동집하시설 공사 반대 탄원에 따른 회신 문서)를 그들의 의사에 따르지 않고 엘리베이터 벽면에 임의로 게시하자, 쓰레기 자동집하시설 건립 반대를 위한 비상대책위원회 위원장인 A가 이를 떼어낸 경우, A가 **회신문서의 효용을 해하였음이 인정되지 않는 이상 문서손괴죄가 성립하는 것은 아니다.** (대법원 2014도13083) = 문서에 대한 종래의 사용상태가 문서 소유자의 의사에 반하여 또는 문서 소유자의 의사와 무관하게 이루어진 경우에 단순히 종래의 사용상태를 제거하거나 변경시키는 것에 불과하고 문서 소유자의 문서 사용에 지장을 초래하지 않은 경우에는 문서손괴죄가 성립하지 아니한다.

⑦ 갑 주식회사의 직원인 피고인들이 유색 페인트와 래커 스프레이를 이용하여 갑 회사 소유의 도로 바닥에 직접 문구를 기재하거나 도로 위에 놓인 현수막 천에 문구를 기재하여 페인트가 바닥으로 배어 나와 도로에 배게 하는 방법으로 다중의 위력으로써 도로의 효용을 해하였다고 하여 특수재물손괴로 기소된 사안에서, 피고인들이 위와 같은 방법으로 도로 바닥에 여러 문구를 써놓은 행위가 위 도로의 효용을 해하는 정도에 이른 것이라고 보기 어렵다. (대법원 2017도20455)

⑧ 피고인은 피해자와 사이에서 토지경계에 관한 분쟁이 발생하여 **경계측량을 통하여 이 사건 석축 중 일부가 피고인 소유의 토지를 침범한 사실을 확인하고, 이를 표시하기 위하여 이 사건 석축 중 돌 3개에 빨간색 락카를 사용**하여 이 사건 낙서를 하였다. 이 사건 석축이 시공된 형상에 비추어 이 사건 석축의 주요한 용도·기능은 피해자의 집 대지보다 높이 있는 인접 토지의 흙과 모래가 피해자의 집으로 무너지는 것을 방지하고, 인접 토지와의 경계 구분을 위한 것으로 보인다. 그런데 이 사건 낙서가 이러한 이 사건 석축의 주요한 용도나 기능에 영향을 미쳤다고 보이지 않는다. 따라서 석축의 효용을 해하는 정도에 이르렀다고 단정하기 어렵다. (대법원 2022도8024)

⑨ 재물손괴죄(형법 제366조)는 다른 사람의 재물을 손괴 또는 은닉하거나 그 밖의 방법으로 그 효용을 해한 경우에 성립하는 범죄로, 행위자에게 다른 사람의 재물을 자기 소유물처럼 그 경제적 용법에 따라 이용·처분할 의사(불법영득의사)가 없다는 점에서 절도, 강도, 사기, 공갈, 횡령 등 영득죄와 구별된다. 다른 사람의 소유물을 본래의 용법에 따라 무단으로 사용·수익하는 행위는 소유자를 배제한 채 물건의 이용가치를 영득하는 것이고, 그 때문에 소유자가 물건의 효용을 누리지 못하게 되었더라도 <u>효용 자체가 침해된 것이 아니므로 재물손괴죄에 해당하지 않는다</u>. (대법원 2022도1410) = 부지의 점유 권원 없는 건물 소유자였던 피고인이 토지 소유자와 철거청구소송에서 패소하고 강제집행을 당했는데도 무단으로 새 건물을 지었다하더라도 토지를 본래 용법에 따라 사용·수익함으로써 소유자로 하여금 효용을 누리지 못하게 한 것일 뿐 효용을 침해한 것은 아니다.

⑩ 타인 소유의 토지에 수목을 식재할 당시 토지 소유권자로부터 그에 관한 **명시적 또는 묵시적 승낙·동의·허락 등을 받은 경우**, 수목의 소유권이 귀속되는 자는 **수목을 식재한 자**이다. 피고인은 피해자 갑이 을로부터 매수한 토지의 경계 부분에 매수 전 자신이 식재하였던 옹아나무 등 수목 5그루 시가 합계 약 2,050만 원 상당을 전기톱을 이용하여 절단하였다고 하여 특수재물손괴의 공소사실로 기소된 사안에서, 제반 사정에 비추어 피고인이 수목을 식재할 당시 토지의 전 소유자 을로부터 명시적 또는 묵시적으로 승낙·동의를 받았거나 적어도 토지 중 수목이 식재된 부분에 관하여는 무상으로 사용할 것을 허락받았을 가능성을 배제하기 어렵고, 이는 민법 제256조에서 부동산에의 부합의 예외사유로 정한 '권원'에 해당한다고 볼 수 있어 **수목은 토지에 부합하는 것이 아니라 이를 식재한 피고인에게 소유권이 귀속되므로 손괴죄가 성립하지 않는다.** (대법원 2023도11885)

III 공익건조물파괴죄

형법

제367조【공익건조물파괴】 공익에 공하는 건조물을 파괴한 자는 10년 이하의 징역 또는 2천만원 이하의 벌금에 처한다.

제371조【미수범】 제366조, 제367조와 제369조의 미수범은 처벌한다.

1 의의

공익에 공하는 건조물을 파괴함으로서 성립하는 범죄로서 손괴죄와 보호법익을 달리하는 독립된 구성요건이다.

2 객체

① 건조물은 공공의 이익을 위하여 사용되는 것이어야 한다. (예 공설운동장, 전철역, 마을회관, 박물관, 고속도로 휴게소 등)

② 일반인의 출입이 자유로운 공익상 건물(예 체육관, 공원, 고속도로 대합실, 교회, 마을회관 등)의 중요부분을 훼손하여 용도로 사용할 수 없게 만드는 것이다. 중요부분 훼손이 아니면 손괴죄일 뿐이다.

③ 그리고 공무소(예 관청, 법원도서관)의 건조물을 파괴하는 경우는 이 조문이 아니라 공용건조물파괴죄에 해당한다.

3 행위

공익건조물을 파괴하는 것이다. 건조물의 전부 또는 일부를 용도에 따라 사용할 수 없게 하는 것을 말한다.

IV 중손괴죄, 손괴치사상죄

형법

제368조【중손괴】 ① 전2조의 죄를 범하여 사람의 생명 또는 신체에 대하여 위험을 발생하게 한 때에는 1년 이상 10년 이하의 징역에 처한다.

② 제366조 또는 제367조의 죄를 범하여 사람을 상해에 이르게 한 때에는 1년 이상의 유기징역에 처한다. 사망에 이르게 한 때에는 3년 이상의 유기징역에 처한다.

① 중손괴죄와 손괴치사상죄는 재물손괴죄와 공익건조물파괴죄에 대한 진정결과적가중범이다.

② 중손괴죄는 구체적 위험범이며 부진정결과적가중범이다.

V 특수손괴죄

형법

제369조【특수손괴】 ① 단체 또는 다중의 위력을 보이거나 위험한 물건을 휴대하여 제366조의 죄(재물손괴죄)를 범한 때에는 5년 이하의 징역 또는 1천만원 이하의 벌금에 처한다.

② 제1항의 방법으로 제367조의 죄를 범한 때에는 1년 이상의 유기징역 또는 2천만원 이하의 벌금에 처한다.

제371조【미수범】 제366조, 제367조와 제369조의 미수범은 처벌한다.

> **관련판례**
>
> [1] 위험한 물건을 휴대하고 다른 사람의 재물을 손괴하면 상대방이 그 위험한 물건의 존재를 인식하지 못하였거나 그 위험한 물건의 사용으로 생명 또는 신체에 위해를 입지 아니하였다고 하더라도 폭력행위등처벌에관한법률 제3조 제1항 위반죄가 성립한다.
>
> [2] 자동차를 이용하여 다른 사람의 자동차 2대를 손괴한 경우, 그 자동차의 소유자 등이 실제로 해를 입거나 해를 입을 만한 위치에 있지 아니하였다고 하더라도 폭력행위등 처벌에 관한 법률 제3조 제1항 위반죄가 성립한다고 한 사례. (대법원 2002도5883)

VI 경계침범죄

형법

제370조 【경계침범】 경계표를 손괴, 이동 또는 제거하거나 기타 방법으로 토지의 경계를 인식불능하게 한 자는 3년 이하의 징역 또는 500만원 이하의 벌금에 처한다.

1 의의 및 특징

① 경계침범죄는 경계표를 손괴·이동 또는 제거하거나 기타 방법으로 토지의 경계를 인식불능하게 함으로써 성립하는 범죄이다. 보호의 정도는 추상적 위험범이다.

② 미수처벌규정이 없다. 친족상도례가 적용되지 아니한다.

2 객관적 구성요건

(1) 행위의 객체

1) 개념

본죄의 객체는 토지의 경계이다. 토지의 경계는 소유권 등 권리의 장소적 한계를 나타내는 지표를 말한다.

2) 범위

① **경계의 근거 불문**: 사법상의 경계, 공법상의 경계, 자연적 경계, 인위적 경계를 불문한다.

② **사실상 현존하는 경계**: 경계는 법률상 정당한 경계가 아니라 일반적으로 승인되어 온 관습상 지표 등 사실상 현존하는 경계를 의미한다. 따라서 실체법상 권리관계와 일치할 것을 요하지는 않는다.

③ 객관성

종래 통용되어 오던 사실상의 경계가 법률상의 정당한 경계인지 여부에 대하여 다툼이 있다고 하더라도 사실상의 경계가 법률상 정당한 경계가 아니라는 점이 이미 판결로 확정되었다는 등 경계로서의 객관성을 상실하는 것으로 볼 만한 특단의 사정이 없는 한, 여전히 본조에서 말하는 **경계에 해당**되는 것이다. (대법원 92도1682)

(2) 행위

경계표의 손괴·이동·제거하거나 기타의 방법으로 인식불능케 하는 것이다.

(3) 기수시기

손괴 등의 행위로 인하여 토지 경계의 전부 또는 일부가 인식불능케 되었을 때 기수이다. 인식불능의 결과가 발생하지 않으면 미수가 되나 미수규정이 없으므로 불가벌이다.

> **관련판례**
>
> ① 형법 제370조의 경계침범죄는 토지의 경계에 관한 권리관계의 안정을 확보하여 사권을 보호하고 사회질서를 유지하려는데 그 규정목적이 있으므로 비록 실체상의 경계선에 부합되지 않는 경계표라 할지라도 그것이 종전부터 일반적으로 승인되어 왔다거나 이해관계인들의 명시적 또는 묵시적 합의에 의하여 정하여진 것이라면 그와 같은 경계표는 위 법조 소정의 계표에 해당된다 할 것이고 반대로 기존경계가 진실한 권리상태와 맞지 않는다는 이유로 당사자의 어느 한쪽이 기존경계를 무시하고 일방적으로 경계측량을 하여 이를 실체권리관계에 맞는 경계라고 주장하면서 그 위에 계표를 설치하더라도 이와 같은 경계표는 위 법조에서 말하는 계표에 해당되지 않는다. (대법원 86도1492)
>
> ② 비록 실제상의 경계선에 부합되지 않는 경계표라 할지라도 그것이 종전부터 일반적으로 승인되어 온 것이라면 그와 같은 경계표는 형법 제370조 소정의 계표에 해당된다 할 것이다. (대법원 91도856)
>
> ③ [1] 객관적으로 통용되는 사법상, 공법상 토지의 경계를 손괴 등으로 인식할 수 없게 만드는 것이다. 여기서 경계란 법률상의 정당한 경계인지 여부와는 상관없이 종래부터 경계로서 일반적으로 승인되었거나 이해관계인들의 명시적 혹은 묵시적 합의가 존재하는 등 어느 정도 객관적으로 통용되어 오던 사실상의 경계를 의미한다. 따라서 법률상의 정당한 경계를 침범하는 행위가 있었더라도 토지의 사실상의 경계에 대한 인식불능의 결과가 발생하지 않는 한 경계침범죄는 아니다.
>
> [2] 비록 피고인이 인접한 피해자 토지를 침범하여 나무를 심고 도랑을 파내는 등 행위를 하였다 하더라도 피고인과 피해자 소유의 토지는 이전부터 경계구분이 되어 있지 않았고 피고인의 행위로 새삼스럽게 토지경계에 대한 인식불능의 결과를 초래하였다고 볼 수 없는 이상 무죄를 선고한 원심은 정당하다. (대법원 2008도8973)

3 주관적 구성요건

경계침범은 고의가 있어야 한다. 경계침범의 고의는 없고 경계표를 훼손하려는 고의였다면 경계침범죄가 아니라 재물손괴죄이다.

Section 11 권리행사방해죄

I 서설

1 조문 체계

범죄	조문	구성요건	미수	예비
권리행사방해	제323조	타인의 점유 또는 권리의 목적이 된 자기의 물건 또는 전자기록 등 특수매체 기록을 취거·은닉 또는 손괴하여 타인의 권리행사를 방해 하는 경우	×	×
점유강취	제325조 제1항	폭행 또는 협박으로 타인의 점유에 속하는 자기의 물건을 강취하는 경우	○	×
준점유강취	제325조 제2항	타인의 점유에 속하는 자기의 물건을 취거함에 당하여 그 탈환을 항거하거나 체포를 면탈하거나 범죄의 흔적을 인멸할 목적으로 폭행 또는 협박을 가하는 경우		
중권리행사방해	제326조	강요죄·점유강취죄·준점유강취죄를 범하여 사람의 생명에 대한 위험을 발생하게 하는 경우	×	×
강제집행면탈	제327조	강제집행을 면할 목적으로 재산을 은닉·손괴·허위양도 또는 허위의 채무를 부담하여 채권자를 해하는 경우	×	×

2 의의 및 보호법익

① 점유강취와 준점유강취는 미수 처벌규정이 있고, 권리행사방해, 중권리행사방해, 강제집행면탈이 미수 처벌규정이 없다.

② 권리행사방해죄는 친족상도례가 적용되고, 강제집행면탈, 점유강취, 준점유강취, 중권리행사죄는 친족상도례가 적용되지 아니한다.

③ 보호법익은 제한물권이나 채권이다.

II 권리행사방해죄

형법

제323조【권리행사방해】 타인의 점유 또는 권리의 목적이 된 자기의 물건 또는 전자기록 등 특수매체기록을 취거, 은닉 또는 손괴하여 타인의 권리행사를 방해한 자는 5년 이하의 징역 또는 700만원 이하의 벌금에 처한다.

1 의의

① 타인의 점유 또는 권리의 목적이 된 자기의 물건 또는 전자기록 등 특수매체기록을 취거, 은닉 또는 손괴하여 타인의 권리행사를 방해함으로써 성립하는 범죄이다. 보호의 정도는 추상적 위험범이다.

② 미수처벌규정이 없다. **친족상도례가 적용된다.**

2 객관적 구성요건

(1) 행위의 주체

본죄의 주체는 자기의 물건을 타인의 물권 또는 채권의 목적물로 제공한 소유자이다.

(2) 행위의 객체

자기소유 타인점유의 물건이나 특수매체기록이어야 한다. 즉 타인의 점유 또는 권리의 목적이 된 자기의 물건 또는 전자기록 등 특수매체기록이다.

(3) 자기의 물건

① 우선 자기소유의 물건이어야 한다. 자기와 타인의 공유에 속하는 물건은 이 죄의 객체가 되지 못한다. 등기나 등록이 되는 재산은 등기나 등록이 된 자만 이 죄의 주체가 될 수 있다고 본다.

② 주식회사 대표이사가 그 지위에 기하여 그 직무집행행위로서 타인이 점유하는 위 회사의 물건을 취거한 경우, 위 회사의 물건도 권리행사방해죄에 있어서의 자기의 물건에 해당한다. (대법원 91도1170)

③ 물건의 소유자가 아닌 사람은 원칙상 단독으로는 권리행사방해죄의 주체가 될 수 없는 것이지만, 물건 소유자의 권리행사방해 범행에 가담한 경우에는 물건소유자와 공범이 될 수 있다. (대법원 2017도4578) 따라서 甲이 사실혼 관계에 있는 乙 명의로 자동차를 구입하여 피해자 A에게 근저당권을 설정한 후 그 자동차를 성명불상자에게 대포차로 매각한 경우, 물건소유권자인 乙에게 고의가 없어 권리행사방해죄가 성립하지 않는다면 甲에게는 권리행사방해죄가 성립할 수 없다.

> **관련판례**
>
> ① 부동산실권리자 명의등기에 관한 법률 제4조 제1항, 제2항 및 제8조에 의하면 종중 및 배우자에 대한 특례가 인정되는 경우나 부동산에 관한 물권을 취득하기 위한 계약에서 명의수탁자가 그 일방당사자가 되고 그 타방 당사자가 명의신탁약정이 있다는 사실을 알지 못하는 경우 이외에는 명의수탁자는 명의신탁 받은 부동산의 소유자가 될 수 없고, 이는 제3자에 대한 관계에 있어서도 마찬가지이므로, 명의수탁자로서는 명의신탁 받은 부동산이 '자기의 물건'이라고 할 수 없다. (대법원 2006도4215) = 계약명의신탁에서 매도인이 악의인 경우 수탁자는 소유자가 아니다.
>
> ② 형법 제323조의 권리행사방해죄는 타인의 점유 또는 권리의 목적이 된 자기의 물건을 취거, 은닉 또는 손괴하여 타인의 권리행사를 방해함으로써 성립하므로 그 취거, 은닉 또는 손괴한 물건이 자기의 물건이 아니라면 권리행사방해죄가 성립할 수 없다. 물건의 소유자가 아닌 사람은 형법 제33조 본문에 따라 소유자의 권리행사방해 범행에 가담한 경우에 한하여 그의 공범이 될 수 있을 뿐이다. 그러나 **권리행사방해죄의 공범으로 기소된 물건의 소유자에게 고의가 없는 등으로 범죄가 성립하지 않는다면 공동정범이 성립할 여지가 없다.** (대법원 2017도4578)
>
> ③ 甲이 자기의 물건이 아닌 이 사건 도어락의 비밀번호를 변경하였다고 하더라도 권리행사방해죄가 성립할 수 없고, 이와 같이 정범인 甲의 권리행사방해죄가 인정되지 않는 이상 교사자인 피고인에 대하여 권리행사방해교사죄도 성립할 수 없다. (대법원 2022도5827) = 피고인이 자신이 관리하는 자기 소유 건물 5층에 거주하는 피해자(돈이 입금되지 않았다면서 퇴거를 요구하였으나 받아들여지지 않음)를 내쫓을 목적으로 자신의 아들인 甲을 교사하여 그곳 현관문에 설치된 피고인 소유 디지털 도어락의 비밀번호를 변경한 사안이다. 이 사건 도어락은 피고인 소유의 물건일 뿐 甲의 물건이 아니라는 것이다.

(4) 타인의 점유

① 타인은 자기 이외의 자를 말하며, **자연인은 물론 법인이나 법인격 없는 단체도 포함**된다. 공동점유 하는 물건도 포함한다.

② 점유는 적법한 권원에 기한 점유일 것을 요한다. 다음과 같이 법정절차를 통한 분쟁 해결시까지 잠정적으로 보호할 가치 있는 점유는 모두 포함된다. (대법원 2008도6578) (예 전당포에 전당잡힌 시계는 본죄의 객체에 해당한다.)

- 일단 적법한 권원에 기하여 점유를 개시하였으나 사후에 점유 권원을 상실한 경우의 점유
- 점유 권원의 존부가 외관상 명백하지 아니하여 법정절차를 통하여 권원의 존부가 밝혀질 때까지의 점유
- 권원에 기하여 점유를 개시한 것은 아니나 동시이행항변권 등으로 대항할 수 있는 점유

③ 일단 적법한 원인에 기하여 물건을 점유한 이상 그 점유를 생기게 한 계약이 해제되더라도 타인의 물건을 점유하고 있는 자에 해당한다. (대법원 4293형상448)

④ 절도범인의 점유와 같이 점유할 권리 없는 자의 점유임이 외관상 명백한 경우는 포함되지 아니한다. (대법원 94도343)

> **관련판례**
> ① 피고인이 공소외인에게 담보목적으로 양도한 위 물건 등을 공소외 주식회사에 매도하여 취거한 사실은 인정되나 피고인은 이미 대표이사직을 사퇴한 이후의 매도행위이기에 위 물건 등이 피고인 소유가 아니라고 하여 무죄의 선고를 한 원심조치는 정당하다. (대법원 85도494)
> ② 형법 제323조의 권리행사방해죄에 있어서의 타인의 점유라 함은 권원으로 인한 점유, 즉 정당한 원인에 기하여 물건을 점유하는 것을 의미하지만, 반드시 본권에 기한 점유만을 말하는 것이 아니라 유치권 등에 기한 점유도 여기에 해당한다. (대법원 2011도2368)

(5) 타인의 권리

① 권리는 제한물권이나 채권을 말한다. 그리고 권리행사방해죄에 있어서 타인의 권리의 목적이 된 자기의 물건이라는 요건의 그 권리 중에는 반드시 제한물권이나 물건에 대하여 점유를 수반하는 채권 뿐만 아니라 점유를 수반하지 않는 채권도 포함된다. 예컨대 정지조건 있는 대물변제의 예약권을 가지는 경우도 포함된다. (대법원 90노1950)

② 다만 계약 이행 착수 전의 채권채무관계의 물건(예 매매계약을 체결한 물건)은 권리행사방해죄의 객체가 아니다.

3 행위

(1) 취거, 은닉, 손괴

① **취거란 타인의 점유 또는 권리의 목적이 된 자기의 물건을 그 점유자의 의사에 반하여** 그 점유자의 점유로부터 자기 또는 제3자의 점유로 옮기는 것을 말한다. 이는 점유자의 의사나 그의 <u>하자있는 의사</u>(예 기망에 의한 경우)에 기하여 점유가 이전된 경우에는 여기에서 말하는 **취거로 볼 수는 없다.** (대법원 87도1952)

② 은닉은 물건의 발견을 불가능하게 하거나 현저히 곤란하게 하는 것을 말하며, 손괴는 물건에 직접 유형력을 행사하여 이용가치를 손상시키는 것이다.

③ 타인의 권리의 목적이 된 자기의 소유토지를 타인에게 매도하여 소유권이전등기를 하여 준 행위는 취거, 은닉 또는 손괴 어디에도 해당하지 않아 본죄가 성립하지 않는다. (대법원 71도1072)

(2) 권리행사방해

취거, 은닉, 손괴행위를 하여 권리행사를 방해할 위험이 있는 상태에 이르면 완성되는 위험범으로, 현실적 방해를 요하지는 않는다. 추상적 위험범이기 때문이다. (대법원 2020도14735)

> **관련판례**
>
> ① 형법 제323조의 권리행사방해죄에서 '은닉'이란 타인의 점유 또는 권리의 목적이 된 자기 물건 등의 소재를 발견하기 불가능하게 하거나 또는 현저히 곤란한 상태에 두는 것을 말하고, 그로 인하여 권리행사가 방해될 우려가 있는 상태에 이르면 권리행사방해죄가 성립하고 현실로 권리행사가 방해되었을 것까지 필요로 하는 것은 아니다. 피고인이 차량을 구입하면서 피해자로부터 차량 매수대금을 차용하고 담보로 차량에 피해자 명의의 저당권을 설정해 주었는데, 그 후 대부업자로부터 돈을 차용하면서 차량을 대부업자에게 담보로 제공하여 이른바 '대포차'로 유통되게 한 사안에서, 피고인이 피해자의 권리의 목적이 된 피고인의 물건을 은닉하여 권리행사를 방해하였다고 본 원심판단이 정당하다. (대법원 2016도13734)
>
> ② 권리행사방해죄에 있어 '<u>은닉</u>'이란 타인의 점유 또는 권리의 목적이 된 자기 물건 등의 소재를 발견하기 불가능하게 하<u>거나 또는 현저히 곤란한 상태에 두는 것</u>을 말하고, 그로 인하여 권리행사가 방해될 우려가 있는 상태에 이르면 권리행사방해죄가 성립하고 <u>현실로 권리행사가 방해되었을 것까지 필요로 하는 것은 아니다.</u> (대법원 2017도2230) = 甲·乙이 공모하여 렌트카 회사인 A주식회사를 설립한 다음 B주식회사 등의 명의로 저당권등록이 되어 있는 다수의 차량들을 사들여 A회사 소유의 영업용 차량으로 등록한 후 자동차대여사업자등록 취소처분을 받아 차량등록을 직권말소시켜 저당권 등이 소멸되게 하였다면, 甲·乙이 차량들을 은닉하였다고 볼 것이다. 즉, 권리행사방해죄가 성립한다. 직권말소된 차량은 번호판을 반납하면 공무상 저당권등록이 소멸된 새로운 번호로 신규등록할 수 있다는 점을 악용한 사례이다.

4 고의

고의만 있으면 족하고 불법영득의 의사는 요하지 아니한다.

> **관련판례** 권리행사방해죄 죄수
>
> [1] 여러 사람의 권리의 목적이 된 자기의 물건을 취거, 은닉 또는 손괴함으로써 그 여러 사람의 권리행사를 방해하였다면 권리자별로 각각 권리행사방해죄가 성립하고 각 죄는 서로 상상적 경합범의 관계에 있다.
>
> [2] 여러 명의 유류분권리자가 각자의 유류분반환청구권을 보전하기 위하여 부동산에 대한 가압류결정을 받아 가압류등기가 마쳐진 경우, 위 부동산은 유류분권리자들 각자의 유류분반환청구권 집행을 보전하기 위한 가압류의 목적이 되고 이는 유류분권리자들이 가압류를 개별적으로 신청하였는지 공동으로 신청하였는지에 따라 다르지 않다. 따라서 해당 부동산의 소유권자인 피고인들이 위 공동건물을 철거한 경우 각 유류분권리자들에 대해 각각 권리행사방해죄가 성립하고 각 죄는 서로 상상적 경합범 관계에 있다. (대법원 2021도16876)

관련판례 권리행사방해죄 인정

① 가압류된 건물의 소유자가 채권자의 승낙 없이 그 건물을 파괴·철거한 행위는 권리행사방해죄를 구성한다. (대법원 4292형상537)

② 피고인과 甲 간에 갑이 임야의 입목을 벌채하는 등의 공사를 완료하면 피고인은 甲에게 벌채한 원목을 인도하기로 하는 계약이 성립되어 甲이 계약상의 의무를 다 이행하였는데 피고인이 이를 甲에게 인도하지 아니하고 타인에게 매도한 행위가 절도죄를 구성하지 아니한다. 즉 甲이 위 원목에 대해 인도청구권(채권)을 가지고 있었다면 甲의 권리의 목적이 된 물건이라고 보아 피고인은 권리행사방해죄가 성립한다. (대법원 90도1958) = 채권도 권리에 해당한다.

③ 일반적으로 회사에 **지입된 차량은 대외적으로 그 소유권이나 운행관리권이 그 회사에 귀속되는 것으로서**, 회사가 이를 취거해 가면 권리행사방해죄가 성립하며, 지입차주가 가져가는 경우에는 권리행사방해가 성립하는 것이 아니다. (대법원 91도1170) = 주체가 된다. 자기의 물건이다.

④ 공장 근저당권이 설정된 선반기계 등을 이중담보로 제공하기 위하여 다른 장소로 옮긴 경우 (대법원 94도1439) = 공장근저당도 보호대상인 권리에 해당한다.

⑤ <u>무효인 경매절차에서</u> 경매목적물을 경락받아 이를 점유하고 있는 낙찰자의 점유는 적법한 점유로서 그 점유자는 권리행사방해죄에 있어서의 타인의 물건을 점유하고 있는 자에 해당한다. (대법원 2003도4257) = A(낙찰자)는 경매절차를 통하여 B의 건물을 낙찰받았고 이후 완전 리모델링을 하여 이미 C에게 건물 일부를 임차한 상태였다. 그런데 나중에 경매절차가 무효로 처리되었고 A는 점유권원이 상실되었고 다시 원래 소유자였던 B가 건물의 소유권을 회복하였다. 그러나 A에게는 완전 리모델링을 할 때 비용을 B로부터 받을 수 있는 권리가 있어서 A는 B에게 건물 자체를 인도하려면 B에게 비용을 달라고 할 수 있는 동시이행항변권이 있다. 그래서 B가 아무리 다시 자신 소유의 건물로 회복되었더라도 A가 임차한 C의 출입을 막는 행위를 하는 경우에는 권리행사방해죄가 된다. 따라서 점유자(낙찰자) A는 여전히 타인(B)의 물건을 적법 점유하고 있는 자에 해당한다.

⑥ 甲·乙이 공모하여 렌트카 회사인 A 주식회사를 설립한 다음 B 주식회사 등의 명의로 저당권등록이 되어 있는 다수의 차량들을 사들여 A 회사 소유의 영업용 차량으로 등록한 후 자동차대여사업자등록 취소처분을 받아 차량등록을 직권말소시켜 저당권 등이 소멸되게 한 경우, 甲·乙이 차량들을 은닉하였다고 볼 것이다. (대법원 2017도2230)

⑦ 여러 사람의 권리의 목적이 된 자기의 물건을 취거, 은닉 또는 손괴함으로써 그 여러 사람의 권리행사를 방해하였다면 권리자별로 각각 권리행사방해죄가 성립하고 각 죄는 서로 상상적 경합범의 관계에 있다. (대법원 2021도16876)

> **관련판례** **권리행사방해죄 부정**

① **승낙**을 얻어 타인의 변소를 사용하는 권리는 채권적인 사용관계이고 점유권을 내용으로 하는 것이 아니기 때문에 위 변소를 손괴하여도 권리행사방해죄가 성립되지 않는다. (대법원 71도926) = 변소사용권은 보호대상 아니다.

② 회사의 **부사장**이 회사소유 선박을 취거한 경우, 선박이 회사명의로 소유권등기가 경료된 것이라면 위 선박은 부사장이라 하여도 피고인의 소유라 할 수 없는 것이므로, 피고인이 타인이 점유중인 위 선박을 취거하였다 하여도 이는 권리행사방해죄를 구성하지 아니한다. (대법원 83도2413) = 대표이사가 아니이므로 주식회사 물건의 소유자가 아니다.

③ 회사의 전직 대표이사가 회사가 타인에게 담보로 제공한 회사 소유의 물건을 타에 매도한 경우 권리행사방해죄를 구성하지 않는다. (대법원 85도494) = 회사 전직 대표이사 입장에서 회사 소유 물건은 자기 물건이 아니다. 따라서 이전에 담보로 제공한 물건을 다른 사람에게 매도했다면, 자기소유 타인점유 상태로 볼 수 없고 타인소유 타인점유로 이해하여 이는 차라리 절도죄가 되는 성질이다. 다만 이 판례에서는 권리행사방해죄로 공소제기가 되어서 그런지 무죄를 선고했다.

④ 피고인이 택시를 회사에 지입하여 운행하였다고 하더라도, 피고인이 회사와 사이에 위 택시의 소유권을 피고인이 보유하기로 약정하였다는 등의 특별한 사정이 없는 한, 위 택시는 그 등록명의자인 **회사의 소유**이고 피고인의 소유는 아니라고 할 것이므로 회사의 요구로 위 택시를 회사 차고지에 입고하였다가 회사의 승낙을 받지 않고 이를 가져간 피고인의 행위는 권리행사방해죄에 해당하지 않는다. (대법원 2000도5767) = 회사에 지입한 자동차는 지입회사 소유이다. 지입차주는 주체가 아니다.

⑤ 피고인 甲이 丙으로부터 건물을 매수하면서 이른바 중간생략등기형 명의신탁의 방식으로 **자신의 처 (부인) 乙**에게 등기명의를 신탁하여 놓은 점포를 丁에게 임대하였다가, 임차인 丁과 실내장식공사 대금 문제로 다툰 후 해당 점포에 자물쇠를 채워 점포의 임차인 丁을 출입하지 못하게 한 경우, 甲은 권리행사방해죄에 해당하지 않는다. (대법원 2005도626) = 해당 건물은 甲의 부인인 乙의 소유라서, 甲 입장에서는 소유권자가 아니라서 이를 자물쇠를 채워 점포 임차인 丁의 권리행사를 방해했더라도 권리행사방해죄가 되지 못하고 업무방해죄가 될 수 있을 뿐이다. 즉 명의신탁자는 주체가 될 수 없다.

⑥ 렌트카회사의 공동대표이사 중 1인이 회사 보유 차량을 자신의 개인적인 채무담보 명목으로 피해자에게 넘겨 주었는데 다른 공동대표이사인 피고인이 위 차량을 몰래 회수하도록 한 경우, 위 피해자의 점유는 **권리행사방해죄의 보호대상인 점유**에 해당한다. 즉 권리행사방해죄가 성립될 여지가 있다. 그러나 이 사안에서 자동차소유권의 득실변경은 등록을 하여야 그 효력이 생기고 권리행사방해죄의 객체는 **자기의 소유물**에 한한다. 그렇다면 해당 사건의 승용차는 렌트카 회사가 구입하여 보유 중이나 이 사건 공소사실 기재 일시까지도 아직 위 회사나 피고인 명의로 신규등록 절차를 마치지 않은 **미등록 상태**였으므로 범행 당시 렌트카 회사 또는 피고인의 소유물이라고 할 수 없으므로 이를 전제로 하는 권리행사방해죄가 성립되지 아니한다. (대법원 2005도4455)

⑦ 피고인 甲이 피해자에게 담보로 제공한 차량이 그 자동차등록원부에 타인(제3자) 명의(BMW 파이낸셜 서비스코리아)로 등록되어 있는 경우, 그 차량은 피고인의 소유가 아니므로, 위 차량의 보조키를 이용하여 이를 운전하여 간 행위는 권리행사방해죄를 구성하지 않는다. (대법원 2005도6604) = 절도죄에 해당한다. 자동차의 경우 명의인만 주체가 된다.

⑧ A는 강제경매를 통하여 아들인 B 명의로 오피스텔 건물 501호를 매수하였는데, 위 501호에 대해서는 C가 유치권을 행사하고 있었다. A는 열쇠수리공을 불러 501호의 잠금장치를 변경하여 C가 더 이상 유치권 행사를 할 수 없도록 점유를 침탈하였다고 하더라도, A에게는 C에 대한 권리행사방해죄가 성립하지 아니한다. (대법원 2019도14623) = 자신의 부담으로 매수대금을 완납한 때에는 경매목적 부동산의 소유권은 매수대금의 부담 여부와는 관계없이 그 명의인이 취득하게 되므로, 피고인이 위 건물에 대한 해당 점유를 침탈하였더라도 피고인의 물건에 대한 타인의 권리행사를 방해한 것으로 볼 수 없다.

III 점유강취죄, 준점유강취죄, 중권리행사방해죄

형법

제325조【점유강취, 준점유강취】 ① 폭행 또는 협박으로 타인의 점유에 속하는 자기의 물건을 강취한 자는 7년 이하의 징역 또는 10년 이하의 자격정지에 처한다.
② 타인의 점유에 속하는 자기의 물건을 취거함에 당하여 그 탈환을 항거하거나 체포를 면탈하거나 범죄의 흔적을 인멸할 목적으로 폭행 또는 협박을 가한 때에도 전항의 형과 같다.
③ 전2항의 미수범은 처벌한다.

제326조【중권리행사방해】 제324조(강요죄) 또는 제325조의 죄(점유강취죄, 준점유강취죄)를 범하여 사람의 생명에 대한 위험을 발생하게 한 자는 10년 이하의 징역에 처한다.

1 점유강취죄 및 준점유강취죄
① 점유강취죄는 자기소유물에 대한 강도죄에 대응하는 것이고, 준점유강취죄는 자기소유물에 대한 준강도죄(목적범)에 해당하는 것이다.
② 점유강취죄는 불법영득의사가 불요하다는 점에서 강도죄와 다르다.
③ 다만, 이들 범죄 진행 중에 사람이 사상하는 경우 강도치사상죄는 규정이 없어서 성립하지 않고, 폭행치사상죄가 별도로 성립한다.

2 중권리행사방해죄
중권리행사방해죄는 점유강취죄·준점유강취죄를 범하여 사람의 생명에 대한 위험이 발생하면 그 형을 가중하는 결과적 가중범이며, 사람의 생명에 대한 위험이란 생명에 대한 구체적 위험을 의미한다.

IV 강제집행면탈죄

형법

제327조【강제집행면탈】 강제집행을 면할 목적으로 재산을 은닉, 손괴, 허위양도 또는 허위의 채무를 부담하여 채권자를 해한 자는 3년 이하의 징역 또는 1천만원 이하의 벌금에 처한다.

1 의의
① 강제집행을 면할 목적으로 재산을 은닉, 손괴, 허위양도 또는 허위의 채무를 부담하고 채권자를 해함으로써 성립하는 범죄이다.
② 강제집행면탈죄의 보호법익은 채권자의 권리 보호와 국가의 민사상 강제집행권이므로, 채권의 존재는 강제집행면탈죄의 성립요건이다. (대법원 2011도2252)
③ 강제집행을 실시하려는 자에 대하여 재산의 발견을 불능 또는 곤란케 하는 은닉 등의 행위를 통하여 채권자를 해할 위험상태에 이름으로써 성립하는 추상적 위험범이다. (대법원 2006도1813)

| 강제집행을 당할 객관적 상태 | ⇒ | 은닉, 손괴, 허위양도, 허위의 채무부담 | ⇒ | 채권자를 해할 것 |

2 객관적 구성요건

(1) 주체

이 죄의 주체는 채무자에 국한되는 것이 아니라, 채무자 아닌 제3자(예 대리인, 법정대리인, 법인의 대표)도 주체가 될 수 있다.

(2) 객체

① 본죄의 객체는 재산이다. 재산으로 동산, 부동산, 채권 등 권리까지 포괄한다. 강제집행면탈죄에 있어서 재산에는 동산·부동산 뿐만 아니라 재산적 가치가 있어 민사소송법에 의한 강제집행 또는 보전처분이 가능한 특허 내지 실용신안 등을 받을 수 있는 권리도 포함된다. (대법원 2001도4759)

② 강제집행면탈죄의 객체인 재산은 채무자의 재산 중에서 채권자가 민사집행법상 강제집행 또는 보전처분의 대상으로 삼을 수 있는 것을 의미하는데, 장래의 권리라도 채무자와 제3채무자 사이에 채무자의 장래청구권이 충분하게 표시되었거나 결정된 법률관계가 존재한다면 재산에 해당하는 것으로 보아야 한다. (대법원 2011도6115)

③ 계약명의신탁의 방식으로 명의수탁자가 당사자가 되어 소유자와 부동산에 관한 매매계약을 체결하고 명의수탁자 명의로 소유권이전등기를 마친 경우, 그 부동산은 채무자인 명의신탁자의 재산이 아니기 때문에 형법상 강제집행면탈죄의 객체가 되지 않는다. (대법원 2010도4129)

④ 건물이 지하 4층, 지상 12층으로 건축허가를 받았으나 강제집행을 면탈할 목적으로 피고인들이 건축주 명의를 변경한 당시에는 지상 8층까지 골조공사가 완료된 채 공사가 중단되었던 사정에 비추어 민사집행법상 강제집행이나 보전처분의 대상이 될 수 없다. (대법원 2014도9442)

(3) 행위상황

1) 재산의 존재

강제집행의 기본이 되는 채권자의 권리 즉 채권의 존재는 본죄의 성립요건이다.

2) 강제집행을 받을 객관적 상태

① 민사소송에 의한 강제집행 또는 가압류, 가처분 등의 집행을 당할 구체적 염려가 있는 상태여야 한다. 아직 현실적인 소송제기나 강제집행이 없더라도 소송제기 기세가 있는 경우에는 객관적 상태가 인정된다. 이때 강제집행면탈죄에서 말하는 강제집행에는 금전채권의 강제집행뿐만 아니라 소유권이전등기의 강제집행도 포함된다. (대법원 82도808)

② 만일 이런 객관적 상태가 인정되지 않는 경우라면, 강제집행을 면할 목적으로 허위의 양도 등이 있다고 하여도 강제집행면탈죄가 성립하지 않는다. 예컨대, 근저당권의 목적물인 기계에 대하여 이미 경매개시결정(압류결정)이 내려진 후 이를 원래 있던 곳에서 가지고 나가 숨겨 둔 경우라면, 권리행사방해죄가 되는 것은 별론으로 하되 강제집행면탈죄가 될 수는 없다.

③ 이때, 형법 제327조의 강제집행면탈죄가 적용되는 강제집행은 「민사집행법」 제2편의 적용 대상인 '강제집행' 또는 가압류·가처분 등의 집행을 가리키는 것이고, 「민사집행법」 제3편의 적용 대상인 '담보권 실행 등을 위한 경매'를 면탈할 목적으로 재산을 은닉하는 등의 행위는 위 죄의 규율 대상에 포함되지 않는다. (대법원 2014도14909)

④ 벌금, 과료, 몰수의 재판집행은 물론 국세징수법에 의한 체납처분이나 경매법에 의한 경매는 이에 포함되지 않는다. (대법원 72도1090)

(4) 행위

1) 은닉, 손괴, 허위양도 또는 허위의 채무부담

① 은닉이란 강제집행을 실시하는 자로 하여금 채무자의 재산을 발견하는 것을 불능 또는 곤란하게 만드는 것을 말한다. '재산의 은닉'에는 재산의 소유관계를 불명확하게 하는 행위도 포함한다.

② 손괴는 재산을 물질적으로 훼손하여 재산적 가치를 소멸·감소시키는 행위를 말한다.

③ 허위양도란 실제로 양도의 진의가 없음에도 불구하고 표면상 양도의 형식을 취하여 재산의 소유명의를 변경시키는 것이다. 다만, 가등기(대법원 87도1260)만으로는 허위양도로 보지 아니한다.

④ 다만, **진의**에 의하여 재산을 양도하였다면 설령 그것이 강제집행을 면탈할 목적으로 이루어진 것으로서 채권자의 불이익을 초래하는 결과가 되었다고 하더라도 강제집행면탈죄의 허위양도 또는 은닉에는 해당하지 아니한다고 보아야 할 것이다. (대법원 98도1949)

⑤ 허위의 채무부담은 채무가 없음에도 불구하고 채무를 부담하는 것처럼 가장하는 것을 말한다. 진실한 채무부담은 본죄가 성립하지 않는다. (대법원 96도1531)

> **관련판례**
>
> 토지 소유자가 그 지상 건물 소유자에 대하여 **건물철거 및 토지인도청구권을 갖는 경우 채무자인 건물 소유자가 제3자에게 허위의 금전채무를 부담하면서 이를 피담보채무로 하여 건물에 관하여 근저당권설정등기를 경료**하였다면, 직접적으로 토지 소유자의 건물철거 및 토지인도청구권에 기한 강제집행을 불능하게 하는 사유에 해당한다고 할 수 없어서 건물 소유자에게 강제집행면탈죄가 성립하지 않는다. (대법원 2008도2279)

2) 채권자를 해할 것

① 강제집행면탈죄는 **위태범**으로서, 현실적으로 민사소송법에 의한 강제집행 또는 가압류·가처분의 집행을 받을 우려가 있는 객관적인 상태에서, 즉 채권자가 본안 또는 보전소송을 제기하거나 제기할 태세를 보이고 있는 상태에서 주관적으로 강제집행을 면탈하려는 목적으로 재산을 은닉, 손괴, 허위양도하거나 허위의 채무를 부담하여 채권자를 해할 위험이 있으면 성립하는 것이고, **반드시 채권자를 해하는 결과가 야기되거나 행위자가 어떤 이득을 취하여야 범죄가 성립하는 것은 아니다.** (대법원 2009도875)

② 강제집행면탈죄는 채권자의 정당한 권리행사 보호 외에 강제집행의 기능보호도 법익으로 하는 것이나, 현행 형법상 강제집행면탈죄가 개인적 법익에 관한 재산범의 일종으로 규정되어 있는 점과 채권자를 해하는 것을 구성요건으로 규정하고 있는 점 등에 비추어 보면 주된 법익은 채권자의 권리보호에 있다고 해석하는 것이 타당하므로, 강제집행의 기본이 되는 채권자의 권리, 즉 채권의 존재는 강제집행면탈죄의 성립요건으로서 채권의 존재가 인정되지 않을 때에는 강제집행면탈죄는 성립하지 않는다. 그리고 채권이 존재하는 경우에도 채무자의 재산은닉 등 **행위 시를 기준으로 채무자에게 채권자의 집행을 확보하기에 충분한 다른 재산이 있었다면 채권자를 해하였거나 해할 우려가 있다고 쉽사리 단정할 것이 아니다.** (대법원 2011도5165)

③ 강제집행면탈죄에서 채권자를 해쳤는가의 여부는 행위 당시를 기준으로 판단해야 할 것이고, 그 목적의 궁극적인 달성 여부는 범죄의 성립에 영향이 없다. (대법원 4294형상65)

④ 허위채무 등을 공제한 후 채무자의 적극재산이 남는다고 예측되더라도 위 허위채무 부담행위로 채권자를 해할 위험이 있으므로 강제집행면탈죄가 성립한다. (대법원 2007도4585)

⑤ 피고인이 자신을 상대로 사실혼 관계해소 청구소송을 제기한 甲에 대한 채무를 면탈하려고 피고인 명의 아파트를 담보로 10억 원을 대출받아 그 중 8억 원을 타인 명의 계좌로 입금하여 은닉하였더라도, 피고인

에게 위자료 채권액을 훨씬 상회하는 다른 재산이 있었다면, 강제집행면탈죄가 성립하지 아니한다. (대법원 2011도5165)

3 주관적 구성요건: 고의와 목적

고의는 물론 강제집행면탈의 목적(초과주관적 불법요소)이 있어야 하는 목적범이다. 목적달성여부는 본죄의 성립에 영향이 없다.

4 죄수

채권자들에 의한 복수의 강제집행이 예상되는 경우 재산을 은닉 또는 허위양도 함으로써 채권자들을 해하였다면 채권자별로 각각 강제집행면탈죄가 성립하고, 상호 상상적 경합범의 관계에 있다. (대법원 2010도4129)

타인의 재물을 보관하는 자가 보관하고 있는 재물을 영득할 의사로 은닉하였다면 **횡령죄를 구성하는 것이므로 채권자들의 강제집행을 면탈하는 결과를 가져온다 하여 이와 별도로 강제집행면탈죄를 구성하는 것은 아니다.** (대법원 2000도1447)

5 공소시효의 기산점

허위의 채무를 부담하는 내용의 채무변제계약 공정증서를 작성한 후 이에 기하여 채권압류 및 추심명령을 받은 다음 3개월 후에 실제로 위 강제집행에 따른 추심금을 수령한 경우, 강제집행면탈죄는 위 추심금을 수령한 때가 아니라 **채권압류 및 추심명령을 받은 때**에 강제집행면탈죄가 성립함과 동시에 범죄행위가 종료한다고 보아야 하고 그때부터 공소시효가 진행한다. (대법원 2009도875)

> **관련판례** 강제집행면탈죄 인정
>
> ① 재단법인의 이사장인 피고인 甲이 강제집행을 면탈할 목적으로 재단법인에 대하여 채권을 가지는 양 가장하여 이를 공동피고인 乙에게 양도함으로써 재단법인으로 하여금 허위의 채무를 부담케 하고 이를 담보한다는 구실하에 재단법인소유 토지를 공동피고인 乙 명의로 가등기 및 본등기를 경료케 하였다면 강제집행면탈죄를 구성한다. (대법원 80도2403)
>
> ② 부동산의 선순위 가등기권자가 그 부동산 소유자와 공모하여 그 부동산에 관한 다른 채권자의 강제집행을 면할 목적으로 선순위 가등기권자 앞으로 본등기를 한 경우 (대법원 82도1987)
>
> ③ 강제집행을 면할 목적으로 재산을 허위양도 하였다 하여도 채무자에게 집행을 확보할 수 있는 충분한 재산이 있으면 채권자를 해하였다고 할 수 없지만, 강제집행을 면할 목적으로 허위채무를 부담하고 근저당권설정등기를 경료해 준 경우에 근저당권이 설정된 부동산 이외 **약간의 잉여자산**이 있는 것만으로는 강제집행면탈죄의 성립을 면할 수 없다. (대법원 89도2506) = 허위채무 등을 공제한 후 채무자의 적극재산이 남는다고 예측되더라도 위 허위채무 부담행위로 채권자를 해할 위험이 있으므로 강제집행면탈죄가 성립한다. (대법원 2007도4585)
>
> ④ 채권자에 의하여 압류된 채무자 소유의 유체동산을 채무자의 모(母) 소유인 것으로 사칭하면서 모(母)의 명의로 제3자이의의 소를 제기하고 집행정지결정을 받아 그 집행을 저지하였다면 이는 재산을 은닉한 경우에 해당하여 강제집행면탈죄가 성립한다. (대법원 92도1653)
>
> ⑤ 감사원의 구청에 대한 감사 과정에서 등록세 횡령한 사실이 적발되어 횡령사실에 대한 확인서까지 작성·제출하였는데, 상급자로부터 횡령액을 빨리 변상조치를 하라고 권유 겸 독촉을 받은 구청 직원이 가압류조치에 대비하여 자기 소유 부동산을 다른 사람 앞으로 가등기를 마친 경우 그 구청직원에게는 강제집행면탈죄가 성립한다. (대법원 95도2526)
>
> ⑥ 약 18억 원 정도의 채무초과 상태에 있는 피고인 발행의 약속어음이 부도가 난 경우, 강제집행을 당할 구체적인 위험이 있는 상태에 있다고 인정된다. (대법원 96도3141)

⑦ 강제집행면탈죄는 위태범으로서 강제집행을 당할 구체적인 위험이 있는 상태에서 재산을 은닉, 손괴, 허위양도, 허위의 채무부담을 하면 바로 성립하는 것이지, 반드시 채권자를 해하는 결과가 야기되거나 이로 인하여 행위자가 어떤 이득을 취하여야 범죄가 성립하는 것은 아니다. 즉 허위양도 부동산의 시가액보다 그 부동산 의해 담보된 채무액이 더 많다고 하여 위험이 없다고 할 수 없다. (대법원 98도2474)

⑧ 피고인이 자신의 채권담보의 목적으로 채무자 소유의 선박들에 관하여 가등기를 경료하여 두었다가 채무자와 공모하여 위 선박들을 가압류한 다른 채권자들의 강제집행을 불가능하게 할 목적으로 **정확한 청산절차도 거치지 않은 채 의제자백판결을 통하여 선순위 가등기권자인 피고인 앞으로 본등기를 경료함과 동시에 가등기 이후에 경료된 가압류등기 등을 모두 직권말소**하게 한 경우 '재산상 은닉'에 해당한다. (대법원 98도4558)

⑨ 사업장의 유체동산에 대한 강제집행을 면탈할 목적으로 **사업자 등록의 사업자 명의를 변경함이 없이** 사업장에서 사용하는 금전등록기의 사업자 이름만을 변경한 경우, 강제집행면탈죄에 있어서 재산의 '은닉'에 해당한다. (대법원 2003도3387)

⑩ 피고인이 회사의 어음 채권자들의 가압류 등을 피할 목적으로 회사의 예금계좌에 입금된 회사 자금을 인출하여 제3자 명의의 다른 계좌로 송금하였으나, 부도처분 방지 차원에서 회사의 어음 채권자들과의 합의하에 채권금액 중 일부만 변제하고 나머지에 대하여는 새로운 어음을 발행하는 등 이른바 어음 되막기 용도의 자금 조성을 위한 경우에 피고인의 강제집행면탈 행위는 정당행위에 해당한다고 볼 수 없다. (대법원 2005도4522)

⑪ 채권자가 민사소송에서 승소확정판결을 받기 전에 당해 채권을 제3자에게 양도한 사안에서, 양도 전 수개의 가압류가 경합하고 있었고 채무자가 민사소송에서 채권이 양도되었다는 항변을 제출하지 않아 승소판결이 되었다면, 강제집행면탈죄의 성립요건인 '채권의 존재'를 인정할 수 있다. (대법원 2008도198)

⑫ **이혼을 요구하는** 처로부터 재산분할청구권에 근거한 가압류 등 강제집행을 받을 우려가 있는 상태에서 남편이 이를 면**탈할 목적**으로 허위의 채무를 부담하고 소유권이전청구권보전가등기를 경료한 경우 강제집행면탈죄가 성립한다. (대법원 2008도3184)

⑬ 허위의 채무를 부담하는 내용의 채무변제계약 공정증서를 작성한 후 이에 기하여 채권압류 및 추심명령을 받은 다음 3개월 후에 실제로 위 강제집행에 따른 추심금을 수령한 경우, 채권압류 및 추심명령을 받은 때에 강제집행면탈죄가 성립되며 그때부터 공소시효가 진행한다. (대법원 2009도875)

⑭ 피해자 甲은 乙의 채권자로서 乙이 丙 소유 부동산 경매사건에서 지급받을 배당금 채권의 일부에 가압류를 해 두었는데, 피고인과 丙, 乙의 상속인 등이 공모하여 丙의 乙에 대한 채무가 완제된 것처럼 허위의 채무완제확인서를 작성하여 법원에 제출하는 등의 방법으로 매각허가결정된 丙 소유 부동산의 경매를 취소하였다는 내용으로 기소된 사안에서, 소유관계를 불명하게 하는 방법에 의한 재산의 은닉에 해당하므로 피고인에게 강제집행면탈죄를 인정하였다. (대법원 2011도6115) = 가압류해 둔 배당금채권

⑮ 강제집행면탈죄는 현실적으로 민사소송법에 의한 강제집행 또는 가압류·가처분의 집행을 받을 우려가 있는 객관적인 상태에서 주관적으로 강제집행을 면탈하려는 목적으로 재산을 은닉, 손괴, 허위양도하거나 허위의 채무를 부담하여 채권자를 해할 위험이 있으면 성립하고, 반드시 채권자를 해하는 결과가 야기되거나 행위자가 어떤 이득을 취하여야 성립하는 것은 아니다. 채무자가 채권자의 가압류집행을 면탈할 목적으로 제3채무자에 대한 채권을 타인에게 허위양도한 경우, 가압류결정 정본이 제3채무자에게 송달되기 전에 채권을 허위로 양도하였다면 강제집행면탈죄가 성립한다. (대법원 2012도3999)

⑯ 토지는 H교회가 대한예수교장로회 Y노회 유지재단에 명의신탁한 부동산이고, 토지에 관한 제1, 2차 매매계약은 모두 허위여서 그에 기초한 A와 B명의의 소유권이전등기는 원인무효로써 H교회는 토지에 관한 명의신탁계약을 해지하고 유지재단을 대위하여 A와 B에게 소유권이전등기의 말소를 청구할 권리를 가지는 상태에서 **A, B가 공모하여 토지에 관하여 C명의로 허위의 가등기**를 마쳐 두었다가, H교회가 토지의 소유권을 되찾기 위하여 **처분금지가처분을 하자 그 집행을 면탈할 목적으로 본등기를 하였다면** 강제집행면탈죄가 성립한다. (대법원 2015도9883)

> **관련판례** 강제집행면탈죄 부정

① 채권자들이 피고인을 상대로 법적 절차를 취하기 위한 준비를 하고 있지 않았다면, 피고인이 어음의 부도가 있기 전에 강제집행을 면탈하기 위해 자기의 형에게 허위채무를 부담하고 **가등기**하여 주었더라도, 강제집행면탈죄가 성립하지 아니한다. (대법원 79도493) = 아직 강제집행이 직면한 단계가 아니다.

② 피고인이 발행한 수표들이 부도가 난 것은 1980.6.20 이후이며 본건 소유권이전등기를 할 당시인 같은 해 6. 7을 전후하여 채권자들에 의하여 수표금 등 청구소송이 제기되었거나 가압류나 가처분을 신청하려는 기세에 있었다고 볼 자료가 없으니 강제집행을 면탈할 상태에 있었다고 보기 어려울 뿐 아니라 주관적인 면에서 강제집행을 면탈할 의도가 있었다고 볼 자료를 찾아볼 수 없어 강제집행면탈죄는 성립하지 않는다. (대법원 81도588)

③ 교회의 목사인 피고인 및 甲의 공동명의로 신탁된 교회소유의 대지가 甲의 사업실패로 그 채권자들로부터 강제집행의 우려가 있자 교회건축위원회에서 피고인 및 甲에 대한 명의신탁을 해지한 후 다른 재직회 임원인 乙 등 5명 앞으로 명의신탁하기로 결정하고 이에 따라 매매를 원인으로 하여 경료된 소유권이전등기는 신탁자의 신탁재산에 대한 정당한 권리행사이고 강제집행면탈죄의 구성요건인 허위양도에 해당하지 아니한다. (대법원 82도1524) = 진실한 양도

④ 채권자가 채무자에 대한 채무명의에 기하여 제3채무자에 대한 매매잔대금채권에 관하여 압류 및 전부명령을 받고 그 명령이 제3채무자에게 송달되자 피고인이 채무자와 공모하여 위 잔대금이 전부명령 송달전에 전액 지급된 양 허위영수증을 발행한 경우 피고인이 채무자로부터 허위영수증을 수취한 것이 <u>제3채무자에 대한 전부명령의 송달로 위 잔대금채권에 대한 집행이 완료된 후</u>라면 이로써는 동채권에 대한 채권자의 강제집행을 방해하였다고는 볼 수 없고 또 위 영수증의 발행 및 그 수취행위는 제3채무자의 재산에 대한 형법 제327조 소정의 어느 행위에도 해당되지 않는 다 할 것이므로 강제집행면탈죄는 성립되지 아니한다. (대법원 82도1544) = 이미 전부명령이 송달된 제3채무자에 대한 채권

⑤ 채권자에 대한 채무변제로 자기 소유의 건물을 대물변제하기로 하였으나 이를 이행하지 아니하여 채권자가 강제집행을 하려 하자 이를 면하기 위하여 또 다른 채권자와 위 건물에 대하여 대물변제계약을 체결한 경우 강제집행면탈죄가 성립하지 아니한다. (대법원 83도1869) = 대물변제예약 자체가 유효하여 허위양도는 아니기 때문이다.

⑥ 채권의 존재가 인정되지 않을 때에는 강제집행면탈죄는 성립하지 않는다. (대법원 88도48)

⑦ 피고인이 장래에 발생할 특정의 조건부채권을 담보하기 위한 방편으로 부동산에 대하여 근저당권을 설정한 것이라면, 특별한 사정이 없는 한 이는 장래 발생할 진실한 채무를 담보하기 위한 것으로서, '허위의 채무를 부담'하는 경우에 해당한다고 할 수 없다. (대법원 96도1531)

⑧ 타인의 재물을 보관하는 자가 보관하고 있는 재물을 영득할 의사로 은닉하였다면 이는 횡령죄를 구성하는 것이고 채권자들의 강제집행을 면탈하는 결과를 가져온다 하여 이와 별도로 강제집행면탈죄를 구성하는 것은 아니다. (대법원 2000도1447)

⑨ 회사 대표가 계열회사들 소유 자금 중 일부를 임의로 빼돌려 자기 소유 자금과 구분없이 거주지 안방에 보관한 행위는 계열회사들에 대한 횡령행위의 일부를 구성하는 것일 뿐이고 나아가 이를 일률적으로 회사 대표 개인의 채권자들에 대한 강제집행면탈행위로서의 은닉행위로 평가할 수는 없다. (대법원 2006도1813) = 채무자의 재산이 아닌 경우

⑩ 강제집행면탈죄의 객체는 채무자의 재산 중에서 채권자가 민사집행법상 강제집행 또는 보전처분의 대상으로 삼을 수 있는 것만을 의미하므로, '보전처분 단계에서의 가압류채권자의 지위' 자체는 원칙적으로 민사집행법상 강제집행 또는 보전처분의 대상이 될 수 없어 강제집행면탈죄의 객체에 해당한다고 볼 수 없고, 이는 가압류채무자가 가압류해방금을 공탁한 경우에도 마찬가지이다. <u>채무자가 가압류채권자의 지위에 있으면서</u> 가압류집행해제를 신청함으로써 그 지위를 상실하는 행위는 '은닉, 손괴, 허위양도 또는 허위채무부담' 등 <u>강제집행면탈행위의 어느 유형에도 포함되지 않는다.</u> (대법원 2006도8721)

⑪ <u>토지 소유자가 그 지상 건물 소유자에 대하여 건물철거 및 토지인도청구권을 갖는 경우, 허위채무로 위 건물에 근저당권 설정등기를 경료한 건물 소유자의 행위</u>는 강제집행면탈죄를 구성하지 않는다. (대법원 2008도2279) = 이 사안에서

건물소유자(지상권자 = 즉 토지소유자로부터 토지를 빌려서 그 위에 건물을 지은 자)가 제3자에게 허위채무를 걸고 저당권을 등기해줌으로써 토지소유자의 건물철거 집행을 막아보려고 한 것이고 이것이 토지소유자 입장에서는 건물철거 및 인도청구라는 집행을 면탈하려는 차원으로 이해할 수 있다. 그러나 위와 같더라도 토지소유자는 건물철거 및 인도를 할 수 있기 때문에 전혀 방해받지 않는다. 즉 강제집행면탈의 위험성이 전혀 일어나지 않기 때문에 채권자의 권리를 침해할 수가 없다.

⑫ 가압류에는 처분금지적 효력이 있으므로 **가압류 후에 목적물의 소유권을 취득한 제3취득자가 다른 사람에 대한 허위의 채무에 기하여 근저당권설정등기 등을 경료하더라도 이로써 가압류채권자의 법률상 지위에 어떤 영향을 미치지 않으므로, 강제집행면탈죄에 해당하지 아니한다.** (대법원 2008도2476)

⑬ **상계**로 인하여 소멸한 것으로 보게 되는 채권에 관하여는 상계의 효력이 발생하는 시점 이후에는 채권의 존재가 인정되지 않으므로 강제집행면탈죄가 성립하지 않는다. (대법원 2011도2252)

⑭ 피고인이 자신을 상대로 사실혼관계해소 청구소송을 제기한 甲에 대한 채무를 면탈하려고 피고인 명의 아파트를 담보로 10억 원을 대출받아 그 중 8억 원을 타인 명의 계좌로 입금하여 은닉하였더라도, 피고인에게 위자료 채권액을 훨씬 상회하는 다른 재산이 있었다면, 강제집행면탈죄가 성립하지 아니한다. (대법원 2011도5165)

⑮ 채무자가 **제3자 명의로 되어 있던 사업자등록을 또 다른 제3자 명의로 변경**하였더라도 그 사정만으로는 그 변경이 채권자의 입장에서 볼 때 사업장 내 유체동산에 관한 소유관계를 종전보다 더 불명하게 하여 채권자에게 손해를 입게 할 위험성을 야기한다고 단정할 수 없다. (대법원 2012도2732)

⑯ 의료법에 의하여 **적법하게 개설되지 아니한 의료기관에서 요양급여가 행하여졌다면** 해당 의료기관은 국민건강보험법상 요양급여비용을 청구할 수 있는 요양기관에 해당되지 아니하여 **해당 요양급여비용 전부를 청구할 수 없고,** 해당 의료기관의 채권자로서도 위 요양급여비용 채권을 대상으로 하여 강제집행 또는 보전처분의 방법으로 채권의 만족을 얻을 수 없는 것이므로 결국 **위와 같은 채권은 강제집행면탈죄의 객체가 되지 아니한다.** (대법원 2016도19982)

⑰ **산업재해보상보험법상 휴업급여를 받을 권리는 압류가 금지되는 채권으로서 강제집행면탈죄의 객체에 해당하지 않으므로** 피고인이 장차 지급될 휴업급여 수령계좌를 기존의 압류된 예금계좌에서 압류가 되지 않은 **다른 예금계좌로 변하여 휴업급여를 수령한 행위는 죄가 되지 않는다.** (대법원 2017도6229) = 휴업급여는 사회복지상 지급되는 금전이므로 아무리 채권자라도 채무자의 휴업급여에서 채무를 변제하도록 강요할 수는 없다. 이를 압류가 금지되는 채권(금전)이라고 표현하는 것이다. 따라서 휴업급여, 기초생활급여, 노령급여, 요양급여 등 생계가 어려운 사람들을 위해서 지급되는 사회보장급여는 강제집행의 대상이 될 수 없는 것이다. 따라서 해당 사회복지급여를 받은 채무자가 이를 혹시 몰라서 다른 통장으로 받았다고 하더라도 이를 강제집행면탈이라고 볼 것은 아니다.

안나현 경찰 형사법

형법각론

Part 2
사회적 법익에 대한 죄

Chapter 00   사회적 법익 전체 개관
Chapter 01   공공의 안전과 평온에 대한 죄
Chapter 02   공공의 건강에 대한 죄
Chapter 03   공공의 신용에 대한 죄
Chapter 04   사회의 도덕에 대한 죄

사회적 법익 전체 개관

- 사회적 법익 전체 개관

공공의 안전과 평온에 대한 죄	(1) 공안을 해하는 죄 (2) 폭발물에 대한 죄 (3) 방화와 실화의 죄 (4) 일수와 수리에 대한 죄 (5) 교통방해의 죄
공공의 건강에 대한 죄	(1) 먹는 물에 대한 죄 (2) 아편에 대한 죄
공공의 신용에 대한 죄	(1) 문서에 대한 죄 (2) 인장에 대한 죄 (3) 유가증권·우표와 인지에 대한 죄 (4) 통화에 대한 죄
사회의 도덕에 대한 죄	(1) 성풍속에 대한 죄 (2) 도박과 복표에 대한 죄 (3) 신앙에 대한 죄

Chapter 01 공공의 안전과 평온에 대한 죄

Section 01 공안을 해하는 죄

I 서설

1 조문체계

범죄	조문	구성요건	미수	예비
범죄단체 조직	제114조	사형, 무기, 장기 4년 이상의 징역에 해당하는 범죄를 목적으로 하는 단체를 조직 또는 이에 가입 또는 그 구성원으로 활동한 경우	×	×
소요	제115조	다중이 집합하여 폭행·협박 또는 손괴의 행위를 한 경우	×	×
다중 불해산	제116조	폭행·협박 또는 손괴의 행위를 할 목적으로 다중이 집합하여 그를 단속할 권한이 있는 공무원으로부터 3회 이상의 해산명령을 받고 해산하지 아니한 경우	×	×
전시공수 계약 불이행	제117조	전쟁·천재 기타 사변에 있어서 국가 또는 공공단체와 체결한 식량 기타 생활필수품의 공급계약을 정당한 이유없이 이행하지 아니하거나 계약이행을 방해한 경우	×	×
공무원자격사칭	제118조	공무원의 자격을 사칭하여 그 직권을 행사한 경우	×	×

2 의의 및 보호법익

① 공안을 해하는 죄는 공공의 법질서 내지 공공의 안전과 평온을 해하는 것을 내용으로 하는 범죄이다. 보호법익은 공공의 안전과 평온, 공공의 질서이다.

② 추상적 위험범이다.

II 범죄단체조직죄

형법

제114조【범죄단체 등의 조직】 사형, 무기 또는 장기 4년 이상의 징역에 해당하는 범죄를 목적으로 하는 단체 또는 집단을 조직하거나 이에 가입 또는 그 구성원으로 활동한 사람은 그 목적한 죄에 정한 형으로 처벌한다. 다만, 형을 감경할 수 있다.

1 의의 및 성격

사형, 무기 또는 장기 4년 이상의 징역에 해당하는 범죄를 목적으로 하는 단체 또는 집단을 조직하거나, 이에 가입하거나 그 구성원으로 활동함으로써 성립하는 목적범이다.

2 구성요건

(1) 실행행위

1) 범죄

사형, 무기 또는 장기 4년 이상에 해당하는 범죄에 대하여 일체의 범죄행위를 모두 의미하지만, 경범죄를 목적으로 하는 단체는 제외된다.

2) 단체 또는 집단

① 필요적 공범 중 집합범이다. **범죄를 목적으로 하는 단체**는 특정다수인이 일정한 범죄를 수행한다는 공동목적 아래 이루어진 계속적인 결합체로서 단순한 다중의 집합과는 달라 단체를 주도하는 **최소한의 통솔체제**를 갖추고 있어야 함을 요한다. (대법원 85도1515) 따라서 소매치기를 공모하여 실행행위를 분담한 수준(대법원 81도2608), 도박장 개장을 모의한 것(대법원 77도3463)만으로는 통솔체제를 갖추었다고 인정하기 어렵다.

② 그러나 **범죄집단**은 '범죄단체'에서 요구되는 '**최소한의 통솔체계'를 갖출 필요는 없고**, 다만 범죄의 계획과 실행을 용이하게 할 정도의 조직적 구조를 갖추어야 한다. (대법원 2019도16263)

③ 보이스피싱이라는 사기범죄를 목적으로 구성된 다수인의 계속적인 결합체로서 총책을 중심으로 간부급 조직원들과 상담원들, 현금인출책 등으로 구성되어 내부의 위계질서가 유지되고 조직원의 역할분담이 이루어지는 보이스피싱 조직은 형법 제114조의 범죄단체에 해당한다. (대법원 2017도8600)

> **관련판례**
>
> ① 기존 범죄단체의 두목이 바뀌고 활동 영역과 태양이 변화하였으나 그 조직이 완전히 변경됨으로써 기존의 범죄단체와 동일성이 없는 별개의 단체로 인정될 수 있을 정도에 이르렀다고 볼 수 없다는 이유로 폭력행위등처벌에관한법률 제4조 제1항 소정의 범죄단체의 구성에 해당하지 않는다. (대법원 2000도102)
>
> ② 형법 제114조 제1항 소정의 '범죄를 목적으로 하는 단체'라 함은 특정다수인이 일정한 범죄를 수행한다는 공동목적 아래 이루어진 계속적인 결합체로서 단순한 다중의 집합과는 달라 단체를 주도하는 최소한의 통솔체제를 갖추고 있어야 함을 요하는바, 피고인들이 각기 소매치기의 범죄를 목적으로 그 실행행위를 분담하기로 약정하였으나 위에서 본 계속적이고 통솔체제를 갖춘 단체를 조직하였거나 그와 같은 단체에 가입하였다고 볼 증거가 없다는 이유로 무죄를 선고한 조치는 정당하다. (대법원 81도2608)

3) 조직·가입 또는 그 구성원으로 활동

① 조직은 다수인이 의사연락 하에 집합체를 형성하는 것이다. 가입은 이미 조직된 단체의 구성원이 되는 것이다. 활동은 범죄단체 또는 집단의 통솔체계에 따른 조직적, 집단적 의사결정에 의하여 행해지고 범죄단체 또는 집단의 존속·유지를 지향하는 적극적인 행위를 말한다. (대법원 2008도10177)

② 기수 시기는 단체를 조직하거나 이에 가입함으로써 기수가 이루어지고, 목적한 범죄의 실행의 착수 여부는 본죄의 성립에 영향이 없다. **조직·가입은 즉시범이다.** 활동은 계속범이다.

③ 형의 임의적 감경규정이 있다.

> **관련판례** 활동과 관련된 사례
>
> ① [1] 범죄단체의 구성·가입과 별도로 '활동' 부분을 처벌하는 것이 헌법상 이중처벌금지의 원칙에 반하지 않는다.
>   [2] 범죄단체 구성원으로서 활동하는 행위와 집단감금 또는 집단상해행위는 각각 별개의 범죄구성요건을 충족하는 독립된 행위라고 보아야 할 것이다. (대법원 2008도1857)
> ② 범죄단체의 상위 구성원들로부터 조직의 위계질서를 잘 지키라는 지시를 받으며 속칭 '줄빠따'를 맞고 그에 관하여 입단속을 잘하라는 지시를 받은 피고인들의 행위가, 폭력행위 등 처벌에 관한 법률 제4조 제1항에 정한 범죄단체 구성원으로서의 '활동'에 해당하지 않는다. (대법원 2008도10177)

2 주관적 구성요건

고의가 필요하며, 고의 이외에도 범죄단체 구성이나 가입의 목적이 필요한 목적범이다. 그래서 총회꾼들을 제거하고 주주총회를 원활하게 진행하기 위하여 투자인 협회를 조직한 것은 범죄목적이라고 할 수 없다. (대법원 69도935)

3 죄수

> **관련판례** 포괄일죄
>
> 범죄단체 구성원으로서의 활동은 범죄단체의 구성이나 가입을 당연히 전제로 하는 것이므로, 양자는 모두 범죄단체의 생성 및 존속·유지를 도모하는, 범죄행위에 대한 일련의 예비·음모 과정에 해당한다는 점에서 범의의 단일성과 계속성을 인정할 수 있을 뿐만 아니라 피해법익도 다르지 않다. 따라서 범죄단체를 구성하거나 이에 가입한 자가 더 나아가 구성원으로 활동하는 경우, 이는 <u>포괄일죄</u>의 관계에 있다. (대법원 2015도7081)

> **관련판례** 실체적 경합범
>
> ① 형법 제114조 소정 범죄단체조직죄는 범죄를 목적으로 하는 단체를 조직함으로써 성립하는 것이고 그 후 목적한 범죄의 실행행위를 하였는가 여부는 위 죄의 성립에 영향이 없다. (대법원 75도2321)
> ② 피고인들이 총책을 중심으로 간부급 조직원들과 상담원들, 현금인출책 등으로 구성된 보이스피싱 사기 조직을 구성하고 이에 가담하여 조직원으로 활동한 경우 형법상 범죄단체에 해당한다. 이때 범죄단체 가입행위 또는 범죄단체구성원으로서 활동하는 행위와 사기행위는 각각 별개의 범죄구성요건을 충족하는 독립된 행위로서 서로 보호법익도 달라서 실체적 경합관계에 있다. (대법원 2017도8600)
> ③ 실체적 경합범 관계에 있는 이 사건 공소사실과 범죄단체 공소사실은 범행일시, 행위태양, 공모관계 등 범죄사실의 내용이 다르고, 그 죄질에도 현저한 차이가 있다. 따라서 위 두 공소사실은 동일성이 없으므로, 공소장변경절차에 의하여 이 사건 공소사실에 위 범죄단체 공소사실을 추가하는 취지의 공소장변경은 허가될 수 없다. (대법원 2020도10814)
> ④ 범죄단체 등에 소속된 조직원이 저지른 폭력행위 등 처벌에 관한 법률(이하 '폭력행위처벌법'이라 한다) 위반(단체 등의 공동강요)죄 등의 개별적 범행과 폭력행위처벌법 위반(단체 등의 활동)죄는 범행의 목적이나 행위 등 측면에서 일부 중첩되는 부분이 있더라도, 일반적으로 구성요건을 달리하는 별개의 범죄로서 범행의 상대방, 범행 수단 내지 방법, 결과 등이 다를 뿐만 아니라 그 보호법익이 일치한다고 볼 수 없다. 또한 폭력행위처벌법 위반(단체 등의 구성·활동)죄와 위 개별적 범행은 특별한 사정이 없는 한 법률상 1개의 행위로 평가되는 경우로 보기 어려워 상상적 경합이 아닌 <u>실체적 경합</u>관계에 있다고 보아야 한다. (대법원 2022도6993)

4 폭력행위처벌법상 단체 등의 구성·활동

① 폭행, 상해 범죄를 목적으로 하는 단체나 집단을 구성하거나 이런 단체나 집단에 가입하거나 구성원으로 활동한 자는 수괴는 사형, 무기, 10년 이상 징역, 간부는 무기 또는 7년 이상 징역, 이외의 자는 2년 이상의 유기징역으로 처벌한다. (폭처법 제4조)

② 타인에게 이런 단체나 집단에 가입할 것을 강요하거나 권유한 사람은 2년 이상 유기징역에 처한다.

③ 이런 단체나 집단을 구성하거나 가입하여 단체나 집단의 존속·유지를 위하여 금품을 모집한 사람은 3년 이상의 유기징역에 처하며, 이런 단체나 집단에 가입하지 아니한 자라도 이런 단체에 자금을 제공한 경우도 3년 이상의 유기징역에 처한다.

④ 해당 단체나 집단을 이용하여 폭력행위처벌법이나 그 외 형벌법규상의 범죄를 한 자는 형의 장기 및 단기의 2분의 1까지 가중한다. (폭처법 제5조)

> **관련판례** **범죄단체조직·가입·활동죄 인정**
>
> ① 피고인들이 수괴, 간부 가입자를 구분할 수 있을 정도의 지휘통솔체계를 갖춘 단체를 구성하고 또는 이에 가입한 후 피고인 갑으로부터 단체생활에 필요한 자금 등을 제공받고, 싸움에 대비하여 수시로 단체 및 개인훈련을 실시하는 한편 위 단체구성후 1년 10개월 동안 16건에 걸쳐 강도상해 및 폭력행위(상해, 협박 등)를 자행하여 왔다면 위와 같은 소위는 결국 폭력을 목적으로 한 범죄단체를 구성 또는 이에 가입한 죄에 해당된다. (대법원 87도1240)
>
> ② 구 폭력행위등처벌에관한법률(1990.12.31. 법률 제4294호로 개정되기 전의 것) 제4조 소정의 단체 등의 조직죄는 같은 법에 규정된 범죄를 목적으로 한 단체 또는 집단을 구성함으로써 즉시 성립하고 그와 동시에 완성되는 즉시범이지 계속범이 아니다. (대법원 91도3192)
>
> ③ 피고인 甲은 무등록 중고차 매매상사(외부사무실)를 운영하면서 피해자들을 기망(소위 '뜯플', '쌩플')하여 중고차량을 불법으로 판매해 금원을 편취할 목적으로 외부사무실 등에서 범죄집단을 조직·활동하고, 피고인 甲, 乙을 제외한 나머지 피고인들은 범죄집단에 가입·활동하였다는 내용으로 기소된 사안에서, 위 외부사무실은 특정 다수인이 사기범행을 수행한다는 공동목적 아래 구성원들이 대표, 팀장, 출동조, 전화상담원 등 정해진 역할분담에 따라 행동함으로써 사기범행을 반복적으로 실행하는 체계를 갖춘 결합체, 즉 형법 제114조의 '범죄를 목적으로 하는 집단'에 해당한다. 이때 범죄집단이란 '범죄단체'에서 요구되는 '최소한의 통솔체계'를 갖출 필요는 없지만, 범죄의 계획과 실행을 용이하게 할 정도의 조직적 구조를 갖추어야 한다. (대법원 2019도16263) = 범죄집단에 해당

> **관련판례** **범죄단체조직·가입·활동죄 부정**
>
> ① 甲이 乙, 丙, 丁과 함께 어음을 발행한 뒤 부도시키는 방법으로 타인의 재물을 편취하기로 모의한 뒤, 이를 위해 A실업이라는 상호로 사무실을 개설하여 전자제품 도매상을 경영하는 것처럼 위장하고, 乙의 이름으로 은행에 당좌계정을 개설하여 그 은행으로부터 다량의 어음용지를 교부받아 이를 확보하는 한편, 甲은 A실업의 실질적인 대표자로서 지급의 입출, 어음용지와 도장 등의 보관책임을 맡고, 乙과 丙은 대외적인 업무를, 丁은 감사로서의 임무를 수행하기로 한 경우, 甲에게는 범죄단체조직죄가 성립하지 아니한다. (대법원 85도1515) = 내부질서를 유지하는 통솔체제를 갖춘 계속적인 결합체에 이른 것으로 볼 수 없기 때문이다.
>
> ② 단순히 위 폭력 등의 범죄를 예비, 음모하거나 또는 그 범죄의 모의에 가담하여 실행행위의 분담을 정함에 불과하거나 실행행위를 하였다는 사실만으로는 위와 같은 폭력의 범죄단체를 조직하거나 범죄집단을 구성한 것이라고 할 수 없다. (대법원 90도2301)
>
> ③ 공소외 1 주식회사나 공소외 2 주식회사가 실제로 피고인 1, 4, 5, 6, 7 등이 폭력행위등처벌에관한법률 소정의 범죄를 한다는 공동목적하에 설립한 조직체라고 인정할 증거는 없다고 하여 무죄를 선고한 제1심판결을 유지한 조치는 정당하다. (대법원 91도1270)

④ 갑, 을 등 7, 8명이 월미도 및 송도유원지 등에서 타인의 자가용 유상운송행위를 제지하고 자신들만이 배타적으로 운송행위를 하기 위하여 독수리회라는 단체를 조직하고, 새로 가입하는 회원들로부터 가입금을 받아왔으며 회원들은 각기 그 소유 차량의 전후면에 독수리마크를 붙이고 일정한 장소에서 도착한 순서대로 승객을 태우고 회원이 아닌 자들이 자신들의 구역내에서 영업을 하려고 할 경우에는 주변에 있는 회원들이 그들을 위협하여 쫓아내는 사실은 인정이 되나, 위 독수리회의 회원들의 결합정도가 자가용 유상운송 및 협박 등을 목적으로 한 범죄단체로서 조직원 사이에 지휘, 명령, 복종체결을 갖춘 결합체를 이룬 것으로 인정하기 어렵고 회원들의 친목단체로서의 성격이 짙은 경우라고 보여진다. (대법원 91도2569)

⑤ 사북 지역 출신의 청년들에 의하여 자생적으로 조직된 사북청년회라는 단체의 일부 회원들이 사북 지역에 내국인 카지노가 들어서면서 폭력 범행을 저지르거나 관여하게 되었다고 하여 사북청년회 자체가 폭력행위등처벌에관한법률상의 폭력 범행을 목적으로 조직화되었고 사북청년회 자체에서 그러한 폭력 범행을 지시하였거나 의도하였다고 보기 어려워 사북청년회가 폭력행위등처벌에관한법률에서 정한 범죄단체에 해당하지 아니한다. (대법원 2004도2009) = 구성원의 범죄에 대한 공동목적이 부정된 사례이다.

III 소요죄

형법

제115조【소요】 다중이 집합하여 폭행, 협박 또는 손괴의 행위를 한 자는 1년 이상 10년 이하의 징역이나 금고 또는 1천500만원 이하의 벌금에 처한다.

1 의의 및 보호법익

① 다중이 집합하여 폭행, 협박 또는 손괴의 행위를 함으로써 성립하는 범죄이다. 보호법익은 공공의 안전과 평온이다. 다중의 집합이 요건으로 하는 집합범으로 필요적 공범이며, 공공의 안전을 보호법익으로 하는 추상적 위험범이다.

② 다중이 가담할 의사인 공동의사 필요하다. 내부참가자인 다중의 구성원 상호간에는 가담 정도를 묻지 않고 정범으로 처벌되며, 집합범이므로 형법총칙상 공범규정이 적용되지 않는다.

③ 소요죄는 자수 특례 규정이 없다.

2 객관적 구성요건

(1) 행위의 주체

1) 다중의 집합

① 주체는 집합한 다중이다. 다중이란 계속적 조직을 갖추지 아니하고 한 장소에 집결되어 있는 다수인을 말한다. 다중을 구성하는 인원수는 한 지방의 평온·안전을 해할 수 있을 정도의 폭행, 협박 또는 손괴를 하기에 족한 다수인을 말한다.

② 집합이란 다수인이 일정한 장소에 모여 집단을 형성하는 것으로 일정한 장소적 결합을 본질로 한다.

2) 실행행위

폭행·협박 또는 손괴하는 것이다. 다중의 집합에 참가하였으나 폭행·협박 또는 손괴의 실행행위를 하지 않은 자는 본죄로 처벌되지 않는다.

3) 폭행·협박·손괴의 정도

폭행·협박·손괴는 사람 또는 물건에 대한 적극적·공격적 행위일 것을 요하며, 한 지방의 평온·안전을 해할 정도의 위험성 있는 행위이어야 한다.

(2) 기수시기

한 지방의 공공의 평온·안전을 해할 위험성이 있는 폭행·협박·손괴행위가 있으면 기수이다. (추상적 위험범)

3 주관적 구성요건

다중의 합동력으로 폭행·협박 또는 손괴한다는 공동의사(소요의사)를 필요로 한다.

4 타죄와의 관계

(1) 소요행위 과정에서 폭행·협박·손괴

소요행위과정에서 폭행죄·협박죄·손괴죄는 모두 본죄에 흡수된다. 특수가 붙어도 마찬가지다.

(2) 살인죄와의 관계

소요죄보다 법정형이 중한 죄는 상상적 경합이 된다. 따라서 소요죄와 살인죄 방화죄등과 상상적 경합이 된다. 단 소요죄보다 법정형이 경한 죄는 소요죄에 흡수된다.(법조경합 중 흡수관계)

(3) 특별법과 관계

피고인의 행위가 수십 명의 군중과 함께 정치적 구호를 외치며 거리를 진행하는 등 다중이 집합하여 폭행, 협박, 손괴행위를 한 것이라면 그 행위자체가 포고령 제10호가 금지한 정치목적의 시위를 한 것이라고 보아야 할 것이므로 소요죄와 위 포고령위반죄의 상상적 경합범이다. (대법원 83도424)

(4) 내란죄와 관계

내란죄가 성립할 경우 소요죄는 내란죄에 흡수된다.(법조경합 중 흡수관계)

IV 다중불해산죄

> **형법**
>
> **제116조【다중불해산】** 폭행, 협박 또는 손괴의 행위를 할 목적으로 다중이 집합하여 그를 단속할 권한이 있는 공무원으로부터 3회 이상의 해산명령을 받고 해산하지 아니한 자는 2년 이하의 징역이나 금고 또는 300만원 이하의 벌금에 처한다.

1 의의 및 성격

① 진정부작위범이고 목적범이다.

② 소요죄의 예비적 단계를 특별히 규정한 것이므로 소요죄에 대해 보충적 관계에 있다.

2 객관적 구성요건

(1) 주체

폭행·협박·손괴의 행위를 할 목적으로 집합한 다중이다.

(2) 실행행위

1) 단속할 권한 있는 공무원

해산명령권은 경찰관직무집행법 제6조에 근거를 든 것이어야 한다.

2) 3회 이상 해산명령

해산명령은 최소한 3회 이상이어야 하며 각 회마다 일정한 시간적 간격을 요한다. 따라서 시간적 간격 없이 3회 연속하여 내린 경우 1회 해산명령에 불과하다.

(3) 기수시기

① 3회 이상 해산명령을 받고 해산하지 않음으로써 기수가 된다. 부작위 자체로 기수가 되기 때문에 본죄의 미수범은 처벌되지 않는다.(형식범)

② 판단시점

본죄의 기수는 최종의 해산명령을 받은 시점을 기준으로 해서 판단해야 한다. (통설) 예 3회째 해산명령에 응하지 않았으나 4회째 해산명령을 받고 해산한 경우는 다중불해산죄 기수가 되지 않는다.

V 전시공수계약불이행죄

형법

제117조 【전시공수계약불이행】 ① 전쟁, 천재 기타 사변에 있어서 국가 또는 공공단체와 체결한 식량 기타 생활필수품의 공급계약을 정당한 이유없이 이행하지 아니한 자는 3년 이하의 징역 또는 500만원 이하의 벌금에 처한다.
② 전항의 계약이행을 방해한 자도 전항의 형과 같다.
③ 전 2항의 경우에는 그 소정의 벌금을 병과할 수 있다.

진정부작위범이다.

VI 공무원자격사칭죄

형법

제118조 【공무원자격의 사칭】 공무원의 자격을 사칭하여 그 직권을 행사한 자는 3년 이하의 징역 또는 700만원 이하의 벌금에 처한다.

1 의의 및 보호법익

① 공무원이 자격을 사칭하여 그 직권을 행사함으로써 성립하는 범죄이다. 보호법익은 공무수행의 진정성이며 추상적 위험범이다.

② 미수범 처벌규정이 없다.

2 객관적 구성요건

(1) 공무원의 자격사칭

1) 공무원

공무원이란 국가 또는 지방공무원과 특별법상 공무원을 말하며 임시직원도 포함된다. (대법원 73도884)

2) 자격사칭

① 일반적으로 공무원이 아닌 자가 공무원의 자격을 사칭하는 경우는 물론 **공무원이라도 다른 공무원의 자격을 사칭하여 그 직권을 행사한 경우에 본죄가 성립한다.** 따라서 이 죄는 신분범이 아니다.

② 사칭한 방법에는 제한이 없다. 따라서 자신이 직접 사칭할 필요도 없고 스스로 착각에 빠진 피해자에 대하여 부작위로도 가능하다.

(2) 사칭한 공무원의 직권행사

① 사칭한 공무원의 직무에 관한 권한을 행사해야 한다.

② **직권행사가 없는 단순한 관명사칭 등은 경범죄 위반죄(경범죄처벌법 제1조 제8호)일 뿐이다.**

> **관련판례** 공무원자격사칭죄 인정
>
> ① 형법 제118조의 소위 공무원 개념에는 공무원 임용령 제43조에 의한 임시직원도 포함된다고 보아야 할 것이므로 경제기획원 감사관이라는 임시직원을 사칭한 경우 공무원자격사칭죄가 인정된다. (대법원 73도884)
>
> ② 경찰관을 사칭하여 운전사로부터 범칙금을 받은 경우 = 공무원자격사칭죄와 사기죄의 상상적 경합

> **관련판례** 공무원자격사칭죄 부정

① 헌병사령부 정보원을 사칭하고 심문한 경우 그 심문내용이 정보원의 권한범위에 속하지 않는 경우 처벌할 수 없다. (대법원 4293형상592)
② 청와대 민정비서관임을 사칭하고 시외전화선으로 고장을 수리하게 한 경우 공무원자격사칭죄로 처벌할 수 없다. (대법원 72도2552)
③ 중앙정보부 직원이 아닌 자가 동 직원임을 사칭하고 청와대에 파견된 감사실장인데 사무실에 대통령사진의 액자가 파손된 채 방치되었다는 사실을 보고받고 나왔으니 자인서를 작성 제출하라고 말한 행위는 중앙정보부 직원의 직권행사에 해당되지 않는다. (대법원 77도2750)
④ 공무원자격사칭죄가 성립하려면 어떤 직권을 행사할 수 있는 권한을 가진 공무원임을 사칭하고 그 직권을 행사한 사실이 있어야 하는바, 피고인들이 그들이 <u>위임받은 채권을 용이하게 추심하는 방편으로 합동수사반원임을 사칭하고 협박한 사실</u>이 있다고 하여도 위 채권의 추심행위는 개인적인 업무이지 합동수사반의 수사업무의 범위에는 속하지 아니하므로 이를 공무원자격사칭죄로 처벌할 수 없다. (대법원 81도1955)

■ 공무원자격사칭죄의 성립여부

공무원자격사칭죄 성립	공무원자격사칭죄 불성립
• 세무서 직원이 아니면서 세무서 직원이라고 사칭하여 세금을 받은 경우 • 형사라 사칭하여 사람을 체포한 경우 • 세관원이라고 칭하면서 밀수품 휴대여부를 수색한 행위 • 사인이 보건소직원을 사칭하여 식당 위생검사를 한 경우	• 경찰관이라고 사칭하여 세금을 받은 경우 • 판사를 사칭하여 피의자를 신문하여 피의자심문조서를 작성한 경우 • 판사라고 사칭하면서 교통위반 보행자에게 현장에서 벌금을 과하는 행위

Section 02 폭발물에 대한 죄

I 폭발물사용죄

범죄	조문	구성요건	미수	예비	선동
폭발물 사용	제119조 제1항	폭발물을 사용하여 사람의 생명·신체 또는 재산을 해하거나 그 밖에 공공의 안전을 문란하게 한 경우	○	○	○
전시폭발물 사용	제119조 제2항	전쟁·천재 그 밖의 사변에 있어서 폭발물사용죄를 지은 경우	○	○	○
전시폭발물 제조 등	제121조	전쟁 또는 사변에 있어서 정당한 이유없이 폭발물을 제조, 수입, 수출, 수수, 소지한 경우	×	×	×

형법

제119조 【폭발물사용】 ① 폭발물을 사용하여 사람의 생명, 신체 또는 재산을 해하거나 그 밖의 공공의 안전을 문란한 자는 사형, 무기 또는 7년 이상의 징역에 처한다.
② 전쟁, 천재 그 밖의 사변에 있어서 전항의 죄를 지은 자는 사형 또는 무기징역에 처한다.
③ 전2항의 미수범은 처벌한다.

제120조 【예비, 음모, 선동】 ① 전조 제1항, 제2항의 죄를 범할 목적으로 예비 또는 음모한 자는 2년 이상의 유기징역에 처한다. 단, 그 목적한 죄의 실행에 이르기 전에 자수한 때에는 그 형을 감경 또는 면제한다.
② 전조 제1항, 제2항의 죄를 범할 것을 선동한 자도 전항의 형과 같다.

제121조 【전시폭발물제조 등】 전쟁 또는 사변에 있어서 정당한 이유없이 폭발물을 제조, 수입, 수출, 수수 또는 소지한 자는 10년 이하의 징역에 처한다.

1 의의 및 보호법익

① 폭발물을 사용하여 사람의 생명·신체 또는 재산을 해하거나 기타 공안을 문란하게 함으로써 성립하는 범죄이다.
② 보호법익은 공공의 안전과 평온이고 부차적으로 불특정 또는 다수인의 생명, 신체 또는 재산의 안전도 된다. 보호의 정도는 견해의 대립이 있으나 구체적 위험범으로서의 보호이다.
③ 고의가 필요하고, 과실범이나 결과적 가중범을 처벌하는 규정이 없다.
④ 폭발물 사용죄와 전시폭발물 사용죄는 예비·음모·선동 처벌규정이 있고, 2년 이상 유기징역에 처한다. 다만, 목적한 죄의 실행에 이르기 전에 자수한 경우 형을 감경 또는 면제한다. (필요적 감면)

2 객관적 구성요건

(1) 폭발물 사용하여

폭발물이란 점화나 일정한 자극을 가하면 급격한 팽창에 의하여 폭발작용을 하는 물체를 말하는 것으로 폭발물의 소유자가 누구인가는 불문하며 그 파괴력이 사람의 생명·신체·재산을 침해하거나 공안을 문란하게 할 정도의 위력을 가진 것(예 다이나마이트, 지뢰, 수류탄)이어야 한다. 그러나 그 자체의 팽창 내지 파열에 의하여 파괴력을 가지지 않는 물건은 폭발물에 해당하지 않는다. 따라서 소총의 실탄이나 화염병(대법원 66도1056)은 폭발물로 볼 수 없다.

(2) 사람의 생명, 신체 또는 재산을 해하거나 공안을 문란케 할 것

공안문란이란 폭발물을 사용하여 한 지방의 법질서를 교란할 정도에 이르는 것을 말한다. (통설)

3 실행의 착수와 기수시기

① 본죄는 폭발물의 사용시에 실행의 착수가 인정된다. 폭발물의 사용에 착수하였지만 폭발물이 현실적으로 폭발하지 않았거나 폭발하였더라고 사람의 생명·신체 또는 재산이 침해되지 않았거나 공공문란이라는 구체적 위험이 발생하지 않은 경우 본죄의 미수범이 성립한다.

② 기수시기는 사람의 생명·신체 또는 재산이 침해된 때 또는 공안문란이라는 구체적 위험이 발생한 때이다.

> **관련판례** 폭발물사용죄에 있어 폭발물의 의미
>
> ① 소주병이나 위스키병에 휘발유와 모래를 넣어 점화하도록 한 것(화염병)은 폭발물사용죄에서 말하는 폭발물에 해당하지 않는다. (대법원 66도1056)
>
> ② [1] 폭발물사용죄에서 말하는 폭발물이란 폭발작용의 위력이나 파편의 비산 등으로 사람의 생명, 신체, 재산 및 공공의 안전이나 평온에 직접적이고 구체적인 위험을 초래할 수 있는 정도의 강한 파괴력을 가지는 물건을 의미한다. 따라서 어떠한 물건이 형법 제119조에 규정된 폭발물에 해당하는지는 폭발작용 자체의 위력이 공안을 문란하게 할 수 있는 정도로 고도의 폭발성능을 가지고 있는지에 따라 엄격하게 판단하여야 한다.
> [2] 피고인이 자신이 제작한 폭발물을 배낭에 담아 고속버스터미널 등의 물품보관함 안에 넣어 두고 폭발하게 함으로써 공안을 문란하게 하였다고 하여 폭발물사용으로 기소된 사안에서, 피고인이 제작한 물건의 구조, 그것이 설치된 장소 및 폭발 당시의 상황 등에 비추어, 위 물건은 폭발작용 자체에 의하여 공공의 안전을 문란하게 하거나 사람의 생명, 신체 또는 재산을 해할 정도의 성능이 없거나, 사람의 신체 또는 재산을 경미하게 손상시킬 수 있는 정도에 그쳐 사회의 안전과 평온에 직접적이고 구체적인 위험을 초래하여 공공의 안전을 문란하게 하기에는 **현저히 부족한 정도의 파괴력과 위험성만을 가진 물건이므로 형법 제172조 제1항에 규정된 '폭발성 있는 물건'에는 해당될 여지가 있으나 이를 폭발물사용죄**(제119조 제1항)**에 규정된 폭발물에 해당한다고 볼 수 없다.** (대법원 2011도17254)

> **참고** 폭발성물건(형법 제172조)과 구별
>
> 폭발물은 처음부터 폭발성을 이용하고자 제조한 물건이지만, 폭발성 물건은 처음부터 폭발용으로 제조한 것은 아니나 폭발용으로 사용할 수 있는 물건이라는 점에서 구별된다. 고압가스나 LPG 가스는 폭발물이 아니고 폭발성 물건이다. 폭발성물건파열죄는 과실범 처벌규정이 있다.(제173조의2 제1항, 제2항)

Section 03 방화와 실화에 대한 죄

I 서설

1 조문체계

범죄	조문	구성요건	미수	예비
현주건조물 방화	제164조 제1항	불을 놓아 사람이 주거로 사용하거나 사람이 현존하는 건조물·기차·전차·자동차·선박·항공기 또는 지하채굴시설을 불태운 경우	○	○
현주건조물 방화치상	제164조 제2항	현주건조물방화죄를 지어 사람을 상해에 이르게 한 경우	×	×
현주건조물 방화치사		현주건조물방화죄를 지어 사람을 사망에 이르게 한 경우	×	×
공용건조물 방화	제165조	불을 놓아 공용으로 사용하거나 공익을 위해 사용하는 건조물·기차·전차·자동차·선박·항공기 또는 지하채굴시설을 불태운 경우	○	○
타인소유 일반건조물 방화	제166조 제1항	불을 놓아 제164조와 제165조에 기재한 외의 건조물, 기차, 전차, 자동차, 선박, 항공기 또는 지하채굴시설을 불태운 경우	○	○
자기소유 일반건조물 방화	제166조 제2항	자기소유인 일반건조물 등의 물건을 불태워 공공의 위험을 발생하게 한 경우	×	×
타인소유 일반물건 방화	제167조 제1항	불을 놓아 제164조부터 제166조까지에 기재한 외의 물건(타인의 일반물건)을 불태워 공공의 위험을 발생하게 한 경우	×	×
자기소유 일반물건 방화	제167조 제2항	불을 놓아 자신의 일반물건을 불태워 공공의 위험을 발생하게 한 경우	×	×
연소	제168조 제1항	자기소유 일반건조물(제166조 제2항) 또는 자기소유 일반물건(제167조 제2항)에 대한 방화죄를 범하여 현주건조물(제164조) 공용건조물(제165조) 또는 타인소유일반건조물(제166조 제1항)을 연소한 경우	×	×
	제168조 제2항	자기소유 일반건조물, 자기소유 일반물건을 방화하여 타인소유 일반물건을 연소한 경우	×	
진화방해	제169조	화재에 있어서 진화용의 시설 또는 물건을 은닉 또는 손괴하거나 기타 방법으로 진화를 방해한 경우	×	×
실화	제170조 제1항	과실로 인하여 현조건조물(제164조) 또는 공용건조물(제165조), 타인 소유 일반건조물(제166조 제1항)을 불태운 경우	×	×
	제170조 제2항	과실로 인하여 자기 소유 일반건조물(제166조 제2항) 또는 타인소유이든 자기소유이든 일반물건(제167조)을 불태워 공공의 위험을 발생하게 한 경우		
업무상 실화죄·중실화	제171조	업무상 과실 또는 중대한 과실로 인하여 제170조의 죄(실화죄)를 범한 경우	×	×
폭발성물건 파열	제172조 제1항	보일러·고압가스 기타 폭발성있는 물건을 파열시켜 사람의 생명·신체 또는 재산에 대하여 위험을 발생시킨 경우	○	○

범죄	조문	구성요건	미수	예비
폭발성물건 파열치상	제172조 제2항	폭발성물건을 파열시켜 사람을 상해에 이르게 한 경우	×	×
폭발성물건 파열치사	제172조 제2항	폭발성물건을 파열시켜 사람을 사망에 이르게 한 경우	×	×
가스·전기 등 방류	제172조의2 제1항	가스, 전기, 증기, 방사선, 방사성 물질을 방출, 유출, 살포시켜 사람의 생명, 신체 또는 재산에 대하여 위험을 발생시킨 경우	○	○
가스·전기 등 방류치상	제172조의2 제2항	가스·전기 등 방류죄를 범하여 사람을 상해에 이르게 한 경우	×	×
가스·전기 등 방류치사	제172조의2 제2항	가스·전기 등 방류죄를 범하여 사람을 사망에 이르게 한 경우	×	×
가스·전기 등 공급방해	제173조 제1항	가스, 전기 또는 증기의 공작물을 손괴 또는 제거하거나 기타 방법으로 가스, 전기 또는 증기의 공급이나 사용을 방해하여 공공의 위험을 발생하게 한 경우	○	○
가스·전기 등 공급방해	제173조 제2항	공공용의 가스, 전기 또는 증기의 공작물을 손괴 또는 제거하거나 기타 방법으로 가스, 전기 또는 증기의 공급이나 사용을 방해한 경우	○	○
가스·전기등 공급방해 치상	제173조 제3항	가스·전기 등 공급방해죄를 범하여 사람을 상해에 이르게 한 경우	×	×
가스·전기등 공급방해 치사	제173조 제3항	가스·전기 등 공급방해죄를 범하여 사람을 사망에 이르게 한 경우	×	×
과실 폭발성 물건 파열	제173조의2 제1항	과실 또는 업무상 과실·중과실로 인하여 폭발성물건파열죄, 가스·전기등 방류죄, 가스·전기등 공급방해죄를 범한 경우	×	×
업무상 과실·중과실에 의한 폭발성 물건 파열	제173조의2 제2항	업무상 과실 또는 중대한 과실로 폭발성 물건 파열 등의 죄를 범한 경우	×	×

2 의의 및 보호법익

① 방화나 실화 등은 <u>1차적으로 공중의 생명·신체·재산 등에 대한 위험을 예방하는 차원에서 공중안전을 보호법익으로 보고 2차적으로 개인의 재산권을 보호법익</u>으로 보고 있다. (대법원 82도2341)

② <u>예비음모 처벌은 5년 이하 징역에 처한다. 단 그 목적한 범죄의 실행에 이르기 전에 자수한 경우에는 형을 감경 또는 면제한다.</u> (필요적 감면, 제175조)

③ 현주건조물방화, 공용건조물방화, 타인소유 일반건조물방화, 실화 등 대부분의 방화 및 실화죄는 추상적 위험범이지만, 자기소유 일반건조물방화죄, 일반물건방화죄(타인소유이든 자기소유이든 불문)은 공공의 위험 발생이 필요한 구체적 위험범에 해당한다. 여기서의 공공의 위험이란 물리적·자연적 위험이 아니라 <u>일반인들이 느끼는 심리적 위험</u>을 말한다.

④ 그리고 가스·전기 공급방해(제173조 제1항)도 구체적 위험범이다.

⑤ 방화죄 중 구체적 위험범과 추상적 위험범의 구별실익은 구체적 위험범에 있어서는 구체적 위험과 인식과 발생이 없으면 당해 범죄가 기수가 될 수 없다는 점에 있다.

⑥ 과실범 처벌규정으로 실화(제170조), 업무상 실화, 중실화(제171조), 과실 폭발성물건 파열(제173조의2 제1항), 업무상 과실 및 중과실에 의한 폭발성물건 파열(제173조의2 제2항)이 있다.

> **참고** 방화죄 관련 조문
> - 타인소유 일반건조물 등 방화죄의 예비·음모는 처벌한다.(○)
> - 현주건조물방화죄는 미수범을 처벌하나 현주건조물방화치사상죄, 타인소유일반물건방화죄는 미수범을 처벌하지 않는다.(○)
> - 현주건조물방화죄·공용건조물방화죄는 추상적 위험범이고, 타인소유 일반건조물방화죄·일반물건방화죄는 구체적 위험범이다.(×) = 타인소유 일반건조물방화죄는 구체적 위험범이 아니라 추상적 위험범이다.
> - 과실로 인하여 현주건조물이나 공용건조물을 소훼한 경우에는 공공의 위험의 발생을 요구하지 않는 추상적 위험범으로 본다.(○)

II 현주건조물 등 방화죄

> **형법**
>
> **제164조【현주건조물등에의 방화】** ① 불을 놓아 사람이 주거로 사용하거나 사람이 현존하는 건조물, 기차, 전차, 자동차, 선박, 항공기 또는 지하채굴시설을 불태운 자는 무기 또는 3년 이상의 징역에 처한다.
>
> **제174조【미수범】** 제164조 제1항, 제165조, 제166조 제1항, 제172조 제1항, 제172조의2 제1항, 제173조 제1항과 제2항의 미수범은 처벌한다.
>
> **제175조【예비, 음모】** 제164조 제1항, 제165조, 제166조 제1항, 제172조 제1항, 제172조의2 제1항, 제173조 제1항과 제2항의 죄를 범할 목적으로 예비 또는 음모한 자는 5년 이하의 징역에 처한다. 단 그 목적한 죄의 실행에 이르기 전에 자수한 때에는 형을 감경 또는 면제한다.

1 의의

불을 놓아 사람이 주거로 사용하거나 사람이 현존하는 건조물, 기차, 전차, 자동차, 선박, 항공기 또는 지하채굴시설을 불태움으로써 성립하는 범죄이다.

2 객관적 구성요건

(1) 객체

행위의 객체는 사람이 주거로 사용하거나 사람이 현존하는 건조물 기차, 전차, 자동차, 선박, 항공기 또는 지하채굴시설이다.

1) 사람의 주거에 사용

① 사람

사람은 범인 이외의 모든 자연인을 말한다. 다만 범인의 가족·동거인도 공동정범이 아닌 이상 여기의 사람에 포함된다.

- 예 범인이 혼자 사용하는 집에 방화한 경우: 일반건조물방화죄(제166조 제2항)
- 예 범인이 처와 함께 사용하는 집에 방화한 경우: 현주건조물방화죄(제166조 제1항)
- 예 범인이 처와 공모하여 처와 둘이 거주하고 있는 자기 소유의 집에 방화한 경우: 일반건조물방화죄(제166조 제2항)

② 주거로 사용

주거로 사용한다고 함은 일상생활의 장소로 사용하는 것을 말한다.

 i) 일시적 사용이든 계속적 사용이든 불문한다.

 ii) 건조물은 반드시 주거용으로 건조된 것일 필요는 없다. 주거용차량도 가능하다.

 iii) 주거용인 이상 방화시에 사람이 현존할 필요는 없다. 즉 외출 중인 집에 방화한 경우도 주거에 해당한다.

 iv) 주거로 사용하는 것이 적법할 것을 요하지 않으며, 소유관계도 묻지 않는다. 소유권자가 자기 건물에 거주하고 있는 임차인의 방에 방화한 경우도 주거에 해당한다.

 v) 건조물의 일부분이 주거로 사용되면 건물 전체가 주거용으로 인정된다. 예를들어 주거에 인접한 창고, 가옥의 일부로 되어 있는 축사에 점화를 하였다면, 우사에 대한 점화는 사람의 주거에 사용하거나 사람이 현존하는 건조물에 대한 방화에 해당한다. (대법원 67도925)

2) 사람의 현존

사람이 현존한다고 함은 방화시에 건조물 등의 내부에 행위자 이외의 사람이 존재한다는 것을 뜻한다. 건조물의 일부에 사람이 있으면 건조물 전체가 현주건조물이 된다. 사람이 현존하는 때에는 주거에 사용될 것을 요하지 아니하며, 사람의 현존여부는 방화시를 기준으로 판단한다.

> **참고**
> 주거에 사용하는 건조물은 방화시 사람의 현존을 요하지 않으나, 주거에 사용하지 않는 건조물은 방화시 사람이 현존해야 현주건조물이 된다. (○)

3) 건조물, 기차, 전차, 자동차, 선박, 항공기 또는 지하채굴시설

 i) 토지에 정착하고 벽·기둥으로 지탱되고 있어 그 내부에 사람이 출입할 수 있는 구조를 가진 가옥 기타 이와 유사한 공작물을 말한다. 사람이 현존할 수 있는 것이면 족하지만 어느 정도 지속성을 가지고 토지에 정착한 것으로서 최소한 사람이 사실상 기거·취침에 사용할 수 있는 정도는 되어야 한다. 건조물의 부속물도 건조물과 불가분의 일체를 이루고 있는 경우 건조물에 포함된다.

 ii) 건조물, 기차, 전차, 자동차, 선박, 항공기 또는 지하채굴시설이 객체에 해당한다. 지하채굴시설은 광물을 채취하기 위한 지하시설을 말한다. 주택, 점포, 창고, 텐트 등이 포함된다.

(2) 실행행위

불을 놓아 목적물을 불태우는 것이다.

① 방화의 방법

방화의 방법에는 제한이 없다. 목적물에 직접 방화하든지 매개물을 이용하여 간접적으로 방화하든지 묻지 않고 작위·부작위를 불문한다. 다만 부작위의 경우는 소화할 보증인적 지위가 있을 뿐만 아니라 행위정형의 동가치성도 인정되어야 한다.

 ❹ 소화의무 있는 자가 소화할 수 있음에도 불구하고 방치한 경우는 부작위에 의한 방화죄, 소방관 등 진화의무 있는자가 화재보고를 하지 않는 경우 부작위에 의한 진화방해죄이다.

② 실행의 착수시기

목적물에 직접 점화한 경우뿐만 아니라 **건조물방화의 목적으로 매개물에 점화하여 연소작용이 계속될 수 있는**

상태에 이른 때에는 아직 건조물에 불이 옮겨 붙지 않았더라도 실행의 착수가 인정된다. 즉 **실행의 착수시기는 목적물 또는 매개물에 발화 또는 점화한 때**이다. (대법원 2001도6641)

③ **불태우는 것(소훼)**

목적물이 화력에 의해 타버리는 것, 즉 훼손된 것을 말한다. 기수시기에 대해서는 견해 대립이 있다. 방화죄의 기수시기에 관해서는 i) 불이 매개물을 떠나 목적물에 독립하여 연소할 수 있는 상태에 이르렀을 때 방화죄는 기수가 된다는 **독립연소설** ii) 재산범죄로서의 성격을 중시하여 목적물의 중요부분이 소실되어 본래의 효용을 상실할 때 기수가 된다는 **효용상실설** iii) 목적물의 중요부분에 연소가 개시되었을 때 기수가 된다는 **중요부분연소개시설** iv) 중요부분이 아니더라도 목적물의 일부분의 손괴가 있을 때 기수가 된다는 **일부손괴설**이 대립한다.

판례는 기수시기는 독립연소설에 따라서 화력이 매개물을 떠나 스스로 연소할 수 있는 상태에 이르렀을 때이다. (대법원 70도330) 즉, 반드시 목적물의 중요부분을 소실하여 그 본래의 경제적 효용이 상실된 때라야만 기수가 되는 것이 아니다. **독립연소설의 입장**이 대법원의 견해이다.

3 주관적 구성요건(고의)

불을 놓아 주거에 사용하거나 사람이 현존하는 건조물 등을 불태우려는 고의가 있어야 한다. 고의는 미필적 고의만으로 충분하다. 추상적 위험범이므로 공공의 위험발생에 대한 인식은 요하지 않는다.

> **관련판례**
>
> 피고인이 동거인과 가정불화로 홧김에 죽은 동생의 유품으로 보관 중이던 서적 등을 뒷마당에 내어놓고 불태우는 과정에서 건물(동거녀의 가옥)에 불이 번진 때에는 현주건조물에 대한 방화의 범의를 인정하기 곤란하다. (대법원 84도1245) = 연소죄나 실화죄로 볼 수 있다.

4 피해자 승낙

공공위험죄는 원칙적으로 피해자의 승낙이 범죄의 성립에 영향을 미치지 아니하나 본죄는 재산죄로서의 성격을 동시에 가지고 있으므로 피해자의 승낙은 개인의 법익에 대한 한도 내에서 위법성을 조각시킬 수 있다.(다수설)

① 소유자 아닌 주거나 또는 현주자의 승낙을 얻어 타인의 현주건조물에 방화한 경우 타인소유 일반건조물방화죄(제166조 제1항)이 성립한다.

② 소유자이며 주거자인 타인의 승낙을 얻어(소유자의 승낙까지 있으면) 타인의 현주건조물에 방화한 경우 자기소유 일반건조물방화죄(제166조 제2항)이 성립한다. 그러나 피해자 승낙이 있어도 여전히 현주건조물방화죄가 성립한다는 견해도 있다.

> **관련판례**
>
> ① 부모에게 용돈을 요구하였다가 거절당한 甲이 홧김에 부모와 함께 살고 있는 자기 집 헛간 지붕 위에 올라가 라이터로 불을 놓고, 이어서 몸채, 사랑채 지붕 위에 차례로 올라가 불을 놓아, 헛간 지붕 60㎠, 몸채 지붕 1㎠, 사랑채 지붕 1㎠ 가량을 태운 경우, 독립연소상태에 이르렀으므로 현주건조물방화죄의 기수에 해당한다. (대법원 70도330)
> ② 아버지와 말다툼을 하고는 홧김에 라이터로 휴지에 불을 붙여 장롱 안에 있는 옷가지에 불을 놓아 건물을 소훼하려 하였으나 불길이 치솟는 것을 보고 겁이 나서 물을 부어 불을 끈 경우, 중지미수가 아니라 장애미수에 해당한다. (대법원 97도957)
> ③ 피고인이 방화의 의사로 뿌린 휘발유가 인화성이 강한 상태로 주택주변과 피해자의 몸에 적지 않게 살포되어 있는 사정을 알면서도 라이터를 켜 불꽃을 일으킴으로써 피해자의 몸에 불이 붙은 경우, 외부적 사정에 의하여 불이 방화

목적물인 주택 자체에 옮겨 붙지 아니한 경우에는 현주건조물방화죄의 실행의 착수가 인정한다. (대법원 2001도6641) = 현주건조물방화치상죄 성립(목적물 또는 매개물에 발화 또는 점화한 때가 실행의 착수시기)

④ 피해자의 사체 위에 옷가지 등을 올려놓고 불을 붙인 천조각을 던져서 그 불길이 방안을 태우면서 천정에까지 옮겨 붙었다면 도중에 진화된 경우, **일단 천조각을 던진 때는 현주건조물방화죄의 착수에 해당할 뿐 기수 시점은 아니고, 천정까지 옮겨 붙었다면 기수**에 해당한다. (대법원 2006도9164) = 방화죄의 기수시기(독립연소설)

> **참고**
> • 피해자의 사체 위에 옷가지 등을 올려놓고 불을 붙인 천조각을 던져서 그 불길이 방안을 태우면서 천정에까지 옮겨 붙었다면 도중에 진화되었다고 하더라도 일단 천조각을 던진 때에 이미 현주건조물방화죄의 기수에 이른 것이다.(×)

III 현주건조물 등 방화치상·치사죄

형법

제164조 【현주건조물 등에의 방화치사상】 ② 제1항의 죄를 지어 사람을 상해에 이르게 한 경우에는 무기 또는 5년 이상의 징역에 처한다. 사망에 이르게 한 경우에는 사형, 무기 또는 7년 이상의 징역에 처한다.

1 의의 및 성격

① 현주건조물 등 방화치상·치사죄는 부진정결과적 가중범으로서 중한 결과에 대한 과실이 있거나 고의가 있는 경우에도 성립한다.

② 예비음모와 미수 처벌규정이 없다.

2 객관적 구성요건

① **기본범죄**: 현주건조물등방화죄이다. 그 기수·미수는 불문한다.

② **중한 결과**

사람을 상해 또는 상해에 이르게 하는 것이다. 사상의 결과는 직접 발생할 것을 요하지 않고 방화의 기회 또는 방화와 밀접히 관련이 되어 있으면 충분하다.

> 예 피해자가 진화작업 중화상을 입은 경우 중한 결과에 대한 예견가능성이 없는 경우이므로 현주건조물방화치상죄가 성립하지 않는다. (대법원 66도1)

3 주관적 구성요건

부진정결과적 가중범으로서 중한 결과에 대한 과실이 있거나 고의가 있는 경우에도 성립한다.

4 공범

① 공범 중의 일부가 사람을 상해 또는 살해할 의도로 현주건조물에 방화하여 사람을 상해 또는 사망하게 한 경우 상해 또는 사망의 결과에 대한 예견가능성이 인정되는 경우, 다른 공범은 현주건조물방화치사상죄의 죄책을 진다. (대법원 96도215)

② 공무집행을 방해하는 집단행위의 과정에서 일부 집단원이 고의로 현주건조물에 방화행위를 하여 공무원에게 사상의 결과를 초래한 경우, 그 방화행위 자체에 공모가담하지 않은 다른 집단원은 현주건조물방화치사상죄로 의율할 수 없다. (대법원 90도765)

Ⅳ 공용건조물 등 방화죄

형법

제165조 【공용건조물 등에의 방화】 불을 놓아 공용(公用)으로 사용하거나 공익을 위해 사용하는 건조물, 기차, 전차, 자동차, 선박, 항공기 또는 지하채굴시설을 불태운 자는 무기 또는 3년 이상의 징역에 처한다.

제174조 【미수범】 제164조 제1항, 제165조, 제166조 제1항, 제172조 제1항, 제172조의2 제1항, 제173조 제1항과 제2항의 미수범은 처벌한다.

제175조 【예비, 음모】 제164조 제1항, 제165조, 제166조 제1항, 제172조 제1항, 제172조의2 제1항, 제173조 제1항과 제2항의 죄를 범할 목적으로 예비 또는 음모한 자는 5년 이하의 징역에 처한다. 단 그 목적한 죄의 실행에 이르기 전에 자수한 때에는 형을 감경 또는 면제한다.

① 공용이란 국가 또는 공공단체가 그 이익을 위하여 사용하는 것을 말하고, 공익이란 공중의 이익을 위하여 사용하는 것을 말한다. 다만, 본죄의 목적물은 사람의 주거에 사용하지 않거나 사람이 현존하지 않는 것이어야 한다. 주거로 사용되거나 사람이 현존하면 현주건조물방화죄가 된다.

② 예비음모와 미수 처벌규정이 있다.

Ⅴ 일반건조물 등 방화죄

형법

제166조 【일반건조물 등에의 방화】 ① 불을 놓아 제164조와 제165조에 기재한 외의 건조물, 기차, 전차, 자동차, 선박, 항공기 또는 지하채굴시설을 불태운 자는 2년 이상의 유기징역에 처한다.
② 자기 소유인 제1항의 물건을 불태워 공공의 위험을 발생하게 한 자는 7년 이하의 징역 또는 1천만원 이하의 벌금에 처한다.

제174조 【미수범】 제164조 제1항, 제165조, 제166조 제1항, 제172조 제1항, 제172조의2 제1항, 제173조 제1항과 제2항의 미수범은 처벌한다.

제175조 【예비, 음모】 제164조 제1항, 제165조, 제166조 제1항, 제172조 제1항, 제172조의2 제1항, 제173조 제1항과 제2항의 죄를 범할 목적으로 예비 또는 음모한 자는 5년 이하의 징역에 처한다. 단 그 목적한 죄의 실행에 이르기 전에 자수한 때에는 형을 감경 또는 면제한다.

제176조 【타인의 권리대상이 된 자기의 물건】 자기의 소유에 속하는 물건이라도 압류 기타 강제처분을 받거나 타인의 권리 또는 보험의 목적물이 된 때에는 본장의 규정의 적용에 있어서 타인의 물건으로 간주한다.

1 의의 및 성격

불을 놓아 사람의 주거에 사용하거나 사람이 현존하지 않고 공용 또는 공익에 공하지 않는 일반건조물을 소훼한 때에 성립하는 범죄이다. 자기 소유인 때에는 구체적 위험범이므로 공공의 위험이 발생한 경우에 한하여 본죄가 성립한다. (제166조 제2항)

2 타인소유 일반건조물방화죄

(1) 성격

① 타인소유 일반건조물방화죄인 경우는 추상적 위험범이고, 자기소유 일반건조물방화죄인 경우는 구체적 위험범이다.

② 타인소유 일반건조물방화죄인 경우는 예비음모와 미수를 처벌하지만, 자기소유 일반건조물방화죄인 경우는 예비음모와 미수를 처벌하지 아니한다.

(2) 타인소유로 간주되는 경우

① 비록 타인의 소유에 속하는 경우라도 그 소유권자의 동의가 있는 때에는 자기소유인 경우에 해당하고, **자기 소유에 속하는 건조물 등이라도 압류 기타 강제처분을 받거나 타인의 권리 또는 보험의 목적이 된 때에는 타인의 물건으로 간주한다.** (제176조) 이 때 강제처분은 제한이 없다. 국세징수법에 의한 체납처분, 강제경매절차에서 압류, 형사소송법에 의한 몰수물의 압류가 포함된다.

② 공범자의 소유, **무주물은 자기소유로 이해한다.**

(3) 주관적 구성요건

타인소유 일반건조물방화죄는 추상적 위험범이므로 공공의 위험을 인식할 필요가 없다.

2 자기소유 일반건조물방화죄

(1) 자기소유

건조물 등이 행위자 또는 공범자의 소유에 속하는 것을 말하는 것으로 타인의 소유에 속한 경우라도 소유권자의 동의가 있거나 무주물인 때 자기소유물에 해당한다.(통설) 그러나 자기소유 건조물이라도 강제처분의 대상이거나 보험의 목적인 때 타인소유 일반건조물방화죄가 된다.

(2) 주관적 구성요건

자기소유 일반건조물방화죄는 구체적 위험범이므로 공공의 위험에 대한 인식이 필요하다.

VI 일반물건방화죄

형법

제167조 【일반물건에의 방화】 ① 불을 놓아 제164조부터 제166조까지에 기재한 외의 물건을 불태워 공공의 위험을 발생하게 한 자는 1년 이상 10년 이하의 징역에 처한다.
② 제1항의 물건이 자기 소유인 경우에는 3년 이하의 징역 또는 700만원 이하의 벌금에 처한다.

제176조 【타인의 권리대상이 된 자기의 물건】 자기의 소유에 속하는 물건이라도 압류 기타 강제처분을 받거나 타인의 권리 또는 보험의 목적물이 된 때에는 본장의 규정의 적용에 있어서 타인의 물건으로 간주한다.

① 본죄는 불을 놓아 제164조 내지 제166조에 기재된 이외의 물건(타인소유이든 자기소유이든 불문)을 연소하여 공공의 위험을 발생케 함으로써 성립하는 구체적 위험범이며, 예비음모와 미수를 처벌하지 아니한다. 그리고 제176조도 적용된다.

② 불을 놓아 무주물을 소훼하여 공공의 위험을 발생하게 한 경우에는 무주물을 자기 소유의 물건에 준하는 것으로 보아 타인소유 일반물건 방화(제167조 제1항)이 아니라 자기소유 일반물건 방화(제167조 제2항)를 적용하여 처벌한다.

③ 자기 소유 물건이라도 압류 기타 강제처분을 받거나 타인의 권리대상이 되거나 보험의 목적물이 된 경우에는 **타인의 물건으로 간주한다.** (제176조)

관련판례

① 노상에서 **전봇대 주변에 놓인 재활용품과 쓰레기** 등에 불을 놓아 소훼한 사안에서, 그 재활용품과 쓰레기 등은 '**무주물**'로서 형법 제167조 제2항에 정한 '**자기 소유의 물건**'에 준하는 것으로 보아야 하므로, 여기에 불을 붙인 후 불상의 가연물을 집어넣어 그 화염을 키움으로써 전선을 비롯한 주변의 가연물에 손상을 입히거나 바람에 의하여 다른 곳으로 불이 옮아 붙을 수 있는 공공의 위험을 발생하게 하였다면, **제167조 제2항의 자기소유 일반물건방화죄가 성립한다.** (대법원 2009도7421) = 무주물은 자기소유의 물건에 준하여 자기소유일반물건방화죄 성립

② 甲이 지붕과 문짝, 창문이 없고 담장과 일부 벽체가 붕괴된 철거 대상 건물로서 사실상 기거·취침에 사용할 수 없는 상태인 **폐가의 내부와 외부에 쓰레기**를 모아 놓고 태워, 폐가 주변 수목 4~5그루를 태우고 폐가의 벽을 일부 그을리게 한 경우, 방화의 기수 상태로 볼 수 없고 착수 정도인데 일반물건방화죄(타인소유이든 자기소유이든)는 미수처벌규정이 없으므로 무죄이다. (대법원 2013도3950)

VII 연소죄

형법

제168조 【연소】 ① 제166조 제2항 또는 전조 제2항의 죄를 범하여 제164조, 제165조 또는 제166조 제1항에 기재한 물건에 연소한 때에는 1년 이상 10년 이하의 징역에 처한다.
② 전조 제2항의 죄를 범하여 전조 제1항에 기재한 물건에 연소한 때에는 5년 이하의 징역에 처한다.

1 의의

연소란 행위자가 자기소유 건조물(제166조 제2항)이나 자기소유 물건(제167조 제2항)을 연소하였는데 이 때문에 예기하지 않은 물건을 소훼하는 결과를 발생시킨 경우를 말한다. 즉 **진정 결과적 가중범이다.**

> 예 고향에 있는 자기 소유의 빈집을 철거하기 위하여 방화를 하였는데, 갑자기 불어온 강풍(과실)에 의해 이웃집에 불이 옮겨 붙어 그 이웃집까지 전소된 경우

2 객관적 구성요건

(1) 기본범죄

① 기본범죄는 항상 자기소유의 건조물이나 자기소유 물건을 연소하여 기수에 이른 후에, 타인소유 일반건조물에 옮겨 붙는 것이다. 즉 **기본범죄는 기수**이어야 한다. 자기 소유의 일반물건 및 자기소유일반건조물방화죄는 구체적 위험범으로서 미수 처벌규정이 없기 때문이다.

> 예 타인 소유의 현주건조물에 방화하자 불이 옆에 있는 자기 소유의 일반건조물에 옮겨 붙은 경우 기본범죄가 자기소유건조물등방화죄나 자기물건방화죄가 아니므로 연소죄는 성립하지 않는다.

(2) 중한 결과

현주건조물등방화죄, 공용건조물등방화죄, 타인소유일반건조물등방화죄, 타인소유일반물건방화죄의 결과가 발생하여야 한다.

3 주관적 구성요건

진정결과적 가중범이므로 중한 결과에 대하여 과실이 있어야 한다.

VIII 진화방해죄

형법

제169조 【진화방해】 화재에 있어서 진화용의 시설 또는 물건을 은닉 또는 손괴하거나 기타 방법으로 진화를 방해한 자는 10년 이하의 징역에 처한다.

① 방화행위는 없으나 화재시의 진화방해가 방화에 준하기 때문에 준방화죄라고 하며, 추상적 위험범이다.
② 거동범으로서 예비음모와 미수 처벌규정이 없다.
③ 우연히 화재현장을 발견한 자가 소방서에 알리지 않는 경우 또는 단순히 진화협력에 불응한 것만으로는 부작위에 의한 진화방해가 되지 않고 경범죄처벌법 위반죄에 해당할 뿐이다.

IX 실화죄

> **형법**
>
> **제170조【실화】** ① 과실로 제164조 또는 제165조에 기재한 물건 또는 타인 소유인 제166조에 기재한 물건을 불태운 자는 1천500만원 이하의 벌금에 처한다.
> ② 과실로 자기 소유인 제166조의 물건 또는 제167조에 기재한 물건을 불태워 공공의 위험을 발생하게 한 자도 제1항의 형에 처한다.

1 단순실화죄

과실로 현주건조물(제164조 제1항), 공용건조물(제165조), 타인소유 일반건조물(제166조 제1항) 등을 소훼한 경우(제170조 제1항), 또는 과실로 자기소유 일반건조물(제166조 제2항), 일반물건(타인소유이든 자기소유이든 불문, 제167조 제1항, 제2항)을 소훼한 경우(제170조 제2항)의 범죄이다.

2 타인소유 일반물건에 대한 실화죄 인정여부

제170조 제2항의 죄의 객체인 일반물건에 대하여 판례는 제166조와 제167조 그리고 제170조를 전체적이고 종합적으로 해석하여 '제167조에 기재된 물건(즉 일반물건)'은 '자기의 소유에 속하든 타인의 소유에 속하든 불문하는 것으로 해석하여 타인소유의 일반물건도 이 죄의 객체가 된다'고 본다. (대법원 94모32)

> **관련판례**
>
> [1] 실화죄에 있어서 공동의 과실이 경합되어 화재가 발생한 경우 적어도 각 과실이 화재의 발생에 대하여 하나의 조건이 된 이상은 그 공동적 원인을 제공한 사람들은 각자실화죄의 책임을 면할 수 없다.
> [2] 피고인들이 분리수거장 방향으로 담배꽁초를 던져 버리고 현장을 떠난 후 화재가 발생하여 각각 실화죄로 기소된 사안에서, 피고인들 각자 본인 및 상대방이 버린 담배꽁초 불씨가 살아있는지를 확인하고 이를 완전히 제거하는 등 화재를 미리 방지할 주의의무가 있음에도 이를 게을리 한 채 만연히 현장을 떠난 과실이 인정되고 이러한 피고인들 각자의 과실이 경합하여 위 화재를 일으켰다고 보아, 피고인들 각자의 실화죄 책임을 인정한 원심판결을 수긍한 사례이다. (대법원 2022도16120)

X 업무상실화·중실화죄

> **형법**
>
> **제171조【업무상실화, 중실화】** 업무상과실 또는 중대한 과실로 인하여 제170조의 죄를 범한 자는 3년 이하의 금고 또는 2천만원 이하의 벌금에 처한다.

1 업무상 실화죄

업무상 실화죄는 업무상 예견의무로 책임이 가중되는 가중적 구성요건이다.

관련판례 업무상 주의의무가 없어 업무상실화죄가 성립되지 않는 사례

① 자동차 운전업무에 종사하는 자는 자동차 충돌로 인한 사고발생을 미리 방지하여야 할 의무가 있다고 하는 것은 몰라도, 일반적으로 그 자동차 운전중 충돌로 인한 기름탱크의 파열로 발생할지 모를 화재를 미리 방지하여야 할 업무상의 주의의무는 없다. (대법원 71도2231)
② 유조차운전사가 석유구판점의 위험물취급주임의 지시를 받아 유조차의 석유를 구판점 탱크로 급유하다가 탱크 주입구에서 급유호스가 빠지는 바람에 화기에 인화되어 화재가 발생한 경우 유조차운전사의 업무상과실이 인정되지 않는다. (대법원 90도2011)

2 중실화죄

중실화죄에서 중대한 과실이란 현저한 주의의무위반이 있는 경우를 말한다. 즉 행위자가 조금만 주의한다면 결과발생을 인식 내지 회피할 수 있는 경우이다.

관련판례 중실화죄 인정

① 연탄의 연소로 보일러가 가열됨으로써 그 주변의 가열접촉물에 인화될 것을 쉽게 예견할 수 있었음에도 불구하고 주의의무를 게을리하여 보일러로부터 5 내지 10센티미터쯤의 거리에 가연물질을 그대로 두고 그 자리를 떠나버렸기 화재가 발생한 경우 중실화로 볼 수 있다. (대법원 88도855)
② 피고인이 성냥불로 담배를 붙인 다음 그 성냥불이 꺼진 것을 확인하지 아니한 채 휴지가 들어있는 플라스틱 휴지통에 던져 화재가 발생하여 사람을 사망케 한 경우, 중실화죄에 있어 중대한 과실에 해당한다. (대법원 93도135)

> **비교판례**
> 불이 붙어 있는 성냥개비를 방바닥에 있는 재떨이에 버린 소위가 60cm 떨어진 벽쪽에서 발생한 화재의 직접적인 원인이라고 볼 증거가 없다. (대법원 92도2058) = 단순실화죄 인정

③ 모텔 방에 투숙한 자가 과실로 담뱃불이 휴지와 침대시트에 옮겨 붙게 함으로써 화재를 발생하게 한 후, 화재 발생 사실을 안 상태에서 모텔을 빠져나오면서 모텔 주인이나 다른 투숙객들에게 이를 알리지 아니하여 사상에 이르게 하였더라도 그 사정만으로는 부작위에 의한 현주건조물방화치사상죄가 성립하지 아니한다. (대법원 2009도12109, 2009감도38) = 중실화치사상죄로 볼 것이다. 불을 끌 수 있는 행위가능성이 인정되지 않기 때문이다.

관련판례 중실화죄 부정

① 연탄아궁이로부터 80cm 떨어진 곳에 쌓아 둔 스폰지요, 솜 등이 연탄아궁이 쪽으로 넘어지면서 화재가 발생한 경우라도 해당 스폰지요, 솜을 쌓아두는 방법이나 상태 등이 쉽게 넘어질 수 있는 상태로 쌓아둔 채 방치한 경우이어야만 중대한 과실이 인정된다. 이 경우는 쉽게 쓰러지지 않게 세워두었던 경우라서 중실화죄가 성립하지 아니한다. (대법원 88도643)
② 호텔오락실의 경영자가 천정에 형광등 설치공사를 하면서 호텔 전기보안 담당자에게 아무런 통고를 하지 아니한 채 무자격전기기술자로 하여금 전기공사를 하게 한 경우라도, 전기에 관한 전문지식이 없는 오락실경영자로서는 부실공사가 방치되어 전선의 합선에 의한 화재가 발생할 것이라고 쉽게 예견할 수 있었다고 보기 어려우므로 과실이 인정될 수 있으나 중과실을 인정하기는 어렵다. (대법원 89도204)
③ 전기석유난로를 켜 놓은 채 귀가하여 전기석유난로 과열로 화재가 발생하였다고 하는 이유만으로는 중실화죄를 단정할 수 없다. (대법원 93도3001)

XI 폭발성물건 파열죄·파열치상·치사죄

형법

제172조【폭발성물건파열】 ① 보일러, 고압가스 기타 폭발성있는 물건을 파열시켜 사람의 생명, 신체 또는 재산에 대하여 위험을 발생시킨 자는 1년 이상의 유기징역에 처한다.
② 제1항의 죄를 범하여 사람을 상해에 이르게 한 때에는 무기 또는 3년 이상의 징역에 처한다. 사망에 이르게 한 때에는 무기 또는 5년 이상의 징역에 처한다.

제174조【미수범】 제164조 제1항, 제165조, 제166조 제1항, 제172조 제1항, 제172조의2 제1항, 제173조 제1항과 제2항의 미수범은 처벌한다.

제175조【예비, 음모】 제164조 제1항, 제165조, 제166조 제1항, 제172조 제1항, 제172조의2 제1항, 제173조 제1항과 제2항의 죄를 범할 목적으로 예비 또는 음모한 자는 5년 이하의 징역에 처한다. 단 그 목적한 죄의 실행에 이르기 전에 자수한 때에는 형을 감경 또는 면제한다.

① 폭발성물건파열행위 자체를 처벌하는 것으로 구체적 위험범이다.
② 폭발성물건파열죄는 예비음모와 미수 처벌규정이 있으나, 폭발성물건파열치상·치사죄는 결과적 가중범으로 예비음모와 미수 처벌규정이 없다.
③ 행위객체인 폭발성 물건이란 폭발물은 아니지만 이와 유사한 폭발력을 지닌 물건으로서 이를 고의로 폭발시키는 행위를 처벌하기 위한 것이다.
④ 폭약을 호송하던 중에 촛불을 켜놓고 잠을 자다가 촛불이 넘어져 불이 붙는 것을 보고도 그대로 도주한 경우는 부작위에 의한 폭발물파열죄(현재 법조문으로 폭발성물건파열죄)가 성립한다. (대법원 78도1996)

XII 가스·전기등방류죄·방류치상·치사죄 및 가스 등 공급방해죄·공공용가스 등 공급방해죄·가스 등 공급방해 치상·치사죄 및 과실 폭발성물건 파열

1 가스·전기등방류죄·방류치상·치사죄

형법

제172조의2【가스·전기등 방류】 ① 가스, 전기, 증기 또는 방사선이나 방사성 물질을 방출, 유출 또는 살포시켜 사람의 생명, 신체 또는 재산에 대하여 위험을 발생시킨 자는 1년 이상 10년 이하의 징역에 처한다.
② 제1항의 죄를 범하여 사람을 상해에 이르게 한 때에는 무기 또는 3년 이상의 징역에 처한다. 사망에 이르게 한 때에는 무기 또는 5년 이상의 징역에 처한다.

제174조【미수범】 제164조 제1항, 제165조, 제166조 제1항, 제172조 제1항, 제172조의2 제1항, 제173조 제1항과 제2항의 미수범은 처벌한다.

제175조【예비, 음모】 제164조 제1항, 제165조, 제166조 제1항, 제172조 제1항, 제172조의2 제1항, 제173조 제1항과 제2항의 죄를 범할 목적으로 예비 또는 음모한 자는 5년 이하의 징역에 처한다. 단 그 목적한 죄의 실행에 이르기 전에 자수한 때에는 형을 감경 또는 면제한다.

① 가스·전기 등 방류죄는 예비음모와 미수 처벌규정이 있지만, 가스·전기 등 방류 치상·치사죄는 결과적 가중범으로 예비음모와 미수 처벌규정이 없다.

② 본 죄는 구체적 위험범으로서 사람의 생명·신체 또는 재산에 대한 위험이 발생하여야 기수가 된다. 공공의 위험까지 발생하여야 하는 것은 아니다.

③ 방출·유출 등의 행위를 개시한 때에 실행의 착수가 인정되며, 개시행위를 하였으나 방출·유출되지 않았거나 방출·유출 등이 있어도 사람의 생명·신체 또는 재산에 대한 위험이 발생하지 않으면 미수가 된다.

④ 생명·신체 또는 재산에 대한 위험을 발생하게 하는 방류죄는 공급방해죄와는 달리 공공용을 별도로 규정하지 않는다.

2 가스 등 공급방해죄·공공용가스 등 공급방해죄·가스 등 공급방해 치상·치사죄

형법

제173조【가스·전기등 공급방해】 ① 가스, 전기 또는 증기의 공작물을 손괴 또는 제거하거나 기타 방법으로 가스, 전기 또는 증기의 공급이나 사용을 방해하여 공공의 위험을 발생하게 한 자는 1년 이상 10년 이하의 징역에 처한다.
② 공공용의 가스, 전기 또는 증기의 공작물을 손괴 또는 제거하거나 기타 방법으로 가스, 전기 또는 증기의 공급이나 사용을 방해한 자도 전항의 형과 같다.
③ 제1항 또는 제2항의 죄를 범하여 사람을 상해에 이르게 한 때에는 2년 이상의 유기징역에 처한다. 사망에 이르게 한 때에는 무기 또는 3년 이상의 징역에 처한다.

① 가스 등 공급방해죄, 공공용 가스 공급방해죄는 예비음모와 미수 처벌규정이 있지만, 가스 등 공급방해 치상·치사죄는 결과적 가중범이기 때문에 예비음모와 미수 처벌규정이 없다.

② 제1항은 공공의 위험을 필요로 하는 구체적 위험범이지만, 제2항은 행위객체가 공공용으로 제한되어 있는 추상적 위험범으로서 공공의 위험발생은 구성요건요소가 아니다.

③ 수돗물은 본죄의 행위객체에 해당하지 않으므로 수도관을 손괴, 제거하거나 공급을 방해하는 행위는 수도불통죄(제195조)에 해당한다.

3 과실 폭발성물건 파열 등 죄

형법

제173조의2【과실 폭발성물건 파열 등】 ① 과실로 제172조 제1항, 제172조의2 제1항, 제173조 제1항과 제2항의 죄를 범한 자는 5년 이하의 금고 또는 1천500만원 이하의 벌금에 처한다.
② 업무상과실 또는 중대한 과실로 제1항의 죄를 범한 자는 7년 이하의 금고 또는 2천만원 이하의 벌금에 처한다.

4 죄수 및 타죄와의 관계

(1) 죄수

① 방화죄는 공공의 안전을 보호법익으로 하므로 행위객체의 수가 아니라 보호법익을 기준으로 죄수가 결정된다. 따라서 1개 방화로 수개의 현주건조물을 소훼한 경우 1개의 현주건조물방화죄로 본다.

② 수개 건조물에 순차로 방화한 경우 건조물이 같은 지역 내에 있다면 1개의 방화죄만 성립한다.

③ 1개 방화행위로 현주건조물과 비현주건조물을 소훼한 경우 가장 중한 현주건조물방화죄의 포괄일죄가 된다.

(2) 타죄와의 관계

① 화재보험금 편취목적으로 자기 가족이 살고 있는 가옥을 방화한 경우는 현주건조물방화죄만 성립한다. 다만, 방화 후 보험금을 취득한 경우는 본죄와 사기죄의 실체적 경합범이 된다.

② 화재보험금 편취목적으로 자기 혼자 살고 있는 가옥을 방화한 경우는 타인소유일반건조물방화죄가 성립한다. 타인의 권리 또는 보험의 목적물이 된 때에는 타인의 물건으로 간주한다고 되어 있기 때문이다.

③ **사람을 살해할 목적으로 현주건조물을 방화**하여 사람을 살해한 경우, **현주건조물방화치사죄만 성립**한다. (대법원 82도2341) = 현주건조물 내에 있는 피해자를 구타하여 실신하게 한 후 건조물에 방화하여 소사하게 한 경우, 동생을 살해하기 위하여 불붙은 화장지를 방안에 던져 넣어 동생이 현존하는 건조물을 소훼하여 사망에 이르게 한 경우(대법원 96도485) 등도 마찬가지이다.

④ **다만, 존속을 죽인 경우는 존속살해죄와 현주건조물방화죄치사죄의 상상적 경합**이 된다. (대법원 96도485)

⑤ **재물을 강취한 후 피해자들을 살해할 목적으로 현주건조물에 방화**하여 사망에 이르게 한 경우 **강도살인죄와 현주건조물방화치사죄의 상상적 경합**이 된다. (대법원 98도3416)

⑥ **현주건조물에 방화한 후 불길을 피해 나오는 사람을 다시 집어넣어 사망케 한 경우는 현주건조물방화죄와 살인죄의 실체적 경합범**이 된다. (대법원 82도2341)

> **참고**
> - 甲은 평소 원한관계에 있던 乙의 외딴 창고에 사람은 없고 농자재만 있는 줄 알고 불을 놓았다. 하지만, 그 창고에 乙의 아들이 잠들어 있었고 불행하게도 소사하였다. 또한 창고에 있는 농자재도 전부 소훼한 경우라면, 일반건조물방화죄와 과실치사죄의 상상적 경합이다. (O) = 농자재에 대한 소훼 부분인 재물손괴는 일반건조물방화죄에 흡수되어 성립하지 않는다.

Section 04 일수와 수리에 대한 죄

I 서설

1 조문체계

범죄	조문	구성요건	처벌	예비음모	미수
현주건조물일수	제177조 제1항	물을 넘겨 사람이 주거에 사용하거나 사람이 현존하는 건조물·기차, 전차, 자동차, 선박, 항공기, 광갱을 침해한 경우	무기, 3년 이상 징역	○	○
현주건조물 일수치상	제177조 제2항	현주건조물 등 일수죄를 저질러 사람이 상해에 이르게 한 경우	무기, 5년 이상 징역	○	○
현주건조물 일수치사		현주건조물 등 일수죄를 저질러 사람이 사망에 이르게 한 경우	무기, 7년 이상 징역		
공용건조물일수	제178조	물을 넘겨 공용 또는 공익에 공하는 건조물, 기차, 전차, 자동차, 선박, 항공기, 광갱을 침해한 경우	무기, 2년 이상 징역	○	○
타인소유 일반건조물일수	제179조 제1항	물을 넘겨 현주건조물·공용건조물 이외의 건조물, 기차, 전차, 자동차, 선박, 항공기, 광갱 기타 타인의 재산을 침해한 경우	1년 이상 10년 이하 징역	○	○
자기소유 일반건조물일수	제179조 제2항	자기의 소유에 속하는 전항의 물건을 침해하여 공공의 위험을 발생하게 한 경우	3년 이하 징역, 700만원 이하 벌금	×	×
방수방해	제180조	수재에 있어서 방수용의 시설 또는 물건을 손괴 또는 은닉하거나 기타 방법으로 방수를 방해한 경우	10년 이하 징역	×	×
과실일수	제181조	과실로 인하여 현주건조물 등 일수죄(제177조) 또는 공용건조물 등 일수죄(제178조)에 기재한 물건을 침해하거나 또는 일반건조물 등 일수죄(제179조)에 기재한 물건을 침해하여 공공의 위험을 발생하게 한 경우	1천만원 이하 벌금	×	×
수리방해	제184조	둑을 무너뜨리거나 수문을 파괴하거나 그 밖의 방법으로 수리(水利)를 방해한 경우	5년 이하 징역	×	×

형법

제177조【현주건조물등에의 일수】 ① 물을 넘겨 사람이 주거에 사용하거나 사람이 현존하는 건조물, 기차, 전차, 자동차, 선박, 항공기 또는 광갱을 침해한 자는 무기 또는 3년 이상의 징역에 처한다.
② 제1항의 죄를 범하여 사람을 상해에 이르게 한 때에는 무기 또는 5년 이상의 징역에 처한다. 사망에 이르게 한 때에는 무기 또는 7년 이상의 징역에 처한다.

제178조【공용건조물 등에의 일수】 물을 넘겨 공용 또는 공익에 공하는 건조물, 기차, 전차, 자동차, 선박, 항공기 또는 광갱을 침해한 자는 무기 또는 2년 이상의 징역에 처한다.

제179조【일반건조물 등에의 일수】 ① 물을 넘겨 전2조에 기재한 이외의 건조물, 기차, 전차, 자동차, 선박, 항공기 또는 광갱 기타 타인의 재산을 침해한 자는 1년 이상 10년 이하의 징역에 처한다.
② 자기의 소유에 속하는 전항의 물건을 침해하여 공공의 위험을 발생하게 한 때에는 3년 이하의 징역 또는 700만원 이하의 벌금에 처한다.
③ 제176조의 규정은 본조의 경우에 준용한다.

제180조【방수방해】 수재에 있어서 방수용의 시설 또는 물건을 손괴 또는 은닉하거나 기타 방법으로 방수를 방해한 자는 10년 이하의 징역에 처한다.

제181조【과실일수】 과실로 인하여 제177조 또는 제178조에 기재한 물건을 침해한 자 또는 제179조에 기재한 물건을 침해하여 공공의 위험을 발생하게 한 자는 1천만원 이하의 벌금에 처한다.

제182조【미수범】 제177조 내지 제179조 제1항의 미수범은 처벌한다.

제183조【예비, 음모】 제177조 내지 제179조 제1항의 죄를 범할 목적으로 예비 또는 음모한 자는 3년 이하의 징역에 처한다.

제184조【수리방해】 둑을 무너뜨리거나 수문을 파괴하거나 그 밖의 방법으로 수리(水利)를 방해한 자는 5년 이하의 징역 또는 700만원 이하의 벌금에 처한다.

II 의의 및 성격

① 일수죄는 수해를 일으켜 공공의 안전을 해하는 범죄이다. 수해는 화재와 같이 공중의 생명·신체·재산 등에 대하여 위험을 발생하게 하므로 방화죄와 죄질이 같은 공공위험범죄이다. 현주건조물 일수죄(제177조 제1항), 공용건조물 일수죄(제178조), 타인소유 일반건조물 일수죄(제179조 제1항)는 추상적 위험범이고, 자기소유 일반건조물 일수죄(제179조 제2항)는 공공의 위험 발생이 필요한 구체적 위험범이다.

② 일반건조물 일수죄에 대해서는 제176조(타인의 권리대상이 된 자기의 물건) 규정이 적용된다. 즉 자기소유 일반건조물이라도 압류 기타 강제처분, 타인의 권리나 보험의 목적물이 된 때에는 타인소유 일반건조물로 간주한다.

③ 일수죄는 일반과실일수죄는 있으나 업무상 과실과 중과실이 없다.

④ 예비음모와 미수 처벌규정이 있는 유형은 현주건조물 일수죄(제177조 제1항), 공용건조물 일수죄(제178조), 타인소유 일반건조물일수죄(제179조 제1항), 현주건조물 일수 치상·치사죄(제177조 제2항 = 결과적 가중범임에도 예비음모와 미수 처벌규정이 있음)이고, 예비음모와 미수 처벌규정이 없는 유형은 과실일수죄(제181조 = 과실범), 방수방해죄(제180조), 수리방해죄(제184조)이다.

⑤ 예비음모는 3년 이하의 징역에 처한다.

III 수리방해죄

1 의의

① 수리의 죄는 타인의 수리권 방해에 중점을 두고 있기 때문에 공공위험범죄가 아니다. 그러나 수리권의 방해도 물을 이용하고 수리권은 대부분 다수인의 공유에 속하며, 수리방해행위가 일수의 위험을 수반하는 경우도 있기 때문에 일수에 관한 죄와 함께 규정한 것이다.

② 방수방해죄는 진화방해죄에 상응하는 추상적 위험범으로 손괴, 은닉, 기타 방법으로 방수를 방해하면 성립하고 현실적으로 방수방해의 결과가 발생할 필요는 없다. 그리고 수리방해죄도 추상적 위험범으로 방해의 결과가 현실로 발생하였음을 요하지 않는다.

③ 수리방해죄의 보호법익은 수리권이기 때문에 본죄가 성립하기 위해서는 현존하는 수리의 이익이 있어야 하며, 수리권의 근거는 법령, 계약뿐만 아니라 **관습에 의해서도 성립**한다.

2 기수시기

수리방해가 있으면 족하고 방해결과의 현실적 발생은 요하지 않는다.

> **관련판례** 수리방해죄
>
> ① 몽리민(수리시설 등으로 혜택을 보아 온 사람)들이 계속하여 20년 이상 평온 공연하게 본건 유지의 물을 사용하여 소유농지를 경작하여 왔다면 그 유지의 물을 사용할 권리가 있다고 할 것이므로 그 권리를 침해하는 행위는 수리방해죄를 구성한다. (대법원 67도1677)
>
> ② '수리를 방해한다'함은 여러 수리용 장치를 손괴·변경하거나 효용을 해침으로써 수리에 지장을 초래하는 행위를 가리키므로, 단지 삽으로 흙을 떠올려 물줄기를 막는 경우나 농촌주택에서 배출되는 생활하수의 **배수관(소형 PVC관)을 토사로 막아 하수가 내려가지 못하게 한 경우만으로는 수리방해를 인정할 수 없다.** 따라서 원천 내지 자원으로서의 물의 이용이 아니라, 하수나 폐수 등 이용이 끝난 물을 배수로를 통하여 내려 보내는 것을 방해하는 경우에도 수리방해죄는 성립하지 않는다. (대법원 2001도404)

Section 05 교통방해의 죄

I 서설

1 조문 체계

범죄	조문	구성요건	미수	예비
일반교통방해	제185조	육로, 수로, 교량을 손괴 또는 불통하게 하거나 기타 방법으로 교통을 방해한 경우	○	×
기차·선박 등 교통방해	제186조	궤도, 등대, 표지를 손괴하거나 기타 방법으로 기차, 전차, 자동차, 선박, 항공기의 교통을 방해한 경우	○	○
기차·선박 등 전복	제187조	사람의 현존하는 기차, 전차, 자동차, 선박, 항공기를 전복, 매몰, 추락, 파괴한 경우	○	○
교통방해치상	제188조	일반교통방해죄(제185조), 기차·선박 등 교통방해죄(제186조), 기차 등 전복죄(제187조)의 죄를 범하여 사람을 상해에 이르게 한 경우	×	×
교통방해치사		일반교통방해죄(제185조), 기차·선박 등 교통방해죄(제186조), 기차 등 전복죄(제187조)의 죄를 범하여 사람을 사망에 이르게 한 경우		
과실 교통방해 등	제189조 제1항	과실로 인하여 일반교통방해죄(제185조), 기차·선박 등 교통방해죄(제186조), 기차 등 전복죄(제187조)를 범한 경우	×	×
업무상 과실·중과실 교통방해 등	제189조 제2항	업무상 과실 또는 중대한 과실로 인하여 일반교통방해죄(제185조), 기차·선박 등 교통방해죄(제186조), 기차 등 전복죄(제187조)를 범한 경우	×	×

2 의의 및 보호법익

① 예비음모와 미수 처벌규정이 있는 유형은 기차·선박 등의 교통방해죄(제186조), 기차 등의 전복죄(제187조)이고, 예비음모와 미수 처벌규정이 없는 유형은 교통방해치사상(제188조 = 결과적 가중범), 과실교통방해죄(제189조 = 과실범)이다. 예비음모는 3년 이하 징역에 처한다.

② 주의할 점은 일반교통방해죄(제185조)는 예비음모 처벌규정은 없고 미수 처벌규정은 있다.

③ 공중의 교통안전이 주된 보호법익이며 부차적 보호법익은 공중의 생명, 신체, 재산의 안전이다.

II 일반교통방해죄

형법

제185조 【일반교통방해】 육로, 수로 또는 교량을 손괴 또는 불통하게 하거나 기타 방법으로 교통을 방해한 자는 10년 이하의 징역 또는 1천500만원 이하의 벌금에 처한다.

1 의의

육로, 수로 또는 교량을 손괴 또는 불통하게 하거나 기타 방법으로 교통을 방해함으로써 성립하는 범죄이다.

2 객관적 구성요건

(1) 행위의 객체

① 본죄의 행위의 객체는 육로, 수로, 교량이다.

② 여기서 육로는 도로법상 도로 외에도 사실상 공중이나 차량이 통행할 수 있는 것이면 그만이고, 관리자·소유자가 누구인가는 상관없다. 다만 공중이 자유로이 통행할 수 있는 공공성은 있어야 한다. (대법원 2005도1697)

③ 소유관계는 불문한다. 통행인의 많고 적음을 가리지 않는다. (대법원 2001도6903)

④ **철로 제외**: 터널은 육로에 포함되나 철로는 기차교통방해죄의 객체가 되므로 제외된다.

(2) 실행행위

행위양태는 손괴, 불통 기타 방법으로 통행의 방해를 야기하는 것이다. 교통을 불가능하게 하는 경우 뿐만 아니라 현저히 곤란하게 하는 경우도 포함한다.

(3) 기수시기

교통이 현실적으로 방해될 필요는 없고, 방해될 위험이 있으면 기수가 된다.(**추상적 위험범**) 교량 등의 손괴 내지 불통행위에 착수하였으나 이를 완성하지 못한 경우 본죄의 미수가 된다.

> **관련판례** **교통방해죄 인정**
>
> ① 노동조건의 개선 등의 목적을 관철하기 위한 통근버스 운행방해행위가 적법한 절차를 거치지 않고 이루어진 것이어서 일반교통방해죄의 구성요건에 해당한다. (대법원 90도755)
>
> ② 주민들에 의하여 공로로 통하는 유일한 통행로로 오랫동안 이용되어 온 폭 2m의 골목길을 자신의 소유라는 이유로 폭 50cm 내지 75cm 가량만 남겨두고 담장을 설치하여 주민들의 통행을 현저히 곤란하게 하였다면 일반교통방해죄를 구성한다. (대법원 94도2112)
>
> ③ 도로가 농가의 영농을 위한 경운기나 리어카 등의 통행을 위한 농로로 개설되었다 하더라도 그 도로가 사실상 일반 공중의 왕래에 공용되는 도로로 된 이상 경운기나 리어카 등만 통행할 수 있는 것이 아니고 다른 차량도 통행할 수 있는 것이므로 이러한 차량의 통행을 방해한다면 이는 일반교통방해죄에 해당된다. (대법원 95도1475)
>
> ④ 자기 소유의 토지를 포함한 구도로 옆으로 신도로가 개설되었다고 하더라도 그 토지가 신도로에 의해 대체될 수 없는 상태여서 여전히 일반인과 차량이 통행하고 있는 경우 그 통행을 방해하면 일반교통방해죄에 해당한다. (대법원 99도1651)
>
> ⑤ 불특정 다수인의 통행로로 이용되어 오던 도로의 토지 일부의 소유자라 하더라도 그 도로의 중간에 바위를 놓아두거나 이를 파헤침으로써 차량의 통행을 못하게 한 행위는 일반교통방해죄가 성립한다. (대법원 2001도6903)
>
> ⑥ 전국민주노동조합총연맹 준비위원회가 주관한 도로행진시위가 사전에 구 집회 및 시위에 관한 법률에 따라 옥외집회신고를 마쳤어도, 신고의 범위와 위 법률 제12조에 따른 제한을 현저히 일탈하여 주요도로 전차선을 점거하여 행진 등을 함으로써 교통소통에 현저한 장해를 일으켰다면, 일반교통방해죄를 구성한다. (대법원 2006도755)
>
> ⑦ 서울 중구 소공동의 왕복 4차로의 도로 중 편도 3개 차로 쪽에 차량 2, 3대와 간이테이블 수십개를 이용하여 길가 쪽 2개 차로를 차지하는 포장마차를 설치하고 영업행위를 한 것은, 비록 행위가 교통량이 적은 야간에 이루어졌다 하더라도 일반교통방해죄를 구성한다. (대법원 2006도4662) = **교통이 불가능하거나 또는 현저히 곤란한 상태가 발생하면 바로 기수가 되고 교통방해의 결과가 현실적으로 발생하여야 하는 것은 아니다.**

⑧ 사실상 2가구 외에는 달리 이용하는 사람들이 없는 통행로라 하더라도 이는 일반교통방해죄에서 정하고 있는 육로에 해당하며, 통행로 중 폭 100m 길이 부분을 포크레인으로 폭 2m 정도로 굴착하고 돌덩이까지 쌓아 놓은 행위가 정당행위나 정당방위에 해당한다고 보기는 어렵다. (대법원 2006도8750)

⑨ 주민들이 농기계 등으로 그 주변의 농경지나 임야에 통행하기 위해 이용하는 자신 소유의 도로에 깊이 1m 정도의 구덩이를 판 행위가 일반교통방해죄에 해당한다. (대법원 2006도9418)

⑩ 인근 상가의 통행로로 이용되고 있는 토지의 사실상 지배권자가 위 토지에 철주와 철망을 설치하고 포장된 아스팔트를 걷어냄으로써 통행로로 이용하지 못하게 한 경우, 이는 일반교통방해죄를 구성하고 자구행위에 해당하지 않는다. (대법원 2007도7717)

⑪ 대지 중 이 사건 도로와 접한 일부를 마을주민들 및 등산객들이 통행에 사용하고 있다고 하더라도, 이는 어디까지나 피고인의 마당으로서 피고인의 개인 소유 및 점유 하에 있는 것이고, 마을주민 등의 편의를 위하여 묵시적으로 통행이 허용된 것일 뿐 불특정다수인 또는 차마가 자유롭게 통행할 수 있는 공공성을 지닌 장소로 보기는 어렵다. (대법원 2008도8195)

⑫ '피고인 소유의 임야 내 타인의 음식점으로 통하는 진입도로'가 일반교통방해죄에서 정한 불특정 다수인을 위한 공공성을 가진 도로라고 보기 어렵다. (대법원 2009도13376)

⑬ 甲이 고속도로 2차로를 따라 자동차를 운전하다가 1차로를 진행하던 乙의 차량 앞에 급하게 끼어든 후 곧바로 정차하여, 乙의 차량 및 이를 뒤따르던 차량 두 대는 급정차하였으나, 그 뒤를 따라오던 丙의 차량이 앞의 차량들을 연쇄적으로 추돌케 하여 丙을 사망에 이르게 하고 나머지 차량 운전자 등에게 상해를 입혔다면 甲에게는 일반교통방해치사상죄가 성립한다. (대법원 2014도6206)

⑭ 집회 및 시위에 관한 법률에 따라 적법한 신고를 마친 집회 또는 시위라고 하더라도 당초에 신고한 범위를 현저히 벗어나거나 집시법 제12조에 따른 조건을 중대하게 위반하여 도로 교통을 방해함으로써 통행을 불가능하게 하거나 현저하게 곤란하게 하는 경우에는 형법 제185조의 일반교통방해죄가 성립한다. 그러나 이때에도 참가자 모두에게 당연히 일반교통방해죄가 성립하는 것은 아니고, 실제로 참가자가 위와 같이 신고 범위를 현저하게 벗어나거나 조건을 중대하게 위반하는 데 가담하여 교통방해를 유발하는 직접적인 행위를 하였거나, 참가자의 참가 경위나 관여 정도 등에 비추어 그 참가자에게 공모공동정범의 죄책을 물을 수 있는 경우라야 일반교통방해죄가 성립한다. (대법원 2017도11408)

⑮ 피고인이 집회 및 시위에 관한 법률에 따른 신고 없이 서울광장에서 개최된 '세월호 1주기 범국민행동' 추모제(이하 '甲 집회'라 한다)에 참석한 뒤 다른 집회 참가자들과 함께 질서유지선을 넘어 방송차량을 따라 도로 전 차로를 점거하면서 행진하고, 행진을 제지하는 경찰과 대치하면서 도로에서 머물다가 귀가한 경우, 일반교통방해죄가 성립한다. 그러나 이 경우에도 참가자 모두에게 당연히 일반교통방해죄가 성립하는 것은 아니고, 실제로 참가자가 집회·시위에 가담하여 교통방해를 유발하는 직접적인 행위를 하였거나, 참가자의 참가 경위나 관여 정도 등에 비추어 참가자에게 공모공동정범의 죄책을 물을 수 있는 경우라야 일반교통방해죄가 성립한다. (대법원 2017도9146)

⑯ 교통방해를 유발한 집회에 참가한 경우, 참가 당시 이미 다른 참가자들에 의해 교통의 흐름이 차단된 상태였더라도 교통방해를 유발한 다른 참가자들과 암묵적·순차적으로 공모하여 교통방해의 위법상태를 지속시켰다고 평가할 수 있다면 일반교통방해죄가 성립한다. (대법원 2017도11408, 2017도1056)

> **관련판례** 교통방해죄 부정

① 소유자가 토지인도소송의 승소판결을 받아 그 집행을 하여 그 토지를 공터로 두었는데 인근주민들이 일시 지름길로 이용하자 그 통행을 방해한 경우 일반교통방해죄가 성립하지 않는다. 육로로 볼 수 없다. (대법원 84도2192)
② 피고인 등 약 600명의 노동조합원들이 차도만 설치되어 있을 뿐 보도는 따로 마련되어 있지 아니한 도로 우측의 편도 2차선의 대부분을 차지하면서 대오를 이루어 행진하는 방법으로 시위를 하고 이로 인하여 나머지 편도 2차선으로 상·하행차량이 통행하느라 차량의 소통이 방해된 경우 피고인 등의 시위행위에 대하여 일반교통방해죄를 적용할 수 없다. (대법원 91도2771)
③ 목장 소유자가 목장운영을 위해 목장용지 내에 임도를 개설하고 차량 출입을 통제하면서 인근 주민들의 일부 통행을 부수적으로 묵인한 경우, 위 임도는 공공성을 지닌 장소로 일반교통방해죄의 '육로'에 해당하지 아니한다. 따라서 교통방해죄가 성립하지 않는다. (대법원 2005도7573)
④ 피고인의 가옥 앞 도로가 폐기물 운반 차량의 통행로로 이용되어 가옥 일부에 균열 등이 발생하자 피고인이 위 도로에 트랙터를 세워두거나 철책 펜스를 설치함으로써 위 차량의 통행을 불가능하게 한 경우는 일반교통방해죄에 해당하나, 위 차량들의 앞을 가로막고 앉아서 통행을 일시적으로 방해한 경우는 일반교통방해죄에 해당하지 않는다. (대법원 2008도10560)
⑤ 공항 여객터미널 버스정류장 앞 도로 중 공항리무진 버스 외의 다른 차의 주차가 금지된 구역에서 밴 차량을 40분간 불법주차하고 호객 영업을 하는 방법으로 그 곳을 통행하는 버스의 교통을 곤란하게 하였다면 일반교통방해죄가 성립하지 아니한다. (대법원 2009도4266)
⑥ 공로에 출입할 수 있는 다른 도로가 있는 상태에서 토지 소유자로부터 일시적인 사용승낙을 받아 통행하거나 토지 소유자가 개인적으로 사용하면서 부수적으로 타인의 통행을 묵인한 장소에 불과한 도로는 위 규정에서 말하는 육로에 해당하지 않는다. (대법원 2016도12563)

III 기차·선박 등 교통방해죄

형법

제186조【기차, 선박 등의 교통방해】 궤도, 등대 또는 표지를 손괴하거나 기타 방법으로 기차, 전차, 자동차, 선박 또는 항공기의 교통을 방해한 자는 1년 이상의 유기징역에 처한다.

제190조【미수범】 제185조 내지 제187조의 미수범은 처벌한다.

IV 기차·선박 등 전복·매몰죄

형법

제187조【기차 등의 전복 등】 사람의 현존하는 기차, 전차, 자동차, 선박 또는 항공기를 전복, 매몰, 추락 또는 파괴한 자는 무기 또는 3년 이상의 징역에 처한다.

제190조【미수범】 제185조 내지 제187조의 미수범은 처벌한다.

① 본죄의 객체는 사람이 현존하는 기차, 전차, 자동차, 선박 또는 항공기이다. '사람이 현존한다'는 의미는 실행행위 당시에 범인 이외의 사람이 기차 등의 내부에 현존하고 있는 것을 말한다.

② 여기서의 **'파괴'란 다른 구성요건 행위인 전복, 매몰, 추락 등과 같은 수준으로 인정할 수 있을 만큼 교통기관으로서의 기능·용법의 전부나 일부를 불가능하게 할 정도의 파손**을 의미하고, 그 정도에 이르지 아니하는 단순한 손괴는 포함되지 않는다. 따라서 총 길이 338m, 갑판 높이 28.9m, 총 톤수 146,848톤, 유류탱크 13개, 평형수탱크 4개인 대형 유조선의 유류탱크 일부에 구멍이 생기고 선수마스트, 위성통신 안테나, 항해등 등이 파손된 정도에 불과한 것은 형법 제187조에 정한 선박의 **'파괴'에 해당하지 않는다.** (대법원 2008도11921)

③ **보험금을 타기위해 자기 선박을 침몰시켜 보험금을 수령함으로써 선박매몰죄와 사기죄가 성립(실체적 경합)**한 사례에서 선박매몰죄의 고의가 성립하기 위하여는 행위 시에 사람이 현존하는 것이라는 점에 대한 인식과 함께 이를 매몰한다는 결과발생에 대한 인식이 필요하며, 현존하는 사람을 사상에 이르게 한다는 등 공공의 위험에 대한 인식까지는 필요하지 않고, 사람의 현존하는 선박에 대해 매몰행위의 실행을 개시하고 그로 인하여 선박을 매몰시켰다면 매몰의 결과발생시 사람이 현존하지 않았거나 범인이 선박에 있는 **사람을 안전하게 대피시켰다고 하더라도 선박매몰죄의 기수로 보아야 할 것이지 이를 미수로 볼 것은 아니다.** (대법원 99도4688)

V 교통방해치상·치사죄

> **형법**
>
> **제188조【교통방해치사상】** 제185조 내지 제187조의 죄를 범하여 사람을 상해에 이르게 한 때에는 무기 또는 3년 이상의 징역에 처한다. 사망에 이르게 한 때에는 무기 또는 5년 이상의 징역에 처한다.

① 본죄는 일반교통방해죄(제185조), 기차·선박 등 교통방해죄(제186조) 또는 기차 등 전복죄(제187조)를 범하여 사람을 상해에 이르게 한 결과가 발생하였을 때에 성립하는 결과적 가중범이다.

② 교통방해치상죄는 부진정결과적 가중범이고, 교통방해치사죄는 진정결과적 가중범이다.

VI 과실교통방해죄·업무상과실교통방해죄·중과실교통방해죄

> **형법**
>
> **제189조【과실, 업무상과실, 중과실】** ① 과실로 인하여 제185조 내지 제187조의 죄를 범한 자는 1천만원 이하의 벌금에 처한다.
> ② 업무상과실 또는 중대한 과실로 인하여 제185조 내지 제187조의 죄를 범한 자는 3년 이하의 금고 또는 2천만원 이하의 벌금에 처한다.

관련판례

① 피고인이 선단의 책임선인 제1봉림호의 선장으로 조업중이었다 하더라도 피고인으로서는 종선의 선장에게 조업상의 지시만 할 수 있을 뿐 선박의 안전관리는 각 선박의 선장이 책임지도록 되어 있었다면 그 같은 상황하에서 피고인이 풍랑중에 종선에 조업지시를 하였다는 것만으로는 종선의 풍랑으로 인한 매몰사고와의 사이에 **인과관계가 성립할 수 없다.** (대법원 89도1084)

② 헬리콥터에 승객 3명을 태우고 운항하던 조종사가 엔진 고장이 발생한 경우에 위 항공기를 긴급시의 항법으로서 정해진 절차에 따라 운항하지 못한 과실로 말미암아 사람이 현존하는 위 항공기를 안전하게 비상착수시키지 못하고 해상에 추락시켰다면 **업무상 과실항공기추락죄**에 해당한다. (대법원 90도1486)

③ 열차 기관사는 운전개시 전 차장으로부터 차장실의 공기압력계 점검결과 등을 무전으로 수신하는 등으로 열차의 제동장치 이상 유무를 확인하여야 할 업무상 주의의무가 있음에도 불구하고 이를 게을리 하였다면 업무상 과실을 인정한다. (대법원 91도1278)

④ [1] 업무상 과실로 교량을 손괴하여 자동차의 교통을 방해하고 그 결과 승객이 탑승한 자동차를 교량에서 추락시킨 경우에는 업무상 과실일반교통방해죄와 업무상 과실자동차추락죄가 성립하고, 양 죄는 상상적 경합관계에 있다. (대법원 97도1740) = 성수대교 붕괴 사건

[2] 성수대교와 같은 교량이 그 수명을 유지하기 위하여는 건설업자의 완벽한 시공, 감독공무원들의 철저한 제작시공상의 감독 및 유지·관리를 담당하고 있는 공무원들의 철저한 유지·관리라는 조건이 합치되어야 하는 것이므로, 위 각 단계에서의 과실 그것만으로 붕괴원인이 되지 못한다고 하더라도, 그것이 합쳐지면 교량이 붕괴될 수 있다는 점은 쉽게 예상할 수 있고, 따라서 **위 각 단계에 관여한 자는 전혀 과실이 없다거나 과실이 있다고 하여도 교량 붕괴의 원인이 되지 않았다는 등의 특별한 사정이 있는 경우를 제외하고는 붕괴에 대한 공동책임을 면할 수 없다.** (대법원 97도1740)

⑤ 도선사가 강제도선구역 내에서 조기 하선함에 따라 적기에 충돌회피동작을 취하지 못하여 선박충돌사고가 일어난 경우 도선사에게 업무상과실선박파괴죄가 성립한다. (대법원 2006도6949)

⑥ 예인선 정기용선자의 현장소장 甲은 사고의 위험성이 높은 시점에 출항을 강행할 것을 지시하였고, 예인선 선장 乙은 甲의 지시에 따라 사고의 위험성이 높은 시점에 출항하는 등 무리하게 예인선을 운항한 결과 예인되던 선박에 적재된 물건이 해상에 추락하여 선박교통을 방해한 사안에서, 甲과 乙을 **업무상과실일반교통방해죄의 공동정범**으로 처벌한다. (대법원 2008도11784)

Chapter 02 공공의 건강에 대한 죄

CRIMINAL LAW

Section 01 먹는 물에 대한 죄

I 서설

1 조문체계

구분	조문	구성요건	예비	미수
먹는 물 사용방해	제192조 제1항	일상생활에서 먹는 물로 사용되는 물에 오물을 넣어 물로 쓰지 못하게 한 경우	×	×
먹는 물 유해물혼입	제192조 제2항	일상생활에서 먹는 물에 독물(毒物)이나 그 밖에 건강을 해하는 물질을 넣은 경우	○	○
수돗물 사용방해	제193조 제1항	수도(水道)를 통해 공중이 먹는 물로 사용하는 물 또는 그 수원(水原)에 오물을 넣어 먹는 물로 쓰지 못하게 한 경우	×	×
수돗물 유해물혼입	제193조 제2항	수도를 통해 공중이 먹는 물 또는 수원에 독물 그 밖에 건강을 해하는 물질을 넣은 경우	○	○
먹는 물 혼독치상	제194조	제192조 제2항(먹는 물 유해물혼입) 또는 제193 제2항(수돗물 유해물혼입)의 죄를 지어 사람을 상해에 이르게 한 경우	×	×
먹는 물 혼독치사		위 죄를 지어 사람을 사망에 이르게 한 경우		
수도불통	제195조	공중이 먹는 물을 공급하는 수도 그 밖의 시설을 손괴하거나 그 밖의 방법으로 불통(不通)하게 한 경우	○	○

형법

제192조 【먹는 물의 사용방해】 ① 일상생활에서 먹는 물로 사용되는 물에 오물을 넣어 먹는 물로 쓰지 못하게 한 자는 1년 이하의 징역 또는 500만원 이하의 벌금에 처한다.
② 제1항의 먹는 물에 독물(毒物)이나 그 밖에 건강을 해하는 물질을 넣은 사람은 10년 이하의 징역에 처한다.

제193조 【수돗물의 사용방해】 ① 수도(水道)를 통해 공중이 먹는 물로 사용하는 물 또는 그 수원(水原)에 오물을 넣어 먹는 물로 쓰지 못하게 한 자는 1년 이상 10년 이하의 징역에 처한다.
② 제1항의 먹는 물 또는 수원에 독물 그 밖에 건강을 해하는 물질을 넣은 자는 2년 이상의 유기징역에 처한다.

제194조 【먹는 물 혼독치사상】 제192조 제2항 또는 제193조 제2항의 죄를 지어 사람을 상해에 이르게 한 경우에는 무기 또는 3년 이상의 징역에 처한다. 사망에 이르게 한 경우에는 무기 또는 5년 이상의 징역에 처한다.

제195조 【수도불통】 공중이 먹는 물을 공급하는 수도 그 밖의 시설을 손괴하거나 그 밖의 방법으로 불통(不通)하게 한 자는 1년 이상 10년 이하의 징역에 처한다.

제196조 【미수범】 제192조 제2항, 제193조 제2항과 전조의 미수범은 처벌한다.

제197조 【예비, 음모】 제192조 제2항, 제193조 제2항 또는 제195조의 죄를 범할 목적으로 예비 또는 음모한 자는 2년 이하의 징역에 처한다.

2 의의 및 보호법익
공중위생에 대한 죄로서 공중의 건강을 보호법익으로 한다.

3 객관적 구성요건
수도불통죄는 객체가 수도 기타 시설이고 행위의 태양이 손괴 그 밖의 방법으로 불통하게 하는 것이라는 점에서 먹는 물 사용방해죄의 가중적 구성요건이다. 공설수도인가 사설수도인가는 불문하나 인공적 유통로를 의미한다. 따라서 저수지나 저수지에 이르는 자연수로는 수도라고 할 수 없다. 수도는 반드시 적법한 수도일 필요는 없다.

4 위법성
① 사설수도를 설치한 시장번영회가 수도요금을 체납한 회원에게 사전경고까지 하고 단수를 하였다면 수도불통죄의 위법성이 조각된다. (대법원 77도103) 즉 수도불통죄를 구성하는 경우라도 형법 제20조 정당행위에 해당하여 위법성이 조각된다.

② 먹는 물 사용방해죄는 마시지 못하게 할 것을 요하므로 오물을 혼입하였으나 마실 수 없는 정도에 이르지 않은 때에는 경범죄처벌법 위반죄일 뿐이다.

관련판례

① 비록 적법한 절차를 밟지 아니한 수도라 할지라도 그것이 현실로 공중생활에 필요한 먹는 물을 공급하고 있는 시설로 되어있는 이상 당해시설을 불법하게 손괴하여서 수도를 불통하게 하였을 때에는 수도불통으로 본다. (대법원 4289형상317)

② 본건 사설특수가압수도시설은 피고인이 관계당국으로부터 그 명의의 설치허가를 받아 사재로써 시의 상수도관에다가 특수가압간선을 시설한 것으로서 그 시설에 의한 급수를 받고자 하는 자는 시설자와의 계약에 의하여 시설운영위원회에 가입한 후 시의 급수승인을 받아야 하고 그러한 절차를 거치지 않는 자에 대하여는 시설자가 마음대로 단수조치를 할 수 있는 것이므로 그 시설자인 피고인이 불법이용자에 대한 단수조치로서 급수관을 발굴 절단하였다 하여도 수도불통죄에 해당하는 행위라고 할 수 없다. (대법원 70도2654)

③ 사설수도를 설치한 시장 번영회가 수도요금을 체납한 회원에 대하여 사전 경고까지 하고 한 단수행위에는 위법성이 있다고 볼 수 없다. (대법원 77도103)

④ [1] 수도불통죄의 대상이 되는 '수도 기타 시설'이란 공중의 음용수 공급을 주된 목적으로 설치된 것에 한정되는 것은 아니고, 설령 다른 목적으로 설치된 것이더라도 불특정 또는 다수인에게 현실적으로 음용수를 공급하고 있는 것이면 충분하며 소유관계에 따라 달리 볼 것도 아니다.

[2] 주상복합아파트 입주자대표회의 회장인 피고인이 상가입주자들과의 수도 관리비 인상 협상이 결렬되자 상가입주자들이 상가 2층 화장실에 연결하여 이용 중인 수도배관을 분리하여 불통하게 하고 즉각 단수조치를 취한 사안에서, **원래 화장실 용수 공급용으로 설치되었으나 현실적으로 불특정 또는 다수인이 음용수 공급용으로도 이용 중인 수도배관이라면 수도불통죄의 대상에 해당하고, 정당행위로서 위법성조각사유에 해당한다는 피고인의 주장을 배척하여 수도불통죄를 유죄로 판단**하였다. (대법원 2022도2817)

Section 02 아편에 대한 죄

I 서설

구분	조문	구성요건	미수	예비
아편 등 제조	제198조	아편, 몰핀, 그 화합물을 제조·수입 또는 판매하거나 판매할 목적으로 소지한 경우	○	×
아편흡식기 제조 등	제199조	아편을 흡식하는 기구를 제조, 수입, 판매하거나 판매할 목적으로 소지한 경우	○	×
세관공무원의 아편 등의 수입	제200조	세관의 공무원이 아편, 몰핀, 그 화합물 또는 아편 흡식기구를 수입하거나 그 수입을 허용한 경우	○	×
아편흡식	제201조 제1항	아편을 흡식하거나 몰핀을 주사한 경우	○	×
아편흡식 장소제공	제201조 제2항	아편흡식 또는 몰핀주사의 장소를 제공하여 이익을 취한 경우		
아편 등 소지죄	제205조	아편·몰핀이나 그 화합물 또는 아편흡식기구를 소지한 경우	×	×

형법

제198조【아편 등의 제조 등】 아편, 몰핀 또는 그 화합물을 제조, 수입 또는 판매하거나 판매할 목적으로 소지한 자는 10년 이하의 징역에 처한다.

제199조【아편흡식기의 제조 등】 아편을 흡식하는 기구를 제조, 수입 또는 판매하거나 판매할 목적으로 소지한 자는 5년 이하의 징역에 처한다.

제200조【세관 공무원의 아편 등의 수입】 세관의 공무원이 아편, 몰핀이나 그 화합물 또는 아편흡식기구를 수입하거나 그 수입을 허용한 때에는 1년 이상의 유기징역에 처한다.

제201조【아편흡식 등, 동장소제공】 ① 아편을 흡식하거나 몰핀을 주사한 자는 5년 이하의 징역에 처한다.
② 아편흡식 또는 몰핀 주사의 장소를 제공하여 이익을 취한 자도 전항의 형과 같다.

제202조【미수범】 전4조의 미수범은 처벌한다.

제203조【상습범】 상습으로 전5조의 죄를 범한 때에는 각조에 정한 형의 2분의 1까지 가중한다.

제204조【자격정지 또는 벌금의 병과】 제198조 내지 제203조의 경우에는 10년 이하의 자격정지 또는 2천만원 이하의 벌금을 병과할 수 있다.

제205조【아편 등의 소지】 아편, 몰핀이나 그 화합물 또는 아편흡식기구를 소지한 자는 1년 이하의 징역 또는 500만원 이하의 벌금에 처한다.

제206조【몰수, 추징】 본장의 죄에 제공한 아편, 몰핀이나 그 화합물 또는 아편흡식기구는 몰수한다. 그를 몰수하기 불능한 때에는 그 가액을 추징한다.

II 의의 및 성격

① 아편의 죄는 공중의 건강을 보호법익으로 하는 추상적 위험범이다. 아편에 관한 죄와 관련하여서는 본장의 죄 이외에 마약류관리에관한법률 및 마약류불법거래방지에 관한 특례법, 특정범죄가중처벌법에서 규정하고 있다.

② 흡식이나 주사의 목적으로 아편이나 몰핀을 소지하고 있다가 이를 흡식 또는 주사한 경우 아편흡식죄만 성립하고 소지죄는 이에 흡수된다. (불가벌적 수반행위)

③ 아편등소지죄는 아편흡식이나 몰핀주사를 위한 예비행위를 독립적 구성요건으로 규정한 것으로 감경적 구성요건에 해당한다. 그러나 소지자 본인이 직접 흡식하기 위한 것이어야 하는 것은 아니다.

④ 판매의 목적없이 아편등을 소지한 때에만 아편등소지죄가 성립하며 판매목적이 있으면 아편등판매목적소지죄(제198조)와 아편흡식기판매목적소지죄(제199조)가 성립한다.

⑤ 예비음모 처벌규정은 없고, 미수 처벌규정은 있다. 다만, 아편 등의 소지죄(제205조)는 미수처벌규정이 없다.

⑥ 아편 등 제조 등(제198조), 아편흡식기 제조 등(제199조), 세관공무원의 아편 등의 수입(제200조), 아편흡식 및 장소 제공(제201조) 및 이 4개 범죄의 미수범까지 상습범 가중처벌(2분의 1 가중) 규정이 있다. 다만, 아편 등의 소지죄는 상습범 가중처벌 규정이 없다.

⑦ 또한 10년 이하 자격정지 또는 2천만원 이하 벌금을 병과할 수 있다. (제204조) 역시 아편 등의 소지죄에 대해서는 자격정지나 벌금 병과 규정이 적용되지 않는다.

⑧ 아편, 몰핀, 그 화합물, 아편흡식기구는 **필요적 몰수 대상**이다. 몰수가 불가능하면 가액을 추징한다. (제206조)

Chapter 03 공공의 신용에 대한 죄

Section 01 통화에 대한 죄

I 서설

1 조문 체계

범죄	조문	구성요건	미수	예비	예비 자수감경	행사 목적	자격 정지
내국통화 위조·변조	제207조 제1항	행사할 목적으로 통용하는 대한민국의 화폐, 지폐, 은행권을 위조 또는 변조한 경우	○	○	○	○	○
내국유통 외국통화 위조·변조	제207조 제2항	행사할 목적으로 내국에서 유통하는 외국의 화폐, 지폐, 은행권을 위조 또는 변조한 경우	○	○	○	○	○
외국통용 외국통화 위조·변조	제207조 제3항	행사할 목적으로 외국에서 통용하는 외국의 화폐, 지폐, 은행권을 위조 또는 변조한 경우	○	○	○	○	○
위조·변조 통화 행사	제207조 제4항	위조 또는 변조한 통화를 행사하거나 행사할 목적으로 수입 또는 수출한 경우	○	×	×	수입·수출 ○	○
위조·변조 통화 취득	제208조	행사할 목적으로 위조 또는 변조한 통화를 취득한 경우	○	×	×	○	○
위조통화 취득 후 지정행사	제210조	위조 또는 변조한 통화를 모르고 취득한 후 그 사정을 알고 행사한 경우	×	×	×	×	×
통화유사물 제조·판매	제211조	판매할 목적으로 내국 또는 외국에서 통용하거나 유통하는 화폐, 지폐, 은행권에 유사한 물건을 제조, 수입, 수출하거나 이를 판매한 경우	○	×	×	판매 목적	×

2 의의 및 보호법익

① 보호법익은 통화의 거래상의 신용과 안전(통화의 공신력)이다. 그래서 내국통화로만 한정하지 않고, 외국통화에 대한 범죄까지 처벌하고 있는 것이다.

② 통화위조·변조는 예비음모 처벌규정이 있다. 그 목적한 통화위조·변조죄의 실행 전(예비음모)에 자수한 때에는 그 형을 감경 또는 면제한다. (필요적 감면)

③ 통화위조·변조죄, 위조통화 수입·수출죄, 통화유사물 제조죄는 추상적 위험범이지만, 위조통화행사죄, 위조통화취득죄, 위토통화취득 후 지정행사죄는 결과범일 뿐이다.

④ **통화에 관한 죄는 외국인의 국내범은 물론 국외범까지 처벌한다.** (형법 제5조)

II. 통화 위조죄 · 변조죄

형법

제207조 【통화의 위조 등】 ① 행사할 목적으로 통용하는 대한민국의 화폐, 지폐 또는 은행권을 위조 또는 변조한 자는 무기 또는 2년 이상의 징역에 처한다.

② 행사할 목적으로 내국에서 유통하는 외국의 화폐, 지폐 또는 은행권을 위조 또는 변조한 자는 1년 이상의 유기징역에 처한다.

③ 행사할 목적으로 외국에서 통용하는 외국의 화폐, 지폐 또는 은행권을 위조 또는 변조한 자는 10년 이하의 징역에 처한다.

제212조 【미수범】 제207조, 제208조와 전조의 미수범은 처벌한다.

제213조 【예비, 음모】 제207조 제1항 내지 제3항의 죄를 범할 목적으로 예비 또는 음모한 자는 5년 이하의 징역에 처한다. 단, 그 목적한 죄의 실행에 이르기 전에 자수한 때에는 그 형을 감경 또는 면제한다.

1 국내 통화 위조죄 · 변조죄(제207조 제1항)

1) 객체

① 통화는 금액이 표시된 지급수단으로서 국가 또는 발행권자에 의해 강제통용력이 인정된 교환의 매개물을 말한다. 통화에는 화폐(금속화폐인 경화, 즉 동전만을 의미), 지폐(우리나라는 조폐공사가 발행하는 한국은행권만을 인정할 뿐이고 그 외의 법화(法貨)로 인정되는 지폐는 없음), 은행권(정부의 인허를 받은 특정은행이 발행한 화폐대용 증권 = 우리나라는 한국은행권 지폐만이 있을 뿐임)이 있다.

② 내국 통화란 통용되는 대한민국 통화를 말한다.

2) 통용과 유통

① 통용(通用)이란 법률에 의하여 강제통용력이 인정되는 것을 말한다.

② 고화, 폐화, 구화(舊貨)는 통용력이 없어서 통화가 아니다. 그래서 이들을 위조하여 제시하는 등을 하는 경우 사기죄일 뿐이지 통화에 관한 죄가 아니다.

③ 기념주화는 통용하는 통화인지 여부에 대해서 논의가 있으나, 우리 법령상 판매목적을 위해 제작되는 것으로 규정하여 강제통용력이 없다고 본다.

④ 이에 비해서, 유통(流通)은 강제통용력이 없는 상태로 사실상 내국에서 거래대가의 지급수단으로 사용되는 것을 말하는 것으로 통용과는 구별된다. 예컨대 미국 달러화는 국내에서 유통은 되는 것이지만, 강제통용력은 없는 것이다.

3) 통화위조죄

① 위조란 통화의 발행권자가 아닌 자가 통화의 외관을 가지는 물건을 작성하는 것을 말한다.

② 위조의 방법에는 제한이 없으며, 그 정도가 일반인이 진정한 통화라고 오인할 우려가 있는 외관을 갖추면 족하다. 반드시 진화와 식별이 불가능할 정도로 정교하게 제작되어야 하는 것은 아니고 진화와 혼동할 수 있는 정도이면 지질, 크기, 문자, 색채, 기호가 통화와 유사하지 아니해도 상관 없다. 그러나 이 정도에 이르지 못한 경우는 통화유사물제조죄 성립을 따질 뿐이다. (대법원 85도570)

③ 예컨대, 한국은행권 10원짜리 주화의 표면에 하얀 약칠을 하여 100원짜리 주화와 유사한 색채를 갖도록 색채의 변경만을 한 것은 일반인에게 오인할 정도에 이르지 못한 것으로 통화위조죄의 정도에 이르렀다고 보기 어렵다. (대법원 79도639) 만일 이를 택시기사 등에게 제시하여 속이고 요금을 내지 않았다면, 사기죄는 성립하더라도, 통화위조 및 동 행사죄는 성립하지 않는다.

④ 통화위조죄와 위조통화행사죄의 객체인 위조통화는 그 통화과정에서 일반인이 진정한 통화로 오인할 정도의 외관을 갖추어야 할 것이므로, 한국은행발행 일만원권 지폐의 앞, 뒷면을 전자복사기로 복사하여 비슷한 크기로 자른 정도의 것은 객관적으로 진정한 통화로 오인할 정도에 이르지 못하여 통화위조죄 및 위조통화행사죄의 객체가 될 수 없다. (대법원 86도255)

4) 통화변조죄

① 변조란 **진정한 통화에 가공하여 그 동일성이 상실되지 않는 범위 내에서** 그 진실한 가치를 변경하는 것을 말하며, 동일성이 상실될 정도로(동일성을 넘어서는 수준의) 변경한 경우는 위조에 속한다. (대법원 2003도5640)

② **진정한 통화를 가공하는 것이 변조이지, 백지에다가 새로 제작하는 것은 위조이다.** 예컨대, 1천원 짜리 지폐를 가공하여 5천원짜리 지폐로 변경하는 것 등이다.

③ 만일 1백원짜리 동전 2~3개를 녹여서 5백원짜리 동전을 1개를 만든 경우는 동일성을 상실할 정도이므로 변조가 아니라 위조이다.

④ 위조와 마찬가지로 일반인이 진정한 통화로 오인할 정도이어야 한다.

> **관련판례**
>
> 진정한 통화인 미화 1달러 및 2달러 지폐의 발행연도, 발행번호, 미국 재무부를 상징하는 문양, 재무부장관의 사인, 일부 색상을 고친 경우, 통화의 변조라고 볼 수 없다. (대법원 2003도5640) = 진정한 통화에 대한 가공행위로 인하여 기존 통화의 명목가치나 실질가치가 변경되었거나 객관적으로 보아 일반인으로 하여금 기존 통화와 다른 진정한 화폐로 오신하게 할 정도의 새로운 물건을 만들어낸 것으로 볼 수 없다면, 통화변조죄가 성립하지 아니한다.

5) 고의와 행사목적

① 고의가 있어야 하며, 고의 이외의 주관적 구성요소로 행사할 목적도 요구된다.

② 예컨대, 드라마 촬영을 위해 1만원권 지폐를 소품으로 만들어서 거리에 뿌리는 장면을 촬영했다면, 이는 행사목적이 없는 것이므로 무죄이다.

6) 미수와 기수

① 예비음모 처벌규정도 있고 미수 처벌규정이 있다.

② 추상적 위험범이므로 종료미수는 기수이고, 미종료미수만이 미수일 뿐이다.

③ 행위의 위험성만 나타나면 기수가 되고, 위험의 결과발생은 요하지 아니한다.

7) 죄수

① 동일 기회에 수개의 통화를 위조한 경우는 통화위조죄 일죄가 성립하고, 일시가 다른 때에 수 개의 통화를 위조한 경우는 각각의 통화위조행위가 실체적 경합한다.

② 통화위조 후 위조된 통화를 행사한 경우, 통화위조죄와 위조통화행사죄의 실체적 경합범이 된다.

③ 통화를 위조하고 행사하여 재물 등을 불법영득한 경우는 **통화위조죄, 위조통화행사죄, 사기죄의 실체적 경합이 된다.** (대법원 79도840) = 위조통화를 진정한 통화라고 하여(속여서) 다른 사람에게 증여하는 경우, 위조통화행사죄가 성립한다. 동시에 해당 행위로 재물을 영득하였으므로 별도로 사기죄도 성립하였다.

2 국내 유통 외국통화 위조죄·변조죄(제207조 제2항)

1) 객체

① 내국 유통
  ㉠ 북한을 포함한 대한민국 영역 내(내국)에서 사실상 거래대가의 지급수단으로 사용되는 것(유통)을 말한다.
  ㉡ 유통의 범위는 반드시 대한민국 영역 전체가 아니고 일부라도 상관 없다. 즉 국내 거주 미군 사이에서 유통되는 경우에도 본죄에 해당한다.

② 외국 통화
  ㉠ 외국통화란 본국이나 국내에서 강제통용력을 가질 필요가 없다. 즉 강제통용력이 없는 외국 기념주화를 위조하여 국내에서 유통시키는 것도 본죄에 해당한다.
  ㉡ 그리고 여기서 외국은 국제법상 승인된 국가가 아니어도 상관 없다. 따라서 북한화폐도 우리나라에서 유통되는 한 본죄가 성립된다.

3 외국 통용 외국통화 위조죄·변조죄(제207조 제3항)

① 예를 들어, 우리나라에서 미국 달러화를 위조·변조하는 경우 등이다.
② 외국에서 통용하는 외국 통화이어야 한다. 따라서 본국에서 강제통용력을 상실한 경우에는 본죄(제207조 제3항)가 성립하지 않고 다만 내국유통 외국통화위조·변조죄(제207조 제2항)에 해당할 수 있는 것이다.

> **관련판례**
>
> ① 피고인들이 한국은행발행 500원짜리 주화의 **표면 일부를 깎아내어 손상을 가하였지만 그 크기와 모양 및 대부분의 문양이 그대로 남아 있어**, 이로써 기존의 500원짜리 주화의 명목가치나 실질가치가 변경되었다거나, 객관적으로 보아 **일반인으로 하여금 일본국의 500엔(￥)짜리 주화로 오신케 할 정도의 새로운 화폐를 만들어 낸 것이라고 볼 수 없고**, 일본국의 자동판매기 등이 위와 같이 가공된 주화를 일본국의 500엔짜리 주화로 오인한다는 사정만을 들어 그 명목가치가 일본국의 500엔으로 변경되었다거나 일반인으로 하여금 일본국의 500엔짜리 주화로 오신케 할 정도에 이르렀다고 볼 수도 없다. 즉, 통화변조로 볼 수 없다. (대법원 2000도3950)
> ② 제207조 제3항에서 외국 통용의 의미는 외국에서 강제통용력을 가지는 것을 의미하는 것이므로 **외국에서 통용되지 아니하는, 즉 강제통용력을 가지지 아니하는 지폐는** 그것이 비록 일반인의 관점에서 통용할 것이라고 **오인할 가능성이 있다고 하더라도 제207조 제3항의 외국 통용 외국 지폐에 해당한다고 할 수 없다**. 만일 이것까지 외국통용 지폐에 포함시키면 유추해석 내지 확장해석이 되어 죄형법정주의의 원칙에 어긋나는 것으로 허용되지 않는다. (대법원 2003도3487)

III 위조·변조 통화의 행사죄

형법

제207조 【통화의 위조 등】 ④ 위조 또는 변조한 전3항 기재의 통화를 행사하거나 행사할 목적으로 수입 또는 수출한 자는 그 위조 또는 변조의 각죄에 정한 형에 처한다.

1 의의

본죄는 위조 또는 변조한 통화를 행사하거나 행사할 목적으로 수입 또는 수출함으로써 성립하는 범죄이다.

2 객관적 구성요건

(1) 객체

행위의 객체는 위조 또는 변조한 내국통화, 국내유통 및 외국통용의 외국통화이다.

(2) 실행행위

① **방법: 진화로서 사용**

㉠ 위조 또는 변조된 내국 통화, 내국 유통 또는 외국 통용 외국통화를 진정한 통화인 것인양 행사하는 것, 그리고 행사목적으로 수입·수출하는 것을 말한다. 예 상대방에서 위화임을 알린 후 값싸게 위화를 판매하는 것은 행사가 아니다. 위화를 화폐수집상에서 진화로 판매하는 것은 행사이다.

㉡ 행사 목적이란 유가증권위조의 경우와 달리 위조·변조한 통화를 진정한 통화로서 유통에 놓겠다는 목적을 말한다. (대법원 2011도7704) 따라서 행사란 유통시키는 것이고, 단순히 신용을 증명하기 위해 보여주는 것(제시)이나 해당 위조통화를 타인에게 판매하는 것은 본죄에 해당하지 않는다.

㉢ 즉, 위조한 통화를 진정한 통화로서 유통에 놓겠다는 목적 없이 자신의 신용력을 증명하기 위하여 타인에게 보일 목적으로 통화를 위조한 경우에는 통화위조죄의 '행사할 목적'이 있다고 할 수 없다. (대법원 2011도7704)

㉣ 유통과정에서 진정한 통화로 사용하였다면 유상, 무상을 불문한다. 그리고 도박자금으로 위조통화를 지불하는 것처럼 위법한 사용도 행사가 된다.

㉤ 위조통화 사용시 상대방에게 알릴 필요가 없기 때문에 공중전화기나 자동판매기에 투입하는 경우도 행사에 해당된다.

② **위조통화행사죄의 성부**

> **관련판례**
>
> **위조통화임을 알고 있는 자에게 그 위조통화를 교부한 경우에 피교부자가 이를 유통시키리라는 것을 예상 내지 인식하면서 교부한 경우**, 그 교부행위 자체가 통화에 대한 공공의 신용 또는 거래의 안전을 해할 위험이 있으므로 **위조통화행사죄가 성립**한다. (대법원 2002도3340)

3 주관적 구성요건

주관적 구성요건으로 행사는 고의만 있으면 충분하지만, 수입·수출하는 경우는 고의 외에도 행사 목적이 필요하다.

4 죄수

① 통화를 위조·변조한 후 행사한 경우, 통화위조·변조죄와 위조 등 통화행사죄의 실체적 경합이다.

② 위조통화를 행사하여 재물을 취득한 경우, 위조통화행사죄와 사기죄가 실체적 경합이다. (대법원 79도840)

③ 수입·수출한 위조통화를 행사한 경우, 위조통화 수입수출죄와 위조통화 행사죄의 실체적 경합이다.

> **관련판례**
>
> ① 스위스 화폐로서 1998년까지 통용되었으나 현재는 통용되지 않고 다만 스위스 은행에서 신권과 교환이 가능한 진폐는 내국 유통 외국 화폐에 해당하지 않는다. 다만, 위조통화임을 알고 있는 자에게 그 위조통화를 교부한 경우 피교부자가 이를 유통시키리라는 것을 예상, 인식하면서 교부하였다면, 교부행위 자체가 위조통화행사죄가 성립한다. (대법원 2002도3340)
>
> ② 형법상 통화에 관한 죄는 **문서에 관한 죄에 대하여 특별관계에 있으므로 통화에 관한 죄가 성립하는 때에는 문서에 관한 죄는 별도로 성립하지 않는다.** 그러나 위조된 외국의 화폐, 지폐 또는 은행권이 **강제통용력을 가지지 않는 경우**에는 형법 제207조 제3항에서 정한 '외국에서 통용하는 외국의 화폐 등'에 해당하지 않고, 나아가 그 화폐 등이 국내에서 사실상 거래 대가의 지급수단이 되고 있지 않는 경우에는 형법 제207조 제2항에서 정한 '**내국에서 유통하는 외국의 화폐 등'에도 해당하지 않으므로,** 그 화폐 등을 행사하더라도 형법 제207조 제4항에서 정한 위조통화행사죄를 구성하지 않는다고 할 것이고, 따라서 이러한 경우에는 형법 제234조에서 정한 **위조사문서행사죄 또는 위조사도화행사죄로 의율할 수 있다고 보아야 한다.** (대법원 2012도2249) = 외국에서 강제통용력이 없고 사실상 거래 대가의 지급수단이 되지 않는 경우이다.

IV 위조통화취득죄

형법

제208조【위조통화의 취득】 행사할 목적으로 위조 또는 변조한 제207조 기재의 통화를 취득한 자는 5년 이하의 징역 또는 1천500만원 이하의 벌금에 처한다.

제212조【미수범】 제207조, 제208조와 전조의 미수범은 처벌한다.

1 의의

본죄는 행사할 목적으로 위조 또는 변조된 통화를 취득함으로써 성립하는 범죄이다.

2 객관적 구성요건

(1) 행위의 객체

위조 또는 변조한 내국통화, 국내유통 및 외국통용의 외국통화이다.

(2) 실행행위

① 위조·변조된 내국 통화나 외국 통화에 대하여 자기 점유나 독자적인 처분권을 획득하는 일체의 행위를 말한다.

② 유상, 무상을 불문한다. 범죄를 통하여 위조통화를 취득하는 경우도 상관 없다.

③ 다만, 위조통화인 줄 알면서 절취하는 경우, 위조통화는 절대적 금제품으로서 절도죄의 객체가 아니므로 절도죄는 성립하지 않고 위조통화취득죄만 성립한다. (다수설)

④ 공범자 사이에서 위조통화를 수수하는 것은 위조통화취득죄가 성립하지 않는다.

V 위조통화 취득 후 지정행사죄

> **형법**
>
> **제210조【위조통화취득후의 지정행사】** 제207조 기재의 통화를 취득한 후 그 사정을 알고 행사한 자는 2년 이하의 징역 또는 500만원 이하의 벌금에 처한다.

1 의의
① 예비음모 처벌규정이 없고 미수 처벌규정도 없다. 또한 자격정지나 벌금의 병과 규정도 없다.
② '취득 후 지정행사'란 위조·변조된 통화인 사정을 모르고 취득한 후에 그 사정을 알면서 행사한 경우를 말한다.

2 취득죄와 행사죄의 관계
① 행사 시점에는 위조·변조된 통화라는 사정을 알아야 하는 확정적 고의가 필요하다. 따라서 위화일 지도 모른다는 생각만으로는 고의가 성립하지 아니한다.
② 위조·변조된 통화라는 사정을 취득한 이후에 알아야 하는 것이므로, 만일 위조·변조된 통화라는 사정을 취득 시점에 알았고 이를 나중에 행사한 경우라면 위조통화행사죄에 해당할 뿐이다. 다시 말해서, 그 사정을 알면서 취득한 후 행사한 경우는 위조통화취득죄와 위조통화행사죄의 실체적 경합범일 뿐이다.

VI 통화유사물 제조죄

> **형법**
>
> **제211조【통화유사물의 제조 등】** ① 판매할 목적으로 내국 또는 외국에서 통용하거나 유통하는 화폐, 지폐 또는 은행권에 유사한 물건을 제조, 수입 또는 수출한 자는 3년 이하의 징역 또는 700만원 이하의 벌금에 처한다.
> ② 전항의 물건을 판매한 자도 전항의 형과 같다.

① 예비음모 처벌규정은 없지만, 미수 처벌규정은 있다. 자격정지 또는 벌금 병과 규정은 없다.
② 통화유사물이란 외관상 진화와 비슷하지만, 일반인이 이를 진화로 오인할 정도에 이르지는 못한 경우이다.
③ 통화유사물 제조, 수입, 수출(제211조 제1항)은 판매목적이 필요한 목적범이지만, 통화유사물 판매(제211조 제2항)은 판매목적을 요하지 않는다는 점에서 목적범이 아니다.

VII 통화위조 예비음모죄

> **형법**
>
> **제213조【예비, 음모】** 제207조 제1항 내지 제3항의 죄를 범할 목적으로 예비 또는 음모한 자는 5년 이하의 징역에 처한다. 단, 그 목적한 죄의 실행에 이르기 전에 자수한 때에는 그 형을 감경 또는 면제한다.

① 내국 통화 위조·변조, 내국 유통 외국통화의 위조·변조, 외국통용 외국통화의 위조·변조 3개 범죄유형에 대해서 예비·음모를 처벌한다.
② 다만, 실행착수 전(예비음모)에 자수한 경우에는 형을 감경 또는 면제한다. (필요적 감면사유)

> **관련판례**
>
> 행사 목적으로 미리 준비한 물건들과 옵셋 인쇄기를 사용하여 한국은행권 100원권을 사진 찍어 그 필름 원판 7매와 이를 확대하여 현상한 인화지 7매를 만들었음에 그쳤다면, 아직 통화위조의 착수에 이르지 아니하였고(미수가 아님), 그 예비단계에 불과하다고 봄이 상당하다. (대법원 66도1317) = 예비음모죄는 성립

Section 02 유가증권 우표·인지에 대한 죄

I 서설

1 조문 체계

범죄	조문	구성요건	미수	예비	행사 목적	자격정지 벌금 병과
유가증권 위조·변조	제214조 제1항	행사할 목적으로 대한민국 또는 외국의 공채증서 기타 유가증권을 위조 또는 변조한 경우	○	○	○	○
기재의 위조·변조	제214조 제2항	행사할 목적으로 유가증권의 권리·의무에 관한 기재를 위조 또는 변조한 경우	○	○	○	○
자격모용 유가증권 작성	제215조	행사할 목적으로 타인의 자격을 모용하여 유가증권을 작성하거나 유가증권의 권리 또는 의무에 관한 사항을 기재한 경우	○	○	○	○
허위 유가증권 작성	제216조	행사할 목적으로 허위의 유가증권을 작성하거나 유가증권에 허위사항을 기재한 경우	○	×	○	○
위조 유가증권 행사	제217조	위조·변조·작성 또는 허위기재한 유가증권을 행사하거나 행사할 목적으로 수입 또는 수출한 경우	○	×	수입·수출 ○	○
인지·우표 위조, 변조	제218조 제1항	행사할 목적으로 대한민국 또는 외국의 인지, 우표 기타 우편요금을 표시하는 증표를 위조 또는 변조한 경우	○	○	○	○
위조·변조 인지·우표 행사	제218조 제2항	위조 또는 변조된 대한민국 또는 외국의 인지, 우표 기타 우편요금을 표시하는 증표를 행사하거나 행사할 목적으로 수입 또는 수출한 경우	○	×	수입·수출 ○	○
위조 인지·우표 취득	제219조	행사할 목적으로 위조 또는 변조한 대한민국 또는 외국의 인지, 우표 기타 우편요금을 표시하는 증표를 취득한 경우	○	×	○	○
소인말소	제221조	행사할 목적으로 대한민국 또는 외국의 인지, 우표 기타 우편요금을 표시하는 증표의 소인 기타 사용의 표지를 말소한 경우	×	×	○	×
인지·우표 유사물 제조	제222조	판매할 목적으로 대한민국 또는 외국의 공채증서, 인지, 우표 기타 우편요금을 표시하는 증표와 유사한 물건을 제조, 수입 또는 수출한 경우	○	×	판매 목적	×

2 의의 및 보호법익

① 유가증권에 관한 죄란 행사할 목적으로 유가증권을 위조·변조·허위작성하거나, 위조·변조·허위작성한 유가증권을 행사·수입·수출함으로써 성립하는 범죄이다.

② 통화죄와 달리 예비음모 단계의 사전자수에 대하여 감경·면제한다는 규정이 없다.

③ 보호법익은 유가증권의 거래상의 신용과 안전(유가증권의 공신력)이다.

④ 대부분 추상적 위험범이지만, 위조 인지·우표 취득죄, 인지·우표 유사물 판매죄는 결과범이다.
⑤ 유가증권에 관한 죄는 외국인의 국외범도 처벌의 대상으로 한다. 즉 외국에서 외국인이 유가증권을 위조·변조하는 등 유가증권에 관한 죄를 범하는 경우에 우리 형법에 따라 처벌할 수 있다는 것이다. (형법 제5조)

II 유가증권 위조죄·변조죄

형법

제214조 【유가증권의 위조등】 ① 행사할 목적으로 대한민국 또는 외국의 공채증서 기타 유가증권을 위조 또는 변조한 자는 10년 이하의 징역에 처한다.

제223조 【미수범】 제214조 내지 제219조와 전조의 미수범은 처벌한다.

제224조 【예비, 음모】 제214조, 제215조와 제218조 제1항의 죄를 범할 목적으로 예비 또는 음모한 자는 2년 이하의 징역에 처한다.

1 의의

① 본죄는 행사할 목적으로 대한민국 또는 외국의 공채증서 기타 유가증권을 위조 또는 변조함으로써 성립하는 범죄이다.
② 추상적 위험범이며 거동범이다.

2 객관적 구성요건

(1) 객체

① 대한민국 또는 외국의 공채증서 및 유가증권이다. 공채증서는 국가에서 발행하는 국채, 공채, 지방채의 증권으로 유가증권의 일종이다. 예 국민주택채권(국채증권)
② 유가증권이란 재산권을 징표하는 증권이면서 유가증권의 권리행사에 점유를 필요로 하지만, 유통성은 필요하지 않다. 예 창고증권, 선하증권, 어음이나 수표, 환어음, 회사채, 승차권, 상품권, 주식, 영화관람권, 복권, 양도성예금증서(CD), 공중전화카드 등
③ 즉, 형법 제214조의 유가증권이란 증권상에 표시된 재산상의 권리의 행사와 처분에 그 증권의 점유를 필요로 하는 것을 총칭하는 것으로서 **재산권이 증권에 화체된다는 것과 그 권리의 행사와 처분에 증권의 점유를 필요로 한다는 두 가지 요소를 갖추면 족하지 반드시 유통성을 가질 필요는 없고**, 또한 위 유가증권은 일반인이 진정한 것으로 **오신할 정도의 형식과 외관을 갖추고 있으면 되는 것이다.** (대법원 2007도3394, 2001도2832)
④ 유가증권의 명의인(발행자)은 개인이든 국가나 공공기관이든 상관하지 않는다. 심지어 명의인이 실재하지 아니하는 경우, 즉 허무인인 경우에**도** 일반인이 유가증권으로 오신할 정도라면 유가증권위조죄의 객체로 본다.

특징	유가증권인 것	유가증권이 아닌 것
재산권의 징표된 증권	· 어음, 수표, 허무인 명의 약속어음 · 창고증권, 선하증권 · 상품권 · 관람권, 입장권 · 주권(대법원 2002도2822)	· 재산권 징표하지 않고 단지 법률관계 존부나 내용을 증명하는 증거증권 예 차용증서, 매매계약서, 영수증, 물품구입증 등
증권의 점유·제시를 필요	· 구두제조회사의 할부구매전표(대법원 95도20)	· 권리행사 시에 증권의 점유·제시가 필요하지 않는 경우 예 예금통장, 정기예탁금증서 (대법원 84도2147), 철도수하물상환증, 휴대품보관증
유통성을 가지지 못한 경우도 유가증권임	· 지하철 승차권 · 스키장 리프트 탑승권(대법원 98도2967)	
사법상 유효할 것을 요하지 않으므로 무효인 경우라도 일반인이 외관상 유효한 유가증권을 오신할 외관을 갖춘 경우	· 무효지만 유가증권 인정 · 발행일자가 없는 수표 · 위조된 유가증권 · **문방구약속어음용지를 이용하여 작성된 어음** (대법원 2001도2832) · 대표이사 날인이 없어 무표인 주권(대법원 74도294)	· 무효인 동시에 외관이 유가증권으로 오신하기 어려운 경우 예 위조유가증권의 사본 · 발행인의 날인이 없고 피고인의 무인(엄지도장)만이 있는 약속어음
기타	· 공중전화카드(대법원 97도2483) · 한국외환은행 소비조합이 그 소속조합원에게 발행한 신용카드(대법원 84도1862)	· KT 후불식 공중전화카드 · **신용카드업자가 발행한 신용카드**(대법원 99도857) · 현금카드(대법원 85도1572)

> **관련판례** 유가증권에 해당하는 사례
>
> ① 한국외환은행 직장소비조합이 그 소속조합원에게 그의 직번(일종의 구좌번호), 구입상품명 등을 기재하여 신용카드를 교부하고 조합원은 이를 사용할 때 연 월일, 금액 등을 기입 제시하고 당해 소비조합과 할부판매 약정을 한 상점에서 상품을 구입한 후 그 상점을 통하여 직장소비조합에 이를 제출시켜 일정기간마다 정산하여 조합원으로부터 수금하는 방식을 취하는 경우에 있어서는 위 신용카드에 의해서만 신용구매의 권리를 행사할 수 있는 점에 있어서 재산권이 증권에 화체되었다고 볼 수 있으니 유가증권이라고 볼 것이다. (대법원 84도1862)
> ② 甲(갑)은 판매하려는 의도를 가지고 **폐공중전화카드**의 자기기록부분에 전자정보를 기록하여 사용가능한 공중전화카드를 만든 후 이를 사용하여 공중전화를 걸었다. 공중전화카드는 공중전화 서비스를 제공받을 수 있는 재산상의 권리를 화체하고 있으므로 유가증권에 해당한다. (대법원 97도2483)
> ③ 전체적인 형식·내용에 비추어 일반인이 진정한 것으로 오신할 정도의 약속어음 요건을 갖추고 있다면 증권이 **문방구 약속어음 용지**를 이용하여 작성되었더라도 형법상 유가증권에 해당한다. (대법원 2001도2832)

관련판례 유가증권 해당하지 않는 사례

① 피고인이 위조한 것이라는 가계수표가 발행인의 날인이 없는 것이라면 이는 일반인이 진정한 것으로 오신할 정도의 형식과 외관을 갖춘 수표라 할 수 없어 부정수표단속법 제5조 소정의 수표위조의 책임을 물을 수 없다. (대법원 85도1501)

> **비교판례**
> 대표이사의 날인이 없어 상법상 무효인 주권이라도 발행인인 대표이사의 기명을 비롯한 그밖의 주권의 기명을 비롯한 그밖의 주권의 기재요건을 모두 구비하고 회사의 사인까지 날인하였다면 일반인으로 하여금 일견 유효한 주권으로 오신시킬 정도의 외관을 갖추었으므로 형법 제214조 소정의 유가증권에 해당한다. (대법원 74도294)

② **신용카드업자가 발행한 신용카드**는 이를 소지함으로써 신용구매가 가능하고 금융의 편의를 받을 수 있다는 점에서 경제적 가치가 있다 하더라도, 그 자체에 경제적 가치가 화체되어 있거나 특정의 재산권을 표창하는 **유가증권이라고 볼 수 없다.** (대법원 99도857)

(2) 실행행위

1) 위조

① 위조란 작성 권한 없는 자가 타인 명의를 모용(사칭)하여 유가증권을 작성하는 것이다.

② 유가증권의 **명의인의 실재 여부는 유가증권위조죄의 성립 여부에 장애를 주지 않는다.** 허무인명의의 유가증권이라 할지라도 적어도 그것이 행사할 목적으로 작성되었고 외형상 일반인으로 하여금 진정하게 작성된 유가증권이라고 오신케 할 수 있을 정도라면 그 위조죄가 성립된다. (대법원 71도905)

③ 작성권한을 **포괄적으로 위임받은 자**가 위임자 본인 명의로 어음을 발행하는 것은 **위조가 아니다.**

④ 대표이사가 **대표권 범위 내에서 권한을 남용하여 유가증권을 작성한 경우**에는 작성권한은 가진 자이므로 **유가증권위조죄가 되는 것이 아니라** 내용의 허위를 문제삼아 허위유가증권작성죄나 배임죄 여부를 검토할 뿐이다.

⑤ 그런데 대리인·대표자가 **대리권·대표권을 초월하여 또는 권한 범위 밖의 사항에 관하여 위임자 본인이나 회사 명의의 유가증권을 작성하는 경우**에 대해서는 판례가 거의 없어서 학설이 나누어진다. 다수설은 자격모용유가증권작성죄라고 보지만, 소수설은 유가증권위조죄에 해당한다고 본다.

2) 위조의 방법

① 위조의 방법에는 제한이 없다. 다만 일반인이 진정하게 작성된 유가증권이라고 **오신할 정도여야 한다.** 예컨대, 수표의 외관이 일반인으로 하여금 진정한 수표라고 **신용하게 할 정도의 것이라면** 동 수표가 수표요건을 결하여 **실체법상 무효의 것이라 해도 위조죄는 성립한다.** (대법원 72도1796)

② 예를 들어, 어음의 액면금액란에 자의로 합의된 금액 한도를 엄청나게 넘는 금액을 기입하는 것(대법원 72도897), 찢어버린 타인발행 명의의 어음파지편을 이용하여 이를 조합하여 어음의 외형을 갖춘 경우(대법원 74도3442) 등은 유가증권위조죄로 본다.

③ 보충권의 한도자체가 처음부터 일정한 금액 등으로 특정되어 있지 아니하고 그 행사방법에 대하여도 특별한 정함이 없어서 결과적으로 보충권의 행사가 그 범위를 일탈하게 되었다 하더라도 그 점만 가지고 바로 백지보충권의 남용 또는 그에 대한 범의가 있다고 단정할 수는 없다 할 것이므로 유가증권위조가 성립하지 않는다. (대법원 89도1264)

④ 또한 **타인을 기망하여 약속어음용지를 발행인으로서 서명날인하게 한 후 해당 어음용지를 받아서 임의로 어음요건을 기재한 경우에는 유가증권위조죄의 간접정범이 성립**한다. 다만, 발행권자를 기망하여 이미 기재된 수표용지에 날인하게 하여 교부받는 것은 유가증권위조죄가 아니라 사기죄이다.

> **관련판례**
>
> ① 약속어음 액면란에 보충권의 범위를 초월하는 금액을 기입하는 행위는 위조에 해당한다. (대법원 72도897) = 변조죄가 아니라 위조죄가 되는데, 동일성 범위를 초월하여 새로운 문서를 작출한 것으로 평가할 수 있기 때문이다. 다만, 그 보충권의 한도자체가 처음부터 일정한 금액 등으로 특정되어 있지 아니하고 그 행사방법에 대하여도 특별한 정함이 없어서 다툼이 있는 경우에는 결과적으로 보충권의 행사가 그 범위를 일탈하게 되었다 하더라도 그 점만 가지고 바로 백지보충권의 남용 또는 그에 대한 범의가 있다고 단정할 수는 없다 할 것이고 그 보충권일탈의 정도, 보충권행사의 원인 및 경위 등에 관한 심리를 통하여 정중히 이를 인정하여야 한다.
> ② 기재사항이 누락되어 사법상 무효인 유가증권을 행사할 목적으로 위조하여 일반인으로 하여금 유효한 주권으로 오신시킬 정도의 외관을 갖춘 경우 유가증권위조죄가 성립한다. (대법원 74도294)
> ③ 피고인이 그 망부의 사망 후 그의 명의를 거래상 자기를 표시하는 명칭으로 사용하여 온 경우, 타인의 명의를 모용하여 어음을 위조한 것이라고 할 수 없다. (대법원 82도296)
> ④ 판매하려는 의도를 가지고 폐공중전화카드의 자기기록 부분에 전자정보를 조작하여 사용가능한 공중전화카드로 만든 경우 유가증권위조죄가 성립한다. (대법원 97도2483)
> ⑤ 스키장에서 근무하는 甲은 매표소의 직원들이 자리를 비운 틈을 타 매표소 안으로 들어가 발매기를 임의 조작하여 회원용 리프트탑승권 수백 매를 부정 발급하였고, 이 사실을 알고 있는 친구 乙에게 액면금액보다 낮은 금액을 받고 매도하였다. 甲은 절도죄가 성립하는 동시에 유가증권위조죄와 동 행사죄가 성립한다. 乙은 유가증권위조나 동행사죄의 공동정범은 아니지만, 도품을 취득한 것이므로 장물죄가 성립한다. (대법원 98도2967)

3) 변조

① 진정하게 성립된 타인 명의의 유가증권의 동일성을 해하지 않는 범위 내에서(비본질적인 부분을) 권한 없이 변경을 가하는 것이다. 예컨대, 어음의 발행일자, 액면, 지급인의 주소 등을 변경하는 것은 비본질인 부분의 변경으로 유가증권변조죄에 해당한다.

② **즉, 변조는 진정하게 성립된 유가증권을 전제로 하는 것이다. 따라서 이미 타인에 의하여 위조된 약속어음의 기재사항을 권한 없이 변경하였다고 하더라도 유가증권변조죄 성립하지 않는다.** (대법원 2005도4764) 또한 유가증권의 내용 중 권한 없는 자에 의하여 이미 변조된 부분을 다시 권한 없이 변경한 경우도 유가증권변조죄는 성립하지 않는다. (대법원 2010도15206)

③ 변조는 이미 진정하게 성립한 유효한 유가증권을 동일성 범위 내에서 변경하는 것이므로, 동일성 범위를 넘어서는 수준이면 변조가 아니라 위조에 해당한다. 예컨대, 복권의 당첨번호를 변경한 경우, 기간이 경과한 승차권의 일자를 변경하는 경우, 보충권한을 초월하여 금액을 기재하는 경우(대법원 72도897)는 유가증권변조죄가 아니라 위조죄에 해당한다.

④ 그러나 자기명의로 발행하였으나 타인이 소유하고 있는 주권의 주주명의를 변경하는 것은 **타인소유 자기명의 유가증권이므로** 그 내용을 무단히 변경하더라도 유가증권변조죄가 아니라 **문서손괴죄나 허위유가증권작성죄가 성립할 뿐이다.** 즉, 타인에게 속한 자기명의의 유가증권에 대하여 소유자의 동의 없이 무단히 내용상의 변경을 가하였다 하더라도 유가증권변조죄를 구성하는 것은 아니다. (대법원 78도1904)

> **관련판례**
>
> ① 신용카드를 제시받은 상점점원이 그 카드의 금액란을 정정기재하였다 하더라도 그것이 카드소지인이 위 점원에게 자신이 위 금액을 정정기재할 수 있는 권리가 있는 양 기망하여 이루어졌다면 이는 간접정범에 의한 유가증권변조죄가 성립한다. (대법원 84도1862) = 간접정범에 의한 유가증권 변조
> ② 약속어음의 발행인으로부터 어음금액이 백지인 약속어음의 할인을 위임받은 자가 위임 범위 내에서 어음금액을 기재한 후 어음할인을 받으려고 하다가 그 목적을 이루지 못하자 유통되지 아니한 당해 약속어음을 원상태대로 발행인에게 반환하기 위하여 어음금액의 기재를 삭제하는 것은 그 권한 범위 내에 속한다고 할 것이므로, 이를 유가증권변조라고 볼 수 없다. (대법원 2005도6267) = 변경할 권한 있는 자는 변조가 아니다. 할인을 위임 받은 자가 반환목적으로 삭제했기 때문이다.
> ③ 회사의 대표이사로서 주권작성에 관한 일반적인 권한을 가지고 있는 자가 대표권을 남용하여 자기 또는 제3자의 이익을 도모할 목적으로 그들 명의의 주권의 기재사항에 변경을 가한 행위는 유가증권변조죄를 구성하지 아니한다. (대법원 79도3034) = 권한 있는 자의 변경행위는 변조가 아니다.

3 주관적 구성요건: 고의와 행사할 목적

고의 이외에 행사할 목적, 즉 진정한 유가증권으로 사용할 목적이 있어야 한다.

4 미수와 기수

① 추상적 위험범이므로 종료미수는 기수로 취급하고 미종료 미수만이 미수일 뿐이다.

② 거동범적 성격이 있으므로 행위 위험성만 나타나면 기수가 되고, 위험의 결과 발생을 요하지는 아니한다.

5 죄수

① 유가증권위조죄의 죄수는 원칙적으로 **위조된 유가증권의 수**를 기준으로 하여 정한다.

> **관련판례** 유가증권의 죄수
>
> 유가증권위조죄의 죄수는 원칙적으로 위조된 유가증권의 매수를 기준으로 정할 것이므로, 약속어음 2매의 위조행위는 포괄일죄가 아니라 경합범이다. (대법원 82도2938)

② 이미 타인에 의하여 위조된 약속어음의 기재사항을 권한 없이 변경하였다고 하더라도 유가증권 변조죄는 성립하지 아니한다.

③ 유가증권위조시 인장위조까지 한 경우는 인장위조죄는 유가증권위조죄에 흡수된다.

④ 행사할 목적으로 유가증권을 위조하고 이를 사용한 경우 유가증권위조죄와 위조 유가증권 행사죄의 실체적 경합으로 본다.

⑤ **타인이 위조한 액면과 지급기일이 백지로 된 약속어음(백지약속어음)을 위조된 약속어음인 줄 알면서도 구입하여** 행사할 목적으로 기존의 위조 어음 **액면란에 금액을 기입하여 그 위조 어음을 완성한 경우**는 **백지어음 형태의 위조행위와는 별개의 유가증권위조죄를 구성**한다. (대법원 82도677)

⑥ 甲이 백지 약속어음의 액면란 등을 부당 보충하여 위조한 후 乙이 甲과 공모하여 금액란을 임의로 변경한 사안에서, 乙의 행위는 유가증권위조나 변조에 해당하지 않는다. (대법원 2008도9494)

III 유가증권 기재 위조죄, 변조죄

> **형법**
>
> **제214조 【유가증권의 위조등】** ② 행사할 목적으로 유가증권의 권리의무에 관한 기재를 위조 또는 변조한 자도 전항의 형과 같다.
>
> **제223조 【미수범】** 제214조 내지 제219조와 전조의 미수범은 처벌한다.
>
> **제224조 【예비, 음모】** 제214조, 제215조와 제218조 제1항의 죄를 범할 목적으로 예비 또는 음모한 자는 2년 이하의 징역에 처한다.

1 의의

권리의무에 관한 기재란 배서, 인수, 보증과 같은 부수적 증권행위의 기재사항을 의미한다. 이 점에서 유가증권을 발행하는 것과 같이 기본적 증권행위를 말하는 유가증권 작성과 구별된다.

2 행위의 객체

본죄의 객체는 유가증권의 권리·의무에 관한 기재, 즉 배서, 인수, 보증과 같은 부수적 증권적 기재사항이다.

3 실행행위

(1) 기재의 위조

여기서의 위조란 기본적 증권행위가 진정 성립한 후 부수적 증권행위에 대한 작성명의를 모용하는 경우이다. 예컨대, 자기가 발행한 수표에 대해 배서를 위조, 진정성립한 어음에 타인명의를 모용하여 배서하는 경우 등이다.

> **관련판례** 기재의 위조·변조의 의미
>
> [1] 형법 제214조 제2항에 규정된 "유가증권의 권리의무에 관한 기재를 위조한다"는 것은 진정하게 성립된 유가증권에 작성권한이 없는 자가 타인의 명의를 모용하여 배서, 보증 등의 부수적 증권행위를 하는 것을 말하고, "유가증권의 권리의무에 관한 기재를 변조한다"는 것은 진정하게 성립된 타인 명의의 부수적 증권행위에 관한 유가증권의 기재내용에 작성권한이 없는 자가 변경을 가하는 것을 말한다.
>
> [2] 약속어음을 제3배서인으로부터 백지식배서의 방식에 의하여 교부양도 받아 백지를 보충하지 아니하고 배서도 하지 아니한 채 제3자에게 교부양도한 자가 만기에 어음금의 지급이 거절됨에 따라 양수인에게 소구의무를 이행하고 약속어음을 환수하여 **약속어음의 정당한 소지인**이 되었다면, 약속어음의 제3배서란과 제4배서란 사이에 보전지를 결합시키고 그 보전지의 배서란에 자신의 성명과 배서일자를 기재하고 날인하였다고 하더라도 이와 같은 행위는 타인의 명의를 모용하여 한 것이 아님은 물론 타인명의의 유가증권의 기재내용에 변경을 가한 것도 아니므로 형법 제214조 제2항 소정의 유가증권 위조, 변조죄에 해당하지 아니한다. (대법원 88도753)

(2) 기재의 변조

변조란 진정하게 성립한 타인 명의 유가증권에 기재된 부수적 증권행위에 속하는 사항의 내용을 작성권한 없는 자가 변경하는 것이다. 예컨대, 자기 명의 유가증권에 타인이 배서한 후 그 증권의 기재사항 중 발행일자나 지급일자를 변경하는 경우 등이다.

> **관련판례**
> 어음의 발행인이 약속어음을 회수한 후 지급일자를 임의로 변경한 행위가 형법 제214조 제2항 소정의 유가증권 변조에 해당한다. (대법원 2001도6553)

IV 자격모용 유가증권작성죄

형법

제215조【자격모용에 의한 유가증권의 작성】 행사할 목적으로 타인의 자격을 모용하여 유가증권을 작성하거나 유가증권의 권리 또는 의무에 관한 사항을 기재한 자는 10년 이하의 징역에 처한다.

제223조【미수범】 제214조 내지 제219조와 전조의 미수범은 처벌한다.

제224조【예비, 음모】 제214조, 제215조와 제218조 제1항의 죄를 범할 목적으로 예비 또는 음모한 자는 2년 이하의 징역에 처한다.

1 의의

행사할 목적으로 타인의 자격을 모용하여 유가증권을 작성하거나 유가증권의 권리 또는 의무에 관한 사항을 기재함으로써 성립하는 범죄이다.

2 객관적 구성요건

(1) 타인의 자격모용

타인의 자격을 모용한다는 의미는 대리인 또는 대표권이 없는 자가 타인의 자격을 사칭하여 유가증권을 행사하는 것을 말한다.

(2) 자격모용의 유형

1) **처음부터 자격모용 있는 자의 자격모용**

   대리권·대표권 없는 자가 그 자격을 모용하여 유가증권을 작성한 경우로 자격모용에 의한 유가증권작성죄가 성립한다.

2) **자격을 상실한 자의 자격모용**

   대표이사가 타인으로 변경되었는데도 전임대표이사가 명판을 이용하여 약속어음을 발행한 경우이다. (대법원 90도577)

> **관련판례** 자격상실자의 모용
>
> ① A회사의 대표이사로 재직한 바 있는 甲이 A회사의 **대표이사가 이미 乙로 변경된 이후**임에도 불구하고, 이전부터 사용하여 오던 자기 명의로 된 A회사 대표이사의 명판을 이용하여 여전히 자신을 A회사의 **대표이사로 표시하여 약속어음을 발행하고 행사한 경우**, 자격모용 유가증권 작성 및 동행사죄에 해당한다. (대법원 90도577)
> ② 대표이사 직무집행정지가처분결정은 대표이사의 직무집행만을 정지시킬 뿐 대표이사의 자격까지 박탈하는 것은 아니나 가처분결정이 송달되어 일절의 직무집행이 정지됨으로써 직무집행의 권한이 없게 된 대표이사가 그 권한밖의 일인 대표이사 명의의 유가증권을 작성 행사하는 행위가 회사업무의 중단을 막기 위한 긴급한 인수인계 행위라 하더라도 합법적인 권한행사라 할 수 없으므로 이는 자격모용유가증권작성 및 동 행사죄에 해당한다.
> (대법원 87도145)

3) 권한초월의 자격모용

대리권이나 대표권이 있더라도 권한 남용이 아니라 권한범위를 명백히 일탈 혹은 초과하여 본인 또는 회사명의의 유가증권을 발행하는 행위는 자격모용에 의한 유가증권작성죄가 성립한다. 그러나 다만, 대리권 또는 대표권이 있는 자가 권한범위 내에서 해당 권한을 남용하여 본인 또는 회사 명의의 유가증권을 발행한 경우는 자격모용 유가증권작성죄가 아니라 허위유가증권작성죄 또는 배임죄 성립여부를 검토할 뿐이다.

V 허위유가증권작성죄

형법

제216조【허위유가증권의 작성등】 행사할 목적으로 허위의 유가증권을 작성하거나 유가증권에 허위사항을 기재한 자는 7년 이하의 징역 또는 3천만원 이하의 벌금에 처한다.

제223조【미수범】 제214조 내지 제219조와 전조의 미수범은 처벌한다.

1 의의

① 예비음모 처벌규정은 없다. 미수 처벌규정은 있고, 행사목적이 필요한 목적범이다.
② 허위 유가증권 작성이란 작성권한 있는 자가 유가증권에 **허위의 내용을 기재하거나 기재 권한 있는 자가 유가증권에 진실에 반한 사항을 기재한 경우이다.** 이에 비해, 작성권한이 없는 자가 유가증권에 허위내용을 기재하는 것은 본죄가 아니라 유가증권위조죄나 자격모용 유가증권작성죄가 된다.

2 객관적 구성요건

(1) 허위의 유가증권

허위사항 기재란 기존 유가증권에 진실에 반하는 사실을 기재하는 것으로 기본적 증권행위는 물론 부수적 증권행위까지 모두 포괄한다. **다만, 권리의무관계에 아무 영향을 미치지 않는 허위사항을 기재하는 것은 본죄가 아니다.**

(2) 작성권한 있는 자

작성권한이 있을 것을 요하므로, 작성권한이 없는 자가 허위의 유가증권을 작성한 경우에는 유가증권위조·변조죄 또는 자격모용에 의한 유가증권작성죄가 성립한다.

(3) 허위의 유가증권 작성 및 사항기재

허위란 객관적 진실에 반하는 것을 말하고 명의가 아닌 내용이 허위이어야 한다.

3 주관적 구성요건

본죄의 주관적 구성요건으로 허위의 유가증권을 작성하거나 유가증권에 허위의 사항을 기재한다는 것에 대한 인식과 인용 이외 행사할 목적이 있어야 한다.

> **관련판례** 허위유가증권작성죄 인정
>
> ① 피고인이 실재하지 아니한 유령회사의 대표라 기재하고 자기명의의 인장을 찍어서 회사명의의 약속어음을 발행한 경우 허위유가증권작성죄가 성립한다. (대법원 70도2389)
> ② 주권발행의 권한을 위임받은 경우라도 발행일자를 소급하여 허위의 내용이 된 경우 허위유가증권작성죄가 성립한다. (대법원 73도2041)
> ③ 약속어음 발행인의 승낙 또는 위임을 받아 약속어음을 작성할 때 발행인의 이름 아래 진실에 반하는 내용인 피고인의 인장을 날인하여 약속어음을 발행·교부한 경우 허위유가증권작성죄가 성립한다. (대법원 74도2594)
> ④ 유가증권의 허위작성행위 자체에는 직접 관여한 바 없다 하더라도 타인에게 그 작성을 부탁하여 의사연락이 되고 그 타인으로 하여금 범행을 하게 하였다면 공모공동정범에 의한 허위유가증권작성죄가 성립한다. (대법원 83도2575)
> ⑤ [1] 선하증권 기재의 화물을 인수하거나 확인하지도 아니하고 또한 선적할 선편조차 예약하거나 확보하지도 않은 상태에서 수출면장만을 확인한 채 실제로 선적한 사실이 없는 화물을 선적하였다는 내용의 선하증권을 발행한 경우, 허위유가증권작성죄가 성립한다.
> [2] 허위작성된 유가증권을 피교부자가 그것을 유통하게 한다는 사실을 인식하고 교부한 때에는 허위작성유가증권행사죄에 해당하고, 행사할 의사가 분명한 자에게 교부하여 그가 이를 행사한 때에는 허위작성유가증권행사죄의 공동정범이 성립된다. (대법원 95도803)

> **관련판례** 허위유가증권작성죄 부정
>
> ① 은행에 잔고가 없는 상태임에도 수표를 발행한 경우라 하더라도 그 은행과의 거래가 계속되고 있는 한 허위의 수표를 발행하였다고 볼 수 없다. (대법원 4293형상787)
> ② 비법인 기업체를 경영하는 자가 그 기업체 명칭 중에 주식회사라는 자구를 삽입하고 자기를 동 회사 대표취체역이라고 표시하여 유가증권을 발행하였다 하여도, 이는 결국 그 기업체의 경영자 명의로 발행한 유가증권으로 볼 수 있어 이를 허위의 유가증권을 작성한 것이라고 볼 수 없다. (대법원 4294형상865)
> ③ 주권 발행전에 주식을 양도받은 자에 대하여 주권을 발행한 경우 그 주식양도가 주권 발행전에 이루어진 것이어서 상법 제335조에 의하여 무효라 할지라도 권리의 실체관계에 부합되어 허위의 주권 발행의 범의가 있다고 할 수 없다. (대법원 81도1935)
> ④ 배서인이 약속어음 배서인의 주소를 허위로 기재한 경우, 배서인의 인적 동일성을 해하는 경우가 아닌 한, 그 주소기재는 배서의 요건이 아니므로 허위유가증권작성죄가 성립하지 아니한다. (대법원 84도547) = 배서인의 주소기재는 배서의 요건이 아니다.
> ⑤ 은행을 통하여 지급이 이루어지는 약속어음의 발행인이 그 발행을 위하여 은행에 신고된 것이 아닌 발행인의 다른 인장을 날인하였다 한 경우, 발행인의 인장이 사용된 이상 그 어음의 효력에는 영향을 미치지 않으므로 허위유가증권작성죄가 성립하지 아니한다. (대법원 2000도883)
> ⑥ 자기앞수표의 발행인이 수표의뢰인으로부터 수표자금을 입금받지 아니한 채 자기앞수표를 발행한 경우, 어음의 효력에는 영향이 없으므로 허위유가증권작성죄가 성립하지 아니한다. (대법원 2005도4528)

VI 위조 등 유가증권 행사죄

> **형법**
>
> **제217조 【위조유가증권등의 행사 등】** 위조, 변조, 작성 또는 허위기재한 전3조 기재의 유가증권을 행사하거나 행사할 목적으로 수입 또는 수출한 자는 10년 이하의 징역에 처한다.
>
> **제223조 【미수범】** 제214조 내지 제219조와 전조의 미수범은 처벌한다.

1 의의

위조, 변조, 작성 또는 허위기재한 유가증권을 행사하거나 행사할 목적으로 수입 또는 수출함으로써 성립하는 범죄이다.

2 객관적 구성요건

(1) 객체

행사죄의 객체는 위조·변조·작성 또는 허위기재된 유가증권이다.

(2) 실행행위

1) 행사

행사란 위조·변조·작성·허위기재한 유가증권을 진정한 유가증권 또는 내용이 진실한 유가증권으로 사용하는 것을 말한다. 예 비치, 열람제공, 제시, 제출, 교부, 송부 등 행사의 범위는 위조문서행사죄와 같고, 위조통화행사죄보다는 넓다.

① 신용을 얻기 위한 제시

유가증권은 반드시 유통에 놓을 필요가 없으므로 신용을 얻기 위한 제시만으로도 유통 목적이 아니지만 행사가 된다. 단순한 제시만으로 행사가 인정되지 않는 위조통화행사죄와 구별된다.

② 위조된 정을 알고 있는 자에 대한 교부

㉠ 위조된 유가증권임을 아는 사람에게 제시하는 경우 위조유가증권행사죄가 아닌 것이 원칙이지만, 만일 위조 유가증권임을 알고 있는 피교부자가 유통시킬 수도 있음을 교부자가 알면서도 교부한 경우라면 교부자에게 위조유가증권행사죄가 성립한다.

㉡ 즉, 위조 문서행사죄의 경우와는 달리 교부자가 진정 또는 진실한 유가증권인 것처럼 위조유가증권을 행사하였을 뿐만 아니라 **위조된 유가증권이라는 사정을 알고 있는 자에게 교부하였더라도 피교부자가 이를 유통시킬 것임을 인식하고 교부하였다면 위조유가증권행사죄가 성립**한다. (대법원 81도2492)

㉢ 공범자에게 유가증권을 교부한 경우

그러나 위조유가증권의 교부자와 피교부자가 **서로 유가증권위조를 공모하였거나 위조유가증권을 타에 행사하여 그 이익을 나누어 가질 것을 공모한 공범의 관계에 있다면**, 그들 사이의 위조유가증권 교부행위는 그들 이외의 자에게 행사함으로써 범죄를 실현하기 위한 **전 단계의 행위에 불과한 것**으로서 위조유가증권은 아직 **범인들의 수중에 있다고 볼 것이지 행사되었다고 볼 수는 없다.** 즉 유가증권위조죄의 공범 사이에서의 위조유가증권 교부행위는 아직 행사되었다고 볼 수 없다. (대법원 2010도12553)

③ 유가증권의 원본

위조문서 행사죄와 달리 반드시 원본을 행사하여야한다. 따라서 위조유가증권을 전자복사기 등을 사용하여 기계적으로 복사한 사본을 교부하는 것은 위조 유가증권 행사죄에 해당하지 않는다. (대법원 97도2922)

2) 수입·수출

수입이란 외국에서 국내로 반입하는 것을 말하고 수출이란 국내에서 국외로 반출하는 것을 말한다.

3) 기수시기

상대방이 진정한 유가증권으로 인식할 수 있는 상태에 둠으로써 기수가 된다.

> **관련판례**
>
> 甲이 미리 서명날인만 받아 놓은 乙명의의 백지어음에 자기 마음대로 발행일, 금액, 수취인을 기재한 후, 乙을 상대로 약속어음금반환청구의 소를 제기하고, 그 청구를 대여금청구로 변경하면서 **위 백지어음의 복사본을 증거로 제출한 경우, 유가증권위조죄만 성립하고 위조유가증권행사죄는 성립하지 않는다.** (대법원 97도2922) = 위조유가증권행사죄는 원본을 제시해야만 가능하다.

3 죄수

① 유가증권을 위조하여 이를 행사한 경우, 유가증권위조죄와 위조유가증권행사죄의 실체적 경합이다.

② 유가증권을 위조하여 이를 채무변제에 사용한 경우, 유가증권위조죄와 위조유가증권행사죄의 실체적 경합하지만, 사기죄는 성립하지 않는다. (대법원 82도2938)

③ 위조유가증권을 행사하여 재물을 취득한 경우, 위조유가증권행사죄와 사기죄의 실체적 경합이다.

VII 우표·인지에 대한 죄

형법

제218조【인지·우표의 위조 등】 ① 행사할 목적으로 대한민국 또는 외국의 인지, 우표기타 우편요금을 표시하는 증표를 위조 또는 변조한 자는 10년 이하의 징역에 처한다.
② 위조 또는 변조된 대한민국 또는 외국의 인지, 우표 기타 우편요금을 표시하는 증표를 행사하거나 행사할 목적으로 수입 또는 수출한 자도 제1항의 형과 같다.

제219조【위조인지·우표 등의 취득】 행사할 목적으로 위조 또는 변조한 대한민국 또는 외국의 인지, 우표 기타 우편요금을 표시하는 증표를 취득한 자는 3년 이하의 징역 또는 1천만원이하의 벌금에 처한다.

제220조【자격정지 또는 벌금의 병과】 제214조 내지 제219조의 죄를 범하여 징역에 처하는 경우에는 10년 이하의 자격정지 또는 2천만원이하의 벌금을 병과할 수 있다.

제221조【소인말소】 행사할 목적으로 대한민국 또는 외국의 인지, 우표 기타 우편요금을 표시하는 증표의 소인 기타 사용의 표지를 말소한 자는 1년 이하의 징역 또는 300만원 이하의 벌금에 처한다.

제222조【인지·우표유사물의 제조 등】 ① 판매할 목적으로 대한민국 또는 외국의 공채 증서, 인지, 우표 기타 우편요금을 표시하는 증표와 유사한 물건을 제조, 수입 또는 수출한 자는 2년 이하의 징역 또는 500만원 이하의 벌금에 처한다.
② 전항의 물건을 판매한 자도 전항의 형과 같다.

① 위조우표취득죄 및 위조우표행사죄에 관한 형법 제219조 및 제218조 제2항 소정의 "행사"라 함은 위조된 대한민국 또는 외국의 우표를 진정한 우표로서 사용하는 것으로 우편요금의 납부용으로 사용하는 것에 한정하지 아니하고 우표수집의 대상으로서 매매하는 경우도 이에 해당한다. (대법원 88도1105)
② 소인말소죄(형법 제221조)는 미수 처벌규정이 없다.

VIII 예비·음모죄

형법

제224조【예비, 음모】 제214조, 제215조와 제218조 제1항의 죄를 범할 목적으로 예비 또는 음모한 자는 2년 이하의 징역에 처한다.

> **참고**
> 통화에 대한 죄의 경우 자수범 특례 규정(필요적 감면)이 인정된다. 그러나 유가증권에 대한 죄는 자수범 특례 규정이 없다.

■ 법률상 사유: 필요적 감면사유

필요적 감면사유	• 중지미수 • 내란죄·외환죄, 외국에 대한 사전죄, 폭발물사용죄, 방화죄, 통화위조죄의 **예비·음모자**가 그 목적한 범죄의 실행에 이르기 전에 **자수**한 때 • 위증·모해위증·허위감정죄·무고죄에 있어 **재판 또는 징계처분이 확정되기 전**에 **자백 또는 자수**한 때 • 장물범과 본범 사이에 제328조 제1항(직계혈족, 동거친족)인 경우

Section 03 문서에 대한 죄

I 서설

1 조문 체계

범죄	조문	구성요건	미수	예비	행사 목적	자격 정지
공문서 위조·변조	제225조	행사할 목적으로 공무원 또는 공무소의 문서 또는 도화를 위조 또는 변조한 경우	○	×	○	○
자격모용 공문서작성	제226조	행사할 목적으로 공무원 또는 공무소의 자격을 모용하여 문서 또는 도화를 작성한 경우	○	×	○	○
허위공문서 작성	제227조	공무원이 행사할 목적으로 그 직무에 관하여 문서 또는 도화를 허위로 작성하거나 변개한 경우	○	×	○	○
공전자기록 위작·변작	제227조의2	사무처리를 그르치게 할 목적으로 공무원 또는 공무소의 전자기록 등 특수매체기록을 위작 또는 변작한 경우	○	×	-	○
공정증서원본 불실기재	제228조	공무원에 대하여 허위신고를 하여 공정증서원본 또는 이와 동일한 전자기록 등 특수매체기록에 부실의 사실을 기재 또는 기록하게 한 경우	○	×	×	×
		공무원에 대하여 허위신고를 하여 면허증, 허가증, 등록증, 여권에 부실의 사실을 기재하게 한 경우				
위조 등 공문서행사	제229조	제225조 내지 제228조의 죄에 의하여 만들어진 문서, 도화, 전자기록 등 특수매체기록, 공정증서원본, 면허증, 허가증, 등록증, 여권을 행사한 경우	○	×	×	○
공문서 부정행사	제230조	공무원 또는 공무소의 문서 또는 도화를 부정행사한 경우	○	×	×	×
사문서 위조·변조	제231조	행사할 목적으로 권리·의무 또는 사실증명에 관한 타인의 문서 또는 도화를 위조 또는 변조한 경우	○	×	○	×
자격모용 사문서작성	제232조	행사할 목적으로 타인의 자격을 모용하여 권리·의무 또는 사실증명에 관한 문서 또는 도화를 작성한 경우	○	×	○	×
사전자기록 위작·변작	제232조의2	사무처리를 그르치게 할 목적으로 권리·의무 또는 사실증명에 관한 타인의 전자기록 등 특수매체기록을 위작(僞作) 또는 변작(變作)하는 것	○	×	-	×
허위진단서 작성	제233조	의사, 한의사, 치과의사, 조산사가 진단서, 검안서, 생사에 관한 증명서를 허위로 작성한 경우	○	×	×	×
위조 사문서등 행사	제234조	제231조 내지 제233조의 죄에 의하여 만들어진 문서, 도화, 전자기록 등 특수매체기록을 행사한 경우	○	×	×	×
사문서 부정행사	제236조	권리, 의무, 사실증명에 관한 타인의 문서 또는 도화를 부정행사한 경우	×	×	×	×

2 의의 및 보호법익

① 예비음모 처벌규정이 없다. 미수 처벌규정은 있는데, 사문서부정행사죄만 미수 처벌규정이 없다.

② 보호법익은 문서를 통한 법적 거래(문서의 증명력)의 안전과 신용이다. 보호의 정도는 추상적 위험범이다.

3 문서죄의 객체로서의 문서 개념

(1) 의의

문서죄에서의 문서란 모든 유형의 문서(서류)를 말하는 것이 아니라 법적·경제적 측면에서 증명적 기능을 가지는 문서, 다시 말해서 권리의무나 사실증명관련 사문서와 직무관련 공문서에 한하여 말하는 것이다. 문서죄는 사적 거래관계의 신용 안전을 도모하려는 차원을 보호법익으로 하고 있기 때문이다.

(2) 문서의 요건

1) 인간의 관념 및 의사의 표시

① 문서란 인간의 사상이나 관념 등 의사표시를 문자와 읽을 수 있는 부호 등으로 기록해 둔 서류이다.

② 따라서 지문, 혈흔, 제품의 일련번호, 자동차 주행기록 등은 인간의 의사표시로 보기 어려우므로 문서라고 할 수 없다.

③ 입장권, 전세계약서의 확정일자, 우체국 일부인, 은행 출금표 등은 일정한 의사표시를 담고 있는 생략문서로서 문서로 보고 있다.

2) 계속적 기능

① 문서는 어느 정도 영속성 내지 계속성은 있어야 한다.

② 칠판에 쓴 글자, 모래사장에 쓴 글자 등은 일시적이므로 문서라고 할 수 없다.

③ 서류 등 시각적 방법으로 제시되는 성질이어야 하므로, 청각적 방법인 녹음파일, 음반 등은 문서로 볼 수 없다.

④ **컴퓨터 모니터 화면에 나타나는 이미지는 이미지 파일**을 보기 위한 프로그램을 실행할 경우에 그때마다 계속적으로 화면에 고정된 것으로 볼 수 없으므로, 형법상 문서에 관한 죄에 있어서의 **문서에 해당한고 보기 어렵다.** (대법원 2010도6068) 예컨대, **컴퓨터 스캔 작업을 통하여 만들어낸 공인중개사 자격증의 이미지 파일**은 전자기록으로서 전자기록 장치에 전자적 형태로서 고정되어 계속성이 있다고 볼 수는 있으나, 그러한 형태는 그 자체로서 시각적 방법에 의해 이해할 수 있는 것이 아니어서 이를 **형법상 문서에 관한 죄에 있어서의 '문서'로 보기 어렵다.** (대법원 2008도1013) 다만, 해당 이미지를 출력한 경우에는 문서의 성질이 인정된다.

3) 증명적 기능

① 문서는 **사회생활관계의 중요사항을 증명하는 성질, 법률관계(거래관계)를 증명하는 성질**을 가진 것이어야 한다. 즉 해당 사항들에 대하여 **증명능력과 증명의사를 가진 것이어야 한다.**

사회생활관계의 중요사항을 증명하는 문서	신분증, 이력서, 추천서 등
법률관계(거래관계)를 증명하는 문서	계약서, 위임장, 차용증 등

② 해당 문서가 증명능력을 가지려면, 명의자가 허위사실 없이 작성한 진정문서이어야 하는 것이지, 문서위조나 변조된 부진정문서는 안 된다.

③ 해당 문서들은 구체적이고 확정적인 증명의사를 가지고 있어야 한다. 즉, 소설 등 저작물은 거래관계 등을 증명하려는 의사로 만들어진 문서가 아니므로 문서에 관한 죄에서 다루는 문서로 볼 수 없다. 그리고 초고나 초안도 확정성이 없으므로 여기서 말하는 문서가 아니다.

4) 보증적 기능

① 문서에 관한 죄에서의 문서란 증명성(증명능력과 증명의사)을 가져야 하므로, 명의인이 작성한 문서이어야 한다.

② 명의인은 자연인, 법인 모두 가능하되, 성명 등이 표시된 정도는 아니라도 외관상 명의인이 누구인지 정도는 특정되어야 한다.

③ 이때, 일반인이 진정한 문서로 오신할 염려가 있는 정도이면, 문서에 관한 죄의 객체로서의 문서이다. 즉 일반인이 진정문서로 오신할 정도이면 작성명의인으로 표시된 자가 실재하지 않더라도 객체로서의 문서로 본다. 따라서 **사자(死者)나 허무인(虛無人) 명의 문서도 문서로 본다.** (대법원 2003도4943)

4 문서의 진정성과 유형위조와 무형위조

1) 진정문서와 부진정문서, 허위문서

진정문서	문서 명의인과 문서 작성자가 일치하는 경우: 작성권한을 가진 자가 작성을 한 경우(내용이 진실이냐 허위이냐는 상관없음)
부진정문서	문서 명의인과 문서 작성자가 불일치하는 경우: 작성권한이 없는 자가 작성을 한 경우(내용이 진실이냐 허위이냐는 상관없음)
허위문서	작성명의는 일치하는 진정문서인데, 그 내용이 진실이 아니라 허위인 경우: 즉 작성권한을 가진 자가 작성을 하였으나, 그 문서에 기재된 내용이 허위인 경우

2) 유형위조와 무형위조

우리 형법은 문서죄에 대해서 원칙상 유형위조를 처벌하면서, 공문서와 진단서에 대해서는 무형위조의 경우도 처벌하고 있다.

■ **유형위조와 무형위조의 구분**

구분	유형위조	무형위조
개념	작성권한 없는 자가 타인의 명의를 모용하여 문서를 작성하는 경우 = 명의인과 작성자가 불일치하는 경우 = 부진정문서의 경우	작성권한 있는 자(문서의 명의자)가 진정문서를 작성하면서도 그 문서의 내용을 허위로 작성하는 경우
주체	문서 작성권한 없는 자	문서 작성권한 있는 자
위조의 대상	타인의 명의	문서의 내용
유형	• 명의 모용 = 위조죄 • 명의자 아닌 자가 내용을 변경 = 변조죄 • 자격을 사칭하여 문서 작성 = 자격모용작성죄	• 허위 내용을 처음부터 기재 = 허위작성 • 진실된 내용을 나중에 허위로 고치는 경우 = 허위변개
조문	• 사문서 위조·변조죄, 공문서 위조·변조죄 • 자격모용 사문서 작성죄, 자격모용 공문서 작성죄	• 허위공문서작성죄 • 허위진단서작성죄(진단서는 사문서에 해당) • 일반 허위사문서 작성죄란 없다.

형법의 태도	• 공문서: 유형위조와 무형위조 모두 처벌
	• 사문서: 유형위조 (처벌: 형식주의)
	        무형위조 (원칙: 불가벌 - 형식주의)
	        예외: 허위진단서작성죄 등	

3) 형식주의와 실질주의

형식주의(유형위조)	실질주의(무형위조)
• 명의의 진정성을 중심으로 문서에 관한 죄를 규율 • 즉 유형위조(명의 모용)를 위조로 보고 처벌하고, 무형위조(명의는 진정하고 내용만 허위)는 위조가 아니라고 봄	• 명의의 진정성이 아니라 내용의 진위를 중심으로 문서에 관한 죄를 규율 • 즉 무형위조가 위조이고, 유형위조는 내용이 허위이면 위조이고 내용이 진실이면 위조가 아니라고 본다.

4) 우리 형법의 태도

형법은 형식주의에 따라서 유형위조를 중심으로 문서에 관한 죄를 규율하되, 공문서와 진단서에 대해서만 실질주의를 부분적으로 인정하여 규율하고 있다. 우리 형법은 작성명의에 허위가 있는 유형위조는 공문서·사문서 모두 문서위조죄로 처벌한다. 그러나 내용이 허위인 무형위조는 허위공문서작성죄·허위진단서작성죄·사전자기록위작·변작죄, 공정증서원본부실기재죄를 처벌한다.

5 복사본의 개념

원칙상 명의인의 원본이어야 하지만, **전자복사기를 사용하여 복사 문서의 사본 등도 객체로서의 문서로 이해한다.** (제203조의2)

복사한 사본	등본, 사본, 초본은 인증이 없는 한 문서로 보지 않는 것이 원칙이지만, 전자복사기 등으로 복사한 사본에 대해서 문서위조 및 행사죄의 객체인 문서라고 규정하고 있다. (제237조의2)
복본	음식점의 메뉴판, 가정에 배달된 상품구입안내서 등처럼 명의인이 일정 증명을 위해 작성해 둔 여러 통의 문서도 문서로 본다. 복본 중 가장 대표적인 것은 어음이다.

■ 개념 비교

원본	작성자가 처음 작성한 그 자체 문서
사본	위 원본을 그대로 복사기로 복사한 문서
등본	사본을 작성한 자가 그 사본에 등본임을 증명한 것을 말하며, 법률규정에 따라 원본과 동일한 효력을 부여되는 경우가 많다. 즉 사본에 원본과 동일한 법률상 효력을 부여한 문서라고 볼 수 있다.
인증등본	공증권한이 있는 공무원이 원본과 동일하다고 공증을 한 등본이다. 예컨대, 주민등록 등본이 가장 대표적이다.
초본	원본의 일부분만을 복사한 문서를 말한다. 예컨대, 주민등록 초본이 대표적이다.
정본	공증권한을 갖는 공무원이 특히 '정본'이라고 표시한 등본을 말하며, 원본과 동일한 법률상 효력을 가진다. 예컨대, 판결 정본이 대표적이다.
부본	송달하기 위해서 작성한 등본을 말하며, 역시 원본과 동일한 효력을 가진다. 예컨대, 공소장 부본이 대표적임. 현실적으로 인증등본, 정본, 부본은 큰 차이가 없다.

6 도화

① 도화(圖畵)란 문자가 아니라 상형적 부호로 작성된 관념이나 의사의 표시물로서, 예를 들어, 지적도, 실황조사서의 현장도 등이다. 다만, 증명기능이 없는 순수한 회화작품은 문서죄의 객체인 도화가 아니다.

② 보통 문서에 관한 위조 및 변조죄에서 위의 문서와 도화를 보호객체로 삼고 있다.

관련판례

중국산 가짜 담배를 밀수입하여 판매하면서 그 담뱃갑을 위조한 경우 담뱃갑은 문서 등 위조의 대상인 도화에 해당한다. (대법원 2010도2705)

7 문서의 관한 죄의 객체로서의 문서 여부

문서죄의 객체인 문서	문서죄의 객체인 문서가 아닌 것
• 계약서, 가계약서, 영수증, 차용증 • 이력서, 추천서, 보증서 • 신분증명서, 주민등록표, 여권 • 복사한 문서의 **사본** • **생략문서**(입장권, 시중은행 **접수일부인의** 날인, 은행출금표 등) • **상품에 찍힌 제조일자**, 유통기간표시, 가격표시 • 교통사고 실황조사서 • 십지지문대조표	• **지문**, 족적, 혈흔 • 제품의 일련번호, 번호표 • **자동차 주행기록**, 택시요금 기록미터기 • 예술작품의 서명·낙관 • 소설 등 문학작품 • 완성본이 아닌 초안 등 • 비디오테이프, 동영상, 녹음파일 • 컴퓨터에 입력된 전자기록(한글파일문서도 출력하기 전에는 문서가 아니라고 봄. = 특히 이미지파일, 스캔한 이미지파일) • 명함

8 공문서와 사문서 구별

(1) 공문서

① 작성명의인을 기준으로 구분한다. 즉, 우리나라 공무원이나 공무소가 직무상으로 작성한 문서는 공문서, 그 외의 개인들이 작성한 문서는 사문서이다.

② 물론 공무원이라도 행정기관 명의가 아니라 개인 자격의 자기명의로 개인적인 이유로 작성한 것은 사문서이다.

③ 또한 **우리나라 공무원이 작성한 것만 공문서이지, 외국 공무원이 작성한 공문서는 우리나라의 공문서가 아니므로 사문서로 이해한다.**

④ 이에 비해, 개인들이 공무소 등에 제출하려고(공적 사무의 신청을 위해) 작성한 문서라도 공문서가 아니라 사문시이다. 그리고 사문서는 증명성과 보증성을 가지는 것을 말하는 것이므로 그렇지 않은 경우는 아무리 개인이 작성한 것이라도 사문서로 볼 수 없다. 즉 사적인 편지, 사적인 일기 등은 원칙상 사문서가 아니다.

공문서 해당하는 경우	공문서 해당하지 않는 경우
• 공무원이 작성한 증명문구에 의해 증명되는 개인작성 부분 • 공사 발주 관서장을 대리하여 현장 주재 공사감독관이 작성한 공사감독일지 • 공증인가 합동법률사무소 작성의 사서증서 • 국립경찰병원장 명의의 진단서 • 등기부등본, 가옥대장, 전출증명서 • 국립대학교 학생증이나 졸업장 • 교육부장관 명의의 학위등록증 • 공무원이 그 직무에 관하여 사문서 사본에 '원본대조필'이라고 기재하고 도장을 날인하였다면 그 기재 자체 (대법원 80도3180) • 한국조폐공사 사장 명의의 문서 (대법원 85도540) • 십지지문 지문대조표 (대법원 2000도2393) = 자서란에 피의자로 하여금 스스로 성명 등의 인적사항을 기재하도록 하고 있다 하더라도 이를 사문서로 볼 수는 없다. • 도립대학 교수가 특성화사업단장의 지위에서 납품검사와 관련하여 작성한 납품검수조서 및 물품검수내역서 (대법원 2007도4785) • 외부 전문기관이 작성·보고하고 지방자치단체의 장 또는 계약담당자가 결재·승인한 '검사조서' (대법원 2010도875) • **금융감독원장 명의**의 '금융감독원 대출정보내역'이라는 사실증명에 관한 사문서 1장을 위조한 경우 이 문서 (대법원 2020도14666)	• 공무원이 공무가 아닌 개인 자격으로 작성한 문서(사적인 계약서, 사직서, 신원보증서 등) • **공립학교 학장장(공무원) 작성부분과 교원작성 부분으로 구성된 교원실태카드에서 학교장 의견란은 공문서이지만, 교원작성의 전출입 희망근무지 부분은 사문서일 뿐임** (= 사적인 의견서이기 때문)(대법원 91도1733) • **외국 공무원이나 공무소에서 작성한 문서**(한국 주재 외국 대사관에서 발급한 문서 등) • 지방세 수납업무를 일부 관장하는 **시중 은행의 세금 납부 영수증** (대법원 95도3073) • **식당의 주·부식 구입 업무를 담당하는 공무원이 계약 등에 의하여 공무소의 주 부식 구입 검수 업무 등을 담당하는 조리장 영양사 등의 명의를 위조하여 검수결과보고서** (대법원 2007도6987) • 공증인이 인증한 사서증서의 기재내용 • **인감증명서의 사용용도란 부분(부동산 매도용 이외)** • 사립대학교 학생증이나 졸업장 • 선박안전기술공단이 해양수산부장관을 대행하여 이사장 명의로 발급하는 선박검사증서 (대법원 2015도9133) = 선박검사증서 발급 업무를 수행하는 공단 임직원을 공문서의 작성 주체인 '공무원'으로 볼 수 없다. • 화물자동차운송사업협회의 사장이 작성한 대폐차수리통보서 (대법원 2015도15842) = 화물자동차운송사업협회의 임원과 직원이 구 화물자동차 운수사업법령에 따라 국토해양부장관에게서 업무를 위탁받았더라도 공문서위조죄나 허위공문서작성죄의 주체인 공무원이 될 수 없다. • 환경공단임직원 작성문서(대법원 2016도19170)

> **참고   공문서와 공정증서원본**
> • 공정증서 원본이란 공문서로서 공적인 증명 기능을 그 기본 기능으로 하는 문서이다. 예를 들어, 부동산등기부, 법인등기부, 상업등기부, 자동차등록원부 같은 것으로, 대체로 사적인 거래관계에서 명의자나 소유권자를 증명해주는 기능을 하는 편이다.
> • 이 점에서는 공정증서 원본은 모두 공문서에 해당하지만, 모든 공문서가 공정증서 원본은 아니라는 점에 유의해야 한다. 예컨대, 경찰이 작성하는 피의자신문조서나 참고인진술조서, 공무원이 작성하는 예산집행 결재서류 등은 모두 공문서이지만 명의자나 소유권자를 증명해주는 기능을 한다고 볼 수 없으므로 공정증서원본은 아니다.

(2) 사문서

사문서란 사인명의로 작성한 문서를 말한다. 사인에는 자연인 이외에 법인을 포함하고 내·외국인을 불문한다.
◎ 이력서, 계약서, 차용증서, 유언장

> **관련판례** **사문서 해당**

① 공무원 개인 채무부담의 의견표시인 문서는 다른 사정이 없는한 경험칙이나 논리칙상 공적 문서로 볼 수 없다. (대법원 83도2392)
② 지방세의 수납업무를 일부 관장하는 시중은행의 직원이나 은행이 형법 제225조 소정의 공무원 또는 공무소가 되는 것은 아니고 세금수납영수증도 공문서에 해당하지 않는다. (대법원 95도3073)
③ 외국에서 발행되어 유효기간이 경과한 국제운전면허증에 첨부된 사진을 바꾸어 붙인 행위와 문서위조죄가 성립된다. (대법원 98도164)

> **관련판례** **문서의 개념**

① 졸업증명서 또는 수료증 성적증명서의 기재내용에 졸업자, 수료자의 성명과 생년월일의 기재가 누락되어 있을 뿐이고 그 문서작성자의 성명과 날인은 물론 그 내용에 있어서도 진정한 졸업증명서, 수료증과 같은 경우에는 이를 문서위조죄에 있어서의 문서라고 할 수 있다. (대법원 62도113)
② 피고인이 근무하던 증권회사에서는 위탁자의 서명이 있으면 날인이 누락된 위탁자 출금청구서라 하여도 출금이 가능하였으므로 권한없이 위탁자 본인의 의사에 의한 것처럼 가장하여 위탁자의 서명만 있고 날인이 없는 위탁자 출금청구서를 작성, 행사한 피고인의 소위를 사문서위조 동행사죄로 의율 처단하였음은 정당하다. (대법원 81도3176)
③ 사문서의 작성명의자의 인장이 압날되지 아니하고 주민등록번호가 기재되지 않았더라도, 일반인으로 하여금 그 작성명의자가 진정하게 작성한 사문서로 믿기에 충분할 정도의 형식과 외관을 갖추었으면 사문서위조죄 및 동행사죄의 객체가 되는 사문서라고 보아야 한다. (대법원 88도2209)
④ 명의인이 실재하지 않는 **허무인이거나 또는 문서의 작성일자 전에 이미 사망하였다고 하더라도** 그러한 문서 역시 공공의 신용을 해할 위험성이 있으므로 공문서와 사문서를 가리지 아니하고 **문서위조죄가 성립한다**고 봄이 상당하며 이러한 법리는 법률적, 사회적으로 자연인과 같이 활동 하는 법인 또는 단체에도 그대로 적용된다. (대법원 2003도4943)
⑤ 장기간의 분쟁을 종결짓는 상황에서 '합의서'라는 제목 아래 합의의 구체적인 내용을 특정하여 기재한 다음 그에 대한 상인들의 찬반 의사를 표시함으로써 분쟁이 재발 될 경우 입증자료로 사용하기 위하여 작성된 최초 합의서 및 서명날인부 각 원본과 사본은 모두 형법상 문서에 관한 죄에서 있어서의 문서에 해당함은 명백하고, 같은 성격의 수정 합의서와 서명날인부 사본도 마찬가지이다. (대법원 2004도788)

> **관련판례** **파일이 문제된 경우**

① 사귀고 있는 남자에게 자신의 이름과 나이를 속이는 용도로 사용할 목적(길자를 미애로)으로 주민등록증의 이름·주민등록번호란(64년을 71년으로)에 글자를 오려붙인 후 이를 **컴퓨터 스캔 장치를 이용하여 이미지 파일**로 만들어 컴퓨터 모니터 화면에 이미지가 나타나도록 하는 한편 타인에게 그 이미지가 저장되어 있는 파일을 이메일로 전송한 행위는 공문서위조 및 위조공문서행사죄를 구성하지 않는다. (대법원 2007도7480)
② 휴대전화 신규 가입신청서를 위조한 후 이를 **스캔한 이미지 파일을 제3자에게 이메일로 전송**한 사안에서, 이미지 파일 자체는 문서에 관한 죄의 **'문서'에 해당하지 않으나**, 이를 전송하여 컴퓨터 화면상으로 보게 한 행위는 이미 위조한 가입신청서를 행사한 것에 해당하므로 **위조사문서행사죄가 성립한다**. (대법원 2008도5200)
③ 국립대학교 교무처장 명의의 **'졸업증명서 파일'을 위조**한 경우, 위 파일은 형법상의 문서에 해당하지 아니하므로, 문서위조죄가 성립하지 아니한다. (대법원 2010도6068) = 컴퓨터 모니터 화면에 나타나는 이미지는 이미지 파일을 보기 위한 프로그램을 실행할 경우에 그때마다 전자적 반응을 일으켜 화면에 나타나는 것에 지나지 않아서 계속적으로 화면에 고정된 것으로는 볼 수 없으므로, 형법상 문서에 관한 죄에 있어서의 **문서에는 해당되지 않는다.**

④ 甲이 운영하는 A회사 사무실에서 행사할 목적으로 권한 없이 임대인 乙과 甲이 작성한 사무실전세계약서 원본을 **스캐너로 복사하여 컴퓨터 화면에 띄운 후** 포토샵을 이용하여 보증금액 "일천만 원, 10,000,000원"을 지워 보증금액을 공란으로 만든 후 그 자리에서 사무실전세계약서를 **프린터로 출력하고**, 검정색 볼펜으로 보증금액 공란에 "삼천만 원, 30,000,000원"으로 기재하여 丙에게 출력한 사무실전세계약서를 팩스로 송부한 것에 불과하다면 변조사문서행사죄가 성립한다. (대법원 2011도10468) = 이미지를 변조하여 행사한 행위가 아니라 프린터로 출력한 문서인 전세계약서를 변조하고 행사한 행위이다. 따라서 사문서변조 및 동행사죄가 성립한다.

> **참고**
> - 문서위조죄가 성립하기 위해서는 공문서와 달리 사문서는 작성명의인이 실재해야 한다.(×)
> - 자연인 아닌 법인 또는 단체 명의의 문서에 있어서 그 문서 작성자로 표시된 사람의 실존여부는 위조죄의 성립에 영향이 없다.(○)

II 사문서 등의 위조죄 · 변조죄

형법

제231조【사문서등의 위조 · 변조】 행사할 목적으로 권리 · 의무 또는 사실증명에 관한 타인의 문서 또는 도화를 위조 또는 변조한 자는 5년 이하의 징역 또는 1천만원 이하의 벌금에 처한다.

제235조【미수범】 제225조 내지 제234조의 미수범은 처벌한다.

1 의의 및 성격

행사할 목적으로 권리 · 의무 또는 사실증명에 관한 타인의 문서 또는 도화를 위조 또는 변조함으로써 성립하는 범죄이다.

2 객관적 구성요건

(1) 행위의 주체

① 작성권한을 가진 명의자가 아닌 사람이다. 작성권한을 가진 명의자가 서명을 하는 경우에는 사문서위조나 변조라고 하지 아니한다.

② 물론 작성권한 명의자가 아닌 사람이라도 작성권한 명의자가 그에게 서명 등 작성권한을 위임한 경우에는 위조나 변조라고 하지 아니한다.

(2) 행위의 객체

① 권리 · 의무관계(법률관계 = 민사거래관계) 또는 사실증명에 대한 타인의 문서 또는 타인의 도화이다. 따라서 권리 · 의무관계나 사실증명과 관련이 없는 문서나 도화, 예컨대 타인의 소설책, 교과서, 노트, 그림책 등은 아무리 위조 · 변조하더라도 문서손괴죄는 될 수 있어도 문서 위조 · 변조죄가 되지 않는다.

- **권리 의무에 관한 문서 또는 도화:** 매매계약서, 위임장, 신고서, 여권, 주민등록발급신청서, 등기신청서류 등
- **사실증명에 관한 문서 또는 도화:** 신분증, 성적증명서, 이력서, 추천서

> **관련판례** 사문서 객체 부정

① **십지지문 지문대조표**는 수사기관이 피의자의 신원을 특정하고 지문대조조회를 하기 위하여 직무상 작성하는 서류로서 비록 자서란에 피의자로 하여금 스스로 성명 등의 인적 사항을 기재하도록 하고 있다 하더라도 이를 **사문서로 볼 수는 없다.** (대법원 2000도2393) = 공문서에 해당한다.
② 피고인이 허무인 명의로 작성한 이 사건 **서명부 21장**은 주된 취지가 특정 대통령후보자에 대한 정치적인 지지 의사를 집단적 형태로 표현하고자 한 것일 뿐, **실체법 또는 절차법에서 정한 구체적인 권리·의무에 관한 문서 내지 거래상 중요한 사실을 증명하는 문서에 해당한다고 보기 어렵다.** (대법원 2023도1178)

(3) 위조

1) 의의

① 위조란 작성권한 없는 자가 타인명의를 모용(사칭, 도용)하여 문서를 작성하는 행위(유형위조)를 말한다. 따라서 문서의 작성명의자가 자기명의의 문서에 내용을 허위로 작성한 것은 위조가 아니다.
② 자기 명의의 문서를 변경하는 것은 변조죄가 아니라 문서손괴죄가 될 뿐이다.

> **참고**
> 자기명의의 문서라 할지라도 이미 타인(타기관)에 접수되어 있는 문서에 대하여 함부로 이를 무효화시켜 그 용도에 사용하지 못하게 한 경우에는, 문서위조는 아니고 형법상의 문서손괴죄가 성립할 수 있다. (대법원 87도177) = 타인이 소유한 자기 명의 사문서를 권한 없이 변경한 경우이므로 문서손괴죄이다.

2) 작성권한 없는 자

① **문서의 작성권한 명의자로부터 승낙을 받은 경우, 위임을 받은 경우는 원칙적으로 위조가 아니다.** 따라서 매수인으로부터 매도인과의 토지매매계약체결에 관하여 **포괄적 권한을 위임받은 자**는 위임자 명의로 토지매매계약서를 작성할 **적법한 권한이 있으므로 그가 허위문서를 작성하더라도 사문서위조죄가 성립하지 아니한다.** (대법원 84도1146)
② 그리고 법인의 대표이사(대리권, 대표권이 있는 경우)는 주주총회 등으로부터 포괄적으로 권한을 위임을받은 경우에 해당하므로 그가 위임받은 권한의 범위 내에서 이를 남용하여 문서를 작성한 것에 불과하다면 사문서위조죄가 성립하지 아니한다. (대법원 2006도1545) 권한을 남용하여 문서를 작성하는 바람에 본인에게 손해를 끼쳤다면 배임죄가 성립할 수 있을 뿐이다.
③ 다만, 이와 같이 **권한을 위임받은 경우(대리권·대표권이 있는 경우)라도 위임받은 권한을 초월하여 문서를 작성한 경우는 사문서위조죄가 성립한다.** (대법원 2006도1545)
④ 그런데 주식회사의 적법한 대표이사라 하더라도 그 권한을 포괄적으로 위임하여 다른 사람으로 하여금 대표이사의 업무를 처리하게 하는 것은 허용되지 않는다. 따라서 대표이사로부터 포괄적으로 권한 행사를 위임받은 타인이 해당 주식회사 명의로 문서를 작성하는 행위는 원칙적으로 권한 없는 사람의 문서 작성행위로서 자격모용사문서작성 또는 위조에 해당하고, 대표이사로부터 개별적·구체적으로 주식회사 명의의 문서 작성에 관하여 위임 또는 승낙을 받은 경우에만 예외적으로 적법하게 주식회사 명의로 문서를 작성할 수 있다. (대법원 2006도2016)
⑤ 그리고 **사문서위조**나 공정증서원본불실기재죄가 **성립한 후, 피해자의 사후적인 동의 또는 추인 등의 사정으로 문서에 기재된 대로 효과의 승인을 받거나,** 등기가 실체적 권리관계에 부합하게 되었다 하더라도, **이미 성립한 범죄에는 아무런 영향이 없다. 즉, 사후승낙이 인정되지 않는 것이 원칙이다.** (대법원 2001도3959, 2007도2714)

3) 타인 명의 모용하여 문서 작성

① 새로운 문서작성
전자복사기로 복사한 문서의 사본도 문서위조죄 및 동 행사죄의 객체인 문서에 해당하고, 위조된 문서원본을 단순히 전자복사기로 복사하여 그 사본을 만드는 행위도 공공의 신용을 해할 우려가 있는 별개의 문서 사본을 창출하는 행위로서 문서위조행위에 해당한다. (대법원 96도785)

② 중요부분의 변경
기존의 진정문서의 중요부분을 변경(성명이나 사진의 변경)하여 변경전 문서와 별개의 문서를 작성하는 경우이다. 무효문서를 가공하거나 미완성문서를 완성해도 위조가 된다. (대법원 80도2126, 87도399)

③ 간접정범에 의한 위조
문서의 작성에는 작성자가 자필로 작성할 필요는 없고, **명의인을 기망하여 명의인으로 하여금 진의에 반하는 문서를 작성하게 하는 경우** 서명날인이 정당히 성립된 경우에도 기망자는 명의인을 이용하여 서명날인자 의사에 반하는 문서를 작성하게 하는 것이므로, **간접정범에 의한 사문서위조죄도 가능하다.** (대법원 2000도778)

(4) 변조

1) 권한 없는 자
변조란 작성권한이 없는 자(명의자가 아닌 자)가 이미 진정하게 성립한 타인 명의 문서를 그 내용의 동일성을 해하지 않는 범위 안에서(비본질적인 부분을) 변경하는 것이다. 만일 <u>본질적(중요한) 부분의 변경(동일성을 넘는 수준의 변경)이라면, 새로운 증명력을 가지는 별개의 문서를 창출한 것으로 이해하여, 변조죄가 아니라 위조죄로 본다.</u> (대법원 2004도5183)

2) 변조의 객체
이미 진정하게 성립한 진정문서를 대상으로 하는 것이고, 부진정문서, 위조문서, 허위문서는 변조의 대상이 되지 않는다.

3) 승낙
명의인의 명시적·묵시적 승낙이 있다면 변조죄가 성립하지 않는다. 그러나 <u>변조 당시 명의인의 명시적·묵시적 승낙 없이 한 것이면 변조된 문서가 명의인에게 유리하여 결과적으로 그 의사에 합치한다 하더라도 사문서변조죄의 구성요건을 충족한다.</u> (대법원 84도2422)

> **관련판례** 사문서의 외관(형식)
>
> ① 문서위조죄의 문서 작성 정도는 명의자가 권한 내에서 작성한 문서로 볼 수 있을 정도의 형식과 외관을 갖추어 <u>일반인이 명의자의 진정한 사문서로 오신(오해하고 믿음)하기에 충분한 정도이면 족하다.</u> 반드시 그 작성명의자의 서명이나 날인이 있어야 하는 것은 아니다. (대법원 2010도8361)
> ② 사문서의 작성명의자의 <u>인장이 압날되지 아니하고 주민등록번호의 기재가 없더라도</u> 일반인으로 하여금 작성명의자가 진정하게 작성한 사문서로 믿기에 충분할 정도의 형식과 외관을 갖추었으면 사문서위조죄의 객체가 된다고 보아야 한다. (대법원 88도2209)
> ③ 반드시 작성명의인이 실재해야 하는 것이 아니라, <u>허무인이나 사자(死者)에 대한 사문서위조죄 및 동행사죄도 성립한다.</u> 즉 문서위조죄가 성립하기 위해서 사문서이든 공문서이든 작성명의인이 실재해야 할 필요는 없다. (대법원 2002도18)
> ④ <u>자연인 아닌 법인 또는 단체 명의의 문서에 있어서 그 문서 작성자로 표시된 사람의 실존여부는 위조죄의 성립에 영향이 없다.</u> (대법원 2003도4943)

관련판례 사문서 위조죄 인정

① 작성명의자인 위 공소외인이 그 내용을 오신하고 있는 것을 이용하여 그 날인을 받음으로써 작성명의자의 의사와 다른 내용의 문서를 작성한 경우 사문서위조죄에 해당한다. (대법원 70도1759)

② 자연인 아닌 법인 또는 단체명의의 문서에 있어서는 요건이 구비된 이상 그 문서작성자로 표시된 사람의 실존여부는 위조죄의 성립에 아무런 소장이 없다. (대법원 73도2296)

③ **신용장에 날인된 시중은행의 접수일부인은** 사실증명에 관한 사문서에 해당되므로 위탁된 권한을 넘어서 신용장에 허위의 접수인을 날인한 것은 사문서위조죄에 해당한다. (대법원 77도1879)

④ 甲이 권리의무에 관한 사문서인 乙 명의의 신탁증서 1통을 작성한 후 **마치 다른 내용의 문서인 것처럼 乙에게 제시하여 날인을 받고, 이를 법원에 증거로 제출한 경우**, 사문서위조죄 및 동행사죄에 해당한다. (대법원 83도1036)

⑤ 피고인이 **일방적으로 혼인신고서를 작성하여 혼인신고**를 한 소위는 설사 혼인신고서 용지에 피해자 도장이 미리 찍혀 있었다 하더라도 사문서 위조 기타 관계법조의 범죄에 해당한다 할 것이다. (대법원 87도399)

⑥ 위조된 부동산매매계약서를 소유권이전등기청구소송의 소장에 사본하여 첨부하도록 교부한 경우 위조사문서행사죄가 성립한다. (대법원 87도2709)

⑦ 작성명의자의 날인이 정당하게 성립된 사문서라고 하더라도 내용을 기재할 정당한 권한이 없는 자가 내용을 기재하거나 또는 권한을 위임받은 자가 권한을 초과하여 내용을 기재함으로써 날인자의 의사에 반하는 사문서를 작성한 경우에는 사문서위조죄가 성립한다. (대법원 92도2047)

⑧ 작성명의자의 승낙이나 위임이 없이 그 명의를 모용하여 문중규약의 존재와 내용 등을 확인하는 문서를 작성하였다면 이는 사문서위조죄를 구성한다. (대법원 94도1858)

⑨ 문서를 작성할 **권한을 위임받지 아니한 문서기안자가 작성권한을 가진 사람의 결재를 받은 바 없이 권한을 초과하여 문서를 작성**하였다면 사문서위조죄가 된다. (대법원 96도2234)

⑩ 위임인 명의의 **백지문서에 위임의 취지에 반하여 백지를 보충**하는 것은 위조에 해당한다. (대법원 96도3191) = 위임범위를 초월하거나 위임의 본지에 반하여 문서를 작성한 경우, 위조가 된다.

⑪ 외국에서 발행되어 유효기간이 경과한 **타인의 국제운전면허증에 붙어있던 타인의 사진을 떼어내고** 그 자리에 자신의 사진을 붙인 후 이를 소지하고 우리나라 도로에서 운전을 한 경우, 공문서위조 및 동행사죄가 아니라 사문서위조 및 동행사죄에 해당한다. (대법원 98도164, 98감도12)

⑫ 사문서위조죄나 공정증서원본부실기재죄가 성립한 후, 사후에 피해자의 동의 또는 추인 등의 사정으로 문서에 기재된 대로 효과의 승인을 받거나, 등기가 실체적 권리관계에 부합하게 되었다 하더라도, 이미 성립한 범죄에는 아무런 영향이 없다. (대법원 99도202)

⑬ 명의인을 기망하여 문서를 작성하게 하는 경우는 서명 · 날인이 정당히 성립된 경우에도 **기망자는 명의인을 이용하여 서명 · 날인자의 의사에 반하는 문서를 작성**하게 하는 것이므로 사문서위조죄가 성립한다. (대법원 2000도778) = 피고인이 문서명의인인 문중원들을 기망하여 정기문중총회 회의록을 작성하였다면, 비록 문중원들의 서명, 날인이 정당하게 성립된 경우라 하더라도 사문서위조죄가 성립한다.

⑭ 타인 명의의 문서를 위조하여 행사한 경우, 그 명의인이 실재하지 않는 허무인이거나 또는 문서의 작성일자 전에 이미 사망한 경우에도 사문서위조죄 및 동행사죄가 성립한다. (대법원 2002도18 전합) = 甲이 경력증명서 양식에 실재하지 않는 A한의원의 이름을 적고 임의로 만든 A한의원의 직인을 날인하여 작성한 경우 마치 명의인의 권한 내에서 작성된 문서라고 믿게 할 만한 형식과 외관의 경력증명서를 작성하였다면 사문서위조죄가 성립한다.

⑮ **진정한 문서의 사본을 전자복사기를 이용하여 복사하면서 일부 조작을 가하여 그 사본 내용과 전혀 다르게 만드는 행위**는 공공의 신용을 해할 우려가 있는 별개의 문서사본을 창출하는 행위로서 문서변조가 아니라 문서위조행위에 해당한다. (대법원 2004도5183)

⑯ 주취운전자적발보고서, 주취운전자정황진술보고서의 운전자란에 타인의 성명을 기재하여 경찰관에게 제출한 경우, 사문서위조 및 동 행사죄에 해당한다. (대법원 2004도6483)

⑰ 피고인이 명의인인 회사대표이사로부터 문서작성권한의 위임을 받은 경우에, 그 위임받은 권한을 초월하여 사문서를 작성하였다면, 사문서위조죄가 성립한다. (대법원 2006도1545) = 작성권한 명의자로부터 사문서 작성에 대하여

권한을 위임받았다면 사문서위조죄가 성립하지 않는 것이지만, 그 위임받은 권한을 초월하여 문서를 작성했다면 사문서위조죄가 성립한다. 다만, 위임받은 권한 범위 내에서 남용하여 문서를 작성한 것에 불과하다면 사문서위조죄가 성립하지 아니한다.

⑱ 법무사가 타인의 권리의무에 중대한 영향을 미칠 수 있는 문서를 작성함에 있어 이 규정에 위반하여 문서명의자 본인의 동의나 승낙이 있었는지에 대한 아무런 확인절차를 거치지 아니하고 오히려 명의자 본인의 동의나 승낙이 없음을 알면서도 권한 없이 문서를 작성한 경우에는 사문서위조 및 동행사죄의 고의를 인정할 수 있다. (대법원 2007도9987)

⑲ **작가협회 회원이 타인의 명의를 도용하여** 협회 교육원장을 비방하는 내용의 **호소문을 작성**한 후 이를 협회 회원들에게 우편으로 송달한 경우, 사문서위조죄와 명예훼손죄가 각 성립한다. (대법원 2008도8527)

⑳ 실제의 본명 대신 가명이나 위명을 사용하여 사문서를 작성한 경우에 그 문서의 작성명의인과 실제 작성자 사이에 인격의 동일성이 그대로 유지되는 때에는 위조가 되지 않으나, 명의인과 작성자의 인격이 상이할 때에는 위조죄가 성립할 수 있다. (대법원 2010도1835)

㉑ **甲 교회 목사인 피고인이** 자신을 지지하는 일부 교인들과 甲 교회를 탈퇴함으로써 대표자의 지위를 상실하였으나, 그 후 甲 교회 명의로 甲 **교회 소유 부동산을 자신에게 매도하는 내용의 매매계약서를 작성**하고 이를 행사한 행위는 사문서위조죄 및 위조사문서행사죄에 해당한다. (대법원 2010도9725)

㉒ **변호사인 피고인이 대량의 저작권법 위반 형사고소** 사건을 수임하여 피고소인 30명을 각 형사고소하기 위해 20건 또는 10건의 고소장을 개별적으로 수사관서에 제출하면서 각 하나의 고소위임장에만 소속 변호사회에서 발급받은 진정한 **경유증표 원본을 첨부한 후 이를 일체로 하여 컬러복사기로 20장 또는 10장의 고소위임장을 각 복사한** 다음 고소위임장과 일체로 복사한 경유증표를 고소장에 첨부하여 접수한 경우 사문서위조죄 및 동행사죄에 해당한다. (대법원 2016도2081) = '문서의 원본인지 여부'가 중요한 거래에서 문서의 사본을 진정한 원본인 것처럼 행사할 목적으로 문서의 원본을 다른 조작을 가함이 없이 그대로 컬러복사기로 복사한 후 복사한 문서의 사본을 원본인 것처럼 행사한 행위는 사문서위조죄 및 동행사죄에 해당한다.

> **관련판례** **사문서 위조죄 부정**
>
> ① 대금수령에 관하여 포괄적 위임을 받은 자가 대금을 지급받는 방법으로 본인 명의의 차용증서를 작성해 준 경우에는 사문서위조죄가 성립하지 아니한다. (대법원 84도115)
>
> ② 매수인으로부터 매도인과의 토지매매계약체결에 관하여 **포괄적 권한을 위임받은 자는** 위임자 명의로 토지매매계약서를 작성할 **적법한 권한이 있다 할 것이므로** 매수인으로부터 그 권한을 위임받은 피고인이 **실제 매수가격 보다 높은 가격을 매매대금으로 기재하여 매수인 명의의 매매계약서를 작성하였다 하여도** 그것은 작성권한 있는 자가 **허위내용의 문서를 작성한 것일 뿐 사문서위조죄가 성립될 수는 없다.** (대법원 84도1146) = 동시에 사문서에서는 내용을 허위로 기재하는 방식(무형위조)은 처벌규정이 없다.
>
> ③ 연대보증인이 될 것을 허락한 자의 인감도장과 인감증명서를 교부받아 직접 차주로 하는 차용금 증서를 작성한 경우, 허락한 것으로 보아야 하므로 권한 범위 안에서 적법하게 작성된 것으로 보아야 한다. (대법원 84도1566)
>
> ④ 피고인이 이사들의 참석 및 의결권 행사에 관한 권한을 위임받은 상태에서 그 이사들이 이사회에 불참했음에도 마치 참석하여 의결권을 행사한 것처럼 이사회 회의록을 작성한 경우, 사문서위조죄가 성립하지 아니한다. (대법원 85도1732) = **사문서의 무형위조에 해당하여 벌하지 아니한다.**
>
> ⑤ 전세계약서를 작성함에 있어 그 **명의자의 명시적이거나 묵시적인 승낙이 있은 것이라면** 이는 사문서위조에 해당한다 할 수 없다. (대법원 87도2256)
>
> ⑥ 사문서위조죄는 그 명의자가 진정으로 작성한 문서로 볼 수 있을 정도의 **형식과 외관을 갖추어 일반인이 명의자의 진정한 사문서로 오신하기에 충분한 정도**이면 성립하는 것이고, **반드시 그 작성명의자의 서명이나 날인이 있어야 하는 것은 아니다**, 일반인이 명의자의 진정한 사문서로 오신하기에 충분한 정도인지 여부는 그 문서의 형식과 외관은 물론 그 문서의 작성경위, 종류, 내용 및 일반거래에 있어서 그 문서가 가지는 기능 등 여러 가지 사정을 종합적으로 고려하여 판단하여야 한다. **작성명의자의 승낙이나 위임이 없이 그 명의를 모용하여** 토지사용에 관한 책임각서 등을

작성하면서 작성명의자의 서명이나 날인은 하지 않고 **다만 피고인이 자신의 이름으로 보증인란에 서명·날인한 경우**, 사문서위조죄가 성립되기 어렵다. (대법원 95도2221)

⑦ A주식회사의 대표이사 甲은 실질적 운영자인 1인 주주 B의 구체적인 위임이나 승낙 없이 이미 퇴임한 전 대표이사 C를 대표이사로 표시하여 A회사 명의의 문서를 작성한 경우 사문서위조죄가 성립하지 아니한다. (대법원 2006도9194) = 적법한 대표이사는 회사 영업에 대해서 모든 행위를 할 권한이 있으므로 대표이사가 직접 주식회사 명의 문서를 작성하는 행위는 자격모용사문서작성이나 위조가 아니다. 대표권을 남용하여 자기 또는 제3자의 이익을 도모할 목적으로 작성된 경우라도 마찬가지이다.

⑧ 문서 작성권한의 위임이 있는 경우라고 하더라도 그 위임을 받은 자가 그 위임받은 권한을 초월하여 문서를 작성한 경우는 사문서위조죄가 성립하고, **단지 위임받은 권한의 범위 내에서 이를 남용하여 문서를 작성한 것에 불과하다면** 사문서위조죄가 성립하지 아니한다고 할 것이다. (대법원 대판 2010도690)

⑨ 주식회사의 **지배인이 자신을 그 회사의 대표이사로 표시하여 연대보증채무를 부담하는 취지의 회사 명의의 차용증을 작성·교부한 경우**, 그 문서에 일부 허위 내용이 포함되거나 위 연대보증행위가 회사의 이익에 반하는 것이더라도 사문서위조 및 위조사문서행사에 해당하지 않는다. (대법원 2010도1040) = 원래 주식회사의 지배인은 회사의 영업에 관하여 재판상 또는 재판 외의 모든 행위를 할 권한이 있으므로, 지배인이 직접 주식회사 명의 문서를 작성하는 행위는 위조나 자격모용사문서작성에 해당하지 않는 것이 원칙이고, 이는 그 문서의 내용이 진실에 반하는 허위이거나 권한을 남용하여 자기 또는 제3자의 이익을 도모할 목적으로 작성된 경우에도 마찬가지이다.

⑩ 피고인들이 甲 등과 공모하여, 부동산등기법 제49조 제3항, 제2항에서 정한 확인서면의 등기의무자란에 등기의무자 乙 대신 甲이 **우무인을 날인하는 방법으로** 사문서인 乙 명의의 확인서면을 위조한 다음 법무사를 통해 이를 교부받았다고 기소된 사안에서, 위 확인서면은 법무사 명의의 문서이고, 작성명의인인 **법무사가 피고인들 등에게 속아 등기의무자를 乙로 하는 내용의 확인서면을 작성하였다고 하더라도**, 작성명의인이 문서를 작성한 이상, 이를 피고인들 등이 (사문서를) 위조하였다고는 볼 수 없다. (대법원 2010도11509)

⑪ 사자(死者) 명의의 문서를 위조한 경우는 사문서위조죄를 구성한다. 명의자의 명시적인 승낙이나 동의가 없다는 것을 알고 있으면서도 명의자가 문서작성 사실을 알았다면 승낙하였을 것이라고 기대하거나 예측한 것만으로는 그 승낙이 추정된다고 단정할 수 없다. (대법원 2011도6223) = 다만, 행위 당시 명의자의 **현실적인 승낙은 없었지만 행위 당시의 모든 객관적 사정을 종합**하여 명의자가 행위 당시 그 사실을 알았다면 **당연히 승낙했을 것이라고 추정되는** 경우 역시 사문서의 위·변조죄가 성립하지 않는다. (대법원 2007도9987)

⑫ 세금계산서는, 원심이 적절히 설시한 바와 같이, 부가가치세 과세사업자가 재화나 용역을 공급하는 때에 이를 공급받은 자에게 작성·교부하여야 하는 계산서이므로(부가가치세법 제16조 제1항), 그 작성권자는 **어디까지나 재화나 용역을 공급하는 공급자**라고 보아야 할 것이고, 공급받는 자의 상호, 성명, 주소는 필요적 기재사항이 아닌 임의적 기재사항에 불과하여 (부가가치세법 시행령 제53조 제1항) 공급받는 자의 상호, 성명, 주소가 기재되어 있지 않은 세금계산서라도 그 효력에는 영향이 없으며, 공급자가 세금계산서를 작성함에 있어 공급받은 자의 동의나 협조가 요구되지도 않는 점 등에 비추어 **세금계산서상의 공급받는 자는 그 문서 내용의 일부에 불과할 뿐 세금계산서의 작성명의인은 아니라 할 것**이니, **공급받는 자 란에 임의로 다른 사람을 기재**하였다 하여 그 사람에 대한 관계에서 사문서위조죄가 성립된다고 할 수 없다. (대법원 2007도169)

⑬ [1] 신탁자에게 아무런 부담이 지워지지 않은 채 재산이 수탁자에게 명의신탁된 경우에는 특별한 사정이 없는 한 재산의 처분 기타 권한행사에 관해서 수탁자가 자신의 명의사용을 포괄적으로 신탁자에게 허용하였다고 보아야 하므로, 신탁자가 수탁자 명의로 신탁재산의 처분에 필요한 서류를 작성할 때에 수탁자로부터 개별적인 승낙을 받지 않았더라도 사문서위조·동행사죄가 성립하지 않는다.

[2] 주식을 명의신탁한 피고인이 명의수탁자를 변경하기 위해 제3자에게 주식을 양도한 후 수탁자 명의의 증권거래세 과세표준신고서를 작성하여 관할세무서에 제출함으로써 과세표준신고서를 위조하고 이를 행사하였다는 공소사실로 기소된 사안에서, 수탁자 명의로 과세표준신고를 하는 행위는 공법행위라는 등의 이유로 사문서위조죄 및 위조사문서행사죄가 성립한다고 본 원심판단에 법리오해의 위법이 있다. (대법원 2021도17197) = 주식의 명의신탁자가 명의수탁자 명의로 과세표준신고서를 작성한 경우 위조 불성립

관련판례 사문서 변조가 문제된 경우

① 사문서에 2인 이상의 작성명의인이 있는 때에는 그 명의자 가운데 1인이 나머지 명의자와 합의 없이 행사할 목적으로 그 문서의 내용을 변경하였다면, 사문서변조죄에 해당한다. (대법원 77도1736)

② 공증인이 공증인법에 의하여 사서증서에 하는 인증은 사서증서에 나타난 서명이나 날인이 작성명의인에 의해 정당하게 성립하였음을 인증하는 것일 뿐 사서증서의 기재내용을 인증하는 것이 아니므로, 사서증서 인증서 중 인증기재부분은 공문서에 해당하지만 이같은 내용의 인증이 있었다고 하여 사서증서의 기재내용이 공문서인 인증기재부분의 내용을 구성하는 것은 아니다. 따라서 사서증서 기재내용의 일부 변조는 공문서변조죄가 아니라 사문서변조죄에 해당한다. (대법원 2003도2144) = 인증받은 사서증서(私署證書)의 기재내용을 일부 변조한 행위는 공문서변조죄가 아니라 사문서변조죄에 해당한다.

③ **진정한 문서의 사본을 전자복사기를 이용하여 복사하면서 일부 조작을 가하여 그 사본 내용과 전혀 다르게 만드는 행위**는 공공의 신용을 해할 우려가 있는 별개의 문서사본을 창출하는 행위로서 문서변조가 아니라 문서위조행위에 해당한다. (대법원 2004도5183) = 변조죄가 아니라 위조죄이다.

④ 피고인이 행사할 목적으로 권한 없이 甲 은행 발행의 피고인 명의 예금통장 기장내용 중 특정 일자 입금자 명의를 가리고 복사하여 통장 1매를 변조한 후 그 통장사본을 법원에 증거로 제출하여 행사한 경우 사문서변조 및 동행사죄의 고의가 없었다고 할 수 없다. (대법원 2010도14587)

⑤ 甲이 운영하는 A회사 사무실에서 행사할 목적으로 권한 없이 임대인 乙과 甲이 작성한 사무실전세계약서 원본을 **스캐너로 복사하여 컴퓨터 화면에 띄운 후** 포토샵을 이용하여 보증금액 "일천만 원, 10,000,000원"을 지워 보증금액을 공란으로 만든 후 그 자리에서 사무실전세계약서를 **프린터로 출력하고**, 검정색 볼펜으로 보증금액 공란에 "삼천만 원, 30,000,000원"으로 기재하여 丙에게 출력한 사무실전세계약서를 팩스로 송부한 것에 불과하더라도 변조사문서행사죄가 성립한다. (대법원 2011도10468) = 이미지를 변조하여 행사한 행위가 아니라 프린터로 출력한 문서인 전세계약서를 변조하고 행사한 행위이다. 따라서 사문서변조 및 동행사죄가 성립한다.

⑥ 사립학교 법인 이사가 이사회 회의록에 서명 대신 서명거부사유를 기재하고 그에 대한 서명을 한 경우, 이사회 회의록의 작성권한자인 이사장이라 하더라도 임의로 이를 삭제하면 특별한 사정이 없는 한 사문서변조에 해당한다. (대법원 2016도20954)

3 고의와 행사 목적

① 고의가 필요하며, 행사의 목적도 필요한 목적범이다.

② 행사란 해당 위조나 변조한 문서를 제출하거나 사용하는 것으로, 이런 행사 목적이 없다면 사문서위조죄나 사문서변조죄가 성립하지 않는다.

4 미수와 기수

① 자료의 단순 준비나 예행연습은 예비단계에 불과한데, 예비음모를 처벌하지 않기 때문에 무죄이다.

② 사문서위조죄의 실행착수시기는 적어도 의사내용이 확정적으로 표시된 때로 본다. 다만 추상적 위험범이므로 종료미수는 기수로 취급하고, 미종료미수만 미수로 이해한다.

③ 사문서위조죄의 기수 시기는 행위자가 주관적으로 속일 수 있을 만하다고 생각한 위조문서가 작출된 때, 다시 말해서 위조문서가 완성된 때로 볼 것이다. 추상적 위험범이므로 행위종료로 기수에 이르는 것이고 특정인에게 실해 발생이나 발생위험을 요하지 않는다.

④ 변조에서도 기존문서와 다른 증명력을 가진 문서로 일반인이 오신할 수 있는 상태에 이른 때를 기수 시점으로 이해한다.

5 죄수

1) 원칙

① **보호법익의 수를 기준으로 하는 것이 아니라, 문서 명의인의 수에 따라 죄수를 결정한다.** (대법원 87도564) 즉 1개 행위로 수인 명의의 사문서(2인 이상의 연명(連名)으로 된 사문서)를 위조한 경우, 상상적 경합으로 본다.

② 1통의 사문서에 위조와 변조가 동시에 이루어진 경우는 사문서위조죄의 포괄일죄로 본다.

③ 그리고 사문서를 위조한 자가 당해 사문서를 행사한 경우, 사문서위조죄와 위조사문서행사죄의 실체적 경합범으로 본다. (대법원 91도1722)

2) 사문서위조죄·사문서변조죄와 사기죄

① 명의인에게 문서내용을 오신시켜 명의인이 그 내용을 모르고 문서를 작성하게 한 경우에는 사문서위조죄의 간접정범이 성립한다.

② 명의인에게 문서내용을 진실한 것으로 오신시켜 명의인이 그 내용을 알고도 작성하게끔 만들고 이 문서를 행위자가 취득한 경우는 사기죄이지 문서위조죄가 아니다.

3) 사문서위조죄·사문서변조죄와 신용카드부정사용죄

신용카드를 부정사용하면서(대금결제를 위하여 가맹점에 절취한 신용카드를 제시하고) 매출전표를 위조하여 행사한 경우, 신용카드부정사용죄에 사문서위조죄나 사문서변조죄는 흡수되고 별죄로 성립하지 않는다. (대법원 92도77)

4) 사문서위조죄·사문서변조죄와 문서손괴죄

① 타인 명의의 문서를 위조·변조하는 것은 사문서위조죄나 사문서변조죄가 성립하는 것이고 문서손괴죄는 성립하지 않는다.

② 그런데 자기명의지만 타인소유의 문서내용을 임의로 변경하는 것은 문서손괴죄만 성립한다. 예컨대, 채무자 甲이 채권자 乙로부터 차용증을 잠시 반환받아 문서의 금액을 변경하는 경우, 사문서변조죄가 아니라 문서손괴죄만 성립한다. 왜냐하면 해당 차용증은 채무자 甲이 채권자 乙에게 작성해 준 자기 명의의 사문서인데 채권자 乙이 소유하게 된 것이므로, 자기명의 타인소유 문서이기 때문에 이를 임의변경하면 문서손괴죄일 뿐인 것이다.

5) 사문서위조죄·사문서변소죄와 인장위조죄

타인의 인장을 위조·사용하여 사문서를 위조한 경우, 문서위조죄에 인장위조죄는 흡수되어(법조경합), 문서위조죄만 성립한다.

III 자격모용에 의한 사문서작성죄

형법

제232조【자격모용에 의한 사문서의 작성】 행사할 목적으로 타인의 자격을 모용하여 권리·의무 또는 사실증명에 관한 문서 또는 도화를 작성한 자는 5년 이하의 징역 또는 1천만원 이하의 벌금에 처한다.

제235조【미수범】 제225조 내지 제234조의 미수범은 처벌한다.

1 의의

정당한 대리권 또는 대표권 없는 자가 마치 대리권이나 대표권이 있는 것처럼 가장하여 사문서를 작성함으로써 성립하는 범죄이다.

2 객관적 구성요건

(1) 실행행위

1) 타인의 자격모용

자격모용에 의한 사문서작성죄는 행사할 목적으로 타인의 자격을 모용하여 작성된 문서가 일반인으로 하여금 **당해 명의인의 권한 내에서 작성된 문서라고 믿게 할 수 있는 정도의 형식과 외관을 갖추고 있으면 성립하는 것이고**, 자격모용에 의한 사문서작성죄에서의 '타인'에는 **자연인 뿐만 아니라 법인, 법인격 없는 단체**를 비롯하여 거래관계에서의 독립한 사회적 지위를 갖고 활동하고 있는 존재로 취급될 수 있으면 여기에 해당한다. (대법원 2007도9606) 작성권한이 없는 자가 타인의 명의를 모용하는 것이 아니라 타인의 자격을 모용하여 자기 명의(이름)로 사문서 등을 작성하는 것이다. 만일 타인의 명의를 모용하는 것이라면 위조죄가 된다.

2) 작성

작성이란 본인의 의사에 반하는 문서를 현실적으로 작출하는 것을 말한다. 대표자나 대리인이 그 대표 또는 대리 명의로 문서를 작성할 권한을 가지는 경우, 그가 해당 권한(지위)을 단순히 남용하여 사문서를 작성하는 것은 비록 자기 또는 제3자의 이익을 도모할 목적으로 사문서를 작성한 경우라도, 자격모용 사문서작성죄가 아니고, 배임죄 성립 여부만 따질 뿐이다. (대법원 2007도5838)

(2) 객체

권리·의무 또는 사실증명에 관한 문서·도화이다.

3 주관적 구성요건

목적범으로 고의 이외에 행사할 목적이 있어야 한다.

> **관련판례**
>
> 자격모용에 의한 사문서작성죄는 행사할 목적으로 타인의 자격을 모용하여 권리·의무 또는 사실증명에 관한 문서를 작성함으로써 성립하는 것인바, 여기에서 '행사할 목적'이라 함은 그 문서가 정당한 권한에 기하여 작성된 것처럼 다른 사람으로 하여금 오신하도록 하게 할 목적을 말한다고 할 것이므로 사문서를 작성하는 자가 다른 사람의 대리인 또는 대표자로서의 자격을 모용하여 문서를 작성한다는 것을 인식, 용인하면서 그 문서를 진정한 문서로서 어떤 효용에 쓸 목적으로 사문서를 작성하였다면, 자격모용에 의한 사문서작성죄의 행사의 목적과 고의가 있는 것으로 보아야 할 것이다. (대법원 2006도2330)

관련판례 자격모용사문서작성죄 인정

① 공동주택건설사업을 추진하는 단체로부터 공사대행업자 선정권한을 위임받은 변호사인 피고인이 위 단체로부터 위임계약을 해지한다는 취지의 내용증명우편을 수령하고도 제3자와 위 단체 명의로 공동주택단지 개발사업 공동추진계약을 체결하면서 자신을 위 단체의 대리인으로 기재한 계약서를 작성한 사안에서, 피고인에 대한 자격모용사문서작성 및 동행사의 범죄사실을 유죄로 인정하였다. (대법원 2004도6404)

② 부동산 중개사무소를 대표하거나 대리할 권한이 없는 사람이 부동산매매계약서의 공인중개사란에 'OO부동산 대표 XXX(피고인 이름)'라고 기재한 사안에서 'OO부동산'이라는 표기는 단순 상호를 가리키는 것이 아니라 독립적 사회적 지위를 가지고 활동하는 존재로 취급할 수 있으므로 자격모용사문서작성죄의 '명의인'에 해당한다. (대법원 2007도9606) = 자격모용 사문서작성죄에서 타인에는 자연인뿐만 아니라, 법인, 법인격 없는 단체, 심지어 독립적 거래관계 지위를 가지는 존재까지 모두 포함된다.

③ 피고인이 갑 주식회사 소유의 오피스텔에 대한 분양대행 권한을 가지게 되었을 뿐 갑 회사의 동의 없이 오피스텔을 임대할 권한이 없는데도 임차인들과 임대차계약을 체결하면서 갑 회사가 분양사업을 위해 만든 을 회사 명의로 계약서를 작성·교부하였는데, 임대차계약서에는 임대인 성명이 '을 회사(피고인)'로 기재되어 대표자 또는 대리인의 자격 표시가 없고 또 피고인의 개인 도장이 찍혀있는 사안에서, 피고인의 행위가 자격모용사문서작성과 자격모용작성사문서행사에 해당된다. (대법원 2017도14560)

④ 사문서를 작성하는 자가 주식회사의 대표로서의 자격을 모용하여 문서를 작성한다는 것을 인식·용인하면서 그 문서를 진정한 문서로서 어떤 효용에 쓸 목적으로 사문서를 작성한 경우, 자격모용사문서작성죄의 행사의 목적과 고의를 인정할 수 있다. 이때 문서행사의 상대방이 자격모용 사실을 알았거나, 작성자가 그 문서에 모용한 자격과 무관한 직인을 날인하였다는 등의 사정이 있더라도 마찬가지이다. (대법원 2021도17712)

관련판례 자격모용사문서작성죄 부정

① 자격모용 사문서작성죄를 구성하는지 여부는 그 문서를 작성함에 있어 타인의 자격을 모용하였는지 아닌지의 형식에 의하여 결정하여야 하고, 그 문서의 내용이 진실한지 아닌지는 이에 아무런 영향을 미칠 수 없으므로, 타인의 대표자 또는 대리자가 그 대표 또는 대리명의로 문서를 **작성할 권한을 가지는 경우**에 그 지위를 남용하여 단순히 자기 또는 제3자의 이익을 도모할 목적으로 문서를 작성하였다 하더라도 자격모용 사문서작성죄는 성립하지 아니한다. (대법원 2007도5838)

② 사단법인의 이사장 선거에서 당선된 후 전임 이사장의 임기만료에 따라 이사장으로 취임한 피고인이 선거 결과를 둘러싼 민사소송에서 적법한 당선자라는 취지의 판결을 선고받아 확정된 사안에서, 피고인은 이미 위 법인의 이사장으로서의 권한을 가지고 있었다는 이유로 자격모용사문서작성죄가 성립하지 않는다. (대법원 2005도8875)

③ ⅰ) 이사회 결의 및 소집절차가 없었더라도 주주 전원이 임시주주총회에 참석하여 이의 없이 만장일치로 결의가 이루어졌다면 유효하다. ⅱ) 주주총회 의장의 선임에 관한 법령 및 정관의 규정을 준수하지 않고 대주주가 임시의장이 되어 임시주주총회 의사록을 작성한 사안에서, 해당 주주총회 결의가 유효함을 전제로 의장의 지위에 관한 자격모용사문서작성죄 및 동행사죄의 성립을 부정하였다. ⅲ) 대주주가 적법한 소집절차나 임시주주총회의 개최 없이 나머지 주주들의 의결권을 위임받아 자신이 임시의장이 되어 임시주주총회 의사록을 작성하여 법인등기를 마친 사안에서, 공정증서원본불실기재죄가 성립하지 않는다. (대법원 2008도1044)

④ ⅰ) 종중의 신임 대표자 등이 선임되고 전임 대표자에 대한 **직무집행정지가처분결정이 있은 후 위 가처분결정이 취소**된 경우, 위 선임결의가 무효라면 종전 임원이 위 **가처분결정 이전에 작성한 이사회 의사록은 '자격을 모용하여 작성한 문서'가 아니고, 이를 위 가처분결정 이후에 행사하였다고 하더라도** 자격모용작성사문서행사죄가 성립하지 않는다. ⅱ) 그러나 종중의 신임 대표자 등이 선임되고 전임 대표자에 대한 직무집행정지가처분결정이 있은 후 위 가처분결정이 취소된 경우, 신임 대표자 선임결의가 무효라 하더라도 전임 대표자가 위 가처분결정을 알면서 **가처분결정시부터 취소시 사이**에 대표자 자격으로 작성한 이사회 의사록 등은 **자격을 모용하여 작성한 문서**이다. (대법원 2005도4072)

IV 사전자기록 위작죄·변작죄

> **형법**
>
> **제232조의2 【사전자기록 위작·변작】** 사무처리를 그르치게 할 목적으로 권리·의무 또는 사실증명에 관한 타인의 전자기록 등 특수매체기록을 위작 또는 변작하는 자는 5년 이하의 징역 또는 1천만원 이하의 벌금에 처한다.
>
> **제235조 【미수범】** 제225조 내지 제234조의 미수범은 처벌한다.

1 의의

사무처리를 그르칠 목적으로 권리·의무 또는 사실증명에 관한 타인의 전자기록 등 특수매체기록을 위작 또는 변작함으로서 성립하는 범죄이다.

2 객관적 구성요건

(1) 객체

① 권리·의무관계(법률관계 = 거래관계) 또는 사실증명에 관한 타인의 전자기록 등 특수매체기록을 말한다. 예컨대, 전산화된 은행예금원장파일과 같이 계약서 등에 상응하는 전자기록 또는 상품대장파일과 같이 장부나 증명서에 상응하는 전자기록을 말한다.

② 즉 일반 컴퓨터프로그램 그 자체를 손상시키는 것 또는 디스켓이나 CD에 담겨진 권리의무관계나 사실증명과 무관한 일반적 전자파일을 손상시키는 것은 사전자기록 위작·변작죄가 아니라 컴퓨터 등 업무방해죄나 손괴죄에 해당하는 것이다.

참고

전자기록 등 특수매체기록 해당	컴퓨터 디스켓, 반도체기억회로집적회로, 자기테이프, 광디스크, RAM에 올려진 전자기록
전자기록 등 특수매체기록 해당하지 않는 경우	음반(LP), 마이크로필름기록, 모니터에 화상으로 존재하거나 처리중인 데이터

(2) 행위

① 위작이란 권한 없이 타인의 전자기록 등을 만들어내는 것이다.

② 이때 위작의 의미를 사문서위조·변조죄에서의 위조나 변조와 반드시 동일하게 해석하여 의미를 일치시킬 필요는 없다. 즉 사문서위조·변조죄는 권한명의자가 권한을 남용하는 경우 죄책이 없다고 보지만, 사전자기록 위작·변작죄(심지어 공전자기록위작·변작죄까지도)는 시스템운영주체로부터 각자의 직무 범위에서 개개의 단위정보의 입력 권한을 부여받은 사람이 그 권한을 남용하여 허위의 정보를 입력함으로써 시스템 설치·운영 주체의 의사에 반하는 전자기록을 생성하는 경우도 위작에 포함시켜 죄책을 지울 수 있다. (대법원 2019도11294 전합)

③ 변작은 이미 만들어진 타인의 전자기록 중 비본질적 부분을 권한 없이 변경하는 것이다.

3 주관적 구성요건: 고의와 목적

고의가 있어야 하며, 사무처리를 그르치게 할 목적이 있어야 하는 목적범이다.

> **관련판례**
>
> ① 컴퓨터의 기억장치 중 하나인 **'램(RAM)에 올려진 전자기록'**은 형법 제232조의2의 사전자기록위작·변작죄에서 말하는 권리의무 또는 사실증명에 관한 타인의 전자기록 등 특수매체기록에 해당한다. 따라서 원본파일의 변경까지 초래하지는 아니하였으나 램에 올려진 전자기록에 **허구의 내용을 권한 없이 수정입력한 경우, 그 자체로 사전자기록변작죄의 기수에 이르렀다.** (대법원 2000도4993)
>
> ② **인터넷 포털사이트에 개설한 카페**의 설치·운영 주체로부터 글쓰기 권한을 부여받은 사람이 위 카페에 접속하여 **자신의 아이디로 허위내용의 글을 작성·게시한 경우**, 사무처리를 그르치게 할 목적이 없으므로 사전자기록변작죄가 성립하지 않는다. (대법원 2008도294) = 피고인이 '북한산 월드메르디앙 아파트 입주자대표회의'를 반대하는 일부 주민들이 개설한 인터넷 포털사이트 '네이버' 상의 '북한산 월드메르디앙 아파트' 카페에 접속한 다음 '북한산 월드메르디앙 아파트 원로회의'의 사무처리를 그르치게 할 목적으로 그 공소 내용과 같이 기재하여 사실증명에 관한 위 원로회의 명의의 전자기록을 위작하고, 그 시경 위와 같이 위작된 전자기록을 행사하였다는 내용으로 기소되었다.
>
> ③ **새마을금고 직원이 금고의 전 이사장에 대한 채권확보를 위해** 금고의 예금 관련 컴퓨터 프로그램에 전 이사장 명의의 **예금계좌 비밀번호를 동의 없이 입력**하여 위 예금계좌에 입금된 상조금을 위 금고의 가수금계정으로 이체한 경우, 금고의 업무에 부합하는 행위로서 피해자의 비밀번호를 임의로 사용한 잘못이 있더라도 사전자기록위작변작죄의 사무처리를 그르치게 할 목적은 인정할 수 없다. (대법원 2008도938)
>
> ④ ⅰ) 법인이 컴퓨터 등 정보처리장치를 이용하여 전자적 방식에 의한 정보의 생성·처리·저장·출력을 목적으로 전산망 시스템을 구축하여 설치·운영하는 경우 위 시스템을 설치·운영하는 주체는 법인이고, 법인의 임직원은 법인으로부터 정보의 생성·처리·저장·출력의 권한을 위임받아 그 업무를 실행하는 사람에 불과하다. 따라서 법인이 설치·운영하는 전산망 시스템에 제공되어 정보의 생성·처리·저장·출력이 이루어지는 전자기록 등 특수매체기록은 그 법인의 임직원과의 관계에서 '타인'의 전자기록 등 특수매체기록에 해당한다.
>
> ⅱ) 공전자기록등위작변작죄와 사전자기록등위작변작죄는 객체가 공전자와 사전자로 다를 뿐 해당 위작이나 변작이라는 개념은 동일하고, 이때 위작이나 변작은 공문서위조변조죄나 사문서위조변조죄의 개념과는 다르다. 즉 문서의 위조변조죄에서 위조나 변조는 명의도용이라는 유형위조만을 의미하는 것이지만, 전자기록죄에서 위작이나 변작 개념에는 권한 없는 자에 의한 명의도용이라는 유형위조는 물론이고 권한 있는 자에 의한 허위내용의 기재라는 무형위조까지 모두 포함하는 개념이다.
>
> ⅲ) 즉 형법상 전자기록죄의 '위작'의 개념은 형법이 그에 관한 정의를 하지 않고 있고, 해당 문언의 사전적 의미만으로는 범죄구성요건으로서의 적절한 의미 해석을 바로 도출해 내기 어려우므로, 결국은 유사한 다른 범죄구성요건과의 관계에서 체계적으로 해석할 수밖에 없다. 따라서 형법 제232조의2에서 정한 '위작'의 포섭 범위에 권한 있는 사람이 그 권한을 남용하여 허위의 정보를 입력함으로써 시스템 설치·운영 주체의 의사에 반하는 전자기록을 생성하는 행위를 포함하는 것으로 보더라도, 이러한 해석이 '위작'이란 낱말이 가지는 문언의 가능한 의미를 벗어났다거나, 피고인에게 불리한 유추해석 또는 확장해석을 한 것이라고 볼 수 없다.
>
> ⅳ) 따라서 시스템의 설치·운영 주체로부터 각자의 직무 범위에서 개개의 단위정보의 입력 권한을 부여받은 사람이 그 권한을 남용하여 허위의 정보를 입력함으로써 시스템 설치·운영 주체의 의사에 반하는 전자기록을 생성하는 경우에는 사전자기록등위작죄에서 말하는 전자기록의 '위작'에 포함된다. (대법원 2019도11294) = 코미드라는 상호로 인터넷 가상화폐 거래소를 운영하는 **주식회사 코미드**의 대표이사 내지 사내이사인 피고인들이 가상화폐 거래시스템상 차명계정에 허위의 원화 포인트 및 가상화폐 포인트를 입력하고, 이를 위 거래 시스템에 표시하게 한 것은 유죄로 본 사안이다.

V 공문서등의 위조죄·변조죄

형법

제225조 【공문서등의 위조·변조】 행사할 목적으로 공무원 또는 공무소의 문서 또는 도화를 위조 또는 변조한 자는 10년 이하의 징역에 처한다.

제235조 【미수범】 제225조 내지 제234조의 미수범은 처벌한다.

1 의의

행사할 목적으로 공무원 또는 공무소의 문서 또는 도화를 위조 또는 변조함으로써 성립하는 범죄이다. 행위의 객체가 공문서라는 점에서 사문서 위조·변조죄에 대한 불법가중유형이다.

2 객관적 구성요건

(1) 주체

누구든지 상관 없다. 심지어 공무원도 자기에게 작성권한이 없는 문서를 작성하는 경우 공문서 위조나 변조가 성립할 수 있다. 예컨대, 공문서를 작성의 보조자가 작성권한자의 결재 없이 임의로 공문서를 허위 작성한 경우 공문서위조죄에 해당한다. (대법원 84도368)

(2) 객체: 공문서

① 공문서란 우리나라 공무원이나 공무소가 직무상 작성한 문서이다. 공무원이 직무와 관련 없이 사적으로 작성한 문서는 공문서가 아니라 사문서이다. 이때 '직무에 관한 문서'라 함은 공무원이 직무권한 내에서 작성하는 문서를 말하며, 법률뿐 아니라 명령, 내규 또는 관례에 의한 직무집행의 권한으로 작성하는 경우도 포함된다. (대법원 81도943)

② 「형법」 제225조의 공문서변조나 위조죄의 객체인 공문서는 공무원 또는 공무소가 그 직무에 관하여 작성하는 문서이고, 그 <u>행위주체가 공무원과 공무소가 아닌 경우에는 「형법」 또는 기타 특별법에 의하여 공무원으로 의제되는 경우를 제외하고는 계약 등에 의하여 공무와 관련되는 업무를 일부 대행하는 경우가 있다 하더라도 공무원 또는 공무소가 될 수는 없다.</u> (대법원 95도3073, 2007도6987) 시중은행이 납세업무를 대행하면서 관련서류를 위조·변조했더라도, 해당 문서 자체가 공문서가 아니므로 공문서 위조·변조죄로 볼 수 없다.

> **관련판례**
> ① 공립학교 교사가 작성하는 **교원의 인적사항과 전출희망사항** 등을 기재하는 부분과 학교장이 작성하는 학교장의견란 등으로 구성되어 있는 **교원실태조사카드의 교사 명의 부분을 명의자의 의사에 반하여 작성한 행위는 공문서위조죄를 구성하지 않는다.** (대법원 91도1733) = 학교장 작성부분은 공문서이지만, 교사의 전출희망의사표시 부분은 공문서에 해당하지 않는다.
> ② 식당의 주·부식 구입업무를 담당하는 공무원이 계약 등에 의하여 공무소의 주·부식 구입·검수 업무 등을 담당하는 조리장·영양사 등의 명의를 위조하여 검수결과 보고서를 작성한 경우, 공문서위조죄나 자격모용공문서작성죄가 성립하지 아니한다. (대법원 2007도6987) = 조리장이나 영양사는 공무원이나 공무원으로 의제되는 자에 해당하지 않는다.

(3) 실행행위: 공문서 위조

1) 개념

① 위조란 정당한 작성권한 없는 자가 타인의 명의(본죄에서는 공무원 또는 공무소의 명의)로 문서를 작성하는 행위를 말한다.

② 문서를 작성할 권한을 위임받지 아니한 문서기안자가 작성권한을 가진 사람의 **결재를 받은 바 없이** 권한을 초과하여 문서를 작성하였다면 공문서위조죄가 된다. (대법원 96도2234)

2) 정당한 권한 여부

정당한 작성권한이 없어야 하므로, **비록 타인명의의 문서를 작성한다 하여도 정당한 권한이 있는 경우에는 위조가 안 된다.** 즉, **승낙이나 수권에 의하여 명의사용이 허용되어있는 경우**에는 비록 문서의 실제 기재자와 명의자가 다르다 하여도 명의자(승낙자나 본인)가 작성자로 취급되므로 이는 작성자와 명의자가 같은 경우이고 따라서 위조로 취급되지 않는 것이다.

3) 권한 초과와 남용

업무보조자인 공무원이 공문서 용지에 허위내용을 기재하고 작성권자의 직인을 날인한 경우 업무보조자인 공무원 및 중간결재자인 공무원의 죄책 = 공문서 작성권자로부터 일정한 요건이 구비되었는지 여부를 심사하여 그 요건이 구비되었음이 확인될 경우에 한하여 작성권자의 직인을 사용하여 작성권자 명의의 공문서를 작성하라는 **포괄적인 권한을 수여받은 업무보조자인 공무원이, 그 위임의 취지에 반하여 공문서 용지에 허위내용을 기재하고 그 위에 보관하고 있던 작성권자의 직인을 날인하였다면, 그 업무보조자인 공무원에게 공문서위조죄가 성립**할 것이고, 그에게 위와 같은 행위를 하도록 지시한 중간결재자인 공무원도 공문서위조죄의 공범으로서의 책임을 면할 수 없다. (대법원 96도424)

> **관련판례**
>
> ① 유효기간이 경과하여 무효가 된 공문서상에 '정정의 경우에는 무효로 한다'는 기재가 있다고 하더라도 이는 작성 권한 없는 자의 정정을 무효로 한다는 취지로 보아야 할 것이므로 권한 없는 자가 그 유효기간과 발행일자를 정정하고 그 부분에 작성 권한자의 직인을 압날하여 공문서를 작성하였다면 이는 형식과 외관에 의하여 효력이 있는 공문서를 위조한 것이 된다. (대법원 80도2126)
>
> ② 정부에서 발주하는 공사를 낙찰받기 위하여 **허위사실을 기재한 공사실적증명원(수주실적증명원)을 구청의 담당직원에게 제출하여 그 내용이 허위인 정을 모르는 담당직원으로부터 기재된 사실을 증명한다는 취지로 구청장의 직인을 날인 받은 경우** 공문서위조죄의 간접정범이 되지 않는다. (대법원 2000도938) = 작성권한을 가진 공무원이 **그 문서 기재 사항을 인식하고 그 문서를 작성할 의사로 이에 서명날인했다면, 작성명의를 모용한 사실이 있다고 할 수 없으므로** 허위내용의 증명원을 제출하여 그 내용이 허위인 사정을 모르는 담당공무원으로부터 그 증명원 내용과 같은 증명서를 발급받은 경우 공문서위조죄의 **간접정범으로 의율할 수 없다.**
>
> ③ 타인의 주민등록증 사본의 사진란에 자신의 사진을 붙여 복사하여 행사한 행위는 공문서위조죄 및 동 행사죄에 해당한다. (대법원 2000도2855)
>
> ④ 자신의 이름과 나이를 속이는 용도로 사용할 목적으로 주민등록증의 이름·주민등록번호란에 글자를 오려붙인 후 이를 **컴퓨터 스캔 장치를 이용하여 이미지 파일**로 만들어 컴퓨터 모니터 화면에 이미지가 나타나도록 하는 한편 타인에게 그 이미지가 저장되어 있는 파일을 이메일로 전송한 행위는 공문서위조 및 위조공문서행사죄를 구성하지 않는다. (대법원 2007도7480)
>
> ⑤ 다른 공무원 등이 작성권자의 **결재를 받지 않고 직인 등을 보관하는 담당자를 기망하여** 작성권자의 직인을 날인하도록 하여 공문서를 완성한 때에는 **공문서위조죄가 성립**한다. (대법원 2016도13912)

⑥ 중국인인 피고인이 콘도미니엄 입주민들의 모임인 갑 시설운영위원회의 대표로 선출된 후 갑 위원회가 대표성을 갖춘 단체라는 외양을 작출할 목적으로, 주민센터에서 가져온 행정용 봉투의 좌측 상단에 미리 제작해 둔 갑 위원회 한자 직인과 한글 직인을 날인한 다음 주민센터에서 발급받은 피고인의 인감증명서 중앙에 있는 '용도'란 부분에 이를 오려 붙이는 방법으로 인감증명서 1매를 작성하고, 이를 휴대전화로 촬영한 사진 파일을 갑 위원회에 가입한 입주민들이 참여하는 메신저 단체대화방에 게재하였다고 하여 공문서위조 및 위조공문서행사로 기소된 사안에서, **피고인이 만든 문서가 공문서로서의 외관과 형식을 갖추었다고 인정하기 어렵고**, 이를 사진촬영한 파일을 단체대화방에 게재한 행위가 위조공문서행사죄에 해당할 수도 없다. (대법원 2019도8443)

(4) 실행행위: 공문서 변조

① 변조는 권한없는 자가 진정하게 성립된 **타인명의 문서의 동일성을 해하지 아니하는 정도로(비본질적 부분에) 변경을 가하여** 새로운 증명력을 만들어 내는 것을 말한다. 아예 변경이 극히 경미하여 새로운 증명력이 생기는 경우가 아니면 변조에 해당되지 않는다.

② **문서의 중요부분이 변경되어 문서의 동일성이 침해되면 위조로 취급된다**는 점에 주의를 요한다. 예를 들어, 행사의 목적으로 타인의 주민등록증의 사진을 떼고 자신의 사진을 붙여 복사한 경우, 기존 공문서의 본질적 또는 중요부분에 변경을 가하여 새로운 증명력을 가지는 별개의 공문서를 작성한 것이므로 공문서위조죄에 해당하는 것이지 공문서변조죄가 아니다. (대법원 91도1610)

③ 공문서변조란 이미 진정하게 성립된 공무원 또는 공무소 명의의 문서 내용에 대하여 권한 없이 **동일성을 해치지 않을 정도로 변경을 가하는 것**을 말한다 할 것이므로 **이미 허위로 작성된 공문서는 공문서변조죄의 객체가 되지 아니한다.** (대법원 86도1984)

> **관련판례** 공문서변조죄 인정
>
> ① 결재된 원안문서에 이미 기재되어 있음에도 이를 자세히 인정치 않고 단순히 결재때 빠진 것으로 생각하고 가필 변경할 권한이 없는 공무원이 원안에 없는 새로운 항을 만들어 중복되게 기재해 넣었다면 그 공문서를 변조한다는 인식이 있었다고 하지 않을 수 없다. (대법원 70도116)
> ② 공무원인 피고인이 업무처리 중 특별융자대상자 선정명단을 도에 제출함에 있어서 본래의 진정한 명단을 빼고 융자 적격이 없는 자를 임의로 써넣어서 조작한 허위의 명단을 끼워 이를 제출한 후, 그 허위의 명단에 대하여 사후에 상관에게 보고하고 승인을 받은 경우 공문서변조죄가 성립한다. (대법원 70도1981)
> ③ 건축허가서에 첨부된 설계도면을 떼내고 건축사협회의 도면등록 일부인을 건축허가 신청당시 일자로 소급 변조하여 새로 작성한 설계도면을 그 자리에 가철한 행위는 공문서 변조죄에 해당한다. (대법원 81도81)
> ④ 시장명의로 작성하여 도지사에게 송부한 당초의 도면에 잘못 표시된 부분이 있다고 하여 담당공무원이 적법한 절차 없이 임의로 위 도면을 정정도면과 바꿔치기 한 행위에 대하여는 공문서변조죄에 해당한다. (대법원 85도540)
> ⑤ 사서증서인증서의 변조가 당초의 잘못된 기재를 정정하려는 의도였다고 할지라도 공문서변조죄가 성립한다. (대법원 92도1064)
> ⑥ 재산세 과세대장의 작성권한이 있던 자가 인사이동되어 그 권한이 없어진 후 그 기재내용을 변경한 경우, 공문서변조죄에 해당한다. (대법원 96도1862)
> ⑦ 피고인이 인터넷을 통하여 열람·출력한 등기사항전부증명서 하단의 열람 일시 부분을 수정 테이프로 지우고 복사해 두었다가 이를 타인에게 교부하여 공문서변조 및 변조공문서행사로 기소된 사안에서, 피고인이 등기사항전부증명서의 열람 일시를 삭제하여 복사한 행위는 등기사항전부증명서가 나타내는 권리·사실관계와 다른 새로운 증명력을 가진 문서를 만든 것에 해당하고 그로 인하여 공공적 신용을 해할 위험성도 발생하였다. (대법원 2018도19043)

> **관련판례** 공문서변조죄 부정
>
> ① 이미 허위로 작성된 공문서는 형법 제225조 소정의 공문서변조죄의 객체가 되지 아니한다. (대법원 86도1984)
> ② 자신의 주민등록증 비닐커버 위에 검은색 볼펜을 사용하여 주민등록번호 전부를 덧기재하고 투명 테이프를 붙이는 방법으로 주민등록번호 중 출생연도를 나타내는 "71"을 "70"으로 고친 사안에서, 변조행위가 공문서 자체에 변경을 가한 것이 아니며 그 변조방법이 조잡하여 공문서에 대한 공공의 위험을 초래할 정도에 이르지 못하였다는 이유로 공문서변조에 해당하지 않는다. (대법원 97도30)
> ③ 권한없는 자가 임의로 인감증명서의 사용용도란의 기재를 고쳐 썼다고 하더라도 공무원 또는 공무소의 문서 내용에 대하여 변경을 가하여 새로운 증명력을 작출한 경우라고 볼 수 없으므로, 공문서변조죄나 이를 전제로 한 변조공문서행사죄가 성립되지 않는다. (대법원 2004도2767)
> ④ 이혼신고서를 가정법원에 제출한 甲은 가정법원의 서기관이 이혼의사확인서등본 뒤에 이혼신고서를 첨부하고 간인하여 교부하였는데 당사자인 甲이 이를 떼어내고 원래 이혼신고서의 내용과는 다른 내용의 이혼신고서를 작성하여 붙여 이혼의사확인서등본과 함께 호적관서에 제출한 경우, 공문서변조 및 변조공문서행사죄가 성립하지 않는다. (대법원 2006도7777) = 이혼의사확인서등본과 간인으로 연결된 이혼신고서를 떼어내고 원래 이혼신고서의 내용과 다른 이혼신고서를 작성하여 이혼의사확인서 등본과 함께 관서에 제출하였더라도 공문서인 이혼의사확인서 등본을 변조했다거나 변조된 등본을 행사하였다고 볼 수 없다.

3 주관적 구성요건: 고의와 행사목적

① 고의가 있어야 하며, 행사할 목적이 추가적으로 더 필요한 목적범이다. 따라서 행사 목적이 인정되지 않는다면, 권한 없는 자가 공문서를 위조·변조하더라도 공문서위조죄나 공문서변조죄가 되지 않는다.

② 공문서의 작성권한자가 직접 이에 서명하지 않고 타인에게 지시하여 자기서명을 흉내내어 결재란에 대신 서명하게 한 경우, 작성권자의 지시 또는 승낙에 의한 것으로서 구성요건해당성이 조각된다. (대법원 82도1426)

③ 결재된 원인문서에 이미 기재되어 있음에도 이를 자세히 인정하지 않고 단순히 결재 때 빠진 내용을 가필하여 변경함으로써 새로운 사항을 첨가하여 기재한 행위는 위조도 아니고 변조로도 보지 않는다. 왜냐하면 공문서를 변조한다는 인식이 없었다고 보았다. (대법원 70도116)

4 미수와 기수

① 준비행위만으로는 예비에 불과한데, 예비음모를 처벌하지 아니하므로 무죄일 뿐이다.

② 실행착수는 허위의 의사표시를 작출하는 행위를 개시한 때인데, 다만 추상적 위험범이므로 종료미수는 기수로 취급하고, 미종료미수만 미수로 이해한다.

③ 기수 시기는 위조나 변조행위를 종료한 때로서, 추상적 위험범이므로 행위종료로 기수에 이르는 것이고 특정인에게 실해 발생이나 발생위험을 요하지 않는다.

> **관련판례**
>
> 종량제 쓰레기봉투에 인쇄할 부천시장 명의의 문안이 새겨진 필름을 제조하는 행위에 그친 경우에는 아직 위 시장 명의의 공문서인 종량제 쓰레기봉투를 위조하는 범행의 실행의 착수에 이르지 아니한 것으로서 공문서위조죄가 성립하지 않는다. (대법원 2005도7430) = 공문서위조의 예비에 불과한데, 예비음모 처벌규정이 없으므로 무죄이다.

VI 자격모용에 의한 공문서작성죄

형법

제226조 【자격모용에 의한 공문서등의 작성】 행사할 목적으로 공무원 또는 공무소의 자격을 모용하여 문서 또는 도화를 작성한 자는 10년 이하의 징역에 처한다.

제235조 【미수범】 제225조 내지 제234조의 미수범은 처벌한다.

① 작성권한 없는 자가 공무원이나 공무소의 명의를 모용하는 것이 아니라 **자기 명의를 쓰되 자격만을 모용하는 것**이다. 즉 정당한 대표권이나 대리권이 없는 자가 대표권·대리권이 있는 것처럼 가장하여 타인의 자격을 모용하여 문서를 작성하는 경우, 자격모용에 의한 공문서작성죄가 성립하는 것이다.

② 따라서 이와 달리, **타인의 자격 뿐만 아니라 명의까지 모용하여 공문서를 작성한 경우에는 공문서위조죄일뿐이다.**

③ 작성권한(대표권이나 대리권)이 있는 자가 자기 권한을 남용하여 공문서를 작성하는 경우는 자격모용 공문서작성죄가 아니라 허위공문서작성죄일 뿐이다.

> **관련판례**
>
> ① 甲은 A구청장(부산 남구청장)에서 B구청장(부산 동래구청장)으로 **전보**되었다는 내용의 인사발령을 전화로 통보받은 후에 A구청장의 권한에 속하는 **건축허가에 관한 기안용지의 결재란에 서명을 한 경우**, 甲에게는 **자격모용 공문서작성죄**가 성립한다. (대법원 92도2688)
>
> ② 정당한 대표권이나 대리권이 없는 자가 마치 대표권이나 대리권이 있는 것처럼 가장하여 타인의 자격을 모용하여 문서를 작성하는 경우 자격모용에 의한 문서작성죄가 성립한다. (대법원 93도1435)
>
> ③ **식당의 주·부식 구입 업무를 담당하는 공무원**이 주·부식구입요구서(공문서)의 **과장결재란에** 과장도 아니면서 권한 없이 자신의 서명을 하였다면, 공문서위조죄가 아니라 **자격모용공문서작성죄**가 성립한다. (대법원 2007도6987)

VII 공전자기록 위작죄·변작죄

형법

제227조의2 【공전자기록 위작·변작】 사무처리를 그르치게 할 목적으로 공무원 또는 공무소의 전자기록 등 특수매체기록을 위작 또는 변작하는 자는 10년 이하의 징역에 처한다.

제235조 【미수범】 제225조 내지 제234조의 미수범은 처벌한다

1 객관적 구성요건

(1) 주체

대법원은 시스템을 설치·운영하는 주체와의 관계에서 전자기록의 생성에 관여할 권한이 없는 사람이 전자기록을 작출하거나 전자기록의 생성에 필요한 단위정보의 입력을 하는 경우는 물론, 시스템의 설치·운영 주체로부터 각자의 직무 범위에서 개개의 단위정보의 입력 권한을 부여받은 사람이 그 권한을 남용하여 허위의 정보를 입력함으로써 시스템 설치·운영 주체의 의사에 반하는 전자기록을 생성하는 경우도 형법 제227조의2에서 말하는 전

자기록의 '위작'에 포함된다고 판시하였다. 위 법리는 형법 제232조의2의 사전자기록등위작죄에서 행위의 태양으로 규정한 '위작'에 대해서도 마찬가지로 적용된다. (대법원 2019도11294 전합)

(2) 객체

① 공무원 또는 공무소의 전자기록 등 특수매체기록으로 직무집행상 작성된 것이다. 예컨대, 주민등록파일, 등기부등본파일, 토지대장파일, 자동차등록파일 등이다.

② 여기에서 '공무원'이란 원칙적으로 법령에 의해 공무원의 지위를 가지는 자를 말하고, '공무소'란 공무원이 직무를 행하는 관청 또는 기관을 말하며, '공무원 또는 공무소의 전자기록'은 공무원 또는 공무소가 직무상 작성할 권한을 가지는 전자기록을 말한다. 따라서 그 행위주체가 공무원과 공무소가 아닌 경우에는 형법 또는 특별법에 의하여 공무원 등으로 의제되는 경우를 제외하고는 계약 등에 의하여 공무와 관련되는 업무를 일부 대행하는 경우가 있더라도 공무원 또는 공무소가 될 수 없다. (대법원 2016도19170)

(3) 실행행위

권한없는 자가 공무원이나 공무소의 명의를 모용하여 위작, 변작하는 유형위조에 해당한다. 다만 권한있는 공무원이 특수매체기록에 허위의 내용을 기록하는 경우(무형위조), 즉 허위공문서작성죄와 같은 경우를 인정할 수 있느냐가 문제이다. **다수설과 판례는 무형위조, 즉 권한있는 공무원이 허위 내용을 기록하는 경우도 공전자기록 위작·변작죄에 포함된다고 본다.**

2 주관적 구성요건

주관적 구성요건으로 고의 외 사무처리를 그르치게 할 목적이 필요하다. 즉 하자 있는 일처리를 하게 할 목적을 말한다.

> **관련판례**
>
> ① 고소사건의 담당 경찰관이 경찰 범죄정보시스템에 접근하여 당해사건 처리정보를 입력함에 있어서 고소사건을 처리하지 아니하였음에도 사건을 '검찰에 송치함'이라고 입력한 행위는 공전자기록위작죄가 성립한다. (대법원 2004도6132)
>
> ② 피고인 1의 업무를 보조하는 공소외 1은 체비지 현장에 출장을 나간 사실이 없고 피고인 1만이 체비지 현장에 출장을 나갔음에도 불구하고, 피고인 1과 위 공소외 1이 공모하여 마치 공소외 1이 직접 그 출장을 나간 것처럼 부천시청 행정지식관리시스템에 허위의 정보를 입력하여 출장복명서를 생성한 후 이를 그 점을 모르는 위 시청 노시과장에게 전송함으로써 피고인 1에게는 공전자기록등위작 및 위작공전자기록등행사의 범의가 있었음이 인정된다. (대법원 2007도3798)
>
> ③ 자동차등록 담당공무원이 여객자동차운수사업법상 차량충당연한 규정에 위배되어 영업용으로 변경 및 이전등록을 할 수 없는 차량인 것을 알면서 **자동차등록정보 처리시스템의 자동차등록원부 용도란에 영업용이라고 입력하고 최초등록일 등은 사실대로 기재한 경우**, 공전자기록위작죄에 해당하지 않는다. (대법원 2011도1415) = 자동차등록원부상 영업용으로의 용도변경 및 이전에 관한 등록정보가 확인 공시하는 내용에 자동차가 영업용으로 용도변경되어 이전되었다는 사실 외에 변경 및 이전등록에 필요한 법령상 자격의 구비 사실까지 포함한다고 볼 법적인 근거가 없고 최초등록일 등 등록과 관련된 사실관계에 대한 내용에 거짓이 있다고 볼 수 없는 이상, 위 행위가 위작에 해당한다고 할 수 없다.
>
> ④ 한국환경공단이 환경부장관의 위탁을 받아 건설폐기물 인계·인수에 관한 내용 등의 전산처리를 위한 전자정보처리프로그램인 올바로시스템을 구축·운영하고 있는 경우, 그 업무를 수행하는 한국환경공단 임직원을 공전자기록의 작성권한자인 공무원으로 보거나 한국환경공단을 공무소로 볼 수 없다. 이는 한국환경공단 또는 그 임직원이 환경부장관으로부터 위탁받은 업무와 관련하여 직무상 작성한 문서를 공문서로 볼 수 없는 것과 마찬가지이다. (대법원 2016도19170)

⑤ 법인이 컴퓨터 등 정보처리장치를 이용하여 전자적 방식에 의한 정보의 생성·처리·저장·출력을 목적으로 전산망 시스템을 구축하여 설치·운영하는 경우, 위 시스템에 제공되어 정보의 생성·처리·저장·출력이 이루어지는 전자기록 등 특수매체기록이 법인의 임직원과의 관계에서 '타인'의 전자기록 등 특수매체기록에 해당한다. (대법원 2019도11294 전합)

VIII 허위진단서 등 작성죄

> **형법**
>
> **제233조【허위진단서 등의 작성】** 의사, 한의사, 치과의사 또는 조산사가 진단서, 검안서 또는 생사에 관한 증명서를 허위로 작성한 때에는 3년 이하의 징역이나 금고, 7년 이하의 자격정지 또는 3천만원 이하의 벌금에 처한다.
>
> **제235조【미수범】** 제225조 내지 제234조의 미수범은 처벌한다.

1 의의
① 작성권한 없는 자가 명의를 도용하여 문서를 작성하는 유형위조가 아니라, 작성권한이 있는 자(의사, 한의사, 치과의사, 조산사)가 자기 명의로 작성을 하되 그 문서의 내용을 허위로 작성하는 것인 무형위조에 해당한다.
② 행사목적이 필요없다는 점에서 목적범이 아니다.

2 객관적 구성요건
(1) 주체
① 의사, 한의사, 치과의사 또는 조산사만이 범죄를 저지를 수 있는 것으로 진정신분범이다.
② 공무원이 아닌 의사가 사문서로서 진단서를 작성한 경우에 한정된다. 만일 **공무원인 의사가 공무소의 명의로 허위진단서를 작성한 경우에는 허위공문서작성죄만이 성립하고 허위진단서작성죄는 별도로 성립하지 않는다.** (대법원 2003도7762)

(2) 객체
① 진단서, 검안서, 생사에 관한 증명서(출생증명서, 사망진단서)로 규정하고 있다.
② 소견서는 진단서에 해당한다고 보지만(대법원 89도2083), **입퇴원확인서는 진단서로 보지 않으므로** 입퇴원확인서를 허위로 작성한 경우는 허위진단서작성죄가 아니다. (대법원 2012도3173)

(3) 실행행위: 허위작성
① 병명, 사망원인, 사망일시, 치료여부 등을 허위로 기재하는 것이다. 예컨대, 전치 2주 정도의 찰과상에 대해서 전치 10주로 상해진단서를 발급해주는 경우 등이다.
② 허위 여부는 객관적으로 판단하므로, 의사가 허위라고 인식했더라도 객관적 진실에 부합하면 허위진단서작성죄가 아니다. 또한 단순 오진의 경우로 허위사실을 기재한 경우도 허위진단서작성죄는 아니다.

3 주관적 구성요건

고의에 있어서 행위자는 자신의 신분을 인식해야 할 뿐만 아니라 진단서 등의 내용이 허위라는 것도 인식해야 한다. 따라서 의사가 주관적으로 진찰을 소홀히 하다던가 착오를 일으켜 오진한 결과 객관적으로 진실에 반한 진단서를 작성하였다면 허위진단서 작성에 대한 인식이 있다고 할 수 없으니 동죄가 성립되지 않는다. (대법원 75도1888)

> **관련판례**
> ① 사체검안의가 빙초산의 성상이나 이를 마시고 사망하는 경우의 소견에 대하여 알지 못함에도 불구하고 변사자가 '약물음독', '빙초산을 먹고 자살하였다.'는 취지로 사체검안서를 작성한 경우, 검안서작성에 있어 허위성에 대한 인식이 있다. (대법원 2001도1319)
> ② 형법 제233조의 허위진단서작성죄가 성립하기 위하여는 진단서의 내용이 실질상 진실에 반하는 기재여야 할 뿐 아니라 그 내용이 허위라는 의사의 주관적 인식이 필요하고, 의사가 주관적으로 진찰을 소홀히 한다던가 착오를 일으켜 오진한 결과로 객관적으로 진실에 반한 진단서를 작성하였다면 허위진단서작성에 대한 인식이 있다고 할 수 없으므로 허위진단서작성죄가 성립하지 아니한다. (대법원 2004도3360)
> ③ 의사인 피고인이 환자의 인적사항, 병명, 입원기간 및 그러한 입원사실을 확인하는 내용이 기재된 '입퇴원 확인서'를 허위로 작성한 경우, 허위진단서작성죄가 성립하지 않는다. (대법원 2012도3173)
> ④ 형법 제233조의 허위진단서작성죄에서 허위진단서 작성에 해당하는 허위의 기재는 사실에 관한 것이건 판단에 관한 것이건 불문하므로, 현재의 진단명과 증상에 관한 기재뿐만 아니라 현재까지의 진찰 결과로서 발생 가능한 합병증과 향후 치료에 대한 소견을 기재한 경우에도 그로써 환자의 건강상태를 나타내고 있는 이상 허위진단서 작성의 대상이 될 수 있다. (대법원 2014도15129)
> ⑤ 국립병원의 내과과장 겸 진료부장으로 근무하는 의사로서 보건복지부 소속 의무서기관인 피고인이 공소외인의 부탁을 받고 허위의 진단서를 작성한 사실과 그 사례 명목으로 금품을 수수한 경우 형법이 제225조 내지 제230조에서 공문서에 관한 범죄를 규정하고, 이어 제231조 내지 제236조에서 사문서에 관한 범죄를 규정하고 있는 점 등에 비추어 볼 때 형법 제233조 소정의 허위진단서작성죄의 대상은 공무원이 아닌 의사가 사문서로서 진단서를 작성한 경우에 한정되고, **공무원인 의사가 공무소의 명의로 허위진단서를 작성한 경우에는 허위공문서작성죄만이 성립**하고 허위진단서작성죄는 별도로 성립하지 않는다. (대법원 2003도7762)

IX 허위공문서등 작성죄

형법

제227조 【허위공문서작성등】 공무원이 행사할 목적으로 그 직무에 관하여 문서 또는 도화를 허위로 작성하거나 변개한 때에는 7년 이하의 징역 또는 2천만원 이하의 벌금에 처한다.

제235조 【미수범】 제225조 내지 제234조의 미수범은 처벌한다

1 의의

① 작성권한 없는 자가 명의를 도용하여 문서를 작성하는 유형위조가 아니라, 작성권한이 있는 자가 자기 명의로 작성을 하되 그 문서의 내용을 허위로 작성하는 것인 무형위조에 해당한다.

② 작성권한이 있는 공무원만이 범죄를 저지를 수 있다는 점에서 진정신분범이고, 행사할 목적이 필요한 목적범이다.

2 객관적 구성요건

(1) 주체

1) 작성권한 있는 공무원

① 작성권한 있는 명의인인 공무원이 주체로 되는 진정신분범이다. 따라서 **작성권한이 없는 공무원이 다른 공무원의 문서를 작성하는 경우는 공문서위조죄이고, 자격을 모용하여 자기 명의로 문서를 작성하는 경우는 자격모용 공문서작성죄에 해당한다.**

② **작성권한 있는 공무원이 권한 없는 자나 작성권한이 있는 다른 공무원을 이용하여 문서에 허위를 기재하게 하는 경우, 허위공문서작성죄의 간접정범**이 성립한다.

2) 업무보조자인 공무원의 허위공문서작성죄 정범 가능성

① 작성권한 없는 공무원이 공문서를 작성한 경우에는 허위공문서작성죄에 해당되지 않고, 공문서위조죄나 공문서변조죄가 성립한다.

② 따라서 문서를 작성할 권한이 있는 공무원을 보조하는 기안담당자인 공무원(보조공무원)이 **결재를 받지 않고** 임의로 허위공문서를 작성한 경우, 허위공문서작성죄가 아니라 **공문서위조죄**이다. (대법원 81도898)

③ 작성권한 있는 공무원의 직무를 보좌하여 공문서를 기안하는 자(보조공무원)가 그 직위를 이용하여 행사할 목적으로 기안 문서에 허위의 내용을 기재하고(허위공문서를 기안하여) **그 사정을 모르는 상사로 하여금 서명날인케 함으로써(결재를 받아)** 허위의 공문서를 작성토록 하였다면(공문서를 완성한 경우), **허위공문서작성죄의 간접정범이 된다.** (대법원 90도1912, 2011도1415)

④ 그러나 권한이 없는 보조공무원이 허위공문서를 기안했으나 권한있는 공무원(상사)에게 올리지 않고 직인(도장) 등을 보관하는 담당자를 기망하여 작성권자의 직인(도장)을 날인받은 경우는 허위공문서작성죄의 간접정범이 아니라 공문서위조죄에 해당한다. (대법원 2016도13912)

⑤ 다만, 작성권한 있는 공무원과 문서의 명의인이 반드시 일치할 필요는 없으므로 전결권을 위임받은 자가 공문서에 허위내용을 기재하는 경우는 공문서위조죄가 아니라 허위공문서작성죄이다. (대법원 91도2837)

3) 비공무원의 허위공문서작성죄 정범 가능성

① 공무원 아닌 자(비공무원)은 단독으로는 직접정범이나 간접정범의 형태로 허위공문서작성죄를 범할 수 없다. **공무원이 아닌 자가 허위공문서 작성의 간접정범인 경우**, 즉 공무원이 아닌 자가 작성권한이 있는 공무원에게 허위의 내용을 신고하여 그 공무원으로 하여금 공정증서원본인 면허장, 여권 등에 사실 아닌 기재를 하게 한 때에는 **형법 제228조(공정증서원본불실기재죄) 이외에는 허위공문서작성죄로 처벌하지 아니하는 취지로 해석함이 상당하다.** (대법원 2006도1663)

② 다만, 공무원이 아닌 자(비공무원)가 작성권한이 있는 공무원과 공동으로 허위공문서작성죄를 저지른 경우에는 형법 제33조에 의하여 허위공문서작성죄의 공동정범이 된다. (대법원 2006도1663)

③ 허위공문서작성죄 및 그 행사죄는 공무원만이 그 주체가 될 수 있는 신분범이라 할 것이므로, 신분상 공무원이 아님이 분명한 피고인들의 업무가 국가의 사무에 해당하거나, 그들이 소속된 영상물등급위원회의 행정기관성이 인정된다는 사정만으로는 피고인들을 허위공문서작성죄로 처벌할 수 없다. (대법원 2008도93)

관련판례 허위공문서작성의 간접정범

[공문서작성의 보조자도 허위공문서작성죄의 간접정범이 성립하는 사례]
① 공문서의 작성권한이 있는 공무원의 직무를 보좌하는 자가 그 직위를 이용하여 행사할 목적으로 허위의 내용이 기재된 문서 초안을 그 정을 모르는 상사에게 제출하여 결재하도록 하는 등의 방법으로 작성권한이 있는 공무원으로 하여금 허위의 공문서를 작성하게 한 경우에는 간접정범이 성립되고 이와 공모한 자 역시 그 간접정범의 공범으로서의 죄책을 면할 수 없는 것이고, 여기서 말하는 공범은 반드시 공무원의 신분이 있는 자로 한정되는 것은 아니라고 할 것이다. (대법원 91도2837) = 공문서 작성의 보조자도 허위공문서의 간접정범이 될 수 있다.
② [1] 권한이 없는 보조공무원 甲이 허위공문서를 기안하여 허위임을 모르는 권한 있는 공무원(상사) 乙에게 결재받아서 제출하면, 보조공무원 甲은 허위공문서작성죄의 간접정범이다.
  [2] 보령군청의 토목기사인 피고인이 수해복구사업중 농경지 및 수리시설의 공사계획과 준공검사에 관한 업무를 담당하던 중 허위사실을 기재한 "87. 수해복구사업준공 및 보조금지급"이라는 제목의 공문을 기안하여 그 정을 모르는 보령군수로 하여금 결재토록 한 경우 허위공문서작성죄의 간접정범이 성립한다. (대법원 89도1816)
③ 면의 호적계장이 정을 모르는 면장의 결재를 받아 허위내용의 호적부를 작성한 경우 허위공문서 작성죄, 동행사죄의 간접정범이 성립한다. (대법원 90도1912)
④ 경찰서 보안과장인 피고인이 갑의 음주운전을 눈감아주기 위하여 그에 대한 음주운전자 적발보고서를 찢어버리고, 부하로 하여금 일련번호가 동일한 가짜 음주운전 적발보고서에 을에 대한 음주운전 사실을 기재케 하여 그 정을 모르는 담당 경찰관으로 하여금 주취운전자 음주측정처리부에 을에 대한 음주운전 사실을 기재하도록 한 이상, 을이 음주운전으로 인하여 처벌을 받았는지 여부와는 관계없이 허위공문서작성 및 동 행사죄의 간접정범으로서의 죄책을 면할 수 없다. (대법원 95도1706)
⑤ 자생식물원 조성공사의 감리업체의 책임감리원인 甲이, 이 공사를 감독하는 담당공무원 乙과 공모하여 허위 내용의 준공검사조서를 작성한 다음 준공검사결과보고서에 첨부하여 乙에게 제출하여 공무원들의 결재를 받아 사무실에 비치한 사안에서 허위공문서작성죄의 간접정범으로서 죄책을 지고 그와 공모한 甲도 공무원의 신분을 가지는지와 관계없이 간접정범의 공범의 죄책을 면할 수 없다. (대법원 2010도875)
⑥ 공무원 甲이 허위의 사실을 기재한 자동차운송사업변경(증차)허가신청 검토조서를 작성한 다음 이를 자동차운송사업변경(증차)허가신청 검토보고에 첨부하여 결재를 상신하였고, 담당계장으로서 그와 같은 사정을 알고 있는 중간 결재자인 피고인과 담당과장으로서 그와 같은 사정을 모르는 최종 결재자인 乙이 차례로 결재를 하여 자동차운송사업 변경허가가 이루어진 사안에서, 피고인과 甲의 행위가 허위공문서작성죄의 간접정범에 해당한다. (대법원 2011도1415)

[기안 담당 보조공무원의 경우]
① 권한이 없는 보조공무원 甲이 허위공문서를 기안했으나 권한있는 공무원(상사) 乙에게 올리면 들통 날 것 같아서 乙의 결재를 받지 않고 대담하게 자신이 乙의 서명을 해버리는 경우 **공문서위조죄**가 성립한다.
② 권한이 없는 보조공무원 甲이 허위공문서를 기안했으나 권한있는 공무원(상사) 乙에게 올리지 않고 직인(도장) 등을 보관하는 공무원 丙을 기망하여 작성권자 乙의 직인(도장)을 날인받은 경우 **공문서위조죄**가 성립한다. (대법원 2016도13912)
③ 전투비행단 체력단련장 관리사장인 甲이 부대복지위원회의 심의 의결 없이 시설투자비를 증액한 허위 내용이 기재된 이 사건 수정합의서를 기안하여 작성권자인 전투비행단장의 결재를 받지 않고 이를 모르는 단장 명의 직인 담당자로부터 단장의 직인을 받아 완성하였다면 허위공문서작성죄가 아니라 공문서위조죄가 성립한다. (대법원 2016도13912) = 결재권자의 정당한 결재가 없는 경우 위조이다.

[공무원이 아닌 자의 경우]
① 공무원 아닌 자 甲이 권한 있는 공무원 乙과 협의하여 공동으로 허위의 공문서를 작성한 경우 甲은 乙과 함께 허위공문서작성죄의 공동정범이 된다. (대법원 2006도1663)
② [1] 피고인이 건축물조사 및 가옥대장 정리업무를 담당하는 지방행정서기를 교사하여 무허가 건물을 허가받은 건축물인 것처럼 가옥대장 등에 등재케하여 허위공문서 등을 작성케 한 사실이 인정된다면, 허위공문서작성죄의 교사범으로 처단한 것은 정당하다.
[2] 공무원 아닌 자 甲이 권한 있는 공무원 乙을 교사하여 허위 공문서를 작성하라고 하면서 허위의 신고서를 제출한 경우 甲은 허위공문서작성죄의 교사범이 된다. (대법원 83도1458)
③ 공무원 아닌 자 甲이 권한이 없는 공무원 乙를 교사하여 허위공문서를 작성하게 하였고, 이후 乙이 이 허위공문서를 **권한있는 공무원(상사)에게 결재받아서 제출**한 경우 = 乙이 허위공문서작성죄의 간접정범, 甲은 허위공문서작성죄의 간접정범의 교사범.(만일, 甲이 乙과 공모한 경우라면, 甲은 허위공문서작성죄의 간접정범의 공동정범이 될 수 있음)
④ [1] 공무원이 아닌 자는 형법 제228조의 경우를 제외하고는 허위공문서작성죄의 간접정범으로 처벌할 수 없으나 (대법원 1971. 1. 26. 선고 70도2598 판결 등), 공무원이 아닌 자가 공무원과 공동하여 허위공문서작성죄를 범한 때에는 공무원이 아닌 자도 형법 제33조, 제30조에 의하여 허위공문서작성죄의 공동정범이 된다.
[2] 공무원 아닌 자 甲이 담당공무원 乙에게 허위의 신고서(신청서)를 제출하여 이런 허위사정을 모르는 담당공무원 乙이 이를 공문서에 기재하고 그에 따라서 권한있는 공무원 丙이 해당 사안의 공문서를 작성하게 된 경우라면 그 신고서(신청서) 내용이 허위이므로 허위의 공문서가 작성되게 된 경우 = 甲을 허위공문서작성죄의 간접정범으로 보지 않는다. 이때에는 공정증서원본부실기재죄가 될 수 있는 것(물론 해당 신고나 신청이 공정증서에 기재되는 것도 아니라면 공정증서원본부실기재죄도 성립하지 않음) (대법원 2006도1663)
⑤ 공무원 아닌 자 甲(건설업자)이 담당공무원 乙에게 허위의 수주실적 증명원(신청서)을 제출하여 그 내용이 허위인 사정을 모르는 담당공무원 乙로부터 그 증명원 내용과 같은 공사실적 증명서를 발급받은 경우 甲은 **공문서위조죄의 간접정범도 아니다.** (대법원 2000도938)

(2) 객체
① 공무원이나 공무소가 직무 권한 내에서 작성한 공문서나 공도화이다.
② 허위공문서작성죄의 객체가 되는 문서는 문서상 작성명의인이 명시된 경우뿐 아니라 작성명의인이 명시되어 있지 않더라도 문서의 형식, 내용 등 문서 자체에 의하여 누가 작성하였는지를 추지할 수 있을 정도의 것이면 된다. (대법원 2018도18646)

(3) 실행행위
1) 허위작성
① 작성권한 있는 공무원이 문서에 객관적 진실에 반하는 내용을 기재하는 것이다.
② 담당공무원이 민원인으로부터 각종 행정상의 신고를 받을 때 허위신고임을 알면서도 해당 내용을 기재하는 것도 포함한다. 다만, 수사기록이나 공판기록에 진술자가 허위진술을 하고 있다고 생각하면서도 진술자의 진술을 그대로 기재하는 것은 적법한 조서작성 방법이라서 허위공문서작성죄가 아니다.
③ 심지어 부작위로도 허위공문서작성죄가 성립한다. 예컨대, 검사가 피의자에게 유리한 진술내용을 고의로 피의자신문조서에 기재하지 않는 경우 등이다.

2) 변개

작성권한 있는 공무원이 이미 진정하게 작성된 문서 중에 비본질적인 부분을 차후에 허위로 고치는 것이다. 본질적인 부분을 고치는 것은 변개가 아니라 허위작성이라고 보아야 한다. 그러나 변개이든 허위작성이든 허위공문서작성죄가 성립하므로 구별실익은 크지 않다.

3 주관적 구성요건: 고의와 행사 목적

고의가 있어야 하며, 추가적으로 행사목적이 필요한 목적범이다.

4 죄수

① 공무원이 위법사실을 적극 은폐하려고 허위공문서작성을 하는 경우, 직무유기죄는 별도로 성립하지 않고 허위공문서작성죄만 성립한다. (대법원 82도2210)

② 그러나 위법사실을 은폐하려는 목적은 없이 허위공문서작성을 한 경우, 허위공문서작성죄와 직무유기죄가 실체적 경합이 된다. (대법원 92도3334)

③ 군의관(공무원인 의사)이 공무소 명의로 허위진단서를 발행한 경우, 허위공문서작성죄만이 성립하고 허위진단서작성죄는 별도로 성립하지 않는다. (대법원 2003도7762)

> **관련판례** **허위공문서작성죄 인정**
>
> ① 공무원이 신축건물에 대한 착공 및 준공검사를 마치고 관계서류를 작성함에 있어 그 허가조건 위배사실을 숨기기 위하여 허위의 복명서를 작성 행사하였을 경우에는 작위범인 허위공문서작성 동행사죄만이 성립한다. (대법원 72도722)
>
> ② 공무원이 작성한 가옥증명서의 기재내용이 객관적인 사실에 부합되는 것으로 그 내용이 허위가 아닐지라도, 가옥증명서 자체가 시청에 비치한 가옥대장과 대조하여 상위가 없다는 증명서이고 보면, 가옥대장기재와 다른내용을 기재하여 가옥증명서를 발행한 이상 허위공문서작성죄가 성립한다. (대법원 73도395)
>
> ③ 신고사항이 허위인 것이 명백한 경우에는 호적리는 그 기재를 거부할 수 있다고 해석할 것이므로 허위임을 알고 있으면서 이를 호적부에 기재하였다면 허위공문서 작성죄가 성립한다. (대법원 77도2155)
>
> ④ 피고인이 건축물조사 및 가옥대장 정리업무를 담당하는 지방행정서기를 교사하여 무허가 건물을 허가받은 건축물인 것처럼 가옥대장 등에 등재케 하여 허위공문서 등을 작성케 한 사실이 인정된다면, 허위공문서작성죄의 교사범으로 처단한 것은 정당하다. (대법원 83도1458)
>
> ⑤ 지방공무원인 피고인이 갑으로부터 부탁을 받고 1989.4.15.까지는 갑이 세대주이고 저인 을은 동거가족에 불과하였음에도 불구하고 마치 1988.3.26.부터 을이 세대주인 것처럼 된 세대별 주민등록표 1장을 작성하여 동사무소의 주민등록표 보관함에 비치한 행위는 허위공문서작성 및 동행사죄에 해당한다. (대법원 90도1199)
>
> ⑥ **인감증명서 발급업무를 담당하는 공무원이 발급을 신청한 본인이 직접 출두한 바 없음에도 불구하고** 본인이 직접 신청하여 발급받은 것처럼 인감증명서에 기재하였다면, 이는 공문서위조죄가 아닌 허위공문서작성죄이다. (대법원 97도1082)
>
> ⑦ 공증담당 변호사가 법무사의 직원으로부터 인증촉탁서류를 제출받은 후, 법무사가 공증사무실에 출석하여 사서증서의 날인이 당사자 본인의 것임을 확인한 바 없지만, 업계의 관행에 따라 그러한 확인을 한 것처럼 인증서에 기재한 경우에는 허위공문서작성죄가 성립한다. (대법원 2006도3844) = 사서증서란 사문서에 대한 인증서를 의미하는 것으로 사서증서 중 사문서 부분은 사문서이지만 인증기재부분은 공문서로 본다. 그리고 공증인은 공문서작성권한을 가진 자로 이해하므로 그가 인증기재부분을 허위작성했다면 허위공문서작성죄가 성립한다.

⑧ 농지법상 농지취득자격증명은 농지 취득자가 소유권에 관한 등기를 신청할 때에 첨부해야 할 서류로서, 자격이 있다는 것을 증명하는 것이므로, **신청인에게 농업경영능력이나 영농의사가 없음을 알거나 이를 제대로 알지 못하면서도** 농지취득자격에 아무 문제가 없다는 내용으로 **농지취득자격증명통보서를 작성**하였다면, 허위공문서작성죄에 해당한다. (대법원 2006도3996)

⑨ 피고인들을 비롯한 경찰관들이 피의자들을 현행범으로 체포하거나 현행범인체포서를 작성할 때 체포사유 및 변호인선임권을 고지하였다는 내용의 허위 현행범인체포서와 확인서를 작성한 경우, 피고인들에게 허위공문서작성에 대한 범의가 있었다고 보아야 한다. (대법원 2008도11226)

⑩ 사법경찰관인 피고인이 검사로부터 '교통사고 피해자들로부터 사고 경위에 대해 구체적인 진술을 청취하여 운전자 갑의 도주 여부에 대해 재수사할 것'을 요청받고, 재수사 결과서의 '재수사 결과'란에 피해자들로부터 진술을 청취하지 않았음에도 진술을 듣고 그 진술내용을 적은 것처럼 기재함으로써 허위공문서를 작성하였다는 내용으로 기소된 사안에서, 피해자들 진술로 기재된 내용 중 일부가 결과적으로 사실과 부합하는지, 재수사 요청을 받은 사법경찰관이 검사에 의하여 지목된 참고인이나 피의자 등에 대한 재조사 여부와 재조사 방식 등에 대해 재량을 가지는지 등과 무관하게 피고인의 행위는 허위공문서작성죄를 구성하고, 그에 관한 범의도 인정된다. (대법원 2022도6886)

> **관련판례** 허위공문서작성죄 부정

① 공무원이 아닌 자가 공무원에게 허위사실을 기재한 증명원을 제출하여 그것을 알지 못하는 공무원으로부터 증명서를 받아 낸 경우에는 허위공문서작성죄의 간접정범이 성립하지 아니한다. (대법원 76도151)

② 대수선허가 면적보다 1층은 1.12평, 2층은 0.25평이 더 증축된 것을 알면서도 허가된 면적대로 준공되었다는 준공검사보고서를 작성하였으나 통상 있을 수 있는 사소한 차이인 점 등에 비추어 허위공문서작성 및 동행사의 범의를 부정하였다. (대법원 85도327) = 고의부정

③ **면사무소 호적계장인 甲이 호적정정 사유가 없음을 알면서도** 행사할 목적으로 乙의 호적부편제 중 乙의 딸의 호적기재 출생란, 주민등록번호란에 **허위내용의 호적정정 기재를 한 후**, 자신이 소지하고 있던 면장 丙의 실인을 찍고는 그 **호적부가 정당하게 작성된 것처럼** 비치한 경우, **공문서위조 및 동행사죄이지, 허위공문서작성죄 및 동행사죄가 아니다.** (대법원 90도1790)

④ 고의로 **법령을 잘못 적용**하여 공문서를 작성하였다고 하더라도 그 법령 적용의 전제가 된 사실관계에 대한 내용에 거짓이 없다면 허위공문서작성죄가 성립될 수 없는바, 당사자로부터 뇌물을 받고 고의로 적용하여서는 안 될 조항을 적용하여 과세표준을 결정하고 그 과세표준에 기하여 세액을 산출하였다고 하더라도 그 세액계산서에 허위내용의 기재가 없다면 허위공문서작성죄에는 해당하지 않는다. (대법원 96도554)

⑤ 교통사고 가해자의 사고 후의 행동이 기재된 가해자 및 피해자의 관련자 진술서만 첨부하고 교통사고 실황조사서의 사고원인기재란 중 사고도주 표시란에는 아무런 표시를 하지 않은 것은 허위공문서작성에 해당하지 않는다. (대법원 96도2329) = 도주여부가 명확치 않아 표시를 하지 않은 것일 뿐 허위 기재의 고의가 없다.

⑥ 공무원이 여러 차례의 **출장반복의 번거로움**을 회피하고 민원사무를 신속히 처리한다는 방침에 따라 사전에 출장조사한 다음 출장조사내용이 변동없다는 확신하에 출장복명서를 작성하고 다만 그 출장일자를 작성일자로 기재한 경우, 허위공문서작성의 범의를 인정할 수 없다. (대법원 99도4101) = 허위작성은 있으나 고의가 없다.

⑦ 건축 담당 공무원이 건축허가신청서를 접수·처리함에 있어 건축법상의 요건을 갖추지 못하고 설계된 사실을 알면서도 기안서인 건축허가통보서를 작성하여 건축허가서의 작성명의인인 군수의 결재를 받아 건축허가서를 작성한 경우 위 건축허가서에 표현된 허가의 의사표시 내용 자체에 어떠한 허위가 있다고 볼 수는 없다 할 것이어서, 이러한 건축허가에 그 요건을 구비하지 못한 잘못이 있고 공무원의 위법행위가 개입되었다 하더라도 허위공문서작성죄로 처벌할 수는 없다. (대법원 2000도1858)

⑧ 영상물등급위원회 임직원이 게임물 등급분류와 관련하여 영상물등급위원회장 명의의 접수일부인을 허위로 작성·행사한 사안에서, 처벌법규의 개정으로 형법상 뇌물 관련 범죄 외에는 더 이상 공무원으로 의제되지 않게 된 영상물등급위원회 임직원들에 대해 허위공문서작성죄 및 동행사죄를 적용되지 않는다. (대법원 2008도93)

⑨ **소속 공무원인 피고인**이 허위의 '산지이용구분 내역 통보'를 군청 민원봉사과에 보내어, 그 정을 모르는 민원봉사과 **소속 공무원으로** 하여금 군수 명의의 위 각 임야에 대한 토지이용계획확인서를 작성발급하게 한 경우, 피고인은 작성권한자도 아니며 **민원봉사과 소속 공무원의 업무를 보조하는 직무에 있다고 보기도 어렵기에 간접정범으로 보기 어렵다.** (대법원 2009도9963)

⑩ 선박검사증서 발급 업무를 수행하는 공단 임직원을 공문서의 작성 주체인 '공무원'으로 볼 수 없고, 공단이 해양수산부장관을 대행하여 이사장 명의로 발급하는 선박검사증서가 공문서위조죄나 허위공문서작성죄에서의 '공문서'에 해당하지 않는다. (대법원 2015도9133)

⑪ 차기수상함구조함(ATS-Ⅱ, 통영함)에 탑재할 선체고정음탐기 구매사업을 진행하면서 공모하여, 병 주식회사의 제안서 평가결과 작전운용성능 등 성능입증자료의 제출이 없어 요구조건 미충족임에도 업무상 임무에 위반하여 평가결과를 모두 '충족'이라고 기재하여 음탐기 기종결정(안)을 허위로 작성·행사함으로써 방위사업청으로 하여금 병 회사와 성능 미달의 음탐기 납품계약을 체결하게 하여 대한민국에 손해를 가하였다고 하여 허위공문서작성 및 동행사, 특정경제범죄 가중처벌 등에 관한 법률 위반(배임)으로 기소된 사안에서, 허위공문서작성의 범의가 있었다거나 배임의 범의로 임무위배행위를 하였다는 사실이 합리적 의심을 배제할 정도로 증명되었다고 보기 어렵다. (대법원 2016도3957)

⑫ 피고인 갑이 세월호 침몰사고 진상규명을 위한 국정조사특별위원회의 국정조사절차에서 대통령비서실장으로서 증언한 후 국회의원으로부터 대통령 대면보고 시점 등에 관한 추가 서면질의를 받고, 실무 담당 행정관으로 하여금 '비서실에서는 20~30분 단위로 간단없이 유·무선으로 보고를 하였기 때문에, 대통령은 직접 대면보고 받는 것 이상으로 상황을 파악하고 있었다고 생각합니다.'라는 내용의 서면답변서를 작성하여 국회에 제출하도록 함으로써 공문서를 허위로 작성·행사하였다는 내용으로 기소된 사안에서, 답변서가 대통령비서실장으로서 최종 작성권한을 갖는 피고인 갑에 의하여 대통령비서실, 국가안보실의 직무권한 범위 내에서 작성된 공문서에 해당한다고 본 원심판단은 정당하나, 답변서 중 '대통령은 직접 대면보고 받는 것 이상으로 상황을 파악하고 있었다고 생각한다.'는 부분은 **피고인 갑의 의견으로서 그 자체로 내용의 진실 여부를 판단할 수 있다거나 문서에 대한 공공의 신용을 위태롭게 할 만한 증명력과 신용력을 갖는다고 볼 수 없고,** '비서실에서 20~30분 단위로 간단없이 유·무선으로 보고를 하였다.'는 부분은 실제로 있었던 객관적 사실을 기반으로 하여 기재된 내용으로 이를 허위라고 볼 수 없으며, 또한 답변서는 그 실질이 국조특위 이후 추가된 국회 질의에 대하여 서면으로 행한 '증언'과 다를 바 없을 뿐만 아니라, 국조특위에서 위증에 대한 제재를 감수하는 증인선서 후 증언한 것과 내용 면에서 차이가 없고, 실제 작성·제출도 자료 취합과 정리를 담당한 실무자에 의하여 기존 증언 내용 그대로 이루어졌다는 점 등에 비추어, **답변서는 피고인 갑이 국조특위 이후 추가된 국회 질의에 대하여 기존 증언과 같은 내용의 답변을 담은 문서로서 허위공문서작성죄에서 말하는 '허위'가 있다거나 그에 관한 피고인 갑의 인식이 있었다고 보기 어렵다**는 이유로, 답변서 작성 및 제출이 허위공문서작성죄 및 허위작성공문서행사죄에 해당하지 않는다. (대법원 2020도9714)

⑬ [1] 피고인이 이 사건 수사보고서 작성 당시 甲에 대한 체포 사유와 관련한 내용을 상세하게 기재하지 않은 점은 인정되나, 이 사건 수사보고서 내용에 거짓이 있다거나 피고인에게 허위공문서작성에 관한 확정적 또는 미필적 고의가 있었다는 점에 관하여 합리적인 의심의 여지가 없을 정도로 증명이 이루어졌다고 보기 어렵다.

[2] 허위공문서라 함은 문서를 작성할 권한이 있는 공무원이 그 내용이 허위라는 사실을 인식하면서 진실에 반하는 기재를 하여 작성한 공문서이므로, 그 공문서의 작성의도 내지 목적이 부정한 것이었다 하더라도 거기에 기재된 내용에 거짓이 없다면 허위공문서작성죄가 성립될 수 없다. (대법원 2023도3451)

X 공정증서원본 등 부실(불실) 기재죄

> **형법**
>
> **제228조【공정증서원본등의 부실기재】** ① 공무원에 대하여 허위신고를 하여 공정증서 원본 또는 이와 동일한 전자기록등 특수매체기록에 부실의 사실을 기재 또는 기록하게 한 자는 5년 이하의 징역 또는 1천만원이하의 벌금에 처한다.
> ② 공무원에 대하여 허위신고를 하여 면허증, 허가증, 등록증 또는 여권에 부실의 사실을 기재하게 한자는 3년 이하의 징역 또는 700만원 이하의 벌금에 처한다.
>
> **제235조【미수범】** 제225조 내지 제234조의 미수범은 처벌한다

1 의의

허위공문서작성죄를 간접정범의 형태로 범하는 경우이다. 사실에 반하는 **허위신고를 하여** 담당공무원으로 하여금 공정증서원본에 그 증명하는 사항에 관하여 **실체관계에 부합하지 아니하는 부실한 사실을 기재하게 함으로써 성립한다.**

2 객관적 구성요건

(1) 주체

주체는 누구든지 상관없다. 공무원도 담당공무원에게 허위 내용을 신고하여 공정증서에 부실 기재를 만들어낼 수 있다.

(2) 객체

① 공정증서 원본은 공무원이 직무상 작성하는 공문서로 권리·의무관계(대체로 사법상의 법률관계)를 증명의 효력을 갖는 문서를 의미한다. 주민등록부, 인감대장, 토지대장, 가옥대장, 주민등록증은 권리·의무관계를 증명하는 서류가 아니므로 공정증서원본부실기재죄의 객체가 아니다.

② **원본이어야 하므로, 정본, 등본, 초본, 사본은 공정증서원본부실기재죄의 객체가 아니다.** 즉 허위신고를 하여 원본이 아닌 정본, 등본, 초본, 사본에 부실기재를 만들어냈더라도 이는 공정증서원본부실기재죄가 아니다.

③ 공정증서라도 판결원본, 수사기관 진술조서는 신고내용을 그대로 기재하는 것이 원칙이므로 공정증서원본부실기재죄의 객체에 **해당하지 않는다.**

④ 이 밖에 공정증서원본에 상응하는 특수매체기록, 면허증, 허가증, 등록증, 여권 등을 본죄의 객체로 규정하고 있다.

■ 공정증서원본부실기재죄 객체 여부

	공정증서원본부실기재죄 성립 객체	공정증서원본부실기재죄 객체 아닌 것
공정증서원본	· 부동산등기부, 상업등기부, 법인등기부 · 화해조서 · 법률사무소 명의로 작성된 공정증서 · (예전)호적부	· 주민등록부 · 토지대장, 가옥대장, 건축물대장 · 판결본, 수사기관의 진술조서나 피신조서 · 공정증서의 등본·사본·초본·정본 · 조정절차의 조정조서 · 공증인이 인정한 사서증서

	공정증서원본부실기재죄 성립 객체	공정증서원본부실기재죄 객체 아닌 것
특수매체기록	• 전산화된 부동산등기파일 • **자동차등록파일** • 국세청 세무자료 파일	**자동차운전면허대장** = 자동차등록증이나 등록파일과는 다른 것임. = 이것은 범칙자, 교통사고유발자의 인적사항 등을 기재해 놓은 **사실증명에 불과한 서류로서 공정증서원본이 아니다.** (대법원 2010도1125)
면허증	• 의사면허증, 운전면허증, 수렵면허증, 침구사자격증 (공무소의 허가사항을 기재한 권리의무에 관한 것)	• 교사자격증, 시험합격증서, 외국인등록증명서, 자동차검사증 (단순히 일정 자격을 표시한 것에 불과)
허가증	• 주류판매업 허가증, **자동차 영업 허가증** • 음식점 영업허가증	
등록증	• 자동차등록증 • 변호사, 법무사, 세무사, 전문의(專門醫) 등의 등록증	사업자등록증, **주민등록증**
여권	여권, 가석방자의 여행허가증	

관련판례 공정증서원본에 해당되는지 여부

① **종중 소유의 토지**를 자신의 개인 소유로 신고하여 **토지대장**에 올린 경우 공정증서원본 등 부실기재죄가 **성립하지 않는다.** (대법원 87도2696) = 권리의무에 변동을 주는 효력이 없는 것이므로 공정증서에 해당하지 아니한다.
② 형법 제228조 제2항의 '등록증'은 공무원이 작성한 모든 등록증을 말하는 것이 아니라, 일정한 자격이나 요건을 갖춘 자에게 그 자격이나 요건에 상응한 활동을 할 수 있는 권능 등을 인정하기 위하여 공무원이 작성한 증서를 말한다. **사업자등록증은 단순한 사업사실의 등록을 증명하는 증서에 불과하고 사업의 자격이나 요건을 충족하였다는 것을 인정하는 것이 아니므로** 형법 제228조 제2항의 **'등록증'에 해당하지 않는다.** (대법원 2003도6934)
③ 자동차운전면허증 재교부신청서의 사진란에 다른 사람의 사진을 붙여 제출함으로써 담당공무원으로 하여금 자동차운전면허대장에 불실의 사실을 기재하게 한 경우, **자동차운전면허대장은 사실증명에 관한 것에 불과하므로 공정증서원본이라고 볼 수 없다.** (대법원 2010도1125) = 운전면허대장은 범칙자, 교통사고유발자의 인적사항 등을 기재하거나 당해 운전면허증 교부 등에 관한 사항을 기재한 것에 불과, 즉 사실증명에 관한 것에 불과하여 공정증서원본이 아니기 때문이다.
④ 법원에 허위 내용의 조정신청서를 제출하여 판사로 하여금 조정조서에 불실의 사실을 기재하게 한 경우, 그 조정절차에서 작성되는 **조정조서는 그 성질상 허위신고에 의해 불실한 사실이 그대로 기재될 수 있는 공문서로 볼 수 없어 공정증서원본에 해당하는 것으로 볼 수 없다.** (대법원 2010도3232)

3 행위

① 형법 제228조 제1항이 규정하는 공정증서원본불실기재죄나 공전자기록등불실기재죄는 특별한 신빙성이 인정되는 권리의무에 관한 공문서에 대한 공공의 신용을 보장함을 보호법익으로 하는 범죄로서 **공무원에 대하여 진실에 반하는 허위신고를 하여 공정증서원본 또는 이와 동일한 전자기록 등 특수매체기록에 그 증명하는 사항에 관하여 실체관계에 부합하지 아니하는 '부실(不實)의 사실'을 기재 또는 기록하게 함으로써 성립**하므로, 여기서 '부실의 사실'이란 권리의무관계에 중요한 의미를 갖는 사항이 객관적인 진실에 반하는 것을 말한다. (대법원 2012도12363)

② 따라서 공정증서원본등부실기재죄에 있어서 권리·의무와 관계없는 사항에 관한 부실기재가 있다거나 절차상의 흠이 있는 부실기재라고 하더라도 실체적 권리관계에 부합한다면 본죄의 부실기재에 해당하지 않는다. (대법원 96도1225)

③ 공정증서원본에 기재된 사항이 **부존재하거나 외관상 존재한다고 하더라도**, 무효에 해당되는 하자가 있는 경우가 아니라, 기재된 사항이나 그 원인된 법률행위가 객관적으로 존재하되 다만 거기에 **취소사유인 하자가 있을 뿐인 경우에는 취소되기 전의 기재는 공정증서원본의 불실기재에 해당하지 아니한다.** (대법원 2008도10248)

④ 그리고 여기서의 **공무원은 공정증서원본에 신고사실을 기재하는 업무를 담당하는 권한을 가진 공무원**을 말하며, 해당 공무원이 기재사실이 **허위임을 모르는 경우에 본죄가 성립**한다. 만일 해당 공무원이 신고인이 **허위사실을 신고하고 있음을 알면서도 허위로 기재하고 있는 경우**라면, 이는 **본죄가 아니며** 해당 담당공무원은 허위공문서작성죄이고 허위신고한 자는 허위공문서작성죄의 교사범이 된다.

⑤ 허위신고란 객관적 진실에 반하는 신고이다. 신고내용이 허위인 경우는 물론이고 신고인의 자격이 없는 경우도 허위신고에 해당한다.

4 미수와 기수

① 본죄의 실행의 착수시기는 공무원에 대하여 **허위신고를 한 때**이고, 기수시기는 공무원이 공정증서원본 등에 **부실기재를 한 때**이다.

② 공무원에게 허위신고를 하여 담당공무원이 원본에 부실기재를 하여 **공정증서원본부실기재죄가 성립한 후**, 나중에 해당 거래당사자들끼리 **동의 또는 추인 등을 하였다는 사정**으로 문서에 기재된 대로 효과의 승인을 받거나, 등기 등 기재내용이 실체적 권리의무관계와 부합하게 되었다 하더라도, **공정증서원본부실기재죄의 성립에는 아무런 영향이 없다.** (대법원 2001도3959)

5 인과관계

허위신고와 부실기재 사이에 인과관계가 인정되어야 한다. 만일 **부실기재가 신고인의 허위신고에 의한 것이 아니라 법원의 촉탁 등에 의해 이루어진 경우라면 공정증서원본부실기재죄가 아니다.** (대법원 83도2442)

6 주관적 구성요건

고의가 있어야 한다. 하지만 행사목적은 필요하지 않다.

> **관련판례**
> 피고인이 **자신의 부친이 적법 취득한 토지인 것으로 알고** 실체관계에 부합하게 하기 위하여 소유권이전등기를 경료한 경우, 등기 당시 **부실기재라는 점에 대해 인식(고의)가 없으므로**, 공정증서원본부실기재죄가 성립하지 않는다. (대법원 95도2468)

7 죄수

① 법원을 기망하여 승소판결을 받고 그 판결에 의해 허위신고를 하여 소유권이전등기를 경료한 경우는 사기죄도 성립하고 공정증서원본부실기재죄도 성립하여, 양죄는 실체적 경합이다.

② 1인 회사의 1인 주주가 당해 임원의 의사에 의하지 않은 허위의 사임서를 위조작성하여 이 사실을 상업등기부에 기재토록 만든 경우(이사 사임등기를 마친 경우), 사문서위조죄와 공정증서원본부실기재죄의 실체적 경합이다. (대법원 92도1564)

관련판례 공정증서원본부실기재죄 인정

① **허위의 유언내용의 초안을 작성하여 그 정을 모르는 변호사에게 제출**하여 그가 속한 공증사무 취급이 인가된 합동법률사무소 명의로 공증을 받은 경우, 공정증서 원본을 허위작성케 한 것에 해당된다. (대법원 74도2715 전합)

② 1인 주주의 의사는 주주총회와 이사회의 의사와 같으므로 주주총회나 이사회의 결의에 의해야 할 임원변경등기가 불법하게 되었더라도 1인 주주의 의사와 합치되는 이상 불실등기라고 볼 수는 없으나, 임원이 스스로 사임한 데에 따른 이사사임등기는 주주총회나 이사회의 결의 내지 1인 주주의 의사와는 무관하고 오로지 당해 임원의 의사에 기하는 것이므로 당해 이사의 의사에 기하지 않은 이사사임등기가 1인 주주의 의사에 합치된다고 하여 불실등기가 아니라고 할 수 없다. (대법원 80도2641)

③ **해외이주의 목적으로 위장결혼**을 하고 혼인신고를 한 경우, 해당 혼인은 무효라고 할 것이어서 위장결혼을 하고 혼인신고를 하여 위 사실이 호적부에 기재되었다면 공정증서원본불실기재죄를 구성한다. (대법원 85도1481)

④ 공동대표이사로 법인등기를 하기로 하여 이사회의사록 작성 등 그 등기절차를 위임받았음에도 단독대표이사 선임의 이사회의사록을 작성하여 단독대표이사로 법인등기한 행위가 사문서위조, 동행사, 공정증서원본불실기재, 동행사의 죄에 해당한다. (대법원 93도1091)

⑤ 피고인들이 중국 국적의 **조선족 여자들과 참다운 부부관계를 설정할 의사 없이** 단지 그들의 국내 취업을 위한 입국을 가능하게 할 목적으로 형식상 혼인하기로 하고 효력이 없는 혼인신고를 한 이상 공정증서원본부실기재 및 동행사죄의 죄책을 진다. (대법원 96도2049)

⑥ **허위의 소유권 이전등기를 경료한 자가 자신의 채권자와 합의**에 의하여 그 부동산에 근저당설정등기를 경료한 경우, 공정증서원본불실기재 및 동행사죄가 성립한다. (대법원 97도605) = 근저당권은 근저당물의 소유자가 아니면 설정할 수 없으므로 타인의 부동산을 자기 또는 제3자의 소유라고 허위사실을 신고하여 소유권이전등기를 경료한 후 더 나아가 그 부동산이 자기 또는 제3자의 소유인 것처럼 가장하여 **그 부동산에 관하여 자기 또는 제3자 명의로 채권자와의 사이에서 근저당설정등기하는 것**은 공정증서원본부실기재죄 및 동행사죄가 성립한다.

⑦ 회사의 대표이사가 당초부터 진실한 **주금납입으로 회사의 자금을 확보할 의사 없이**, 형식상 또는 일시적으로 주금을 납입하고 이 돈을 은행에 예치하여 납입의 외형을 갖추고 주금납입증명서를 교부받아 설립등기나 증자등기의 절차를 마친 다음 바로 그 납입한 돈을 인출하고는, 그 인출한 돈을 특별히 회사를 위해 사용하지도 않은 경우 납입가장죄, 공정증서원본부실기재죄, 동행사죄가 성립하나 횡령죄는 성립하지 않는다. (대법원 2003도7645 전합)

⑧ 교회의 교인들 간에 갈등이 심화되어 교회가 분열된 후에 일방의 교회가 타방의 교회를 배제한 채 소집·개최한 당회에서 교회 재산인 부동산을 총회유지재단에 증여하기로 하는 내용의 결의를 하고 등기공무원에게 등기신청을 하여 소유권이전등기를 마친 사안에서, 위 당회의 결의가 그 소집 및 결의절차가 부적법하다는 이유로 공정증서원본불실기재죄 및 동행사죄가 성립한다. (대법원 2005도3772)

⑨ **종중의 적법한 대표 권한이 없는 자가 종중 소유의 토지에 보존등기를 신청**하면서 자신이 대표자인 것처럼 허위신고를 함으로써 부동산등기부에 종중의 대표자로 기재된 경우에는 공정증서원본 등 부실기재죄가 성립한다. (대법원 2005도4790) = 비법인사단이나 재단의 경우 권한 없는 자가 정관이나 사원총회 결의록을 위조하여 자신이 진정한 대표자인 것처럼 등기신청할 위험이 크므로 이들 단체 명의의 등기에는 대표자의 성명, 주소, 주민등록번호를 등기사항으로 정하여 부동산의 처분권한이 누구에게 있는지를 등기부를 통하여 쉽게 확인할 수 있도록 공시하고 있다. 비록 종중 소유 부동산은 종중 총회 결의를 얻어야 유효한 처분을 할 수 있다 하더라도 거래 상대방으로서는 부동산등기부상 표시된 종중대표자를 신뢰하고 거래하는 것이 일반적인 점을 비추어 보면, 종중 대표자의 기재는 부동산처분권한에 관련된 중요부분의 기재로서 공공 신용을 보호할 필요가 있으므로 허위내용을 등재하게 한 경우 공정증서부실기재죄에 해당한다.

⑩ **종중총회의 결의 없이 경료된 근저당권설정등기**는 그 원인된 법률행위에 무효에 해당하는 하자가 있으므로 공정증서원본불실기재 및 동행사죄에 해당한다. (대법원 2005도4910)

⑪ 부동산 매수인이 매도인과 사이에 부동산의 소유권이전에 관한 물권적 합의가 없는 상태에서, 소유권이전등기신청에 관한 **대리권이 없이 단지 소유권이전등기에 필요한 서류를 보관하고 있을 뿐인 법무사를 기망하여 매수인 명의의 소유권이전등기를 신청**하게 한 경우, 위 소유권이전등기는 원인무효의 등기로서 불실기재에 해당한다. (대법원 2005도9402)

⑫ <u>토지거래 허가구역 안의 토지</u>에 관하여 실제로는 매매계약을 체결하고서도 처음부터 토지거래허가를 잠탈하려는 목적으로 <u>등기원인을 '증여'로 하여 소유권이전등기를 경료</u>한 경우, 비록 매도인과 매수인 사이에 실제의 원인과 달리 '증여'를 원인으로 한 소유권이전등기를 경료할 의사의 합치가 있더라도, 허위신고를 하여 공정증서원본에 불실의 사실을 기재하게 한 때에 해당한다. (대법원 2005도9922) = 이 판례는, 부동산에 관하여 가장매매로 소유권이전등기 경료한 사건(대법원 91도1164)와 비슷하게 비록 매도인과 매수인 사이에 실제의 원인과 달리 '증여'를 원인으로 한 소유권이전등기를 경료할 의사의 합치가 있는 경우이지만, 토지거래 허가구역을 위반하고 계약한 경우는 확정적 무효이므로 이에 터잡은 소유권이전등기는 실체관계에 부합하지 않고 토지등기부에 대한 공공신용을 해칠 위험성이 큰 점을 감안하여 공정증서원본부실기재죄를 인정한 것이다.

⑬ 유상증자 등기의 신청시 발행주식 총수 및 자본의 총액이 증가한 사실이 <u>허위임을 알면서 증자등기를 신청하여 상업등기부원본에 그 기재</u>를 하게 한 경우, 공정증서원본불실기재죄가 성립한다. (대법원 2006도5147)

⑭ 실제로는 채권·채무관계가 존재하지 아니함에도 공증인에게 허위신고를 하여 가장된 금전채권에 대하여 집행력이 있는 공정증서원본을 작성하고 이를 비치하게 한 것이라면 공정증서원본불실기재죄 및 불실기재공정증서원본행사죄가 성립한다. (대법원 2007도3005)

⑮ 실제로는 채권·채무관계가 존재하지 아니함에도 공증인에게 허위신고를 하여 가장된 금전채권에 대하여 집행력이 있는 공정증서원본을 작성하고 이를 비치하게 한 것이라면 공정증서원본부실기재죄 및 부실기재공정증서원본행사죄의 죄책을 면할 수 없다. (대법원 2008도7836)

⑯ 발행인과 수취인이 통모하여 진정한 어음채무 부담이나 어음채권 취득 의사 없이 <u>단지 발행인의 채권자에게서 채권추심이나 강제집행을 받는 것을 회피하기 위하여 형식적으로만 약속어음의 발행을 가장한 후 공증인에게 마치 진정한 어음발행행위가 있는 것처럼 허위로 신고</u>하여 어음공정증서원본을 작성·비치하게 한 경우에 공정증서원본부실기재 및 동행사죄가 성립한다. (대법원 2009도5786)

⑰ 중국 국적의 피고인이 허무인의 인적 사항으로 대한민국 남자와 가장 혼인하여 구 국적법 제3조 제1호에 따라 대한민국 국적을 취득한 것처럼 행세하여 대한민국 국민으로서 허무인의 인적사항이 기재된 대한민국 여권을 발급받아 이를 출입국시 출입국심사 담당공무원에게 제출하였다는 사실로 불실기재 여권행사죄, 출입국관리법위반죄로 기소되었고, 원심은 이 사건 공소사실을 유죄로 인정한 제1심판결을 그대로 유지하였다. (대법원 2019도9177)

> **관련판례** 공정증서원본부실기재죄 부정

① 甲이 허위의 공정증서에 기해 乙의 부동산에 대한 <u>강제경매신청</u>을 하였고, 이에 의해 동 부동산에 대해 법원의 강제경매개시결정을 원인으로 하는 경매신청등기가 경료된 경우 (대법원 74도568) = 경매신청등기는 법원의 직권촉탁에 의하여 경료된 것이며 피고인의 허위신고에 의하여 경료된 것이 아니므로 피고인의 강제경매신청 행위는 공정증서원본부실기재죄 구성하지 않는다.

② 피고인들이 해외로 이주할 목적으로 <u>이혼신고를 하였다 하더라도</u> 일시적이나마 이혼할 의사가 있었다고 보여지므로 이 건 이혼신고는 유효하다. (대법원 76도107)

③ 등기원인을 <u>명의신탁 대신에 매매라고 기재</u>한 경우, 당사자들의 합의 없이 경료된 소유권이전등기라고 하더라도 그것이 민사실체법상의 권리관계에 부합되는 유효한 것이라면 이를 불실의 등기라고 할 수 없다. (대법원 80도1323)

④ 부동산에 대해 <u>점유로 인한 소유권취득시효를 완성한 甲이 이미 사망한 그 부동산의 등기명의자를 상대로 매매를 원인으로 하는 소유권이전등기절차이행청구의 소를 제기</u>하여, 의제자백에 의한 승소판결을 받고 이와 같은 확정판결에 기해 甲 자신의 명의로 그 부동산에 대한 소유권이전등기를 경료한 경우 (대법원 81도1702) = 해당 등기가 실체적 권리관계에 부합하는 유효한 등기라면 등기원인이 다르다 하여도 불실등기라고 할 수 없다.

⑤ 부동산의 소유자로 하여금 근저당권자를 자금주라고 믿도록 속여서 근저당권설정등기를 경료케 한 경우라도 정당한 권한 있는 자에 의하여 작성된 문서를 제출하여 그 등기가 이루어진 것이라면 공정증서원본불실기재죄가 성립하지 않는다. (대법원 82도39) = 당사자의 의사에 합치되는 등기라 할 것이므로 공정증서원본 불실기재죄가 성립하지 않는다.

⑥ **부실기재가 신고인의 허위신고에 의한 것이 아니라 법원의 촉탁 등에 의해 이루어진 경우라면 공정증서원본부실기재죄가 아니다.** (대법원 83도2442)
⑦ 원래 자신소유인 부동산에 대하여 허위의 보증서를 작성한 후 등기소에 제출하여 자기 명의로 소유권을 이전받은 경우, 공정증서원본 등 부실기재죄가 성립하지 않는다. 실체관계에 부합하는 등기라면 공정증서원본부실기재죄가 아니다. (대법원 84도2285) = 다소 절차상의 하자가 있더라도 실체관계에 부합하는 등기라면 공정증서원본부실기재죄가 아니라고 보는 것이다.
⑧ 근저당설정등기는 등기권리자인 채권자와 등기의무자인 근저당권설정자와의 합의를 기초로 이루어지는 것이므로 설사 등기의 편의상 진정한 채무자가 아닌 제3자를 채무자로 등기부상 등재케 하였다 하더라도 그것이 계약당사자간의 합의에 의하여 이루어진 것이라면 당사자 사이에 이와 같은 등기를 경료하게 할 의사가 있었던 것이므로 이 경우 공정증서원본불실기재죄는 성립되지 않는다. (대법원 84도2461)
⑨ **종중소유의 토지를 자신의 개인 소유로 신고하여 토지대장에 올린 경우 공정증서원본 등 부실기재죄가 성립하지 않는다.** (대법원 87도2696) = 권리의무에 변동을 주는 효력이 없는 것이므로 공정증서에 해당하지 아니한다.
⑩ 등기명의인이 부동산의 진실한 소유자가 아니어서 그 명의의 등기가 원인무효임을 알면서 그로부터 **부동산에 관하여 가장매수하고 이를 원인으로 소유권이전등기를 경료**한 경우 공정증서원본부실기재 및 동행사죄가 성립하지 않는다. (대법원 91도1164) = 부동산을 관리보존하는 방법으로 이를 **타에 신탁하는 의사로서 그 소유권이전등기를 한 경우**에는 그 원인을 매매로 가장하였다 하더라도 이는 공정증서원본불실기재죄에 해당하지 아니하고, 피고인이 부동산에 관하여 가장매매를 원인으로 소유권이전등기를 경료하였더라도, 그 당사자 사이에는 소유권이전등기를 경료시킬 의사는 있었다고 할 것이므로 공정증서원본불실기재죄 및 동행사죄는 성립하지 아니한다. 다시 말해서, 피고인이 부동산에 관하여 가장매매를 원인으로 소유권이전등기를 경료하였더라도, 그 당사자 사이에는 소유권이전등기를 경료시킬 의사는 있었다고 할 것이므로 공정증서원본불실기재죄 및 동행사죄는 성립하지 않고, 또한 **등기의무자와 등기권리자(피고인)간의 소유권이전등기신청의 합의에 따라 소유권이전등기가 된 이상, 등기의무자 명의의 소유권이전등기가 원인이 무효인 등기로서 피고인이 그 점을 알고 있었다고 하더라도,** 특별한 사정이 없는 한 바로 피고인이 등기부에 불실의 사실을 기재하게 하였다고 볼 것은 아니다.
⑪ 피고인이 자신의 부친이 적법하게 취득한 토지인 것으로 알고 실체관계에 부합하게 하기 위하여 소유권보존등기를 경료한 경우 등기 당시 부실기재의 점에 대한 고의 내지는 인식이 없었다고 보아 공정증서원본부실기재 및 동행사죄가 성립하지 않는다. (대법원 95도2468)
⑫ **1인주회사에 있어서는** 그 1인주주의 의사가 바로 주주총회 및 이사회의 결의로서 1인주주는 타인을 이사 등으로 선임하였다 하더라도 언제든지 해임할 수 있으므로, **1인주주인 피고인이 공소외인과의 합의가 없이 주주총회의 소집 등 상법 소정의 형식적인 절차도 거치지 않고 공소외인을 이사의 지위에서 해임하였다는 내용을 법인등기부에 기재하게 하였다**고 하더라도 공정증서원본에 불실의 사항을 기재게 한 것이라고 할 수는 없다. (대법원 95도2817)
⑬ 피고인과 매도인과의 사이에 매매계약이 이루어졌고 그 계약금과 대부분의 중도금이 지급되었으며 매도인이 법무사에게 소유권이전등기에 필요한 서류 일체를 맡기고 나중에 잔금지급이 되면 그 등기신청을 하도록 위임하였는데, 피고인이 법무사를 기망하였고 그가 피고인에게 기망당하여 잔금이 모두 지급된 것으로 잘못 알고 등기신청을 하여 그 소유권이전등기를 경료한 것이라면 위 소유권이전등기의 원인이 되는 법률관계인 매매 내지는 물권적 합의가 객관적으로 존재하지 아니하는 것이라고는 할 수 없으니, 피고인이 위 법무사를 통하여 등기공무원에게 허위의 사실을 신고하여 등기부에 불실의 사실을 기재하게 한 것이라고는 할 수 없다. (대법원 96도233)
⑭ **공증인에게 허위의 채권을 양도한다는 취지의 공정증서를 작성하게 한 경우라도** 그 공정증서가 증명하는 사항에 관하여는 부실 사실을 기재하게 하였다고 볼 것이 아니다. (대법원 2001도5414)
⑮ 형법 제228조 제2항의 '등록증'은 공무원이 작성한 모든 등록증을 말하는 것이 아니라, 일정한 자격이나 요건을 갖춘 자에게 그 자격이나 요건에 상응한 활동을 할 수 있는 권능 등을 인정하기 위하여 공무원이 작성한 증서를 말한다. **사업자등록증은 단순한 사업사실의 등록을 증명하는 증서에 불과하고 사업의 자격이나 요건을 충족하였다는 것을 인정하는 것이 아니므로** 형법 제228조 제2항의 '등록증'에 해당하지 않는다. (대법원 2003도6934)

⑯ **재건축조합 임시총회의 소집절차나 결의방법이 법령이나 정관에 위반**되어 임원개임결의가 사법상 무효라면 실제로 재건축조합의 조합총회에서 그와 같은 내용의 임원개임결의가 이루어졌고 **그 결의에 따라 임원변경등기를 마쳤다면**, 공정증서원본불실기재죄가 성립하지 않는다. (대법원 2004도3584) = 민법상 사단법인의 총회 결의에 따라 이사 등의 변경등기를 하는 경우, 해당 행위가 공정증서원본부실기재의 원인이 되는 행위에 해당하는지 여부는 특별한 사정이 없는 한 총회결의의 사법상 효력 여부와 관계없이 그와 별도로 현실적으로 사원총회에서 그와 같은 내용의 이사 등 변경에 관한 결의가 있었다고 평가할 수 있는지 여부에 따라서 결정해야 한다.

⑰ 주식회사의 신주발행의 경우 신주발행에 법률상 무효사유가 존재한다고 하더라도 그 무효는 신주발행무효의 소에 의해서만 주장할 수 있고, 신주발행무효의 판결이 확정되더라도 그 판결은 장래에 대하여만 효력이 있으므로 (상법 제429조, 제431조 제1항), 그 **신주발행이 판결로써 무효로 확정되기 이전에 그 신주발행사실을 담당 공무원에게 신고**하여 공정증서인 법인등기부에 기재하게 하였다고 하여 그 행위가 공무원에 대하여 허위신고를 한 것이라거나 그 기재가 불실기재에 해당하는 것이라고 할 수는 없다. (대법원 2006도8488)

⑱ **대주주가 적법한 소집절차나 임시주주총회의 개최 없이** 나머지 주주들의 의결권을 위임받아 자신이 임시의장이 되어 임시주주총회 의사록을 작성하여 법인등기를 마친 사안에서, 공정증서원본불실기재죄가 성립하지 않는다. (대법원 2008도1044)

⑲ 사망자의 단독상속인인 甲이 사망자의 명의로 된 아파트에 대한 채권자들의 강제집행을 면하기 위하여 위 사망자가 증여한 사실이 없음에도 불구하고 증여를 원인으로 한 乙명의의 소유권이전등기를 한 경우라도 공정증성원본부실기재죄 및 동행사죄는 성립하지 않는다. (대법원 2010도1025)

⑳ 자동차운전면허증 재교부신청서의 사진란에 다른 사람의 사진을 붙여 제출함으로써 담당공무원으로 하여금 자동차운전면허대장에 불실의 사실을 기재하게 한 경우, **자동차운전면허대장은 사실증명에 관한 것에 불과하므로 공정증서원본이라고 볼 수 없다.** (대법원 2010도1125) = 운전면허대장은 범칙자, 교통사고유발자의 인적사항 등을 기재하거나 당해 운전면허증 교부 등에 관한 사항을 기재한 것에 불과, 즉 사실증명에 관한 것에 불과하여 공정증서원본이 아니기 때문이다.

㉑ 법원에 허위 내용의 조정신청서를 제출하여 판사로 하여금 조정조서에 불실의 사실을 기재하게 한 경우, 그 조정절차에서 작성되는 **조정조서는 그 성질상 허위신고에 의해 불실한 사실이 그대로 기재될 수 있는 공문서로 볼 수 없어 공정증서원본에 해당하는 것으로 볼 수 없다.** (대법원 2010도3232)

㉒ 부동산 거래당사자가 '거래가액'을 시장 등에게 **거짓으로 신고하여 받은 신고필증**을 기초로 사실과 다른 내용의 거래가액이 부동산등기부에 등재되도록 한 경우 **공전자기록등부실기재죄가 성립하지 않는다.** (대법원 2012도12363, 2013도3246) = 부동산등기부에 기재되는 거래가액은 당해 부동산의 권리의무관계에 중요한 의미를 갖는 사항에 해당한다고 볼 수 없다. 따라서 부동산의 거래당사자가 거래가액을 시장 등에게 거짓으로 신고하여 신고필증을 받은 뒤 이를 기초로 사실과 다른 내용의 거래가액이 부동산등기부에 등재되도록 하였다면, '공인중개사의 업무 및 부동산 거래신고에 관한 법률'에 따른 과태료의 제재를 받게 됨은 별론으로 하고, 형법상의 공전자기록등 불실기재죄 및 불실기재공전자기록등 행사죄가 성립하지는 아니한다.

㉓ 주식회사 임시주주총회가 법령 및 정관상 요구되는 **이사회 결의나 소집절차 없이 이루어졌더라도** 주주 전원이 참석하여 **총회를 개최하는데 동의하고 아무런 이의 없이 만장일치**로 결의가 이루어졌다면 그 결의는 특별한 사정이 없는 한 유효하고 그 결의에 따른 등기는 실체관계에 부합하는 것으로 부실기재한 등기라 할 수 없다. (대법원 2013도15895)

㉔ 유한회사의 사원이 상법 등 법령에 정한 회사설립의 요건과 절차에 따라 회사설립등기를 함으로써 회사가 성립되었다고 볼 수 있는 경우, 회사를 성립할 당시 회사를 실제로 운영할 의사가 없이 회사를 이용한 범죄 의도나 목적이 있었다거나 회사로서의 물적·인적 조직 등 영업실질을 갖추지 않고 있다는 이유만으로 불실의 사실을 법인등기부에 기록하게 한 것이라고 볼 수 없다. 즉 공전자기록등불실기재죄가 성립하지 아니한다. (대법원 2019도7729)

㉕ 발기인 등이 회사를 설립할 당시 회사를 실제로 운영할 의사 없이 회사를 이용한 범죄 의도나 목적이 있었다거나 회사로서의 인적·물적 조직 등 영업의 실질을 갖추지 않았다는 이유만으로는 부실의 사실을 법인등기부에 기록하게 한 것으로 볼 수 없다. (대법원 2019도9293)

XI 위조 등 공문서·사문서의 행사죄

형법

제229조 【위조 등 공문서의 행사】 제225조 내지 제228조의 죄에 의하여 만들어진 문서, 도화, 전자기록등 특수매체기록, 공정증서원본, 면허증, 허가증, 등록증 또는 여권을 행사한 자는 그 각 죄에 정한 형에 처한다.

제234조 【위조사문서 등의 행사】 제231조 내지 제233조의 죄에 의하여 만들어진 문서, 도화 또는 전자기록 등 특수매체기록을 행사한 자는 그 각 죄에 정한 형에 처한다.

제235조 【미수범】 제225조 내지 제234조의 미수범은 처벌한다

1 의의

위조·변조, 자격모용으로 작성된 사문서나 공문서, 도화, 허위작성진단서, 허위작성공문서, 위작·변작된 전자기록 등 특수매체기록을 **진정한 문서인 것처럼 또는 내용이 진실한 것처럼 행사(제출, 사용)하는 것이다.** (대법원 87도1217)

2 객관적 구성요건

(1) 행위의 주체

위조·변조를 한 범인이 행사해도 되고, 위조·변조자가 아닌 사람이 행사해도 문서행사죄에 해당한다. 즉 주체에는 제한이 없다.

(2) 행위의 객체

위조·변조 또는 자격모용에 의하여 작성된 사문서·사도화, 허위진단서 및 검안서 또는 생사에 관한 증명서, 위작·변작된 전자기록 등 특수매체기록이다.

(3) 실행행위

1) 행사의 의의

행사란 위조 또는 변조된 사문서 등을 진정한 문서 또는 내용이 진실한 문서인 것처럼 그 문서의 효용방법에 따라 이를 사용하는 것을 말한다. 그러나 위조문서를 진정한 문서가 아니라 위조문서로 사용하는 것은 행사에 해당하지 않는다.

2) 행사의 방법

① 행사방법은 제시, 제출, 교부, 송부, 비치, 열람 등 상대방이 인식할 수 있는 상태를 초래하는 것이다. 원본을 제시하는 것이 원칙이지만, **사본을 제시하는 경우라도 문서행사죄에 해당**한다. (대법원 94도4) 위조된 문서 그 자체를 직접 상대방에게 제시하거나 이를 기계적인 방법으로 복사하여 그 복사본을 제시하는 경우는 물론, 이를 모사전송의 방법으로 제시하거나 컴퓨터에 연결된 스캐너(scanner)로 읽어 들여 이미지화한 다음 이를 전송하여 컴퓨터 화면상에서 보게 하는 경우도 행사에 해당한다. (대법원 2008도5200)

> **관련판례** 이메일로 전송하여 화면상 보이게 하는 행위도 행사
>
> 휴대전화 신규 가입신청서를 위조한 후 이를 스캔한 이미지 파일을 제3자에게 이메일로 전송한 사안에서, 이미지 파일 자체는 문서에 관한 죄의 '문서'에 해당하지 않으나, 이를 전송하여 컴퓨터 화면상으로 보게 한 행위는 이미 위조한 가입신청서를 행사한 것에 해당하므로 위조사문서행사죄가 성립한다. (대법원 2008도5200)

3) 상대방

① 위조문서행사에서 있어서 행사의 상대방에는 아무런 제한이 없고 위조된 문서의 작성 명의인이라고 하여 행사의 상대방이 될 수 없는 것은 아니다. 따라서 작성명의인이라도 자신이 작성권한 있는 문서 등을 모용당한 사실을 모르고 교부받는다면 행사의 상대방이 될 수 있다. 즉 위조된 문서의 작성명의인은 위조문서행사죄의 상대방이 될 수 있다. (대법원 2004도4663)

② 행사의 상대방이 위조 등을 모르는 경우이어야 한다. 따라서 위조 등 사정을 아는 사람, 예컨대 공범자 등에게 제시(행사)한 것이나 또는 위조 등이 이루어진 문서임을 알리고 상대방에게 행사하는 것은 본죄에 해당하지 않는다. (대법원 85도2798, 2004도4663)

③ 간접정범을 통한 위조문서행사범행에 있어 도구로 이용된 자라고 하더라도 문서가 위조된 것임을 알지 못하는 자에게 행사한 경우에는 위조문서행사죄가 성립한다. (대법원 2011도14441)

(4) 기수시기

위조사문서의 행사는 상대방으로 하여금 위조된 문서를 인식할 수 있는 상태에 둠으로써 기수가 되고, 상대방이 실제로 그 내용을 인식하여야 하는 것은 아니므로 위조된 문서를 우송한 경우에는 그 문서가 상대방에게 도달한 때에 기수가 된다. 즉 상대방이 해당 위조 문서를 인식할 필요나 위험성을 요하지 않는다. (대법원 2004도4663)

> **관련판례**
>
> ① 택시미터기에 적법하게 부착된 검정납봉의 봉인철사를 일단 절단한 후에는 소관 검정기관만이 이를 다시 부착할 수 있는 것이므로 피고인이 임의로 한 검정납봉 재봉인부착행위는 형법 제238조 제2항 소정의 공무소기호 부정사용에 해당한다. (대법원 82도138)
>
> ② 위조인장행사죄에 있어서 행사라 함은 위조된 인장을 진정한 것처럼 용법에 따라 사용하는 행위를 말한다 할 것이므로 위조된 인영을 타인에게 열람할 수 있는 상태에 두든지, 인과의 경우에는 날인하여 일반인이 열람할 수 있는 상태에 두면 그것으로 행사가 되는 것이고, 위조된 인과 그 자체를 타인에게 교부한 것만으로는 위조인장행사죄를 구성한다고 할 수 없다. (대법원 84도90)
>
> ③ 렌트카로부터 빌린 뉴그랜져 승용차의 앞·뒤 번호판을 떼어 낸 다음 이미 절취하여 가지고 있던 스텔라 승용차의 앞·뒤 번호판을 위 뉴그랜져 승용차에 부착하고 위 뉴그랜져 승용차를 운전하여 운행한 경우, 공기호를 권한 없이 타인이 열람할 수 있는 상태로 사용하였을 뿐 다시 부정사용된 공기호 그 자체를 타인에게 제시하는 행위 등을 한 사실이 없다면 공기호부정사용죄만 구성할 뿐 부정사용공기호행사죄를 구성하지 않는다. (대법원 96도3319)
>
> ④ 어떤 문서에 권한 없는 자가 타인의 서명을 기재하는 경우에는 그 문서가 완성되기 전이라도 일반인으로서는 그 문서에 기재된 타인의 서명을 그 명의인의 진정한 서명으로 오신할 수도 있으므로, 일단 서명이 완성된 이상 문서가 완성되지 아니한 경우에도 서명의 위조죄는 성립할 수 있는 것이다. 그리고 수사기관이 수사대상자의 진술을 기재한 후 진술자로 하여금 그의 면전에서 조서의 말미에 서명 등을 하도록 한 후 그 자리에서 바로 회수하는 수사서류의 경우에는, 그 진술자가 그 문서에 서명을 하는 순간 바로 수사기관이 열람할 수 있는 상태에 놓이게 되는 것이므로, 그 진술자가 마치 타인인 양 행세하며 타인의 서명을 기재한 경우 그 서명을 수사기관이 열람하기 전에 즉시 파기하였다는 등의 특별한 사정이 없는 이상 그 서명 기재와 동시에 위조사서명행사죄가 성립하는 것이며, 그와 같이 위조사서명행사죄가 성립된 직후에 수사기관이 위 서명이 위조된 것임을 알게 되었다고 하더라도 이미 성립한 위조사서명행사죄를 부정할 수 없다. (대법원 2005도4478)

⑤ 어떤 자동차의 등록번호판을 다른 자동차에 부착하는 것은 그로 말미암아 일반인으로 하여금 자동차의 동일성에 관한 오인을 불러일으키는 행위이므로 그 자체만으로 자동차등록번호판의 부정사용에 해당한다. (대법원 2006도5233)

⑥ 동대표로 당선된 甲이 사실은 대학을 졸업하지 않았음이 확인되자, 甲의 허위학력 사실을 아파트 주민들에게 공고문 형식으로 알리면서 그 공고문의 신뢰성 제고를 위해 공고문 안에 대학 교무처장 명의의 직인을 함께 나타내어 사(私)인장인 위 직인을 위조한 경우, 사인위조 및 동행사죄가 성립한다. (2009도5929)

⑦ 피고인이 타인 행세를 하며 피의자로서 조사를 받은 다음 경찰관에 의하여 작성된 피의자신문조서의 말미에 타인의 서명 및 무인을 하고, 타인의 이름이 기재된 수사과정확인서에 무인을 한 사안에서, 피고인에게 사서명 등 위조죄 및 위조사서명 등 행사죄의 유죄가 인정된다. (대법원 2011도503)

⑧ 피고인이 등록번호판을 위조한 방법은 다른 차량의 정상적인 등록번호판을 떼어 내 그 위에 흰색 페인트를 칠한 다음 검은색 페인트로 '(차량번호 1 생략)'이라고 기재한 것으로 정교한 수준에 이르지 못하였더라도 실제 자동차 등록번호판과 모양, 크기, 글자의 배열 등이 유사하여 일반인으로 하여금 진정한 번호판으로 오신하게 할 염려가 있다. (대법원 2015도1413)

⑨ 피고인이 음주운전으로 단속되자 동생 갑의 이름을 대며 조사를 받다가 휴대용정보단말기(PDA)에 표시된 음주운전단속결과통보 중 운전자 갑의 서명란에 갑의 이름 대신 의미를 알 수 없는 부호를 기재한 행위가 갑의 서명을 위조한 것에 해당한다. (대법원 2020도14045)

■ 각종 행사죄 비교

행사죄 구분	통화	유가증권	문서
유통성	○ (유통성이 본질)	× (제시·비치로 충분)	× (제시·비치로 충분)
신용력 행사	×	○	○
위조인 정을 아는 자에 대한 교부	○	○	×

XII 공문서·사문서의 부정행사죄

형법

제230조【공문서등의 부정행사】 공무원 또는 공무소의 문서 또는 도화를 부정행사한 자는 2년이하의 징역이나 금고 또는 500만원 이하의 벌금에 처한다.

제236조【사문서의 부정행사】 권리·의무 또는 사실증명에 관한 타인의 문서 또는 도화를 부정행사한 자는 1년 이하의 징역이나 금고 또는 300만원 이하의 벌금에 처한다.

1 사문서 부정행사죄

① 객체는 권리·의무 또는 사실증명에 관한 타인의 진정한 사문서·사도화이다.

② 위조 등 사문서행사죄가 위조·변조 등이 이루어진 부진정한 문서나 허위진단서를 행사하는 것인데 비해서, 사문서 부정행사죄는 작성권한자에 의해서 진정하게 성립한 문서(즉 위조·변조 등이 없는 문서)나 허위가 아닌 진단서 등을 부정하게 행사하는 것이다.

③ 부정행사란 ㉠ 진정하게 성립된 타인의 문서를 사용할 권한 없는 자가 문서명의자로 가장 행세하여 이를 사용하는 것 또는 ㉡ 사용할 권한이 있는 사람이라도 본래의 사용목적 이외의 다른 용도에 이를 사용하는 것(예컨대, 타인의 학생증으로 대학도서관을 출입하는 것)이다.

④ 고의가 있어야 하지만, 행사목적은 필요 없다.

> **관련판례**
>
> [1] 절취한 후불식 전화카드를 사용하여 공중전화를 건 경우에는 편의시설부정이용죄가 성립하는 것은 별문제로 하고 사문서부정행사죄가 성립한다.
>
> [2] 사용자에 관한 각종 정보가 전자기록되어 있는 자기띠가 카드번호와 카드발행자 등이 문자로 인쇄된 플라스틱 카드에 부착되어 있는 전화카드의 경우 그 자기띠 부분은 카드의 나머지 부분과 불가분적으로 결합되어 전체가 **하나의 문서**를 구성하므로, 전화카드를 공중전화기에 넣어 사용하는 경우 비록 전화기가 전화카드로부터 판독할 수 있는 부분은 자기띠 부분에 수록된 전자기록에 한정된다고 할지라도, 전화카드 전체가 하나의 문서로서 사용된 것으로 보아야 하고 그 자기띠 부분만 사용된 것으로 볼 수는 없으므로 절취한 전화카드를 공중전화기에 넣어 사용한 것은 권리의무에 관한 타인의 **사문서를 부정행사**한 경우에 해당한다. (대법원 2002도461) = 한국통신발행의 후불식 교통카드는 유가증권이 아니다.

2 공문서 부정행사죄

1) 주체와 객체

① 공문서등 부정행사죄는 그 사용권한자와 용도가 특정되어 작성된 공문서 또는 공도화를 **사용권한 없는 자가 그 사용권한 있는 것처럼 가장하여 부정한 목적으로 행사**하거나 또는 그 **권한있는 자라도 그 정당한 용법에 반하여 부정하게 행사하는 경우**에 성립한다. (대법원 99도206)

② 주체는 공무원이든 사인이든 상관없이 모두 가능하다.

③ 이미 진정하게 성립한 공문서로서 사용권한자와 사용목적이 특정되어 있어야 한다. 인감증명서, 등기필증, 신원증명서, 주민등록 등은 공문서이지만 사용권한자가 특정되어 있지 않고 용도도 다양하므로 그 명의자 아닌 자가 그 명의자의 의사에 반하여 함부로 행사하더라도 문서 본래의 취지에 따른 용도에 합치된다면 공문서등 부정행사죄는 성립되지 않는다. (대법원 82도1985)

> **관련판례** 타인의 운전면허증 이미지파일의 제시와 공문서부정행사죄
>
> 자동차 등의 운전자가 운전 중에 도로교통법 제92조 제2항에 따라 경찰공무원으로부터 운전면허증의 제시를 요구받은 경우 운전면허증의 특정된 용법에 따른 행사는 도로교통법 관계 법령에 따라 발급된 운전면허증 자체를 제시하는 것이라고 보아야 한다. 이 경우 자동차 등의 운전자가 경찰공무원에게 **다른 사람의 운전면허증 자체가 아니라 이를 촬영한 이미지파일을 휴대전화 화면 등을 통하여 보여주는 행위는 운전면허증의 특정된 용법에 따른 행사라고 볼 수 없는 것**이어서 그로 인하여 경찰공무원이 그릇된 신용을 형성할 위험이 있다고 할 수 없으므로, 이러한 행위는 결국 공문서부정행사죄를 구성하지 아니한다. (대법원 2018도2560)

④ 또한 위조된 공문서를 부정행사하는 것은 본죄가 아니라 위조공문서행사죄이고, 허위작성공문서를 부정행사하는 것은 본죄가 아니라 허위공문서행사죄에 해당한다.

2) 부정행사

	본래 용도 외 사용	본래 용도 내 사용
사용권한 없는 자	부정행사죄 ✕ (본래용법에 따른 사용만을 범죄로 보기 때문이다.)	부정행사죄 ○
사용권한 있는 자	부정행사죄 ○ (사용권한이 있는 사람이라도 문서의 본래 용도와 다른 용도로 부정사용한다면, 공문서의 신용성을 해친다고 보기 때문이다.)	부정행사죄 ✕

관련판례 **공문서부정행사죄 인정**

① 다른 사람인 양 허위신고하여 자신의 사진과 지문이 찍힌 타인 명의의 주민등록증을 발급받은 후 이를 검문경찰관에게 제시한 경우 공문서 부정행사죄를 구성한다. (대법원 82도1297)
② 자동차를 임차하는 과정에서 자동차 대여업체의 직원으로부터 운전면허증의 제시를 요구받자 습득하여 소지하고 있던 타인의 자동차운전면허증을 자신의 것인 양 제시한 경우 공문서부정행사죄에 해당한다. (대법원 98도1701)
③ 경찰서에서 조사를 받는 과정에서 인적사항을 확인하는 경찰관에게 자신의 것인 양 타인의 운전면허증을 제시한 경우 공문서부정행사죄 해당한다. (대법원 2000도1985 전합) = 제3자로부터 신분확인 위해 신분증 제시 요구받고 다른 사람의 운전면허증을 제시한 행위는 사용목적에 따른 행사로서 공문서부정행사죄 해당한다.

관련판례 **공문서부정행사죄 부정(사용목적이나 사용권한자가 특정되어 있지 않음)**

① 인감증명서나 등기필증과 같이 사용권한자가 특정되어 있는 것도 아니고 그 용도도 다양한 공문서는 설사 그 문서와 아무 관련 없는 사람이 문서상의 명의인인 양 가장하여 이를 행사하였다 하더라도 공문서부정행사죄가 성립되지 아니한다. (대법원 81도1130)
② 공문서등 부정행사죄는 그 사용권한자와 용도가 특정되어 작성된 공문서 또는 공도화를 사용권한없는 자가 그 사용권한있는 것처럼 가장하여 부정한 목적으로 행사하거나 또는 그 권한있는 자라도 그 정당한 용법에 반하여 부정하게 행사하는 경우에만 성립한다. 인감증명서와 같이 사용권한자가 특정되어 있지도 않고 그 용도도 다양한 공문서는 그 명의자 아닌 자가 그 명의자의 의사에 반하여 함부로 행사하더라도 문서 본래의 취지에 따른 용도에 합치된다면 공문서등 부정행사죄는 성립되지 않는다. (대법원 82도1985)
③ 화해조서 갱정결정신청 기각결정문을 화해조서정본인 것처럼 등기서류로 제출, 행사하였다고 하더라도 공문서부정행사죄는 성립하지 아니한다. (대법원 82도2851)
④ 사문서부정행사죄에 있어서의 부정사용이란 사문서를 사용할 권원 없는 자가 그 문서명의자로 가장행세하여 이를 사용하거나 또는 사용할 권원이 있다 하더라도 문서를 본래의 작성 목적 이외의 다른 사실을 직접 증명하는 용도에 이를 사용하는 것을 말하는 것이므로 현금보관증이 자기 수중에 있다는 사실 자체를 증명키 위하여 증거로서 법원에 제출하는 행위는 사문서의 부정행사에 해당되지 아니한다. (대법원 84도2999)
⑤ 신원증명서는 금치산 또는 한정치산의 선고를 받고 취소되지 않은 사실의 해당 여부를 증명하는 문서로서 사용권한자가 특정되어 있다고 할 수 없고 또 용도도 다양하며 반드시 피증명인만이 사용할 수 있는 것이 아니므로 문서상의 피증명인의 의사에 의하지 아니하고 사용하였다 하더라도 그것이 문서 본래의 취지에 따른 용도에 합치되는 이상 공문서부정행사죄는 성립되지 아니한다. (대법원 93도127)
⑥ 주민등록표등본은 시장·군수 또는 구청장이 주민의 성명, 주소, 성별, 생년월일, 세대주와의 관계 등 주민등록법 소정의 주민등록사항이 기재된 개인별·세대별 주민등록표의 기재 내용 그대로를 인증하여 사본·교부하는 문서로서 그 사용권한자가 특정되어 있다고 할 수 없고, 또 용도도 다양하며, 반드시 본인이나 세대원만이 사용할 수 있는 것이 아니므로, 타인의 주민등록표등본을 그와 아무런 관련 없는 사람이 마치 자신의 것인 것처럼 행사하였다고 하더라도 공문서부정행사죄가 성립되지 아니한다. (대법원 99도206)

⑦ 실질적인 채권채무관계 없이 당사자 간의 합의로 작성한 **'차용증 및 이행각서'**를 이용하여 대여금청구소송을 제기하면서 이를 법원에 제출한 경우, 사문서부정행사죄에 해당하지 않는다. (대법원 2007도629)

⑧ 선박이 사고를 낸 것처럼 허위 사고신고를 하면서 그 선박의 **선박국적증서와 선박검사증서**를 함께 제출하였더라도, 선박국적증서와 선박검사증서는 위 선박의 국적과 항행 자격을 증명 용도로 사용된 것일 뿐 그 본래 용도를 벗어나 행사된 것으로 보기 어려워서, 공문서부정행사죄에 해당하지 않는다. (대법원 2008도10851)

> **관련판례** 사용권한 없는 자의 용도 이외의 사용 (공문서부정행사죄 불성립)

① 피고인이 이동전화기 대리점 직원에게 기왕에 습득한 甲의 주민등록증을 내보이고 甲이 피고인의 어머니인데 어머니의 허락을 받았다고 속아 동인의 이름으로 이동전화 가입신청을 하거나, 습득한 乙의 주민등록증을 내보이면서 乙이 피고인의 누나인데 이동전화기를 구해오라고 하였다고 속이고 피고인의 이름을 가명으로 하여 이동전화 가입신청을 하면서 그 때마다 이동전화기를 교부받은 경우, 타인의 주민등록증을 본래의 **사용용도인 신분확인용으로 사용한 것으로 볼 수 없어 공문서부정행사죄가 성립하지 않는다.** (대법원 2002도4935)

② 보험대리점 업체가 보험회사와 보험모집 법인대리점 계약을 체결하면서 업체에서 퇴사한 직원의 동의 없이 그의 주민등록번호를 기재한 법인대리점 보험모집 유자격자 명단을 보험회사에 제출한 경우, 타인의 주민등록번호를 신분확인과 관련하여 사용한 것으로 볼 수 없어 주민등록번호 부정사용죄에 해당하지 않는다. (대법원 2009도4573)

③ [1] 사용권한자와 용도가 특정되어 있는 공문서를 **사용권한 없는 자가 사용**한 경우에도 그 **공문서 본래의 용도에 따른 사용이 아닌 경우**, 공문서부정행사죄가 성립하지 않는다.

[2] 장애인사용자동차표지를 사용할 권한이 없는 사람이 장애인전용주차구역에 주차하는 등 장애인사용자동차에 대한 지원을 받을 것으로 합리적으로 기대되는 상황이 아닌 경우, 단순히 이를 자동차에 비치하였더라도 공문서부정행사죄가 성립하지 않는다. (대법원 2021도14514) = 주차표지가 실효된 후 비장애인 구역에서 주차한 사례

④ [1] 형법 제230조의 공문서부정행사죄는 공문서의 사용에 대한 공공의 신용을 보호법익으로 하는 범죄로서 **추상적 위험범**이다. 형법 제230조는 본죄의 구성요건으로 단지 '공무원 또는 공무소의 문서 또는 도화를 부정행사한 자'라고만 규정하고 있어, 자칫 처벌범위가 지나치게 확대될 염려가 있으므로 본죄에 관한 범행의 주체, 객체 및 태양을 되도록 엄격하게 해석하여 처벌범위를 합리적인 범위 내로 제한하여야 한다.

[2] 다른 사람 명의의 국가유공자증을 신분확인용으로 제시한 것이, 국가유공자증을 본래 용도에 따른 사용으로서의 공문서부정행사죄가 성립하지 않는다. (대법원 2020도13344) = 국가유공자증의 본래 용도는 제시인이 국가유공자법에 따라 등록된 국가유공자로서 관련 혜택을 받을 수 있는 자격이 있음을 증명하는 것이고, 신분의 동일성을 증명하는 것이 아니라고 본 것이다.

Section 04 인장에 대한 죄

I 서설

1 조문 체계

범죄	조문	구성요건	미수	예비
공인(公印) 위조·부정사용	제238조 제1항	행사할 목적으로 공무원 또는 공무소의 인장, 서명, 기명, 기호를 위조 또는 부정사용한 경우	○	×
위조 공인 행사	제238조 제2항	위조 또는 부정사용한 공무원 또는 공무소의 인장, 서명, 기명, 기호를 행사한 경우		
사인(私印) 위조·부정사용	제239조 제1항	행사할 목적으로 타인의 인장, 서명, 기명, 기호를 위조 또는 부정사용한 경우	○	×
위조 사인 행사	제239조 제2항	위조 또는 부정사용한 타인의 인장, 서명, 기명, 기호를 행사한 경우		

2 의의 및 보호법익

① 보호법익은 인장, 서명 등의 진정성에 대한 공공의 신용이며, 추상적 위험범이다.

② 인장의 위조, 부정사용, 행사죄는 있으나, 인장의 변조죄란 없다.

③ 공인장에 대해서는 국외범 처벌규정이 있지만, 사인장에 대해서는 국외범 처벌규정이 없다.

II 사인위조·부정사용죄

형법

제239조【사인 등의 위조, 부정사용】① 행사할 목적으로 타인의 인장, 서명, 기명 또는 기호를 위조 또는 부정사용한 자는 3년 이하의 징역에 처한다.

제240조【미수범】본장의 미수범은 처벌한다.

1 의의

행사할 목적으로 타인의 인장, 서명, 기명 또는 기호를 위조 또는 부정사용함으로써 성립하는 범죄이다.

2 객관적 구성요건

(1) 객체

① 타인의 인장, 서명, 기명, 기호를 객체로 삼고 있다.

② 인장은 특정인의 인격의 동일성을 증명하려는 것이고, 문서는 인간의 관념이나 의사의 표시이므로 양자는 구별된다. 따라서 인격의 동일성 증명 외에 다른 사항까지 증명하는 경우, 예컨대 접수인 등 생략문서는 문서에 해당한다고 보고, 오로지 인경의 동일성을 증명하는 것은 인장이라고 본다.

인장	반드시 성명에 국한하는 것이 아니라 별명, 약칭, 지장, 무인까지 포함한다.
서명	자신의 성명 등을 표기하는 자서(自署)로서, 법률상·거래상 관련된 것이다. 연예인의 싸인은 법률상 거래 관계에 된 것이 아니므로 인장위조죄의 객체가 아니다.
기명	자서(自署) 이외로 특정인이 자기 표시를 위한 문자로 대필이나 인쇄 등을 포함한다.
기호	검사필 등과 같이 문서에 압날하여 동일성증명 및 사항증명을 목적으로 하는 것이다.

(2) 실행행위: 위조 및 부정행사

① 위조는 권한 없는 자가 타인의 인장, 서명, 기명, 기호 등을 작성하거나 기재하는 것으로, 일반인이 오신할 정도이면 충분하다.

② 위조의 방법은 제한이 없으나, 변조는 포함하고 있지 않다.

③ 명의인이 실재할 필요는 없다고 보므로, 사자나 허무인의 인장 등도 포함한다고 본다. (통설)

④ 부정행사는 진정한 인장 등을 권한 없이 사용하거나 권한 있는 자가 그 권한을 남용하여 부당하게 사용하는 것이다.

⑤ 타인의 인장을 조각할 당시에 그 명의자로부터 명시적이거나 묵시적인 승낙 내지 위임을 받았다면 인장위조죄가 성립하지 않는다. (대법원 2014도9213)

3 고의와 행사목적

고의가 있어야 하며, 행사목적이 필요한 목적범이다.

4 죄수

문서를 위조하기 위해서 인장을 위조한 경우, 인장위조죄는 문서위조죄에 흡수되므로 문서위조죄만 성립한다.

III 위조 사인 행사죄

형법

제239조 【사인 등의 위조, 부정사용】 ② 위조 또는 부정사용한 타인의 인장, 서명, 기명 또는 기호를 행사한 때에도 전항의 형과 같다.

제240조 【미수범】 본장의 미수범은 처벌한다.

IV 공인 위조·부정사용죄

형법

제238조【공인등의 위조, 부정사용】 ① 행사할 목적으로 공무원 또는 공무소의 인장, 서명, 기명 또는 기호를 위조 또는 부정사용한 자는 5년 이하의 징역에 처한다.
③ 전 2항의 경우에는 7년 이하의 자격정지를 병과할 수 있다.

제240조【미수범】 본장의 미수범은 처벌한다.

1 의의

사인위조죄에 대한 불법이 가중되는 구성요건으로 행사할 목적으로 공무원 또는 공무소의 인장, 서명 또는 기호를 위조 또는 부정사용함으로써 성립하는 범죄이다.

2 구성요건

(1) 객체

1) 공무원의 인장·서명 또는 공무소의 인장·공기호

① 공무원이 공무상 사용하는 인장, 공무원의 신분을 표시하기 위한 공무원의 서명, 공무소가 사용하는 인장, 공무원 또는 공무소가 대상물의 동일성을 증명하기 위한 목적으로 사용하는 문자 또는 부호인 공기호가 있다.

② 공기호에는 부호로 표시된 도로교통표지판, 수도계량기, 택시주행미터기에 부착된 납봉(82도138), 차량등록번호판(96도3319), 전매청 명의의 기호(4290형상294), 임산물 생산확인용 철제극인(80도1472)이 있다.

> **관련판례**
>
> [1] 형법상 인장에 관한 죄에서 인장은 사람의 동일성을 표시하기 위하여 사용하는 일정한 상형을 의미하고, 기호는 물건에 압날하여 사람의 인격상 동일성 이외의 일정한 사항을 증명하는 부호를 의미한다. 그리고 형법 제238조의 공기호는 해당 부호를 공무원 또는 공무소가 사용하는 것만으로는 부족하고, 그 부호를 통하여 증명을 하는 사항이 구체적으로 특정되어 있고 해당 사항은 그 부호에 의하여 증명이 이루어질 것이 요구된다.
>
> [2] 검찰 업무표장은 검찰수사, 공판, 형의 집행부터 대외 홍보 등 검찰청의 업무 전반 또는 검찰청 업무와의 관련성을 나타내기 위한 것으로 보일 뿐, 이것이 부착된 차량은 '검찰 공무수행 차량'이라는 것을 증명하는 기능이 있다는 등 이를 통하여 증명을 하는 사항이 구체적으로 특정되어 있다거나 그 사항이 이러한 **검찰 업무표장에 의하여 증명된다고 볼 근거가 없고, 일반인들이 위 각 표지판이 부착된 차량을 '검찰 공무수행 차량'으로 오인할 수 있다고 해도 위 각 검찰 업무표장이 위와 같은 증명적 기능을 갖추지 못한 이상 이를 공기호라고 할 수는 없다.** (대법원 2023도11313)
> = 피고인이 온라인 구매사이트에서, 검찰 업무표장 아래 피고인의 전화번호, 승용차 번호 또는 '공무수행' 문구를 표시한 표지판 3개를 주문하고 그 판매자로 하여금 제작하게 하여 배송받은 다음 이를 자신의 승용차에 부착하고 다녔고, 이에 대하여 공기호위조죄 및 위조공기호행사죄로 기소된 사안이다.

V 위조·부정사용 공인 행사죄

형법

제238조 【공인등의 위조, 부정사용】 ② 위조 또는 부정사용한 공무원 또는 공무소의 인장, 서명, 기명 또는 기호를 행사한 자도 전항의 형과 같다.

제240조 【미수범】 본장의 미수범은 처벌한다.

관련판례

① 택시미터기에 적법하게 부착된 검정납봉의 봉인철사를 일단 절단한 후에는 소관 검정기관만이 이를 다시 부착할 수 있는 것이므로 피고인이 임의로 한 검정납봉 재봉인부착행위는 형법 제238조 제2항 소정의 공무소기호 부정사용에 해당한다. (대법원 82도138)

② 위조인장행사죄에 있어서 행사라 함은 위조된 인장을 진정한 것처럼 용법에 따라 사용하는 행위를 말한다 할 것이므로 위조된 인영을 타인에게 열람할 수 있는 상태에 두든지, 인과의 경우에는 날인하여 일반인이 **열람할 수 있는 상태에 두면 그것으로 행사**가 되는 것이고, 위조된 인과 그 자체를 타인에게 **교부한 것만으로는 위조인장행사죄를 구성한다고 할 수 없다.** (대법원 84도90)

③ 렌트카로부터 빌린 뉴그랜져 승용차의 앞·뒤 번호판을 떼어 낸 다음 이미 절취하여 가지고 있던 스텔라 승용차의 앞·뒤 번호판을 위 뉴그랜져 승용차에 부착하고 위 뉴그랜져 승용차를 운전하여 운행한 경우, 공기호를 권한 없이 타인이 열람할 수 있는 상태로 사용하였을 뿐 다시 부정사용된 공기호 그 자체를 **타인에게 제시하는 행위 등을 한 사실이 없다면 공기호부정사용죄만 구성할 뿐 부정사용공기호행사죄를 구성하지 않는다.** (대법원 96도3319)

④ 어떤 문서에 권한 없는 자가 타인의 서명을 기재하는 경우에는 그 문서가 완성되기 전이라도 일반인으로서는 그 문서에 기재된 타인의 서명을 그 명의인의 진정한 서명으로 오신할 수도 있으므로, 일단 서명이 완성된 이상 **문서가 완성되지 아니한 경우**에도 서명의 위조죄는 성립할 수 있는 것이다. 그리고 수사기관이 수사대상자의 진술을 기재한 후 진술자로 하여금 그의 면전에서 조서의 말미에 서명 등을 하도록 한 후 그 자리에서 바로 회수하는 수사서류의 경우에는, 그 진술자가 그 문서에 서명을 하는 순간 바로 수사기관이 열람할 수 있는 상태에 놓이게 되는 것이므로, 그 진술자가 마치 타인인 양 행세하며 타인의 서명을 기재한 경우 그 서명을 수사기관이 열람하기 전에 즉시 파기하였다는 등의 특별한 사정이 없는 이상 그 서명 기재와 동시에 위조사서명행사죄가 성립하는 것이며, 그와 같이 위조사서명행사죄가 성립된 직후에 수사기관이 위 서명이 위조된 것임을 알게 되었다고 하더라도 이미 성립한 위조사서명행사죄를 부정할 수 없다. (대법원 2005도4478)

⑤ 어떤 자동차의 등록번호판을 다른 자동차에 부착하는 것은 그로 말미암아 일반인으로 하여금 자동차의 동일성에 관한 오인을 불러일으키는 행위이므로 그 자체만으로 자동차등록번호판의 부정사용에 해당한다. (대법원 2006도5233)

⑥ 피고인들이 절취한 쏘나타 승용차의 번호판을 떼어낸 후 미리 절취하여 소지하고 있던 포텐샤 승용차의 번호판을 임의로 부착하여 운행한 행위에 대하여, 피고인들의 절취행위를 특정범죄 가중처벌 등에 관한 법률 제5조의4 제1항, 형법 제331조 제2항에, 자동차등록번호판을 떼어낸 행위를 자동차관리법 제81조 제1호, 제10조 제2항에, 포텐샤 승용차의 번호판을 쏘나타 승용차에 부착함으로써 부정사용한 행위를 형법 제238조 제1항의 **공기호부정사용죄**에, 위와 같이 번호판을 부정사용한 자동차를 운행한 행위를 형법 제238조 제2항, 제1항의 **부정사용공기호행사죄**에 해당하고 이는 실체적 경합에 있다. (대법원 2007도4739)

⑦ 동대표로 당선된 甲이 사실은 대학을 졸업하지 않았음이 확인되자, 甲의 허위학력 사실을 아파트 주민들에게 공고문 형식으로 알리면서 그 공고문의 신뢰성 제고를 위해 공고문 안에 대학 교무처장 명의의 직인을 함께 나타내어 사(私)인장인 위 직인을 위조한 경우, 사인위조 및 동행사죄가 성립한다. (2009도5929)

⑧ 피고인이 타인 행세를 하며 피의자로서 조사를 받은 다음 경찰관에 의하여 작성된 피의자신문조서의 말미에 타인의 서명 및 무인을 하고, 타인의 이름이 기재된 수사과정확인서에 무인을 한 사안에서, 피고인에게 사서명 등 위조죄 및 위조사서명 등 행사죄의 유죄가 인정된다. (대법원 2011도503)

⑨ 피고인이 등록번호판을 위조한 방법은 다른 차량의 정상적인 등록번호판을 떼어 내 그 위에 흰색 페인트를 칠한 다음 검은색 페인트로 '(차량번호 1 생략)'이라고 기재한 것으로 정교한 수준에 이르지 못하였더라도 실제 자동차 등록번호판과 모양, 크기, 글자의 배열 등이 유사하여 일반인으로 하여금 진정한 번호판으로 오신하게 할 염려가 있다. (대법원 2015도1413)

⑩ 피고인이 음주운전으로 단속되자 동생 갑의 이름을 대며 조사를 받다가 휴대용정보단말기(PDA)에 표시된 음주운전단속결과통보 중 운전자 갑의 서명란에 갑의 이름 대신 의미를 알 수 없는 부호를 기재한 행위가 갑의 서명을 위조한 것에 해당한다. (대법원 2020도14045)

Chapter 04 사회의 도덕에 대한 죄

CRIMINAL LAW

Section 01 성풍속에 대한 죄

I 서설

1 조문체계

범죄	조문	구성요건	미수	예비
음행매개	제242조	영리의 목적으로 사람을 매개하여 간음하게 한 경우	×	×
음화반포 등	제243조	음란한 문서, 도화, 필름 기타 물건을 반포, 판매 또는 임대하거나 공연히 전시 또는 상영한 경우	×	×
음화제조 등	제244조	음화반포 등에 제공할 목적으로 음란한 물건을 제조, 소지, 수입 또는 수출한 경우	×	×
공연음란	제245조	공연히 음란한 행위를 한 경우	×	×

2 의의 및 보호법익

① 성풍속을 해하는 죄란 성생활에 관련되는 성도덕 내지 성풍속을 해하는 행위를 내용으로 하는 범죄이다.

② 음행매개죄는 침해범이며 영리를 목적으로 하는 경우를 규율한다.

③ 음화판매죄와 공연음란죄는 추상적 위험범으로 본다.

④ 주된 보호법익은 선량한 성풍속으로 이해한다. 부차적으로는 개인의 성적 자유이다. 공연음란죄의 보호법익은 사회의 성풍속이다.

II 음행매개죄

형법

제242조【음행매개】 영리의 목적으로 사람을 매개하여 간음하게 한 자는 3년 이하의 징역 또는 1천500만원 이하의 벌금에 처한다.

1 의의

영리의 목적으로 사람을 매개하여 간음하게 함으로써 성립하는 범죄이다. 보호법익은 건전한 성풍속·성도덕이고 보호의 정도는 추상적 위험범이다.

2 객관적 구성요건

(1) 주체

① 주체에는 제한이 없다. 매개되어 간음행위를 한자와 상대방은 그 주체가 아니다.

② 음행매개죄는 부녀의 부모나 감독자 또는 남편이 동죄의 주체가 될 수도 있다.

(2) 객체

사람이면 누구나 행위의 객체가 된다. 음행의 상습여부도 불문한다.

(3) 실행행위

① 사람을 매개하여 간음하게 하는 것이다.

② 매개란 사람을 간음에 이르게 알선하는 일체의 행위를 말한다. 간음이란 배우자가 아닌 이성과의 성교행위를 말한다.

③ 간음함으로써 기수가 된다. 간음을 매개하였으나 이에 이르지 못하면 성립하지 않는다. 미수범 처벌규정이 없다.

④ 음행의 상습이 있는 미성년자를 영리의 목적으로 매개하여 간음하게 한 경우에는 형법 제242조의 음행매개죄가 성립한다. 이때, 미성년자가 음행에 자진 동의한 경우라도 '승낙에 의한 행위'를 인정할 수 없으므로 동죄가 성립하는데 영향을 미치지 아니한다.

3 주관적 구성요건

고의 이외의 영리목적이 있어야 한다. 따라서 무상의 음행매개행위는 성립하지 않는다.

III 음화등 반포·판매·임대·공연전시죄

형법

제243조【음화반포 등】 음란한 문서, 도화, 필름 기타 물건을 반포, 판매 또는 임대하거나 공연히 전시 또는 상영한 자는 1년 이하의 징역 또는 500만원 이하의 벌금에 처한다.

1 의의

음란한 문서, 도화, 필름 기타 물건을 반포, 판매 또는 임대하거나 공연히 전시 또는 상영함으로써 성립하는 범죄이다.

2 객관적 구성요건

(1) 행위의 객체: 음란

1) 음란성 개념

음란이란 사회통념상 일반 보통인의 성욕을 자극하여 성적 흥분을 유발하고 정상적인 성적 수치심을 해하여 성적 도의관념에 반하는 것을 말한다.

2) 판단기준

① '음란한 문서 또는 도화'라 함은 성욕을 자극하여 흥분시키고 일반인의 정상적인 성적 정서와 선량한 사회 풍속을 해칠 가능성이 있는 도서를 말하며, 그 음란성의 존부는 작성자의 주관적인 의도가 아니라 객관적으로 도서 자체에 의하여 판단하여야 한다. (대법원 91도15550)

② 음란성을 판단함에 있어 법관이 자신의 정서가 아닌 일반 보통인의 정서를 규준으로 하여 이를 판단하면 족한 것이지, 법관이 일일이 일반 보통인을 상대로 과연 당해 문서나 도화 등이 그들의 성욕을 자극하여 성적 흥분을 유발하거나 정상적인 성적 수치심을 해하여 성적 도의관념에 반하는 것인지의 여부를 묻는 절차를 거쳐야만 되는 것은 아니다. (대법원 2000도4372)

3) 문학성 내지 예술성과 음란성

문학성 내지 예술성과 음란성은 차원을 달리하는 관념이므로 어느 문학작품이나 예술작품에 문학성 내지 예술성이 있다고 하여 그 작품의 음란성이 당연히 부정되는 것은 아니라 할 것이고, 다만 그 작품의 문학적·예술적 가치, 주제와 성적 표현의 관련성 정도 등에 따라서는 그 음란성이 완화되어 결국은 형법이 처벌대상으로 삼을 수 없게 되는 경우가 있을 수 있을 뿐이다. (대법원 98도679) = 소설 '내게 거짓말을 해봐'에 대한 음란물 판정하였다.

4) 상대적 음란개념

비록 명화집에 실려있는 그림이라 할지라도 이것을 예술 문학 등 공공의 이익을 위해서가 아닌 성냥갑 속에 넣어 판매할 목적으로 그 카드사진을 복사 제조하거나 시중에 판매하였다면 명화를 모독하여 음화화시켰다 할 것이고 그림의 음란성 유무는 객관적으로 판단해야 할 것이다. (대법원 70도1879)

(2) 행위의 객체

1) 문서·도화·필름 기타 물건

객체는 문서·도화·필름 기타 물건이다. 기타 물건에는 음란한 조각품, 성기모조품, 음반 및 컴퓨터 프로그램 등이다. 음란행위자체는 객체는 아니고 공연음란죄가 성립될 뿐이다.

2) 컴퓨터 프로그램파일

본죄의 문서에 해당하는지에 대해서 판례는 다수설과 달리 음화판매죄의 객체가 되지 않는다고 본다. (대법원 98도3140)

(3) 실행행위

1) 반포·판매·임대

반포란 불특정 또는 다수인에게 무상으로 교부하는 것이다. 판매란 불특정 또는 다수인에게 유상으로 양도하는 것이며 임대란 유상으로 대여하는 것이다.

2) 공연전시·공연상영

형법 제243조에서 음화등을 공연히 전시한다는 것은 음화등을 불특정 또는 다수인이 관람할 수 있는 상태하에 현출시키는 것을 뜻한다. 따라서 피고인 A가 방안에서 자기 친구인 위 B와 C의 2사람이 보는 앞에서 영사기로 도색영화필름을 상영한 행위는 형법 제243조의 공연전시에 해당하지 않는다. (대법원 73도409)

> **관련판례** 음란물 인정
> ① 공연윤리위원회의 심의를 마친 영화작품이지만 선정적 측면을 특히 강조한 포스터 등의 광고물이 음화에 해당한다. (대법원 90도1485)
> ② 중학교 미술교사가 자신의 홈페이지에 게시한 임신한 자신의 부인과 함께 찍은 알몸사진, 여성의 성기를 근접하여 묘사한 그림 및 동영상의 일부에 대해 음란성이 인정된다. (대법원 2003도2911)
> ③ 문학작품이라고 하여 무한정의 표현의 자유를 누려 어떠한 성적 표현도 가능하다고 할 수는 없고, 그것이 건전한 성적 풍속이나 성도덕을 침해하는 경우에는 형법규정에 의하여 이를 처벌할 수 있다. (대법원 94도2413) = 소설가 마광수 씨의 '즐거운 사라'에 대한 음란물 판정하였다.

관련판례 음란물 부정

① 남성 성기확대기구인 해면체비대기는 그 기구자체가 성욕을 자극, 흥분 혹은 만족시키게 하는 음란물건이라고 할 수 없다. (대법원 78도2327)
② 여성용 자위기구나 돌출콘돔의 경우 음란한 물건에 해당한다고 볼 수 없다. (대법원 2000도3346)
③ 유흥주점 여종업원들이 윗옷을 벗고 브래지어만 착용하거나 치마를 허벅지가 다 드러나도록 걷어 올리고 가슴이 보일 정도로 어깨끈을 밑으로 내린 채 손님을 접대한 사안에서 음란행위에 해당하지 않는다. (대법원 2006도3119)
④ 피고인이 실리콘을 소재로 하여 여성의 특정 신체부위를 개괄적인 형상과 단일한 재질, 색상을 이용하여 재현한 남성용 자위기구를 전시한 경우, 위 물품은 '음란한 물건'에 해당하지 않는다. (대법원 2014도3312)
⑤ 실리콘을 사용함으로써 여성의 신체 부분을 실제와 비슷하게 재현하고 있기는 하나, 부분별 크기와 그 비율 및 채색 등에 비추어 그 전체적인 모습은 실제 사람 형상이라기보다는 조잡한 인형에 가까워 보이는 점, 남성용 자위기구인 이 물건 가운데 여성의 성기를 형상화한 부분에 별도로 선홍색으로 채색한 것이 있으나, 그 모양과 색상 등 전체적인 형상에 비추어 여성의 외음부와 지나치게 흡사하도록 노골적인 모양으로 만들어졌다고 할 수 없고, 오히려 **여성의 성기를 사실 그대로 표현하였다고 하기에는 크게 부족**해 보이는 점 등을 종합하여 보면, 이 사건 물건이 사회통념상 일반 보통인의 성욕을 자극하여 성적 흥분을 유발하고 정상적인 성적 수치심을 해하여 성적 도의관념에 반하는 것이라고 보기 어렵고 제243조의 음란물건전시행위에 해당하지 않는다. (대법원 2013도9228)

> **비교판례**
> 남성용 자위기구가 그 시대적 수요가 있고 어느 정도의 순기능을 하고 있으며 은밀히 판매되고 사용되는 속성을 가진 것은 사실이나, 이 사건 기구는 사람의 피부에 가까운 느낌을 주는 실리콘을 재질로 사용하여 여성의 음부, 항문, 음모, 허벅지 부위를 실제와 거의 동일한 모습으로 재현하는 한편, 음부 부위는 붉은 색으로, 음모 부위는 검은 색으로 채색하는 등 그 형상 및 색상 등에 있어서 여성의 외음부를 그대로 옮겨놓은 것이나 진배없는 것으로서, 여성 성기를 지나치게 노골적으로 표현함으로써 사회통념상 그것을 보는 것 자체만으로도 성욕을 자극하거나 흥분시킬 수 있고 일반인의 정상적인 성적 수치심을 해치고 선량한 성적 도의관념에 반한다고 하지 않을 수 없다. '핑키'라는 성인용품점에서 남성용 자위기구인 일명 '체이시'라는 음란한 물건에 해당한다. (대법원 2003도988)

⑥ 영상물등급위원회로부터 18세 관람가로 등급분류 받은 비디오물을 편집·변경함이 없이 그대로 옮겨 제작한 동영상을 정보통신망을 통하여 제공한 사안에서, 정보통신망을 통하여 제공한다는 시청환경 때문에 보다 엄격한 기준으로 음란 여부를 판단할 것은 아니다. 주로 남녀 간의 성교나 여성의 자위 장면 또는 여성에 대한 애무 장면 등을 묘사한 것이기는 하지만, 남녀 성기나 음모의 직접적인 노출은 없고 여성의 가슴을 애무하거나 팬티 안이나 팬티 위로 성기를 자극하는 장면을 가까이에서 촬영한 것을 보여주는 것이 대부분이라는 것인바, 그렇다면 앞서 본 법리에 비추어 이러한 동영상들은 전체적으로 관찰·평가해 볼 때 그 내용이 상당히 저속하고 문란한 느낌을 주는 것은 사실이라고 할지라도, 이를 넘어서서 형사법상 규제의 대상으로 삼을 만큼 사람의 존엄성과 가치를 심각하게 훼손·왜곡하였다고 평가할 수 있을 정도로 노골적인 방법에 의하여 성적 부위나 행위를 적나라하게 표현 또는 묘사한 것이라고 단정할 수는 없다. (대법원 2006도3558)

관련판례 음란물 반포·전시 등이 인정

① 음란한 부호 등이 전시된 웹페이지에 대한 링크행위로 인해 불특정 다수인이 별다른 제한 없이 음란한 부호 등에 바로 접할 수 있는 상태가 실제로 조성되었다고 한다면 이러한 링크행위는 음란한 부호 등을 공연히 전시한 경우에 해당한다. (대법원 2001도1335)= 전기통신사업법 위반죄임. 이를 공연음란죄로 보기는 어렵다.
② 인터넷사이트에 집단 성행위 목적의 비공개카페를 개설, 운영한 자가 남녀 회원을 모집한 후 특별모임을 빙자하여 집단으로 성행위를 하고 그 촬영물이나 사진 등을 카페에 게시한 경우, 음란물을 공연히 전시한 것에 해당한다. (대법원 2008도10914)

③ 대량문자메시지 발송사이트를 이용하여 불특정 다수의 휴대전화에 여성의 성기, 자위행위, 불특정 다수와의 성매매를 포함한 성행위 등을 저속하고 노골적으로 표현 또는 묘사하거나 이를 암시하는 문언이 기재된 문자메시지를 대량으로 전송함으로써 정보통신망을 통하여 음란한 문언을 배포하였다면, 위 문자메시지가 '음란한 문언'에 해당한다. (대법원 2016도8387)

④ 구 아동·청소년의 성보호에 관한 법률 제11조 제2항은 영리를 목적으로 아동·청소년이용음란물을 공연히 전시한 자는 10년 이하의 징역에 처한다고 규정한다. 위 조항에서 규정하는 '영리의 목적'이란 경제적인 이익을 취득할 목적을 말하는 것으로서 반드시 아동·청소년이용음란물 배포 등 위반행위의 직접적인 대가가 아니라 간접적으로 얻게 될 이익을 위한 경우에도 영리의 목적이 인정된다. 따라서 사설 인터넷 도박사이트를 운영하는 사람이, 먼저 카카오톡 오픈채팅방을 개설하여 아동·청소년이용음란 동영상을 게시하고 1:1 대화를 통해 불특정 다수를 도박사이트에 가입을 유도하여 그 도박사이트를 이용하여 도박을 하게 하였다면, 영리를 목적으로 도박공간을 개설한 행위가 인정됨은 물론, 나아가 영리를 목적으로 아동·청소년이용음란물을 공연히 전시한 행위도 인정된다. (대법원 2020도8978)

⑤ 풍속영업소인 숙박업소에서 음란한 외국의 위성방송프로그램을 수신하여 투숙객 등으로 하여금 시청하게 하는 행위는, 풍속법 제3조 제2호에 규정된 '음란한 물건'을 관람하게 하는 행위에 해당한다. (대법원 2008도11679)

> **관련판례** 음란물 반포·전시 등이 부정
> ① 음란한 영상화면을 수록한 컴퓨터 프로그램파일을 컴퓨터 통신망을 통하여 전송하는 방법으로 판매한 행위에 대하여 전기통신기본법 제48조의2규정을 적용할 수 있음은 별론으로 하고, 형법 제243조의 규정을 적용할 수 없다. (대법원 98도3140) = 형법 제243조의 음란물로 볼 수 없어서 해당 제243조(음화반포죄)로는 처벌할 수 없고 전기통신사업법으로 처벌한다는 의미이다.
> ② 인터넷 폰팅광고 및 연예인 누드광고 사이트에 전라의 여성 사진, 남녀의 성행위 장면을 묘사한 만화 등을 게시한 경우 음란물유포에 해당하지 않는다. (대법원 2008도254)

IV 음화등 제조·소지·수입·수출죄

형법

제244조【음화제조 등】 제243조의 행위에 공할 목적으로 음란한 물건을 제조, 소지, 수입 또는 수출한 자는 1년 이하의 징역 또는 500만원 이하의 벌금에 처한다.

V 공연음란죄

형법

제245조【공연음란】 공연히 음란한 행위를 한자는 1년 이하의 징역, 500만원 이하의 벌금, 구류 또는 과료에 처한다.

1 의의

본죄는 공연히 음란한 행위를 함으로써 성립하는 범죄로서 음란행위 자체를 처벌하는 거동범(형식범)에 속한다.

2 객관적 구성요건

(1) 행위상황

① 행위상황으로는 공연성을 요한다. 공연성이란 불특정 또는 다수인이 인식할 수 있는 상태이다. 인식할 수 있는

가능성이 있으면 충분하고 현실적으로 인식할 필요는 없다. (추상적 위험범)

(2) 실행행위

1) 개념

① 음란한 행위란 일반 보통인의 성욕을 자극하여 성적 흥분을 유발하고 정상적인 성적 수치심을 해하여 성적 도의관념에 반하는 행위를 말하며 그 행위가 성행위를 묘사하거나 성적 의도를 표출할 것을 요하는 것은 아니다. (대법원 2019도14056)

② 형법 제245조 소정의 '음란한 행위'라 함은 일반 보통인의 성욕을 자극하여 성적 흥분을 유발하고 정상적인 성적 수치심을 해하여 성적 도의관념에 반하는 것을 가리킨다고 할 것이고, 이 죄는 주관적으로 성욕의 흥분 또는 만족 등의 성적인 목적이 있어야 하는 것은 아니고, 그 행위의 음란성에 대한 의미의 인식이 있으면 성립한다. 음란행위는 반드시 성행위를 묘사할 필요는 없고, 단순한 나체 또는 성기의 노출로도 가능하다. (대법원 2000도4372)

2) 정도

성적 흥분을 유발하고 정상적 수치심을 해할 정도가 되어야 한다. 단순히 부끄러운 느낌이나 불쾌감을 주는 정도에 불과하면 경범죄처벌법에 해당할 뿐이다.

> **관련판례** 공연음란죄 인정
>
> ① 고속도로에서 앞서 가던 차량이 진로를 비켜주지 않는다는 이유로 그 차를 추월하여 정차하게 한 다음, 고속도로에서 행패를 부리다가 경찰관이 출동하여 이를 제지하려고 하자 주위에 운전자 등 많은 사람이 운집한 가운데 시위조로 옷을 모두 벗고 알몸의 상태로 바닥에 드러눕거나 돌아다닌 행위는 공연음란죄에 해당한다. (대법원 2000도4372)
> ② 요구르트 제품의 홍보를 위하여 전라의 여성 누드모델들이 일반 관람객과 기자 등 수십 명이 있는 자리에서 알몸에 밀가루를 바르고 무대에 나와 분무기로 요구르트를 몸에 뿌려 밀가루를 벗겨내는 방법으로 알몸을 완전히 드러낸 채 음부 및 유방 등이 노출된 상태에서 무대를 돌며 관람객들을 향하여 요구르트를 던진 행위는 공연음란죄에 해당한다. (대법원 2005도1264)
> ③ 공연음란죄에서의 '음란한 행위'라 함은 일반 보통인의 성욕을 자극하여 성적 흥분을 유발하고 정상적인 성적 수치심을 해하여 성적 도의관념에 반하는 행위를 가리키는 것이고, 그 행위가 반드시 성행위를 묘사하거나 성적인 의도를 표출할 것을 요하는 것은 아니다. (대법원 2005도1264)
> ④ 피고인은 2017. 10. 9. 20:26경 참전비 앞길에서 바지와 팬티를 내리고 성기와 엉덩이를 노출한 채 위 참전비를 바라보고 서 있었고 참전비의 한쪽 끝 방향으로 걸어가다가 돌아서서 걷기도 하는 등 위와 같이 노출한 상태에서 참전비 앞에 서 있거나 그 주위를 서성거렸다. 피고인이 이 사건 공소사실과 같이 성기와 엉덩이를 노출한 행위는 그 일시와 장소, 노출 부위, 노출 방법·정도·시간, 노출 경위 등 구체적 사정을 종합해 볼 때, 비록 성행위를 묘사하거나 성적인 의도를 표출한 것은 아니라고 하더라도 공연히 음란한 행위를 한 것에 해당한다. (대법원 2019도14056)

> **관련판례** 공연음란죄 부정
>
> ① 피고인이 甲과 주차문제로 말다툼을 할 때 甲이 피고인에게 "술을 먹었으면 입으로 먹었지 똥구멍으로 먹었냐"라고 말한 것에 격분하여 甲이 운영하는 상점으로 찾아가 상점카운터를 지키고 있던 甲의 딸인 乙(여, 23세)을 보고 "주인 어디 갔느냐"고 소리를 지르다가 등을 돌려 엉덩이가 드러날 만큼 바지와 팬티를 내린 다음 엉덩이를 들이밀며 "똥구멍으로 어떻게 술을 먹느냐, 똥구멍에 술을 부어 보아라"라고 말한 경우, 공연음란죄가 아니라 경범죄처벌법 위반일 뿐이다. (대법원 2003도6514)
> ② 유흥주점 여종업원들이 웃옷을 벗고 브래지어만 착용하거나 치마를 허벅지가 다 드러나도록 걷어 올리고 가슴이 보일 정도로 어깨끈을 밑으로 내린 채 손님을 접대한 경우 음란행위에 해당하지 않는다. (대법원 2006도3119)
> ③ 연극공연행위의 음란성의 유무는 그 공연행위 자체로서 객관적으로 판단해야 할 것이고, 그 행위자의 주관적인 의사에 따라 좌우되는 것은 아니다. (대법원 96도980)

Section 02 도박과 복표에 대한 죄

I 서설

1 조문 체계

범죄	조문	구성요건	미수	예비
도박	제246조 제1항	도박을 한 경우. 다만, 일시오락 정도에 불과한 경우는 예외로 한다.	×	×
상습도박	제246조 제2항	상습으로 도박을 한 경우	×	×
도박장소 개설	제247조	영리의 목적으로 도박을 하는 장소나 공간을 개설한 경우	×	×
복표발매	제248조 제1항	법령에 의하지 아니한 복표를 발매한 사람	×	×
복표발매중개	제248조 제2항	불법 복표발매를 중개한 경우	×	×
복표취득	제248조 제3항	불법 복표를 취득한 경우	×	×

2 의의 및 보호법익

① 도박죄는 필요적 공범 및 대향범이다. 그리고 상습범 처벌규정이 있다.

② 상습도박, 도박장소개설, 복표발매는 1천만원 이하 벌금을 병과할 수 있다.

③ 보호법익은 국민일반의 건전한 근로관념과 공공의 미풍양속이고, 보호정도는 추상적 위험범이다.

II 도박죄

형법

제246조 【도박, 상습도박】 ① 도박을 한 사람은 1천만원 이하의 벌금에 처한다. 다만, 일시오락 정도에 불과한 경우에는 예외로 한다.
② 상습으로 제1항의 죄를 범한 사람은 3년 이하의 징역 또는 2천만원 이하의 벌금에 처한다.

1 의의

본죄는 도박을 함으로써 성립하는 범죄이다.

2 객관적 구성요건

(1) 주체

주체에는 제한이 없다. 도박의 성질상 2인이상의 참여를 요하므로 필요적 공범이다.

(2) 객체

재물 또는 재산상 이익을 모두 도박의 대상이다. 개정형법(2013.4.5.)은 '재물로써'를 삭제하여 이익까지도 포함된다. 외상도박도 가능하다.

(3) 행위

1) 요건

① 우연성

㉠ 도박은 '재물을 걸고 우연에 의하여 재물의 득실을 결정하는 것'을 의미하는 바, 여기서 '우연'이란 주관적으로 '당사자에 있어서 확실히 예견 또는 자유로이 지배할 수 없는 사실에 관하여 승패를 결정하는 것'을 말하고, 객관적으로 불확실할 것을 요구하지 않는다. (대법원 2006도736) 따라서 당사자에게 불확실하면 족하고 객관적으로 불확실할 필요는 없다.

㉡ 그러나 편면적 도박은 도박죄가 아니다. **편면적 도박(사기도박)**이란 당사자의 일방에게만 우연성이 있는 경우를 말한다. 도박은 우연성을 본질로 하는 것이므로, 사기도박과 같이 도박당사자의 일방이 사기의 수단으로써 승패의 수를 지배하는 경우에는 도박에서의 우연성이 결여되어, **사기도박자(상대방을 기망한 자)에게만 사기죄만 성립하고 도박죄는 성립하지 않으며, 그 상대방에게는 도박죄 등의 범죄가 성립하지 않는다.** (대법원 2010도9330)

> **관련판례**
>
> [1] 도박이란 2인 이상의 자가 상호간에 재물을 도(賭)하여 우연한 승패에 의하여 그 재물의 득실을 결정하는 것이므로, 이른바 사기도박과 같이 도박당사자의 일방이 사기의 수단으로써 승패의 수를 지배하는 경우에는 도박에서의 우연성이 결여되어 사기죄만 성립하고 도박죄는 성립하지 아니한다.
>
> [2] 사기죄는 편취의 의사로 기망행위를 개시한 때에 실행에 착수한 것으로 보아야 하므로, 사기도박에서도 사기적인 방법으로 도금을 편취하려고 하는 자가 상대방에게 도박에 참가할 것을 권유하는 등 기망행위를 개시한 때에 실행의 착수가 있는 것으로 보아야 한다.
>
> [3] 피고인 등이 사기도박에 필요한 준비를 갖추고 그러한 의도로 피해자들에게 도박에 참가하도록 권유한 때 또는 늦어도 그 정을 알지 못하는 피해자들이 도박에 참가한 때에는 이미 사기죄의 실행에 착수하였다고 할 것이므로, **피고인 등이 그 후에 사기도박을 숨기기 위하여 얼마간 정상적인 도박을 하였더라도 이는 사기죄의 실행행위에 포함되는 것**이어서 피고인에 대하여는 **피해자들에 대한 사기죄만 성립하고 도박죄는 따로 성립하지 아니한다.**
>
> [4] 피고인 등이 피해자들을 유인하여 사기도박으로 도금을 편취한 행위는 사회관념상 1개의 행위로 평가하는 것이 타당하므로, 피해자들에 대한 각 사기죄는 상상적 경합의 관계에 있다. (대법원 2010도9330)

3 기수시기

도박행위의 착수가 있으면 즉시 기수가 된다. 승패가 결정되거나 현실적으로 재물의 득실이 행해질 필요는 없다. 미수를 처벌하지 않는다. 예 화투나 카드를 배부할 때 **기수**이다.

4 위법성

(1) 위법성조각사유

① 도박행위가 일시오락에 불과한 때에는 도박죄가 성립되지 않으며, 일시오락은 도박죄의 위법성 조각사유가 된다. 속칭 민화투놀이에 저한 재물이 바로 그 즉시 예정된 방법에 따라 소비되지 아니하고 어느 일방이 승패에 따라 그 재물을 차지하였다 하더라도 그 재물의 득실이 승패결정의 흥미를 북돋우기 위한 것이고 그 재물의 경제적 가치가 근소하여 건전한 근로의식을 침해하지 않을 정도라면 일시오락의 정도에 불과하다. (대법원 82도2151)

② 내국인의 출입을 허용하는 폐광지역 카지노에 출입하는 것은 법령에 의한 행위로 위법성이 조각된다. 그러나 내국인이 도박죄를 처벌하지 않는 외국 카지노에 가서 도박을 했다고 하여도 당해 행위가 도박죄의 구성요건에 해당하는 이상 우리 형법이 적용되고 내국인의 출입이 허용되는 국내 카지노의 출입과 달리 위법성이 조각되는 것은 아니다. (대법원 2002도2518) = 속인주의 적용

5 죄수

① 피해자들을 유인하여 같은 일시에 사기도박으로 도금을 편취한 경우, 피해자들에 대한 각 사기죄는 상상적 경합의 관계에 있는 것으로 보아야 한다. 다만 그 일시나 장소가 다른 경우라면 피해자들에 대한 각 사기죄가 실체적 경합할 것이다. (대법원 2010도9330)

② 도박행위가 공갈죄의 수단이 된 경우, 공갈죄에 흡수되지 않는다. (대법원 2014도212)

6 상습도박

① 동종의 수개의 도박행위에 상습성이 인정된다면 그 중 형이 중한 상습도박죄에 나머지 행위를 포괄시켜 1죄로 처단하여야 한다. (대법원 84도195)

② 상습도박자(도박의 습벽이 있는 자)가 상습성 없는 타인의 도박을 방조한 경우, 상습도박의 방조죄가 아니라 상습도박죄가 성립한다. 즉 상습도박의 방조죄는 상습도박죄에 흡수되어 포괄1죄로 처벌한다. (대법원 84도195)

> **관련판례** **도박죄 인정**
>
> 당사자의 능력이 승패의 결과에 영향을 미친다고 하더라도 다소라도 우연성의 사정이 의하여 영향을 받게 되는 때에는 도박죄가 성립할 수 있는 바, 피고인들이 각자 핸디캡을 정하고 홀마다 또는 9홀마다 별도의 돈을 걸고 총 26 내지 32회에 걸쳐 내기 골프를 한 행위는 도박죄에 해당한다. (대법원 2006도736) = 내기골프의 도박성

> **관련판례** **도박죄 부정**
>
> ① 평소 친하게 지내는 같은 업자들끼리 하루일과를 마치고 속칭 "육백"을 1시간 가량 친 결과 딴 돈 4,000원으로 술과 안주를 사서 함께 먹고 논 행위는 이들의 경력, 재산정도, 도박을 하게된 경위 및 그 방법, 친분관계, 내기에 건 금액이 적은 점 등을 종합하여 볼때 일시 오락의 정도에 불과하고 도박죄를 구성하지 않는다. (대법원 83도1044)
> ② 피고인들은 서로 친숙하게 지내온 사이로서 이 사건 당일 우연히 다방에서 만나게 되어 약 3,000원 상당의 음식내기 화투놀이를 약 30분 동안 한 사실은 도박죄를 구성하지 않는다. (대법원 84도194)
> ③ 각자 1,000원 내지 7,000원을 판돈으로 내놓고 한 점에 100원짜리 속칭 "고스톱"을 한 것이 일시 오락의 정도에 불과하다. (대법원 89도1992)
> ④ 동네 친구들과 함께 저녁식사 후 저녁값을 마련하기 위하여 일시 오락에 불과한 도박을 한 경우, 도박죄에 해당하지 아니한다. (대법원 2003도6351)

III 도박개장죄

형법

제247조 【도박장소 등 개설】 영리의 목적으로 도박을 하는 장소나 공간을 개설한 사람은 5년 이하의 징역 또는 3천만 원 이하의 벌금에 처한다.

1 의의

영리의 목적으로 도박을 하는 장소나 공간을 개설함으로서 성립한다.

2 도박장소나 공간을 개설

① 도박의 주재자가 되지 않고 도박장소나 공간을 제공하면 본죄가 성립한다.

② 영리의 목적이란 도박개장의 대가로 불법한 재산상의 이익을 얻으려는 의사를 의미하는 것으로, 반드시 도박개장의 직접적 대가가 아니라 도박개장을 통하여 간접적으로 얻게 될 이익을 위한 경우에도 영리의 목적이 인정되고, 또한 현실적으로 그 이익을 얻었을 것을 요하지는 않는다. (대법원 2001도5802)

③ 도박하는 장소 외에 인터넷 도박 공간 개설도 도박개장죄로 처벌할 수 있다.

④ 도박개장을 방조하면 도박개장방조죄가 되며, 별도로 도박방조죄는 성립하지 않는다.

3 기수시기

도박개장죄는 영리의 목적으로 스스로 주재자가 되어 그 지배하에 도박 장소를 개설함으로써 성립하는 것이며, 영리를 목적으로 도박을 개장하면 기수에 이르고, 현실로 도박이 행하여졌음을 묻지 않는다. (대법원 2008도5282)

4 주관적 구성요건

고의 이외에 영리의 목적을 필요로 하는 목적범이다. 도박개장의 직접적 대가가 아니라 도박개장을 통하여 간접적으로 얻게 될 이익을 위한 경우에도 영리의 목적이 인정되고, 또한 현실적으로 그 이익을 얻었을 것을 요하지는 않는다. (대법원 2001도5802)

> **관련판례** **도박개장죄 인정**
>
> ① 인터넷 고스톱게임 사이트를 유료화하는 과정에서 사이트를 홍보하기 위하여 고스톱대회를 개최하면서 참가자들로부터 참가비를 받고 입상자들에게 상금을 지급한 경우에는 도박개장죄가 성립한다. (대법원 2001도5802)
>
> ② 피고인이 단순히 가맹점만을 모집한 상태에서 도박게임 프로그램을 시험가동한 정도에 그친 것이 아니라, 가맹점을 모집하여 인터넷 도박게임이 가능하도록 시설 등을 설치하고 도박게임 프로그램을 가동하던 중 문제가 발생하여 더 이상의 영업으로 나아가지 못한 것으로 볼 여지가 있더라도, 이로써 도박개장죄는 이미 '기수'에 이르렀다고 볼 수 있다. (대법원 2008도5282) = 고스톱 등의 인터넷 도박게임 사이트를 개설하여 운영하는 경우, 현실적으로 게임이용자들로부터 돈을 받고 게임머니를 제공하고 게임이용자들이 위 도박게임 사이트에 접속하여 도박을 하여, 위 게임으로 획득한 게임머니를 현금으로 환전해 재물이 오고갈 수 있는 상태에 있으면, 게임이용자가 위 도박게임 사이트에 접속하여 실제 게임을 하였는지 여부와 관계없이 도박개장죄는 기수에 이른다.
>
> ③ 유료낚시터를 운영하는 사람이 입장료 명목으로 요금을 받은 후 물고기에 부착된 시상번호에 따라 경품을 지급한 경우 도박개장죄에 해당한다. (대법원 2008도10582)
>
> ④ 피고인이 선물거래시장의 실제 거래시세정보가 실시간으로 연동되는 사설 선물거래 사이트를 개설한 다음, 회원들이 피고인 계좌로 돈을 입금하면 일정한 적용비율로 환산한 전자화폐를 적립시켜 준 뒤, 회원들이 거래를 할 때마다 수수료를 공제하고, 전자화폐의 환전을 요구받으면 원래의 적용비율에 따라 현금으로 환산하여 주는 방식으로 사이트를 운영한 사안에서, 이 사건 사설 사이트를 통한 거래는 주가 변동 등 미래의 우연한 결과에 의하여 수익과 손실이 결정되는 것으로 도박개장죄가 성립한다. (대법원 2012도14725) = 사설선물거래소 형태의 도박장 개설
>
> ⑤ 사설 인터넷 도박사이트를 운영하는 사람이, 먼저 소셜 네트워크 서비스 앱에 오픈채팅방을 개설하여 아동·청소년이용음란 동영상을 게시하고 1:1 대화를 통해 불특정 다수를 위 오픈채팅방 회원으로 가입시킨 다음, 그 오픈채팅방에서 자신이 운영하는 도박사이트를 홍보하면서 회원들이 가입 시 입력한 이름, 전화번호 등을 이용하여 전화를 걸어 위 도박사이트 가입을 승인해주는 등의 방법으로 가입을 유도하고 그 도박사이트를 이용하여 도박을 하게 하였다면, 영리를 목적으로 도박공간을 개설한 행위가 인정됨은 물론, 나아가 영리를 목적으로 아동·청소년이용음란물을 공연히 전시한 행위도 인정된다. (대법원 2020도8978)

> **관련판례** 도박개장죄 부정
>
> 인터넷 게임사이트의 온라인 게임에서 통용되는 사이버머니를 구입하고자 하는 사람을 유인하여 돈을 받고 위 게임사이트에 접속하여 일부러 패하는 방법으로 사이버머니를 판매한 사람에 대하여, **정범인 위 게임사이트 개설자의 도박개장행위를 인정할 수 없는 이상** 종범인 도박개장방조죄도 성립하지 않는다. (대법원 2007도8050)

IV 복표발매·중개·취득죄

형법

제248조 【복표의발매등】 ① 법령에 의하지 아니한 복표를 발매한 사람은 5년 이하의 징역 또는 3천만원 이하의 벌금에 처한다.
② 제1항의 복표발매를 중개한 사람은 3년 이하의 징역 또는 2천만원 이하의 벌금에 처한다.
③ 제1항의 복표를 취득한 사람은 1천만원 이하의 벌금에 처한다.

1 의의

복표를 발매하든지, 중개하든지, 취득하는 행위를 처벌하는 범죄이다. 발매행위를 가장 무겁게 처벌하고 중개행위가 그 다음이고 취득행위는 벌금에 처해진다.

2 구성요건

(1) 복권

특정한 표찰을 발매하며 다수인으로부터 금품을 모아 추첨 등의 방법에 의하여 당첨자에게 재산상 이익을 제공하고 다른 참가자에게 손실을 주는 것을 말한다.

(2) 복권과 도박의 차이

① 재물의 득실을 결정하는 방법에서 복표는 추첨에 의하고 도박은 추첨 이외의 방법에 의한다.
② 복표는 구매자만 위험을 부담하지만 도박은 참가자 전원이 위험을 부담한다.

> **관련판례**
>
> [1] 복표의 개념요소는 ① 특정한 표찰일 것, ② 그 표찰을 발매하여 다수인으로부터 금품을 모을 것, ③ 추첨 등의 우연한 방법에 의하여 그 다수인 중 일부 당첨자에게 재산상의 이익을 주고 다른 참가자에게 손실을 줄 것의 세 가지로 파악할 수 있으며, 이 점에서 경제상의 거래에 부수하는 특수한 이익의 급여 내지 가격할인에 불과한 경품권이나 사은권 등과는 그 성질이 다른 것이지만, 어떠한 표찰이 형법 제248조 소정의 복표에 해당하는지 여부는 그 표찰 자체가 갖는 성질에 의하여 결정되어야 하고, 그 기본적인 성질이 위와 같은 개념요소를 갖추고 있다면, 거기에 광고 등 다른 기능이 일부 가미되어 있는 관계로 당첨되지 않은 참가자의 손실을 그 광고주 등 다른 사업주들이 대신 부담한다고 하더라도, 특별한 사정이 없는 한 복표로서의 성질을 상실하지는 않는다.
> [2] 이른바 '광고복권'은 통상의 경우 이를 홍보 및 판촉의 수단으로 사용하는 사업자들이 당첨되지 않은 참가자들의 손실을 대신 부담하여 주는 것일 뿐, 그 자체로는 추첨 등의 우연한 방법에 의하여 일부 당첨자에게 재산상의 이익을 주고 다른 참가자에게 손실을 주는 복표로서의 성질을 갖추고 있다고 보아 형법 제248조 소정의 복표에 해당한다. (대법원 2003도5433)

Section 03 신앙에 대한 죄

I 서설

1 조문 체계

범죄	조문	구성요건	미수	예비
장례식 방해	제158조	장례식, 제사, 예배 또는 설교를 방해한 경우	×	×
시체오욕	제159조	시체, 유골 또는 유발(遺髮)을 오욕한 경우	×	×
분묘발굴	제160조	분묘를 발굴한 경우	○	×
시체영득	제161조 제1항	시체, 유골, 유발 또는 관 속에 넣어 둔 물건을 손괴, 유기, 은닉 또는 영득한 경우	○	×
분묘발굴 시체영득	제161조 제2항	분묘를 발굴하여 시체영득의 죄를 범한 경우	○	×
변사체검시 방해	제163조	변사자의 시체 또는 변사의 의심있는 시체를 은닉 또는 변경하거나 그 밖의 방법으로 검시(檢視)를 방해한 경우	×	×

2 의의 및 보호법익

① 분묘발굴죄, 시체영득죄는 미수 처벌규정이 있고, 장례식 방해, 시체오욕, 변사체검시방해죄는 미수 처벌규정이 없다.

② 보호법익은 사회풍속으로의 종교감정과 종교생활의 평온이다.

II 장례식 등 방해죄

형법

제158조【장례식등의 방해】 장례식, 제사, 예배 또는 설교를 방해한 자는 3년이하의 징역 또는 500만원 이하의 벌금에 처한다.

1 의의

장례식, 제사, 예배 또는 설교를 방해함으로서 성립하는 범죄이다. 장례식방해죄는 장례식의 평온과 공중의 추모감정을 보호법익으로 하는 추상적 위험범이다.

2 객관적 구성요건

(1) 객체

행위의 객체는 장례식, 제사, 예배 또는 설교이다.

(2) 행위

제전의 정상적 진행을 방해하는 것이다. 방법에는 제한이 없으나 시간적으로 밀접불가분의 관계에 있는 준비단계에서 방해행위가 있어야 한다.

(3) 기수시기

추상적 위험범이므로 방해행위가 있으면 기수이다. 장례식방해죄는 장례식의 평온과 공중의 추모감정을 보호법익으로 하는 이른바 **추상적 위험범**으로서 범인의 행위로 인하여 장례식이 현실적으로 저지 내지 방해되었다고 하는 결과의 발생까지 요하지 않고 방해행위의 수단과 방법에도 아무런 제한이 없으며 일시적인 행위라 하더라도 무방하나, 적어도 객관적으로 보아 장례식의 평온한 수행에 지장을 줄 만한 행위를 함으로써 장례식의 절차와 평온을 저해할 위험이 초래될 수 있는 정도는 되어야 비로소 방해행위가 있다고 보아 장례식방해죄가 성립한다고 할 것이다. (대법원 2010도13450)

> **관련판례**
> ① **정식절차를 밟은 위임목사가 아닌 자가 당회의 결의에 반하여 설교와 예배인도를 한 경우라 할지라도** 그가 그 교파의 목사로서 그 교의를 신봉하는 신도 약 350여명 앞에서 그 교지에 따라 설교와 예배인도를 한 것이라면 다른 특별한 사정이 없는 한 그 설교와 예배인도는 형법상 보호를 받을 가치가 있고 이러한 설교와 예배인도의 평온한 수행에 지장을 주는 행위를 하면 본조의 **설교 또는 예배방해죄**가 성립한다. (대법원 71도1465)
> ② 피고인이 피해자의 집에 가서 시비 중에 마침 제사 상에 사용할 음식을 마련하여 임시로 작은 상 위에 올려 놓은 것을 발로 찼다는 정도의 행위는 제전방해죄에 해당되지 않는다. 형법 제158조에 규정된 제사·예배방해죄는 공중의 종교생활의 평온과 종교 감정을 그 보호법익으로 하는 것이므로, 예배중이거나 예배와 시간적으로 밀접불가분의 관계에 있는 준비단계에서 이를 방해하는 경우에만 성립한다. (대법원 81도2691, 2006도4773)
> ③ 교회의 교인이었던 사람이 교인들의 총유인 교회 현판, 나무십자가 등을 떼어 내고 예배당 건물에 들어가 출입문 자물쇠를 교체하여 7개월 동안 교인들의 출입을 막은 사안에서, 장기간 예배당 건물의 출입을 통제한 위 행위는 교인들의 예배 내지 그와 밀접불가분의 관계에 있는 준비단계를 계속하여 방해한 것으로 볼 수 없어 예배방해죄가 성립하지 않는다. (대법원 2007도5296)
> ④ 피고인은 이 사건 영결식 도중인 2009. 5. 29. 12:00경 유족의 헌화 다음 순으로 이명박 대통령 부부가 헌화를 하기 위하여 헌화대로 나오려는 순간 갑자기 자리에서 일어나 동그랗게 말은 행사 안내장을 앞으로 치켜든 채 헌화대 쪽을 향하여 몇 발짝 걸어가면서 "사죄하라. 어디서 분향을 해."라고 크게 소리를 지른 행위가 비록 피고인이 헌화를 방해하려는 의도를 가지고 한 행동이라 하더라도 영결식의 절차와 평온을 저해할 위험이 초래될 정도라고 단정하기는 어렵다. (대법원 2010도13450)

III 시체오욕죄

형법

제159조 【시체 등의 오욕】 시체, 유골 또는 유발(遺髮)을 오욕한 자는 2년 이하의 징역 또는 500만원 이하의 벌금에 처한다.

본죄의 행위는 오욕이다. 사체에 오물을 투기(예침을 뱉거나 방뇨하는 행위)하거나 시체를 절단하는 등은 오욕이나 고인을 욕되게 하는 말은 무형적 모욕이므로 사자명예훼손죄 성립은 별론으로 하고 본죄를 구성하지 않는다.

IV. 분묘발굴죄

형법

제160조 【분묘의발굴】 분묘를 발굴한 자는 5년 이하의 징역에 처한다.

1 의의

분묘를 발굴함으로서 성립하는 범죄이다. 분묘의 평온을 유지하여 사자에 대한 종교적 감정을 보호법익으로 하는 추상적 위험범이다.

2 객관적 구성요건

(1) 객체

1) 분묘

분묘란 사람의 사체나 유골, 유발 등을 매장하여 사자에 대해 제사를 올리거나 기념하는 장소를 말한다. 따라서 제사 예배의 대상이 되지 않는 고분은 분묘가 아니다.

2) 범위

사체를 매장한 장소도 포함되고 소유자나 관리자가 현존할 필요도 없으며 사자가 누구인지 불명하다 하더라도 현재 제사나 숭경의 대상이 되어 있으며 본죄 객체가 된다.

3) 적법성 불문

적법하게 매장된 것일 필요는 없다. 암매장된 분묘도 객체이다.

(2) 행위

행위는 발굴하는 것인데 발굴이란 복토의 전부 또는 일부를 제거하거나 묘석을 파괴·해체하여 분묘를 훼손하는 것을 말한다.

(3) 기수시기

분묘발굴죄에서 분묘의 발굴행위는 유골, 시체가 외부로 인지할 수 있는 상태까지 현출함을 필요로 하지 않는다. (복토제거설) (4294형상539)

(4) 위법성

분묘발굴죄는 그 분묘에 대하여 아무런 권한 없는 자나 또는 권한이 있는 자라도 사체에 대한 종교적 양속에 반하여 함부로 이를 발굴하는 경우만을 처벌대상으로 삼는 취지라고 보아야 할 것이므로, 법률상 그 분묘를 수호, 봉사하며 관리하고 처분할 권한이 있는 자 또는 그로부터 **정당하게 승낙을 얻은 자가 사체에 대한 종교적, 관습적 양속에 따른 존숭의 예를 갖추어 이를 발굴하는 경우에는 그 행위의 위법성은 조각**된다고 할 것이고, 한편 분묘에 대한 봉사, 수호 및 관리, 처분권은 종중이나 그 후손들 모두에게 속하여 있는 것이 아니라 오로지 그 분묘에 관한 호주상속인에게 전속한다. 이 사건 분묘에 관한 구 민법상의 호주상속인인 피고인이 이 사건 분묘를 발굴하여 납골당에 안치한 행위는 종교적, 관습적 양속에 반하지 아니하여 **위법성이 조각**된다. (대법원 2007도8131)

> **관련판례**
> ① 묘의 봉분이 없어지고 평토화 가까이 되어 있고 묘비 등 표식이 없어 그 묘 있음을 확인할 수 없는 분묘라 하더라도 현재 이를 제사 숭경하고 종교적 의례의 대상으로 하는 자가 있는 경우에는 분묘발굴죄의 객체인 분묘에 해당되지 않는다고는 할 수 없다. **암장된 분묘**라 하더라도 당국의 허가없이 자구행위로 이를 발굴하여 개장할 수는 없는 것이다. (대법원 76도2828)
> ② 사실상 분묘를 관리, 수호하고 망인의 봉제사를 행하여 오던 피고인이 실질상 손이 끊겨 수호 관리하기 힘든 조상들의 묘를 화장 방식으로 바꾸기로 한 종중의 결의에 따라 망인의 사망 당시 호주의 사후양자로 그를 호주상속하여 망인의 가를 계승한 **양손자의 승낙**하에 종교적 예를 갖추어 그 분묘를 발굴하였다면, 비록 그 발굴 전에 망인의 출가한 양손녀들의 승낙을 얻지 아니하였다 하더라도 이를 위법한 행위라고 단정할 수 없다. (대법원 94도1190)

V 시체 등 손괴·유기·은닉·영득죄

형법

제161조【시체 등의 영득】 ① 시체, 유골, 유발 또는 관 속에 넣어 둔 물건을 손괴(損壞), 유기, 은닉 또는 영득(領得)한 자는 7년 이하의 징역에 처한다.
② 분묘를 발굴하여 제1항의 죄를 지은 자는 10년 이하의 징역에 처한다.

제162조【미수범】 전2조의 미수범은 처벌한다.

1 의의

사체, 유골, 유발 또는 관내 설치한 물건을 손괴, 유기, 은닉 또는 영득하거나 분묘를 발굴하여 이와 같은 행위를 함으로서 성립하는 범죄이다. 보호법익은 사회일반의 종교감정이다. 보호정도는 침해범으로써 보호이다.

2 주체 및 객체

본죄의 주체에는 제한이 없다. 사체 등 처분권을 가진 자도 본죄의 주체가 된다.

3 행위

(1) 손괴

종교적 감정을 해할 정도로 물리적으로 훼손하는 것을 말한다.

(2) 유기

사체를 매장으로 인정할 수 없는 방법으로 방기하는 것을 말한다. 사체의 장소적 이전을 요하지 않으므로 부작위에 의해서도 가능하다.

(3) 은닉

사체의 발견을 불가능하게 하거나 곤란하게 하는 것을 말한다.

(4) 영득

사체를 불법하게 점유하는 것으로 그 점유취득의 방법은 불문한다.

> **관련판례**
>
> ① [1] 살인, 강도살인 등의 목적으로 사람을 살해한 자가 그 살해의 목적을 수행함에 있어 사후 사체의 발견이 불가능 또는 심히 곤란하게 하려는 의사로 인적이 드문 장소로 피해자를 유인하거나 실신한 피해자를 끌고가서 <u>그곳에서 살해하고 사체를 그대로 둔 채 도주</u>한 경우에는 비록 결과적으로 사체의 발견이 현저하게 곤란을 받게 되는 사정이 있다 하더라도 별도로 **사체은닉죄가 성립되지 아니한다**고 봄이 타당하다.
> [2] 법률, 계약 또는 조리상 시체에 대한 장제 또는 감호의 의무가 있는 자가 시체를 방치하거나 또는 그 의무가 없는 자가 장소적 이전을 하면서 의례에 의하지 아니하고 이를 방기한 것을 말한다. 따라서 장소적 이전을 함이 없이 소극적으로 단순히 시체를 방치한 것은 시체유기죄가 성립하지 않는다. (대법원 86도891) = 법률, 계약 또는 조리상 사체의 감호의무를 인정할 수 없다. 부작위에 의한 사체은닉죄 불성립
> ② 범행을 은폐할 목적으로 피해자의 시신을 화장하였더라도 일반 화장절차에 따라 장제의 의례를 갖추었다면 시체유기죄가 성립하지 아니한다. (대법원 98도51)
> ③ 사람을 살해한 다음 그 범죄의 흔적을 은폐하기 위하여 그 시체를 다른 장소로 옮겨 유기하였을 때에는 살인죄와 사체유기죄의 경합범이 성립하고 사체유기를 불가벌적 사후행위라 할 수 없다. (대법원 84도2263)

VI 변사체 검시방해죄

> **형법**
>
> **제163조【변사체검시방해】** 변사자의 시체 또는 변사(變死)로 의심되는 시체를 은닉하거나 변경하거나 그 밖의 방법으로 검시(檢視)를 방해한 자는 700만원 이하의 벌금에 처한다.

1 의의

본죄는 변사자의 사체 또는 변사의 의심이 있는 사체를 은닉 또는 변경하거나 기타 방법으로 검시를 방해함으로서 성립하는 범죄로 공무방해죄의 성질을 가진 범죄이다.

2 객체

변사자의 사체 또는 변사의 의심이 있는 사체이다.

> **관련판례**
>
> 변사자란 사인이 분명하지 않는 자를 의미하고 사인이 명백한 경우는 변사자라 할 수 없다. 따라서 질병으로 의사의 치료를 받아 오다가 약효가 없어 사망하여 그 사인이 명백한 경우 또는 범죄로 인하여 **사망한 것이 명백**한 경우, 그 시체는 변사체검시방해죄의 객체가 될 수 없다. 따라서 그 시체에 대한 검시를 방해하는 것도 변사체검시방해죄가 성립하지 않는다. (대법원 2003도1331)

안나현 경찰 형사법

형법각론

Part 3
국가적 법익에 대한 죄

Chapter 00   국가적 법익 전체 개관
Chapter 01   국가의 존립과 권위에 대한 죄
Chapter 02   국가의 기능에 대한 죄

Chapter 00 국가적 법익 전체 개관

■ 국가적 법익 전체 개관

국가의 존립과 권위에 대한 죄	(1) 국가의 존립에 대한 죄
	(2) 국기·국장 및 국교에 대한 죄
국가의 기능에 대한 죄	(1) 공무원의 직무에 대한 죄
	(2) 공무방해에 대한 죄
	(3) 도주와 범인은닉에 대한 죄
	(4) 위증과 증거인멸에 대한 죄
	(5) 무고의 죄

Chapter 01 국가의 존립과 권익에 대한 죄

Section 01 내란의 죄

I 서설

1 조문 체계

범죄	조문	구성요건		미수	예비
내란	제87조	대한민국 영토의 전부 또는 일부에서 국가권력을 배제하거나 국헌을 문란하게 할 목적으로 폭동을 일으킨 경우	우두머리	○	○
			• 모의에 참여하거나 지휘하거나 그 밖의 중요한 임무에 종사한 자 • 살상, 파괴, 약탈 행위를 실행한 자	○	○
			부화수행(附和隨行)하거나 단순히 폭동에만 관여한 자	○	○
내란 목적 살인	제88조	대한민국 영토의 전부 또는 일부에서 국가권력을 배제하거나 국헌을 문란하게 할 목적으로 사람을 살해한 경우		○	○
예비·음모	제90조 제1항	• 제87조 또는 제88조의 죄를 범할 목적으로 예비 또는 음모한 경우 • 단, 그 목적한 죄의 실행에 이르기 전에 자수한 때에는 그 형을 감경 또는 면제한다.		○	○
선전·선동	제90조 제2항	제87조 또는 제88조의 죄를 범할 것을 선동 또는 선전한 경우			

2 의의 및 보호법익

① 내란의 죄란 국가의 내부로부터 헌법의 기본질서를 침해하여 국가의 존립을 위태롭게 하는 것을 내용으로 하는 범죄이다.

② 보호법익은 국가의 존립 및 헌법질서의 유지에 기한 국가의 내적 안전이며, 보호정도는 내란죄는 구체적 위험범(추상적 위험범이라는 견해도 있다), 내란목적살인죄는 침해범이다.

③ 국헌문란 목적이란 헌법 또는 법률에 정한 절차에 의하지 아니하고 헌법 또는 법률의 기능을 소멸시키는 것, 헌법에 의하여 설치된 국가기관을 강압에 의하여 전복 또는 그 권능행사를 불가능하게 하는 것이다. 즉 대한민국 영토의 전부 또는 일부에서 국가권력을 배제하거나 국헌을 문란하게 할 목적이 필요한 목적범이다.

④ 내란 목적으로 예비·음모, 선전·선동한 경우 3년 이상의 유기징역이나 유기금고에 처한다. **해당 목적한 죄의 실행에 이르기 전(예비음모)에 자수한 때에는 그 형을 감경 또는 면제한다.** (필요적 감면)

II 내란죄

> **형법**
>
> **제87조 【내란】** 대한민국 영토의 전부 또는 일부에서 국가권력을 배제하거나 국헌을 문란하게 할 목적으로 폭동을 일으킨 자는 다음 각 호의 구분에 따라 처벌한다.
> 1. 우두머리는 사형, 무기징역 또는 무기금고에 처한다.
> 2. 모의에 참여하거나 지휘하거나 그 밖의 중요한 임무에 종사한 자는 사형, 무기 또는 5년 이상의 징역이나 금고에 처한다. 살상, 파괴 또는 약탈 행위를 실행한 자도 같다.
> 3. 부화수행(附和隨行)하거나 단순히 폭동에만 관여한 자는 5년 이하의 징역이나 금고에 처한다.
>
> **제91조 【국헌문란의 정의】** 본장에서 국헌을 문란할 목적이라 함은 다음 각호의 1에 해당함을 말한다.
> 1. 헌법 또는 법률에 정한 절차에 의하지 아니하고 헌법 또는 법률의 기능을 소멸시키는 것
> 2. 헌법에 의하여 설치된 국가기관을 강압에 의하여 전복 또는 그 권능행사를 불가능하게 하는 것
>
> **제89조 【미수범】** 전2조의 미수범은 처벌한다.

1 의의

국토를 참절하거나 국헌을 목적으로 폭동함으로써 성립하는 범죄이다.

2 객관적 구성요건

(1) 주체

주체에는 제한이 없다. 내국인·외국인을 불문한다.

(2) 실행행위: 폭동

① 필요적 공범 중에 집합범에 해당한다. 그래서 내란폭동에 참가한 다수인들 중 어느 일방이 적극적으로 교사한 경우라도 내란교사죄는 성립하지 아니한다. 필요적 공범이라서 형법총칙상 공범 규정이 적용되지 않기 때문이다. 내란행위에 가담한 참가자의 지위 및 기여정도에 따라 구별하여 처벌한다.

② 내란죄의 폭행·협박은 일체의 유형력의 행사나 외포심을 생기게 하는 해악의 고지를 의미하는 최광의 폭행·협박을 말하는 것으로서, 이를 준비하거나 보조하는 행위를 전체적으로 파악한 개념이다. 여기서 폭동이란 다수인이 집합하여 폭행·협박하여 적어도 **한 지방의 평온을 해할 정도**의 것으로 내란죄는 기수로서 성립하며, 반드시 목적이 달성되었을 때 기수가 되는 것이 아니다. (대법원 96도3376) 그리고 계속범이 아니라 **상태범**의 성질을 가진다.

③ 폭행·협박 수준이 최광의라는 점에서 소요죄와 비슷하지만, 목적범이라는 점에서 차이가 있다. 따라서 아무런 목적성이나 조직성이 없는 단순 폭행·협박 행위는 내란죄가 아니다.

3 주관적 구성요건

(1) 의의

고의가 필요하며, 국토참절 또는 국헌문란을 목적까지 필요하다. 국토참절은 영토에 대한 불법지배이고, 국헌문란은 헌법상 민주적 기본질서, 헌법기관에 대한 전복 등을 의미한다. 여기서의 목적은 미필적 인식으로 충분하다. 대통령, 국무총리 등 헌법기관을 살해하는 것은 이에 포함되지 않는다.

(2) 국토참절의 목적 또는 국헌문란의 목적

① **국토참절의 목적**

대한민국 통치권이 미치는 영토에 대한 불법지배를 통해 영토의 일부 또는 전부를 배제하려는 목적을 말한다.

② **국헌문란의 목적**

국헌문란의 목적을 가지고 있었는지 여부는 외부적으로 드러난 행위와 그 행위에 이르게 된 경위 및 그 행위의 결과 등을 종합하여 판단하여야 하며, 내란 가담자들이 하나의 내란을 구성하는 일련의 폭동행위 전부에 대하여 이를 모의하거나 관여한 바가 없다고 하더라도, 내란집단의 구성원으로서 전체로서의 내란에 포함되는 개개 행위에 대하여 부분적으로라도 그 모의에 참여하거나 기타의 방법으로 기여하였음이 인정된다면, 그 일련의 폭동행위 전부에 대하여 내란죄의 책임을 면할 수 없다. (대법원 96도3376)

4 간접정범

범죄는 어느 행위로 인하여 처벌되지 아니하는 자를 이용하여서도 이를 실행할 수 있으므로, 내란죄의 경우에도 국헌문란의 목적을 가진 자가 그러한 목적이 없는 자를 이용하여 이를 실행할 수 있다. 즉 간접정범이 가능하다.

5 죄수 및 타죄와의 관계

① **내란목적살인죄와 관계**

내란목적살인죄는 국헌을 문란할 목적을 가지고 직접적인 수단으로 사람을 살해함으로써 성립하는 범죄라 할 것이므로, 국헌문란의 목적을 달성함에 있어 내란죄가 '폭동'을 그 수단으로 함에 비하여 내란목적살인죄는 '살인'을 그 수단으로 하는 점에서 두 죄는 엄격히 구별된다. 따라서 **내란의 실행과정에서 폭동행위에 수반하여 개별적으로 발생한 살인행위는 내란행위의 한 구성요소를 이루는 것**이므로 내란행위에 흡수되어 내란목적살인의 별죄를 구성하지 아니하나, 특정인 또는 일정한 범위 내의 한정된 집단에 대한 살해가 내란의 와중에 폭동에 수반하여 일어난 것이 아니라 **그것 자체가 의도적으로 실행된 경우에는 이러한 살인행위는 내란에 흡수될 수 없고 내란목적살인의 별죄를 구성한다.** (대법원 96도3376)

② **소요죄와 관계**

본죄는 목적범이므로 국토를 참절하거나 국헌문란의 목적이 없는 폭동은 소요죄(제115조)에 해당한다.

■ **소요죄와 내란죄의 비교**

구분	소요죄	내란죄
보호법익	사회적 법익(공공의 안전과 평온)	국가적 법익(국가의 내적 안전)
목적범	목적범 ×	목적범 ○
미수	미수범처벌규정 ×	미수범처벌규정 ○
처벌	가담자는 모두 동일한 법정형	가담자는 역할에 따라 법정형 상이

> **관련판례** 국헌문란의 목적의 의미와 인식
>
> ① 내란죄에 있어서의 국헌문란의 목적은 현행의 헌법 또는 법률이 정한 정치적 기본조직을 불법으로 파괴하는 것을 말하고 구체적인 국가기관인 자연인만을 살해하거나, 그 계승을 기대하는 것은 이에 해당되지 않으나 반드시 초법규적인 의미는 아니라고 할 것이며, 공산, 군주 또는 독재제도로 변경하여야 하는 것은 더욱 아니고, 그 목적은 엄격한 증명사항에 속하고 직접적임을 요하나 결과발생의 희망, 의욕임을 필요로 한다고 할 수는 없고, 또 확정적 인식임을 요하지 아니하며, 다만 미필적인식이 있으면 족하다 할 것이다. (대법원 80도306)
> ② 형법 제91조 제2호에 의하면 헌법에 의하여 설치된 국가기관을 강압에 의하여 전복 또는 그 권능행사를 불가능하게 하는 것을 국헌문란의 목적의 하나로 규정하고 있는데, 여기에서 '권능행사를 불가능하게 한다'고 하는 것은 그 기관을 제도적으로 영구히 폐지하는 경우만을 가리키는 것은 아니고 사실상 상당기간 기능을 제대로 할 수 없게 만드는 것을 포함한다. (대법원 96도3376)

III 내란목적 살인죄

형법

제88조 【내란목적의 살인】 대한민국 영토의 전부 또는 일부에서 국가권력을 배제하거나 국헌을 문란하게 할 목적으로 사람을 살해한 자는 사형, 무기징역 또는 무기금고에 처한다.

제89조 【미수범】 전2조의 미수범은 처벌한다.

1 의의
본죄는 국토를 참절하거나 국헌을 문란하게 할 목적으로 사람을 살해함으로써 성립한다.

2 객관적 구성요건
객체에 대해서 일반인이 아니라 헌법기관구성원, 군수뇌부, 정당지도자 등 요인(要人)을 살해한 것이라는 소수설도 있으나, 다수설은 구성요건이 사람으로 되어 있기 때문에 요인에 한정하지 않는다고 본다.

3 주관적 구성요건
살인의 고의 이외 내란의 목적이 있어야 한다. (목적범)

4 죄수
해당 살인이 폭동에 수반하여 이루어진 경우는 내란죄로 보고, 폭동에 수반하지 않고 별개로 이루어진 경우만을 내란목적살인죄로 본다. (대법원 96도3376)

IV 내란 예비·음모·선동·선전죄

형법

제90조 【예비, 음모, 선동, 선전】 ① 제87조 또는 제88조의 죄를 범할 목적으로 예비 또는 음모한 자는 3년 이상의 유기징역이나 유기금고에 처한다. 단, 그 목적한 죄의 실행에 이르기 전에 자수한 때에는 그 형을 감경 또는 면제한다.
② 제87조 또는 제88조의 죄를 범할 것을 선동 또는 선전한 자도 전항의 형과 같다.

> **관련판례** 내란음모의 성립요건
>
> [1] 내란음모죄에 해당하는 합의가 있다고 하기 위해서는 단순히 내란에 관한 범죄결심을 외부에 표시·전달하는 것만으로는 부족하고 객관적으로 내란범죄의 실행을 위한 합의라는 것이 명백히 인정되고, 그러한 합의에 실질적인 위험성이 인정되어야 한다.
> [2] 피고인들을 비롯한 회합 참석자들이 전쟁 발발시 대한민국의 체제를 전복하기 위하여 구체적인 물질적 준비방안을 마련하라는 피고인 甲의 발언에 호응하여 선전전, 정보전, 국가기간시설 파괴 등을 논의하기는 하였으나, 1회적인 토론의 정도를 넘어서 내란의 실행행위로 나아가겠다는 확정적인 의사의 합치에 이르렀다고 보기 어려워 형법상 내란음모죄 성립에 필요한 '내란범죄 실행의 합의'를 하였다고 할 수 없다는 이유로, 피고인들에게 무죄를 선고한 원심판단을 정당하다. (대법원 2014도10978)

1 선동 또는 선전의 의미

① 선동이란 일반대중을 감정적으로 자극하여 내란죄 실행을 결의케 하거나 촉발시키는 것이고, 선전이란 내란의 당위성을 일반대중에게 주지시켜 찬동을 얻기 위한 의사전달행위이다.

② 내란선동죄는 내란이 실행되는 것을 목표로 선동함으로써 성립하는 독립한 범죄이고, 선동으로 말미암아 피선동자들에게 반드시 범죄의 결의가 발생할 것을 요건으로 하지 않는다. (대법원 2014도10978)

2 내란선동죄의 성립요건

① 내란선동은 주로 내란행위의 외부적 준비행위에도 이르지 않은 단계에서 이루어지지만, 다수인의 심리상태에 영향을 주는 방법으로 내란의 실행욕구를 유발 또는 증대시킴으로써 집단적인 내란의 결의와 실행으로 이어지게 할 수 있는 파급력이 큰 행위이다. 따라서 내란을 목표로 선동하는 행위는 그 자체로 내란예비·음모에 준하는 불법성이 있다고 보아 내란예비·음모와 동일한 법정형으로 처벌되는 것이다.

② 단순히 특정한 정치적 사상이나 추상적인 원리를 옹호하거나 교시하는 것만으로는 내란선동이 될 수 없고, 그 내용이 내란에 이를 수 있을 정도의 폭력적인 행위를 선동하는 것이어야 하고 나아가 피선동자의 구성 및 성향, 선동자와 피선동자의 관계 등에 비추어 피선동자에게 내란 결의를 유발하거나 증대시킬 위험성이 인정되어야만 내란선동으로 볼 수 있다.

③ 내란 실행행위의 주요 내용이 선동 단계에서 구체적으로 제시되어야 하는 것은 아니고, 또 선동에 따라 피선동자가 내란의 실행행위로 나아갈 개연성이 있다고 인정되어야만 내란선동의 위험성이 있는 것으로 볼 수도 없다. (대법원 2014도10978)

④ 내란음모가 성립하였다고 하기 위해서는 개별 범죄행위에 관한 세부적인 합의가 있을 필요는 없으나, 공격의 대상과 목표가 설정되어 있고, 그 밖의 실행계획에 있어서 주요 사항의 윤곽을 공통적으로 인식할 정도의 합의가 있어야 한다. (대법원 2014도10978)

Section 02 외환의 죄

I 서설

1 조문 체계

범죄	조문	내용	미수	예비	선전·선동
외환유치	제92조	외국과 통모하여 대한민국에 대하여 전단을 열게 하거나 외국인과 통모하여 대한민국에 항적한 경우	○	○	○
여적	제93조	적국과 합세하여 대한민국에 항적한 경우	○	○	○
모병이적	제94조 제1항	적국을 위하여 모병한 경우	○	○	○
	제94조 제2항	전항의 모병에 응한 경우			
시설 제공이적	제95조	군대·요새·진영 또는 군용에 공하는 선박이나 항공기 기타 장소·설비 또는 건조물을 적국에 제공하거나, 병기 또는 탄약 기타 군용에 공하는 물건을 적국에 제공한 경우	○	○	○
시설 파괴이적	제96조	적국을 위하여 전조에 기재한 군용시설 기타 물건을 파괴하거나 사용할 수 없게 한 경우	○	○	○
물건 제공이적	제97조	군용에 공하지 아니하는 병기·탄약 또는 전투용에 공할 수 있는 물건을 적국에 제공한 경우	○	○	○
간첩	제98조	적국을 위하여 간첩하거나 적국의 간첩을 방조하거나 또는 군사상의 기밀을 적국에 누설한 경우	○	○	○
일반 이적	제99조	전7조에 기재한 이외에 대한민국의 군사상 이익을 해하거나 적국에 군사상의 이익을 공여한 경우	○	○	○
예비, 음모	제101조 제1항	제92조 내지 제99조의 죄를 범할 목적으로 예비, 음모한 경우	–	–	–
선전, 선동	제101조 제2항	제92조 내지 제99조의 죄를 선동, 선전한 경우			
전시군수계약 불이행	제103조	전시 또는 사변에 있어서 정당한 이유없이 정부에 대한 군수품 또는 군용공작물에 관한 계약을 이행하지 아니하거나, 계약이행을 방해한 경우	×	×	×

2 의의 및 보호법익

① 전시군수계약불이행죄를 제외하고, 나머지 외환죄에 대해서 예비·음모, 선전·선동 처벌규정이 있다. 이때 **목적한 범죄의 실행에 이르기 전(예비·음모)에 자수한 때에는 그 형을 감경 또는 면제한다.** (필요적 감면)

② 전시군수계약불이행죄를 제외하고, 나머지 외환죄에 대해서 미수 처벌규정이 있다.

③ 내란죄는 국가의 내적 안전을 보호법익으로 하는데 비해서, 외환죄는 국가의 외적 안전을 보호법익으로 한다. 보호정도는 추상적 위험범이다.

④ 준적국(제102조)는 제93조(여적죄), 제101조(예비·음모·선전·선동)에서는 대한민국에 적대하는 외국 또는 외국인의 단체는 적국으로 간주한다.

⑤ 그리고 본장의 규정은 동맹국(제104조)에 대한 행위에 적용한다.

II 외환유치죄

형법

제92조【외환유치】 외국과 통모하여 대한민국에 대하여 전단을 열게 하거나 외국인과 통모하여 대한민국에 항적한 자는 사형 또는 무기징역에 처한다.

제100조【미수범】 전8조의 미수범은 처벌한다.

① **외국의 의미**: 외국이란 우리나라 이외의 국가로서 국제법상 승인된 국가 이외에도 사실상의 국가이면 충분하고 반드시 국제법상 승인된 국가임을 요하지 아니한다. 따라서 국가를 대표하는 정부 또는 군대, 외교사절 등 대표기관, 국가급 테러단체 등을 포괄한다. 다만, 여적죄 규정이 있으므로 외환유치죄의 외국에는 적국은 포함하지 않는다. ❹ 일본장교가 일본수상을 부추겨 독도를 공격하도록 한 경우
② 전단을 연다는 것은 전투행위를 개시한다는 의미이고, 항적이란 적국의 군무에 종사하여 우리나라에 적대하는 일체의 행위를 말한다.

III 여적죄

형법

제93조【여적】 적국과 합세하여 대한민국에 항적한 자는 사형에 처한다.

제100조【미수범】 전8조의 미수범은 처벌한다.

제102조【준적국】 제93조 내지 전조의 죄에 있어서는 대한민국에 적대하는 외국 또는 외국인의 단체는 적국으로 간주한다.

① 적국과 합세한 항적이란 적국과 관계가 맺거나 적국과 더불어 대한민국의 외적 안전을 위태롭게 하는 적대행위를 말한다.
② 사형만을 규정하고 있는 것은 군형법에서는 몇몇 경우가 있지만, 우리 형법에서는 유일한 규정이다.(절대적 법정형)

IV 각종 이적죄

형법

제94조【모병이적】 ① 적국을 위하여 모병한 자는 사형 또는 무기징역에 처한다.
② 전항의 모병에 응한 자는 무기 또는 5년 이상의 징역에 처한다.

제95조【시설제공이적】 ① 군대, 요새, 진영 또는 군용에 공하는 선박이나 항공기 기타 장소, 설비 또는 건조물을 적국에 제공한 자는 사형 또는 무기징역에 처한다.
② 병기 또는 탄약 기타 군용에 공하는 물건을 적국에 제공한 자도 전항의 형과 같다.

제96조 【시설파괴이적】 적국을 위하여 전조에 기재한 군용시설 기타 물건을 파괴하거나 사용할 수 없게 한 자는 사형 또는 무기징역에 처한다.

제97조 【물건제공이적】 군용에 공하지 아니하는 병기, 탄약 또는 전투용에 공할 수 있는 물건을 적국에 제공한 자는 무기 또는 5년 이상의 징역에 처한다.

제99조 【일반이적】 전7조에 기재한 이외에 대한민국의 군사상 이익을 해하거나 적국에 군사상 이익을 공여한 자는 무기 또는 3년 이상의 징역에 처한다.

제100조 【미수범】 전8조의 미수범은 처벌한다.

① 이적(利敵)이란 대한민국의 군사상 이익을 해하거나 적국에 군사상 이익을 공여하는 행위를 말한다.
② 일반이적죄(제99조)는 외환유치죄(제92조), 여적죄(제93조) 및 모병이적, 시설파괴이적, 물건제공이적 등에 해당하지 않는 경우로서 이적을 하는 경우에 성립한다.

V 간첩죄

형법

제98조 【간첩】 ① 적국을 위하여 간첩하거나 적국의 간첩을 방조한 자는 사형, 무기 또는 7년 이상의 징역에 처한다.
② 군사상의 기밀을 적국에 누설한 자도 전항의 형과 같다.

제100조 【미수범】 전8조의 미수범은 처벌한다.

1 의의

적국을 위하여 간첩하거나 간첩을 방조하거나 군사기말을 누설하는 범죄로서 일반이적죄(제99조)에 대한 가중유형이다.

2 객관적 구성요건

(1) 간첩

적국을 위하여 국가기밀을 탐지·수집하는 것을 말한다.

(2) 적국을 위하여

간첩(間諜)은 적국을 위한 것이어야 하므로 적국과의 의사연락이 필요하다는 점에서 북괴 등 적국과의 의사 연락 없이 지득한 군사기밀을 납북상태에서 북괴에 제보한 경우는 간첩죄에 해당하지 않는다. (대법원 75도1773) 즉 편면적 간첩 개념은 인정되지 않는다.

(3) 국가기밀: 기밀의 범위

① 국가기밀이란 대한민국의 외적 안전에 중대한 불이익이 될 위험을 회피하기 위해 한정된 인적 범위에서만 입수되고 타국에 비밀로 해야 하는 사실, 대상, 지식을 말한다. **군사기밀에 한정되는 것이 아니라 정치·경제·사회·문화 상의 기밀도 포함되므로, 수배자 명단도 해당된다.** (대법원 88도1630)

② 공지(公知)의 사실은 국가기밀이 볼 것이 아니지만(대법원 97도985), **군사기밀은 공지의 사실이라도 적국에게 공지사실이 아닌 이상 군사기밀로 보아야 한다.** (대법원 87도432)

(4) 실행의 착수

① 탐지시설(다수설): 국가기밀을 탐지·수집하는 행위에 착수한 시점으로 본다.

② 잠입시설(판례): 판례는 국내에 잠입 또는 상륙한 때(잠입시설) 실행의 착수를 인정한다.

(5) 기수시기

기수시점에 대해서는 국가기밀을 탐지·수집한 때에 기수가 되므로 이미 탐지·수집하여 지득사항을 타인에게 보고·누설하는 행위는 사후행위에 불과하다고 본다. (대법원 63도312, 2008재도11) 따라서 간첩죄를 범한 자가 그 탐지·수집한 기밀을 누설한 경우는 간첩죄와 군사기밀누설죄 등 두 가지 죄를 범한 것으로 인정할 수 없다.

3 간첩방조

(1) 의의 및 수단·방법

적국의 간첩임을 알면서 간첩행위를 원조하여 간첩행위를 용이하게 하는 일체의 행위를 간첩방조라고 한다. 방조의 수단과 방법의 제한이 없다.

(2) 총칙상 공범적용

<u>간첩방조죄</u>는 정범인 간첩죄와 대등한 독립된 범죄로서 간첩죄와 동일한 법정형으로 처단한다. 따라서 **형법총칙상 공범규정의 방조범 감경규정을 적용하지 아니한다.** (대법원 86도1429)

(3) 방조성립여부

① 북한 대남공작원을 상륙시켜준 경우(대법원 4293형상807), 접선방법을 합의하는 경우(대법원 71도1333) 간첩방조죄이다.

② 그러나, 단순히 간첩에게 숙식을 제공한 정도(대법원 85도2533), 무전기를 매몰하는데 망을 보아준 정도(대법원 83도41)은 간첩방조죄가 아니다.

③ **간첩을 숨겨주는 행위는 범인은닉죄는 되지만, 간첩방조죄에 해당하지는 않는다.** (대법원 79도1003)

(4) 군사상 기밀누설

① 군사기밀임을 알면서 이를 적국 또는 첩자에게 발설하는 것을 말한다.

② 직무에 관하여 군사상 기밀을 지득한 자가 그 기밀을 적국에 누설한 경우에는 군사상 기밀누설(제98조 제2항)이 성립하는 일종의 신분범이고, 이와 달리 직무와 관계없이 지득한 군사상 기밀을 적국에 누설한 경우에는 일반이적죄(형법 제99조)에 해당할 뿐이다. (대법원 82도2239)

③ 현행 국가보안법 제4조 제1항 제2호 (나)목에 정한 기밀을 해석함에 있어서 그 기밀은 국내에서의 적법한 절차 등을 거쳐 이미 일반인에게 널리 알려진 공지의 사실, 물건 또는 지식에 속하지 아니한 것이어야 하고, 또 그 내용이 누설되는 경우 국가의 안전에 위험을 초래할 우려가 있어 기밀로 보호할 실질가치를 갖춘 것이어야 한다. 그 기밀이 사소한 것이라 하더라도 누설될 경우 반국가단체에는 이익이 되고 대한민국에는 불이익을 초래할 위험성이 명백하다면 이에 해당한다 할 것이다. (대법원 97도985)

4 주관적 구성요건

고의 이외의 이적의사가 있어야 한다.

> **관련판례**
>
> ① 형법 제98조 제1항의 간첩이라 함은 적국을 위하여 적국의 지령 사주 기타 의사의 연락 하에 군사상 기밀사항 또는 도서 물건을 탐지·수집하는 것을 의미하는 것이므로 북괴의 지령 사주 기타의 의사의 연락 없이 편면적으로 지득하였던 군사상의 기밀사항을 북괴에 납북된 상태 하에서 제보한 행위는 위 법조 소정의 간첩죄에 해당하지 아니한다. (대법원 75도1773)
> ② 지령에 의하여 해외교포 사회의 민심동향을 파악, 수집하는 것은 간첩죄에 해당한다. (대법원 85도1939)
> ③ 국가기밀은 정치, 경제, 사회, 문화 등 각 방면에 관하여 반국가단체에 대하여 비밀로 하거나 확인되지 아니함이 대한민국의 이익이 되는 모든 사실, 물건 또는 지식으로서, 그것들이 국내에서의 적법한 절차 등을 거쳐 이미 일반인에게 널리 알려진 공지의 사실, 물건 또는 지식에 속하지 아니한 것이어야 하고, 또 그 내용이 누설되는 경우 국가의 안전에 위험을 초래할 우려가 있어 **기밀로 보호할 실질가치를 갖춘 것**이어야 한다. (대법원 97도985)
> ④ 간첩으로서 군사기밀을 탐지·수집하면 그로써 간첩행위는 기수가 되고 그 수집한 자료가 지령자에게 도달됨으로써 범죄의 기수가 되는 것은 아니다. 그리고 간첩죄를 범한 자가 그 탐지·수집한 기밀을 누설할 경우는 이미 탐지·수집 시에 기수이므로 이후 지령자 등에게 보고·누설하여 도달하게 하는 것은 불가벌적 사후행위에 불과하다. (대법원 2008재도11)

VI 전시군수계약불이행죄

형법

제103조 【전시군수계약불이행】 ① 전쟁 또는 사변에 있어서 정당한 이유없이 정부에 대한 군수품 또는 군용공작물에 관한 계약을 이행하지 아니한 자는 10년 이하의 징역에 처한다.
② 전항의 계약이행을 방해한 자도 전항의 형과 같다.

① 전시공수계약불이행(제117조)와 마찬가지로 사법상의 계약 불이행이나 계약이행 방해를 처벌하는 규정이다.
② 진정부작위범이다. 거동범이다. 외환의 죄 중 예비·음모·선동·선전 처벌규정이 없는 유일한 범죄이다.

Section 03 국기·국장 및 국교에 대한 죄

I 서설

1 조문 체계

범죄	조문	내용	미수	예비	반의사 불벌죄
국기·국장 모독	제105조	대한민국을 모욕할 목적으로 국기 또는 국장을 손상, 제거 또는 오욕한 경우	×	×	×
국기·국장 비방	제106조	대한민국을 모욕할 목적으로 국기 또는 국장을 비방한 경우	×	×	×
외국원수에 대한 폭행 등	제107조 제1항	대한민국에 체재하는 외국의 원수에 대하여 폭행, 협박한 경우	×	×	○
	제107조 제2항	모욕, 명예훼손을 가한 경우			
외국사절에 대한 폭행 등	제108조 제1항	대한민국에 파견된 외국사절에 대하여 폭행, 협박한 경우	×	×	○
	제108조 제2항	모욕, 명예훼손을 가한 경우			
외국국기·국장 모독	제109조	외국을 모욕할 목적으로 그 나라의 공용에 공하는 국기 또는 국장을 손상, 제거 또는 오욕한 경우	×	×	○
외국에 대한 사전	제111조 제1항	외국에 대하여 사전한 경우	○	○	×
	제111조 제2항	미수 처벌			
	제111조 제3항	예비·음모한 경우 단, 실행 전 자수 시 감경 또는 면제한다.			
중립명령위반	제112조	외국간의 교전에 있어서 중립에 관한 명령에 위반한 경우	×	×	×
외교상 기밀누설	제113조	외교상의 기밀을 누설한 자 또는 누설할 목적으로 외교상의 기밀을 탐지 또는 수집한 경우	×	×	×

2 의의 및 보호법익

① 외국에 대한 사전죄(제111조 제1항)을 제외하고는 예비음모 처벌규정과 미수 처벌규정이 없다. 외국에 대한 사전죄의 예비음모는 실행 전 자수시 감경 또는 면제한다. (필요적 감면)

② 외국 원수, 외국사절에 대한 폭행, 협박, 모욕, 명예훼손, 외국을 모욕할 목적으로 국기나 국장을 손상, 제거, 오욕한 경우에는 피해 외국 정부의 명시한 의사에 반하여 공소제기할 수 없다. (반의사불벌죄)

③ 국기, 국장 모욕은 처벌대상이지만, 애국가에 대한 모욕은 처벌규정이 없다.

④ 추상적 위험범이다.

II 국기·국장 모독죄

형법

제105조 【국기, 국장의 모독】 대한민국을 모욕할 목적으로 국기 또는 국장을 손상, 제거 또는 오욕한 자는 5년 이하의 징역이나 금고, 10년 이하의 자격정지 또는 700만원 이하의 벌금에 처한다.

① 대한민국을 모욕할 '목적'이 필요한 목적범이다. 따라서 모욕할 목적이 인정되지 아니하는 경우에는 손괴죄가 성립할 수 있다.
② 오욕이란 오물을 끼얹거나 방뇨, 침뱉기, 발로 짓밟는 행위 등을 말한다.
③ 물리적 모독만을 말하는 것이고, 정신적인 모독은 모독죄가 아니라 국기·국장 비방죄로 규율할 것이다.

III 국기·국장 비방죄

형법

제106조 【국기, 국장의 비방】 전조의 목적으로 국기 또는 국장을 비방한 자는 1년 이하의 징역이나 금고, 5년 이하의 자격정지 또는 200만원 이하의 벌금에 처한다.

① 비방이란 언어나 거동, 문장이나 회화 등으로 모욕의 의사를 표현하는 것을 말한다. 예를 들어, 모독할 목적으로 국기문양의 쓰레기통을 제작하는 식이다.
② 비방에 공연성이 인정되어야 한다는 것이 다수설이다.

IV 외국원수에 대한 폭행 등 죄 및 외국사절에 대한 폭행 등 죄

형법

제107조 【외국원수에 대한 폭행 등】 ① 대한민국에 체재하는 외국의 원수에 대하여 폭행 또는 협박을 가한 자는 7년 이하의 징역이나 금고에 처한다.
② 전항의 외국원수에 대하여 모욕을 가하거나 명예를 훼손한 자는 5년 이하의 징역이나 금고에 처한다.

제108조 【외국사절에 대한 폭행 등】 ① 대한민국에 파견된 외국사절에 대하여 폭행 또는 협박을 가한 자는 5년 이하의 징역이나 금고에 처한다.
② 전항의 외국사절에 대하여 모욕을 가하거나 명예를 훼손한 자는 3년 이하의 징역이나 금고에 처한다.

제110조 【피해자의 의사】 제107조 내지 제109조의 죄는 그 외국정부의 명시한 의사에 반하여 공소를 제기할 수 없다.

① 제107조(외국원수)의 객체는 대한민국에 방문하여 체재 중인 외국의 원수, 즉 외국 대통령, 외국 군주 등이다. 내각책임제의 수상이나 국제법상 국가로 인정되지 않는 단체의 수장은 이에 해당하지 않는다. (다수설)
② 제108조(외국사절)의 객체는 의례상·외교상, 상설적·임시적인 외국사절을 불문하고 본국을 대표하여 대한민

국에 파견된 사절을 의미한다. 그러나 가족, 수행원 등은 포함되지 않는다.
③ 행위는 폭행, 협박, 모욕, 명예훼손 등이다. 다만 해당 행위가 별도로 성립하지는 않는다.
④ 여기서의 명예훼손과 모욕은 공연성을 필요로 하지 않는다는 점에서 일반 명예훼손과 모욕과는 다르다.
⑤ 일반 명예훼손이나 모욕죄의 명예훼손, 모욕과 개념은 같은 것이지만, 법정형이 높은 편이다.
⑥ 반의사불벌죄이다.

V 외국국기·국장 모독죄

형법

제109조 【외국의 국기, 국장의 모독】 외국을 모욕할 목적으로 그 나라의 공용에 공하는 국기 또는 국장을 손상, 제거 또는 오욕한 자는 2년 이하의 징역이나 금고 또는 300만원 이하의 벌금에 처한다.

① 외국의 **공용에 제공**하는 국기·국장만이 객체이기 때문에, 장식용 만국기, 외국사절을 환영하기 위해 사인이 휴대한 외국기, 외국인이 사용에 제공한 국기·국장은 포함되지 않는다.
② 외국을 모욕할 목적이 있어야 하는 목적범이다.
③ 반의사불벌죄이다.

VI 외국에 대한 사전죄

형법

제111조 【외국에 대한 사전】 ① 외국에 대하여 사전한 자는 1년 이상의 유기금고에 처한다.
② 전항의 미수범은 처벌한다.
③ 제1항의 죄를 범할 목적으로 예비 또는 음모한 자는 3년 이하의 금고 또는 500만원 이하의 벌금에 처한다. 단 그 목적한 죄의 실행에 이르기 전에 자수한 때에는 감경 또는 면제한다.

① 외국에 대한 사전(私戰)이란 국가의 전투명령을 받지 않고 국가의사와 관계없이 개인이나 사적 단체가 외국과 전투를 하는 경우로 단순한 폭력 정도가 아니라 조직적 무력행사를 의미한다.
② 단순히 개인적으로 외국인이나 외국집단을 상대로 무력행사하는 것은 이 범죄에 해당하지 않는다고 본다. (통설)
③ 예비음모를 처벌하는데, 예비음모는 목적범이다. 그리고 **실행에 이르기 전에 자수한 때에는 감경 또는 면제한다.**
(필요적 감면)

VII 중립명령위반죄

형법

제112조 【중립명령위반】 외국간의 교전에 있어서 중립에 관한 명령에 위반한 자는 3년 이하의 금고 또는 500만원 이하의 벌금에 처한다.

우리나라가 전쟁당사국이 아니라 다른 외국간의 전쟁에서 중립, 즉 교전국 중 어느 일방에도 가담하지 않는 입장을 명령했음에도 이를 위반한 경우이다. 대표적인 백지형법이다.

VIII 외교상 기밀누설죄

형법

제113조 【외교상기밀의 누설】 ① 외교상의 기밀을 누설한 자는 5년 이하의 징역 또는 1천만원 이하의 벌금에 처한다.
② 누설할 목적으로 외교상의 기밀을 탐지 또는 수집한 자도 전항의 형과 같다.

① 제98조 제2항의 군사상 기밀누설죄, 제127조 공무상 기밀누설죄가 신분범인데 비해서, 이 죄는 행위주체의 제한이 없으므로 신분범이 아니다.
② 국내외에 이미 공지된 사실은 외교상 기밀이 아니다.
③ 외교상 기밀을 적국에 누설한 경우에는 이 죄가 아니라 간첩죄에 해당한다.
④ 외교상 기밀을 탐지·수집할 경우 고의 외에도 누설할 목적까지 필요하다.

> **관련판례**
> 외국언론에 이미 보도된 바 있는 우리나라의 외교정책이나 활동에 관련된 사항들에 관하여 정부가 이른바 보도지침의 형식으로 국내언론기관의 보도 여부 등을 통제하고 있다는 사실을 알리는 것은 외교상의 기밀을 누설한 경우에 해당하지 아니한다. (대법원 94도2379)

Chapter 02 국가의 기능에 대한 죄

Section 01 공무원 직무수행에 대한 죄

I 서설

1 조문 체계

범죄	조문	구성요건	미수	예비
직무유기	제122조	공무원이 정당한 이유없이 그 직무수행을 거부하거나 그 직무를 유기한 경우	×	×
직권남용	제123조	공무원이 직권을 남용하여 사람으로 하여금 의무없는 일을 하게 하거나 사람의 권리행사를 방해한 경우	×	×
불법체포 감금	제124조	재판·검찰·경찰 기타 인신구속에 관한 직무를 행하는 자 또는 이를 보조하는 자가 그 직권을 남용하여 사람을 체포 또는 감금한 경우	○	×
폭행·가혹행위	제125조	재판, 검찰, 경찰 그 밖에 인신구속에 관한 직무를 수행하는 자 또는 이를 보조하는 자가 그 직무를 수행하면서 형사피의자나 그 밖의 사람에 대하여 폭행 또는 가혹행위를 한 경우	×	×
피의사실 공표	제126조	검찰, 경찰 그 밖에 범죄수사에 관한 직무를 수행하는 자 또는 이를 감독하거나 보조하는 자가 그 직무를 수행하면서 알게 된 피의사실을 공소제기 전에 공표한 경우	×	×
공무상 비밀누설	제127조	공무원 또는 공무원이었던 자가 법령에 의한 직무상 비밀을 누설한 경우	×	×
선거방해	제128조	검찰·경찰 또는 군의 직에 있는 공무원이 법령에 의한 선거에 관하여 선거인·입후보자 또는 입후보자 되려는 자에게 협박을 가하거나 기타 방법으로 선거의 자유를 방해한 경우	×	×

2 이이 및 보호법익

① 예비음모 처벌규정이 없다. 불법체포감금죄(제124조) 이외에는 미수 처벌규정이 없다.

② 직무범죄는 직무위배죄, 직권남용죄, 뇌물죄로 나누어서 볼 수 있는데, 범죄주체가 공무원이라는 점에서 신분범이다.

③ 또한 공무원만이 정범이 될 수 있는 진정직무범죄와 공무원이 아닌 자도 범죄를 저지를 수 있으나 공무원이 행하는 경우 형이 가중되는 부진정직무범죄(불법체포감금죄, 간수자의 도주원조죄)로 구분할 수 있다.

④ 직무범죄의 주체인 공무원의 범위에 대해서, 직무성격을 고려하여 공법상 공직을 수행하는 지위에 있는 공직담당자만으로 파악해야 한다. 따라서 공법인 직원까지 일률적으로 공무원으로 취급할 것이 아니라 개별적으로 검토하여 행정기관에 준하는 공법인 직원은 공무원으로 보아야 한다. (대법원 69도1214) 또한 단순한 기계적·육체적 노무에 한정된 고용직공무원은 직무범죄 주체에서 제외된다. (대법원 2000도4593)

⑤ 보호법익에 대해서는 각각 직무위배죄는 공무수행의 질서, 직권남용죄는 행정 및 형사사법의 공정성과 적법성을 삼고 있다.

⑥ 피의사실공표, 공무상 비밀누설 등은 추상적 위험범, 직무유기는 구체적 위험범, 직권남용, 불법체포감금, 폭행·가혹행위, 선거방해는 침해범이다.
⑦ 공무원이 직권을 이용하여 본장 이외의 죄를 범한 때에는 그 죄에 정한 형의 2분의 1까지 가중한다. 단 공무원의 신분에 의하여 특별히 형이 규정된 때에는 예외로 한다. (제135조)

II 직무유기죄

형법
제122조【직무유기】 공무원이 정당한 이유없이 그 직무수행을 거부하거나 그 직무를 유기한 때에는 1년 이하의 징역이나 금고 또는 3년 이하의 자격정지에 처한다.

1 의의

① 국가기능을 보호법익을 하는 구체적 위험범이며, 공무원이 주체인 진정신분범이다.
② 직무유기는 유기행위의 기수로 일단 죄가 성립하지만, 유기가 존속하는 한 이미 야기된 위법상태가 계속한다는 의미에서 계속범적 성격을 띤다. (대법원 97도675)
③ 작위로도 가능하다는 견해가 있으나, 판례는 부진정부작위범으로 본다. (대법원 82도3065)

2 객관적 구성요건

(1) 주체

공무원 중에서 현재 특정 직무를 수행할 의무가 있는 자이다. 원래 병가 중이거나 휴가 중인 공무원은 직무수행 중이 아니므로 직무유기죄의 주체가 될 수 없는 것이 원칙이다. 다만 불법시위행위를 주도적으로 기획한 공무원 노조간부들에 대해서 **병가 중**이거나 휴가 중이었더라도 예외적으로 직무유기죄의 공모공동정범을 인정한 판례가 있다. (대법원 95도748)

> **관련판례 병가 중 공무원**
> 병가중인 자의 경우 구체적인 작위의무 내지 국가기능의 저해에 대한 구체적인 위험성이 있다고 할 수 없어 직무유기죄의 주체로 될 수는 없다. 그러나 신분이 없는 자라 하더라도 신분이 있는 자의 행위에 가공하는 경우 본죄의 공동정범이 성립하는 것이고, 이 사건 기록상 병가중인 피고인들과 나머지 피고인들 사이에 직무유기의 공범관계가 인정되는 터이므로 병가중인 피고인들도 어차피 직무유기죄의 공동정범으로 처벌받아야 할 것이다. (대법원 95도748)

(2) 실행행위: 행위양태

1) 직무거부
① 직무를 능동적으로 수행해야 할 의무 있는 공무원이 직무를 수행하지 않는 것을 말하는 것으로 부작위뿐만 아니라 작위에 의해서도 가능하다. ❹ 신고서류를 접수해야 하는 공무원이 도착서류를 반송해 버리면 작위에 의한 직무거부이다.

② 직무유기는 구체적으로 그 직무를 수행하여야 할 작위의무가 있는 사람이 그러한 직무의 수행을 거부하는 것, 즉 **정당한 이유 없이 의무를 의식적으로 방임하거나 포기하는 것**을 말한다. (대법원 97도675) 다시 말해서 '직무를 유기한 때'란 공무원이 법령, 내규 등에 의한 추상적 성실(충근)의무를 태만히 하는 일체의 경우에 성립하는 것이 아니라 직장의 무단이탈, 직무의 의식적인 포기 등과 같이 국가의 기능을 저해하고 국민에게 피해를 야기시킬 가능성이 있는 경우를 가리킨다. 단지 형식적으로 또는 소홀히 직무를 수행한 탓으로 적절한 직무수행에 이르지 못한 경우 또는 일단 직무집행의 의사로 자신의 직무를 수행하였다면 그 직무집행 내용이 위법한 경우라도, 직무유기죄가 성립하지 아니한다. (대법원 2013도229)

3 주관적 구성요건

직무를 방임·포기한다는 **고의가 인정되어야 한다.** 단순히 공무원이 태만, 착각 등으로 성실히 직무를 수행하지 못한 경우, 소홀히 직무를 수행한 정도로는 직무유기에 해당하지 아니한다. (대법원 93도3568, 2013도229)

4 죄수 및 타죄와의 관계

① 직무유기 교사죄는 피교사자인 공무원이 수인이면 공무원별로 1개의 죄가 성립한다. (대법원 95도984)

② **뇌물죄와의 관계**: 공무원이 뇌물을 받는 대가로 직무유기한 경우, 수뢰죄와 직무유기죄는 실체적 경합한다.

③ **허위공문서작성 및 동행사죄와의 관계**: 직무사실을 적극 은폐할 목적으로 허위공문서를 작성한 경우에도 작위범인 허위공문서 작성죄만 성립하고, 부작위범인 직무유기죄는 별도로 성립하지 않음이 원칙이다. 그러나 농지사무를 담당한 군 직원이 농지불법전용 사실을 알고도 아무런 조치를 취하지 않다가 해당 농지의 농지전용허가를 내주기 위해 불법농지전용사실은 일체 기재하지 않은 허위의 출장복명서 및 심사의견서를 작성한 경우 허위공문서작성죄, 동행사죄와 직무유기죄가 별도 성립하고, 각 죄는 실체적 경합관계에 있다고 보더라도 상관은 없다. (대법원 92도3334)= 공무원이 위법사실을 은폐하기 위한 것이 아니라 새로운 위법상태를 창출하기 위한 경우이다.

④ **위계에 의한 공무집행방해죄와의 관계**: 출원인이 어업허가를 받을 수 없는 자라는 사실을 알면서도 적절한 조치를 취하지 않고 부하직원에게 어업허가 기안문을 작성하게 하고 자신이 중간결재하는 등 위계로서 국장의 최종결재를 받은 경우 위계에 의한 공무집행방해죄와 성립하고 직무유기죄는 별도로 성립하지 않는다. (대법원 96도2825)

⑤ **범인도피죄와의 관계**: 검사로부터 범인을 검거하라는 지시를 받고도 적절한 조치를 취하지 아니하고 범인에게 전화로 도피하라고 권유하여 도피케 한 경우 범인도피피죄만 성립하고 직무유기죄는 별도로 성립하지 않는다. (대법원 96도51)

⑥ **증거인멸죄와의 관계**: 사법경찰관이 압수·보관 중인 증거물(오락기 변조기판)을 검찰에 송치하는 조치를 취하는 대신 소유자인 업자에게 돌려준 경우, 작위범인 증거인멸죄만 성립하고 부작위범인 직무유기죄는 별도로 성립하지 않는다. (대법원 2005도3909)

⑦ **건축법위반죄와의 관계**: 불법건축물 단속의 의무 있는 자가 타인을 교사하여 불법건축을 하게 한 경우, 직무위배의 위법상태는 건축법위반교사에 흡수되므로 건축법위반교사만 성립한다. (대법원 79도2831)

관련판례 직무유기죄 인정

① 세관감시과 소속 공무원으로서 항구에 정박 중인 외항선에 머무르면서 밀수여부의 감시, 방지 등 근무명령을 받았음에도 불구하고 감기가 들어 몸이 불편하다는 구실로 위 임무를 도중에 포기하고 집에 돌아와 자버린 행위는 직무를 유기한 것이라고 할 것이다. (대법원 70도1790)

② 인감증명 발급사무 담당공무원이 내용의 기재와 인감의 날인도 없는 인감증명서에 동장의 인장을 날인하여 교부한 경우 직무유기죄를 구성한다. (대법원 71도778)

③ 피고인이 세무서 소득세과 재산세계에 근무하면서 같은 계 근무직원인 소외(甲)의 책상서랍속에 공동피고인(乙)에 대한 양도소득세 과세자료전 등이 은닉되어 있는 것을 발견하였는데 甲에 대하여 위 과세자료를 자료정리부에 등재하여 자기에게 넘겨 달라고 촉구만 하고 그대로 이를 방치하였다면 직무유기죄를 구성한다. (대법원 83도1653)

④ 소속대 수송관 겸 3종 출납관이 자가 신병치료를 이유로 상부의 승인없이 3종 출납관 도장과 창고열쇠를 포함한 3종 업무일체를 계원에게 맡겨두고 이에 대한 일체의 확인감독마저 하지 않았다면 직무유기죄에 해당한다. (대법원 85도2471)

⑤ 가축도축업체에 배치되어 가축검사원으로 재직하는 공무원이 퇴근시 소 계류장의 시정·봉인 조취를 취하지 아니하고 그 관리를 도축장 직원에게 방치한 행위가 직무유기죄에 해당한다. (대법원 90도191)

⑥ 당직사관이 술을 마시고 내무반에서 화투놀이를 한 후 애인과 함께 자고나서 당직근무의 인수·인계 없이 퇴근한 경우 직무유기죄가 성립된다. (대법원 90도2425)

⑦ 수배자를 체포하도록 구체적인 임무를 부여받아 그 직무를 수행함에 있어 수배자와 여러 차례에 걸쳐 전화통화를 하고, 수배자를 위하여 서류를 전달해주는 한편 그의 예금통장까지 개설해 주고서도 그와 같은 사실을 보고조차 하지 아니하였다면 직무유기죄가 인정된다. (대법원 99도1904)

⑧ 경찰관이 장기간에 걸쳐 여러 번 오토바이를 오토바이 상회 운영자에게 보관시키고도 경찰관 스스로 소유자를 찾아 반환하도록 처리하거나 상회 운영자에게 반환 여부를 확인한 일이 전혀 없고, 상회 운영자로부터 오토바이를 보내준 대가 또는 그 처분대가로 돈까지 지급받았다면, 습득물 처리 지침에 따른 직무를 의식적으로 방임 내지 포기하고 정당한 사유 없이 직무를 수행하지 아니한 경우에 해당한다. (대법원 2001도6170)

⑨ 경찰관이 **불법체류자의 신병**을 출입국관리사무소에 인계하지 않고 **훈방하면서 이들의 인적사항조차 기재해 두지 아니한 경우** 직무유기죄가 성립한다. (대법원 2005도4202)

⑩ 경찰관들이 현행범으로 체포한 도박혐의자들에게 현행범인체포서 대신에 임의동행동의서를 작성하게 하거나, 압수한 일부 도박자금에 관하여 검사의 지휘도 받지 않고 반환하는 등 제대로 조사하지 않은 채 이들을 석방한 경우 직무유기죄의 성립한다. (대법원 2008도11226)

⑪ 경찰관인 피고인이 벌금미납자로 지명수배되어 있던 甲을 세 차례에 걸쳐 만나고도 그를 검거하여 검찰청에 신병을 인계하는 등 필요한 조치를 취하지 않아 직무를 유기하였다는 내용으로 예비적으로 기소된 사안에서, 공소사실을 무죄로 인정한 원심판단에 법리오해의 위법이 있다. (대법원 2009도13371)

관련판례 직무유기죄 부정

① 약사 감시원이 무허가 약국 개설자를 적발하고 상사에 보고하여 그 지시에 따라 약국을 폐쇄토록 하였다면 수사관서에 고발하지 아니하였다 하여 직무를 유기 했다 할 수 없다. (대법원 67도184)

② 야간특파근무공무원이 근무상 관례에 따라 밤 10시경에 귀가 한 때에는 직무유기의 범의가 있었다고 단정하기 어려울 것이다. (대법원 70도2590)

③ 사법경찰관이 경미범죄혐의사실을 조사하여 훈방한 경우 직무유기죄가 성립한다고 볼 수는 없다. (대법원 82도117)

④ 전매공무원인 피고인이 외제담배를 긴급압수한 후 도주한 범칙자를 찾는데 급급하여 미처 압수수색영장을 신청하지 못한 경우 직무유기죄는 성립하지 않는다. (대법원 82도1633)

⑤ 예비군대원의 훈련불참사실을 고의로 은폐할 목적으로 당해 예비군대원이 훈련에 참석한 양 허위내용의 학급편성명부를 작성, 행사하였다면, 직무위배의 위법상태는 허위공문서작성 당시부터 그 속에 포함되어 있는 것이고 그 후 소속대대장에게 보고하지 아니하였다 하더라도 당초에 있었던 직무위배의 위법상태가 그대로 계속된 것에 불과하다고 보아야 하고, 별도의 직무유기죄가 성립하여 양죄가 실체적 경합범이 된다고 할 수 없다. (대법원 82도2210) = 허위공문서작성죄만 성립하고 직무유기죄는 성립하지 않음.

⑥ 일직사관이 근무장소인 상황실 부근에서 잠을 잔 경우 일직사관으로서의 직무를 포기하거나 직장을 이탈한 것이라고는 볼 수 없다. (대법원 83도3260)

⑦ 교도소 보안과 출정계장과 감독교사가 호송교도관들을 지휘하여 재소자들을 호송함에 있어 호송교도관들에게 업무를 대강 지시하고 구체적인 감독을 하지 아니한 잘못으로 피호송자들이 집단도주한 경우 형법상 직무유기죄를 구성하지 아니한다. (대법원 91도96)

⑧ [1] **공무원이 태만, 분망, 착각 등으로 인하여 직무를 성실히 수행하지 아니한 경우나 형식적으로 또는 소홀히 직무를 수행하였기 때문에 성실한 직무수행을 못한 것에 불과한 경우에는 직무유기죄는 성립하지 않는다.**

[2] 통고처분이나 고발을 할 권한이 없는 세무공무원이 그 권한자에게 범칙사건 조사 결과에 따른 통고처분이나 고발조치를 건의하는 등의 조치를 취하지 않았다고 하더라도, 그 직무를 의식적으로 방임 내지 포기하였다고 볼 수 없다. (대법원 96도2753)

⑨ 경찰서 방범과장이 부하직원으로부터 음반·비디오물 및 게임물에 관한 법률 위반 혐의로 오락실을 단속하여 증거물로 오락기의 변조기판을 압수하여 사무실에 보관 중임을 보고받아 알고 있었음에도 부하직원에게 위와 같이 압수한 변조기판을 돌려주라고 지시하여 오락실 업주에게 이를 돌려준 경우 작위범인 증거인멸죄만이 성립하고 부작위범인 직무유기(거부)죄는 따로 성립하지 아니한다. (대법원 2005도3909)

⑩ 지방자치단체장이 전국공무원노동조합이 주도한 파업에 참가한 소속 공무원들에 대하여 관할 인사위원회에 징계의결요구를 하지 아니하고 가담 정도의 경중을 가려 자체 인사위원회에 징계의결요구를 하거나 훈계처분을 하도록 지시한 행위가 직무유기죄를 구성하지 않는다. (대법원 2006도1390)

⑪ 수사기관 등으로부터 징계사유를 통보받고도 징계요구를 하지 아니하여 주무부장관으로부터 징계요구를 하라는 직무이행명령을 받았다 하더라도 그에 대한 이의의 소를 제기한 경우에는, 특별한 사정이 없는 한 징계사유를 통보받은 날로부터 1개월 내에 징계요구를 하지 않았다는 것만으로 곧바로 직무를 유기한 것에 해당한다고 볼 수는 없다. (대법원 2011도797)

⑫ 공무원인 피고인이 디도스공격이 있기 전 아무런 대비를 하지 않고 디도스 공격 당일에도 중앙선관위가 제정한 디도스공격 대응지침에 정해진 조치들을 수행하지 아니하였고 그 업무수행을 부적절하게 행하여 직무유기를 하였다고 기소되었으나, 그 업무수행이 다소 부적절하게 이루어졌다고 하더라도 피고인의 조치가 직무에 관한 의식적 방임이나 포기에 해당하다고 볼 수 없다. (대법원 2012도15257)

⑬ 교육기관·교육행정기관·지방자치단체 또는 교육연구기관의 장이 징계의결을 집행하지 못할 법률상·사실상의 장애가 없는데도 징계의결서를 통보받은 날로부터 법정 시한이 지나도록 집행을 유보하는 모든 경우에 직무유기죄가 성립하는 것은 아니다. (대법원 2013도229)

⑭ 무단이탈로 인한 직무유기죄 성립 여부는 결근 사유와 기간, 담당하는 직무의 내용과 적시 수행 필요성, 결근으로 직무수행이 불가능한지, 결근 기간에 국가기능의 저해에 대한 구체적인 위험이 발생하였는지 등을 종합적으로 고려하여 신중하게 판단해야 한다. 특히 **근무기간을 정하여 임용된 공무원의 경우에는 근무기간 안에 특정 직무를 마쳐야 하는 특별한 사정이 있는지** 등을 고려할 필요가 있다. 기간제 교원인 피고인이 임기 종료 직전 2일전에 공립학교로부터 기말고사 답안지를 교부받고도 무단결근하고 임기 종료시까지 답안지와 채점결과를 학교 측에 인계하지 않았다 하더라도 학사 일정상 피고인의 임기 종료일까지 기말고사 처리에 대한 최종 업무를 종료할 것이 예정되어 있지 않았고 피고인이 임기 종료 직전 2일을 무단결근한 사유에 참작할 사정이 있는 경우라면 그 후 **출근이나 업무 수행을 할 의무가 없다**고 보아 직무유기죄가 성립하지 않는다. (대법원 2021도8361)

III 직권남용죄

형법
제123조 【직권남용】 공무원이 직권을 남용하여 사람으로 하여금 의무없는 일을 하게 하거나 사람의 권리행사를 방해한 때에는 5년 이하의 징역, 10년 이하의 자격정지 또는 1천만원 이하의 벌금에 처한다.

1 의의

본죄는 공무원이 직권을 남용하여 사람으로 하여금 의무 없는 일을 하게 하거나 사람의 권리행사를 방해함으로써 성립하는 범죄를 말한다. 본죄는 국가기능의 적정한 행사를 보호법익으로 한다. 즉 행정상 공정성과 적법성을 보호법익으로 하는 동시에 피해자 개인의 의사결정 자유도 보호법익으로 보고 있다. 따라서 폭행·협박을 수단으로 하지 않으므로 강요죄와 다른 독립범죄라는 것이 다수설의 입장이다. (독립범죄설)

2 객관적 구성요건

(1) 행위의 주체

주체는 공무원이다. 진정신분범이다. 이때 일반적 직무권한은 반드시 법률상 강제력을 수반하는 것임을 요하지 아니하며, 그것이 남용될 경우 직권행사의 상대방으로 하여금 법률상 의무 없는 일을 하게 하거나 정당한 권리행사를 방해하기에 충분한 것이면 된다. (대법원 2002도6251)

(2) 실행행위

1) 직권남용

① 직권남용이란 공식적으로 일반적 직무권한에 속한 사항에 관하여 그것을 불법하게 행사하는 것, 즉 형식적·외형적으로는 직무집행으로 보이나 그 실질은 정당한 권한 이외의 행위를 하는 경우를 의미한다. (대법원 90도2800, 2004도2899)

② 어떠한 직무가 공무원의 일반적 직무권한에 속하는 사항이라고 하기 위해서는 그에 관한 법령상 근거가 필요하다. 법령상 근거는 반드시 명문의 규정만을 요구하는 것이 아니라 명문의 규정이 없더라도 법령과 제도를 종합적, 실질적으로 살펴보아 그것이 해당 공무원의 직무권한에 속한다고 해석되고, 이것이 남용된 경우 상대방으로 하여금 사실상 의무 없는 일을 하게 하거나 권리를 방해하기에 충분한 것이라고 인정되는 경우에는 직권남용죄에서 말하는 일반적 직무권한에 포함된다. (대법원 2019도5186)

③ 외관상 공무원의 직무와 전혀 상관없는 사항, **당해 공무원의 일반적 직무권한과 전혀 무관한 사항, 자기 직권과 관계없는 권한을 남용한 경우는 직권남용이 될 수 없다.**

> **관련판례** 직권남용의 의미
>
> [1] 공무원이 위법·부당한 행위를 한 경우 그 위법성의 정도는 불법행위책임에 그치는 경우, 징계사유에 해당하는 경우, 형사처벌사유에 해당하는 경우 등으로 다양하게 나타날 수 있고, 그중 형사처벌은 기본권 침해의 정도가 가장 무거우므로, 공무원의 직무행위가 형사처벌의 대상인 직권남용에 해당하는지 여부는 기본권 제한에 관한 최소침해의 원칙을 참작하여 엄격하게 판단하여야 한다. 구체적 사건에서 직권남용 여부를 판단함에 있어서는, 직권 행사의 주된 목적이 직무 본연의 수행에 있지 않고 본인 또는 제3자의 사적 이익 추구나 청탁 또는 불법목적의 실현 등에 있는 경우, 권한 행사의 형식을 갖추기 위하여 관련 자료나 근거를 작출, 조작, 은닉, 묵비하는 등의 적극적 또는 소극적 행위가 개입된 경우 등과 같이, 직권 행사의 목적과 방법에 있어 그 위법·부당의 정도가 실질적·구체적으로 보아 직무 본래의 수행이라고 평가할 수 없을 정도에 이른 경우라면 직권을 남용하였다고 평가할 수 있을 것이나, 위법·부당의 정도가 그에 미치지 못하는 경우라면 직권남용 해당 여부를 보다 신중하게 판단할 필요가 있다.
>
> [2] 직권남용권리행사방해죄는 <u>단순히 공무원이 직권을 남용하는 행위를 하였다는 것만으로 곧바로 성립하는 것이 아니라, 직권을 남용하여 현실적으로 다른 사람으로 하여금 법령상 의무 없는 일을 하게 하였거나 다른 사람의 구체적인 권리행사를 방해하는 결과가 발생</u>하여야 하고, 그 결과의 발생은 직권남용 행위로 인한 것이어야 한다. 여기서 권리행사를 방해한다 함은 법령상 행사할 수 있는 권리의 정당한 행사를 방해하는 것을 말하므로, 이에 해당하려면 구체화된 권리의 현실적인 행사가 방해된 경우라야 한다. 또한 직권남용 행위의 상대방이 공무원이거나 법령에 따라 일정한 공적 임무를 부여받고 있는 공공기관 등의 임직원인 경우에는 법령에 따라 임무를 수행하는 지위에 있으므로, 그가 직권에 대응하여 어떠한 일을 한 것이 의무 없는 일인지 여부는 관계 법령 등의 내용에 따라 개별적으로 판단하여야 한다. (대법원 2020도15105)

(2) 의무없는 일의 강요

① **직권남용 행위의 상대방이 일반 사인인 경우**

직권남용 행위의 상대방이 일반 사인인 경우 특별한 사정이 없는 한 직권에 대응하여 따라야 할 의무가 없으므로 그에게 어떠한 행위를 하게 하였다면 '의무 없는 일을 하게 한 때'에 해당할 수 있다. 그러나 상대방이 공무원이거나 법령에 따라 일정한 공적 임무를 부여받고 있는 공공기관 등의 임직원인 경우에는 법령에 따라 임무를 수행하는 지위에 있으므로 그가 직권에 대응하여 어떠한 일을 한 것이 의무 없는 일인지 여부는 관계 법령 등의 내용에 따라 개별적으로 판단하여야 한다. (대법원 2018도2236)

② **공무원이 자신이 직무권한에 속하는 사항에 관하여 실무담당자로 하여금 하도록 한 경우**

공무원이 자신의 직무권한에 속하는 사항에 관하여 실무 담당자로 하여금 그 직무집행을 보조하는 사실행위를 하도록 하더라도 이는 공무원 자신의 직무집행으로 귀결될 뿐이므로 원칙적으로 직권남용권리행사방해죄에서 말하는 '의무 없는 일을 하게 한 때'에 해당한다고 할 수 없으나, 직무집행의 기준과 절차가 법령에 구체적으로 명시되어 있고 실무 담당자에게도 직무집행의 기준을 적용하고 절차에 관여할 고유한 권한과 역할이 부여되어 있다면 실무 담당자로 하여금 그러한 기준과 절차에 위반하여 직무집행을 보조하게 한 경우에는 '의무 없는 일을 하게 한 때'에 해당한다. (대법원 2010도13766)

③ 남용에 해당하는가를 판단하는 기준은 구체적인 공무원의 직무행위가 본래 법령에서 그 직권을 부여한 목적에 따라 이루어졌는지, 직무행위가 행해진 상황에서 볼 때 필요성·상당성이 있는 행위인지, 직권행사가 허용되는 법령상의 요건을 충족했는지 등을 종합하여 판단하여야 한다. (대법원 2019도5186)

④ 의무 없는 일의 강요란 법령상 근거 없이 또는 법령상의 근거가 있더라도 부당하게 내용을 변경하여 의무에 적합하지 않게 어떤 일을 타인에게 강요하는 것이다. 이때, 의무란 법률상 의무를 가리키고, 단순히 심리적 의무감 또는 도덕적 의무는 이에 해당하지 않는다. (대법원 90도2800, 2008도6950)

⑤ 직권남용죄에서 '직권남용'은 '사람으로 하여금 의무 없는 일을 하게 한 것'과 '사람의 권리행사를 방해한 것'과 구별되는 별개의 범죄성립요건으로, 공무원이 한 행위가 직권남용에 해당한다고 하여 바로 상대방이 한 일이 '의무 없는 일'에 해당한다고 인정할 수는 없다. 즉 '권리행사를 방해함으로 인한 직권남용권리행사방해죄'와 '의무없는 일을 하게 함으로 인한 직권남용권리행사방해죄'의 두 가지 행위태양에 모두 해당하는 경우, **전자만 성립**하고 후자는 따로 성립하지 아니하는 것으로 봄이 상당하다. (대법원 2008도7312)

(3) 권리행사방해

권리행사의 방해란 법령상 인정된 정당한 권리를 행사하지 못하게 방해하는 것을 말한다. (대법원 2003도4599) 여기서 '권리'는 법률에 명기된 권리에 한하지 않고 법령상 보호되어야 할 이익이면 족한 것으로서, 공법상의 권리인지 사법상의 권리인지를 묻지 않는다. (대법원 2008도7312) 예를 들어, 검찰 고위 간부가 내사 담당 검사에게 내사를 중단하고 종결처리하도록 한 경우(대법원 2004도5561), 민정수석비서관이 농수산물도매시장 관리공사 대표이사에게 대통령 근친이 설립한 회사가 수의계약으로 임대하게 한 경우(대법원 92도116) 등이다.

(4) 기수시기

기수시점은 의무없는 행위 또는 권리행사방해 행위가 있었다는 것만으로는 부족하고, 피해자가 의무없는 행위를 실행한 때 또는 권리행사방해의 **결과가 발생한 때 기수**가 된다. (대법원 75도2665) 현실적으로 권리행사의 방해라는 결과가 발생하지 아니하였다면 본죄의 기수를 인정할 수 없다. 이때 미수 처벌규정도 없어서 미수로 처벌할 수도 없다. (대법원 2003도4599)

(5) 죄수

직권남용죄와 강요죄의 죄수: 공무원이 직권을 남용하는 동시에 폭행·협박으로 타인의 권리를 방해한 때에는 직권남용죄와 강요죄가 상상적 경합한다. 그러나 공무원이 폭행·협박만 사용하여 타인의 권리행사를 방해한 때에는 강요죄만 성립하고 별도로 직권남용죄가 성립하는 것은 아니다.

> **관련판례** **직권남용죄 인정**
>
> ① 재정경제원장관이 대출이 가능한 요건을 갖추었다고 보기 어려운 기업에 대하여 위 기업의 주거래 은행의 은행장에게 개인적 친분이 있는 위 기업을 도와 주기 위한 목적으로 대출을 실행하여 줄 것을 요구하고, 위 요구에 따라 위 은행장이 새로이 다른 채권은행장들과 협조융자를 추진하고 대출하도록 한 행위는 직권남용죄에 해당한다. (대법원 2002도6251)
> ② 일반적인 직무권한을 가진 피고인이 허가신청과 관련하여 그 업무담당자인 공소외인에게 승진문제를 언급하고 허가처리가 지연되면 감사를 시키겠다고 함으로써 공소외인으로 하여금 허가요건을 갖추지 못한 이 사건 허가신청을 허가하도록 한 행위는 직권남용죄가 성립한다. (대법원 2004도2899)
> ③ 5급사무관승진 예비심사 당시 인사계장 또는 총무과장이던 피고인이 사전에 예비심사위원들에게 특정승진대상자들에게 높은 점수를 주거나 낮은 점수를 주도록 부탁하여 인사상 불이익을 당할 것을 우려한 예비심사위원들로 하여금 그와 같은 부탁대로 심사평정을 하게 한 경우 직권남용죄가 인정된다. (대법원 2004도3995)
> ④ 검찰의 고위 간부가 내사 담당 검사로 하여금 내사를 중도에서 그만두고 종결처리토록 한 경우, 직권남용권리행사방해죄에 해당한다. (대법원 2004도5561)
> ⑤ 수사에 관하여 일반적 직무권한을 가진 검사가 실제로는 개인적인 목적을 위하여 수용자를 소환하면서도 수사목적이라는 명분을 내세워 교도관리에게 위 수용자에 대한 소환요구 또는 출석요구를 한 경우 직권남용죄가 성립한다. (대법원 2005도6966)
> ⑥ 대통령비서실 정책실장이 공무원으로 하여금 특별교부세 교부대상이 아닌 특정 사찰의 증·개축사업을 지원하는 **특별교부세 교부신청 및 교부결정을 하도록 하게 한 경우**는 직권남용권리행사방해죄를 구성한다. (대법원 2008도6950)

⑦ 서울특별시 교육감인 피고인이 인사담당장학관 등에게 지시하여 승진 또는 자격연수 대상이 될 수 없는 특정 교원들을 승진임용하거나 그 대상자가 되도록 한 사안에서, 피고인에 대한 직권남용권리행사방해죄가 성립한다. (대법원 2010도13766)

⑧ 시장(市長)인 피고인 갑이 자신의 인사업무를 보좌하는 행정과장 피고인 을과 공동하여, 관련 법령에서 정한 절차에 따라 평정대상 공무원에 대한 평정단위별 서열명부 및 평정순위가 정해졌는데도 평정권자나 실무 담당자 등에게 특정 공무원들에 대한 평정순위 변경을 구체적으로 지시하여 평정단위별 서열명부를 새로 작성하도록 하였다면, 직권을 남용하여 실무담당자 등으로 하여금 의무없는 일을 하도록 시킨 것이므로, 직권남용권리행사방해죄가 성립한다. (대법원 2010도11884)

⑨ 해군본부 법무실장인 피고인이 국방부 검찰수사관 甲에게 군내 납품비리 수사와 관련한 수사기밀사항을 보고하게 하여 직무상 권한을 남용하였다는 내용으로 기소된 사안에서, 피고인에게 직권남용권리행사방해죄를 인정한다. (대법원 2011도1739)

⑩ 동일 죄명에 해당하는 수 개의 행위를 단일하고 계속된 범의로 일정 기간 계속하여 행하고 그 피해법익도 동일한 경우에는 이들 각 행위를 통틀어 **포괄일죄**로 처단하여야 하고, 그 경우 공소시효는 최종의 범죄행위가 종료한 때로부터 진행한다. 형법상 직권남용권리행사방해죄는 국가기능의 공정한 행사라는 국가적 법익을 보호하는 데 주된 목적이 있고, **직권남용으로 인한 국가정보원법 위반죄도 마찬가지이다.** (대법원 2020도12583)

⑪ 대통령비서실 소속 비서관들인 피고인 갑과 피고인 을이 4·16세월호참사 특별조사위원회 설립준비 관련 업무를 담당하거나 설립팀장으로 지원근무 중이던 해양수산부 소속 공무원들에게 '세월호 특별조사위 설립준비 추진경위 및 대응방안 문건'을 작성하게 하고, 피고인 갑이 소속 비서관실 행정관 또는 해양수산부 공무원들에게 위 위원회의 동향을 파악하여 보고하도록 지시하였다는 직권남용권리행사방해의 공소사실로 기소된 사안에서, 피고인 갑과 피고인 을이 해당 공무원들에게 문건을 작성하거나 동향을 보고하게 함으로써 직무수행의 원칙과 기준 등을 위반하여 업무를 수행하게 하여 법령상 의무 없는 일을 하게 한 때에 해당한다. (대법원 2020도18296)

> **관련판례** **직권남용죄 부정**

① A본부장이 B연구소 C과장에게 고문치사자의 사인에 관하여 기자간담회에 참고할 메모를 작성하도록 요구한 경우에 있어서 위 과장의 메모작성행위가 단순한 심리적 의무감 또는 스스로의 의사에 기한 것으로 볼 수 있을 뿐이어서 A본부장이 메모의 작성을 요구하고 이를 동인이 내심의 의사에 반하여 두번이나 고쳐 작성하도록 하였다 하여도 이를 의무 없는 일을 하게 한 것이라고 볼 수 없어 직권남용죄는 성립되지 아니한다. (대법원 90도2800)

② 교도소에서 접견업무를 담당하던 교도관이 접견신청에 대하여 행형법 제18조 제2항 소정의 "필요한 용무"가 있는 때에 해당하지 아니한다고 판단하여 그 접견신청을 거부하였다면, 단지 접견신청거부행위의 위법성에 대한 인식이 없었던 것에 불과한 것이 아니라 애초부터 직권남용에 대한 범의 자체가 없어 위 범죄를 구성하지 아니한다. (대법원 92모29)

③ 대검찰청 공안부장인 피고인이 고등학교 후배인 한국조폐공사 사장에게 위 공사의 쟁의행위 및 구조조정에 관하여 전화통화를 한 경우, 직권남용죄가 성립하지 아니한다. (대법원 2002도3453)

④ 정보통신부장관이 개인휴대통신 사업자선정과 관련하여 서류심사는 완결된 상태에서 청문심사의 배점방식을 변경함으로써 직권을 남용하였다 하더라도, 이로 인하여 최종 사업권자로 선정되지 못한 경쟁업체가 가진 구체적인 권리의 현실적 행사가 방해되는 **결과가 발생하지는 아니하였다는 이유로** 무죄이다. (대법원 2003도4599)

⑤ 대통령비서실 정책실장이 기업관계자들에게 기업 메세나(Mecenat) 활동의 일환인 미술관 전시회 후원을 요청하여 기업관계자들이 특정 미술관에 후원금을 지급한 경우는 직권남용 권리행사방해죄가 성립하지 아니한다. 즉 직권남용권리행사방해죄에서 공무원이 직무와는 상관없이 단순히 개인적인 친분에 근거하여 문화예술 활동에 대한 지원을 권유하거나 협조를 의뢰한 경우에는 직권남용에 해당하지 않는다. (대법원 2008도6950)

⑥ 미리 승진후보자명부상 후보자들 중에서 승진대상자를 실질적으로 결정한 다음 그 내용을 인사위원회 간사, 서기 등을 통해 인사위원회 위원들에게 '승진대상자 추천'이라는 명목으로 제시하여 인사위원회로 하여금 자신이 특정한 후보자들을 승진대상자로 의결하도록 유도하는 행위는 인사위원회 사전심의 제도의 취지에 부합하지 않다는 점에서 바람직하지 않다고 볼 수 있지만, 그것만으로는 직권남용권리행사방해죄의 구성요건인 '직권의 남용' 및 '의무 없는 일을 하게 한 경우'로 볼 수 없다. (대법원 2019도17879)

⑦ 서울중앙지방법원 형사수석부장판사로 재직하던 피고인이 계속 중인 사건의 재판에 관여하였다는 이유로 직권남용죄로 기소된 사안에서, 피고인의 행위는 부당하거나 부적절한 재판관여행위에 해당한다고 보면서도, 피고인에게 재판에 관여할 일반적 직무권한이 인정되지 않고, 담당법관의 권리행사를 방해하거나 담당법관으로 하여금 의무 없는 일을 한 것으로 볼 수 없으며, 피고인의 행위와 결과 사이에 상당인과관계도 인정되지 않는다고 보아 직권남용권리행사방해죄가 성립되지 않는다. (대법원 2021도11012)

IV 불법체포·감금죄

형법
제124조 【불법체포, 불법감금】 ① 재판, 검찰, 경찰 기타 인신구속에 관한 직무를 행하는 자 또는 이를 보조하는 자가 그 직권을 남용하여 사람을 체포 또는 감금한 때에는 7년 이하의 징역과 10년 이하의 자격정지에 처한다.
② 전항의 미수범은 처벌한다.

1 의의

재판, 검찰, 경찰 기타 인신구속에 관한 직무를 행하는 자 또는 이를 보조하는 자가 그 직권을 남용하여 사람을 체포 또는 감금함으로써 성립하는 범죄이다.

2 객관적 구성요건

(1) 주체

행위주체는 검사, 사법경찰관, 교도소장, 구치소장, 보호관찰소장 등이고, 보조자란 법원 및 검찰 서기, 사법경찰리, 헌병하사 등이다. 판례는 집행관도 본죄의 주체로 본다. (대법원 68도1218) 본죄는 특수공무원범죄이다. 따라서 보조자에 현행범을 체포한 사인은 포함되지 않는다.

(2) 실행행위

직권을 남용하여 사람을 체포 또는 감금하는 거이다. **직권을 남용한 것이 아니라 직권과 무관하게 체포감금한 것은 일반 체포감금죄**(제276조)일 뿐이다. 체포·감금은 작위 또는 부작위 등 수단과 방법을 불문한다.

3 특징

① 보호법익은 형사사법의 공정성, 적법성, 피해자의 신체적 자유이다.

② 직무범죄에서 유일하게 미수처벌규정이 있다.

③ 일반 체포감금죄(제276조 제1항)과의 관계에서 인신구속 직무담당자라는 신분에 의해 책임이 가중되는 부진정신분범이라는 견해가 다수설이다.

> **관련판례**
>
> ① 수사기관이 피의자를 수사하는 과정에서 구속영장없이 피의자를 함부로 구금하여 피의자의 신체의 자유를 박탈하였다면 직권을 남용한 불법감금의 죄책을 면할 수 없고, 수사의 필요상 피의자를 임의동행한 경우에도 조사 후 귀가시키지 아니하고 그의 의사에 반하여 경찰서 조사실 또는 보호실 등에 계속 유치함으로써 신체의 자유를 속박하였다면 이는 구금에 해당한다. (대법원 85모16)
> ② 경찰서 안에서 식사도 하고 사무실 안팎을 내왕해도 경찰서 밖으로 나가지 못하도록 신체의 자유를 제한하는 유형, 무형의 억압이 있었다면 감금행위에 해당한다. (대법원 91모5)
> ③ 즉결심판 피의자의 정당한 귀가요청을 거절한 채 다음날 즉결심판법정이 열릴 때까지 피의자를 경찰서 보호실에 강제유치시키려고 함으로써 피의자를 경찰서 내 즉결피의자 대기실에 10~20분 동안 있게 한 행위는 형법 제124조 제1항의 불법감금죄에 해당한다. (대법원 97도877)
> ④ 인신구속에 관한 직무를 보조하는 자가 피해자를 구속하기 위하여 진술조서 등을 허위로 작성한 후 검사와 영장전담판사를 기망하여 구속영장을 발부받아 피해자를 구금한 경우 직권남용감금죄가 성립한다. (대법원 2003도3945)
> ⑤ 인신구속에 관한 직무를 집행하는 사법경찰관이 체포 당시 상황을 고려하여 경험칙에 비추어 현저하게 합리성을 잃지 않은 채 판단하면 체포 요건이 충족되지 아니함을 알 수 있었는데도, 자신의 재량 범위를 벗어난다는 사실을 인식하고 그와 같은 결과를 용인한 채 사람을 체포하여 권리행사를 방해한 경우, 직권남용체포죄와 직권남용권리행사방해죄가 성립한다. (대법원 2013도16162)

V 폭행·가혹행위죄

형법

제125조【폭행, 가혹행위】 재판, 검찰, 경찰 그 밖에 인신구속에 관한 직무를 수행하는 자 또는 이를 보조하는 자가 그 직무를 수행하면서 형사피의자나 그 밖의 사람에 대하여 폭행 또는 가혹행위를 한 경우에는 5년 이하의 징역과 10년 이하의 자격정지에 처한다.

1 주체

행위의 주체는 재판, 검찰, 경찰 기타 인신구속업무 종사자 또는 그 보조자이다.

2 객체

행위의 객체는 형사피의자 또는 형사피고인·참고인·증인 등 수사나 재판과정에서 조사대상이 된 사람이다.

3 실행행위

① 직무를 행하는 과정에 이루어져야 하는 성질이다. 예컨대, 경찰관이 근무시간에 자신의 채무자를 경찰서로 불러서 채무변제를 요구하며 폭행한 경우, 이는 직무집행과 무관하므로 일반 폭행죄일 뿐이다.

② 가혹행위는 정신적·육체적 고통을 주는 행위로, 음식을 주지 않는다거나 잠을 재우지 않는다는 등의 방식을 예로 들 수 있다.

4 특징

① 보호법익은 역시 형사사법의 공정성, 적법성, 피해자의 신체 건재성이다.

② 일반 폭행죄(제260조 제1항) 등과 비교하여 역시 부진정신분범의 성질을 가진다.

> **관련판례**
>
> 검사 및 검찰수사관의 범죄혐의자들에 대한 폭행과 가혹행위가 직권을 남용한 과도한 물리력의 행사로서 사회통념상 용인될 수 있는 정당행위에 해당한다고 볼 수 없다. (대법원 2005도945)

VI 피의사실공표죄

> **형법**
>
> **제126조 【피의사실공표】** 검찰, 경찰 그 밖에 범죄수사에 관한 직무를 수행하는 자 또는 이를 감독하거나 보조하는 자가 그 직무를 수행하면서 알게 된 피의사실을 공소제기 전에 공표(公表)한 경우에는 3년 이하의 징역 또는 5년 이하의 자격정지에 처한다.

1 의의

① 보호법익은 국가의 범죄수사권과 피의자의 명예(인권)로 본다.

② 진정신분범, 추상적 위험범, 거동범의 성격을 가진다.

③ 검찰, 경찰, 기타 범죄수사에 관한 직무를 행하는 자 또는 이를 감독하거나 보조하는 자가 주체이다. 일반법관은 아니되고, 영장담당법관은 수사활동에 관여하므로 포함된다.

2 객관적 구성요건

(1) 주체

행위의 주체는 검찰, 경찰 기타 범죄수사에 관한 직무를 행하는 자 또는 이를 감독·보조하는 자이다. 법관도 범죄수사에 관한 직무를 감독하는 지위에 있으면 본죄가 될 수 있다. 예영장발부판사 다만 법원장이나 법원서기는 주체가 아니다.

(2) 객체

객체는 직무를 행함에 있어서 알게 된 피의사실로서, 직무와 무관하게 알게 된 사실은 객체가 아니다.

(3) 실행행위

① 공판 청구 전에 피의사실을 공표하는 것이다. 신문기자 1명에게 알렸더라도 불특정다수인이 알 수 있는 위험이 있다면 이에 해당할 수 있지만, 피의자의 가족이나 변호인에게 피의사실을 알려준 것은 공표에 해당하지 않는다.

② 지명수배인 경우는 정당행위로서 위법성이 조각된다. 그러나 국가적 법익에 관한 죄이므로 피해자의 승낙은 인정될 수 없다.

(4) 기수시기

피의사실을 공표함으로써 기수가 된다. 공표로 인하여 공표대상자가 피의사실을 알게 되었는지는 묻지 않는다.

VII 공무상 비밀누설죄

형법

제127조 【공무상 비밀의 누설】 공무원 또는 공무원이었던 자가 법령에 의한 직무상 비밀을 누설한 때에는 2년 이하의 징역이나 금고 또는 5년 이하의 자격정지에 처한다.

1 의의

보호법익은 기밀 그 자체를 보호하려는 것이 아니라 공무원의 비밀준수의무 침해에 의해 위협받는 국가의 기능이다. (대법원 95도780, 2010도14734) 그리고 추상적 위험범이다.

2 객관적 구성요건

(1) 주체

주체는 공무원 또는 공무원이었던 자로서, 진정신분범이다.

(2) 비밀의 범위

① 법령에 의해 비밀로 규정되었거나 명시된 것에 국한하지 않고, 정치·군사·외교·경제·사회적으로 필요에 따라 비밀로 된 사항은 물론, 정부나 공무소 또는 국민에게 객관적·일반적 입장에서 외부에 알리지 않는 것에 상당한 이익이 되는 사항을 포함한다. (대법원 2010도14734)

② 다만, 본죄의 비밀이란 국가기능을 위협할 정도로 실질적으로 보호할 가치가 있다고 인정할 수 있는 것이어야 한다. 본죄의 보호객체는 **비밀 그 자체가 아니라 비밀누설로 인하여 위협받는 국가기능이기 때문이다.** (대법원 95도780) 예컨대, 알려지지 않은 도시계획이나 국토개발계획, 합의제 법원의 평결내용 등이다.

③ 형법 제127조는 공무원 또는 공무원이었던 자가 법령에 의한 직무상 비밀을 누설하는 행위만을 처벌하고 있을 뿐 직무상 비밀을 누설받은 상대방을 처벌하는 규정이 없는 점에 비추어 볼 때, 직무상 비밀을 누설받은 자에 대하여 **공범에 관한 형법총칙 규정이 적용될 수 없다.** 따라서 변호사 사무실 직원 甲이 법원공무원 乙로부터 수사 중인 사건의 체포영장 발부자의 명단을 누설받은 경우, **양자는 대향범관계에 있으므로 공범에 관한 형법총칙 규정이 적용될 수 없다.** 그래서 甲에게 공무상 비밀누설죄의 교사죄를 적용할 수 없다. (대법원 2009도3642)

> **관련판례** 공무상비밀누설죄 인정

① 검찰고위간부 甲이 사건에 대한 수사가 진행 중인 상태에서 해당 사안에 관한 수사책임자 乙의 잠정적인 판단 등 수사팀의 내부상황을 확인하고 그 내용을 수사 대상자에게 전달한 경우, 공무상비밀누설죄가 성립한다. (대법원 2004도5561)
② 경찰관 甲이 간통고소사건을 수사하면서 간통을 부인하는 피의자 乙의 이익을 위하여 고소인 丙이 제출한 간통장면을 촬영한 CD를 乙에게 보여준 경우, 공무상비밀누설죄에 해당한다. (대법원 2005도4843)
③ 담당공무원이 수해복구 공사계약을 수의계약 방식으로 체결하기로 하면서, 미리 선정된 공사업체에게 공사 예정가격을 알려준 행위가 형법 제127조의 공무상 비밀누설죄에 해당한다. (대법원 2006도7171)
④ 수사지휘서는 당시까지 진행된 수사의 내용뿐만 아니라 향후 수사의 진행방향까지 가늠할 수 있게 하는 수사기관의 내부문서이므로 수사기관 내부의 비밀에 해당한다. (대법원 2014도11441)
⑤ 중국에 파견할 특사단 추천 의원을 정리한 위 문건이 사전에 외부로 누설될 경우 대통령 당선인의 인사 기능에 장애를 초래할 위험이 있으므로, 종국적인 의사결정이 있기 전까지는 외부에 누설되어서는 아니 되는 비밀로서 보호할 가치가 있는 직무상 비밀에 해당한다. (대법원 2018도2624)

> **관련판례** 공무상비밀누설죄 부정

① 감사원 감사관이 기업의 비업무용 부동산의 보유실태에 관한 감사보고서를 공개한 것은 국민 전체의 이익에 이바지하는 것이지 국가의 기능을 위협한다고 할 수 없으므로 해당 보고서의 내용은 공무상 비밀에 해당하지 않는다. (대법원 95도780)
② 이른바, 옷값 대납 사건의 내사결과보고서의 내용이 비공지의 사실이기는 하나 실질적으로 비밀로서 보호할 가치가 있는 것이라고 인정할 수 없다. (대법원 2002도7339)
③ 국가정보원 내부의 감찰과 관련하여 감찰조사 개시시점, 감찰대상자의 소속 및 인적 사항을 일부 누설한 사실만으로 국가정보원의 정상적인 정보수집활동 등의 기능에 지장을 초래할 것도 아니고, 달리 국가 또는 국가정보원의 기능에 위협이 있을 것이라고 볼 수도 없어 위 누설사실들은 비밀로서의 가치가 없다. (대법원 2003도5547)
④ 구청에서 체납차량 영치 및 공매 등의 업무 담당공무원이 다른 사람의 부탁을 받고 차적 조회시스템을 이용하여 현장 부근에서 잠복근무 중인 경찰 소속 차량의 소유관계 정보를 알아내어 알려준 경우, 위 정보가 공무상비밀누설죄의 법령에 의한 직무상 비밀에 해당한다고 볼 수 없다. (대법원 2010도14734) = 재산의 소유주체에 대한 정보에 불과한 것으로 실질적으로 비밀로 보호할 가치가 있다거나 그 누설에 의하여 국가의 기능이 위협받는다고 볼 수 없다.
⑤ 공무원이 직무상 알게 된 비밀을 그 직무와의 관련성 혹은 필요성에 기하여 해당 직무의 집행과 관련 있는 다른 공무원에게 **직무집행의 일환**으로 전달한 경우에는, 관련 각 공무원의 지위 및 관계, 직무집행의 목적과 경위, 비밀의 내용과 전달 경위 등 제반 사정에 비추어 비밀을 전달받은 공무원이 이를 그 직무집행과 무관하게 제3자에게 누설할 것으로 예상되는 등 국가기능에 위험이 발생하리라고 볼 만한 특별한 사정이 인정되지 않는 한, 위와 같은 행위가 비밀의 누설에 해당한다고 볼 수 없다. (대법원 2021도2486)
⑥ 법원장이 피고인이 소속 법원 기획법관으로 하여금 집행관 사무원 비리 사건에 관하여 영장 재판 정보가 포함된 보고서를 작성한 후 법원행정처 차장에게 전달하도록 한 사안에서 보고서가 외부에 알려질 경우 수사기관의 기능에 장애를 초래할 위험이 있는 비밀이 포함되어 있기는 하나 피고인의 행위는 **직무집행의 일환**으로 비밀을 취득할 자격이 있는 법원행정처 차장에게 내용을 전달한 것이므로 공무상비밀누설죄가 성립되지 않는다. (대법원 2021도11924)

VIII 선거방해죄

형법

제128조【선거방해】 검찰, 경찰 또는 군의 직에 있는 공무원이 법령에 의한 선거에 관하여 선거인, 입후보자 또는 입후보자 되려는 자에게 협박을 가하거나 기타 방법으로 선거의 자유를 방해한 때에는 10년 이하의 징역과 5년 이상의 자격정지에 처한다.

① 정치적 의사결정의 자유 및 선거의 공정성을 보호법익으로 삼는다.

② '기타 방법'이란 폭력, 납치, 감금, 위계, 해악을 수반한 회유 등 일체의 수단을 말하는 것이지만, 단순한 회유나 매수는 이에 해당하지 않는 것으로 이해한다.

③ 불법적 방법뿐만 아니라 적법한 방법에 의한 방해도 가능하다. 예컨대 입후보자의 개인비리를 정식으로 형사입건하겠다고 압력하여 후보를 사퇴토록 종용하는 경우이다.

④ 선거방해죄는 직권남용죄의 특별규정으로 양자는 법조경합에 의한 특별관계이다. 즉 선거방해가 성립하면 선거방해죄로 처벌하지만, **선거방해 수준은 아니라면 직권남용죄가 될 수 있다.**

⑤ 행위주체는 검찰, 경찰 또는 군의 직에 있는 공무원이며, 법원의 직에 있는 공무원은 포함되지 않는다.

Section 02 뇌물죄

I 서설

1 조문 체계

범죄	조문	구성요건	주체	청탁	부정한 행위	미수	예비
수뢰	제129조 제1항	공무원 또는 중재인이 그 직무에 관하여 뇌물을 수수·요구 또는 약속한 경우	공무원, 중재인	×	×	×	×
사전수뢰	제129조 제2항	공무원 또는 중재인이 될 자가 그 담당할 직무에 관하여 청탁을 받고 뇌물을 수수·요구 또는 약속한 후 공무원 또는 중재인이 된 경우	공무원이 될 자, 중재인이 될 자	청탁	×	×	×
제3자 뇌물공여	제130조	공무원 또는 중재인이 그 직무에 관하여 부정한 청탁을 받고 제3자에게 뇌물을 공여하게 하거나 공여를 요구 또는 약속한 경우	공무원, 중재인	부정한 청탁	×	×	×
수뢰 후 부정처사	제131조 제1항	공무원 또는 중재인이 수뢰죄·사전수뢰죄 또는 제3자뇌물공여죄를 범하여 부정한 행위를 한 경우	공무원, 중재인	청탁, 부정한 청탁	부정한 행위	×	×
부정처사 후 수뢰	제131조 제2항	공무원 또는 중재인이 그 직무상 부정한 행위를 한 후 뇌물을 수수·요구 또는 약속하거나 제3자에게 이를 공여하게 하거나 공여를 요구 또는 약속한 경우	공무원, 중재인	×	부정한 행위	×	×
사후수뢰	제131조 제3항	공무원 또는 중재인이었던 자가 그 재직 중에 청탁을 받고 직무상 부정한 행위를 한 후 뇌물을 수수·요구 또는 약속한 경우	공무원이었던 자, 중재인이었던 자	재직 중 청탁	재직 중 부정한 행위	×	×
알선수뢰	제132조	공무원이 그 지위를 이용하여 다른 공무원의 직무에 속한 사항의 알선에 관하여 뇌물을 수수·요구 또는 약속한 경우	공무원	×	×	×	×
증뢰(뇌물공여)	제133조 제1항	뇌물을 약속·공여 또는 공여의 의사를 표시한 경우	제한 없음	×	×	×	×
증뢰물전달	제133조 제2항	뇌물공여행위에 제공할 목적으로 제3자에게 금품을 교부한 경우					
제3자 뇌물취득	제133조 제2항	뇌물공여의 사정을 알면서 교부를 받는 경우					

2 의의 및 보호법익

① 보호법익은 국가기관 및 그 직무 자체의 공정성과 **직무행위의 불가매수성에 대한 공공의 신뢰**이다. 뇌물죄가 직무집행의 공정에 대한 사회의 신뢰를 보호하려는 것이므로 공무원이 이익을 수수하는 것으로 인하여 '**사회일반으로부터 직무집행의 공정성을 의심받게 되는지 여부**'도 뇌물죄의 성립 여부를 판단할 때에 기준이 된다. (대법원 99도4940, 2014도8113)

② 수뢰죄는 공무원, 중재인 등의 신분이 필요한 진정신분범이고, 증뢰죄는 누구나 가능하므로 신분범이 아니다.

③ 보호정도는 추상적 위험범이다.

④ 뇌물죄는 수뢰죄(뇌물수수죄 등)이든 증뢰죄(뇌물공여죄)이든 모두 필요적 몰수를 규정하고 있다.

3 수뢰죄와 증뢰죄와의 관계

① **필요적 공범**

판례는 수뢰죄(뇌물수수죄)와 증뢰죄(뇌물공여죄)를 **필요적 공범** 관계로 이해하여, 양자 사이에는 형법총칙상의 공범규정이 적용되지 아니한다. 그러나 **뇌물공여죄가 성립하기 위해서 반드시 상대방 측이 뇌물수수죄가 성립해야 하는 것도 아니고**, 뇌물수수죄가 성립하기 위해서 반드시 상대방 측이 뇌물공여죄가 성립해야 하는 것은 아니다. (대법원 87도1699, 2013도9003)

② **공범규정의 적용**

수뢰죄와 증뢰죄 사이에서는 총칙상의 공범규정이 적용되지 않는다.(필요적 공범) 그러나 수뢰나 증뢰에 가담한 제3자에 대해서는 공범규정이 당연히 적용된다.

4 청탁 및 부정한 청탁

특정한 청탁이나 부정한 청탁은 단순수뢰, 증뢰, 알선수뢰, 부정처사 후 수뢰에서는 필요하지 않지만, 사전수뢰는 청탁, 사후수뢰는 재직 중 청탁, 제3자 뇌물공여(제공)은 부정한 청탁, 수뢰 후 부정처사는 청탁 또는 부정한 청탁을 구성요건으로 하므로 범죄성립을 위하여 이들이 충족될 것을 필요로 한다.

II 뇌물의 개념

1 객관적 직무관련성

(1) 직무관련성의 범위

① **추상적·일반적 직무권한**

직무란 공무원 또는 중재인이 지위에 따라 담당하는 일체의 공무, 즉 **법령에 정해진 직무뿐만 아니라, 관련 있는 직무, 과거에 담당했거나 장차 담당할 직무, 그 외에 사무분장에 따라 현실적으로 담당하지 않는 직무라도 법령상 일반 직무권한 속하는 직무 등 공무원이 그 직위에 따라 공무로 담당할 일체의 직무를 포함**한다. (대법원 99도2530, 2003도1060)

② **독립된 결정권 불요**

직무행위가 대체로 법령, 지령, 훈령, 상사의 명령에 의해 결정되는 것이라면, **뇌물죄에서 말하는 직무에는 공무원이 법령상 관장하는 직무 그 자체 뿐만 아니라 직무와 밀접한 관계있는 행위 또는 관례상이나 사실상 관여하는 직무행위 및 결정권자를 보좌하거나 영향을 줄 수 있는 직무행위를 포함한다**고 볼 수 있을 것이다. (대법원 2001도670, 94도619) 따라서 상사를 보조하는 부하공무원이 관례상 또는 상사의 명령으로 처리하는 소관 이외 사무도 포함하며(대법원 98도3584), 결정권자를 보좌하여 사실상 영향을 미칠 수 있는 직무이면 충분하다. (대법원 96도582) 공무원이 다른 직무로 전직한 후 전직 전의 직무에 관하여 뇌물을 받은 경우에도 통설은 뇌물죄가 성립한다고 이해한다.

③ **직무행위의 적법성 불요**

직무행위의 정당성이나 적법성 또는 유효성의 여부는 문제되지 않는다.

(2) 판단기준

① 직무에 관한 청탁이나 부정한 행위를 필요로 하는 것은 아니므로, 수수한 금품의 뇌물성을 인정하는 데 특별한 청탁이 있어야만 하는 것은 아니다. 또한 금품이 직무에 관하여 수수된 것으로 족하고 개개 직무행위와 대가관계에 있을 필요는 없으며, 그 직무행위가 특정된 것일 필요도 없다. (대법원 2017도19499)

② 공무원이 장래에 담당할 직무에 대한 대가로 이익을 수수한 경우에도 뇌물수수죄가 성립할 수 있지만, 이익을 수수할 당시 장래에 담당할 직무에 속하는 사항이 그 수수한 이익과 관련된 것임을 확인할 수 없을 정도로 막연하고 추상적이거나, 장차 그 수수한 이익과 관련지을 만한 직무권한을 행사할지 자체도 알 수 없다면, 그 이익이 장래에 담당할 직무에 관하여 수수되었다고는 단정하기 어렵다. (대법원 2017도12346)

③ **직무와 전혀 관련성이 없는 경우는 뇌물로 인정하기 어렵다.** 예컨대, 경찰청 정보과 근무경찰관이 중소기업협동조합 중앙회장에게 외국인 산업연수생에 대한 국내 관리업체 선정에 힘써 달라는 청탁과 향응을 제공받은 경우는 뇌물이 아니다. (대법원 99도275)

> **관련판례** 직무관련성 인정 (뇌물죄 인정)
>
> ① 국회의원이 그 직무권한의 행사로서의 의정활동과 전체적·포괄적으로 대가관계가 있는 금원을 교부받았다면 그 금원의 수수가 어느 직무행위와 대가관계에 있는 것인지 특정할 수 없다고 하더라도 이는 국회의원의 직무에 관련된 것으로 보아야 하고, 한편 국회의원이 다른 의원의 직무행위에 관여하는 것이 국회의원의 직무행위 자체라고 할 수는 없으나, 국회의원이 자신의 직무권한인 의안의 심의·표결권 행사의 연장선상에서 일정한 의안에 관하여 다른 동료의원에게 작용하여 일정한 의정활동을 하도록 권유·설득하는 행위 역시 국회의원이 가지고 있는 위 직무권한의 행사와 밀접한 관계가 있는 행위로서 그와 관련하여 금원을 수수하는 경우에도 뇌물수수죄가 성립한다. (대법원 97도2609)
>
> ② 음주운전을 적발하여 단속에 관련된 제반 서류를 작성한 후 운전면허 취소업무를 담당하는 직원에게 이를 인계하는 업무를 담당하는 경찰관이 피단속자로부터 운전면허가 취소되지 않도록 하여 달라는 청탁을 받고 금원을 교부받은 경우, 뇌물수수죄가 성립한다. (대법원 99도2530)
>
> ③ 공무원의 직무와 관련하여 금품을 수수하였다면 비록 **사교적 의례의 형식을 빌어** 금품을 주고 받았더라도 그 수수물품은 뇌물이 된다. (대법원 99도4940, 2010도1082)
>
> > **유사판례**
> > ① 정치자금, 선거자금, 성금 등의 명목으로 이루어진 금품의 수수라 하더라도, 그것이 정치인인 공무원의 직무행위에 대한 대가로서의 실체를 가지는 한 뇌물로서의 성격을 잃지 않는다. (대법원 96도3377)
> > ② 금품이 정치자금의 명목으로 수수되었고 또한 당시 시행되던 구 정치자금에 관한 법률에 정한 절차를 밟았다 할지라도, 상대방의 지위 및 직무권한, 당해 기부자와 상대방의 종래 교제상황, 기부의 유무나 시기, 상대방, 금액, 빈도 등의 상황과 함께 당해 금품의 액수 및 기부하기에 이른 동기와 경위 등에 비추어 볼 때, 정치인의 정치활동 전반에 대한 지원의 성격을 갖는 것이 아니라 공무원으로서의 정치인의 특정한 구체적 직무행위와 관련하여 제공자에게 유리한 행위를 기대하거나 혹은 그에 대한 사례로서 이루어짐으로써 정치인인 공무원의 직무행위에 대한 대가로서의 실체를 가진다면 뇌물성이 인정된다. (대법원 2006도8568)
> > ③ 공무원이 그 직무의 대상이 되는 사람으로부터 금품 기타 이익을 받은 때에는 그것이 그 사람이 종전에 공무원으로부터 접대 또는 수수한 것을 갚는 것으로서 사회상규에 비추어 볼 때 의례상 대가에 불과한 것이라고 여겨지거나, 개인적인 친분관계가 있어서 교분상 필요에 의한 것이라고 명백하게 인정할 수 있는 경우 등 특별한 사정이 없는 한 직무와 관련성이 있다고 볼 수 있다. 그리고 공무원의 직무와 관련하여 금품을 주고받았다면 비록 사교적 의례의 형식을 빌려 금품을 주고받았다고 하더라도 그 수수한 금품은 뇌물이 된다. (대법원 2017도19499)

④ 지방의회의 의장선거에서 투표권을 가지고 있는 군의원들이 의장선거와 관련하여 금품 등을 수수한 경우 이는 군의원으로서의 직무와 관련된 것이라 할 것이므로 뇌물죄가 성립한다. (대법원 2000도2251)

⑤ 군에서 일차진급 평정권자가 그 평정업무와 관련하여 진급대상자로 하여금 자신의 은행대출금채무에 연대보증하게 한 행위는 직무에 관련하여 이익인 뇌물을 받은 것에 해당된다. (대법원 2000도4714)

⑥ 경찰관이 재건축조합 직무대행자에 대한 진정사건을 수사하면서 진정인 측의 재건축 설계업체로 선정되기를 희망하던 건축사무소 대표로부터 금원을 수수한 사안에서, 금원의 수수와 경찰공무원의 직무인 진정사건 수사와의 관련성을 배척할 수 없다. (대법원 2005도4204)

⑦ 뇌물공여죄와 뇌물수수죄는 필요적 공범관계에 있다고 할 것이나, 필요적 공범이라는 것은 법률상 범죄의 실행이 다수인의 협력을 필요로 하는 것을 가리키는 것으로서 이러한 범죄의 성립에는 행위의 공동을 필요로 하는 것에 불과하고 반드시 협력자 전부가 책임이 있음을 필요로 하는 것은 아니므로, 오로지 공무원을 함정에 빠뜨릴 의사로 직무와 관련되었다는 형식을 빌려 그 공무원에게 금품을 공여한 경우에도 공무원이 그 금품을 직무와 관련하여 수수한다는 의사를 가지고 받아들이면 뇌물수수죄가 성립한다. (대법원 2007도10804)

⑧ 국회의원이 특정 협회로부터 요청받은 자료를 제공하고 그 대가로서 후원금 명목으로 금원을 교부받은 사안에서, 직무관련성이 있어 뇌물죄가 성립한다. (대법원 2008도8852)

⑨ 국회 정무위원회 수석전문위원으로서 정무위원회 소관 기관에 대하여 상당한 영향력을 가진 피고인이 그 소관 기관 등의 업무에 관한 청탁 또는 부탁을 받고 금품을 수수한 사안에서, 피고인의 위 행위는 자신의 직무이거나 그 직무와 밀접한 관계가 있는 행위라고 할 것이어서 형법 제129조의 수뢰죄에 해당한다. (대법원 2010도10910)

⑩ 경찰청장으로서 모든 범죄수사에 관하여 직무상 또는 사실상의 영향력을 행사할 수 있는 지위에 있던 피고인이, 1년에 3~4차례 정도 전화로 안부 인사를 나눌 정도였던 甲으로부터 미화 2만 달러를 받은 것은 직무와 관련하여 뇌물로 수수한 것이다. (대법원 2010도1082)

⑪ **도로교통공단의 임직원**이 위와 같이 이양된 업무를 비롯하여 공무의 성격을 가지는 일정한 업무를 담당하는 경우 업무의 특성에 비추어 공공성과 공정성을 보장하려는 취지에서, 도로교통공단이 공공기관운영법에 따라 공공기관으로 지정·고시되었는지를 불문하고 형법이나 그 밖의 법률에 따른 벌칙을 적용할 때 뇌물수수죄 등에 한정하지 아니하고 <u>공무원</u>으로 보도록 규정하고 있다. (대법원 2014도14166)

관련판례 직무관련성 부정 (뇌물죄 부정)

① 문교부 편수국 공무원인 피고인들이 교과서의 내용검토 및 개편 수정작업을 의뢰받고 그에 소요되는 비용을 받은 경우, 뇌물죄의 직무관련성이 인정되지 않는다. (대법원 78도296)

② [1] 뇌물죄에 있어서 '직무'라함은 공무원이 법령상 관장하는 직무 그 자체 뿐만 아니라 그 직무와 밀접한 관계가 있는 준식행위 또는 관례상이나 사실상 소관하는 직무행위 및 결정권자를 보좌하거나 영향을 줄 수 있는 직무행위도 포함된다.
[2] 형사피고사건의 공판참여주사는 공판에 참여하여 양형에 관한 사항의 심리내용을 공판조서에 기재하지만 형사사건의 양형은 참여주사의 직무와 밀접한 관계가 있는 사무로 볼 수 없으므로, 참여주사가 형량을 감경케하여 달라는 청탁과 함께 금품을 수수한 경우라도 뇌물수수죄의 주체가 되지 아니한다. 즉 뇌물수수죄가 성립하지 않는다. (대법원 80도1373)

③ 보안부대소속 치안본부 연락관이 경찰서장에게 경찰공무원의 승진을 부탁하고 이에 관하여 금원을 받았더라도 경찰공무원의 승진 여부는 치안본부의 인사에 관한 고유의 직무에 속하는 것이므로 이는 알선수뢰죄나 변호사법 제54조의 행위에 해당할지는 몰라도 자기의 직무에 관한 수뢰죄는 되지 아니한다. (대법원 83도425)

④ 경찰청 정보과에 근무하는 甲이 乙로부터 그가 경영하는 회사가 외국인산업연수생에 대한 국내관리업체로 선정되도록 중소기업협동조합중앙회 회장인 丙에게 힘써 달라는 부탁을 받고 각종 향응을 받은 경우, 직무관련성이 없어 뇌물수수죄가 성립하지 않는다. (대법원 99도275)

⑤ 국립대학교 부설 연구소가 국가와는 별개의 지위에서 연구소라는 단체의 명의로 체결한 어업피해조사용역계약 상의 과업 내용에 의하여 국립대학교 교수가 위 연구소 소속 연구원으로서 수행하는 조사용역업무는 교육공무원 의 직무 또는 그와 밀접한 관계가 있거나 그와 관련된 행위에 해당한다고 볼 수 없다. (대법원 2001도670)

⑥ 서울대학교 의과대학 교수 겸 서울대학교병원 의사가 구치소로 왕진을 나가 진료하고 진단서를 작성해 주거나 법원의 사실조회에 대하여 회신을 해주는 것은 의사로서의 진료업무이지 교육공무원인 서울대학교 의과대학 교수의 직무와 밀접한 관련 있는 행위라고 할 수 없다는 이유로 뇌물수수의 공소사실에 대하여 무죄를 선고하였다. (대법원 2005도1420)

⑦ 구 해양수산부 소속 공무원인 피고인이 甲 해운회사의 대표이사 등에게서 중국의 선박운항허가 담당부서가 관장 하는 중국 국적선사의 선박에 대한 운항허가를 받을 수 있도록 노력해 달라는 부탁을 받고 돈을 받은 경우, 직무관 련성이 없어 뇌물수수죄가 성립하지 않는다. (대법원 2009도2453)

⑧ [1] 구체적인 행위가 공무원의 직무에 속하는지 여부는 그것이 공무의 일환으로 행하여졌는가 하는 형식적인 측면과 함께 그 공무원이 수행하여야 할 직무와의 관계에서 합리적으로 필요하다고 인정되는 것이라고 할 수 있는 가 하는 실질적인 측면을 아울러 고려하여 결정하여야 할 것이다.
[2] 서울대학교 의과대학 교수가 서울대학교병원 의사를 겸직하더라도 의사로서의 진료행위의 실질이나 직무성 격이 바로 공무로 되거나 당연히 공무적 성격을 띤다고 할 수 없다는 등의 이유로 같은 병원 의사인 피고인에 대한 알선수재의 공소사실에 관하여 무죄를 선고하였다. (대법원 2005도1904)

2 직무행위와 금품수수 사이의 대가성

(1) 대가관계(대가성)

1) 개념

① 의의

뇌물과 직무행위 사이에 급부와 반대급부라는 대가관계가 있어야 한다.

② 범위 및 뇌물의 용도

㉠ 뇌물죄는 직무집행의 공정과 이에 대한 공공의 신뢰에 기반한 것으로 직무행위 불가매수성을 직접 보호법익으로 하고 있고, **직무에 관한 청탁이나 부정한 행위를 필요로 하지 아니하므로 뇌물은 특별한 청탁이 있어야 하는 것이 아니라 직무에 관하여 수수한 것으로 족하다.** (대법원 2014도8113) **포괄이라도 대가성은 있어야 뇌물죄가 성립하지만, 개개의 직무행위와 대가관계에 있거나 그 직무행위가 특정된 것일 필요도 없다.**
(대법원 99도4940, 2010도1082, 2008도8852)

㉡ **대가성이 개개 직무행위에 대해 개별적으로 형성된 것이 아니라도 공무원의 직무와 관련된 것이기만 하면 일반적·포괄적이라도 성립이 가능하다.** 즉 국회의원이 의정활동과 전체적·포괄적으로 대가관계가 있는 금원을 교부받았다면, 금원수수가 어느 직무행위와 대가관계에 있는 것인지 특정할 수 없더라도 국회의 원의 직무에 관련된 것으로 보아야 한다. (대법원 96도3377, 97도2609) = 포괄적 뇌물개념

㉢ 공무원이 수수·요구 또는 약속한 금품에 그 직무행위에 대한 대가로서의 성질과 직무 외의 행위에 대한 사례로서의 성질이 불가분적으로 결합되어 있는 경우에는, 그 수수·요구 또는 약속한 금품 전부가 불가분적으로 직무행위에 대한 대가로서의 성질을 가진다. (대법원 2011도12642)

③ 뇌물의 이익

㉠ 뇌물죄에서 뇌물의 내용인 '이익'이란 **금전 기타 재산적 이익뿐만 아니라 사람의 수요·욕망을 충족시키기에 족한 일체의 유형·무형의 이익을 포함한다고 해석된다. 예컨대, 이성간의 정교(성적인 욕구의 충족**: 대법원

2013도13937), 취직알선, 금융기관대출 편의제공, 장래의 주가상승 투자, 투기적 사업에의 참여기회 등도 포함된다. (대법원 2002도3539, 2009도11146) 예컨대, 재개발주택조합 조합장이 재직 중 고소하거나 고소당한 사건의 수사 담당 경찰관에게 액수 미상의 프리미엄이 예상되는 조합아파트 1세대를 분양해 준 경우, 프리미엄 금액이 불확실하더라도 분양계약 자체가 이익의 성질이 인정된다. (대법원 2002도3539)

ⓒ 현실적으로 이익을 취득했는지 여부는 상관없다. 예컨대, 투기사업 참여로 인한 이익을 얻지 못한 경우라도 뇌물죄 성립에는 영향이 없다. (대법원 2009도11146) 따라서 뇌물로 공여된 당좌수표가 수수된 후 부도가 되었다 하더라도 뇌물수수죄가 성립한다. (대법원 82도2964)

④ 뇌물을 받은 장소

ⓐ 수뢰공무원이 자선 동기에서 직무와 관련하여 수수한 이익을 사회단체에 기부한 경우라도 뇌물이 된다. 즉 **금품을 수수한 장소가 공개된 장소이고, 금품을 수수한 공무원이 이를 부하직원들을 위해서 소비했을 뿐 자신의 사적 이익을 취한 바가 없더라도 뇌물성이 부인되지 않는다.** (대법원 96도865)

ⓑ 직무와 대가성이 인정되지 않는 수준의 단순 사교적 의례행위에 불과하다면, 예컨대 장관이 부하직원의 결혼식 주례를 맡고 답례로 받은 선물, 단순 경조사 수준이라면, 뇌물이 아니다. 그러나 직무와 관련하여 금품을 수수하였는데 특별한 청탁이 없이 **사교적 의례 형식을 빌려 금품을 주고받았더라도 사회상규를 넘어서는 수준이라면 뇌물이 된다.** (대법원 99도4940, 2010도1082)

ⓒ 해당 공무원의 재량권 범위 안에서 정당한 결정을 내린 경우라면, 직무행위 자체는 정당하더라도 이와 관련하여 금품을 수수하였다면 청렴의무 위반으로 불법한 이익이 되어 대가성이 인정될 것이다.

> **관련판례** 대가성 인정 (뇌물죄 인정)
>
> ① 뇌물죄에 있어서 공무원이 **공개된 장소에서 금품을 수수한 후** 이를 개인적 용도가 아닌 회식비나 직원들의 휴가비 등으로 **부하직원들을 위하여 소비하였을 뿐 자신의 사리를 취한 바 없다 하더라도 그 뇌물성이 부인되지 않는다.** (대법원 83도2050, 96도865)
> ② 검사가 직무와 관련하여 피고인들로부터 장래 시가앙등이 예상되는 체비지의 지분을 낙찰원가에 매수한 것은 **투기적 사업에 참여할 기회를 제공받을 것**을 약속하고, 그 후에 이루어진 환매로 인하여 그들이 얻은 차액 상당의 경제적 이익을 수수한 것은 이를 포괄하여 특정범죄가중처벌등에관한법률 제2조 제1항 제1호(뇌물죄)로 봄이 상당하다. 그 기수시점은 투기적 사업의 참여기회를 제공받은 시점이다. (대법원 94도129)
> ③ 음주운전을 적발하여 단속에 관련된 제반 서류를 작성한 후 운전면허 취소업무를 담당하는 직원에게 이를 인계하는 업무를 담당하는 경찰관이 **피단속자로부터 운전면허가 취소되지 않도록 하여 달라는 청탁을 받고 금원을 교부받은 경우, 뇌물수수죄가 성립**한다. (대법원 99도2530)
> ④ 자동차를 뇌물로 공여한 경우 자동차등록원부에 뇌물수수자가 그 소유자로 등록되지 않았다고 하더라도 자동차의 사실상 소유자로서 자동차에 대한 실질적인 사용 및 처분권한이 있다면 자동차 자체를 뇌물로 취득한 것으로 보아야 한다. (대법원 2006도1716)

III 수뢰죄

> **형법**
>
> **제129조【수뢰, 사전수뢰】** ① 공무원 또는 중재인이 그 직무에 관하여 뇌물을 수수, 요구 또는 약속한 때에는 5년 이하의 징역 또는 10년 이하의 자격정지에 처한다.

1 의의
공무원 또는 중재인이 그 직무에 관하여 재물을 수수·요구 또는 약속함으로서 성립하는 범죄이다.

2 객관적 구성요건

(1) 행위의 주체

1) 공무원

① 공무원이란 국가, 지방자치단체, 이에 준하는 공법인의 사무에 종사하는 자이다. 공무원법상 모든 공무원과 특수경력직 공무원, 다른 법령에서 공무원신분으로 이해하는 자, 사경제주체지만 행정사법작용을 담당하는 자까지 비교적 넓게 이해한다. 그러나 단순히 기계적·육체적 직무에 한정되는 자는 제외한다.

② 중재인이란 법령에 의해 중재의 직무를 담당하는 자 중 공무원이 아닌 자를 말한다. 중재법상 중재인, 노동조합관계법상 중재위원 등이다.

> **관련판례** 뇌물죄 적용받는 공무원으로 보는 경우
>
> ① 임용될 당시 공무원법상 **임용결격자에 해당하여 임용행위는 무효였지만** 그 후 공무원으로 계속 근무하면서 직무에 관하여 **뇌물을 수수한 경우**에 수뢰죄가 성립한다. (대법원 2013도11357)
>
> ② 도시 및 주거환경정비법상 **정비사업조합의 임원이 조합 임원의 지위를 상실하거나 직무수행권을 상실한 후에도 조합 임원으로 등기되어 있는 상태**에서 계속하여 실질적으로 조합 임원으로서 직무를 수행하여 온 경우, 그 조합 임원을 같은 법 제84조에 따라 형법상 뇌물죄의 적용에서 '공무원'으로 보아야 한다. (대법원 2015도15798)
>
> ③ 공무원으로 의제되는 정비사업전문관리업자의 임·직원이 직무에 관하여 자신이 아닌 정비사업전문관리업자에 뇌물을 공여하게 하는 경우, 위 임·직원이 법인인 정비사업전문관리업자를 사실상 1인 회사로서 개인기업과 같이 운영하거나, 사회통념상 정비사업전문관리업자에 뇌물을 공여한 것이 곧 그 임·직원에게 공여한 것과 같다고 볼 수 있을 정도로 경제적·실질적 이해관계를 같이하는 것으로 평가되는 경우에 한하여 형법 제129조 제1항의 뇌물수수죄가 성립한다. (대법원 2008도2590)

> **관련판례** 뇌물죄 적용받는 공무원으로 보지 않는 경우
>
> ① 집행관사무소 사무원은 소속지방법원장의 허가를 받아 대표집행관이 채용하는 자로서, 법원직 공무원에 준하여 보수를 지급받는 한편, 복무와 제척사유 등 집행관 관련 법령규정이 준용된다는 점에서 공무원으로 취급되는 집행관의 지위와 비슷한 면이 있기는 하지만, 지방법원에 소속되어 법률이 정하는 바에 따라 재판의 집행, 서류의 송달 등 사무에 종사하는 집행관과 달리 그에 의해 채용되어 업무를 보조하는 자에 불과하므로, 뇌물죄나 변호사법에 적용을 받는 공무원으로 보기 어렵다. (대법원 2010도14394)
>
> ② 한국어항협회의 임원이 해양쓰레기 정화사업을 수주함에 있어 편의를 봐달라는 취지의 부탁과 함께 1,000만 원의 뇌물을 수수하였다는 공소사실에 대하여, 한국어항협회의 '해양폐기물 수거·처리사무'는 구 어항법 제38조의2 규정에 의하여 공무원 의제가 적용되는 사무에 해당하지 않으므로 형법 제129조의 뇌물수수죄가 적용되지 않는다. (대법원 2009도5657)

2) 중재인

법령에 의해 중재직무를 담당하는 자를 말한다. 노동쟁의조정법에 의한 중재위원, 중재법에 의한 중재인 등이다. 단순한 사적 조정자는 제외한다.

(2) 실행행위

1) 수수

① 수수행위란 뇌물에 대한 사실상 처분권 획득 내지 이익의 향수를 말한다. 뇌물수수죄는 직무에 관하여 뇌물을 수수하면 성립되고, 별도로 뇌물의 요구나 약속이 있어야 하는 것은 아니다.

② 다만, 공무원이 증뢰자로부터 뇌물인지 모르고 수수하였다가 뇌물임을 알고 즉시 반환한 경우 단순수뢰죄가 성립하지 아니한다. (대법원 2013도9003) 그리고 증뢰자가 일방적으로 뇌물을 두고 가므로 후일 기회를 보아 반환할 의사로 일시 보관하다가 반환한 경우에도 뇌물을 수수한 것으로 볼 수 없다. (대법원 83도150)

③ **수수는 직무집행 전후를 상관하지 않으며**, 뇌물의 용도 여부도 뇌물수수죄 성립에 영향이 없다.

> **관련판례** 뇌물수수죄 인정
>
> ① 공무원이 실질적인 경영자로 있는 회사가 청탁 명목의 금원을 회사 명의의 예금계좌로 송금받은 경우에 뇌물수수죄가 성립한다. (대법원 2003도8077) = 제3자뇌물수수죄✕
> ② 피고인이 먼저 뇌물을 요구하여 증뢰자가 제공하는 돈을 받았다면 피고인에게는 받은 돈 전부에 대한 영득의 의사가 인정된다고 하지 않을 수 없고, 이처럼 영득의 의사로 뇌물을 수령한 이상 그 액수가 피고인이 예상한 것보다 너무 많은 액수여서 후에 이를 반환하였다고 하더라도 뇌물죄의 성립에는 영향이 없다. (대법원 2006도9182)
> ③ 甲 생명보험 주식회사의 보험설계사이자 도시 및 주거환경정비법상 재건축정비사업조합의 조합장인 피고인이, 乙에게서 시공사 선정 등에 도움을 달라는 청탁을 받고 乙로 하여금 甲 회사 보험상품에 대한 보험계약을 체결하게 한 후 그에 대한 보험계약 모집수수료를 교부받음으로써 직무에 관하여 뇌물을 수수하였다는 내용으로 기소된 사안에서, 피고인이 乙에게서 제공받은 뇌물은 '보험계약 체결에 따라 모집수수료 등을 지급받을 수 있는 지위 또는 기회'이고, 재산적 가치는 적어도 보험계약 모집수수료 상당이므로 뇌물수수죄가 성립한다. (대법원 2014도8113)
> ④ 뇌물을 수수함에 있어서 공여자를 기망한 점이 있다 하여도 뇌물수수죄, 뇌물공여죄의 성립에는 영향이 없고 이 경우 뇌물을 수수한 공무원에 대하여는 한 개의 행위가 뇌물죄와 사기죄의 각 구성요건에 해당하므로 형법 제40조에 의하여 상상적 경합으로 처단하여야 할 것이다. (대법원 2015도12838)

2) 요구

요구란 뇌물취득 의사로 뇌물제공의 약속이나 제공을 청구하는 것이다. 상대방이 이에 응하지 않는 경우에도, 즉 주지 않더라도 뇌물요구죄가 성립한다.

3) 약속

① 약속이란 양 당사자 사이의 뇌물수수의 합의를 말하고, 여기서의 합의란 장래 공무원의 직무와 관련하여 뇌물을 주고받겠다는 양 당사자의 의사표시가 확정적으로 합치하여야 하는 것이다. 물론 약속 이후 약속이 깨지더라도 뇌물약속죄가 성립한다. (대법원 2012도9417)

② 뇌물약속죄에 있어서 뇌물의 목적물인 이익은 약속 당시에 현존할 필요는 없고 약속 당시에 예견할 수 있는 것이라도 무방하며, 뇌물의 목적물이 이익인 경우에는 그 가액이 확정되어 있지 않아도 뇌물약속죄가 성립하는 데는 영향이 없다. (대법원 2000도5438)

③ 수수, 요구, 약속에 있어서 어떠한 청탁이 필요한 것이 아니다. 즉 특정한 청탁이 없더라도 이유 없는 금품 수수 등은 뇌물죄로 보는 것이다.

3 뇌물 수수의 시점

공무원이 직무에 관하여 금전을 무이자로 차용한 경우에는 차용 당시에 금융이익 상당의 뇌물을 수수한 것으로 보아야 하므로 공소시효는 금전을 무이자로 차용한 때로부터 기산한다. (대법원 2011도7282)

4 주관적 구성요건: 고의와 직무관련 경향

뇌물의 수수, 요구, 약속에 대한 미필적 고의로 충분하고, 뇌물 대가로 직무집행을 할 의사는 필요없다. 그리고 직무관련성이 있는 경향범적 성질이 있다.

> **관련판례** **뇌물죄의 고의가 문제된 사례**
> ① 피고인이 부하직원으로부터 승진 청탁과 함께 돈을 교부받은 경위, 언제든지 그 돈을 반환할 기회가 있었음에도 반환하지 않은 점, 그 돈을 사용한 뒤 6개월 후에 그 청탁을 들어줄 수 없는 처지에 이르자 반환한 점 등에 비추어 피고인에게 그 돈을 뇌물로서 영득할 의사가 인정된다. (대법원 2001도3579)
> ② 피고인이 택시를 타고 떠나려는 순간 뒤쫓아 와서 돈뭉치를 창문으로 던져 넣고 가버려 의족을 한 불구의 몸인 피고인으로서는 도저히 뒤따라가 돌려줄 방법이 없어 부득이 그대로 귀가하였다가 다음날 바로 다른 사람을 시켜 이를 반환한 경우 피고인에게는 뇌물을 수수할 의사가 있었다고는 볼 수 없다. (대법원 79도1124)
> ③ 지방자치단체장인 피고인이 건설업자로부터 거액의 현금이 든 굴비상자를 뇌물로 받은 것으로 기소된 사안에서, 피고인에게 수뢰의 범의가 있었다고 볼 수 없다. (대법원 2005도4737)

5 죄수 및 타죄와의 관계

① 뇌물 요구 또는 약속 후 이를 수수한 경우 포괄하여 1개의 수수죄로만 본다. 즉 뇌물을 여러 차례에 걸쳐 수수함으로써 그 행위가 여러 개이더라도 그것이 단일하고 계속적 범의에 의하여 이루어지고 동일법익을 침해한 때에는 심지어 돈을 수수하는 사이에 상당한 기간이 끼어 있더라도 포괄일죄로 처벌함이 상당하다. (대법원 98도3584) 예컨대, 등기소 조사계장이 동일 법무사로부터 그가 신청하는 등기신청사건을 신속히 처리하여 달라는 부탁조로 1건당 얼마씩 이른바 급행료를 받은 경우, 단일한 범의의 계속 아래 일정한 기간 동종행위를 같은 장소에서 반복한 것으로 볼 수 있어 일죄이다. (대법원 81도1409) 그러나 수개의 수뢰행위가 각각 다른 직무행위에 대가인 경우에는 경합범이다. (대법원 97도2836)

② **공갈죄와 관계**: <u>공무원이 직무집행 의사 없이 공갈하여 뇌물(재물)을 교부받은 경우 수뢰공무원에 대한 공갈죄만 성립하고 증뢰자(재물교부자)에게는 증뢰죄가 성립하지 않는다.</u> (대법원 94도2528) 만일 공무원이 직무집행 의사로 공갈하여 뇌물을 받은 경우는 수뢰죄와 공갈죄가 상상적 경합이다.

③ **횡령죄와 관계**: 수의계약을 체결하는 공무원이 해당 공사업자와 적정한 금액 이상으로 계약 금액을 부풀려서 계약하고 부풀린 금액을 자신이 되돌려 받기로 사전에 약정한 다음 그에 따라 수수한 돈은 성격상 뇌물이 아니고 <u>횡령금에 해당한다.</u> 즉 국고횡령죄만 성립. (대법원 2005도7112)

④ **사기죄와 관계**: 공무원이 직무와 관련하여 뇌물을 수수한 것이 제공자에 대한 기망을 통하여 이루어진 경우, 수뢰죄와 사기죄의 상상적 경합범이다. (대법원 2015도12838) = 즉 뇌물을 수수함에 있어서 공여자를 기망한 점이 있다 하여도 뇌물수수죄, 뇌물공여죄의 성립에는 영향이 없다. (대법원 2015도12838)

⑤ **정치자금법과의 관계**: 정치인인 공무원(예 국회의원)이 정치자금 명목으로 불법적으로 뇌물을 받은 경우, 뇌물죄와 정치자금법 위반죄가 상상적 경합이다.
⑥ **특정범죄가중처벌법상 뇌물죄와 관계**: 특정범죄가중처벌법 제2조는 수뢰액에 따라서 죄형을 달리 규정하고 있다. i) 수뢰액 1억원 이상: 무기 또는 10년 이상 징역, ii) 수뢰액 5천만원 이상 ~ 1억원 미만: 7년 이상 유기징역, iii) 3천만원 이상 ~ 5천만원 미만: 5년 이상 유기징역으로 하고 있다. 이때 수뢰액의 2배 이상 5배 이하의 벌금을 병과한다. 이는 특별법관계이므로 해당 액수가 되면 특정범죄가중처벌법상 뇌물죄를 구성하는 것이다.
⑦ 그리고 수인이 공동으로 뇌물수수죄를 범한 경우, **특정범죄가중처벌법 적용여부를 가리는 수뢰액을 정함에 있어서**, 각 공범자들이 실제로 취득한 금액이나 분배받기로 한 금액을 기준으로 할 것이 아니라, **공범자 전원의 수뢰액을 합한 금액을 기준으로 한다.** (대법원 99도1557)

IV 사전수뢰죄

형법

제129조 【수뢰, 사전수뢰】 ② 공무원 또는 중재인이 될 자가 그 담당할 직무에 관하여 청탁을 받고 뇌물을 수수, 요구 또는 약속한 후 공무원 또는 중재인이 된 때에는 3년 이하의 징역 또는 7년 이하의 자격정지에 처한다.

① 공무원 또는 중재인이 될 자가 해당 범죄를 저지른 경우인데, 반드시 공무원·중재인이 될 것이 확실하지 않더라도 적어도 그것이 예정되어 있거나 일반적으로 기대될 수 있는 자이어야 한다.
② 청탁이라 함은 공무원에 대하여 일정한 직무행위를 할 것을 의뢰하는 것을 말하는 것으로서 그 직무행위가 부정한 것인가 하는 점은 묻지 않는다. (대법원 2015도17139) 청탁과 수락이 명시적일 필요도 없으나, 어느 정도 구체성은 있어야 한다.
③ '공무원 또는 중재인이 된 때'를 객관적 처벌조건으로 하고 있으므로, 해당자가 공무원 또는 중재인이 된 때에 비로소 처벌을 할 수 있다. 예컨대, 일반인이 선거 등을 통하여 공직에 취임할 것을 예상하고 뇌물을 수수하였는데, 낙선하여 해당 공직에 취임하지 못한 경우 뇌물죄로 처벌할 수 없다. 형면제판결을 받는다.

관련판례
① 도시개발법(2005. 1. 14. 법률 제7335호로 일부 개정되기 전의 것. 이하 같다) 제82조는 "조합의 임원 및 직원은 형법 제129조 내지 제132조의 적용에 있어 이를 공무원으로 본다"라고 규정함으로써 형법 제129조 제1항(수뢰)은 물론 제2항(사전수뢰)의 경우에도 동일하게 의제하고 있는데, 형법 제129조 제2항에 정한 '공무원 또는 중재인이 될 자'란 공무원채용시험에 합격하여 발령을 대기하고 있는 자 또는 선거에 의해 당선이 확정된 자 등 공무원 또는 중재인이 될 것이 예정되어 있는 자뿐만 아니라 공직취임의 가능성이 확실하지는 않더라도 어느 정도의 개연성을 갖춘 자를 포함한다고 할 것이다. (대법원 2009도7040)
② 사전수뢰죄(형법 제129조 제2항)에서 청탁이라 함은 공무원에 대하여 일정한 직무행위를 할 것을 의뢰하는 것을 말하는 것으로서 그 직무행위가 부정한 것인가 하는 점은 묻지 않는다. (대법원 2015도17139)

V 제3자 뇌물제공죄

형법

제130조【제3자뇌물제공】 공무원 또는 중재인이 그 직무에 관하여 부정한 청탁을 받고 제3자에게 뇌물을 공여하게 하거나 공여를 요구 또는 약속한 때에는 5년 이하의 징역 또는 10년 이하의 자격정지에 처한다.

1 의의

공무원 또는 중재인이 그 직무에 관하여 부정한 청탁을 받고 제3자에게 뇌물을 공여하게 하거나 공여를 요구 또는 약속함으로서 성립하는 범죄이다. 본지는 본인이 직접 수뢰하지 아니하고 제3자에게 증뢰하게 함으로써 간접적으로 수뢰하는 행위를 처벌하기 위한 것이다. 즉 간접수뢰의 방식이다.

2 객관적 구성요건

(1) 부정한 청탁

① '**부정한 청탁**'이 필요한데, 즉 위법하거나 부당한 청탁을 말하는 것이다. 만일 공무원이 직접 금품을 받지 않고 증뢰자로 하여금 다른 사람에게 금품을 공여하도록 한 경우라도 <u>그가 직무에 관하여 부정한 청탁을 받은 사정이 없다면 이를 「형법」 제130조의 제3자뇌물제공죄로 처벌하지 못한다.</u> (대법원 2016도3540) 이때 부정한 청탁이 있다고 하려면 청탁의 대상이 되는 직무집행의 내용과 제3자에게 제공되는 이익이 그 직무집행에 대한 대가라는 점에 대하여 공무원과 이익 제공자 사이에 공통의 인식이나 양해가 있어야 한다. (대법원 2011도14482)

② 형법상 수뢰죄의 경우 공무원의 직무와 금품의 수수가 전체적으로 대가관계에 있으면 성립하는 것과는 달리, 제3자뇌물제공죄의 경우 '부정한 청탁'을 범죄성립의 구성요건으로 하고 있고 이는 처벌의 범위가 불명확해지지 않도록 하려는 데 취지가 있으므로, 당사자 사이에 청탁의 부정성을 규정짓는 대가관계에 관한 양해가 없었다면 단지 나중에 제3자에 대한 금품제공이 있었다는 사정만으로 어떠한 직무가 소급하여 부정한 청탁에 의한 것이라고 평가될 수는 없다. (대법원 2010도12313)

> **관련판례**
>
> ① 구청장인 피고인이 구청 관내의 공사 인·허가와 관련하여 甲 회사로부터 묵시적인 부정한 청탁을 받고 5억 원 상당의 경로당 누각을 제3자인 구(區)에 기부채납하게 하였다는 등의 제3자뇌물제공으로 기소된 사안에서, 공무원인 지방자치단체장이 직무에 관하여 부정한 청탁을 받고 지방자치단체에 금품을 제공하게 하였다면 공무원 개인이 금품을 취득한 경우와 동일시할 수는 없고 그 공무원이 단체를 대표하는 지위에 있는 경우에도 마찬가지여서 형법 제130조의 제3자뇌물제공죄가 성립할 수 있으므로, 이와 달리 위 기부채납 재산을 취득한 지방자치단체인 구는 '제3자뇌물제공죄의 제3자'가 될 수 없다고 본 원심판단에 잘못이 있으나, 제반 사정에 비추어 甲 회사의 관계자들이 피고인의 요구를 받고 위 누각을 구에 기부채납한 것이 피고인의 직무와 관련한 부정한 청탁의 대가로 제공된 것이라고 단정할 수 없다는 점에서 무죄에 해당한다. (대법원 2010도12313)
>
> ② 대통령 비서실 정책실장이 기업관계자들에게 기업메세나 활동의 일환인 미술관 전시회 후원을 요청하여 기업관계자들이 후원한 경우, 판례는 막연히 선처하여 줄 것을 기대하는 수준, 직무집행과 무관한 다른 동기에서 제3자에게 금품을 공여한 경우라면 부정한 청탁이 있다고 보기 어렵다. (대법원 2008도6950)
>
> ③ 공무원이 뇌물공여자로 하여금 공무원과 뇌물수수죄의 공동정범 관계에 있는 비공무원에게 뇌물을 공여하게 하여 비공무원이 뇌물을 받은 경우 비공무원은 공무원과 함께 뇌물수수죄의 공동정범이 성립하고 제3자뇌물수수죄는 성립하지 않는다. 즉 <u>비공무원이 공무원과 공동가공의 의사와 이를 기초로 한 기능적 행위지배를 통하여 공무원의 직무에 관하여 뇌물을 수수한 경우, 공무원과 비공무원에게 뇌물수수죄의 공동정범이 성립한다.</u> 이 경우 금품이나 이익 전부에 관하여 뇌물수수죄의 공동정범이 성립한 이후 <u>뇌물이 실제로 공동정범인 공무원 또는 비공무원 중 누구</u>

에게 귀속되었는지가 이미 성립한 뇌물수수죄에 영향을 미치지 아니한다. (대법원 2018도2738) = 박근혜 전 대통령과 최순실 씨의 뇌물수수 사건, 제3자뇌물수수죄×

④ 공무원으로 의제되는 정비사업전문관리업체의 대표이사인 피고인이 여러 회사들에게서 재개발정비사업 시공사로 선정되도록 도와달라는 취지의 부탁을 받고 자신이 실질적으로 장악하고 있는 컨설팅회사 명의 계좌로 돈을 교부받은 경우, 제3자 뇌물공여죄가 아니라 사실상 직접 뇌물을 공여받은 것과 동일하게 평가할 수 있으므로 제129조 제1항의 뇌물수수죄가 성립한다. (대법원 2011도9585)

(2) 제3자의 범위

① 제3자란 행위자와 공동정범 이외의 자를 의미한다. 따라서 교사자 · 방조자도 제3자에 포함되나 사회통념상 다른 사람이 뇌물을 받은 것과 같이 평가되면 제3자에 해당하지 않아 단순수뢰죄가 성립한다.

② 뇌물을 받는 자가 제3자라는 점에서 실질적으로 간접수뢰를 의미한다고 본다. 간접수뢰란 간접정범성을 의미한다기보다, 범행주체인 공무원 · 중재인과 제3자 사이에 모종의 이해관계가 얽혀 있음을 의미한다. 이에는 특정개인은 물론 법인이나 법인격없는 단체로 포함되므로, 회사, 동창회, 교회, 정당, 사회단체 등에 기부금 명목으로 금품을 제공하게 한 경우도 이 죄에 해당한다. (대법원 2004도3424) 심지어 지자체장인 구청장이 소속된 해당 지자체도 포함된다. (대법원 2010도12313)

③ 다만, **부모, 배우자나 자녀처럼 생활이익을 같이하는 가족은 여기에서의 제3자가 아니므로 공무원 · 중재인이 이들에게 뇌물을 제공하게 한 경우는 형법 제129조 제1항의 단순수뢰죄가 성립한다**고 본다.

④ 즉, 공무원이 직접 뇌물을 받지 아니하고 증뢰자로 하여금 다른 사람에게 뇌물을 공여하도록 한 경우라도, **그 다른 사람이 뇌물을 받음으로 인해 공무원이 지출을 면하게 되는 경우**(예를 들어, 공무원이 그 다른 사람의 생활비를 부담하거나 채무를 부담한 경우)**처럼 다른 사람이 공무원의 사자(使者: 심부름꾼) 또는 대리인으로서 뇌물을 받은 경우 등 사회통념상 다른 사람이 뇌물을 받은 것을 공무원이 직접 받은 것과 같이 평가할 수 있는 관계**가 있는 경우에는 형법 제130조의 제3자 뇌물제공죄가 아니라 **형법 제129조 제1항의 뇌물수수죄가 성립한다.** (대법원 98도1234, 2009도6422, 2011도9585)

> **관련판례**
>
> ① [1] 형법 제129조 제1항 소정의 뇌물수수죄는 공무원이 그 직무에 관하여 뇌물을 수수한 때에 적용되는 것으로서, 이외 별도로 형법 제130조에서 공무원이 그 직무에 관하여 부정한 청탁을 받고 제3자에게 뇌물을 공여하게 한 때에는 제3자뇌물수수죄로 처벌하도록 규정하고 있는 점에 비추어 보면, 공무원이 직접 뇌물을 받지 아니하고 증뢰자로 하여금 다른 사람에게 뇌물을 공여하도록 한 경우에는 그 다른 사람이 공무원의 사자 또는 대리인으로서 뇌물을 받은 경우나 그 밖에 예컨대, 평소 공무원이 그 다른 사람의 생활비 등을 부담하고 있었다거나 혹은 그 다른 사람에 대하여 채무를 부담하고 있었다는 등의 사정이 있어서 그 다른 사람이 뇌물을 받음으로써 공무원은 그만큼 지출을 면하게 되는 경우 등 사회통념상 그 다른 사람이 뇌물을 받은 것을 공무원이 직접 받은 것과 같이 평가할 수 있는 관계가 있는 경우에 한하여 형법 제129조 제1항의 뇌물수수죄가 성립한다.
> [2] 산악회 지부가 사업자로부터 등반대회 행사용 수건을 교부받은 것을 산악회 지부의 고문으로 있는 군수가 이를 교부받은 것과 동일시하기에는 부족하다고 보아 형법 제129조 제1항의 뇌물수수죄 성립을 부정한 사례(대법원 2001도7056) = 군수가 직무에 관하여 부정한 청탁을 받은 바 없으므로 제3자뇌물공여죄 및 단순수뢰죄가 성립하지 않는다.
>
> ② 제3자뇌물수수죄에서 제3자란 행위자와 공동정범 이외의 사람을 말하고, 교사자나 방조자도 포함될 수 있다. 그러므로 공무원 또는 중재인이 부정한 청탁을 받고 제3자에게 뇌물을 제공하게 하고 제3자가 그러한 공무원 또는 중재인의 범죄행위를 알면서 방조한 경우에는 그에 대한 별도의 처벌규정이 없더라도 방조범에 관한 형법총칙의 규정이 적용되어 **제3자뇌물수수방조죄**가 인정될 수 있다. (대법원 2016도19659)

VI. 수뢰 후 부정처사죄

형법

제131조 【수뢰후부정처사, 사후수뢰】 ① 공무원 또는 중재인이 전2조의 죄를 범하여 부정한 행위를 한 때에는 1년 이상의 유기징역에 처한다.

① 공무원이 증뢰자로부터 뇌물을 받고 부정한 행위를 한 경우에는 수뢰 후 부정처사죄가 성립한다. 이때 공무원·중재인이 단순수뢰죄, 사전수뢰죄, 제3자 뇌물제공죄를 범하여 부정한 행위를 하는 경우로 수뢰행위와 부정행위 사이에 인과관계가 있어야 한다. 따라서 뇌물을 수수, 요구, 약속한 후 부정한 행위를 하지 않았거나 인과관계가 없다면, 단순수뢰죄, 사전수뢰죄, 제3자 뇌물제공죄만 성립할 뿐이다.

② 부정한 행위란 일체의 직무위배행위이다. 예컨대, 수사관이 수사기록을 파기하는 경우, 입찰업무 종사공무원이 최고가나 최저가를 미리 응찰자에게 알려주는 경우, 경찰관이 범죄를 묵과하고 보고하지 않는 경우 등이다.

③ 뇌물을 요구·약속한 후 직무위배행위를 하고, 다시 그 후 뇌물을 수수한 경우는 포괄하여 수뢰후부정처사죄의 1죄로 본다. 만일 부정행위가 동시에 허위공문서작성죄, 공문서위조죄 및 행사죄 등에 해당한다면, 수뢰후부정처사죄와 상상적 경합이다.

> **관련판례**
>
> ① 공무원 甲이 A 주식회사로부터 뇌물을 받은 후 A 회사에 유리하게 관계 법령을 해석하여 감액처분을 하였는데, 과세 대상에 관한 규정이 명확하지 않고 그에 관한 확립된 선례도 없어 甲의 처분이 위법하지 않은 경우 甲에게 수뢰후부정처사죄가 성립하지 않는다. (대법원 95도2320) = 수뢰후부정처사죄로는 볼 수 없고 단순 수뢰죄에 그친다.
>
> ② 수뢰후부정처사죄에 있어서 공무원이 수뢰후 행한 부정행위가 공도화변조 및 동행사죄인 경우에는 수뢰후부정처사죄 외에 별도로 공도화변조죄 및 동행사죄가 성립하고 이들 죄와 수뢰후부정처사죄는 상상적 경합 관계에 있다. 이와 같이 공도화변조죄와 동행사죄가 수뢰후부정처사죄와 각각 상상적 경합범 관계에 있을 때에는 공도화변조죄와 동행사죄 상호간은 실체적 경합범 관계에 있다고 할지라도 상상적 경합범 관계에 있는 수뢰후부정처사죄와 대비하여 가장 중한 죄에 정한 형으로 처단하면 족한 것이고 따로이 경합범 가중을 할 필요가 없다. (대법원 2000도1216)
>
> ③ [1] 수뢰후부정처사죄에서 말하는 '부정한 행위'라 함은 직무에 위배되는 일체의 행위를 말하는 것으로 직무행위 자체는 물론 그것과 객관적으로 관련 있는 행위까지를 포함한다.
> [2] 경찰관인 피고인이 도박장개설 및 도박범행을 묵인하고 편의를 봐주는 데 대한 사례비 명목으로 금품을 수수하고, 나아가 도박장개설 및 도박범행사실을 잘 알면서도 이를 단속하지 아니하였다면, 이는 경찰관으로서 직무에 위배되는 부정한 행위를 한 것이라 할 것이고, 비록 피고인이 이 사건 범행당시 원주경찰서 교통계에 근무하고 있어 도박범행의 수사 등에 관한 구체적인 사무를 담당하고 있지 아니하였다 하여도 달리 볼 것은 아니다. (대법원 2003도1060) = 수뢰후부정처사죄 성립
>
> ④ 수뢰후부정처사죄를 정한 형법 제131조 제1항은 공무원 또는 중재인이 형법 제129조 및 제130조의 죄를 범하여 반드시 뇌물수수 등의 행위가 완료된 이후에 부정한 행위가 이루어져야 함을 의미하는 것은 아니고, 결합범 또는 결과적 가중범 등에서의 기본행위와 마찬가지로 뇌물수수 등의 행위를 하는 중에 부정한 행위를 한 경우도 포함하는 것으로 보아야 한다. 따라서 단일하고도 계속된 범의 아래 일정 기간 반복하여 일련의 뇌물수수 행위와 부정한 행위가 행하여졌고 뇌물수수 행위와 부정한 행위 사이에 인과관계가 인정되며 피해법익도 동일한 경우, 최후의 부정한 행위 이후에 저질러진 뇌물수수 행위도 최후의 부정한 행위 이전의 뇌물수수 행위 및 부정한 행위와 함께 수뢰후부정처사죄의 포괄일죄로 처벌하여야 한다. (대법원 2020도12103)

VII 부정처사 후 수뢰죄

형법

제131조 【수뢰후부정처사, 사후수뢰】 ② 공무원 또는 중재인이 그 직무상 부정한 행위를 한 후 뇌물을 수수, 요구 또는 약속하거나 제삼자에게 이를 공여하게 하거나 공여를 요구 또는 약속한 때에도 전항의 형과 같다.

먼저 부정한 행위를 한 후 뇌물을 수수하는 등 수수행위를 한다는 점에서 수뢰후 부정처사죄와 대칭되는 형태이다. 불법이 가중되는 구성요건이다.

VIII 사후수뢰죄

형법

제131조 【수뢰후부정처사, 사후수뢰】 ③ 공무원 또는 중재인이었던 자가 그 재직 중에 청탁을 받고 직무상 부정한 행위를 한 후 뇌물을 수수, 요구 또는 약속한 때에는 5년 이하의 징역 또는 10년 이하의 자격정지에 처한다.

1 의의

시간적 특성에서 보면, 사전수뢰죄와 대칭되는 개념이다. 퇴직 후 수뢰의 개념이므로, 부정행위를 한 공무원이 전직한 후(공무원신분 유지) 수뢰한 경우는 사후수뢰죄가 아니라 부정처사 후 수뢰죄이다.

2 성격

공무원이었던 자가 재직 중에 청탁을 받고 직무상 부정한 행위를 한 후 뇌물의 수수 등을 할 당시 이미 공무원의 지위를 떠난 경우에는, 당연히 「형법」 제129조 제1항의 수뢰죄로 처벌할 수 없고, 뇌물약속죄 및 사후수뢰죄가 성립할 수 있는 것이다. (대법원 2007도5190)

> **관련판례**
> ① 공사의 입찰업무를 담당하고 있는 장교가 비밀로 하여야 할 그 공사의 입찰예정가격을 응찰자에게 미리 알려준 소위는 직무에 위배되는 행위로서 형법 제141조 제2항의 부정한 행위에 해당한다 할 것이어서 입찰이 끝난 후 20여일이 경과한 후 전속시의 전별금 명목으로 금원을 받았다 하더라도 이는 직무행위의 부정행위와 관련된 금품의 수수에 해당하므로 사후수뢰죄를 구성한다. (대법원 82도2095)
> ② 공무원이 직무와 관련하여 뇌물수수를 약속하고 퇴직 후 이를 수수하는 경우에는 뇌물약속과 뇌물수수가 시간적으로 근접하여 연속되어 있다고 하더라도, **뇌물약속죄 및 사후수뢰죄가 성립할 수 있음은 별론으로 하고, 뇌물수수죄는 성립하지 않는다.** (대법원 2007도5190)
> ③ 국가공무원이 지방자치단체의 업무에 관하여 전문가로서 위원 위촉을 받아 한시적으로 직무를 수행하는 경우와 같이 공무원이 그 고유의 직무와 관련이 없는 일에 관하여 별도의 위촉절차 등을 거쳐 다른 직무를 수행하게 된 경우에는 그 **위촉이 종료**되면 그 위원 등으로서 새로 보유하였던 공무원 지위는 소멸한다고 보아야 하므로, 그 이후에 종전에 위촉받아 수행한 직무에 관하여 금품을 수수하더라도 이는 사후수뢰죄에 해당할 수 있음은 별론으로 하고 일반 수뢰죄로 처벌할 수는 없다. (대법원 2013도10011)

IX 알선수뢰죄

> **형법**
> **제132조 【알선수뢰】** 공무원이 그 지위를 이용하여 다른 공무원의 직무에 속한 사항의 알선에 관하여 뇌물을 수수, 요구 또는 약속한 때에는 3년 이하의 징역 또는 7년 이하의 자격정지에 처한다.

1 의의

공무원이 그 지위를 이용하여 다른 공무원의 직무에 속한 사항의 알선에 관하여 뇌물을 수수, 요구 또는 약속함으로서 성립하는 범죄이다.

2 객관적 구성요건

(1) 주체

주체는 공무원에 한정되며, 중재인은 주체가 아니다. 친척이나 친구는 본죄의 주체가 아니다.

(2) 범위

1) 지위를 이용하여

① 알선수뢰죄에서 '공무원이 그 지위를 이용하여'라고 함은 친구, 친족 등 사적 관계를 이용하는 경우에는 여기에 해당한다고 할 수 없으나, 다른 공무원이 취급하는 사무처리에 법률상이거나 사실상으로 영향을 줄 수 있는 관계에 있는 공무원이 그 지위를 이용하는 경우에는 여기에 해당하고, 그 사이에 반드시 상하관계, 협동관계, 감독권한 등 특수관계가 있음을 요하지 않는다. 즉 해당 지위를 이용하는 공무원이 직무를 처리하는 다른 공무원과의 관계에서 반드시 상하관계, 협동관계, 감독관계 등이나 같은 부서에 근무할 것을 필요로 하지는 않지만, 직무를 처리하는 공무원과 직무상 직간접적으로 연관관계를 가지고 법률상 또는 사실상 영향을 미칠 수 있는 공무원이어야 한다. (대법원 93도1056, 94도852)

② 즉 알선행위란 단순히 알선자의 직무에 속하는 사항에 관한 것이면 충분하고 알선자가 그 직무에 관하여 결정권을 가지고 있을 필요는 없다. (대법원 2006도735)

③ 판례를 보면, 법원장이 예하 법관의 직무에 관한 경우, 전임 징세계장이 후임 계장의 직무에 관한 경우는 지위이용 관계가 인정되고, 검찰주사의 검사의 직무에 관한 관계, 군청건설과 농림계 공무원의 도지사 직무에 관한 관계는 부정된다.

④ 알선이란 일정사항을 중개하여 양 당사자 사이에 교섭이 성립하도록 편의를 제공하는 일체의 서비스를 말한다. 예를 들어, 명함이나 소개장에 '선처요망' 등을 기재하여 교부한 경우도 알선에 해당한다.

2) 알선

① 알선행위는 장래의 것이라도 무방하고, 알선뇌물 수수·요구·약속죄가 성립하기 위해서는 뇌물 수수 등을 할 때 당시 반드시 알선에 의하여 해결을 도모할 현안이 존재할 것을 요하지 아니하며, 알선의 상대방인 다른 공무원이나 그 직무내용이 구체적으로 특정되어야 할 필요가 없다. 예컨대, 구청공무원이 유흥주점 업주에게 "세금이나 영업허가상 문제가 생기면 다른 담당공무원에게 부탁하여 도움을 주겠다"면서 1000만원을 요구했다면, 알선뇌물요구죄가 된다. (대법원 2009도3924)

② 그러나 알선뇌물수수죄와 관련하여 상대방으로 하여금 뇌물을 수수하는 자에게 잘 보이면 어떤 도움을 받을 수 있다거나 손해를 입을 염려가 없다는 정도의 막연한 기대감을 갖게 하고, 뇌물을 수수하는 자 역시 상대방이 그러한 기대감을 가질 것이라고 짐작하면서 수수하였다면 그것만으로는 알선뇌물수수죄가 성립한다고 볼 수 없다. (대법원 2017도12346)

③ 청탁 여부는 알선의 조건이 아니다. 즉 **청탁유무와 관계없이 알선이 성립된다.**

④ 알선수뢰한 금원 중 일부를 증뢰한 경우, 알선수뢰죄와 증뢰죄의 실체적 경합범이다.

관련판례 지위를 이용한 경우 인정

① 서울시 부시장의 비서관이 체비지불하와 관련하여 금품을 받은 것이 알선수뢰죄에 해당한다. (대법원 89도1700)

② 피고인이 1989.7.10.부터 1990.2.16.까지 전라북도경찰국 면허계 기능반 경찰공무원(경장)으로 근무를 하였고, 이 사건 당시 전라북도경찰국 산하 진안경찰서 수사과 수사계장으로서 근무하고 있었다면, 피고인은 전라북도 자동차운전면허 발급담당공무원의 직무에 관하여 사실상의 영향력을 행사할 수 있는 지위에 있었다고 볼 수 있을 것이므로, 피고인이 그 지위를 이용하여 자동차운전면허 발급담당공무원의 직무에 속한 사항의 알선에 관하여 수뢰하였다고 인정하였다. (대법원 94도2687)

③ 피고인이 육군본부 인사과에서 근무하다가 모병관으로 병무청에 파견되어 육군의 병력소요나 충원시기 등을 병무청에 알려 주고 병무청의 지원, 징집, 소집자원의 통계 등을 육군본부에 전달하는 등 직무를 담당하는 관계 공무원들에게 부탁하는 등의 방법으로 알선에 관하여 금품을 수수한 경우 사실상 영향력의 지위에 있다. (대법원 99도1900)

④ 피고인이 서울시 지하철공사의 임직원의 직무에 속한 사항의 알선에 관하여 뇌물을 수수하였다면 이는 형법 제132조에 해당하는 것이며, 다른 공무원이 취급하는 사무의 처리에 법률상이거나 사실상으로 영향을 줄 수 있는 관계에 있는 공무원이 그 지위를 이용하는 경우에는 이에 해당한다. (대법원 99도5294)

⑤ 도지사에 입후보한 피고인이 은행장으로부터 은행의 퇴출을 막아달라는 청탁을 받고 그 알선활동비 명목으로 돈을 수수하였다는 공소사실에 대하여 선거자금으로만 인식하고 수수하였다고 주장하여 알선수재의 범의를 부인하였으나, 그 범의를 자백한 피고인의 검찰에서의 일부진술에다가 기타 정황증거를 종합하여 피고인의 알선수재 범의를 인정하였다. (대법원 2001도2064)

⑥ 공무원의 직무에 속한 사항에 관한 청탁을 받고 스스로 알선행위를 하지 아니하고 알선행위를 할 사람을 소개시켜 준 경우, 특정범죄가중처벌등에관한법률 제3조 소정의 알선수재죄가 성립한다. (대법원 2001도3931)

관련판례 지위를 이용한 경우 부정

① 금품 등을 공여하는 자가 금품 등을 수수하는 자에게 잘 보이면 그로부터 어떤 도움을 받을 수 있다거나 손해를 입을 염려가 없다는 정도의 막연한 기대감 속에 금품 등을 교부하고, 금품 등을 수수하는 자 역시 공여자가 그러한 기대감을 가지고 금품 등을 교부하는 것이라고 짐작하면서 이를 수수하였다는 정도의 사정만으로는 알선수재죄가 성립한다고 볼 수 없다. (대법원 2004도5655)

비교판례

알선수재죄는 알선과 주고받은 금품 사이에 전체적·포괄적으로 대가관계가 있으면 충분하다. 한편 알선자가 받은 금품에 알선행위에 대한 대가로서의 성질과 그 밖의 행위에 대한 대가로서의 성질이 불가분적으로 결합되어 있는 경우에는 그 전부가 불가분적으로 알선행위에 대한 대가로서의 성질을 가진다. (대법원 2016도15470)

② 육군본부 정보작전지원참모부에서 조직진단관으로 근무하는 3급 군무원 피고인이 장군진급심사를 앞두고 있던 甲으로부터 인사참모부 선발관리실장인 乙에게 부탁하여 장군진급이 되도록 하여 달라는 부탁을 받고 합계 5,000만 원을 받았다고 하여 특정범죄 가중처벌 등에 관한 법률상 알선수뢰로 기소된 사안에서, 피고인이 위 금원을 수수할 당시 자신의 지위를 이용하여 선발관리실장이던 乙의 진급업무와 관련하여 사실상 영향을 줄 수 있는 관계에 있었다고 하기에 부족하다고 보아 무죄를 인정하였다. (대법원 2010도11460)

③ 알선행위자의 알선행위에 대한 **공동가공의 의사 없이** 단순히 알선할 자를 소개하거나 그 대가인 금품 기타 이익을 중간에서 전달한 것에 불과한 행위가 특정경제범죄 가중처벌 등에 관한 법률 제7조의 알선수재죄에 해당하지 않는다. (대법원 2012도11200)

> **참고**
> 공무원이 그 지위를 이용하여 다른 공무원의 직무에 관한 사항의 알선에 관하여 금품을 수수한 경우에는 그가 특별한 청탁을 받고 그 같은 행위를 한 사정이 없는 이상 이를 「형법」 제132조의 알선수뢰죄로 처벌하지 못한다. (×) = 알선수뢰죄에서는 청탁 여부와 상관 없이 범죄가 성립한다.

X 증뢰죄, 증뢰물전달죄, 제3자 뇌물취득죄

형법

제133조【뇌물공여 등】 ① 제129조 내지 제132조에 기재한 뇌물을 약속, 공여 또는 공여의 의사를 표시한 자는 5년 이하의 징역 또는 2천만원 이하의 벌금에 처한다.
② 제1항의 행위에 제공할 목적으로 제3자에게 금품을 교부한 자 또는 그 사정을 알면서 금품을 교부받은 제3자도 제1항의 형에 처한다.

1 의의

본죄는 뇌물을 약속·공여 또는 공여의 의사를 표시하거나(증뢰죄), 이러한 행위에 공할 목적으로 제3자에게 금품을 교부하거나 그 정을 알면서 교부를 받음으로서 성립하는 범죄(증뢰물전달죄)이다.

2 객관적 구성요건

(1) 주체

① 주체에는 제한이 없다는 점에서 신분범이 아니다. 일반인도 본죄를 저지를 수 있다.
② 제133조 제1항은 증뢰죄, 제133조 제2항 전단은 증뢰물전달죄, 후단은 제3자 뇌물취득죄이다.

(2) 실행행위

1) 약속

공무원·중재인의 요구를 승낙하는 경우도 있고, 자진하여 공여를 약속하는 경우도 있다.

2) 공여

상대방이 뇌물을 수수할 수 있는 상태에 두면 족하고 현실적으로 취득할 것을 요하지 않는다. 수뢰죄가 성립하지 않더라도 증뢰죄가 별도로 성립할 수 있다. **수뢰죄와 증뢰죄가 필요적 공범관계에 있다는 의미는 그 범죄성립에 행위공동을 필요로 한다는 것일 뿐이지, 반드시 양자 모두 범죄에 대한 책임을 져야 한다는 것이 아니기 때문이다.** (대법원 2005도4737)

3) 공여의 의사표시

의사표시의 방법은 명시적이나 묵시적을 불문하며 금액이나 수량을 표시할 필요도 없다.

4) 직무관련성

증뢰죄는 뇌물에 대한 약속, 공여, 공여의 의사표시로서 **공무원·중재인의 직무와 관련하여 이루어져야 한다.** (대법원 87도1463)

(3) 증뢰물전달죄(제3자뇌물교부죄·제3자뇌물취득죄)

1) 의의

증뢰자가 제3자(전달자)에게 뇌물을 교부하여 수뢰자에게 전달하도록 함으로서 성립한다. 제3자뇌물교부죄는 공여자와 수수자 사이 제3자가 개입하고 전달자가 실제 뇌물을 전달하지 않는 경우에 성립하는 범죄로 뇌물공여죄와 법조경합(보충관계)에 있다.

2) 기수시기

증뢰를 목적으로 제3자(전달자)에게 금품을 교부하거나 그 사정을 알면서 이를 교부받음으로써 성립하는 범죄이다.(제133조 제2항) 따라서 금품의 교부시에 기수가 되고 제3자(전달자)가 교부받은 금품을 후에 수뢰할 공무원에게 전달했는가는 본죄의 성립에 영향이 없다.

3 죄수 및 타죄와의 관계

① 1개의 행위로 수인의 공무원에게 증뢰한 경우 공무원 수에 따라 수 개의 증뢰죄의 상상적 경합이 성립한다.

② 공여·약속의 의사표시를 한 후 공여한 경우 공여죄 1죄만 성립한다.

③ 제3자가 그 교부받은 금품을 수뢰할 사람에게 전달하였다고 하여 증뢰물전달죄 외 별도로 뇌물공여죄가 성립하지 않는다. (대법원 97도1572)

④ 공무원이 취급하는 사건 또는 사무에 관하여 청탁한다는 명목으로 자신의 이득을 취하기 위하여 금품 등을 교부받은 것이 아니고, 공무원이 취급하는 사무에 관한 청탁을 받고는, 자신이 이득을 취할 의사는 없이, 청탁상대방인 공무원에게 제공할 금품을 단순히 전달만 한 경우, 변호사법 제111조 위반죄의 성립할 수 없다. (대법원 2004도6025)

⑤ 공무원이 취급하는 사건 또는 사무에 관한 청탁을 받고 청탁 상대방인 공무원에게 제공할 금품을 받아 그 공무원에게 단순히 전달한 경우와는 달리, 자기 자신의 이득을 취하기 위하여 공무원이 취급하는 사건 또는 사무에 관하여 청탁한다는 등의 명목으로 금품 등을 교부받으면 그로써 곧 구 변호사법 제90조 제1호 위반죄가 성립되고 이와 같은 경우에는 형법 제133조 제2항 증뢰물전달죄는 성립할 여지가 없다. (대법원 2005도5567)

> **관련판례**
>
> ① 피고인이 자신의 공무원으로서의 직무와는 무관하게 군의관 등의 직무에 관하여 뇌물에 공할 목적의 금품이라는 정을 알고 이를 전달해준다는 명목으로 취득한 경우라면 제3자뇌물취득죄가 성립된다. (대법원 2002도1283)
> ② 형법 제133조 제2항은 증뢰자가 뇌물에 공할 목적으로 금품을 제3자에게 교부하거나 또는 그 정을 알면서 교부받는 증뢰물 전달행위를 독립한 구성요건으로 하여 이를 같은 조 제1항의 뇌물공여죄와 같은 형으로 처벌하는 규정으로서, 여기에서의 제3자란 행위자와 공동정범 이외의 자를 말한다고 할 것이다. (대법원 2004도756) = 증뢰물전달죄의 제3자의 의미
> ③ 제3자의 증뢰물 전달죄는 증뢰자나 수뢰자가 아닌 제3자가 증뢰자로부터 수뢰할 사람에게 전달될 금품이라는 정을 알면서 그 <u>금품을 받은 때</u>에 성립한다고 할 것이다. (대법원 2007도10601)
> ④ 불우이웃돕기 성금이나 연극제에 전달할 의사로 금원을 받은 것에 불과하고 자신이 영득할 의사로 수수하였다고 보기는 어려운 경우 뇌물수수죄는 성립하지 아니한다. 다만, 증뢰물전달죄는 성립할 수 있다. (대법원 2009도11146)
> ⑤ 제133조 제2항의 증뢰물전달죄나 제3자 뇌물취득죄는 증뢰행위에 제공할 목적으로 제3자에게 금품을 교부하거나 제3자가 그 사정을 알면서 교부받는 행위를 규율하는 것이다. 따라서 공무원에게 뇌물로 공여하기 위한 목적이라는 사정을 알면서 증뢰자로부터 금품을 교부받은 **제3자가 받은 금품을 이후 수뢰예정 공무원에게 전달했는지, 교부자에게 다시 반환했는지 여부는 증뢰물전달죄나 제3자뇌물취득죄의 성립에 영향을 주지 않는다.** (대법원 97도1572, 2002도3539)
> ⑥ 배임수재자가 배임증재자에게서 그가 무상으로 빌려준 물건을 인도받아 사용하고 있던 중에 공무원이 된 경우, 그 사실을 알게 된 배임증재자가 배임수재자에게 앞으로 물건은 공무원의 직무에 관하여 빌려주는 것이라고 하면서 뇌물공여의 뜻을 밝히고 물건을 계속하여 배임수재자가 사용할 수 있는 상태로 두더라도, 처음에 배임증재로 무상 대여할 당시에 정한 사용기간을 추가로 연장해 주는 등 새로운 이익을 제공한 것으로 평가할 만한 사정이 없다면, 이는 종전에 이미 제공한 이익을 나중에 와서 뇌물로 하겠다는 것에 불과할 뿐 새롭게 뇌물로 제공되는 이익이 없어 뇌물공여죄가 성립하지 않는다. (대법원 2015도6232)

> **참고**
> - 증뢰물전달죄는 제3자가 증뢰자로부터 교부받은 금품을 수뢰할 사람에게 전달하였는지 여부에 관계없이 제3자가 그 사정을 알면서 금품을 교부받음으로써 성립한다. (○)
> - 형법 제133조 제2항의 제3자뇌물취득죄는 제3자가 증뢰자로부터 교부받은 금품을 수뢰할 사람에게 전달하였는지의 여부에 관계없이 제3자가 그 정을 알면서 금품을 교부받음으로써 성립한다. (○)

XI 뇌물의 몰수·추징

형법

제134조 【몰수, 추징】 범인 또는 사정을 아는 제3자가 받은 뇌물 또는 뇌물로 제공하려고 한 금품은 몰수한다. 이를 몰수할 수 없을 경우에는 그 가액을 추징한다.

1 의의

범인 또는 정을 아는 제3자가 받은 뇌물 또는 뇌물에 공할 금품은 몰수하되 몰수하기 불가능할 때에는 그 가액을 추징한다. 이는 범인에게 부정한 이익을 보유하지 못하게 하기 위한 것이다.

2 몰수의 성격

① 필요적으로 몰수·추징한다. 뇌물이나 뇌물에 사용할 금품은 몰수하며, 몰수가 불가능하면 가액을 추징한다.

② 수수한 뇌물, 제공했으나 수수하지 않은 뇌물, 제공을 약속한 뇌물을 모두 포괄한다. 즉 수수한 뇌물 뿐만 아니라 수사단계에 도달하지 않은 뇌물이나 약속한 뇌물도 몰수대상이다. 다만, 뇌물 요구만 있는 경우 공직자가 일정 액수 또는 적어도 특정가능한 정도의 금품을 요구했을 때에 한해서만 추징이 가능하다고 볼 것이다.

③ 대접받은 향응, 서비스 등 비재산적인 무형의 이익을 제공받은 경우, 금품수수 후 소비, 멸실, 사정을 모르는 선의의 제3자에게 소유권이 이전된 경우 등이 몰수가 불가능한 경우이므로 추징을 하게 될 것이다.

3 몰수·추징의 상대방

① 몰수·추징의 상대방에 대해서 명시규정은 없다. 다만, 필요적 몰수를 규정한 취지에 비추어 뇌물을 현재 보유하고 있는 자로부터 몰수·추징해야 한다. 따라서 뇌물이 수뢰자에게 있다면 수뢰자로부터 몰수하고, 뇌물 자체가 증뢰자에게 반환된 때에는 증뢰자로부터 몰수·추징한다.

② **수뢰자가 일단 수뢰한 뇌물을 소비하고 같은 액수의 금원을 증뢰자에게 반환한 경우**(대법원 86도1189), **뇌물로 받은 수표를 소비하고 그 금액을 반환한 경우**(대법원 83도2871), **은행에 예치한 후 같은 액수의 돈을 반환한 경우**(대법원 96도2022)**는 수뢰자로부터 추징해야 한다.**

③ 수뢰자가 **자기앞수표를 뇌물로 받아 이를 소비한 후 자기앞수표 상당액을 증뢰자에게 반환**하였다 하더라도 뇌물 그 자체를 반환한 것은 아니므로 이를 몰수할 수 없고 **수뢰자로부터 그 가액을 추징**하여야 할 것이다. (대법원 83도2871, 98도3584)

④ 공무원의 직무에 속한 사항의 알선에 관하여 금품을 받고 그 일부를 받은 취지에 따라 청탁과 관련하여 관계공무원에게 뇌물로 공여한 경우에는 이를 제외한 나머지 금품만을 몰수하거나 그 가액을 추징하여야 한다. (대법원 2002도1283)

⑤ 뇌물을 수수한 자가 **공동수수자가 아닌 교사범 또는 종범에게 뇌물 중 일부를 사례금 등의 명목으로 교부한 경우**, 교사범이나 종범에게 교부한(제공한) 사례금 상당액을 공제하지 않고 **뇌물수수자에게서 수뢰액 전액을 추징**하여야 한다. (대법원 2011도9585) = 왜냐하면, 이는 부수적 비용의 지출 또는 뇌물의 소비행위에 지나지 않기 때문이다.

⑥ 뇌물을 받는 주체가 아닌 자가 수고비로 받은 부분이나 뇌물을 받기 위하여 형식적으로 체결된 용역계약에 따른 비용으로 사용된 부분은 뇌물을 받은 데에 필요한 경비로 지출한 것으로 뇌물수수의 부수적 비용이므로, 뇌물의 가액과 추징액에서 공제할 항목에 해당하지 아니한다. (대법원 2016도21536)

⑦ **수인이 공동하여 뇌물을 수수한 경우, 각자가 실제 분배받은 금품을 몰수하거나 그 가액을 추징해야 한다.** (대법원 93도2056)

⑧ 여기서 조심할 것은 특정경제범죄가중처벌법상 수뢰액 산정 시에는 공범자들 모두의 전체 수뢰액 합산액을 기준으로 한다는 점을 잊지 말아야 한다. (대법원 99도1557) 왜냐하면, 뇌물수수의 공범자들 사이에 직무와 관련하여 금품이나 이익을 수수하기로 하는 명시적 또는 암묵적 공모관계가 성립하고 그 공모 내용에 따라 공범자 중 1인이 금품이나 이익을 수수하였다면, 사전에 특정 금액 이하로만 받기로 약정하였다든가 수수한 금액이 공모 과정에서 도저히 예상할 수 없는 고액이라는 등과 같은 특별한 사정이 없는 한, 공모자 전원에게 그 수수한 금품이나 이익 전부에 관하여 뇌물수수죄의 공모공동정범이 성립하기 때문이다. (대법원 2014도10199)

⑨ **수수뇌물을 공동소비했거나 분배액이 분명치 않을 때는 균분해서 추징해야 한다.** (대법원 73도1963)

4 추징의 가액 산정시기

추징가액의 산정시기는 **재판 판결선고시의 가격**을 기준으로 한다. (대법원 91도352)

> **관련판례**
>
> ① 공무원이 뇌물을 받음에 있어서 그 취득을 위하여 상대방에게 뇌물의 가액에 상당하는 금원의 일부를 비용의 명목으로 출연하거나 그 밖에 경제적 이익을 제공하였다 하더라도, 이는 뇌물을 받는 데 지출한 부수적 비용에 불과하다고 보아야 할 것이지, 이로 인하여 공무원이 받은 뇌물이 그 뇌물의 가액에서 위와 같은 지출액을 공제한 나머지 가액에 상당한 이익에 한정되는 것이라고 볼 수는 없으므로, 그 공무원으로부터 뇌물죄로 얻은 이익을 몰수 · 추징함에 있어서는 그 받은 뇌물 자체를 몰수하여야 하고, 그 뇌물의 가액에서 위와 같은 지출을 공제한 나머지 가액에 상당한 이익만을 몰수 · 추징할 것은 아니다. (대법원 99도1638)
>
> ② 금품의 무상차용을 통하여 위법한 재산상 이익을 취득한 경우 범인이 받은 부정한 이익은 그로 인한 금융이익 상당액이므로 추징의 대상이 되는 것은 무상으로 대여받은 금품 그 자체가 아니라 위 금융이익 상당액이다. (대법원 2008도2590)
>
> ③ 공무원이 직무에 관하여 금전을 무이자로 차용한 경우에는 차용 당시에 금융이익 상당의 뇌물을 수수한 것으로 보아야 하므로, 공소시효는 금전을 무이자로 차용한 때로부터 기산한다. (대법원 2011도7282)
>
> ④ 알선의뢰인이 알선수재자에게 알선의 대가를 형식적으로 체결한 고용계약에 터잡아 급여의 형식으로 지급한 경우에, 알선수재자가 수수한 알선수재액은 명목상 급여액이 아니라 원천징수된 근로소득세 등을 제외하고 알선수재자가 실제 지급받은 금액으로 보아야 한다. (대법원 2012도534)
>
> ⑤ 약정된 변제기가 없는 경우에는, 판결 선고일 전에 실제로 차용금을 변제하였다거나 대여자의 변제 요구에 의하여 변제기가 도래하였다는 등의 특별한 사정이 없는 한, 금품수수일로부터 판결 선고시까지 금품을 무이자로 차용하여 얻은 금융이익의 수액을 산정한 뒤 이를 추징하여야 할 것이다. (대법원 2014도1547)

> **참고**
>
> - 공무원인 甲이 乙로부터 1,000만원을 뇌물로 받아 그 중 500만원을 술을 마시느라 소비하고 나머지 500만원을 은행에 예금하여 두었다가 이를 인출하여 乙에게 반환한 경우, 甲으로부터 500만원을 추징하고 乙로부터 500만원을 몰수 또는 추징한다. (×) (대법원 96도2022) = 갑으로부터 1000만원을 전부 추징해야 한다. 뇌물을 예금하는 순간 뇌물을 소비한 것으로 보기 때문에 나중에 수뢰자가 증뢰자에게 반환했더라도 뇌물 자체의 반환으로 볼 수 없으므로 수뢰자로부터 가액을 추징해야 한다.
> - 병역면제를 위해 1억원의 뇌물을 받은 헌병수사관 甲이 독자적 판단에 따라 군의관 乙에게 5천만원을 공여한 경우 甲에게 추징해야 할 금액은 5천만원이다. (×) (대법원 99도1900) = 가액 전체를 수뢰범인 헌병수사관 甲으로부터 추징해야 한다.
> - 수인이 공동하여 뇌물수수죄를 범한 경우에는 특정범죄가중처벌등에관한법률 제2조 제1항의 적용여부를 가리는 수뢰액을 정함에 있어서는 각 공범자들이 실제로 취득한 금액이나 분배받기로 한 금액을 기준으로 할 것이다. (×) (대법원 99도1557) = 특경가법상 수뢰액 산정은 공범자 전원의 수뢰액을 합산한 금액으로 한다.
> - 피고인이 향응을 제공받는 자리에 피고인 스스로 제3자를 초대하여 함께 접대를 받은 경우 그 제3자가 피고인과는 별도의 지위에서 접대를 받는 공무원이라는 등의 특별한 사정이 없는 한 그 제3자의 접대에 요한 비용도 피고인의 수뢰액으로 보아야 한다. (○) (대법원 99도5294)

■ 몰수·추징의 기준

뇌물의 공여 및 수수의 정황		몰수·추징의 상대방
수뢰자가 뇌물을 그대로 보관하다가 증뢰자에게 그대로 반환한 경우		증뢰자에게 몰수·추징 (대법원 83도2783)
수뢰자가 뇌물을 소비한 후에 같은 액수의 금원을 증뢰자에게 반환한 경우		수뢰자에게 전액 추징 (대법원 96도2022)
수뢰자가 뇌물을 예금하였다가 차후에 같은 액수의 금원을 증뢰자에게 반환한 경우		수뢰자에게 전액 추징 (예금도 소비와 마찬가지로 처분행위로 봄)
수인이 공동 수수하여 뇌물을 분배한 경우		• 수뢰자 각자가 실제 분배받은 액수만큼씩 개별 몰수·추징 • 분배율이 불명확하면 평등하게 몰수·추징
수뢰자가 뇌물을 다시 타인(특히 다른 공무원)에게 공여한 경우	증뢰자의 지시(받은 취지)에 따라서 공여한 경우	각자가 실제 분배받은 액수만큼씩 개별 몰수·추징
	증뢰자의 지시(받은 취지)와 상관 없이 수뢰자 본인의 독자적 판단으로 공여한 경우 = 수수자가 공동수수자가 아닌 교사범이나 종범에게 사례금 명목으로 교부한 경우	수뢰자에게 전액 몰수·추징 = 수뢰자의 소비행위로 이해

> **관련판례** 뇌물죄 인정

① 뇌물죄에 있어서 공무원이 **공개된 장소에서 금품을 수수한 후** 이를 개인적 용도가 아닌 회식비나 직원들의 휴가비 등으로 **부하직원들을 위하여 소비하였을 뿐 자신의 사리를 취한 바 없다 하더라도 그 뇌물성이 부인되지 않는다.** (대법원 83도2050, 96도865)

② 검사가 직무와 관련하여 피고인들로부터 장래 시가앙등이 예상되는 체비지의 지분을 낙찰원가에 매수한 것은 **투기적 사업에 참여할 기회를 제공받은 것**을 약속하고, 그 후에 이루어진 환매로 인하여 그들이 얻은 차액 상당의 경제적 이익을 수수한 것은 이를 포괄하여 특정범죄가중처벌등에관한법률 제2조 제1항 제1호(뇌물죄)로 봄이 상당하다. 그 기수시점은 투기적 사업의 참여기회를 제공받은 시점이다. (대법원 94도129)

③ 국회의원이 의정활동과 전체적·포괄적으로 대가관계가 있는 금원을 교부받았다면, 금원수수가 어느 직무행위와 대가관계에 있는 것인지 특정할 수 없더라도 국회의원의 직무에 관련된 것으로 보아야 한다. (대법원 97도2609) = 개개의 직무행위와 대가관계가 있어야 하는 것이 아니라 포괄적으로도 가능하다.

④ 음주운전을 적발하여 단속에 관련된 제반 서류를 작성한 후 운전면허 취소업무를 담당하는 직원에게 이를 인계하는 업무를 담당하는 경찰관이 **피단속자로부터 운전면허가 취소되지 않도록 하여 달라는 청탁을 받고 금원을 교부받은 경우, 뇌물수수가 성립**한다. (대법원 99도2530)

⑤ 공무원의 직무와 관련하여 금품을 수수하였다면 비록 사교적 의례의 형식을 빌어 금품을 주고 받았더라도 그 수수물품은 뇌물이 된다. (대법원 99도4940, 2010도1082)

⑥ 지방의회의 의장선거에서 투표권을 가지고 있는 군의원들이 의장선거와 관련하여 금품 등을 수수한 경우 이는 군의원으로서의 직무와 관련된 것이라 할 것이므로 뇌물죄가 성립한다. (대법원 2000도2251)

⑦ 재개발주택조합 조합장이 재직 중 고소하거나 고소당한 사건의 수사 담당 경찰관에게 액수 미상의 프리미엄이 예상되는 조합아파트 1세대를 분양해 준 경우, 프리미엄 금액이 불확실하더라도 분양계약 자체가 이익의 성질이 인정된다. (대법원 2002도3539) = 투기적 사업 참여기회를 제공받은 경우

⑧ 경찰관이 재건축조합 직무대행자에 대한 진정사건을 수사하면서 진정인 측의 재건축 설계업체로 선정되기를 희망하던 건축사사무소 대표로부터 금원을 수수한 사안에서, 금원의 수수와 경찰공무원의 직무인 진정사건 수사와의 관련성을 배척할 수 없다. (대법원 2005도4204)

⑨ 자동차를 뇌물로 공여한 경우 자동차등록원부에 뇌물수수자가 그 소유자로 등록되지 않았다고 하더라도 자동차의 사실상 소유자로서 자동차에 대한 실질적인 사용 및 처분권한이 있다면 자동차 자체를 뇌물로 취득한 것으로 보아야 한다. (대법원 2006도1716)

⑩ 국회의원이 대한치과의사협회로부터 요청받은 자료를 제공하고 그 대가로서 후원금 명목으로 금원 1,000만원을 교부받은 경우에는 직무관련성이 인정되어 뇌물수수죄가 성립한다. (대법원 2008도8852)

⑪ 구청공무원이 유흥주점 업주에게 "세금이나 영업허가상 문제가 생기면 다른 담당공무원에게 부탁하여 도움을 주겠다"면서 1000만원을 요구했다면, 알선뇌물요구죄가 된다. (대법원 2009도3924)
⑫ 임용될 당시 공무원법상 **임용결격자에 해당하여 임용행위는 무효였지만** 그 후 공무원으로 계속 근무하면서 직무에 관하여 **뇌물을 수수한 경우**에 수뢰죄가 성립한다. (대법원 2013도11357)
⑬ 「도시 및 주거환경정비법」상 **정비사업조합의 임원이 조합 임원의 지위를 상실하거나 직무수행권을 상실한 후에도 조합 임원으로 등기되어 있는 상태**에서 계속하여 실질적으로 조합 임원으로서 직무를 수행하여 온 경우, 그 조합 임원을 같은 법 제84조에 따라 형법상 뇌물죄의 적용에서 '공무원'으로 보아야 한다. (대법원 2015도15798)
⑭ 공무원이 어촌계장에게 선물을 받을 명단을 보내 자신의 이름으로 새우젓을 택배로 발송하게 하고, 그 대금을 지급하지 않는 방법으로 직무에 관하여 뇌물을 받은 경우에는 공여자와 수뢰자 사이에 직접 금품이 수수되지 않았더라도 뇌물공여죄 및 뇌물수수죄가 성립한다. (대법원 2017도12389) = 제3자뇌물수수죄×
⑮ 공무원이 뇌물공여자로 하여금 공무원과 뇌물수수죄의 공동정범 관계에 있는 비공무원에게 뇌물을 공여하게 하여 비공무원이 뇌물을 받은 경우 비공무원은 공무원과 함께 뇌물수수죄의 공동정범이 성립하고 제3자뇌물수수죄는 성립하지 않는다. 즉 **비공무원이 공무원과 공동가공의 의사와 이를 기초로 한 기능적 행위지배를 통하여 공무원의 직무에 관하여 뇌물을 수수한 경우, 공무원과 비공무원에게 뇌물수수죄의 공동정범이 성립한다.** 이 경우 금품이나 이익 전부에 관하여 뇌물수수죄의 공동정범이 성립한 이후 뇌물이 실제로 공동정범인 공무원 또는 비공무원 중 누구에게 귀속되었는지가 이미 성립한 뇌물수수죄에 영향을 미치지 아니한다. (대법원 2018도2738)

> **관련판례** **뇌물죄 부정**
>
> ① 문교부 편수국 공무원인 피고인들이 교과서의 내용검토 및 개편 수정작업을 의뢰받고 그에 소요되는 비용을 받은 경우, 뇌물죄의 직무관련성이 인정되지 않는다. (대법원 78도296)
> ② 형사피고사건의 공판참여주사는 공판에 참여하여 양형에 관한 사항의 심리내용을 공판조서에 기재하지만 형사사건의 양형은 참여주사의 직무와 밀접한 관계가 있는 사무로 볼 수 없으므로, 참여주사가 형량을 감경케하여 달라는 청탁과 함께 금품을 수수한 경우라도 뇌물수수죄의 주체가 되지 아니한다. 즉 뇌물수수죄가 성립하지 않는다. (대법원 80도1373)
> ③ 경찰청 정보과에 근무하는 甲이 乙로부터 그가 경영하는 회사가 외국인산업연수생에 대한 국내관리업체로 선정되도록 중소기업협동조합중앙회 회장인 丙에게 힘써 달라는 부탁을 받고 각종 향응을 받은 경우, 직무관련성이 없어 뇌물수수죄가 성립하지 않는다. (대법원 99도275)
> ④ 국립대학교 부설 연구소가 국가와는 별개의 지위에서 연구소라는 단체의 명의로 체결한 어업피해조사용역계약상의 과업 내용에 의하여 국립대학교 교수가 위 연구소 소속 연구원으로서 수행하는 조사용역업무는 교육공무원의 직무 또는 그와 밀접한 관계가 있거나 그와 관련된 행위에 해당한다고 볼 수 없다. (대법원 2001도670)
> ⑤ **수의계약을 체결하는 공무원이 해당 공사업자와 적정한 금액 이상으로 계약 금액을 부풀려서 계약하고 부풀린 금액을 자신이 되돌려 받기로 사전에 약정한 다음 그에 따라 수수한 돈은 성격상 뇌물이 아니고 횡령금에 해당한다.** 즉 국고횡령죄만 성립한다. (대법원 2005도7112)
> ⑥ 대통령비서실 정책실장이 기업관계자들에게 기업 메세나(Mecenat) 활동의 일환인 미술관 전시회 후원을 요청하여 기업관계자들이 후원한 경우, 판례는 막연히 선처하여 줄 것을 기대하는 수준, 직무집행과 무관한 다른 동기에서 제3자에게 금품을 공여한 경우라면 부정한 청탁이 있다고 보기 어렵다. (대법원 2008도6950)
> ⑦ 구 해양수산부 소속 공무원인 피고인이 甲 해운회사의 대표이사 등에게서 중국의 선박운항허가 담당부서가 관장하는 중국 국적선사의 선박에 대한 운항허가를 받을 수 있도록 노력해 달라는 부탁을 받고 돈을 받은 경우, 직무관련성이 없어 뇌물수수죄가 성립하지 않는다. (대법원 2009도2453)
> ⑧ 집행관사무소 사무원은 소속지방법원장의 허가를 받아 대표집행관이 채용하는 자로서, 법원직 공무원에 준하여 보수를 지급받는 한편, 복무와 제척사유 등 집행관 관련 법령규정이 준용된다는 점에서 공무원으로 취급되는 집행관의 지위와 비슷한 면이 있기는 하지만, 지방법원에 소속되어 법률이 정하는 바에 따라 재판의 집행, 서류의 송달 등 사무에 종사하는 집행관과 달리 그에 의해 채용되어 업무를 보조하는 자에 불과하므로, 뇌물죄나 변호사법에 적용을 받는 공무원으로 보기 어렵다. (대법원 2010도14394)

Section 03 공무방해에 대한 죄

I 서설

1 조문 체계

범죄	조문	구성요건	미수	예비
공무집행방해	제136조 제1항	직무를 집행하는 공무원에 대하여 폭행 또는 협박을 한 경우	×	×
직무·사직강요	제136조 제2항	공무원에 대하여 그 직무상의 행위를 강요 또는 저지하거나 그 직을 사퇴하게 할 목적으로 폭행 또는 협박한 경우	×	×
위계에 의한 공무집행방해	제137조	위계로써 공무원의 직무집행을 방해한 경우	×	×
법정·국회 회의장 모욕	제138조	법원의 재판 또는 국회의 심의를 방해 또는 위협할 목적으로 법정이나 국회회의장 또는 그 부근에서 모욕 또는 소동을 한 경우	×	×
인권옹호 직무방해	제139조	경찰의 직무를 행하는 자 또는 이를 보조하는 자가 인권옹호에 관한 검사의 직무집행을 방해하거나 그 명령을 준수하지 아니한 경우	×	×
공무상 비밀표시 무효	제140조 제1항	공무원이 그 직무에 관하여 실시한 봉인 또는 압류 기타 강제처분의 표시를 손상 또는 은닉하거나 기타 방법으로 그 효용을 해한 경우	○	×
공무상 비밀침해	제140조 제2항, 제3항	1항: 공무원이 그 직무에 관하여 봉함 기타 비밀장치한 문서 또는 도화를 개봉한 경우 2항: 공무원이 그 직무에 관하여 봉함 기타 비밀장치한 문서·도화 또는 전자기록 등 특수매체기록을 기술적 수단을 이용하여 그 내용을 알아낸 경우	○	×
부동산 강제집행 효용침해	제140조의2	강제집행으로 명도 또는 인도된 부동산에 침입하거나 기타 방법으로 강제집행의 효용을 해한 경우	○	×
공용서류 등 무효	제141조 제1항	공무소에서 사용하는 서류 기타 물건 또는 전자기록 등 특수 매체기록을 손상 또는 은닉하거나 기타 방법으로 그 효용을 해한 경우	○	×
공용물 파괴	제141조 제2항	공무소에서 사용하는 건조물·선박·기차 또는 항공기를 파괴한 경우	○	×
공무상 보관물 무효	제142조	공무소로부터 보관명령을 받거나 공무소의 명령으로 타인이 관리하는 자기의 물건을 손상 또는 은닉하거나 기타 방법으로 그 효용을 해한 경우	○	×
특수공무방해	제144조 제1항	단체 또는 다중의 위력을 보이거나 위험한 물건을 휴대하여 공무집행방해죄, 직무·사직강요죄, 법정·국회회의장모욕죄, 공무상비밀표시무효죄, 공용서류등 무효죄·공용물파괴죄, 공무상 보관물무효죄 및 그 미수죄를 범한 경우	×	×
특수공무방해치상	제144조 제2항	특수공무방해를 범하여 공무원을 상해에 이르게 한 경우	×	×
특수공무방해치사	제144조 제2항	특수공무방해를 범하여 공무원을 사망에 이르게 한 경우	×	×

2 의의 및 보호법익

① 공무방해에 관한 죄란 국가 또는 공공기관의 공권력행사를 방해하는 것을 내용으로 하는 범죄이다.

② 보호법익은 국가권력기능이고, 구체적으로 공무집행방해죄는 공무 그 자체를 객체로 삼고 있다. 보호정도는 추상적 위험범이다.

③ 공무상 비밀표시무효, 공무상 비밀침해, 부동산강제집행효용침해, 공용서류 무효, 공용물 파괴, 공무상 보관물 무효죄는 미수 처벌규정이 있고, **위력에 의한 공무집행방해, 위계에 의한 공무집행방해**, 직무사직강요, 법정·국회회의장 모욕, 인권옹호직무방해, 특수공무방해, 특수공무방해치상·치사죄는 **미수 처벌규정이 없다.**

II (위력에 의한) 공무집행방해죄

> **형법**
> **제136조【공무집행방해】** ① 직무를 집행하는 공무원에 대하여 폭행 또는 협박한 자는 5년 이하의 징역 또는 1천만원 이하의 벌금에 처한다.

1 의의

본죄는 직무를 집행하는 공무원에 대하여 폭행 또는 협박함으로써 성립하는 범죄이다.

2 객관적 구성요건

(1) 주체

본죄의 주체에는 제한이 없다. 반드시 공무집행의 상대방임을 요하지 않으며, 제3자라도 무방하다. 그리고 공무원도 본죄를 범할 수 있다.

(2) 객체

1) 공무원

① 직무를 집행하는 공무원이다. 여기서 공무원이란 법령에 의하여 국가 또는 공공단체의 공무에 종사하는 자를 말한다.

② **우리나라의 공무원만** 해당한다. 외국의 공무원은 제외된다.

③ 법령에 의하여 공무에 종사하는 직원을 말하고, 원칙적으로 국가공무원법·지방공무원법상의 공무원과 특별법상의 공무원을 포함하며, 그 공무에 종사하게 된 원인은 임명, 촉탁, 선거 등의 방법에 의한 것임을 묻지 아니한다. **청원경찰관, 방범대원도 공무원에 속하는 것으로 판례는 보았다.**

관련판례

① 방범대원의 근무명령은 파출소장이 한다는 내무부예규가 있다 하더라도 방범대원이 주민의 자치적 방범활동을 위하여 갹출한 비용으로 구성된 방범위원회에서 위촉되고, 보수를 받는 사람인 이상 주민의 자치적 방범활동의 대행자일지언정 경찰관의 범인검거를 위한 공무집행의 보조자라고는 볼 수 없고 그 법령상의 근거도 없으므로 범인을 추격 중인 방범대원에게 협박을 가하였다 하더라도 공무집행방해죄가 성립하지 아니한다. (대법원 82도794)

② 피고인이 국민기초생활 보장법상 '자활근로자'로 선정되어 주민자치센터 사회복지담당 공무원의 복지도우미로 근무하던 甲을 협박하여 그 직무집행을 방해하였다는 내용으로 기소된 사안에서, 甲이 공무원으로서 공무를 담당하고 있었다고 볼 수 없다. 따라서 해당 직무집행을 방해한 행위는 공무집행방해죄가 성립하지 아니한다. (대법원 2010도14484)

③ **국민권익위원회 위원장과 근로계약을 체결한 기간제근로자**로서 청사 안전관리 및 민원인 안내 등의 사무를 담당한 것에 불과한 자는 법령의 근거에 기하여 국가 등의 사무에 종사하는 **형법상 공무원이라고 보기 어렵다.** (대법원 2015도3430)

2) 직무집행 중일 것

① 공무집행방해죄에서 직무란 공무원 권한 범위 내의 공무로서 권력적 작용임을 요하지 아니하고 대외적 사무 뿐만 아니라 대내적 사무도 포함한다고 본다.

② 공무집행방해죄는 직무집행 중인 공무원에 대한 범죄이다. '직무를 집행하는'이란 공무원이 직무수행에 직접 필요한 행위를 현실적으로 행하고 있는 때만을 가리키는 것이 아니라 **직무수행을 위하여 근무 중인 상태에 있는 공무원에 대한 폭행도 공무집행방해죄를 구성한다.** (대법원 99도383, 2000도3485) 예를 들어, 노동조합관계자들과 사용자측 사이의 다툼을 수습하려 하였으나 노동조합측이 지시에 따르지 않자 경비실 밖으로 나와 회사의 노사분규 동향을 파악하거나 파악하기 위해 대기 또는 준비 중이던 근로감독관을 폭행한 행위는 공무집행방해죄를 구성한다. (대법원 2000도3485)

③ 직무집행 중의 개념에는 직무집행에 착수하기 직전의 준비행위나 직무집행의 대기, 일시 휴식도 포함한다. 다만, 직무집행을 위해 **출근하는 것은 직무집행에 해당하지 않는다**는 것이 판례의 입장이다.

3) 직무집행의 적법성

(가) **필요성 인정**(통설, 판례)

공무집행방해죄는 공무원의 직무집행이 적법한 경우에 한하여 성립한다. (대법원 99도4341, 2011도3682) 즉 형식적으로 공무집행의 주체, 형식, 절차에 관한 법적 요건을 갖춘 경우라면, 공무집행방해죄의 객체인 적법한 직무집행행위로 본다. 따라서 불법한 공무집행에 대한 저항행위(폭행·협박등)는 공무집행방해죄를 구성하지 않고 그 과정에서 발생한 상해는 정당방위로서 위법성이 조각된다.

(나) **적법성의 판단기준**

공무원 표준설(주관설), 일반인 표준설, 절충설도 있으나 법관 표준설(객관설)이 통설이다. 따라서 법원이 업무집행행위시를 기준으로 객관적으로 판단한다 할 것이다.

4) 직무집행의 적법성의 체계적 지위

(가) 직무집행의 적법성에 대한 체계적 지위는 구성요건요소설, 위법성요소설, 객관적 처벌조건설 등이 대립한다. 판례는 구성요건요소설의 입장이다. 따라서 위법한 공무집행에 대항한 경우 공무집행방해죄는 구성요건해당성조각사유가 되고 상해죄는 정당방위 또는 정당행위로 평가되어 위법성조각사유가 된다.

(나) 직무집행의 적법성의 착오

방해행위자가 직무집행이 적법함에도 불구하고 위법하다고 오신하고 직무집행을 방해한 경우 고의가 조각되는가의 문제이다. 적법한 직무행위를 방해한 경우에만 공무집행방해죄가 성립되는바 직무집행의 적법성은 구성요건요소로 보아야 한다.(구성요건요소설) 따라서 구성요건 착오가 된다.

> **관련판례**
>
> 공무집행방해죄는 공무원의 적법한 공무집행이 전제로 된다 할 것이고, 그 공무집행이 적법하기 위하여는 그 행위가 당해 공무원의 **추상적 직무 권한**에 속할 뿐 아니라 **구체적으로도 그 권한 내**에 있어야 하며 또한 직무행위로서의 **중요한 방식을 갖추어야** 한다고 할 것이며, **추상적인 권한에 속하는 공무원의 어떠한 공무집행이 적법한지 여부는 행위당시의 구체적 상황에 기하여 객관적 합리적으로 판단**하여야 하고 **사후적으로 순수한 객관적 기준에서 판단할 것은 아니라고 할 것이다.** (대법원 91도453, 2011도4763)

(다) 적법성요건

① **추상적 직무권한**

직무집행행위가 당해 공무원의 추상적·일반적 직무권한에 속하여야 한다.

② **구체적 직무권한**

직무집행행위가 법률에 규정된 당해 공무원의 구체적 직무권한에 속해야 한다. 현행범 체포에서는 형사소송법 제211조의 요건을 구비해야 하고 임의동행에 있어서는 경찰관직무집행법 제3조 제2항의 요건을 구배해야 적법한 직무이다. 따라서 요건을 구비한 경찰관의 직무에 폭행을 한 경우 공무집행방해죄가 성립한다. (대법원 70도1391)

③ **절차·방식 준수**

직무집행행위는 법령이 정하는 절차와 방식에 따른 것이어야 한다.

④ **적법성의 판단기준**

㉠ 공무집행방해죄는 공무원의 직무집행이 적법한 경우에 한하여 성립하고, 여기서 적법한 공무집행이라고 함은 그 직무행위가 해당 공무원의 일반적(추상적) 권한에 속할 뿐만 아니라, 구체적으로도 그 권한 내에 있어야 한다. (대법원 91도453, 2000도3485)

㉡ 경찰관의 체포행위가 적법한 공무집행을 벗어나 불법하게 체포한 것으로 볼 수밖에 없다면, 피의자가 그 체포를 면하려고 반항하는 과정에서 경찰관에게 상해를 가한 경우, 공무집행방해죄 및 상해죄가 성립하지 아니한다. (대법원 2011도3682)

관련판례 적법한 공무집행으로서 공무집행방해죄 성립

① 경찰관이 공무를 집행하고 있는 파출소 사무실의 바닥에 인분이 들어있는 물통을 집어던지고 책상위에 있던 재떨이에 인분을 퍼담아 **사무실 바닥**에 던지는 행위는 동 경찰관에 대한 폭행으로서 공무집행방해죄가 성립된다. (대법원 81도326)

② 군 도시과 단속계 요원으로 근무하고 있는 청원경찰관이 허가 없이 창고를 주택으로 개축하는 것을 단속하는 것은 그의 정당한 공무집행에 속한다고 할 것이므로 이를 폭력으로 방해하는 소위는 공무집행방해죄에 해당된다. (대법원 85도2448, 85감도356)

③ 대학생들에 의하여 납치, 감금된 전경들을 구출하기 위하여 경찰이 압수수색영장 없이 대학교 도서관에 진입한 것이 적법한 공무집행에 해당한다. (대법원 90도767) = 불법감금을 제거하고 범인을 체포할 긴급한 필요가 있다고 보여지기 때문이다.

④ 경찰공무원이 자동차운전자에게 후렛쉬봉에 의한 3회에 걸친 음주측정 후에도 이를 확인할 수 없어 다시 음주측정기로 검사받을 것을 요구한 행위는 적법한 공무집행에 해당한다. (대법원 92도220)

⑤ 범칙행위를 하였다고 인정되는 운전자가 자신의 인적사항을 밝히지 아니하고 면허증제시를 거부하며 차량을 출발시킨 경우, 교통단속업무에 종사하던 의경이 서서히 진행하는 차량의 문을 잡고 정지할 것을 요구한 행위는 적법한 공무집행의 범위 안에 든다. (대법원 94도886)

⑥ 지방의회의 회의가 적법한 소집절차를 밟아 소집되었고 소집의 목적이 불법적이거나 사회질서에 반하는 것이 아닌 이상, 그 회의의 의결사항 중에 지방의회의 권한에 속하지 아니하는 사항이 포함되어 있었다 하더라도 지방의회 의원들이 그 회의에 참석하고 그 회의에서 의사진행을 하는 직무행위는 적법한 것이다. (대법원 98도662)

⑦ 불법주차 차량에 **불법주차 스티커를 붙였다가 이를 다시 떼어낸 직후**에 있는 주차단속 공무원을 폭행한 경우, 공무집행방해죄가 성립한다. (대법원 99도383)

⑧ **불법주차 단속권한이 없는 야간 당직 근무 중인 구청 소속 청원경찰**에게 불법주차 단속을 요구하였으나 그 청원경찰이 현장을 확인만 하고 주간 근무자에게 전달하여 단속하겠다고 했다는 이유로 민원인이 **청원경찰을 폭행한 경우, 공무집행방해죄가 성립한다.** (대법원 2008도9919) = 불법주차 단속업무는 야간 당직 근무자들의 업무이므로, 주간에 불법주차 단속권한이 없는 청원경찰도 야간에 당직을 서면서는 주차단속의 업무를 수행하는 지위에 있는 것이다.

⑨ 검문 중이던 경찰관들이 자전거를 이용한 **날치기 사건 범인과 흡사한 인상착의**의 피고인이 자전거를 타고 다가오는 것을 발견, **정지를 요구하였으나 멈추지 않아, 앞을 가로막고 소속과 성명을 고지**한 후 검문에 협조해 달라는 취지로 말하였음에도 불응하고 그대로 전진하자 따라가서 재차 앞을 막고 **검문에 응하라고 요구한 경우**, 공무집행방해죄가 성립한다. (대법원 2010도6203)

⑩ 구 도로교통법상 음주측정불응죄의 성립 요건 및 경찰관직무집행법 제4조에 따라 보호조치된 운전자에 대하여 음주측정을 요구하였다는 이유만으로 음주측정 요구가 당연히 위법하다거나 보호조치가 당연히 종료된 것으로 볼 수 없다. (대법원 2011도4328)

⑪ 경찰관이 도로를 순찰하던 중 **벌금 미납으로 수배된 피고인과 조우(遭遇)하여 형집행장을 소지하지 아니한 채 급속을 요하여** 그에게 형집행 사유와 더불어 형집행장이 발부되어 있는 사실을 고지하고 벌금 미납으로 인한 노역장 유치의 집행을 위해 **구인하려 하였는데, 피고인이 이에 저항하여 그 경찰관을 폭행**한 경우 공무집행방해죄가 성립한다. (대법원 2012도2349)

⑫ 공사현장 출입구 앞 도로 한복판을 점거하고 공사차량의 출입을 방해하던 피고인의 팔과 다리를 잡고 도로 밖으로 옮기려고 한 경찰관의 행위를 적법한 공무집행으로 보고 경찰관의 팔을 물어뜯은 피고인에 대한 공무집행방해 및 상해의 공소사실을 모두 유죄로 인정한다. (대법원 2013도643)

⑬ 피고인이 甲 시청 옆 **도로의 보도에서 철야농성을 위해 천막을 설치하던 중** 이를 제지하는 甲 시청 소속**공무원들을 폭행한 경우**, 도로관리권에 근거한 공무집행을 하는 공무원에 대하여 폭행을 가한 피고인의 행위는 공무집행방해죄를 구성한다. (대법원 2013도5356)

⑭ 피고인이 지구대 내에서 약 1시간 이상 경찰관에게 큰소리로 욕을 하고 의자에 드러눕거나 다른 사람들에게 시비를 걸고, **경찰관들이 피고인을 내보낸 뒤 문을 잠그자 다시 들어오기 위해 출입문을 계속해서 두드리는 등 소란을 피운 경우**, 공무원에 대한 간접적인 유형력의 행사로 볼 수 있어 공무집행방해죄가 성립할 수 있다. (대법원 2013도11050)

⑮ 경찰관이 신분증을 제시하지 않고 불심검문을 하였으나, 불심검문을 하게 된 경위, 불심검문 당시의 현장상황과 검문을 하는 경찰들의 복장, 피고인이 공무원증 제시나 신분 확인을 요구하였는지 여부 등을 종합적으로 고려하여, 검문하는 사람이 경찰관이고 검문하는 이유가 **범죄행위에 관한 것임을 피고인이 충분히 알고 있었다고 보이는 경우에는 신분증을 제시하지 않았다고 하여 그 불심검문이 위법한 공무집행이라고 할 수 없다.** (대법원 2014도7976)

⑯ 甲은 평소 집에서 심한 고성과 욕설 등으로 이웃 주민들로부터 수회에 걸쳐 112신고가 있어 왔던 사람인데, 한밤중에 甲의 집이 소란스러워 잠을 잘 이룰 수 없다는 112신고를 받고 출동한 경찰관들이 인터폰으로 문을 열어 달라고 하였으나 욕설을 하며 소란행위를 계속하였다. 이에 경찰관들이 피고인을 만나기 위해 **전기차단기를 내리자** 식칼을 들고 나와 욕설을 하며 경찰관들을 향해 찌를 듯이 협박한 사안에서, 경찰관들의 단전조치 등은 적법한 공무집행에 해당하므로 甲이 경찰의 112신고 업무 처리에 관한 직무집행을 방해하였다고 하여 특수공무집행방해죄가 성립한다고 볼 것이다. (대법원 2016도19417)

⑰ 경찰관들이 집시법상 질서유지선에 해당하지 아니한다고 하여 집회 또는 시위의 장소에 출입하거나 그 장소 안에 머무르는 경찰관들의 행위를 곧바로 위법하다고 할 것은 아니고, 집시법 제19조에 의한 출입에 해당하는 경우라면 적법한 공무집행으로 볼 수 있을 것이다. (대법원 2016도21311)

⑱ 음주운전 신고를 받고 출동한 경찰관이 만취한 상태로 시동이 걸린 차량 운전석에 앉아있는 피고인을 발견하고 음주측정을 위해 하차를 요구함으로써 도로교통법 제44조 제2항이 정한 음주측정에 관한 직무에 착수하였다고 할 것이고, 피고인이 차량을 운전하지 않았다고 다투자 경찰관이 지구대로 가서 차량 블랙박스를 확인하자고 한 것은 음주측정에 관한 직무 중 '운전' 여부 확인을 위한 임의동행 요구에 해당하고, 피고인이 차량에서 내리자마자 도주한 것을 임의동행 요구에 대한 거부로 보더라도, 경찰관이 음주측정에 관한 직무를 계속하기 위하여 피고인을 추격하여 도주를 제지한 것은 앞서 본 바와 같이 도로교통법상 음주측정에 관한 일련의 직무집행 과정에서 이루어진 행위로써 정당한 직무집행에 해당한다. (대법원 2020도7193)

⑲ 시청 청사 내 주민생활복지과 사무실에 술에 취한 상태로 찾아가 소란을 피우던 피고인을 소속 공무원 甲과 乙이 제지하며 밖으로 데리고 나가려 하자, 피고인이 甲과 乙의 멱살을 잡고 수회 흔든 다음 휴대전화를 휘둘러 甲의 뺨을 때림으로써 시청 공무원들의 주민생활복지에 대한 통합조사 및 민원 업무에 관한 정당한 직무집행을 방해하였다는 공소사실로 기소된 사안에서, 피고인의 행위는 시청 소속 공무원들의 적법한 직무집행을 방해한 행위에 해당하므로 공무집행방해죄를 구성한다. (대법원 2021도13883)

⑳ 112신고를 받고 출동한 경찰관이 피고인과 피해자의 분리조치를 취한 것은 구 가정폭력처벌법 제5조 제1호에 따른 응급조치로서 적법하고, 설령 이에 대해 피해자가 희망하지 않거나 동의하지 않는다는 의사를 표명하였더라도 달리 볼 수 없으므로 경찰관의 공무집행이 적법하고, 위 경찰관을 폭행한 행위는 공무집행방해죄를 구성한다. (대법원 2022도2076)

> **관련판례** 적법한 공무집행이 아니므로 공무집행방해죄 부정

① 수도검침원인 피해자가 수도검침차 피고인 집으로 가다가 피고인으로부터 폭행을 당한 경우, 피고인이 피해자가 공무원인 사실을 알았다거나 나아가 위 피해자가 폭행을 당할 당시 **공무집행중이었고 또는 공무집행중이라고 볼만한 근접한 행위가 있었다고 볼 수 없으므로** 공무집행방해죄를 구성하지 아니한다. (대법원 79도1201)

② 법정형이 긴급구속사유에 해당하지 않는 범죄혐의로 기소중지된 공소외인을 경찰관들이 검거하는 과정에서 임의동행을 거절하는 공소외인을 **강제로 연행**하려고 한 것이라면 이는 적법한 공무집행에 해당하지 아니하므로 강제적인 임의동행을 거부하는 방법으로서 경찰관을 폭행·협박을 하여도 공무집행방해죄는 성립하지 아니한다. (대법원 91도453)

③ 경찰관들이 현행범이나 준현행범도 아닌 피고인을 체포하려고(**법원의 영장도 없이**) 피고인의 집(주거)에 강제로 들어가려고 하여 피고인이 이를 제지하는 행위를 한 경우, 위 경찰관들의 행위는 적법한 공무집행이라 볼 수 없다. (대법원 91도2395)

④ 경찰관직무집행법상 정신착란자, 주취자, 자살기도자 등 응급의 구호를 요하는 자를 24시간을 초과하지 아니하는 범위내에서 경찰서에 보호조치할 수 있는 시설로 제한적으로 운영되는 경우를 제외하고는 **구속영장을 발부받음이 없이** 피의자를 보호실에 유치함은 영장주의에 위배되는 위법한 구금으로서 적법한 공무수행이라고 볼 수 없다. (대법원 93도958)

⑤ 음주측정을 거절하는 운전자를 음주측정할 목적으로 파출소로 **끌고 가려**한 행위를 적법한 공무집행으로 볼 수 없다. (대법원 94도2283)

⑥ 피의자를 구속영장 없이 현행범으로 체포하기 위하여는 체포 당시에 피의자에 대하여 **범죄사실의 요지, 체포의 이유**와 변호인을 선임할 수 있음을 말하고 **변명할 기회**를 준 후가 아니면 체포할 수 없고, 이 같은 **절차를 밟지 아니한 채** 실력으로 연행하려 하였다면 적법한 공무집행으로 볼 수 없다. (대법원 94도3016)

⑦ 사법경찰관 등이 피의자에 대한 구속영장을 소지하였다 하더라도 피의자를 체포하기 위하여는 체포 당시에 피의자에 대한 범죄사실의 요지, 구속의 이유와 변호인을 선임할 수 있음을 말하고 변명할 기회를 준 후가 아니면 체포할 수 없고, 이와 같은 절차를 밟지 아니한 채 실력으로 연행하려 하였다면 적법한 공무집행으로 볼 수 없다. (대법원 96도2673)

⑧ 경찰관이 적법절차를 준수하지 아니한 채 실력으로 현행범인을 연행하려고 하였다면 적법한 공무집행이라고 할 수 없고, 현행범인이 그 경찰관에 대하여 이를 거부하는 방법으로써 폭행을 하였다고 하여 공무집행방해죄가 성립하는 것은 아니다. (대법원 99도4341)

⑨ 교통경찰관이 교통단속 업무를 수행함에 있어 피고인이 신호위반을 하였다고 하더라도 범칙금납부통고서를 받지 않겠다는 의사를 분명히 밝힌 이상, 피고인에 대하여 지체없이 즉결심판 출석통지서를 교부 또는 발송하고 즉결심판청구서를 작성하여 관할 법원에 제출하는 등 즉결심판청구의 절차로 나아가야 함에도, 이러한 절차를 밟지 아니한 채 범칙금납부 통고처분을 강행할 목적으로 무리하게 운전면허증을 제시할 것을 계속 요구한 것은 적법한 교통단속 업무라고 할 수 없으며, 이와 같이 **적법성이 결여**된 직무행위를 하는 교통경찰관에 대항하여 피고인이 폭행을 가하였다고 하더라도 이를 공무집행방해죄에 해당하지 않는다. (대법원 2003도8336)

⑩ 경찰관들이 주류 판매여부를 확인하기 위하여 노래연습장을 검색하는 행위는 법관이 발부한 영장 없이는 노래연습장 업주의 의사에 반하여 이를 할 수 없다고 할 것인데, 위 경찰관들은 피고인의 의사에 반함에도 불구하고 **영장 없이** 이를 행하였음이 기록상 분명하므로, 적법한 직무집행으로 볼 수 없고, 따라서 피고인이 이를 방해하였다고 하더라도 공무집행방해죄를 구성하지 아니한다. (대법원 2004도4731)

⑪ 검사 甲이 참고인 조사를 받는 줄 알고 검찰청에 **자진출석한 변호사사무실 사무장**을 합리적 근거 없이 실력으로서 **긴급체포 하려고 하자** 그의 변호사 乙이 이를 제지하는 과정에서 甲에게 상해를 가하였다. 이 경우 乙에게 공무집행방해죄는 성립하지 않는다. (대법원 2006도148)

⑫ 피고인 甲은 「출입국 관리법」위반으로 **미란다 고지를 받지 못한 채** 경찰관 A와 B에게 현행범으로 체포되어 甲의 차로 이동하던 중 뒷좌석 유리창을 내리고 도주하려고 하였고, 이에 경찰관 A가 수갑을 채우면서 제지하려고 하자 주먹으로 A의 얼굴을 때려 찰과상을 입혔다면, 경찰관의 행위는 적법한 공무집행이 아니므로 甲의 폭행행위는 공무집행방해죄를 구성하지 아니한다. (대법원 2006도2732)

⑬ 경찰관 甲이 음주운전을 종료한 후 **40분 이상이 경과**한 시점에서 길가에 앉아 있던 운전자를 술냄새가 난다는 점만을 근거로 음주운전의 현행범으로 체포한 것은 적법한 공무집행으로 볼 수 없다. (대법원 2007도1249)

⑭ 위법한 집회·시위가 장차 특정지역에서 개최될 것이 예상된다고 하더라도, 이와 **시간적·장소적으로 근접하지 않은 다른 지역에서 그 집회·시위에 참가하기 위하여 출발 또는 이동하는 행위를 함부로 제지**하는 것은 공무집행방해죄의 보호대상이 되는 공무원의 적법한 직무집행이 아니다. (대법원 2007도9794) = 농촌지도자인 甲은 서울에서 열리는 불법집회인 농민대회에 참석하기 위해 고속버스를 타려고 하자 경찰관이 이를 제지하므로 이에 항의하는 과정에서 경찰관을 밀치는 등의 행위를 한 경우이다.

⑮ **출입국관리공무원이** 관리자의 사전 동의 없이 사업장에 진입하여 불법체류자 단속업무를 개시한 경우, **공무집행행위의 적법성이 부인되어 공무집행방해죄가 성립하지 않는다.** (대법원 2008도7156)

⑯ 경찰관이 벌금형에 따르는 노역장 유치의 집행을 위하여 형집행장을 소지하지 아니한 채 피고인을 체포·구인하려고 하자 피고인이 이를 거부하면서 경찰관을 폭행한 경우, 공무집행방해죄는 성립하지 아니한다. (대법원 2010도8591)

⑰ 甲 정당 당직자인 피고인들 등이 국회 외교통상 상임위원회 회의장 출입문 앞에 배치되어 출입을 막고 있던 **국회 경위들을 밀어내기 위해 경위들의 옷을 잡아당기거나 밀치는 등의 행위를 한 경우,** 피고인들의 행위는 **적법성이 결여된 직무행위**를 하는 공무원에게 대항하여 한 것에 지나지 아니하여 공무집행방해죄가 성립하지 않는다. (대법원 2010도13609) = 외교통상상임위 위원장이 외통위 위원들의 회의장 출입을 막은 결정은 질서유지권 행사의 한계를 벗어난 위법한 조치이고, 국회 경위들이 출입을 봉쇄한 행위는 보조행위에 불과하다. 이때 피고인들(보좌관)이 외통위 위원들을 회의장으로 들여보내기 위해 그들과 함께 국회 경위들을 밀어내는 과정에서 경위들의 옷을 잡아당기는 등의 행위를 하였더라도 위법한 공무집행에 대한 대응으로 이 정도는 공무집행방해죄가 아니다.

⑱ B가 A를 조사거실에 **강제로 수용**하려고 한 행위는 형집행법상의 조사거실 수용에 관한 요건을 갖추지 못하여 적법한 직무집행으로 볼 수 없고, 그 수용을 위하여 검신을 요구한 행위 역시 위법한 직무집행을 전제로 한 것으로서 적법한 직무집행으로 볼 수 없다. 결국 A를 조사거실에 강제로 수용하려고 한 행위 및 그 수용을 위하여 검신을 요구한 행위라는 B의 **위법한 직무집행에 저항하는 과정에서 이루어진 A의 B에 대한 폭행은 공무집행방해죄에 해당하지 않는다.** (대법원 2013도1198)

⑲ 쌍용자동차 공장을 점거·농성 중이던 조합원 6명이 공장 밖으로 나오자, 전투경찰대원들이 '고착관리'라는 명목으로 조합원을 방패로 에워싸 이동하지 못하게 한 것은 형사소송법상 체포에 해당함에도, 전투경찰대원들이 **체포 후 30~40분이 지난 후 피고인 등의 항의를 받고 나서야 비로소 체포의 이유 등을 고지한 것은 적법한 공무집행이라고 볼 수 없으므로** 피고인이 전투경찰대원들의 방패를 손으로 잡아당기거나 전투경찰대원들을 발로 차고 몸으로 밀었다고 하더라도 공무집행방해죄는 성립하지 아니한다. (대법원 2013도2168) - 경찰관이 적법절차를 준수하지 않은 채 실력으로 현행범인을 연행하려 하였다면 공무집행방해죄에서 말하는 적법한 공무집행이라고 할 수 없다. 만일 달아나는 피의자를 쫓아가 붙들거나 폭력으로 대항하는 피의자를 실력으로 제압하는 경우에 적법한 현행범인 체포라고 하려면, 피의자를 붙들거나 제압하는 과정에서 피의사실의 요지 등을 고지하거나, 그것이 여의치 않은 경우에는 일단 붙들거나 제압한 후에 지체 없이 고지하여야 한다.

3 실행행위

(1) 폭행·협박의 정도

① 여기서의 공무원에 대한 폭행·협박은 **광의의 폭행, 협박 개념(간접적 유형력 포함)**이다. 즉 **공무집행방해죄에서 폭행이나 협박의 범위는 폭행죄의 폭행보다 넓게 인정된다.** (대법원 98도662, 2010도15986)

② 공무집행방해죄는 직무를 집행하는 공무원에 대하여 폭행 또는 협박한 경우에 성립하는 범죄로서 여기서의 폭행은 **반드시 신체에 대한 것임을 요하지 아니한다.** (대법원 2017도21537)

③ 그러나 폭행, 협박에 이르지 않는 정도의 위력으로 공무원이 직무상 수행하는 공무를 방해한 경우 공무집행방해죄는 물론 업무방해죄로도 처벌할 수 없다. (대법원 2009도4166) 따라서 연행하려는 경찰관의 손을 뿌리치는 수준의 소극적 거동이나 불복종은 공무집행방해로 보기 어려우며, 직무를 집행하는 공무원에게 해악을 고지하였더라도 상대방이 전혀 개의치 않을 정도의 경미한 것인 때에는 공무집행방해죄를 구성하는 협박에 해당되지 않는다. (대법원 2005도4799)

(2) 기수시기

① **추상적 위험범으로서 직무집행의 방해라는 결과발생을 필요로 하지 않는다.** (대법원 2017도21537)

② 공무원에 대한 폭행·협박행위가 있으면 즉시 기수가 된다. 공무의 현실적 방해결과는 요하지 않으며 미수범 처벌규정이 없다.

> **관련판례**
>
> ① 경찰관의 임의동행 요구에 이를 거절하고 자신의 방으로 피하여 문을 잠그고 면도칼로 가슴을 그어 피를 내어 죽어버리겠다고 한 경우 공무집행방해죄에 해당하지 않는다. (대법원 75도3779) = 경찰관에 대한 유형력의 행사나 해악의 고지표시가 되는 폭행 또는 협박으로 볼 수 없다.
>
> ② 차량을 일단 정차한 다음 경찰관의 운전면허증 제시요구에 불응하고 다시 출발하는 과정에서 경찰관이 잡고 있던 운전석 쪽의 열린 유리창 윗부분을 놓지 않은 채 어느 정도 진행하다가 차량속도가 빨라지자 더 이상 따라가지 못하고 손을 놓아버렸다면 이러한 사실만으로는 피고인의 행위가 공무집행방해죄에 있어서의 폭행에 해당한다고 할 수 없다. (대법원 96도281)
>
> ③ 공무원의 직무수행에 대한 비판이나 시정 등을 요구하는 집회·시위 과정에서 일시적으로 상당한 소음이 발생하였다는 사정만으로는 이를 공무집행방해죄에서의 음향으로 인한 폭행이 있었다고 할 수는 없으나 의사전달수단으로서 합리적 범위를 넘어서 상대방에게 고통을 줄 의도로 **음향**을 이용하였다면 이를 폭행으로 인정할 수 있다. (대법원 2007도3584) = 시장상인 甲은 부당한 단속에 항의하기 위해 시청건물 마당에서 확성기를 매우 크게 틀어놓고 1인 시위를 함으로써 공무원들이 직무를 행할 수 없을 정도의 고통을 가한 경우 이를 폭행으로 인정할 수 있다.
>
> ④ 지역사회에 상당한 영향력을 행사할 수 있는 수산업협동조합 조합장인 피고인이 수사 중인 해양경찰서 소속 경찰공무원에게 전화를 걸어 해양경찰청 고위간부들과의 친분관계를 이용하여 인사상 불이익을 가하겠다는 **폭언**한 경우, 공무집행방해죄가 성립한다. (대법원 2010도15986) = 위력적 협박에 해당한다.
>
> ⑤ 폭력행위 등 전과 12범인 피고인이 그 경영의 술집에서 떠들며 놀다가 주민의 신고를 받고 출동한 경찰로부터 조용히 하라는 주의를 받은 것 뿐인데 그후 새벽 4시의 이른 시각에 파출소에까지 뒤쫓아가서 "우리 집에 무슨 감정이 있느냐, 이 순사새끼들 죽고 싶으냐"는 등의 폭언을 하였다면, 이는 단순한 불만의 표시나 감정적인 욕설에 그친다고 볼수 없고, 경찰이 계속하여 단속하는 경우에 생명, 신체에 어떤 위해가 가해지리라는 것을 통보함으로써 공포심을 품게 하려는데 그 목적이 있었다고 할 것이고, 또 이는 객관적으로 보아 상대방으로 하여금 공포심을 느끼게 하기에 족하다. (대법원 89도1204)

⑥ 피고인이 갑과 주차문제로 언쟁을 벌이던 중, 112 신고를 받고 출동한 경찰관 을이 갑을 때리려는 피고인을 제지하자 자신만 제지를 당한 데 화가 나서 손으로 을의 가슴을 밀치고, 피고인을 현행범으로 체포하며 순찰차 뒷좌석에 태우려고 하는 을의 정강이 부분을 양발로 걷어차는 등 폭행함으로써 경찰관의 112 신고처리에 관한 직무집행을 방해하였다는 내용으로 기소된 사안에서 공무원에 대한 유형력의 행사로서 공무집행방해죄에서 정한 폭행에 해당한다. (대법원 2017도21537)

4 주관적 구성요건: 고의

① 상대방이 직무를 집행하는 공무원이라는 사실, 그리고 이에 대하여 폭행 또는 협박을 한다는 사실을 인식하는 것을 그 내용으로 하고, 그 인식은 불확정적인 것이라도 소위 미필적 고의가 있다고 보아야 한다. (대법원 94도1949)

② 구체적인 공무원의 직무내용까지 알 필요는 없다.

③ (위력에 의한) 공무집행방해죄(제136조 제1항)의 범의는 직무를 집행하는 공무원을 상대로 그 직무집행을 방해한다는 의사를 필요로 하지 않는다. (대법원 94도1949)

5 죄수

① 죄수판단에 있어 통설은 공무의 수로 결정하고, 판례는 공무원의 수로 결정한다. 따라서 범죄 피해 신고를 받고 출동한 두 명의 경찰관에게 욕설을 하면서 차례로 폭행을 하여 신고처리 및 수사업무에 관한 정당한 직무집행을 방해한 경우 두 개의 공무집행방해죄는 상상적 경합의 관계에 있다. (포괄일죄 ×, 실체적 경합 ×) (대법원 2009도3505)

② 폭행죄·협박죄와 관계: 본죄와 폭행죄 또는 협박죄는 법조경합의 관계이므로, 본죄가 성립하는 때에는 폭행죄나 협박죄는 흡수된다.

③ 상해죄·살인죄와 관계: 폭행·협박이 아닌 상해나 살인을 하는 경우에는 본죄와 상해죄·살인죄는 상상적 경합의 관계가 된다.

④ 업무방해죄와 관계: 형법이 업무방해죄와는 별도로 공무집행방해죄를 규정하고 있는 것은 사적 업무와 공무를 구별하여 공무에 관해서는 공무원에 대한 폭행, 협박 또는 위계의 방법으로 그 집행을 방해하는 경우에 한하여 처벌하겠다는 취지라고 보아야 한다. 따라서 공무원이 직무상 수행하는 공무를 방해하는 행위에 대해서는 업무방해죄로 의율 할 수는 없다. 지방경찰청 민원실에서 민원인들이 진정사건의 처리와 관련하여 지방경찰청장과의 면담 등을 요구하면서 이를 제지하는 경찰관들에게 큰소리로 욕설을 하고 행패를 부린 행위에 대하여, 경찰관들의 수사 관련 업무를 방해한 것이라는 이유로 업무방해죄가 성립한다고 본 원심판결은 위법하다. 또한 이때 폭행, 협박에 이르지 않는 정도의 위력으로 공무원이 직무상 수행하는 공무를 방해한 경우, 공무집행방해죄는 물론 업무방해죄로도 처벌할 수 없다. (대법원 2009도4166)

⑤ 공사현장 출입구 앞 도로 한복판을 점거하고 공사차량의 출입을 방해하던 甲의 팔과 다리를 잡고 도로 밖으로 옮기려고 한 경찰관의 적법한 공무집행에 대해, 甲이 경찰관의 팔을 물어뜯어 상해를 입힌 경우 甲에게는 공무집행방해죄와 상해죄가 상상적 경합한다. (대법원 2013도643) = 특수공무방해치상죄로 보지 않음.

III 직무·사직강요죄

형법

제136조【공무집행방해】 ② 공무원에 대하여 그 직무상의 행위를 강요 또는 저지하거나 그 직을 사퇴하게 할 **목적으로** 폭행 또는 협박한 자도 전항의 형과 같다.

본죄는 장래의 공무집행을 보호하려는 차원이며 목적범이라는 점에서, 공무집행방해죄와 구별된다.

IV 위계에 의한 공무집행방해죄

형법

제137조【위계에 의한 공무집행방해】 위계로써 공무원의 직무집행을 방해한 자는 5년 이하의 징역 또는 1천만원 이하의 벌금에 처한다.

1 의의
위계로써 공무원의 직무집행을 방해함으로서 성립하는 범죄이다.

2 객관적 구성요건

(1) 객체

위계에 의한 공무집행방해죄에서 직무집행이란 법령의 위임에 따른 공무원의 적법한 직무집행인 이상 공권력 행사를 내용으로 하는 **권력적 작용 뿐만 아니라 사경제주체로서의 활동을 비롯한 비권력적 작용도 포함되는 것으로 본다.** (대법원 2001도6349)

(2) 위계행위

1) 위계

① 위계란 타인의 부지 또는 착오를 이용하는 일체의 행위를 말한다. 위계의 상대방은 직접 직무를 담당하고 있는 공무원일 필요가 없고, 제3자를 기망하여 공무원의 직무를 방해해도 된다.

② 상대방이 이에 따라 그릇된 행위나 처분을 하여야만 성립한다. 만일 **담당 공무원들과 공모(양해)하여 부정행위가 이루어진 경우에는 공무원이 속았다고 볼 수 없으므로 위계에 의한 공무집행방해죄가 성립하지 않는다.** (대법원 2013도13217)

③ 위계에 의한 공무집행방해죄(제137조)에 있어서 구체적인 공무집행을 저지하거나 **현실적으로 곤란하게 하는 데까지는 이르지 아니하고 미수에 그친 경우, 위계에 의한 공무집행방해죄로 처벌할 수는 없다.** (대법원 2007도1554, 2013도13217)

④ 법령에서 어떤 행위의 금지를 명하면서 이를 위반하는 행위에 대한 벌칙을 두는 한편, 공무원으로 하여금 그 금지규정의 위반 여부를 감시, 단속하게 하고 있는 경우 그 공무원에게는 금지규정 위반행위의 유무를 감시하여 확인하고 단속할 권한과 의무가 있으므로 **단순히 공무원의 감시, 단속을 피하여 금지규정에 위반하는 행위를 한 것에 불과하다면** 그에 대하여 벌칙을 적용하는 것은 별론으로 하고 그 행위가 **위계에 의한 공무집행방해죄에 해당하는 것이라고는 할 수 없다.** (대법원 2004도272)

> **관련판례**
>
> 위계에 의한 공무집행방해죄에서 '위계'라 함은 행위자의 행위목적을 이루기 위하여 상대방인 담당 공무원에게 오인 등을 일으키게 하여 그 오인 등을 이용하는 것을 말한다. 따라서 <u>담당 공무원들 모두의 공모 또는 양해 아래 부정한 행위가 이루어졌다면</u> 이로 말미암아 오인 등을 일으킨 상대방이 있다고 할 수 없으므로, 그러한 행위는 위계에 의한 공무집행방해죄에서의 <u>위계에 해당한다고 볼 수 없다.</u> (대법원 2013도13217)

2) 인허가 관련 출원인의 위계행위

① 행정관청이 출원에 의한 인·허가처분을 함에 있어 출원자가 행정관청에 허위의 출원사유를 주장하면서 이에 부합하는 허위의 소명자료를 첨부하여 제출한 경우 허가관청이 나름대로 충분히 심사를 하였으나 출원사유 및 소명자료가 허위임을 발견하지 못하여 인·허가처분을 하게 되었다면 위계에 의한 공무집행방해죄가 성립된다. (대법원 2008도1321)

② 이와 달리, 행정관청이 충분히 심사하지 않아서 출원사유가 허위임을 발견하지 못하고 신청인이 제출한 사실과 다른 신청사유나 소명자료를 쉽게 믿고 인·허가처분을 하게 되었다면, 위계에 의한 공무집행방해죄가 성립하지 아니한다. (대법원 2008도9590)

위계에 의한 공무집행방해죄 성립	위계에 의한 공무집행방해죄 아닌 경우
나름대로 충분히 심사를 하였으나 출원사유 및 소명자료가 허위임을 발견하지 못할 정도인 경우	행정관청이 충분히 심사하지 않아서 출원사유 등을 진실이라고 가볍게 믿은 경우
개인택시 <u>운송사업면허 양도·양수사건(유죄)</u> → 질병이 있는 노숙자들로 하여금 그들이 개인택시운송사업을 양도하려고 하는 사람인 것처럼 위장하여 의사의 진료를 받게 하여 진단서 발급 제출하여 인허가 처분. (대법원 2002도2064, 2002도2131)	개인택시 <u>운송사업면허를 신청</u>하면서 허위로 발급받은 운전면허경력증명서를 소명자료로 제출하여 시장으로부터 개인택시운송사업면허를 받은 경우(무죄) → 행정관청이 진실한 것으로 가볍게 믿은 경우(대법원 87도2174)

③ 다만, 여기서 조심해야 할 것은 아예 신고내용을 공무원이 심사 자체를 할 필요가 없고 그냥 접수만 하면 그만인 신고(대부분 인허가 관련 사항이 아니라 단순 신고에 불과한 경우)에는 허위사실을 신고하였더라도 심사 여부를 따질 필요도 없이 위계에 의한 공무집행방해죄가 성립하지 아니한다. 행정청에 대한 일방적 통고로 효과가 완성되는 '신고'의 경우 신고인이 신고서에 허위사실을 기재하였다 하더라도 그것만으로는 담당 공무원의 구체적이고 현실적인 직무집행이 방해받았다고 볼 수 없어 위계에 의한 공무집행방해죄는 성립하지 않는다. (대법원 2010도7034)

> **관련판례**
>
> 등기신청은 단순한 '신고'가 아니라 신청에 따른 등기관의 심사 및 처분을 예정하고 있으므로, 등기신청인이 제출한 허위의 소명자료 등에 대하여 <u>등기관이 나름대로 충분히 심사를 하였음에도 이를 발견하지 못하여</u> 등기가 마쳐지게 되었다면 <u>위계에 의한 공무집행방해죄가 성립할 수 있다.</u> 등기관이 등기신청에 대하여 부동산등기법상 등기신청에 필요한 서면이 제출되었는지 및 제출된 서면이 형식적으로 진정한 것인지를 심사할 권한은 갖고 있으나 <u>등기신청이 실체법상의 권리관계와 일치하는지를 심사할 실질적인 심사권한은 없다고 하여 달리 보아야 하는 것은 아니다.</u> (대법원 2015도17297)

3) 수사기관에서의 허위진술

① <u>수사기관이 범죄사건을 수사함에 있어서는 피의자나 참고인의 진술 여하에 불구하고 피의자를 확정하고 그 피의사실을 인정할 만한 객관적인 제반 증거를 수집·조사하여야 할 권리와 의무가 있는 것</u>이고, 한편, 피의자는 진

술거부권과 자기에게 유리한 진술을 할 권리와 유리한 증거를 제출할 권리가 있지만 수사기관에 대하여 진실만을 진술하여야 할 의무가 있는 것은 아니며, 또한 수사기관에서의 **참고인**은 형사소송절차에서 선서를 한 증인이 허위로 공술을 한 경우에 위증죄가 성립하는 것과 달리 반드시 진실만을 말하도록 **법률상의 의무가 부과되어 있는 것은 아니므로**, 피의자나 참고인이 피의자의 무고함을 입증하는 등의 목적으로 수사기관에 대하여 **허위사실을 진술하거나 허위의 증거를 제출하였다 하더라도**, 수사기관이 충분한 수사를 하지 아니한 채 이와 같은 허위의 진술과 증거만으로 잘못된 결론을 내렸다면, 이는 수사기관의 불충분한 수사에 의한 것으로서 피의자 등의 위계에 의하여 수사가 방해되었다고 볼 수 없어 **위계에 의한 공무집행방해죄가 성립된다고 할 수 없을 것이다.** (대법원 71도186)

② **그러나** 피의자나 참고인이 피의자의 무고함을 입증하는 등의 목적으로 **적극적으로 허위의 증거를 조작하여 제출하였고** 그 증거 조작의 결과 수사기관이 그 진위에 관하여 나름대로 **충실한 수사를 하더라도 제출된 증거가 허위임을 발견하지 못하여 잘못된 결론을 내리게 될 정도**에 이르렀다면, 이는 위계에 의하여 수사기관의 수사행위를 적극적으로 방해한 것으로서 **위계에 의한 공무집행방해죄**가 성립된다. (대법원 2003도1609)

4) 기수

본죄는 미수를 처벌하지 않는다. 따라서 오인, 착각, 부지를 일으켜 상대방이 이에 따라 그릇된 행위나 처분을 하여야만 본죄가 성립한다. 만약 범죄행위가 구체적인 공무집행을 저지하거나 현실적으로 곤란하게 하는 데까지는 이르지 아니하고 미수에 그친 경우 위계에 의한 공무집행방해죄로 처벌할 수 없다. (대법원 2018도18582)

3 주관적 구성요건(고의): 방해의사

위계를 사용한다는 데 대한 고의가 있어야 하는 동시에, 자기의 위계행위로 인하여 **공무집행을 방해하려는 의사도 필요하다.** (대법원 69도2260) 이 점에서 공무집행 방해의사가 필요치 않은 위력에 의한 공무집행방해와 구별된다.

4 죄수

① **업무방해죄와 관계**: 위계를 행사하여 공무집행을 방해한 경우, 위계에 의한 공무집행방해죄가 성립하는 것이고 업무방해죄는 성립하지 않는다. (대법원 2009도4166, 2008도9049)

② **범인은닉죄와 관계**: 피의자나 참고인이 아닌 자가 자발적이고 계획적으로 **피의자를 가장하여 수사기관에 대하여 허위진술을 한 경우, 범인은닉죄만 성립할 뿐이지 위계에 의한 공무집행방해죄는 성립하지 아니한다.** (대법원 76도3685) = 왜냐하면, 수사기관은 피의자나 피의자를 자처하는 자, 참고인 등의 진술 여부에 불구하고 피의자를 확정하고 피의사실의 증거를 수집 조사하여야 하는 것이므로, 피의자나 참고인이 아닌 자가 자발적이고 계획적으로 피의자를 가장하여 수사기관에 허위사실을 진술하였다고 하여 위계에 의한 공무집행방해죄가 성립된다고 할 수 없다.

③ **경범죄처벌법과의 관계: 거짓신고와 위계에 의한 공무집행방해죄의 관계**

경범죄처벌법 제3조 제3항 제2호에서 정한 거짓신고 행위가 원인이 되어 상대방인 공무원이 범죄가 발생한 것으로 오인함으로 인하여 공무원이 그러한 사정을 알았더라면 하지 않았을 대응조치를 취하기에 이르렀다면, 이로써 구체적이고 현실적인 공무집행이 방해되어 위계에 의한 공무집행방해죄가 성립하지만(대법원 2016도9958), 이와 같이 경범죄처벌법 제3조 제3항 제2호의 거짓신고가 '위계'의 수단·방법·태양의 하나가 된 경우에는 거짓신고로 인한 경범죄처벌법위반죄가 위계에 의한 공무집행방해죄에 흡수되는 법조경합 관계에 있으므로, **위계에 의한 공무집행방해죄**만 성립할 뿐 이와 별도로 거짓신고로 인한 경범죄처벌법위반죄가 성립하지는 않는다. (대법원 2022도1402)

관련판례 위계에 의한 공무집행방해죄 인정

① 甲은 자신이 마치 乙인 것처럼 **시험감독자를 속이고 자동차(원동기장치자전거)운전면허시험에 대리로 응시**한 경우 위계에 의한 공무집행방해죄가 성립한다. (대법원 86도1245)

② 출원에 대한 심사업무를 담당하는 공무원이 출원인의 출원사유가 허위라는 사실을 알면서도 결재권자로 하여금 오인, 착각, 부지를 일으키게 하고 이를 이용하여 인·허가처분에 대한 결재를 받아낸 경우 위계에 의한 공무집행방해죄가 성립한다. (대법원 96도2825)

③ H주식회사가 지방자치단체의 공사 입찰에 지방공사의 입찰에 대한 참가자격을 갖추지 못하였음에도 공사실적에 관련된 사문서를 변조한 다음 이를 첨부한 실적증명발급요청서를 해외건설협회에 제출하여 적합한 실적증명서를 받아내고, 입찰참가신청서에 첨부하여 제출함으로써 낙찰자로 결정되고 공사계약을 체결하게 된 경우 위계에 의한 공무집행방해죄가 성립된다. (대법원 2000도4993) = 사전자기록변작죄까지 성립.

④ **감척어선 입찰자격이 없는 자가 제3자와 공모**하여 제3자의 대리인 자격으로 제3자 명의로 입찰에 참가하고, 낙찰받은 후 자신의 자금으로 **낙찰대금을 지급하여 감척어선에 대한 실질적 소유권을 취득**한 경우, 위계에 의한 공무집행방해죄가 성립한다. (대법원 2001도6349)

⑤ **개인택시 운송사업을 양도**할 수 없는 자가 양도·양수를 위하여 허위의 출원사유를 주장하려고 질병이 있는 노숙자 등을 대리로 진료받게 하면서 그 사정을 모르는 의사로부터 허위 진단서를 발급받아 이를 소명자료로 제출하여 행정관청으로부터 **양도·양수 인가처분**을 받은 경우, 위계에 의한 공무집행방해죄가 성립한다. (대법원 2002도2064, 2002도2131) = **충분한 심사를 했음에도 신청사유와 소명자료가 거짓임을 발견하지 못하여** 인허가처분을 한 것이라면, 위계에 의한 공무집행방해죄가 성립한다.

⑥ 음주운전을 하다가 교통사고를 야기한 후 그 형사처벌을 면하기 위하여 **타인의 혈액을 자신의 혈액인 것처럼 교통사고 조사 경찰관에게 제출**하여 감정하도록 한 행위는 위계에 의한 공무집행방해죄가 성립한다. (대법원 2003도1609)

⑦ 변호사가 **접견을 핑계로 수용자를 위하여 휴대전화와 증권거래용 단말기를 구치소** 내에 사실상 적발하기 어려운 방법으로 반입하여 이용하게 한 행위는 위계에 의한 공무집행방해죄에 해당한다. (대법원 2005도1731)

⑧ 담당자가 아닌 공무원이 출원인의 청탁을 들어줄 목적으로 자신의 업무 범위에 속하지도 않는 업무에 관하여 그 일부를 담당공무원을 대신하여 처리하면서 위계를 써서 담당공무원으로 하여금 오인, 착각, 부지를 일으키게 하고 이를 이용하여 인·허가 처분을 하게 하였다면, 위계에 의한 공무집행방해죄가 성립한다. (대법원 2007도7724)

⑨ 병역법상의 지정업체에서 산업기능요원으로 근무할 의사가 없음에도 해당 지정업체의 장과 공모하여 허위내용의 편입신청서를 제출하여 관할관청으로부터 산업기능요원 편입을 승인받고, 관할관청의 실태조사를 회피하기 위하여 허위서류를 작성·제출하는 등의 방법으로 파견근무를 신청하여 관할관청으로부터 파견근무를 승인받은 경우, 위계에 의한 공무집행방해죄가 성립한다. (대법원 2008도1321)

⑩ 범죄행위로 인하여 강제출국 당한 전력이 있는 사람이 외국 주재 한국영사관 담당직원에게 허위의 호구부 및 외국인등록신청서 등을 제출하여 사증 및 외국인등록증을 발급받은 사안에서, 위계에 의한 공무집행방해죄가 성립한다. (대법원 2008도11862)

⑪ 불법체류를 이유로 강제출국 당한 중국 동포인 피고인이 중국에서 이름과 생년월일을 변경한 호구부를 발급받아 중국 주재 대한민국 총영사관에 제출하여 변경된 명의로 입국사증을 받은 다음 다시 입국하여 그 명의로 외국인등록증을 발급받고 귀화허가신청서까지 제출한 경우이다. 신청인이 허위의 자료를 첨부하여 비자발급 신청을 하였고, 이에 대하여 외국 주재 한국영사관 업무담당자가 충분히 심사하였으나 신청사유 및 소명자료가 허위인 것을 발견하지 못하여 이를 수리한 경우, 신청인에게 위계에 의한 공무집행방해죄가 성립한다. (대법원 2010도14696)

⑫ 등기신청은 단순한 '신고'가 아니라 신청에 따른 등기관의 심사 및 처분을 예정하고 있으므로, 등기신청인이 제출한 허위의 소명자료 등에 대하여 **등기관이 나름대로 충분히 심사를 하였음에도 이를 발견하지 못하여** 등기가 마쳐지게 되었다면 위계에 의한 공무집행방해죄가 성립할 수 있다. (대법원 2015도17297)

⑬ [1] 불실기재 여권행사죄에서 '허위신고'는 진실에 반하는 사실을 신고하는 것이고, '불실(부실)의 사실'은 '권리의 무관계에 중요한 의미를 갖는 사항이 객관적인 진실에 반하는 것'을 말한다. 여권 등 공정증서원본에 기재된 사항이 존재하지 않거나 외관상 존재하더라도 무효사유에 해당하는 흠이 있다면 불실기재에 해당한다. 그러나 기재된 사항이나 원인된 법률행위가 객관적으로 존재하고 취소사유에 해당하는 흠이 있을 뿐이라면 취소되기 전에 공정증서원본에 기재된 사항은 불실기재에 해당하지 않는다.

[2] 대한민국 국적을 취득하지 않았는데도 대한민국 국적을 취득한 것처럼 인적 사항을 기재하여 대한민국 여권을 발급받은 다음 이를 출입국심사 담당공무원에게 제출하였다면 위계로써 출입국심사업무에 관한 정당한 직무를 방해함과 동시에 불실의 사실이 기재된 여권을 행사한 것으로 볼 수 있다. (대법원 2020도12239)

관련판례 위계에 의한 공무집행방해죄 부정

① **자가용차를 운전하다가 교통사고를 낸 사람이 경찰관서에 신고함에 있어 가해차량이 자가용일 경우 피해자와 합의하는 데 불리하다고 생각하여 영업용택시를 운전하다가 사고를 내었다고** 허위신고를 한 경우 위계에 의한 공무집행방해죄가 성립하지 않는다. (대법원 74도2841) = 이 사실만으로 공무원의 직무집행을 방해할 의사가 있었다고 단정하기 어렵기 때문이다. 직무방해의사 부정.

② 피고인 甲은 범죄자 乙에 대한 사기사건의 참고인으로 경찰서에 출석하여 사법경찰관으로부터 조사를 받으면서, 乙이 처벌받지 않도록 하기 위하여 사실은 乙이 丙으로부터 금원을 편취한 사실을 잘 알고 있음에도 乙이 丙으로부터 돈을 교부받은 사실이 없다고 허위의 사실을 진술하여 수사를 방해하였다면, 이는 **범인은닉죄**가 됨은 별론으로 하고 위계에 의한 공무집행방해죄가 성립하지 않는다. (대법원 76도3685, 71도186)

③ 甲은 시청에 **개인택시운송사업면허를 신청**하면서 허위로 발급받은 운전면허경력증명서를 소명자료로 제출하여 시장으로부터 개인택시운송사업면허를 받은 경우 공무집행방해죄에 해당하지 않는다. (대법원 87도2174) = 개인택시 운송사업면허 신청은 출원에 의한 행정관청의 일반적인 인허가처분과 마찬가지로 행정관청이 면허요건에 해당하는 여부를 심리하여 면허 여부를 결정하는 것이고, 그 신청서에 첨부된 소명자료가 진실한 것인지를 가리지 않고 면허를 결정하는 것이 아니므로, 행정청이 충분한 심사를 했어야만 함에도 불충분한 심사로 면허를 내준 것이라면, 행위자가 면허신청서에 허위 소명자료를 첨부한 소위는 위계에 의한 공무집행방해죄에 해당하지 않는다.

④ **민사소송**의 피고 甲은 자신의 **주소를 허위로 기재하여 법원공무원으로 하여금 변론기일 소환장 등을 허위의 주소로 송달**하게 한 경우 이로 인하여 법원공무원의 구체적이고 현실적인 어떤 직무집행이 방해되었다고 할 수는 없으므로, 이로써 바로 위계에 의한 공무집행방해죄가 성립한다고 볼 수는 없다. (대법원 96도312)

⑤ 수용자가 교도관의 감시·단속을 피하여 **규율위반행위를 하는** 경우 및 수용자가 아닌 자가 교도관의 검사 또는 감시를 피하여 금지 물품을 교도소 내로 반입되도록 한 경우, 위계에 의한 공무집행방해죄가 성립한다고 할 수 없다. (대법원 2004도272)

⑥ 초등학교를 졸업하였음에도 초등학교 중퇴 이하의 학력자라는 허위 내용의 인우보증서를 첨부하여 운전면허 구술시험에 응시하였다는 사실만으로는 위계에 의한 공무집행방해죄가 성립하지 않는다. (대법원 2006도8189)

⑦ **국립대학교의 전임교원 공채심사위원인 학과장**이 지원자의 부탁을 받고 **이미 논문접수가 마감된 학회지에 지원자의 논문이 게재되도록 돕고**, 그 후 연구실적심사의 기준을 강화하자고 제안한 경우, 부적절한 행위라고 볼 수 있지만, 그 후 갑이 **연구실적심사 기준을 강화하자고 제안한 것**은 해당 학과 전임교원 임용목적에 부합하는 것으로서 공정한 경우에 해당하므로 결과적으로 을에게 유리하더라도 위계에 해당하지 않는다. (대법원 2007도1554)

⑧ **과속단속카메라**에 촬영되더라도 불빛을 반사시켜 **차량 번호판이 식별되지 않도록 하는 기능이 있는 제품('파워매직 세이퍼')**을 차량 번호판에 뿌린 상태로 차량을 운행한 행위만으로는 위계에 의한 공무집행방해죄가 성립하지 않는다. (대법원 2007도8024) = 파워매직세이퍼를 차량번호판에 뿌린 상태로 운행한 행위만으로는 교통단속 경찰공무원이 충실히 직무를 수행하더라도 통상 업무처리과정에서 사실상 적발이 어려운 위계를 사용하여 업무집행을 방해한 것으로 보기 어렵다.

⑨ 甲은 자신의 발명품에 대한 특허출원을 위해 행정관청에 허위의 출원사유 및 소명자료를 제출하여 특허등록결정을 받은 경우, 담당공무원이 정당하게 그 사실 여부를 조사하지 아니한 채 이를 믿은 나머지 수출검사합격증명서를 발급한 것이므로, 위계에 의한 공무집행방해죄가 성립하지 아니한다. (대법원 2008도9590)

⑩ **화물자동차 운송주선사업자**가 관할 행정청에 주기적으로 허가기준에 관한 사항을 신고하는 과정에서 가장납입에 의하여 발급받은 **허위의 예금잔액증명서를 제출하는 부정한 방법으로 허가를 받는 행위**는 위계에 의한 공무집행방해죄를 구성하지 않는다. (대법원 2010도7034) = 주기적으로 허가기준에 관한 사항을 신고하는 과정에서 허위서류를 제출하는 부정한 방법으로 허가를 받아 위계에 의한 공무집행방해로 기소된 사안에서, 신고인이 허위사실을 신고서에 기재하거나 허위의 소명자료를 첨부하여 행정청에 제출하는 행위가 위계에 의한 공무집행방해죄를 구성하지 않는다. 왜냐하면 행정청이 충분히 심사했어야만 함에도 충분히 심사하지 않았다고 본 것이다.

⑪ 피고인 甲은 乙이 리스기간이 만료하고도 차량을 반납하지 않자 차량 도난신고를 하면 전국수배가 되어 차량을 신속히 회수할 수 있다는 점을 알고 경찰서 지구대에 허위차량도난신고를 한 경우, 위계에 의한 공무집행방해죄가 성립하지 아니한다. (대법원 2011도11761)

⑫ 법원은 당사자의 허위주장 및 증거제출에도 불구하고 진술을 밝혀야 하는 것이 그 직무이므로, 가처분신청시 당사자가 허위주장을 하거나 허위증거를 제출했다고 하더라도 그것만으로 법원의 직무집행이 방해되었다고 볼 수 없다. (대법원 2011도17125) = 허위의 매매계약서 및 영수증을 소명자료로 첨부하여 가처분신청을 한 후 법원으로부터 유체동산에 대한 가처분 결정을 받은 경우 위계에 의한 공무집행방해죄가 성립하지 않는다.

⑬ A의 지시에 따라 B와 실무 담당자들인 C 등이 **모두 공모하여 위와 같은 행위를 하였다면** 위 용역계약 체결에 관하여 **오인, 착각 또는 부지를 일으키게 하였다고 볼 수도 없다.** 따라서 위 ABC 들의 위와 같은 행위로 말미암아 위 용역계약 체결에 관하여 오인, 착각 또는 부지를 일으킨 **상대방이 있다고 할 수 없으므로**, 위 피고인들의 행위는 위계에 의한 공무집행방해죄에서의 위계에 해당하지 않는다. (대법원 2013도13217)

⑭ [1] 법령에서 일정한 행위를 금지하면서 이를 위반하는 행위에 대한 벌칙을 정하고 공무원으로 하여금 금지규정의 위반 여부를 감시·단속하도록 한 경우, 공무원의 감시·단속을 피하여 금지규정을 위반한 행위가 위계에 의한 공무집행방해죄에 해당하지 않는다.

[2] 녹음·녹화 등을 할 수 있는 전자장비가 교정시설의 안전 또는 질서를 해칠 우려가 있는 금지물품에 해당하여 반입을 금지할 필요가 있는 경우, 수용자가 아닌 사람이 교도관의 검사·단속을 피하여 위와 같은 금지물품을 교정시설 내로 반입한 행위가 위계에 의한 공무집행방해죄를 구성하지는 않는다.

[3] 관리자에 의해 출입이 통제되는 건조물에 관리자의 승낙을 받아 건조물에 통상적인 출입방법으로 들어갔으나 이러한 승낙의 의사표시에 기망이나 착오 등의 하자가 있는 경우, 건조물침입죄가 성립하지 않는다. 이때 관리자가 행위자의 실제 출입 목적을 알았더라면 출입을 승낙하지 않았을 사정이 있더라도 마찬가지이다. (대법원 2018도15213)

⑮ 시사프로그램의 제작진이 구치소장의 허가 없이 구치소에 수용 중인 사람을 취재하기 위하여 접견신청서에 수용자의 지인이라고 기재하고, 반입이 금지된 녹음·녹화기능이 내장된 안경을 착용하고 접견실에 들어가 수용자를 접견하면서 대화 장면과 내용을 촬영하고 녹음하여 위계에 의한 공무집행방해죄, 폭력행위 등 처벌에 관한 법률 위반(공동주거침입)죄로 기소된 사안에서 피고인이 금지규정을 위반하여 감시·단속을 피하는 것을 공무원이 적발하지 못하였다면 이는 공무원이 감시·단속이라는 직무를 소홀히 한 결과일 뿐 위계로 공무집행을 방해한 것이라고 볼 수 없다. 그리고 관리자에 의해 출입이 통제되는 건조물에 관리자의 승낙을 받아 건조물에 통상적인 출입방법으로 들어간 경우 건조물침입죄가 성립하지 않는다. (대법원 2020도8030)

⑯ 피고인의 변호인 접견교통권 행사가 한계를 일탈한 규율위반행위에 해당하더라도 그 행위가 위계공무집행방해죄의 '위계'에 해당하려면 행위자가 상대방에게 오인, 착각, 부지를 일으키게 하여 그 오인, 착각, 부지를 이용함으로써 상대방이 이에 따라 그릇된 행위나 처분을 하여야만 한다. 만약 그러한 행위가 구체적인 직무집행을 저지하거나 현실적으로 곤란하게 하는 데까지는 이르지 않은 경우에는 위계에 의한 공무집행방해죄로 처벌할 수 없다. (대법원 2021도244) = 접견변호사들이 미결수용자인 피고인의 개인적인 업무나 심부름을 위해 접견신청행위를 한 후 피고인과 소송서류 이외의 서류를 주고받고 피고인의 개인적인 연락업무 등을 수행한 것이 교도관들에 대한 위계에 해당한다거나 그로 인해 교도관의 직무집행이 구체적이고 현실적으로 방해되었다고 할 수 없다.

V 법정·국회회의장 모욕죄

형법

제138조 【법정 또는 국회회의장모욕】 법원의 재판 또는 국회의 심의를 방해 또는 위협할 목적으로 법정이나 국회회의장 또는 그 부근에서 모욕 또는 소동한 자는 3년 이하의 징역 또는 700만원 이하의 벌금에 처한다.

> **관련판례**
>
> 甲 정당 당직자인 피고인들 등이 국회 외교통상 상임위원회 회의장 앞 복도에서 출입이 봉쇄된 회의장 출입구를 뚫을 목적으로 회의장 출입문 및 그 안쪽에 쌓여있던 집기를 손상하거나, 국회 심의를 방해할 목적으로 회의장 내에 물을 분사한 사안에서, 피고인들의 공용물건손상 및 국회회의장소동 행위를 <u>위법성이 조각되는 정당행위나 긴급피난의 요건을 갖춘 행위로 평가하기 어렵다.</u> (대법원 2010도13609)

VI 인권옹호직무방해죄

형법

제139조 【인권옹호직무방해】 경찰의 직무를 행하는 자 또는 이를 보조하는 자가 인권 옹호에 관한 검사의 직무집행을 방해하거나 그 명령을 준수하지 아니한 때에는 5년 이하의 징역 또는 10년 이하의 자격정지에 처한다.

① 주체는 경찰의 직무를 행하는 자 또는 이를 보조하는 자이다.
② 객체는 검사의 직무집행과 명령으로서 해당 검사의 직무집행과 명령은 적법해야 한다.
③ 검사가 긴급체포 등 강제처분의 적법성에 의문을 갖고 대면조사를 위한 피의자 인치를 2회에 걸쳐 명하였으나 이를 이행하지 않은 사법경찰관에게 형법 제139조에 규정된 인권옹호직무명령불준수죄와 형법 제122조에 규정된 직무유기죄의 각 구성요건과 보호법익 등을 비교하여 볼 때, <u>인권옹호직무명령불준수죄가 직무유기죄</u>에 대하여 법조경합 중 <u>특별관계</u>에 있다고 보기는 어렵고 양 죄를 <u>상상적 경합관계</u>로 보아야 한다. (대법원 2008도11999)

VII 공무상 비밀표시 무효죄

형법

제140조 【공무상비밀표시무효】 ① 공무원이 그 직무에 관하여 실시한 봉인 또는 압류 기타 강제처분의 표시를 손상 또는 은닉하거나 기타 방법으로 그 효용을 해한 자는 5년 이하의 징역 또는 700만원 이하의 벌금에 처한다.

제143조 【미수범】 제140조 내지 전조의 미수범은 처벌한다.

1 의의

공무원이 그 직무에 관하여 실시한 봉인 또는 압류 기타 강제처분의 표시를 손상 또는 은닉하거나 기타 방법으로 그 효용을 해함으로서 성립하는 범죄이다.

2 객관적 구성요건

(1) 주체
제한이 없다. 반드시 강제처분을 받은 자에 한하지 않는다.

(2) 공무상비밀표시무효죄 객체
① 본죄의 객체는 공무원이 직무에 관하여 실시한 봉인, 압류 기타 강제처분의 표시이며, 이는 물론 적법해야 한다. (대법원 96도2801)

② 공무원이 그 직권을 남용하여 위법하게 실시한 봉인 또는 압류 기타 강제처분의 표시임이 명백하여 법률상 당연무효 또는 부존재라고 볼 수 있는 경우에는 그 봉인 등의 표시는 공무상표시무효죄의 객체가 되지 아니하여 이를 손상 또는 은닉하거나 기타 방법으로 그 효용을 해한다 하더라도 공무상표시무효죄가 성립하지 아니한다 할 것이지만, 공무원이 실시한 봉인 등의 표시에 <u>절차상 또는 실체상의 하자가 있다고 하더라도 객관적·일반적으로 그것이 공무원이 그 직무에 관하여 실시한 봉인 등으로 인정할 수 있는 상태에 있다면 적법한 절차에 의하여 취소되지 아니하는 한 공무상표시무효죄의 객체로 된다.</u> (대법원 2000도1757)

(3) 행위
① 손상, 은닉, 기타 방법으로 효용을 해하는 것이다.

② 집행관이 영업방해금지 가처분결정의 취지를 고시한 공시서를 게시하였을 뿐 구체적인 집행행위를 하지 아니하였다면 피신청인이 가처분의 부작위명령을 위반하였다는 것만으로는 공무상 표시의 효용을 해하는 행위에 해당하지 않는다. (대법원 2010도3364)

③ 이때 가처분을 받은 자가 특정 채무자로 지정되어 있는 경우, 채무자에 대하여만 본죄가 가능하다. 즉 가처분의 채무자가 아닌 제3자가 가처분상의 부작위명령을 위반한 것은 가처분 집행 표시의 효용을 해한 행위에 해당하지 아니한다. (대법원 2007도5539) = 호텔을 경영하는 갑에게 금전을 대여해준 채권자들이 갑에 대해서 가처분을 한 경우, 채무자인 갑에 대해서만 가처분이 의미가 있는 것이며 강제집행에 따른 부작위명령도 채무자 갑에 대해서 부여되는 것이 원칙이다. 이때 채권자들로부터 가처분을 받은 채무자 갑과 이미 계약을 맺고 호텔 지하에서 사우나 영업을 수행 중이던 제3자인 임차인 A에게는 해당 가처분에 따른 부작위명령은 제한적일 뿐으로 제3자 A가 갑에 대해서 영업권한을 가지고 있고 해당 가처분명령을 고의로 어긴 것이 아닌 이상 제3자 A에게 공무상 비밀표시무효죄가 성립한다고 볼 수 없다.

④ 채무자가 불가피한 사정으로 채권자의 승낙을 얻어 압류물을 이동시켰다면, 집행관의 승인을 얻지 못한 경우라도, 공무상 비밀표시무효죄가 성립하지 아니한다. (대법원 2004도3029)

⑤ **강제처분의 유효성**: 강제집행 종료 후에는 본죄가 성립하지 않는다. 공무상 비밀표시무효죄가 성립하기 위해서는 행위 당시에 강제처분의 표시가 현존할 것을 요한다. (대법원 96도2801)

> **관련판례** **공무상표시무효죄 객체에 해당하는 경우 (공무상표시무효죄 인정)**
>
> ① 법원의 가처분결정에 기하여 집달관이 한 강제처분 표시의 효력은 그 가처분 결정이 적법한 절차에 의하여 취소되지 않는 한 지속되는 것이며, 그 가처분 결정이 가령 부당한 것이라 하더라도 그 효력을 부정할 수는 없다. (대법원 85도1165)
>
> ② 농장 안에 있던 비육돈 전체가 가압류목적물이 되었음을 알 수 있는 경우 (대법원 2000도1757) = 유체동산의 가압류집행에 있어 가압류공시서의 기재에 다소 흠이 있더라도 그 기재내용을 전체적으로 보아 가압류공시서에 그 가압류목적물이 특정되었다고 인정할 수 있다면, 적법한 절차에 의하여 취소되지 아니하는 한 공무상표시무효죄의 객체가 된다.

> **관련판례** 공무상표시무효죄 객체에 해당하지 않는 경우 (공무상표시무효죄 부정)

① 집달리로서의 강제집행은 이미 완료채권자나 그 대리인에게 집달리가 수취한 부동산의 점유를 이전한 후에는 집달리가 설사 그 가옥에 대하여 봉인 등 표시를 하였다 하여도 당해 봉인은 **당연무효**의 것으로서 이를 무효화하였다 하여서 공무상 비밀표시 무효죄가 성립될 수 없는 것이라 할 것이다. (대법원 65도386)

② 민사소송법 기타의 공법의 **해석을 잘못**하여 피고인이 가압류의 효력이 없는 것이라 하여 가압류가 없는 것으로 착오하였거나 또는 봉인 등을 손상 또는 효력을 해할 권리가 있다고 오신한 경우에 민사법령 기타 공법의 부지에 인한 것으로서 이러한 법령의 부지는 형벌법규의 부지와 구별되어 범의를 조각한다. (대법원 70도1206)

③ 압류는 채무자의 처분행위를 금하는 것이므로 압류의 효용을 손상하지 않는다면 압류상태에서 그 용법에 따라 종전대로 사용하는 것은 허용된다 할 것이므로 피고인이 압류표시를 그대로 둔 채 압류표시된 원동기를 가동하였다 하여 공무상표시무효죄를 구성한다고 볼 수 없다. (대법원 83도3291)

④ 집달관이 채무자 겸 소유자의 건물에 대한 점유를 해제하고 이를 채권자에게 인도한 후 채무자의 출입을 봉쇄하기 위하여 출입문을 판자로 막아둔 것을 채무자가 이를 뜯어내고 그 건물에 들어갔다 하더라도 이는 **강제집행이 완결된 후**의 행위로서 채권자들의 점유를 침범하는 것은 별론으로 하고 공무상표시무효죄에 해당하지는 않는다. (대법원 85도1092) = 부동산인도의 강제집행에 있어서 집달리가 채무자의 점유를 해제하고 이를 채권자에게 인도함으로써 강제집행을 완결한 후 채무자가 그 표목을 빼어버리고 그 토지에 들어간 경우 공무상 표시무효죄에 해당하지는 않는다.

⑤ 집행관이 가처분집행 당시 게시한 가처분결정문이 없어진 상태이며 집행관이 그 점유를 옮기고 압류표시를 한 다음 채무자에게 보관을 명한 유체동산에 관하여 채무자가 이를 다른 장소로 이동시켜야 할 특별한 사정이 있고, 그 이동에 앞서 채권자에게 이동사실 및 이동장소를 고지하여 **승낙**을 얻은 때에는 공무상표시무효죄에 해당하지는 않는다. (대법원 2004도3029)

⑥ 출입금지가처분은 그 성질상 가처분 채권자의 의사에 반하여 건조물 등에 출입하는 것을 금지하는 것이므로 비록 가처분결정이나 그 결정의 집행으로서 집행관이 실시한 고시에 그러한 취지가 명시되어 있지 않다고 하더라도 가처분 채권자의 **승낙**을 얻어 그 건조물 등에 출입하는 경우에는 출입금지가처분 표시의 효용을 해한 것이라고 할 수 없다. (대법원 2006도4740)

⑦ 온천수 사용금지 가처분결정이 있기 전부터 온천이용허가권자인 가처분 채무자로부터 이를 양수하고 임대차계약의 형식을 빌어 온천수를 이용하여 온 **제3자**가 위 금지명령을 위반하여 계속 온천수를 사용한 행위가 공무상표시무효죄를 구성하지 않는다. (대법원 2007도5539) = 가처분의 채무자가 아닌 제3자가 가처분상의 부작위 명령을 위반한 것이 가처분집행 표시의 효용을 해한 행위에 해당하지 않는다.

VIII 공무상 비밀침해죄

형법

제140조【공무상 비밀침해】 ② 공무원이 그 직무에 관하여 봉함 기타 비밀장치한 문서 또는 도화를 개봉한 자도 제1항의 형과 같다.
③ 공무원이 그 직무에 관하여 봉함 기타 비밀장치한 문서, 도화 또는 전자기록 등 특수매체기록을 기술적 수단을 이용하여 그 내용을 알아낸 자도 제1항의 형과 같다.

IX 부동산강제집행효용침해죄

> **형법**
>
> **제140조의2 【부동산강제집행효용침해】** 강제집행으로 명도 또는 인도된 부동산에 침입하거나 기타 방법으로 강제집행의 효용을 해한 자는 5년 이하의 징역 또는 700만원 이하의 벌금에 처한다.

① 주체에는 제한이 없다. 채무자 이외에 그 친족이나 제3자도 주체가 될 수 있다.

② 보호법익은 판결의 집행력과 강제집행의 효력이 보호의 정도는 침해범이다.

③ 객체는 강제집행으로 명도 또는 인도된 부동산으로서, 여기에는 강제집행으로 퇴거집행된 부동산은 포함된다. (대법원 2001도3212)

④ **죄수**: 본죄가 성립하는 경우, 주거침입죄나 손괴죄는 별도로 성립하지 않는다. 甲이 지상주차장을 운영하다가 법원의 강제집행으로 퇴거집행 된 후 다시 그 지상주차장에 침입하면 부동산강제집행효용침해죄가 성립한다. (대법원 2001도3212)

X 공용서류 등 무효죄

> **형법**
>
> **제141조 【공용서류 등의 무효, 공용물의 파괴】** ① 공무소에서 사용하는 서류 기타 물건 또는 전자기록등 특수매체기록을 손상 또는 은닉하거나 기타 방법으로 그 효용을 해한 자는 7년 이하의 징역 또는 1천만원 이하의 벌금에 처한다.
>
> **제143조 【미수범】** 제140조 내지 전조의 미수범은 처벌한다.

1 의의

공무소에서 사용하는 서류 기타 물건 또는 전자기록등 특수매체기록을 손상 또는 은닉하거나 기타 방법으로 그 효용을 해함으로서 성립하는 범죄이다.

2 행위의 주체

주체에는 제한이 없다. 공무원도 주체가 될 수 있다.

3 행위의 객체

① 객체는 공문서나 사문서를 불문하고 공무소에서 사용 중이거나 사용할 목적으로 보관하는 서류 기타 물건, 전자기록 등 특수매체기록 등으로 포괄한다.

② 피고인이 작성한 허위내용의 문서라 할지라도 면사무소에 비치·보관되어 있는 문서라면 이를 찢은 경우 공용서류무효죄가 성립한다.

③ 경찰이 작성한 진술조서가 미완성이고 작성자와 진술자가 서명·날인 또는 무인한 것이 아니어서 공문서로서의 효력이 없다고 하더라도 공무소에서 사용하는 서류에 해당한다. (대법원 2003도3945)

4 실행행위

(1) 정당한 권한 없이

본죄는 정당한 권한 없이 공무소에서 사용하는 서류의 효용을 해함으로서 성립하는 것을 내용으로 한다. 따라서 권한 있는 자의 정당한 처분에 의한 공용서류의 파기는 적용이 없다.

> **관련판례**
>
> 형법 제141조 제1항이 규정한 공용서류무효죄는 정당한 권한 없이 공무소에서 사용하는 서류의 효용을 해함으로써 성립하는 죄이므로 권한 있는 자의 정당한 처분에 의한 공용서류의 파기에는 적용의 여지가 없고, 또 공무원이 작성하는 공문서는 그것이 작성자의 지배를 떠나 작성자로서도 그 변경 삭제가 불가능한 단계에 이르렀다면 모르되 그렇지 않고 상사가 결재하는 단계에 있어서는 작성자는 결재자인 상사와 상의하여 언제든지 그 내용을 변경 또는 일부 삭제할 수 있는 것이며 그 내용을 정당하게 변경하는 경우는 물론 내용을 허위로 변경하였다 하여도 그 행위가 허위공문서작성죄에 해당할지언정 따로 형법 제141조 소정의 공용서류의 효용을 해하는 행위에 해당한다고는 할 수 없다. (대법원 95도1395)

(2) 손상, 은닉, 기타의 방법으로 효용을 해하는 것

행위는 손상, 은닉, 기타 방법으로 그 효용을 해하는 것이다. 작성자의 지배를 떠나 변경이 불가능한 정도로 객관화된 단계에 이르렀다면 작성자가 변경, 삭제, 파기한 경우에도 형법 제141조 제1항의 객체가 된다. (대법원 66도567)

(3) 기수시기

본죄는 손상 등의 행위로 공용서류나 공요물건의 효용이 침해되었을 때 기수가 된다. 침해범이다. 본죄는 미수범은 처벌한다.

5 타죄와의 관계

① 입시문제를 절취하여 이용한 경우 공용서류무효죄와 위계에 의한 공무집행방해죄는 상상적 경합관계에 있다. (대법원 66도30)

② 피고인이 군에 보관중인 피고인 명외의 건축허가신청서에 첨부된 설계도면을 떼내고 별개의 설계도면으로 바꿔 넣은 경우 공용서류무효죄와 공문서변조죄의 실체적 경합범이 성립한다. (대법원 81도81)

③ 정원초과운항 확인서는 공무소에서 보관중이던 승선임검철에서 임의로 빼어낸 것으로서 공용서류손상죄의 객체가 됨이 분명하고 이를 소각한 후 안전점검을 실시하지 아니한 채 실시한 것처럼 여객안전점검표를 작성하여 비치하였다면 공용서류무효죄 및 허위공문서작성죄와 동행사죄의 죄책을 진다. (대법원 94도2608)

> **관련판례** **공용서류에 해당하지 않는 사례**
>
> 형법 제141조 제1항에 규정한 공용서류무효죄는 공문서나 사문서를 묻지 아니하고 공무소에서 사용 중이거나 사용할 목적으로 보관하는 서류 기타 물건을 그 객체로 한다고 할 것인바, 위와 같이 형사사건을 조사하던 경찰관이 스스로의 판단에 따라 자신이 보관하던 진술서를 임의로 피고인에게 넘겨준 것이라면, 위 진술서의 보관책임자인 경찰관은 장차 이를 공무소에서 사용하지 아니하고 폐기할 의도하에 처분한 것이라고 보아야 할 것이므로, 위 진술서는 더 이상 공무소에서 사용하거나 보관하는 문서가 아닌 것이 되어 공용서류로서의 성질을 상실하였다고 보아야 할 것이다. (대법원 98도4350)

> **관련판례** 공용서류 무효죄 성립

① 면사무소에 비치 보관되어 있던 자신이 작성한 허위내용의 문서를 찢은 행위는 공용서류무효죄에 해당한다. (대법원 72도1132)

② 세무공무원이 상속세신고서 및 세무서 작성의 부과결정서등을 임의로 반환한 경우 공용서류무효죄가 성립한다. (대법원 81도1830)

③ 진술자의 서명무인과 간인까지 받아 작성한 진술조서를 아직 상사에게 정식 보고하지 않고 수사기록에 편철되지 아니한 채 보관하다가 휴지통에 자의로 폐기한 경우, 공용서류무효죄가 성립한다. (대법원 82도368)

④ 형법 제141조 제1항이 규정한 공용서류무효죄에 있어서의 범의란 피고인에게 공무소에서 사용하는 서류라는 사실과 이를 손상 또는 은닉하거나 기타 방법으로 그 효용을 해한다는 사실의 인식이 있음으로써 족하고 **경찰이 작성한 진술서가 미완성의 문서라 해서** 공무소에서 사용하는 서류가 아니라고 할 수 없으며 피고인과 경찰사 사이의 공모관계의 유무나 피고인의 강제력행사의 유무가 서류의 효용을 해한다는 인식에 지장을 주는 사유가 되지도 아니한다. (대법원 86도2799)

⑤ 甲 정당 당직자인 피고인들 등이 국회 외교통상 상임위원회 회의장 앞 복도에서 출입이 봉쇄된 회의장 출입구를 뚫을 목적으로 회의장 출입문 및 그 안쪽에 쌓여있던 집기를 손상하거나, 국회 심의를 방해할 목적으로 회의장 내에 물을 분사한 사안에서, 피고인들의 공용물건손상 및 국회회의장소동 행위를 위법성이 조각되는 정당행위나 긴급피난의 요건을 갖춘 행위로 평가하기 어렵다. (대법원 2010도13609) = 공용물건손상죄가 성립한다.

⑥ 피고인이 면사무소에 비치되어 있는 정상적으로 작동되는 소화기 9대를 가져간 후 분말액과 질소가스를 충전하지도 않은 채 충전대금을 청구하였으나 면사무소 측에서 대금 지급을 거절하자 원래 소화기에 들어 있던 분말액과 질소가스를 빼내었다면 공용물건손상죄가 성립한다. (대법원 2010도14262)

⑦ [1] 형법 제141조 제1항은 공무소에서 사용하는 서류 기타 물건 또는 전자기록 등 특수매체기록을 손상 또는 은닉하거나 기타 방법으로 그 효용을 해한 자를 처벌하도록 규정하고 있다. '공무소에서 사용하는 서류 기타 전자기록'에는 공문서로서의 효력이 생기기 이전의 서류라거나, 정식의 접수 및 결재 절차를 거치지 않은 문서, 결재 상신 과정에서 반려된 문서 등을 포함하는 것으로, **미완성의 문서**라고 하더라도 본죄의 성립에는 영향이 없다.
[2] 회의록이 첨부된 문서관리카드는 전 대통령이 결재의 의사로 서명을 생성함으로써 대통령기록물로 생산되었을뿐 아니라 첨부된 지시사항에 따른 후속조치가 예정되어 있었으므로 문서관리카드는 '공무소에서 사용하는 전자기록'에 해당한다. (대법원 2015도19296) = 완성여부는 불문한다.

XI 공용물파괴죄 및 공무상보관물무효죄

형법

제141조 【공용서류 등의 무효, 공용물의 파괴】 ② 공무소에서 사용하는 건조물, 선박, 기차 또는 항공기를 파괴한 자는 1년 이상 10년 이하의 징역에 처한다.

제143조(미수범) 제140조 내지 전조의 미수범은 처벌한다.

공용물파괴죄에 있어서 파괴란 건조물 등의 실질을 해하여 본래의 용법에 따라 사용할 수 없게 하는 것이다. 손괴보다 물질적 훼손의 정도가 큰 경우이다. 따라서 파괴의 정도에 이르지 아니하면 공용서류등무효죄(제141조 제1항)가 적용되며 자동차의 경우도 공용서류무효죄의 객체(제141조 제1항)가 된다.

형법

제142조【공무상보관물의 무효】 공무소로부터 보관명령을 받거나 공무소의 명령으로 타인이 관리하는 자기의 물건을 손상 또는 은닉하거나 기타 방법으로 그 효용을 해 한 자는 5년이하의 징역 또는 700만원 이하의 벌금에 처한다.

제143조【미수범】 제140조 내지 전조의 미수범은 처벌한다.

객체는 공무소로부터 보관명령을 받거나 공무소의 명령으로 타인이 관리하는 자기의 물건이다.

XII 특수공무방해죄 및 특수공무방해치상·치사죄

형법

제144조【특수공무방해】 ① 단체 또는 다중의 위력을 보이거나 위험한 물건을 휴대하여 제136조, 제138조와 제140조 내지 전조의 죄를 범한 때에는 각조에 정한 형의 2분의 1까지 가중한다.

단체 또는 다중의 위력을 보이거나 위험한 물건을 휴대하는 행위방법의 위험성으로 불법이 가중되는 가중적 구성요건이다.

> **관련판례**
>
> ① 부안군수와 같은 군 내무과장, 부군수 등이 함께 부안군의회에서 군수불신임결의안을 채택하려는 군의회 의원들의 직무집행을 군청 직원들을 동원하여 실력으로 저지하기로 공모한 다음, 직원 150여명을 집합시켜 그들로 하여금 의원들이 본회의장에 들어가려는 것을 못하게 하고, 의원들이 소회의실에 들어가 의사를 진행하려 하자 다시 직원 50여명으로 하여금 그 곳에 난입, 회의장을 점거하게 하여 의사진행을 못하게 한 경우, 특수공무집행방해죄와 폭력행위등처벌에관한법률위반죄가 성립한다. (대법원 98도662)
> ② 교육인적자원부 장관이 약학대학 학제개편에 관한 공청회를 개최하면서 행정절차법상 통지 절차를 위반하였더라도, 위 공청히 개최업무는 공무집행방해죄의 보호대상인 '적법한 공무집행'에 해당하고 다중의 위력으로 공청회 진행에 관한 업무를 방해하였다면 특수공무집행방해죄가 성립한다. (대법원 2007도6088)
> ③ 법외 단체인 전국공무원노동조합의 지부가 당초 공무원 직장협의회의 운영에 이용되던 군(郡) 청사시설인 사무실을 임의로 사용하자, 지방자치단체장이 자진폐쇄 요청 후 행정대집행법에 따라 행정대집행을 하였는데, 피고인들과 위 지부 소속 공무원들이 위 집행을 행하던 공무원들에게 대항하여 폭행 등 행위를 한 경우, 특수공무집행방해죄가 성립한다. (대법원 2007도7514)
> ④ 도심광장인 '서울광장'에서, 행정대집행법이 정한 계고 및 대집행영장에 의한 통지절차를 거치지 아니한 채 위 광장에 무단설치된 천막의 철거대집행을 행하는 공무원들에 대항하여 피고인들이 폭행·협박을 가하였더라도, 특수공무집행방해죄는 성립하지 않는다. (대법원 2009도11523) = 위 서울광장은 비록 공부상 지목이 도로로 되어 있으나 도로법 제65조 제1항 소정의 행정대집행의 특례규정이 적용되는 도로법상 도로라고 할 수 없다.

형법

제144조 【특수공무방해】 ② 제1항의 죄를 범하여 공무원을 상해에 이르게 한 때에는 3년 이상의 유기징역에 처한다. 사망에 이르게 한 때에는 무기 또는 5년 이상의 징역에 처한다.

1 특수공무방해치상죄

① 특수공무방해치상죄는 원래 특수공무방해죄에 대한 결과적 가중범이기는 하지만, 이는 중한 결과에 대하여 예견가능성이 있었음에도 불구하고 예견하지 못한 경우 뿐만 아니라 고의가 있는 경우까지도 포함하는 **부진정결과적가중범**이다. (대법원 94도2842)

② **직무를 집행하는 공무원에 대하여 위험한 물건을 휴대하여 고의로 상해를 가한 경우에는 특수공무집행방해치상죄만이 성립**하고, 이와 별도로 「폭력행위등처벌에관한법률」위반(집단·흉기 등 상해)죄는 성립하지 않는다. (대법원 2008도7311)

2 특수공무방해치사죄

특수공무방해죄에 대한 결과적 가중범이다. 특수공무방해치상죄와는 달리 진정결과적가중범이다.

> **참고**
> 공무방해상해죄, 공무방해치상죄, 특수공무방해상해죄는 형법 규정에 없다. 특수공무방해치상죄가 형법에 규정되어 있다.(제144조 제2항) 따라서 공무방해죄와 상해죄는 상상적 경합범이 되고 특수공무방해상해죄는 특수공무방해치상죄를 적용한다. (부진정결과적 가중범)

> **관련판례** 특수공무집행방해치사상죄 부정
> ① 의무경찰이 학생들의 가두캠페인 행사관계로 직진하여 오는 택시의 운전자에게 좌회전 지시를 하였음에도 택시의 운전자가 계속 직진하여 와서 택시를 세우고는 항의하므로 그 의무경찰이 택시 약 30㎝ 전방에 서서 이유를 설명하고 있는데 그 운전자가 신경질적으로 갑자기 좌회전하는 바람에 택시 우측 앞 범퍼부분으로 의무경찰의 무릎을 들이받은 경우, 미필적 고의는 인정되지만 전치 5일 정도의 피해에 불과하다는 점 비추어 볼 때, 그 택시 운전자의 범행은 특수공무집행방해치상죄에 해당되지 않는다. (대법원 94도1949) = 공무집행방해죄 성립
> ② 피고인이 노조원들과 함께 경찰관인 피해자들이 파업투쟁 중인 공장에 진입할 경우에 대비하여 **미리 윤활유나 철판조각을 바닥에 뿌려 놓은 것에 불과**하고, 위 피해자들이 이에 미끄러져 넘어지거나 철판조각에 찔려 다쳤다는 것에 지나지 않은 경우, 피고인의 위 행위를 **특수공무집행방해치상죄로 의율할 수 없다.** (대법원 2010도7412) = 피해자들에 대한 유형력 행사, 즉 폭행에 해당한다고 보기 어렵기 때문이다.

> **관련판례** 특수공무집행방해치사상죄 인정

① 피고인도 그 속에 끼인 단체 또는 다중인 데모대원이 던진 돌에 의하여 공무집행중이던 경찰관이 상해를 입은 경우 피고인이 던진 돌이 동 피해자에게 맞고 안맞고를 가리지 않고 특수공무방해치상죄가 성립한다. (대법원 79도451)

② 감금당한 전투경찰대원들을 구출하기 위하여 대학교 도서관에 진입한 경찰관들에 대하여 피고인들과 농성학생들이 화염병을 던져 경찰관들을 사상에 이르게 한 경우 특수공무방해치사상죄의 성립한다. (대법원 90도764)

③ 집회 및 시위에 참가한 노동조합원 중 일부가 시위진압 경찰관들과의 몸싸움 과정에서 경찰관들에게 상해를 입게 한 사안에서 금속연맹 지역 본부장의 직책을 가지고 그 집회 및 시위에 적극적으로 참가한 피고인에게 특수공무집행방해치상의 공모공동정범으로서의 죄책을 진다. (대법원 2000도3485)

④ 법외 단체인 전국공무원노동조합의 지부가 당초 공무원 직장협의회의 운영에 이용되던 군(郡) 청사시설인 사무실을 임의로 사용하자, 지방자치단체장이 자진폐쇄 요청 후 행정대집행법에 따라 행정대집행을 하였는데, 피고인들과 위 지부 소속 공무원들이 위 집행을 행하던 공무원들에게 대항하여 폭행 등 행위를 한 사안에서, 피고인들에게 특수공무집행방해죄를 인정하였다. (대법원 2007도7514)

⑤ 재개발지역 내 주민들이 철거에 반대하여 건물 옥상에 망루를 설치하고 농성하던 중 피고인 등이 던진 화염병에 의해 발생한 화재로 일부 농성자 및 진압작전 중이던 일부 경찰관이 사망하거나 상해를 입은 경우, 경찰의 위 농성 진압작전을 위법한 직무수행으로 볼 수 없으므로 피고인들에게 특수공무집행방해치사상죄 등이 성립한다. (대법원 2010도7621)

Section 04 도주와 범인은닉의 죄

I 서설

1 조문 체계

범죄	조문	구성요건	미수	예비
도주	제145조 제1항	법률에 따라 체포되거나 구금된 자가 도주한 경우	○	×
집합명령 위반	제145조 제2항	법률에 의하여 구금된 자가 천재·사변 그 밖에 법령에 따라 잠시 석방된 상황에서 정당한 이유 없이 그 집합명령에 위반한 경우	○	×
특수도주	제146조	수용설비 또는 기구를 손괴하거나 사람에게 폭행 또는 협박을 가하거나 2인 이상이 합동하여 도주한 경우	○	×
도주원조	제147조	법률에 의하여 구금된 자를 탈취하거나 도주하게 한 경우	○	○
간수자 도주원조	제148조	법률에 의하여 구금된 자를 간수 또는 호송하는 자가 이를 도주하게 한 경우	○	○
범인 은닉·도피	제151조	벌금 이상의 형에 해당하는 죄를 범한 자를 은닉 또는 도피하게 한 경우	×	×

2 의의 및 보호법익

① 도주죄는 법률에 의하여 체포·구금된 자가 스스로 도주하거나 타인이 범인의 도주에 관여하는 범죄이다. 보호법익은 형사사법기능이다. 즉 국가의 구금기능 또는 구속작용이다.

② 범인은닉·도피를 제외하고 미수처벌규정이 있다.

③ 범인은닉·도피는 친족간 특례에 따라 친족이나 동거가족이 본인(범인)을 위하여 범인은닉·도피의 죄를 범한 경우에는 처벌하지 아니한다. (처벌면제)

④ 보호정도는 도주의 죄는 침해범, 범인은닉·도피죄는 추상적 위험범으로 본다.

II 도주죄

형법

제145조【도주】 ① 법률에 따라 체포되거나 구금된 자가 도주한 경우에는 1년 이하의 징역에 처한다.

제149조【미수범】 전4조의 미수범은 처벌한다.

1 의의

법률에 의하여 체포 또는 구금된 자가 스스로 도주하는 것으로 진정신분범이다. 널리 법률에 근거하여 적법하게 신체의 자유를 구속받고 있는 자를 말한다.

2 객관적 구성요건

(1) 행위의 주체

① 본죄의 주체는 법률에 의하여 체포·구금된 자이다.

② 사인(私人)에 의해 현행범으로 체포된 자는 본죄의 주체가 되지 못한다.

③ 도주죄의 주체는 유죄확정판결 받고 교도소에 구금 중인 자(기결수형자), 재판 확정 전 피고인이나 피의자로 구속되어 있는 자(미결구금자), 노역장 유치자, 체포된 자 등이다. 그러나 가석방, 보석, 형집행정지, 구속집행정지 중인 자는 도주죄의 주체가 아니다.

> **관련판례**
>
> ① 사법경찰관이 A피고인을 수사관서까지 동행한 것이 사실상의 강제연행, 즉 불법 체포에 해당하고, 불법 체포로부터 **6시간 상당히 경과한 후에 이루어진 긴급체포** 또한 위법하므로 A가 불법체포 된 자로서 형법 제145조 제1항에 정한 '법률에 의하여 체포 또는 구금된 자'가 아니어서 도주죄의 주체가 될 수 없다. (대법원 2005도6810)
>
> ② 법정구속되어 대기실에 인치된 피고인은 형법 제145조 제1항의 '법률에 의하여 체포 또는 구금된 자'에 해당한다. (대법원 2020도12586)

(2) 실행행위

① 실행행위는 도주이다.

② 도주는 구금상태로부터 이탈하는 것을 말하며, 작위 또는 부작위에 의해서도 가능하다.

(3) 실행의 착수와 기수

① 착수시점은 체포구금작용을 침해하기 시작한 때이다.

② 기수시점은 간수자의 실력적 지배에서 벗어났을 때이다. 계속 추적 중이면 미수에 해당할 뿐이다.(침해범)

> **관련판례**
>
> 甲은 탈주범인 동생 乙이 멀리 도망갈 수 있도록 乙소유의 승용차를 건네주어 도주를 용이하게 하였다. 검찰은 甲을 도주원조죄로 상고하였다. 도주죄는 **즉시범으로 범인이 간수자의 지배를 벗어난 상태에 이르면 기수가 되어 도주행위가 종료하는 것**이고, 도주원조죄는 범인의 도수행위를 야기하거나 이를 용이하게 하는 등 그와 **공범관계에 있는 행위**를 독립된 구성요건으로 하는 범죄이다. 따라서 도주죄의 범인이 도주를 하여 **기수에 이른 후에 범인의 도피를 도와주는 행위는 범인도피죄를 구성할 뿐** 도주원조죄를 구성하는 것은 아니다. (대법원 91도1656)

III 집합명령위반죄

형법

제145조【집합명령위반】 ② 제1항의 구금된 자가 천재지변이나 사변 그 밖에 법령에 따라 잠시 석방된 상황에서 정당한 이유없이 집합명령에 위반한 경우에도 제1항의 형에 처한다.

제149조【미수범】 전4조의 미수범은 처벌한다.

천재, 사변 또는 이에 준하는 상태에서 법령에 의하여 잠시 해금된 경우여야 한다. 따라서 귀휴허가를 받고 출소한 자, 천재지변상태에서 불법출소한 자가 집합명령에 위반한 경우에는 본죄가 아니라 도주죄가 된다. 진정부작위범에 해당한다. 논리상 미수를 인정할 수 없으나, 미수처벌 규정이 있다.

IV 특수도주죄

> **형법**
>
> **제146조【특수도주】** 수용설비 또는 기구를 손괴하거나 사람에게 폭행 또는 협박을 가하거나 2인 이상이 합동하여 전조 제1항의 죄를 범한 자는 7년 이하의 징역에 처한다.
>
> **제149조【미수범】** 전4조의 미수범은 처벌한다.

① 예비음모 처벌규정은 없고, 미수 처벌규정은 있다.
② 특수도주는 행위 양태가 3가지이다. ⅰ) 수용설비(교도소, 구치소, 경찰서 유치장 등), 기구(수갑, 포승 등)를 손괴하고 도주하는 경우, ⅱ) 사람을 폭행·협박하여 도주하는 경우(여기서의 폭행·협박은 광의의 개념), ⅲ) **2인 이상 합동하여 단순도주죄를 범한 경우이다.**
③ 죄수: 2인 이상 합동하여 수용시설을 손괴하고 또 간수자를 폭행하여 도주한 때에는 포괄일죄가 성립한다.

V 도주원조죄

> **형법**
>
> **제147조【도주원조】** 법률에 의하여 구금된 자를 탈취하거나 도주하게 한 자는 10년 이하의 징역에 처한다.
>
> **제149조【미수범】** 전4조의 미수범은 처벌한다.
>
> **제150조【예비, 음모】** 제147조와 제148조의 죄를 범할 목적으로 예비 또는 음모한 자는 3년 이하의 징역에 처한다.

1 의의

법률에 의해 구금된 자를 탈취하거나 도주하게 하는 범죄로서, 도주자와 도주원조자 사이에는 형법총칙의 공범규정이 적용되지 않는다. 예비음모 처벌규정이 있다. 미수 처벌규정도 있다.

2 행위의 주체

주체에는 제한이 없다. **가족이라도 도주원조죄의 주체가 될 수 있으며, 친족간 특례가 없다.**

3 행위의 객체

법률에 의하여 구금된 자이다. 따라서 체포되어 연행중인 자는 객체가 될 수 없다. 따라서 체포되어 연행중인 범인을 도주케 한 경우 범인도피죄가 성립하고 체포되어 연행 중인 자가 스스로 도주한 경우 단순도주죄가 성립한다.

4 행위

탈취하거나 도주하게 하는 것이다.

VI 간수자도주원조죄

형법

제148조 【간수자의 도주원조】 법률에 의하여 구금된 자를 간수 또는 호송하는 자가 이를 도주하게 한때에는 1년 이상 10년 이하의 징역에 처한다.

제149조 【미수범】 전4조의 미수범은 처벌한다.

제150조 【예비, 음모】 제147조와 제148조의 죄를 범할 목적으로 예비 또는 음모한 자는 3년 이하의 징역에 처한다.

① 예비음모 처벌규정이 있다. 미수 처벌규정도 있다.

② 간수 또는 호송하는 자(주체)가 법률에 의해 구금된 자(객체)를 도주하도록 해주는 것이다. 사인이 체포한 현행범을 경찰관에게 인도하지 않고 방면해 준 경우 본죄가 성립하지 않는다.

VII 범인은닉죄(범인도피죄)

형법

제151조 【범인은닉과 친족간의 특례】 ① 벌금 이상의 형에 해당하는 죄를 범한 자를 은닉 또는 도피하게 한 자는 3년 이하의 징역 또는 500만원 이하의 벌금에 처한다.
② 친족 또는 동거의 가족이 본인을 위하여 전항의 죄를 범한 때에는 처벌하지 아니한다.

1 의의

벌금 이상의 형에 해당하는 죄를 범한 자를 은닉 또는 도피하게 함으로써 성립하는 범죄이다.

2 객관적 구성요건

(1) 주체

① 주체는 범인 이외의 자이면 누구든지 가능하지만, 본범 자신의 도피행위는 범인도피죄가 성립하지 않는다.

② 범인 스스로 도피하는 행위는 처벌되지 아니하므로, 범인이 도피를 위하여 타인에게 도움을 요청하는 행위 역시 도피행위의 범주에 속하는 한 처벌되지 아니하며, 범인의 요청에 응하여 범인을 도운 타인의 행위가 범인도피죄에 해당한다고 하더라도 마찬가지이다. 벌금 이상의 형에 해당하는 죄를 범하고 도피 중이던 A가 B에게 자동차를 이용하여 원하는 목적지로 이동시켜 달라고 요구하거나 속칭 '대포폰'을 구해 달라고 부탁함으로써 B로 하여금 A의 요청에 응하도록 한 경우, B에게 범인도피죄가 성립할 지라도 A에게는 범인도피의 교사죄가 인정되지 아니한다. (대법원 2013도12079)

③ 범인도피죄는 타인을 도피하게 하는 경우에 성립할 수 있는데, 여기에서 타인에는 공범도 포함되나 범인 스스로 도피하는 행위는 처벌되지 않는다. 또한 공범 중 1인이 그 범행에 관한 수사절차에서 참고인 또는 피의자로 조사받으면서 자기의 범행을 구성하는 사실관계에 관하여 허위로 진술하고 허위 자료를 제출하는 것은 자신의 범행에 대한 방어권 행사의 범위를 벗어난 것으로 볼 수 없다. 이러한 행위가 다른 공범을 도피하게 하는 결과가 된다고 하더라도 범인도피죄로 처벌할 수 없다. 이때 공범이 이러한 행위를 교사하였더라도 범죄가 될 수 없는 행위를 교사한 것에 불과하여 범인도피교사죄가 성립하지 않는다. (대법원 2015도20396)

1) 공동정범의 경우

공동정범 중의 1인이 다른 공동정범을 도피시킴에 대하여 동조 제2항과 같은 불처벌 특례를 규정한 바 없으므로 공동정범 중 1인이 다른 공동정범을 도피시킴은 범인도피죄의 죄책을 면치 못한다. 즉 본범(A)의 공동정범이나 공범(교사·방조범)(B)도 범인도피죄의 주체가 될 수 있다. 그래서 **공동정범 중의 1인이 다른 공동정범 범인을 도피시킨 경우, 범인도피죄의 공동정범**이 성립한다고 볼 수 있다. 다만, 본범(A)의 공동정범이나 공범(B)이 범죄를 저질렀을 때 본죄의 행위(공범자를 은닉·도피시키는 행위)가 자신(B)의 범행 은닉과 밀접불가분하다면 자기도피와 마찬가지이므로 기대가능성이 없어서 책임이 조각될 수 있다. (대법원 4290형상393, 2015도20396)

> **관련판례**
> 범인도피죄는 타인을 도피하게 하는 경우에 성립할 수 있는데, 여기에서 타인에는 공범도 포함되나 범인 스스로 도피하는 행위는 처벌되지 않는다. 또한 공범 중 1인이 그 범행에 관한 수사절차에서 참고인 또는 피의자로 조사받으면서 자기의 범행을 구성하는 사실관계에 관하여 허위로 진술하고 허위 자료를 제출하는 것은 자신의 범행에 대한 방어권 행사의 범위를 벗어난 것으로 볼 수 없다. 이러한 행위가 다른 공범을 도피하게 하는 결과가 된다고 하더라도 범인도피죄로 처벌할 수 없다. 이때 공범이 이러한 행위를 교사하였더라도 범죄가 될 수 없는 행위를 교사한 것에 불과하여 범인도피교사죄가 성립하지 않는다. (대법원 2015도20396)

2) 자기은닉·도피의 교사

타인을 교사하여 자기를 은닉·도주하게 한 경우, 범인은닉죄의 교사가 성립한다. 예컨대, 범인이 자기 자신을 위하여 타인으로 하여금 허위의 자백을 하게 하여 범인도피죄를 범하게 한 경우, 해당자는 방어권의 남용으로 범인도피 교사죄에 해당한다. (대법원 2013도12079, 2005도3707)

> **관련판례** 자기은닉·도피를 교사 또는 방조한 경우
> ① 피고인은 음주운전 혐의로 적발되자 평소 알고 지내던 甲을 불러내어 그로 하여금 단속경찰관인 乙이 피고인에 대한 주취운전자 적발보고서를 작성하거나 재차 음주측정을 하지 못하도록 제지하는 등으로 乙의 수사를 곤란하게 했던 사실을 인정할 수 있는바, 이러한 피고인의 행위는 범인도피죄에서 말하는 도피에 해당하고, 나아가 피고인이 甲에게 전화를 걸어 음주단속 현장으로 나오게 한 점이나 그에게 "어떻게 좀 해 보라"고 계속 재촉한 사정 등에 비추어 보면 피고인에게 범인도피교사에 대한 범의가 없었다고 보기도 어렵다. (대법원 2005도7528)
> ② B는 피고인 A가 평소 가깝게 지내던 후배인 점, A는 자신의 휴대폰을 사용할 경우 소재가 드러날 것을 염려하여 B에게 요청하여 대포폰을 개설하여 받고, B에게 전화를 걸어 자신이 있는 곳으로 오도록 한 다음 B가 운전하는 자동차를 타고 H시 일대를 이동하여 다닌 것으로서, A의 이러한 행위는 형사사법에 중대한 장애를 초래한다고 보기 어려운 통상적 도피의 한 유형으로 볼 여지가 충분하다. 범인 스스로 도피하는 행위는 처벌되지 아니하므로, **범인이 도피를 위하여 타인에게 도움을 요청하는 행위 역시 도피행위의 범주에 속하는 한 처벌되지 아니하며**, 범인의 요청에 응하여 범인을 도운 타인의 행위가 범인도피죄에 해당한다고 하더라도 마찬가지이다. 다만 범인이 타인으로 하여금 허위의 자백을 하게 하는 등으로 범인도피죄를 범하게 하는 경우와 같이 그것이 방어권의 남용으로 볼 수 있을 때에는 범인도피교사죄에 해당할 수 있다. (대법원 2013도12079)

③ 범인이 자신을 위하여 타인으로 하여금 허위의 자백을 하게 하여 범인도피죄를 범하게 하는 행위는 방어권의 남용으로 범인도피교사죄에 해당하는바, 이 경우 그 타인이 형법 제151조 제2항에 의하여 처벌을 받지 아니하는 친족, 호주 또는 동거 가족에 해당한다 하여 달리 볼 것은 아니다. (대법원 2008도7647)

(2) 객체

1) **벌금이상의 형에 해당하는 죄**

   범인도피죄는 벌금(금고 ×, 자격정지 ×) 이상의 형에 해당하는 죄를 범한 자를 도피하게 한 경우에 성립한다. (제151조) 법정형을 기준으로 벌금이상의 형을 포함하고 있는 범죄를 말한다. 각칙상의 범죄는 모두 벌금 이상 형에 해당하는 죄에 속한다.

2) **죄를 범한 자**

   ① 벌금 이상의 형에 해당하는 죄를 범한 자라는 것을 인식하면서도 도피하게 한 경우에는 그 자가 당시에는 **아직 수사대상이 되어 있지 않았던 경우**도 범인도피죄가 성립한다. (대법원 2003도4533) 당연히 범죄 혐의를 받아 수사의 대상이 되어 있는 자에 대해서도 범인도피죄가 성립한다. (대법원 81도1931)

   ② 정범뿐만 아니라 교사범과 종범을 포함하고, 미수나 예비·음모를 한 자를 포함한다.

   ③ 진범일 필요 없고 도피시킬 시점에 범죄혐의로 수사 또는 소추를 받고 있는 자이면 충분하다. 나중에 혐의 없음 처분을 받거나 무죄판결을 선고받은 경우에도 성립에 영향이 없다. (대법원 2003도4533)

■ 범인은닉·도피죄의 객체

범인은닉·도피죄의 객체(○)	· 불기소처분을 받은 자 · 친고죄에서 고소가 없는 경우 · 교통사고처리특례법상 자동차종합보험에 가입되어 있는 자
범인은닉·도피죄의 객체(×)	· 무죄나 면소판결이 확정된 자 · 친고죄에서 고소권이 소멸한 경우 · 공소시효의 완성, 형의 폐지, 사면에 의하여 소추 또는 처벌가능성이 없는 자

(3) 실행행위: 은닉 또는 도피

① 범인도피죄는 벌금 이상의 형에 해당하는 죄를 범한 범인이라는 점을 인식하면서도 그에 대한 수사·재판 및 형의 집행 등 형사사법의 작용을 곤란 또는 불가능하게 하는 행위를 말하는 것이다. 즉 범인도피죄는 위험범으로서 현실적으로 형사사법의 작용을 방해하는 결과를 초래할 것을 요하지 아니하나, 도피하게 하는 행위는 은닉행위에 비견될 정도로 수사기관의 발견·체포를 곤란하게 하는 행위, 즉 직접 범인을 도피시키는 행위 또는 도피를 **직접적으로 용이하게 하는 행위**에 한정된다. (대법원 2007도11137)

② 예컨대, 도피자금이나 은신처를 제공하는 것, 도피 중인 범인에게 가족의 안부와 수사상황을 알려주는 행위, 추격 중인 경찰의 추격을 방해하는 것 등이다. 특히, 범인이 아닌 자가 수사기관에서 범인임을 자처하고 허위사실을 진술하여 진범의 체포와 발견에 지장을 초래하게 한 경우 범인은닉죄가 성립한다. (대법원 96도1016)

③ 그러나 단순히 범인의 소재를 탐문하는 질문에 아는 바 없다고 대답하는 것, 피고인이 공범의 이름을 묵비하는 것, 게임장 종업원이 자신이 실제 업주라고 단순 진술하는 것 등은 범인도피죄가 성립하지 않는다고 본다.

④ 또한, 참고인이 범인이 아닌 사람을 범인이 아닐지도 모른다고 생각하면서도 그가 범인이라고 지목하는 허위진술을 하여 구속기소되게 한 경우도 범인도피죄가 성립하지 아니한다. (대법원 2008도1059) = 왜냐하면, 참고인이 수사기관에서 범인에 관하여 조사를 받으면서 그가 알고 있는 사실을 묵비하거나 허위로 진술하였다고 하더라도 그것이 적극적으로 수사기관을 기만하여 착오에 빠지게 함으로써 범인 발견 또는 체포를 곤란 내지 불가능하게 할 정도의 것이 아니라면 범인도피죄를 구성하지 않는다는 것이다.

⑤ 범인도피죄는 위험범으로서 **현실적으로 형사사법의 작용을 방해하는 결과가 초래해야 할 필요까지는 없다.** (대법원 2000도4078)

> **관련판례** 범인도피죄 인정
>
> ① 도피자금, 은신처 등을 제공하여 체포를 면하게 한 경우에는 범인은닉죄가 성립한다. (대법원 83도1486)
> ② 사제가 죄지은 자를 능동적으로 고발하지 않는 것에 그치지 아니하고 은신처마련, 도피자금 제공등 범인을 적극적으로 인닉 · 도피케 하는 행위는 사제의 정당한 직무에 속하는 것이라고 할 수 없다. (대법원 82도3248)
> ③ 참고인이 범인 아닌 다른 자를 진범이라고 내세우는 경우 등과 같이 적극적으로 허위의 사실을 진술하여 수사관을 기만, 착오에 빠지게 함으로써 범인의 발견 체포에 지장을 초래케 하는 경우이다. (대법원 85도897)
> ④ 도피중인 범인에게 가족의 안부와 수사상황을 알려주는 행위는 범인도피죄에 해당한다고 보아야 할 것이다. (대법원 90도2439)
> ⑤ 범인도피죄는 범인을 도피하게 함으로써 기수에 이르지만 범인도피행위가 계속되는 동안에는 범죄행위도 계속되고 행위가 끝날 때 비로소 범죄행위가 종료되고, 공범자의 범인도피행위의 도중에 그 범행을 인식하면서 그와 공동의 범의를 가지고 기왕의 범인도피상태를 이용하여 스스로 범인도피행위를 계속한 자에 대하여는 범인도피죄의 공동정범이 성립한다. (대법원 95도577)
> ⑥ 피고인이 검사로부터 범인을 검거하라는 지시를 받고서도 그 직무상의 의무에 따른 적절한 조치를 취하지 아니하고 오히려 범인에게 전화로 도피하라고 권유하여 그를 도피케 하는 경우 범인도피죄가 성립한다. (대법원 96도51)
> ⑦ 범인이 아닌 자가 **수사기관에서 범인임을 자처**하고 **허위사실을 진술하여** 진범의 체포와 발견에 지장을 초래하게 한 행위는 범인은닉죄에 해당한다. (대법원 96도1016, 2000도4078)
> ⑧ 범인이 기소중지자임을 알고도 범인의 부탁으로 **다른 사람의 명의로 대신 임대차계약을 체결해 준 경우**, 비록 임대차계약서가 공시되는 것은 아니라 하더라도 수사기관이 탐문수사나 신고를 받아 범인을 발견하고 체포하는 것을 곤란하게 하여 범인도피죄에 해당한다. (대법원 2003도8226) = 피고인이 자신의 처를 내세워 그녀의 이름으로 대신 임대차계약을 체결해 준 행위는 범인을 도피하게 한 행위에 해당한다.
> ⑨ 甲이 수사기관 및 법원에 출석하여 乙 등의 사기 범행을 자신이 저질렀다는 취지로 허위자백하였는데, 그 후 甲의 사기 피고사건 변호인으로 선임된 피고인이 甲과 공모하여 진범 乙 등을 은폐하는 허위자백을 유지하게 함으로써 범인을 도피하게 하였다는 내용으로 기소된 사안에서, 피고인에 대하여 범인도피방조죄를 인정한다. (대법원 2012도6027)
> ⑩ A가 판매 · 공급한 휘발유가 유사석유임을 알았다고 인정할 증거가 부족하여 A에 대하여 석유 및 석유대체연료 사업법위반죄를 인정할 수 없다고 하더라도, A의 교사에 의하여 B, C 및 D가 허위로 진술한 사실이 인정되고 그것이 적극적으로 수사기관을 기만하여 착오에 빠지게 함으로써 범인의 발견 또는 체포를 곤란 내지 불가능하게 할 정도에 해당하여 범인도피죄를 구성한다면, 그들은 석유 및 석유대체연료 사업법위반죄의 혐의를 받아 수사대상이 된 피고인을 도피하도록 한 것으로 볼 수 있고, 나아가 이를 교사한 피고인에 대하여도 범인도피교사의 죄책이 성립될 수 있다. (대법원 2013도152)

> **관련판례** 범인도피죄 부정

① 피고인이 공범의 이름을 진술하지 않고 단순히 묵비하였다 하여 절도범인을 도피하게 하였다고는 볼 수 없다. (대법원 83도3288)

② 참고인이 수사기관에서 진술을 함에 있어 단순히 범인으로 체포된 사람과 참고인이 목격한 범인이 동일함에도 불구하고 동일한 사람이 아니라고 허위진술을 하였고 그 허위진술로 말미암아 증거가 불충분하게 되어 범인을 석방하게 되는 결과가 되었다 하더라도 바로 범인도피죄를 구성한다고는 할 수 없다. (대법원 85도897)

③ 주점 개업식날 찾아 온 범인에게 '도망다니면서 이렇게 와 주니 고맙다. 항상 몸조심하고 주의하여 다녀라. 열심히 살면서 건강에 조심하라'고 말한 것은 단순히 안부를 묻거나 통상적인 인사말에 불과하므로 범인도피죄에 해당하지 않는다. (대법원 92도736)

④ 참고인이 수사기관에서 범인에 관하여 조사를 받으면서 그가 알고 있는 사실을 묵비하거나 허위로 진술하였다고 하더라도, 그것이 적극적으로 수사기관을 기만하여 착오에 빠지게 함으로써 범인의 발견 또는 체포를 곤란 내지 불가능하게 할 정도의 것이 아니라면 범인도피죄를 구성하지 않는다. (대법원 2002도5374) = 신원보증인이 수사기관에 대하여 피의자의 신분, 직업, 주거 등을 보증하고 향후 수사기관이나 법원의 출석요구에 사실상 협조하겠다는 의사를 표시한 신원보증서에 피의자의 인적 사항을 허위로 기재하여 제출한 행위만으로는 범인도피죄가 성립하지 아니한다.

⑤ 사행행위 등 규제 및 처벌특례법 위반죄의 피의자가 수사기관에서 조사받으며 오락실을 단독 운영하였다고 허위진술하여 오락실 공동운영자인 공범의 존재를 숨긴 것이 범인도피죄에 해당하지 않는다. (대법원 2007도11137)

⑥ **참고인이 범인이 아닌 사람을 범인이 아닐지도 모른다고 생각하면서도 그가 범인이라고 지목하는 허위진술을 하여 구속기소 되게 한 경우** 그것이 적극적으로 수사기관을 기만하여 착오에 빠지게 함으로써 범인의 발견 또는 체포를 곤란 내지 불가능하게 할 정도의 것이 아니라면 범인도피죄를 구성하지 않는다. (대법원 2008도1059) = 폭행사건 현장의 참고인이 출동한 경찰관에게 범인의 이름 대신 허무인의 이름을 대면서 구체적인 인적사항에 대한 언급을 피한 경우 범인도피죄가 성립하지 않는다.

⑦ 게임산업진흥에 관한 법률 위반 혐의로 **수사기관에서 조사받는 피의자가 사실은 게임장·오락실·PC방 등의 실제 업주가 아님에도 불구하고** 자신이 실제 업주라고 허위로 진술하였다고 하더라도, 그 자체만으로 범인도피죄를 구성하는 것은 아니다. (대법원 2009도10709) = 적극적으로 허위 진술하거나 허위자료를 제시하여 그 결과 수사기관이 실제 업주를 발견 또는 체포하는 것이 곤란 내지 불가능하게 될 정도에 이른 것으로 평가되는 경우 등에는 범인도피죄를 구성할 수 있다.

(4) 기수 시점

① 기수시점은 범인을 도피하게 한 때이다.

② 다만 범인도피죄는 범인을 도피하게 함으로써 기수에 이르지만, 범인도피행위가 계속되는 동안에는 범죄행위도 계속되고 행위가 끝날 때 비로소 범죄행위가 종료된다. 따라서 <u>공범자의 범인도피행위 도중에 그 범행을 인식하면서 그와 공동의 범의를 가지고 기왕의 범인도피상태를 이용하여 스스로 범인도피행위를 계속한 경우에는 범인도피죄의 공동정범이 성립한다.</u> (대법원 95도577) (계속범)

3 주관적 구성요건: 고의

① 벌금 이상의 형에 해당하는 죄를 범한 자라는 것을 미필적이라도 인식해야 한다.

② 범인도피죄에 있어서 벌금 이상의 형에 해당하는 자에 대한 인식은 실제로 벌금 이상의 형에 해당하는 범죄를 범한 자라는 것을 인식함으로써 족하고 그 법정형이 벌금이상이라는 것까지 알 필요는 없는 것이다. 범인의 성명 등에 대해서 알 필요도 없다. (대법원 2000도4078)

③ 수표가 지급거절되리라는 사정을 알면서 그 수표부도 직전에 발행인을 은닉한 경우 범인은닉에 관한 범의가 있다. (대법원 89도1480)

4 친족간의 특례

① 친족 또는 동거의 가족이 본인을 위하여 범인은닉·도피죄(제151조 제1항)를 범한 때에는 처벌하지 아니한다.

② 친족이 아닌 자와 공범으로서 본죄를 범한 경우에는 특례는 친족에게만 적용되며, **친족 아닌 자에게는 적용되지 않는다.**

③ **사실혼 관계 등은 특례가 인정되는 친족으로 인정되지 아니한다.** 즉 사실혼관계에 있는 처(妻)가 범인인 남편을 위하여 범인은닉죄를 범한 경우에는 처벌된다. (대법원 2003도4533)

④ 친족이 제3자를 교사하여 범인은닉행위를 한 경우에는 비호권의 남용이 되므로 본죄의 교사범이 성립된다.

⑤ 범인이 친족을 교사하여 자신을 은닉·도피시킨 경우 **친족은 처벌하지 않지만 범인은 이 죄의 교사범이 성립한다.**

5 죄수

피고인이 검사로부터 범인을 검거하라는 지시를 받고서도 그 직무상 의무에 따른 적절한 조치를 취하지 아니하고 오히려 범인에게 전화로 도피하라고 권유하여 그를 도피하게 하였다면, 작위범인 범인도피죄만 성립하고 부작위범인 직무유기죄는 따로 성립하지 아니한다. (대법원 96도51)

■ **친족간의 특례가 적용되는 범죄**

적용되는 범죄	· 범인은닉·도피죄 (제151조 제1항) · 증거인멸죄 (제155조 제1항) · 증인은닉·도피죄 (제155조 제2항) · 모해증거인멸죄·모해증인은닉도피죄(제155조 제3항)	자백·자수특례 없음
적용되지 않는 범죄	· 위증죄 · 모해위증죄 · 무고죄	친족간의 특례는 없음 자백·자수특례 있음

Section 05 위증과 증거인멸의 죄

I 서설

1 조문 체계

범죄	조문	내용	미수	예비	친족특례
위증	제152조 제1항	법률에 의하여 선서한 증인이 허위의 진술을 한 경우	×	×	×
모해위증	제152조 제2항	형사사건 또는 징계사건에 관하여 피고인·피의자 또는 징계혐의자를 모해할 목적으로 위증죄를 범한 경우	×	×	×
허위감정·통역·번역	제153조	법률에 의하여 선서한 감정인·통역인·번역인이 허위의 감정·통역·번역을 한 경우	×	×	×
증거인멸	제155조 제1항	타인의 형사사건 또는 징계사건에 관한 증거를 인멸·은닉·위조 또는 변조하거나 위조 또는 변조한 증거를 사용한 경우	×	×	○
증인 은닉·도피	제155조 제2항	타인의 형사사건 또는 징계사건에 관한 증인을 은닉 또는 도피하게 한 경우			○
모해 증거인멸	제155조 제3항	피고인·피의자 또는 징계혐의자를 모해할 목적으로 증거인멸죄와 증인은닉·도피죄를 범한 경우	×	×	○

2 의의 및 보호법익

① 본죄는 법률에 의하여 선서한 증인이 허위의 진술을 함으로서 성립하는 범죄이다. 위증죄는 증거인멸죄에 대하여 특별관계에 있다.

② 증거인멸, 증인 은닉·도피, 모해 증거인멸죄는 친족간 특례규정에 의해 친족이나 동거가족이 본인(범인)을 위하여 죄를 범한 때에는 처벌하지 아니한다. (처벌면제)

③ 보호법익은 국가의 사법기능이며, 보호정도는 추상적 위험범이다.

④ 위증죄는 진의 아닌 의사를 진술함으로써 성립하는 표현범이다.

II 위증죄

형법

제152조【위증】 ① 법률에 의하여 선서한 증인이 허위의 진술을 한 때에는 5년 이하의 징역 또는 1천만원 이하의 벌금에 처한다.

제153조【자백, 자수】 전조의 죄를 범한 자가 그 공술한 사건의 재판 또는 징계처분이 확정되기 전에 자백 또는 자수한 때에는 그 형을 감경 또는 면제한다.

1 의의

본죄는 법률에 의하여 선서한 증인이 허위의 진술을 하거나, 법률에 의하여 선서한 감정인·통역인 또는 번역인이 허위의 감정·통역 또는 번역을 함으로써 성립하는 범죄이다.

2 객관적 구성요건

(1) 행위의 주체

법률에 의해 선서한 증인 본인만이 행위주체가 되는 진정신분범이다. 증인이라도 선서를 하지 않으면 본죄의 주체가 되지 못한다.

1) 법률에 의한 선서

① **법률에 의한 선서**: 법률의 규정된 절차에 따라 유효하게 행하여질 것을 요한다는 의미이다. 여기의 법률에는 법률 외에 명령 기타 하위입법에 규정된 것을 포함한다.

② **선서의 대상**: 검사, 사법경찰관에 대한 선서, 무능력자의 선서는 증인이 되지 못한다. 그러나 위증의 벌을 경고하지 않은 경우, 관할위반 등 사소한 하자가 있는 경우, 사후선서한 경우는 증인이 된다. 즉 재판장이 선서할 증인에 대하여 선서 전에 위증의 벌을 경고하지 않았다는 등의 사유는 그 증인신문절차에서 증인 자신이 위증의 벌을 경고하는 내용의 선서서를 낭독하고 기명날인 또는 서명한 이상 위증의 벌을 몰랐다고 할 수 없을 것이므로 증인 보호에 사실상 장애가 초래되었다고 볼 수 없고, 따라서 위증죄의 성립에 지장이 없다고 보아야 한다. (대법원 2008도942)

③ <u>심문절차로 진행되는 가처분 신청사건에서 증인으로 출석하여 선서를 하고 진술함에 있어서 허위의 공술을 하였더라도 선서 자체가 무효라서 위증죄가 성립하지 않는다.</u> (대법원 2003도180)

> **관련판례**
>
> **가처분사건이** 변론절차에 의하여 진행될 때에는 제3자를 증인으로 선서하게 하고 증언을 하게 할 수 있으나 **심문절차에 의할 경우에는 법률상 명문의 규정도 없고**, 또 구 민사소송법(2002.1.26. 법률 제6626호로 전문 개정되기 전의 것)의 증인신문에 관한 규정이 준용되지도 아니하므로 선서를 하게하고 증언을 시킬 수 없다고 할 것이고, 따라서 **제3자가 심문절차로 진행되는 가처분 신청사건에서 증인으로 출석하여 선서를 하고 진술함에 있어서 허위의 공술을 하였다고 하더라도** 그 선서는 법률상 근거가 없어 무효라고 할 것이므로 위증죄는 성립하지 않는다. (대법원 2003도180)

2) 증언거부권을 가진 증인

① 재판장이 신문 전에 증인에게 증언거부권을 고지하지 않은 경우에도 당해 사건에서 증언 당시 증인이 처한 구체적인 상황, 증언거부사유의 내용, 증인이 증언거부사유 또는 증언거부권의 존재를 이미 알고 있었는지 여부, 증언거부권을 고지 받았더라도 허위진술을 하였을 것이라고 볼 만한 정황이 있는지 등을 전체적·종합적으로 고려하여 판단해야 한다.

② <u>증인이 증언거부권을 고지받지 못함으로 인하여 그 증언거부권을 행사하는데 사실상 장애가 초래되었다고 볼 수 있는 경우에는 위증죄의 성립을 부정하여야 할 것이다.</u> (대법원 2008도942)

> **관련판례**
>
> 증언거부권 제도는 증인에게 증언의무의 이행을 거절할 수 있는 권리를 부여한 것이고, 형사소송법상 증언거부권의 고지 제도는 증인에게 그러한 권리의 존재를 확인시켜 침묵할 것인지 아니면 진술할 것인지에 관하여 심사숙고할 기회를 충분히 부여함으로써 침묵할 수 있는 권리를 보장하기 위한 것임을 감안할 때, 재판장이 신문 전에 증인에게 증언거부권을 고지하지 않은 경우에도 당해 사건에서 증언 당시 증인이 처한 구체적인 상황, 증언거부사유의 내용, 증인이 증언거부사유 또는 증언거부권의 존재를 이미 알고 있었는지 여부, 증언거부권을 고지 받았더라도 허위진술을 하였을 것이라고 볼 만한 정황이 있는지 등을 전체적·종합적으로 고려하여 증인이 침묵하지 아니하고 진술한 것이 자신의 진정한 의사에 의한 것인지 여부를 기준으로 위증죄의 성립 여부를 판단하여야 한다. 그러므로 헌법 제12조 제2항에 정한 불이익 진술의 강요금지 원칙을 구체화한 자기부죄거부특권에 관한 것이거나 기타 증언거부사유가 있음에도 증인이 증언거부권을 고지받지 못함으로 인하여 그 증언거부권을 행사하는데 사실상 장애가 초래되었다고 볼 수 있는 경우에는 **위증죄의 성립을 부정하여야** 할 것이다. (대법원 2008도942)

③ 그러나 선서 전에 재판장으로부터 증언거부권을 고지받지 아니하였다 하더라도 이로 인하여 증언거부권이 사실상 침해당한 것으로 평가할 수는 없는 경우는 위증죄의 죄책을 인정하여야 한다.

> **관련판례**
>
> 전 남편에 대한 도로교통법위반(음주운전) 사건에서 남편의 증인으로 법정에 출석한 전처가 증언거부권을 고지받지 않은 채 술에 만취한 남편을 집으로 돌려보내기 위해 자신이 남편을 차에 태워 운전하였다는 취지로 남편의 변명에 부합하는 내용의 **허위사실을 적극적으로 진술한 경우 위증죄의 성립을 인정**한다. (대법원 2007도6273)

④ **민사소송법상 재판장에게 증언거부권 고지의무가 인정되지 않으며, 민사소송절차에서 적법하게 선서한 증인이 증언거부권을 고지받지 아니한 상태에서 허위진술을 한 경우, 위증죄가 성립**한다. (대법원 2009도14928, 88도580)

> **관련판례**
>
> 형사소송법은 증언거부권에 관한 규정(제148조, 제149조)과 함께 재판장의 증언거부권고지의무에 관하여도 규정하고 있는 반면(제160조), 민사소송법은 증언거부권 제도를 두면서도(제314조 내지 제316조) 증언거부권 고지에 관한 규정을 따로 두고 있지 않다. 우리 입법자는 1954.9.23. 제정 당시부터 증언거부권 및 그 고지 규정을 둔 형사소송법과는 달리 그 후인 1960.4.4. 민사소송법을 제정할 때 증언거부권 제도를 두면서도 그 고지 규정을 두지 아니하였고, 2002.1.26. 민사소송법을 전부 개정하면서도 같은 입장을 유지하였다. 이러한 입법 경위 및 규정 내용에 비추어 볼 때, 이는 양 절차에 존재하는 목적·적용원리 등의 차이를 염두에 둔 입법적 선택으로 보인다. 더구나 민사소송법은 형사소송법과 달리, '선서거부권 제도'(제324조), '선서면제 제도'(제323조) 등 증인으로 하여금 위증죄의 위험에서 벗어날 수 있도록 하는 이중의 장치를 마련하고 있어 증언거부권 고지 규정을 두지 아니한 것이 입법의 불비라거나 증언거부권 있는 증인의 침묵할 수 있는 권리를 부당하게 침해하는 입법이라고 볼 수도 없다. 그렇다면 민사소송절차에서 재판장이 증인에게 증언거부권을 고지하지 아니하였다 하여 절차위반의 위법이 있다고 할 수 없고, 따라서 적법한 선서절차를 마쳤는데도 허위진술을 한 증인에 대해서는 달리 특별한 사정이 없는 한 위증죄가 성립한다고 보아야 한다. 민사소송절차에 증인으로 출석한 피고인이, 민사소송법(제314조)에 따라 증언거부권이 있는데도 재판장으로부터 증언거부권을 고지받지 않은 상태에서 허위의 증언을 한 사안에서, 민사소송법이 정하는 절차에 따라 증인으로서 적법하게 선서를 마치고도 허위진술을 한 피고인의 행위는 위증죄에 해당하고 기록상 달리 특별한 사정이 보이지 아니하는데도, 법적 근거가 없는 증언거부권의 고지절차가 없었다는 이유로 무죄를 인정한 원심판단에 민사소송절차의 증언거부권 고지에 관한 법리오해의 위법이 있다. (대법원 2009도14928)

⑤ 다만, 유의할 것은 위의 이야기는 민사소송의 증인을 말하는 것이고, 민사소송의 당사자는 다르다는 점이다. **민사소송의 당사자는 증인능력이 없으므로 증인으로 선서하고 증언하였더라도 위증죄의 주체가 될 수 없다. 민사소송에서의 당사자인 법인의 대표자의 경우에도 마찬가지이다.** (대법원 97도1168, 2010도14360) 즉 위증죄가 성립하지 않는다.

3) 공동피고인

① 법원 또는 법관에 대하여 과거의 경험사실을 진술하는 당사자이외의 제3자를 말하는데, 공범자 아닌 공동피고인은 증인적격 있으나 공범자는 증인적격 없다. (다수설, 판례)

> **관련판례**
>
> 피고인을 공동피고로 한 민사사건에서 피고인이 의제자백에 의해 분리되고, 甲만이 피고로 남았다면 이는 타인 사이의 사건이라고 할 것이므로 그 사건에서 한 **증언이 기억에 반한 것인 이상 위증죄에 해당**한다. (대법원 83도1318)

② 그러나 공범인 공동피고인이 소송절차가 분리되어 피고인의 지위에서 벗어나게 되면 다른 공동피고인에 대한 공소사실에 관하여 증인이 될 수 있어서, 그가 증언거부권을 고지받은 상태에서 자기 범죄사실에 대하여 허위진술을 하면 위증죄가 성립한다. (대법원 2010도10028)

③ 선서무능력자에게 선서시키고 증언케 한 경우는 허위 진술을 해도 위증죄가 성립하지 않는다.

2 행위: 허위의 진술

① 위증죄에 있어서의 허위의 진술이란 증인이 **자기의 기억에 반하는 사실을 진술하는 것을 말하는 것**이므로 그 내용이 객관적 사실과 부합한다고 하여도 위증죄는 성립한다. (주관설: 통설, 판례) (대법원 80도2783, 86도57) 즉, 자기가 기억한 것 이상의 진술을 기대할 수 없고, **기억에 반하는 진술만으로도 사법기능을 해할 염려가 있다**는 것이 그 근거이다.

② 이 점에서 <u>위증죄와 무고죄의 허위 개념은 구별된다</u>. 위증죄는 객관적 사실의 부합이 아니라 자기 기억에 반하는 사실의 진술인 반면, 무고죄는 자기 기억의 반하는 내용의 신고가 아니라 객관적 사실의 부합하지 않는 내용의 신고라는 점에서 차이가 있다.

③ **진술의 대상**: 다만, 법률에 의하여 선서한 증인의 진술이 경험한 객관적 사실에 대한 증인 나름의 법률적·주관적 평가나 의견을 부연한 부분에 다소의 오류나 모순이 있더라도 위증죄가 성립하는 것은 아니다. (대법원 2008도11007) 즉 위증죄는 그 진술이 판결에 영향을 미쳤는지 여부나 지엽적인 사항인지 여부와 무관하게 성립하나, 경험한 사실에 대한 법률적 평가인 경우에는 위증죄가 성립하지 않는다. 의견이나 가치판단은 제외된다. (대법원 95도1797)

④ **진술의 상대방**: 진술의 상대방은 법원 또는 법관 앞에서 이루어지는 것이다.

⑤ **진술의 내용**: 진술의 내용은 모든 진술로서, **진술내용이 당해 사건의 요증사실에 관한 것인지 여부나 판결에 영향을 미친 것인지의 여부는 위증죄의 성립과 관계가 없다.** (대법원 89도1212)

3 기수시기

① **신문절차가 종료하여 그 진술을 철회할 수 없는 때에 기수가 된다.** 단 진술 후에 선서를 하는 경우에는 선서한 때에 기수가 된다.

② 신문 진술이 종료한 때이므로 허위의 공술을 한 증인이 **그 신문절차가 종료할 때까지 이를 철회·시정한 때에는 위증죄가 성립하지 않는다.** (대법원 83도2853, 2008도1053)

③ 다만 심문절차가 종료되어 위증죄의 **기수가 된 이후라도, 그 공술한 사건의 재판 또는 징계처분이 확정되기 전에 자백 또는 자수한 때에는 그 형을 감경 또는 면제한다.** (제153조)

④ 별도의 증인 신청 및 채택 절차를 거쳐 그 증인이 다시 신문을 받는 과정에서 종전 신문절차에서의 진술을 철회·시정한 경우 이미 종결한 종전 증인신문절차에서 행한 위증죄의 성립에 영향을 미치지 않는다. (대법원 2010도7525)

> **관련판례**
>
> 증인의 증언은 그 전부를 일체로 관찰·판단하는 것이므로 선서한 증인이 일단 기억에 반하는 허위의 진술을 하였더라도 그 신문이 끝나기 전에 그 진술을 철회·시정한 경우 위증이 되지 아니한다고 할 것이나, 증인이 1회 또는 수회의 기일에 걸쳐 이루어진 1개의 증인신문절차에서 허위의 진술을 하고 **그 진술이 철회·시정된 바 없이 그대로 증인신문절차가 종료된 경우 그로써 위증죄는 기수에 달하고**, 그 후 별도의 증인 신청 및 채택 절차를 거쳐 그 증인이 **다시 신문을 받는 과정에서 종전 신문절차에서의 진술을 철회·시정한다 하더라도** 그러한 사정은 형법 제153조가 정한 형의 감면사유에 해당할 수 있을 뿐, 이미 종결한 종전 증인신문절차에서 행한 위증죄의 성립에 어떤 영향을 주는 것은 아니다. 위와 같은 법리는 증인이 별도의 증인신문절차에서 새로이 선서를 한 경우뿐만 아니라 종전 증인신문절차에서한 선서의 효력이 유지됨을 고지 받고 진술한 경우에도 마찬가지로 적용된다. (대법원 2010도7525)

> **참고**
>
> • 위증죄는 추상적 위험범이므로 위증하는 순간 바로 위증죄의 기수가 된다. (×) = 위증죄는 진술 이후라도 신문절차 종결 전까지 철회시정이 가능하기 때문이다.

4 주관적 구성요건: 고의

법률에 의하여 선서한 증인이 자신의 기억에 반해 허위의 사실을 진술한다는 점에 대한 고의가 있어야 한다. 따라서 착오에 의하여 기억에 반한다는 인식 없이 한 진술은 고의가 없어서 위증죄가 아니다.

> **관련판례**
>
> 증언당시 판사의 신문취지를 오해 내지 착각하고 진술한 것이라면 위증의 고의가 있었다고 보기 어렵다. (대법원 86도1050)

5 공범관계

① 본죄는 자수범이므로 법률에 의하여 선서하고 증언하는 자 이외의 자는 본죄에 대한 간접정범이나 공동정범이 될 수 없다. 그러나 교사나 방조의 형태로 공범은 성립할 수 있다.

② **피고인이 자기의 형사사건에 관하여 허위진술을 하는 행위는 피고인의 형사소송에서의 방어권을 인정하는 취지에서 처벌이 되지 않는다. 하지만, 자기의 형사사건에 관하여 타인을 교사하여 위증하도록 하는 것은 방어권의 남용으로서 위증죄의 교사가 성립할 수 있다.** (대법원 2003도5114)

6 죄수

① 하나의 사건이라도 선서 후 증인신문시 허위진술한 증인이 다른 기일에 다시 출석하여 다시 선서하고 재차 허위진술을 한 경우에는 각 기일의 증인신문절차마다 위증죄를 성립시켜 원칙상 실체적 경합으로 볼 것이다.

② 다만, 하나의 사건에 관하여 한 번 선서한 증인이 같은 기일에 여러 가지 사실에 관하여 기억에 반하는 허위의 진술을 한 경우 이는 하나의 범죄의사에 의하여 계속하여 허위의 진술을 한 것으로서 **포괄하여 1개의 위증죄를 구성하는 것이고** 각 진술마다 수 개의 위증죄를 구성하는 것이 아니다. (대법원 97도3340, 2006도9463) = 포괄일죄

③ 그리고 만일 하나의 사건에서의 같은 심급에서 변론기일을 달리하여 수차 증인으로 나가 수 개의 허위진술을 하더라도 최초 한 선서의 효력을 유지시킨 후 증언한 이상 1개의 위증죄를 구성함에 그친다고 볼 것이다. (대법원 2006도9463) = 포괄일죄

7 자백·자수의 특례

형법

제153조【자백, 자수】 전조의 죄를 범한 자가 그 공술한 사건의 재판 또는 징계처분이 확정되기 전에 자백 또는 자수한 때에는 그 형을 감경 또는 면제한다.

(1) 재판확정 전의 자수

① 위증죄가 기수에 이른 이후 해당 사건의 재판이나 징계처분이 끝나기 전에 자백하면 필요적 감면사유가 된다. 자백의 경우는 자진하여 고백하는 경우뿐만 아니라 수사기관의 신문에 응하여 고백한 경우도 포함된다. (대법원 73도1639) 자발적이지 않아도 무관하다.

② 자백이나 자수의 시기는 재판이 끝나기 전이면 이미 허위진술이 간파된 뒤라도 상관없다. 그리고 그 효과는 일신 전속적이므로 자백, 자수한 자에게만 적용된다. (공범은 처벌)

③ 친족간 특례 규정도 없다.

(2) 재판확정 후의 자수

임의적으로 감경 또는 면제할 수 있다.

> **관련판례** 위증죄 인정
>
> ① 선서를 하고서 진술한 증언내용이 자신이 그 증언내용사실을 잘 알지 못하면서도 잘 아는 것으로 증언한 것이라면 그 증언은 기억에 반한 진술이어서 위증죄가 성립된다. (대법원 86도57)
> ② 증언거부권이 있음을 알았으면서도 선서한 증인이 증언거부권을 포기하고 허위의 진술을 하였다면 위증죄의 처벌을 면할 수 없다. (대법원 86도1724)
> ③ **타인으로부터 전해 들은 금품의 전달사실을 마치 증인 자신이 전달한 것처럼 진술한 것은** 증인의 기억에 반하는 허위진술이라고 할 것이므로 그 진술부분은 위증에 해당한다. (대법원 90도448)
> ④ **자신의 강도상해 범행을 일관되게 부인하였으나 유죄판결이 확정된 피고인이 별건으로 기소된 공범의 형사사건에서 자신의 범행사실을 부인하는 증언**을 한 사안에서, 피고인에게 사실대로 진술할 것이라는 기대가능성이 있으므로 위증죄가 성립한다. (대법원 2005도10101)
> ⑤ **전 남편에 대한 음주운전사건의 증인으로 법정에 출석한 전처가 증언거부권을 고지받지 않은 채 전 남편인 피고인의 변명을 두둔하는 등 적극적으로 허위진술을 한 경우**, 선서 전에 재판장으로부터 증언거부권을 고지받지 못했다 하더라도 이로 인하여 증언거부권이 사실상 침해당한 것으로 평가할 수는 없다는 이유로 위증죄가 성립한다. (대법원 2007도6273)
> ⑥ 민사소송절차에서 재판장이 증인에게 증언거부권을 고지하지 아니하였다 하여 절차위반의 위법이 있다고 할 수 없으므로 적법한 선서절차를 마쳤음에도 허위진술을 한 증인에 대해서는 달리 특별한 사정이 없는 한 위증죄가 성립한다. (대법원 2009도14928)

⑦ [1] 자신에 대한 유죄판결이 확정된 증인이 확정판결에 대하여 재심을 청구할 예정인 경우, 공범에 대한 피고사건에서 형사소송법 제148조에 의한 증언거부권이 인정되지 않는다.

[2] 피고인이 마약류관리에 관한 법률 위반(향정)죄로 이미 유죄판결을 받아 확정된 후 별건으로 기소된 공범 甲에 대한 피고사건의 증인으로 출석하여 허위의 진술을 한 사안에서, 피고인에게 증언을 거부할 권리가 없으므로 증언에 앞서 증언거부권을 고지받지 못하였더라도 증인신문절차상 잘못이 없다고 판단하여 위증죄를 인정하였다. (대법원 2011도11994)

> **관련판례** 위증죄 부정
>
> ① 주관적 평가나 법률적 효력에 관한 견해를 부연한 부분에 다소의 오류나 모순이 있다고 하여 위증죄가 성립하는 것은 아니다. (대법원 83도37)
> ② 증인이 무엇인가 착오에 빠져 기억에 반한다는 인식 없이 증언하였음이 밝혀진 경우에는 위증의 범의를 인정할 수 없다. (대법원 89도1748)
> ③ 증인의 진술이 경험한 사실에 대한 법률적 평가이거나 단순한 의견에 지나지 아니하는 경우에는 위증죄에서 말하는 허위의 공술이라고 할 수 없다. (대법원 95도1797)
> ④ **심문절차로 진행되는 가처분 신청사건에서 증인으로 출석하여 선서를 하고 진술함에 있어서 허위의 공술을 하였더라도 선서 자체가 무효라서 위증죄가 성립하지 않는다.** (대법원 2003도180)
> ⑤ 민사소송절차에서 증인이 법정에서 선서한 후 증인진술서에 기재된 구체적인 내용에 관하여 진술함이 없이 단지 그 증인진술서에 기재된 내용이 사실대로라는 취지의 진술만을 한 경우, 그것이 증인진술서에 기재된 내용 중 특정사항을 구체적으로 진술한 것과 같이 볼 수 있는 등의 특별한 사정이 없는 한 기재된 내용에 일부 허위가 있다고 하더라도 위증죄가 성립하지 아니한다. (대법원 2007도1397)
> ⑥ 증인의 증언이 기억에 반하는 허위진술인지 여부는 그 증언의 단편적인 구절에 구애될 것이 아니라 당해 신문절차에 있어서의 증언 전체를 일체로 파악하여 판단하여야 할 것이고, 증언의 전체적 취지가 객관적 사실과 일치되고 그것이 기억에 반하는 공술이 아니라면 사소한 부분에 관하여 기억과 불일치하더라도 그것이 신문취지의 몰이해 또는 착오에 의한 것이라면 위증이 될 수 없다. (대법원 95도2864, 2007도5076)
> ⑦ 증인이 법정에서 선서 후 증인진술서에 기재된 내용이 사실대로라는 취지의 진술만을 한 경우, 그 증인진술서에 기재된 구체적인 내용을 기억하여 반복 진술한 것으로 보아 그 허위 기재 부분에 관하여 위증죄로 처벌할 수 없다. (대법원 2007도1397)
> ⑧ 사촌관계에 있는 甲의 도박사실 여부에 관하여 증언거부사유가 발생하게 되었는데도 재판장으로부터 증언거부권을 고지받지 못한 상태에서 허위진술을 하게 된 경우 위증죄가 성립하지 않는다. (대법원 2009도13257)

III 모해위증죄

형법

제152조 【모해위증】 ② 형사사건 또는 징계사건에 관하여 피고인, 피의자 또는 징계혐의자를 **모해할 목적으로** 전항의 죄를 범한 때에는 10년 이하의 징역에 처한다.

제153조 【자백, 자수】 전조의 죄를 범한 자가 그 공술한 사건의 재판 또는 징계처분이 확정되기 전에 자백 또는 자수한 때에는 <u>그 형을 감경 또는 면제한다.</u>

1 의의 및 성격

① 모해할 목적을 필요로 하는 목적범이다. (부진정목적범)

② 모해위증죄에서 모해의 목적은 허위의 진술을 함으로써 **피고인에게 불리하게 될 것이라는 인식이 있으면 충분하고 그 결과의 발생까지 희망할 필요는 없다.** (대법원 2006도3575) 모해할 목적이란 피고인, 피의자 또는 징계혐의자를 불리하게 할 목적을 말하고, 허위진술 대상이 되는 사실에는 공소범죄사실을 직간접적으로 뒷받침하는 사실은 물론 밀접한 관련이 있는 것으로서 만일 그것이 사실로 받아들여진다면 피고인이 불리한 상황에 처하게 되는 사실도 포함한다.

③ 재판이나 징계 처분 확정 전에 자백·자수한 경우 형을 감경 또는 면제한다. (필요적 감면)

2 모해할 목적

> **관련판례** 모해목적의 신분성 인정
>
> 형법 제152조 제1항과 제2항은 위증을 한 범인이 형사사건의 피고인 등을 '모해할 목적'을 가지고 있었는가 아니면 그러한 목적이 없었는가 하는 범인의 특수한 상태의 차이에 따라 범인에게 과할 형의 경중을 구별하고 있으므로, 이는 바로 **위증죄와 모해위증죄가 형법 제33조 단서 소정의 '신분관계로 인하여 형의 경중이 있는 경우'에 해당한다**고 봄이 상당하다. (대법원 93도1002) = 갑이 A를 모해할 목적으로 을에게 위증을 교사한 이상, 을에게 모해 목적이 없었다고 하더라도 형법 제33조 단서규정에 의해 갑을 모해위증의 교사죄로 처단할 수 있다.

IV 허위감정·통역·번역죄

형법

제154조【허위의 감정, 통역, 번역】 법률에 의하여 선서한 감정인, 통역인 또는 번역인이 허위의 감정, 통역 또는 번역을 한 때에는 전2조의 예에 의한다.

제153조【자백, 자수】 전조의 죄를 범한 자가 그 공술한 사건의 재판 또는 징계처분이 확정되기 전에 자백 또는 자수한 때에는 그 형을 감경 또는 면제한다.

1 의의

법률에 의하여 선서한 감정인, 통역인 또는 번역인이 허위의 감정, 통역 또는 번역을 함으로서 성립하는 범죄이다. 자수·자백의 특례는 위증, 모해위증 뿐만 아니라 허위감정죄에도 적용된다.

2 주체

법률에 의하여 선서한 감정인, 통역인 또는 번역인이다. 따라서 수사기관으로부터 감정위촉을 받은 감정수탁자·감정증인 등은 주체가 아니다.

3 허위의 의미

허위의 의미는 위증죄와 같이 주관설이다.

> **관련판례** 허위감정죄 인정
>
> [1] 허위감정죄는 고의범이므로, 비록 감정내용이 객관적 사실에 반한다고 하더라도 감정인의 주관적 판단에 반하지 않는 이상 허위의 인식이 없어 허위감정죄로 처벌할 수 없다.
> [2] 감정인이 감정사항의 일부를 타인에게 의뢰하여 그 감정 결과를 감정인 명의로 법원에 제출한 경우, 그 타인은 감정인의 업무보조자에 불과하고 감정의견은 감정인 자신의 의견과 판단을 나타내는 것이므로 감정인으로서는 그 감정 결과의 적정성을 당연히 확인하였다고 볼 것인데 제반 사정에 비추어 보면 감정인에게 **허위성의 인식이 있었다**는 이유로 허위감정죄의 성립을 인식이 있었다고 볼 것이다. (대법원 2000도1089)

4 죄수

하나의 소송사건에서 동일한 선서 하에 이루어진 법원의 감정명령에 따라 감정인이 동일한 감정명령사항에 대하여 수차례에 걸쳐 허위의 감정보고서를 제출하는 경우에는 각 감정보고서 제출행위시마다 각기 허위감정죄가 성립한다 할 것이나, 이는 단일한 범의 하에 계속하여 허위의 감정을 한 것으로서 포괄하여 1개의 허위감정죄를 구성한다. (대법원 2000도1089)

V 증거인멸죄, 증거위조·변조죄(제155조 제1항)

형법

제155조 【증거인멸 등과 친족간의 특례】 ① 타인의 형사사건 또는 징계사건에 관한 증거를 인멸, 은닉, 위조 또는 변조하거나 위조 또는 변조한 증거를 사용한 자는 5년 이하의 징역 또는 700만원 이하의 벌금에 처한다. (증거인멸)
④ 친족, 동거의 가족이 본인을 위하여 본조의 죄를 범한 때에는 처벌하지 아니한다.

1 의의

본죄는 타인의 형사사건 또는 징계사건에 관한 증거를 인멸, 은닉, 또는 위조하거나 위조 또는 변조한 증거를 사용함으로서 성립하는 범죄이다.

2 객관적 구성요건

(1) 객체

1) 타인의 사건

① 타인의 형사사건이나 징계사건의 증거를 말한다. 따라서 자기의 형사사건이나 징계사건에 관한 증거를 인멸하는 것은 본죄에 해당하지 않는다.
② 다만, 자기의 사건에 대한 증거를 인멸하기 위해 타인을 교사하여 죄를 범하게 한 경우는 증거인멸죄의 교사범이 성립한다. (대법원 99도5275)
③ 공범자의 형사사건에 관한 증거를 인멸하는 경우는 i) 오직 공범자를 위한 것이라면 타인 사건이 되므로 증거인멸죄가 성립하지만, ii) 자기의 이익을 위하여 증거자료를 인멸한 행위가 동시에 다른 공범자의 형사사건이나 징계사건에 관한 증거를 인멸한 결과가 되는 경우는 증거인멸죄로 다스릴 수는 없다.

④ 선서무능력자로서 범죄 현장을 목격하지 않은 사람으로 하여금 형사법정에서 범죄현장을 목격한 양 허위의 증언을 하도록 한 경우, 참고인이 수사기관에서 허위의 진술을 한 경우 증거위조죄가 성립하지 아니한다. (대법원 97도2961) = 제155조 제1항에서 타인의 형사사건에 관하여 증거를 위조한다 함은 증거 자체를 위조함을 말하는 것으로서, 선서무능력자로서 범죄현장을 목격하지도 못한 사람으로 하여금 형사법정에서 범죄현장을 목격한 양 허위증언을 하도록 하는 것은 위 조항이 규정하는 증거위조죄를 구성하지 아니한다.

> **관련판례** 증거인멸죄 부정
>
> 증거인멸죄는 타인의 형사사건 또는 징계사건에 관한 증거를 인멸하는 경우에 성립하는 것으로서, 피고인 자신이 직접 형사처분이나 징계처분을 받게 될 것을 두려워한 나머지 자기의 이익을 위하여 그 증거가 될 자료를 인멸하였다면, 그 행위가 동시에 다른 공범자의 형사사건이나 징계사건에 관한 증거를 인멸한 결과가 된다고 하더라도 이를 증거인멸죄로 다스릴 수 없고, 이러한 법리는 그 행위가 피고인의 공범자가 아닌 자의 형사사건이나 징계사건에 관한 증거를 인멸한 결과가 된다고 하더라도 마찬가지이다. (대법원 94도2608)

2) 형사사건 또는 징계사건

① 형사사건 또는 징계사건에 대한 증거라야 한다. 따라서 민사사건·행정사건 또는 선거사건에 대한 증거는 여기에 포함되지 않는다. 그리고 여기서의 징계사건이란 국가의 징계사건에 한정하는 것으로 사인 간의 징계사건은 포함되지 아니한다. (대법원 2007도4191)

② 증거인멸죄에서 '증거'라 함은 타인의 형사사건 또는 징계사건에 관하여 수사기관이나 법원 또는 징계기관이 국가의 형벌권 또는 징계권의 유무를 확인하는 데 관계있다고 인정되는 일체의 자료를 의미하고, 타인에게 유리한 것이건 불리한 것이건 가리지 아니하며 또 증거가치의 유무 및 정도를 불문한다. (대법원 2011도5329)

③ 증거위조죄에서 위조·은닉행위 시에 아직 수사절차 또는 징계절차가 개시되기 전이라도 장차 형사 또는 징계사건이 될 수 있는 것까지를 포함한다. 이후 그 형사사건이 기소되지 아니하거나 무죄가 선고되는 것은 증거위조죄 성립에 아무런 영향을 주지 아니한다. (대법원 82도274, 2010도15986)

3) 증거

① 범죄의 성부, 유형, 형의 가중감면, 정상참작 등을 인정할 수 있는 일체의 자료를 말한다. 그 증거가 피고인 또는 피의자에게 유리한 것인가 또는 불이익한 것인가를 불문한다.

② 하지만 증인은 증인은닉·도피죄의 대상이 되므로 여기에서는 제외된다. 즉 여기서의 증거란 물증, 서증만을 의미한다고 볼 것이다.

(2) 행위

① 증거를 인멸, 은닉, 위조 또는 변조하거나 위조 또는 변조한 증거를 사용하는 것이다.

② 형법 제155조 제1항에서의 타인의 형사사건에 관한 증거를 위조한다 함은 타인의 형사사건 또는 징계사건과 관계되는 새로운 증거를 만들어 내는 것이지, 수사기관에서 참고인이 허위진술을 하는 것을 포함하는 개념은 아니다. (대법원 2017도9827) 여기서의 '위조'란 문서에 관한 죄에 있어서의 위조 개념과는 달리 **새로운 증거의 창조를 의미하는 것이므로 존재하지 아니한 증거를 이전부터 존재하고 있는 것처럼 작출하는 행위도 증거위조에 해당하며**, 증거가 문서의 형식을 갖는 경우 증거위조죄에 있어서의 증거에 해당하는지 여부가 그 작성권한의 유무나 내용의 진실성에 좌우되는 것은 아니다. (대법원 2010도15986)

> **관련판례**
>
> 사법경찰관인 A피고인이 부하직원으로부터 음반·비디오물 및 게임물에 관한 법률 위반 혐의로 오락실을 단속하여 범죄행위에 제공된 증거물로 오락기의 변조 기판을 압수하여 보관중임을 보고받아 알고 있었음에도, 압수물을 같은 경찰서 수사계에 인계하고 검찰에 송치하여 범죄 혐의의 입증에 사용하도록 하는 등의 적절한 조치를 취하지 않고, **오히려 부하직원에게 위와 같이 압수한 변조 기판을 돌려주라고 지시하여 오락실 업주에게 이를 돌려주었다면**, 직무위배의 위법상태가 증거인멸행위 속에 포함되어 있는 것으로 보아야 할 것이므로, 이와 같은 경우에는 **작위범인 증거인멸죄만이 성립하고 부작위범인 직무유기죄는 따로 성립하지 아니한다**고 봄이 상당하다. (대법원 2005도3909)

> **관련판례** 증거위조죄 인정
>
> ① 타인의 형사사건과 관련하여 수사기관이나 법원에 제출하거나 현출되게 할 의도로 **법률행위 당시에는 존재하지 아니하였던 처분문서를 사후에 그 작성일을 소급하여 작성하는 것**은 그 작성자에게 해당 문서의 작성권한이 있고, 또 그와 같은 법률행위가 당시에 존재하였다거나 그 법률행위의 내용이 위 문서에 기재된 것과 큰 차이가 없더라도(즉 그 내용이 진실하다 하여도), 국가 형사사법기능에 위험을 초래한다는 점에서 **증거위조죄에 해당한다.** (대법원 2002도3600)
> ② 참고인이 타인의 형사사건에 관하여 제3자와 대화를 하면서 허위로 진술하고 그 진술이 담긴 대화 내용을 녹음한 **녹음파일 또는 이를 녹취한 녹취록**을 만들어 수사기관에 제출하는 행위는 증거위조죄를 구성한다. (대법원 2013도8085, 2013전도165)

> **관련판례** 증거위조죄 부정
>
> ① 형법 제155조 제1항에서 타인의 형사사건에 관하여 증거를 위조한다 함은 증거 자체를 위조함을 말하는 것으로서, 선서무능력자로서 범죄 현장을 목격하지도 못한 사람으로 하여금 형사법정에서 범죄 현장을 목격한 양 허위의 증언을 하도록 하는 것은 위 조항이 규정하는 증거위조죄를 구성하지 아니한다. (대법원 97도2961)
> ② 참고인이 타인의 형사사건에 관하여 직접 진술하기에 앞서 허위의 사실확인서나 진술서를 작성하여 수사기관에 제출한 것은 존재하지 않는 문서를 이전부터 존재하고 있는 것처럼 작출하는 방법으로 새로운 증거를 창조한 것이 아니고, 마치 참고인이 수사기관에서 허위진술을 하는 것과 차이가 없으므로, 증거위조죄라고 볼 수 없다. (대법원 2015도9010)
> ③ [1] 증거위조죄의 '위조'란 문서에 관한 죄의 위조 개념과는 달리 새로운 증거의 창조를 의미한다. 그러나 **사실의 증명을 위해 작성된 문서가 그 사실에 관한 내용이나 작성명의 등에 아무런 허위가 없다면 '증거위조'에 해당한다고 볼 수 없다.** 설령 사실증명에 관한 문서가 형사사건 또는 징계사건에서 허위의 주장에 관한 증거로 제출되어 그 주장을 뒷받침하게 되더라도 마찬가지이다.
> [2] 변호인인 피고인이 알선의 대가로 교부받은 금원을 모두 반환한 자료를 법원에 제출함으로써 양형에서 유리한 판단을 받고자 의뢰인측 은행계좌에서 수차례에 걸쳐 금원을 송금하고 다시 돌려받는 과정을 반복한 후 금융거래 자료를 양형자료로 제출한 일과 관련하여 그 내용이나 명의에 아무런 허위가 없는 이상 증거위조로 볼 수 없다. (대법원 2020도2642)

3 주관적 구성요건

증거인멸의 결과가 발생할 가능성을 용인하는 내심의 의사가 있어야 한다.

4 친족간의 특례

① **친족 또는 동거의 가족이 본인을 위하여 증거인멸죄 등을 범한 때에는 처벌하지 아니한다.** (제155조)

② 친족간 증거인멸죄는 책임조각사유이다.

③ 역시 범인도피죄와 마찬가지로, 사실혼관계에 있는 자는 민법 소정의 친족이라 할 수 없어 증거인멸죄 규정에서 말하는 친족에 해당하지 않는다. (대법원 2003도4533)

VI 증인은닉·도피죄(제155조 제2항)

형법

제155조 【증거인멸 등과 친족간의 특례】 ② 타인의 형사사건 또는 징계사건에 관한 증인을 은닉 또는 도피하게 한 자도 제1항의 형과 같다.
④ 친족, 동거의 가족이 본인을 위하여 본조의 죄를 범한 때에는 처벌하지 아니한다.

1 의의

타인의 형사사건 또는 징계사건에 관한 증인을 은닉 또는 도피하게 함으로써 성립한다. 여기의 증인에는 형사소송법상의 증인뿐만 아니라 수사기관에서 조사하는 참고인을 포함한다.

2 타인의 형사사건 또는 징계사건

① 범인이 자신을 위하여 증인을 도피하게 한 행위가 동시에 다른 공범자 또는 공범자 아닌 제3자의 형사사건이나 징계사건에 관한 증인을 도피하게 한 결과가 되었더라도 증인도피죄는 성립하지 않는다. (대법원 2002도6134)

② 증인은닉죄에 있어서 타인의 형사사건 또는 징계사건이란 은닉 행위시에 아직 수사 또는 징계절차가 개시되기 전이라도 장차 형사 또는 징계사건이 될 수 있는 것까지를 포함한다. (대법원 82도274)

3 증인

증인에는 형사소송법상 증인 뿐만 아니라 수사기관에서 조사하는 참고인을 포함한다.

4 은닉 또는 도피

① 은닉이란 증인의 출석을 방해 또는 곤란하게 하는 일체의 행위를 말하고 도피란 증인의 도피를 야기·방조하는 일체의 행위를 말한다.

② **자신을 위해서 증거은닉을 교사한 경우에는 증거은닉교사죄가 성립한다.**

③ 본죄 역시 **친족, 동거의 가족이 본인을 위하여 본조의 죄를 범한 때에는 처벌하지 아니한다.** (제155조 제4항)

> **참고**
> • 친족 또는 동거의 가족이 본인을 위하여 증인도피죄(형법 제155조 제2항)를 범한 때에는 그 형을 감경 또는 면제한다. (×) = 감면이 아니라 면제.

> **관련판례**
>
> 증거은닉죄는 타인의 형사사건이나 징계사건에 관한 증거를 은닉할 때 성립하고 자신의 형사사건에 관한 증거은닉행위는 형사소송에 있어서 피고인의 방어권을 인정하는 취지와 상충하여 처벌의 대상이 되지 아니하므로 **자신의 형사사건에 관한 증거은닉을 위하여 타인에게 도움을 요청하는 행위 역시 원칙적으로 처벌되지 아니하나, 다만 그것이 방어권의 남용이라고 볼 수 있을 때는 증거은닉교사죄로 처벌할 수 있다.** 방어권 남용이라고 볼 수 있는지 여부는, 증거를 은닉하게 하는 것이라고 지목된 행위의 태양과 내용, 범인과 행위자의 관계, 행위 당시의 구체적인 상황, 형사사법작용에 영향을 미칠 수 있는 위험성의 정도 등을 종합하여 판단하여야 한다. (대법원 2016도5596)

VII 모해증거인멸죄(제155조 제3항)

형법

제155조【증거인멸 등과 친족간의 특례】 ③ 피고인, 피의자 또는 징계혐의자를 모해할 목적으로 전2항의 죄를 범한 자는 10년 이하의 징역에 처한다.
④ 친족, 동거의 가족이 본인을 위하여 본조의 죄를 범한 때에는 처벌하지 아니한다.

1 의의

① 피고인, 피의자 또는 징계혐의자를 모해할 목적으로 증거를 인멸하거나 증인을 은닉 또는 도피하게 함으로써 성립하는 부진정목적범이다.

② 피의자에 대한 모해목적의 증거위조죄에서 '피의자'에는 수사개시 이전의 단계에서 장차 형사입건될 가능성이 있는 대상자를 포함하지 않는다. 장차 형사입건 가능성이 크다고 하더라도 그 사정만으로 피의자라고 할 수 없다. (대법원 2008도12127)

2 성격

증거인멸죄, 증인은닉·도피죄의 가중적 구성요건으로 목적의 달성여부는 범죄 성립에 영향이 없다.

> **참고**
> - 제155조 제1항(증거인멸, 증거위조)과 제155조 제2항(증인도피), 그리고 제151조(범인도피)에서 피의자에는 수사개시 이전 단계에서 장차 형사입건될 가능성이 있는 대상자를 포함한다.
> - 그러나 제155조 제3항(모해증거인멸, 모해증거위조, 모해증인도피)에서 피의자에는 수사개시 이전 단계에서 장차 형사입건될 가능성이 있는 대상자를 포함하지 아니하고, 반드시 형사입건(수사개시) 이후의 피의자나 피고인, 징계혐의자를 의미한다는 점에 유의해야 한다.

Section 06　무고의 죄

I 서설

1 조문 체계

범죄	조문	구성요건	미수	예비
무고	제156조	타인으로 하여금 형사처분 또는 징계처분을 받게 할 목적으로 공무소 또는 공무원에 대하여 허위의 사실을 신고한 경우	×	×

형법

제156조【무고】 타인으로 하여금 형사처분 또는 징계처분을 받게 할 목적으로 공무소 또는 공무원에 대하여 허위의 사실을 신고한 자는 10년 이하의 징역 또는 1천500만원 이하의 벌금에 처한다.

제157조【자백·자수】 제153조는 전조에 준용한다.

2 의의 및 보호법익

① 무고죄는 타인으로 하여금 형사처분 또는 징계처분을 받게 할 목적으로 공무소 또는 공무원에 대하여 허위의 사실을 신고함으로써 성립하는 범죄이다.

② 무고죄는 형사처분 또는 징계처분을 받게 할 목적범이다.

③ 보호법익은 1차적으로 국가의 심판기능 및 수사·징계조사권의 적정한 행사이고, 2차적으로 피무고자 개인의 명예, 자유, 재산, 법적 안정감, 즉 부당하게 처벌 또는 징계받지 않을 개인적 법익이다. (대법원 2015도15398)

④ 보호정도는 추상적 위험범이다.

3 객관적 구성요건

(1) 행위의 주체

① 무고죄의 주체에는 제한이 없다. 공무원도 본죄의 주체가 될 수 있고, 직무상 고발의 의무를 부담하고 있는 자도 가능하다. 단, 공무원 신분으로 형의 2분의 1까지 가중된다.(제135조)

② 그러나 자기 자신을 무고하는 것(자기무고)는 불가하다. 그러나 자기를 무고하라고 타인을 교사하여 자기무고를 한 경우, 자기무고로는 처벌되지 않더라도 무고의 교사범으로 처벌될 수 있다.

③ 그리고 타인 명의의 고소장을 대리하여 작성하고 제출하는 형식으로 고소가 이루어진 경우, 명의자를 대리한 자가 실제 고소의 의사를 가지고 고소행위를 주도했으므로 **그 대리인을 신고자**로 보아 무고죄의 주체로 인정해야 한다. (대법원 2006도6017)

(2) 행위의 대상(상대방)

1) 형사처분·징계처분

① 공무소 또는 공무원에 대하여 허위의 사실을 신고하는 것이다. 이때 모든 공무소나 공무원이 아니고 형사처분, 징계처분을 할 수 있는 관서나 공무원(대통령, 도지사, 감사원장 포함)가 신고의 상대방이다. 이때 상대방인 공무소나 공무원에는 **지방변호사회 회장은 포함**되지만, 농협협동조합중앙회나 그 회장은 포함되지 아니한다. (대법원 79도3109)

2) 실행행위

(가) 허위사실

① 무고죄에서 허위사실의 신고라는 것은 **객관적 진실에 반하는 사실이다. 허위라고 오신해도 객관적으로 진실이었으면 무고죄는 성립하지 아니한다.** (대법원 91도1950) 즉, 신고자가 객관적 사실관계를 사실 그대로 신고한 이상 그 객관적 사실을 토대로 한 나름대로의 **주관적 법률평가를 잘못하고 이를 신고하였다** 하여 그 사실만을 가지고 허위사실을 신고한 것에 해당하여 **무고죄가 성립한다고 할 수 없다.** (대법원 92도1799)

② 무고죄에 있어서 허위사실 적시의 정도는 수사관서 또는 감독관서에 대하여 **수사권 또는 징계권의 발동을 촉구하는 정도의 것이면 충분하고** 반드시 범죄구성요건 사실이나 징계요건 사실을 구체적으로 명시하여야 하는 것은 아니다. (대법원 2005도4642, 87도231)

(나) 허위사실의 정도

① 신고사실의 범죄혐의에 관하여는 어느 정도이어야 하는지에 대해 범죄혐의를 야기할 정도이면 된다. 따라서 **공소시효가 완성되지 않은 것처럼 고소**, 피무고자가 인식될 수 있는 정도면 무고죄가 성립하나, 허위사실을 신고하였더라도 **공소시효완성이 신고에 의해 확실할 때**, 신고 당시에 그 사실 자체가 형사범죄가 안 되는 경우, 추상적 사실 등의 신고는 무고죄가 성립하지 아니한다. (대법원 2015도15398)

② 즉, 피고인이 허위사실을 신고하였지만 신고된 범죄사실에 대한 **공소시효가 완성되었음이 신고내용 자체에 의하여 분명한 경우 무고죄가 성립하지 않는다.** 형사처분의 대상이 되지 않는 것이므로 무고죄가 성립하지 않기 때문이다. (대법원 93도3445) 그러나, **공소시효가 완성되었는데도 마치 공소시효가 완성되지 않은 것처럼 고소하는 경우에는 무고죄가 성립한다.** (대법원 95도1908)

③ 신고사실의 일부에 허위의 사실이 포함되어 있다고 하더라도 그 허위부분이 범죄의 성부에 영향을 미치는 중요한 부분이 아니고, **단지 신고한 사실을 과장한 것에 불과한 경우에는 무고죄에 해당하지 아니한다.** 다만, 그 일부 허위인 사실이 국가의 심판 작용을 그르치거나 부당하게 처벌을 받지 아니할 개인의 법적 안정성을 침해할 우려가 있을 정도로 고소사실 전체의 성질을 변경시키는 때에는 무고죄가 성립한다. (대법원 2011도11500, 2006도2963)

관련판례

피고인이 수사기관에 '甲이 민사사건 재판과정에서 위조된 확인서를 제출하였으니 처벌하여 달라'는 내용으로 허위사실이 기재된 고소장을 제출하면서 '甲이 위조된 합의서도 제출하였다'는 취지로 기재하였으나, 고소보충 진술 시 확인서가 위조되었다는 점에 관하여만 진술한 사안에서, 피고인이 제출한 고소장에 '합의서도 도장을 찍은 바가 없으므로 위조 및 행사 여부를 가려주시기 바랍니다.'라고 기재한 내용이 허위의 사실이라면 이 부분에 대해서도 '허위사실을 신고한 것'으로 보아야 한다. (대법원 2012도2468)

④ 피고인 자신이 상대방의 범행에 **공범으로 가담하였음에도 자신의 가담사실을 숨기고 상대방만을 고소한 경우, 피고인의 고소내용이 상대방의 범행 부분에 관한 한 진실에 부합하므로 이를 허위의 사실로 볼 수 없다.** (대법원 2008도3754, 2009도1302) 즉, 상대방의 범행에 피고인이 공범으로 가담한 사실을 숨겼다고 하여도 그것이 상대방에 대한 관계에서 독립하여 형사처분 등의 대상이 되지 아니할뿐더러 전체적으로 보아 상대방의 범죄사실의 성립 여부에 직접 영향을 줄 정도에 이르지 아니하는 내용에 관계되는 것이므로 무고죄가 성립하지 않는다.

(다) 허위사실의 입증

① 무고죄는 신고한 사실이 객관적 진실에 반하는 허위사실이라는 요건은 **적극적 증명이 있어야 하며**, 신고

사실의 진실성을 인정할 수 없다는 소극적 증명만으로 곧 신고사실이 객관적 진실에 반하는 허위사실이라고 단정하여 무고죄의 성립을 인정할 수 없다. (대법원 2003도5114) 예컨대, 성폭행 등의 피해를 입었다는 신고사실에 관하여 불기소처분 내지 무죄판결이 내려졌다고 하여, 그 자체를 무고를 하였다는 적극적인 근거로 삼아 신고내용을 허위라고 단정하여서는 아니 된다. (대법원 2018도2614)

> **관련판례**
>
> 무고죄는 타인으로 하여금 형사처분이나 징계처분을 받게 할 목적으로 신고한 사실이 객관적 진실에 반하는 허위사실인 경우에 성립되는 범죄이므로, 신고한 사실이 객관적 사실에 반하는 허위사실이라는 요건은 적극적인 증명이 있어야 하며, 신고사실의 진실성을 인정할 수 없다는 소극적 증명만으로 곧 그 신고사실이 객관적 진실에 반하는 허위사실이라고 단정하여 무고죄의 성립을 인정할 수는 없다. (대법원 96도599, 2005도4642, 2011도15767)

② 무고죄에 있어서의 신고는 **자발적**인 것이어야 하고 **수사기관 등의 추문에 대하여 허위의 진술을 하는 것은 무고죄를 구성하지 않는 것이지만, 당초 고소장에 기재하지 않은 사실을 수사기관에서 고소보충조서를 받을 때 자진하여 진술하였다면 이 진술부분까지 신고한 것으로 보아야 한다.** (대법원 95도2652)

③ 신고방식이 서면이든 구두이든 관계는 없다. (대법원 2012도4531)

> **참고**
> • 위증죄와 무고죄에서의 '허위'의 개념은 동일하다. (×) = 위증죄는 기억에 반하는 진술인데 비해, 무고죄는 객관적 사실에 반하는 허위신고를 말한다.

3 주관적 구성요건: 고의와 목적

① 본죄의 고의는 미필적 인식만 있어도 된다는 것이 판례, 다수설의 입장이다. 즉 무고죄에서 형사처분 또는 징계처분을 받게 할 목적은 허위신고를 함에 있어서 다른 사람이 그로 인하여 형사 또는 징계처분을 받게 될 것이라는 인식이 있으면 족하고 그 결과발생을 희망하는 것까지를 요하는 것은 아니다. (대법원 2012도2468)

② 심지어 무고죄가 성립하기 위해서는 신고자가 진실하다는 확신 없는 사실을 신고하면 족하고 신고사실이 허위라는 점을 확신할 필요까지도 없다. (대법원 2007도1423)

③ 타인으로 하여금 형사처분 또는 징계처분을 받게 할 목적이 있어야 하는 목적범이다. 따라서 **자기무고는 구성요건해당성이 없으므로 범죄가 아니다.** (대법원 2013도12592)

④ 무고죄에서 형사처분을 받게 할 목적은 허위신고를 하면서 다른 사람이 그로 인하여 형사처분을 받게 될 것이라는 인식이 있으면 충분하고 그 결과의 발생을 희망할 필요까지는 없으므로, **신고자가 허위 내용임을 알면서도 신고한 이상 그 목적이 필요한 조사를 해 달라는 데에 있다는 등의 이유로 무고의 범의가 없다고 할 수 없다.** 또한 신고자가 알고 있는 객관적인 사실관계에 의하더라도 신고사실이 허위라거나 또는 허위일 가능성이 있다는 인식을 하지 못하였다면 무고의 고의를 부정할 수 있으나, 이는 알고 있는 객관적 사실관계에 의하여 신고사실이 허위라거나 허위일 가능성이 있다는 인식을 하면서도 그 인식을 무시한 채 무조건 자신의 주장이 옳다고 생각하는 경우까지 포함하는 것은 아니다. (대법원 2022도3413)

> **관련판례**
> ① 무고죄에 있어서 '형사처분 또는 징계처분을 받게 할 목적'은 허위신고를 함에 있어서 다른 사람이 그로 인하여 **형사 또는 징계처분을 받게 될 것이라는 인식이 있으면 족한 것**이고 그 결과발생을 희망하는 것을 요하는 것은 아닌 바, 피고인이 고소장을 수사기관에 제출한 이상 그러한 인식은 있었다 할 것이다. (대법원 2005도4642)
> ② 신고자가 허위 내용임을 알면서도 신고한 이상 그 목적이 필요한 조사를 해 달라는 데에 있다는 등의 이유로 무고의 **범의가 없다고 할 수 없다**. 또한 신고자가 알고 있는 객관적인 사실관계에 의하더라도 신고사실이 허위라거나 또는 허위일 가능성이 있다는 인식을 하지 못하였다면 무고의 고의를 부정할 수 있으나, 이는 알고 있는 객관적 사실관계에 의하여 신고사실이 **허위라거나 허위일 가능성이 있다는 인식을 하면서도 그 인식을 무시한 채 무조건 자신의 주장이 옳다고 생각하는 경우까지 포함하는 것은 아니다.** (대법원 2022도3413) = 피고인이 허위 내용임을 알면서도 무조건 자기 주장이 옳다고 생각하며 국민권익위원회 운영의 국민신문고 홈페이지에 약사가 무자격자인 종업원으로 하여금 불특정 다수 환자들에게 의약품을 판매하도록 지시하거나 판매하였다는 등의 허위 내용의 민원을 제기하였다면 무고죄의 고의를 인정할 수 있다는 취지의 판례이다.

> **참고**
> • 무고죄는 목적범이므로 무고죄가 성립하기 위해서는 미필적 고의로는 부족하며 반드시 확정적 고의를 요한다. (×) = 미필적 고의로 가능.

4 관련문제

① 자신에 대한 무고 즉, **자기무고는 구성요건해당성이 없다. 그러나 자기무고의 교사는 교사범이 성립**할 수 있다. 피무고자의 교사·방조 하에 제3자가 피무고자에 대한 허위사실을 신고한 경우, 제3자의 행위는 무고죄의 구성요건에 해당하여 무고죄를 구성하므로, 제3자를 교사·방조한 피무고자도 교사·방조범으로서의 죄책을 진다. (대법원 2008도4852)

② 자기와 타인이 공범이라고 무고한 것, 즉 공동무고는 타인의 범행부분에 대해서만 무고죄가 성립한다.

③ 승낙무고도 무고죄가 성립한다. 즉 피무고자의 승낙을 받아 허위사실을 기재한 고소장을 제출하였다면 피무고자에 대한 형사처분이라는 결과발생을 의욕하지 않았더라도 그러한 결과발생에 대한 미필적 인식은 있었으므로 무고죄가 인정된다. (대법원 2005도2712)

④ 사자, 허무인 무고는 구성요건해당성이 없다.

5 기수시기

① 본죄의 기수 시기는 신고가 도달한 때이다. 즉 허위사실의 신고가 공무소에 도달하였다면 신고사실에 대하여 수사에 착수하지 않았다 하더라도 무고죄는 기수에 해당한다. (대법원 83도1975)

② **허위내용의 고소장을 경찰관에게 제출한 후 나중에 그 고소장을 되돌려 받았다 하더라도 무고죄의 성립에 아무런 영향이 없다.** (대법원 84도2215)

> **관련판례**
>
> 허위로 신고한 사실이 무고행위 당시 형사처분의 대상이 될 수 있었던 경우에는 국가의 형사사법권의 적정한 행사를 그르치게 할 위험과 부당하게 처벌받지 않을 개인의 법적 안정성이 침해될 위험이 이미 발생하였으므로 무고죄는 기수에 이르고, <u>이후 그러한 사실이 형사범죄가 되지 않는 것으로 판례가 변경되었다고 하더라도</u> 특별한 사정이 없는 한 이미 성립한 무고죄에는 영향을 미치지 않는다. (대법원 2015도15398)

6 죄수

① 원칙은 피무고자의 수에 따라 결정된다.

② 1개의 행위로 수인을 무고한 경우에는 수개의 무고죄의 상상적 경합이 성립한다.

③ 수 개의 행위를 동일인에 대하여 사실을 반복하여 신고한 경우는 1개의 수사기관에 무고한 때에는 접속범, 연속범으로 포괄일죄가 되고, 별개의 수사기관에 무고한 때에는 수개의 무고죄가 성립하여 경합범이 된다.

④ 무고행위를 한 후 피무고자가 피고인이 된 재판에서 다시 무고와 동일 내용의 위증을 한 경우는 무고죄와 위증죄의 실체적 경합범이다.

⑤ 타인이 위조한 문서를 우송하여 무고한 경우, 위조문서행사죄와 무고죄의 상상적 경합에 해당한다.

7 자백·자수에 대한 특례 (제157조)

신고한 사건의 재판, 징계처분이 확정되기 전에 자백·자수한 경우에는 **형을 감경 또는 면제한다.** (필요적 감면)

> **관련판례**
>
> [1] 형법 제157조, 제153조는 무고죄를 범한 자가 그 신고한 사건의 재판 또는 징계처분이 확정되기 전에 자백 또는 자수한 때에는 그 형을 감경 또는 면제한다고 하여 이러한 재판확정 전의 자백을 필요적 감경 또는 면제사유로 정하고 있다. 위와 같은 자백의 절차에 관해서는 아무런 법령상의 제한이 없으므로 그가 신고한 사건을 다루는 기관에 대한 고백이나 그 사건을 다루는 재판부에 증인으로 다시 출석하여 전에 그가 한 신고가 허위의 사실이었음을 고백하는 것은 물론 무고 사건의 피고인 또는 피의자로서 <u>법원이나 수사기관에서의 신문에 의한 고백 또한 자백의 개념에 포함된다.</u>
>
> [2] 형법 제153조에서 정한 '재판이 확정되기 전'에는 <u>피고인의 고소사건 수사 결과 피고인의 무고 혐의가 밝혀져 피고인에 대한 공소가 제기되고 피고소인에 대해서는 불기소결정이 내려져 재판절차가 개시되지 않은 경우도 포함</u>된다. (대법원 2018도7293)

관련판례 무고죄 인정

① 시청의 시민과장이 부당하게 도시계획을 변경하였다는 내용의 허위진정은 비록 도시계획변경은 건설부장관의 권한에 속하며 시청의 시민과장이 임의로 좌우할 수 없다 하더라도 당해 시청에서 도시계획을 수립하는 이상 시청의 시민과장의 징계권자로 하여금 징계권발동을 유발하기에 족한 것으로 보여진다. (대법원 75도2885)

② 공소외인이 금원을 횡령한 사실이 없음에도 불구하고 유용한 점에 대한 확신없이 장부상 입금기재가 안된 것은 공소외인이 유용하였을 것이라고 추측하여 고발장을 제출한 피고인의 소위는 무고죄에 해당한다. (대법원 82도2060)

③ 계주가 상계를 주장하여 피고인이 탈 계금중 일부를 임의공제하고 잔금만을 지급하자 피고인이 상계에 불만을 표시하긴 하였으나 상계된 액수는 다른 계를 조직하여 보충시켜 주겠다는 계주의 약속을 받아들여 결국 이에 승복한 경우 그 뒤 계주가 그 약속을 지키지 않았다고 해서 피고인이 계주가 계금 중 일부를 미지급함으로써 배임행위를 하였다는 취지의 고소를 하였음은 무고죄에 해당한다. (대법원 83도818)

④ 종중의 사고수습대책회의가 종묘관리인의 채무를 면제하여 주는 결의를 할 적법한 권한은 없다 하더라도 피고소인은 위 회의의 결의에 따라 종묘관리인의 채무를 면제하여 준 것인데 피고인이 이를 알고 있었음에도 불구하고 진실이라는 확신 없이 위 피고소인이 공소외인으로부터 금원을 받고 임의로 결손처분하였다고 고소하였다면 무고죄를 구성한다. (대법원 85도2482)

⑤ 피고인이 수사관서에 제출한 이 사건 고소장에 보면 사기죄, 공갈죄, 횡령죄 등만을 죄명으로 들고 사문서위조죄를 들고 있지는 아니하지만 위 고소장에는 "대충 요약한 죄질의 설명"이라는 제목아래 피고소인인 甲, 乙이 피고인 명의의 동업계약해지약정서를 위조하였다는 취지의 기재가 있음이 명백하므로 이는 무고죄의 구성요건인 형사 또는 징계처분의 원인이 될 수 있는 사실의 적시에 충분히 해당된다. (대법원 87도231)

⑥ 위증혐의로 고소·고발한 사실 중 위증한 당해사건의 요증사항이 아니고 재판결과에 영향을 미친 바 없는 사실만이 허위인 경우라도 무고죄는 성립한다. (대법원 88도1533)

⑦ 피고인이 고소를 한 목적이 피고소인들을 처벌받도록 하는 데에 있지 아니하고 단지 회사 장부상의 비리를 밝혀 정당한 정산을 구하는 데에 있더라도, 허위신고를 한 이상 무고의 범의가 인정된다. (대법원 90도2601)

⑧ 국세청장에 대하여 탈세혐의사실에 관한 허위의 진정서를 제출하였다면 무고죄가 성립한다. (대법원 91도2127)

⑨ 피고인이 고소를 통하여 공소외인에게 실제로 돈을 대여한 바 없거나 또는 일부 대여한 돈을 이미 변제받았음에도 불구하고 마치 돈을 대여하였거나 그로 인한 채권이 여전히 존재하는 것처럼 내세워 허위내용의 사실을 신고한 것인 이상, 그것이 단순히 신고사실의 정황을 과장한 데에 지나지 않는다고 말할 수는 없다. (대법원 94도2598)

⑩ 피고소인들이 피고인과 甲과의 싸움을 말리려고 하나기 피고인이 말을 듣지 아니하여 만류를 포기하고 옆에서 보고만 있었을 뿐 피고소인들이 피고인이 팔을 잡은 적이 없었는데도 "피고인의 양팔을 잡아 가세하고 甲이 피고인의 안면부를 때려 상해를 입혔다"라고 고소한 경우 고소내용 전체가 객관적인 진실에 반하는 허위의 사실을 신고한 것으로서 무고죄가 성립한다. (대법원 94도3068)

⑪ **공소시효가 완성되었는데도 마치 공소시효가 완성되지 않은 것처럼 고소하는 경우**에는 국가기관의 직무를 그르칠 염려가 있으므로 무고죄를 구성한다. (대법원 95도1908)

⑫ 당초 고소장에 기재하지 않은 사실을 수사기관에서 **고소보충조서를 받을 때 자진하여 허위로 진술한 경우** 무고죄를 구성한다. (대법원 95도2652)

⑬ 위법성조각사유가 있음을 알면서도 구 「공직선거 및 선거부정방지법」의 허위사실공표죄로 처벌되어야 한다고 주장한 경우 무고죄의 성립이 인정된다. (대법원 97도2956)

⑭ 1통의 고소장에 의하여 수 개의 혐의사실을 들어 고소를 한 경우 그 중 일부 사실은 진실이나 다른 사실은 허위인 때에는 그 허위사실은 독립하여 무고죄를 구성한다. (대법원 99도2533)

⑮ 피고인이 **위조수표**에 대한 부정수표단속법 제7조의 고발의무가 있는 **은행원을 도구로 이용하여 수사기관에 고발을 하게하고**, 이어 수사기관에 대하여 특정인을 위조자로 지목한 경우, 이는 사법경찰관의 질문에 답변으로 한 것이라 할지라도 **자발성이 인정되어 무고죄가 성립한다**. (대법원 2005도3203)

⑯ 공무원 또는 공무소에 대한 허위 사실의 신고를 무고죄로 처벌하기 위하여는 그 신고에 피무고자의 성명이 표시되어 있지 않더라도 그 신고내용에 의하여 객관적으로 피무고자를 특정할 수 있으면 족하다고 할 것인바, 이 사건 진정서에는 그 피진정인이 '목포교도소 징벌위원회'로 되어 있지만 그 진정 내용은 위 징벌위원회 회의록이 허위로 작성되었다는 취지이므로 위 회의록의 작성권한을 가지는 위 징벌위원회 위원장을 그 피진정인으로 특정할 수 있다. (대법원 2006도417)

⑰ **'고소당한 죄의 혐의가 없는 것으로 인정된다면 고소인이 자신을 무고한 것에 해당하므로 고소인을 처벌해 달라'는 내용의 고소장을 수사기관에 제출**하였다면 설사 그것이 자신의 결백을 주장하기 위한 것이라고 하더라도 방어권의 행사를 벗어난 것으로서 고소인을 무고한다는 범의를 인정할 수 있다. (대법원 2006도9453)

⑱ **피무고자의 교사·방조 하에 제3자가 피무고자에 대한 허위의 사실을 신고한 경우, 피무고자는 무고죄의 교사·방조범으로서의 죄책을 진다.** (대법원 2008도4852, 2013도12592)

⑲ 경찰관이 甲을 현행범으로 체포하려는 상황에서 乙이 경찰관을 폭행하여 乙을 현행범으로 체포하였는데, 乙이 경찰관의 현행범 체포업무를 방해한 일이 없다며 경찰관을 불법체포로 고소한 사안에서, 무고죄가 성립한다. (대법원 2008도8573)

⑳ 일부허위 사실이 국가의 심판작용을 그르치거나 부당하게 처벌을 받지 아니할 개인의 법적 안정성을 해칠 우려가 있을 정도로 고소사실 전체 성질을 변경시키는 때 무고죄가 성립될 수 있다. (대법원 2008도8573)

㉑ 피고인이 먼저 자신을 때려 주면 돈을 주겠다고 하여 甲, 乙이 피고인을 때리고 지갑을 교부받아 그 안에 있던 현금을 가지고 간 것임에도, '甲 등이 피고인을 폭행하여 돈을 빼앗았다'는 취지로 허위사실을 신고한 사안에서, 무고죄가 성립한다. (대법원 2010도2745)

㉒ A가 변호사인 B로 하여금 징계처분을 받게 할 목적으로 **서울지방변호사회에 위 변호사회 회장을 수취인으로 하는 허위 내용의 진정서를 제출한 경우** 무고죄가 인정된다. (대법원 2010도10202) = 지방변호사회의 장은 변호사에 대한 징계처분에 관해서 '공무소 또는 공무원'에 포함된다.

㉓ 피고인이 甲 주식회사에서 리스한 승용차를 乙에게 담보로 제공하고 돈을 차용하면서 약정 기간 내에 갚지 못할 경우 이를 처분하더라도 아무런 이의를 제기하지 않기로 하였는데, 변제기 이후 乙 등이 차량을 처분하자 피고인의 허락 없이 마음대로 처분하였다는 취지로 고소한 사안에서, 위 고소 내용은 허위사실 기재로서 그 자체로 독립하여 무고죄가 성립한다. (대법원 2011도11500)

㉔ 피고인이 수사기관에 '甲이 민사사건 재판과정에서 위조된 확인서를 제출하였으니 처벌하여 달라'는 내용으로 허위 사실이 기재된 고소장을 제출하면서 '甲이 위조된 합의서도 제출하였다'는 취지로 기재하였으나, 고소보충 진술 시 확인서가 위조되었다는 점에 관하여만 진술한 경우 무고죄가 성립한다. (대법원 2012도2468)

㉕ 甲이 A를 상대로 "A는 대물변제하기로 한 부동산을 임의로 제3자에게 처분하였다"라고 허위로 고소하였는데, 이러한 행위는 고소 당시 판례에 의할 때 배임죄에 해당하므로 비록 고소 이후에 대법원 **전원합의체 판결에 의하여 배임죄에 해당하지 않는 것으로 판례가 변경되었다고 하더라도 무고죄가 성립**한다. (대법원 2015도15398)

관련판례 무고죄 부정

① 피고인이 구타를 당했으나 입지 않은 상해사실을 포함하여 고소한 경우, 구타당한 것이 사실인 이상 상해사실에 다소 과장이 있더라도 무고죄는 아니다. (대법원 73도2771)

② 허위사실을 신고한 것이 아닌 이상 그 신고된 사실에 대한 형사책임을 부담할 자를 잘못 택하였다고 해도 무고죄는 성립하지 아니한다. (대법원 81도2341)

③ 허위사실을 신고한 경우라도 그 사실이 사면되어 공소권이 소멸된 것이 분명한 때에는 무고죄는 성립되지 아니한다. (대법원 84도2919)

④ 고소인이 甲에게 대여하였다가 이미 변제받은 금원에 관하여 甲이 수개월간 변제치 않고 있었던 점을 들어 위 금원을 착복하였다고 고소장에 기재한 경우 그것이 甲으로부터 아직 변제받지 못한 금원에 관한 고소내용의 정황을 과장한 것이라면 특별의 사정이 없는 한 무고죄가 성립하지 않는다. (대법원 87도1029)

⑤ 수사기관의 추문에 대해 허위의 진술을 한 경우 피고인의 자발적 진정내용에 해당되지 아니하므로 무고죄를 구성하지 않는다. (대법원 90도595)

⑥ 신고사실이 객관적 사실과 일치하는 이상 법률적 평가나 죄명을 잘못 적은 경우라도 무고죄가 성립하지 않는다. (대법원 91도1950)

⑦ **신고된 범죄사실에 대한 공소시효가 완성되었음이 신고내용 자체에 의해 분명한 경우** 형사처분 대상이 되지 않는 것이므로 무고죄가 성립하지 않는다. (대법원 93도3445)

⑧ 고소기간이 경과하여 공소를 제기할 수 없음이 그 신고내용 자체에 의하여 분명한 때에는 당해 국가기관의 직무를 그르치게 할 위험이 없으므로 이러한 경우에는 무고죄는 성립하지 아니한다. (대법원 98도150)

⑨ 형사처분을 받게 할 목적으로 허위사실을 신고한 경우 그 사실 자체가 형사범죄를 구성하지 않아 무고죄가 성립하지 않는다. (대법원 2002도3738)

⑩ "피고소인이 송이의 채취권을 이중으로 양도하여 손해를 입었으니 엄벌하여 달라"는 내용 형사범죄를 구성하지 않는 내용의 신고에 불과한 경우, 고소사실이 횡령이나 배임죄 등 형사범죄를 구성하지 않으므로 그 신고 내용이 허위라도 무고죄가 성립하지 않는다. (대법원 2006도558)

⑪ 피고인 자신이 상대방의 범행에 공범으로 가담하였음에도 자신의 가담사실을 숨기고 상대방만을 고소한 경우, 피고인의 고소내용이 상대방의 범행 부분에 관한 진실에 부합하므로 이를 허위의 사실로 볼 수 없고, 상대방의 범행에 피고인이 공범으로 가담한 사실을 숨겼다고 하여도 그것이 상대방에 대한 관계에서 독립하여 형사처분 등의 대상이 되지 아니할뿐더러 전체적으로 보아 상대방의 범죄사실의 성립 여부에 직접 영향을 줄 정도에 이르지 아니하는 내용에 관계되는 것이므로 무고죄가 성립하지 않는다. (대법원 2008도3754)

⑫ A가 돈을 갚지 않는 차용인들을 사기죄로 고소하면서 대여 장소를 허위기재하여 도박자금으로 빌려 준 사실을 숨기고, 피고소인들에게 **대여 장소를 묵비하도록 종용하였다는 사정만으로는** 무고죄에서 '허위사실의 신고'로 보기 어렵다. (대법원 2010도14028)

⑬ 피고인이 돈을 갚지 않는 甲을 차용금 사기로 고소하면서 대여금의 용도에 관하여 '**도박자금**'으로 빌려준 사실을 감추고 '**내비게이션 구입에 필요한 자금**'이라고 허위 기재하고, 대여의 일시·장소도 사실과 달리 기재하여 甲을 무고하였다는 내용으로 기소된 사안에서, 피고인에게 유죄를 인정한 원심판단에 법리오해의 위법이 있다. (대법원 2011도3489)

⑭ 피고인이 **사립대학교 교수**인 피해자들로 하여금 징계처분을 받게 할 목적으로 국민권익위원회에서 운영하는 **범정부 국민포털인 국민신문고에 민원을 제기한 사안**에서, 피해자들은 사립학교 교원이므로 피고인의 행위가 무고죄에 해당하지 않는다. (대법원 2014도6377)

⑮ 특정되지 않은 **성명불상자**에 대한 무고죄가 성립하지 않는다. 유죄판결의 이유로서 명시되어야 하는 범죄사실이 공소사실에 기재되지 아니한 새로운 사실을 인정하거나 행위의 내용과 태양을 달리하는 것이 분명하다면, 비록 그에 대하여 공판절차에서 어느 정도 심리가 되어 있다고 하더라도 그 부분을 유죄로 인정하기 위하여는 공소장변경의 절차를 거쳐야 한다. 특정되지 아니한 '성명불상자'에 대한 무고죄는 성립하지 아니하므로 '관리부장 등'에 대한 무고행위와 그 행위의 내용과 태양이 서로 달라서 그에 대응할 피고인의 방어행위가 달라질 수밖에 없다. (대법원 2020도11754)